FACHBUCHREIHE
für wirtschaftliche Bildung

# Betriebswirtschaftslehre der Unternehmung

31. Auflage

Verfasst von Lehrern der wirtschaftswissenschaftlichen Fachrichtung

Lektorat: Jürgen Müller, 79112 Freiburg i. Br.



VERLAG EUROPA-LEHRMITTEL
Nourney, Vollmer GmbH & Co. KG
Düsselberger Straße 23
42781 Haan-Gruiten

**Europa-Nr.: 92079**
**Europa-Nr.: 92206 (mit CD)**

EUROPA LEHRMITTEL

**Mitarbeiter des Arbeitskreises:**

| | | |
|---|---|---|
| Felsch, Stefan | Studienrat | Freiburg i. Br. |
| Frühbauer, Raimund | Oberstudiendirektor | Wangen i. A. |
| Krohn, Johannes | Studienrat | Freiburg i. Br. |
| Kurtenbach, Stefan | Studiendirektor | Bad Saulgau |
| Müller, Jürgen | Studiendirektor | Freiburg i. Br. |

**Leitung des Arbeitskreises und Lektorat:**

Jürgen Müller, Im Kapellenacker 4 a, 79112 Freiburg i. Br.

**Bildbearbeitung:**

Verlag Europa-Lehrmittel, 42781 Haan-Gruiten

ISBN 978-3-8085-9250-2
ISBN 978-3-8085-9264-9 (mit CD)

31. Auflage 2017

Druck 5 4 3 2 1

Alle Drucke derselben Auflage sind parallel einsetzbar, da sie bis auf die Behebung von Druckfehlern untereinander unverändert sind.



http://www.europa-lehrmittel.de

Umschlag, Satz: Satz+Layout Werkstatt Kluth GmbH, 50374 Erftstadt

Umschlagkonzept: tiff.any GmbH, 10999 Berlin

Umschlagfoto: © Zhu difeng – Fotolia.com

Druck: M.P. Media-Print Informationstechnologie GmbH, 33100 Paderborn

## Vorwort

Die »**Betriebswirtschaftslehre der Unternehmung**« ist ein bewährtes Lehrbuch für den betriebswirtschaftlichen Unterricht in der Sekundarstufe II. Das Buch richtet sich an

- **Schülerinnen und Schüler an Wirtschaftsgymnasien und Wirtschaftsoberschulen**
- **Schülerinnen und Schüler an Fachgymnasien und Fachoberschulen**
- **Schülerinnen und Schüler an Berufskollegs, Berufsaufbauschulen und Fachschulen für Betriebswirtschaft**
- **Studierende an Akademien**
- **Studierende im berufspädagogischen und wirtschaftswissenschaftlichen Studium**
- **Dozenten und Teilnehmer von Fort- und Weiterbildungen in Unternehmen, Verbänden und sonstigen Institutionen**

Das Buch umfasst die **betriebswirtschaftlichen Funktionen** Beschaffung, Leistungserstellung, Absatz, Finanzierung, Rechnungsführung und Rechnungslegung sowie die Steuern in der Betriebswirtschaft.

Die **31. Auflage** der „Betriebswirtschaftslehre der Unternehmung" wurde **vollständig überarbeitet.** Der Leser erhält durch die **übersichtliche und strukturierte Gestaltung** mit dieser Auflage eine **verbesserte Darstellung** der Inhalte.

Zahlreiche **Beispiele** sowie **mehrfarbige Darstellungen und Tabellen** sollen den Lernenden auch schwierige Zusammenhänge in anschaulicher Weise deutlich machen und die Übersicht über den Stoff erleichtern.

Handlungsorientierte **Aufgaben und Probleme** sind am Ende der einzelnen Sachthemen zusammengefasst. Sie sind geeignet für Wiederholungen, Hausaufgaben und zur Prüfungsvorbereitung. **Alle Lernzielebenen** werden **angesprochen.**

**Ausführliche Inhalts- und Stichwortverzeichnisse** erleichtern die Arbeit mit dem Buch. Es kann auch als **Nachschlagewerk** genutzt werden.

**Jedes Hauptkapitel endet mit einer zusammenfassenden Übersicht** zur kompakten Darstellung des Erlernten.

Die „Betriebswirtschaftslehre der Unternehmung" enthält die **gesetzlichen Rahmenbedingungen** und die **statistischen Daten** bis zum **Herbst 2016.** Die bei der Drucklegung bereits vorhandenen Daten des Jahres 2017 zur Sozialversicherung und der Steuergesetzgebung wurden bereits berücksichtigt.

Ein **Löser** zu den Aufgaben und Problemen ist im Verlagsprogramm erhältlich **(Europa-Nummer 94713).**

**Ihr Feedback ist uns wichtig.**

Ihre Anmerkungen, Hinweise und Verbesserungsvorschläge zu diesem Buch nehmen wir gerne auf – schreiben Sie uns unter lektorat@europa-lehrmittel.de.

Die Verfasser — **Rottenburg, Winter 2016/2017**

**Bildnachweis**

Der Arbeitskreis dankt folgenden Unternehmen und Institutionen für die Überlassung von Bildmaterial:

- GIF – Gesellschaft für Ingenieurprojekte Freiburg GmbH, Freiburg
- Landesinstitut für Schulentwicklung, Stuttgart
- Microsoft Business Solutions, Hamburg
- Rieber GmbH & Co. KG, Reutlingen

**Wichtiger Hinweis:**

In diesem Buch finden sich Verweise/Links auf Internetseiten. Für die Inhalte auf diesen Seiten sind ausschließlich die Betreiber verantwortlich, weshalb eine Haftung ausgeschlossen wird. Für den Fall, dass Sie auf den angegebenen Internetseiten auf illegale oder anstößige Inhalte treffen, bitten wir Sie, uns unter info@europa-lehrmittel.de davon in Kenntnis zu setzen, damit wir beim Nachdruck dieses Buches den entsprechenden Link entfernen können.

Inhaltsverzeichnis

# Inhalt

## Gesetze und Verordnungen

| | |
|---|---|
| ADSp | Allgemeine Deutsche Spediteurbedingungen |
| AEUV | Vertrag über die Arbeitsweise der Europäischen Union |
| AGG | Allgemeines Gleichbehandlungsgesetz |
| AktG | Aktiengesetz |
| AO | Abgabenordnung |
| ArbGG | Arbeitsgerichtsgesetz |
| ArbnErfG | Gesetz über Arbeitnehmererfindungen |
| ArbSchG | Gesetz über die Durchführung von Maßnahmen des Arbeitsschutzes zur Verbesserung der Sicherheit und des Gesundheitsschutzes der Beschäftigten bei der Arbeit (Arbeitsschutzgesetz) |
| ArbStättV | Arbeitsstättenverordnung |
| ArbZG | Arbeitszeitgesetz |
| AWG | Außenwirtschaftsgesetz |
| BBankG | Gesetz über die Deutsche Bundesbank (Bundesbankgesetz) |
| BBiG | Berufsbildungsgesetz |
| BDSG | Bundesdatenschutzgesetz |
| BEEG | Gesetz zum Elterngeld und zur Elternzeit |
| BetrVG | Betriebsverfassungsgesetz |
| BewG | Bewertungsgesetz |
| BGB | Bürgerliches Gesetzbuch |
| BImSchG | Gesetz zum Schutz vor schädlichen Umwelteinwirkungen durch Luftverunreinigungen, Geräusche, Erschütterungen und ähnliche Vorgänge (Bundes-Immissionsschutzgesetz) |
| BKGG | Bundeskindergeldgesetz |
| BörsG | Börsengesetz |
| BUrlG | Mindesturlaubsgesetz für Arbeitnehmer (Bundesurlaubsgesetz) |
| DepotG | Gesetz über die Verwahrung und Anschaffung von Wertpapieren (Depotgesetz) |
| DesignG | Gesetz über den rechtlichen Schutz von Design (Designgesetz) |
| DrittelbG | Gesetz über die Drittelbeteiligung der Arbeitnehmer im Aufsichtsrat (Drittelbeteiligungsgesetz) |
| EBRG | Gesetz über Europäische Betriebsräte |
| EGV | EG-Vertrag |
| EntgFG | Gesetz über die Zahlung des Arbeitsentgelts an Feiertagen und im Krankheitsfall (Entgeltfortzahlungsgesetz) |
| ErbStG | Erbschaftsteuer- und Schenkungsteuergesetz |
| EStG | Einkommensteuergesetz |
| EStR | Einkommensteuerrichtlinien |
| ESUG | Gesetz zur weiteren Erleichterung der Sanierung von Unternehmen |
| GastG | Gaststättengesetz |
| GBO | Grundbuchordnung |
| GebrMG | Gebrauchsmustergesetz |
| GefStoffV | Gefahrstoffverordnung |
| GenG | Gesetz betreffend die Erwerbs- und Wirtschaftsgenossenschaften (Genossenschaftsgesetz) |
| GewO | Gewerbeordnung |
| GewStG | Gewerbesteuergesetz |
| GG | Grundgesetz für die Bundesrepublik Deutschland |
| GmbHG | Gesetz betreffend die Gesellschaften mit beschränkter Haftung |
| GPSG | Gesetz über technische Arbeitsmittel und Verbraucherprodukte |
| GVG | Gerichtsverfassungsgesetz |
| GWB | Gesetz gegen Wettbewerbsbeschränkungen |
| HGB | Handelsgesetzbuch |

| | |
|---|---|
| IAS | International Accounting Standards |
| InsO | Insolvenzordnung |
| InvG | Investmentgesetz |
| JArbSchG | Gesetz zum Schutze der arbeitenden Jugend (Jugendarbeitsschutzgesetz) |
| KrWG | Gesetz zur Förderung der Kreislaufwirtschaft und Sicherung der umweltverträglichen Bewirtschaftung von Abfällen (Kreislaufwirtschaftsgesetz) |
| KSchG | Kündigungsschutzgesetz |
| KStG | Körperschaftsteuergesetz |
| KWG | Gesetz über das Kreditwesen |
| MarkenG | Gesetz über den Schutz von Marken und sonstigen Kennzeichen (Markengesetz) |
| MicroBilG | Kleinstkapitalgesellschaften-Bilanzrechtsänderungsgesetz |
| MitbestG | Gesetz über die Mitbestimmung der Arbeitnehmer (Mitbestimmungsgesetz) |
| MoMiG | Gesetz zur Modernisierung des GmbH-Rechts und zur Bekämpfung von Missbräuchen |
| MuSchG | Gesetz zum Schutze der erwerbstätigen Mutter (Mutterschutzgesetz) |
| NachwG | Gesetz über den Nachweis der für ein Arbeitsverhältnis geltenden wesentlichen Bedingungen (Nachweisgesetz) |
| OWiG | Gesetz über Ordnungswidrigkeiten |
| PAngV | Preisangabenverordnung |
| PartGG | Gesetz über Partnerschaftsgesellschaften Angehöriger Freier Berufe (Partnerschaftsgesellschaftsgesetz) |
| PatG | Patentgesetz |
| PfandBG | Pfandbriefgesetz |
| PflSchG | Gesetz zum Schutz der Kulturpflanzen (Pflanzenschutzgesetz) |
| ProdHaftG | Gesetz über die Haftung für fehlerhafte Produkte (Produkthaftungsgesetz) |
| PublG | Gesetz über die Rechnungslegung von bestimmten Unternehmen und Konzernen (Publizitätsgesetz) |
| ScheckG | Scheckgesetz |
| SEAG | Gesetz zur Ausführung der Verordnung (EG) Nr. 2157/2001 des Rates vom 8. Oktober 2001 über das Statut der Europäischen Gesellschaft (SE) |
| SGB | Sozialgesetzbuch |
| SigG | Gesetz über Rahmenbedingungen für elektronische Signaturen (Signaturgesetz) |
| SolZG | Solidaritätszuschlagsgesetz |
| StabG | Gesetz zur Förderung der Stabilität und des Wachstums der Wirtschaft (Stabilitätsgesetz) |
| StGB | Strafgesetzbuch |
| TVG | Tarifvertragsgesetz |
| UmweltHG | Umwelthaftungsgesetz |
| UStDV | Umsatzsteuer-Durchführungsverordnung |
| UStG | Umsatzsteuergesetz |
| UWG | Gesetz gegen den unlauteren Wettbewerb |
| VAG | Gesetz über die Beaufsichtigung der Versicherungsunternehmen |
| VerpackV | Verordnung über die Vermeidung und Verwertung von Verpackungsabfällen (Verpackungsverordnung) |
| VVG | Versicherungsvertragsgesetz |
| VwVfG | Verwaltungsverfahrensgesetz |
| WG | Wechselgesetz |
| ZAG | Gesetz über die Beaufsichtigung von Zahlungsdiensten |
| ZK | Zollkodex der Gemeinschaften |
| ZollV | Zollverordnung |

# 1 Grundlagen der Wirtschaft

## 1.1 Bedarfsdeckung als Aufgabe der Wirtschaft

Ursache des Wirtschaftens sind die Bedürfnisse der Menschen nach einem menschenwürdigen Dasein. Diese können mithilfe von Gütern befriedigt werden. Die zur Herstellung der Güter benötigten Ressourcen sind begrenzt. Dieser Umstand zwingt die Menschen zum Wirtschaften.

### 1.1.1 Bedürfnisse, Bedarf, Nachfrage

Unter einem **Bedürfnis** versteht man das **subjektive Mangelempfinden** des Menschen, mit dem **Wunsch,** diesen **Mangel zu beseitigen.**

Bedürfnisse sind unbegrenzt, von Mensch zu Mensch unterschiedlich, wandelbar, von verschiedenen Bedingungen abhängig und für den Einzelnen mehr oder minder dringlich.

Bedürfnisse lassen sich unterschiedlich einteilen.

| Bedürfnis | Merkmal | Beispiel |
|---|---|---|
| **Einteilung der Bedürfnisse nach der Dringlichkeit** | | |
| **Existenzbedürfnisse (Primärbedürfnisse)** | Ihre Befriedigung ist zur Lebenserhaltung notwendig. | Nahrung, Kleidung, Wohnung, Grundbildung, sauberes Trinkwasser; auch: soziale Kontakte |
| **Kulturbedürfnisse*** | Ihre Befriedigung ist durch die kulturelle Entwicklung in einer Gesellschaft bestimmt. | Kunstgenuss, vielfältige Möglichkeiten der Freizeitgestaltung, anspruchsvolle Kleidung, Unterhaltung |
| **Luxusbedürfnisse*** | Ihre Befriedigung kann nur von wenigen in der Gesellschaft erreicht werden. | Jacht, Villa mit Swimmingpool, wertvoller Schmuck |
| **Einteilung der Bedürfnisse nach der Möglichkeit der Bedürfnisbefriedigung**** | | |
| **Individualbedürfnisse** | Ihre Befriedigung kann vom Einzelnen selbst vorgenommen werden. | Nahrung, Kleidung, Wohnung |
| **Kollektivbedürfnisse** | Ihre Bedürfnisse werden aus Individualbedürfnissen abgeleitet und durch eine Gruppe oder die Gemeinschaft befriedigt. | Schulbildung, Verkehrsverbindungen, medizinische Behandlung in Krankenhäusern, innere und äußere Sicherheit |
| **Einteilung der Bedürfnisse nach dem Wissen um die Bedürfnisse** | | |
| **offene Bedürfnisse** | Die Bedürfnisse sind dem Einzelnen bewusst. | Nahrung, Kleidung, Wohnung, Urlaub |
| **verdeckte (latente) Bedürfnisse** | Die Bedürfnisse sind dem Einzelnen nicht bewusst und müssen geweckt werden. | Smartphone |

| Bedürfnis | Merkmal | Beispiel |
|---|---|---|
| **manipulierte (gesteuerte) Bedürfnisse** | Bedürfnisse werden durch Werbung von außen geschaffen und gesteuert. | Duftsprays für Wohnräume |

* Kulturbedürfnisse und Luxusbedürfnisse werden auch als Sekundärbedürfnisse bezeichnet.
** Daneben lassen sich auch materielle und immaterielle Bedürfnisse unterscheiden.
Der amerikanische Psychologe **A. H. Maslow** untersuchte die verschiedenen Bedürfnisebenen im Hinblick auf die Hierarchie der Befriedigung (Kapitel 11.1).

Der Mensch möchte seine Bedürfnisse befriedigen. In welchem Maße er diese befriedigen kann, hängt ab von seiner Leistungsfähigkeit, seiner Leistungsbereitschaft und den verfügbaren Mitteln (Einkommen und Vermögen).

**Bedarf** im wirtschaftlichen Sinne ist nur der **Teil der Bedürfnisse,** den der Mensch mit den ihm zur Verfügung stehenden Mitteln **(Kaufkraft)** befriedigen will und kann.

**Nachfrage** nach einem Gut entsteht, wenn der **Mensch am Markt** auftritt, um seinen Bedarf zu decken.

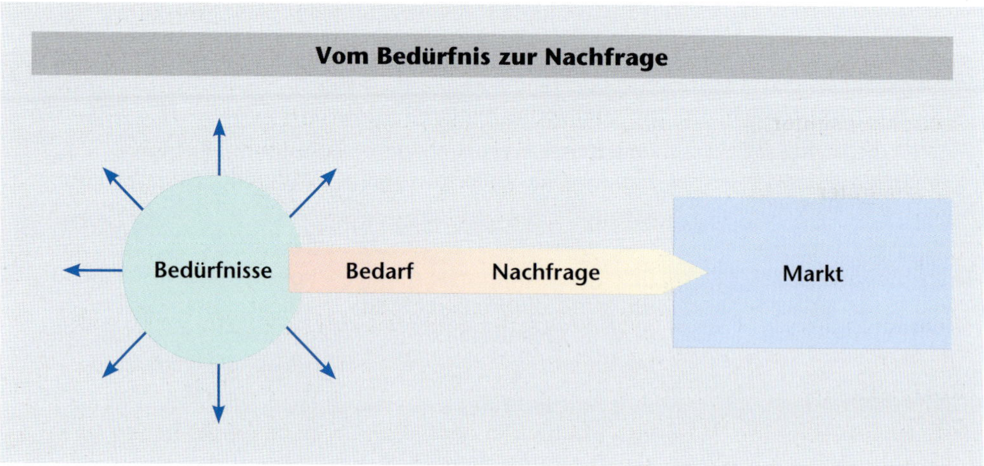


## 1.1.2 Güter

**Güter** sind diejenigen Mittel, die zur **Befriedigung der menschlichen Bedürfnisse** dienen.

Wie die Bedürfnisse lassen sich auch die Güter nach verschiedenen Merkmalen unterscheiden.

### ▶ Freie Güter

Freie Güter sind so häufig vorhanden, dass der Mensch seine Bedürfnisse nach ihnen ohne Mühe und Aufwand befriedigen kann. Nur wenige Güter sind freie Güter. Die Zunahme der Bedürfnisse und das Wachstum der Weltbevölkerung führen jedoch dazu, dass freie Güter zunehmend zu knappen Gütern werden.

**Beispiele:** Luft, Sonnenlicht, Meer- und Regenwasser

### ▶ Knappe Güter

Knappe Güter (Wirtschaftsgüter) sind solche Güter, die im Verhältnis zur Unbegrenztheit der menschlichen Bedürfnisse nicht in ausreichender Menge verfügbar sind. Die Gründe dafür sind:

1. Die meisten Rohstoffe kommen in der Natur nur in begrenzter Menge vor.
2. Der Mensch muss die benötigten Stoffe der Natur erst mühevoll abringen.
3. Die meisten Güter sind in den verschiedenen Wirtschaftsräumen in ungleicher Menge vorhanden.

Knappe Güter verursachen bei der Herstellung Kosten und haben einen Preis.

**Beispiele:** Rohstoffe, Rechtsgüter wie Patente, Strom

Innerhalb der knappen Güter gibt es zahlreiche weitere Unterscheidungen.

| Güterart | Merkmal | Beispiel |
|---|---|---|
| **materielle Güter** | Es handelt sich um Sachen. | Rohstoffe, Strom, Fernseher |
| **immaterielle Güter** | Es handelt sich um Rechte, Informationen, Dienstleistungen. | Patente, Softwareentwicklung für ein Unternehmen, Rechtsberatung durch ein Anwaltsbüro |
| **Investitionsgüter** | Sie dienen der Herstellung von Gütern. | Maschine, Gebäude |
| **Produktionsgüter** | Sie werden zur Herstellung eines neuen Gutes benötigt. | fremdbezogene Einzelteile, Treibstoffe |
| **Konsumgüter** | Sie dienen unmittelbar der Befriedigung von Bedürfnissen. | Fernseher, Smartphone |
| **Verbrauchsgüter** | Sie können nur einmal genutzt werden. | Brot, Softdrink, Benzin |
| **Gebrauchsgüter** | Sie können mehrmals verwendet werden. | Fernseher, Kfz, Smartphone |
| **Komplementärgüter** | Sie ergänzen sich bei der Nutzung gegenseitig. | – Kfz und Treibstoff<br>– DVD-Player und DVD |
| **Substitutionsgüter** | Sie sind bei der Bedürfnisbefriedigung gegeneinander austauschbar. | – Butter und Margarine<br>– Nachrichtentransport mittels E-Mail oder Brief |

Die Bedürfnisse der Menschen sind unbegrenzt. Die zu ihrer Befriedigung benötigten Güter sind jedoch meistens begrenzt. Dieses **Spannungsverhältnis** schafft die Notwendigkeit, dass Menschen wirtschaftlich handeln, d. h., geistige und körperliche Kraft aufwenden, um die Knappheit weitgehend zu überwinden.

Für Produktionsgüter, Konsumgüter und die menschliche Arbeitskraft verwendet man heute den Begriff der **Ressourcen**. Da die Erkenntnis vorhanden ist, dass die Ressourcen knapp und endlich sind, ist ein verantwortlicher Umgang mit ihnen notwendig, um den zukünftigen Generationen ein Leben im Einklang mit der Natur zu ermöglichen.

**Nachhaltiges Wirtschaften** verlangt von den jetzt lebenden Generationen, dass sie einen **verantwortungsvollen Umgang mit den Ressourcen** haben, damit auch zukünftige Generationen diese noch zur Verfügung haben.

Wird dies erreicht, spricht man von **sustainable development** (nachhaltige Entwicklung).

Aufgrund der Knappheit der Ressourcen müssen die Menschen bei der Produktion und beim Konsum Entscheidungen treffen. Diese Entscheidungen verlangen eine Abwägung zwischen dem Verzicht auf die Produktion oder den Konsum bestimmter Güter, um dafür andere Güter produzieren oder nutzen zu können.

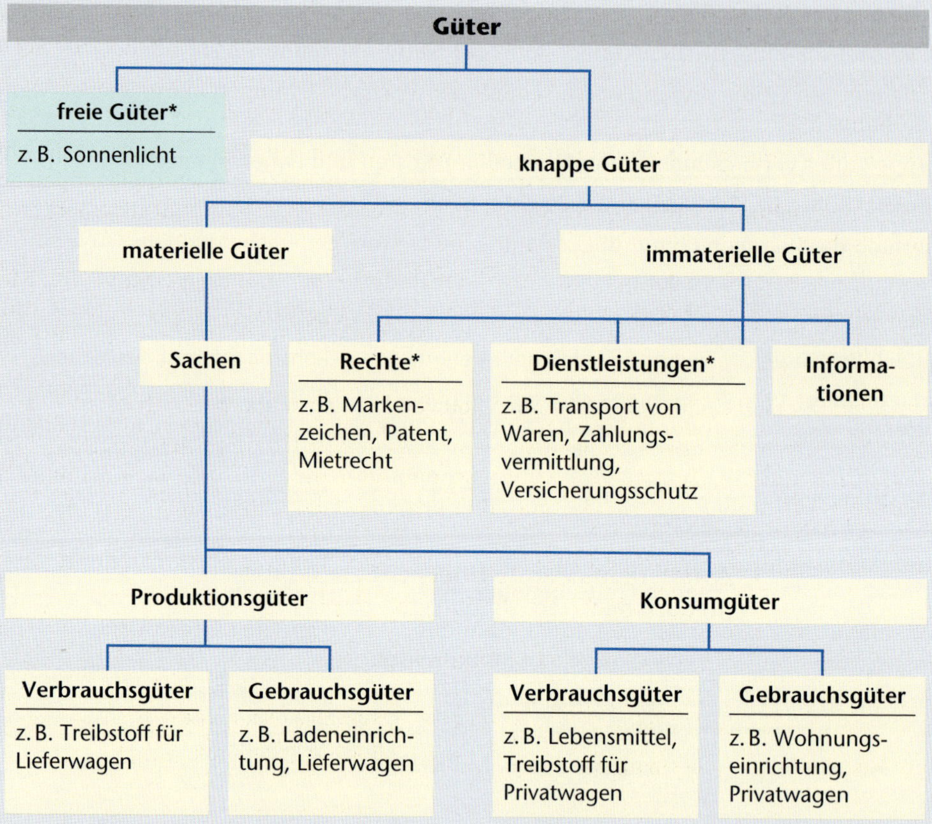


* Auch freie Güter, Rechte und Dienstleistungen können sowohl Produktions- als auch Konsumgüter sein.

## 1.1.3 Ökonomisches Prinzip

Um ein möglichst hohes Maß an Bedürfnisbefriedigung zu erreichen, bemüht sich der Mensch, die Wirtschaftsgüter sparsam und vernünftig einzusetzen. Er handelt damit nach dem **Vernunft-** oder **Rationalprinzip. Dieses ökonomische Prinzip** gibt es in zwei Ausprägungen.

| **ökonomisches Prinzip** | |
|---|---|
| **Maximalprinzip**<br>**gegebener Aufwand → maximaler Ertrag** | **Minimalprinzip**<br>**minimaler Aufwand ← gegebener Ertrag** |
| **Beispiel:** Bei der Textilherstellung soll aus einer Stoffbahn eine maximale Anzahl von T-Shirts hergestellt werden. | **Beispiel:** Für die geplante Produktion von 100 T-Shirts soll aus einer Stoffbahn so wenig Stoff wie nötig verwendet werden. |

Das Handeln nach dem ökonomischen Prinzip ist Leitsatz für alle Unternehmen und Haushalte (Seite 21).

## 1.1.4 Methoden der Bedarfsdeckung

Je nachdem, ob der Bedarf durch den einzelnen Menschen oder durch die Gemeinschaft gedeckt wird, unterscheidet man:

**a) individuelle Bedarfsdeckung.** Dabei trifft der einzelne Konsument im Rahmen der verfügbaren Mittel die Entscheidung, welche Güter er erwerben möchte. Er bezahlt sie mit seinem Geld.

**Beispiel:** Jemand kauft einen Mantel, ein Paar Schuhe, ein Auto. Er wählt selbst, kauft und bezahlt.

Die **individuelle Bedarfsdeckung** ist die typische Form der Bedarfsdeckung in einer marktwirtschaftlichen Ordnung. Sie gewährt dem Einzelnen ein Höchstmaß an persönlicher Entscheidungsfreiheit beim Konsum und insgesamt ein Höchstmaß allgemeiner Güterversorgung.

**b) kollektive Bedarfsdeckung.** Dabei wird der Bedarf einer größeren Gruppe von Menschen durch deren Körperschaft (Staat, Verein) gedeckt. Die zuständigen Organe dieser Körperschaft treffen die Konsumentscheidungen nach dem jeweiligen Haushaltsplan.

**Beispiel:** Der Gemeinderat beschließt den Bau von Radwegen und einer Schule.

Die **kollektive Bedarfsdeckung** geschieht überwiegend durch die öffentliche Hand (EU, Bund, Länder, Gemeinden). Die Entscheidungen durch Organe beruhen meist auf Schätzungen und Prognosen. Sie sind überwiegend zukunftsgerichtet.

**Zusammenfassende Übersicht zu Kapitel 1.1:**
**Bedarfsdeckung als Aufgabe der Wirtschaft**

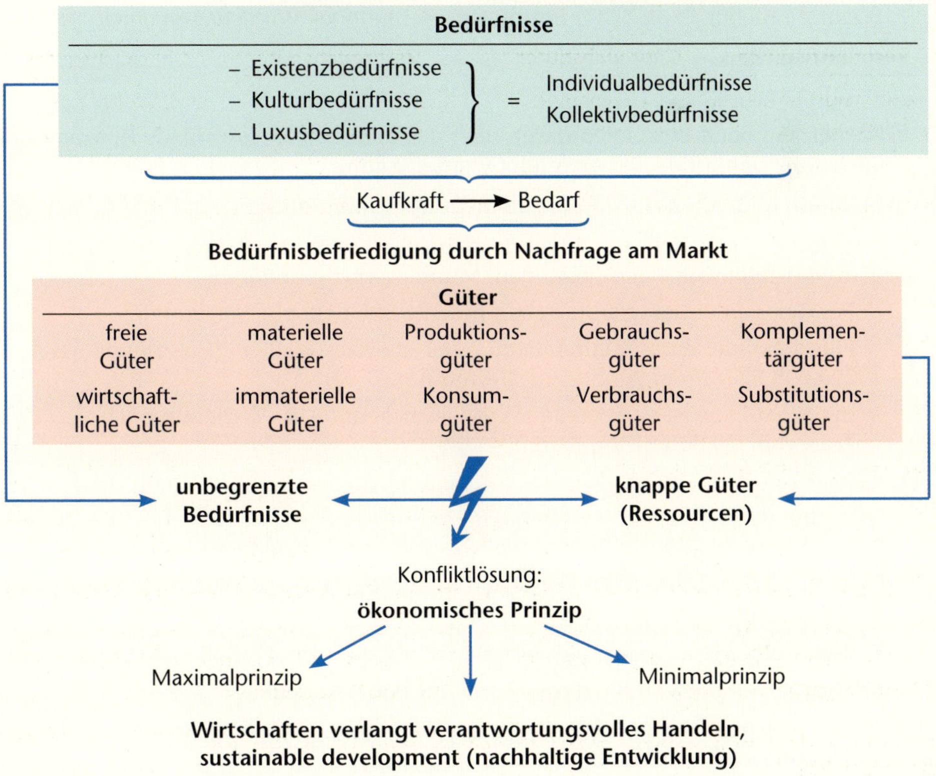

## ▶ Aufgaben und Probleme

1. »Ein jeder Wunsch, wenn er erfüllt, kriegt augenblicklich Junge« (Wilhelm Busch).
   a) Belegen Sie diese Aussage mit Beispielen aus Ihrem persönlichen Leben.
   b) Nennen Sie Beispiele dafür, dass Bedürfnisse individuell verschieden, wandelbar und von verschiedenen Bedingungen abhängig sind.
2. Ordnen Sie die Bedürfnisse nach folgenden Gütern entsprechend ihrer Dringlichkeit als Existenz-, Kultur- oder Luxusbedürfnisse:
   a) Auto eines Schülers,
   b) Auto eines Handelsvertreters,
   c) Zigaretten,
   d) Schönheitsoperation,
   e) Theaterbesuch.

   Begründen Sie Ihre Entscheidungen.
3. a) Welche Kulturbedürfnisse sind für Sie von Bedeutung?
   b) Worauf können Sie in einer wirtschaftlichen Notsituation verzichten?
4. Mit welchen Mitteln versuchen Industrie und Handel, Bedürfnisse in Bedarf und anschließende Nachfrage umzuwandeln?
5. Nennen Sie Beispiele für Existenz-, Kultur- und Luxusbedürfnisse eines Menschen aus einem Industrieland und einem Entwicklungsland.
6. Sonnenlicht und Atemluft werden als Beispiele für freie Güter genannt. Prüfen Sie, unter welchen Umständen diese Beispiele nicht zutreffen.
7. Erläutern Sie an jeweils drei Beispielen nachhaltiges Wirtschaften eines
   - Individuums,
   - Unternehmens.
8. Suchen Sie nach Beispielen dafür, dass das gleiche Gut sowohl als Konsumgut als auch als Produktionsgut verwendet werden kann.
9. Erläutern und unterscheiden Sie die Begriffe »Gebrauchsgut« und »Verbrauchsgut«.
10. Begründen Sie, welche der folgenden wirtschaftlichen Vorgänge zum Handeln nach dem Maximalprinzip oder nach dem Minimalprinzip gehören:
    - Für den geplanten Urlaub stehen Ihnen 1.500 EUR zur Verfügung.
    - Für den Bau eines Einfamilienhauses stehen 180.000 EUR Eigenkapital und 290.000 EUR Fremdkapital zur Verfügung.
    - Ein Wohnhaus ist zum Verkauf ausgeschrieben. Als »Verhandlungsbasis« ist ein Preis von 380.000 EUR genannt.
11. Bei der Frage der Knappheit der Ressourcen stellt sich immer auch die Frage, ob moderne Industriegesellschaften ihre Bedarfsdeckung auf Kosten der Entwicklungsländer bzw. Rohstoffländer decken. Nehmen Sie dazu kritisch Stellung.
12. Erläutern Sie, warum in der Wirtschaft in der Regel das ökonomische Prinzip angewandt werden sollte.
13. a) Beschreiben Sie die für die Marktwirtschaft typische Form der Bedarfsdeckung.
    b) Nennen Sie die Vorteile dieser Form der Bedarfsdeckung.
    c) Auf welche Ursachen ist die zu beobachtende Zunahme kollektiver Bedarfsdeckung zurückzuführen?

# 1.2 Unternehmen, Staat und private Haushalte als Wirtschaftseinheiten

## 1.2.1 Unternehmen und Staat als Produzenten

### Unternehmen als Produzenten

**Unternehmen** sind Wirtschaftseinheiten, die der **Leistungserstellung** und **Leistungsverwertung** dienen.

#### ▶ Leistungserstellung (Produktion)

Durch den planmäßigen Einsatz von Arbeit und sachlichen Mitteln werden Wirtschaftsgüter erzeugt, die mittelbar oder unmittelbar der Bedarfsdeckung dienen. Dieser Produktionsprozess vollzieht sich in Stufen von der Rohstoff- und Energiegewinnung bis zur Bereitstellung der Güter in Einzelhandels- oder sonstigen Dienstleistungsbetrieben (Tabelle, Seite 23).

#### ▶ Leistungsverwertung (Absatz)

Die in den einzelnen Produktionsstufen erstellten Leistungen werden über den Absatzmarkt an andere Unternehmen oder Haushalte abgesetzt.

Die Verwirklichung unternehmerischer Ziele im Unternehmen bedarf eines finanziellen Fundaments und einer rechtlichen Verfassung, die in der Firma und der Rechtsform zum Ausdruck kommt. Diese rechtliche Verfassung nennt man Unternehmen.

Im allgemeinen Sprachgebrauch werden die Begriffe Betrieb, Unternehmen und Unternehmung oftmals gleichgestellt.

#### ▶ Private Unternehmen

In der Marktwirtschaft wird die Güterproduktion hauptsächlich in privaten Betrieben durchgeführt. Sie bestimmen ihre Produktionspläne selbst und orientieren sich dabei über die Preise an der Nachfrage am Markt.

**Beispiel:** In einem Unternehmen der Fahrzeugindustrie geht der Pkw-Absatz im Mittelklassebereich stark zurück, sodass nicht mehr kostendeckend produziert werden kann. Die Unternehmensleitung plant deshalb, die gewinnbringende Kleinwagenproduktion auszubauen.

Die privaten Inhaber wollen durch die Unternehmertätigkeit Gewinn erwirtschaften.

Das **Gewinnstreben** ist charakteristisches Merkmal für die **erwerbswirtschaftliche Zielsetzung** der **privaten Unternehmen.**

Ob dabei immer auf den höchstmöglichen Gewinn **(Gewinnmaximierung)** hingearbeitet wird, ist umstritten. Vielfach gilt das erwerbswirtschaftliche Prinzip schon dann als befolgt, wenn ein angemessener Gewinn angestrebt wird.

Zum Wesen des Unternehmers gehört auch die Bereitschaft zur Übernahme des Unternehmerrisikos. Dies besteht in der Gefahr, unternehmerische Fehlentscheidungen zu treffen und beginnt schon bei der Gründung mit der Wahl des Betriebszweiges, des Standortes und der Betriebskapazität. Das Unternehmerrisiko kann dem Unternehmer nicht abgenommen werden. Er trägt es selbst mit dem Risiko des Kapitalverlustes.

### Staat als Produzent

In der sozialen Marktwirtschaft sollten sich die öffentlichen Betriebe nur in solchen Bereichen wirtschaftlich betätigen, in denen private Betriebe nicht für ein ausreichend gesichertes Güterangebot zu erträglichen Preisen sorgen, z. B. bei der Versorgung der Bevölkerung mit Wasser, Energie und Verkehrsleistungen.

Staatliche und kommunale Betriebe verkaufen ihre Leistungen in der Regel nicht zu einem Marktpreis, sondern sie erheben dafür Gebühren und Beiträge.

**Beispiel:** Eine Gemeinde erstellt für ein neues Gewerbegebiet einen Bebauungsplan. Sie lässt mit Steuergeldern Straßen, Versorgungsleitungen und Abwasserkanäle bauen. Die neu angesiedelten Gewerbeunternehmen kommen sofort in den Genuss dieser Anlagen, müssen aber Anliegerbeiträge und regelmäßig Grundsteuern bezahlen.

Die öffentlichen Gemeinwesen können auch selbst oder durch Beteiligung Träger von Wirtschaftsunternehmen sein.

**Beispiele:**

1. Größere Gemeinden betreiben gemeindeeigene Wasserwerke.
2. Viele Gemeinden sind durch Aktienerwerb Allein- oder Miteigentümer von Elektrizitätsunternehmen geworden.

**Gemeinwirtschaftliche Betriebe** arbeiten nach dem **Versorgungsprinzip.** Sie streben, soweit kein Gewinn erzielt werden kann, nach **Kostendeckung** bzw. **Verlustminimierung.**

Ein Verlust muss indes aus dem allgemeinen Steueraufkommen getragen werden.

## 1.2.2 Private Haushalte als Konsumenten

Die von den Unternehmen und öffentlichen Gemeinwesen produzierten Konsumgüter werden unmittelbar zur Bedarfsdeckung privater Haushalte verwendet.

Private Haushalte treten daher auf den Märkten vorwiegend als **Nachfrager nach Konsumgütern** auf. Sie finanzieren die Deckung ihres Bedarfs hauptsächlich aus Einkommen, das sie durch die Bereitstellung von Arbeitsleistungen und sachlichen Mitteln zur Leistungserstellung bezogen haben.

### 1.2.3 Unternehmen im gesamtwirtschaftlichen Gefüge

Der Prozess der Leistungserstellung kann in der Produktion von Sachen und/oder von Dienstleistungen bestehen.

| Art der Leistungserstellung | Wirtschaftszweig |
|---|---|
| **Produktion von Sachen** | |
| 1. Rohstoff- und Energiegewinnung | Land- und Forstwirtschaft, Bergbau, Energiewirtschaft |
| 2. Rohstoffbe- und -verarbeitung | verarbeitende Industrie, Warenhandwerk |
| **Produktion von Dienstleistungen** | |
| 1. Sammlung und Verteilung (Distribution) von Wirtschaftsgütern | Handel, Absatzhelfer (Handelsvertreter, Makler, Kommissionäre) |
| 2. Beförderung von Personen, Wirtschaftsgütern und Nachrichten | Verkehrswirtschaft (Postdienste, Telekommunikationsdienste, Eisenbahnverkehr, Kraftverkehr, Luftverkehr, Schiffsverkehr, Logistikunternehmen, Speditionen, Reisebüros) |
| 3. Zahlungs-, Kredit- und Kapitalverkehr | Geld- und Kreditwirtschaft (Banken, Sparkassen) |
| 4. Versicherungsschutz | Versicherungswirtschaft (Individual- und Sozialversicherungen) |
| 5. Sonstige Dienstleistungen | Beratungsunternehmen, Hotels und Restaurants, Reparaturbetriebe, Reinigungsbetriebe, Bildungsvermittlung, Gesundheitsdienste, soziale Dienste, DV-Beratung und -Betreuung |

Die verschiedenen Wirtschaftszweige lassen sich in folgende **Wirtschaftssektoren** zusammenfassen:

**a) Primärsektor:** Stoffe- und Energiegewinnung

**b) Sekundärsektor:** Stoffebe- und Stoffeverarbeitung, Investitionsgüterindustrie

**c) Tertiärsektor:** Handel und Dienstleistungsbereich

**d) Quartärsektor:** Die Tätigkeit der öffentlichen Gemeinwesen

**Zusammenfassende Übersicht zu Kapitel 1.2:**
**Unternehmen, Staat und private Haushalte als Wirtschaftseinheiten**

| Unternehmen | Staat | private Haushalte |
|---|---|---|
| erwerbswirtschaftliches Prinzip (Gewinnstreben) | Versorgungsprinzip | Bedarfsdeckung |
| Produktpreis = Marktpreis | Produktpreis deckt Kosten | überwiegend Konsum |

### ▶ Aufgaben und Probleme

1. Welche Aufgaben übernehmen Unternehmen und der Staat als Produzenten?
2. Erläutern Sie, warum die Befolgung des erwerbswirtschaftlichen Prinzips eine gewisse Garantie für die optimale Bedarfsdeckung in der Gesamtwirtschaft bietet.
3. Man kann sowohl in einem Gasthaus als auch in einem Familienhaushalt wohnen, essen und trinken. Stellen Sie die Unterschiede der beiden Wirtschaftseinheiten dar.
4. Inwiefern können private Haushalte auch als ein Sektor der Leistungserstellung betrachtet werden?
5. a) Wer trägt den Jahresverlust der Rhein-Mosel-Wasserwerke AG?
   b) Wer trägt den Jahresverlust der gemeindeeigenen Wasserwerke?
6. Nachdem ein Einzelunternehmer seine Erfolgsrechnung im Vorjahr mit 45.000 EUR Verlust abschließen musste, gelang es ihm, in diesem Jahr 160.000 EUR Gewinn zu erwirtschaften. Bei einem Eigenkapital von 400.000 EUR entspricht dieser Gewinn einer Kapitalverzinsung von 40 %.

   Begründen Sie, ob der Unternehmer eine solche Gewinnspanne allein für sich beanspruchen darf.
7. Häufig sind bestimmte Unternehmen in der Hand des Staates. Begründen Sie, weshalb der Staat diese Unternehmen führt.
8. a) Nennen Sie Maßnahmen, die eine Gemeinde zur Förderung der Gewerbeansiedlung ergreifen kann.
   b) Begründen Sie, warum diese Maßnahmen ergriffen werden.
9. Welche Leistungen erstellt
   a) ein Industrieunternehmen,
   b) ein Handelsunternehmen,
   c) eine Bank,
   d) ein Versicherungsunternehmen,
   e) ein Speditionsbetrieb,
   f) ein Reisebüro,
   g) ein Hotel?

## 1.3 Betriebswirtschaftliche Produktionsfaktoren

### ■ Elementarfaktoren und dispositiver Faktor

#### ▶ Elementarfaktoren

| | Erklärung | Beispiele |
|---|---|---|
| **Arbeitsleistung** | hauptsächlich ausführende Arbeit | Bedienung einer Maschine, Montage, Abwicklung eines Kundenauftrages |
| **Betriebsmittel** | Anlagen und alle Einrichtungen, die die technische Voraussetzung zur betrieblichen Leistungserstellung bilden | – Grundstücke, Gebäude<br>– Maschinen, Anlagen, Werkzeuge<br>– Anlagen zur Energieversorgung<br>– Lagereinrichtungen<br>– Einrichtungen zur Abfallentsorgung |

| | Erklärung | Beispiele |
|---|---|---|
| **Werkstoffe und Waren** | Güter, die verarbeitet oder unverarbeitet in den Wertschöpfungsprozess eingehen:<br>– Rohstoffe (Hauptbestandteile des Erzeugnisses),<br>– Hilfsstoffe (Nebenbestandteile des Erzeugnisses),<br>– Betriebsstoffe (werden zur Durchführung des Fertigungsprozesses benötigt),<br>– bezogene Fertigteile,<br>– Waren. | <br>Holz bei der Möbelherstellung<br>Leim, Lack bei der Möbelherstellung<br>Strom, Diesel, Schmiermittel zum Betreiben der Maschinen<br>Beschläge, Schlösser bei der Möbelherstellung, Accessoires beim Möbelverkauf |
| **Rechte** | behördliche Betriebsgenehmigungen sowie gewerbliche Schutz- und Nutzungsrechte | Konzessionen, Patente, Lizenzen, Gebrauchs- und Geschmacksmuster sowie Markenzeichen |

### ▶ Dispositiver Faktor

Der dispositive Faktor ist der Teil des Produktionsfaktors menschliche Arbeitsleistung, der auf die **zielsetzende, planende, organisierende, kontrollierende, rechenschaftslegende und repräsentierende Tätigkeit im Unternehmen** ausgerichtet ist. Der dispositive Faktor **leitet** das Unternehmen (Kapitel 11.1).

## ■ Kombination und Substitution der Produktionsfaktoren

Zur Leistungserstellung werden mehrere Produktionsfaktoren miteinander kombiniert. Dabei sind unterschiedliche Kombinationen möglich. Die Kombination der Produktionsfaktoren wird nach dem ökonomischen Prinzip vorgenommen.

Unter dem Druck der Preiskonkurrenz werden dabei laufend in den Betrieben teurer gewordene Produktionsfaktoren durch andere, verhältnismäßig kostengünstigere, ersetzt.

Den **Austausch der Produktionsfaktoren** bei der Leistungserstellung nennt man **Substitution der Produktionsfaktoren.**

**Beispiel:** Durch den Einsatz von automatisierten Anlagen in der Fertigung und von Datenverarbeitungsanlagen in der Verwaltung wurden in den vergangenen Jahrzehnten menschliche Arbeitsleistungen häufig durch Betriebsmittel ersetzt.

Bei der Substitution der Produktionsfaktoren sollten soziale Gesichtspunkte nicht außer Acht gelassen werden.

**Beispiel:** In der Fertigung wird eine vollautomatische Produktionsstraße eingeführt. Die dadurch freigesetzten Mitarbeiter werden nun an einer anderen Stelle im Unternehmen eingesetzt.

## Zusammenfassende Übersicht zu Kapitel 1.2: Betriebswirtschaftliche Produktionsfaktoren

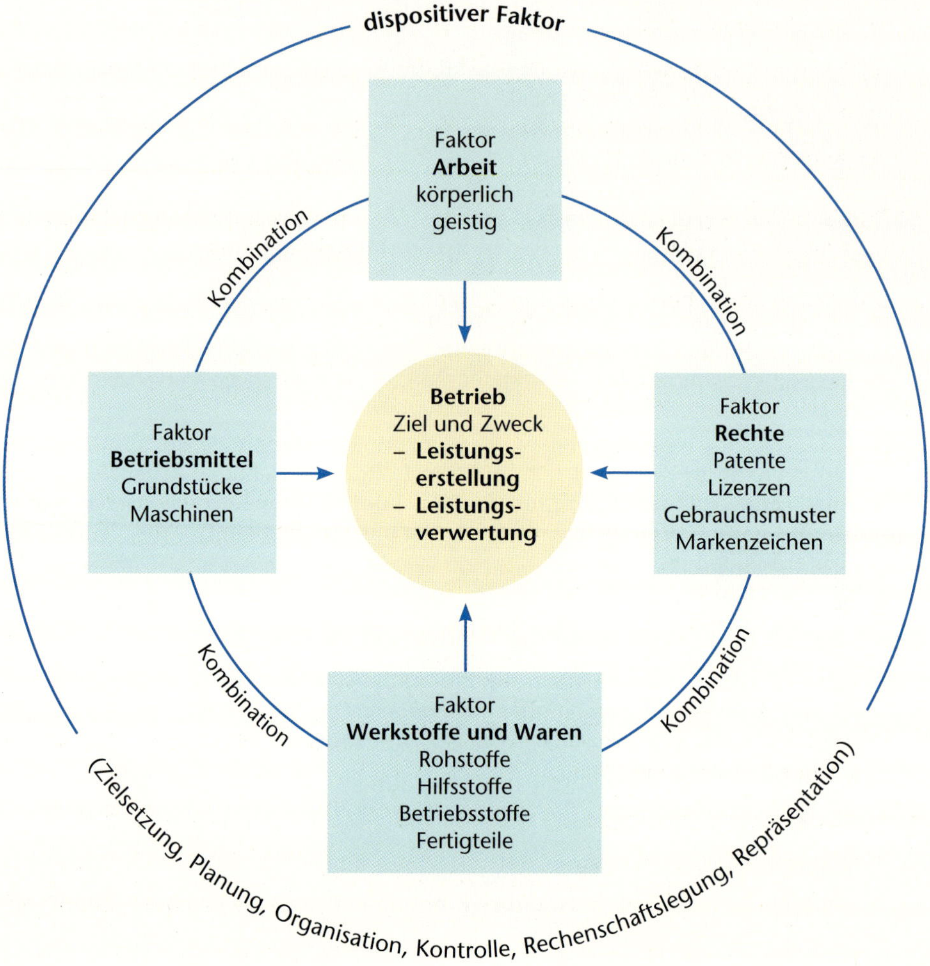


### ▶ Aufgaben und Probleme

1. Erläutern Sie,
   a) auf welche Weise die Natur an der betrieblichen Leistungserstellung beteiligt ist,
   b) welche Personen und Personengruppen dem Unternehmen ihre Leistungskraft zur Verfügung stellen,
   c) welche Kosten dadurch dem Unternehmen jeweils entstehen.

2. Ordnen Sie die angegebenen Kosten nach folgendem Muster dem jeweiligen Faktoreinsatz zu:

| Kostenart | entstanden durch Einsatz des Produktionsfaktors |
|---|---|
| a) Miete für Lagerhalle | |
| b) Sozialkosten | |
| c) Vertreterprovision | |
| d) Fuhrparkkosten | |
| e) Rohstoffverbrauch | |

3. Erklären Sie, warum Roh- und Hilfsstoffe zu den Werkstoffen, Vorrichtungen zur Lagerung von Rohstoffen aber zu den Betriebsmitteln gehören.

4. Erörtern Sie, welchen Einfluss Klima, Bildung und Lebenseinstellung der Menschen auf die Wirtschaftsverhältnisse eines Landes haben.

5. Was müsste geschehen, um die Verknappung und damit die Verteuerung des Betriebsstoffes Energie in den Betrieben aufzufangen?

6. Eine Maschinenfabrik veröffentlicht die folgenden Zahlen:

| | Zahl der Beschäftigten | Anzahl Maschinen | Umsatz (in Mio. EUR) |
|---|---|---|---|
| 2006 | 805 | 1.241 | 176 |
| 2016 | 439 | 1.645 | 330 |

a) Errechnen Sie den Umsatz je Mitarbeiter.

b) Beschreiben Sie den Trend, den diese Zahlen widerspiegeln.

c) Erörtern Sie die möglichen wirtschaftlichen und gesellschaftlichen Folgen einer solchen Entwicklung.

7. a) Berechnen Sie die günstigste Faktorkombination in Geldeinheiten (GE):

| | 1 Mitarbeiter kostet 5 GE | | 1 Maschine kostet 20 GE | | Ergebnis |
|---|---|---|---|---|---|
| Fall 1 | 12 Mitarbeiter | + | 2 Maschinen | = | ? |
| Fall 2 | 6 Mitarbeiter | + | 4 Maschinen | = | ? |
| Fall 3 | 4 Mitarbeiter | + | 6 Maschinen | = | ? |
| Fall 4 | 2 Mitarbeiter | + | 12 Maschinen | = | ? |

b) Wie verändert sich das Ergebnis, wenn die Kosten des Faktors Arbeit auf 30 GE steigen und die Kapitalkosten gleich bleiben?

c) Welche Gründe können für die

– Substitution des Faktors Arbeit durch den Faktor Betriebsmittel sprechen,

– Beibehaltung des Faktors Arbeit sprechen,

wenn in beiden Fällen der Faktor Arbeit wesentlich höhere Kosten als der Faktor Betriebsmittel verursacht?

## 1.4 Betriebliche Funktionen

In den Betrieben erfolgt die überwiegende Leistungserstellung, die zur Produktion der Güter notwendig ist. Dazu werden Sachmittel, aber auch finanzielle Mittel benötigt.

In jedem Unternehmen gibt es deshalb zwei gegenläufige Ströme:

- den **Güterstrom** in Richtung auf die **Absatzmärkte,**
- den **Geldstrom** in Richtung auf die **Beschaffungsmärkte.**

Um die Güterströme reibungslos fließen zu lassen, sind Unternehmen nach Funktionen unterteilt. **Güterwirtschaftliche Grundfunktionen** in Richtung auf die Absatzmärkte sind die Beschaffung, die Lagerung, die Produktion und der Absatz. Die **finanzwirtschaftlichen Grundfunktionen** stellen die Finanzierung und Zahlung dar. **Querschnittsfunktionen** über alle Bereiche übernehmen die Informatik und die Logistik. Die **Leitung des Unternehmens** hat die Lenkung und die Gesamtverantwortung für die Abläufe im Unternehmen.

| Funktion | Merkmal |
|---|---|
| **Funktionen im Güterstrom** | |
| **Beschaffung** | Sie umfasst alle vorbereitenden und ausführenden Tätigkeiten, die der **Bereitstellung** von Sachgütern, Rechten und Dienstleistungen für betriebliche Zwecke dienen. |
| **Produktion** | Sie ist die **Leistungserstellung,** die das Unternehmen entsprechend dem Betriebszweck erbringt. |
| **Absatz** | Darunter versteht man alle vorbereitenden und ausführenden Tätigkeiten, die dazu dienen, die **betrieblichen Leistungen** (Produkte) am Absatzmarkt zu **verkaufen.** |
| **Lagerhaltung** | Sie dient der **Überbrückung von Versorgungsschwankungen** vor, während und nach der Produktion. |
| **Funktionen im Geldstrom** | |
| **Finanzierung** | Sie umfasst alle Maßnahmen, die der **Beschaffung und Bereitstellung von Geld** dienen, um die Sachmittel für die betriebliche Leistungserstellung beschaffen zu können. |
| **Zahlung** | Sie hat vor allem die Aufgabe, den **Geldstrom** in Richtung auf die Beschaffungsmärkte **weiterzuleiten und Abgaben vorzunehmen** (z. B. Steuern). |
| **Querschnittfunktionen** | |
| **Informatik** | Sie dient der **Vernetzung der Informationsflüsse** im Unternehmen. Dadurch können alle Mitarbeiter auf die gleichen Daten zurückgreifen. |
| **Logistik** | Sie unterstützt die gesamte Versorgungskette von der Beschaffung der Sachgüter bis zur Auslieferung der Güter an die Kunden durch **Transport-, Lager- und Entsorgungsmaßnahmen.** |
| **Leitungsfunktion** | |
| **Unternehmensleitung** | Übernahme der Aufgaben der **Zielsetzung, Planung, Organisation, Durchführung, Kontrolle, Rechenschaftslegung, Repräsentation.** |

## Zusammenfassende Übersicht zu Kapitel 1.4: Betriebliche Funktionen

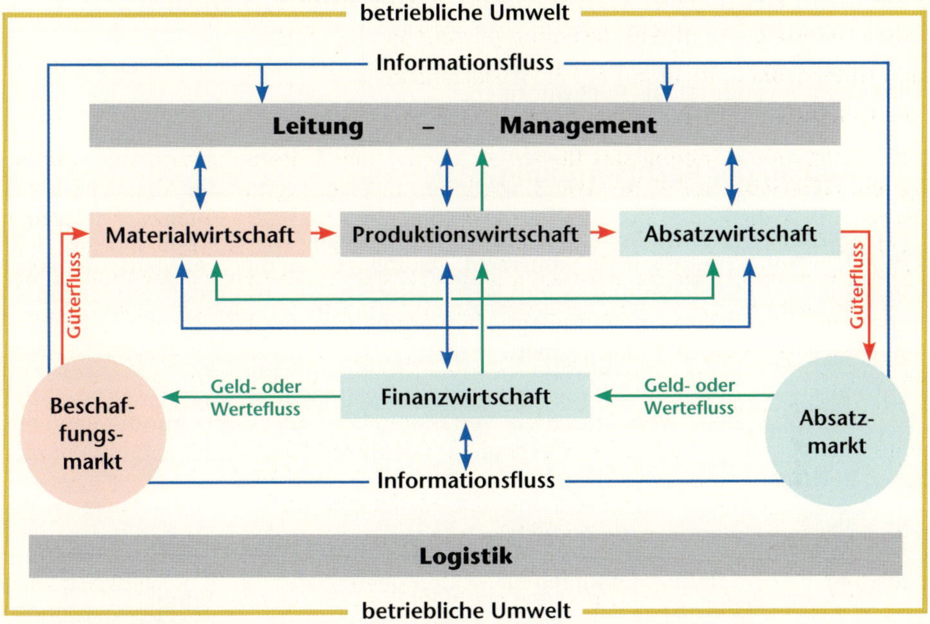


### ▶ Aufgaben und Probleme

1. Erläutern Sie, welche Funktionen man
   - bei einem Industrieunternehmen,
   - bei einem Handelsunternehmen unterscheidet

   a) im Güterstrom,

   b) im Geldstrom,

   c) in der Leitung des Unternehmens.

2. Welche Auswirkungen hätte das Fehlen von Handelsbetrieben in einer Volkswirtschaft

   a) für die Industrie,

   b) für die Verbraucher?

3. Skizzieren Sie den Güter- und Informationsfluss von der Rohstoffbeschaffung bis zum Verbraucher bei der industriellen Fensterproduktion.

# 2 Grundzüge der Rechtsordnung

## 2.1 Bedeutung der Grundstruktur der Rechtsordnung

Die Gesamtheit des in einem Staate geltenden Rechts bezeichnet man als **Rechtsordnung,** die einzelnen Vorschriften als **Rechtsnormen.**

### 2.1.1 Aufbau der Rechtsordnung

Die Rechtsnormen wurzeln in allgemeingültigen Rechtsgedanken und in den herrschenden sittlichen Auffassungen, dem **Naturrecht.** Daraus werden die vom Menschen verfassten Rechtsnormen abgeleitet und schriftlich in Gesetzen, Verordnungen, Satzungen, Verwaltungs- und Justizakten niedergelegt; dies ergibt das gesetzte (positive) Recht (lat. positum = gesetzt, festgelegt, dargestellt).

**Gerichtsentscheide** durch die Oberlandes- und Bundesgerichte ergänzen das geschriebene Recht vor allem dann, wenn durch die Verfassung oder ein Gesetz nur die Rahmenbedingungen geregelt sind oder wenn Lücken im Gesetz im Zusammenhang mit einem gegebenen Rechtsstreit auszufüllen sind.

| Rechtsnorm | Inhalt und Bedeutung | Beispiel | Zuständigkeit |
|---|---|---|---|
| **Verfassung** | normativer **Rahmen** für Gesetzgebung | Grundgesetz | Legislative (qualifizierte Mehrheit) |
| **Gesetz** | Rechtsregeln **allgemeinen** Charakters | Gewerbesteuergesetz | Legislative (einfache Mehrheit) |
| **Verordnung** | Ergänzungs- und Durchführungsbestimmungen **allgemein** | Gewerbesteuerdurchführungsverordnung | Exekutive (oberste Instanz: Ministerium) |
| **Satzung** | Rechtsvorschrift **allgemeinen** Inhalts | Festlegung des Gewerbesteuerhebesatzes | Selbstverwaltung der Kommunen (Gemeinden, Kreis) |
| **Verwaltungsakt** | Verfügungen und Entscheidungen zur Regelung des **Einzelfalles** | Gewerbesteuerbescheid | Exekutive (untergeordnete Behörde) |

### 2.1.2 Öffentliches Recht und Privatrecht

#### Öffentliches Recht

**Das öffentliche Recht** regelt

- die Rechtsverhältnisse der Träger der öffentlichen Gewalt zueinander,

  **Beispiele:** Staatsaufbau und Verfassungsrecht, Gesetzgebung

- das Verhältnis des Einzelnen zu den Trägern der öffentlichen Gewalt. Im Interesse der Allgemeinheit werden dem Einzelnen Verbote und Gebote auferlegt, d.h., es besteht Über- und Unterordnung.

**Beispiele:**

1. **Verbote:** Leben, Freiheit, Eigentum und Ehre des Mitmenschen zu verletzen; gegen die Regeln des Straßenverkehrs zu verstoßen
2. **Pflichten:** Steuerpflicht, Zeugenpflicht vor Gericht

Das öffentliche Recht sichert auch das Recht und die Freiheit des Bürgers und schützt ihn vor Übergriffen des Staates.

**Beispiele:** Niederlassungsfreiheit, Freiheit der Meinungsäußerung, Verbot des Freiheitsentzugs ohne richterliche Anordnung

## Privatrecht

Das **Privatrecht** regelt das Recht des Einzelnen für sich und in seinem Verhältnis zum Recht des Anderen nach dem Grundsatz der Gleichberechtigung.

Jeder Zweig des öffentlichen und privaten Rechts enthält ein Bündel von Gesetzen, die entweder grundlegender oder ergänzender spezifischer Natur sind.

**Beispiele:** Grundlegendes Gesetz für das bürgerliche Recht ist das Bürgerliche Gesetzbuch (BGB). Das Handelsgesetzbuch (HGB) ergänzt das BGB und gilt speziell für Kaufleute.

Im Steuerrecht, das in der Verfassung wurzelt, ist die Abgabenordnung (AO) das grundlegende Gesetz, auf dem die speziellen Steuergesetze wie das Einkommensteuergesetz (EStG), das Umsatzsteuergesetz (UStG), das Gewerbesteuergesetz (GewStG) u.a. aufbauen.

Während das öffentliche Recht **zwingendes Recht** ist, ist das Privatrecht weitgehend **nachgiebiges Recht,** d.h., es können durch Verträge andere Regelungen als die im Gesetz vorgesehenen vereinbart werden.

**Beispiele:**

1. Das Jugendarbeitsschutzgesetz verbietet Kinderarbeit.
2. Beim Kauf einer Ware muss nach § 448 BGB der Käufer die Verpackungskosten als Kosten der Abnahme bezahlen. Es kann aber vereinbart werden, dass der Verkäufer diese Kosten trägt.

### Zusammenfassende Übersicht zu Kapitel 2.1: Bedeutung der Grundstruktur der Rechtsordnung

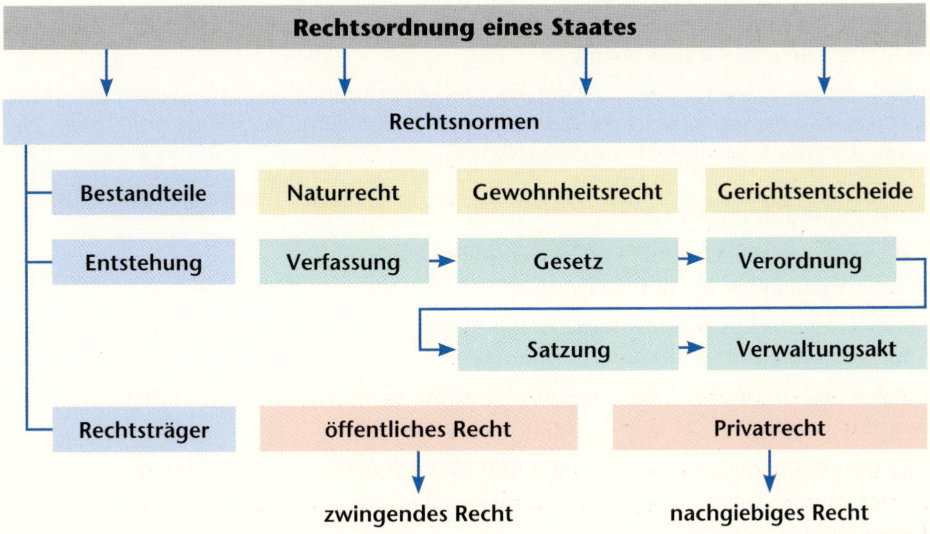

**▶ Aufgaben und Probleme**

1. Welche Bedeutung hat eine Rechtsordnung?
2. Erklären Sie den Unterschied zwischen
   a) Gesetz und Satzung,
   b) Verordnung und Verwaltungsakt.
3. Begründen Sie, ob es sich bei den folgenden Fällen um Vorgänge des öffentlichen Rechts oder des Privatrechts handelt:
   a) Ein Großhändler vereinbart mit einem Einzelhändler eine Warenlieferung.
   b) Eine Straße wird für den Durchgangsverkehr gesperrt.
   c) Sie erhalten den Einkommensteuerbescheid für das vergangene Jahr.
   d) Zwei Kaufleute gründen eine offene Handelsgesellschaft.
   e) Bund und Länder beschließen eine Neuverteilung des Umsatzsteueraufkommens.
4. Welche Folgen ergeben sich aus zwingendem und aus nachgiebigem Recht?

## 2.2 Rechtsfähigkeit und Geschäftsfähigkeit

### 2.2.1 Rechtsfähigkeit

**Rechtsfähigkeit** ist die **Fähigkeit von Personen, Träger von Rechten und Pflichten zu sein.**

#### Natürliche Personen

*BGB § 1* **Natürliche Personen** sind alle Menschen. Ihre Rechtsfähigkeit beginnt mit der Vollendung der Geburt und endet mit dem Tod.

**Beispiele:** Ein zweijähriges Kind wird durch Erbfolge Eigentümer eines Hauses mit allen Rechten und Pflichten; jeder Jugendliche hat das Recht auf Schulbildung; bis zur Vollendung des 18. Lebensjahres ist der Jugendliche berufsschulpflichtig.

#### Juristische Personen

*§§ 21 ff.* **Juristische Personen** (JP) sind Personenvereinigungen und Vermögensmassen mit eigener Rechtspersönlichkeit. Es gibt

1. JP des öffentlichen Rechts: Dazu gehören Körperschaften (Bund, Länder, Gemeinden) und Anstalten (Rundfunkanstalt, Sparkasse),
2. JP des privaten Rechts: Dazu gehören Vereine (eingetragener Verein, AG, GmbH, eG) und Stiftungen (VolkswagenStiftung, Kruppstiftung).

Jede juristische Person ist von der Gründung bis zur Auflösung rechtsfähig.

**Beispiel:** Die Volkswagen AG hat einen rechtlich geschützten Namen, unter dem sie klagen und verklagt werden kann. Sie haftet mit ihrem eigenen Vermögen (Grundstücke, Fuhrpark usw.).

Die Verleihung und Anerkennung der Rechtsfähigkeit juristischer Personen ist durch Gesetze geregelt.

| Merkmale | Beispiel |
|---|---|
| JP handeln durch Organe, die sich aus natürlichen Personen zusammensetzen. | Eine Aktiengesellschaft wird durch einen Vorstand vertreten, der aus natürlichen Personen besteht. |
| JP tragen einen rechtlich geschützten Namen, unter dem sie klagen und verklagt werden können. | Audi AG |
| JP haften mit dem eigenen Vermögen. | Die AG haftet den Gläubigern mit ihrem Unternehmensvermögen. |
| Der Bestand der JP ist grundsätzlich von der Mitgliederbewegung unabhängig. | Verkauft ein Aktionär seine Aktien oder stirbt er, besteht die AG weiterhin. |

## 2.2.2 Geschäftsfähigkeit

**Geschäftsfähigkeit** ist die **Fähigkeit, rechtsgeschäftliche Willenserklärungen abzugeben und entgegenzunehmen.**

Man unterscheidet drei Stufen der Geschäftsfähigkeit:

| Stufe 1 | Stufe 2 | Stufe 3 |
|---|---|---|
| Geschäftsunfähigkeit | beschränkte Geschäftsfähigkeit | unbeschränkte Geschäftsfähigkeit |

### Stufe 1 der Geschäftsfähigkeit: Geschäftsunfähigkeit

**Geschäftsunfähig** sind *BGB § 104*

- Personen bis zum vollendeten 7. Lebensjahr,
- dauernd Geisteskranke.

**Die Willenserklärung eines Geschäftsunfähigen ist nichtig** (Mangel der Geschäftsfähigkeit). *§ 105*

**Beispiel**: Ein fünfjähriges Kind kann sein Kickboard nicht rechtsgültig verschenken. Die Eltern können die Rückgabe verlangen.

Für Geschäftsunfähige handelt in der Regel nur der gesetzliche Vertreter (Eltern, Vormund).

**Geschäftsunfähige** können aber als **Boten** (Übermittlung einer fremden Willenserklärung) handeln.

Ein **volljähriger Geschäftsunfähiger** kann ein Geschäft des täglichen Lebens, das mit geringwertigen Mitteln bewirkt werden kann, tätigen. *§ 105a*

## Stufe 2 der Geschäftsfähigkeit: beschränkte Geschäftsfähigkeit

*BGB § 106* Beschränkt geschäftsfähig sind Personen vom vollendeten 7. bis zum vollendeten 18. Lebensjahr.

*§§ 106 ff., 182 ff.* **Die Willenserklärung** eines **beschränkt Geschäftsfähigen bedarf** in der Regel der **Zustimmung des gesetzlichen Vertreters.**

**Beispiel:** Ein 16-jähriger Schüler muss sich den Kauf eines Mopeds genehmigen lassen.

Ein von einem beschränkt Geschäftsfähigen ohne **Einwilligung (vorherige Zustimmung)** des gesetzlichen Vertreters abgeschlossenes Rechtsgeschäft ist bis zur **Genehmigung (nachträgliche Zustimmung)** schwebend unwirksam. Durch die nachträgliche Zustimmung wird es voll wirksam. *§ 1643* Bei Kredit- und Ratengeschäften ist die Genehmigung des Familiengerichtes erforderlich.

Folgende Rechtsgeschäfte eines beschränkt Geschäftsfähigen sind ohne Zustimmung des gesetzlichen Vertreters rechtswirksam:

*§ 107* 1. Rechtsgeschäfte, durch die er nur Vorteile (in rechtlicher Hinsicht) erlangt (Annahme einer Geldschenkung).

*§ 110* 2. Verträge, die er mit Mitteln erfüllt, welche ihm vom gesetzlichen Vertreter zu diesem Zweck oder zur freien Verfügung überlassen wurden (»Taschengeldparagraf«).

*§ 113* 3. Erlaubt ihm der gesetzliche Vertreter, einen Dienstvertrag (Arbeitsvertrag) abzuschließen, so braucht er für solche Rechtsgeschäfte, die sich aus dem genehmigten Dienstvertrag ergeben (Lohn- und Gehaltsabsprachen, Kündigung), keine besondere Zustimmung mehr. Diese Bestimmung gilt nicht für Berufsausbildungsverhältnisse, da diese keine Dienst- oder Arbeitsverträge sind.

## Stufe 3 der Geschäftsfähigkeit: unbeschränkte Geschäftsfähigkeit

**Unbeschränkt geschäftsfähig** sind Personen, die das 18. Lebensjahr vollendet haben, sofern sie nicht zu den Geschäftsunfähigen gehören.

**Die Willenserklärungen** eines **unbeschränkt Geschäftsfähigen** sind **voll rechtswirksam.**

**Beispiel:** Eine 19-jährige Auszubildende kann Verträge ohne Zustimmung der Eltern rechtsgültig abschließen.

*§ 1896* Für einen Volljährigen, der körperlich, geistig oder seelisch behindert ist, kann das Vormundschaftsgericht einen **Betreuer** bestellen. Dieser wird beauftragt, in den Aufgabenkreisen für den Menschen mit Behinderung zu handeln, die der Behinderte nicht selbst regeln kann. Der **Betreute** bleibt dabei unbeschränkt geschäftsfähig.

## Zusammenfassende Übersicht zu Kapitel 2.2: Rechtsfähigkeit und Geschäftsfähigkeit

**Rechtsfähigkeit und Geschäftsfähigkeit**

**Personen**

**natürliche Personen** | **juristische Personen**

**Geschäftsfähigkeit**

- geschäftsunfähig
- beschränkt geschäftsfähig
- unbeschränkt geschäftsfähig

**Rechtsfähigkeit**

Fähigkeit, Träger von Rechten und Pflichten zu sein

### ▶ Aufgaben und Probleme

1. Welche Fähigkeit verbirgt sich hinter der Rechtsfähigkeit?

2. Welche der folgenden Personen oder Institutionen sind juristische Personen?
   a) Sportclub Oldenburg e. V.,
   b) Richter beim Landgericht,
   c) Bundesrepublik Deutschland,
   d) Vorstandsvorsitzender einer AG.

3. Jemand behauptet: »Ein 5-jähriges Kind ist weder rechts- noch geschäftsfähig.« Überprüfen Sie diese Aussage.

4. Die 17-jährige Hildegard Gut absolviert eine Ausbildung zur Kauffrau im Groß- und Außenhandel.
   a) Von der Ausbildungsvergütung stehen ihr monatlich 300 EUR als Taschengeld zur Verfügung. Eines Tages schließt sie mit dem Media-Center e. K. einen Kaufvertrag über eine Stereoanlage im Wert von 1.800 EUR ab. Wie ist die Rechtslage?
   b) Ein Onkel hat ihr für diesen Zweck 2.000 EUR geschenkt. Wie ist die Rechtslage?
   c) Unter welchen Voraussetzungen könnte sie nach Beendigung des Ausbildungsverhältnisses den Betrieb wechseln?
   d) Unter welchen Voraussetzungen könnte sie das Großhandelsgeschäft des kranken Vaters übernehmen?

5. Wie ist die Rechtslage in folgenden Fällen:
   a) Die 15-jährige Christine hat von ihrem Patenonkel als Geschenk ein Fahrrad erhalten. Da die Eltern seit einiger Zeit mit dem Onkel Streit haben, verlangen sie von Christine, das Fahrrad zurückzugeben.
   b) Der 6-jährige Jörg kauft ohne Wissen der Eltern von seinen Ersparnissen im benachbarten Spielwarengeschäft einen Spielzeugpanzer. Da die Eltern damit nicht einverstanden sind, wollen sie das Spielzeug zurückbringen.
   c) Die 6-jährige Angie kauft sich ohne Wissen der Eltern von ihren Ersparnissen eine Tüte Gummibärchen, die sie auch alle isst. Die Eltern sind gegen den Kauf von Süßigkeiten und bringen die leere Tüte dem Einzelhändler zurück.
   d) Die 17-jährige Mitarbeiterin eines Reinigungsunternehmens kündigt ihrem Arbeitgeber. Der Vater will die Kündigung rückgängig machen.
6. In welchem Fall kann auch ein Erwachsener geschäftsunfähig sein?

## 2.3 Rechtsgeschäfte

**Rechtsgeschäfte sind Geschäfte,** aus denen sich **Rechtsfolgen ergeben.**

**Beispiel:** Der Verkäufer hat sich durch den Kaufvertrag verpflichtet, dem Käufer die Kaufsache zu übergeben und ihm das Eigentum daran zu übertragen.

**Rechtsgeschäfte entstehen durch Willenserklärungen (WE),** die darauf gerichtet sind, Rechtsverhältnisse zu begründen, zu ändern oder aufzuheben.

**Beispiele:** Abschluss eines Mietvertrages, Vereinbarung einer Mieterhöhung, Kündigung des Mietvertrages durch den Mieter

| Arten von Willenserklärungen | | |
|---|---|---|
| **mündliche Äußerung** | **schriftliche Erklärung** | **schlüssiges Handeln,** d. h. durch eine Handlung, aus der man auf einen bestimmten Willen schließen muss. |
| **Beispiel:** Der Verkäufer in einem Ladengeschäft nennt dem Kunden den Preis eines Artikels. | **Beispiel:** Der Sachbearbeiter im Einkauf schickt ein ausgefülltes und unterschriebenes Angebotsformular an den Lieferanten. | **Beispiele:**<br>– Hinzeigen auf ein Buch in einer Buchhandlung<br>– Handheben bei einer Versteigerung<br>– Einsteigen in einen Bus<br>– Verzehr eines herumliegenden Gebäcks im Restaurant |

## 2.3.1 Arten und Zustandekommen von Rechtsgeschäften

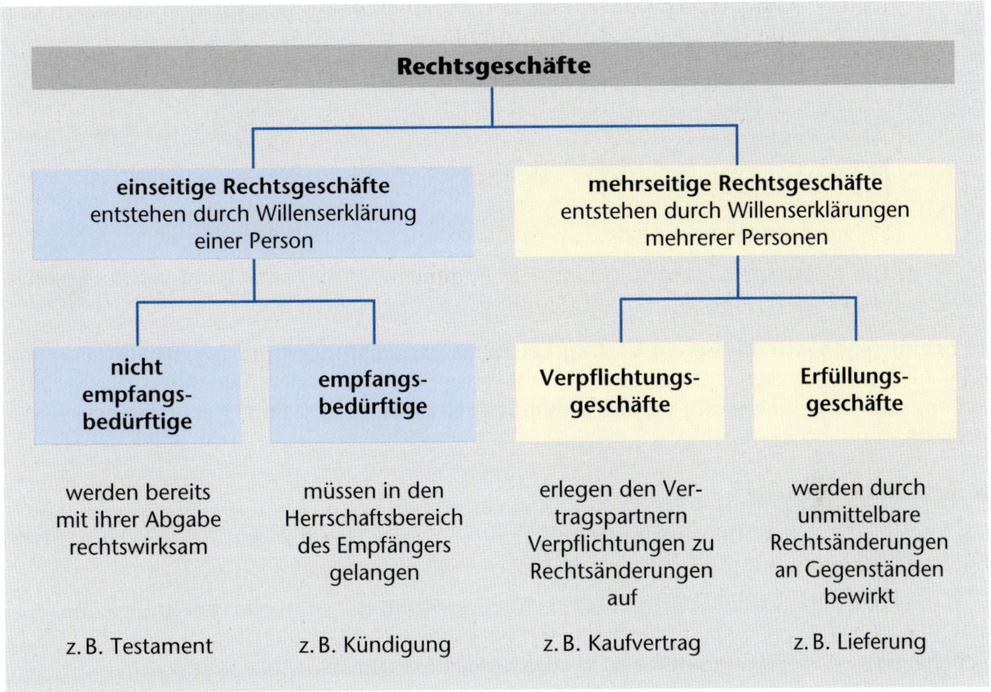


### Einseitige Rechtsgeschäfte

#### ▶ Empfangsbedürftige Willenserklärungen

**Beispiel:** Eine Kündigung muss zum Kündigungstermin im Briefkasten oder auf dem Schreibtisch des Empfängers angekommen sein.

#### ▶ Nicht empfangsbedürftige Willenserklärungen

**Beispiel:** Ein formgerechtes Testament ist bereits mit der Erstellung rechtsgültig.

### Mehrseitige Rechtsgeschäfte

#### ▶ Verpflichtungsgeschäfte (Verträge)

**Beispiel** Kaufvertrag: Verpflichtung des Verkäufers zur Übergabe und Eigentumsübertragung, Verpflichtung des Käufers zur Annahme und Zahlung.

**Verträge kommen durch übereinstimmende Willenserklärungen** von zwei oder mehr Personen **zustande.**

Die zuerst abgegebene Willenserklärung heißt **Antrag.** Die zustimmende Willenserklärung heißt **Annahme.** Ein Vertrag ist mit der Annahme des Antrages abgeschlossen.

**Beispiel:** Beim Verkauf eines Pkw kann der Verkäufer durch Angabe des Preises das Auto »antragen«. Mit der Annahme des Antrages durch den Käufer ist der Kaufvertrag abgeschlossen. Der Käufer kann aber auch dem Verkäufer gegenüber den Kaufantrag stellen; dann wird durch die Annahme des Antrages seitens des Verkäufers der Kaufvertrag abgeschlossen.

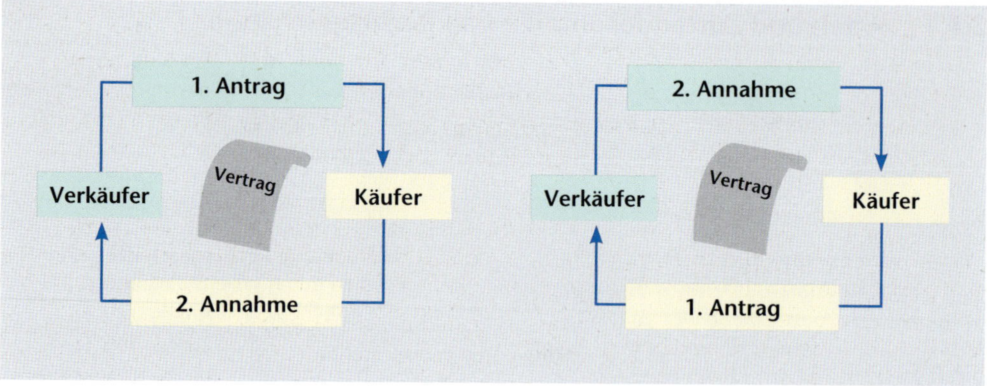


Je nachdem, ob sich aus einem Vertrag Leistungsverpflichtungen nur für eine der Parteien oder für beide ergeben, spricht man von **einseitig verpflichtenden Verträgen** (Bürgschaft, Schenkung) oder **mehrseitig verpflichtenden Verträgen** (Kauf, Miete, Pacht, Gesellschaftsvertrag).

### ▶ Erfüllungsgeschäfte

Sie kommen durch **Willenserklärungen** (Einigung) und **Handlungen** (Übergabe, Grundbucheintragung) zustande.

Im Wirtschaftsleben spielen verschiedene Vertragsarten des BGB eine wichtige Rolle:

| | Vertragsart | Vertragsgegenstand | Pflichten der Vertragspartner | Beispiel |
|---|---|---|---|---|
| *BGB §§ 433 ff.* | **Kaufvertrag** | Erwerb eines Gegenstandes gegen Entgelt | **Verkäufer:** Übergabe des Gegenstandes und Verschaffung des Eigentums<br>**Käufer:** Annahme des Gegenstandes und Bezahlung des Kaufpreises | Eine Familie kauft ein Auto. |
| *§§ 611 ff.* | **Dienstvertrag** | Leistung von Diensten gegen Entgelt | **Arbeitnehmer:** Verrichtung einer Arbeit<br>**Arbeitgeber:** Bezahlung der vereinbarten Vergütung | Ein Industriekaufmann unterschreibt einen Arbeitsvertrag. |
| *§§ 535 ff.* | **Mietvertrag** | Überlassung von Sachen zum Gebrauch gegen Entgelt | **Vermieter:** Übergabe der Sache in vertragsmäßigem Zustand<br>**Mieter:** Bezahlung der Miete, Rückgabe derselben Sache | Ein Auszubildender mietet ein Zimmer. |
| *§§ 581 ff.* | **Pachtvertrag** | Überlassung von Sachen und Rechten zum Gebrauch und Fruchtgenuss gegen Entgelt | **Verpächter:** Übergabe der Sache in vertragsmäßigem Zustand<br>**Pächter:** Bezahlung der Pacht, Rückgabe derselben Sache | Ein Koch übernimmt eine Gastwirtschaft. |
| *§§ 598 ff.* | **Leihvertrag** | Überlassung von Sachen zum Gebrauch ohne Entgelt | **Verleiher:** Übergabe der Sache in vertragsmäßigem Zustand<br>**Entleiher:** Rückgabe derselben Sache | Ein Schüler erhält von seiner Schule kostenlos die Lehrbücher. |

| Vertragsart | Vertragsgegenstand | Pflichten der Vertragspartner | Beispiel |
|---|---|---|---|
| **Darlehensvertrag** | unentgeltliche oder entgeltliche Überlassung eines vereinbarten Geldbetrages | **Darlehensgeber:** Geldbetrag zur Verfügung stellen<br>**Darlehensnehmer:** Rückzahlung des Darlehens und Zahlung der geschuldeten Zinsen | Ein Kaufmann nimmt bei der Bank einen Kredit auf. |
| **Sachdarlehensvertrag** | unentgeltliche oder entgeltliche Überlassung von vertretbaren Sachen (sind beweglich und werden nach Zahl, Maß oder Gewicht bestimmt) | **Darlehensgeber:** Überlassung einer vereinbarten vertretbaren Sache<br>**Darlehensnehmer:** Rückerstattung von Sachen gleicher Art, Güte und Menge und Zahlung des vereinbarten Darlehensentgelts | Ein Autofahrer erhält von seinem Nachbarn 5 Liter Benzin und gibt später den aufgefüllten Ersatzkanister wieder zurück. |

*BGB §§ 488 ff*

*§§ 607 ff*

## 2.3.2 Form der Rechtsgeschäfte

Die meisten Rechtsgeschäfte bedürfen bei ihrem Abschluss und für ihre Rechtsgültigkeit keiner besonderen Form.

### Formfreiheit

**Formfreiheit** bedeutet, dass ein Rechtsgeschäft in jeder beliebigen Form abgeschlossen werden kann. Willenserklärungen können also mündlich, schriftlich oder durch schlüssige (konkludente) Handlungen abgegeben werden.

**Beispiel:** Angebot mittels Telefongespräch, Brief oder Fax

Eine E-Mail als Willenserklärung hat nur in den Fällen volle rechtsgeschäftliche Wirkung, in denen auch eine mündliche Willenserklärung ausreichen würde, z. B. für die Bestellungsannahme auf ein schriftlich vorliegendes Angebot.

### Formzwang

**Formzwang** bedeutet, dass ein Rechtsgeschäft in der gesetzlich vorgeschriebenen oder vertraglich vereinbarten Form vorgenommen werden muss. Vorteile: erhöhte Sicherheit, leichte Beweisbarkeit, Schutz vor Übereilung und Leichtfertigkeit. *§ 125*

Folgende Formen sind möglich:

| Form | Erklärung | Beispiele |
|---|---|---|
| **schriftlich** | Die Urkunde muss vom Aussteller eigenhändig durch Namensunterschrift unterzeichnet werden. Wird über einen Vertrag nur eine Urkunde ausgestellt, müssen beide Parteien unterzeichnen. Werden über einen Vertrag mehrere Urkunden ausgestellt, so genügt es, wenn jede Partei die Urkunde unterzeichnet, die für die andere Partei bestimmt ist. | – Bürgschaftserklärungen,<br>– Wohnungsmietverträge auf länger als ein Jahr,<br>– Privattestamente müssen sogar eigenhändig geschrieben und unterschrieben sein. |

*§ 125 § 766 § 566 § 2231*

| | Form | Erklärung | Beispiele |
|---|---|---|---|
| *BGB § 126a SigG § 2* | **elektronisch** | Die elektronische Form ersetzt die Schriftform, wenn das elektronische Dokument mit einer qualifizierten elektronischen Signatur versehen und der Name des Ausstellers hinzugefügt wird. | elektronische Steuererklärung |
| *BGB § 126b* | **Text** | Bei der Textform muss die Erklärung durch die Nachbildung einer Namensunterschrift oder anders erkennbar gemacht werden. Dadurch kann auf die eigenhändige Unterschrift in bestimmten Fällen verzichtet werden. | – Gehaltsabrechnung<br>– Bußgeldbescheid |
| *§ 129* | **öffentliche Beglaubigung** | Die Erklärung muss schriftlich abgefasst und die Unterschrift des Erklärenden von einem Notar beglaubigt werden. Die Beglaubigung bestätigt nur die Echtheit der Unterschrift und bezieht sich nicht auf den Inhalt der Urkunde. | schriftliche Anmeldungen und Anträge zum Handelsregister und zum Grundbuch |
| *§ 128 § 311b* | **notarielle Beurkundung** | Die Willenserklärungen werden von einem Notar protokollarisch aufgenommen. Seine Beurkundung bestätigt sowohl die Echtheit der Unterschrift als auch den Inhalt der Willenserklärung. | Beim Kauf eines Grundstückes ist ein notariell beurkundeter Kaufvertrag abzuschließen. Damit hat der Käufer den Anspruch auf Eigentumsübertragung erhalten. |

*§ 125* Wird die gesetzlich vorgeschriebene oder vertraglich vereinbarte **Form nicht beachtet,** so ist das **Rechtsgeschäft nichtig (Formnichtigkeit).**

## 2.3.3 Nichtigkeit und Anfechtbarkeit von Rechtsgeschäften

### Nichtigkeit von Willenserklärungen und Rechtsgeschäften

Die **Nichtigkeit von Rechtsgeschäften** hat zur **Folge,** dass die Vertragspartner so gestellt werden müssen, als hätte das **Rechtsgeschäft nie stattgefunden.**

| | Willenserklärungen und Rechtsgeschäfte | Beispiel |
|---|---|---|
| *§ 142 § 105 (1)* | Willenserklärungen von Geschäftsunfähigen | Ein 6-jähriges Kind kann sein Kickboard nicht rechtswirksam seiner Freundin schenken. Die Eltern können die Herausgabe verlangen. |
| *§ 105 (2)* | Willenserklärungen, die im Zustand der Bewusstlosigkeit oder vorübergehender Störung der Geistestätigkeit abgegeben wurden | Jemand verschenkt »im Rausch« seine Armbanduhr. |
| *§ 117* | Rechtsgeschäfte, die zum Schein abgeschlossen wurden | Der Käufer eines Hauses lässt beim Notar in den Kaufvertrag nicht die tatsächlich verabredete Kaufsumme von 450.000 EUR eintragen, sondern nur 300.000 EUR, um die Grunderwerbsteuer zu vermindern. Der Scheinvertrag über 300.000 EUR ist nichtig. |

| Willenserklärungen und Rechtsgeschäfte | Beispiel | |
|---|---|---|
| Rechtsgeschäfte, die gegen ein gesetzliches Verbot verstoßen | Ein Kaufvertrag über Rauschgift ist nichtig, da der Drogenhandel verboten ist. | *BGB § 134* |
| Rechtsgeschäfte, die gegen die guten Sitten verstoßen | A verlangt von B, der sich in einer finanziellen Notlage befindet, für ein Darlehen 40 % Zinsen. Der Darlehensvertrag ist nichtig (Wucher). | *§ 138* |
| Rechtsgeschäfte, die gegen die gesetzlichen oder rechtsgeschäftlich bestimmten Formvorschriften verstoßen | Ein mündlich abgeschlossener Grundstückskauf ist nichtig, weil er notariell beurkundet werden muss. | *§ 125* |

## Anfechtbarkeit von Rechtsgeschäften

**Gültig zustande gekommene Rechtsgeschäfte** werden **durch Anfechtung** mit rückwirkender Kraft von **Anfang an nichtig.** *§ 142*

**Anfechtungsgründe** sind Irrtum und arglistige Täuschung oder widerrechtliche Drohung.

### ▶ Irrtum

*§§ 119 ff.*

| Arten des Irrtums | | | |
|---|---|---|---|
| **Inhaltsirrtum** | **Erklärungsirrtum** | **Übermittlungsirrtum** | **Eigenschaftsirrtum** |
| Irrtum über die Bedeutung der Willenserklärung | Irrtum bei der Äußerung des Willens durch Versprechen oder Verschreiben | Irrtum bei der Übermittlung des fremden Willens durch einen Dritten | Irrtum bei der Willensbildung aufgrund einer falschen Vorstellung der Person oder der Sache |
| **Beispiel:** Statt eines Leasingvertrages für einen Pkw wird ein Kaufvertrag unterschrieben. | **Beispiel:** Bei einem Angebot wird durch Verschreiben als Preis 15 EUR statt 51 EUR angegeben. | **Beispiel:** Der Bote einer Autowerkstatt wird beauftragt, eine Auspuffanlage für den Autotyp A4 im Zentrallager zu kaufen. Versehentlich verlangt er dort aber eine Auspuffanlage für den Typ A6. | **Beispiel:** Ein Geschäftsmann stellt einen Kassierer ein und erfährt nachträglich, dass dieser wegen Unterschlagung vorbestraft ist. |

**Anfechtungsberechtigt** ist, wer sich geirrt hat. Die Anfechtung muss unverzüglich nach Entdeckung des Irrtums erfolgen. Sie ist nicht mehr möglich, wenn seit der Abgabe der Willenserklärung zehn Jahre vergangen sind. Entsteht durch die Anfechtung ein Schaden, so ist der Anfechtende ersatzpflichtig. *§ 121*

Kein Anfechtungsrecht besteht bei **Irrtum im Beweggrund (Motivirrtum),** der zur Abgabe der Willenserklärung geführt hat, sowie bei schuldhafter Unkenntnis.

**Beispiel:** Ein Anleger kauft Aktien in der irrtümlichen Annahme, dass der Kurs steigen werde.

### ▶ Arglistige Täuschung oder widerrechtliche Drohung

*§§ 123 f.*

Die Anfechtung hat binnen Jahresfrist ab Entdeckung der Täuschung oder seit Wegfall der Zwangslage zu erfolgen. Auch hier gilt die 10-Jahres-Frist, in der die Anfechtung möglich ist.

**Beispiele:**

1. Ein Gebrauchtwagenhändler verkauft einen Unfallwagen als »garantiert unfallfrei«.
2. Ein Arbeitnehmer droht dem Arbeitgeber mit einer Anzeige wegen Steuerhinterziehung, falls er seine Forderung auf Gehaltserhöhung ablehnt.

## 2.3.4 Vertragsfreiheit

Die **Vertragsfreiheit** ist ein wesentliches Merkmal unserer Rechtsordnung und kann bestehen aus:

| Abschlussfreiheit | Inhaltsfreiheit | Formfreiheit |
|---|---|---|
| Geschäftsfähige Personen können ihre Vertragspartner frei wählen. | Verträge können inhaltlich frei gestaltet werden. | Rechtsgeschäfte können in jeder beliebigen Form abgeschlossen werden. |
| **Beispiel:** Niemand wird daran gehindert, ein Auto bei einem Händler zu kaufen, der das gewünschte Fabrikat führt. | **Beispiel:** Der Kunde kann beim Autokauf Sonderausstattung und Zahlungsweise nach seinem Wunsch mit dem Händler vereinbaren. | **Beispiel:** Der Kaufvertrag über den Kauf eines Autos kann mündlich abgeschlossen werden. Meistens wird jedoch wegen der besseren Beweiskraft bei Streitigkeiten die Schriftform gewählt. |

Die Vertragsfreiheit hat dort ihre Grenzen, wo der Einzelne bzw. die Allgemeinheit schutzbedürftig ist. Deshalb enthält unsere Rechtsordnung Regelungen, die zwingendes Recht sind und durch die Vertragspartner nicht abgeändert werden können.

**Beispiele:**

1. Die Zustimmung des gesetzlichen Vertreters, ohne die ein Vertrag mit einem beschränkt Geschäftsfähigen nicht rechtswirksam ist, kann durch vertragliche Vereinbarung nicht ausgeschlossen werden.
2. Ein Vertrag, der Rauschgifthandel zum Inhalt hat, ist nichtig.
3. Beim Grundstückskauf wird zum Schutz der Vertragspartner die notarielle Beurkundung vorgeschrieben.

## 2.3.5 Verbraucherschutz durch Allgemeine Geschäftsbedingungen

*BGB §§ 305 ff.*

Unter **Allgemeinen Geschäftsbedingungen (AGB)** versteht man Vertragsbedingungen, die für eine **Vielzahl von Verträgen vorformuliert** und auf der Vertragsurkunde (Angebots-, Bestellformular) oder auf einem besonderen Blatt abgedruckt werden.

**Gründe für das Vorhandensein von Allgemeinen Geschäftsbedingungen (AGB) bei Vertragsabschluss**

- Zeit- und Kostenersparnis
- Begrenzung des individuellen Vertragsrisikos
- Erhöhung der allgemeinen Rechtssicherheit

**Allgemeine Regelungen der Allgemeinen Geschäftsbedingungen**

- AGB **gültig** für alle geschlossenen Verträge
- individuelle Vertragsabsprachen **vorrangig**
- unangemessene Benachteiligungen unwirksam

**Verbotene Klauseln in den Allgemeinen Geschäftsbedingungen zum besonderen Schutz des Verbrauchers** *BGB § 309*

- kurzfristige Preiserhöhungen innerhalb von 4 Monaten nach Vertragsabschluss
- Ausschluss oder Einschränkung von Rechten bei Leistungsstörungen
- Verkürzung gesetzlicher Gewährleistungspflichten
- unangemessene lange Lieferzeit

Durch die gesetzliche Regelung der AGB soll eine Benachteiligung des wirtschaftlich Schwächeren durch vorformulierte Bedingungen verhindert werden.

**Zum besonderen Schutz der Verbraucher** legt das Gesetz fest, dass AGB nur dann Vertragsbestandteil werden, wenn der Unternehmer ausdrücklich auf die AGB hinweist bzw. diese deutlich sichtbar am Ort des Vertragsabschlusses aushängen und die andere Vertragspartei damit einverstanden ist.

| Beispiele für verbraucherfreundliche AGB | Beispiele für verbraucherunfreundliche AGB |
|---|---|
| Der Anbieter liefert stets frei Haus ohne Aufpreis. | Der Anbieter liefert nur ab Werk und schließt das Abholen der Ware aus. |
| Es wird eine kostenlose Hotline oder der umgehende Rückruf angeboten. | Es wird nur eine kostenpflichtige Hotline angeboten. |
| Der Anbieter verspricht, die persönlichen Kundendaten unter keinen Umständen an Dritte weiterzugeben. | Der Anbieter informiert, dass er die Kundendaten für Marketingzwecke an Dritte weitergeben darf. |

## Zusammenfassende Übersicht zu Kapitel 2.3: Rechtsgeschäfte

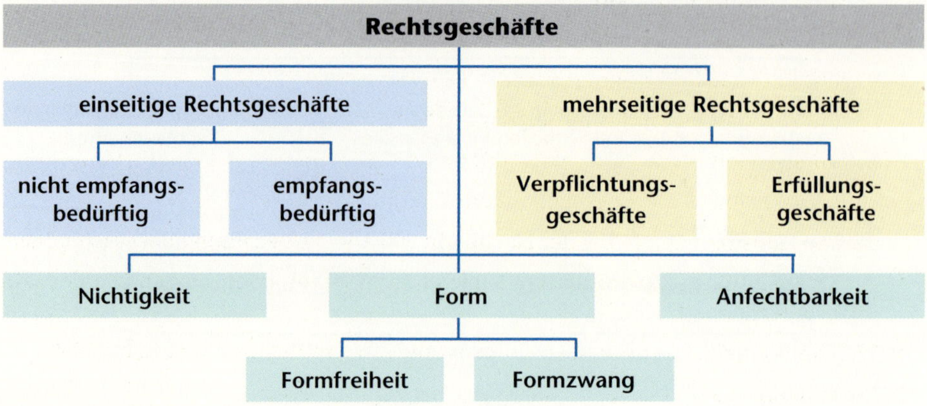


### Arten von mehrseitigen Rechtsgeschäften

- Kaufvertrag
- Dienstvertrag
- Mietvertrag
- Pachtvertrag
- Leihvertrag
- Darlehensvertrag
- Sachdarlehensvertrag

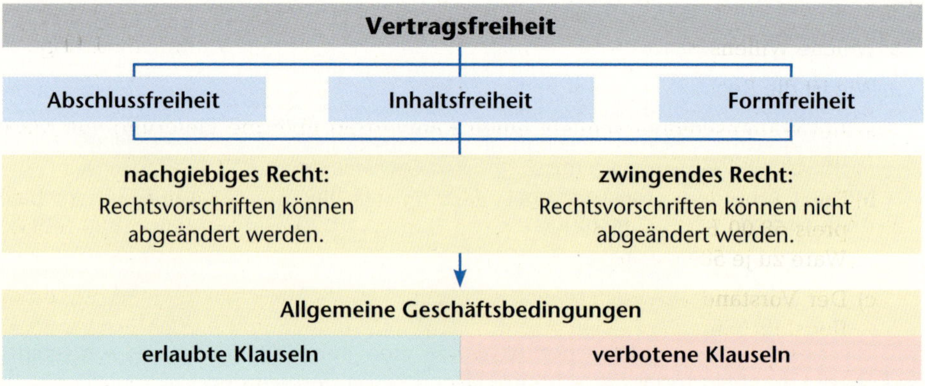


### ▶ Aufgaben und Probleme

1. Wie kommen Verträge zustande?
2. Ein Mieter kündigt den Mietvertrag. Wie ist die jeweilige Rechtslage?
   a) Er lässt das Kündigungsschreiben auf seinem Schreibtisch liegen.
   b) Er übergibt das Schreiben rechtzeitig persönlich dem Vermieter.
   c) Er wirft das Kündigungsschreiben rechtzeitig in den Briefkasten des Vermieters, weil sich dieser zurzeit im Urlaub befindet.
3. Jemand verfasst ein handschriftliches Testament und legt es in die Schreibtischschublade.
   a) Begründen Sie, ob dieses Testament im Erbfall rechtswirksam ist.
   b) Warum ist es in jedem Fall besser, das Testament einem Notar zu übergeben?

4. Stellen Sie die Unterschiede folgender Verträge einander gegenüber:
   a) Mietvertrag – Leihvertrag
   b) Mietvertrag – Pachtvertrag
   c) Leihvertrag – Sachdarlehensvertrag
5. Welche Vertragsarten liegen vor?
   a) Jemand »leiht« bei der Bank 10.000 EUR.
   b) Jemand »leiht« ein Auto und zahlt 0,60 EUR je gefahrenen Kilometer.
   c) Jemand »leiht« ein Buch von einem Freund.
   d) Eine Hausfrau »leiht« bei der Nachbarin 20 EUR zur Bezahlung der Nachnahme.
   e) Für die Zeit der Reparatur »leiht« sich Frau Reuther einen Wagen von der »Autoverleih Klocke & Klober GmbH«.
6. Welche Formen sind bei einem Formzwang von Rechtsgeschäften möglich?
7. Begründen Sie, ob folgende Rechtsgeschäfte gültig sind:
   a) ein maschinenschriftlich abgefasstes und eigenhändig unterschriebenes Testament.
   b) ein mündlich abgeschlossener Vertrag über den Verkauf eines Gebrauchtwagens.
   c) ein schriftlich abgefasster Vertrag über den Kauf eines Hauses.
   d) ein mündlich abgeschlossener Vertrag über die Vermietung eines Wohnhauses für die Dauer von fünf Jahren (vgl. § 550 BGB).
8. Welche Willenserklärungen und Rechtsgeschäfte sind von Anfang an nichtig?
9. Wie ist die Rechtslage in folgenden Fällen:
   a) Ein Waffenschieber schließt einen Kaufvertrag über die Lieferung von Maschinenpistolen ab.
   b) Beim Schreiben eines Angebots vertippt sich die Sekretärin und gibt als Einzelpreis 58,00 EUR statt 85,00 EUR an. Der Kunde bestellt daraufhin 80 Stück der Ware zu je 58,00 EUR.
   c) Der Vorstand eines Kegelclubs hat vor vier Wochen für eine Wochenend-Ausflugsfahrt einen Reisebus bestellt. Der Wetterbericht kündigt am Freitag vor dem Ausflug nasskaltes, regnerisches Wetter an. Der Vorstand möchte deshalb die Bestellung wegen Irrtums anfechten.
   d) Bei der Inbetriebnahme eines als fabrikneu verkauften Computers stellt der Käufer fest, dass das Gerät bereits als Vorführgerät eingesetzt war.
   e) Ein Gastwirt schließt mit einem in der Tageszeitung inserierenden Finanzierungsinstitut einen Kreditvertrag ab, in dem ein Zinssatz von 3 % je Monat festgelegt ist.
10. Welche Folge hat die Anfechtung eines Rechtsgeschäftes?
11. Begründen Sie, warum das System der Marktwirtschaft nicht ohne Vertragsfreiheit denkbar ist.
12. Unsere Rechtsordnung enthält Bestimmungen, die auch durch Vertrag nicht geändert werden können. Geben Sie dafür Beispiele.
13. Was sind Allgemeine Geschäftsbedingungen?
14. Warum gelten die Bestimmungen der AGB-Paragrafen im Regelfall nur gegenüber Verbrauchern?

15. Entscheiden Sie, ob folgende Klauseln in den AGB eines Händlers gegenüber Verbrauchern Gültigkeit haben:
    a) Mängel an der Ware können nur innerhalb von 14 Tagen geltend gemacht werden.
    b) Vereinbarte Preise gelten nur bei Lieferung innerhalb von zwei Monaten nach Vertragsabschluss.
    c) Rücktritt vom Kaufvertrag wird als Gewährleistungsanspruch ausgeschlossen.
16. Die Pauli GmbH, Sanitär- und Heizungsfachbetrieb, legt einem Angebot an Erika Faber – eine private Bauherrin – über die Lieferung von Material zur Sanitärinstallation ihre Allgemeinen Geschäftsbedingungen bei. Frau Faber bestellt zu den Bedingungen des Angebots.
    a) Prüfen Sie mithilfe des Gesetzes, ob die AGB Vertragsbestandteil geworden sind.
    b) In den AGB stehen u. a. folgende Klauseln:
       - »Bei Nachbesserung im Rahmen von Gewährleistungsansprüchen übernimmt der Kunde die Wege- und Arbeitskosten.«
       - »Reklamationen sind nur innerhalb von 30 Tagen möglich.«

       Begründen Sie anhand des Gesetzes, ob diese Klauseln wirksam sind.

## 2.4 Besitz und Eigentum

GG Art. 14

In der Bundesrepublik Deutschland wird privates Eigentum gewährleistet. Dieses Eigentum bezieht sich auf Sachen und auf Rechte.

### Sachen

| Unterschiede | |
|---|---|
| **bewegliche Sachen (Mobilien)** | **unbewegliche Sachen (Immobilien)** |
| **Beispiele:** Buch, Pkw | **Beispiele:** Grundstücke, Gebäude |

### Rechte

Neben Sachen können auch Rechte Gegenstand des Rechtsverkehrs sein.

**Beispiele:** Patent, Gebrauchsmuster, Konzession

### 2.4.1 Abgrenzung von Besitz und Eigentum

**Besitz** ist die tatsächliche, **Eigentum** ist die rechtliche Herrschaft über eine Sache.

BGB § 903

**Besitzer** ist, wer eine Sache hat, **Eigentümer** ist der, dem sie gehört. Der Eigentümer kann mit der Sache nach Belieben verfahren, soweit nicht das Gesetz oder die Rechte Dritter entgegenstehen.

Besitzer und Eigentümer einer Sache sind normalerweise dieselbe Person. Jedoch kann jemand eine Sache im Besitz haben, ohne ihr Eigentümer zu sein, z. B. Mieter, Pächter und Entleiher, Kommissionäre, Lagerhalter, Frachtführer. Diebe sind widerrechtliche Besitzer.

Besitz und Eigentum unterstehen dem Schutz des Gesetzes. Wird dem **Besitzer** der Besitz widerrechtlich entzogen, so hat er das Recht der Selbsthilfe. Er darf dem auf frischer Tat angetroffenen Täter die Sachen abnehmen, wenn nötig mit Gewalt. Später hat er kein Selbsthilferecht mehr. Er hat jedoch gerichtlichen Besitzschutz; er kann auf Wiedereinräumung des Besitzes oder Beseitigung der Besitzstörung klagen. *BGB § 859* *§ 861* *§ 862*

Wird dem **Eigentümer** der Besitz einer Sache widerrechtlich entzogen, so kann er auf Herausgabe klagen. Wird ihm der Besitz in anderer Weise beeinträchtigt, so kann er die Beseitigung der Störung verlangen und im Weigerungsfalle auf Unterlassung klagen. *§ 985* *§ 1004*

## 2.4.2 Eigentumsübertragung

Die Übertragung von Eigentum an beweglichen und unbeweglichen Gegenständen spielt im privaten und im geschäftlichen Leben eine bedeutsame Rolle.

### Eigentumsübertragung an beweglichen Sachen

| Eigentumsübertragung an beweglichen Sachen | | |
|---|---|---|
| | **Veräußerer** → **Erwerber** | |
| 1. Gegenstand ist beim Veräußerer | Einigung<br>+ Übergabe<br>**Beispiel:** Der Buchhändler übergibt dem Käufer das gekaufte Buch. Buchhändler und Käufer sind sich einig über die beabsichtigte Eigentumsübertragung. | *§ 929* |
| 2. Gegenstand ist bei einem Dritten | Einigung<br>+ Abtretung des Herausgabeanspruchs<br>**Beispiel:** Ein Lieferant verkauft Ware, die er in einem Lagerhaus eingelagert hat. Mit der Einigung und der Übergabe des Orderlagerscheines geht das Eigentum auf den Erwerber über. | *§ 931* |
| 3. Gegenstand ist beim Erwerber | Einigung<br>**Beispiel:** Kauf einer auf Probe überlassenen vollautomatischen Kaffeemaschine. | *§ 929, S.* |
| 4. Veräußerer soll Besitzer bleiben | Einigung<br>+ Besitzkonstitut<br>**Beispiel:** Kauf von Wertpapieren bei der Bank und Verwahrung in deren Depot. | *§ 930* |

### Eigentumsübertragung an unbeweglichen Sachen (Grundstücke)

| Eigentumsübertragung an unbeweglichen Sachen | | |
|---|---|---|
| unbewegliche Sachen (Grundstücke) | Einigung (Auflassung)<br>+ Eintragung im Grundbuch | *§ 873* |

BGB § 925 Die **Auflassung** ist die Einigung zwischen Veräußerer und Erwerber, dass das Eigentum übergehen soll; sie muss bei gleichzeitiger Anwesenheit beider Teile vor einem Notar erklärt und durch ihn beurkundet werden.

Die Eintragung ins Grundbuch ist bei Grundstücken das äußere Zeichen des Eigentumsübergangs.

Die Eintragung erfolgt, wenn

- die Auflassung nachgewiesen ist,
- die Eintragung bewilligt und beantragt wird,
- eine Bestätigung des Finanzamtes über die Entrichtung der Grunderwerbsteuer vorliegt.

Um den Vertragsparteien den Weg zum Grundbuchamt zu ersparen, erfolgt häufig mit dem Abschluss des notariell beurkundeten Kaufvertrages zugleich die Auflassung in Verbindung mit der Eintragungsbewilligung und dem Eintragungsantrag. Die Akte geht dann an das Grundbuchamt.

## Gutgläubiger Eigentumserwerb

§ 932 Verkauft jemand eine Ware, die ihm nicht gehört, so erwirbt der Käufer dennoch das Eigentum, wenn er im »guten Glauben« ist. Gutgläubig ist er, wenn er den Veräußerer nach den Umständen für den Eigentümer halten darf.

**Beispiel:** Ein Textilhändler verkauft im Laden zum normalen Preis an eine Kundin ein Kleid, für das sich der Kleiderfabrikant das Eigentum noch vorbehalten hat. Die Kundin ist gutgläubig. Sie wird aus Gründen der Rechtssicherheit Eigentümerin des Kleides.

§ 935 Gutgläubiger Erwerb ist nicht möglich an gestohlenen, verloren gegangenen oder sonst abhanden gekommenen Sachen. Auf Geld und Inhaberpapiere findet diese Bestimmung keine Anwendung.

### Zusammenfassende Übersicht zu Kapitel 2.4: Besitz und Eigentum

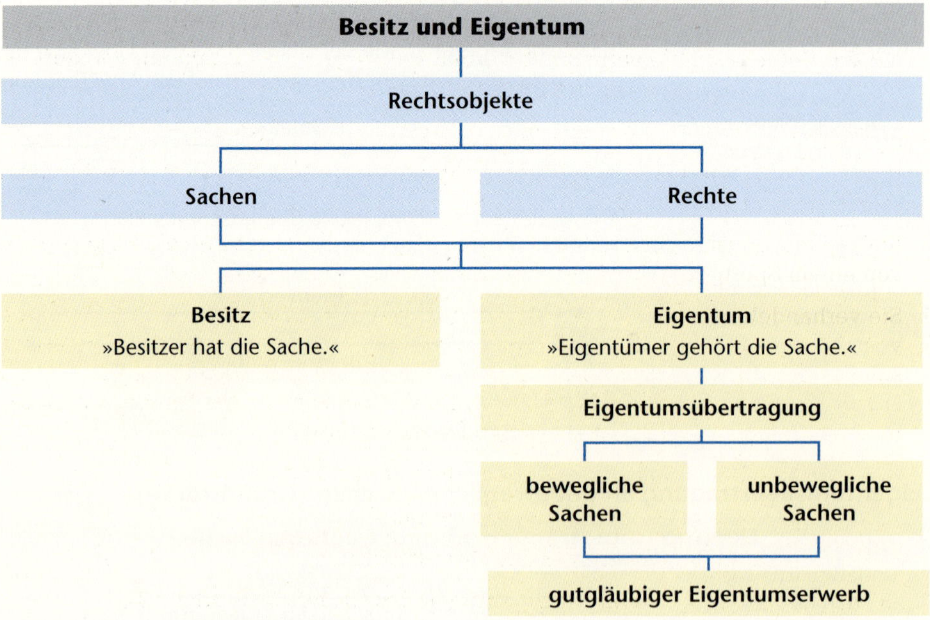

## ▶ Aufgaben und Probleme

1. Wie ist die jeweilige Rechtslage?

   a) Es wird Ihnen Ihr eigenes oder ein entliehenes Fahrrad entwendet. Sie haben den Dieb auf frischer Tat ertappt bzw. nach zwei Tagen entdeckt.

   b) Der Mieter eines Lagerhauses gibt den Raum nicht frei, obwohl der Vermieter rechtzeitig gekündigt hat.

   c) Der Mieter nimmt ohne Erlaubnis des Vermieters bauliche Veränderungen vor.

2. Wann und wo geht in folgenden Fällen das Eigentum an einer Ware auf den Käufer über?

   a) Der Käufer kauft die Ware im Laden und nimmt sie mit (Handkauf).

   b) Der Verkäufer sendet die Ware dem Käufer am gleichen Ort zu (Platzkauf).

   c) Verkäufer und Käufer wohnen an verschiedenen Orten und der Verkäufer sendet die Ware mithilfe eines Paketdienstleisters (Versendungskauf).

3. Frau Reich kauft einen Perserteppich gegen sofortige Bezahlung.

   a) Zu welchem Zeitpunkt erwirbt sie das Eigentum?

   b) Nach einigen Tagen erhält sie die polizeiliche Aufforderung, den Teppich abzuliefern, da er aus einem Einbruchdiebstahl stamme. Was kann sie bezüglich des Teppichs bzw. des gezahlten Kaufpreises unternehmen?

4. Wann werden Sie in folgenden Fällen Eigentümer (Begründung)?

   a) Sie schließen am 15. Oktober im Computershop einen Kaufvertrag über einen PC mit Zubehör. Sie bezahlen sofort mittels electronic cash. Die Anlage wird erst am 30. Oktober geliefert.

   b) Sie kaufen am 1. Juni im Fahrradgeschäft ein Rennrad für 1.000 EUR und nehmen es sofort mit. Die Zahlung soll innerhalb eines Monats erfolgen.

5. Die Geschäftsführerin der Kopier- und Textverarbeitungs-GmbH verkauft ihrer Mitarbeiterin Marianne Schreiber einen Drucker, dessen Kaufpreis drei Monate später mit der Entgeltzahlung verrechnet werden soll. Noch vor der Zahlung verkauft und übergibt Marianne den Drucker an ihre Freundin Brigitte.

   a) Begründen Sie, wer nach diesen Vorgängen Eigentümerin ist.

   b) Wie ist die Situation rechtlich zu beurteilen, wenn Brigitte wusste, dass Marianne den Drucker noch nicht bezahlt hatte?

6. Sie kaufen von einer Bekannten ein Surfbrett. Es stellt sich heraus, dass das Surfbrett von einem Sportgeschäft gemietet war. Wie ist die Rechtslage?

7. Sie verhandeln mit Frau Weber über den Erwerb eines Grundstücks. Mit Schreiben vom 20. Juni erklärt sich Frau Weber mit dem Verkauf einverstanden. Die Grundstücksauflassung erfolgt am 15. Juli in Anwesenheit beider Vertragspartner vor dem Notar. Gleichzeitig wird die Eintragung der Grundstücksübereignung im Grundbuch beantragt. Am 10. August erfolgt die Umschreibung.

   a) Wann fand der rechtswirksame Abschluss des Kaufvertrages statt?

   b) Welche Rechte haben Sie dadurch erworben?

   c) Wann wurden Sie Eigentümer des Grundstücks?

   d) Welche Rechte haben Sie als Eigentümer des Grundstücks erlangt?

## 2.5 Rechtsschutz geistigen Eigentums

Das **Eigentum an geistigen Gütern** wie Erfindungen, Mustern, Modellen muss gesetzlich ebenso geschützt werden wie das Eigentum an materiellen Gütern.

### 2.5.1 Patent

PatG § 1 Das **Patent** ist der **Rechtsschutz für die gewerbliche Verwertung** von **Erfindungen,** die auf einer erfinderischen Tätigkeit beruhen.

#### Erwerb des Patentschutzes

§ 2 Das Recht auf ein Patent hat der Erfinder, der die Erfindung zuerst angemeldet hat.

§ 34 Der Antrag auf Erteilung des Patents, der den Gegenstand genau bezeichnet und beschreiben muss (Zeichnungen, Modelle, Probestücke), ist schriftlich beim **Deutschen Patent- und Markenamt** in München oder über ein offizielles Patentinformationszentrum zu stellen.

§ 58 Wird die Erfindung bei der Prüfung als patentfähig anerkannt, so veröffentlicht das Patentamt die Erteilung des Patents im Patentblatt. Gleichzeitig wird die Patentschrift veröffentlicht. § 30 Das Patentamt führt das **Patentregister (Patentrolle)** mit den erteilten Patenten.

Ein Erfinder, der sich auch im Ausland patentrechtlichen Schutz verschaffen will, kann durch Anmeldung und Erteilung des Patents beim **Europäischen Patentamt in München** ein europäisches Gemeinschaftspatent erlangen, das für die Vertragsstaaten Gültigkeit besitzt.

#### Verwertung des Patents

§ 9 Der Inhaber erhält das ausschließliche Recht, den Gegenstand der Erfindung gewerbsmäßig selbst herzustellen, in den Verkehr zu bringen, anzubieten und zu gebrauchen.

§ 15 Das Patent kann veräußert, verpfändet, vererbt oder in ein Unternehmen eingebracht werden.

§ 23 Überlässt der Eigentümer eines Patents einem anderen die Nutzung des Patents, so handelt es sich um eine **Lizenz.**

§§ 16 ff.

#### Dauer des Schutzes

Der Rechtsschutz für ein Patent dauert höchstens **20 Jahre.**

#### Patentverletzungen

§ 139 Wer eine patentierte Erfindung widerrechtlich benutzt, kann vom Patentinhaber auf Unterlassung und Schadensersatz verklagt werden.

§ 142 Außerdem kann derjenige, der das Patent verletzt, auf Antrag des Patentinhabers mit einer Freiheitsstrafe bis zu drei Jahren oder mit Geldstrafe belegt werden.

### 2.5.2 Gebrauchsmuster

GebrMG § 23 Das **Gebrauchsmuster** ist der **Rechtsschutz zur alleinigen gewerblichen Nutzung** einer **neuen Gestaltung oder Anordnung** bei Modellen, Arbeitsgeräten und Gebrauchsgegenständen.

**Beispiele:** Bausatz für einen Klappstuhl, Unfallsicherung bei elektrischen Heckenscheren

Durch die Eintragung in das Gebrauchsmusterregister (Gebrauchsmusterrolle) beim Deutschen Patent- und Markenamt steht dem Eingetragenen das ausschließliche Recht zu, das Muster gewerbsmäßig nachzubilden, in den Verkehr zu bringen und als Gebrauchsmuster zu bezeichnen.

*GebrMG §§ 8, 11*

Die Dauer des Schutzes beträgt **zehn Jahre.**

## 2.5.3 Geschmacksmuster

Als **Geschmacksmuster** wird ein Muster geschützt, das **neu** ist und **Eigenart** besitzt. Es wird also damit das »**Design**« des Erzeugnisses geschützt.

*DesignG §§ 1 f.*

Neue Muster müssen sich von bisherigen Mustern wesentlich unterscheiden. Eigenart besitzt ein Muster, wenn es sich im Gesamteindruck von anderen Mustern abhebt.

**Beispiele:** Tapetenmuster, Stoffmuster, Form der Coca-Cola-Flasche

Die Anmeldung und die Eintragung in das Register erfolgen beim Deutschen Patent- und Markenamt oder über ein offizielles Patentinformationszentrum. Die Dauer des Schutzes beträgt **25 Jahre**.

*§§ 11, 27 f.*

## 2.5.4 Markenzeichen

**Markenzeichen sind Schutzmarken** zur **Unterscheidung der eigenen von fremden Waren und Dienstleistungen.**

*MarkenG § 3*

Sie werden durch Eintragung in das Markenregister beim Deutschen Patent- und Markenamt geschützt. Der Schutz entsteht auch durch Benutzung eines Zeichens im geschäftlichen Verkehr, soweit das Zeichen als Marke einen bestimmten Bekanntheitsgrad erworben hat. Durch den Schutz steht dem Inhaber des Markenzeichens das ausschließliche Recht zu, Waren, Verpackungen, Schriftstücke, Werbemittel usw. mit dem Markenzeichen zu versehen. Geschützt werden auch geschäftliche Bezeichnungen und geografische Herkunftsangaben.

*§ 1*

Die Schutzdauer einer eingetragenen Marke beträgt **zehn Jahre**.

*§ 47*

Der Gestaltung nach kann das Marken- oder Gütezeichen bestehen aus

- Worten: Persil, Osram, Bayer, Coca-Cola
- Buchstaben: VW, Agfa, BMW
- Zahlen: 4711, 8 x 4

- Bildern: Mercedes-Stern, Audi-Ringe
- Wortbildern: Reebok, Windows, Deutsche Telekom
- Hörzeichen: Telekom-Rufzeichen
- dreidimensionale Gestaltung: Mercedes-Stern, Vedes-Würfel

## 2.5.5 Gütezeichen

*MarkenG §§ 97 ff.*

**Gütezeichen** sind ein **Garantieausweis** für eine bestimmte **Warengüte.** Sie werden entweder von **Herstellern gleichartiger Erzeugnisse** aufgrund freiwilliger Vereinbarung gemeinschaftlich geschaffen (Kollektivmarken) oder vom Gesetzgeber festgelegt (gesetzliche Gütezeichen).

Gütezeichen werden vom Deutschen Institut für Gütesicherung und Kennzeichnung e. V. (RAL) beim Deutschen Institut für Normung überwacht. Waren, die ein solches Gütezeichen tragen, müssen aus genau festgelegten Werkstoffen bestehen und nach bestimmten Arbeitsmethoden hergestellt oder behandelt worden sein.

Inzwischen gibt es eine Vielzahl von **Umweltsiegeln** (Umweltzeichen, Umweltlabel), die sich Unternehmen selbst ausstellen.

Bestimmte Umweltsiegel garantieren einen hohen Umweltstandard. Unternehmen dürfen diese Zeichen nur dann für ihre Produkte verwenden, wenn sie umfangreiche Gütekriterien erfüllen. Deren Erreichung und Einhaltung wird durch unabhängige Prüf- und Gutachterkommissionen garantiert.

**Kollektivmarken** unterscheiden sich von Individualmarken dadurch, dass der Markeninhaber ein rechtsfähiger Verband ist.

**Beispiel:** Kollektivmarke »V« der europäischen Vegetarier-Union

## 2.5.6 Marken- und Produktpiraterie

Bei der **Markenpiraterie** werden geschützte Zeichen, Logos und Marken unverändert oder abgewandelt auf ähnlichen oder imitierten Produkten angebracht. Bei der **Produktpiraterie** werden Produkte illegal nachgeahmt und vervielfältigt.

**Beispiele:** Raubkopien von Software, Musik-CDs, Computerspielen

## 2.5.7 Arbeitnehmererfindungen

**Diensterfindungen** sind Erfindungen, die der Arbeitnehmer in Erfüllung seiner dienstlichen Verpflichtungen macht. Sie müssen dem Arbeitgeber schriftlich angezeigt werden. *ArbnErfG §§ 4 f.* Dieser kann sie uneingeschränkt in Anspruch nehmen, muss sie aber im Inland schützen *§ 9* lassen und dem Erfinder eine angemessene Vergütung zahlen.

**Freie Erfindungen,** die im Betrieb des Arbeitgebers verwendet werden können, müssen *§§ 4 (3), 8* dem Arbeitgeber unverzüglich angezeigt und angeboten werden. Er hat innerhalb von vier Monaten zu erklären, ob er die Erfindung als freie Erfindung anerkennt. Später kann er sie nicht mehr als Diensterfindung in Anspruch nehmen, der Arbeitnehmer kann frei darüber verfügen.

**Verbesserungsvorschläge** müssen vom Arbeitgeber, falls er sie verwertet, ebenfalls vergütet werden, auch wenn sie nicht schutzfähig sind.

### Zusammenfassende Übersicht zu Kapitel 2.5: Rechtsschutz geistigen Eigentums

**Rechtsschutz geistigen Eigentums**

↓

**Ziel**

↓

**Schutz des Eigentums an geistigen Gütern**

| Gegenstand des Schutzes | | Maßnahme |
|---|---|---|
| – Erfindung neuer Erzeugnisse und Herstellungsverfahren | → | Patent |
| – neue Gestaltungen und Anordnungen an Geräten und Gegenständen | → | Gebrauchsmuster |
| – neue Muster und Hörzeichen | → | Geschmacksmuster (Design) |
| – Wortzeichen, Bildzeichen, Hörzeichen | → | Markenzeichen, Gütezeichen |
| – Diensterfindungen, freie Erfindungen, Verbesserungsvorschläge | → | Vergütung durch den Arbeitgeber |

## ▶ Aufgaben und Probleme

1. Wenn die Zahl der Patentanmeldungen den Erfindergeist und die Innovationskraft widerspiegeln, dann sind die Japaner das innovativste und kreativste Volk der Welt.

   Die Deutschen befinden sich in den meisten Technologiebereichen an vierter Stelle. In der Kfz-Technik, in der Laser- und in der Luft- und Raumfahrttechnik belegen die Deutschen den zweiten Rang hinter Japan.

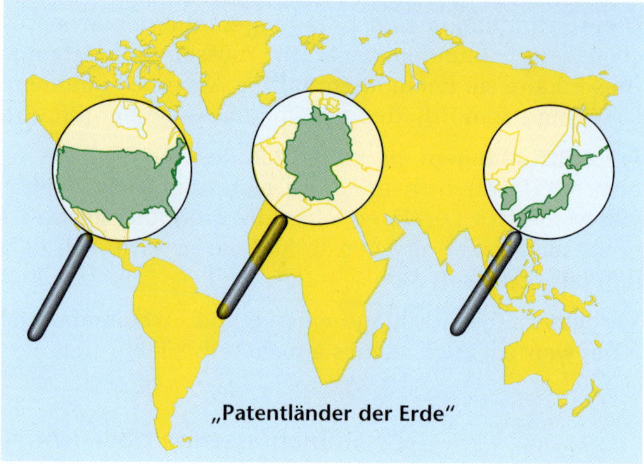


   a) Suchen Sie Gründe, weshalb in den Ländern Japan, USA, Korea und Deutschland in den bedeutenden Technologiebereichen die meisten Erfindungen getätigt werden.

   b) Welche Bedeutung haben Schutzrechte für innovative Unternehmen?

   c) Stellen Sie die volkswirtschaftliche Bedeutung einer hohen Zahl von Patentanmeldungen und Patentgenehmigungen dar.

   d) Weshalb sind Unternehmen bereit, ihre gesicherten Patente an Lizenznehmer abzutreten?

2. Erklären Sie den rechtlichen Unterschied zwischen Patent und Gebrauchsmuster.
3. Welche Möglichkeiten für die Verwertung eines Patentes gibt es?
4. Stellen Sie den rechtlichen Unterschied zwischen einem Patenterwerber und einem Lizenznehmer dar.
5. Welche Überlegungen veranlassen einen Erfinder, seine Erfindung patentieren zu lassen?
6. Welche Vorteile ergeben sich aus eingeführten Marken- und Gütezeichen

   a) für den Hersteller,

   b) für die Verbraucher?

7. Aus welchen Branchen werden überwiegend Gebrauchsmuster, aus welchen Branchen werden überwiegend Geschmacksmuster (Design) angemeldet?
8. Nach Erhebungen werden gegenwärtig weltweit 35 % der Software als Raubkopien genutzt. Spitzenreiter sind China und Georgien, in denen ca. 80 % der Softwareprodukte als Raubkopien eingesetzt werden.

   Begründen Sie, weshalb gerade in diesem Wirtschaftszweig die Produktpiraterie solche Ausmaße annehmen kann.

   Stellen Sie Beispiele der Marken- und Produktpiraterie aus anderen Branchen dar.

# 3 Beschaffung

## 3.1 Ziele und Aufgaben der Beschaffung

Die **Beschaffung** umfasst **sämtliche Tätigkeiten,** die darauf gerichtet sind, einem Unternehmen die benötigten, aber nicht selbst erstellten **Materialien verfügbar zu machen.**

Das Ziel ist die Beschaffung der richtigen Materialien in der benötigten Menge, der passenden Qualität und Güte, zum richtigen Zeitpunkt und am richtigen Ort, zu möglichst günstigen Kosten zur Verfügung zu stellen.

| Zu beschaffende Materialien | Merkmal | Beispiele |
|---|---|---|
| **Rohstoffe und Fertigungsmaterialien** | sind zur Be- oder Verarbeitung bestimmte Stoffe, die zu Hauptbestandteilen der Erzeugnisse werden. | Walzblech für den Karosseriebau, Stammholz für den Möbelbau |
| **Fremdbauteile und Vorprodukte** | werden von Zulieferern fertig bezogen und gehen ebenfalls in die eigenen Erzeugnisse ein. | Schlösser, Scheinwerfer, Polstersitze im Auto |
| **Hilfsstoffe** | sind Nebenbestandteile der Erzeugnisse. | Zusatzstoffe (Farbe, Leim, Lack) oder Zusatzteile (Schrauben, Dichtungen) |
| **Betriebsstoffe** | gehen nicht in die Erzeugnisse ein, sind aber mittelbar oder unmittelbar erforderlich zur Aufrechterhaltung von Fertigung, Verwaltung und Vertrieb. | Brenn- und Treibstoffe, Isolier-, Schmier- und Reinigungsstoffe, Kleinteile, Verpackungs-, Büro- und Werbematerial, Verbandsstoffe, Schutzkleidung |
| **Handelswaren** | sind Gegenstände, die in absatzfähigem Zustand bezogen und ohne Be- oder Verarbeitung (meist mit einem Aufschlag) wieder verkauft werden. | Schonbezüge für Polstersitze, Pflegemittel für Holzmöbel |

Die Aufgaben der Beschaffung lassen sich auf unterschiedliche Weise gliedern, z. B. nach den Phasen des Beschaffungsprozesses:

| **Aufgaben der Beschaffung** | | | |
|---|---|---|---|
| **Beschaffungsvorbereitung (Beschaffungsplanung)**<br>– Ermittlung des Beschaffungsbedarfs<br>– Bestellplanung | **Beschaffungsanbahnung**<br>– Beschaffungsmarktforschung<br>– Lieferantensuche<br>– Einholung von Angeboten<br>– Angebotsvergleich<br>– Lieferantenauswahl | **Beschaffungsabschluss**<br>– Vertragsverhandlungen<br>– Vertragsabschluss<br>– Bestellung | **Beschaffungsrealisation**<br>– Überwachung der Vertragserfüllung<br>– Warenannahme<br>– Einlagerung |

## 3.2 Beschaffungsvorbereitung (Beschaffungsplanung)

Die Beschaffung der benötigten Waren, Erzeugnisse und Werkstoffe erfordert eine sorgfältige Planung. Dabei kann man häufig auf vorhandenes Datenmaterial zurückgreifen, um die notwendigen Planungsschritte durchzuführen. Liegen solche Daten nicht vor, müssen diese mithilfe der Beschaffungsmarktforschung (Kapitel 3.3.1) erhoben werden.

Die Beschaffungsplanung muss so koordiniert werden, dass eine ständige und eine kostengünstige Lieferbereitschaft des Unternehmens gesichert ist.

### 3.2.1 Beschaffungsplanung mithilfe von vorhandenem Datenmaterial

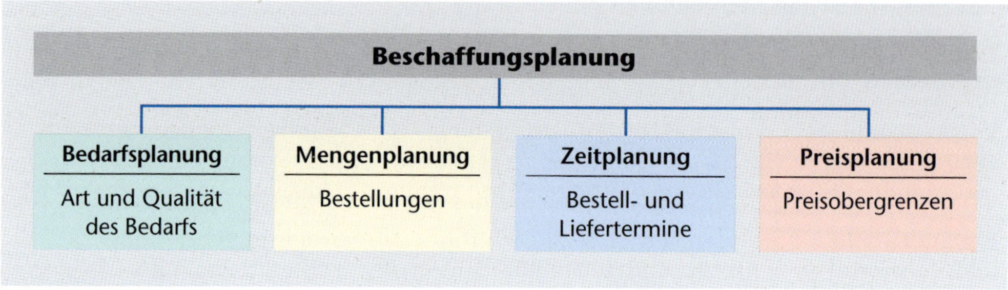


#### ■ Bedarfsplanung

Im Fertigungsbetrieb bestimmt das Produktionsprogramm die Art und die Zusammensetzung des Bedarfs.

#### ■ Mengenplanung

Das Ziel der **Mengenplanung** ist,

- einerseits so große Vorräte anzulegen, dass die **Lieferfähigkeit stets gesichert** ist,
- andererseits die Vorräte so niedrig zu halten, dass die **Beschaffungs- und Lagerhaltungskosten möglichst gering** sind.

Diese gegensätzlichen Ziele müssen optimal aufeinander abgestimmt werden (**optimale Bestellmenge,** Seite 63).

Anhaltspunkte zur Abschätzung der richtigen Bedarfsmenge bieten

- der tatsächliche Absatz in der vergangenen Zeit (Absatzstatistik),
- alle möglichen Umstände, die diesen Absatz in der Zukunft ändern können.

Zu hohe Lagerbestände binden anderweitig benötigtes Kapital, belasten die Zahlungsfähigkeit, erhöhen das Lagerhaltungsrisiko und verursachen unnötige Zins- und Lagerkosten (Lagerhaltungskosten).

#### ■ Zeitplanung

Die benötigten Waren, Erzeugnisse und Rohstoffe müssen so zeitig gekauft werden, dass sie zum Verkauf bzw. zur Produktion bereitliegen, ehe das letzte Stück abgesetzt bzw. verbraucht ist. Der Zeitpunkt der Bestellung hängt u. a. von der Beschaffungsdauer (Lieferzeit), der Umschlagshäufigkeit (Kapitel 5.4.5) der bestellten Ware, der Lagerfähigkeit, der Größe und Eignung des Lagerraumes und der erwarteten Preisentwicklung ab.

## Preisplanung

Die Preisplanung hat vor allem die Aufgabe, die **Preisobergrenze** festzulegen, die beim Einkauf ausgeschöpft werden kann. Sie stützt sich dabei auf die folgenden kalkulatorischen Berechnungen:

a) Anhand der am Absatzmarkt erzielbaren Preise werden die **höchstens aufzuwendenden Einkaufspreise** ermittelt **(Retrogradkalkulation =** Verkaufspreis – Handelsspanne).

b) Um die Angebotspreise verschiedener Lieferanten auf eine **einheitliche Vergleichsbasis** zu stellen, müssen unterschiedliche Preisabschläge (Rabatte, Skonti) und Preiszuschläge (Beschaffungskosten) berücksichtigt werden **(Bezugskalkulation,** Kapitel 3.3.6).

## 3.2.2 ABC-Analyse

Die **ABC-Analyse** ist in vielen Unternehmen zu einem wichtigen **Hilfsmittel der Beschaffungsplanung** geworden. Hierbei werden die regelmäßig zu beschaffenden Produkte bzw. Artikel in Tabellenform aufgelistet und in mehrere Wertklassen (A, B, C) eingeteilt. Kriterien für die Einteilung der Wertklassen können sein: die Menge bzw. die Anzahl der benötigten Produkte oder der kumulierte (angehäufte) Wertanteil am Beschaffungsaufwand der Artikel. Die Wertklasse A ist bezogen auf das gewählte Kriterium am bedeutendsten. Bei der Beschaffung dieser Waren ist besonders auf günstige Preise, Rabatte und Zahlungsbedingungen sowie auf niedrige Lagerbestände zu achten.

Vorgehensweise bei der Durchführung einer ABC-Analyse:

1. Erfassen der Preise und der Einkaufsmengen je Artikel.
2. Ermittlung des Einkaufswertes je Artikel (Bezugspreis je Einheit · Menge).
3. Ermittlung des prozentualen Wertes am gesamten Einkaufswert.
4. Sortieren der Artikel vom höchsten bis zum niedrigsten prozentualen Wert.
5. Kumulieren der Werte und Vornahme einer Wertklassenzuordnung (A, B oder C).

| ABC-Analyse bei Beschaffungsgütern | | | | | | |
|---|---|---|---|---|---|---|
| Artikel-Nr. | Bezugspreis je Einheit (in EUR) | Menge (in Stück) | Wert (in EUR) | Wert (in %) | kumulierter Wert (in %) | Wertklassen-zuordnung A, B, C |
| 1 | 2,00 | 90.000 | 180.000,00 | 36,00 | 36,00 | A |
| 6 | 22,50 | 6.000 | 135.000,00 | 27,00 | 63,00 | A |
| 9 | 8,50 | 10.000 | 85.000,00 | 17,00 | 80,00 | A |
| 7 | 9,00 | 5.000 | 45.000,00 | 9,00 | 89,00 | B |
| 2 | 3,00 | 10.000 | 30.000,00 | 6,00 | 95,00 | B |
| 5 | 7,00 | 1.000 | 7.000,00 | 1,40 | 96,40 | C |
| 3 | 1,00 | 5.000 | 5.000,00 | 1,00 | 97,40 | C |
| 8 | 2,50 | 2.000 | 5.000,00 | 1,00 | 98,40 | C |
| 10 | 2,00 | 2.500 | 5.000,00 | 1,00 | 99,40 | C |
| 4 | 1,50 | 2.000 | 3.000,00 | 0,60 | 100,00 | C |
| **Summe** | | 133.500 | 500.000,00 | 100,00 | | |

Die Festlegung der Schranken liegt im Ermessen des jeweiligen Unternehmens. Üblich ist, für die Schranke der A-Güter die ersten 75 bis 80 % der kumulierten Werte zu wählen. Die C-Güter haben einen kumulierten Wertanteil von unter 5 %, dazwischen liegen die B-Güter. Die Wertklasse A enthält im obigen Beispiel nur drei von zehn Artikeln, umfasst aber einen Beschaffungsaufwand von insgesamt 80 %. Besondere Planungs- und Kontrollmaßnahmen sollten sich auf diese Artikel beschränken, da sich Preis- und Kostensenkungen besonders stark auswirken. Bei den Artikeln der Wertklasse C ist dagegen eine vereinfachte Bedarfs- und Bestellabwicklung möglich. Bei der Wertklasse B ist zu prüfen, ob die Artikel eher die Beachtung eines A- bzw. C-Gutes erhalten sollten.

## 3.2.3 Bedarfsermittlung

Verfahren der Bedarfsermittlung:

a) **Stücklistenverfahren.** Es wird bei Rohstoffen, anderen Fertigungsmaterialien und Bauteilen angewandt, deren Bedarf sich **anhand von Stücklisten** (Kapitel 6.3.1) errechnen lässt (Maschinen-, Geräte-, Möbel-, Textilfertigung).

   Die Stückliste ist eine Zusammenstellung sämtlicher Bestandteile des zu fertigenden Erzeugnisses, wie sie sich aus den Konstruktionszeichnungen ergeben. Die Mengenangaben (Stückzahlen, Gewichte, Längen-, Flächen-, Raummaße) für die einzelnen aufgeführten Materialien und Teile beziehen sich dabei auf eine herzustellende Erzeugniseinheit. Liegen für eine Planungsperiode die zu fertigenden Erzeugnismengen fest, so errechnet sich der anzufordernde Materialbedarf durch **Multiplikation des Materialbedarfs je Erzeugniseinheit mit der Zahl der herzustellenden Erzeugnisse.**

b) **Rezeptverfahren.** Damit wird analog dem Stücklistenverfahren der Bedarf an Rohstoffen ermittelt, der sich nach Rezepten anstelle von Stücklisten errechnen lässt (Fertigung chemischer Produkte).

c) **Schätzverfahren.** Es wird in aller Regel bei der Ermittlung des Bedarfs an Hilfs- und Betriebsstoffen **aufgrund von Erfahrungswerten früherer Fertigungsperioden** angewandt. Auch bei geringerwertigen Rohstoffen mit niedrigen Lagerhaltungskosten kann man sich mit Verbrauchsschätzungen begnügen.

   Grundlage der Schätzungen sind die **durchschnittlichen Lagerentnahmen vorausgegangener vergleichbarer Zeitabschnitte.**

### Quantitative Bedarfsermittlung

Unter **Primärbedarf** wird die Zahl der in einer Planungsperiode herzustellenden Endprodukte verstanden. Der **Sekundärbedarf** bezieht sich auf die im Endprodukt enthaltenen Einzelteile. Für ein Einzelteil wird der Sekundärbedarf ermittelt, indem der Bedarf an Endprodukten (Primärbedarf) mit der Menge des Einzelteiles, die für eine Einheit des Endproduktes nötig ist, multipliziert wird.

**Beispiel:** Ein Kundenauftrag ergibt einen Bedarf von 500 verkaufsfähigen Montageböcken. Je Montagebock werden 2 Sterngriffe benötigt.

Primärbedarf (Montageböcke): 500 Stück

Sekundärbedarf (Sterngriffe): 500 · 2 = 1.000 Stück

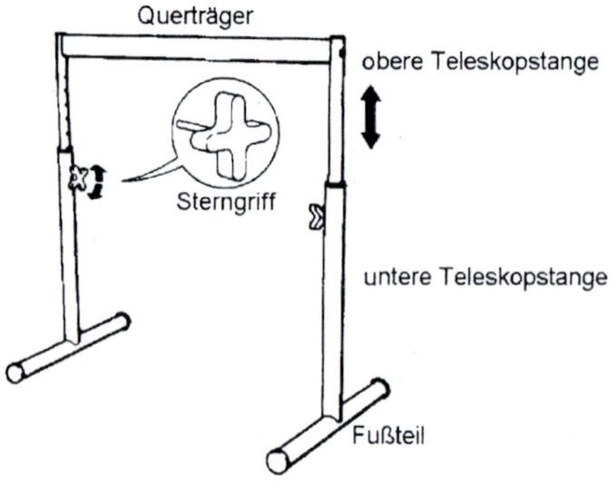


Sind genügend Lagerbestände vorhanden, kann eine Lieferzusage erfolgen. Sind die Lagerbestände zu gering, muss eine Bedarfsermittlung klären, welche Mengen an Baugruppen, Einzelteilen und Rohstoffen benötigt werden, um die fehlenden Mengen bis zum benötigten Zeitpunkt herstellen zu können.

**Beispiel:** Da im Lager zum geplanten Lieferzeitpunkt lediglich 300 Montageböcke disponierbar sein werden, sind 200 Querträger, 400 untere und obere Teleskopstangen, 400 Sterngriffe usw. zu produzieren bzw. zu beschaffen.

**Grundlage der Bedarfsermittlung** sind die folgenden Größen:

| Berechnungsgröße | Beispiel (in Stück) | | Erklärung |
|---|---|---|---|
| **Bruttobedarf** | | 500 | → Bedarf ohne Berücksichtigung von Beständen |
| – **disponierbarer Bestand** | | | |
| Bestellbestand | 50 | | → Menge, die noch als bestellte Menge aussteht |
| verfügbarer Bestand* | 250 | 300 | → Bestand, über den verfügt werden kann |
| = **Nettobedarf** | | 200 | → Primärbedarf als Grundlage für die Bestellung<br>↳ zu bestellender Sekundärbedarf:<br>200 · 1 Querträger = 200 Stück<br>200 · 2 obere Teleskopstangen = 400 Stück<br>200 · 2 Sterngriffe = 400 Stück<br>usw. |
| * Nebenberechnung zur Ermittlung des verfügbaren Bestandes | | | |
| effektiver Lagerbestand | 430 | | → körperlich am Lager vorhandener Bestand |
| – Vormerkbestand | 150 | | → bereits vorgemerkter Bestand (z. B. für einen anderen Auftrag) |
| – Sicherheitsbestand | 30 | | → dient der jederzeitigen Produktionsbereitschaft |
| = verfügbarer Lagerbestand | 250 | | |

## Temporäre Bedarfsermittlung

Da dem Kunden ein Liefertermin zugesagt wird, gilt es zu klären, ob dieser Termin eingehalten werden kann. Es muss geprüft werden, wie lange die **Produktions- und Montagezeit** für die einzelnen Teile und Baugruppen dauert. Für die zu beschaffenden Fremdbezugsteile muss die **Wiederbeschaffungszeit** ermittelt werden.

**Beispiel:** Die Querträger und die oberen Teleskopstangen müssen zusammengeschweißt werden, ebenso die unteren Teleskopstangen und die Fußteile. Dafür muss ein Zeitraum von vier Tagen veranschlagt werden. Die anschließende Verpackung in Versandkartons benötigt weitere zwei Tage. Mit den Schweißarbeiten muss deshalb bereits sechs Betriebskalendertage vor der Auslieferung begonnen werden. Entsprechend sind die Vorlaufverschiebung für die Zuschneidearbeiten und eventuelle Lieferfristen bei der Materialbeschaffung zu berücksichtigen.

## Artgerechte (qualitative) Bedarfsermittlung

Bei der qualitativen Bedarfsermittlung steht die Qualität des Endprodukts und damit die Qualitätsprüfung im Mittelpunkt.

## Preisplanung der Beschaffungsgütern

Der Einkäufer muss darauf achten, dass die Beschaffung der Materialien zu Preisen erfolgt, die nicht höher sind als die kalkulierten Materialpreise. Der globale Preiswettbewerb führt zu einem erheblichen Kostendruck im Beschaffungsbereich.

### Umweltaspekte bei der Bedarfsplanung

Immer weiter steigende Kosten bei der Entsorgung erfordern eine umweltgerechte Strategie bei der Bedarfsermittlung. Die »**Begin-of-Pipe-Strategie**« setzt nur solche Stoffe in den Produktionsprozess ein, die keine Entsorgungsproblematik entstehen lassen. Alle »**End-of-Pipe-Maßnahmen**« wie das Deponieren, das Filtern oder das Verbrennen von freigesetzten Stoffen sollen somit vermieden werden. Bei der »**Zero-Emission-Strategie**« werden alle Abfallprodukte einer Produktionsstufe als Input einer anderen hierfür speziell zugeschnittenen Stufe eingesetzt, sodass aus Abfallstoffen neue wertvolle Rohstoffe entstehen.

Das Verwerten von Werkstoffen und das Zurückbringen in den Produktionsprozess ist heute mit den Forderungen nach Recycling und Abfallbeseitigung gekennzeichnet. Ein Ziel von Recyclingmaßnahmen ist die **Verminderung des zu entsorgenden Massenstroms unerwünschter Güter** und damit die Reduzierung der Abfallbeseitigungs- und -transportkosten.

**Abfall** ist gleichbedeutend mit einer unvollständigen und damit häufig auch unwirtschaftlichen Ausbeutung der eingesetzten Rohstoffe und Energien.

## 3.2.4 Bereitstellungsprinzipien

Eine zu frühe Materialanlieferung verursacht unnötige Lagerhaltungskosten; eine verspätete Materialbereitstellung verhindert den rechtzeitigen Fertigungsbeginn, stört den Produktionsfluss durch Leerlauf und stellt die Lieferbereitschaft des Industriebetriebes infrage.

### Einzelbeschaffung (auftragsbezogene Beschaffung)

Bei Spezialanfertigungen, die durch Einzel- oder Kleinserienaufträge der Kunden veranlasst werden, fällt der Materialbedarf erst mit der Auftragserteilung an. Die benötigten Materialien werden also fallweise nach Auftreten des Bedarfs beschafft. Die Beschaffungsmengen und -zeitpunkte sind unmittelbar durch die Fertigungsplanung bestimmt. Die Beschaffungsplanung konzentriert sich im Wesentlichen auf die Auswahl der Bezugsquellen. Sind die Materialien sofort beschaffbar, erübrigt sich eine Lagerhaltung.

### Vorratsbeschaffung

Die Beschaffung der Einsatzstoffe auf Vorrat setzt die Möglichkeit einer mehr oder minder umfangreichen **Lagerhaltung** voraus. Im Materiallager werden die Materialien für die Fertigung auf Anforderung bereitgehalten. Die Lagerorganisation und die Lagerbestandskontrolle besorgen durch Festlegung von

- **Meldebeständen** die Auslösung der Beschaffungsvorgänge, z. B. durch Meldung des Lagers an den Einkauf, und
- **Mindestbeständen** (Vorratspuffern) die Sicherung eines reibungslosen Fertigungsablaufs auch bei Störungen im Beschaffungsablauf, z. B. durch Streiks im Zulieferbereich oder bei den Verkehrsträgern bzw. durch witterungsbedingte Transportverzögerungen. Vorratsbeschaffung ist der Regelfall der Materialbeschaffung. Sie ist unabdingbar bei jahreszeitlich bedingtem Anfall der Fertigungsmaterialien.

  **Beispiel:** Erntebedingter Anfall von Gemüse und Obst in der Konservenindustrie

### Just-in-time-Beschaffung

**Just-in-time (JIT)** ist als Gesamtkonzept einer einsatzsynchronen Beschaffung, Produktion und Lieferung zu verstehen. Nicht wertschöpfende Prozesse aller Art sollen in allen Bereichen vermieden werden. Das bedeutet: Alle Arten von Lagerhaltung und unnötigen Transportvorgängen sollen vermieden werden.

a) Im **überbetrieblichen Bereich** der Beschaffung, bedeutet dies eine fertigungssynchrone Anlieferung. Der Transport ist so zu organisieren, dass auf eine Lagerhaltung weitgehend verzichtet werden kann. In diesem Fall erfolgt die Anlieferung der Werkstoffe, Teile und Betriebsmittel direkt an die Produktionsstätte (Werkhalle, Montagehalle). Organisatorische Voraussetzungen für den fertigungssynchronen Zufluss der benötigten Stoffe sind

   - eine genaue mengenmäßige und zeitgenaue Bedarfsprognose,
   - ein gut funktionierendes Informations- und Kommunikationssystem,
   - garantierte Zuliefertermine und Beförderungszeiten,
   - ausreichend große innerbetriebliche Abfertigungsanlagen, Abfertigungseinrichtungen und Transportwege,
   - ein umfassendes Qualitätsmanagement, das bereits bei den Zulieferern ansetzt. Die Qualitätsverantwortung liegt also beim Lieferanten.

   Da die Verkehrsbedingungen zunehmend unsicherer sind, werden neue Ansätze gesucht, um zeitgenau und kostengünstig anzuliefern. In **Modulfabriken** oder **Industrieparks** sind die Zulieferer unmittelbar am Standort angesiedelt. Es werden z. B. im Bereich der Automobilproduktion vom Zulieferer vorsortierte Systemeinheiten unmittelbar im Werk auf Montagewagen zusammengebaut und anschließend in die Fahrzeuge eingebaut. In Ausnahmefällen erfolgt selbst der Einbau durch den Systemlieferanten. Für diese Form der Zusammenarbeit zwischen Zulieferer und Abnehmer sind Onlinedatenverbindungen und eine einheitliche Softwareausstattung unabdingbare Voraussetzung.

   Die Erweiterung des Konzeptes des JIT wird bei Herstellern großer Serien angewandt. Es wird deshalb erforderlich, weil die unterschiedlichsten Kundenwünsche berücksichtigt werden müssen. **Just-in-sequence (JIS)** verlangt nicht nur die termingenaue Anlieferung, sondern auch die Einhaltung der vorbestimmten Reihenfolge, um einen anschließenden Einbau ohne Reibungsverluste durchführen zu können. Zulieferer und Hersteller arbeiten also gleichzeitig in derselben Sequenz.

b) Im **innerbetrieblichen Bereich** wird eine Minimierung der Materialflüsse und Zwischenläger angestrebt. Daraus folgt eine hohe Qualitätsverantwortung der einzelnen innerbetrieblichen Bereiche.

## Delivery on demand

Beim **Delivery on demand** erfolgt die Lieferung auf Abruf. Kunde und Hersteller sind i. d. R. online zum Datenaustausch verbunden.

| **Bereitstellungsprinzipien im Überblick** | | | | |
|---|---|---|---|---|
| **Bereitstellungsprinzip** | **Einzelbeschaffung** | **Vorratsbeschaffung** | **Just-in-time-Beschaffung** | **Delivery on demand** |
| **Anwendung** | bei Materialbeschaffung für spezielle Aufträge | Material, das regelmäßig gebraucht wird | bei Großserien- und Massenfertigung | |
| **Bestellzeitpunkt** | nach Auftragseingang und Auftreten des Bedarfs in der Fertigung | bei Erreichen des Meldebestandes im Materiallager | längerfristig vor Auftreten des geplanten Bedarfs in der Fertigung | kurzfristig bei Bedarf |

| Bereitstellungsprinzipien im Überblick | | | | |
|---|---|---|---|---|
| **Bereitstellungsprinzip** | **Einzelbeschaffung** | **Vorratsbeschaffung** | **Just-in-time-Beschaffung** | **Delivery on demand** |
| **Materialanlieferung** | jeweils nach Liefermöglichkeit des beauftragten Lieferanten | jeweils bei Erreichen des Mindestbestandes im Materiallager | Materialanlieferung zeitgleich mit geplantem Fertigungsbeginn | |
| **Lagerhaltung** | keine oder nur geringe Bestände | umfangreiche Bestände | nur Sicherheitsbestände | |

## 3.2.5 Bestellplanung

Die Bestellung muss so koordiniert werden, dass die mögliche Beschaffungszeit überbrückt werden kann **(Zeitplanung)** und der Mindestbestand (eiserne Reserve) nicht unterschritten wird **(Mengenplanung)**, um die Produktions- und Lieferbereitschaft zu sichern.

### Optimale Beschaffungszeit (Zeitplanung)

Zur Ermittlung der optimalen Beschaffungszeit lassen sich zwei unterschiedliche Verfahren anwenden.

#### ▶ Bestellpunktverfahren (Mengensteuerung)

Beim Bestellpunktverfahren erfolgt die Bestellung beim Erreichen des Meldebestandes (Bestellpunkt). Die Voraussetzung für die Durchführung des Verfahrens ist, dass der Lagerbestand kontinuierlich überprüft wird.

Der **Mindestbestand** (Reserve = R) ist der Bestand, der dauernd am Lager sein muss, um auch bei unvorhergesehenen Fällen eine reibungslose Abwicklung des Betriebes zu sichern.

Der **Höchstbestand** (HB) wird immer nach dem Eintreffen der bestellten Waren erreicht.

Der **Meldebestand** (MB) ist der Lagerbestand, bei dem das Auffüllen des Lagers durch eine Meldung zu veranlassen ist. Er bestimmt also den Bestellzeitpunkt.

**Beispiel:** Bei einem Tagesbedarf A = 20 Stück, einer Lieferzeit von T = 6 Tagen, einem Mindestbestand R = 50 Stück ist der Meldebestand MB = (A · T) + R = (20 Stück/Tag · 6 Tage) + 50 Stück = 170 Stück.

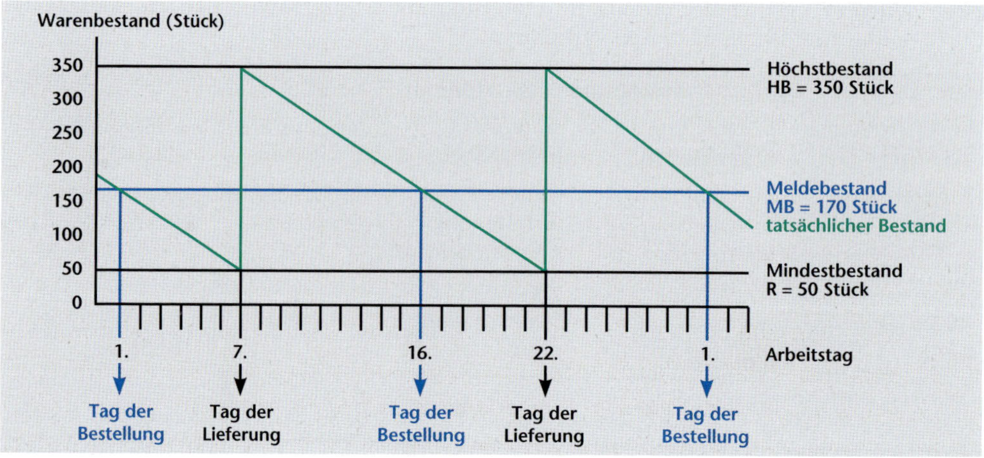

Die Grafik zeigt bei einem Einkaufssoll von 300 Stück (HB = 350 Stück, R = 50 Stück) den jeweiligen Bestand und den Zeitpunkt der Bestellung unter der Voraussetzung, dass der Lagerabgang kontinuierlich erfolgt und die Liefertermine eingehalten werden. Der Verlauf der grünen Linie zeigt die Veränderung des Lagerbestandes an.

### ▶ Bestellrhythmusverfahren (Terminsteuerung)

Bei **Massenprodukten** kann die Bestellung der Produkte organisatorisch zu periodisch wiederkehrenden Zeitpunkten (wöchentlich, vierzehntäglich, monatlich) fest eingeplant werden. Die Bestellzeitpunkte sind von vornherein festgelegt, die jeweiligen Bestellmengen werden aus den eingetretenen Lagerbestandsminderungen errechnet. Sie richten sich damit nach den jeweiligen Absatzmengen.

**Beispiel:** Die Bestellung für ein Produkt wird alle neun Tage ausgeführt, wobei sich die Bestellmengen jeweils unterscheiden.

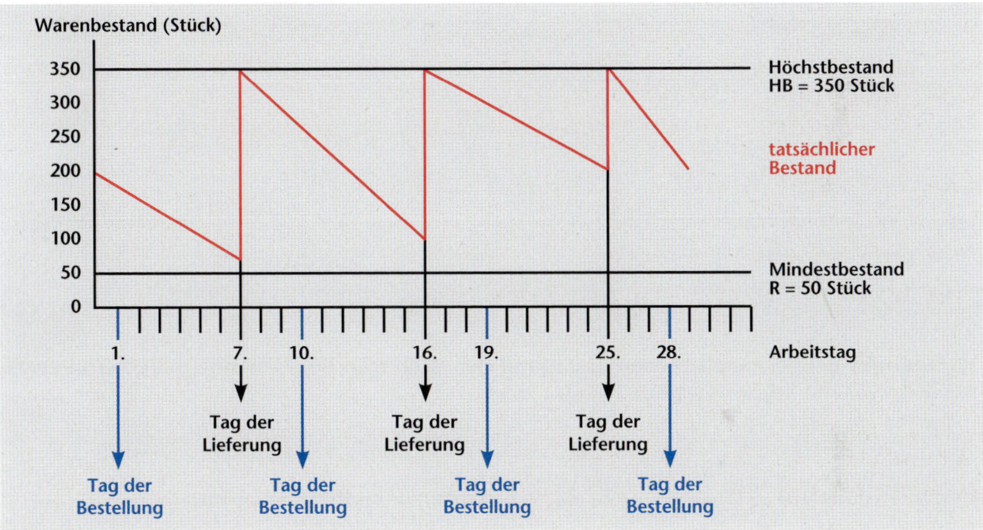


Der Verlauf der roten Linie zeigt die Veränderung des Lagerbestandes an. Der Mindestbestand sollte nicht unterschritten werden, um eine ständige Lieferbereitschaft zu sichern.

## ■ Optimale Bestellmenge (Mengenplanung)

### ▶ Ermittlung der optimalen Bestellmenge

Bei der Bestellung großer Mengen werden von den Lieferanten in der Regel günstigere Lieferungs- und Zahlungsbedingungen, insbesondere höhere Mengenrabatte, eingeräumt als bei kleinen Bestellmengen. Außerdem erfordern größere Bestellmengen weniger Bestellvorgänge und damit weniger Bestellkosten.

Dies könnte zu der Annahme verleiten, möglichst große Bestellmengen für lange Zeiträume seien optimal. Man muss aber erkennen, dass den niedrigeren Beschaffungskosten höhere Lagerhaltungskosten gegenüberstehen, da sich die Lagermenge erhöht, die Lagerdauer verlängert und das Lagerrisiko steigt. Daraus folgt:

**Optimal** ist diejenige **Bestellmenge,** bei der die **Summe aus Beschaffungs- und Lagerhaltungskosten am geringsten** ist.

**Beispiel:** Bei der Beschaffung von Dichtungsmitteln wird bei der Reifen Roesch GmbH mit folgenden Bedingungen gerechnet. Jahresbedarf (M): 1.800 Stück; Beschaffungskosten je Bestellvorgang (Bk): 15,00 EUR; Einstandspreis je Stück (p): 5,00 EUR, Lagerhaltungskostensatz (Lks) des durchschnittlichen Lagerbestandes: 5 %. Der durchschnittliche Lagerbestand beträgt die Hälfte der Bestellmenge.

a) **Tabellarische Ermittlung** der optimalen Bestellmenge:

| Bestell-menge in Stück | Bestell-vorgänge | Beschaffungs-kosten in EUR | durchschnitt-licher Lager-bestand | Lagerhaltungs-kosten in EUR | Beschaffungs- und Lagerhaltungs-kosten in EUR |
|---|---|---|---|---|---|
| x | M/x | M/x · Bk | x/2 | x/2 · p · Lks/100 | Spalte 3 + 5 |
| 100 | 18,00 | 270,00 | 50 | 12,50 | 282,50 |
| 200 | 9,00 | 135,00 | 100 | 25,00 | 160,00 |
| 300 | 6,00 | 90,00 | 150 | 37,50 | 127,50 |
| 400 | 4,50 | 67,50 | 200 | 50,00 | 117,50 |
| 500 | 3,60 | 54,00 | 250 | 62,50 | 116,50 |
| 600 | 3,00 | 45,00 | 300 | 75,00 | 120,00 |
| 700 | 2,57 | 38,57 | 350 | 87,50 | 126,07 |
| 800 | 2,25 | 33,75 | 400 | 100,00 | 133,75 |
| 900 | 2,00 | 30,00 | 450 | 112,50 | 142,50 |

**Ergebnis:** Bei der tabellarischen Ermittlung der optimalen Bestellmenge mit einer Intervallweite von 100 Stück liegt diese bei 500 Stück.

b) **Grafische Ermittlung** der optimalen Bestellmenge:

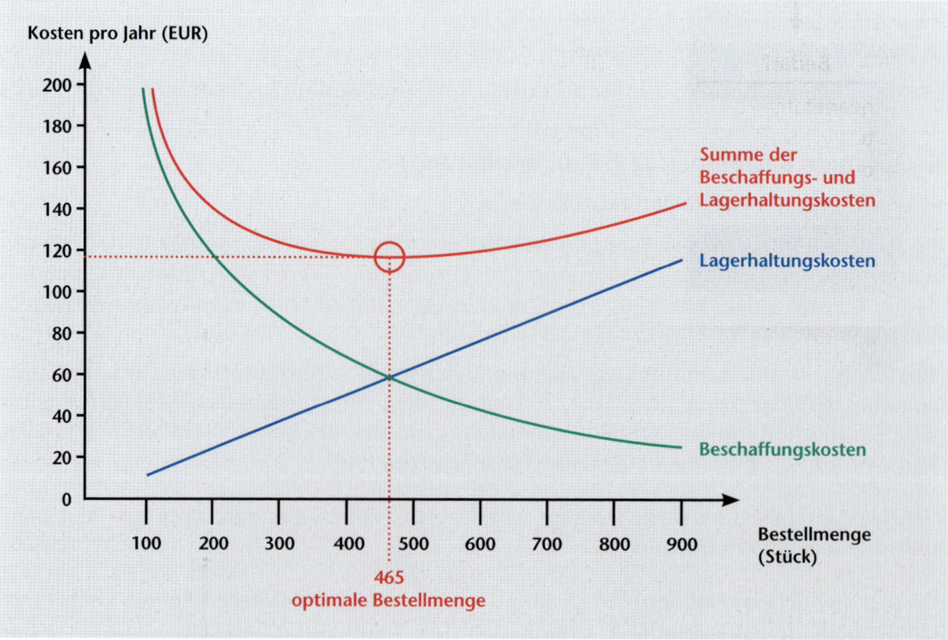

c) **Rechnerische Ermittlung** der optimalen Bestellmenge mithilfe der Bestellmengenformel:

$$\textbf{optimale Bestellmenge} = \sqrt{\frac{200^{*} \cdot \text{Jahresbedarf} \cdot \text{Beschaffungskosten je Bestellvorgang}}{\text{Einstandspreis je Stück} \cdot \text{Lagerhaltungskostensatz}}}$$

$$= \sqrt{\frac{200 \cdot 1.800 \text{ St.} \cdot 15 \text{ EUR}}{5 \text{ EUR/St.} \cdot 5\,\%}}$$

$$= \mathbf{464{,}76}$$

* Die Zahl 200 ergibt sich aus der Herleitung der Formel.

**Ergebnis:** Die optimale Bestellmenge beträgt 465 Stück.

### ▶ Kriterien zur Festlegung der Bestellmengen

Im Rahmen einer elastischen Beschaffungsplanung muss dem Einkäufer bei der Festlegung der Bestellmengen ein Entscheidungsspielraum eingeräumt werden, um evtl. von der optimalen Bestellmenge abzuweichen.

**Beispiel:** Schwankende Lieferfristen und drohende Lieferengpässe können Vorratskäufe erforderlich machen.

## Zusammenfassende Übersicht zu Kapitel 3.2: Beschaffungsplanung

**Beschaffungsplanung**

| Bedarf | Menge | Zeit | Preis |
|---|---|---|---|
| – quantitativ<br>– temporär<br>– qualitativ | – optimale Bestellmenge | – Bereitstellungsprinzipien<br>– Bestellpunktverfahren<br>– Bestellrhythmusverfahren | – Preisobergrenzen |

**ABC-Analyse**

## ▶ Aufgaben und Probleme

1. Führen Sie eine ABC-Analyse für folgende Beschaffungsgüter durch und werten Sie Ihr Ergebnis aus (Wertklassen: 75 % A-Güter; 20 % B-Güter; 5 % C-Güter).

**ABC-Analyse bei Beschaffungsgütern**

| Warengruppe | Bezugspreis je Einheit (in EUR) | Menge (in Stück) | Wert (in EUR) | Wert (in %) | Wertklassenzuordnung A, B, C |
|---|---|---|---|---|---|
| 1 | 2,00 | 800 | | | |
| 2 | 30,00 | 10.000 | | | |
| 3 | 50,00 | 3.000 | | | |
| 4 | 10,00 | 1.000 | | | |
| 5 | 20,00 | 1.000 | | | |
| 6 | 2,00 | 30.000 | | | |
| 7 | 2,50 | 5.000 | | | |
| 8 | 5,00 | 10.000 | | | |
| 9 | 6,00 | 12.000 | | | |
| 10 | 12,00 | 15.000 | | | |
| | **Summe** | | | | |

2. Ein Hersteller von elektrischen Grillgeräten rechnet damit, im nächsten Jahr (Planungsperiode 1) 1.600 Grillgeräte absetzen zu können. Die Grillgeräte eignen sich auch zum Einsatz im Freien. Für diesen Zweck werden sie wahlweise mit einem fahrbaren Untergestell, auf das sich das Grillgerät montieren lässt, angeboten. Erfahrungsgemäß kaufen die Kunden in etwa der Hälfte aller Fälle zusätzlich ein solches Fahrgestell.

   Der Hersteller hat zu Beginn der Planungsperiode 150 Grillgeräte und 75 Untergestelle auf Lager. Er plant, 1.500 Grills und 750 Untergestelle zu produzieren. Die für den Antrieb der Grillgeräte notwendigen Elektromotoren sowie die Räder für die Untergestelle (4 Stück je Gestell) bezieht das Unternehmen als fertige Teile. Zu Beginn der Planungsperiode sind noch 50 Elektromotoren und 200 Räder am Lager. Am Ende der Planungsperiode soll aus Sicherheitsgründen der Bestand an Elektromotoren 120 Stück und der Bestand an Rädern 240 Stück betragen.

   Zunächst will der Hersteller den Bedarf an Motoren und Rädern für die Planungsperiode ermitteln (= Bedarfsplanung), bevor er dann in einem nächsten Schritt im Rahmen der Beschaffungsplanung die einzelnen Liefermengen und Lieferzeitpunkte festlegt sowie die entsprechenden Lieferanten auswählt.

   a) Wie groß ist im vorliegenden Fall der Primärbedarf an Grillgeräten und Fahrgestellen?

   b) Wie hoch ist der Sekundärbedarf für Motoren und Räder?

   c) Erfahrungsgemäß benötigt der Hersteller 10 % des Sekundärbedarfs bei Motoren und Rädern als Ersatz- und Austauschteile (= Zusatzbedarf). Dieser Zusatzbedarf wird bei der Ermittlung des Bruttobedarfs berücksichtigt. Berechnen Sie den Bruttobedarf für Motoren und Räder.

   d) Wie viele Motoren und Räder muss die Einkaufsabteilung aufgrund der Bedarfsplanung beschaffen (= Nettobedarf bzw. Beschaffungsbedarf)?

   Die Bedarfsplanung soll fortgeschrieben werden. Für die Planungsperiode 2 wird mit einem Verkauf von 2.000 Grillgeräten gerechnet. Außerdem wird ein Lagerbestand von 350 Geräten angestrebt. Der Lagerbestand an Elektromotoren soll auf 250 Stück erhöht werden.

e) Berechnen Sie den Nettobedarf (Beschaffungsbedarf) für die Elektromotoren.

f) Wie würde sich der Nettobedarf (Beschaffungsbedarf) für die Elektromotoren in der Planungsperiode 2 ändern, wenn

- einerseits 50 der am Lager befindlichen Motoren bereits für einen Sonderauftrag reserviert sind und das Lager bald verlassen (Vormerkbestand),
- andererseits 100 Motoren bereits bestellt sind und ihre Lieferung innerhalb von drei Wochen zugesagt ist (Bestellbestand)?

g) Stellen Sie die Berechnung des Nettobedarfs (Beschaffungsbedarfs) formelmäßig unter Verwendung folgender Größen dar: Sekundärbedarf, Zusatzbedarf, Bruttobedarf, anfänglicher Lagerbestand, Sicherheitsbestand, Vormerkbestand, Bestellbestand.

3. In einem Industriebetrieb wird bei der Beschaffung einer Rohstoffsorte mit folgenden Bedingungen gerechnet:

| | | | |
|---|---|---|---|
| Der 3-Monats-Bedarf beträgt 6.000 Stück | | | |
| Listenpreis: 10,00 EUR je Stück | | | |
| Abnahmemenge | 2.000 Stück | 4.000 Stück | 6.000 Stück |
| Mengenrabatt | 3 % | 5 % | 10 % |
| Transportkosten insgesamt | 2.850,00 EUR | 2.550,00 EUR | 2.250,00 EUR |
| Bestellkosten je Bestellvorgang: 150,00 EUR | | | |
| Lagerhaltungskosten: 0,025 EUR je Stück | | | |

Wegen der Rabattstaffel wird die Bestellung in Einheiten von 2.000, 4.000 oder 6.000 Stück in Erwägung gezogen. Berechnen Sie die optimale Bestellmenge.

4. Die Maschinenfabrik Walz & Co. KG verbraucht in der Fertigung pro Tag 120 Bolzen aus Spezialstahl. Die Lieferzeit des Herstellers beträgt 14 Tage. Als eiserner Bestand wird der fünffache Tagesverbrauch auf Lager gehalten.

a) Unterscheiden Sie Lieferzeit und Beschaffungszeit.

b) Berechnen Sie den Meldebestand.

c) Nennen Sie zwei Gründe, warum die Maschinenfabrik einen eisernen Bestand hält.

d) In welchem Zeitpunkt wird im Lager der Höchststand an Bolzen erreicht und welche Stückzahl umfasst dieser Bestand, wenn die optimale Bestellmenge 2.400 Stück beträgt?

e) Beschreiben Sie Möglichkeiten, Grenzen und Auswirkungen, wenn der Mindestbestand herabgesetzt werden soll.

5. Die MONI KG stellt u.a. Monitore für Personalcomputer (PC) her. Durch einen sehr hohen Qualitätsstandard bei marktgerechten Preisen konnte der Marktanteil in den letzten Jahren leicht ausgebaut werden. Sinkende Marktpreise zwingen die MONI KG jedoch zu weiteren Kostensenkungen. Bisher wurde die Materialposition »Monitorgehäuse M 21« nach dem Bestellrhythmusverfahren bestellt. Jetzt soll auf das Bestellpunktverfahren umgestellt werden.

a) Erklären Sie die Unterschiede zwischen diesen Bestellverfahren.

b) Für die Materialposition »Monitorgehäuse M 21« sind am Fabrikkalendertag 181 (FKT) die folgenden Daten gespeichert (Computerauszug):

| **MONI KG, Mannheim KW 35/FKT 181 Materialbestand und -bewegungen** | | | | | |
|---|---|---|---|---|---|
| Teile-Nr.: 400.017<br>Bezeichnung: S 21-Zoll-Monitor<br>Meldebestand: ?<br>Sicherheitsbestand: 900 | | | Gehäuse M 21<br>Teileart: F<br>Durchschnittsverbrauch/Tag: 75<br>Beschaffungszeit: 6 Tage | | |
| FKT | Zugang | Abgang | Wert (in EUR) | Lager-bestand | disp. Bestand |
| 178 | 2.400 | | 48.000 | 2.700 | 1.800 |
| 179 | | 150 | 3.000 | ? | 1.650 |
| 180 | | 140 | 2.800 | ? | 1.510 |
| 181 | | 155 | 3.100 | 2.255 | 1.355 |

Ermitteln Sie rechnerisch den Meldebestand.

c) Weshalb führt die Änderung des Bestellverfahrens möglicherweise zu einer Kostenersparnis?

d) Wie hoch ist der Lagerbestand (in Stück) an den Fabrikkalendertagen 179 und 180?

6. Ein Unternehmen hat bei einem bestimmten Produkt einen Jahresbedarf von 100.000 Stück. Der Einstandspreis des Produktes beträgt 12,50 EUR je Stück. Unabhängig von der Bestellmenge fallen bei jeder Bestellung fixe Kosten in Höhe von 40,00 EUR an. Der Lagerhaltungskostensatz (= Lagerhaltungskosten · 100/durchschnittlicher Lagerbestand) liegt bei 16 %. Im Rahmen der Beschaffungsplanung muss entschieden werden, wie oft ein Artikel während des Jahres bestellt werden soll. Werden die 100.000 Stück auf einmal bestellt, fallen 40,00 EUR bestellfixe Kosten und 100.000 EUR Lagerhaltungskosten (100.000 St./2 · 12,50 EUR/St. · 0,16) an.

a) Bei welcher Bestellmenge ist für die genannten Daten die Summe aus Beschaffungskosten und Lagerhaltungskosten am niedrigsten?

b) Wodurch sind die Mehrkosten bedingt

- bei höheren Bestellmengen,
- bei niedrigeren Bestellmengen?

c) Für die Bestellmengen 400, 800, 1.200, 1.600. 2.000, 2.400, 2.800, 3.200, 3.600, 4.000 Stück sollen die Beschaffungskosten, die Lagerhaltungskosten und die Gesamtkosten grafisch in einem Koordinatensystem dargestellt werden (Y-Achse: Kosten, X-Achse: Bestellmenge). Bestimmen Sie die optimale Bestellmenge grafisch.

d) Erläutern Sie, wie sich jeweils die optimale Bestellmenge gegenüber der Ausgangssituation ändert, wenn

- der Jahresbedarf auf 110.000 Stück steigt,
- der Einstandspreis aufgrund eines Lieferantenrabatts auf 11,25 EUR sinkt,
- die bestellfixen Kosten auf 55,00 EUR steigen,
- der Lagerhaltungskostensatz auf 20 % steigt?

## 3.3 Beschaffungsanbahnung

### 3.3.1 Beschaffungsmarktforschung

Als **Beschaffungsmarktforschung** bezeichnet man die **systematische Untersuchung von Beschaffungsmärkten.**

Mit diesen Kenntnissen soll das Unternehmen die benötigten Güter in der erforderlichen Menge und Qualität unter möglichst günstigen wirtschaftlichen Bedingungen (Zielsetzung: Kostenminimierung) zur richtigen Zeit und am richtigen Ort beschaffen können. Die Beschaffungsmarktforschung (vgl. dazu auch Kapitel 9.3) ist auf unterschiedliche Objekte ausgerichtet, bedient sich unterschiedlicher Informationsquellen und wendet unterschiedliche Methoden an.

| Objekte | Informationsquellen | Methoden |
|---|---|---|
| – **Beschaffungsgüter**<br>· Bestandteile und Zusammensetzung<br>· Qualität<br>· Benutzerfreundlichkeit<br>– **Märkte**<br>· Verkaufsprogramme und Marktanteile der Anbieter<br>· Marktschwankungen<br>– **Lieferanten**<br>· Leistungsfähigkeit<br>· Lieferungs- und Zahlungsbedingungen<br>– **Preise**<br>· Preisvergleiche<br>· Preis-Leistungs-Verhältnis | – **unternehmensintern**<br>· integrierte Unternehmenssoftware<br>· Lieferantendatenbank<br>· Einkaufsstatistik<br>– **unternehmensextern**<br>· Messen, Ausstellungen<br>· Internet<br>· Bezugsquellenübersichten der Kammern<br>· Branchenbücher<br>· Inserate in Fachzeitschriften<br>· Werbematerial von Anbietern<br>· Auskünfte von Geschäftspartnern, Auskunfteien, Banken, Marktforschungsinstituten | – **Marktanalyse**<br>Einmalige Untersuchung der Struktur von Teilmärkten zu einem bestimmten Zeitpunkt<br>**Beispiel:** Ermittlung der Anbieter eines bestimmten Produktes unter Preis- und Qualitätsgesichtspunkten<br>– **Marktbeobachtung**<br>Fortlaufende Überwachung der Strukturveränderungen von Teilmärkten<br>**Beispiel:** Feststellung von Preisentwicklungen für ein bestimmtes Produkt |

### 3.3.2 Sourcing-Strategien

Unter **Sourcing-Strategie** versteht man die **Art und Weise,** wie ein Unternehmen seine **Beschaffung gestaltet.**

#### Sourcing-Strategien nach der Anzahl möglicher Lieferanten

| | |
|---|---|
| **Single Sourcing** | Die gesamte Beschaffungsmenge wird von einem Lieferanten bezogen. |
| **Double Sourcing** | Die Beschaffungsmenge wird von zwei Lieferanten bezogen. |
| **Multiple Sourcing** | Die Beschaffungsmenge wird auf mehrere Lieferanten verteilt. |

## Sourcing-Strategien durch Einkaufskooperationen

Bei der **Einkaufskooperation** schließen sich mehrere Unternehmen zu **Einkaufskontoren (Einkaufsverbänden)** zusammen. Diese Einkaufskontore ermöglichen die Nutzung von gemeinsamen Beschaffungsvorteilen.

## Sourcing-Strategien nach der räumlichen Ausdehnung

Beim **Local Sourcing** beschränkt sich die Beschaffung auf örtlich begrenzte Lieferanten, die meist nur auf nationalen oder regionalen Märkten tätig sind. **Global Sourcing** meint die Ausdehnung der Beschaffung auf internationale Märkte und damit die weltweite systematische Suche nach Lieferanten.

Durch Global Sourcing werden Chancen eröffnet. Gleichzeitig dürfen aber die damit verbundenen Risiken nicht übersehen werden.

**Global Sourcing**

| Chancen | Risiken |
|---|---|
| – Senkung der Beschaffungskosten<br>– bessere Marktübersicht<br>– Sicherung von Lieferkapazitäten<br>– geringere Abhängigkeit von Lieferanten<br>– Technologiezufuhr | – Transportrisiken<br>– Währungsrisiko<br>– unterschiedliches Qualitätsverständnis und Qualitätsmängel<br>– politische Risiken |

## 3.3.3 Lieferantensuche (Bezugsquellenermittlung)

Dem Unternehmen bieten sich interne wie externe Möglichkeiten, Lieferanten (Bezugsquellen) zu suchen.

| interne Bezugsquellenermittlung | externe Bezugsquellenermittlung |
|---|---|
| – Lieferantendatei<br>– Artikel-/Warenbezugsdatei<br>– Unternehmensdatenbank<br>– Berichte von Handlungsreisenden<br>– Messeberichte von Einkäufern<br>– Einkaufsstatistiken | – Bezugsquellenverzeichnisse »Wer liefert was?«, »ABC der deutschen Wirtschaft«<br>– Messen<br>– Lieferantendatenbanken im Internet<br>– Kataloge |

## 3.3.4 Anfrage

Die Anfrage dient der **Einholung eines Angebotes.**

Durch eine **Anfrage** soll festgestellt werden, **ob und zu welchen Preisen und Bedingungen ein Produkt oder eine Dienstleistung von einem Lieferanten bezogen** werden kann.

### Art, Inhalt und Form der Anfrage

| | | |
|---|---|---|
| **Art** | **allgemeine Anfrage:**<br>auf das gesamte Lieferprogramm eines Lieferanten ausgerichtet | **spezielle Anfrage:**<br>auf ein bestimmtes Produkt oder eine Dienstleistung ausgerichtet |
| **Inhalt** | – genaue Bezeichnung des Produktes oder der Dienstleistung<br>– voraussichtliche Bezugsmenge<br>– gewünschte Lieferungs- und Zahlungsbedingungen<br>– Angaben über Verpackungs- und Versandwünsche | |
| **Form** | Die Anfrage ist formfrei. | |

### Rechtliche Wirkung der Anfrage

Die **Anfrage ist unverbindlich**; der Anfragende wird durch die Anfrage rechtlich nicht verpflichtet. Daher ist es möglich, gleichzeitig an mehrere Lieferanten Anfragen zu richten, um die optimale Bezugsquelle zu ermitteln.

## 3.3.5 Angebot

### Merkmal und Inhalt des Angebots

Das **Angebot** ist eine an eine **bestimmte Person** gerichtete **Willenserklärung,** ein Produkt oder eine Dienstleistung zu den angegebenen **Bedingungen** liefern zu wollen.

Zu diesen Bedingungen gehören Angaben über die Art, Beschaffenheit und Güte, die Menge, den Preis des Gutes oder der Dienstleistung, die Lieferungs- und Zahlungsbedingungen, den Erfüllungsort und den Gerichtsstand.

**Anpreisungen** von Waren, die nicht an eine bestimmte Person, sondern an die Allgemeinheit gerichtet sind, gelten nicht als Angebot im rechtlichen Sinn. Sie sollen lediglich die Kunden anregen, ihrerseits einen Kaufantrag abzugeben, der jedoch noch der Annahme durch den Verkäufer bedarf.

Solche Anpreisungen finden sich beispielsweise in Zeitungsanzeigen, Prospekten, Katalogen, Plakaten oder auch in Schaufensterauslagen. Daher hat der Kunde keinen Anspruch auf Aushändigung des Ausstellungsstücks. Auch das Aufstellen von Waren im Selbstbedienungsladen gilt noch nicht als Angebot. Hier macht der Käufer durch das Vorlegen der Ware an der Kasse einen Kaufantrag.

Die Aufstellung eines **Automaten** gilt als Angebot an jeden, der es nutzen möchte. Dabei wird vorausgesetzt, dass der Automat technisch funktioniert und der enthaltene Warenvorrat ausreicht.

### Form des Angebots

Für das Angebot gelten **keine Formvorschriften.** Es kann abgegeben werden

- **unter Anwesenden:** mündlich, schriftlich oder durch schlüssiges Handeln;
- **unter Abwesenden:** schriftlich (durch Brief, online oder mittels Telefax) oder bildhaft (in Prospekten, Katalogen oder im Internet).

Mündliche oder telefonische Angebote werden häufig schriftlich bestätigt. Damit sollen Irrtümer durch Verhören, Versprechen und Übermittlungsfehler ausgeschlossen werden. Außerdem sind bei Rechtsstreitigkeiten schriftliche Unterlagen vorhanden.

## Rechtliche Wirkung des Angebots

Wer einer **bestimmten Person ein Angebot ohne Einschränkung** abgibt, ist an dieses **Angebot gebunden.**

### ▶ Einschränkungen der Bindung an das Angebot

| | Einschränkung | Merkmal | Beispiele |
|---|---|---|---|
| BGB § 147 (1) | **gesetzliche Bindungsfrist unter Anwesenden** | Das Angebot wird sofort mit der Abgabe wirksam und bindet den Anbietenden, solange die Unterredung dauert. | Angebot<br>– im Verkaufsraum<br>– im Telefongespräch |
| §§ 147 (2), 130 | **gesetzliche Bindungsfrist unter Abwesenden** | Das Angebot wird erst wirksam, wenn es dem Abwesenden zugeht, und bindet den Anbietenden nur so lange, bis der Eingang der Antwort unter regelmäßigen Umständen erwartet werden darf. | – Brief (ca. 1 Woche)<br>– Telefax (ca. 3 Tage)<br>– E-Mail (1 Tag) |
| § 148 | **vertragliche Bindungsfrist** | Der Anbietende kann für die Annahme des Angebots eine Frist bestimmen. Die Annahme kann nur innerhalb dieser Frist erfolgen. | – »gültig bis 25. Mai 20..« |
| § 145 | **Freizeichnung** | Der Anbietende kann die Bindung an das Angebot durch Freizeichnungsklauseln einschränken oder ganz ausschließen. | – »solange der Vorrat reicht«<br>– »Preis freibleibend«<br>– »freibleibend« |

§§ 146 ff.

### ▶ Erlöschen der Bindung an das Angebot

Die Bindung an das Angebot erlischt, wenn es **vom Empfänger abgelehnt, geändert oder nicht rechtzeitig angenommen** wird. Der Anbietende ist auch nicht mehr an sein Angebot gebunden, wenn die Verspätung der Annahme durch unverschuldete Zwischenfälle (Verkehrsunfall, Störung der Nachrichtenübermittlung) verursacht wird.

### ▶ Widerruf des Angebotes

Da ein Angebot erst wirksam wird, wenn es dem Empfänger zugegangen ist, kann es bis zum Eintreffen beim Kunden widerrufen werden. Der Widerruf muss **spätestens gleichzeitig mit dem Angebot beim Kunden eingehen.**

**Beispiel:** Ein schriftliches Angebot wird mittels Telefon, Telefax oder E-Mail widerrufen.

# 3.3.6 Angebotsvergleich und Lieferantenauswahl

## Entscheidungskriterien beim Angebotsvergleich

Die Einkaufsabteilung muss aus mehreren Angeboten eines auswählen. Diesem Ziel dient ein Angebotsvergleich, dessen Ergebnisse bei Bedarf durch klärende Rückfragen bei den Anbietern oder durch Verhandlungen ergänzt werden können. Beim Angebotsvergleich sind die Unterschiede der vorliegenden Angebote in folgender Hinsicht zu ermitteln:

### ▶ Qualitätsvergleich

Hierbei ist zunächst zu prüfen, ob die im Angebot geforderte Mindestqualität angeboten wird. Wenn die Mindestqualität gewährleistet ist, wird das Angebot ausgewählt, bei dem bei gleichem Preis die angebotene Qualität am besten ist.

### ▶ Preisvergleich

Bei gleicher Qualität der angebotenen Produkte gibt i. d. R. der günstigste Preis den Ausschlag für die Auswahl. Dabei müssen die angebotenen Preise auf eine einheitliche Vergleichsbasis umgerechnet werden.

Durch die **Bezugskalkulation** wird der Bezugspreis des gekauften Produktes ermittelt. Ausgangspunkt ist der Rechnungspreis (netto, d. h. ohne Vorsteuer), in vielen Geschäftszweigen, vor allem bei Markenartikeln, der Listeneinkaufspreis. Nach Abzug von Rabatt und Skonto verbleibt der Einkaufspreis. Durch die Zurechnung der Bezugskosten (Verpackung, Transport, Versicherung) ergibt sich der Bezugspreis oder Einstandspreis.

**Schema der Bezugskalkulation**

| Bezugskalkulation | | | |
|---|---|---|---|
| | **Listeneinkaufspreis** | ./. Wiederverkäufer-Rabatt | **= Rechnungspreis (netto)** |
| | **Rechnungspreis (netto)** | ./. Mengenrabatt | **= Zieleinkaufspreis** |
| | **Zieleinkaufspreis** | ./. Lieferantenskonto | **= Bareinkaufspreis** |
| | **Bareinkaufspreis** | + Bezugskosten | **= Bezugspreis** |

**Beispiel** für einen Angebotsvergleich:

**Angebotsvergleich mit Bezugskalkulation**

| Angebote | A | B | C | D |
|---|---|---|---|---|
| Listeneinkaufspreis (EUR) | 820,00 | 608,00 | 680,00 | 632,50 |
| Mengenrabatt in % | 0 | 0 | 5 | 0 |
| Skonto in % | 2 | 0 | 2 | 0 |
| Frachtkosten (EUR) | 26,00 | 26,00 | 0,00 | 0,00 |
| **Preisvergleiche** | | | | |
| Listeneinkaufspreis (EUR) | 820,00 | 608,00 | 680,00 | 632,50 |
| – Mengenrabatt (EUR) | 0,00 | 0,00 | 34,00 | 0,00 |
| = Zieleinkaufspreis (EUR) | 820,00 | 608,00 | 646,00 | 632,50 |
| – Skonto (EUR) | 12,40 | 0,00 | 12,92 | 0,00 |
| = Bareinkaufspreis (EUR) | 807,60 | 608,00 | 633,08 | 632,50 |
| + Bezugskosten (EUR) | 26,00 | 26,00 | 0,00 | 0,00 |
| = **Bezugspreis (EUR)** | **833,60** | **634,00** | **633,08** | **632,50** |

Das günstigste Angebot ist das Angebot D.

### ▶ Terminvergleich

Die in den Angeboten angegebenen Lieferzeiten müssen mit der Terminplanung übereinstimmen, damit die ständige Lieferbereitschaft gewährleistet bleibt. Die Zahlungsziele müssen durch die Möglichkeiten der Finanzplanung gedeckt sein.

## Lieferantenauswahl

Es stellt sich die Aufgabe, ein möglichst objektives und umfassendes Bild der Lieferanten zu gewinnen. Jedes Unternehmen muss dazu auf der Grundlage der verfolgten Ziele einen Kriterienkatalog (Merkmalskatalog) erstellen, der für die Lieferantenauswahl herangezogen wird.

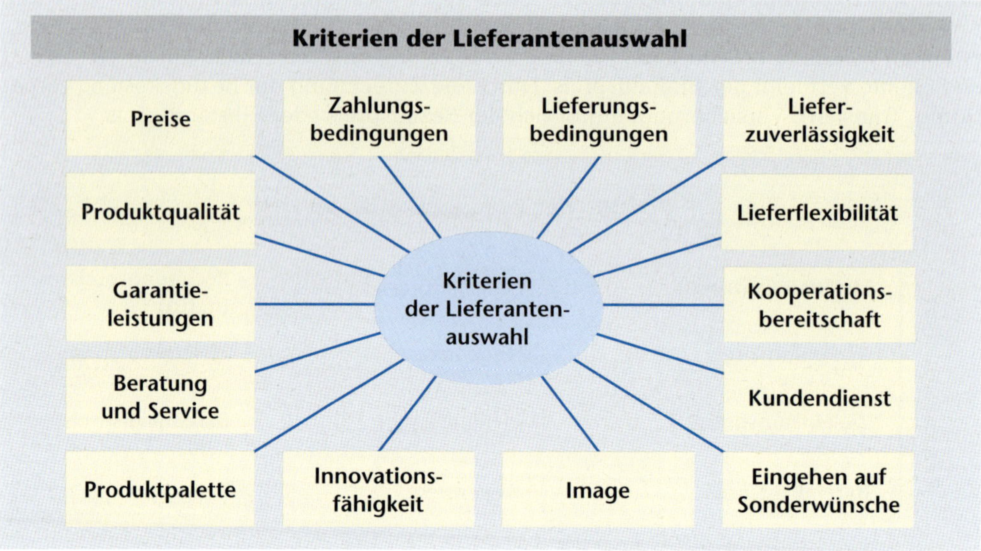


Bei der Lieferantenauswahl werden mithilfe der festgelegten Kriterien die möglichen Lieferanten bewertet, um ein objektives Urteil zu ermöglichen. Als Hilfsmittel dienen vor allem sogenannte **Entscheidungsbewertungstabellen** (Scoring-Modell).

Die Praxis vieler Unternehmen hat gezeigt, dass eine subjektive, mehr gefühlsmäßige Auswahl eines Lieferanten aus mehreren möglichen Bezugsquellen nicht die optimale Entscheidung ist. Vielmehr sollten aus den vorhandenen und durch Anfragen gewonnenen Bezugsquelleninformationen alle wesentlichen Entscheidungskriterien herangezogen und mit Punkten nach ihrer Bedeutung für das beschaffende Unternehmen gewichtet werden. So entsteht ein **Scoring-Modell** (Entscheidungsbewertungstabelle).

**Beispiel:**

| | | mögliche Lieferanten | | | | | |
|---|---|---|---|---|---|---|---|
| | | A | | B | | C | |
| Entscheidungskriterien | Gewichtung (G) | Einzelbewertung (B) | gewichtete Bewertung (GB = G · B) | Einzelbewertung (B) | gewichtete Bewertung (GB = G · B) | Einzelbewertung (B) | gewichtete Bewertung (GB = G · B) |
| Qualität | 30 | 4 | 120 | 5 | 150 | 3 | 90 |
| Bezugspreis | 25 | 2 | 50 | 4 | 100 | 3 | 75 |
| Lieferungs- und Zahlungsbedingungen | 25 | 5 | 125 | 2 | 50 | 3 | 75 |
| Pünktlichkeit | 10 | 1 | 10 | 3 | 30 | 5 | 50 |
| Kundendienst | 10 | 2 | 20 | 5 | 50 | 4 | 40 |
| Summe | 100 | | 325 | | 380 | | 330 |
| **Ergebnis: Lieferant B ist der geeignetste.** | | | | | | | |

**Anmerkung:** Gewichtung (G): Wert von 30 = sehr wichtig bis 10 = weniger wichtig.
Bewertung: 5 Punkte = sehr gut, 4 Punkte = gut, 3 Punkte = durchschnittlich, 2 Punkte = ausreichend, 1 Punkt = mangelhaft

## Zusammenfassende Übersicht zu Kapitel 3.3: Beschaffungsanbahnung

**Beschaffungsmarktforschung**

↓

**Sourcing-Strategien**
- Single Sourcing
- Double Sourcing
- Multiple Sourcing

↓

**Bezugsquellenermittlung**

↓

**Kaufvertragsanbahnung**

**Anfrage** → **Angebot** → **Angebotsvergleich und Lieferantenauswahl**

### ▶ Aufgaben und Probleme

1. »Die deutsche Wirtschaft gehört seit Jahrzehnten zu den Exportweltmeistern. ... In der Beschaffung hingegen besteht in fast allen deutschen Unternehmen, die nicht Teil eines internationalen Produktionsverbundes sind, noch Nachholbedarf: Der Anteil der international beschafften Einsatzgüter am gesamten Beschaffungsvolumen erreicht nur selten 20 %, in aller Regel pendelt die Quote im 10-%-Bereich und darunter.« (Beschaffung aktuell)

   a) Welche Vorteile bietet ein international orientiertes Beschaffungswesen?

   b) Mit welchen Risiken ist zu rechnen?

2. Nehmen Sie Stellung zu der Behauptung, durch die Anfrage eines Kunden und ein darauf folgendes Angebot kommt ein Kaufvertrag zustande.

3. Die Chemische Industrie GmbH in Isny ermittelte einen größeren Bedarf an Propangas in Druckflaschen. Sie erkundigt sich bei der Hydrierwerk KG in Dresden nach den derzeitigen Preisen ab Werk und den Lieferungs- und Zahlungsbedingungen. Voraussichtliche Abnahme etwa 500 Flaschen verschiedener Größe im Monat. Die Zeit und der Umfang der benötigten Teilmengen ist noch unbestimmt. Die Abholung mit eigenem Lkw ist möglich. Entwerfen Sie den Text der Anfrage.

4. Warum kann das Anbieten von Produkten durch eine Zeitungsanzeige kein Angebot im rechtlichen Sinne sein?

5. Warum gibt ein Kaufmann seinen Kunden häufig freibleibende Angebote ab?

6. Wie kann sich ein Lieferant verhalten, der kurz nach dem Versand seines brieflichen Angebotes erfährt, dass der Preis für die angebotenen Rohstoffe gestiegen ist?

7. Warum ist ein Angebot mit einem niedrigeren Bezugspreis nicht unbedingt das geeignetere Angebot? Geben Sie an, welche Antwort richtig ist.

   a) Weil der Lieferant die Verpackungskosten übernimmt.

   b) Weil der Lieferant Skonto einräumt.

   c) Weil der Lieferant mindere Qualität anbietet.

   d) Weil der Lieferant Zahlung netto Kasse verlangt.

8. a) Was könnte den Einkäufer dazu veranlassen, nicht das billigste Angebot anzunehmen?

   b) Was spricht beim Einkauf für die Bevorzugung eines Stammlieferanten?

9. Die KÜHLsys GmbH erhielt von zwei Lieferanten jeweils ein Angebot für den gleichen Artikel zu folgenden Bedingungen:

| | Angebot A | Angebot B |
|---|---|---|
| Listenpreis (netto) | 1.000,00 EUR | 1.000,00 EUR |
| Rabatt | 5 % | 3 % |
| Skonto | 2 % | 2 % |
| Bezugskosten | 44,00 EUR | frei Haus |

   Am Absatzmarkt kann dieser Artikel für 1.600,00 EUR (netto) verkauft werden. Die KÜHLsys GmbH rechnet mit einem Gewinnzuschlag von 40 %.

   a) Ermitteln Sie die Preisobergrenze für den Einkauf.

   b) Welches Angebot müsste bei sonst gleichen Bedingungen den Zuschlag erhalten?

10. Ein Unternehmen kauft von einer Materialsorte 400 kg (Reingewicht) zu 180,00 EUR für 100 kg. Die Verpackung wiegt 10 kg, ihr Selbstkostenwert ist 24,00 EUR.

    Über welchen Betrag lautet die Rechnung, wenn »brutto für netto« vereinbart wurde?

11. Die ATM GmbH führt zur Ergänzung ihres Sortiments auch Kindersportsitze. Vom Hauptlieferanten Carrera GmbH liegt ein Angebot mit folgenden Lieferungs- und Zahlungsbedingungen vor:

**Carrera GmbH**
**Angebot**

Listenpreis 225 EUR

ab 10 Stück 10 % Rabatt
ab 50 Stück 15 % Rabatt
ab 100 Stück 20 % Rabatt

Lieferung frei Haus
Zahlungsziel 60 Tage
Bei Zahlung innerhalb von 8 Tagen 3 % Skonto

    a) Erklären Sie die Angabe »Lieferung frei Haus« im Angebot.

    b) Berechnen Sie den Bezugspreis beim Kauf von 100 Kindersportsitzen.

12. Zur Bestellung von 200 Kinderautositzen liegen der ATM GmbH zwei Angebote mit folgenden Lieferungs- und Zahlungsbedingungen vor:

| Kinderautositzhersteller | Kids and More KG | Carrera GmbH |
|---|---|---|
| Listenpreis pro Stück | 38,00 EUR | 40,00 EUR |
| Mengenrabatt | ab 100 Stück 12,5 % | ab 50 Stück 5 %<br>ab 100 Stück 15 %<br>ab 500 Stück 25 % |
| Lieferungsbedingungen | ab Werk (Fracht 120,00 EUR) | Lieferung frei Haus |
| Zahlungsbedingungen | 60 Tage ohne Abzug | 8 Tage 2 % Skonto<br>30 Tage rein netto |

a) Ermitteln Sie den jeweiligen Bezugspreis, wenn die ATM GmbH die Rechnungen immer erst nach 30 Tagen bezahlt.

b) Wie verändert sich Ihr Ergebnis von a), wenn die ATM GmbH die Rechnungen unter Abzug von Skonto begleicht?

13. Die Buchholz GmbH hat einen neuen Automaten zur Herstellung von Spezialschraubverschlüssen entwickelt. Sie benötigt für die Produktion Verbindungselemente, die sie nicht selbst fertigen kann. Für die Fertigbauteile kommen vier Lieferanten infrage.

a) Welche Maßnahmen muss der Bereich Beschaffung ergreifen?

b) Stellen Sie dar, welche Gesichtspunkte für die Auswahl des geeigneten Lieferanten wichtig sind.

14. a) Was bedeuten die Höchstpunktzahlen in der Entscheidungsbewertungstabelle zur Lieferantenauswahl?

b) Angenommen, der Lieferant B fällt aus (Bild, Seite 74). Welche zusätzlichen Entscheidungskriterien würden Sie zur Entscheidung zwischen den Lieferanten A und C heranziehen?

15. Bisher erfolgte die Beschaffung der verschiedenen Bauteile eines Monitors bei wenigen Stammlieferanten. In Zukunft sollen neue Bezugsquellen erschlossen werden.

a) Weshalb kann diese Maßnahme möglicherweise zu einer Kostenersparnis führen?

b) Neben Kostengesichtspunkten sind auch andere Gesichtspunkte bei der Entscheidung für einen Lieferanten von Bedeutung. Es liegen folgende Angebote der Lieferanten vor:

***Kunststoff GmbH – 79111 Freiburg***

**Allgemeine Geschäftsbedingungen**

Unsere Angebote sind unverbindlich.
Wir sichern Ihnen zu, für unsere Erzeugnisse nur schadstoffarme Materialien zu verwenden. Wir verpflichten uns zur Rücknahme von Altgehäusen bis 10 Jahre nach Kaufdatum.
Die Lieferung erolgt kostenfrei mit eigenem Lkw.
Für Gewährleistungsansprüche gelten die gesetzlichen Bestimmungen.
Zahlung innerhalb 8 Tagen ohne Abzug.

**Spritzgusswerke KG**
**89081 Ulm** ***– Ihr Partner bei Kunststoffen –***

**Allgemeine Geschäftsbedingungen**

Unsere Angebote gelten erst dann als angenommen, wenn diese von uns schriftlich bestätigt wurden.
Die Lieferungen erfolgen per Kurierdienst ab hier und innerhalb von 10 Tagen nach Auftragseingang.
Erfüllungsort und Gerichtsstand ist für beide Teile Ulm.
Die Gewährleistungsfrist beträgt 2 Jahre.
Zahlbar innerhalb 30 Tagen netto. Die Lieferung erfolgt unter Eigentumsvorbehalt bis zur vollständigen Bezahlung des Kaufpreises.

Bereiten Sie die Entscheidung für einen der beiden Lieferanten mithilfe der nachfolgenden Entscheidungsbewertungstabelle (Scoring-Modell) vor. Die Gewichtung der Auswahlgesichtspunkte ist durch die Unternehmensleitung vorgegeben. Bewerten Sie die Gesichtspunkte. Begründen Sie Ihre Entscheidung, indem Sie auf die Bewertung der einzelnen Auswahlgesichtspunkte eingehen.

| **Entscheidungsbewertungstabelle: Lieferantenauswahl** | | | | | |
|---|---|---|---|---|---|
| | | **Kunststoff GmbH** | | **Spritzgusswerke KG** | |
| Auswahlgesichtspunkte | Gewichtung (G) | Einzelbewertung (B) | gewichtete Bewertung (GB = G · B) | Einzelbewertung (B) | gewichtete Bewertung (GB = G · B) |
| Umwelt/Recycling | 40 | | | | |
| Gewährleistung | 30 | | | | |
| Zahlungsziel | 20 | | | | |
| Gefahrübergang/ Erfüllungsort | 10 | | | | |
| Summen | | | | | |

Bewertung: 5 Punkte = sehr gut, 4 Punkte = gut, 3 Punkte = durchschnittlich, 2 Punkte = ausreichend, 1 Punkt = mangelhaft

## 3.4 Beschaffungsabschluss

### 3.4.1 Bestellung

Die **Bestellung** ist die **Willenserklärung des Käufers,** ein **Produkt** oder eine **Dienstleistung** zu den angegebenen Bedingungen **kaufen zu wollen.**

#### Inhalt und Form der Bestellung

| | |
|---|---|
| **Inhalt** | Angaben über die Art, Beschaffenheit und Güte, die Menge, den Preis des Gutes oder der Dienstleistung, die Lieferungs- und Zahlungsbedingungen, den Erfüllungsort und Gerichtsstand |
| **Form** | Die Bestellung ist **formfrei:**<br>– Schriftlich kann sie durch Postkarte, Telefax, online oder auf vorgedrucktem Bestellschein erfolgen.<br>– Mündliche Bestellungen sollten schriftlich wiederholt werden, wenn die Gefahr eines Irrtums besteht und ein Beweismittel erwünscht ist. |

Die Bestellung wird häufig auch **Auftrag** genannt.

#### Rechtliche Wirkung der Bestellung

Wie der Anbietende an sein Angebot, so ist der **Besteller** an seine **Bestellung gebunden.**

Die Bindung wird erst wirksam, wenn die Bestellung dem Empfänger zugegangen ist (empfangsbedürftige Willenserklärung). Ein Widerruf muss daher spätestens gleichzeitig mit der Bestellung beim Lieferanten eingehen. Gibt der Besteller mit der Bestellung den Antrag (1. Willenserklärung) zum Abschluss eines Kaufvertrages ab, kann er für die Annahme der Bestellung eine Frist bestimmen. Die Annahme kann nur innerhalb dieser Frist rechtswirksam erfolgen.

Durch eine Bestellung, die auf ein verbindliches Angebot folgt, kommt ein Vertrag zustande.

### 3.4.2 Bestellungsannahme (Auftragsbestätigung)

Die **Bestellungsannahme** ist eine **Willenserklärung des Verkäufers,** mit der er sich bereit erklärt, die bestellten Produkte oder Dienstleistungen **zu den angegebenen Bedingungen zu liefern.**

Die Bestellungsannahme ist formfrei. Häufig ist sie bei der Auslieferung mit der Übergabe des Lieferscheins und der Rechnung verbunden. Es ist jedoch üblich, auch einen mündlichen oder telefonischen Vertragsabschluss schriftlich zu bestätigen. Ein solches Bestätigungsschreiben hat Zusammenfassungs-, Festlegungs- und Beweisfunktion für den Inhalt des zuvor geschlossenen Vertrages.

### 3.4.3 Zustandekommen des Kaufvertrages

Der Kaufvertrag dient dem Austausch von Gütern und Dienstleistungen zwischen Verkäufer und Käufer. Wie alle Verträge kommt er durch die Übereinstimmung der Willenserklärungen der beiden Vertragspartner zustande: **1. Antrag und 2. Annahme.** Bei einem Kaufvertrag kann die zuerst abgegebene Willenserklarung (Antrag) sowohl vom Verkäufer als auch vom Käufer ausgehen. Deshalb gilt:

Ein **Kaufvertrag** kommt zustande durch
- **1. Angebot des Verkäufers** (Antrag) und **2. Bestellung des Käufers** (Annahme) oder durch
- **1. Bestellung des Käufers** (Antrag) und **2. Bestellungsannahme** des Verkäufers (Annahme).

Für das Zustandekommen des Kaufvertrages ergeben sich mehrere Möglichkeiten:

a) Der **Verkäufer macht ein Angebot.** Der **Käufer bestellt rechtzeitig** und **ohne Änderungen.**

b) Der **Verkäufer macht ein Angebot.** Der **Käufer bestellt zu spät** oder **mit Änderungen.** Dadurch macht der Käufer einen neuen Antrag. Der Kaufvertrag kommt erst durch die Annahme des neuen Antrags zustande (schriftliche Bestätigung oder sofortige Lieferung).

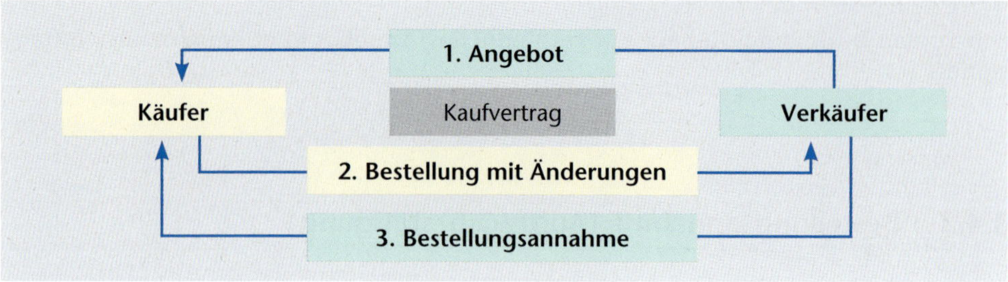


c) Der **Verkäufer macht ein freibleibendes Angebot.** Der **Käufer bestellt.** Der Vertrag kommt zustande, wenn der Verkäufer den Auftrag bestätigt oder sofort liefert.

d) Der **Käufer bestellt** ohne vorhergehendes Angebot. Der **Verkäufer nimmt** die **Bestellung an,** indem er die Bestellung bestätigt oder sofort liefert.

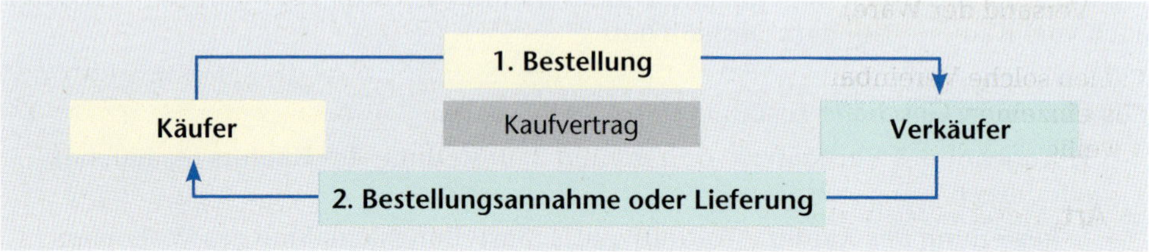


e) Der **Käufer bestellt.** Der **Verkäufer lehnt die Bestellung ab** und **macht** ein **Gegenangebot.** Der Käufer bestellt zu den Bedingungen des Gegenangebotes.

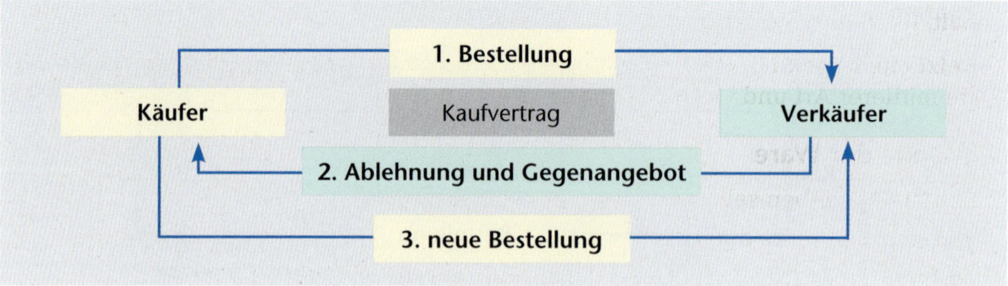

f) Der **Verkäufer sendet unbestellte Ware zu.** Die **Warensendung** stellt **nur ein Angebot dar.** Der Vertrag kommt grundsätzlich zustande, wenn der Empfänger den Kaufpreis bezahlt, die Ware in Gebrauch nimmt oder erklärt, dass er die Ware annehme. In Abhängigkeit der bisherigen Geschäftsbeziehungen sind folgende Fälle zu unterscheiden:

**Zusendung unbestellter Waren an**

| | | | |
|---|---|---|---|
| Empfänger: | **Kaufmann** mit bereits bestehender Geschäftsverbindung (übliche Lieferung) | **Kaufmann** ohne bisherige Geschäftsverbindung | **Verbraucher** |
| Wirkung bei Stillschweigen: | Annahme | Ablehnung | Ablehnung |
| Pflichten des Empfängers bei Ablehnung: | – Mitteilung,<br>– Aufbewahrung,<br>– später Rücksendung | – Aufbewahrung,<br>– keine Rücksendung | – keine Aufbewahrung,<br>– keine Rücksendung |

## 3.4.4 Inhalt des Kaufvertrages

Der Kaufvertrag enthält Vereinbarungen über:

- Art, Beschaffenheit und Güte der Ware,
- Menge der Ware,
- Preis der Ware,
- Verpackung der Ware,
- Versand der Ware,
- Lieferzeit,
- Zahlungsbedingungen,
- Erfüllungsort,
- Gerichtsstand,
- Eigentumsübertragung.

Fehlen solche Vereinbarungen und lässt sich auch nicht aus den Umständen und der Natur des einzelnen Geschäfts ein entsprechender Sinn erkennen, so treten an ihre Stelle die jeweiligen gesetzlichen Bestimmungen des BGB bzw. des HGB.

### Art, Beschaffenheit und Güte der Ware

Die **Art** der Ware wird durch ihren handelsüblichen Namen gekennzeichnet.

Die **Beschaffenheit** und **Güte** können festgelegt werden durch Augenschein, Muster und Proben, Abbildungen und Beschreibungen in Prospekten und Katalogen, Marken- und Gütezeichen, Herkunftsbezeichnungen (Anbaugebiet oder Verschiffungshafen), Güteklassen (Handelsklassen, Typen oder Standards), Jahrgang, Gehalt (Alkohol- oder Fettgehalt, Reinheit) und Farbe.

**Gesetzliche Regelung:** Wird eine nur der Gattung nach bestimmte Ware geschuldet, so ist Ware mittlerer Art und Güte zu liefern. *HGB § 360 BGB § 243 (1)*

### Menge der Ware

Sie kann angegeben sein

- in metrischen Maßeinheiten: m, m², kg, l;
- in handelsüblichen Bezeichnungen: Stück, Sack, Kiste, Ballen, Palette.

## Preis der Ware

### ▶ Preisangaben

- **Nettopreis.** Der Anbieter erlaubt keinerlei Preisabzüge. Die Vertragsklauseln lauten z. B. »Zahlbar netto Kasse« oder »Zahlbar ohne jeden Abzug«.
- **Bruttopreis.** Der Anbieter erlaubt, dass vom Rechnungsbetrag je nach der vertraglichen Vereinbarung prozentuale Abzüge vorgenommen werden.

### ▶ Preisnachlässe

| Rabattart | Merkmale | Beispiele |
|---|---|---|
| **Mengenrabatt** | Als Bar- oder Naturalrabatt, wenn eine bestimmte Mengeneinheit abgenommen wird. | – Umsatzrabatt<br>– Abschlussrabatt<br>– Sonderaktionsrabatt |
| **Zeitrabatt** | Zu bestimmten Zeitpunkten oder Zeitabständen wird bestellt. | – Vorausbestellungsrabatt<br>– Saisonrabatt |
| **Treuerabatt** | Wird langjährigen Kunden oder bei Vorausterminierung mehrerer Bestellungen gewährt. | |
| **Barzahlungsrabatt (Skonto)** | Anreiz zu schneller Rechnungsbegleichung. | Innerhalb von 10 Tagen unter Abzug von 2 % Skonto oder rein netto innerhalb von 30 Tagen. |
| **nachträglich gewährter Rabatt (Bonus)** | Wird gewährt, wenn der Jahresumsatz eines Abnehmers einen bestimmten Betrag überschritten hat. | Ab einem Jahresumsatz von 300.000 EUR wird ein Bonus von 5 % eingeräumt. |

## Verpackung der Ware

Ein vereinbarter Preis kann sich beziehen

- auf das **Reingewicht einschließlich Verpackung.** Der Preis wird vom Reingewicht berechnet; die Verpackungskosten sind im Preis inbegriffen. Die Verpackung geht wie die Ware in das Eigentum des Käufers über.
- auf das **Reingewicht ausschließlich Verpackung.** Der Preis wird vom Reingewicht berechnet. Die Verpackung bleibt zunächst Eigentum des Veräußerers. Meist wird sie dem Käufer zu Selbstkosten berechnet und wird dann sein Eigentum. Bei der Rückgabe können ihm die Verpackungskosten ganz oder teilweise gutgeschrieben werden. Leihverpackung erhält er gegen »Leihgebühr« oder Pfand.
- auf das **Rohgewicht einschließlich Verpackung (brutto für netto).** Der Preis wird vom Rohgewicht berechnet, das Verpackungsgewicht wird also wie das Warengewicht behandelt.

Das Gewicht der Transportverpackung heißt **Tara (Verpackungsgewicht).**

| Arten der Verpackung | | |
|---|---|---|
| **Art** | **Erklärung** | **Beispiele** |
| **Transport-verpackung** | Schützt die Ware vor Transportschäden auf dem Weg vom Hersteller zum Handel oder Verbraucher. | Kartons, Kisten, Paletten, Container, Fässer, Säcke, geschäumte Schalen, Schrumpffolien |
| **Verkaufs-verpackung** | Serviceverpackung für den Endverbraucher<br>– als Verkaufseinheit<br>– zur Übergabe der Ware | Tube für Zahncreme, Schachtel und Blister bei Pralinen, Dose für Getränke, Flaschen für Getränke oder Parfüms |
| **Umver-packung** | Zusätzliche Verpackungen zur Verkaufsverpackung<br>– zur Warenabgabe<br>– zum Diebstahlschutz<br>– überwiegend zur Werbung | Schachtel um Zahncremetube, Geschenkpapier um Pralinenverpackung, Schweißfolie um mehrere Dosen, Kiste oder Schachtel um Getränke- oder Parfümflasche |

*VerpackV § 3 (1) Ziff. 4*

*§ 3 (1) Ziff. 2*

*§ 3 (1) Ziff. 3*

Zum Schutze der Umwelt sind Hersteller und Vertreiber grundsätzlich zur Rücknahme und zur Wiederverwendung oder zur stofflichen Verwertung verpflichtet.

Im Kaufvertrag wird häufig geregelt, wer die Verpackungskosten trägt. Mehrwegverpackungen werden häufig gegen Pfand geliehen. Die Kosten für Einwegverpackungen trägt in der Regel der Käufer.

**Gesetzliche Regelung:** Die **Verpackungskosten** sind Kosten der Abnahme. Sie sind **vom Käufer zu tragen**. *BGB § 448*

Ist der Kaufpreis nach dem Gewicht der Ware zu berechnen, so ist das Verpackungsgewicht abzuziehen. *HGB § 380*

## Versand der Ware

**a) Versandart.** Die Ware kann persönlich, durch Boten, mit eigenem Fahrzeug oder durch Vermittlung eines Transportunternehmens überbracht oder abgeholt werden.

**b) Versandkosten.** An Versandkosten entstehen Transportkosten für die An- und Zufuhr, Fracht, Wiegegebühren und Verladekosten. Aus den Lieferungsbedingungen geht hervor, wer diese Kosten zu tragen hat.

**Gesetzliche Regelung:** Ist nichts vereinbart und besteht kein besonderer Handelsbrauch, so sind *BGB § 448*

- die **Kosten der Übergabe,** insbesondere die Kosten des Messens und Wiegens **vom Verkäufer,**
- die **Kosten der Abnahme und der Versendung** nach einem anderen Ort als dem Erfüllungsort **vom Käufer** zu tragen.

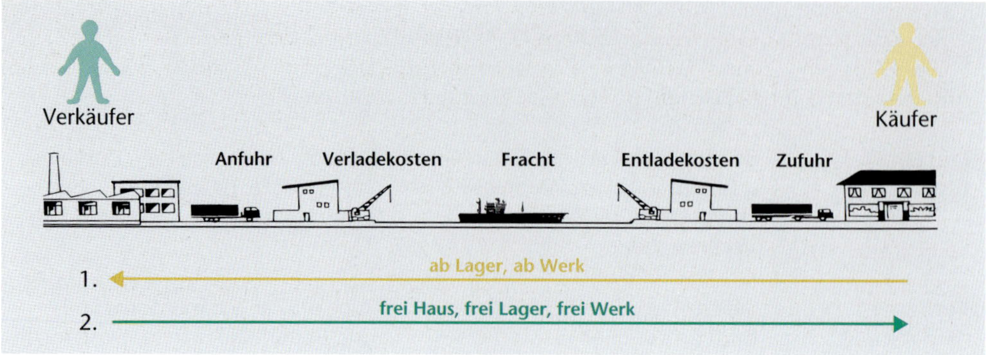


## Lieferzeit

Für die Lieferung kann ein bestimmter Termin oder eine Frist gesetzt sein. Möglicherweise lässt sich die Lieferzeit auch aus den Umständen der Lieferung entnehmen, z. B. bei der Lieferung von Saisonartikeln.

**Gesetzliche Regelung:** Ist eine Zeit für die Lieferung weder bestimmt noch aus den Umständen zu entnehmen, so kann der Lieferant sofort liefern, der Käufer sofortige Lieferung verlangen.

## Zahlungsbedingungen

Sie bestimmen die Art und Weise sowie die Kosten und den Zeitpunkt der Zahlung.

a) **Art und Weise der Zahlung.** Im Kaufvertrag kann bare, halbbare, bargeldlose Zahlung oder Wechselzahlung vereinbart werden. Zahlungen können vereinbarungsgemäß in einem Betrag oder in Raten geleistet werden.

b) **Kosten der Zahlung.** Die Kosten der Zahlung des Rechnungsbetrags hat der Schuldner zu tragen. Er darf sie daher nicht vom Rechnungsbetrag abziehen.

c) **Zeitpunkt der Zahlung.** Die Zahlung kann erfolgen:

BGB § 271 § 193

| Zahlungszeitpunkt | | |
|---|---|---|
| **vor der Lieferung** | **bei der Lieferung** | **nach der Lieferung** |
| **Anzahlung und Vorauszahlung** | **Barkauf** | **Ziel- oder Kreditkauf** |
| »Zahlung bei Bestellung«<br>»Anzahlung«, z. B. je die Hälfte bei Bestellung und Lieferung<br>»Zahlung im Voraus« | »gegen bar«<br>»gegen Kasse« oder »netto Kasse«<br>»gegen Nachnahme« | »auf Abzahlung« oder »zahlbar in 4 Monatsraten«<br>»Ziel 1 Monat« oder »zahlbar innerhalb von 30 Tagen«<br>»zahlbar in 1 Monat oder bar unter Abzug von 2 % Skonto« |
| Sie wird häufig zur Finanzierung großer Aufträge und von unbekannten oder unsicheren Kunden verlangt. | Barzahlung ist vor allem noch im Einzelhandel üblich. | Die Gewährung von Zahlungszielen setzt die Finanzierungsbereitschaft des Verkäufers sowie die Kreditwürdigkeit des Käufers voraus. |

**Gesetzliche Regelung:** Ist über den Zeitpunkt der Zahlung nichts vereinbart und auch aus den Umständen nichts zu entnehmen, so kann der Verkäufer sofortige Zahlung verlangen.

Ist der Leistungstag ein Samstag, Sonntag oder gesetzlicher Feiertag, so braucht der Schuldner erst am nächsten Werktag zu leisten. Für die rechtzeitige Bezahlung einer Geldforderung kommt es nicht auf die Rechtzeitigkeit der Zahlung, sondern auf die Rechtzeitigkeit des Geldeingangs beim Gläubiger an.

## Erfüllungsort

### Bedeutung des Erfüllungsortes

Der **Erfüllungsort** regelt den Ort, *BGB § 269*

- an dem Käufer und Verkäufer ihre Leistung erbringen müssen **(Leistungsort),**
- an dem die Gefahr (Risiko) übergeht **(Ort des Gefahrübergangs)**
- an dem geklagt wird **(Gerichtsstand).**

Wenn nichts vertraglich vereinbart wurde, regelt der Erfüllungsort auch die Übernahme der Beförderungskosten. Diese sind vom Käufer zu übernehmen. *§ 448*

Bis zum Erfüllungsort muss der **Verkäufer** als Warenschuldner für alle Schäden aufkommen, die beim Transport der Waren entstehen. Er hat auch eventuelle Lieferungsverzögerungen zu verantworten. Entsprechend hat der **Käufer** als Geldschuldner die Risiken im Zusammenhang mit der Übermittlung des Geldes zu tragen.

### Arten des Erfüllungsortes

| Art | Beschreibung | Beispiel |
|---|---|---|
| **natürlicher Erfüllungsort** | Der Erfüllungsort ergibt sich aus der Natur (Art) des Schuldverhältnisses. | Beton für den Hausbau muss zur Baustelle geliefert werden. |
| **vertraglicher Erfüllungsort** | Der Erfüllungsort wird vertraglich vereinbart. | »Erfüllungsort für beide Teile ist Köln.« |
| **gesetzlicher Erfüllungsort** | Die Leistung ist dort zu erbringen, wo der Schuldner seinen Wohnsitz bzw. seinen Geschäftssitz hat. | |
| | Der Verkäufer (Warenschuldner) muss die Ware an seinem Ort bereitstellen.<br>**Warenschulden sind Holschulden.** | Ein Möbelhersteller in Düsseldorf verkauft Büromöbel an einen Möbelhändler in Stuttgart. Der Hersteller muss die Möbel an seinem Geschäftssitz in Düsseldorf zur Abholung bereitstellen. |
| | Der Erfüllungsort für die Zahlung ist der Geschäftssitz des Käufers (Geldschuldner), jedoch muss der Käufer seine Leistung an den Ort des Gläubigers übermitteln.<br>**Geldschulden sind Bringschulden.** | Der Erfüllungsort für die Geldschuld ist zwar der Geschäftssitz des Händlers in Stuttgart, doch trägt er das Übermittlungsrisiko, bis das Geld pünktlich beim Vertragspartner in Düsseldorf eingegangen ist. |
| | Bei einem Versendungskauf geht die Gefahr auf den Käufer über, sobald der Verkäufer die Ware dem Transportunternehmen übergeben hat. Transportiert der Verkäufer die Ware selbst zum Käufer, dann trägt er die Gefahr bis zur Übergabe an den Käufer, die Warenschuld wird in diesem Fall zu einer Bringschuld. | Werden im obigen Fall die Möbel mit einer Spedition geliefert, so gehen das Transport- und Terminrisiko auf den Händler über, wenn die Möbel in Stuttgart an das Transportunternehmen übergeben werden. |

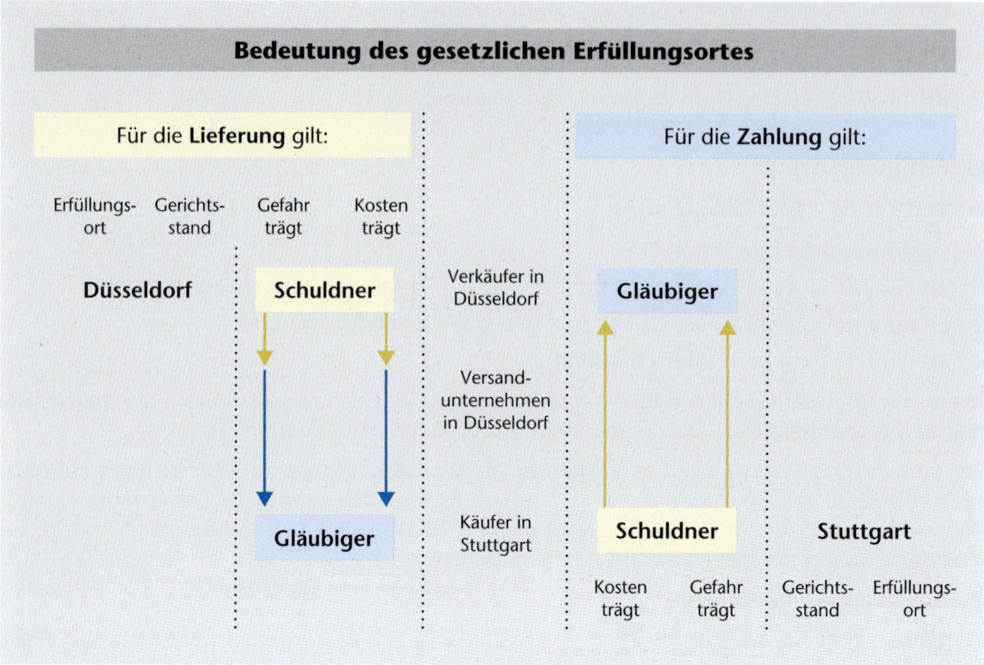


## Eigentumsvorbehalt

BGB § 449 Der **Eigentumsvorbehalt** ist eine **Vereinbarung** zwischen dem Verkäufer und dem Käufer, wonach der **Käufer zunächst nur Besitzer** werden soll (Übergabe), während **der Verkäufer bis zur Bezahlung des Kaufpreises Eigentümer** bleibt.

Die **Vorbehaltsklausel** lautet: »Die Ware bleibt bis zur vollständigen Bezahlung des Kaufpreises mein Eigentum.«

*InsO § 47 BGB §§ 449 (2), 323* Der Verkäufer kann deshalb bei Pfändung die Freigabe und im Insolvenzverfahren (Kapitel 12.7.3) die Aussonderung verlangen. Kommt der Käufer seiner Vertragsverpflichtung nicht nach, dann kann der Verkäufer sein Eigentum erst dann zurückverlangen, wenn er vom Vertrag zurückgetreten ist. Dies setzt wiederum voraus, dass eine gesetzte Nachfrist mit Ablehnungsandrohung erfolglos verstrichen ist.

Der Eigentumsvorbehalt muss, wenn er wirksam sein soll, beim Abschluss des Kaufvertrages ausdrücklich vereinbart sein.

Der **Eigentumsvorbehalt erlischt,** wenn der Kaufpreis vollständig bezahlt ist. Er **wird unwirksam,** wenn der Gegenstand

*§ 932* – an einen gutgläubigen Dritten weiterveräußert oder verpfändet wird.

  **Beispiel:** Ein Textilgroßhändler verkauft eine Outdoorjacke, die er unter Eigentumsvorbehalt erworben und noch nicht bezahlt hat.

*§ 950* – verarbeitet wird.

  **Beispiel:** Ein Bauunternehmer verarbeitet den unter Eigentumsvorbehalt gelieferten Zement.

*§ 947* – mit einer beweglichen Sache fest verbunden wird.

  **Beispiel:** In der Werkstatt eines Kraftfahrzeughändlers wird ein Auspufftopf, den der Händler unter Eigentumsvorbehalt erworben und noch nicht bezahlt hat, in das Auto eines Kunden eingebaut.

- mit einer unbeweglichen Sache fest verbunden wird. BGB § 946

  **Beispiel:** Ein Installateur baut eine Badewanne in das Haus eines Kunden ein.

- verbraucht wird.

  **Beispiel:** In der Gaststätte werden Spirituosen ausgeschenkt und verbraucht.

- vernichtet wird.

  **Beispiel:** Der Eigentumsvorbehalt eines Kraftfahrzeughändlers wird unwirksam, wenn das Auto bei einem Verkehrsunfall zerstört wird.

Vom **verlängerten Eigentumsvorbehalt** spricht man, wenn beim Weiterverkauf die entstehende Forderung abgetreten, bei der Verarbeitung der hergestellte Gegenstand zur Sicherung übereignet wird.

**Beispiel:** Ein Hersteller von Fenstern liefert an ein Bauunternehmen Fenster für ein Wohnhaus. Im Vertrag wird vereinbart, dass beim Einbau der Fenster die Forderungen des Bauunternehmers gegenüber dem Wohnhauseigentümer an den Fensterhersteller abgetreten werden.

Ein **erweiterter Eigentumsvorbehalt** liegt vor, wenn sich die Vorbehaltsrechte auch auf andere vom selben Lieferanten an den Käufer gelieferte Waren beziehen sollen.

**Beispiel:** Eine Brauerei vereinbart mit einem Getränkehändler, dass alle Getränke im Eigentum der Brauerei bleiben, solange sie noch Forderungen an den Getränkehändler hat.

### Allgemeine Geschäftsbedingungen (AGB) (Kapitel 2.3.5)

## 6.4.5 Erfüllung des Kaufvertrages

Der Abschluss des Kaufvertrages stellt ein **Verpflichtungsgeschäft** dar.

| Pflichten des Verkäufers | Pflichten des Käufers |
|---|---|
| – Übergabe des Kaufgegenstandes | – Annahme des Kaufgegenstandes |
| – Eigentumsübertragung | – Zahlung des Kaufpreises |
| – Annahme des Kaufpreises | |

§ 433

Das durch den Abschluss des Kaufvertrages entstandene Schuldverhältnis **(Verpflichtungsgeschäft)** erlischt, wenn das sogenannte **Erfüllungsgeschaft** abgeschlossen ist:

- Der **Verkäufer** hat den Besitz und das Eigentum am Kaufgegenstand auf den Käufer übertragen und das Entgelt angenommen.
- Der **Käufer** hat den Kaufgegenstand angenommen und das Entgelt bezahlt.

Maßgebend für die Art der Vertragserfüllung sind die vertraglichen Abmachungen. Ist jedoch der Inhalt der Willenserklärung nicht eindeutig und klar, gilt Folgendes: § 133

**a)** **Alle Verträge** sind nach der üblichen Verkehrssitte auszulegen. Es kommt dabei nicht auf den einzelnen Buchstaben, sondern auf den Sinn der Willenserklärungen an, wie er dem Empfinden rechtlich denkender Menschen entspricht. §§ 157, 242

**Beispiel:** Der Kunde kann beim Kauf von Gattungsware mit Waren mittlerer Güte rechnen.

**b)** **Bei zweiseitigen Handelsgeschäften** haben die Kaufleute auf die im Handelsverkehr geltenden Gewohnheiten und Gebräuche Rücksicht zu nehmen. HGB § 346

**Beispiel:** Bei Auktionen führt das Handheben zum Abschluss eines Geschäftes.

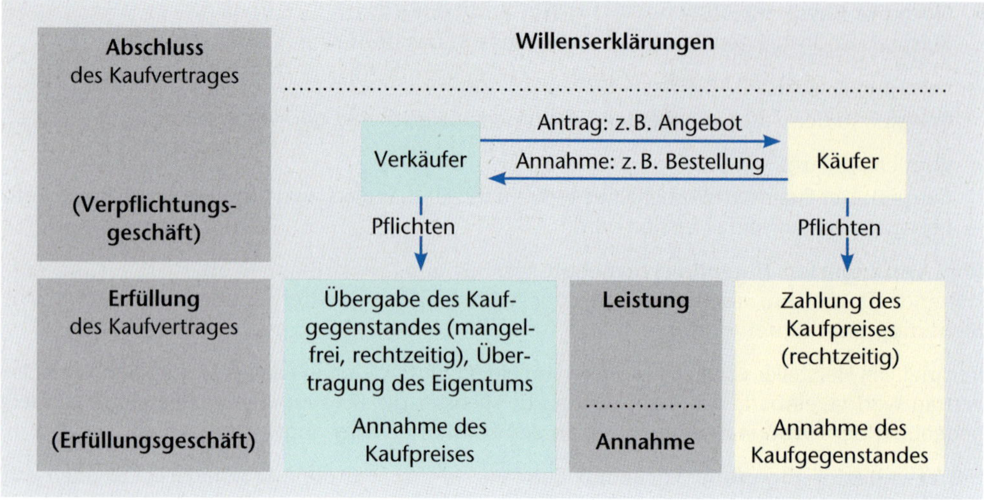


## 3.4.6 Arten des Kaufs

### Unterscheidung nach Vertragspartnern

Die Partner des Kaufvertrages können ihrer rechtlichen Stellung nach **Unternehmen (Kaufleute)** oder **Verbraucher (Nichtkaufleute)** sein.

*BGB §§ 13 f.* Unter einem **Verbraucher** versteht man hierbei eine natürliche Person, die ein Rechtsgeschäft für private Zwecke abschließt. Demgegenüber versteht man unter einem **Unternehmen** eine natürliche oder juristische Person, die beim Abschluss eines Rechtsgeschäftes gewerblich oder selbstständig beruflich tätig handelt.

Demnach sind zu unterscheiden:

| | Verkäufer ist / Käufer ist | ein Unternehmen | ein Verbraucher |
|---|---|---|---|
| *§§ 433–479* | **ein Verbraucher** | Verbrauchsgüterkauf (einseitiger Handelskauf) | bürgerlicher Kauf (Privatkauf) |
| *HGB §§ 343, 345 §§ 373–382* | **ein Unternehmen** | zweiseitiger Handelskauf | sonstiger einseitiger Handelskauf |

### Unterscheidung nach Vertragsinhalten

Nach den inhaltlichen Bestimmungen des Kaufvertrages sind verschiedene Arten des Kaufs zu unterscheiden.

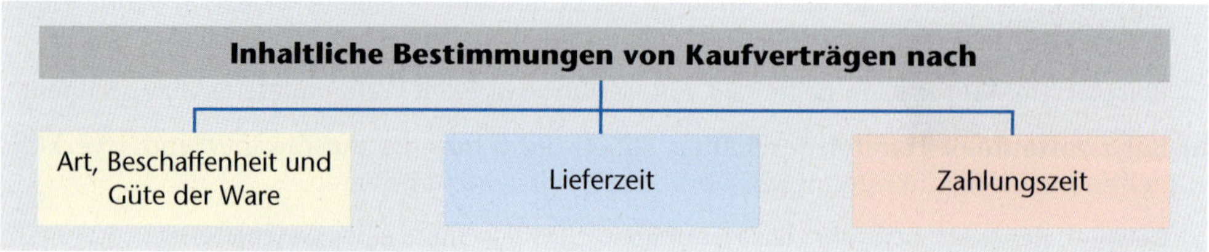

**▶ Nach der Bestimmung von Art, Beschaffenheit und Güte der Ware**

| Kaufart | Erklärung | Beispiele |
|---|---|---|
| **Gattungskauf** | Der Kaufgegenstand ist eine bewegliche Sache, die durch andere Stücke der gleichen Gattung ersetzt werden kann. | Kauf von Baumwolle, eines Kunstdruckes, von Serienmöbeln |
| **Stückkauf** | Der Kaufgegenstand ist eine einmalige Sache, die in dieser Form nicht wieder beschafft werden kann. | Kauf eines Originalgemäldes, eines antiken Bauernschrankes |
| **Kauf nach Probe (Kauf nach Muster)** | Er ist ein Kauf aufgrund früher bezogener Waren (»wie gehabt«) oder nach einer vom Verkäufer übergebenen Probe. | Kauf von Kaffee, Tee, Tabak, Stahl, Metallen, Tapeten |
| **Kauf auf Probe** | Er ist ein Kauf mit Rückgaberecht innerhalb einer vereinbarten Frist, falls der Gegenstand nicht den Erwartungen des Käufers entspricht. | Kauf eines Kopiergerätes, eines Musikinstruments |
| **Kauf mit Umtauschrecht** | Der Verkäufer räumt eine Umtauschmöglichkeit ein. | Kauf eines Geschenkartikels mit Umtauschrecht |
| **Bestimmungskauf (Spezifikationskauf)** | Der Abschluss erfolgt über eine genau festgelegte Gesamtmenge einer Gattungsware. Der Käufer darf innerhalb einer festgesetzten Frist die zu liefernde Ware nach Maß, Form, Farbe näher bestimmen. | Ein Textilgroßhändler kauft eine große Menge Strumpfhosen. Die Größen und Farben werden nachträglich bestimmt. |

**▶ Nach der Bestimmung der Lieferzeit**

| Kaufart | Erklärung | Beispiele |
|---|---|---|
| **Terminkauf** | Die Lieferung hat zu einem vereinbarten späteren Termin oder innerhalb einer vereinbarten Frist zu erfolgen. | »Lieferung Ende August« »Lieferung innerhalb eines Monats« |
| **Fixkauf** | Wie Terminkauf, jedoch unter strenger Beachtung der Fixklausel. | »Lieferung am 20. Mai« |
| **Kauf auf Abruf** | Der Zeitpunkt der Lieferung liegt im Ermessen des Käufers, er ruft die Ware ab. | Einbau der Küche nach Fertigstellung eines Hauses |

**▶ Nach der Bestimmung der Zahlungszeit**

| Kaufart | Erklärung |
|---|---|
| **Kauf gegen Vorauszahlung** | Die Zahlung ist vor der Lieferung zu leisten. |
| **Barkauf** | Der Käufer hat Zug um Zug mit der Lieferung zu leisten. |
| **Ziel- oder Kreditkauf** | Die Zahlung ist eine bestimmte Zeit nach der Lieferung zu leisten. |
| **Teilzahlungskauf** | Die Zahlung ist in Teilbeträgen zu verschiedenen Zeitpunkten vor, bei oder nach der Lieferung zu bewirken. |

## Zusammenfassende Übersicht zu Kapitel 3.4: Beschaffungsabschluss

### Kaufvertrag

#### Abschluss

| | |
|---|---|
| **Angebot** | **Bestellung** |
| **Bestellung** | **Bestellungsannahme** |
| **Bestellung** | **Lieferung** |

zwei übereinstimmende Willenserklärungen

↓

**Verpflichtungsgeschäft**

↓

**Erfüllungsgeschäft**

**Verkäufer**
- Übergabe Kaufgegenstand (rechtzeitig, mangelfrei)
- Übertragung Eigentum
- Annahme Kaufpreis

**Käufer**
- Annahme Kaufgegenstand (rechtzeitig)
- Zahlung Kaufpreis (rechtzeitig)

#### Inhalt

- Art der Ware
- Beschaffenheit der Ware
- Menge
- Preis und Preisnachlässe
- Verpackung
- Versand
- Lieferungsbedingungen
- Zahlungsbedingungen
- Erfüllungsort und Gerichtsstand

### ▶ Aufgaben und Probleme

1. Begründen Sie, ob sich bei der Zahlungsbedingung »Zahlung innerhalb 10 Tagen mit 3 % Skonto oder 60 Tage netto Kasse« die Aufnahme eines Bankkredits zu 12 % lohnt.
2. Karl Lang e. K., Mainz, macht dem Einzelhändler Fritz Kaiser e. K., Aalen, ein schriftliches Angebot über Flaschenweine zu 6,00 EUR für 1 Flasche, bei Abnahme von mindestens 100 Flaschen zu 5,60 EUR. Der Brief wird am 20. Mai zur Post gegeben.

   a) Kaiser antwortet auf das Angebot überhaupt nicht. Welche rechtliche Wirkung ergibt sich daraus?

b) Da am 30. Mai keine Bestellung vorliegt, verkauft Lang die Ware anderweitig. Am 31. Mai trifft von Kaiser eine Bestellung ein. Wie ist die Rechtslage?

c) Aus dem Poststempel und dem Briefdatum ergibt sich, dass Kaiser seinen Bestellbrief am 23. Mai abends zur Post gegeben hat. Die Zustellung ist offensichtlich durch die Post verzögert worden. Wie kann sich Lang verhalten?

d) Am 22. Mai bestellt Kaiser 40 Flaschen Wein zu 5,60 EUR für 1 Flasche. Wie kann sich Lang dazu verhalten?

e) Lang, dessen Angebot am 20. Mai verschickt wurde, könnte noch am selben Tag die Ware günstiger an einen anderen Kunden verkaufen. Was kann er unternehmen?

3. Einem Kunden sind folgende Angebote gemacht worden:
   - Listenpreis 4.160,00 EUR ab Werk, Ziel 2 Monate, bei Barzahlung 2 % Skonto,
   - Listenpreis 4.200,00 EUR frei Haus, Ziel 2 Monate netto Kasse oder innerhalb von 14 Tagen mit 1 % Skonto,

   Welches Angebot ist das günstigere Angebot, wenn für die Fracht 96,00 EUR zu rechnen sind?

4. In welchen Fällen kommt durch eine Bestellung
   a) ein Kaufvertrag zustande,
   b) ein Kaufvertrag nicht zustande?

5. Ein Hobbygärtner erhält von einem Solinger Stahlwarenhersteller unbestellt eine Heckenschere zugesandt. Im Begleitschreiben wird mitgeteilt, dass die Schere bezahlt werden müsse, falls sie nicht binnen 14 Tagen zurückgeschickt werde. Der Empfänger ist an der Heckenschere nicht interessiert, legt sie zu den übrigen Gartengeräten und vergisst sie. Nach vier Wochen erhält er eine Mahnung.
   a) Begründen Sie, ob der Empfänger mit der Heckenschere ordnungsgemäß verfahren ist.
   b) Muss er den Kaufpreis bezahlen (Begründung)?
   c) Wer hat den Schaden zu tragen, wenn die Schere wie die übrigen Gartengeräte durch Regenwasser infolge eines Unwetters verrostet ist?

6. Es wird Ihnen unbestellt eine Sendung Weihnachtspostkarten ins Haus geliefert. Auf dem Begleitschreiben steht: »Bitte zahlen Sie mit beiliegendem Zahlschein innerhalb 14 Tagen 20,00 EUR oder senden Sie die Karten umgehend wieder zurück.« Wie verhalten Sie sich? Begründen Sie Ihr Vorgehen.

7. Stellen Sie bei folgenden Fällen fest, ob ein bürgerlicher Kauf, ein Verbrauchsgüterkauf oder ein Handelskauf vorliegt:
   a) Ein Schüler verkauft seinen MP3-Player an einen Mitschüler.
   b) Ein Geschäftsmann kauft für sich in der Apotheke Beruhigungspillen.
   c) Ein Industrieunternehmen kauft in einem Schreibwarengeschäft einige Kartons Briefumschläge.
   d) Eine Bank kauft aus einem Privatbesitz eine Münzsammlung auf.
   e) Die Gemeindeverwaltung kauft bei einem Förster einen Weihnachtsbaum.

8. Worin bestehen die Unterschiede zwischen dem Abschluss und der Erfüllung des Kaufvertrages?

9. Der Elektrofachhändler Berger e. K., Ulm, hat bei der Elektrogroßhandlung Stark KG, Konstanz, per Telefax zehn Stehlampen Modell »Nordlicht« zum Preis von je 650,00 EUR bestellt. Weitere Vereinbarungen wurden nicht getroffen.

   a) Die Stark KG beauftragt einen Transportunternehmer mit der Auslieferung der Lampen. Wer muss die Transportkosten tragen (Begründung)?

   b) Die Lampen wurden bei der Stark KG transportsicher verpackt. Wer muss die Verpackungskosten übernehmen (Begründung)?

   c) Beim Transport werden zwei Lampen infolge unsachgemäßen Verladens trotz ordnungsgemäßer Verpackung erheblich beschädigt. Muss Berger e. K. die Lampen abnehmen, bezahlen und den Schaden tragen (Begründung)?

10. Während des Lkw-Transports vom Verkäufer in Frankfurt zum Käufer in Reutlingen kommen die Produkte abhanden. Der Käufer verweigert die Zahlung des Kaufpreises mit der Begründung, dass im Kaufvertrag die Lieferung »frei Haus« vereinbart war und demzufolge der Verkäufer für das Abhandenkommen hafte. Wie ist die Rechtslage?

11. Auszug aus einem Kaufvertrag über die Lieferung von Esszimmermöbeln zwischen dem Möbelhaus Kurt Reiners GmbH, Reutlingen, und der Privatperson Klaus Hügel, Frankfurt a. M.: Lieferung mit Spedition bis spätestens 31. März. Rechnungsbetrag ohne Abzüge zahlbar bis zum 10. April.

    Klären Sie die jeweiligen Verpflichtungen der Vertragspartner für folgende drei Fälle.

    a) Über den Erfüllungsort gibt es keine vertragliche Vereinbarung.

    b) Die vertragliche Vereinbarung lautet »Erfüllungsort für beide Teile ist Reutlingen«.

    c) Die vertragliche Vereinbarung lautet »Erfüllungsort für beide Teile ist Frankfurt am Main«.

12. Warum ist auch beim Verkauf unter Eigentumsvorbehalt die Zuverlässigkeit des Käufers zu überprüfen?

13. Unterscheiden Sie den Kauf auf Probe vom Kauf nach Probe.

14. Welche Vorteile bietet der Spezifikationskauf für den Käufer und den Verkäufer?

15. Wodurch unterscheiden sich der Kauf auf Abruf und der Bestimmungskauf?

16. Begründen Sie, um welche Arten von Kaufverträgen es sich in folgenden Fällen handelt.

    a) Privatmann A hat mit Kunsthändler B einen Kaufvertrag über ein echtes Picasso-Gemälde abgeschlossen.

    b) Ein Lebensmittelgroßhändler hat mit der Campina AG einen Kaufvertrag über 500 kg Süßrahmbutter abgeschlossen, lieferbar in Teilmengen.

    c) Eine Elektrogroßhandlung hat mit einer Leuchtmittelfabrik einen Kaufvertrag über 10.000 Stück Leuchtmittel abgeschlossen, mit dem Zusatz, dass bis zum 15. des nächsten Monats die verschiedenen Wattstärken angegeben werden.

    d) Ein Reifenhersteller liefert einem Reifenhändler in Stuttgart neue Winterreifen vom Typ Snowspeed.

    e) Ein Farbenhersteller in Karlsruhe beliefert alle Baumärkte in Mannheim. Als Erfüllungsort wurde Karlsruhe vereinbart.

# 3.5 Beschaffungsrealisation

## 3.5.1 Überwachung der Vertragserfüllung

Die bestellten Güter müssen die im Kaufvertrag vereinbarten Merkmale erfüllen. Es ist deshalb erforderlich, die Vertragserfüllung zu überwachen, um rechtzeitig Ansprüche aus Erfüllungsstörungen geltend zu machen.

Die **Beschaffung von Betriebsmitteln, Werkstoffen, Waren und Dienstleistungen** macht somit folgende **Kontrollen und Tätigkeiten erforderlich:**

| Kontrolle | Tätigkeit | Beispiele |
|---|---|---|
| **terminliche Eingangs-kontrolle** | Überwachung der Lieferzeit und Zahlungstermine | Mittels der integrierten Unternehmenssoftware (IUS) werden fällige Liefertermine angemahnt. |
| **sachliche Eingangs-kontrolle** | Prüfung der Sendung auf Inhalt, Richtigkeit und Mangelfreiheit | Bei Annahme werden geprüft: Empfängerdaten, Unversehrtheit der Verpackung und Ware, Begleitpapiere. |
| **Rechnungs-prüfung** | Prüfung der sachlichen und rechnerischen Richtigkeit | Übereinstimmung mit Bestellung, Kontrolle des Zahlungsbetrages |

## 3.5.2 Störungen bei der Erfüllung des Kaufvertrages

Bei der Erfüllung von Kaufverträgen können folgende Störungen auftreten: *BGB § 433*

| Bezeichnung | Art der Störung |
|---|---|
| **Mangelhafte Lieferung** (Schlechtleistung) | Der Verkäufer liefert fehlerhafte Güter. |
| **Lieferungsverzug** (Nicht-Rechtzeitig-Lieferung) | Der Verkäufer liefert nicht rechtzeitig. |
| **Annahmeverzug** (Nicht-Rechtzeitig-Annahme) | Der Käufer nimmt die Lieferung des Verkäufers nicht oder nicht rechtzeitig an. |
| **Zahlungsverzug** (Nicht-Rechtzeitig-Zahlung) | Der Käufer bezahlt den vereinbarten Kaufpreis nicht oder nicht rechtzeitig. |

### 3.5.2.1 Mangelhafte Lieferung (Schlechtleistung)

Der **Verkäufer** ist **verpflichtet,** die verkaufte Sache **frei von Sach- und Rechtsmängeln** zu liefern **(Gewährleistungspflicht).** Eine **mangelhafte Lieferung** liegt vor, wenn der Verkäufer dieser Pflicht nicht nachkommt.

## Arten der Mängel

| Rechtsmängel | |
|---|---|
| **Art des Mangels** | **Beispiel** |
| Dritte können gegenüber dem Käufer der Sache Rechte geltend machen. | Bezogene Sweatshirts werden mit einem Markenzeichen verkauft, ohne dass der Markeninhaber eine Lizenz erteilt hatte. |

| Sachmängel | |
|---|---|
| **Art des Mangels** | **Beispiel** |
| Abweichung von der vereinbarten Beschaffenheit. | Eine digitale Kamera leistet nur eine Auflösung von 12 Mio. Pixel, obwohl 15 Mio. Pixel vereinbart waren. |
| Keine Eignung für die vertraglich vorausgesetzte Verwendung. | Ein Gastronom kauft 200 Dessertteller aus Glas. Nach mehrmaligem Waschen in der Geschirrspülmaschine beginnt das Glas trübe zu werden. Der Verkäufer hätte wissen müssen, dass sich die Glasteller für den Gastronomiebereich nicht eignen. |
| Keine Eignung für die Verwendung, die bei solchen Sachen gewöhnlich sind. | Lebensmittel sind verdorben. |
| Abweichung der Werbeaussage von der tatsächlichen Eigenschaft. | Das viel gepriesene 5-Liter-Auto verbraucht tatsächlich 8 Liter Benzin auf 100 km. |
| Die Kennzeichnung der Ware auf der Verpackung oder auf der Ware selbst weicht von der tatsächlichen Eigenschaft ab. | Lachs wird auf der Folie als fangfrischer kanadischer Fluss-Wildlachs gekennzeichnet. In Wirklichkeit stellt sich heraus, dass er in Norwegen im Meer gezüchtet wurde. |
| Fehlerhafte Montage durch den Verkäufer. | Vereinbart wurde die Lieferung und Montage eines Geschirrspülers. Montiert der Verkäufer die Maschine falsch, ist dies ein Sachmangel. |
| Fehlerhafte Montageanleitung, die dazu führt, dass die Sache nicht oder fehlerhaft montiert wird. | Aufgrund einer fehlerhaften Montageanleitung kann eine Schrankwand nicht aufgebaut werden. |
| Minderlieferung | Der Verkäufer liefert statt 36 Kisten nur 30 Kisten Mineralwasser. |
| Falschlieferung | Statt Äpfel werden Birnen geliefert. |

| Erkennbarkeit des Mangels | |
|---|---|
| **Art des Mangels** | **Beispiel** |
| offener Mangel | Beule an der Türe eines Autos |
| versteckter Mangel | Wein mit Korkgeschmack |
| arglistig verschwiegener Mangel | Ein Unfallauto wird als »unfallfrei« verkauft. |

## Pflichten des Käufers

### ▶ Zweiseitiger Handelskauf

Zur Sicherung von Gewährleistungsansprüchen hat der Käufer beim **zweiseitigen Handelskauf** die folgenden **Pflichten:**

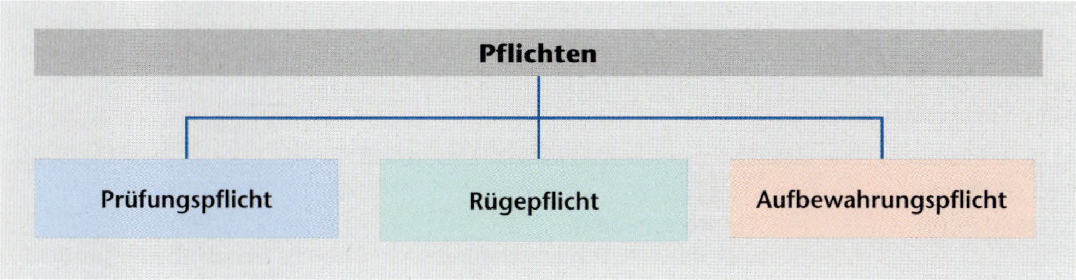


**a) Prüfungspflicht.** Eingegangene Waren sind **unverzüglich** auf Güte, Menge und Art zu untersuchen. *HGB § 377*

Unverzüglich heißt: ohne schuldhaftes Zögern. Wenn z. B. beim Eingang der Ware das Lagerpersonal mit dringenden Inventurarbeiten beschäftigt ist, so reicht es noch, wenn die Ware unmittelbar nach der Beendigung dieser Arbeiten untersucht wird. *BGB § 121*

**b) Rügepflicht.** Offene Mängel sind **unverzüglich nach der Prüfung** zu rügen, versteckte Mängel **unverzüglich nach der Entdeckung,** jedoch innerhalb der Gewährleistungsfrist. Diese beträgt gesetzlich zwei Jahre vom Zeitpunkt der Ablieferung an, kann aber vertraglich verlängert werden **(Garantie).** *§ 438*

**Beispiele:**

1. Die unmittelbar nach der Lieferung am 12.11.20.. festgestellten Mängel an den gelieferten Drehspulen wurden noch am gleichen Tag angemahnt.
2. Beim Einbau der Spulen in die Spindelmaschine wurde am 14.12.20.. festgestellt, dass die Maße nicht mit der Bestellung übereinstimmen. Die Mängelrüge erfolgte am 15.12.20..

Der Käufer muss die Mängel in der Güte, Menge und Art genau bezeichnen. Ein allgemeiner Hinweis wie »Ware unverkäuflich«, »Ware schlecht«, »Ware nicht vertragsgemäß« genügt nicht.

Hat der Verkäufer den Mangel arglistig verschwiegen, dann verjährt der Mangel erst nach drei Jahren. Die Frist beginnt am Ende des Jahres, in dem der Mangel entdeckt wurde. Um einen Anspruch geltend zu machen, muss der Mangel aber innerhalb von 30 Jahren entdeckt werden.

**c) Aufbewahrungspflicht.** Der Käufer hat die beanstandete Ware ordnungsgemäß aufzubewahren. Er muss sie dem Verkäufer zur Verfügung stellen. Die Kosten dafür kann er dem Verkäufer gegenüber geltend machen. Ist die Ware dem Verderb ausgesetzt und ist Gefahr im Verzug, so kann sie der Käufer öffentlich versteigern lassen oder, sofern sie einen Börsen- oder Marktpreis hat, freihändig verkaufen (Notverkauf).

### ▶ Verbrauchsgüterkauf und bürgerlicher Kauf

**Beim Verbrauchsgüterkauf und beim bürgerlichen Kauf** bestehen gegenüber dem zweiseitigen Handelskauf folgende Abweichungen:

1. Der Käufer muss **nicht unverzüglich prüfen.**

2. Er muss Mängel **nicht unverzüglich rügen,** sondern kann die Rüge bei offenen und versteckten Mängeln innerhalb der Gewährleistungsfrist vornehmen.

*BGB § 476* Tritt innerhalb von sechs Monaten seit Gefahrübergang der Sache ein Sachmangel auf, so gilt die Vermutung, dass die Sache mangelhaft war **(Rückwirkungsvermutung).** Der Verkäufer muss nachweisen, dass das Gut zum Zeitpunkt des Gefahrübergangs in Ordnung war **(Grundsatz der Beweislastumkehr).** Reklamiert der Käufer nach sechs Monaten den Mangel, so trägt er die Beweislast, dass der Mangel bereits beim Gefahrübergang vorhanden war.

**Beispiel:** Bei einem neuen Pkw tritt innerhalb von vier Monaten nach dem Kauf ein Motorschaden auf. Bei üblichem Gebrauch und sorgfältiger Behandlung gilt dieser Schaden als Mangel beim Gefahrübergang.

| 01.03.2016 | 10.06.2016 | 10.10.2016 |
|---|---|---|
| (Kaufdatum) | (Motorschaden) | (Motorschaden) |
| | → Beweislast beim Lieferanten | → Beweislast beim Kunden |

## Rechte des Käufers bei Mängeln

Wenn eine Sache mangelhaft verkauft wurde, dann hat der Käufer die folgenden **Rechte:**

**Rechte**

| vorrangig Nacherfüllung | nachrangig |
|---|---|
| – Nachbesserung | – Rücktritt vom Kaufvertrag |
| – Ersatzlieferung | – Minderung des Kaufpreises |
| | – Schadensersatz |

### ▶ Nacherfüllung

*§§ 476, 439* Dabei kommt dem Käufer das Wahlrecht zu, entweder die Beseitigung des Mangels **(Nachbesserung)** durch Reparatur oder die Lieferung einer mangelfreien Sache **(Ersatzlieferung)** zu verlangen.

Der Verkäufer kann die vom Käufer gewählte Form der **Nacherfüllung verweigern,** wenn sie mit unverhältnismäßig hohen Kosten verbunden ist.

*§ 439 (3)* **Aufwendungen,** die zum Zwecke der Nacherfüllung notwendig sind, wie Transport-, Wege-, Arbeits- und Materialaufwendungen, hat der Verkäufer zu tragen.

*§ 440* Grundsätzlich gilt eine Nachbesserung nach dem erfolglosen zweiten Versuch als fehlgeschlagen.

Verstreicht die festgesetzte **angemessene Nachfrist zur Nacherfüllung,** so kann der Käufer weitere Rechte geltend machen:

- Rücktritt vom Vertrag oder Minderung des Kaufpreises,
- Schadensersatz oder Ersatz vergeblicher Aufwendungen.

### ▶ Rücktritt vom Kaufvertrag

Der Kaufgegenstand ist zurückzugeben und der etwa schon bezahlte Kaufpreis zurückzuzahlen.

*BGB §§ 437 S. 1, Nr. 2, 440, 323, 326*

**Beispiel:** Die Nacherfüllung bei einem Blue-ray-Player ist fehlgeschlagen, der Käufer gibt das Gerät an den Verkäufer zurück und verlangt die Erstattung des Kaufpreises.

### ▶ Minderung des Kaufpreises

*§ 441*

Der Kaufvertrag bleibt bestehen. Der Käufer kann jedoch eine Herabsetzung des Kaufpreises verlangen.

**Beispiel:** Die Nacherfüllung bei einem Herrenanzug mit kaum auffälligen Webfehlern ist fehlgeschlagen. Der Käufer will aber den Herrenanzug unbedingt behalten und verlangt deshalb eine angemessene Kaufpreisminderung.

### ▶ Schadensersatz

a) **Schadensersatz neben der Erfüllung (kleiner Schadensersatz).** Der Käufer hat Anspruch auf die Erfüllung des Vertrages und den Ersatz der Kosten.

*§ 437 S. 1, Nr. 3, §§ 278, 280*

**Beispiel:** Reparaturkostenerstattung für die Eigenleistung des Käufers, um den Mangel zu beseitigen.

b) **Schadensersatz statt Erfüllung (großer Schadensersatz).** Der Käufer kann vom Kaufvertrag zurücktreten und Schadensersatz verlangen. Bereits erbrachte Teilleistungen müssen vom Käufer zurückgegeben werden.

*§§ 280–283, §§ 325, 346 ff.*

**Beispiel:** Eine defekte Maschine wird am 18.01.20.. geliefert. Zweimal wurde der Lieferant vergeblich aufgefordert, eine Nachbesserung durchzuführen. Infolge der defekten Maschine entsteht ein mehrtägiger Produktionsausfall. Der Kunde kann vom Kaufvertrag zurücktreten und vom Lieferanten Schadensersatz für den Produktionsausfall verlangen.

### ▶ Ersatz vergeblicher Aufwendungen

*§ 284*

Anstelle des großen Schadensersatzes kann der Käufer den Ersatz der Aufwendungen verlangen, die er im Vertrauen auf den Erhalt der Leistung gemacht hat.

**Beispiel:** Zur Montage einer Maschine wurde ein Fundament gegossen. Zwei Reparaturversuche an der Maschine sind fehlgeschlagen und damit ist die Nacherfüllung gescheitert. Die Kosten für das Fundament hat der Verkäufer der Maschine zu übernehmen.

## Unternehmerrückgriff

Musste ein Unternehmer als Letztverkäufer die verkaufte Sache wegen eines Mangels vom Verbraucher wieder zurücknehmen oder den Kaufpreis mindern, so kann er die gleichen Rechte gegenüber seinem Lieferanten geltend machen **(Unternehmerrückgriff).**

## Produkthaftung

**Produkthaftung** bedeutet, dass der **Hersteller für Schäden haftet,** die durch **Fehler des Produktes an Personen oder Sachen** – nicht an dem Produkt selbst – **verursacht werden.**

*ProdHaftG § 1 (1)*

**Beispiel:** Ein Autofahrer fährt gegen einen Zaun, weil die Bremsen einen Konstruktionsfehler aufweisen. Für den am Zaun entstandenen Schaden haften der Hersteller des Pkw und der Zulieferer der Bremsen.

### 3.5.2.2 Lieferungsverzug (Nicht-Rechtzeitig-Lieferung)

Der Kaufvertrag verpflichtet den Lieferanten, rechtzeitig zu liefern.

**Lieferungsverzug** liegt vor, wenn der **Verkäufer trotz Mahnung schuldhaft nicht** oder **nicht rechtzeitig liefert** und die **Leistung noch möglich ist.**

Voraussetzungen des Lieferungsverzuges:

| Voraussetzung | Merkmal | Beispiel |
|---|---|---|
| **Nichtlieferung trotz Fälligkeit** | Eine Lieferung findet trotz Fälligkeit nicht statt. | Vereinbarung »Lieferung innerhalb von 14 Tagen nach Bestelldatum«.<br>Lieferung ist am 15. Tag noch nicht eingetroffen. |
| **Mahnung** | Sie ist die Aufforderung, die Leistung zu bewirken (nicht erforderlich, wenn die Lieferzeit kalendermäßig bestimmbar ist). | »Lieferung am 25. August 20..« |
| **Verschulden (Verantwortlichkeit des Schuldners)** | Schuldhaft bedeutet, vorsätzlich oder fahrlässig verursacht wird nicht geliefert.<br>Schuldner kommt nicht in Verzug, wenn er die Verspätung nicht zu verantworten hat. | Ein Hersteller nimmt zu viele Aufträge an und kann seine Verpflichtungen nicht erfüllen.<br>Die Lagerhalle des Lieferanten wurde durch Blitzschlag vollständig zerstört. |

#### Rechte des Käufers beim Lieferungsverzug

Kommt der Lieferant in Verzug, dann kann der Käufer wahlweise beanspruchen:

| Rechte des Käufers | Beispiel |
|---|---|
| **Erfüllung des Vertrages** (Lieferung der Leistung) | Eine Kühlanlage kann nicht anderweitig beschafft werden, deshalb besteht der Käufer auf Lieferung. |
| **Erfüllung und Schadensersatz wegen Verzögerung** | Durch verspätete Lieferung einer Maschine kann die Produktion nicht aufgenommen werden. Der Lieferant muss liefern und den Schaden ersetzen. |
| **Rücktritt vom Vertrag*** | Eine Stahllieferung kann bei einem anderen Lieferanten inzwischen preisgünstiger beschafft werden. |
| **Schadensersatz* statt der Leistung** | Der Käufer muss die Ware kurzfristig bei einem anderen Lieferanten zu einem höheren Preis beschaffen. |

* Es muss zunächst eine erfolglos verstrichene angemessene Nachfrist gesetzt worden sein. Beim Fixkauf kann die Nachfrist entfallen.

Im Falle eines Lieferungsverzugs erweitert sich die Haftung des Lieferanten auf Zufall.

## Ermittlung des Schadens

### Schadensersatz

Der Schadensersatz beim Lieferungsverzug kann ermittelt werden:

| Schadensart | Erläuterung | Beispiel |
|---|---|---|
| **konkreter Schaden** | Der Schaden ist konkret entstanden und ermittelbar. | Die nicht gelieferte Ware wird zu einem Mehrpreis von 200 EUR von einem anderen Lieferanten beschafft. |
| **abstrakter Schaden** | Der entstandene Schaden besteht in entgangenem Gewinn | Wegen des Lieferungsverzugs konnte ein Kundenauftrag nicht ausgeführt werden; der entgangene Gewinn wird mit 640 EUR angenommen. |

### Vertragsstrafe

Die Ermittlung der Schadenshöhe kann schwierig sein, deshalb vereinbaren die Vertragsparteien häufig eine Vertragsstrafe **(Konventionalstrafe).**

## 3.5.2.3 Zahlungsverzug (Nicht-Rechtzeitig-Zahlung)

Der Kaufvertrag verpflichtet den Käufer, den Kaufpreis fristgerecht zu zahlen.

**Zahlungsverzug** liegt vor, wenn der **Käufer** trotz Mahnung den vereinbarten Kaufpreis **schuldhaft nicht** oder **nicht rechtzeitig bezahlt.**

## Voraussetzungen des Zahlungsverzuges (Nicht-Rechtzeitig-Zahlung)

| Voraussetzung | Merkmal | Beispiele |
|---|---|---|
| **Nichtzahlung trotz Fälligkeit** | Die Zahlung ist fällig. | – Wenn kein Termin vereinbart ist: Zugang der Rechnung.<br>– »Zahlungstermin: 12. Juni 20..« |
| **Mahnung** | Aufforderung, die Rechnung zu bezahlen.<br>Nicht erforderlich, wenn der Zahlungstermin bestimmt ist oder berechnet werden kann bzw. 30 Tage nach Rechnungszugang. | Die Rechnung geht am 10. März zu, Gläubiger mahnt am 17. März.<br>– »zahlbar spätestens am 17. März 20..«<br>– »zahlbar 10 Tage nach Rechnungsdatum«<br>– Rechnungszugang am 1. März; Zahlungsverzug ab 31. März |
| **Verschulden (Verantwortlichkeit des Schuldners)** | Der Lieferant handelt in seinem Verantwortungsbereich schuldhaft, wenn er vorsätzlich oder fahrlässig nicht rechtzeitig zahlt. | Zahlungstermin: 20. März; die Bank wird erst am 21. März mit der Überweisung beauftragt. |

## Rechte des Gläubigers aus dem Zahlungsverzug

**Rechte des Gläubigers beim Zahlungsverzug**

- Zahlung verlangen und Schadensersatz (Verzögerungsschaden)
- Schadensersatz statt Leistung (Nichterfüllungsschaden)
- Rücktritt vom Vertrag

Nach angemessener Nachfristsetzung können beide Rechte einzeln oder zusammen geltend gemacht werden.

## Ermittlung des Schadens

Der Gläubiger kann Verzugszinsen geltend machen. Wenn vertraglich nichts vereinbart wurde, liegt dieser 5 % über dem Basiszinssatz der Deutschen Bundesbank (Basiszinssatz, Stand: Juli 2016: –0,88 %).

Bei zweiseitigem Handelskauf liegt der Vorzugszinssatz 8 % über dem Basiszinssatz.

### 3.5.2.4 Annahmeverzug (Nicht-Rechtzeitig-Annahme)

Durch den Kaufvertrag sind **beide Vertragsteile verpflichtet, die Leistung des anderen bei Fälligkeit anzunehmen.**

**Annahmeverzug** liegt vor, wenn der **Käufer die Ware** oder der **Verkäufer die Zahlung nicht** oder **nicht rechtzeitig annimmt.**

| Voraussetzungen | Wirkungen | Rechte des Schuldners |
|---|---|---|
| – Die **Leistung** ist **fällig.**<br>– Die **Leistung** ist tatsächlich **angeboten** worden.<br>Der Annahmeverzug setzt **kein Verschulden** voraus. | – Die **Gefahr** des zufälligen Untergangs geht mit dem Eintritt des Verzuges auf den Gläubiger über.<br>– Die **Haftung** des Schuldners wird eingeschränkt. Sie erstreckt sich nur noch auf grobe Fahrlässigkeit und Vorsatz. Für leichte Fahrlässigkeit haftet er nicht. | Der Schuldner kann<br>– die **Ware zwischenlagern** und auf Annahme klagen.<br>– sich **von der Leistungspflicht befreien*** <br>· durch sichere Einlagerung an jedem geeigneten Ort, wenn der Schuldner ein Kaufmann ist,<br>· durch Selbsthilfeverkauf,<br>· durch Versteigerung.<br>– **Schadensersatz** wegen Nichterfüllung **verlangen.** |

* **Selbsthilfeverkauf** ist möglich bei Waren mit einem Börsen- oder Marktpreis. Eine **Versteigerung** ist mit Fristsetzung für die Abnahme der Ware dem Käufer anzudrohen. Bei Gefahr des Verderbs der Ware kann die Androhung unterbleiben **(Notverkauf).** Käufer und Verkäufer können mitbieten.

**Zusammenfassende Übersicht zu Kapitel 3.5.2: Störung bei der Erfüllung des Kaufvertrages**

| **Pflichten** aus dem Kaufvertrag | Lieferung der Ware durch den **Verkäufer** | | Bezahlung des Kaufpreises durch den **Käufer** | Annahme der Ware durch den **Käufer** |
|---|---|---|---|---|
| | mangelfrei | rechtzeitig | | |
| **Störungen** | **Mangelhafte Lieferung (Schlechtleistung)** | **Lieferungsverzug (Nicht-Rechtzeitig-Lieferung)** | **Zahlungsverzug (Nicht-Rechtzeitig-Zahlung)** | **Annahmeverzug (Nicht-Rechtzeitig-Annahme)** |
| **gesetzliche Regelung** | §§ 433 ff. BGB;<br>§§ 377 ff. HGB | §§ 286 ff.;<br>§§ 323 ff. BGB | §§ 286 ff.;<br>§§ 323 ff. BGB | §§ 293 ff. BGB;<br>§§ 373 ff. HGB |
| **Voraus-setzungen** | – Sachmangel<br>– Rechtsmangel | – Fälligkeit<br>– Mahnung, wenn kein bestimmter Liefertermin vereinbart ist<br>– Verantwortlichkeit des Schuldners | – Fälligkeit<br>– Mahnung, wenn kein bestimmter Zahlungstermin vereinbart ist, oder<br>– 30 Tage nach Zugang der Rechnung<br>– Verantwortlichkeit des Schuldners | – Fälligkeit<br>– tatsächliches Anbieten der Ware (Annahmeverzug setzt kein Verschulden voraus) |
| **Rechte des Vertrags-partners nach seiner Wahl** | Durch Mängelrüge (Reklamation) sichert sich der Käufer folgende Gewährleistungsansprüche:<br>– Nacherfüllung in Form von Nachbesserung oder Ersatzlieferung<br>– Rücktritt vom Vertrag<br>– Preisminderung<br>– Schadensersatz neben oder statt der Erfüllung<br>– Ersatz vergeblicher Aufwendungen | – Lieferung<br>– Lieferung und Schadensersatz wegen Verzögerung<br>– Rücktritt vom Vertrag (nach angemessener Nachfrist) und/oder<br>– Schadensersatz wegen Nichterfüllung (nach angemessener Nachfrist) | – Zahlung<br>– Zahlung und Schadensersatz wegen Verzögerung<br>– Rücktritt vom Vertrag (nach angemessener Nachfrist) und/oder<br>– Schadensersatz wegen Nichterfüllung (nach angemessener Nachfrist) | – Einlagerung der Ware<br>– Versteigerung oder Verkauf zum Markt- bzw. Börsenpreis (Selbsthilfeverkauf)<br>– Klage auf Abnahme |

## ▶ Aufgaben und Probleme

1. Weshalb ist es erforderlich, die Vertragserfüllung zu überwachen?
2. Welche Kontrollen und Tätigkeiten fallen bei der Überwachung der Vertragserfüllung an?
3. Welche Hilfsmittel benötigt ein Mitarbeiter, wenn er die Vertragserfüllung überwachen möchte?
4. Erstellen Sie eine Tätigkeitsliste, aus der hervorgeht, welche Kontrollen bei der Überwachung der Vertragserfüllung anfallen.
5. Geben Sie einen Überblick über die Störungen bei der Erfüllung des Kaufvertrages:
   a) Welche Störungen gibt es?
   b) Welches sind die jeweiligen Voraussetzungen für das Vorliegen der Störung?
   c) Welche Rechte hat der Gläubiger aus dem Kaufvertrag?
6. Begründen Sie rechtlich und wirtschaftlich, welche Gewährleistungsansprüche Sie in folgenden Fällen geltend machen würden:
   a) Ein Reifenhändler liefert runderneuerte Reifen als fabrikneu. Nach einiger Zeit löst sich eine Reifendecke und es entsteht ein Verkehrsunfall, bei dem das Fahrzeug stark beschädigt wird.
   b) Ein gelieferter Mantelstoff hat grobe Webfehler, sodass er für die Weiterverarbeitung nicht mehr verwendet werden kann. Ein anderer Lieferant könnte schnell und preisgünstig liefern.
   c) Die für die Werkskantine preisgünstig gelieferten Kochtöpfe weisen starke Kratzer auf.
   d) Zwei von fünf gelieferten Büroschränken haben leichte Kratzer im Furnier der Seitenwände.
7. Die Metallwerke Eberle KG, Cottbus, haben vor zehn Tagen aufgrund ihrer Bestellung vom ... von der Stahlhandel GmbH, Görlitz, eine Lieferung von 10 t Qualitätsstahl Gruppe St 50 erhalten. Eine inzwischen durchgeführte Gussprobe ergab, dass der gelieferte Stahl von geringerer Härte und Elastizität ist als das mit dem Angebot überreichte Muster. Er ist für die zu fertigenden Gussstücke nicht verwendbar. Ein schadhaftes Gussstück und ein Gutachten ihres Chemikers, in dem die Qualitätsabweichung festgestellt ist, wird mitgeschickt. Das ungeeignete Material wird zur Verfügung gestellt.
   a) Wie ist die Rechtslage?
   b) Auf welche Weise werden die Metallwerke Eberle KG ihre Rechte geltend machen?
8. Welches Recht würden Sie beim Lieferungsverzug in Anspruch nehmen, wenn
   a) inzwischen eine Preissenkung bei der bestellten Ware eingetreten ist,
   b) die Ware eine Sonderanfertigung für Sie ist,
   c) die Ware ein Saisonartikel ist,
   d) die Ware nach Ablauf der Nachfrist anderweitig beschafft werden musste?
9. Die Fensterbau GmbH in Rostock bestellte am 5. Mai 20.. entsprechend einem Angebot bei der Metallbau Roller KG, Warnemünde, Metallfensterrahmen, die für die Renovierung einer Schule verwendet werden sollen. Dem Auftraggeber gegenüber hat sich die Fensterbau GmbH verpflichtet, die Fenster während der Sommerferien einzusetzen. Eine mögliche Konventionalstrafe wurde festgelegt. Deshalb wurde der 20. Juni als spätester Liefertermin für die Fensterrahmen vereinbart. Am 25. Juni sind die Fensterrahmen immer noch nicht geliefert.

a) Begründen Sie, ob sich die Metallbau Roller KG in Lieferungsverzug befindet.

b) Welche Rechte stehen der Fensterbau GmbH beim Lieferungsverzug zu?

c) Begründen Sie, von welchem Recht im vorliegenden Fall Gebrauch gemacht werden sollte.

10. Ein Automobilzubehörgroßhändler hat mit einem Lieferanten bestimmte Termine für die Zulieferung von elektrischen Teilen (Spezialanfertigung) vereinbart. Bei Lieferstockung entsteht ein Schaden von täglich 300.000 EUR.

a) Wer muss den Schaden tragen, wenn die Anlieferung wegen einer witterungsbedingten Verkehrsbehinderung auf der Autobahn verspätet erfolgt?

b) Wie kann sich der Automobilzubehörgroßhändler gegen Schäden wegen Lieferungsverzögerung absichern?

11. Entscheiden Sie, ob bei folgenden Zahlungsbedingungen eine Mahnung erforderlich ist, um den Schuldner in Verzug zu setzen:

a) »Zahlbar innerhalb von 14 Tagen ab Rechnungsdatum.«

b) »Zahlbar bis spätestens 31. Oktober 20..«

c) »Handwerkerrechnung, deshalb sofort zahlbar.«

12. Der Möbelhersteller Beier KG in Heidelberg lieferte an den Einzelhändler Fröhlich GmbH in Frankfurt Sitzgarnituren im Wert von 68.000 EUR. In den Zahlungsbedingungen wurde vereinbart: »Zahlbar netto bis spätestens 20. November 20..« Die Rechnungsstellung erfolgte am 18. Oktober 20..

a) Wie kann die Beier KG ihre Außenstände überwachen?

b) Prüfen Sie, ob sich die Fröhlich GmbH am 22. November 20.. in Zahlungsverzug befindet.

c) Welche Rechte kann die Beier KG geltend machen, falls Zahlungsverzug eingetreten ist?

13. Die Hiebler & Stoll KG, Wuppertal, hat sich auf den Innenausbau von Repräsentationsräumen spezialisiert. Am 2. Mai 20.. wird an die Gemeinschaftspraxis Dr. Rist und Dr. Weber, Solingen, eine maßgefertigte Einbauschrankwand termingerecht geliefert, Auftragswert 28.000 EUR. Dr. Rist verweigert die Annahme mit dem Hinweis, sein Kollege sei vor zehn Tagen bei einem Autounfall ums Leben gekommen. Er selbst beabsichtige einen Ortswechsel und sei deswegen an der Lieferung nicht mehr interessiert.

a) Liegt in diesem Fall Annahmeverzug vor (Begründung)?

b) Welche Rechte stehen der Hiebler & Stoll KG im Falle eines Annahmeverzugs zu?

c) Welches Recht würden Sie im vorliegenden Fall beanspruchen (Begründung)?

d) Stoll schlägt vor, von dem Vertrag zurückzutreten und Dr. Rist auf Abnahme zu verklagen. Wie beurteilen Sie diesen Vorschlag?

e) Hiebler möchte einen Selbsthilfeverkauf durchführen lassen. Prüfen Sie, ob ein Selbsthilfeverkauf in diesem Fall sinnvoll ist (Begründung).

## 3.5.3 Verjährung

Unter **Verjährung** versteht man den **Ablauf** einer **gesetzlich festgelegten Frist,** innerhalb derer ein **Anspruch gerichtlich durchgesetzt** werden kann.

*BGB §§ 194 ff.* Der Anspruch bleibt zwar weiterhin bestehen, aber mit der Verjährung des Anspruchs erwirbt der **Schuldner** die »**Einrede der Verjährung**« (das Leistungsverweigerungsrecht).

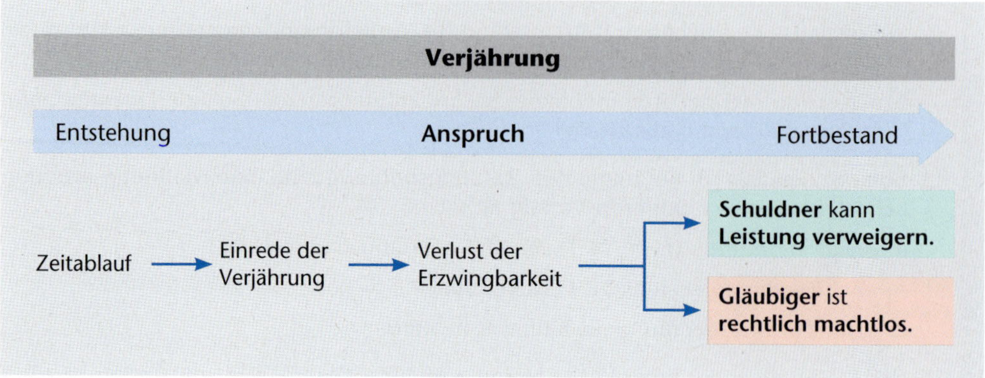


*§ 216* Hat der Schuldner eine verjährte Forderung erfüllt, so kann er das Geleistete nicht zurückfordern.

### Beginn der Verjährung

*§§ 199 f.* Die regelmäßige Verjährungsfrist beginnt am Ende des Jahres, in dem der Anspruch entstanden ist. Bei Ansprüchen, die nicht der regelmäßigen Verjährungsfrist unterliegen, beginnt die Verjährung mit der Entstehung des Anspruchs.

### Dauer der Verjährung

| | Verjährung | |
|---|---|---|
| *§ 195* | **regelmäßige Verjährung**<br>Forderungen von Privatleuten und Gewerbetreibenden | 3 Jahre |
| *§ 196* | **verlängerte Verjährung**<br>Ansprüche auf bestimmte Rechte an einem Grundstück | 10 Jahre |
| *§ 197* | **verlängerte Verjährung**<br>Herausgeben von Eigentum, vollstreckbare Ansprüche | 30 Jahre |
| *§§ 438, 634a* | **verkürzte Verjährung**<br>Mängelrügen aus Kaufvertrag | 2 Jahre |

## Hemmung der Verjährung

BGB §§ 203 ff.

Bei der Hemmung wird die Verjährungsfrist um die Zeitspanne der Hemmung verlängert.

Die Verjährung wird u. a. gehemmt,

a) bei Verhandlungen zwischen Schuldner und Gläubiger, ob der Anspruch berechtigt ist. Die Verjährung tritt frühestens drei Monate nach dem Ende der Verhandlungen ein.

b) durch Rechtsverfolgung wie Erhebung der Klage auf Leistung oder Erlass des Vollstreckungsurteils, Zustellung des Mahnbescheids oder Anmeldung des Anspruchs im Insolvenzverfahren.

   Die Hemmung endet sechs Monate nach der rechtskräftigen Entscheidung oder nach einer anderen Beendigung des eingeleiteten Verfahrens.

c) solange der Schuldner vorübergehend berechtigt ist, die Leistung zu verweigern.

d) solange der Gläubiger durch höhere Gewalt daran gehindert ist, seine Rechte geltend zu machen.

## Neubeginn der Verjährung

§ 212

Die Verjährung beginnt erneut, wenn

a) der Schuldner seine Schuld anerkennt,

   **Beispiel:** Der Schuldner leistet eine Abschlagszahlung.

b) der Gläubiger eine gerichtliche oder behördliche Vollstreckungshandlung beantragt oder vornehmen lässt.

   **Beispiel:** Der Gläubiger beantragt, einen Mahnbescheid zu erlassen.

### Zusammenfassende Übersicht zu Kapitel 3.5.3: Verjährung

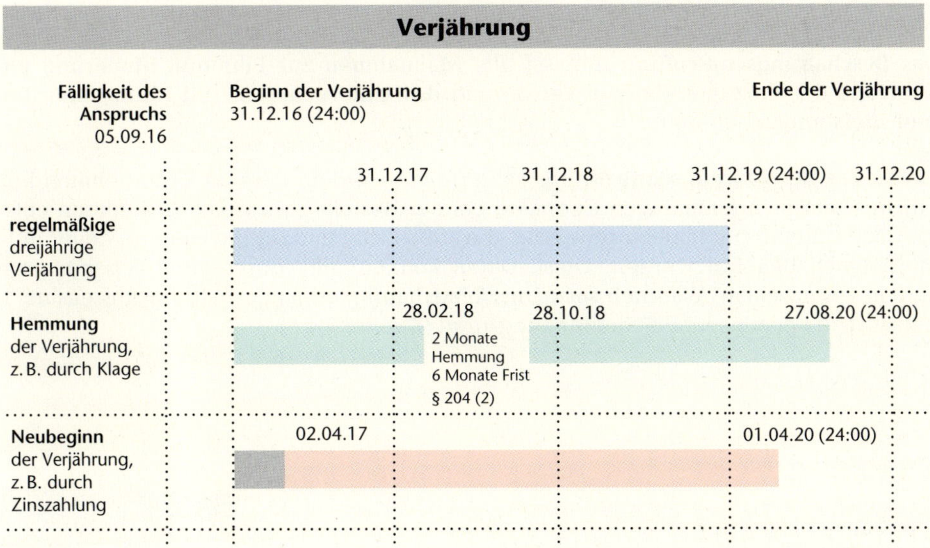

**▶ Aufgaben und Probleme**

1. Der Einzelhändler Späth e. K. hat nach langer Zeit dem Lieferanten, Großhandel Schöller KG, eine Schuld in Höhe von 2.500 EUR beglichen, die bereits verjährt war. Jetzt will er diesen Betrag mit einer neuen Verbindlichkeit gegenüber der Großhandel Schöller KG aufrechnen. Begründen Sie die Rechtslage.
2. Sie sind Mitarbeiter der Norddeutschen Elektronic GmbH, Viersen, die elektronische Steuerungen herstellt. Den Verkäufern des Unternehmens liegen folgende Zahlungsbedingungen vor: 2 % Skonto innerhalb von 10 Tagen oder 45 Tage Ziel. Ansonsten gelten die gesetzlichen Regelungen.

   Am 25. November 20.. haben Sie nachstehende Außenstände nach folgenden Kriterien zu bearbeiten. Klären Sie, ob der Kunde rechtzeitig und den richtigen Betrag bezahlt hat. Begründen Sie in jedem Fall Ihre Entscheidung. Falls Sie Unregelmäßigkeiten feststellen, beschreiben Sie, welche Maßnahmen Sie ergreifen würden.

   a) Koch OHG, Rechnung Nr. 389 vom 28. September 20.. über 3.890 EUR.

   b) Agathe Hochadel GmbH, Rechnung Nr. 451 vom 8. November 20.. über 2.500 EUR. Dieser Kunde sandte mit Poststempel vom 23. November 20.. einen Verrechnungsscheck über 2.350 EUR, der heute bei uns eingegangen ist.

   c) Maschinenbau AG, Rechnung Nr. 369 vom 15. September 20.. über 5.600 EUR. Der Kunde rügte eine nicht einwandfreie Montage. Die Nachbesserung erfolgte am 15. Oktober 20.. zur Zufriedenheit des Kunden.

   d) Waltraud Ehrhardt, Rechnung Nr. 465 vom 11. November 20.. über 5.400 EUR. Laut dem heute eingegangenen Kontoauszug unserer Bank hat die Kundin am 24. November 20.. eine Überweisung in Höhe von 5.292 EUR geleistet.

## 3.6 Beschaffungscontrolling

Das **Beschaffungscontrolling** umfasst alle **Maßnahmen** zur **Planung, Steuerung und Kontrolle** der Prozesse, die zur Versorgung **des Unternehmens mit Materialien und Dienstleistungen** gehören.

Mithilfe des **Beschaffungscontrollings** soll erreicht werden, dass im Unternehmen keine zeitlichen und mengenmäßigen Engpässe bei der Bestellung und der Produktion entstehen. Dazu sind Informationen notwendig, die aufbereitet und für die weitere Steuerung im Unternehmen benötigt werden. Diese Daten können sein: durchschnittlicher Lagerbestand, Lagerumschlag, Wareneinsatz, Umschlagshäufigkeit, Lagerhaltungskostensatz, Lagerzinssatz, Lagerzinsen, Flächennutzungsgrad (Kapitel 5.4.5).

# 4 Zahlungsverkehr

## 4.1 Zahlungsmittel, Zahlungsarten, Zahlungsinstrumente

### Zahlungsmittel

#### ▶ Gesetzliche Zahlungsmittel

Darunter fällt nur das Bargeld: Banknoten und Münzen. Der Gläubiger muss Banknoten unbegrenzt annehmen, aber nicht mehr als 50 Münzen, sofern nichts anderes vereinbart ist.

- **Banknoten** werden nur von der Europäischen Zentralbank ausgegeben **(Notenprivileg).**
- **Münzen** werden in Münzstätten geprägt und von der Bundesregierung in den Verkehr gebracht **(Münzprivileg).**

#### ▶ Vereinbarte Zahlungsmittel

Das sind Überweisungen, Lastschriften, Schecks, Wechsel, die Online- und alle Kartenzahlungen. Da alle diese Zahlungen von den Kreditinstituten auf Konten gebucht werden, spricht man von **Buchgeld.** Es entsteht durch die Einzahlung von Bargeld auf Bankkonten und durch die Kreditgewährung der Kreditinstitute. Es wird übertragen durch beleghafte Aufträge, beleglos online oder mittels »Plastikgeld«. Es wird vernichtet durch Abhebung oder Überweisung von diesen Konten.

### Zahlungsarten und Zahlungsinstrumente

Je nachdem, wie die Zahlungsmittel eingesetzt werden, ergeben sich verschiedene Zahlungsarten und Zahlungsinstrumente.

**Zahlungsarten und Zahlungsinstrumente**

| Zahlungsarten | | |
|---|---|---|
| **Barzahlung** | **halbbare Zahlung** | **bargeldlose Zahlung** |
| direkte oder indirekte Bargeldzahlung | Bareinzahlung auf ein Konto bzw. Barauszahlung von einem Konto | Belastung und Gutschrift auf dem Konto eines Geldinstituts |
| **Zahlungsinstrumente** | | |
| – DHL EXPRESSEASY (national bis 500 EUR in bar)<br>– Postbankgeldversand nach vorheriger Kontobelastung zur Barauszahlung am Empfängerort unter Mithilfe der Western Union GmbH | – Einzahlungsschein<br>– Zahlungsanweisung der Postbank zur Barauszahlung an Empfänger ohne Konto<br>– Barscheck | – Überweisung<br>– Lastschrift<br>– Zahlungsanweisung der Postbank zur Verrechnung an Empfänger mit Konto<br>– Verrechnungsscheck<br>– elektronische Zahlung |

Zur Abwicklung des Zahlungsverkehrs bieten die Geldinstitute zahlreiche Zahlungsinstrumente an. Andere Zahlungsdienstleister wie PayPal, Giropay oder paydirekt können zwischengeschaltet werden. Sie ersetzen aber nicht das kontoführende Geldinstitut.

**Zusammenfassende Übersicht zu Kapitel 4.1:**
**Zahlungsmittel, Zahlungsarten, Zahlungsinstrumente**

**Zahlungsmittel**
- gesetzlich
  - Banknoten
  - Münzen
- vereinbart
  - Buchgeld
  - Geldersatzmittel

**Zahlungsarten**
- bar
- halbbar
- bargeldlos

**Zahlungsinstrumente**
- DHL EXPRESSEASY (national)
- Postbankgeldversand

- Einzahlungsschein
- Zahlungsanweisung
- Barscheck

- Überweisung
- Lastschrift
- Zahlungsanweisung
- Verrechnungsscheck
- elektronische Zahlung

## 4.2 Girokonto (oder Kontokorrentkonto) und Kontokorrentkredit

### 4.2.1 Girokonto

Der Begriff Giro kommt aus dem Italienischen und bedeutet Kreis. Mit einem **Girokonto** hat man die Möglichkeit, das Geld »kreisen« zu lassen. Es ist Voraussetzung zur Abwicklung des bargeldlosen Zahlungsverkehrs.

*HGB § 355* Nach HGB ist ein Girokonto ein Kontokorrentkonto. Kontokorrent stammt aus dem Italienischen und bedeutet so viel wie durchlaufende Rechnung. Es ist ein Konto bei einer Bank, über das uneingeschränkt verfügt werden kann, sofern es ein Guthaben aufweist oder ein eventuell gewährter Kreditrahmen nicht überschritten worden ist. Auf einem Kontokorrentkonto werden alle Zahlungen des Kontoinhabers (Ein- und Auszahlungen, Überweisungen, Scheckeinlösungen, Daueraufträge etc.) laufend verwaltet.

#### ■ Kontoeröffnung

*AO § 154* Die Eröffnung eines Girokontos ist durch unbeschränkt geschäftsfähige Personen möglich. Bei der Legitimationsprüfung ist die Bank verpflichtet, die Identität des Antragsstellers zu prüfen. Dies dient der Kontenwahrheit. Diese besagt, dass niemand auf einen falschen oder fiktiven Namen für sich oder einen Dritten ein Konto errichten oder Buchungen vornehmen lassen darf.

### Kontoauszug

Ein Kontoauszug ist ein Dokument der Bank, bei der der Kontoinhaber sein Konto führt. Er weist alle Umsätze inklusive des sich ergebenden Saldos aus. Er kann vom Kontoinhaber selbst am Kontoauszugsdrucker der Bank erstellt werden oder die Bank schickt dem Kontoinhaber nach einem festgesetzten Zeitraum die aufgelaufenen Kontoauszüge per Post zu. Eine Variante ist der elektronische Kontoauszug, wenn der Kontoinhaber am Onlinebanking-Verfahren der Bank teilnimmt.

### Gironetze

Gironetze sind Voraussetzung für die Abwicklung des Zahlungsverkehrs. In Deutschland gibt es fünf Gironetze, die untereinander in Verbindung stehen: Gironetz der Sparkassen, der Kreditgenossenschaften, der Postbank, der Großbanken, der Bundesbank. Jedes Geldinstitut hat einen **BIC** (Bank Identifier Code). Sie ist eine von der SWIFT festgelegte international gültige Bankleitzahl. SWIFT (**SWIFT** = **S**ociety for **W**orld Wide **I**nterbank **F**inancial **T**elecommunication) ist eine gemeinsame Computerzentrale in Brüssel, an die Banken der ganzen Welt angeschlossen sind.

## 4.2.2 Kontokorrentkredit

### Kontokorrentkredit

Zur Finanzierung seiner kurzfristigen Verbindlichkeiten erhält der Kontoinhaber von seiner Bank auf Antrag eine Kreditgrenze **(Kreditlimit)** eingeräumt. Bis zu dieser Kreditgrenze darf er jederzeit sein laufendes Konto **(Kontokorrent)** in Anspruch nehmen. Die Einräumung eines Kontokorrentkredites kostet nichts. Ob er den bereitgestellten Kredit in Anspruch nimmt oder nicht, ist ihm überlassen. Er kann sein Limit voll ausschöpfen **(vereinbarte Überziehung)** oder teilweise in Anspruch nehmen. Die Zinsen werden stets vom jeweiligen Saldo errechnet. Wenn das vereinbarte Limit überschritten wird **(geduldete Überziehung)**, fallen für diese Beträge Überziehungszinsen an. Laut Vertrag ist der Über-

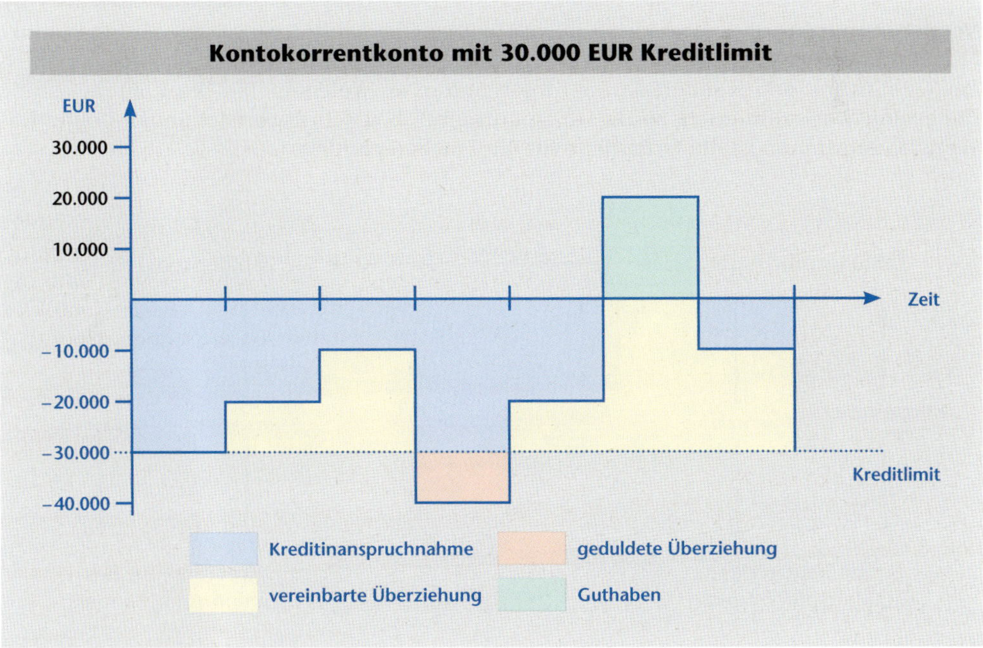

ziehungskredit ein kurzfristiger Kredit. In der Praxis ist er aber langfristig, da die zeitliche Befristung stets verlängert wird.

Die Höhe der Kreditlinie entspricht in der Regel dem doppelten bis dreifachen der monatlichen Zahlungseingänge. Neben regelmäßigen Zahlungseingängen wird üblicherweise keine weitere Sicherheitsleistung gefordert.

## 4.3 Zahlungsverkehr im europäischen Zahlungsverkehrsraum SEPA

### SEPA

Die Europäische Union richtete einen gemeinsamen europäischen Markt im unbaren Zahlungsverkehr ein (**S**ingle **E**uro **P**ayments **A**rea: **SEPA**). In diesem Markt soll mehr Wettbewerb und Effizienz erreicht werden. Deshalb gelten einheitliche Verfahren und Standards für die Abwicklung von Eurozahlungen.

### SEPA-Länder

**Die folgenden Länder gehören zum SEPA-Raum:** Belgien, Bulgarien, Dänemark, Deutschland, Estland, Finnland, Frankreich, Griechenland, Irland, Island, Italien, Kroatien, Lettland, Lichtenstein, Litauen, Luxemburg, Malta, Monaco, Niederlande, Norwegen, Österreich, Polen, Portugal, Rumänien, San Marino, Schweden, Schweiz, Slowakei, Slowenien, Spanien, Tschechien, Ungarn, Vereinigtes Königreich von Großbritannien und Zypern

### 4.3.1 SEPA-Überweisung und SEPA-Dauerauftrag

*BGB § 676a, f*

Bei der **SEPA-Überweisung beauftragt der Schuldner sein Geldinstitut, sein Konto zu belasten** und den **Betrag einem anderen Konto gutzuschreiben.**

Voraussetzung für die Abwicklung eines Überweisungsauftrages ist das Bestehen eines Girovertrages zwischen Geldinstitut und Kunde. Bei Ausführung einer Überweisung muss das Geldinstitut den Kunden darüber informieren, an welchem Tag die Kontobelastung (Belastungswertstellung) bzw. die Kontogutschrift (Gutschriftwertstellung) erfolgt. Das Wertstellungsdatum ist die Grundlage für die Zinsberechnung.

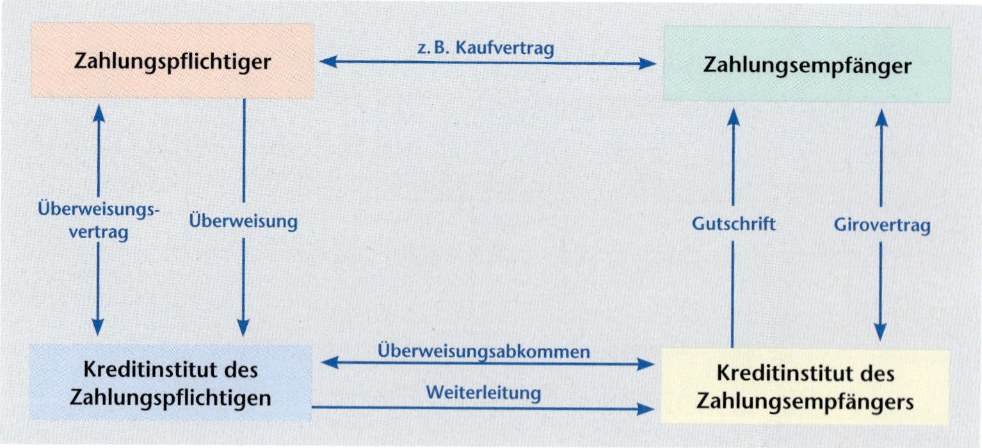

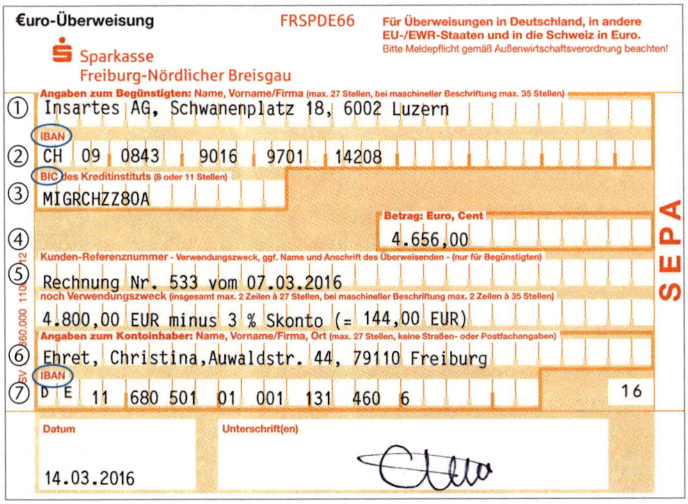
€uro-Überweisung FRSPDE66 Für Überweisungen in Deutschland, in andere EU-/EWR-Staaten und in die Schweiz in Euro.
Bitte Meldepflicht gemäß Außenwirtschaftsverordnung beachten!
Sparkasse Freiburg-Nördlicher Breisgau
Angaben zum Begünstigten: Name, Vorname/Firma (max. 27 Stellen, bei maschineller Beschriftung max. 35 Stellen)
① Insartes AG, Schwanenplatz 18, 6002 Luzern
IBAN
② CH 09 0843 9016 9701 14208
BIC des Kreditinstituts (8 oder 11 Stellen)
③ MIGRCHZZ80A
Betrag: Euro, Cent
④ 4.656,00
Kunden-Referenznummer - Verwendungszweck, ggf. Name und Anschrift des Überweisenden - (nur für Begünstigten)
⑤ Rechnung Nr. 533 vom 07.03.2016
noch Verwendungszweck (insgesamt max. 2 Zeilen à 27 Stellen, bei maschineller Beschriftung max. 2 Zeilen à 35 Stellen)
4.800,00 EUR minus 3 % Skonto (= 144,00 EUR)
Angaben zum Kontoinhaber: Name, Vorname/Firma, Ort (max. 27 Stellen, keine Straßen- oder Postfachangaben)
⑥ Ehret, Christina, Auwaldstr. 44, 79110 Freiburg
IBAN
⑦ DE 11 680 501 01 001 131 460 6 16
SEPA
Datum 14.03.2016
Unterschrift(en)

Eine korrekte SEPA-Überweisung benötigt folgende Angaben: ZAG

① Empfängername
② IBAN des Empfängers
③ BIC der Bank des Empfängers
④ Betrag in Euro
⑤ Referenznummer bzw. Verwendungszweck
⑥ Name und Ort des Auftraggebers der Zahlung
⑦ IBAN des Auftraggebers

▶ **IBAN** (**I**nternational **B**ank **A**ccount **N**umber, internationale Bankkontonummer)

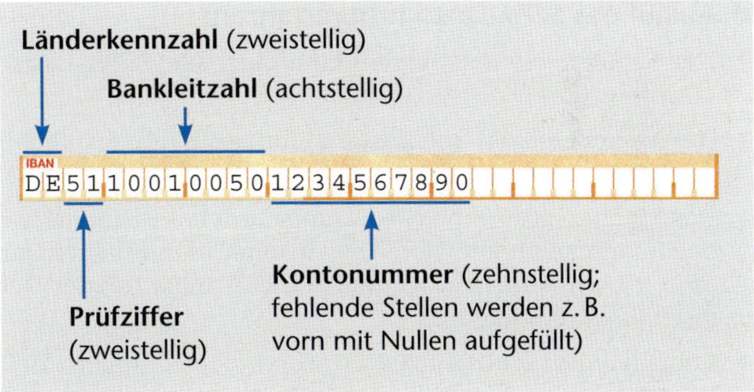


Die IBAN ist je nach Land unterschiedlich lang (in Deutschland hat sie immer 22 Stellen), grundsätzlich aber immer gleich aufgebaut: Sie besteht aus einem internationalen Teil, der sich aus einem Länderkennzeichen und einer Prüfziffer zusammensetzt, und einem nationalen Teil, der individuelle Kontodetails enthält. In Deutschland sind das die Bankleitzahl und die Kontonummer.

▶ **BIC** (**B**ank **I**dentifier **C**ode)

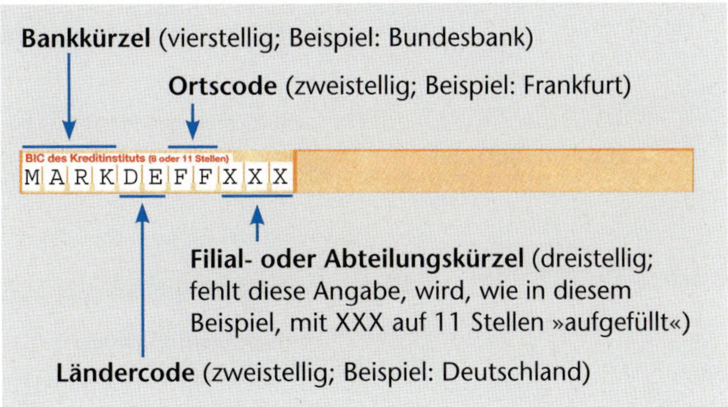


Das ist ein international standardisierter Bankcode (vergleichbar mit der Bankleitzahl in Deutschland), mit dem Zahlungsdienstleister weltweit eindeutig identifiziert werden. Eine andere Bezeichnung für den BIC ist SWIFT-Code (Society for World Wide Interbank Financial Telecommunication).

## SEPA-Dauerauftrag

Bei einem **Dauerauftrag** beauftragt der Schuldner sein Geldinstitut, **regelmäßig wiederkehrende, gleichbleibende Beträge** an denselben Empfänger zu überweisen (z. B. Miete). Der Schuldner erspart sich dadurch die Terminüberwachung und die wiederkehrende Auftragserteilung an das Geldinstitut.

## 4.3.2 SEPA-Lastschrift

Bei der **SEPA-Lastschrift beauftragt der Gläubiger das Geldinstitut,** ihm einen **Betrag gutzuschreiben** und danach das **Konto des Schuldners zu belasten.**

Der Datenfluss ist also genau umgekehrt wie bei der Überweisung. Für die SEPA-Lastschrift gibt es zwei Verfahren: die **SEPA-Basislastschrift** (SEPA Core Direct Debit) sowie die **SEPA-Firmenlastschrift** (SEPA Business to Business Direct Debit), die ausschließlich für den Verkehr mit Geschäftskunden vorgesehen ist.

Die fälligen Beträge können vom Inlandszahlungskonto als SEPA-Lastschrift abgebucht werden. Ebenso wie bei SEPA-Überweisungen werden für SEPA-Lastschriften grundsätzlich IBAN und BIC benötigt.

Für den Einzug von SEPA-Lastschriften ist das **Mandat** eine rechtliche Voraussetzung. Das Mandat ist die Zustimmung des Zahlers gegenüber dem Zahlungsempfänger zum Einzug fälliger Forderungen mittels Lastschrift und die Weisung an seinen Zahlungsdienstleister (Zahlstelle) zur Einlösung durch Belastung seines Zahlungskontos.

### Ablauf des SEPA-Lastschriftverfahrens

- Der Schuldner erteilt seinem Gläubiger ein SEPA-Lastschriftmandat (Mandat = Vollmacht).
- Das Mandat umfasst die Zustimmung des Zahlungspflichtigen zum Einzug der Zahlung per Lastschrift sowie den Auftrag an die eigene Bank, die Lastschrift einzulösen.
- Das Mandat muss neben der Unterschrift des Schuldners vom Gläubiger mit einer Mandatsreferenznummer (MRN) sowie einer Identifikationsnummer (Unique Creditor Identifier = UCI) versehen werden. Die UCI muss bei der Deutschen Bundesbank elektronisch beantragt werden.
- Bei jedem Lastschrifteinzug müssen beide Nummern zur Kennung und Sicherheit mitgeliefert werden.
- Der Gläubiger muss mit dem Endkunden ein Fälligkeitsdatum vereinbaren und ihn 14 Tage vorher daran erinnern.

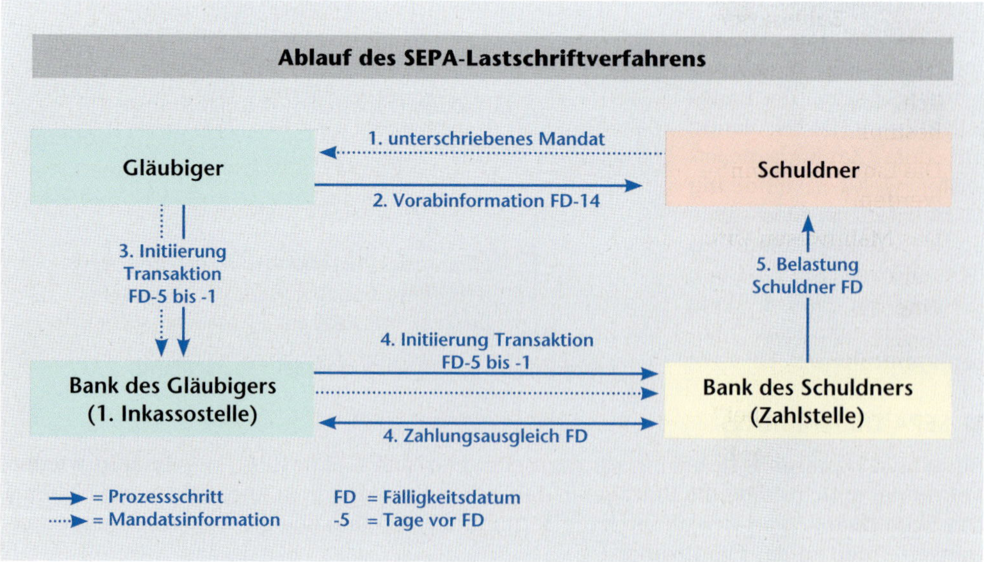

## Arten der SEPA-Lastschrift

| Basislastschrift | Firmenlastschrift |
|---|---|
| – Sie steht Verbrauchern und Unternehmen offen. | – Sie ist ausschließlich für den Verkehr mit Unternehmen (Nichtverbraucher) vorgesehen. |
| – Die Einreichung muss fünf bis zwei Tage vor dem Zahlungstermin erfolgen. | – Der Gläubiger kann die Lastschrift einen Tag vor Verfall einreichen. |
| – Die Mandatsvorlage entfällt. | – Der Schuldner muss das Mandat seiner Bank vorlegen. |
| – Die Prüfung des Mandats entfällt. | – Die Bank prüft vor Einlösung einer Lastschrift das Mandat. |
| – Der Schuldner kann die Lastschrift bis acht Wochen nach Fälligkeit zurückgeben. | – Der Schuldner hat keine Möglichkeit, die Lastschrift zurückzugeben. |
| – Wird der Zahlungspflichtige zu Unrecht belastet, kann er binnen acht Wochen nach Rechnungsabschluss bei seinem Geldinstitut widersprechen. Ohne gültiges SEPA-Mandat verlängert sich die Frist auf 13 Monate. | – Belastungen kann nicht widersprochen werden. |
| **Beispiel:**<br>Vereine, Energieversorger, Telefondienste ziehen den Jahresbeitrag oder die monatlich festen oder schwankenden Beträge ein. | **Beispiel:**<br>Ein Autohaus muss monatlich Fahrzeuge im Wert von 150.000 EUR abnehmen. Der Hersteller liefert nur gegen Abbuchungsauftrag. Damit verhindert er Rückbelastungen. |

## Bedeutung des SEPA-Lastschriftverfahrens für die Beteiligten

| Vorteile des SEPA-Lastschriftverfahrens | |
|---|---|
| **Zahlungsempfänger** | **Zahlungspflichtiger** |
| – Die Zahlungseingänge erfolgen pünktlich, da er den Zahlungszeitpunkt bestimmt.<br>– Die Liquidität kann besser geplant werden.<br>– Das Mahnwesen wird entlastet.<br>– Der Geldeinzug ist europaweit von einem Konto möglich. | – Die Zahlungstermine müssen nicht überwacht werden; er schützt sich vor Versäumnissen.<br>– Die Liquiditätsplanung wird erschwert.<br>– Mahngebühren entfallen. |

| Nachteile des SEPA-Lastschriftverfahrens (überwiegend beim Zahlungspflichtigen) |
|---|
| – Das Konto muss bei Vorlage der Lastschrift Deckung aufweisen.<br>– Der Zeitpunkt der Belastung kann nicht selbst gewählt werden.<br>– Die Liquiditätsplanung wird dadurch erschwert.<br>– Die Gefahr besteht, den Überblick zu verlieren. |

## 4.3.3 Scheck

Der **Scheck** ist eine **Urkunde,** in welcher der **Aussteller** des Schecks sein **Geldinstitut anweist, aus seinem Guthaben einen bestimmten Geldbetrag zu zahlen.**

Geldinstitute händigen nur dem Kontoinhaber oder dessen Bevollmächtigten Scheckformulare aus. Der Scheck ist ein **Geldersatzmittel,** d. h., der Scheckaussteller hat im rechtlichen Sinne erst dann bezahlt, wenn der Gläubiger das Geld empfangen hat und das Konto des Ausstellers belastet wurde.

*ScheckG Art. 1 ff.*

### Bestandteile des Schecks

| gesetzliche Bestandteile | kaufmännische Bestandteile |
|---|---|
| – Bezeichnung »Scheck« im Text der Urkunde<br>– Anweisung, eine bestimmte Geldsumme zu zahlen<br>– Name des bezogenen Geldinstitutes<br>– Zahlungsort<br>– Ort und Datum der Ausstellung<br>– Unterschrift des Ausstellers | – Schecknummer<br>– Kontonummer des Ausstellers<br>– Bankleitzahl<br>– Feld für die Summe in Ziffern<br>– Zeile für die Angabe des Empfängers |

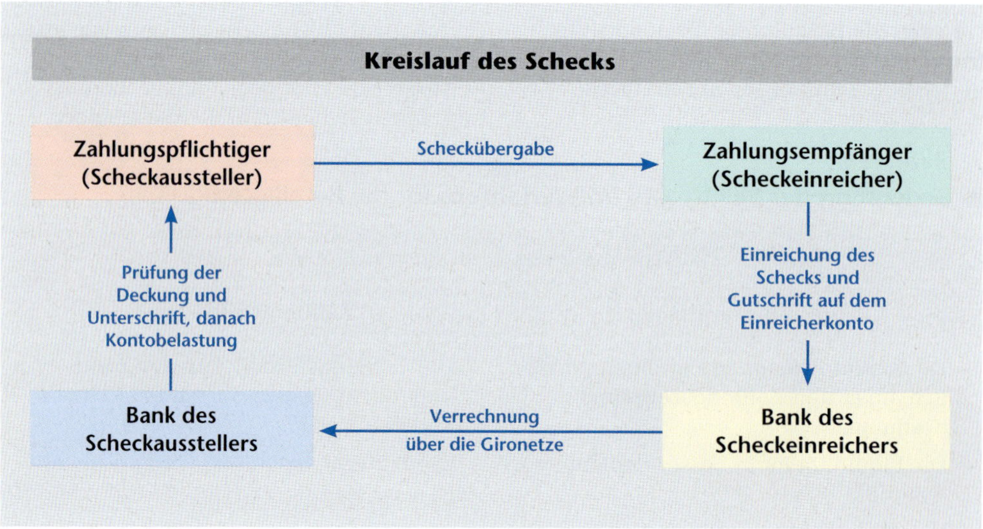


### Scheckarten

#### ▶ nach der Art der Weitergabe

**a) Inhaberscheck.** Der Scheck trägt den Zusatz »oder Überbringer«. Diese Klausel macht den Scheck auch dann zum Inhaberpapier, wenn der Name des Scheckempfängers eingetragen ist. Die Übertragung der Scheckrechte erfolgt nur durch Einigung und Übergabe.

**b) Orderscheck.** Er trägt im Gegensatz zum Inhaberscheck den Aufdruck »ORDERSCHECK«. Er ist durch Einigung, Indossament (Weitergabevermerk) und Übergabe übertragbar und deshalb ein Orderpapier.

▶ **nach der Art der Einlösung**

a) **Barscheck.** Das bezogene Geldinstitut zahlt den Betrag an den Scheckvorleger in bar aus.

b) **Verrechnungsscheck.** Er trägt auf der Vorderseite den Vermerk »Nur zur Verrechnung«. Der Scheckeinreicher erhält die Schecksumme auf seinem Konto gutgeschrieben. *ScheckG Art. 39*

## Einlösung des Schecks

Der Scheck ist bei Sicht zahlbar. Dies gilt auch für einen **vordatierten Scheck.** Es gelten folgende Vorlegefristen:

| Vorlegefristen ab Ausstellungsdatum | | |
|---|---|---|
| **8 Tage** | **20 Tage** | **70 Tage** |
| für im Inland ausgestellte Schecks | für im europäischen Ausland oder in einem an das Mittelmeer angrenzenden Land ausgestellte Schecks | für in einem anderen Erdteil ausgestellte Schecks |

*Art. 39*

Sperrt der Aussteller einen Scheck, darf er von seinem Geldinstitut nicht mehr eingelöst werden, andernfalls ist es schadensersatzpflichtig.

# 4.3.4 Elektronischer Zahlungsverkehr

Wer elektronische Zahlungssysteme nutzen will, muss über eine **Bankkarte** oder eine **Kreditkarte** verfügen. Die **Geldkarte** ist als aufladbarer Chip in der Bankkarte integriert. Außerdem sind **Onlinezahlungen** möglich.

## Bankkarte

Bietet der Verkäufer ein kartentaugliches Kassenterminal an, kann der Käufer mit einer Bankkarte und seiner persönlichen Identifikationsnummer (PIN) am Ort des Verkaufsgeschehens (Point of Sale = POS) bezahlen. Man spricht auch von Electronic Cash.

- Die Kaufsumme wird in die Kasse getippt.
- Der Kunde kontrolliert sie, bezahlt mit der Bankkarte mittels Eingabe seiner PIN.
- Das Kassenterminal autorisiert den Kunden, d.h., in Sekundenschnelle wird die PIN, die Echtheit der Karte, eine mögliche Sperre sowie das Kreditlimit geprüft. Dies gilt auch weltweit, wenn das Kassenterminal die Bankkarte (mit »**Maestro**« oder »**VISA**«-Logo) akzeptiert.
- Die Summe wird gespeichert.
- Der Kassenbon mit Artikelname, Preis, Händlername, Datum, Uhrzeit wird herausgegeben.
- Die Kontobelastung und die Gutschrift erfolgen vollautomatisch.

Eine Variante am POS ist die Bezahlung mit der Bankkarte ohne PIN. In diesem Fall verzichten die Händler auf die absolute Zahlungssicherheit, indem sie nur eine Lastschrifteinzugsermächtigung unterschreiben lassen. Die Zahlung erfolgt damit ohne Zahlungsgarantie. Bei diesem **Elektronischen Lastschriftverfahren (ELV)** hat die Bankkarte also keine Garantie-, sondern lediglich eine Legitimationsfunktion.

Mit der Bankkarte lässt sich auch Bargeld vom Geldautomaten abheben. Der tägliche Verfügungsrahmen wird mit der Bank vereinbart.

## Geldkarte

KWG § 1 (14)

Die **Geldkarte** ist als Mikrochip in der Bankkarte integriert. Sie ist eine **Prepaidkarte,** d. h., um damit bezahlen zu können, muss sie erst am Geldautomat mittels PIN zulasten des eigenen Kontos aufgeladen werden. Aus Buchgeld wird **elektronisches Geld.** Der Höchstbetrag liegt bei 200 EUR. Eine Entladung auf das Bankkonto ist möglich. Der **Vorteil** der Geldkarte liegt in der schnellen Zahlungsabwicklung. Der **Nachteil** besteht darin, dass der Verlust der Geldkarte Bargeldverlust bedeutet.

| **Vorteile des electronic cash** | |
|---|---|
| **für den Käufer:** | **für den Verkäufer:** |
| – unabhängig von Bargeld | – verringerte Arbeit mit Bargeld |
| – erhöhter finanzieller Spielraum | – niedrigerer Bargeldbestand |
| – geringeres Verlustrisiko von Bargeld | – geringeres Betrugs- und Raubrisiko von Bargeld |
| – teilweise weltweite Nutzung | – große Zahlungssicherheit |
| – ausführliche Informationen auf dem Kontoauszug (Händlername, Datum, Uhrzeit) | – absolute Sicherheit bei Einsatz der PIN |

## Kreditkarte

Privat- und Geschäftskunden mit einwandfreier Bonität erhalten von ihren Hausbanken das Angebot, Kreditkarten als Zahlungsmittel zu verwenden. Die Karten werden von Kreditkartenorganisationen (American Express, Diners Club, Mastercard, VISA) herausgegeben. Gegen Vorlage der Kreditkarte kann der Karteninhaber bei allen der Kartenorganisation angeschlossenen Vertragsunternehmen (Händler, Hotels, Restaurants) bargeldlos bezahlen. Die Karte ermöglicht auch das (teure) Abheben von Bargeld bis zu festgelegten Höchstgrenzen. Bei allen Zahlungsvorgängen sind die gleichen Schritte zu beachten wie bei der Bankkarte.

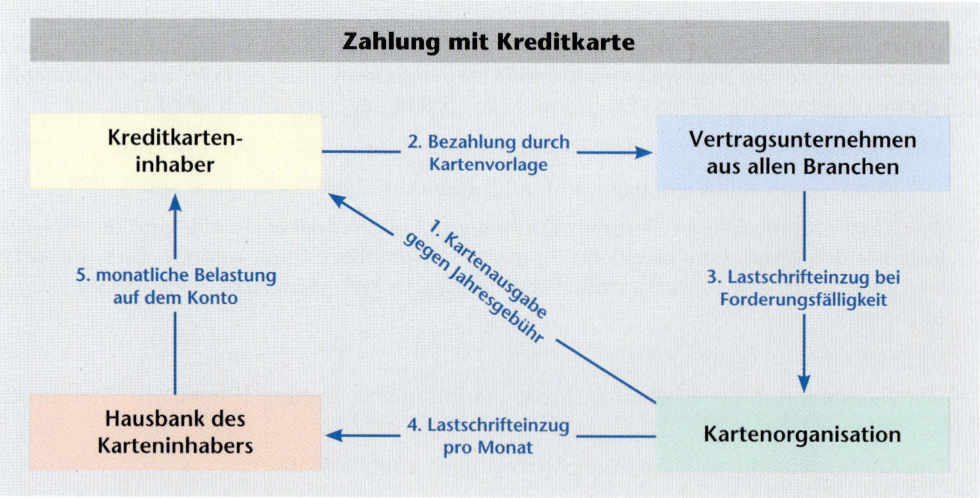


Die Kreditkartenorganisation hat vor der Ausgabe der Karte die Bonität des Antragstellers durch dessen Hausbank prüfen lassen. Deswegen bedeutet die Vorlage der Karte für den Gläubiger **absolute Zahlungssicherung.** Das heißt, er erhält per Lastschrifteinzug immer sein Geld von der Kartenorganisation.

Diese Risikoübernahme kostet den Gläubiger je nach Branche und Geltungsbereich (weltweit) allerdings 3–10 % Gebühren jedes Lastschriftbetrages. Gegenüber dem Kartenbenutzer rechnet die Organisation monatlich ab, sodass der Kunde eine Art zinslosen Kredit erhält. Demgegenüber steht eine Jahresgebühr von beispielsweise 20 EUR. Bei Kartenverlust liegt die Haftungsgrenze des Kunden bei höchstens 150 EUR.

| Standardnutzen von Kreditkarten | |
|---|---|
| – bargeldlos zahlen bei Vertragsunternehmen<br>– Bargeld beschaffen an Geldautomaten und bei Geldinstituten<br>– Zahlung im Internet<br>– Fahrzeuge mieten ohne Kaution<br>– Hotelzimmer reservieren | – Zahlungsaufschub durch monatliche Abrechnung<br>– Auflistung von Betrag, Datum, Einsatzort in zeitlicher Reihenfolge der Kartennutzung<br>– Ersatzkartenservice bei Diebstahl und Verlust innerhalb von 24 Stunden |

Gute Bankkunden erhalten eine sogenannte Goldkarte mit **Zusatznutzen:**

- umfangreiche Versicherungen wie Reiserücktrittsversicherung, Auslandsreisekrankenversicherung,
- telefonische Rechtsberatung.

Die **Gefahren bzw. Nachteile** jeder **Bank- oder Kreditkartennutzung** liegen in unüberlegten Spontankäufen, zunehmender Verschuldung, manipulierten Lesegeräten oder Internetseiten bis hin zum fehlenden Strom. Jeder Karte ist nur ein bestimmtes Konto zugeordnet.

## Onlinebanking

Beim Onlinebanking hat der Bankkunde direkten Zugriff auf den Rechner der Bank. Er kann seine Bankgeschäfte rund um die Uhr, an den Wochenenden und Feiertagen abwickeln. Überweisungen tätigen, das Einrichten und Löschen von Daueraufträgen, Wertpapiere kaufen oder verkaufen erfolgen computerunterstützt.

Darüber hinaus kann der Bankkunde seinen Kontostand und Bankkonditionen (Zinssätze, Börsenkurse) abfragen. Die Absicherung vor unberechtigtem Zugriff erfolgt über eine **PIN.** Für jede Verfügung benötigt man eine **TAN** (Transaktionsnummer). Die Banken unterstützen unterschiedliche PIN-TAN-Systeme:

- **iTAN:** Die TAN oder iTAN (indiziert = angezeigt) wird nur einmal verwendet und entspricht einer elektronischen Unterschrift.
- **chipTAN:** Ein TAN-Generator errechnet in Verbindung mit der Bankkarte die TAN.
- **smsTAN:** Die TAN wird per SMS auf die hinterlegte Mobilnummer des Nutzers gesandt.

Ein weiteres Verfahren zur Absicherung ist **HBCI:** Home Banking Computer Interface. HBCI verwendet eine elektronische Signatur, die mit der persönlichen Unterschrift vergleichbar ist. Diese dient zur Autorisierung der Aufträge. Die elektronische Signatur wird durch ein mathematisches Verfahren gebildet. Dazu errechnet die Software ein Schlüsselpaar bestehend aus einem »privaten« und einem »öffentlichen« Schlüssel.

## Onlinezahlungsdienste

Wer im Internet online einkauft, kann auch im Netz bezahlen (B2C-Geschäfte): entweder durch Preisgabe seiner Bankdaten oder seiner Kreditkartendaten gegenüber dem Verkäufer. Dieser lässt dann über sein Geldinstitut per Einzugsermächtigung den Betrag einziehen.

Will der Käufer nicht jedes Mal seine Daten (Name, Kartennummer, Verfallsdatum) preisgeben, kann er sich eines **Onlinezahlungsdienstleisters** (z. B. PayPal) bedienen, wenn der Verkäufer dies anbietet. In diesem Fall kennt nur der Dienstleister die sensiblen Daten. Er holt sich das Geld von dem bei ihm eingerichteten Kundenaccount, leitet es in Echtzeit weiter an den Verkäufer und bestätigt dem Käufer die Zahlungsausführung per E-Mail.

Andere Onlineshopverkäufer bieten einen für sie garantierten Überweisungsvorgang an (z. B. Giropay). Voraussetzung ist ein für das Onlinebanking freigeschaltetes Girokonto. Durch Eingabe seiner Bankleitzahl wird der Käufer zu seiner Bank geführt. Dort wird ihm eine bereits vollständig ausgefüllte und nicht mehr veränderbare Überweisung angeboten. Durch Eingabe der TAN wird die Überweisung autorisiert und gleichzeitig erhält der Verkäufer die Zahlungsgarantie des Geldinstituts.

## Zusammenfassende Übersicht zu Kapitel 4.3: Zahlungsverkehr im europäischen Zahlungsverkehrsraum SEPA

**Angebote im Zahlungsverkehr**

| | SEPA-Überweisung | SEPA-Dauerauftrag | SEPA-Lastschrift | – Basislastschrift | – Firmenlastschrift | Scheck | Bankkarte | Geldkarte | Kreditkarte |
|---|---|---|---|---|---|---|---|---|---|
| **beleghafte Zahlung** | ● | ● | | ● | ● | ● | | | |
| **Kartenzahlung** | | | | | | | ● | ● | ● |
| **Onlinebanking** | ● | ● | ● | ● | ● | | | | |
| **Onlinezahlung (Internet)** | ● | | ● | ● | ● | | ● | | ● |

### ▶ Aufgaben und Probleme

1. In einer Boutique gibt es die Möglichkeit, mit Karte oder bar zu bezahlen. Kunden mit einer Kundenkarte können auch auf Rechnung einkaufen. Die Bedingungen dafür lauten: »Bei Zahlung netto Kasse innerhalb von acht Tagen 2 % Skonto oder 30 Tage netto.«

   a) Erklären Sie den Begriff Barzahlung.

   b) Berechnen Sie den Jahreszinssatz dieses Skontoangebotes.

2. Nennen Sie Gründe, warum Gläubiger ihren Schuldnern mit der Rechnung einen ausgefüllten Überweisungsauftrag/Zahlschein zusenden.

3. Prüfen Sie bei Ihrer Bank, ob Sie Daueraufträge zu jedem Termin in Auftrag geben können oder nur zu bestimmten Stichtagen.

4. Ein Mieter überlegt, ob er sich im Mietvertrag bezüglich der Bezahlung der monatlichen Miete für einen SEPA-Dauerauftrag oder eine SEPA-Basislastschrift entscheiden soll. Beraten Sie ihn.

5. Ein Unternehmer beantragt bei seinem Kreditinstitut, im SEPA-Basislastschriftverfahren seine Kundenforderungen in monatlicher Höhe von 65.000 EUR einziehen zu dürfen. Daraufhin wird er gebeten, in der Kreditabteilung vorzusprechen und die letzten beiden Jahresbilanzen mitzubringen. Begründen Sie das Verhalten der Bank.

6. Ein Kaufmann hat monatlich folgende Zahlungsvorgänge zu erledigen: Leasingraten, Umsatzsteuer, Postwertzeichen, Gehälter, Telefonrechnungen, Lieferantenrechnungen.

   Stellen Sie in einer Matrix dar, welche Zahlungsmöglichkeiten für ihn im jeweiligen Fall sinnvoll sind.

7. Ordnen Sie die Scheckarten Orderscheck, Barscheck, Inhaberscheck, Verrechnungsscheck der Tabelle zu.

| Unterscheidung nach Art der | Arten des Schecks | |
|---|---|---|
| Einlösung | | |
| Übertragung | | |

8. Ein Jugendlicher behauptet, die Geldkarte sei unnütz, denn sie würde ja nur zum Geldausgeben verführen. Nehmen Sie dazu Stellung.

9. Warum spricht man bei den Bank- und Kreditkarten von »Plastikgeld«?

10. Auch große Kaufhäuser und Einkaufszentren bieten »Kreditkarten« in Form von Kundenkarten an. Suchen Sie Gründe dafür.

11. Worin bestehen die Unterschiede der Bankkarte gegenüber der Kreditkarte?

12. Nennen Sie Vor- und Nachteile der Kreditkarte für den Kartennutzer.

13. In den letzten Jahren wurde das Angebot im elektronischen Zahlungsverkehr erheblich ausgebaut.
    a) Wie stehen Sie als Verbraucher zu dieser Zahlungsmöglichkeit?
    b) Warum haben Geldinstitute sowie Handels- und Dienstleistungsunternehmen ein Interesse an der Nutzung dieser Zahlungsmöglichkeit?

14. Welche Zugangsdaten müssen Sie auf einer Homepage für Onlinebanking eingeben?

15. Erklären Sie die Abkürzung TAN.

16. Rufen Sie im Internet die Homepage der Postbank auf (www.postbank.de). Im Menüpunkt Onlinebanking (Mauszeiger auf »Demokonto testen«) können Sie ein Demokonto testen. Lesen Sie die Informationen sorgfältig durch und erkunden Sie die Möglichkeiten des Onlinebankings.
    a) Welchen Betrag haben Sie zuletzt an das Finanzamt Köln überwiesen?
    b) Wie hoch ist Ihr aktueller Kontostand?
    c) Welche Funktionen stehen den Kunden beim Onlinebanking zur Verfügung?
    d) Welche Funktionen beinhaltet der Menüpunkt »Einstellungen«?
    e) Nennen Sie die notwendigen Schritte zur Vornahme einer Überweisung.

17. Welche Vor- bzw. Nachteile hat das Onlinebanking für ein Unternehmen?

18. Wie kann man sich gegen die Gefahren beim Onlinebanking schützen?

## 4.4 Zahlungsverkehr mit dem Nicht-SEPA-Ausland

### Internationale Zahlungsmittel

Banken in der ganzen Welt sind an die gemeinsame Computerzentrale SWIFT in Brüssel angeschlossen. Alle Kontoübertragungen erfolgen vollautomatisiert und belegfrei binnen weniger Minuten. Die Banken tauschen aus Exportgeschäften hereinkommende fremde Währungen (CHF, USD) in Euro um. Umgekehrt beschaffen sie fremde Währungen zur Bezahlung von Importen.

Fremde Währungen gibt es in Form von Sorten und Devisen.

| Sorten | Devisen |
|---|---|
| Münzen und Banknoten in ausländischer Währung | Buchgeld in ausländischer Währung |
| **Beispiel:**<br>US-Dollarnote | **Beispiel:**<br>Guthaben/Schulden in US-Dollar |

### Internationale Zahlungsinstrumente

#### ▶ Überweisungen

Sitzt der Empfänger im »Euroraum«, wünscht aber eine andere Währung als Euro (z. B. CHF), benötigt der Schuldner einen »Zahlungsauftrag im Außenwirtschaftsverkehr«. Dieses auch »Z1« genannte Formular wird außerdem für jede Währung außerhalb des »Euroraumes« verwandt.

#### ▶ Scheck

Der deutsche Importeur stellt den Scheck in ausländischer Währung aus und übersendet ihn dem Lieferanten. Bei Vorlage des Schecks beim Geldinstitut des Importeurs wird der Währungsbetrag zum Briefkurs in Euro umgerechnet und dem Importeur belastet. Der deutsche Exporteur reicht einen Scheck auf ausländische Währung ein. Der Betrag wird zum Geldkurs in Euro umgerechnet und dem Exporteur gutgeschrieben.

**Zusammenfassende Übersicht zu Kapitel 4.4:
Zahlungsverkehr mit dem Nicht-SEPA-Ausland**

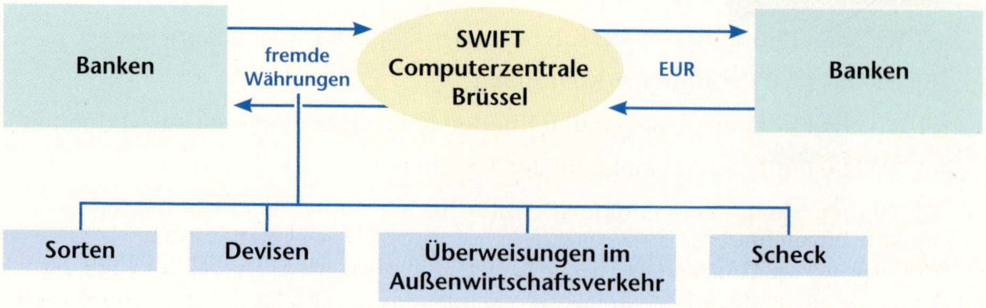

# 5 Lager- und Transportlogistik

Werden Güter hergestellt und dem Verbraucher bereitgestellt, so durchlaufen sie in aller Regel eine Vielzahl von Produktionsstufen.

In jeder dieser Produktionsstufen erfährt das jeweilige Halbfabrikat durch die Bearbeitung eine Wertsteigerung. Werden diese einzelnen Schritte zusammengefasst betrachtet, erhält man die Wertschöpfungskette.

Die **Wertschöpfungskette (Supply Chain)** bezeichnet den **Weg und die Wertsteigerungsstufen eines Produktes** von der Rohstoffgewinnung über die einzelnen Veredelungsstufen bis zum **Verbraucher.**

**Beispiel:** Herstellung eines Scheibenwischers: Aus Naturkautschuk, Ruß, Füllstoffen und Bindemittel wird eine Gummimasse hergestellt, die mithilfe der heißen Düse zu Wischergummi geformt wird. Aus Eisenerz wird Stahl erzeugt, der für die Federbügel und Wischerhebel verwendet wird. Die Stahlteile werden geformt und lackiert. Danach wird das Wischergummi auf den Wischflügel gezogen und mit Haltekrallen befestigt. Die fertigen Scheibenwischer werden in Kartonagen versandbereit gemacht, die wiederum in der Papierindustrie aus den Rohstoffen Holz, Wasser und Zuschlagsstoffen hergestellt wurden.

Aus der Wertschöpfungskette ergibt sich eine **logistische Kette,** wenn die einzelnen Wertsteigerungsstufen so aufeinander abgestimmt werden, dass sie nahtlos ineinandergreifen. Die einzelnen Schnittstellen werden also zu Nahtstellen. Dadurch fließen Güter, Informationen und Werte schnell und zuverlässig durch die gesamte Wertschöpfungskette.

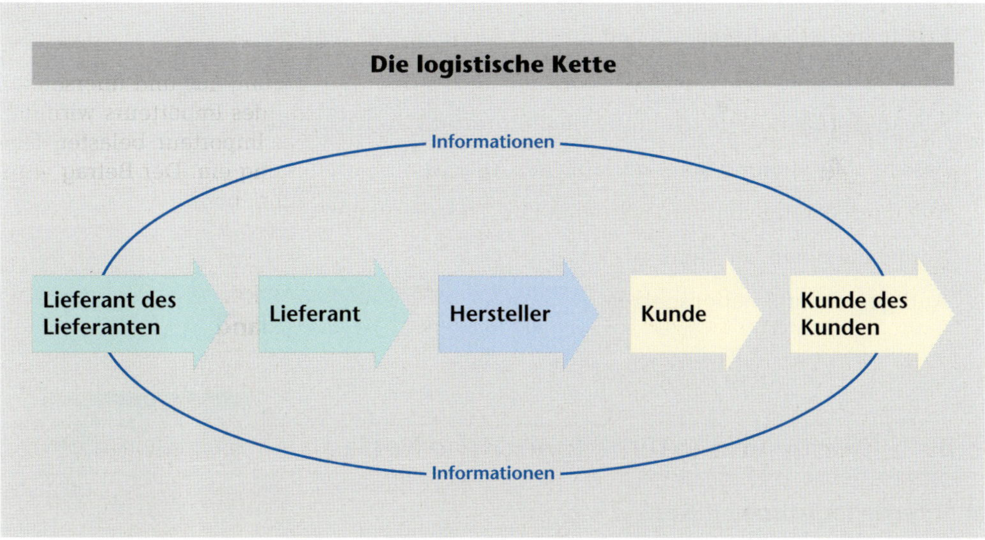


Als **Logistik** bezeichnet man den **Prozess,** der die **ganzheitliche Planung, Umsetzung und Steuerung von Güter- und Warenflüssen,** den dazugehörenden **Transportmitteln und Verpackungsmaterialien** sowie die damit zusammenhängenden **Informationen** von einem Herkunftsort (Hersteller) zu einem Zielort (Verbraucher) umfasst.

## 5.1 Ziele und Aufgaben der Logistik

Auf allen Stufen der Wertschöpfung sind logistische Aktivitäten der unterschiedlichsten Art zu finden, die sich als die »**Sieben ›R‹ der Logistik**« zusammenfassen lassen:

Alle **logistischen Aktivitäten sollen sicherstellen,** dass die

- **richtigen Güter** zum
- **richtigen Zeitpunkt** und mit den
- **richtigen Kosten** unter Austausch der
- **richtigen Informationen** in der
- **richtigen Menge** und in der
- **richtigen Qualität** beschafft und am
- **richtigen Ort** bereitgestellt werden.

Die Warenflüsse und die damit zusammenhängenden Geld- und Informationsflüsse treten allerdings nicht nur in der Richtung von der Rohstoffgewinnung bis zum Verbraucher auf, sondern können auch entgegengesetzt vorhanden sein.

**Beispiel:** Altreifen werden vom Händler an den Hersteller zurückgeführt, um dort verwertet oder entsorgt zu werden.

Die Logistik hat somit die Aufgabe im Unternehmen, über die betrieblichen Funktionen Beschaffung, Produktion und Absatz hinaus die Güter- und Informationsflüsse zu planen und zu steuern (Querschnittsfunktion; Kapitel 1.4).

Mithilfe sinnvoller **Logistikkonzepte** wird versucht, Kosten zu reduzieren und die Konkurrenzfähigkeit zu steigern, indem Verbesserungen in betrieblichen Leistungsbereichen angestrebt werden. Dazu gehören:

- Verkürzung der Lieferzeiten,
- Erhöhung der Lieferbereitschaft und der Lieferzuverlässigkeit,
- Reduzierung der Durchlaufzeiten,
- Abbau der Lagerbestände im Beschaffungs- und Vertriebsbereich,
- bessere Abstimmung innerbetrieblicher Abläufe,
- Standardisierung von Verpackungen und Transportmitteln,
- Vermeidung von Leerfahrten,
- Aufbau von Informationsnetzen.

## 5.2 Interne und externe logistische Kette

### Interne logistische Kette

Greift man aus der logistischen Kette den Prozess heraus, der in einem Unternehmen abläuft, dann betrachtet man die interne logistische Kette. In diesem Prozess werden insbesondere Beschaffungs-, Lager-, Transport-, Produktions-, Umschlags- und Absatzleistungen erbracht. Ihr nahtloses Ineinandergreifen fällt unter die Versorgungslogistik.

Zur Bewältigung der logistischen Aufgaben müssen stets die notwendigen Informationen zur Verfügung stehen. Die Güterströme sind somit eingebunden in Informationsströme.

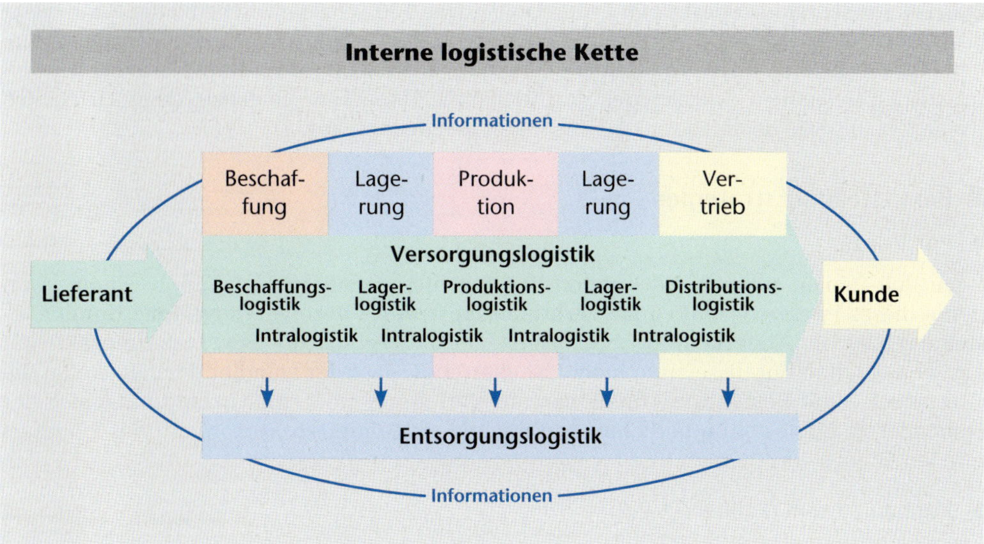


Mithilfe von **ERP-Systemen (Enterprise Resource Planning)** stehen die benötigten Informationen zur Verfügung und es wird eine fehlerfreie Kommunikation zwischen den Prozessbeteiligten im Unternehmen gewährleistet. ERP-Systeme sollen die vorhandenen Produktionsfaktoren Kapital, Betriebsmittel, Personal möglichst effizient einsetzen mit dem Ziel, die Steuerung von Geschäftsprozessen zu optimieren.

## Externe logistische Kette

Die Prozesse in der logistischen Kette, die mit Externen des Unternehmens, also Kunden, Lieferanten und Dienstleistern ablaufen, bilden die externe logistische Kette. Diese unternehmensübergreifende Wertschöpfungskette beinhaltet alle Abläufe vom »Lieferanten der Lieferanten« bis zum »Kunden der Kunden« (Bild, Seite 121).

## Supply-Chain-Management

Unter **Supply-Chain-Management (Lieferkettenmanagement)** versteht man die **Lenkung und Gestaltung der Lieferkette** vom Rohstofflieferanten bis zum Endverbraucher.

Wesentliche Bausteine hierfür sind:

- ganzheitliche Betrachtung der Lieferkette (Supply Chain) durch ein integriertes Logistikmanagement,
- gemeinsame Planung und zusammenhängender Informationsaustausch aller Partner der Lieferkette,
- vertragliche Regelung und vertrauensvolle Beziehung zwischen den Partnern der Lieferkette.

Ein vernetztes Denken in den Beziehungen und der Einsatz moderner IT-Systeme sind notwendige Voraussetzungen für ein effektives Supply-Chain-Management. Nur dadurch ist gewährleistet, dass der Informationsfluss sämtliche Kunden-Lieferanten-Beziehungen optimal unterstützt.

**Beispiel:** Ein Kfz-Händler bestellt im Zentrallager online 100 Scheibenwischerblätter. Kann dieser Bedarf nicht durch vorhandene Fertigprodukte gedeckt werden, so löst diese Information unmittelbare Aktivitäten beim Produzenten (Fertigung, Beschaffung von Fertigteilen), bei den verschiedenen Lieferanten (Metallbügel, Wischergummi, Verpackungsmaterial), deren Lieferanten (Papierfabrik) sowie deren Logistikdienstleistern (Spediteuren) aus.

## Bereitstellungsstrategien

### ▶ Pull-Prinzip

Beim Pull-Prinzip steuern die Kunden die Aktivitäten entlang der Supply Chain. Man nennt dieses Prinzip deshalb auch **verbrauchsgesteuerte Bereitstellung.** Eine Kundenbestellung bzw. ein Abverkauf löst beim Hersteller die Fertigungs- bzw. Lieferungsaktivität aus. Notwendige Voraussetzung hierzu ist allerdings, dass der Händler dem Hersteller die Abverkaufs- und Bestandsinformationen zur Verfügung stellt; gleichzeitig muss sich der Hersteller zu einer kontinuierlichen und nachfrageorientierten Versorgung des Händlers mit den Gütern verpflichten.

### ▶ Kanban-System (Kapitel 6.5.2.2)

### ▶ Just-in-time-Strategie (Kapitel 3.2.4)

## Ökologische Aspekte der logistischen Kette

Ökologische Aspekte der logistischen Kette beziehen sich sowohl auf die Güter als auch auf deren Transport, Lagerung und Entsorgung.

Maßnahmen im Bereich des Transportes und der Lagerung können sein:
- Zusammenfassung von Transportaufträgen,
- Vermeidung von Leerfahrten, insbesondere bei Rückfahrten,
- Einsatz energiesparender Transportfahrzeuge,
- Verwendung platzsparender Verpackung,
- Ausbildungsanstrengungen für das Transport- und Lagerpersonal,
- Errichtung energiesparender Lagereinrichtungen,
- Nutzung regenerativer Energien bei der Lagerausstattung.

### ▶ Aufgaben und Probleme

1. Was versteht man unter der Wertschöpfungskette?
2. Ein Kunde bestellt bei einem Sanitärgroßhändler Zweigriff-Waschtischarmaturen.
   a) Beschreiben Sie die Wertschöpfungskette vom Hersteller bis zum Verbraucher.
   b) Geben Sie an, welche Prozesse diese Bestellung auslöst.
3. Nennen Sie die »Sieben ‚R' der Logistik«.
4. Stellen Sie die interne logistische Kette in einer Übersicht dar.
5. Grenzen Sie die interne logistische Kette von der externen logistischen Kette ab.
6. Die Just-in-time-Strategie hat zum Ziel, auf die Lagerhaltung komplett zu verzichten. Untersuchen Sie, welche Vor- und Nachteile sich durch eine Verwirklichung dieses Prinzips ergeben könnten.
7. Recherchieren Sie im Internet, welche Unternehmen das Pull-Prinzip verwirklicht haben, und erklären Sie an diesem Beispiel das Pull-Prinzip.

**Zusammenfassende Übersicht zu den Kapiteln 5.1 und 5.2:**
**– Ziele und Aufgaben der Logistik**
**– Interne und externe logistische Kette**

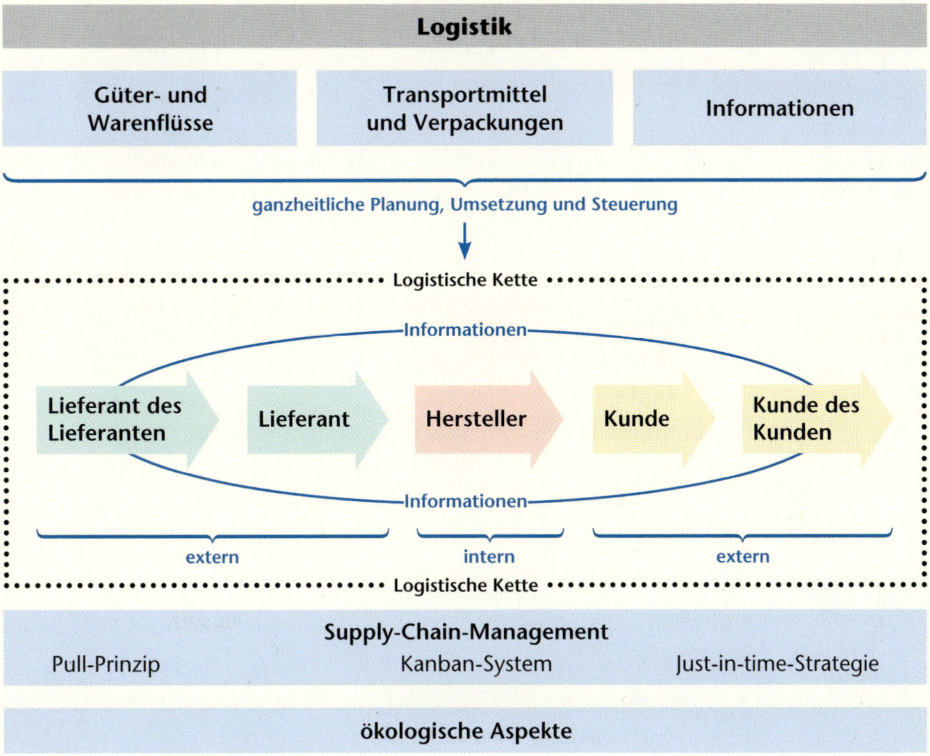


## 5.3 Transportlogistik

Sowohl bei der Beschaffung von Gütern als auch beim Absatz der Fertigprodukte muss entschieden werden, wie die georderte Ware termingerecht und kostengünstig zugestellt werden kann. Es gibt grundsätzlich folgende Möglichkeiten:

- Einschaltung von Frachtführern,
- Einsatz eigener Fahrzeuge,
- Einschaltung von Spediteuren als Vermittler der Beförderungsleistungen.

### 5.3.1 Wahl des Transportmittels

Die Beförderung der Güter vom Ort der günstigsten Produktion zum Ort des Verbrauchs ist von entscheidender Bedeutung für das Funktionieren der arbeitsteiligen Wirtschaft. Der Transport geschieht auf den Verkehrswegen Straße, Schiene, Binnengewässer, über See und in der Luft. Dabei werden von den Verkehrsunternehmen die jeweils geeigneten Verkehrsmittel eingesetzt.

Die **Gesamtheit gleichartiger Verkehrsunternehmen** bilden die **Verkehrsträger.**

| Leistungen der Verkehrsträger in Deutschland | | | | |
| --- | --- | --- | --- | --- |
| Verkehrsträger | beförderte Gütermenge | | Beförderungsleistung | |
| | 2015 | | 2014 | |
| | Mio. t | % | Mrd. tkm | % |
| Straßengüterverkehr | 3.572,70 | 85,76 | 463,00 | 72,75 |
| Schienengüterverkehr | 367,31 | 8,81 | 113,00 | 17,90 |
| Binnenschiffsverkehr | 221,37 | 5,31 | 59,00 | 9,27 |
| Luftverkehr | 4,40 | 0,10 | 1,40 | 0,22 |
| Summe | 4.165,78 | 100,00 | 636,40 | 100,00 |
| Quelle: Statistisches Bundesamt unter www.destatis.de | | | | |

## Merkmale der Verkehrsträger

| Verkehrsträger | Merkmale |
| --- | --- |
| **Straßengüterverkehr** | – umladefreier Verkehr von Haus zu Haus<br>– Verkürzung der Lieferfristen<br>– unmittelbare Erreichbarkeit auch abgelegener Orte ohne Bahnanschluss<br>– schlichte Verpackung des Transportgutes<br>– Sicherung gegen Diebstahl infolge persönlicher Verantwortung des Fahrers für die Ladung |
| **Schienengüterverkehr** | – fahrplanmäßige Transportdurchführung mit garantierten Beförderungszeiten, auch nachts und an Sonn- und Feiertagen<br>– Beförderung von Massengütern in relativ kurzer Zeit<br>– geringer Einfluss der Witterung auf den Verkehrsfluss<br>– relativ geringe Umweltbelastung<br>– relativ hohe Sicherheit durch strenge Sicherheitsvorschriften für Bau und Betrieb der Eisenbahnanlagen |
| **Binnenschifffahrt** | – geräumiger Laderaum erlaubt den Transport von großen, schweren und sperrigen Gütern<br>– wirtschaftliche Beförderung großer Mengen (Massengüter), weil sich die Antriebskraft äußerst wirkungsvoll ausnutzen lässt<br>– große Kapazitätsreserven durch die Möglichkeiten der Schubschifffahrt |
| **Seeschifffahrt** | – Transport großer Mengen und großer Gewichte mit einem Transportmittel über große Entfernungen<br>– wirtschaftliche Beförderung, weil die Antriebskräfte äußerst wirkungsvoll einsetzbar sind |
| **Luftfrachtverkehr** | – kurze Lieferfristen über große Entfernungen<br>– kein Zwang zur Lagerhaltung in Übersee, weil Just-in-time-Lieferung möglich<br>– geringe Verpackungs- und Ladekosten, weil die weitgehend erschütterungsfreie Beförderung mit dem Flugzeug sparsame Verpackung erlaubt<br>– Frachtbeförderung auch in solche Gebiete, die wegen der fehlenden Infrastruktur (Straßen, Schienen) nur schwer erreicht werden können |

## Überblick zur Auswahl der Verkehrsmittel

| Kriterien \ Verkehrsmittel | Eisenbahn | Kraftwagen | Binnenschiff | Seeschiff | Flugzeug |
|---|---|---|---|---|---|
| **Arten der Versandgüter** | alle Arten, meistens solche, die in größeren Mengen über größere Entfernungen transportiert werden | alle Arten, meistens solche, die in begrenzten Mengen über kurze und mittlere Entfernungen transportiert werden | v. a. Massengüter und sperrige Güter, die über größere Entfernungen ohne Zeitdruck transportiert werden | v. a. Massengüter und sperrige Güter, die über die Weltmeere ohne Zeitdruck transportiert werden | eilbedürftige Güter aller Art, die über weite Strecken in kürzester Zeit transportiert werden |
| **Volumen der Versandgüter** | ausschließlich bis Lademaß (Höhe und Breite des Waggons) | auf Maße der StVO begrenzt, Ausnahmen mit Sondergenehmigung | spielt bei der Versendung nahezu keine Rolle | spielt bei der Versendung nahezu keine Rolle | auf die Abmessungen des Laderaumes begrenzt |
| **Versandgewicht je Fahrzeugeinheit** | bis ca. 50 t, bei Fahrzeugen in Sonderbauart auch darüber | bis ca. 25 t, bei Fahrzeugen in Sonderbauart und mit Sondergenehmigung auch darüber | bis 3.000 t, häufigste Größe: Europaschiff mit 1.350 t | bis 400.000 t, häufigste Größe: Stückgutfrachter mit ca. 10.000 t, Containerschiff ca. 8.000 TEU | bis ca. 100 t bei Frachtflugzeugen; Beiladung bei Passagierflugzeugen bis ca. 20 t |
| **Fahrzeuggeschwindigkeit** | bis ca. 120 km/h | bis 80 km/h | unterschiedlich langsam, je nach Strömung | bis ca. 40 km/h | bis ca. 900 km/h |
| **Beförderungspreise** | Wettbewerbspreise auf der Grundlage von Unternehmenstarifen und Empfehlungen der Fachverbände | | | | |
| **Haftungsumfang** | Regelhaftung bei Güterschäden für alle Frachtführer nach HGB: 8,33 SZR*/kg brutto, bei internationalen Transporten | | | | |
| | 17 SZR* je kg | 8,33 SZR* je kg | 666,67 SZR* je Einheit oder 2 SZR* je kg; 1.500 SZR* je Container + 25.000 SZR für den Inhalt | 666,67 SZR* je Einheit oder 2 SZR* je kg | 19 SZR* je kg |

* SZR = Sonderziehungsrecht; Wert: 1 SZR = 1,248 EUR, Stand: November 2016

## 5.3.2 Frachtführer, Spediteur und KEP-Dienste

### Frachtführer

Zwischen dem Absender eines Gutes und dem Frachtführer wird ein Frachtvertrag abgeschlossen.

*HGB §§ 407 ff.*

Durch den **Frachtvertrag** wird der Frachtführer verpflichtet, das **Gut** zum Bestimmungsort **zu befördern** und dort an den Empfänger **abzuliefern.**

Der Frachtvertrag ist erfüllt, wenn Gut und Frachtbrief dem Empfänger übergeben worden sind. Sichtbare Mängel am Gut sind vom Empfänger sofort beim Frachtführer zu rügen und in einer Tatbestandsaufnahme festzulegen. Versteckte Mängel können innerhalb von sieben Tagen nach der Annahme noch geltend gemacht werden.

Für den Abschluss und die Erfüllung von Frachtverträgen gelten ergänzend zum HGB für jeden Verkehrsträger besondere Beförderungsbedingungen.

**Beispiel:** Auszug aus den Vertragsbedingungen für den Güterkraftverkehrs-, Speditions- und Logistikunternehmer (VBGL)

**§ 1 Geltungsbereich**

(1) Diese Bedingungen gelten für Unternehmer, die
- als Frachtführer im gewerblichen Straßengüterverkehr Frachtverträge schließen,
- als Spediteure Speditionsverträge ... sowie Lagerverträge schließen,
- als Logistikunternehmer Dienstleistungen erbringen, die mit der Beförderung oder Lagerung von Gütern in Zusammenhang stehen, ...

#### ▶ Rechte und Pflichten des Frachtführers

| Rechte | Pflichten |
|---|---|
| – Ausstellung eines Frachtbriefes<br>– Vergütung der Transportkosten und sonstiger Kosten<br>– gesetzliches Pfandrecht an den in seinem Gewahrsam befindlichen Gütern in Höhe seiner Forderung aus dem Frachtvertrag | – sorgfältige Behandlung des ihm anvertrauten Gutes<br>– vertragsmäßiges Transportieren<br>– unversehrtes Abliefern an den Empfänger<br>– Schadensersatz im Rahmen der gesetzlichen Haftung |

#### ▶ Haftung und Schadensersatz

*§ 425* Der Frachtführer unterliegt der **Gefährdungshaftung** und haftet für den Schaden, der durch Verlust oder Beschädigung (Güterschaden) von der Übernahme zur Beförderung bis zur Ablieferung oder durch Überschreitung der Lieferfrist entsteht. Dabei haftet er auch für seine Mitarbeiter und andere Personen, die an der Beförderung mitwirken.

*§ 426* Der Frachtführer ist von der Haftung befreit, soweit der Schaden durch Umstände eingetreten ist, die der Frachtführer auch bei größter Sorgfalt nicht vermeiden und deren Folgen er nicht abwenden konnte.

### Spediteur

Häufig wird für den Transport von Waren nicht ein Frachtführer direkt beauftragt, sondern ein **Spediteur als Vermittler der Frachtleistung** eingeschaltet.

Der Spediteur kennt aufgrund seiner Marktübersicht die günstigsten Frachtsätze und die schnellsten Verkehrsverbindungen. Er sucht und wählt die geeigneten Frachtführer aus, koordiniert den Einsatz von Frachtführern im gebrochenen Verkehr (Land–Luft–See), organisiert Transportketten (Schiene–Straße–Schiff) und besorgt den Zubringer- und Abholdienst als Speditionsrollfuhr. Seine Tätigkeit erspart insbesondere bei Auslandstransporten Kosten und Zeit.

Durch den **Speditionsvertrag** wird der Spediteur verpflichtet, die **Versendung des Gutes zu besorgen.** *HGB § 453*

Der Spediteur übernimmt eine Vermittlerrolle zwischen Versender und Frachtführer, denn Besorgung des Transports bedeutet Organisation der Beförderung, ohne den Transport selbst durchzuführen. Er schließt dazu Frachtverträge ab und erscheint auf den Frachtbriefen als Absender. In der Praxis ist der **Spediteur meist auch Frachtführer und Lagerhalter.**

Eine wesentliche Aufgabe eines Spediteurs ist das Sammeln einer Vielzahl von Stückgütern. Er stellt diese für einen wirtschaftlich bedeutsamen Raum in einer Wagenladung zusammen, die an einen Empfangsspediteur gerichtet ist **(Sammelgutverkehr).**

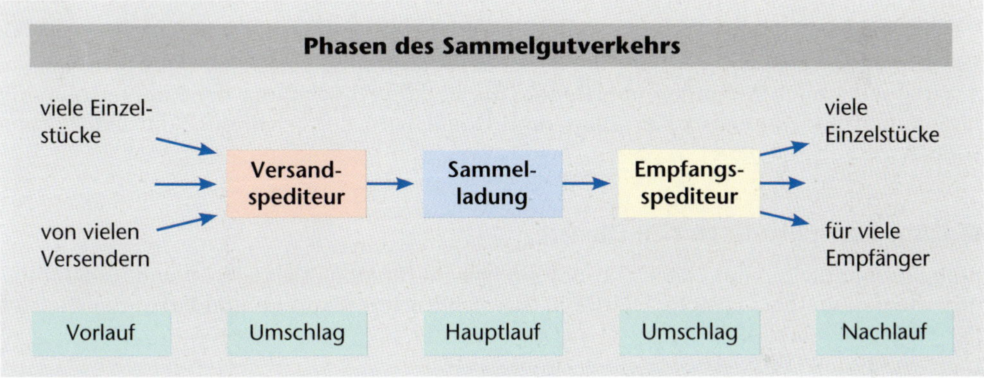


Häufig besorgt der Spediteur die Gesamtbeförderung einer Sendung zu einem festen Übernahmesatz. Er fasst seine Provision und alle Auslagen, mit denen zu rechnen ist, zu einem festen Betrag (Satz) zusammen und bietet so dem Versender eine sichere Kalkulationsgrundlage und die Vergleichsmöglichkeit bei Vorliegen mehrerer Angebote.

### ▶ Rechte und Pflichten des Spediteurs

| Rechte | Pflichten |
|---|---|
| – Ersatz der Auslagen (Frachtvorlage)<br>– Provision für seine Vermittlungstätigkeit oder<br>– vereinbarter Übernahmesatz<br>– Beförderung mit eigenen Fahrzeugen (Selbsteintritt)<br>– gesetzliches Pfandrecht an den in seinem Besitz befindlichen Gütern | – sorgfältige Auswahl des geeigneten Frachtführers<br>– sachgemäße Behandlung des ihm anvertrauten Gutes<br>– Wahrung der Interessen des Auftraggebers<br>– Haftung für Schäden an den Gütern und für Mängel bei der Ausführung des Speditionsauftrags<br>– Ersatz des dadurch entstandenen Schadens |

### ▶ Haftung und Schadensersatz

HGB § 461 ADSp Ziff. 22 ff.

Der Spediteur haftet für Schäden an den in seinem Gewahrsam befindlichen Gütern, die durch **Verlust** (Diebstahl) oder **Beschädigung** (Bruch, Schrammen, Wassereinwirkung) entstanden sind. Außerdem haftet der Spediteur für Schäden, die durch **nachlässige oder falsche Ausführung des Auftrags** entstanden sind.

**Beispiel:** Bei der Übernahme der Sendung vom Frachtführer wird nicht auf äußerlich erkennbare Mängel geachtet.

Die Haftung erstreckt sich auch auf die Tätigkeit der **Angestellten** des Spediteurs und auf **sonstige Erfüllungsgehilfen.**

Der Spediteur haftet für den Schaden, der durch Verlust oder Beschädigung des in seiner Obhut befindlichen Gutes entsteht, wie ein Frachtführer nach dem Grundsatz der Gefährdungshaftung. Von dieser Höchstgrenze kann durch vertragliche Vereinbarung abgewichen werden.

### ▶ Logistische Leistung des Spediteurs

Oft bietet der Spediteur seinen Auftraggebern ein **Dienstleistungspaket** an, das die Warenbewegung vom Fließband des Herstellers über eine Zwischenlagerung bis in die Regale des Handels umfasst. Es handelt sich dabei um Transport, Lagerhaltung, Kommissionierung, Erstellen der Abrechnungsunterlagen und Lieferscheine sowie Auslieferung.

Es werden also neben der Besorgung der Güterbeförderung einem Spediteur von seinem Auftraggeber auch Aufgaben übertragen, die bei der Abwicklung der Kaufverträge mit Lieferanten und Kunden zu erfüllen sind. Damit wird der Spediteur zum logistischen Dienstleister (Kapitel 5.5).

## Gütertransport durch KEP-Dienste

Eine Besonderheit in der Güterbeförderung besteht für eilige Sendungen und für Sendungen von geringerem Gewicht. Hierfür haben sich **Kurier-, Express- und Paketdienstleister (KEP-Dienste)** etabliert.

| KEP-Dienst | Merkmal | Beispiel |
|---|---|---|
| **Kurierdienste** | Sie befördern vor allem kleine, leichte Sendungen persönlich und direkt vom Absender zum Empfänger. | Dokumente werden von einem Fahrradkurier innerhalb einer Stadt befördert. |
| **Expressdienste** | Sie liefern die Sendungen zu fest zugesagten Zeiten aus. Typische Angebote dieser Dienste sind »Sameday-« oder »Overnight-« Service. | Dokumente oder Pakete werden am nächsten Tag bis 08:30 Uhr zugestellt. |
| **Paketdienste** | Sie befördern Sendungen mit geringem Gewicht (häufig bis 31,5 kg). Es wird innerhalb von Deutschland ein 24-Stunden-Service angeboten. | Pakete werden im Laufe des nächsten Tages dem Empfänger zugestellt. |

Eine genaue Trennung zwischen diesen Diensten ist sehr schwierig, da die am Markt tätigen Unternehmen oft alle Dienste anbieten.

**Beispiele** für KEP-Dienstleister: DHL, FedEX, GLS, TNT, UPS, Go!

## 5.3.3 Transportverpackung und Transporthilfsmittel

### Transportverpackung (Kapitel 3.4.4)

### Transporthilfsmittel

Der Einsatz von Transporthilfsmitteln erleichtert die Handhabung während des Transports. Darüber hinaus bieten sie auch Schutz vor Beschädigung oder Verlust.

#### ▶ Paletten

Mithilfe von Paletten lassen sich Güter zu einer Ladeeinheit zusammenfassen. Man unterscheidet:

© European Pallet Association e. V.

a) **Einwegpaletten:** Sie werden für den einmaligen Transport von Gütern verwendet. Sie sind i. d. R. sehr einfach und kostengünstig produziert.

b) **Mehrwegpaletten:** Sie werden für den mehrmaligen Transport von Gütern verwendet.

**Beispiel:** Euro-Palette mit Standardabmessungen (800 mm x 1.200 mm, Tragfähigkeit bis zu 2.000 kg). Sie kann innerhalb des Palettenpools getauscht werden.

c) **Gitterboxpaletten.** Gitterboxpaletten bieten den Sendungen einen Rundumschutz vor Beschädigungen. An der Längsseite befindet sich eine Klappe. Dadurch ist das Beladen einfacher. Auch für Gitterboxen gibt es ein Tauschsystem.

Die Ladeabmessungen entsprechen der Flachpalette, allerdings ist der obere Rahmen so ausgestaltet, dass eine Flachpalette sicher aufgelegt werden kann.

© European Pallet Association e. V.

#### ▶ Container

Der Container ist die Voraussetzung für den modernen kombinierten Verkehr.

Die heute üblicherweise verwendeten Container sind sogenannte 20-Fuß- und 40-Fuß-ISO-Container (20' bzw. 40'). Ihre Maße sind in der **ISO-Norm 688** festgelegt und international gültig. Dadurch ist es möglich, den Container auf allen Transportmitteln einzusetzen.

Für jeden Verwendungszweck sind heutzutage unterschiedliche Containertypen entwickelt worden.

**Beispiele:**

| | | |
|---|---|---|
| **Standardcontainer** | Es ist die normale Box, die an allen Seiten geschlossen ist, an der Rückseite befindet sich die Tür. Dieser Containertyp ist für jede **normale Ladung** geeignet. |  |

| | | |
|---|---|---|
| **Open-Top-Container** | Dieser Containertyp ist durch die abnehmbare Plane für **überhohe Ladungen** geeignet. |  |
| **Platform** | Dieser »Container« besteht nur aus dem Boden. Er ist speziell für **Schwergut und übergroße Ladungen** geeignet. | 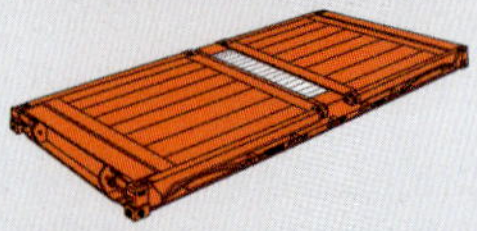 |
| **Refrigerated Container** | Kühlcontainer mit eigenem Kühlaggregat. Geeignet für **temperaturgeführte Güter** bis –25 °C | 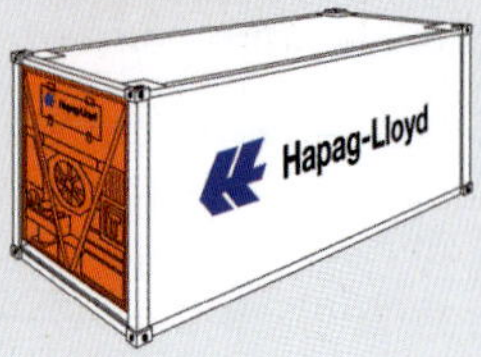 |

Der Containereinsatz bietet folgende **Vorteile:**

1. Der Verlader spart Kosten für die Verpackung, da die Box ausreichend Schutz bietet. Das Transportrisiko wird also vermindert.
2. Der Reeder spart Liegekosten, da der Umschlag schneller abgewickelt werden kann. Damit wird auch die Beförderungszeit reduziert.
3. Der Vor- und der Nachlauf kann schneller und kostengünstiger durchgeführt werden. Auch dies schlägt sich in einer kürzeren Beförderungszeit nieder.
4. Das einfachere und schnellere Handling erspart Kosten. Damit wird der Transport billiger.
5. Der Container kann auch als Zwischenlager genutzt werden.

## 5.3.4 Transportabwicklung

### Tourenplanung

Solange Güter für einzelne Aufträge transportiert werden müssen, ist die Tourenplanung einfach. Die Sendung wird auf das entsprechende Verkehrsmittel geladen und zum Empfänger transportiert.

Schwieriger wird es, wenn mit einem Verkehrsmittel mehrere Sendungen von mehreren Versendern zu mehreren Empfängern transportiert werden sollen.

Bevor die eigentliche Tour geplant werden kann, müssen eine Reihe von Fragen geklärt werden.

**Beispiele:**

1. Welche Fahrzeuge stehen zur Verfügung (Anzahl, Art, Kapazität, Volumen, Nutzlast, Palettenstellplätze, Einsatzbereitschaft)?
2. Sind die entsprechenden Fahrer verfügbar (Fahrerlaubnis, Lenk- und Ruhezeiten)?
3. Sind bestimmte Einschränkungen durch die Güter zu beachten (temperaturgeführte Güter, Gefahrgut, Sperrigkeit)?

4. Bestehen Terminvorgaben bei der Abholung oder der Ablieferung (Zeitfenster, Just-in-time-Anlieferung)?
5. Sind Verkehrshindernisse zu beachten (Baustellen, Umleitungen)?

## Frachtbrief als Begleitpapier

Der Frachtführer kann vom Absender verlangen, dass ein Frachtbrief ausgestellt wird.

| Funktionen des Frachtbriefes | | | | |
|---|---|---|---|---|
| **Beweispapier** | **Übernahmequittung** | **Ablieferungsquittung** | **Begleitpapier** | **Sperrpapier** |
| Nachweis über Abschluss und Inhalt des Frachtvertrages. | Der Frachtführer bestätigt dem Absender die ordnungsgemäße Übernahme der Ware. | Der Empfänger bestätigt dem Frachtführer die ordnungsgemäße Übergabe der Ware. | Der Frachtbrief begleitet die Ware. | Der Absender darf nachträglich nur über die Ware verfügen, wenn er eine bestimmte Ausfertigung des Frachtbriefes vorlegt. Durch diese Sperrfunktion ist der internationale Frachtbrief bankfähig, kann also zur Einlösung von Akkreditiven* verwendet werden. |

Das HGB schreibt für einen Frachtbrief bestimmte Mindestinhalte vor. *HGB § 408*

Im **internationalen Güterverkehr** gibt es **verkehrsträgerspezifische Frachtbriefe:**

- Frachtbrief im internationalen Güterkraftverkehr: CMR-Frachtbrief
- Frachtbrief im internationalen Eisenbahngüterverkehr: CIM-Frachtbrief
- Frachtbrief im internationalen Binnenschiffsverkehr: CMNI-Frachturkunde
- Frachtbrief in der Seeschifffahrt: Sea Waybill
- Frachtbrief im internationalen Luftfrachtverkehr: Air Waybill

## Sendungsverfolgung – Tracking and Tracing

Mit der Sendungsverfolgung erhalten die Beteiligten in der Supply Chain jederzeit **Informationen über den Stand der Auftragsabwicklung.** Durch das **Tracking** (engl. = Verfolgung) wird angegeben, wo sich das Gut zu einem bestimmten Zeitpunkt befindet (Status). Das **Tracing** (engl. = Rückverfolgung) zeigt, welchen Weg das Gut bis zu dem Zeitpunkt genommen hat. Voraussetzung hierzu ist, dass das Gut mit einem maschinenlesbaren Etikett **(Barcode, RFID-Chip)** versehen ist. An jeder Umschlagstelle wird das Gut gescannt und die Daten an einen Server gesendet. Mithilfe einer Sendungsnummer lässt sich der jeweilige Status des Gutes abrufen.

* Verpflichtung einer Bank, im Auftrag und nach Weisung eines Kunden gegen Übergabe vorgeschriebener Dokumente eine Zahlung zu leisten.

## Zusammenfassende Übersicht zu Kapitel 5.3: Transportlogistik

**Verkehrsträger**

| **Straßengüterverkehr** | **Schienengüterverkehr** | **Binnenschifffahrt** | **Seeschifffahrt** | **Luftfrachtverkehr** |
|---|---|---|---|---|
| Lastkraftwagen als Gliederzüge oder Sattelzüge | Güterzüge mit Einzelwagen oder als Ganzzüge | Binnenschiffe als Motorgüterschiffe oder Schubverbände | Seeschiffe als Vollcontainerschiffe oder als Stückgutschiffe | Flugzeuge als Nurfrachter oder in Kombination mit Passage |

Transportdurchführung durch
**Frachtführer**

ausgewählt durch

**Spediteur**
als Organisator des Transports

Organisation der Transporthilfsmittel:
- Flachpaletten
- Gitterboxpaletten
- Container

Besorgung der Frachtbriefe:
- HGB-Frachtbrief
- CMR-Frachtbrief
- CIM-Frachtbrief
- CMNI-Frachturkunde
- Sea Waybill
- Air Waybill

Sendungsverfolgung mit Tracking and Tracing

### ▶ Aufgaben und Probleme

1. Stellen Sie die Merkmale der einzelnen Verkehrsträger dar.
2. Frachtführer Werner e. K. übernimmt 20 t Silikondichtmasse bei der Chemischen Fabrik AG, Hildesheim, zum Transport nach München. Nach der Beladung verlangt der Fahrer vom Absender einen Frachtbrief für diese Ladung. Aus dem Frachtbrief geht u. a. hervor, dass der Empfänger in München die Frachtkosten für diesen Transport übernimmt.

   a) Suchen Sie nach Gründen, die den Frachtführer veranlassen könnten, die Ausstellung eines Frachtbriefes zu verlangen.

   b) Bei Ablieferung der Sendung weigert sich der Empfänger, die Frachtkosten zu bezahlen, da er mit dem Absender »Frei-Haus-Lieferung« vereinbart hätte. Beschreiben Sie die Rechte des Frachtführers.

3. Die Spedition Weber & Kleinmann OHG bietet die Lösung aller möglichen Beförderungsaufgaben an. Sie betreibt beispielsweise nationale und internationale Sammelladungsverkehre nach über 20 Relationen, fertigt europaweit Lkw-Komplettladungen mit eigenen und fremden Fahrzeugen ab, erledigt Luft- und Seefrachtaufträge nach Übersee.

   a) Nennen Sie Vorteile, die sich aus dem Sammelladungsverkehr für den Verlader und den Spediteur ergeben.

   b) Häufig wird mit den Versendern ein fester Übernahmesatz für die Abwicklung eines Auftrags vereinbart. Welche kaufmännischen Vorteile bietet dies für den Versender?

   c) Vergleichen Sie die Aufgaben eines Spediteurs mit denen eines Frachtführers.

   d) In Fachkreisen wird der Spediteur »Architekt des Verkehrs« genannt. Welche Tätigkeiten rechtfertigen diese Bezeichnung?

4. Nennen Sie die Konkurrenten des Eisenbahngüterverkehrs und deren Vor- und Nachteile gegenüber der Bahn.

5. Die Maschinenfabrik Weber GmbH, Sömmerda, erteilt der Erfurter Speditionsgesellschaft mbH den Auftrag, den Transport einer Sendung Pumpenaggregate, 14 t, die zum Teil unverpackt zum Versand kommen, nach Lörrach zu besorgen. Der Sachbearbeiter der Spedition schlägt vor, die Sendung in einem 20-Fuß-Container zu verladen und diesen im kombinierten Ladungsverkehr zu versenden.

   Erörtern Sie den Einsatz von Containern.

6. Die Druckmaschinen AG in Heidelberg versendet drei Buchdruckmaschinen an einen Verlag in Lima/Peru per Seeschiff über Hamburg. Die Verladung erfolgt mit der »Santiago Express«, die im Liniendienst zwischen Hamburg und der südamerikanischen Westküste verkehrt.

   Welche Verkehrsmittel können bei der Transportabwicklung eingesetzt werden?

7. Die Saarhütte GmbH, Dillingen, erhält von General Steel Ltd., Veracruz, den Exportauftrag über 5.000 t Stahlträger. Zum Versand kommen die Stahlträger gebündelt à 4 Stück, auf Stauhölzern, mit einer Länge von jeweils 20 m und einem Stückgewicht von 4 t.

   Erstellen Sie eine entsprechende Transportvariante unter ökologischen und ökonomischen Gesichtspunkten und begründen Sie Ihre Entscheidung. Gehen Sie davon aus, dass der Zeitfaktor keine Rolle spielt.

8. Die Dessauer Maschinenbaugesellschaft GmbH versendet dringend benötigte Ersatzteile, verpackt in zwei Kartons mit einem Gewicht von je 22,8 kg, per Luftfracht nach Melbourne. Der Wert der Sendung beträgt 9.000 USD. Aus dem Luftfrachtbrief geht hervor, dass die Sendung mit der australischen Luftverkehrsgesellschaft verladen wurde. Bei der Ankunft in Melbourne fehlt ein Karton.

   a) Erläutern Sie, warum sich die Dessauer Maschinenbaugesellschaft GmbH für den Versand per Luftfracht entschieden hat.

   b) Prüfen Sie, in welcher Höhe der Luftfrachtführer Schadensersatz leisten muss. Zur Anwendung kommt das Montrealer Übereinkommen (1 SZR = 1,248 EUR).

   c) Nennen Sie typische Luftfrachtgüter.

9. Was versteht man unter Tracking and Tracing?

## 5.4 Lagerlogistik

Entlang der Wertschöpfungskette wird der Güterfluss immer wieder unterbrochen und die Güter müssen gelagert werden. Sobald sich Beschaffung, Produktion und Absatz zeitlich und mengenmäßig nicht aufeinander abstimmen lassen, ist Lagerhaltung notwendig, damit der Unternehmenszweck erreicht wird.

**Aufgabe der Lagerlogistik** ist es, Unregelmäßigkeiten zu überbrücken, um die **Sicherung gleichmäßiger Beschäftigung** und **kundengerechter Lieferfähigkeit** zu ermöglichen.

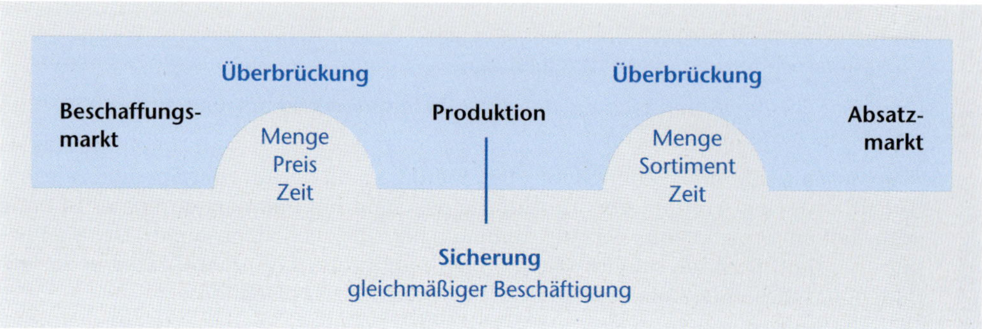


### 5.4.1 Lagerarten

Es gibt zahlreiche unterschiedliche Lagerarten.

**Beispiele:**

| Lagerarten: | Merkmal |
|---|---|
| **Eigenlager** | Räume und Einrichtungen gehören dem **Einlagerer** der Lagergüter. Die Ein- und Auslagerung sowie die Überwachung geschieht durch eigenes Personal. |
| **Fremdlager** | Die Lagergüter befinden sich in der Obhut eines **gewerblichen Lagerhalters,** der für die sorgfältige Behandlung während der Lagerung und beim Ein- und Auslagern sorgt. |
| **zentrales Lager** | Alle Lagergüter befinden sich an **einem Ort.** |
| **dezentrales Lager** | Die Lagergüter sind an **verschiedenen Orten** untergebracht. |
| **offenes Lager** | Witterungsunabhängige Lagergüter werden **im Freien** mit und ohne Abdeckung gelagert, z. B. Kies, Furnierholz, Fahrzeuge. |
| **geschlossenes Lager** | Lagergüter, die durch Sonnenlicht, Wärme, Kälte, Feuchtigkeit gefährdet sind und/oder einen hohen Wert darstellen, **werden in geschlossenen Räumen** gelagert. |
| **Hochregallager** | In den meist eingeschossigen Lagern werden die **nicht stapelbaren Lagergüter in Hochregalen** gelagert. Entsprechende Stapler sind erforderlich. |

## 5.4.2 Aufgaben der Lagerhaltung

### Optimale Lagerbestände

**Lagerbestände** sind dann **optimal,** wenn sie die **Lieferbereitschaft bei niedrigen Kosten** im Rahmen der Abnehmerwünsche **sicherstellen.**

Bei der Beschaffung der dazu benötigten Güter können Unregelmäßigkeiten auftreten durch

- saisonale Schwankungen in der Gütererzeugung (Ernten),
- Lieferschwierigkeiten,
- Verkehrsstörungen.

Außerdem führen folgende Überlegungen zu vorübergehend höheren Lagerbeständen:

- Durch den Einkauf größerer Mengen können Mengenrabatte ausgenutzt werden.
- Bei größeren Mengen wird der Laderaum der Transportmittel besser ausgelastet. Dadurch werden die Transporte billiger.
- Verpackungskosten werden durch Großverpackungen (Container) eingespart.

| **Korrekturmaßnahmen zu hoher Lagerbestände** | | |
|---|---|---|
| **bei der Beschaffung** | **bei der Lagerstrategie** | **beim Absatz** |
| – Verminderung der Bestellmenge<br>– Beseitigung von Beschaffungszwängen<br>– Abrufvereinbarung mit dem Lieferanten<br>– Just-in-time-Lieferung (Kapitel 3.2.4) | – Verminderung der Sicherheitsbestände<br>– Konzentration auf wichtige Artikel (ABC-Analyse, Kapitel 3.2.2) | – Vereinbarung von Vorlaufzeiten für die Kundenbestellung<br>– Konzentration auf ein Grundsortiment<br>– Erhebung und sofortige Auswertung von Änderungen in der Kundenstruktur und im Einkaufsverhalten der Kunden |

### Einlagerungsprinzipien

#### ▶ Anordnung der Ware

Je nach Art der Ware gilt für die Lagerung grundsätzlich das Prinzip: **Neue Ware hinter alte Ware setzen!** Auf diese Weise wird gewährleistet, dass die ältere Ware zuerst in den Verkauf gelangt (**Fifo**-Prinzip: **First in, first out).**

#### ▶ Lagerplan

Der **Lagerplan** ist eine Übersicht über alle Waren, die im Lager vorhanden sind, mit der genauen Bezeichnung der Lagerstelle, des Einlagerungsdatums und der vorhandenen Menge. Außerdem kann im Lagerplan die kürzeste Zugriffsmöglichkeit angegeben sein.

Die Anordnung der Lagerstellen und Lagerwege soll den einzulagernden Waren und den dabei einzusetzenden Fahrzeugen entsprechen. Jedem Gegenstand muss von vornherein eine **bestimmte Lagerstelle** zugewiesen werden. Dies ist im **Lagerplan,** auf den **Lagerkarten** und auf dem **Markierungsetikett** zu vermerken, damit der Gegenstand rasch eingeordnet und bei der Ausgabe schnell gefunden werden kann. In automatisierten Lagern dient die **Codenummer der Lagerstelle als Steuerungsmittel** für das Ein- und Auslagern.

### ▶ Belegung leerer Lagerstellen

Für die **Belegung leerer Lagerstellen** können folgende Gesichtspunkte gelten:

| feste Lagerplatzzuordnung | variable Lagerplatzzuordnung |
|---|---|
| Die **gleiche Warenart wird immer in demselben Regal** untergebracht.<br>Dies wird dann notwendig sein, wenn die Abmessungen der verschiedenen Warenarten unterschiedlich sind (sortimentsgerechte, systematische Lagerung). | Die Belegung eines **beliebigen leeren Regals** erfolgt **mit der nächsten Partie.**<br>Allerdings müssen die Waren die gleichen Abmessungen haben. Diese sogenannte **chaotische Lagerung** ist insbesondere bei automatisierten Lagern üblich, weil hier bei der Auslagerung einer Partie das leere Regal an den zentralen Rechner zur erneuten Belegung gemeldet wird (optimierte Lagerplatzvergabe). |
| **Beispiel:**<br>Im Auslieferungslager eines Möbeldiscounters findet der Kunde seine ausgesuchte Ware in der fest vorgegebenen Regaleinheit. | **Beispiel:**<br>In einem Hochregallager werden die unterschiedlichen Lagergüter in offenen Schalen gleicher Größe gelagert. |

### ▶ Mehrstufige Lagerhaltung

Die Idee der mehrstufigen Lagerhaltung ist, die Versorgungssicherheit über den Lagerbestand in der Nähe des Verbraucherortes zu garantieren. Das Lager wird hierbei aufgeteilt in ein Kommissionierungslager und ein Reservelager. Damit soll gewährleistet sein, dass im Kommissionierungslager der Lagerbestand gerade so groß ist, um kundengerecht zu liefern. Sinken die Lagerbestände auf den Meldebestand, werden **Umlagerungen** vorgenommen. Diese können bspw. nach der Kanban-Beschaffungsstrategie (Kapitel 6.5.2.2) durchgeführt werden.

## ■ Lagerkontrolle

Mit der Lagerung von Waren ist das Risiko mengen- und wertmäßiger Minderung verbunden.

**Beispiele:** Eisen rostet, Steinzeug zerbricht, Flüssigkeiten trocknen ein, Waren werden gestohlen oder veruntreut.

Um diese Risiken möglichst klein zu halten, sind die ein- und ausgehenden sowie die lagernden Waren ständig zu kontrollieren. Die Lagerkontrollen erstrecken sich auf die

- **Qualitätskontrolle:** Nachprüfen von Lebensmitteln, Stichproben bei Konserven, Ausscheiden von »Ladenhütern«.
- **Mengen- und Wertkontrolle:** Mengenüberprüfung durch Bestandsaufnahmen, Wertkontrolle durch Preisvergleiche.

### 5.4.3 Einflussfaktoren der Lagerhaltung

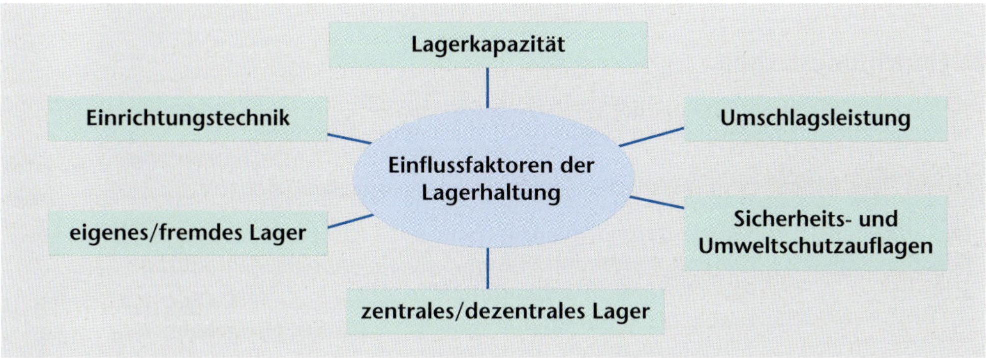


#### Lagerkapazität

Unter **Lagerkapazität** versteht man die **Möglichkeit, eine bestimmte Warenmenge** im Raum und in der Fläche eines Lagers **unterzubringen.**

Die Kapazität eines Lagers hängt von den **Baulichkeiten** und den Einrichtungen ab. Diese bestimmen die Warenmenge, die höchstens eingelagert werden kann.

Der reibungslose Absatz erfordert eine entsprechende Kapazität des Lagers. Sie ist abhängig von

- den Mengen, die in bestimmten Zeitabständen aufgenommen werden müssen, damit die Abnehmer pünktlich beliefert werden können;
- den Mengen, die als Ladung angeliefert werden;
- der Lagerplatzordnung;
- der Verfügbarkeit der Waren.

#### Umschlagsleistung

Die Warenbewegung von einem Platz zu einem anderen nennt man Umschlag, die dabei in einer Zeiteinheit bewegte Menge ist die Umschlagsleistung.

$$\textbf{Umschlagsleistung} = \frac{\textbf{Gesamtmenge (kg, m, Stück)}}{\textbf{Zeiteinheit (Stunden, Tage, Schichten)}}$$

**Beispiel:** Eine 20-t-Lkw-Ladung wird in 2 Stunden entladen. Die Umschlagsleistung beträgt 20 t : 2 h = 10 t je Stunde.

Die **Umschlagsleistung ist abhängig** von

- fachlich qualifizierten Mitarbeitern,
- warenspezifischen technischen Einrichtungen und Geräten,
- organisatorischen Verknüpfungen der Abläufe (Ablauforganisation).

Um die **Umschlagsleistung optimal** zu **organisieren,** können die folgenden Maßnahmen angewendet werden:

- Verkürzung der Wege zwischen dem anliefernden Transportfahrzeug und dem Lagerplatz,
- Verwendung von Umschlagsgeräten und schnellere Bewegungen,

- Schulung der Mitarbeiter: Vertrautmachen mit der Technik und der Ablauforganisation,
- Einsatz von größeren Transportverpackungen (Container).

## Einrichtungstechnik

Zu den Lagereinrichtungen gehören alle Vorrichtungen für die Bewegung, das Lagern und die Sicherung der Lagergüter sowie für den Informationsaustausch.

| technisches Mittel | Merkmal | Beispiele |
|---|---|---|
| **Verlade- und Beförderungsmittel** | Sie werden bei der Übernahme der ankommenden Waren, beim Befördern zur Lagerstelle und beim Verladen auf Transportfahrzeuge zur Auslieferung an den Kunden eingesetzt. | – Rampen, Krananlagen, Saugheber, Pumpanlagen, Aufzüge<br>– Rutschen, Rollenbahnen, Förderbänder, Hängebahnen<br>– Paletten<br>– Hubwagen, Gabelstapler |
| **Lagervorrichtungen** | Sie dienen der vorübergehenden oder dauerhaften Aufbewahrung von Waren. | – Schränke für Wäsche<br>– Ständer für Bekleidung<br>– Regale für Kupferbleche<br>– Behälter (Schachteln, Kisten, Fässer, Schubladen, Säcke, Silos, Tanks, Flaschen) für Schuhe, NE-Metalle, staubförmige und flüssige Rohstoffe |
| **Informations- und Sicherungsvorrichtungen** | – Sie dienen dem schnellen und sicheren Informationsaustausch zwischen den Abteilungen sowie zwischen den Lieferanten und Kunden.<br>– Sie garantieren die Qualität und die Fehlerfreiheit der Waren. | – Digitale Datenerfassung und Datenübertragung durch Einlesegeräte und Weitergabe per Funk<br>– Klimaanlagen<br>– Feuerschutzanlagen<br>– Mess- und Zählgeräte |

## Sicherheits- und Umweltschutzauflagen

Menschen und Umwelt können durch die Lagerung von Gütern und den Umgang mit ihnen gefährdet werden, wenn dabei die Sicherheit und der Umweltschutz nicht beachtet werden.

Deshalb hat der Gesetzgeber **Sicherheitsauflagen und Umweltschutzauflagen** erlassen, durch die Unfälle und Umweltschäden verhindert werden sollen. Für die Einhaltung sind die Inhaber der Unternehmen und alle Mitarbeiter verantwortlich.

### ▶ Sicherheitsauflagen

*ArbStättV Anhang zu § 3 (1)*

Die **Sicherheitsauflagen** betreffen insbesondere die Unfallverhütung im Hinblick auf einen bestimmten Gegenstand, eine bestimmte Tätigkeit oder eine bestimmte Situation durch Sicherheitskennzeichen.

**Sicherheitskennzeichen** sind dann einzusetzen, wenn Risiken für die Sicherheit und Gesundheit nicht vermieden oder ausreichend begrenzt werden können.

**Beispiele:**

| Verbotszeichen | Gebotszeichen | Warnzeichen |
|---|---|---|
|  |  |  |
| Verhinderung von Fehlverhalten, das zu Arbeitsunfällen, Gesundheitsgefahren oder Belästigungen führen kann. | Kennzeichnung von Bereichen, in denen bestimmte Sicherheitsmaßnahmen vorgeschrieben sind. | Warnung vor einer Gefahrenstelle. |

▶ **Umweltschutzauflagen**

Die **Umweltschutzauflagen** betreffen insbesondere die Vorkehrung gegen Feuer und die Lagerung gefährlicher Güter.

*GefStoffV §§ 1 ff.*

**Beispiele:**

| Klasse | Bezeichnung | Gefahrzettel (Beispiele) | Gefahrgüter (Beispiele) |
|---|---|---|---|
| 1 | explosive Stoffe und Gegenstände mit Explosivstoff |  | Feuerwerkskörper, Signalkörper, Munition, Schwarzpulver, Anzünder |
| 6.1 | giftige Stoffe |  | Desinfektionsmittel, Schädlingsbekämpfungsmittel, Arsensäure, Quecksilberverbindung, Trichlorethylen, Medikamente |

## Eigen- oder Fremdlagerung

▶ **Eigenlagerung**

Bei der Entscheidung für die Eigenlagerung müssen die betrieblichen Gegebenheiten (Raum, Ausdehnungsmöglichkeit), der Kundenstamm (Standort, Sortimentswünsche, Lieferbereitschaft) sowie die Kosten (Kosten des Lagerraums, Umschlagskosten, Verwaltungskosten) berücksichtigt werden.

▶ **Fremdlagerung durch gewerbliche Lagerhalter**

Der **Lagerhalter** wird durch den Lagervertrag verpflichtet, **Güter zu lagern** und **aufzubewahren.**

*HGB § 467*

| Rechte des Lagerhalters | Pflichten des Lagerhalters |
|---|---|
| – Erhalt von Lagergeld<br>– Erstattung der Ein- und Auslagerungskosten<br>– Pfandrecht am eingelagerten Gut zur Sicherung seiner Forderungen | – Sorgfaltspflicht bei der Übernahme, während der Lagerung und bei der Aushändigung<br>– Benachrichtigungspflicht bei drohender Verschlechterung des eingelagerten Gutes<br>– Haftung gegenüber dem Einlagerer bei Verletzung der übernommenen Pflichten |

### ▶ Entscheidungsgründe für die Eigen- oder Fremdlagerung

Die Entscheidung für Eigen- oder Fremdlagerung hängt von der besonderen Situation des jeweiligen Unternehmens und von zahlreichen Faktoren ab:

- Standortvorteile durch Lager in Umschlagszentren (Güterverteilzentren, Häfen).
- Speziallager, die das Unternehmen nicht selbst einrichten kann bzw. darf (Kühlhäuser, Zolllager).
- Einlagerung bei Geschäftserweiterung, wenn die eigenen Räume nicht ausreichen und Erweiterungsmöglichkeiten nicht gegeben sind.
- Vermeiden eigener hoher Anlageinvestitionen, wenn die kontinuierliche Nutzung nicht gewährleistet ist.
- Übernahme von Serviceleistungen der Bestandsüberwachung, Lagerbuchhaltung, Warenpflege und Auslieferung durch den Lagerhalter.
- Verlagerung des Risikos auf gewerbliche Lagerhalter bringt Kostenvorteile, weil der gewerbliche Lagerhalter u. U. günstigere Versicherungsprämien erzielen kann.
- Lagerhaltungskosten

**Beispiel:**

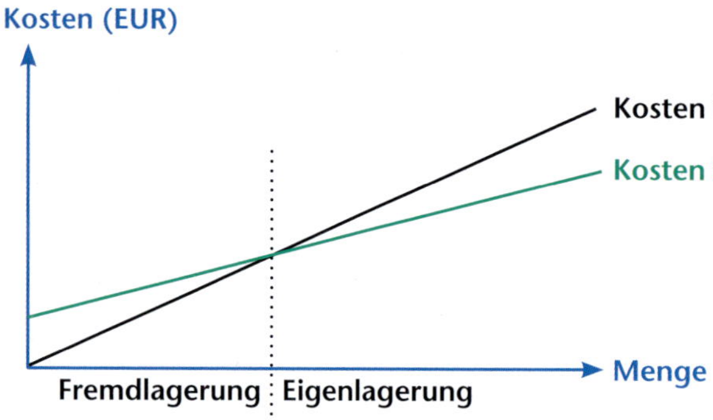


## ■ Zentrale Lagerung oder dezentrale Lagerung

| Entscheidungsfaktoren für zentrale oder dezentrale Lagerung | | |
|---|---|---|
| **Faktoren** | **zentrale Lagerung** | **dezentrale Lagerung** |
| **Kosten der Warenbereitstellung** | | |
| – Löhne/Gehälter der Mitarbeiter | niedriger, da auf die Ausstattung eines Lagers begrenzt | höher; steigen mit der Anzahl der Lager |
| – Kapitalbindung in den Beständen | geringer, weil Mindestbestände und durchschnittliche Bestände nur für ein Lager erforderlich sind | höher, weil Mindestbestände und durchschnittliche Bestände in jedem Lager vorhanden sein müssen, weil die Kapitalbindung mit der Anzahl der Lager steigt |
| – Kapitalbindung in den Anlagen | auf die Ausstattung eines Lagers begrenzt | steigt mit der Anzahl der Lager |

| Faktoren | zentrale Lagerung | dezentrale Lagerung |
|---|---|---|
| **Kosten der Auslieferung** | höher, weil der Transportweg länger ist<br>niedriger, wenn Sammelverkehr möglich ist | niedriger, weil der Transportweg kürzer ist<br>höher, wenn mehr Einzelfahrten mit geringen Mengen erforderlich sind |
| **Sortimentsstruktur** | Breite und Tiefe, auf das gesamte Absatzgebiet ausgerichtet | Breite und Tiefe, auf ein begrenztes Absatzgebiet ausgerichtet |
| **Anbindung der verbrauchenden Stellen** | Unternehmer liefert die benötigte Menge aus seinem Zentrallager zeitgenau am Verbrauchsort ab (Just-in-time-System, Bringsystem) | Unternehmer betreibt ein Lager beim Warenempfänger, zu dem dieser einen direkten Zugriff hat (Kanban-System, Holsystem) |

## 5.4.4 Arbeiten im Lager

### Wareneingang

Die **Warenannahme** ist eine **Rechtshandlung, die zur Erfüllung des Kaufvertrages** gehört.

Der Empfänger muss die Anlieferung dem anliefernden Transportunternehmen bestätigen. Das geschieht in aller Regel durch **Annahmevermerk (Quittung) auf dem Frachtpapier.** Allerdings sind vor der Erteilung der Annahmequittung beim Wareneingang eine Reihe von Kontrollen und Tätigkeiten durchzuführen. *HGB § 377*

#### ▶ Prüfung der Sendung

Die Prüfung der Sendung erstreckt sich auf

- den Vergleich mit den Begleitpapieren: Stimmen Anzahl, Zeichen und Nummern der Packstücke überein?
- die Verpackung: Ist sie unversehrt oder beschädigt?
- die Ware selbst, falls sie unverpackt ist.

Beanstandungen werden auf dem Begleitpapier vermerkt **(Tatbestandsaufnahme).** Es kann aber auch die Annahme der Sendung verweigert werden.

#### ▶ Auspacken und Prüfung der Ware

Nach der äußerlichen Prüfung erfolgt das Auspacken und Prüfen der Ware. Diese Prüfung erstreckt sich auf Menge, Art, Güte, Beschaffenheit und Aufmachung der Ware.

Dabei wird überprüft, ob die gelieferte Ware der bestellten Ware entspricht.

Werden Abweichungen festgestellt, müssen diese festgehalten werden, damit beim Lieferanten der Mangel gerügt werden kann.

Fehlerfreie Waren werden in das Lager eingeordnet. Der Wareneingang wird in einem Eingangsschein festgehalten.

### Bestandskontrolle (Kapitel 5.4.2)

## Kommissionierung

Die **Zusammenstellung der Artikel,** die ein Kunde bestellt hat, nennt man **Kommissionierung,** die zusammengestellte Lieferung **Kommission.**

Grundlage der Kommissionierung ist der Ordersatz der Verkaufsabteilung mit Lieferschein, Packzettel, Aufkleber (Label) und Rechnung.

### ▶ Kommissionierungssysteme

| Kommissionierungssystem | Merkmal |
|---|---|
| **manuelle Kommissionierungstechnik** | |
| – Mann-zur-Ware-System | Die Artikel lagern in einem Kommissionierungslager und der Kommissionierer entnimmt den entsprechenden Lagerplätzen die gewünschte Menge eines Artikels. |
| – Ware-zum-Mann-System | Die Ware wird aus dem Lager mittels Fördertechnik zum Kommissionierer gebracht und für die Auslieferung vorbereitet. |
| **automatische Kommissionierungstechnik** | Ein **Kommissionierungsautomat/-roboter** übernimmt den kompletten Kommissionierungsvorgang. Hier erfolgt die Entnahme aus dem Regal durch einen Greifer, der elektronisch gesteuert ist. Für die Lagerung werden in aller Regel Normverpackungen verwendet. Die so verpackten Artikel werden vom Greifer auf ein Förderband gelegt, das sie zum Versandplatz befördert, wo sie in Versandbehälter gelegt und zum Versand gebracht werden. |

### ▶ Wegeoptimierung

Bei der Kommissionierung sollen unnötige Wege vermieden werden. Es wird deshalb die Optimierung der zur Entnahme erforderlichen Wege angestrebt.

Voraussetzung für eine zeitsparende Kommissionierung ist die Einlagerung der Waren nach Plan, wobei folgende Kriterien gelten können:

- **Häufigkeit der Entnahme.** Häufig georderte Artikel befinden sich in Regalen in der Nähe der Versandstelle. Die Zugriffszeit und der Beförderungsweg sind sehr kurz.
- **Gleichartige Waren sind im gleichen Regal gelagert.** Aufträge können entsprechend sortiert werden. Die Ausführung wird beschleunigt, weil mehrere Kommissionen gleichzeitig ausgeführt werden können.
- **Ergänzende Waren sind im gleichen Regalabschnitt gelagert.** Die Kommission kann zeitsparend zusammengestellt werden. Es ergeben sich Möglichkeiten des Zusammenpackens in eine Verpackungseinheit.

  **Beispiel:** Im Lager eines Sanitärgroßhändlers sind die Badewannen und die dazu passenden Armaturen im gleichen Regal gelagert.

### ▶ Cross-Docking

Eine besondere Art des Kommissionierens ist das Cross-Docking-Verfahren. Hier werden Waren nicht mehr zwischengelagert. Das Lager dient nur noch als **Umschlagseinrichtung, als sogenanntes Cross-Docking-Center,** und ist deshalb **»bestandslos«.** Die eingehenden Waren werden sofort kundenorientiert umgepackt, umverteilt bzw. umgeladen und dann zugestellt.

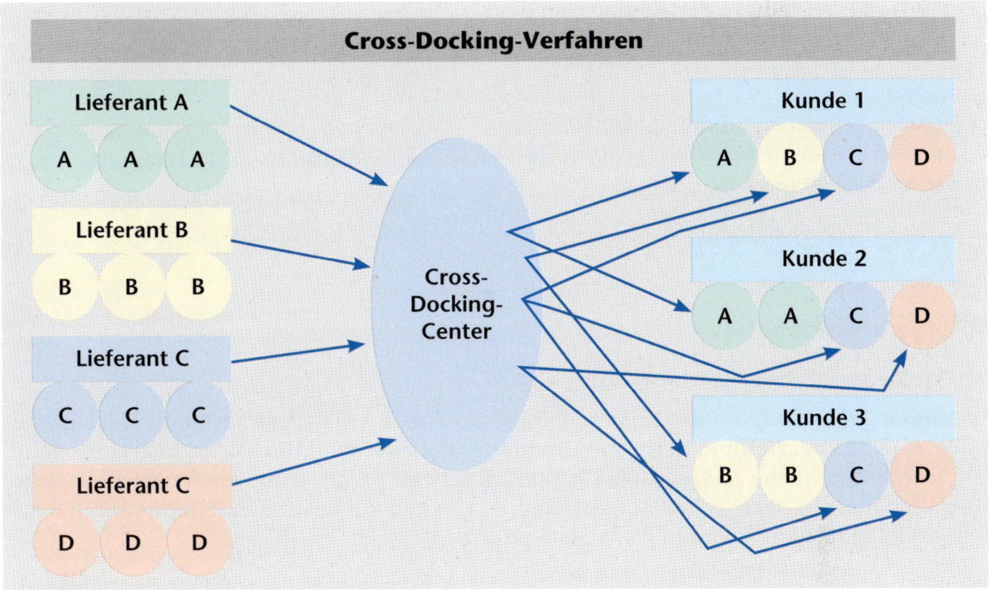


## ■ Warenausgang

Bevor die kommissionierte Ware das Lager verlässt, wird überprüft, ob die zum Versand vorbereitete Ware mit dem Auftrag übereinstimmt. Nach dieser **Warenausgangskontrolle** wird die Ware versandfertig verpackt und dem Frachtführer zur Abholung angekündigt bzw. verladen.

## 5.4.5 Wirtschaftliche Lagerhaltung

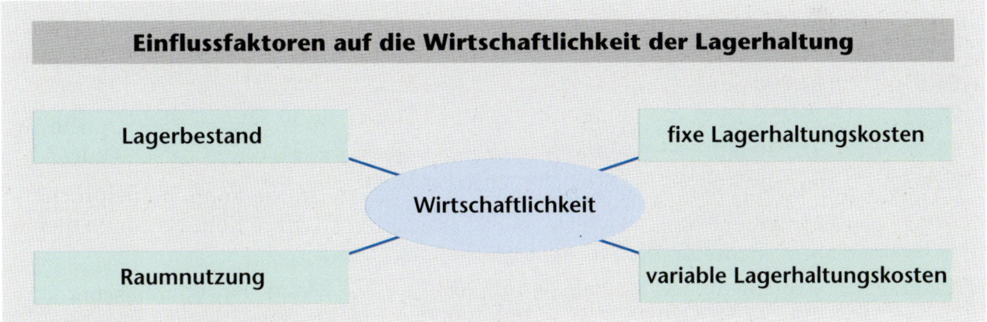


## ■ Lagerhaltungskosten

Zu den Lagerhaltungskosten zählen alle Aufwendungen, die im Zusammenhang mit der Vorratshaltung entstehen. Im Einzelnen handelt es sich um:

a) Kosten der **Lagereinrichtungen** für Instandhaltung, Abschreibung, Heizung, Kühlung, Beleuchtung, Reinigung, Bewachung, Verzinsung des in den Lagereinrichtungen investierten Kapitals.

b) Kosten der **Lagerverwaltung** für Löhne, Gehälter, Büromaterial.

c) Kosten des **Lagerrisikos** durch Schwund, Diebstahl, Verderb, Preisverfall, Beschädigung, Sicherheitseinrichtungen, Schulung der Mitarbeiter, Versicherungsprämien.

| Lagerhaltungskosten | | |
|---|---|---|
| | **Merkmal** | **Beispiele** |
| **fixe** | Sie fallen unabhängig von der Menge der eingelagerten Güter an. | Gebäudeversicherung, Abschreibung, Personalkosten |
| **variable** | Sie verändern sich mit der Menge der eingelagerten Güter. | Treibstoff für Gabelstapler, Personalkosten für Aushilfskräfte |

## Lagerkennzahlen

### ▶ Durchschnittlicher Lagerbestand

Wareneingänge und Warenausgänge verändern ständig die Lagerbestände, deshalb benutzt man zur **Beurteilung der Kapitalbindung** im Lager den durchschnittlichen Bestand. Der **durchschnittliche Lagerbestand** ist der Mittelwert der im Laufe einer Geschäftsperiode vorhandenen tatsächlichen Lagerbestände. Er kann auf das Kalenderjahr oder den Kalendermonat bezogen werden.

$$\textbf{durchschnittlicher Lagerbestand* pro Jahr} = \frac{\textbf{Jahresanfangsbestand + Jahresendbestand}}{\textbf{2}}$$

**Beispiel:** Der Lagerbestand zu Jahresbeginn beträgt 176 Paletten, am Jahresende sind noch 158 Paletten am Lager. Der durchschnittliche Lagerbestand beträgt

$$\frac{\text{176 Paletten + 158 Paletten}}{2} = \text{167 Paletten}$$

$$\textbf{durchschnittlicher Lagerbestand* pro Monat} = \frac{\textbf{Jahresanfangsbestand + 12 Monatsendbestände}}{\textbf{13}}$$

**Beispiel:**

| Datum | Menge | Datum | Menge | Datum | Menge |
|---|---|---|---|---|---|
| 01.01. | 182.000 Stück | 31.05. | 178.049 Stück | 31.10. | 176.323 Stück |
| 31.01. | 216.256 Stück | 30.06. | 224.545 Stück | 30.11. | 182.667 Stück |
| 28.02. | 193.546 Stück | 31.07. | 199.233 Stück | 31.12. | 192.487 Stück |
| 31.03. | 156.409 Stück | 31.08. | 202.634 Stück | | |
| 30.04. | 121.888 Stück | 30.09. | 189.400 Stück | | |

durchschnittlicher Lagerbestand:
(182.000 St. + 216.256 St. + 193.546 St. + 156.409 St. + 121.888 St. + 178.049 St. + 224.545 St. + 199.233 St. + 202.634 St. + 189.400 St. + 176.323 St. + 182.667 St. + 192.487 St.)/13 = 185.802,8 St.

### ▶ Lagerumschlag

Unter **Lagerumschlag** versteht man die **mengen- oder wertmäßige Entwicklung eines Lagerbestandes,** die im Zusammenhang mit der Entnahme und dem Wiederauffüllen steht.

* Wird der Lagerbestand in EUR ausgedrückt, spricht man vom **durchschnittlichen Lagerwert.**

Die **mengenmäßige Entwicklung** des Lagerbestandes nennt man **Wareneinsatz.** Man versteht darunter die Menge der Güter, die in einem bestimmten Zeitraum dem Lager entnommen wurde (Jahres-, Monats-, Wochen-, Tagesabsatz).

**Wareneinsatz = Anfangsbestand des Lagers + Zugänge – Endbestand des Lagers**

Die **wertmäßige Entwicklung** des Lagerbestandes kann unter zwei Gesichtspunkten betrachtet werden.

Den **Wareneinsatz zu Einstandspreisen** erhält man, wenn der Wareneinsatz mit dem Bezugspreis multipliziert wird; der **Warenumsatz** entspricht den Umsatzerlösen, d.h. die abgesetzte Menge · Verkaufspreis pro Stück.

**Beispiel:**

Elektrorasierer MX 300:
Bezugspreis: 23,00 EUR/Stück, Verkaufspreis: 49,00 EUR/Stück

| Datum | Zugang | Abgang | Bestand |
|---|---|---|---|
| 01.01. | | | 300 Stück |
| 09.01. | | 110 Stück | 190 Stück |
| 15.01. | 200 Stück | | 390 Stück |
| 27.01. | | 160 Stück | 230 Stück |
| | 200 Stück | 270 Stück | |

**Wareneinsatz im Monat Januar:** 300 Stück + 200 Stück – 230 Stück = 270 Stück

**Wareneinsatz zu Einstandspreisen:** 270 Stück · 23,00 EUR/Stück = 6.210,00 EUR

**Warenumsatz:** 270 Stück · 49,00 EUR/Stück = 13.230,00 EUR

### ▶ Umschlagshäufigkeit

Die **Umschlagshäufigkeit** gibt an, **wie oft** die Menge oder der Wert des durchschnittlichen Lagerbestandes in einem Jahr umgesetzt werden.

$$\textbf{Umschlagshäufigkeit (mengenmäßig)} = \frac{\textbf{Wareneinsatz (in Mengeneinheiten)}}{\textbf{durchschnittlicher Lagerbestand}}$$

$$\textbf{Umschlagshäufigkeit (wertmäßig)} = \frac{\textbf{Wareneinsatz zu Einstandspreisen}}{\textbf{durchschnittlicher Lagerwert}}$$

Sie kann für einzelne Warenarten, Warengruppen, ein ganzes Unternehmen oder einen ganzen Geschäftszweig errechnet werden.

**Beispiel:**

1. mengenmäßige Umschlagshäufigkeit:

| Jahresabsatz | durchschnittlicher Lagerbestand | Umschlagshäufigkeit |
|---|---|---|
| 1.800 Stück | 200 Stück | $\frac{\text{1.800 Stück}}{\text{200 Stück}} = 9$ |

2. wertmäßige Umschlagshäufigkeit:

| Wareneinsatz zu Einstandspreisen | durchschnittlicher Lagerwert | Umschlagshäufigkeit |
|---|---|---|
| 3.600 EUR | 80 EUR | $\frac{\text{3.600 EUR}}{\text{80 EUR}} = 45$ |

### ▶ Lagerdauer

Die Lagerdauer ist die Zeit, die zwischen Ein- und Ausgang der Ware liegt.

$$\textbf{durchschnittliche Lagerdauer} = \frac{\textbf{360 Tage}}{\textbf{Umschlagshäufigkeit}}$$

**Beispiel:**

Bei einer Umschlagshäufigkeit von 9 ist die durchschnittliche Lagerdauer 360 Tage : 9 = 40 Tage.

### ▶ Lagerhaltungskostensatz

Er drückt die Lagerhaltungskosten in einem Prozentsatz aus. Der Grundwert ist der durchschnittliche Lagerbestand in EUR (Lagerwert).

$$\textbf{Lagerhaltungskostensatz} = \frac{\textbf{Lagerhaltungskosten}}{\textbf{durchschnittlicher Lagerwert}} \cdot \textbf{100}$$

**Beispiel:**

| Lagerhaltungskosten | durchschnittlicher Lagerwert | Lagerhaltungskostensatz |
|---|---|---|
| 30.000 EUR | 300.000 EUR | $\frac{30.000 \text{ EUR}}{300.000 \text{ EUR}} \cdot 100 = 10\,\%$ |

### ▶ Lagerzinssatz

Mithilfe des Lagerzinssatzes werden die **kalkulatorischen Kosten** des in den Lagerbeständen gebundenen Kapitals ermittelt. Dabei sollte als Berechnungsgrundlage der Jahreszinssatz des Kapitalmarktes zugrunde gelegt werden.

$$\textbf{Lagerzinssatz} = \frac{\textbf{Kapitalmarktzinssatz} \cdot \textbf{durchschnittliche Lagerdauer in Tagen}}{\textbf{360 Tage}}$$

**Beispiel:**

| durchschnittliche Lagerdauer | Kapitalmarktzinssatz | Lagerzinssatz |
|---|---|---|
| 40 Tage | 9 % | $\frac{9\,\% \cdot 40 \text{ Tage}}{360 \text{ Tage}} = 1\,\%$ |

Soweit sich die Ausgangsdaten nicht ändern, kann der Lagerzinssatz zum Branchen- und Periodenvergleich verwendet werden.

**Beispiel:** In der Geschäftsperiode I sind durchschnittlich 300.000 EUR in den Vorräten gebunden, in der Geschäftsperiode II sind es 400.000 EUR. Bei einem Lagerzinssatz von 0,5 % steigt die kalkulatorische Zinsbelastung von 1.500 EUR auf 2.000 EUR.

### ▶ Lagerzinsen

Die Lagerzinsen geben an, **wie viel EUR das** im durchschnittlichen Lagerbestand **gebundene Kapital kostet.**

$$\textbf{Lagerzinsen} = \frac{\textbf{durchschnittlicher Lagerwert} \cdot \textbf{Lagerzinssatz}}{\textbf{100}}$$

**Beispiel:**

| durchschnittlicher Lagerwert | Lagerzinssatz | Lagerzinsen |
|---|---|---|
| 300.000 EUR | 1,5 % | $\frac{300.000\ \text{EUR} \cdot 1{,}5}{100} = 4.500\ \text{EUR}$ |

### ▶ Kapitaleinsatz

Das Ziel ist eine **möglichst geringe Kapitalbindung** in den Vorräten, aber auch in den Lagergebäuden und Lagereinrichtungen. Weniger Kapital wird benötigt, wenn weniger Waren gelagert werden. Das erfordert ein häufigeres Auffüllen des Lagers, also einen höheren Umschlag, und bedeutet eine Verkürzung der Lagerdauer. Die Anlagen können entsprechend klein gehalten werden.

**Beispiel:**

| | Periode 1 | Periode 2 |
|---|---|---|
| Wareneinsatz (AB + Zugänge – EB)<br>durchschnittliche Lagerdauer<br>Umschlagshäufigkeit | 30.000 EUR<br>24 Tage<br>15 | 30.000 EUR<br>12 Tage<br>30 |
| Wert des durchschnittlichen Lagerbestands (= Kapitaleinsatz) | 2.000 EUR | 1.000 EUR |

Der **Kapitaleinsatz** ist umso **geringer,** je **kürzer die Lagerdauer** bzw. je **höher die Umschlagshäufigkeit** ist.

### ▶ Flächennutzungsgrad

Für die Einlagerung steht nicht die gesamte Fläche des Lagers zur Verfügung. Es sind Verkehrswege, Kommissionierungs- und Verpackungsbereiche, Sicherheitszonen sowie Büro- und Sozialräume notwendig. Zur Errechnung des Flächennutzungsgrades ist die Lagerfläche heranzuziehen, die genutzt werden kann.

$$\textbf{Flächennutzungsgrad} = \frac{\textbf{tatsächlich belegte Fläche}}{\textbf{nutzbare Fläche}}$$

**Beispiel:** Ein Lagerhaus hat nach dem Bauplan einen Grundriss von 100 m x 100 m. Für Verkehrswege werden 2.500 m² benutzt. Die einzulagernden Güter sind auf Paletten (1.200 mm x 800 mm) gestapelt. Es sind regelmäßig Güter auf 6.000 Paletten im Stapellager eingelagert.

$$\text{Flächennutzungsgrad} = \frac{(1{,}2\ \text{m} \cdot 0{,}8\ \text{m})/\text{Palette} \cdot 6.000\ \text{Paletten}}{(10.000\ \text{m}^2 - 2.500\ \text{m}^2)} = \frac{5.760\ \text{m}^2}{7.500\ \text{m}^2} = 0{,}768$$

Die nutzbare Fläche ist zu 76,8 % belegt.

## Zusammenfassende Übersicht zu Kapitel 5.4: Lagerlogistik

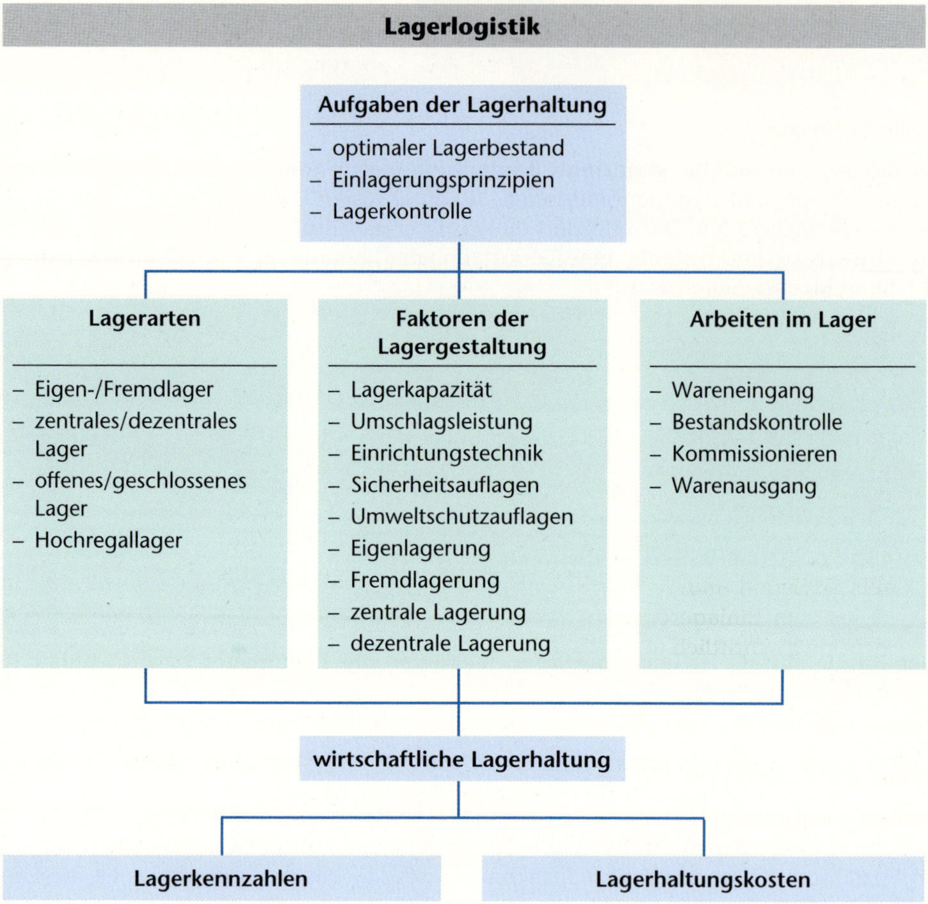


### ▶ Aufgaben und Probleme

1. Beim Textilhaus Müller e. K. sind Artikel der Damen- und Herrenoberbekleidung zu beschaffen. An den Planungen und Entscheidungen hinsichtlich der zu bestellenden Gesamtmenge sind Mitarbeiter der Abteilungen Einkauf und Lager beteiligt. Es ist schwierig, die möglichst optimale Warenmenge zu beschaffen.

   a) Erörtern Sie die Notwendigkeit der Lagerhaltung.

   b) Beschreiben Sie je zwei Folgen

      – einer zu großen Bestellmenge,

      – einer zu kleinen Bestellmenge.

2. Die Großmarkt GmbH besitzt zehn Supermärkte im norddeutschen Raum, die alle vom Zentrallager in Minden beliefert werden. Im Sortiment befinden sich neben Frischwaren wie z. B. Obst, Gemüse, Milch und Käse auch Lebensmittelkonserven,

Tiefkühlkost und Wein. Das Angebot an Non-Food-Artikeln wie z. B. Reinigungsmittel, Kosmetikartikel und Haushaltsgeräte hat man im letzten Jahr vergrößert. Die Einlagerung erfolgt nach dem Prinzip der chaotischen Lagerung.

a) Erläutern Sie vier Aufgaben der Lagerhaltung am Beispiel der Großmarkt GmbH.

b) Nennen Sie Vorzüge, die für die zentrale Lagerung sprechen.

c) Zeigen Sie an drei Artikeln der Großmarkt GmbH, was unter artgerechter Lagerung zu verstehen ist.

d) Beschreiben Sie das Prinzip der chaotischen Lagerung. Geben Sie dabei Voraussetzungen, Vor- und Nachteile an.

e) Erläutern Sie die grundsätzlichen Unterschiede der Lagerung im Zentrallager und in den Supermärkten.

f) Beschreiben Sie mögliche Folgen, wenn bei der Großmarkt GmbH die Eingangskontrolle mangelhaft durchgeführt wird.

3. Die Großhandels-AG Paderborn möchte die aus Nordeuropa stammenden Waren bis zu ihrer Auslieferung an Einzelhändler bei einem gewerblichen Lagerhalter zwischenlagern. Eine infrage kommende Lagergesellschaft legt den Lagerverträgen ihre Lagerbedingungen zugrunde, die u. a. den folgenden Passus enthalten:

   »Die Lagergesellschaft ist im Falle der Lagerung vertretbarer Sachen zu ihrer Vermischung mit anderen Sachen von gleicher Art und Güte befugt. Wird dies allerdings vom Einlagerer nicht gewünscht, so muss er dies vor der Einlagerung ausdrücklich schriftlich mitteilen.«

   a) Beschreiben Sie die Gefahr, die sich durch Sammellagerung für den Einlagerer ergibt.

   b) Durch welche Vorsorgemaßnahmen kann sich der Einlagerer vor den Risiken der Einlagerung bei gewerblichen Lagerhaltern schützen?

   c) Nennen Sie Serviceleistungen der Lagergesellschaft, die das Einlagern bei gewerblichen Lagerhaltern für den Auftraggeber attraktiv machen.

   d) Welche Vorteile ergeben sich für die Großhandels-AG durch die Fremdlagerung?

4. Erläutern Sie, was unter Wegeoptimierung verstanden wird, und nennen Sie Waren, bei denen eine Wegeoptimierung notwendig ist.

5. Vergleichen Sie die manuelle mit der automatischen Kommissionierungstechnik.

6. Die Getränkegroßhandlung Rebstock OHG in Beutelsbach möchte in das lukrative Geschäft mit »Beaujolais Primeur« einsteigen, der jährlich Mitte November auf den Markt kommt und für zwei Monate gute Umsätze verspricht. Da dieser Artikel aber nur vorübergehend im Sortiment ist, prüft die Geschäftsleitung, den Wein in einem nahe gelegenen Lagerhaus einzulagern.

   An Kosten fallen an:

   - bei Eigenlagerung:

     fixe Lagerhaltungskosten 4.000,00 EUR

     variable Lagerhaltungskosten 0,50 EUR/Karton

   - bei Fremdlagerung: 3,00 EUR/Karton

a) Wägen Sie Vor- und Nachteile dieser beiden Lagerarten ab.

b) Nennen Sie je drei typische fixe bzw. variable Lagerhaltungskosten.

c) Führen Sie den rechnerischen Nachweis für die Lagermenge durch, ab der sich die Eigenlagerung lohnt.

7. Eine Wirtschaftlichkeitsprüfung ergab, dass im Beschaffungs- und Lagerbereich die Kosten zu hoch sind. Als Konsequenz soll das Lagerwesen effektiver organisiert werden.

a) Nennen Sie sechs Kostenarten, die im Lager entstehen.

b) Aus der Lagerbuchhaltung liegen folgende Informationen vor:

| | |
|---|---|
| Anfangsbestand: | 320.000 EUR |
| 12 Monatsbestände: | 4.360.000 EUR |
| Umsätze zu Einstandspreisen: | 1.296.000 EUR |

Berechnen Sie folgende Lagerkennzahlen:

- durchschnittlicher Lagerbestand,
- Umschlagshäufigkeit,
- durchschnittliche Lagerdauer,
- Lagerzinssatz bei einem Jahreszinssatz von 12,6 %.

c) Für die Umorganisation des Lagerwesens liegen folgende Empfehlungen vor:

- Das System der chaotischen Lagerhaltung soll eingeführt werden.
- Ein Teil der Waren soll fremd gelagert werden. Hierfür sind folgende Daten bekannt:
  - Kosten bei Fremdlagerung: 3,50 EUR/Stück.
  - Kosten bei Eigenlagerung: 64.000 EUR fix + 1,50 EUR pro Stück.
  - Es soll vermehrt auf Streckengeschäfte umgestellt werden.

Beurteilen Sie die einzelnen Empfehlungen.

8. Der Warenbestand eines Handelsbetriebes betrug zu Beginn eines Geschäftsjahres 220.000 EUR, am Ende des Jahres 260.000 EUR. Im Verlauf des Jahres wurde für 2.200.000 EUR eingekauft. Der Verkaufsumsatz betrug 2.570.000 EUR.

a) Ermitteln Sie den Wareneinsatz.

b) Wie hoch war der durchschnittliche Lagerbestand?

c) Wie groß war die Umschlagshäufigkeit des Warenlagers?

d) Ermitteln Sie die durchschnittliche Lagerdauer.

e) Welcher Lagerzinszuschlag wäre bei der Kalkulation der Waren zu berücksichtigen, wenn für ein Darlehen zur Finanzierung der Lagerinvestitionen 9 % Zinsen zu entrichten wären?

## 5.5 Logistikdienstleister

**Logistikdienstleister** sind gewerbliche Unternehmen, die logistische Leistungen für Dritte erbringen.

Man unterscheidet dabei

### ▶ Third Party Logistics Provider (3PL)

Diese Unternehmen haben ihre Kernkompetenz im Bereich von Transport, Umschlag und Lagerung. Sie setzen dabei ihr eigenes Equipment wie Fuhrpark und Lagerhallen ein. 3PL-Anbieter übernehmen auch weitere Leistungen, sogenannte »value-added services«, wie Zollabfertigung, Regalpflege, Montage oder Fakturierung.

### ▶ Fourth Party Logistics Provider (4PL)

Diese Unternehmen besitzen kein eigenes Equipment, sondern koordinieren Leistungsangebote verschiedener Logistikdienstleister. Damit übernehmen sie die Steuerungsfunktion innerhalb der logistischen Kette und steigern somit die Effizienz der Supply Chain.

**Vorteile** durch **Logistikdienstleistungen**

- Sie senken die Kosten für die Logistikbeschaffung und Logistikabwicklung.
- Sie senken die Transportkosten.
- Die Unternehmen benötigen weniger Personal.
- Die Qualität der Logistikleistung wird durch die Automatisierung bisher »manueller« Tätigkeiten in der Logistik erhöht.
- Das Unternehmen muss kein eigenes Logistik-Know-how aufbauen.
- Unternehmen können den Vorteil des kompletten Leistungsangebotes in einer Hand nutzen.
- Die Kunden erhalten jederzeit einen Überblick über den Status ihrer Aufträge.

### Zusammenfassende Übersicht zu Kapitel 5.5: Logistikdienstleister

**Logistikdienstleister**

| Third Party Logistics Provider | Fourth Party Logistics Provider |
|---|---|
| Einsatz eigener Betriebsmittel für Transport, Umschlag, Lagerung und »value-added services« | Einsatz und Koordination verschiedener Logistikanbieter |

### ▶ Aufgaben und Probleme

1. Was versteht man unter Logistikdienstleister?
2. Wodurch unterscheiden sich 3PL-Provider von 4PL-Providern?
3. Nennen Sie Vorteile durch den Einsatz von Logistikdienstleistern.

# 6 Leistungserstellung im Industrieunternehmen

## 6.1 Bereiche industrieller Tätigkeit

Man unterscheidet folgende Bereiche der industriellen Tätigkeit:

a) **Rohstoff- und Energiegewinnung (Urproduktion).** Hierbei wird ein Naturprodukt gewonnen.

Beispiele: Kohleförderung im Bergbau, Rohölförderung in der Mineralölwirtschaft

b) **Veredelung der Rohstoffe (Grundstoffgewinnung).** Ein Urprodukt wird zum verarbeitungsfertigen Grundstoff verbessert.

Beispiele: Stahlerzeugung in Hüttenwerken, Benzinproduktion in Raffinerien

c) **Verarbeitung.** Aus den Grundstoffen wird ein ge- oder verbrauchsfähiges Endprodukt hergestellt. Man unterscheidet:

1. **Produktionsgüterindustrie.** Sie stellt Produktionsmittel her, mit deren Hilfe man wiederum Güter produziert.

   Beispiele: Kraft- und Werkzeugmaschinen, Datenverarbeitungsanlagen

2. **Konsumgüterindustrie.** Sie erzeugt Wirtschaftsgüter, die unmittelbar der Bedarfsdeckung der privaten Haushalte dienen.

   Beispiele: Nahrungsmittel, Bekleidung

d) **Dienstleistung.** Leistungen, die als technische oder kaufmännische Ergänzungsleistung die eigentliche Sachgütererstellung unterstützen. Sie können je nach Produkt einen größeren Anteil an der betrieblichen Leistungserstellung ausmachen oder als alleiniges Produkt angeboten werden.

Beispiel: Die Automobilhersteller bieten neben dem Fahrzeug auch die Finanzierung des Kaufes und den Bereich der Entsorgung der aus dem Verkehr gezogenen Fahrzeuge an.

## 6.2 Bestimmungsfaktoren des Produktionsprogramms

### Die grundsätzliche Ausrichtung der Programmplanung

Mit der Festlegung auf ein **Produktionsprogramm** wird entschieden, welche Erzeugnisse in welchen Mengen und mit welchem Produktionsprozess im Planungszeitraum hergestellt werden. Zu berücksichtigen sind dabei die Möglichkeiten der Beschaffung, des Absatzes, der Fertigung, der Lagerung und der Finanzierung.

| | strategische Programmplanung | taktische Programmplanung | operative Programmplanung |
|---|---|---|---|
| **Merkmal** | Langfristige **Festlegung der Produktfelder,** in denen sich ein Unternehmen betätigen will. | Mittelfristige **Festlegung von Varianten einzelner Produktfelder** bei einer vorhandenen Produktionstiefe. | Kurzfristige **Festlegung der Mengen,** die in einem bestimmten Zeitraum produziert werden. |

| | strategische Programmplanung | taktische Programmplanung | operative Programmplanung |
|---|---|---|---|
| **Bestimmungsfaktoren** | – Standort des Unternehmens<br>– Umfang und Qualifikation des Personals<br>– zu beschaffende Materialien<br>– gesetzliche Rahmenbedingungen | – technische Neuerungen<br>– Modetrends<br>– Konjunkturlage | – Aufnahmefähigkeit des Marktes<br>– betriebliche Kapazitäten |
| **Beispiele** | Herstellung von Autos | Produktion von Kleinwagen, Mittelklassewagen in verschiedenen Typen mit unterschiedlichen Ausstattungsmerkmalen | Konkreter Fertigungsauftrag für eine bestimmte Zahl von Fahrzeugen mit festgelegten Ausstattungsmerkmalen |

Der Aufstellung des kurz- oder mittelfristigen Produktionsprogramms gehen häufig die **Forschung** und **Entwicklung** voraus.

## Forschung und Entwicklung

### ▶ Forschung

**Forschung** ist das nachprüfbare **Suchen, Formulieren und Lösen von Grundproblemen** nach wissenschaftlichen Methoden.

Man unterscheidet Grundlagenforschung und angewandte Forschung.

| Grundlagenforschung | angewandte Forschung |
|---|---|
| Ziel der **Grundlagenforschung** ist es, den **Stand des technischen Wissens** ohne Absicht späterer betrieblicher Verwendbarkeit **auszuweiten.** | Ziel der **angewandten Forschung** ist es, unter Anwendung bereits vorhandener Forschungsergebnisse **neue technische Lösungen hervorzubringen.** |
| **Beispiel:** Erforschung neuer Werkstoffe, die Metall ersetzen können | **Beispiel:** Erforschung von Carbon als Werkstoff für Karosserieteile |

### ▶ Entwicklung

**Entwicklung** ist darauf gerichtet, **Erzeugnisse zur Produktionsreife zu führen.**

Im Einzelnen hat die Entwicklung dabei folgende Aufgaben:

| **Neuentwicklung** eines Erzeugnisses | **Weiterentwicklung** bereits bestehender Erzeugnisse, die aufgrund des technischen Fortschritts oder zur Erschließung neuer Märkte erforderlich wird | **Entwicklung neuer Betriebsmittel** für die Herstellung von Erzeugnissen |
|---|---|---|
| **Beispiel:** Entwicklung eines neuen Automotors auf Wasserstoffbasis | **Beispiel:** Entwicklung eines Dieselmotors, der die E6-Norm erfüllt | **Beispiel:** Entwicklung einer neuen Prüfvorrichtung zum Motor-Abgastest |

## Zusammenfassende Übersicht zu Kapitel 6.2: Bestimmungsfaktoren des Produktionsprogramms

**Produktionsprogramm**

| strategische Programmplanung (langfristig) | taktische Programmplanung (mittelfristig) | operative Programmplanung (kurzfristig) |
|---|---|---|

**Bestimmungsfaktoren**

Standort, Personal, gesetzliche Rahmenbedingungen, Trends, Konjunkturlage, technische Entwicklungen, Markt, betriebliche Kapazitäten

**Produktionsprogramm**

wird beeinflusst durch

**Forschung** und **Entwicklung**

### ▶ Aufgaben und Probleme

1. Grenzen Sie die Begriffe strategische, taktische und operative Planung gegeneinander ab.
2. »Wer an der Forschung und Entwicklung spart, verliert auch den wirtschaftlichen Anschluss.«

   Begründen Sie die Richtigkeit dieser Aussage.
3. Der Staat gibt große Summen für Forschung und Entwicklung aus. Warum unterstützt er zusätzlich noch Forschung und Entwicklung im Unternehmensbereich?
4. Welche Gründe sprechen für eine enge Zusammenarbeit zwischen den Unternehmensbereichen Forschung und Entwicklung?
5. a) Wann sind Produkte umweltverträglich?

   b) Nennen Sie Maßnahmen, durch die die Materialbeschaffung, die Produktion und der Vertrieb eines Unternehmens umweltverträglich werden.
6. Von der Produktidee zur Produktkonkretisierung:

   Ermitteln Sie Fragestellungen, unter denen Sie für die folgenden Produktideen eine Produktplanung vornehmen:

   – Smartphone am Handgelenk,

   – Mehrwegdosen für den Getränkehandel,

   – Lawinenairbag.

## 6.3 Fertigungsplanung

Die **Fertigungsplanung** hat die Aufgabe, den **Produktionsprozess zu planen und vorzubereiten.**

Die Teilbereiche der Fertigungsplanung sind die Konstruktion, die Arbeitsplanung, die Fertigungssteuerung sowie die Termin- und Reihenfolgeplanung. Die sich daraus ergebenden Aufgaben werden häufig der Abteilung Arbeitsvorbereitung zugeordnet.

### 6.3.1 Konstruktion und Stücklisten

#### Konstruktion

Die Aufgabe der Konstruktion ist es, die Ergebnisse der Entwicklung und Produktgestaltung umzusetzen. Dabei sind die zeichnerische Darstellung und die konstruktionstechnische Beschreibung wichtig.

**a)** Die **Gesamtzeichnung** ist die maßstabsgerechte Darstellung des Erzeugnisses.

**b)** **Die Zeichnungen über einzelne Baugruppen und Einzelteile** enthalten auch Angaben über die zu verwendenden Werkstoffe und die Art ihrer Bearbeitung.

**c)** **Konstruktionsstückliste.** Die in der Gesamtzeichnung enthaltenen Einzelteile werden in der Konstruktionsstückliste (auch Gesamt- oder Urstückliste genannt) aufgeführt. Sie ist nach den technischen Funktionen des Erzeugnisses gegliedert.

Mit der Entwicklung der Produkte werden oftmals komplette Fertigungs- und Montagelinien geplant. In dieser Planungsphase spricht man von **virtuellen Fertigungslinien.** Damit können die Produktionsabläufe bereits vor Produktionsbeginn simuliert und mögliche Fehlerquellen frühzeitig erkannt werden.

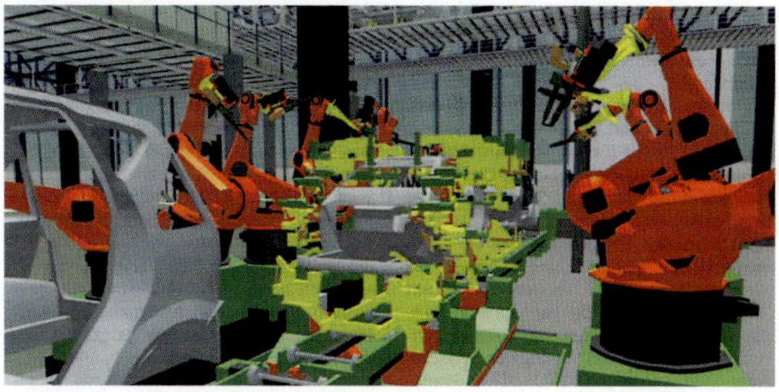

**Virtuelle Fertigungsanlage:** künftige Produktion bis ins Detail durchgespielt

#### Stücklisten

Für die Auftragsvorbereitung muss die Konstruktionsstückliste umgearbeitet werden. Dies geschieht durch die **Stücklistenauflösung.** Darunter versteht man das schrittweise Zerlegen und Aufgliedern des Erzeugnisses in Baugruppen, Einzelteile und Rohstoffe.

Ein **Erzeugnis** ist das verkaufsfähige Endprodukt eines Unternehmens. Es setzt sich aus Baugruppen und/oder Einzelteilen zusammen.

Eine **Baugruppe** ist aus Einzelteilen oder anderen Baugruppen zusammengesetzt.

Baugruppen können unterschiedlich zusammengefügt werden. Dadurch entstehen verschiedene Produkte. Bei diesem Baukastensystem kann die Produktion und Lagerhaltung vereinfacht werden.

Ein **Einzelteil** wird in Eigenfertigung aus **Rohstoffen** hergestellt oder fremdbezogen. Es geht in Baugruppen oder in das Erzeugnis ein.

Man unterscheidet die folgenden Stücklisten:

| **Stücklisten nach dem Umfang der enthaltenen Fertigungsstufen** | **Stücklisten nach dem Verwendungszweck** |
|---|---|
| **Strukturstückliste**<br>Sie enthält den Bedarf an Baugruppen, Einzelteilen und Stoffen in der Reihenfolge aller Fertigungsstufen eines Erzeugnisses. | **Fertigungsstückliste**<br>Sie ist die Grundlage für die Fertigung und Montage der Einzelteile und Baugruppen. |
| **Baukastenstückliste**<br>Sie enthält jeweils nur die Baugruppen und Teile einer Fertigungsstufe. Sie sind vor allem dann zweckmäßig, wenn bestimmte Teile und Baugruppen in mehrere Erzeugnisse eingebaut werden. | **Materialstückliste (Mengenübersichtsstückliste)**<br>Sie dient zur Ermittlung des Materialbedarfs, bei der eine Trennung zwischen den Positionen mit Eigenfertigung und Fremdbezug vorgenommen wird. |

**Beispiel** für die Auflösung der Konstruktionsstückliste in die verschiedenen Stücklisten:

Ein Erzeugnis weist die folgende **Erzeugnisstruktur** aus:

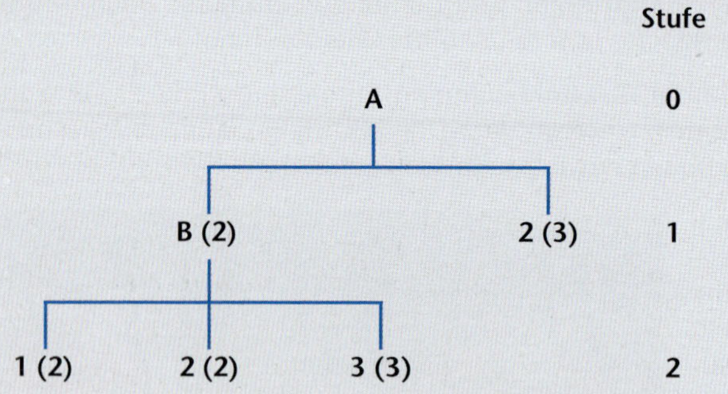


Das Produkt A besteht aus der Baugruppe B und dem Einzelteil 2. Die Baugruppe B wiederum besteht aus den Einzelteilen 1, 2 und 3.

In den Klammern stehen jeweils die Mengen, mit der eine Baugruppe oder ein Teil in die übergeordnete Baugruppe/Produkt eingeht.

Aufgrund der **Stücklistenauflösung** ergeben sich folgende Stücklisten:

| **Mengenübersichtsstückliste Erzeugnis A** | |
|---|---|
| Teile-Nr. | Menge |
| B | 2 |
| 1 | 4 |
| 2 | 7 |
| 3 | 6 |

| **Baukastenstückliste Erzeugnis A** | |
|---|---|
| Teile-Nr. | Menge |
| B | 2 |
| 2 | 3 |

| **Strukturstückliste Erzeugnis A** | | |
|---|---|---|
| Baustufe | Teile-Nr. | Menge |
| • 1 | B | 2 |
| • • 2 | 1 | 4 |
| • • 2 | 2 | 4 |
| • • 2 | 3 | 6 |
| • 1 | 2 | 3 |

Für die Ermittlung der Mengen bei Kleinteilen (C-Güter, Kapitel 3.2.2) werden Schätzverfahren angewandt, um den Materialbedarf zu ermitteln:

- Schätzung auf der Grundlage des durchschnittlichen Verbrauchs vergangener Perioden.
- statistische Verfahren, um den zukünftigen Bedarf vorhersagen zu können.

Eine Sonderform der Stücklisten stellen die **Verwendungsnachweise** dar. Sie klären, in welche übergeordneten Baugruppen die jeweiligen Rohstoffe, Einzelteile oder Baugruppen eingehen. Dies kann dann von Bedeutung sein, wenn Rohstoff- oder Teilelieferungen nicht rechtzeitig im Unternehmen eintreffen.

In der chemischen Industrie spricht man nicht von Stücklisten, sondern von **Rezepturen,** wenn die Zusammensetzung eines Stoffes ermittelt werden soll.

## 6.3.2 Arbeitsplanung

Die Arbeitsplanung erfolgt in der Abteilung »Arbeitsvorbereitung«. Die Aufgabe dieser Abteilung umfasst alle Maßnahmen der Planung, Steuerung und Überwachung der Fertigung. Sie ist somit das Bindeglied zwischen der gestaltenden Arbeit (Entwicklung, Konstruktion) und der ausführenden Arbeit der Fertigungsabteilungen.

Im Einzelnen wird festgelegt, auf welche Art, in welcher Reihenfolge, an welchem Arbeitsplatz, in welcher Zeit und mit welchen Hilfsmitteln ein Teil, eine Baugruppe oder ein Erzeugnis gefertigt wird.

Die Ergebnisse dieser Planung werden im **Arbeitsplan** festgehalten. Er enthält die Arbeitsgänge und deren Reihenfolge, die Arbeitsplatzbezeichnung, die Arbeitszeiten als Sollzeiten sowie die benötigten Werkzeuge und Materialien.

Der **Basisarbeitsplan** führt sämtliche Daten ohne direkten Bezug zu einem konkreten Kundenauftrag auf **(auftragsunabhängige Daten).**

**Beispiel:** Für einen Arbeitsvorgang an einer Drehspindelvorrichtung sind folgende Zeiten vorgesehen: Rüstzeit: 2 Minuten, Stückzeit: 4 Minuten.

Der **Auftragsarbeitsplan** enthält als ergänzende Informationen den Fertigstellungstermin und die Auftragsmenge, aus der sich die Auftragszeit für einen **konkreten Kundenauftrag** ermitteln lässt.

**Beispiel:** Für einen Kundenauftrag von 100 Werkstücken ergeben sich folgende Zeiten: Rüstzeit: 2 Minuten, Stückzeit: 4 Minuten, Belegungszeit: 402 Minuten.

**Druckliste Arbeitsplan** *Rieber* **GmbH & Co. KG**

```
Material 58010207                                          Werk  1
         Rohrrahmen leichte Ausf. 500MM 2+3 Borde
Plangr.  58010207           PlGrZ. 1    Rohrrahmen leichte Ausf. 500MM 2+3 Borde
         LGr. von              1,000    LGr. bis   99.999.999,000      ST
         Verwendung 3                   Status   4          Werk 1
```

**Arbeitsplankopf**: enthält allgemeine Informationen

```
Folge       0      Flg.Art    Stammfolge

Vorgang 0100 010   ArbPlatz     532124    Sägen und entgraten
                   SteuSchl.    PP01
                   Basismenge              1,000  ST
                   Lohn-Rüst            15  MIN  Lohn-Ausf         1,440  MIN
                   Masch-Rüst           15  MIN  Masch-Ausf        1,440  MIN
                   Z.Kalk-Rüst              MIN  Z.Kalk-Ausf              MIN

Vorgang 0200       ArbPlatz     530500    Transport Werk III Serie
                   SteuSchl.    PP05
                   Basismenge              1,000  ST
                   Lohn-Rüst                MIN  Lohn-Ausf                MIN
                   Masch-Rüst               MIN  Masch-Ausf               MIN
                   Z.Kalk-Rüst              MIN  Z.Kalk-Ausf              MIN
```

**Arbeitsvorgangsdaten**: enthalten die Informationen zum Arbeitsgang

Nach der Erstellung der Arbeitspläne schließt sich die Programmierung von Maschinen, Anlagen, Robotern sowie Transport- und Lagersystemen an.

## 6.3.3 Fertigungssteuerung

Die **Fertigungssteuerung** legt die günstigsten **Produktionsmengen,** den **Fertigungsablauf** und die **Fertigungstermine** fest.

### Festlegung der Auftragsgrößen

Eine wichtige Rolle bei der Planung des Arbeitsablaufs spielt die Erzeugnismenge, die in einem Durchgang zusammenhängend hergestellt wird (Los- oder Auftragsgröße). Dabei strebt die Fertigungssteuerung niedrigste Kosten bei Beschaffung, Fertigung, Lagerung und Vertrieb an **(optimale Losgröße);** das Berechnungsverfahren entspricht der Berechnung der optimalen Bestellmenge (Kapitel 3.2.5).

### Die Reihenfolgeplanung

Sie bestimmt, wie die einzelnen Arbeitsgänge für die verschiedenen Erzeugnisse auf die Fertigungsstellen verteilt werden. Dabei sollen Durchlaufzeiten möglichst gering sein und Leerlauf soll vermieden werden (Kapitel 6.3.4).

### Bereitstellung und Einsatz der betrieblichen Produktionsfaktoren

Unmittelbar vor Fertigungsbeginn sind bereitzustellen:

| Betriebsmittel | Arbeitskräfte | Material |
|---|---|---|
| – Werkzeuge und Vorrichtungen müssen vom Lager abgerufen und auf Funktionstüchtigkeit überprüft werden.<br>– Maschinen müssen eventuell instand gesetzt werden.<br>– Maschinen müssen auf die Produktion umgestellt werden.<br>– Maschinen/Anlagen müssen eventuell rechtzeitig bestellt werden. | – Notwendige Stellenbesetzungen müssen vorgenommen werden.<br>– Zusätzliche Mitarbeiter müssen eingestellt werden.<br>– Mitarbeiter müssen eventuell geschult werden. | – Die erforderlichen Materialien müssen rechtzeitg bestellt werden.<br>– Die erforderlichen Materialien müssen rechtzeitig in der richtigen Menge und Qualität am Arbeitsplatz bereitgestellt werden. |

### Organisationsmittel

Aufgabe der Fertigungssteuerung ist es auch, die für die Fertigungsdurchführung ergriffenen Maßnahmen auf entsprechenden Belegen festzuhalten und den Belegfluss zu planen.

Diese Unterlagen dienen in der Produktion zur konkreten Umsetzung des Produktionsauftrages. Sie sind auf die Bedürfnisse des Unternehmens abgestimmt und sind inhaltlich sehr oft ähnlich aufgebaut.

Man unterscheidet die folgenden Belegarten:

| Belegart | Beschreibung | Aufbau (Inhalt) |
|---|---|---|
| **Laufkarte** | begleitet das Produkt während des Produktionsprozesses (Fertigungsbegleitkarte). | – ausführende Stelle<br>– Arbeitsgänge<br>– Reihenfolge des Durchlaufs<br>– Termin der Fertigstellung |
| **Prüfanweisung** | dient als Grundlage für die vorgesehenen Qualitätskontrollen während der Fertigung. | – Umfang der Prüfung<br>– zeitliche Vornahme der Prüfung<br>– Prüfvorrichtung<br>– Verantwortliche |
| **Materialentnahmeschein** | dient als Beleg der Werkstoffausgabe. | – Materialart<br>– zu belastender Auftrag<br>– Zeitpunkt der Entnahme |
| **Lohnschein** | dient als Grundlage für die Lohnabrechnung des Mitarbeiters. | – Name, Lohngruppe des Mitarbeiters<br>– ausgeführte Tätigkeit<br>– benötigte Zeit |

In modernen Industriebetrieben erfolgt die **Erfassung meist in digitaler Form.**

## 6.3.4 Optimaler Betriebsmitteleinsatz mittels Termin- und Reihenfolgeplanung

Die Termin- und Reihenfolgeplanung haben das Ziel, die innerhalb einer bestimmten Zeit anfallenden Aufträge fristgerecht zu erledigen.

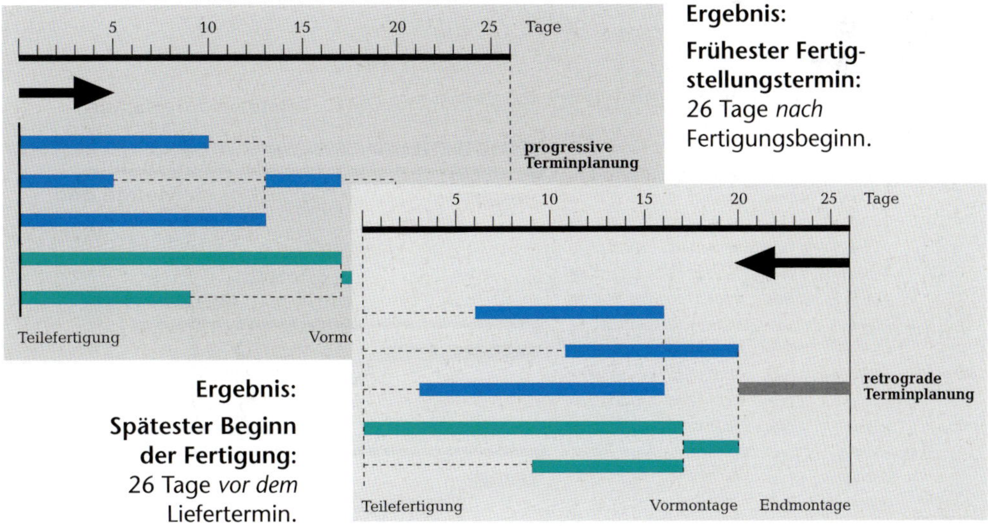


**Ergebnis:**

**Frühester Fertigstellungstermin:**
26 Tage *nach* Fertigungsbeginn.

**Ergebnis:**

**Spätester Beginn der Fertigung:**
26 Tage *vor dem* Liefertermin.

Bei Kundenaufträgen ohne festen Liefertermin und bei Lageraufträgen wird die **progressive Terminbestimmung** (Vorwärtsterminierung) angewandt. Dabei wird der Fertigstellungstermin eines Auftrags errechnet, indem man vom Fertigungsbeginn des ersten Arbeitsganges ausgeht und die Zeiten aller geplanten Arbeitsgänge addiert.

Bei Kundenaufträgen mit festem Liefertermin wird die Terminplanung durch **retrograde Terminbestimmung** (Rückwärtsterminierung) durchgeführt. Ausgangszeitpunkt ist der vorgegebene Liefertermin. Durch Abzug der geplanten Durchführungszeiten wird der Fertigungsbeginn errechnet.

## Terminplanung mittels Netzplantechnik

Mit Netzplänen werden die folgerichtigen (logischen) und zeitlichen Verknüpfungen von Tätigkeiten, die voneinander abhängen und sich gegenseitig beeinflussen, aufeinander abgestimmt und bildlich dargestellt.

Die Auswertung des Netzplanes erfolgt bei sehr umfangreichen Projekten durch Datenverarbeitungsanlagen. Es stehen dafür Rechenprogramme zur Verfügung, die in der Regel neben der Zeitplanung auch eine Kosten- und Kapazitätsplanung enthalten.

## Reihenfolgeplanung mittels Maschinenbelegungsplan

Er zeigt, zu welchen Zeiten die einzelnen Maschinen für die verschiedenen Fertigungsaufträge beansprucht werden. Dabei wird ersichtlich, ob die einzelnen Maschinen optimal ausgelastet, d. h. nicht unterbelastet (Leerlauf) und nicht überbelastet (erhöhte Abnutzung) sind. Er ist damit ein Mittel der Terminplanung.

Die Darstellung kann z. B. in einer Schautafel in Form eines **Balkendiagramms (Gantt-Diagramm)** erfolgen.

**Beispiel:** Belegungsplan für vier maschinelle Anlagen. Der Maschinenbelegungsplan ist mithilfe eines Projektplanungssystems erstellt worden.

Die Planungsperiode eines Betriebs beträgt 21 Tage. Zur Erledigung von 5 Aufträgen stehen 4 maschinelle Anlagen zur Verfügung, die dabei folgendermaßen beansprucht werden:

Auftrag 1 : 2 Tage MA 1; 5 Tage MA 4; 4 Tage MA 2; 5 Tage MA 3

Auftrag 2 : 7 Tage MA 2; 5 Tage MA 3; 6 Tage MA 1

Auftrag 3 : 5 Tage MA 4; 4 Tage MA 1; 3 Tage MA 3; 4 Tage MA 2

Auftrag 4 : 4 Tage MA 3; 3 Tage MA 2; 2 Tage MA 1; 4 Tage MA 4

Auftrag 5 : 4 Tage MA 1; 4 Tage MA 3; 5 Tage MA 4

| | Vorgangsname | Dauer | Anfang | Ende |
|---|---|---|---|---|
| 1 | **Gesamtzeit** | 21 Tage | Mo 18.01.16 | Mo 15.02.16 |
| 2 | **Maschine 1** | **19 Tage** | **Mo 18.01.16** | **Do 11.02.16** |
| 3 | Auftrag 5 | 4 Tage | Mo 18.01.16 | Do 21.01.16 |
| 4 | Auftrag 1 | 2 Tage | Fr 22.01.16 | Mo 25.01.16 |
| 5 | Auftrag 3 | 4 Tage | Di 26.01.16 | Fr 29.01.16 |
| 6 | Auftrag 4 | 2 Tage | Mo 01.02.16 | Di 02.02.16 |
| 7 | Auftrag 2 | 6 Tage | Do 04.02.16 | Do 11.02.16 |
| 8 | **Maschine 2** | **16 Tage** | **Mo 18.01.16** | **Mo 08.02.16** |
| 9 | Auftrag 2 | 7 Tage | Mo 18.01.16 | Di 26.01.16 |
| 10 | Auftrag 4 | 3 Tage | Mi 27.01.16 | Fr 29.01.16 |
| 11 | Auftrag 3 | 2 Tage | Mo 01.02.16 | Di 02.02.16 |
| 12 | Auftrag 1 | 4 Tage | Mi 03.02.16 | Mo 08.02.16 |
| 13 | **Maschine 3** | **21 Tage** | **Mo 18.01.16** | **Mo 15.02.16** |
| 14 | Auftrag 4 | 4 Tage | Mo 18.01.16 | Do 21.01.16 |
| 15 | Auftrag 5 | 4 Tage | Fr 22.01.16 | Mi 27.01.16 |
| 16 | Auftrag 2 | 5 Tage | Do 28.01.16 | Mi 03.02.16 |
| 17 | Auftrag 3 | 3 Tage | Do 04.02.16 | Mo 08.02.16 |
| 18 | Auftrag 1 | 5 Tage | Di 09.02.16 | Mo 15.02.16 |
| 19 | **Maschine 4** | **21 Tage** | **Mo 18.01.16** | **Mo 15.02.16** |
| 20 | Auftrag 3 | 5 Tage | Mo 18.01.16 | Fr 22.01.16 |
| 21 | Auftrag 1 | 5 Tage | Di 26.01.16 | Mo 01.02.16 |
| 22 | Auftrag 4 | 4 Tage | Mi 03.02.16 | Mo 08.02.16 |
| 23 | Auftrag 5 | 5 Tage | Di 09.02.16 | Mo 15.02.16 |

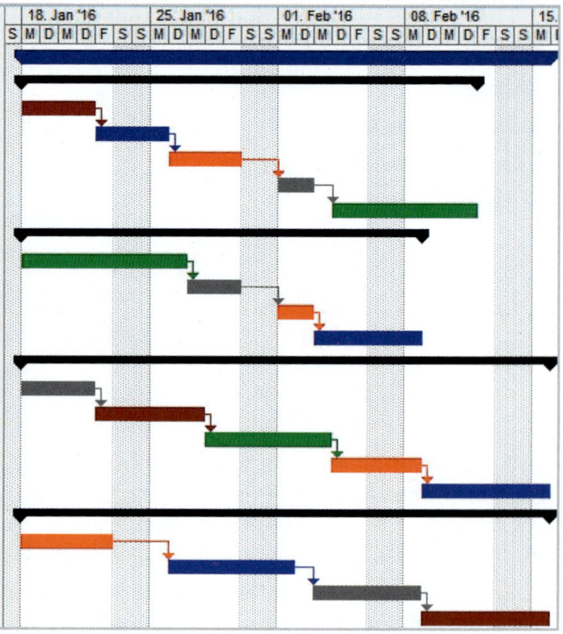

## 6.3.5 Produktionsplanungs- und -steuerungssystem (PPS)

Zur optimalen Abwicklung der Fertigungsplanung und Fertigungssteuerung werden Produktionsplanungs- und -steuerungssysteme eingesetzt.

Mit ihnen werden sämtliche vorausschauenden organisatorischen, technischen und wirtschaftlichen Überlegungen und Maßnahmen vorgenommen, um eine reibungslose und termingerechte Erzeugung von Gütern und Dienstleistungen zu erreichen.

### Aufgaben von Produktionsplanungs- und -steuerungssystemen

- Planung und Steuerung der Produktionsabläufe,
- Verwaltung und Auswertung der Daten für die damit verbundenen Abläufe.

PPS-Systeme begleiten somit den gesamten betrieblichen Durchlauf eines Produktes. Dafür ist eine Datenbank die notwendige technische Voraussetzung. Sie ermöglicht es, dass über alle betrieblichen Funktionsbereiche hinweg auf einheitliche und für alle Nutzer gleichermaßen aktuelle Daten bzw. Informationen zurückgegriffen werden kann.

### Ziele von Produktionsplanungs- und -steuerungssystemen

Innerhalb des Betriebes sollen die Fertigungsabläufe so geplant werden, dass

- Fertigungskapazitäten (Maschinen, Arbeitsplätze) optimal belegt sind,
- Durchlaufzeiten für die einzelnen Aufträge möglichst gering sind,
- geplante Termine eingehalten werden,
- Bestände so niedrig wie möglich gehalten werden können,
- Kapitalbindungskosten minimiert werden.

### Funktionen der Auftragsabwicklung mit Produktionsplanungs- und -steuerungssystemen

Ein **PPS-System** hat folgende **Funktionen:**

| Funktion | Aufgabe | Daten |
|---|---|---|
| **Mengenplanung** | – Ermittlung der Mengen an Werkstoffen, Einzelteilen und Baugruppen (optimale Bestellmenge)<br>– Ermittlung des Umfangs der Fertigungsaufträge (optimale Losgröße) | – Kundenaufträge<br>– Lageraufträge<br>– Lagerbestände<br>– Preise und Kosten<br>– Stücklisten |
| **Terminplanung** | – Ermittlung der gesamten Durchlaufzeit für einen oder mehrere Fertigungsaufträge<br>– Ermittlung von Anfangs- und Endterminen | – Rüstzeiten<br>– Übergangszeit (Transport-, Warte- und Liegezeiten)<br>– Bearbeitungszeiten eines Werkstückes |
| **Kapazitätsplanung** | – Prüfung, ob genügend Kapazitäten vorhanden sind<br>– Vermeidung von Engpässen durch Einleitung von Gegenmaßnahmen | – Kundenaufträge<br>– Lageraufträge<br>– vorhandene Betriebsmittel<br>– Personalstand |

| Funktion | Aufgabe | Daten |
|---|---|---|
| **Auftrags-veranlassung und -überwachung** | – Bereitstellung der Fertigungsunterlagen<br>– Überwachung des Fertigungsfortschritts<br>– Einleitung von Korrekturmaßnahmen | – Auftragsarbeitspläne<br>– Laufkarten<br>– Lohnscheine<br>– Werkzeugwechselpläne<br>– Maschinenbelegungspläne |

## Zusammenfassende Übersicht zu Kapitel 6.3: Fertigungsplanung

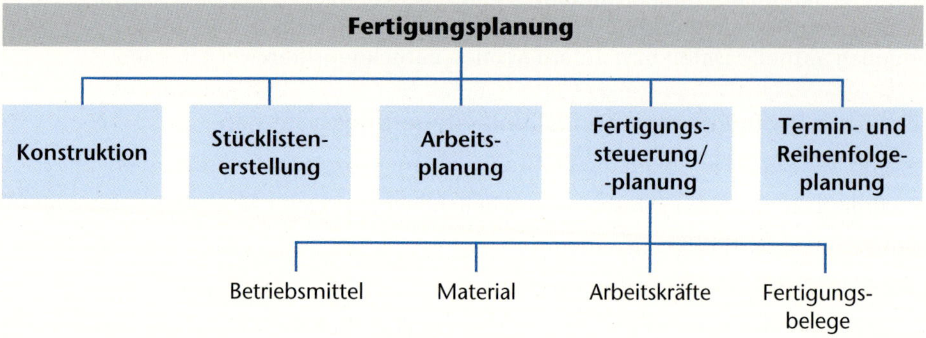


### ▶ Aufgaben und Probleme

1. Die Konstruktionsabteilung erhält aufgrund eines Kundenauftrages zur Herstellung von 1.000 Gartentischen die Aufgabe, eine Gesamtzeichnung und die dazugehörige Konstruktionsstückliste zu erstellen. Die Konstruktionsstückliste sollte nach folgendem Schema aufgebaut sein:

   | lfd. Nr. | Menge | Teile-Nr. | Benennung | Material | Hinweise |
   |---|---|---|---|---|---|
   | | | | | | |

   Folgende Angaben sind vorhanden:
   - vier Tischbeine, 70 cm hoch, Stahlrohr, durch Quer- und Längsstreben verbunden.
   - eine Tischplatte, 60 x 120 x 3, Holz.
   - Die Tischplatte wird mit sechs Winkeleisen an der Stahlrohrkonstruktion befestigt (jeweils zwei Schrauben).
   - Die Tischbeine erhalten als Sockel Kunststoffabdeckungen.
2. Stellen Sie einen vereinfachten Arbeitsplan auf, um den von Ihnen konstruierten Gartentisch (vgl. Aufgabe 1) in der Abteilung Endmontage zusammenbauen zu können.
3. Begründen Sie, weshalb Konstruktionsdaten (z. B. Stücklisten) in modernen Industriebetrieben unmittelbar in der zentralen Datenbank gespeichert werden.

4. Klären Sie, welche Bedeutung Stücklisten im Unternehmen haben für
   - die Fertigung,
   - die Bedarfsermittlung und die Materialdisposition,
   - das Ersatzteilwesen,
   - die Kalkulation.
5. Manche Fertigteile werden von den Zulieferern direkt zur Produktion angeliefert. Welche Vorteile und welche Risiken hat diese fertigungssynchrone Anlieferung?
6. Der vereinfachte Basisarbeitsplan der KÜHLsys GmbH zur Herstellung eines Kühlgehäuses enthält folgende Angaben (Zeitangaben in Minuten):

| Arbeitsvorgang | Beschreibung | tr* | te* | tT* |
|---|---|---|---|---|
| 010 | Formen Blech | 30 | 3 | 25 (für 50 St.) |
| 020 | Stanzen Blech | 40 | 4 | 20 (für 50 St.) |
| 021 | Stanzvorgang für 2 Teile gleichzeitig | | | |

* tr = Rüstzeit; te = Stückzeit; tT = Transportzeit

   a) Ermitteln Sie die Auftragszeit für einen Auftrag von 200 Kühlgehäusen.
   b) Berechnen Sie die Auftragszeit in Arbeitstagen (1 Arbeitstag = 7,5 Stunden).
7. Ein Motorenhersteller produziert Vierzylinderreihenmotoren. Die vereinfachte Erzeugnisstruktur des Motors hat das unten dargestellte Aussehen. Das Erzeugnis besteht aus den Baugruppen G1 und G2 sowie aus den Einzelteilen T1 bis T10. In Klammern stehen die jeweiligen Mengenangaben.

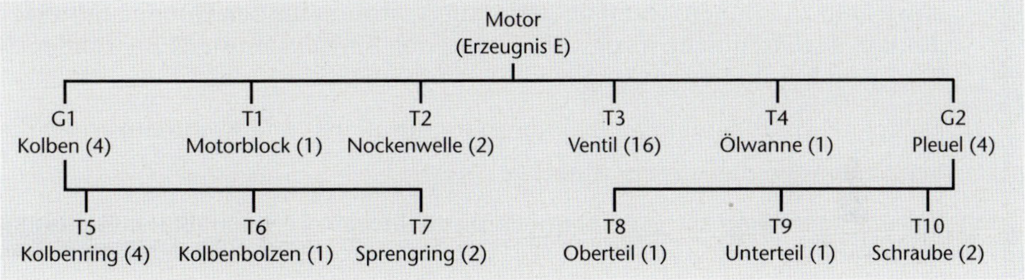


   a) Erstellen Sie die Mengenübersichtsstücklisten,
      - für einen Motor,
      - für einen Kundenauftrag über 500 Motoren.
   b) Erstellen Sie
      - die Baukastenstücklisten,
      - die Strukturstückliste für den Motor.
8. In einem Metall verarbeitenden Unternehmen werden die drei Werkstätten Stanzen und Formen (I), Sägen und Bohren (II) sowie Lackieren (III) betrieben. Bei der Auftragsbearbeitung muss die vorgegebene Reihenfolge der Werkstätten eingehalten werden.

   Gegenwärtig sind fünf Kundenaufträge für die unterschiedlichen Produkte A, B, C, D, E auf die Werkstätten zu verteilen. Die Produkte durchlaufen die einzelnen Werkstätten jeweils tageweise. Eine Trennung in Losgrößen ist nicht möglich. Aufgrund der Arbeitspläne ergeben sich folgende Abläufe:

| | | | |
|---|---|---|---|
| A | 1 Tag in I, | 1 Tag in II, | 1 Tag in III; |
| B | 2 Tage in I, | 1 Tag in II, | 1 Tag in III; |
| C | 2 Tage in I, | 3 Tage in III; | |
| D | 1 Tag in I, | 2 Tage in II, | 1 Tag in III; |
| E | 1 Tag in II, | 1 Tag in III. | |

a) Ermitteln Sie die optimale Belegung der drei Werkstätten. Verwenden Sie für Ihre Lösung ein Balkendiagramm.

b) Ermitteln Sie rechnerisch, zu wie viel Prozent die einzelnen Werkstätten in diesem Zeitraum ausgelastet sind (Auslastungsgrad).

9. Für den Bereich der Produktion Tischbeine stehen in der Abteilung Rohbau nur noch begrenzte Kapazitäten zur Verfügung. Die bisherigen Kapazitäten sind gegenwärtig durch andere Aufträge belegt. Die bestehende Belastungsübersicht vor der Berücksichtigung des neuen Kundenauftrages sieht für diese Abteilung bei einer möglichen betrieblichen täglichen Auslastung von neun Stunden wie folgt aus.

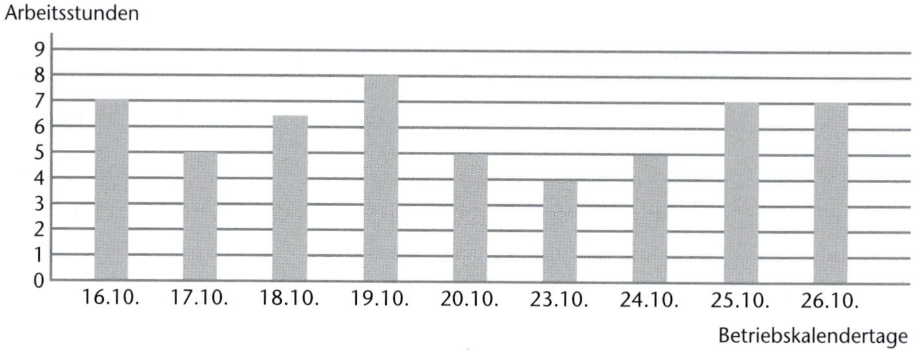


Welche Möglichkeiten hat das Unternehmen, um den Kundenauftrag fristgerecht abwickeln zu können, wenn im Fertigungszeitraum für den Kundenauftrag zur Produktion der Tischbeine insgesamt 32 Stunden einzulasten sind? Begründen Sie Ihre Entscheidung und deren mögliche Auswirkungen.

10. Netzpläne sind Planungs-, aber auch Organisations- und Kontrollinstrumente.

Begründen Sie diese Feststellung.

11. Warum kann man die Netzplantechnik nicht bei routinemäßigen Daueraufgaben einsetzen?

## 6.4 Fertigungsdurchführung

Bei der Festlegung des Fertigungsablaufs muss sich die Unternehmensleitung für die jeweils geeignete Fertigungsart entscheiden.

| Fertigungsarten | | |
|---|---|---|
| nach der **Menge** gleichartiger Erzeugnisse | nach der **Fertigungsorganisation** | nach der **Produktionstechnik** |
| – Einzelfertigung<br>– Mehrfachfertigung<br>· Serienfertigung<br>· Sortenfertigung<br>· Partiefertigung<br>· Chargenfertigung | – Werkstattfertigung<br>– Werkstättenfertigung<br>– Reihenfertigung<br>– Fließfertigung<br>– Gruppenfertigung<br>– Baugruppenfertigung (Modulefertigung)<br>– Baustellenfertigung | – manuelle Fertigung<br>– maschinelle Fertigung<br>– automatisierte Fertigung<br>– flexible Fertigungssysteme |

## 6.4.1 Fertigungsarten nach der Menge gleichartiger Erzeugnisse

### Einzelfertigung

Jedes Stück ist ein Erzeugnis eigener Art. Es wird nur in einer Ausführung hergestellt.

**Beispiele:** Kreuzfahrtschiff, Turbine, Papiermaschine, Maßkleid, Einbauschrank

Der Fertigungsprozess muss für jedes Erzeugnis von Neuem geplant und durchgeführt werden. Der Betrieb muss deshalb über einen vielseitig verwendbaren Maschinenpark **(Universalmaschinen)** verfügen.

Innerhalb der Einzelfertigung gewinnt das **Rapid Manufacturing (Additive Manufacturing)** zunehmend an Bedeutung. Dabei wird mittels Lasertechnologie ein bestimmtes Material (Kunststoff, Papier, Metall) schichtweise zu Formen oder Endprodukten erzeugt. Die Herstellung von Erzeugnissen erfolgt durch den Ausdruck von 3-D-Datensätzen. Es werden keine Formteile mehr benötigt, in denen Teile oder Produkte gegossen werden müssen. Bei diesem Produktionsverfahren können individuelle Aufträge und auch kleine Serien rasch ausgeführt werden. Kundenwünsche können unmittelbar in der Produktgestaltung berücksichtigt werden.

**Beispiele:** Herstellung von Spezialwerkzeugen im Automobilbau, Herstellung von medizintechnischer Ausrüstung oder von Implantaten

### Mehrfachfertigung

Wenn die Absatzlage und die Kapazität es erlauben, werden aus Kostengründen **größere Erzeugnismengen** produziert. Die Mehrfachfertigung erfolgt meistens nicht auf Bestellung, sondern für den anonymen Markt.

| Verfahren | Merkmal | Beispiele |
|---|---|---|
| **Serienfertigung** | Gleiche Erzeugnisse werden in begrenzter Stückzahl (Auflage) hergestellt. | – Kühlschränke<br>– Fernseher |
| **Serieneinzelfertigung** | Innerhalb einer in begrenzter Stückzahl gefertigten Serie werden eine Vielzahl von Sonderwünschen der Kunden berücksichtigt. | Fertighausbau: Die Wünsche des Bauherren nach geänderter Fassadengestaltung werden berücksichtigt. |
| **Sortenfertigung** | Aus dem gleichen Grundstoff werden verschiedene Ausführungen des gleichen Erzeugnisses hergestellt. Die Erzeugnisse unterscheiden sich lediglich in der Güte, Farbe, Form oder Größe. | – Seife<br>– Schokolade |

### Massenfertigung

Gleiche Erzeugnisse werden auf unbestimmte Zeit in unbegrenzten Mengen hergestellt. Massenfertigung erfolgt ausschließlich für den anonymen Markt.

**Beispiele:** Schrauben, Zement, Flaschen, Bleistifte, Heizöl

## 6.4.2 Fertigungsarten nach der Fertigungsorganisation

### Werkstattfertigung

Alle Arbeitsvorgänge vollziehen sich in **einer Werkstatt** in Einzelplatzarbeit durch vielseitig ausgebildete Arbeitskräfte.

**Beispiel:** In einem Kleinunternehmen werden nach Kundenauftrag Metallelemente für geplante Wintergärten erstellt. Die Werkstücke werden in der Werkstatt hergestellt.

### Werkstättenfertigung

Die einzelnen Werkstücke durchlaufen **mehrere Werkstätten** zur Durchführung der aufeinanderfolgenden Arbeitsgänge. In einer Werkstatt stehen nur jeweils gleichartige Maschinen.

**Beispiel:** Ein mittelständisches Unternehmen produziert als Zulieferer für einen Fertighaushersteller Stahltreppen und Metallteile. Die Produkte durchlaufen die Abteilungen Zuschnitt, Schweißerei, Schleiferei, Lackierung.

### Reihenfertigung

Die Betriebsmittel werden in der Reihenfolge der vorzunehmenden Arbeiten angeordnet, sodass Fertigungsstraßen entstehen. Der Arbeitsfluss ist zeitlich ungebunden.

**Beispiel:** Herstellung von Flugzeugteilen in der Flugzeugindustrie

### Fließfertigung

Sie ist eine Reihenfertigung mit zeitlich gebundenem Arbeitsablauf (mit vorgegebenem »**Takt**«) zur Herstellung größerer Mengen gleichartiger Erzeugnisse. Dabei sind Arbeitsplätze und Maschinen entsprechend der Arbeitsfolge angeordnet; die Werkstücke werden automatisch zum nächsten Arbeitsplatz befördert.

**Beispiel:** Herstellung von Fahrzeugen in der Automobilindustrie

### Gruppenfertigung

Die Gruppenfertigung erlaubt eine Kombination unterschiedlicher Fertigungsarten. Sie reichen vom Fließband bis hin zu Arbeiten am stehenden Fertigungsobjekt **(Boxenlösung).** Die zur Fertigung eines Erzeugnisses notwendigen Arbeitsplätze und Maschinen werden zu Gruppen zusammengefasst **(Fertigungsinseln).**

**Beispiel:** In einem Automobilwerk wird die Fertigung von Türen aus der Fließfertigung herausgenommen und in Gruppenfertigung vorgenommen.

### Baugruppenfertigung (Modulefertigung)

Die Tendenz zur »schlanken Fabrik« erfordert oft eine Verringerung der Anzahl der Fertigungsstufen im eigenen Unternehmen. Die Zulieferer stellen ganze montagefertige **Baugruppen (Module)** her, die bisher vom Erzeugnishersteller selbst gefertigt wurden **(Outsourcing, Modular Sourcing);** sie werden zu **Systemlieferanten.**

**Beispiele:**

1. **Automobilindustrie:** Klimaanlagen, Automatikgetriebe, Armaturenbretter, Kabelbäume, Türen
2. **Computerindustrie:** Laufwerke, Festplatten

Mit solchen Systemlieferanten wird schon während der Entwicklung eines Produktes eng zusammengearbeitet **(Simultaneous Engineering).** Vor Beginn der Erzeugnisproduktion wird dann ein **Just-in-time-Konzept** für die reibungslose Anlieferung der Module direkt an die Montagestraßen erarbeitet. Der Einsatz der Datenverarbeitung ermöglicht, dass

Logistikunternehmen die termingenaue Anlieferung kompletter Module auch über weite Entfernungen bewältigen.

**Beispiel:** Bau eines Hotels: Komplette Zimmer mit Einrichtung werden in den Rohbau eingefügt.

### Baustellenfertigung

Der Arbeitsgegenstand ist infolge seines Gewichtes, seiner Größe oder des vorgegebenen Standortes ortsgebunden; die Betriebsmittel, Werkstoffe und Arbeitskräfte müssen zur Baustelle geschafft werden.

**Beispiele:** Herstellung von Gebäuden, Straßen, Brücken

## 6.4.3 Fertigungsarten nach der Produktionstechnik

| Verfahren | Merkmal | Beispiele |
|---|---|---|
| **manuelle Fertigung** | Die Arbeit wird von Hand durchgeführt. | Der Schreiner erstellt ein Regal. |
| **maschinelle Fertigung** | Maschinen übernehmen die Führung des Werkstückes und des Werkzeuges. Der Anteil körperlichen Arbeitsaufwandes ist bei maschineller Fertigung gering. | An einem Drehautomaten mit mechanischer Steuerung werden Schrauben in großer Stückzahl hergestellt. |
| **automatisierte Fertigung** | Technische Einrichtung mit vollautomatischen Anlagen. Der gesamte Arbeitsablauf wird von Maschinen nach vorgegebenem Programm gesteuert, kontrolliert und korrigiert. | Industrieroboter produzieren Karosserien im Automobilbau. |

Automatisierung erfordert hohe Investitionen, die nur bei Großserien- oder Massenfertigung rentabel sind. Außerdem werden durch Automatisierung herkömmliche Arbeitsplätze überflüssig und es werden neue Arbeitsplätze geschaffen.

| Probleme der Automatisierung | |
|---|---|
| **Kostenprobleme** | Hohe Investitionen verursachen hohe Fixkostenanteile an den Gesamtkosten, die nur durch laufend hohe Produktionszahlen gedeckt werden können. |
| **Absatzprobleme** | Automatisierung erfordert Großserien- oder Massenfertigung. Dies wiederum erfordert einen gleichmäßig hohen Absatz, der durch die Globalisierung der Märkte und damit steigender Konkurrenz gefährdet sein kann. |
| **soziale Probleme** | Automatisierung schafft Berufswandel und damit das Erfordernis zur laufenden Weiterqualifizierung. Eventuell freigesetzte Mitarbeiter müssen flexibel auf die beruflichen Veränderungen reagieren, mit Auswirkungen auf deren Familien. |
| **arbeitsrechtliche Probleme** | Freigesetzte Mitarbeiter müssen anderweitig eingesetzt werden, unter Umständen zu schlechteren Bedingungen. |

### 6.4.4 Flexible Fertigungssysteme

**Flexible (anpassungsfähige) Fertigungssysteme** sind geeignet, gleichzeitig unterschiedliche Erzeugnisse herzustellen. Sie bestehen aus mehreren Einzelmaschinen an verschiedenen Bearbeitungsstationen, die durch ein gemeinsames Informations- und Materialflusssystem miteinander verknüpft sind.

**Beispiel:** vollautomatisierte Fertigungsstraße im Automobilbau

**Zusammenfassende Übersicht zu Kapitel 6.4: Fertigungsdurchführung**

**Fertigungsdurchführung**

↓

**Fertigungsarten**

nach der **Menge gleichartiger Erzeugnisse**
- Einzelfertigung
- Mehrfachfertigung
  - Serienanfertigung
  - Sortenfertigung
  - Partiefertigung
  - Chargenfertigung

nach der **Fertigungsorganisation**
- Werkstattfertigung
- Werkstättenfertigung
- Reihenfertigung
- Fließfertigung
- Gruppenfertigung
- Baugruppenfertigung
- Baustellenfertigung

nach der **Produktionstechnik**
- manuelle Fertigung
- maschinelle Fertigung
- automatisierte Fertigung
- flexible Fertigungssysteme

**▶ Aufgaben und Probleme**

1. Bei einem Rundgang durch verschiedene Abteilungen eines Industriebetriebes stellen Sie verschiedene Anordnungen der Betriebsmittel fest.

   a) Unterscheiden Sie die Fertigungsarten nach verschiedenen Kriterien.

   Welche Fertigungsart liegt vor?

   b) Stanzmaschinen einerseits und Drehbänke andererseits sind räumlich für sich untergebracht.

   c) Fertigteile werden von Arbeitskräften montiert und das unfertige Erzeugnis im Zeittakt weitertransportiert.

   d) Maschinen und Arbeitsplätze sind hintereinander geschaltet, die Werkstücke werden durch Elektrokarren je nach Bedarf weiterbefördert.

   e) Die Motoren werden von einem bestimmten Arbeitsteam montiert. Die dazu notwendigen verschiedenartigen Betriebsmittel werden von den Teammitgliedern bedient.

2. a) Klären Sie den Begriff des Rapid Manufacturing.
   b) Begründen Sie, weshalb mit dieser Technologie vollkommen neue Perspektiven für die Produktion entstehen.

3. Das Wort »Massenproduktion« erweckt oft die Vorstellung minderer Qualität.

   Nehmen Sie dazu Stellung.

4. Welche Maßnahmen auf dem Gebiet des Absatzes werden durch Massenproduktion notwendig?

5. Die Elektro GmbH, Cottbus, stellt Mikrowellengeräte her. Der Betriebsleiter überlegt, ob von der Werkstättenfertigung auf Fließfertigung übergegangen werden soll.
   a) Stellen Sie die Unterschiede der beiden Fertigungsarten anhand folgender Merkmale einander gegenüber:
      - Anordnung der Betriebsmittel,
      - Menge der in einem Arbeitsgang zu fertigenden Werkstücke,
      - Flexibilität,
      - Transportwege.
   b) Welche Gründe sprechen für die Beibehaltung der Werkstättenfertigung bzw. für die Einführung der Fließfertigung?

6. Im Rahmen der Diskussion zur »Humanisierung« der Arbeitswelt spricht man bei der Gruppenfertigung im Vergleich zur Fließfertigung von der humaneren Arbeitsform.

   Nehmen Sie dazu Stellung.

7. Stellen Sie in einer Tabelle die Vor- und Nachteile einzelner Fertigungsarten dar:
   a) aus Sicht des produzierenden Unternehmens,
   b) aus Sicht der Beschäftigten.

8. Automatisierte Fertigung ist eine wesentliche Voraussetzung für eine kostengünstige und verbraucherorientierte Produktion.

   Welche Vor- und Nachteile ergeben sich bei der Automation
   a) für den Arbeitgeber,
   b) für den Arbeitnehmer?

9. a) Welche Ursachen können den Fertigungsablauf stören?
   b) Nennen Sie Maßnahmen
      - zur Behebung aufgetretener Störungen,
      - zur Vermeidung möglicher Störungen.

# 6.5 Produktionscontrolling und Rationalisierung

## 6.5.1 Produktionscontrolling

Das **Produktionscontrolling** ermittelt Daten aus dem Bereich der Fertigung, bereitet diese auf und stellt sie als **Kennzahlen** zur **Lenkung der Fertigung** zur Verfügung.

### 6.5.1.1 Quantitäts- und Qualitätskontrolle

Die im Rahmen des Produktionscontrollings ermittelten Kennzahlen gewinnen an Aussagekraft, wenn sie verglichen werden mit

- den Zahlen früherer Perioden,
- geplanten oder festgelegten Kennzahlen,
- Branchenkennzahlen.

Um effektiv mit Kennzahlen arbeiten zu können, müssen Ziele

- vorher festgelegt und als Zielvereinbarung mit den Mitarbeitern besprochen sein.
- eindeutig und erreichbar sein.
- regelmäßig überprüft und die Auswertung den Mitarbeitern gegenüber dargestellt werden.

Die Verwendung der Kennzahlen kann zu neuen Zielvereinbarungen führen.

#### Quantitätskontrolle

Bei der Quantitätskontrolle geht es um die mengenmäßige Verbesserung der Produktionsabläufe.

**Beispiel:** Die Ausbringung je Mitarbeiter wird in der Folgeperiode um 5 % erhöht.

Ein Mittel zur mengenmäßigen Verbesserung der Produktionsabläufe ist die Frage nach der **optimalen Losgröße.**

**Optimal ist diejenige Losgröße,** bei der die **Summe aus Rüstkosten und Lagerhaltungskosten** (Auflagekosten) am **geringsten** ist.

Für die Vorbereitung der Arbeit und das Wiederherstellen des Arbeitsplatzes nach Abschluss der Arbeit fallen Kosten an **(Rüstkosten).** Sie fallen in der Höhe unabhängig davon an, wie viel produziert wird **(auflagefixe Kosten).**

**Beispiele:** Lesen des Fertigungsauftrages, Einrichten der Maschine, Energiekosten für die Umrüstung, Zinskosten für das in den Produktionsanlagen gebundene Kapital, Abschreibungen, Reinigung der Maschine

Werden die Erzeugnisse auf Lager produziert, entstehen dem Unternehmen Kosten, die von der eingelagerten Menge abhängen **(Lagerhaltungskosten, auflagevariable Kosten).**

**Beispiele:** Energiekosten, Personalkosten, Versicherungskosten, Verluste durch Beschädigung, Diebstahl, Verderb und Preisverfall

Die Berechnung der optimalen Losgröße erfolgt nach derselben Methode wie bei der Ermittlung der optimalen Bestellmenge (Kapitel 3.2.5).

### Qualitätskontrolle

Bei der **Qualitätskontrolle** geht es um die qualitätsmäßige Verbesserung der Produktionsergebnisse.

**Beispiel:** Senkung der Ausschussquote auf 0,05 %

Die Wettbewerbsfähigkeit am Markt wird durch qualitativ hochwertige Produkte und Dienstleistungen erhalten. Dazu ist eine laufende Qualitätskontrolle erforderlich. Die Produkte müssen die Qualitätsmerkmale Fehlerfreiheit, Tauglichkeit und Vorschriftsmäßigkeit erfüllen. Die Einhaltung der Merkmale wird über eine funktionierende Qualitätsprüfung im Unternehmen überprüft (Kapitel 6.6).

## 6.5.1.2 Kennziffern des Produktionscontrollings

Unter **Kapazität** versteht man das **Leistungsvermögen eines Betriebes,** gemessen in **Leistungseinheiten je Zeitabschnitt** (Monat, Arbeitsschicht, Arbeitsstunde, Maschinenstunde).

Die Kapazität ist das Ergebnis des Zusammenwirkens aller Faktoren der Leistungserstellung. Sie ist abhängig

- von der Zahl und der Leistungsfähigkeit technischer Betriebsmittel,
- von der Zahl und der Leistungsfähigkeit der Arbeitskräfte,
- von der Verfügbarkeit über Werkstoffe und Energie.

Folgende **Arten der Kapazität** kann man unterscheiden:

| Kapazitätsbegriff | Merkmal | Beispiel |
|---|---|---|
| **Normalkapazität** | Die Leistungsmenge eines Betriebes oder einer Maschine bei planmäßigem Einsatz von Arbeitskräften und Maschinen. | Eine Maschine ist laut Werksangabe für 1.500 Werkstücke pro Arbeitsstunde ausgelegt. |
| **Maximalkapazität** | Die technisch bedingte obere Leistungsgrenze eines Betriebes oder einer Maschine, also die höchstmögliche Ausbringung. | Die Maschine kann für die Dauer von zwei Stunden/Tag 1.750 Werkstücke/Arbeitsstunde produzieren. |
| **Minimalkapazität** | Die technisch bedingte untere Leistungsgrenze eines Betriebes oder einer Maschine. Sie kann aus technischen oder wirtschaftlichen Gründen nicht unterschritten werden. | Die Mindestdrehzahl einer Maschine muss 80 Umdrehungen/Minute betragen. |
| **Optimalkapazität** | Die technisch und kostenmäßig bestmögliche Inanspruchnahme der Maschinen und Anlagen. | Die Maschine produziert bei einer Umdrehungsgeschwindigkeit von 120 Umdrehungen/Minute am kostengünstigsten. |
| **genutzte Kapazität** | Die tatsächliche Leistung **(Ausbringungsmenge).** | Die Maschine produziert 9.600 Werkstücke pro Arbeitstag. |

## Beschäftigung

Unter **Beschäftigung** versteht man die **tatsächliche Nutzung des Leistungsvermögens** eines Unternehmens innerhalb eines Zeitabschnitts, also die **genutzte Kapazität.**

Beschäftigung wird in Leistungseinheiten (Ausbringungsmenge, Arbeitsstunden, Maschinenstunden) gemessen. Unter dem Begriff wird also nicht die Zahl der in einem Unternehmen beschäftigten Mitarbeiter verstanden.

## Beschäftigungsgrad

Das Verhältnis von genutzter Kapazität zur Bezugsgrundlage (normale oder maximale Kapazität) ergibt den **Beschäftigungsgrad.** Er wird normalerweise in einem Prozentsatz ausgedrückt.

$$\textbf{Beschäftigungsgrad} = \frac{\textbf{genutzte Kapazität}}{\textbf{normale oder maximale Kapazität}} \cdot 100$$

**Beispiel:** Im Vierteljahr könnte ein Automobilzulieferer bei Auslastung seiner Normalkapazität 500.000 Motorengehäuse »ausbringen«. Wegen der gestiegenen Konkurrenz und der damit verbundenen schwierigen Absatzsituation werden aber nur 425.000 Motorengehäuse gefertigt.

**Kapazität**
500.000 Motorengehäuse/Vierteljahr

**Beschäftigung**
425.000 Motorengehäuse/Vierteljahr

$$\text{Beschäftigungsgrad} = \frac{\text{425.000 Motorengehäuse}}{\text{500.000 Motorengehäuse}} \cdot 100 = 85\,\%$$

## Produktivität

**Produktivität** ist die **mengenmäßige Ergiebigkeit** der Leistungserstellung.

$$\textbf{Produktivität} = \frac{\textbf{Produktionsleistung}}{\textbf{Produktionseinsatz}}$$

Man unterscheidet:

- $\textbf{Arbeitsproduktivität} = \frac{\text{Produktionsleistung (Ausbringung in Stück, m, kg)}}{\text{Einsatz von Materialmenge, Arbeitszeit, Produktionsmitteln}}$
- $\textbf{Kapitalproduktivität} = \frac{\text{Produktionsleistung (Ausbringung in Stück, m, kg)}}{\text{Einsatz von Kapital}}$

**Beispiele:** Eine Automobilfabrik beschäftigt 10.000 Arbeiter. Es werden jährlich an 250 Arbeitstagen 300.000 Pkw produziert. Der Umsatz beträgt 3 Mrd. EUR, das eingesetzte Kapital 1 Mrd. EUR. Folgende Produktivitätszahlen sind unter anderem möglich:

1. Umsatz je Arbeiter $= \frac{\text{3 Mrd. EUR}}{\text{10.000 Arbeiter}} = \text{300.000 EUR/Arbeiter}$
2. Produktion je Arbeiter $= \frac{\text{300.000 Pkw}}{\text{10.000 Arbeiter}} = \text{30 Pkw/Arbeiter}$
3. Tagesumsatz $= \frac{\text{3 Mrd. EUR}}{\text{250 Arbeitstage}} = \text{12 Mio. EUR/Arbeitstag}$
4. Tagesproduktion $= \frac{\text{300.000 Pkw}}{\text{250 Arbeitstage}} = \text{1.200 Pkw/Arbeitstag}$
5. Produktion je eingesetztem EUR $= \frac{\text{300.000 Pkw}}{\text{1 Mrd. EUR}} = \text{0,0003 Pkw/EUR}$

### Wirtschaftlichkeit

**Wirtschaftlichkeit** ist das **Verhältnis von Ertrag zu Aufwand** (Leistung zu Kosten).

$$\textbf{Wirtschaftlichkeit} = \frac{\textbf{Ertrag}}{\textbf{Aufwand}} \textbf{ bzw. } \frac{\textbf{Leistung}}{\textbf{Kosten}}$$

**Beispiel:**

| | Produkt A | Produkt B |
|---|---|---|
| **Verkaufserlös** | 40.000 EUR | 24.000 EUR |
| **Gesamtaufwand** | 25.000 EUR | 16.000 EUR |
| **Wirtschaftlichkeit** | $\frac{40.000\ \text{EUR}}{25.000\ \text{EUR}} = 1{,}6$ oder 160 % | $\frac{24.000\ \text{EUR}}{16.000\ \text{EUR}} = 1{,}5$ oder 150 % |

## 6.5.2 Rationalisierung

Unter **Rationalisierung** versteht man alle Maßnahmen, die das Ziel verfolgen, eine **höhere Ausbringung** (z. B. Menge, Umsatz, Gewinn) **mit demselben Einsatz** (z. B. Arbeit, Betriebsmittel, Werkstoffe) oder die **bisherige Ausbringung mit geringerem Einsatz** von Produktionsfaktoren zu erzielen.

### 6.5.2.1 Ziele und Ansatzpunkte der Rationalisierung

#### Ziele der Rationalisierung

Mit Rationalisierungsmaßnahmen im Unternehmen werden mehrere Ziele verfolgt:

| **Ziele der Rationalisierungsmaßnahme** | **Beispiele** |
|---|---|
| Erhöhung der Produktivität | Der Kauf einer neuen Maschine führt dazu, dass die Ausbringungsmenge um 5 % gesteigert werden kann. |
| Erhöhung der Wirtschaftlichkeit | Der Kauf einer neuen Maschine führt dazu, dass der Ertrag des Unternehmens um 5 % gesteigert werden kann. |
| Verbesserung der Qualität der Erzeugnisse | Der Kauf einer neuen Lackiermaschine führt dazu, dass die Lackqualität der Erzeugnisse deutlich verbessert werden kann. |
| Senkung der Kosten | Der Kauf einer neuen Maschine senkt die variablen Stückkosten um 5 %. |
| humane Gestaltung der Arbeitsorganisation | Der Kauf einer neuen Maschine erleichtert die Arbeitsbedingungen der Mitarbeiter und verbessert die Arbeitszufriedenheit und damit auch deren Arbeitsergiebigkeit. |

#### Ansatzpunkte der Rationalisierung

Die Ansatzpunkte für Rationalisierung sind vielfältig. Neben der Arbeitsleistung beziehen sie sich auf die Erzeugnisse oder Erzeugnisteile (Normung, Typung, Baukastensystem, Teilefamilien). Sie umfassen auch die Fertigungsverfahren und die Fertigungsorganisation.

Man geht dabei grundsätzlich von der Überlegung aus, dass die zu erledigende Arbeit nicht von einer Person bewältigt werden kann. Deshalb sind die im Unternehmen anfallenden Aufgaben aufzuteilen und anschließend zu einer Gesamtleistung zusammenzufassen. Die Arbeitsteilung im Betrieb kann dabei in zwei Grundformen erfolgen:

| Grundformen der Arbeitsteilung | |
|---|---|
| **Mengenteilung** (Arbeitsteilung i. e. S.) | **Artteilung** |
| Die anfallende Arbeit wird in gleichen Teilaufgaben auf mehrere Personen verteilt. Eine Gesamtaufgabe kann deshalb schneller erledigt werden. | Die anfallende Arbeit wird in verschiedene Teilaufgaben zerlegt, die zeitlich hintereinander anfallen. Mit dieser Form der Arbeitsteilung geht meist auch eine Spezialisierung der Mitarbeiter einher. |
| **Beispiel:** Um einen zugesagten Liefertermin einhalten zu können, wird ein Großauftrag über 500 Stahlrohrtische von fünf Mitarbeitern gleichzeitig bewältigt. | **Beispiel:** Bei der Herstellung von Stahlrohrtischen sind zwei Mitarbeiter für das Zuschneiden der Stahlrohre zuständig, zwei schweißen und entgraten die Teile und Baugruppen und ein Mitarbeiter lackiert und verpackt die Tische. |

## 6.5.2.2 Rationalisierungskonzepte

### Rationalisierung des Fertigungsgegenstandes

Um wettbewerbsfähig zu sein und möglichst kostengünstig zu arbeiten, ist eine Vereinheitlichung im Bereich des Fertigungsgegenstandes notwendig. Diese Maßnahmen der Vereinheitlichung werden als Standardisierung bezeichnet.

#### ▶ Normung

**Normung** ist die Vereinheitlichung von Maßen, Formen, Bestandteilen, Herstellungsverfahren, Begriffen, Bezeichnungen usw. für **Einzelteile** (Schrauben) und für **einteilige Fertigwaren** (Flaschen). Vielfach führt die Normung eines Erzeugnisses zur Anpassung anderer Erzeugnisse, mit denen ein Verwendungszusammenhang besteht (Papier – Ordner – Büromöbel). Mit Normung werden auch Abläufe und Verfahren vereinheitlicht.

Nach dem Geltungsbereich unterscheidet man Werknormen, Fachnormen, Normen des **D**eutschen **I**nstituts für **N**ormung **(DIN)**, internationale Normen (**EN**-Normen = Normen des **E**uropäischen Komitees für **N**ormung; **ISO**-Normen = Normen der **I**nternational **O**rganization for **S**tandardization). Als Folge der internationalen Verflechtung werden die Normen heute vereinheitlicht. Eine Vielzahl der bei uns geltenden Normen wird deshalb als »**DIN EN ISO-Norm**« veröffentlicht.

#### ▶ Typung

**Typung** ist die Vereinheitlichung von **zusammengesetzten (mehrteiligen) Fertigungsgegenständen.** Sie kann aus Gründen der Herstellung oder des **Absatzes** erfolgen (Kraftfahrzeugtypen). Eine Typung erfolgt überwiegend in den Unternehmen selbst. Sie unterliegt keinen Vorschriften. Überbetrieblich können Unternehmen die Herstellung unterschiedlicher Typen in einem Kartell regeln.

### ▶ Baukastensystem

Beim **Baukastensystem** werden einheitliche Baugruppen und Einzelteile zu verschiedenen Typen zusammengesetzt. Der Kunde erhält dadurch die Möglichkeit, seine Planungswünsche in begrenztem Umfang zu verwirklichen (Zusammenstellung von Regalen nach den eigenen Wünschen in einem Möbelgeschäft).

### ▶ Spezialisierung

**Spezialisierung** bedeutet die Vereinheitlichung des **Produktionsprogramms** in einem Betrieb durch Beschränkung auf die Herstellung weniger Fabrikate oder eines einzigen Erzeugnisses. Dadurch kann sich das einzelne Unternehmen zu einem qualitätsorientierten und kostengünstigen Hersteller entwickeln (Spezialisierung bei den Zulieferern der Automobilindustrie).

### ▶ Teilefamilien

**Teilefamilien** werden gebildet, um die Erfahrungen der Konstruktion bei früheren Erzeugnissen zu nutzen. Vorhandene **Basiskomponenten** bestehender Erzeugnisse werden ergänzt oder in Abwandlungen weiterentwickelt (Schrauben, Plattformtechnologie in der Automobilproduktion). Man spricht von **Varianten,** wenn lediglich ein Ursprungsteil in einem Detail abgewandelt wird.

| **Vor- und Nachteile der Rationalisierungsmaßnahmen bei den Erzeugnissen** | |
|---|---|
| **Vorteile** | **Nachteile** |
| – Senkung der Kosten durch Herstellung größerer Mengen<br>– Verkürzung der Lieferzeiten bei gleichbleibender Betriebsgröße<br>– Austauschbarkeit der genormten Teile verschiedener Hersteller<br>– vereinfachte Lagerhaltung durch Beschränkung auf wenige genormte Teile | – Beschränkung der Kreativität und der Fähigkeiten der Mitarbeiter<br>– Beschränkung der Auswahlmöglichkeit des Käufers<br>– Erhöhung der Krisenanfälligkeit bei Wandlung der Verbraucherwünsche |

## Ganzheitliche Rationalisierungskonzepte

### ▶ Lean Production

**Lean Production** zielt darauf ab, alle Produktionsfaktoren sparsam einzusetzen, d.h. Vermeidung von Verschwendung jeder Art. Ursprünglich in der japanischen Automobilindustrie angewandt, brachte diese Strategie den Unternehmen große wirtschaftliche Erfolge.

**Merkmale** von Lean Production:

- Abbau von Hierarchien und Kontrolle,
- Vereinfachung betrieblicher Abläufe,
- Beschleunigung der Produktionszeiten,
- Einsparung von Kosten,
- Vermeidung von Ausschuss,
- Vermeidung von Zwischenlagerung,
- Teamarbeit in der Fertigung,
- Vergabe von Verantwortung für das Produkt und dessen Qualität an den Mitarbeiter.

| Vor- und Nachteile von Lean Production | |
|---|---|
| **Vorteile** | **Nachteile** |
| – Produktivitätssteigerung<br>– Motivationssteigerung der Mitarbeiter<br>– geringere Fehlzeiten der Mitarbeiter<br>– Kostensenkung wegen weniger Nachbesserungen<br>– Einsparung von Lagerkapazitäten | – Überforderung der Mitarbeiter durch Übertragung von Verantwortung<br>– Personalabbau führt aus gesamtwirtschaftlicher Sicht zu Arbeitslosigkeit und damit zu Folgekosten für die Gesellschaft. |

Während das Konzept teilweise nur auf die Produktion bezogen wird, gehen andere Überlegungen weiter. Danach sind alle Funktionen vom Topmanagement über die Arbeitskräfte bis zu den Zulieferern zu einem geschlossenen System verschmolzen **(Lean Management).**

### ▶ Kaizen

**Kaizen** meint im Japanischen **kontinuierliche Verbesserung.** Im Unternehmensbereich steht die ständige Verbesserung der Produkte und der betrieblichen Abläufe im Vordergrund.

Für Kaizen gelten deshalb bestimmte Schwerpunkte der betrieblichen Aktivitäten:

- Der Verbesserungsprozess erfolgt kontinuierlich und langfristig.
- Die Erfüllung der Kundenwünsche stehen im Vordergrund.
- Unnötige Abläufe im Betrieb werden beseitigt.
- Es erfolgt eine ständige Fehlersuche und -beseitigung, um Folgekosten zu vermeiden.
- Aus- und Weiterbildung stellen Investitionen in die Zukunft dar.

### ▶ Kanban

Die **Kanban-Methode** ist ein Verfahren zur **Steuerung des Materialflusses.** Das benötigte Material wird jeweils von der verbrauchenden Stufe im Produktionsprozess bei der vorgelagerten Stufe angefordert oder abgeholt. Der Materialnachschub wird mithilfe der **Kanbans** (Karten) gesteuert.

| **Vorteile** des Kanban-Prinzips |
|---|
| – Die Materialmenge, die im Umlauf ist, bleibt gering und ist überschaubar. |
| – Der Materialfluss erfolgt gleichmäßig und zuverlässig. |
| – Das Material kann in kleine, überschaubare Behälter verpackt werden, die sich neben den Arbeitsstationen aufstellen lassen. Dadurch verringern sich auch Wegezeiten der Mitarbeiter. |
| – Mitarbeiter und Betriebsmittel können zum Ausgleich von Bedarfsschwankungen flexibel eingesetzt werden. |

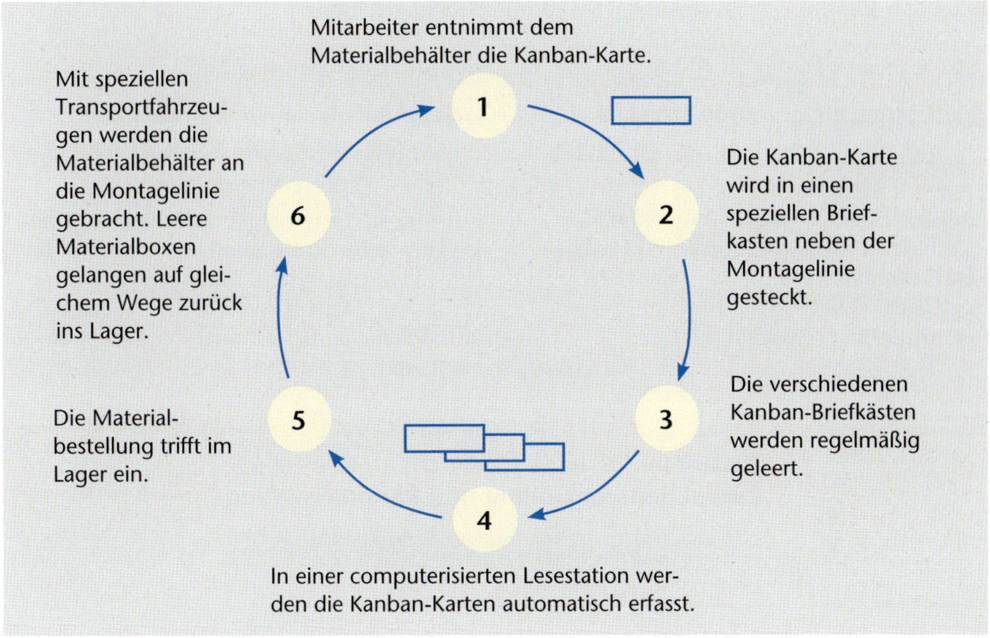


### 6.5.3 Personalpolitische Konsequenzen

Durch Rationalisierungsmaßnahmen wird häufig menschliche Arbeit durch schnellere und leistungsfähigere Maschinen ersetzt. Dadurch kommt es zum **Personalabbau,** d.h., Mitarbeiter werden entlassen.

Hierdurch kann die **Motivation** der Mitarbeiter (Kapitel 8.2.4) im Unternehmen negativ beeinflusst werden. Deswegen ist das Unternehmen bemüht, den Personalabbau durch **betriebsbedingte Kündigungen** (Kapitel 8.3.3) möglichst zu vermeiden. Hierfür gibt es u. a. folgende Möglichkeiten:

- Abbau von Überstunden,
- Arbeitszeitverkürzung bzw. -verlängerung,
- Versetzung in andere Unternehmensbereiche,
- Umschulung der Mitarbeiter (Kapitel 8.2.4),
- Vorruhestandsregelungen.

### 6.5.4 Ökocontrolling

Das wirtschaftliche Handeln im Unternehmen hat Folgen für die Umwelt. Es führt meist zu ökologischen und auch finanziellen Auswirkungen. Dies gilt ganz besonders für den Bereich der Produktion.

**Beispiel:** Der Einbau einer neuen Filteranlage führt zu Kosten von 500.000 EUR.

Um mögliche negative Umwelteinwirkungen im Produktionsbereich zu vermeiden, gilt es, diese frühzeitig zu erkennen und Schwachstellen zu ermitteln. Anschließend sollten Maßnahmen zur Verringerung oder Beseitigung negativer Umwelteinflüsse erfolgen.

Ökocontrolling lässt sich **strategisch und operativ ausrichten.**

| strategisches Ökocontrolling | operatives Ökocontrolling |
|---|---|
| zielt darauf ab, grundsätzliche und langfristge Maßnahmen im Unternehmen einzuleiten. | zielt darauf ab, konkrete Maßnahmen durchzuführen und auf deren Erfolg hin zu überprüfen. |
| **Beispiel:** Der $CO_2$-Ausstoß ist zu hoch. Deshalb werden im Unternehmen Leitziele erarbeitet, um die Produktionsabläufe so zu gestalten, dass die Schadstoffemissionen gering gehalten werden. | **Beispiel:** Im Unternehmen werden Kennzahlen zum Schadstoffausstoß ermittelt und mit Umweltvorgaben bzw. Daten der Konkurrenz verglichen. Daraufhin werden die Produktionsabläufe angepasst oder neue Anlagen eingesetzt. |

## Zusammenfassende Übersicht zu Kapitel 6.5: Produktionscontrolling und Rationalisierung

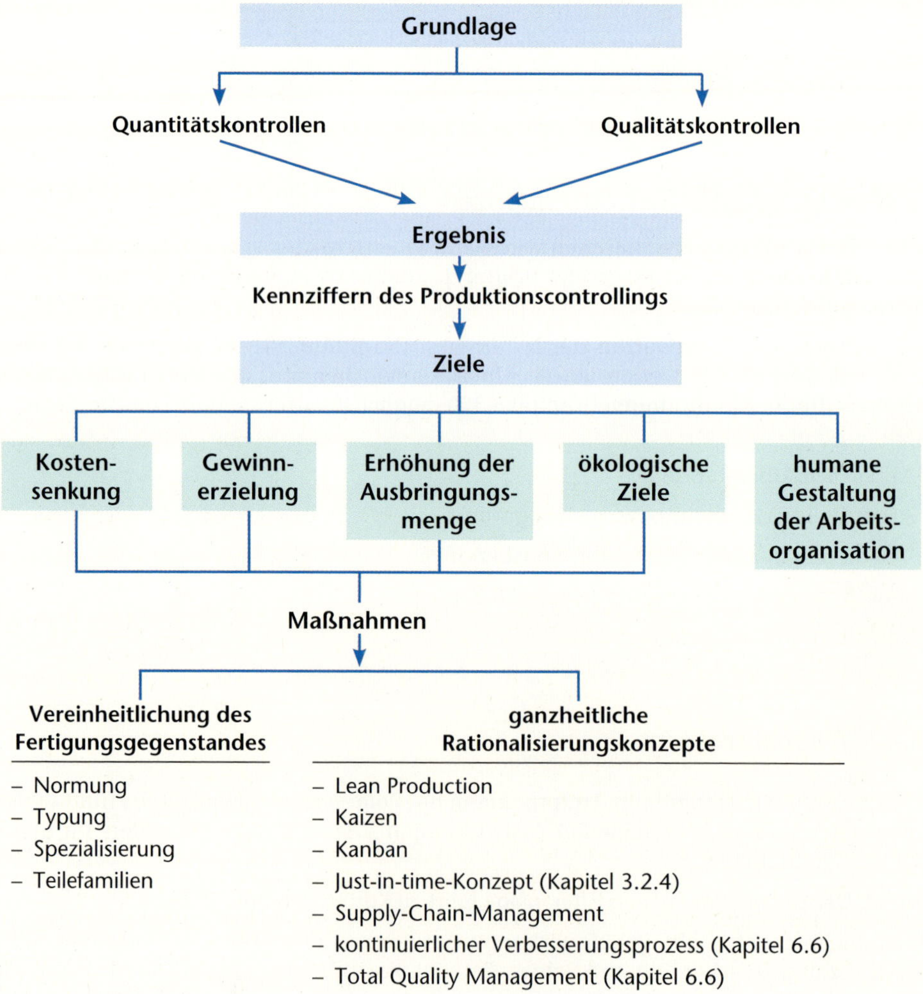

## ▶ Aufgaben und Probleme

1. Die Kühlsys GmbH hat einen Jahresbedarf von 12.000 Stück an gehärteten Stahlblechleisten. Die Rüstkosten je Loswechsel betragen 200 EUR. Für die Herstellung der jeweils 1 m langen Stahlblechleisten wurden in der Kalkulation 3 EUR je Werkstück ermittelt. Der Lagerhaltungskostensatz beträgt 10 %.

   Ermitteln Sie die optimale Losgröße

   a) tabellarisch,

   b) rechnerisch mithilfe der Losgrößenformel,

   c) grafisch.

2. Von welchen Faktoren ist die Kapazität eines Unternehmens abhängig?

3. Ein Getränkehersteller könnte bei voller Ausnutzung der Normalkapazität monatlich 120.000 Liter Saft herstellen. Es werden derzeit

   - 75.000 Liter,
   - 126.000 Liter produziert.

   a) Wie hoch ist der jeweilige Beschäftigungsgrad?

   b) Nennen Sie Gründe, wodurch
      - die volle Kapazitätsausnutzung verhindert werden kann,
      - die Inanspruchnahme der Maximalkapazität erforderlich ist.

4. Die Möbelfabrik Ahorn GmbH, die sich auf die Fertigung von Einbauküchen spezialisiert hat, stellte auf 5.000 $m^2$ Produktionsfläche mit zehn Mitarbeitern pro Quartal 800 Küchen her. Das Konkurrenzunternehmen Bucher & Fichter OHG mit 3.500 $m^2$ Produktionsfläche und zwölf Mitarbeitern fertigte im gleichen Zeitraum 600 Küchen. Im Fertigungszeitraum hatte die Ahorn GmbH mit 4.000.000 EUR Gesamtkosten kalkuliert, die Bucher & Fichter OHG in Höhe von 3.500.000 EUR.

   a) Berechnen Sie die Produktivität je $m^2$ und je Mitarbeiter sowie die Kapitalproduktivität beider Betriebe.

   b) Berechnen Sie die Wirtschaftlichkeit beider Betriebe, wenn die Ahorn GmbH einen durchschnittlichen Erlös pro Küche von 6.000 EUR erzielt, die Bucher & Fichter OHG von 6.500 EUR.

   c) Erläutern Sie anhand der oben gewonnenen Ergebnisse die Unterschiede zwischen Produktivität und Wirtschaftlichkeit.

5. Warum ist es möglich, dass trotz hoher Produktivität die Wirtschaftlichkeit gering ist?

6. Begründen Sie, wie sich Produktivität und Wirtschaftlichkeit in folgenden Unternehmen verhalten. Berücksichtigen Sie die Konkurrenzsituation am Markt.

   a) Hersteller industriell gefertigter Backwaren.

   b) Ausstatter von Luxuslimousinen.

7. Die Statistik eines Maschinenbauunternehmens liefert folgende Daten:

   Gesamte Ausbringungsmenge im Abrechnungszeitraum 3.000 Stück, Fixkosten dieser Ausbringung 180.000 EUR, variable Kosten je Leistungseinheit 320 EUR.

   a) Stellen Sie fest, welchen Preis der Betrieb für eine Leistungseinheit (Stück) am Markt mindestens erzielen muss, damit er keinen Verlust erleidet.

   b) Wie viel EUR Gewinn je Stück und insgesamt würde der Betrieb bei unveränderter Kostensituation erzielen, wenn er einen Preis von 390 EUR festsetzt und dabei 4.000 Stück herstellen und verkaufen könnte?

8. Welche Vor- und Nachteile ergeben sich aus der Arbeitsteilung
   a) für den Arbeitnehmer,
   b) für das Unternehmen?
9. Warum tragen Arbeitsplatzwechsel und Arbeitsbereicherung zur Humanisierung der Arbeit bei, obwohl dabei höhere Anforderungen an die Mitarbeiter gestellt werden?
10. Was will ein Manager der Automobilindustrie mit folgender Aussage verdeutlichen: »Jeder Arbeiter versteht sich als Lieferant seines Produktes an seine Kollegen.«
11. a) Begründen Sie, weshalb Fachleute durch die Telearbeit eine Veränderung der Arbeitswelt erwarten.
    b) Welche grundsätzlichen Voraussetzungen müssen im Arbeitsprozess gegeben sein, damit sich Telearbeit als neue Organisationsform der Arbeit schnell durchsetzen wird?
    c) Stellen Sie Vor- und Nachteile gegenüber
       - aus Sicht des Arbeitnehmers,
       - aus Sicht des Unternehmens,
       - aus Sicht der Gesellschaft.
12. Kaum ein technisches Detail entgeht der Normung. Auch Schriften und Druckfarben sind genormt. Da will natürlich das Deutsche Institut für Normung nicht zurückstehen. Selbst das DIN-Zeichen, das Markenzeichen deutscher Normarbeit, ist eigens genormt.

    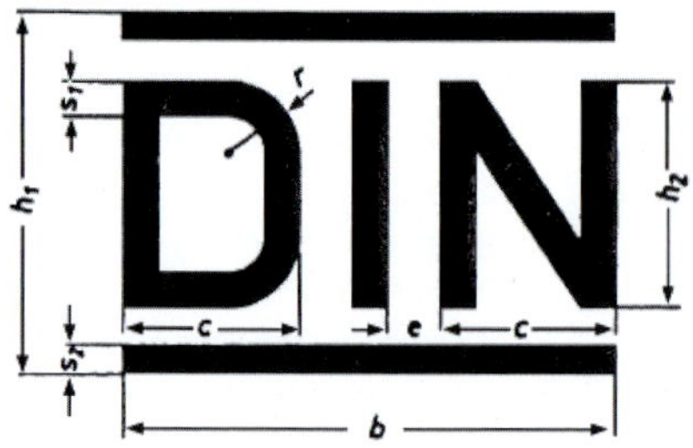
    

    Begründen Sie die Notwendigkeit der Normgebung.
13. Ein Unternehmer behauptet: »Lean production führt gleichzeitig zu Rationalisierung und zu humaner Gestaltung der Arbeit.«

    Nehmen Sie dazu Stellung.
14. Welche personalwirtschaftlichen Herausforderungen ergeben sich durch die Einführung neuer Organisationsformen der Arbeit zu folgenden Kriterien?
    - Entlohnung der Mitarbeiter
    - Personalschulung
    - Personalentwicklung
    - Konfliktlösung
    - Arbeitszeitgestaltung
15. Warum gibt es oftmals gerade in krisengeschüttelten Wirtschaftszweigen zukunftsweisende Modelle der Arbeitsorganisation?
16. Im Jahr 2014 nannten 31,5 % der Unternehmen bei den Investitionen den Ersatz alter Anlagen als Ziel.

    Begründen Sie, weshalb es für Unternehmen auch in Zeiten angespannter Wirtschafts- und Finanzlage wichtig sein kann, alte Anlagen zu ersetzen.
17. »Rationalisierungsmaßnahmen erhöhen die Arbeitslosigkeit.« Nehmen Sie zu dieser Behauptung Stellung.

# 6.6 Qualitätsmanagement

Für die umfassende Einbindung des Qualitätsmanagements in die unternehmerischen Entscheidungen gibt es mehrere Gründe:

## Qualitätskontrolle

Die Qualitätskontrolle übernimmt

- die Qualitätsprüfung der Werkstoffe,
- die Qualitätsprüfung der unfertigen und fertigen Erzeugnisse,
- die Überwachung des Terminplans,
- die Überprüfung der Qualität im Produktionsablauf, bei Serviceleistungen sowie bei Kontakten und Beratungen mit den Kunden.

Durch laufende Kontrollen wird die Qualität der Erzeugnisse erhöht. Dies verbessert die Absatzfähigkeit der Produkte. Die Kosten für Gewährleistungen und Garantie werden vermindert. Andererseits steigen mit zunehmender Kontrolltätigkeit die damit verbundenen Kosten.

Häufig werden dabei computerunterstützte Prüfgeräte verwendet, die bei Bedarf die Fertigungseinrichtung selbsttätig korrigieren **(CAQ** = **C**omputer-**a**ided **Q**uality Assurance).

### ▶ Qualitätsmerkmale

Bei der Qualitätskontrolle müssen folgende Merkmale berücksichtigt werden:

| Qualitätskontrolle | | |
|---|---|---|
| **Merkmal** | **Inhalt** | **Beispiele** |
| **Fehlerfreiheit** | Fertigteile und Erzeugnisse müssen den Konstruktionsunterlagen entsprechen. | – Abmessungen<br>– Werkstoffe<br>– Oberflächenbeschaffenheit |
| **Tauglichkeit** | Das Produkt muss für den vorgesehenen Zweck funktions- und gebrauchsfähig sein. | – einwandfreier Lauf eines Motors<br>– Funktionieren einer Schlauchkupplung |
| **Vorschriftsmäßigkeit** | Das Erzeugnis muss bestehenden Vorschriften entsprechen. | – Betriebssicherheit eines Kraftfahrzeugs nach TÜV-Vorschriften<br>– Sicherheit eines Haushaltsgerätes nach VDE-Vorschriften |

### ▶ Qualitätsprüfung

Zur Durchführung der Qualitätsprüfung werden unterschiedliche Methoden angewandt:

| Qualitätsprüfung | | |
|---|---|---|
| **Methoden** | **Merkmale** | **Beispiele** |
| **nach der Menge der kontrollierten Erzeugnisse** | | |
| **Vollprüfung** | – Sämtliche Erzeugnisteile werden geprüft.<br>– Anwendung bei Serienfertigung. | – Motoren<br>– Fernsehgeräte |
| **Stichprobenkontrolle** | – Nur eine bestimmte Anzahl aus der Gesamtmenge der Erzeugnisse wird geprüft.<br>– Anwendung bei Großserien- und Massenfertigung. | – Analyse von Lebensmittelproben<br>– Festigkeitsprüfung bei Metallen |
| **nach dem Zeitpunkt der Kontrolle** | | |
| **Eingangskontrolle** | Werkstoffe und bezogene Teile werden bereits beim Materialeingang geprüft. | Laborproben eingehender Lacke |
| **Zwischenkontrolle** | Laufende Durchführung während der Fertigung. | Prüfung der Passform von Türen im Automobilbau |
| **Endkontrolle** | Durchführung am fertigen Erzeugnis. | Motorentest am Ende der Fließfertigung |

Nachdem die Prüfungsergebnisse feststehen, ist es die Aufgabe der Qualitätssicherung, mögliche Fehlerursachen zu ermitteln und Maßnahmen zur Fehlerbehebung zu ergreifen. Solche Maßnahmen können sein:

- Änderung des Fertigungsverfahrens,
- Korrektur der Maschineneinstellung,
- Schulung der Mitarbeiter.

Die **Qualitätskontrolle** ist auch wegen der gesetzlichen **Produkthaftung der Hersteller** von großer Bedeutung (Kapitel 3.5.2.1).

## ■ Terminkontrolle

Sie umfasst die Überwachung des Produktionsfortschritts und der Einhaltung der Fertigstellungstermine. Als Hilfsmittel dienen Balkendiagramme und Terminkalender (Kapitel 6.3.4)

## ■ Qualitätsmanagement nach DIN EN ISO 9000 ff.

Eine Möglichkeit, ein Qualitätsmanagementsystem aufzubauen, sind die Maßnahmen der Qualitätssicherung nach der **Normenreihe DIN EN ISO 9000 ff.** Die Maßnahmen sind in einem **Qualitätsmanagement-Handbuch** zu beschreiben. Dieses Handbuch ist eine wichtige Grundlage für die **Zertifizierung** des Qualitätsmanagementsystems im Unternehmen, welche durch neutrale Institutionen erfolgt.

**Beispiele:**

1. TÜV-Cert e. V., Dekra AG, IQNet – International Certification Network
2. EQ-Zert – Europäisches Institut zur Zertifizierung von Managementsystemen und Personal

Qualitätsmanagement nach der Normenreihe DIN EN ISO 9001:2008 geht von acht Grundsätzen aus, die Voraussetzung für ein erfolgreiches Zusammenwirken aller Beteiligten sind.

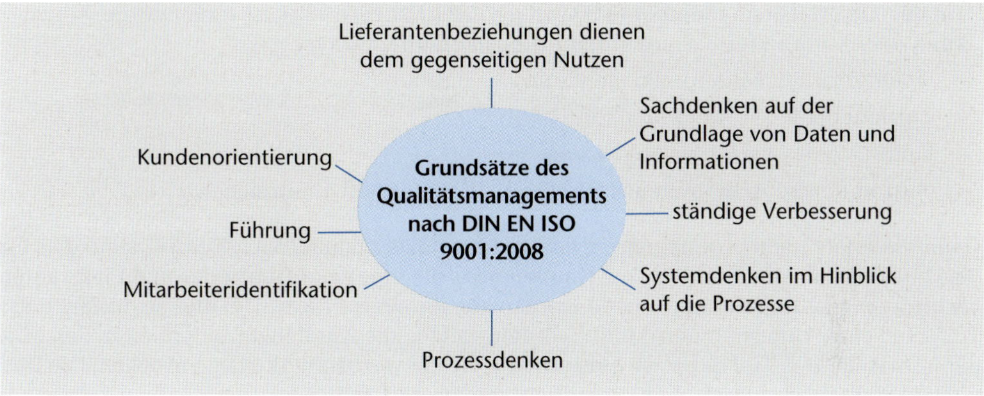


Grundlage für die Zertifizierung ist ein **Audit.**

Ein **Audit** ist eine **systematische unabhängige Untersuchung,** um festzustellen, ob die **qualitätsbezogenen Tätigkeiten** und die damit zusammenhängenden **Ergebnisse** den **geplanten Anforderungen entsprechen,** und ob diese Anforderungen tatsächlich verwirklicht und geeignet sind, die Ziele zu erreichen (Quelle: Qualitätsmanagement-Lexikon).

Für die Auditierung und die anschließende Zertifizierung werden vier Normen zugrunde gelegt:

| Bezeichnung der Norm | Inhalte |
|---|---|
| **DIN EN ISO 9000:2000** Qualitätsmanagementsystem – Grundlagen und Begriffe | – »Basisnorm«<br>– grundlegende Gedanken zum Qualitätsmanagement<br>– Begriffsdefinitionen, um mit der Normenreihe arbeiten zu können<br>– Angaben zur Notwendigkeit statistischer Methoden |
| **DIN EN ISO 9001:2008** Qualitätsmanagementsystem – Forderungen | Regelungen über<br>– die Verantwortung der Unternehmensleitung,<br>– die Forderungen nach Prozessorientierung und die Kommunikation mit den Kunden,<br>– den Prozess der Produktion und der Erbringung von Dienstleistungen und<br>– deren Messung, Auswertung und Verbesserung. |
| **DIN EN ISO 9004:2000** Qualitätsmanagementsystem – Leitfaden zur Leistungsverbesserung | – Anleitung zur Verbesserung der Leistung der Organisation |
| **DIN EN ISO 10011** | – Stellt einen Leitfaden für den Ablauf der Auditierung dar und<br>– nennt die Qualifikationsmerkmale der Auditoren. |

Das Kernstück der Normenreihe stellt die Norm DIN EN ISO 9001:2008 dar. Sie ist Grundlage für alle Zertifizierungen. Ihre Gültigkeit erstreckt sich auf **Unternehmen aller Branchen und Größen.**

## Total Quality Management

**Totales Qualitätsmanagement (TQM)** nach DIN EN ISO 9004 ist eine auf die Mitwirkung aller Mitarbeiter basierende **Führungsmethode,** welche

- **Qualität** in den Mittelpunkt stellt, um
- **Zufriedenheit** der **Kunden,** dadurch
- langfristigen **Geschäftserfolg** sowie
- **Nutzen für die Arbeitnehmer** und für die **Gesellschaft** zu erreichen.

Damit ist Total Quality Management das umfassendste Qualitätssicherungssystem, das für ein Unternehmen denkbar ist. Vom **Kunden über die eigenen Mitarbeiter und Lieferanten bis hin zur Gesellschaft und Umwelt** werden alle Bereiche erfasst. Um dies zu leisten, muss TQM Teil einer Unternehmenskultur werden, welche die Kundenzufriedenheit in den Mittelpunkt stellt. Das Ziel dabei ist, eine erhöhte Wettbewerbsfähigkeit zu erreichen. Die DIN EN ISO 9000 ff. ist sehr stark in diese Richtung ausgeprägt.

## Benchmarking

Ein wichtiges Instrument des Qualitätsmanagements ist das **Benchmarking.** Dies ist ein kontinuierlicher Prozess, bei dem die Produkte und betrieblichen Abläufe mit anderen Unternehmen verglichen werden. Zielvorgabe ist dabei, die Qualität des »Klassenbesten« der Branche zu erreichen oder noch zu übertreffen.

## Kontinuierlicher Verbesserungsprozess (KVP)

Unter **KVP** werden alle Aktivitäten zur Weiterentwicklung von Produkten und Prozessen verstanden. Dabei wird vom Grundgedanken ausgegangen, dass ständige Veränderungen erfolgen. Sämtliche **Abläufe** und **Handlungen** sind deshalb **dauernd infrage zu stellen.**

Während bisher in größeren Abständen neue Produkte und neue Verfahren entwickelt wurden, gilt es nun, laufend Veränderungen in kleinen Schritten herbeizuführen. Diese Veränderungen wurden bisher in den Führungsbereichen des Unternehmens erarbeitet und in den Forschungsabteilungen umgesetzt. Lediglich durch das betriebliche Vorschlagswesen hat man auf die Potenziale der Mitarbeiter zurückgegriffen. Grundsätzlich sollen die Möglichkeiten der Mitarbeiter in einem kontinuierlichen »**Prozess der kleinen Schritte mit großer Wirkung**« herangezogen werden.

Die Mitarbeiter haben von folgenden Erkenntnissen auszugehen:

- Fehler stellen ein Verbesserungspotenzial dar.
- Die Verbesserung kann nur stetig und in kleinen Schritten erfolgen.
- Alle Ebenen des Unternehmens sind in den Prozess einzubinden.
- KVP ist Bestandteil der täglichen Arbeitsaufgabe.
- Als Kunde ist jeder Arbeitsplatz im Unternehmen zu sehen, der auf die eigenen Arbeitsergebnisse aufbaut.
- Die Qualität der Ergebnisse hat Vorrang.

Der Prozess der ständigen Verbesserung kann nach dem **PDCA-Zyklus** erfolgen:

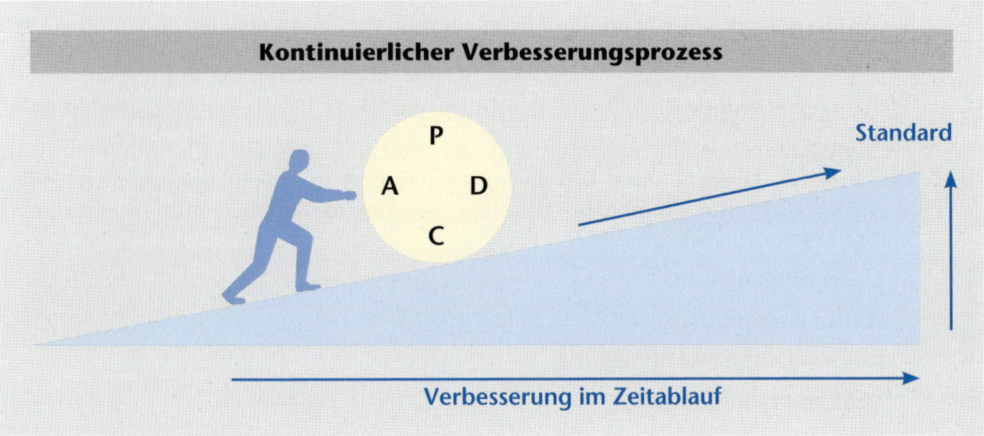


Dabei stehen die Abkürzungen für die folgenden Aktivitäten:

- **P** = **Planning** (5 Fragen zur Veränderung: Wer? Was? Warum? Wann? Wie?)
- **D** = **Do** (Durchführung der Änderung, z. B. durch konkretisierte Aktionspläne)
- **C** = **Check** (Überprüfen, ob die Veränderung erreicht wurde)
- **A** = **Action** (Festlegung von Standards, um Fehlern vorzubeugen; Einleitung eines neuen PDCA-Zyklus)

## Zusammenfassende Übersicht zu Kapitel 6.6: Qualitätsmanagement

| Wettbewerbsdruck | Kunden | Kostenvorausschau | Produkthaftung | Zertifizierung |
|---|---|---|---|---|

**Notwendigkeit des Qualitätsmanagements**

**Qualitätskontrolle**
- **Qualitätsmerkmale**
  - Fehlerfreiheit
  - Tauglichkeit
  - Vorschriftsmäßigkeit
- **Qualitätsprüfung**
  - Vollprüfung
  - Stichprobenkontrolle
  - Eingangskontrolle
  - Zwischenkontrolle
  - Endkontrolle

**Terminkontrolle**

**Qualitätsmanagement nach DIN EN ISO 9000 ff.** (im Unternehmen)

**TQM** (Einbindung der Kunden und Lieferanten)

**KVP** (laufender Prozess im Unternehmen)

**Benchmarking**

## ▶ Aufgaben und Probleme

1. Begründen Sie die Notwendigkeit, Maßnahmen der Qualitätskontrolle durchzuführen.

2. Welchen Vorteil hat eine Qualitätskontrolle bereits während des Fertigungsablaufs?

3. Es heißt immer wieder, dass Elemente der Normenreihe DIN EN ISO 9000 ff. in den meisten Unternehmen schon vorhanden und nur nicht dokumentiert sind. Welche Richtlinien können im Hinblick auf die folgenden Qualitätssicherungsmaßnahmen erlassen werden?
   - Lieferantenauswahl
   - Auftragsprüfung
   - Kennzeichnung des Prüfstatus
   - Lenkung fehlerhafter Waren

4. Qualitätsprobleme resultieren zu 70 % aus Managementfehlern und nur zu 30 % aus Herstellungsfehlern.
   Was schließen Sie daraus?

5. a) Begründen Sie, dass die Qualitätskontrolle im Unternehmen einen Zielkonflikt darstellt.
   b) Benennen Sie für den Zielkonflikt Lösungsmöglichkeiten.

6. Ein amerikanischer Qualitätsgrundsatz lautet: »Quality doesn't cost, it pays.« Was will dieser Grundsatz aussagen?

7. Warum muss ein umfassendes Qualitätsmanagementsystem auch die Qualität des Umweltschutzes einschließen?

8. Welche Schlussfolgerungen ziehen Sie aus den folgenden Aussagen?
   Wenn Produkte nur zu 99 % korrekt sind, dann ...
   ... haben Sie an vier Tagen im Jahr kein Trinkwasser,
   ... haben Sie an vier Tagen im Jahr keine Tageszeitung,
   ... funktioniert bei jedem 100. Bremsvorgang das ABS-System nicht,
   ... versagt bei jeder 100. Operation das Beatmungssystem.

9. An der Anschlagtafel eines Industrieunternehmens ist ein Plakat mit folgendem Inhalt angebracht:
   »Ein entdeckter Fehler kostet
   - während der Konstruktion ca. 1 EUR,
   - während der Fertigung des Produkts ca. 10 EUR,
   - nach Auslieferung des Produkts ca. 100 EUR.«

   Was soll mit diesen Aussagen ausgedrückt werden?

10. Die Reifen Roesch GmbH hat festgestellt, dass der Papierverbrauch in den vergangenen drei Jahren um 50 % gestiegen ist. Stellen Sie in einem PDCA-Zyklus die Aktivitäten zum Abbau dieses Missstandes dar.

## 6.7 Fertigungsprozesse unter den Aspekten Globalisierung und Nachhaltigkeit

### Fertigungsprozesse unter den Aspekten der Globalisierung

Die weltweite Vernetzung hat alle Lebensbereiche der Menschen erfasst. Unternehmen sollten an dieser Vernetzung teilnehmen. Die Interessen können unterschiedliche Natur sein:

| | |
|---|---|
| Erschließung von **Auslandsmärkten** | **Beispiel:** Unternehmen suchen Märkte, um außer auf den überwiegend gesättigten heimischen Märkten für Haushaltsgebrauchsgegenstände ihre Produkte verkaufen zu können. |
| Erschließung von **Rohstoffquellen** | **Beispiel:** Suche nach neuen Vorkommen an Erdöl, Erdgas bzw. anderen mineralischen Vorkommen wie Kupfer, Zink o. Ä. |
| Erschließung von **Rechten** | **Beispiel:** Ein Unternehmen im Industriezweig für Aromastoffe kauft ein ausländisches Unternehmen auf, um dessen Rechte für spezielle Aromastoffe zu erwerben. |
| Erschließung von **Wissensquellen** | **Beispiel:** Ein Unternehmen der Softwareindustrie erlangt den Mehrheitsbesitz an einem ausländischen Unternehmen, um das Wissen der Ingenieure zu erwerben. |
| Senkung der **Kosten** | **Beispiel:** Ein Unternehmen der Spielwarenindustrie lagert seine Produktion nach China aus, um durch die dort bestehenden niedrigen Lohnkosten die Selbstkosten zu senken. |

### Fertigungsprozesse unter den Aspekten der Nachhaltigkeit

Nachhaltiges Wirtschaften (Kapitel 1.1.2) bedeutet, dass im Bereich der Fertigung Maßnahmen des Umweltschutzes ergriffen werden. Man spricht von **integriertem Umweltschutz.**

| **Integrierter Umweltschutz im Bereich der Fertigung** | | |
|---|---|---|
| **Merkmal** | **Inhalt** | **Beispiele** |
| **Produktionsprogramm** | – Wahl umweltfreundlicher Produkte | – Das Unternehmen plant demontagefreundliche Produkte. |
| **Produktionsplanung** | – Anwendung umweltschonender Fertigungsverfahren<br>– Auftragsvergabe an spezialisierte Unternehmen<br>– umweltgerechte Lagerung, Entsorgung und Wiederaufbereitung | – Die Stromversorgung in der Fertigung erfolgt durch alternative Energiequellen.<br>– Das Unternehmen vergibt einen Teilauftrag an einen Subunternehmer, der umweltschonende Technologie einsetzt.<br>– Die im Fertigungsprozess einzusetzenden Schadstoffabfälle werden gesammelt und nach der Wiederaufbereitung in den Fertigungsablauf zurückgeführt. |
| **Transportwesen** | – Einsatz umweltfreundlicher Transportsysteme<br>– geringer Energieverbrauch der inner- und außerbetrieblichen Transportsysteme<br>– geringe Emissionswerte der inner- und außerbetrieblichen Transportsysteme | – Innerbetriebliche Transportsysteme dürfen nur mit Elektroantrieb eingesetzt werden.<br>– Der Lkw-Treibstoffverbrauch darf 16 Liter/100 km Fahrleistung nicht überschreiten.<br>– Der Emissionswert eines Lkw darf 150 g $CO_2$/Tonnenkilometer Fahrleistung nicht überschreiten. |

## ▶ Aufgaben und Probleme

1. Erläutern Sie die Vorteile und Nachteile, die die Globalisierung
   a) für ein deutsches Unternehmen,
   b) für die Beschäftigten in Deutschland,
   c) für die deutschen Konsumenten,
   d) für den technischen Fortschritt in Deutschland hat.
2. Welche Folgen hätte es für deutsche Unternehmen, wenn die Exportindustrie ihre internationale Wettbewerbsfähigkeit verlieren würde?
3. Was versteht man aus der Sicht der Fertigung unter integriertem Umweltschutz?

# 7 Organisation des Unternehmens

## 7.1 Begriff und Grundsätze der Organisation

### 7.1.1 Organisationsbegriff

#### Das Problem der Organisation

Wenn eine Aufgabe mit dem dazugehörigen betriebswirtschaftlichen Ziel in die Tat umgesetzt werden soll, handelt es sich oftmals um eine komplexe Aufgabenstellung. Die Möglichkeiten einer einzelnen Person sind aber begrenzt, und zwar bezüglich

- des Wissens,
- der Kapazität der Informationsverarbeitung,
- der finanziellen Mittel und
- der Zeit.

Die Aufgabe muss also zerlegt und aufgeteilt werden, um sie den Anforderungen gerecht durchführen zu können. Die Teilung oder auch Differenzierung der Aufgabe und die zielorientierte Abstimmung bilden den Ausgangspunkt des Organisationsproblems.

| Formen der Aufgabenteilung | Merkmal | Begründung |
|---|---|---|
| **sachliche Aufgabenteilung** | Die Komplexität der Aufgabe wird durch die Aufspaltung in weniger komplexe Teilaufgaben vermindert. | Damit wird dem begrenzten Wissen und der begrenzten Kapazität der Informationsverarbeitung des einzelnen Menschen entgegengewirkt. |
| **zeitliche Aufgabenteilung** | Die Aufgabe wird in mehrere Zeitabschnitte eingeteilt. | Dadurch soll das Problem der knappen Zeit behoben werden. |
| **personelle Aufgabenteilung** | Die Aufgabe wird auf mehrere Personen aufgeteilt. | Dabei wird die Knappheit der Faktoren Zeit, finanzielle Mittel, Wissen und Kapazität der Informationsverarbeitung einzelner Personen vermindert. |

Was auf der einen Seite zuerst zergliedert wurde, muss später über Koordination wieder zusammengeführt werden. Das bedeutet, je stärker differenziert wird, desto aufwendiger ist die Koordination. In diesem Spannungsfeld zwischen Aufgabenteilung und Koordination steht die Organisation.

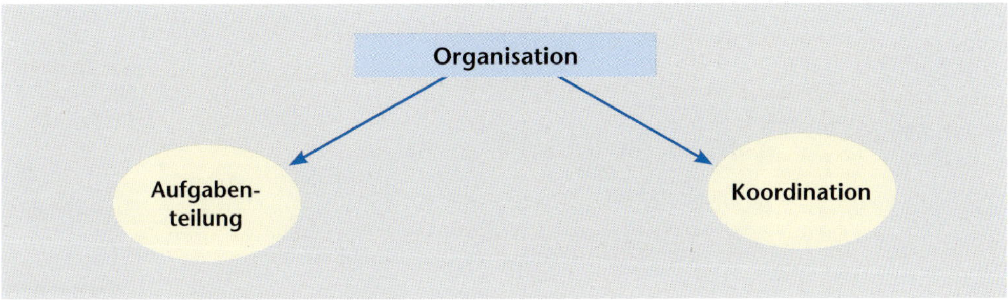

Die **Aufgabe der Organisation** besteht in einem ersten Schritt darin, eine komplexe Problemstellung in sinnvolle **Teilaufgaben zu gliedern** und diese einzeln zu lösen. Im zweiten Schritt werden die **Teilergebnisse koordiniert wieder zusammengeführt.**

Um das Organisationsproblem zu lösen, unterscheidet man innerhalb der Organisation des Unternehmens zwischen **Aufbau- und Ablauforganisation** (Kapitel 7.3 und Kapitel 7.4).

## 7.1.2 Organisationsgrundsätze

### Grundsatz des organisatorischen Gleichgewichts

a) **Organisationsplanung** ist die Festlegung **allgemeiner, dauerhafter Regelungen** für **viele gleichartige Vorgänge.**

Beispiel: Es besteht die Anweisung, dass Anfragen von Kunden in der Reihenfolge ihres Eingangs bearbeitet werden.

Die Organisationsplanung legt auch den Entscheidungsspielraum für die Disposition fest.

b) **Disposition** ist eine **planmäßige Regelung** im Rahmen des Entscheidungsspielraumes eines Mitarbeiters für **Einzelvorgänge.**

Beispiel: Ausnahmsweise wird eine Anfrage, die an einem Tag erst an zehnter Stelle eingegangen ist, zuerst bearbeitet. Dies liegt in Einzelfällen im Ermessen des Sachbearbeiters.

c) **Improvisation** ist eine **außerplanmäßige Regelung** für **Einzelvorgänge.**

Ursachen für Improvisationen können sein:

- unvorhersehbare Ereignisse, z. B. Streiks verursachen Transportprobleme,
- dauerhafte Lösungen sind wegen ständig veränderter Bedingungen unmöglich,
- man wählt ein Provisorium, weil man eine endgültige Regelung zurzeit nicht verwirklichen kann, z. B. wegen finanzieller Engpässe.

**Organisationsplanung** sorgt für **Stabilität** im Betriebsgeschehen.

**Disposition und Improvisation** erhöhen die **Elastizität,** der Betrieb reagiert flexibel.

Ein **ausgewogenes Verhältnis** zwischen **Stabilität und Elastizität** im Betriebsablauf nennt man **organisatorisches Gleichgewicht.**

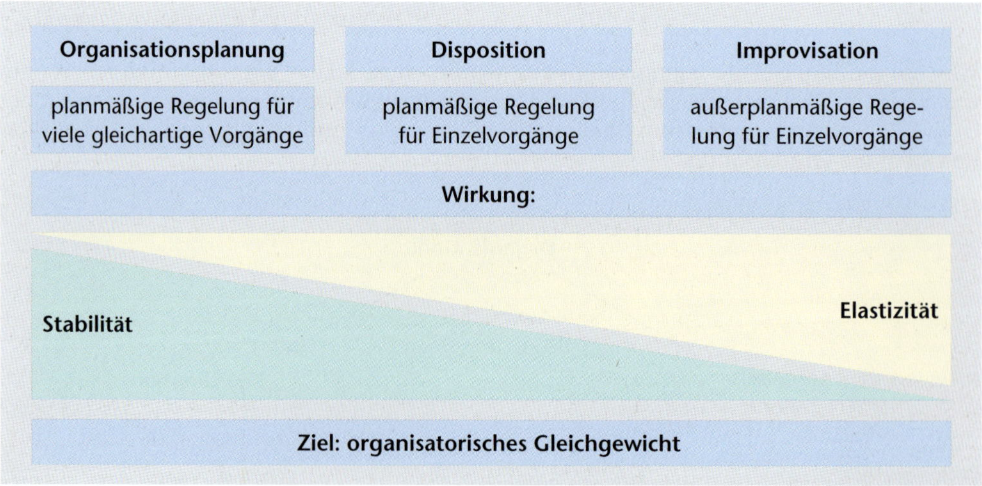

**Überorganisation** als Ergebnis eines übertriebenen Strebens nach Vereinheitlichung führt zur Starrheit bei der Aufgabenerfüllung.

**Unterorganisation** dagegen lässt unbegrenzte Handlungsspielräume offen.

Beides verstößt gegen den Grundsatz des organisatorischen Gleichgewichts.

## Grundsatz der Zweckmäßigkeit

Organisatorische Regelungen sind nur dann zweckmäßig, wenn sie der Zielsetzung des Unternehmens gerecht werden.

Organisatorische Regelungen werden in Form von Beschreibungen, Anweisungen, Richtlinien und grafischen Darstellungen getroffen.

## Grundsatz der Koordination

Alle organisatorischen Maßnahmen müssen aufeinander abgestimmt (koordiniert) sein.

| Formen der Koordination | |
|---|---|
| **räumliche (sachliche) Koordination** | Räume und Arbeitsplätze müssen so angeordnet werden, dass ein reibungsloser Durchfluss von Material, Werkstücken sowie Schriftgut gewährleistet ist. |
| **zeitliche Koordination** | Arbeiten müssen in einer ganz bestimmten Zeit (Zeitpunkt, Zeitraum, Zeitfolge) ausgeführt werden. Besonders wichtig ist die zeitliche Abstimmung im Fertigungsbereich, weil hier viele voneinander abhängige Leistungen in ungestörtem Ablauf miteinander vereinigt werden müssen. |
| **personelle Koordination** | Fähigkeiten, Temperamente und Charaktere der Beschäftigten müssen bei der Stellenbesetzung berücksichtigt werden. Diese Eigenschaften der Mitarbeiter spielen auch eine Rolle bei der Entscheidung über den Instanzenaufbau (Über-, Gleich- und Unterordnung der Mitarbeiter). |

## Grundsatz der Wirtschaftlichkeit

Die Organisation muss wirtschaftlich sein, d. h., mit den vorhandenen Mitteln das bestmögliche Ergebnis erzielen. Sie muss in günstiger Weise zusammenwirken, um das Optimum der Organisation zu bilden.

**Beispiele:**

1. Eine Buchhalterin ist freiwillig ausgeschieden. Die Geschäftsleitung will diese Arbeitskraft einsparen und verteilt das Aufgabengebiet der Ausgeschiedenen auf die verbliebenen Buchhalterinnen, die dadurch überlastet werden und nicht mehr genau arbeiten.
2. Der Transportleiter eines Industriebetriebes, der mit eigenen Wagen die Abnehmer beliefert, lässt, um Zeit zu sparen, Fahrzeuge nach einem ausgeklügelten Fahrplan pausenlos fahren. Folge: höherer Wagenverschleiß und Übermüdung der Fahrer.

## Zusammenfassende Übersicht zu Kapitel 7.1: Begriff und Grundsätze der Organisation

**Organisation**

**Aufgabenteilung** ⟷ **Koordination**

- sachliche Aufgabenteilung
- zeitliche Aufgabenteilung
- personelle Aufgabenteilung

- räumliche (sachliche) Koordination
- zeitliche Koordination
- personelle Koordination

↓

**organisatorisches Gleichgewicht**

**Organisationsplanung**

**Disposition** ⟷ **Improvisation**

**Stabilität** ↕ **Elastizität**

**Grundsatz der Zweckmäßigkeit** | **Grundsatz der Koordination** | **Grundsatz der Wirtschaftlichkeit**

### ▶ Aufgaben und Probleme

1. Welche Formen der Aufgabenteilung gibt es?
2. Warum werden auch bei zweckmäßigster Organisation eines Betriebes Improvisationen notwendig sein?
3. Gegen welche Grundsätze der Organisation wird in folgenden Fällen verstoßen?
   a) Ein leitender Angestellter verlangt von seinen Mitarbeitern monatlich statistische Erhebungen, die völlig unzureichend ausgewertet werden.
   b) In der Fertigungsabteilung eines Industriebetriebes kommt es wegen mangelnder Materialbereitstellung zu Betriebsunterbrechungen.
   c) Ein Abteilungsleiter entwirft ständig neue Vordrucke, mit deren Einsatz er glaubt, die Arbeit seiner Abteilung rationalisieren zu können.
4. Warum sind die Teilbarkeit und ständige Wiederholung einer Aufgabe Voraussetzungen der Organisation?
5. Erklären Sie die verschiedenen Formen der Koordination.

## 7.2 Unternehmensleitbild und Unternehmensziele

Bevor man eine Entscheidung über den Einsatz von menschlicher Arbeitskraft, Betriebsmitteln und Werkstoffen treffen kann, müssen die Zielvorgaben aufgestellt und der Weg zur Verwirklichung der Ziele geplant werden.

### 7.2.1 Anspruchsgruppen und ihre Interessen

Die Festlegung der Unternehmensziele ist Gegenstand eines Zielentscheidungsprozesses. An diesem sind neben der Unternehmensleitung, den Kapitalgebern und den Arbeitnehmern auch Gruppen außerhalb des Unternehmens beteiligt. Zu diesen Gruppen gehören z.B. Lieferanten und Kunden, gesellschaftliche Gruppen und die öffentliche Hand. Die Zielentscheidungen fallen aber letztlich in der Unternehmensleitung.

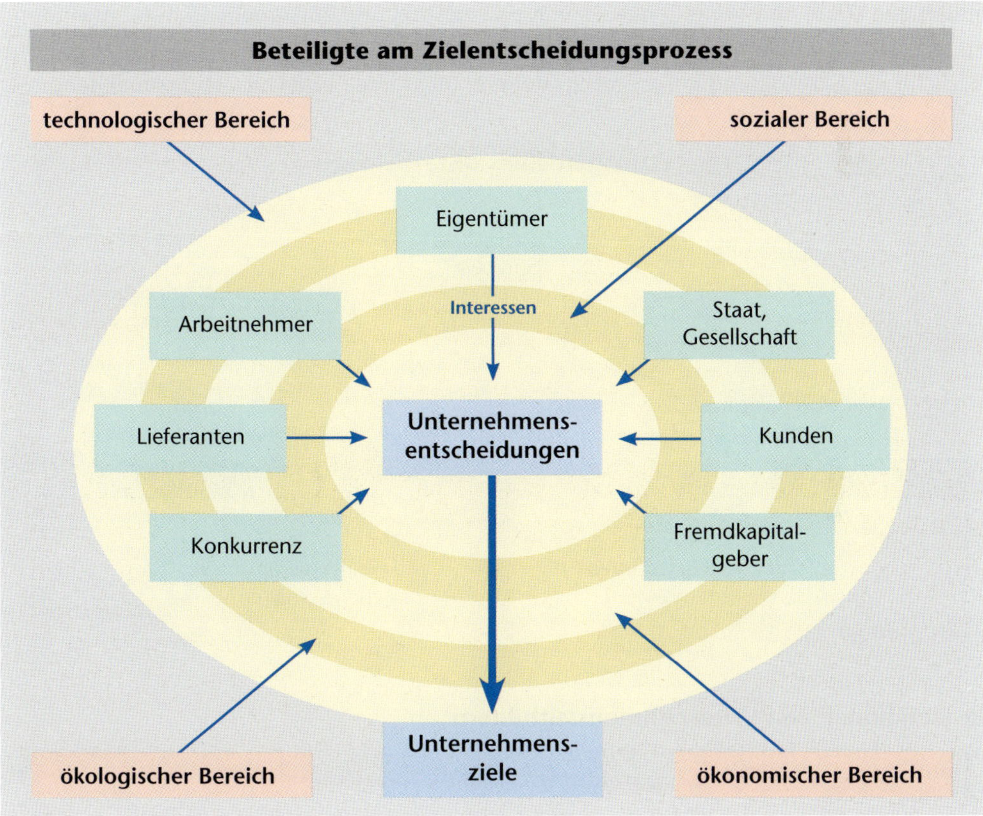


### 7.2.2 Unternehmenskultur und Unternehmensidentität

Viele Unternehmen formulieren als Grundlage für die Zielfindung ihre Unternehmenskultur.

Die **Unternehmenskultur** ist ein **Gefüge von Normen, Werten, Verhaltens- und Arbeitsweisen eines Unternehmens.**

Daraus erwächst die **Unternehmensidentität (Corporate Identity).** Sie zeigt sich unmittelbar in der Form der Selbstdarstellung gegenüber der Öffentlichkeit, so z. B. bei der Beratung der Kunden, bei den Verhandlungen mit Lieferanten oder der öffentlichen Hand.

## 7.2.3 Zielsystem des Unternehmens

### 7.2.3.1 Unternehmensleitbild

**Unternehmensleitbilder** sind **fundamentale Geschäftsprinzipien einer Organisation.** Sie enthalten die **Grenzen setzenden und richtungsweisenden Leitlinien und Ziele** für die angestrebte Unternehmensentwicklung und geben sie vor.

Das Unternehmensleitbild ist oft die **schriftliche Niederlegung** des allgemeinsten Teils der Unternehmenspolitik. Es sollen als wesentliche Merkmale die angestrebten Zukunftsvorstellungen, Ziele und Verhaltensweisen herausgestellt und entsprechend befolgt werden.

Das Unternehmensleitbild entwirft ein »realistisches Idealbild«. Es dient als Ausgangsbasis für die Entwicklung konkreter Strategien, Richtlinien und Umsetzungsmaßnahmen.

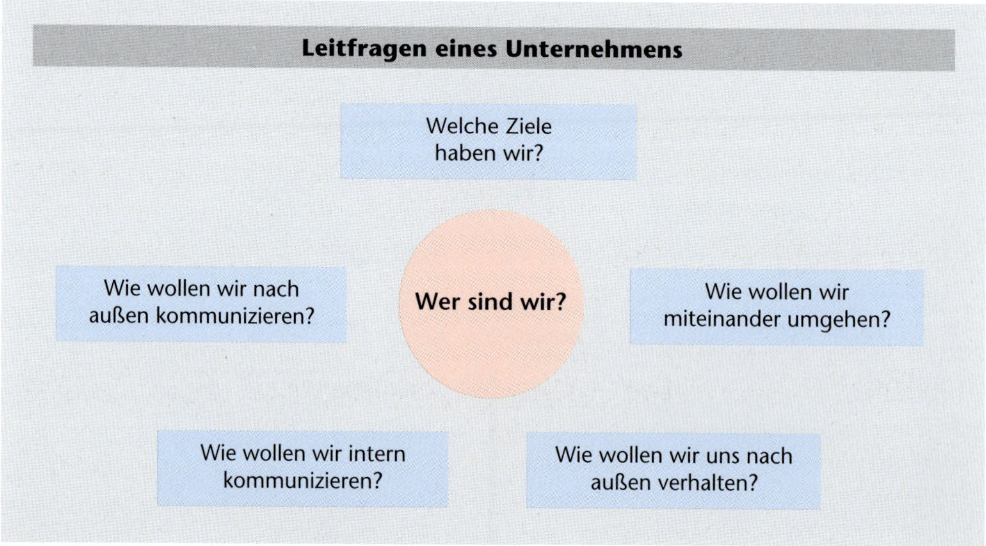


#### Funktionen von Unternehmensleitbildern

| Funktion | Inhalt | Beispiel |
|---|---|---|
| **Legitimation** | Das Leitbild soll helfen, das Handeln nach innen und außen zu begründen. | »Wir bieten Leistungen im Luftverkehr sowie in verwandten Service- und Zulieferbereichen. Im Kerngeschäft erfüllen wir die unterschiedlichen Transportbedürfnisse unserer Kunden im Luftverkehr einschließlich der Dienstleistungen im direkten Kundenkontakt. Wir ergänzen unser Angebot außerhalb des Kerngeschäfts dort, wo es wirtschaftlich sinnvoll ist oder aufgrund des Kerngeschäfts ein Bedürfnis entsteht.« |

| Funktion | Inhalt | Beispiel |
|---|---|---|
| **Orientierung** | Das Leitbild soll für Mitarbeiter und Führungskräfte handlungsleitend wirken. | »Dieses Leitbild dient uns in Zukunft als Handlungsrahmen und Orientierungshilfe, sodass alle Mitarbeiter von einer gemeinsamen Grundlage aus dasselbe Ziel verfolgen. So führen die von allen getragenen Werte zum Erfolg: zu einem starken Verbund in der neuen Metallgesellschaft.« |
| **Motivation** | Das Leitbild soll die Identifikation der Mitarbeiter mit ihrem Unternehmen und auch die Motivation erhöhen, in ihm tätig zu sein. | »Das Wissen und die Ideen unserer Mitarbeiter sind unser wichtigstes Erfolgspotenzial. Wir werden dieses Potenzial gezielt und konsequent fördern und für Verbesserungen in allen Bereichen nutzen. Jeder Mitarbeiter ist aufgerufen, unser Unternehmen auf dem Weg in die Zukunft aktiv mitzugestalten.« |

Damit kann ein gut formuliertes und richtig eingeführtes Leitbild dazu beitragen,

- die Kommunikation nach außen zu verbessern,
- Konflikte zu lösen,
- die Grundlage für Ziele und Strategien zu legen,
- eine Entscheidungshilfe bei der Führung und Delegation zu geben,
- eine klare Unternehmensidentität zu erarbeiten und zu bewahren,
- die Grundlage der Unternehmensidentität zu sein,
- die Personalauswahl zu unterstützen.

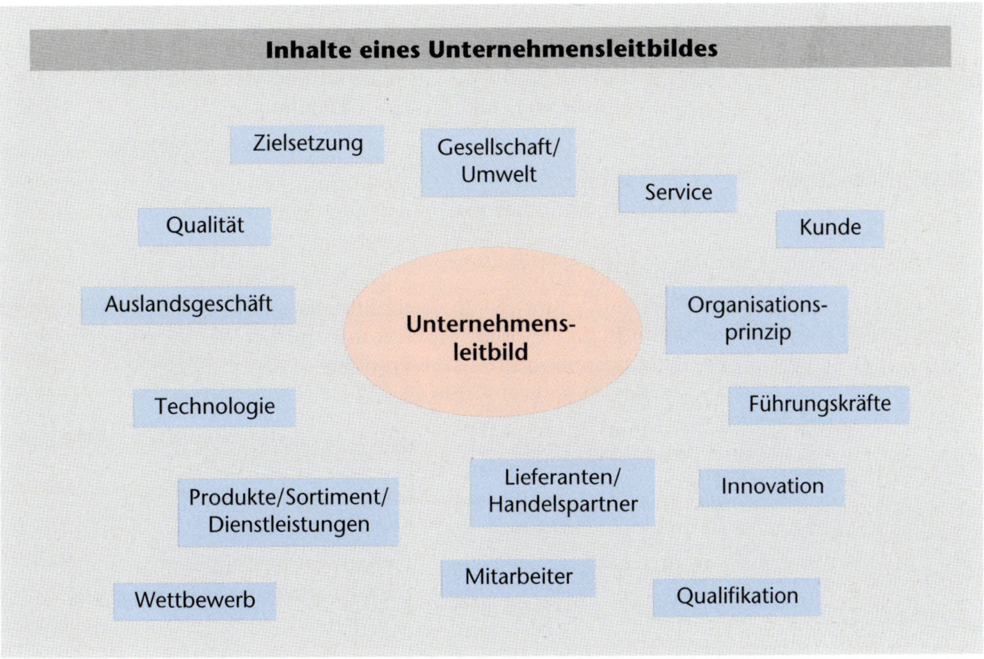

### 7.2.3.2 Ziele des Unternehmens

| Ziele des Unternehmens | | |
|---|---|---|
| **Arten** | **Zielpunkte** | **Beispiele** |
| **wirtschaftliche Ziele** | | |
| – Leistungsziele | – Marktanteil | Erhaltung oder Ausdehnung des Marktanteils |
| | – Produktions- und Absatzprogramm | Verwirklichung neuer technischer Ideen |
| | – Faktor- und Produktqualität | Verarbeitung hochwertiger Stoffe |
| | – Absatzwege | Ausweitung des Vertriebsnetzes |
| – Erfolgsziele | – Umsatzvolumen | Verkauf in großen Stückzahlen |
| | – Kostenstruktur | Senkung der Fixkosten |
| | – Wirtschaftlichkeit | Rationalisierung der Fertigung |
| | – Rentabilität | Erzielung eines hohen Gewinns |
| – Finanzziele | – Zahlungsfähigkeit | Ausnutzung gewährter Skontoabzüge |
| | – Liquiditätsreserve | Kassen- und Kreditreservenhaltung |
| | – finanzielle Struktur | Sicherung des Eigenkapitals |
| | – Gewinnreservierung | Bildung von Rücklagen |
| **soziale Ziele** | – gerechte Entlohnung | Einführung der Arbeitsplatzbewertungen |
| | – menschenwürdige Arbeitsbedingungen | Anwendung humaner Arbeitsverfahren |
| | – Arbeitsplatzsicherung | Bereitstellung und Erhaltung von Arbeitsplätzen |
| | – Mitspracherecht | Delegation von Arbeitsaufgaben |
| | – Gewinnbeteiligung der Mitarbeiter | Ausschüttung von Gewinnen, Gratifikationen |
| | – Aufstiegschancen | innerbetriebliche Fortbildung |
| **ökologische Ziele** | – Einhaltung der Umweltschutzgesetze | Einsatz von Abgasentschwefelungsanlagen, Einbau von Katalysatoren, Staub- und Spanabsaugung |
| | – Entwicklung und Verwendung umweltfreundlicher Produkte, Produktions- und Verpackungsverfahren | Verwendung verrottbarer Materialien für Produkte und Verpackungen, Konstruktion problemlos recycelbarer Produkte |
| | – Sammelaktionen für Problemabfälle | Entsorgung von Altöl und Säuren |
| | – Schonung der natürlichen Ressourcen | Verwendung von Stoffen aus Recyclingverfahren |
| | – Verwendung energiesparender Einrichtungen | Einbau von Sparreglern, Zeitschaltern, Drosselventilen in Maschinen und Anlagen |

Für die Entwicklung der Menschen und der Natur ist inzwischen der Begriff der »**Nachhaltigkeit**« von besonderer Bedeutung geworden.

»Nachhaltige Entwicklung heißt, Umweltgesichtspunkte gleichberechtigt mit sozialen und wirtschaftlichen Gesichtspunkten zu berücksichtigen. Zukunftsfähig wirtschaften bedeutet also: Wir müssen unseren Kindern und Enkelkindern ein intaktes ökologisches, soziales und ökonomisches Gefüge hinterlassen. Das eine ist ohne das andere nicht zu haben.«

(Quelle: Rat für Nachhaltige Entwicklung der Bundesregierung; www.nachhaltigkeitsrat.de)

## 7.2.3.3 Zielbeziehungen

Das Anstreben eines der oben beschriebenen Ziele kann, muss aber nicht das automatische Anstreben der anderen Ziele des Unternehmens bedeuten. Es lassen sich drei unterschiedliche Zielbeziehungen feststellen:

| Zielbeziehungen | Erklärung | Beispiel |
|---|---|---|
| **Zielharmonie (komplementäre Ziele)** | Das Erreichen eines Zieles unterstützt das Erreichen eines anderen Zieles. | Die Senkung der Kosten im Materialbereich bewirkt bei konstanten Umsätzen eine Steigerung des Gewinns. |
| **Zielkonkurrenz (konkurrierende Ziele)** | Das Erreichen eines Zieles erschwert oder macht das Erreichen eines anderen Zieles unmöglich. Wann immer optimiert werden muss, gilt es, zwischen zwei konkurrierenden Zielen die bestmögliche Lösung zu ermitteln. Diese Zielbeziehung stellt in der Wirtschaft den Normalfall dar. | Das Ziel, die Personalkosten zu reduzieren, ist unvereinbar mit dem Ziel, neue Mitarbeiter einzustellen. |
| **Zielneutralität (indifferente Ziele)** | Das Erreichen eines Zieles berührt das Erreichen eines anderen Zieles nicht. In einem Unternehmen existiert in den wenigsten Fällen eine vollkommene Zielneutralität. Auf irgendeine Art und Weise beeinflusst jede Aktion den Zustand des gesamten Unternehmens. | Das Ziel der Fuhrparkkostensenkung kann vollkommen unabhängig zum Ziel, den Werkschutz zu verbessern, erreicht werden. |

Betrachtet man das Erreichenwollen von Zielen kurzfristig, besteht tatsächlich grundsätzlich immer Konkurrenz zwischen dem Erreichen der meisten Ziele. Das gilt auch für die Zielsetzungen Zeit, Qualität, Innovationsfähigkeit und Kosten. Erweitert man aber den Blickwinkel auf eine langfristige Betrachtungsweise, zeigen sich die Zielkonflikte nicht.

**Beispiel:**

Die Verkürzung der Durchlaufzeiten erfordert eine Optimierung und verursacht damit Kosten. Diese Kosten werden allerdings später durch dann geringere Kosten aufgefangen.

## Zusammenfassende Übersicht zu Kapitel 7.2: Unternehmensleitbild und Unternehmensziele

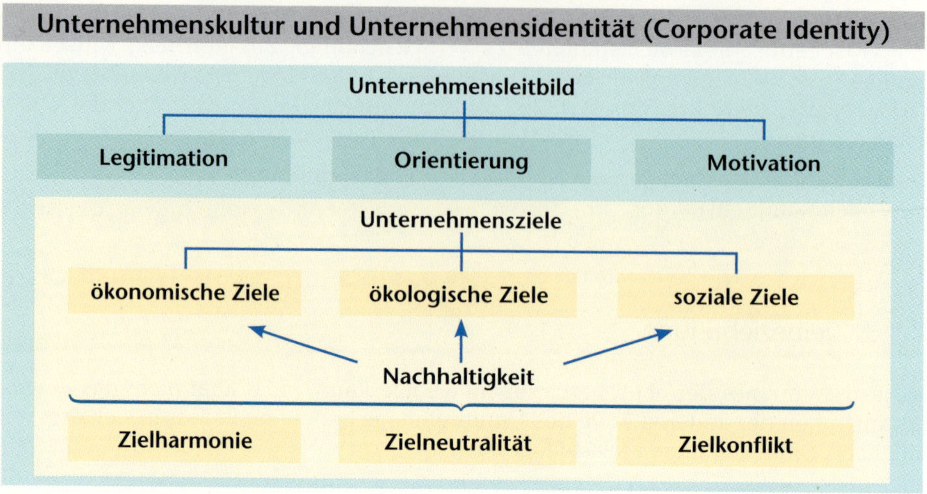


### ▶ Aufgaben und Probleme

1.

| Unternehmensphilosophie eines Maschinengroßhandelsunternehmens: | Ergebnis einer Besprechung der Unternehmensleitung eines Elektronikherstellers: |
|---|---|
| »Umweltschutz ist zentraler Bestandteil der Unternehmenspolitik.« | »Die Einrichtung einer eigenen Stelle eines Umweltschutzbeauftragten ist nicht nötig und aus Kostengründen in der derzeitigen Situation nicht vertretbar. Es genügt, wenn jede Mitarbeiterin und jeder Mitarbeiter angewiesen wird, an seinem Arbeitsplatz Umweltschutz zu betreiben.« |

a) Erörtern Sie diese beiden Standpunkte.

b) Beurteilen Sie, ob diese Aussagen zeitgemäß sind.

2. »Vorbeugen ist besser als Heilen.«

»Was du heute kannst vorsorgen, das verschiebe nicht auf morgen.«

Inwiefern haben diese Aussagen sowohl für den betrieblichen Umweltschutz als auch für die Umweltgesetzgebung eine Bedeutung?

3. Welche Arten von Zielen gibt es in einem Unternehmen?

4. Erstellen Sie in Gruppenarbeit jeweils ein Zielsystem für folgende Unternehmen:

a) Der Küchenmeister Grün beabsichtigt, sich selbstständig zu machen. Seine Überlegungen zielen darauf ab, ein Speiserestaurant in Citylage zu gründen. Kulinarische Spezialitäten: vegetarische Gerichte.

b) Der IT-Fachmann Charly Braun gründet als Einzelunternehmer einen Computershop. Der Standort ist in der Nähe eines großen beruflichen Schulzentrums.

c) Nach Ablegung der Meisterprüfung beabsichtigen zwei Möbelschreiner eine Möbelfertigung aufzunehmen, bei der Wohnmöbel aus natürlichen Rohstoffen (einheimisches Holz, organisches Polstermaterial) hergestellt werden sollen.

5. Formulieren Sie die Ziele, zwischen denen in den folgenden Situationen ein Konflikt entsteht, und erläutern Sie Lösungsansätze, um diesen Konflikt zu beheben oder einen Kompromiss herbeizuführen:

   a) Innerhalb der Materialwirtschaft sollen die Kosten gesenkt werden.

   b) Der Anbieter mit dem billigsten Angebot wird ausgewählt. Die Qualität dieser Materialien ist aber geringer als bei anderen Lieferanten.

   c) Durch eine Verringerung der Lagerbestände werden die Lagerkosten gesenkt.

   d) In einem Automobilwerk wird das kostengünstigste Lackierverfahren gewählt. Dieses Verfahren ist aber gesundheitsschädlicher und weniger umweltverträglich als ein anderes Verfahren.

6. Erklären Sie bei den abgebildeten Zielbeziehungen den Begriff des magischen Dreiecks der Lagerhaltung.

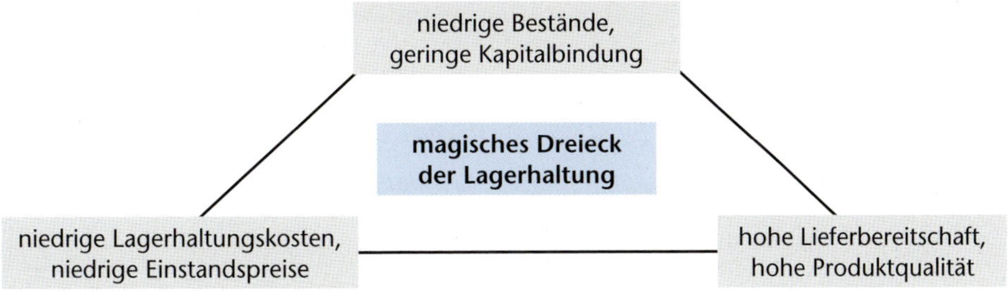


## 7.3 Aufbauorganisation

Die **Aufbauorganisation gliedert die unternehmerische Gesamtaufgabe in Teilaufgaben** und bestimmt die **Stellen** und **Abteilungen,** die diese bearbeiten sollen.

### 7.3.1 Aufgabengliederung (Aufgabenanalyse)

Die Teilaufgaben werden durch eine **Aufgabenanalyse** sichtbar gemacht. Sie können nach folgenden Kriterien unterteilt werden:

| Gliederungsmerkmale | Inhalt | Beispiele |
|---|---|---|
| **Objekte** | Warengruppe, Produkt oder Produktgruppe | Warengruppe: Tischlereibedarf, Zimmereibedarf<br>Produktgruppe: Kfz, Lkw |
| **Verrichtungen** | transportieren, lagern, montieren, verpacken, Daten erfassen | Bedarfsermittlung, Bestellung, Lieferungsüberwachung |
| **Phasen** | planen, verwirklichen, kontrollieren | Einkaufsplanung, Einkaufsdurchführung, Einkaufskontrolle |
| **Rangstufen** | anordnen, ausführen | Einkaufsleiter, Einkäufer, Lagerverwalter, Lagerarbeiter |

Aus den Ergebnissen der Analyse entstehen Aufgabengliederungspläne.

**Beispiel:** Teilplan Verrichtungen: Materialbeschaffung

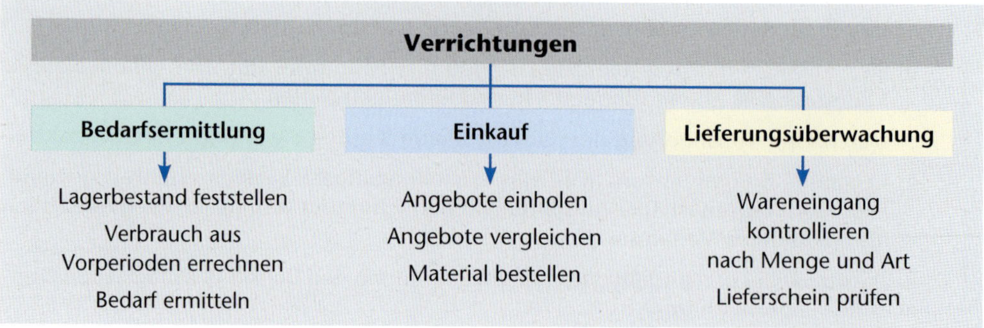


Die in solchen Aufgabengliederungsplänen dargestellten Teilaufgaben werden dann in einem **Funktionendiagramm** nach den Merkmalen Rangstufe und Phase weiter untergliedert. Dabei werden die Teilaufgaben auf die Aufgabenträger verteilt. Das Funktionendiagramm verbindet somit die Strukturen der Aufbauorganisation mit den Prozessen der Ablauforganisation.

**Funktionendiagramm: Warenbeschaffung eines Holzgroßhändlers**

| Aufgaben (Phasen) ↓ | | | Aufgabenträger (Rangstufen) → | Geschäftsführer/-in | Einkaufsleiter/-in | Einkäufer/-in Kantholz | Einkäufer/-in Spanplatten | Einkäufer/-in bezogene Teile | Lagerverwalter/-in | Lagerarbeiter/-in Kantholz | Lagerarbeiter/-in Spanplatten | Lagerarbeiter/-in bezogene Teile | Betriebsleiter/-in |
|---|---|---|---|---|---|---|---|---|---|---|---|---|---|
| Einkauf von Waren | Einkaufsplanung | | Lagerbestandskontrolle | | E | | | | O | A | A | A | |
| | | | Verbrauch in Vorperiode | | O | A | A | A | | | | | |
| | | | Bedarfsermittlung | $E_g$ | $E_N$ $A_w$ | A | A | A | | | | | M |
| | Einkaufsdurchführung | | Angebote einholen | $E_g$ | $A_w$ | A | A | A | | | | | I |
| | | | Angebotsvergleich | | $A_w$ | A | A | A | | | | | |
| | | | Bestellung | | A | | | | | | | | M |
| | Einkaufskontrolle | Wareneingangskontrolle – Mengen | Kantholz | | | | | | O | A | | | |
| | | | Spanplatten und Furniere | | | | | | O | | A | | |
| | | | bezogene Teile | | | | | | O | | | A | |
| | | Wareneingangskontrolle – Qualität | Kantholz | | | | | | | | | | A |
| | | | Spanplatten und Furniere | | | | | | | | | | A |
| | | | bezogene Teile | | | | | | | | | | A |
| | | | Lieferscheinprüfung | | $A_w$ | A | A | A | | | | | |

Zeichenerklärung:
A = Ausführung (umfassend)
$A_w$ = Ausführung (wichtige Einzelfälle)
E = Entscheidung (umfassend)
$E_g$ = Entscheidung (in Grundsatzfragen)
$E_N$ = Entscheidung (im Normalfall)
I = Initiative
M = Mitsprache
O = Anordnung

## 7.3.2 Stellenbildung (Aufgabensynthese)

Wenn Teilaufgaben zum Arbeitsbereich für einen Aufgabenträger (Arbeiter, Angestellter) zusammengefasst werden, entsteht eine **Stelle.**

Eine **Stelle** ist die **kleinste organisatorische Einheit** im Unternehmen.

Die Stellenbildung kann nach dem Prinzip der **Zentralisation** oder der **Dezentralisation** erfolgen.

Bei der **Zentralisation** werden gleichartige Teilaufgaben zusammengefasst und einer Stelle zugeordnet. Die Einengung auf sich ständig wiederholende, gleichartige Aufgaben führt zur Spezialisierung.

**Beispiel:** In einer Großhandlung wird der Einkauf für alle Zweigniederlassungen in der Zentrale von Spezialeinkäufern für die verschiedenen Warengruppen getätigt.

Bei der **Dezentralisation** werden gleichartige Teilaufgaben auf mehrere Stellen verteilt. Das Aufgabenfeld ist dabei erweitert.

**Beispiel:** Der Bedarf einer Zweigniederlassung wird für mehrere Warengruppen von der Zweigniederlassung selbst eingekauft.

Organisationspläne, in denen die zu bildenden Stellen verzeichnet sind, nennt man Stellenpläne.

## 7.3.3 Stellenbeschreibung und Stellenbesetzung

Die Stellenbeschreibung ist Grundlage für die Besetzung einer Stelle (Kapital 8.2.2).

## 7.3.4 Abteilungsbildung

Mehrere Stellen mit gleichartigen Aufgabenbereichen werden zu **Abteilungen** zusammengefasst. Das folgende **Organigramm** (auch: Betriebsgliederungsplan) zeigt beispielhaft die Abteilungen eines Unternehmens und ihre Zuordnung.

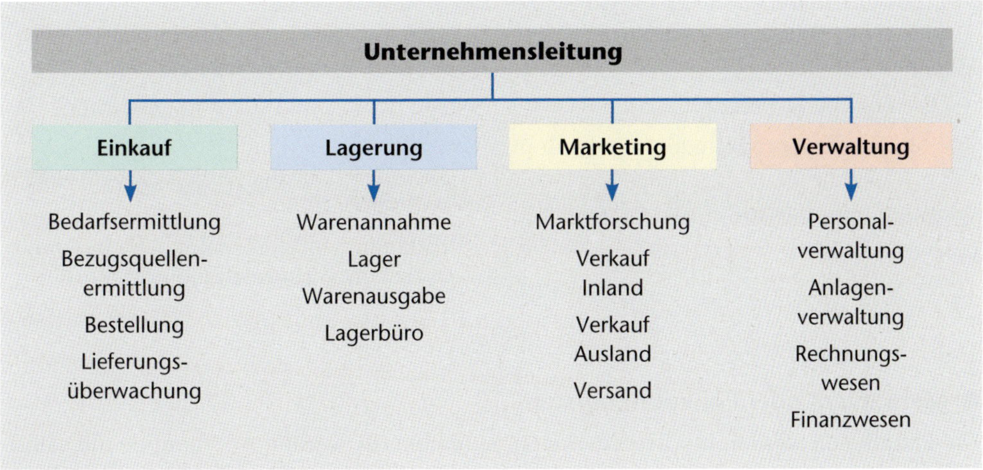


Bei größeren Unternehmen können mehrere Abteilungen zu Hauptabteilungen zusammengefasst werden.

### 7.3.5 Entscheidungs- und Weisungssysteme

Besitzt ein Stelleninhaber Führungs- und Weisungsbefugnis, so erfüllt er im Gegensatz zu dem Mitarbeiter, der nur Anweisungen auszuführen hat, eine Leitungsaufgabe.

**Stellen mit Leitungsaufgaben** nennt man **Instanzen.**

Das System von über- und untergeordneten Stellen ergibt die Unternehmenshierarchie (Rangordnung). Gleichrangige Stellen bilden in der Betriebshierarchie eine Ebene.

#### Einliniensystem

Alle Mitarbeiter sind in einem einheitlichen Weisungsweg eingegliedert. Jeder Mitarbeiter erhält nur von seinem unmittelbaren Vorgesetzten Anweisungen. Ebenso kann er Meldungen und Vorschläge nur bei ihm vorbringen (Instanzenweg, Dienstweg).

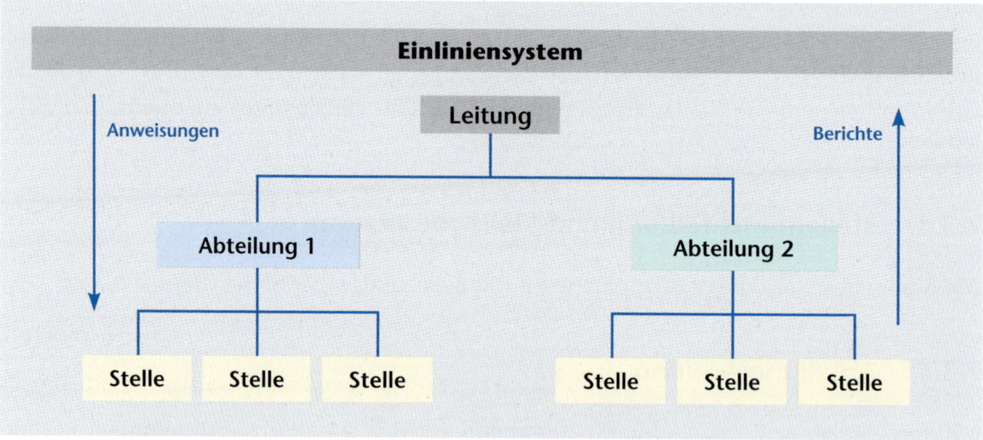


| Vorteile | Nachteile |
|---|---|
| – Die Weisungsbefugnis ist klar und eindeutig.<br>– Die Disziplin ist straff.<br>– Kompetenzüberschneidungen werden vermieden.<br>– Die Beziehungsstruktur ist einfach und überschaubar. | – Der Weisungs- und Informationsweg ist oft zu lang und zu umständlich.<br>– Die Arbeitsfülle steigt mit der Rangstufe.<br>– Die obere Leitung wird stark belastet und schwerfällig.<br>– Es kommt zur personalen Abhängigkeit zwischen Vorgesetztem und Mitarbeiter. |

#### Mehrlinien- oder Funktionensystem

Die Funktionen werden in Zuständigkeiten aufgeteilt. Es werden Abteilungen mit selbstständig handelnden Leitern gebildet. Die obere Leitung gibt nur allgemeine Richtlinien und entscheidet in wichtigen Fällen, während die Routinearbeit durch die Abteilungen selbstständig erledigt wird.

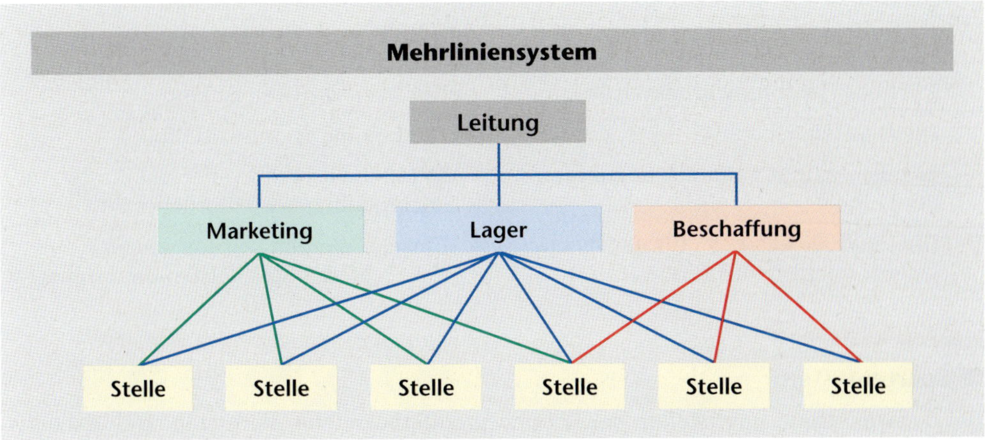


| Vorteile | Nachteile |
|---|---|
| – Die obere Leitung wird entlastet.<br>– Die Routinearbeit wird rasch nach Daueranweisungen erledigt.<br>– Sonderfälle werden ausgegliedert und einer besonderen Arbeitskraft übertragen.<br>– Die Abteilungsleiter und ihre Mitarbeiter entwickeln sich zu Spezialisten. | – Die Funktionsträger müssen zur regelmäßigen Berichterstattung nach oben verpflichtet werden.<br>– Die Anweisungsbefugnis muss genau abgegrenzt werden.<br>– Bei den ausführenden Arbeitskräften können Unsicherheiten über die Dringlichkeit der angewiesenen Arbeiten entstehen.<br>– Auftretende Fehler sind den einzelnen Funktionen schwierig zuzuordnen.<br>– Es kann zu Unstimmigkeiten zwischen den Funktionsträgern kommen.<br>– Eine Abteilung kann in die andere »hineinregieren«. |

Aus diesen Grundformen der Instanzenbildung sind **Mischformen** entwickelt worden.

## Stabliniensystem

Dabei umgibt sich die Leitung mit einem Stab von Spezialisten. Sie sind Berater, aber keine Instanzen mit Weisungsbefugnissen. Notwendige Anweisungen werden durch die Führungsspitze erteilt. Stabmitarbeiter können sein: Finanzfachmann, Betriebswirt, Jurist, Organisator, DV-Experte.

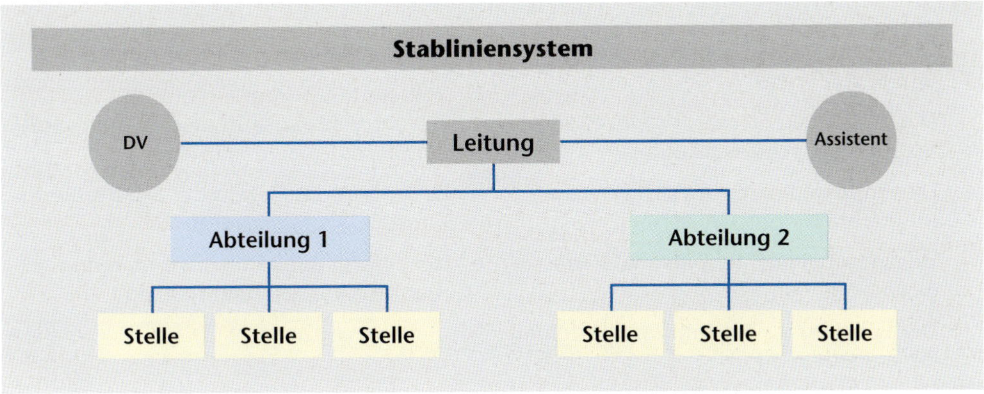

| Vorteile | Nachteile |
| --- | --- |
| – Die obere Leitung wird entlastet.<br>– Die Disziplin ist straff.<br>– Es gibt weniger Fehlentscheidungen der Leitung.<br>– Die Einarbeitung des Führungsnachwuchses wird erleichtert. | – Der Instanzenweg ist lang.<br>– Die Leitung ist schwerfällig.<br>– Es fallen zusätzliche Personalkosten für hochqualifizierte Mitarbeiter an.<br>– Entscheidungen werden einseitig aus der Sicht von Spezialisten getroffen. |

## Spartensystem

Bei diesem System unterstehen der Leitung produktbezogene, selbstständige Geschäftsbereiche, die mit gewissen Einschränkungen als »Unternehmen im Unternehmen« zu betrachten sind. Die Geschäftsbereiche haben Bilanzen und Erfolgsrechnungen der Unternehmensleitung vorzulegen.

Innerhalb der Sparten sind verschiedene Organisationsformen möglich, z. B. das Einlinien- oder Mehrliniensystem.

**Beispiel:** Elektrounternehmen

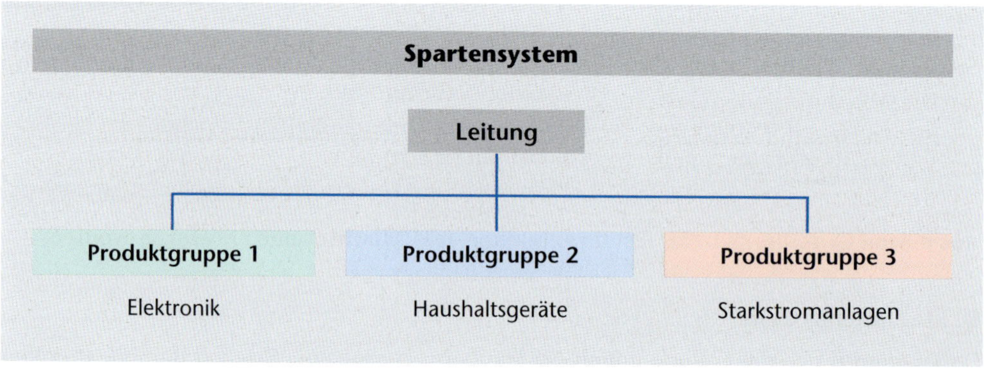


| Vorteile | Nachteile |
| --- | --- |
| – Die Informationswege innerhalb der Sparte sind kurz.<br>– Die Ergebniskontrolle der einzelnen Sparte kann schnell erfolgen.<br>– Die Anpassungsgeschwindigkeit an Marktveränderungen ist hoch.<br>– Der Einsatz von Fachpersonal kann gezielt erfolgen.<br>– Der Leistungsanreiz für den Spartenleiter ist motivierend. | – Die Unternehmensziele können durch Spartenegoismus gefährdet sein.<br>– Der Verwaltungsaufwand ist aufgrund der Dezentralisation größer.<br>– Es besteht die Gefahr der Spartenkonkurrenz.<br>– Der Informationsfluss zwischen den Sparten ist meist unzureichend. |

## Matrixorganisation

Es wirken mehrere Funktionsbereiche zusammen.

**Unternehmensleitung**

| | **Produkt 1** | **Produkt 2** | **Produkt 3** |
|---|---|---|---|
| **Produktion und Beschaffung** | Produktion und Beschaffung für Produkt 1 | Produktion und Beschaffung für Produkt 2 | Produktion und Beschaffung für Produkt 3 |
| **Finanzen und Vertrieb** | Finanzen und Vertrieb für Produkt 1 | Finanzen und Vertrieb für Produkt 2 | Finanzen und Vertrieb für Produkt 3 |
| **Personal und Information** | Personal und Information für Produkt 1 | Personal und Information für Produkt 2 | Personal und Information für Produkt 3 |

| Vorteile | Nachteile |
|---|---|
| – Die Matrixorganisation gibt eindeutig an, welche Entscheidungen von Aufgabenträgern nur gemeinsam getroffen werden können.<br>– Die übergeordnete Leitungsstelle wird nur eingeschaltet, wenn die betroffenen Funktionsträger keine Übereinstimmung erzielen.<br>– Es besteht ein Zwang zur Teamarbeit. | – Entscheidungen und Weisungen hängen von der Verständigungsbereitschaft der Beteiligten ab.<br>– Es werden längere Entscheidungszeiträume notwendig.<br>– Es besteht ein regelmäßiger Abstimmungsbedarf.<br>– Der Kommunikationsbedarf ist hoch. |

## Projektorganisation

Bei der Projektorganisation arbeiten Mitarbeiter aus verschiedenen Funktionsbereichen und verschiedenen Hierarchieebenen zusammen. Es soll eine einmalige und komplexe Aufgabe mit festgelegten Vorgaben, Terminen und Zielen verwirklicht werden.

- **Stab-Projektorganisation:** Die Projektmitarbeiter sind nur neben ihrer betrieblichen Hauptaufgabe in die Projektarbeit eingebunden. Die Projektleitung wird von einem Mitarbeiter einer Stabstelle übernommen. Er hat keine Entscheidungs- und Weisungsbefugnis, sondern lediglich Koordinationsaufgaben. Der Einsatz erfolgt bei kleinen Projekten.
- **Reine Projektorganisation:** Für ein Projekt wird eine eigenständige und zeitlich befristete Organisation gebildet. Der Projektleiter hat volle Weisungsbefugnis. Ihm werden alle personellen und sachlichen Ressourcen zur Verfügung gestellt.

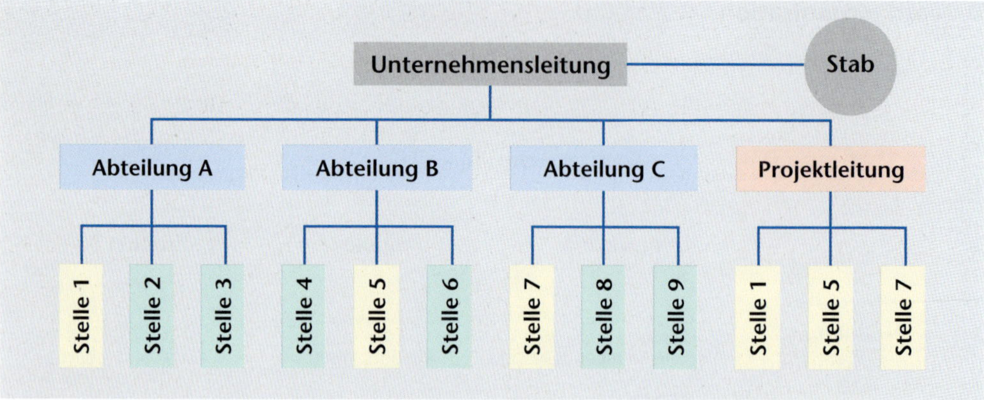


| Vorteile | Nachteile |
| --- | --- |
| – Der Projektleitung werden die Aufgaben und Kompetenzen eindeutig zugeordnet.<br>– Alle Beteiligten können sich vollkommen auf das Projekt konzentrieren.<br>– Die Projektmitarbeiter identifizieren sich in hohem Maße mit der Aufgabe.<br>– Es findet eine rasche projektbezogene Entscheidungsfindung statt.<br>– Auf veränderte Situationen kann flexibel reagiert werden. | – Es können Mitarbeiter für das Projekt abgestellt werden, die ihre Abteilung qualitativ und quantitativ schwächen oder die in der Abteilung am wenigsten fehlen, damit aber nicht unbedingt für das Projekt geeignet sind.<br>– Die in den Abteilungen verbleibenden Mitarbeiter werden eventuell stärker belastet. |

**Zusammenfassende Übersicht zu Kapitel 7.3:**
**Aufbauorganisation**

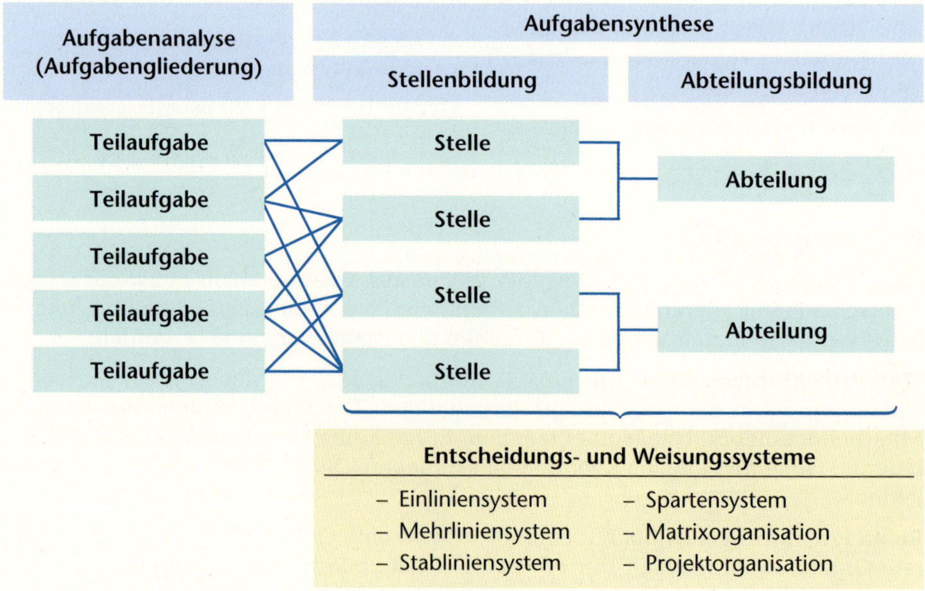

**▶ Aufgaben und Probleme**

1. Aussage über zwei Mitarbeiter in einem Unternehmen:
   - »Herr Nusser ist ein reines Organisationsgenie, aber ihm fehlt jegliches Improvisationstalent.«
   - »Herr Nassal ist ein Improvisationsgenie, aber von Organisation versteht er gar nichts.«

   a) Begründen Sie, welcher Mitarbeiter für eine Organisationsabteilung geeigneter erscheint.

   b) Warum werden auch bei zweckmäßigster Organisation eines Unternehmens Improvisationen notwendig sein?
2. Stellen Sie Beispiele der Aufgabengliederung

   a) aus dem Vertriebsbereich,

   b) aus dem Personalbereich dar.
3. Bei der Gliederung nach Rangstufen können einzelne Arbeitsschritte Ausführungs- oder Entscheidungscharakter haben. Zeigen Sie am Beispiel der Einstellung eines leitenden Angestellten,

   a) welche Entscheidungen dabei zu treffen sind,

   b) welche ausführenden Arbeiten dabei anfallen.
4. Beschreiben Sie die einzelnen Arbeitsschritte der Organisation, die bis zur Formulierung einer Stellenbeschreibung zu erledigen sind.
5. Organisatoren empfehlen die Verwendung sowohl von Funktionendiagrammen als auch von Stellenbeschreibungen. Vergleichen Sie beide Organisationsmittel.
6. a) Welche organisatorischen Vor- und Nachteile sind beim Einliniensystem mit der Anweisung »der Dienstweg ist einzuhalten« verbunden?

   b) Beurteilen Sie diese Vorschrift aus der Sicht des »Vorgesetzten« und des »Untergebenen«.

## 7.4 Ablauforganisation

Die **Aufgabe** der **Ablauforganisation** ist die **rationelle Gestaltung der Arbeitsprozesse** im Unternehmen.

Unter einem **Arbeitsprozess** versteht man Vorgänge zur Erfüllung unternehmerischer Teilaufgaben, die zeitlich und räumlich hinter- oder nebeneinander verlaufen.

### 7.4.1 Ziele der Ablauforganisation

| Ziel | Erklärung | Beispiele |
|---|---|---|
| **optimale Durchlaufzeit** | Es soll ein reibungsloser Ablauf erzielt werden, d. h., Engpässe, Staus und Leerläufe sollen vermieden oder beseitigt werden. | Sicherung des ununterbrochenen Materialflusses, der vollen Ausnutzung der Maschinen und der gleichmäßigen Beschäftigung der Arbeitskräfte. |

| Ziel | Erklärung | Beispiele |
|---|---|---|
| **optimale Auslastung** | Betriebsmittel und Arbeitskräfte sollen bestmöglich eingesetzt werden. | Eine Buchdruckerei stellt rechtzeitig einen Terminplan für den Nachdruck von Neuauflagen auf. Bei ungenügender Auslastung werden Werbedruckaufträge ausgeführt. |
| **Qualitätssicherung** | Die Güte der geleisteten Arbeit muss durch Kontrollen überwacht werden. | Fertigungskontrollen, Laboruntersuchungen der Teil- und Endprodukte |
| **Terminsicherung** | Terminpläne müssen aufgestellt und deren Einhaltung muss überwacht werden. | Terminplanung für die Produktion der Einzelteile, für die Montage und den Versand des Fertigerzeugnisses |
| **optimaler Informationsfluss** | Informationen müssen möglichst schnell und präzise an die zutreffenden Stellen gelangen. | Wenn im Lager der Meldebestand erreicht ist, wird automatisch ein Bestellvorschlag erstellt. |
| **Förderung der Arbeitsmotivation** | Durch die Einhaltung arbeitsrechtlicher Bestimmungen und durch die Anwendung der Erkenntnisse der Arbeitswissenschaft soll ein angenehmes Betriebsklima geschaffen werden. | Einhaltung der vorgeschriebenen Pausen, Selbstverantwortung bei der Gestaltung von Arbeitsaufgaben |

## 7.4.2 Phasen der Ablauforganisation

Die Ablauforganisation vollzieht sich in folgenden Teilphasen:

## Orientierungsphase

Für den Organisator ist nur das geforderte Endergebnis des gesamten Arbeitsprozesses vorgegeben. Zunächst muss festgestellt werden, in welchen **Teilprozessen** dies erreicht werden kann. Die Teilprozesse werden meistens in verschiedene Prozessschritte aufgeteilt, die ihrerseits aus mehreren Arbeitsschritten bestehen.

**Beispiel:** Abwicklung einer Warenlieferung

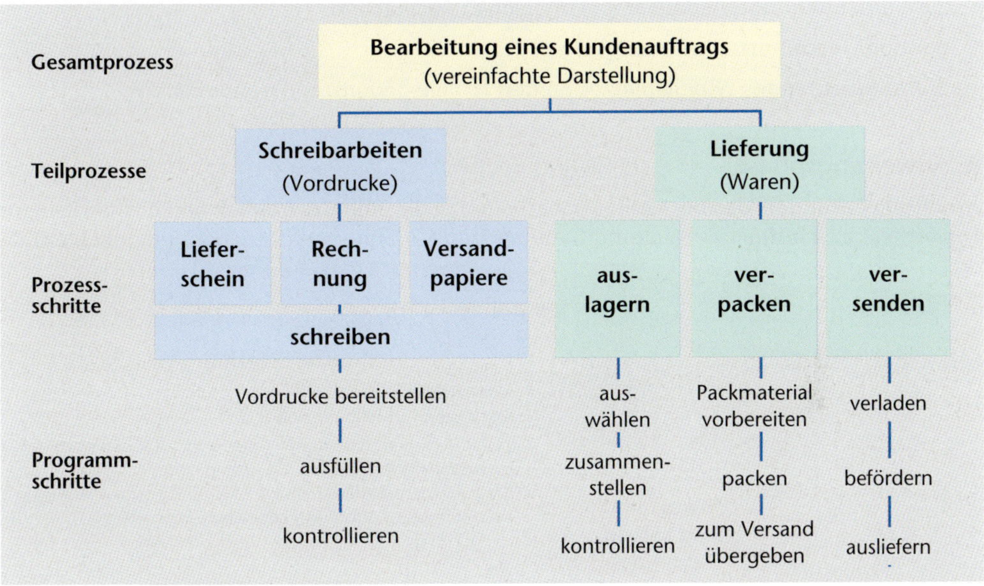


## Entscheidungsphase

In der Entscheidungsphase wird die Arbeit auf Personen, Zeiten und Orte verteilt **(Arbeitsverteilung).**

### ▶ Arbeitszuordnung

| Arbeitszuordnung | Beispiel |
|---|---|
| **Einzelzuordnung.** Eine bestimmte Arbeit wird einer Arbeitskraft zwingend vorgegeben. Darüber hinaus kann auch noch die Stellvertretung und Ablösung festgelegt werden. | Eine Sachbearbeiterin schreibt alle Lieferscheine. |
| **Gruppenzuordnung.** Die Arbeit wird einer Gruppe von Personen übertragen, aus der wahlweise einzelne Personen die Aufgabe erfüllen sollen. | Eine Gruppe von Packerinnen macht die Ware versandfertig. |

### ▶ Arbeitszeitfestlegung

Bei der Festlegung der Zeitfolge wird die Reihenfolge der Arbeitsschritte bestimmt. Sie können gleichzeitig oder nacheinander erfolgen.

Die Festlegung der **Zeitfolge,** in der Teilarbeiten im Rahmen des Gesamtablaufs vorzunehmen sind, sagt nur etwas über die Reihenfolge der Teilarbeiten aus.

**Beispiel:** Eingangsrechnungen werden sortiert (Arbeitsschritt 1), kontiert (Arbeitsschritt 2), gebucht (Arbeitsschritt 3).

Mit der **Zeitdauer** wird der Zeitbedarf für die Arbeitsschritte angegeben. Die Summe dieser Arbeitszeiten lässt Schlüsse auf die Zeitdauer des Gesamtprozesses zu. Zur Festlegung der Zeitdauer von Teilarbeiten sind Arbeitszeitstudien (Kapitel 8.7.3) nötig.

Mit der Festlegung von **Zeitpunkten** wird der Anfangs- und Endzeitpunkt der Arbeit bestimmt. Diese Daten werden der Terminplanung vorgegeben.

### ▶ Arbeitsortfestlegung

Die räumliche Anordnung der Arbeitsplätze soll

- dem Arbeitsablauf entsprechen und die Reihenfolge der Arbeitsschritte erkennen lassen,
- zusammengehörige Arbeitsplätze überschaubar machen,
- geringe Durchlaufzeiten ermöglichen,
- die Anpassung des Arbeitsplatzes an den Arbeitsgegenstand ermöglichen.

## Anweisungsphase

Arbeitsanweisungen werden für Routinearbeiten in der Regel schriftlich und ausführlich, für Sonderfälle in schriftlicher Kurzform (Randnotizen auf Schriftstücken) oder mündlich erteilt.

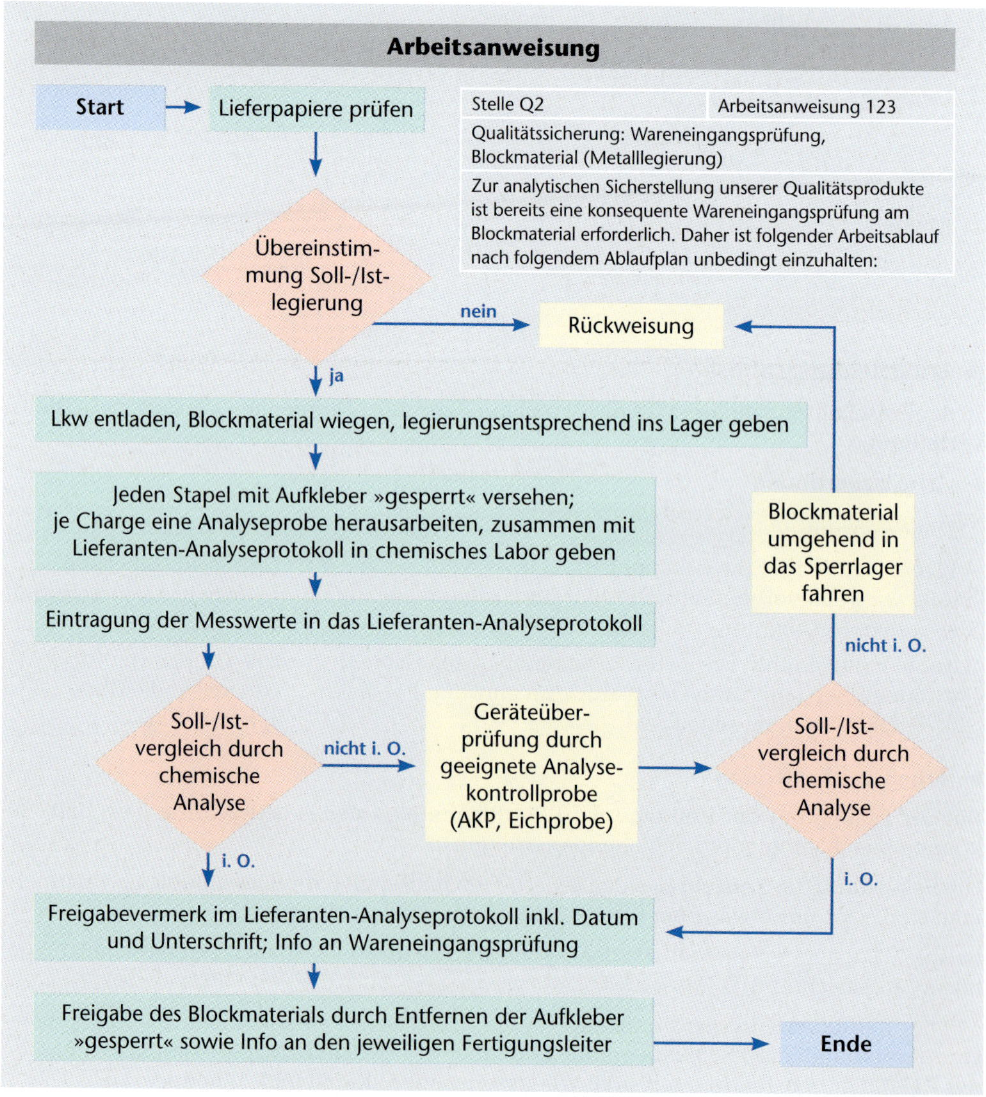

### 7.4.3 Geschäftsprozessorientierung

In den Unternehmen kam man in den vergangenen Jahren zu der Einsicht, dass die **Arbeitsorganisation an den betrieblichen Abläufen auszurichten** ist. Ursache dafür war der Zwang zur Rationalisierung, um dem gestiegenen internationalen Wettbewerbsdruck standhalten zu können.

Es gilt, Abläufe zu vereinheitlichen (standardisieren) und als Geschäftsprozesse darzustellen.

Ein **Geschäftsprozess** stellt eine **Folge von Aktivitäten** dar, die in einem logischen Zusammenhang stehen, inhaltlich abgeschlossen sind und unter Zuhilfenahme von Ressourcen und Informationen durch Menschen und/oder Maschinen im Hinblick auf ein Unternehmensziel ausgeführt werden.

Die Abbildung der Abläufe und Prozesse im Unternehmen erfolgt in zwei Schritten:

1. **Aufnahme des Istzustandes.** Es wird dargelegt, welche
   - Abläufe in Unternehmen erfolgen,
   - verantwortlichen Abteilungen eingebunden sind,
   - Tätigkeiten ausgeführt werden,
   - Informationsobjekte benötigt werden.
2. **grafische Darstellung** der Abläufe im Unternehmen. Dabei werden diese im Unternehmen als eine Abfolge von Funktionen aufgezeigt, die durch Ereignisse ausgelöst werden bzw. denen Ereignisse folgen. Verantwortungsbereiche und Informationsobjekte werden den Funktionen zugeordnet.

| Vorteile der prozessorientierten Vorgehensweise für das Unternehmen |
|---|
| – ganzheitliche Betrachtung der Abläufe |
| – eindeutige Zuordnung von Verantwortung für die Aktivitäten |
| – Einsparung von Kosten für die Dateneingabe |
| – laufende Aktualisierung der Datenbestände |
| – Fehlerverringerung in allen Phasen der Produktion und Kundenbetreuung |

Eine mögliche Darstellungsform von Geschäftsprozessen sind die ereignisgesteuerten Prozessketten. Sie zeigen die Ablaufstruktur aus Ereignissen und Funktionen.

#### Grundelemente

Folgende **Elemente** zur Darstellung von ereignisgesteuerten Prozessketten werden verwendet:

| Element | Erklärung | Hinweis |
|---|---|---|
|  | **Organisationseinheit:** Sie ist für das Bearbeiten von Funktionen verantwortlich.<br>**Beispiele:** Vertrieb, Lagerleitung | Die Angabe der Abteilung oder der Arbeitsgruppe ist ausreichend. |
|  | **Ereignis:** Es stößt eine Funktion an bzw. wird von einer Funktion erzeugt.<br>**Beispiel:** Absatz ist eingebrochen | verbale Formulierung in der Partizipialform |

| Element | Erklärung | Hinweis |
|---|---|---|
| 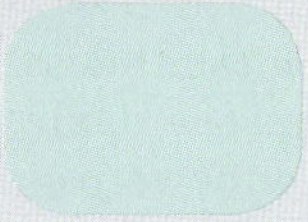 | **Funktion:** Sie ist eine im Unternehmen anfallende Aufgabe, die von einer Organisationseinheit ausgeführt wird. Beispiel: Marktanalyse durchführen | verbale Formulierung in der Grundform (Infinitiv) |
|  | **Informationsobjekt:** Es liefert Daten zur Ausführung einer Funktion und kann Daten aufnehmen. Beispiel: Kundenauftrag | Ist in der Regel ein Element einer Datenbank. |
|  | **Teilprozess:** Er wird aus einem größeren Geschäftsprozess ausgegliedert. Beispiel: Angebotskalkulation innerhalb der Angebotserstellung | Ermöglicht eine übersichtliche und verständliche Darstellung. |

Verzweigungen innerhalb eines Geschäftsprozesses lassen sich mit **Konnektoren** darstellen.

| Konnektor | Erklärung |
|---|---|
| xor | **xor (entweder oder):** Funktionen/Ereignisse schließen sich gegenseitig aus. Beispiel: **Entweder** Lieferschein ist vorhanden **oder** Lieferschein ist nicht vorhanden. |
| or | **or (oder):** Funktionen/Ereignisse können, müssen aber nicht parallel auftreten. Beispiel: Lieferschein liegt bei **oder** Rechnung liegt bei. |
| and | **and (und):** Funktionen/Ereignisse müssen parallel auftreten. Beispiel: Lieferschein liegt bei **und** Rechnung liegt bei. |

## Modellierungsregeln

Bei der Modellierung von Geschäftsprozessen müssen wichtige Regeln beachtet werden:

- Ein Geschäftsprozess beginnt immer mit einem oder mehreren Ereignissen.
- Ein Geschäftsprozess endet immer mit einem oder mehreren Ereignissen.
- Alle Ereignisse, Funktionen und Konnektoren müssen über Linien mit Pfeilrichtung verbunden werden.
- Ein Ereignis hat immer nur einen Eingangs- und einen Ausgangspfeil.
- Ereignisse können nicht direkt mit anderen Ereignissen verbunden werden.
- Eine Funktion hat immer nur einen Eingangs- und einen Ausgangspfeil; bei zugeordneten Informationsobjekten können es auch mehrere Eingangs- und/oder Ausgangspfeile sein.
- Funktionen können nicht direkt mit anderen Funktionen verbunden werden.
- Eine Funktion folgt einem oder mehreren Ereignissen und führt zu einem oder mehreren Ereignissen.
- Mit Konnektoren werden Verzweigungen innerhalb eines Geschäftsprozesses dargestellt. Sie werden im Anschluss an Ereignisse oder Funktionen eingesetzt.
- Verzweigungen können entweder im Anschluss an ein Ereignis oder an eine Funktion vorgenommen werden.
- Konnektoren können unmittelbar hintereinandergeschaltet werden.

- Organisationseinheiten werden Funktionen zugeordnet; aus Vereinfachungsgründen kann auf eine wiederholte Darstellung der Organisationseinheiten verzichtet werden.
- Informationsobjekte werden Funktionen zugeordnet. Dabei kann der Datenfluss zur Funktion hin ausgerichtet sein; eine Funktion kann aber auch das Schreiben von Daten in ein Informationsobjekt bewirken.

## Beispiel für einen Geschäftsprozess

**Grafische Darstellung (vgl. Sachverhalt, S. 216):**

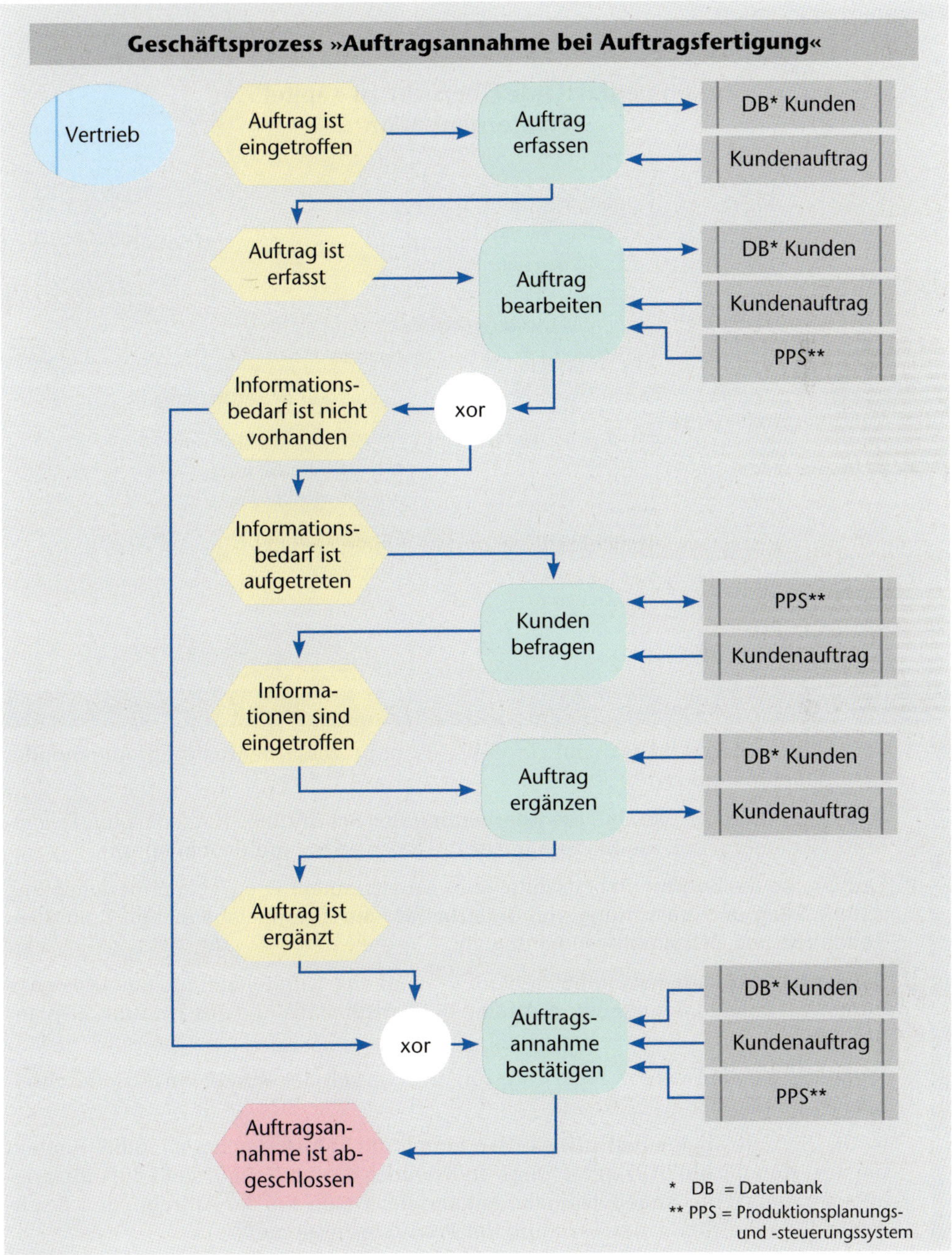

**Sachverhalt:**

Im Vertrieb der Industrieanlagen GmbH geht ein Kundenauftrag ein. Dieser wird mittels DV erfasst und bearbeitet.

Enthält der Kundenauftrag nicht alle Informationen, die wir aufgrund unseres PPS (= Produktionsplanungs- und -steuerungssystem) benötigen, muss der Kunde befragt werden.

Sind die Informationen eingetroffen, wird der Auftrag in der Kundendatenbank und in den Kundenaufträgen ergänzt und die Auftragsannahme bestätigt. Ist kein Bedarf an weiteren Informationen vorhanden gewesen, könnte der Auftrag sofort bestätigt werden und die Auftragsannahme wäre abgeschlossen.

## Zusammenfassende Übersicht zu Kapitel 7.4: Ablauforganisation

Geschäftsprozess-orientierung

| | | |
|---|---|---|
| **Ziele** | – optimale Durchlaufzeiten<br>– optimale Auslastung<br>– Qualitätssicherung<br>– Terminsicherung<br>– optimaler Informationsfluss<br>– Förderung der Arbeitsmotivation | |
| **Phasen** | Orientierungsphase | Gliederung des Arbeitsablaufs |
| | Entscheidungsphase | Arbeitszuordnung<br>Arbeitszeitfestlegung<br>Arbeitsortfestlegung |
| | Anweisungsphase | Erstellen von Arbeitsanweisungen |

### ▶ Aufgaben und Probleme

1. Gliedern Sie den Arbeitsablauf für den Gesamtprozess »Bearbeitung eingehender Materiallieferungen«.

   Anleitung: Teilprozesse sind die Bearbeitung des Schriftgutes (Lieferschein, Frachtbrief, Rechnung) und die Materialannahme (auspacken, prüfen, einlagern).

2. Ordnen Sie die Begriffe Arbeitszeitstudie, Arbeitsreihenfolge, Terminüberwachung, Zeitmessung und Verkettung von Teilarbeiten den Tätigkeitsbereichen Zeitfolge-, Zeitdauer- und Zeitpunktbestimmung zu.

3. Bei der Industrieanlagen GmbH geht im Verkauf eine Kundenanfrage ein. Diese Anfrage wird anhand der offenen Aufträge, des Terminplans und des Produktionsplans geprüft.

   Wenn der Kundenwunsch nicht zu erfüllen ist, erhält der Kunde ein Absageschreiben.

   Ist die Anfrage abgeändert realisierbar, nimmt die Industrieanlagen GmbH Kontakt mit dem Kunden auf. Akzeptiert der Kunde jedoch die Änderung, stellt die Industrieanlagen GmbH die Angebotsinhalte anhand der Daten aus der Anfrage, den Zeichnungen, der Bestände, der Teile und der Produkte zusammen.

Die Termine und die Verfügbarkeit der einzelnen Komponenten werden in den zuständigen Abteilungen überprüft, um festzustellen, ob das Angebot abgegeben werden kann. Ist das nicht der Fall, erhält der Kunde eine Absage.

Ist das Angebot jedoch realisierbar, werden die Kalkulationsdaten anhand der Vorgaben, der Artikeldaten, der Arbeitspläne und der Betriebsmitteldaten ermittelt. Sind diese Daten komplett, wird eine Kalkulation durchgeführt und entschieden, ob ein Angebot abgegeben werden kann.

Modellieren Sie für die Industrieanlagen GmbH einen Geschäftsprozess zur Angebotserstellung.

4. Im Vertrieb der Industrieanlagen GmbH geht eine Mängelrüge eines Kunden ein. Alle Vorgänge werden durch die DV unterstützt.

   Zur Bearbeitung werden die Rechnung und der Lieferschein benötigt, um Ansprüche des Kunden überprüfen zu können. Sollte keine Rechnung und kein Lieferschein vorhanden sein, müssen die Kundenansprüche schriftlich zurückgewiesen werden.

   Ansonsten werden, wenn die gesetzliche Rügefrist eingehalten wurde, die erhobenen Gewährleistungsansprüche geprüft. Falls die Gewährleistungsfrist bereits abgelaufen ist oder die Gewährleistungsansprüche sich als nicht berechtigt herausstellen sollten, müssen zur Einstufung des Kunden weitere Informationen herangezogen werden, um eine Kulanzgewährung zu überprüfen.

   Bei gewährter Kulanz oder bei berechtigtem Gewährleistungsanspruch wird dem Kunden schriftlich ein Vorschlag zur Mängelbehebung erstellt.

   Modellieren Sie für die Industrieanlagen GmbH einen Geschäftsprozess zur Prüfung einer Kundenreklamation wegen mangelhafter Lieferung.

# 8 Arbeits- und Sozialwelt

## 8.1 Grundsätze der Menschenführung

### 8.1.1 Führungsstile und Führungstechniken

#### 8.1.1.1 Führungsstile

Der **Führungsstil** ist die **Art und Weise, wie der Vorgesetzte seine Mitarbeiter anhält,** im Rahmen ihrer Zuständigkeit für das Unternehmen zu arbeiten.

Die Wahl des Führungsstils ist eine Grundsatzentscheidung der Unternehmensleitung. Sie hat grundlegende Auswirkungen auf den Arbeitsalltag im Unternehmen.

## Idealtypische Führungsstile

**Merkmale der idealtypischen Führungsstile**

| autoritärer Führungsstil | kooperativer Führungsstil |
|---|---|
| – zentralisierte Aufgabenerfüllung<br>– strikte Trennung von Entscheidung, Ausführung und Kontrolle<br>– Nur der Vorgesetzte entscheidet.<br>– Der Mitarbeiter führt nur aus und wird kontrolliert; es herrscht absolute Fremdbestimmung.<br>– Überlastung der oberen Leitungsebene<br>– Die Abhängigkeit des Mitarbeiters vom Vorgesetzten ist groß.<br>– Viele Mitarbeiter werden unterfordert und eher demotiviert. | – dezentralisierte Aufgabenerfüllung<br>– gemilderte Trennung von Entscheidung, Ausführung und Kontrolle<br>– Die Mitarbeiter können mitentscheiden.<br>– Der Mitarbeiter kann weitgehend selbst entscheiden und sich selbst kontrollieren.<br>– Entlastung der oberen Leitungsebene<br>– Die Abhängigkeit des Mitarbeiters vom Vorgesetzten ist gering.<br>– Leistungsfähige Mitarbeiter werden gefordert und eher motiviert. |

### ▶ Autoritärer Führungsstil

Der Vorgesetzte (Unternehmer, obere Leitung) trifft die Entscheidungen in eigener Verantwortung und aus eigener Machtvollkommenheit. Die Ausführung dieser Entscheidungen veranlasst er in Form von detaillierten Anweisungen an alle nachgeordneten Leitungsebenen. Um die Durchführung seiner Weisungen zu überwachen, muss der Vorgesetzte die Tätigkeit seiner Mitarbeiter lückenlos kontrollieren und jeweils die Vollzugsmeldung seiner Weisungen verlangen. Jede Abweichung von den Weisungen bedarf seiner Zustimmung.

Da alle Entscheidungen und Anweisungen zentral durch die obere Leitungsinstanz getroffen werden, sind die Mitarbeiter des Unternehmens wenig motiviert, Verantwortung zu übernehmen und kreativ und entscheidungsfreudig zu handeln. Damit wird auch die Entwicklung geeigneter Nachwuchskräfte für Führungspositionen vernachlässigt.

Eine zentralisierte Führung ist einerseits zwar in der Lage, dringende Entscheidungen in kritischen Situationen sehr rasch zu treffen; die Überlastung der oberen Leitungsebene mit Routinearbeiten führt jedoch andererseits zu einem schwerfälligen Betriebsablauf.

▶ **Kooperativer Führungsstil**

Im Gegensatz zum autoritären Führungsstil trifft die obere Leitung die Entscheidung im »Zusammenwirken« mit ihren Mitarbeitern. Die Aufgabenerfüllung wird dezentralisiert. Den Mitarbeitern werden Aufgaben und Tätigkeiten zur eigenverantwortlichen Durchführung übertragen. Hierdurch werden das Verantwortungsbewusstsein und die Entscheidungsfreude gefördert. Sie begünstigt den Arbeitseinsatz und die Entfaltung der Persönlichkeit der Mitarbeiter.

Die Mitarbeiter müssen außer der Eigeninitiative auch die Bereitschaft zur Selbstkontrolle entwickeln.

### Realformen der Führungsstile

Der Führungsstil der leitenden Personen ist stark durch die Persönlichkeit geprägt. Deshalb findet man in der betrieblichen Praxis selten den autoritären oder den kooperativen Führungsstil in reiner, idealtypischer Form. Im alltäglichen Miteinander zwischen Vorgesetzten und Mitarbeitern haben sich vielmehr Realformen herausgebildet, die zwischen den Idealformen liegen.

## 8.1.1.2 Führungstechniken

Gesellschaftliche und wirtschaftliche Entwicklungen führen immer mehr zum kooperativen Führungsstil. Auf dieser Grundlage haben sich in der betrieblichen Praxis verschiedene **Führungstechniken** herausgebildet.

### Führen nach dem Ausnahmeprinzip

Wenn die übergeordneten Führungsorgane die Erledigung von Routinefällen den zuständigen Mitarbeitern zur eigenverantwortlichen Entscheidung überlassen und sich nur die eigene Entscheidung in Ausnahmefällen vorbehalten, spricht man von **Management by Exception.** Die Mitarbeiter erhalten Vorgabewerte.

**Beispiel:** Der Vertriebsleiter erhält Vollmacht zur Verhandlungsführung bis zu 100.000 EUR. Bei höheren Beträgen muss er die Genehmigung seines Vorgesetzten einholen und verhandelt danach weiter.

### Führen durch Zielvereinbarung

Im Rahmen gemeinsam festgelegter Ziele wird den nachgeordneten Mitarbeitern Entscheidungsspielraum gelassen, wie sie die Ziele verwirklichen wollen. Von der oberen Leitungsebene wird durch **Management by Objectives** nicht die Entscheidung der Mitarbeiter, sondern nur das Ergebnis ihrer Arbeit überwacht.

**Beispiel:** Der Vertriebsleiter hat einen Jahresumsatz von 5 Mio. EUR zu erreichen.

### Führen durch Delegieren

**Management by Delegation** führt zur eigenverantwortlichen Erledigung von Aufgaben durch die Mitarbeiter. Dies erfordert eine eindeutige Zuteilung der Aufgabe und eine klare Abgrenzung der Kompetenzen.

**Beispiel:** Der Personalsachbearbeiter hat Einstellungsbefugnis für technische Mitarbeiter. Sein Kollege ist für die Einstellung von kaufmännischen Mitarbeitern zuständig.

## 8.1.2 Delegieren von Entscheidungen

Die Befugnis zur Vertretung erhält der Stelleninhaber von einer übergeordneten Stelle in Form einer **Vollmacht.** Diese umschreibt den Aufgabenbereich, innerhalb dessen er für das vertretene Unternehmen handeln darf.

Wichtige Vollmachtsverhältnisse in Unternehmen sind die **Handlungsvollmacht** und die **Prokura.** Der rechtliche Rahmen hierfür ist im HGB geregelt.

*HGB §§ 54 ff.*

**Handlungsvollmacht** hat, wer zum **Betrieb eines Handelsgewerbes** oder innerhalb eines Handelsgewerbes zur **Vornahme von Handelsgeschäften ermächtigt** ist, die sein Handelsgewerbe **gewöhnlich** mit sich bringt.

*§§ 48 ff.*

**Prokura** besitzt, wer von einem Kaufmann **zu allen Arten von gerichtlichen und außergerichtlichen Geschäften und Rechtshandlungen ermächtigt ist,** die der Betrieb **irgendeines** Handelsgewerbes mit sich bringen kann.

**Übersicht über die Möglichkeiten der Bevollmächtigung**

| Unternehmer | Prokura | allgemeine Handlungsvollmacht | Art-vollmacht | Einzel-vollmacht |
|---|---|---|---|---|
| Eid leisten<br>Steuererklärungen unterschreiben<br>Bilanz unterschreiben<br>HR-Eintragungen anmelden<br>Insolvenzverfahren beantragen<br>Geschäft verkaufen<br>Prokura erteilen<br>Gesellschafter aufnehmen | | | | |
| Grundstücke belasten<br>Grundstücke verkaufen | | | | |
| Prozesse führen<br>Darlehen aufnehmen<br>Wechsel unterschreiben | | | | |
| Zahlungsgeschäfte erledigen<br>Verkaufen<br>Mitarbeiter entlassen<br>Mitarbeiter einstellen | | | | |
| Einkaufen | | | | |
| Unterschriftsformen<br>Hermann König | Hermann König OHG<br>ppa. Merkle | Hermann König OHG<br>i. V. Weigler | Hermann König OHG<br>i. A. Vollmer | Hermann König OHG<br>i.A. Rösch |

Geschäfte, die ohne besondere Vollmacht möglich sind — Geschäfte, für die eine besondere Vollmacht notwendig ist — Geschäfte, für die Vertretungsvollmacht gesetzlich verboten ist

| Vollmachten | Arten | Aufgaben | Einschränkungen | Besonderheiten |
| --- | --- | --- | --- | --- |
| **Handlungsvollmacht** §§ 54 ff. HGB | Einzelvollmacht<br>Artvollmacht<br>allgemeine Handlungsvollmacht | Wahrnehmung einer einmaligen Aufgabe<br>Wahrnehmung begrenzter, sich wiederholender Aufgaben gleicher Art<br>Wahrnehmung aller üblichen Aufgaben, die in diesem Geschäftszweig anfallen | Vereinbarung einer Gesamtvollmacht | – Erteilung formlos<br>– Umfang frei vereinbar<br>– Unterschrift mit Zusatz i. V. oder i. A.<br>– Für Wechsel- und Darlehensgeschäfte, für Grundstücksverkäufe und zur Prozessführung sind Sondervollmachten erforderlich. |
| **Prokura** §§ 48 ff. HGB | Einzelprokura<br>Gesamtprokura<br>Filialprokura | Wahrnehmung aller gerichtlichen und außergerichtlichen Aufgaben, die der Betrieb eines Handelsgewerbes mit sich bringt<br>Verboten:<br>– Bilanz, Steuererklärung unterschreiben,<br>– Handelsregistereintragung beantragen,<br>– Prokura erteilen,<br>– Insolvenzverfahren beantragen | Vereinbarung einer Gesamtprokura oder einer Filialprokura | – Erteilung ausdrücklich<br>– Eintragung ins Handelsregister<br>– Umfang der Prokura nach außen nicht beschränkbar<br>– Unterschrift mit ppa.<br>– Löschung im Handelsregister<br>– Sondervollmachten bei Belastung und Verkauf von Grundstücken erforderlich |

## 8.1.3 Betriebsklima

Als **Betriebsklima** wird die **Gesamtheit aller betrieblichen Faktoren** bezeichnet, die auf den arbeitenden Menschen **fördernd oder hemmend** wirken.

Optimale Arbeitsbedingungen werden vor allen Dingen geschaffen durch

- gute zwischenmenschliche Beziehungen bei Vorgesetzten und Mitarbeitern sowie bei Mitarbeitern untereinander;
- gerechte Arbeitsbewertung und damit gerechte Entlohnung;
- gute Arbeitsplatzgestaltung, Pausenregelung und Festlegung der Arbeitszeit in Zusammenarbeit mit dem Betriebsrat.

Damit Mitarbeiter sich besser mit dem Unternehmen identifizieren **(Corporate Identity)** können, sollte es dem Unternehmen gelingen, die persönlichen Ziele der Mitarbeiter mit den betrieblichen Zielen (Unternehmensleitbild) in Einklang zu bringen. Zu den persönlichen Zielen zählen u. a. die Achtung der Menschenwürde und der Privatsphäre, gerechte Behandlung, kollegiales Verhalten und Hilfsbereitschaft.

Der Personalverwaltung fällt die Aufgabe zu, die menschlichen Beziehungen **(Human Relations)** zwischen Vorgesetzten und Mitarbeitern, zwischen den Arbeitnehmern untereinander sowie zwischen dem Unternehmen und anderen sozialen Gebilden zu beachten und zu pflegen.

Das gegenseitige Verständnis und Vertrauen unter den Arbeitnehmern ist ebenfalls eine wichtige Voraussetzung für ein gutes Betriebsklima. Die Personalabteilung darf deshalb bei der Zusammenstellung von Arbeitsgruppen **(formelle Gruppen)** oder bei der Besetzung von Arbeitsplätzen nicht nur auf die Leistungsfähigkeit sehen, sondern sollte auch Gruppierungen berücksichtigen, die durch menschliche Beziehungen bestehen **(informelle Gruppen).** Hier spielen z. B. gegenseitige Sympathie, gemeinsame Interessen, gleiche Herkunft, gleiche Arbeit, politische Überzeugungen eine wesentliche Rolle.

## 8.1.4 Mitarbeitermotivation

Eine Grundvoraussetzung für ein gutes Betriebsklima sind motivierte Mitarbeiter. Sie strengen sich mehr an und machen ihre Arbeit besser als unmotivierte Mitarbeiter. Deswegen ist die Kenntnis über Motivationstheorien für Führungskräfte in einem Unternehmen wichtig. Dadurch sollen sie in der Lage sein, die Motivation ihrer Mitarbeiter zu steigern.

Eine Möglichkeit ergibt sich aus der **Motivationstheorie nach Maslow**. Hiernach werden Menschen durch unbefriedigte Bedürfnisse motiviert. Maslow ordnete Bedürfnisse nach fünf Kategorien (siehe Grafik). Eine höhere Ebene der Bedürfnisse kann erst erreicht werden, wenn die darunterliegenden Bedürfnisse befriedigt sind.

**Bedürfnispyramide nach Maslow**

Ein Unternehmen sollte nach Maslow für seine Mitarbeiter möglichst viele Motivationsanreize schaffen, damit diese ihre Bedürfnisse befriedigen können. Je weiter unten ein Bedürfnis in der Pyramide steht, desto einfacher ist dessen Befriedigung zu erreichen.

**Beispiele:** Ruheräume und eine Kantine sind in den meisten Unternehmen vorhanden. Dadurch lassen sich die Grundbedürfnisse befriedigen, ohne große Kosten zu verursachen.

Kostenintensiver sind die Befriedigung der Wertschätzungsbedürfnisse oder des Bedürfnisses nach Selbstverwirklichung.

**Beispiele:** Gewährung von Geschäftswagen, Prämien, Weiterbildungen

## Zusammenfassende Übersicht zu Kapitel 8.1: Grundsätze der Menschenführung

### Führungsstile

**autoritärer Führungsstil** (zentrale Entscheidungen) ↔ **kooperativer Führungsstil** (dezentrale Entscheidungen)

### Führungstechniken

| | | |
|---|---|---|
| **Management by Exception** (Ausnahmeprinzip) | **Management by Objectives** (Zielvereinbarungen) | **Management by Delegation** (Delegieren) |

### Vollmacht

| | |
|---|---|
| **Handlungsvollmacht** | **Prokura** |

### Betriebsklima

| | |
|---|---|
| **Pflege der menschlichen Beziehungen** | **gerechte Arbeitsbewertung** |
| **Arbeitsplatzgestaltung** | **gerechte Entlohnung** |

### Mitarbeitermotivation

**z. B. nach der Motivationstheorie von Maslow**

## ▶ Aufgaben und Probleme

1. Nennen Sie die Vor- bzw. Nachteile des
   a) autoritären Führungsstils,
   b) kooperativen Führungsstils.
2. Zeichnen Sie eine Strecke, an deren Anfang der autoritäre Führungsstil und an deren Ende der kooperative Führungsstil markiert wird. Ordnen Sie auf dieser Strecke die nachfolgenden Verhaltensweisen von Vorgesetzen ein.
   a) Vorgesetzter steckt die Grenzen ab und fordert die Mitarbeiter zu Entscheidungen auf.
   b) Vorgesetzter legt Vorschläge vor und fordert zu Fragen auf.
   c) Vorgesetzter legt Probleme vor, fordert Lösungsvorschläge ein und entscheidet.
   d) Vorgesetzter trifft Entscheidungen und gibt sie weiter.
   e) Vorgesetzter legt vorläufige Entscheidungen vor, ist zu Änderungen bereit.
   f) Vorgesetzter gestattet den Mitarbeitern, innerhalb der von ihm gesetzten Grenzen völlig frei zu handeln.
3. Der Filialleiter eines Computerunternehmens erhält die Zusage, einen zusätzlichen Mitarbeiter einstellen zu dürfen, wenn seine Filiale einen Jahresumsatz von 5 Mio. EUR erreicht.

   Begründen Sie, um welche Führungstechnik es sich handelt.
4. Der Unternehmer Karl Klein ernennt seine langjährige Angestellte Eva-Katharina Ahlers am 1. April zur Prokuristin. Die Eintragung ins Handelsregister erfolgt am 20. April. In einem Rundschreiben, das den Geschäftsfreunden am 10. April zugeht, wird die Prokuraerteilung bekannt gegeben.
   a) Wann kann Frau Ahlers für Klein als Prokuristin tätig werden? Begründen Sie Ihre Entscheidung.

   Frau Ahlers nimmt während der Abwesenheit von Klein folgende Rechtshandlungen vor. Entscheiden Sie diese Fälle mit Begründung.
   b) Frau Ahlers unterschreibt eine Überweisung über 20.000 EUR.
   c) Sie erweitert das Sortiment um die Produktion von Haushaltswaren und bestellt Rohstoffe im Wert von 150.000 EUR.
   d) Einem benachbarten Unternehmen will Frau Ahlers den Bau einer neuen Lagerhalle ermöglichen und verkauft zu günstigen Bedingungen ein bisher ungenutztes Grundstück.
   e) Um rationeller arbeiten zu können, kündigt sie einem Drittel der Belegschaft.
   f) Sie will ein Darlehen aufnehmen und übergibt der Bank zur Kreditbeurteilung eine von ihr unterschriebene Bilanz.
5. Prokurist Hermann vom Hauptgeschäft entzieht dem Angestellten Schwarz, der Prokura für die Filiale hat, diese Vollmacht. Gleichzeitig erteilt er Frau Stein, bisher Abteilungsleiterin im Hauptgeschäft, Prokura und dem Angestellten Pietsch allgemeine Handlungsvollmacht. Begründen Sie, ob diese Handlungen rechtswirksam sind.
6. Manchen Menschen sind Anerkennung und Verständnis wichtiger als eine Gehaltserhöhung. Erläutern Sie diese These.
7. Warum hängt das Betriebsklima entscheidend von den Erwartungen der Vorgesetzten und Mitarbeiter ab?

## 8.2 Personalwesen

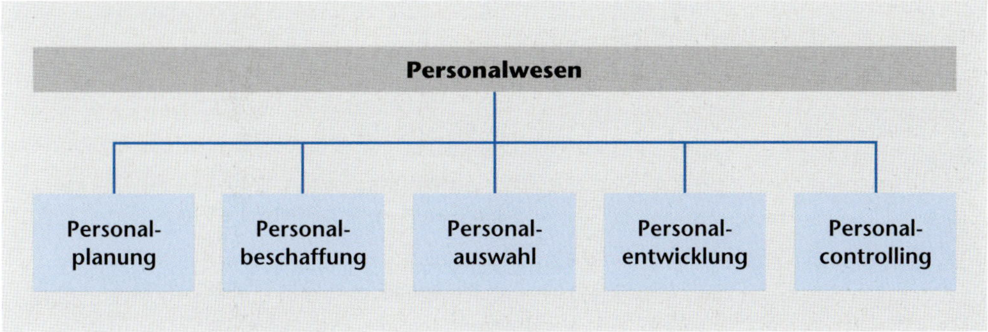


### 8.2.1 Personalplanung

Eine wichtige personalwirtschaftliche Aufgabe ist die Planung des Personalbedarfs.

Der **Personalbedarf** eines Unternehmens ist die **Gesamtheit an Arbeitskräften,** die zur Wahrnehmung aller Aufgaben in dem betreffenden **Unternehmen benötigt werden.**

Um den Personalbedarf effektiv planen zu können, muss ein Unternehmen zunächst den aktuellen Personalbestand und den zukünftigen Personalbedarf analysieren.

#### Personalbestands- und Personalbedarfsanalyse

Die **Personalbestandsanalyse** ist eine detaillierte Ermittlung des **gegenwärtigen Personalbestands.**

Bei der **Personalbedarfsanalyse** wird der **zukünftige Personalbedarf** ermittelt.

| | Personalbestandsanalyse | Personalbedarfsanalyse |
|---|---|---|
| **quantitativ** | Wie viele Mitarbeiter sind zurzeit im Unternehmen tätig? | Wie viele Mitarbeiter werden voraussichtlich benötigt? |
| **qualitativ** | Welches Wissen und welche Fähigkeiten haben die Mitarbeiter bereits? | Welche Qualifikationen brauchen die Mitarbeiter? |
| **örtlich** | Wo werden derzeit welche Mitarbeiter eingesetzt? | An welchen Orten sind Mitarbeiter erforderlich? |
| **zeitlich** | Welche Mitarbeiter sind gegenwärtig im Unternehmen beschäftigt? | Wann und wie lange werden Mitarbeiter benötigt? |

Aus der Differenz zwischen Personalbestand und -bedarf ergibt sich die notwendige Personalbestandsveränderung.

| Personalbestandsveränderungen | | |
|---|---|---|
| | **Arten** | **Beispiele** |
| quantitativ | Neubedarf | Erhöhung der Unternehmenskapazität, Arbeitszeitverkürzungen |
| | Zusatzbedarf | saisonale Bedarfsschwankungen |
| | Ersatzbedarf | Kündigung eines Mitarbeiters, Erreichen der Altersgrenze eines Mitarbeiters, innerbetriebliche Versetzung |
| | Minderbedarf | Betriebseinschränkung wegen schlechter konjunktureller Lage, Personaleinsparung durch neue Produktionsverfahren |
| qualitativ | ungelernte Arbeitskräfte | Kräfte für Gelegenheitsarbeiten |
| | angelernte Arbeitskräfte | kurz eingewiesene Hilfskräfte für das Lager |
| | ausgebildete Arbeitskräfte | Industriekaufleute |
| | hochqualifizierte Arbeitskräfte | Spezialisten für Informationstechnik |
| ötrlich | innerbetriebliche Mitarbeiter | Einsatz im Unternehmen, z. B. in der Verwaltung oder in der Fertigung |
| | außerbetriebliche Mitarbeiter | Einsatz außerhalb des Unternehmens, z. B. Angestellter im Außendienst |
| zeitlich | Stellenausbau | Errichtung eines Zweigwerkes zum 1. August |
| | Stellenabbau | Auslagerung der Buchführung an einen Dienstleister im nächsten Jahr |
| | Mitarbeiterwechsel (Fluktuation) | Kündigung durch einen Mitarbeiter zum Jahresende |
| | Ausfallzeit | Elternzeit |

## Zugangs-/Abgangstabelle

Um einen besseren Überblick über den zukünftigen Personalbedarf zu bekommen, ist eine tabellarische Darstellung der Personalzugänge bzw. -abgänge sinnvoll. Dabei werden zunächst der zukünftige Personalbedarf **(Bruttopersonalbedarf)** und der aktuelle Personalbestand gegenübergestellt. Anschließend werden alle absehbaren Personalabgänge abgezogen bzw. Personalzugänge hinzugezählt. Als Ergebnis ergibt sich der zusätzliche Personalbedarf **(Nettopersonalbedarf).**

**Beispiel:** In der Versandabteilung der Reifen Roesch GmbH sind derzeit 34 Mitarbeiterinnen und Mitarbeiter für die Kommissionierung beschäftigt. Der Personalbestand soll aufgrund des Umsatzrückgangs zum 01.04. auf 32 reduziert werden. Ein Auszubildender macht im März seine Abschlussprüfung und soll anschließend übernommen werden. Zwei Mitarbeiterinnen gehen zum 01.04. in den Mutterschutz. Dafür kehrt ein Mitarbeiter aus der Elternzeit zurück. Drei Beschäftigte gehen zum 31.03. in Rente.

| Personalbedarfsermittlung zum 01.04.20.. | | |
|---|---|---|
| | Abgang/Zugang | Summe |
| **geplanter Personalbedarf** | | 32 |
| **Personalbestand** | | 34 |
| Beginn des Mutterschutzes | 2 | |
| Ruhestand | 3 | |
| **Summe der Abgänge** | | 5 |
| Übernahme von Auszubildenden | 1 | |
| Ende der Elternzeit | 1 | |
| **Summe der Zugänge** | | 2 |
| **zusätzlicher Personalbedarf** | | 1 |

Der Arbeitgeber muss den Betriebsrat über die Personalbedarfsanalyse umfassend informieren und mit ihm die Art und den Umfang der erforderlichen Maßnahmen besprechen. Dabei kann der Betriebsrat dem Arbeitgeber Vorschläge machen. *BetrVG § 92*

### ▶ Aufgaben und Probleme

1. Warum ist es für das Unternehmen sehr wichtig, den Personalbedarf langfristig zu planen?
2. Im neuen Tarifvertrag wird die Arbeitszeit verkürzt. Erläutern Sie die Auswirkungen auf den Personalbedarf.
3. Visualisieren Sie die Vorgehensweise bei der quantitativen bzw. qualitativen Personalbedarfsanalyse in einem Unternehmen.
4. Ermitteln Sie den Personalbedarf für die Abteilung Rechnungswesen eines Unternehmens zum 01.07. nach folgenden Daten: Bestand 21 Mitarbeiterinnen und Mitarbeiter; dieser soll auf 25 Arbeitskräfte aufgestockt werden. Vier Auszubildende, die übernommen werden sollen, machen Mitte Juni ihre Abschlussprüfung. Drei Mitarbeiter gehen zum 30.06. in den Ruhestand. Von zwei Sachbearbeiterinnen liegen ärztliche Atteste vor, dass diese schwanger sind und voraussichtlich ab Anfang Juli in den Mutterschutz gehen werden; zwei Mitarbeiterinnen kommen Ende Juni aus der Elternzeit zurück. Alle genannten Mitarbeiterinnen und Mitarbeiter haben geeignete Qualifikationen.

   Wie viele Mitarbeiterinnen und Mitarbeiter werden zusätzlich zum 01.07. gebraucht?

## 8.2.2 Personalbeschaffung

Die **Personalbeschaffung** hat die Aufgabe, die vom Unternehmen **benötigten Arbeitskräfte** in qualitativer, quantitativer, örtlicher und zeitlicher Hinsicht **bereitzustellen.**

### Stellenbeschreibung

Wesentliche Informationsgrundlage für die Personalbeschaffung ist die **Stellenbeschreibung.** Sie enthält Angaben über die Stelle hinsichtlich ihrer Ziele, Aufgaben, Ausstattung mit Kompetenzen und Beziehungen zu anderen Stellen. Daraus ergibt sich das Anforderungsprofil für einen Stelleninhaber. Die Stellenbeschreibung dient als Grundlage für eine Stellenausschreibung und außerdem der Information des Stelleninhabers. Die Stellenbeschreibung ist eine verbindliche und in einheitlicher Form gefasste Beschreibung einer Stelle.

**Beispiel** einer Stellenbeschreibung:

| KÜHLsys GmbH<br>Kühlsysteme<br>...then, fresh is better... | **Stellenbeschreibung** | Stelleninhaber(in):<br>Silke Jahn<br>Hauptabteilung: Verkauf |
|---|---|---|

**I. Bezeichnung der Stelle:** Leiter(in) der Hauptabteilung Verkauf
**II. Dienstrang:** Hauptabteilungsleiter(in)
**III. Vorgesetzter:** Geschäftsführer(in)
**IV. Stellvertreter:** Leiter(in) der Abteilung Verkauf Ausland
**V. Unmittelbar untergeordnete Stellen:** Marketing, Verkauf Inland, Verkauf Ausland, Versand

**VI. Ziele der Stelle:**
Alle Maßnahmen einzuleiten, die zur Erhaltung und Erweiterung des Verkaufsumsatzes erforderlich sind.

**VII. Aufgaben, Kompetenzen:**

1. Leitung der Hauptabteilung Verkauf.
2. Beratung der Geschäftsführung in Vertriebsfragen einschließlich der Exportmöglichkeiten, Analyse der Umsatzentwicklung.
3. Kontrolle der verkaufsabhängigen Kosten.
4. Koordinierung von Umsatzplan, Werbeplan und Budget.
5. Schulung der Vertriebskräfte, Vertreterschulung.
6. Entscheidungs- und Unterschriftsbefugnisse:
   Genehmigung von Sonderpreisen und Sonderkonditionen sowie abweichender Kreditrichtlinien für einzelne Kunden, soweit im Einzelfall mit Nachlässen von über 5.000 EUR zu rechnen ist.
   Verhandlungsführung bei Aufträgen über 100.000 EUR.
   Die Position ist mit Gesamtprokura ausgestattet.

**VIII. Anforderungen:**
Fachkenntnisse (Ausbildung, Erfahrung): Abitur, Fachschule erwünscht; Kenntnisse in Englisch und mind. einer weiteren Fremdsprache; 5–7 Jahre kaufmännische Tätigkeit, dabei 4 Jahre im Vertrieb, davon 2 Jahre als Vorgesetzte(r).
Sonstige Anforderungen: Verhandlungsgeschick, Fähigkeit zur Menschenführung.

**IX. Lohn-/Gehaltsgruppe:** Gehalt nach K4

Die Stellenbeschreibung ist eine verbindliche und in einheitlicher Form gefasste Beschreibung einer Stelle mit folgendem Inhalte (vgl. Beispiel, Seite 228):

- Bezeichnung der Stelle (I),
- Eingliederung der Stelle in den Stellenplan (II),
- Einordnung in die Unternehmensorganisation (III–V),
- Ziele der Stelle (VI),
- Aufgaben und besondere Befugnisse der Stelleninhaberin/des Stelleninhabers (VII),
- Anforderungen an die Stelleninhaberin/den Stelleninhaber (VIII),
- Angabe von Lohn- oder Gehaltsgruppen (IX).

| Vorteile der Stellenbeschreibung | |
|---|---|
| Die **Stelleninhaberin/**der **Stelleninhaber** kennt<br>– die Arbeitsaufgabe,<br>– die Erwartungen, die an sie bzw. ihn gestellt werden,<br>– die weisungsberechtigten Vorgesetzten (Übergeordneter),<br>– die weisungsgebundenen Mitarbeiter (Untergeordneter),<br>– die Stellenbewertung und kann im Vergleich mit den Kollegen prüfen, ob die Vergütung angemessen ist. | Die **Unternehmensleitung** erreicht<br>– einen Überblick über die Aufgaben der Stelle,<br>– eine Grundlage für die Stellenbewertung (Lohn- und Gehaltsgefüge),<br>– eine bessere Leistungskontrolle,<br>– ein besseres Betriebsklima. |

## Personalbeschaffungswege

Die Personalbeschaffung kann **intern** und **extern** erfolgen.

### ▶ Interne Personalbeschaffung

Die Besetzung von Stellen des Unternehmens mit **Betriebsangehörigen** erfolgt durch:

- interne Stellenausschreibungen (Aushang am »Schwarzen Brett« oder Veröffentlichung im Intranet),
- Umbesetzungen oder Beförderungen von Mitarbeitern,
- Übernahme von eigenen Auszubildenden.

### ▶ Externe Personalbeschaffung

Für alle Stellen, welche die Unternehmensleitung nicht mit Betriebsangehörigen besetzen kann oder will, müssen **Arbeitskräfte von außen** geworben werden. Die Gründe dafür können sein:

- Die Unternehmensleitung kann z. B. Stellen nicht besetzen, wenn es sich um Arbeiten handelt, die die Betriebsangehörigen nicht übernehmen wollen oder nicht übernehmen können, weil es keine geeigneten Mitarbeiter gibt.
- Die Unternehmensleitung will Stellen nicht mit Betriebsangehörigen besetzen, weil sie diese für nicht geeignet hält oder befürchtet, dass infolge von »Betriebsblindheit« der Arbeitsvorgang nicht nach neuesten Erkenntnissen durchgeführt wird.

**Instrumente der externen Personalbeschaffung:**

| Instrument | Erklärung |
|---|---|
| **Personalanzeigen** | In Printmedien und/oder im Internet werden von einem Arbeitgeber oder von einer Personalberatung Anzeigen aufgegeben, um nach neuen Mitarbeitern zu suchen. |

| Instrument | Erklärung |
|---|---|
| **Agentur für Arbeit** | Arbeitslose und Arbeitsuchende werden an Unternehmen vermittelt, die neue Arbeitskräfte suchen. |
| **Personalleasing** | Mitarbeiter werden von einem darauf spezialisierten Unternehmen (Zeitarbeitsunternehmen) ausgeliehen. |
| **Personalberater bzw. Personalvermittler** | Ein Unternehmer, der gezielt Personal für andere Unternehmen sucht und vermittelt (Headhunter). |
| **Stellenbörsen** | Große Sammlungen von Stellenangeboten bzw. Personalanzeigen verschiedener Unternehmen |
| **Schautafeln im Eingangsbereich, Anschläge am Werkstor** | Personalanzeigen werden an Schautafeln und mit Anschlägen veröffentlicht. |
| **Kontaktpflege** | Die Pflege von Kontakten zu Bildungseinrichtungen, zur Bundeswehr, zu Kammern oder zu Mitarbeitern bietet Unternehmen die Möglichkeit, frühzeitig neue Mitarbeiter anzusprechen oder auf sich aufmerksam zu machen. |
| **Recruiting-Veranstaltungen** | Hierbei handelt es sich um spezielle Veranstaltungen zur Kontaktaufnahme zwischen Unternehmen und potenziellen Mitarbeitern, die häufig an Hochschulen oder auf Messen durchgeführt werden. |
| **Beschäftigung von Praktikanten bzw. Diplomanden** | Dies bietet dem Unternehmen die Möglichkeit, zukünftige Mitarbeiter schon vor einer Anstellung im Arbeitsalltag kennenzulernen. |

### ▶ Personalbeschaffungswege im Vergleich

Je nach Personalbedarf muss abgewogen werden, ob ein interner oder ein externer Personalbeschaffungsweg besser geeignet ist.

| | interne Personalbeschaffung | externe Personalbeschaffung |
|---|---|---|
| **Vorteile** | – stärkere Bindung an das Unternehmen<br>– geringere Beschaffungskosten<br>– Kenntnis der Qualifikation<br>– schnellere Stellenbesetzungsmöglichkeit<br>– Motivation der Mitarbeiter | – große Auswahl<br>– Verhinderung von Betriebsblindheit<br>– Zugewinn von Know-how (z. B. neue Arbeitsmethoden)<br>– geringe Fortbildungskosten<br>– Vermeidung des Kettenreaktionseffekts (Neubesetzung der innerbetrieblich frei gewordenen Stelle) |
| **Nachteile** | – weniger Auswahlmöglichkeiten<br>– Enttäuschung bei nicht berücksichtigten Kollegen (Neid bzw. Demotivation)<br>– quantitativer Bedarf wird nicht gedeckt; häufig nur Bedarfsverschiebung<br>– Kettenreaktionseffekt | – höhere Beschaffungskosten<br>– Risiko einer Fehlbesetzung<br>– evtl. Schwierigkeiten bei der Integration der neuen Mitarbeiter |

**▶ Aufgaben und Probleme**

1. Welchem Zweck dienen Stellenbeschreibungen in einem Unternehmen?
2. Entwerfen Sie die Stellenbeschreibung für den Leiter der Organisationsabteilung nach folgenden Angaben: Der Stelleninhaber ist dem Leiter der Hauptabteilung Kaufmännische Verwaltung unterstellt. Ihm unterstehen die Leiter der Abteilungen Aufbau- und Ablauforganisation und zwei Sekretärinnen. Der Abteilungsleiter Aufbauorganisation vertritt ihn.

   Der Stelleninhaber erarbeitet mit allen zuständigen Stellen eine mittelfristige Planung der Aufbau- und Ablauforganisation. Er erlässt Organisationsrichtlinien. Gemeinsam mit der DV-Abteilung arbeitet er Projekte aus, die auf DV-Anlagen übernommen werden sollen.

   Zielsetzung der Stelle ist eine zweckmäßige Organisations- und Informationsstruktur des Unternehmens in Aufbau und Ablauf.

   Der Inhaber der Stelle sollte eine wirtschaftswissenschaftliche Hochschulausbildung haben und außerdem praktische Erfahrung auf dem Gebiet der Organisation und Datenverarbeitung besitzen. Wesentliche Eigenschaften sind Kooperationsfähigkeit und der Wille, im Team zu arbeiten.
3. Begründen Sie, warum sowohl die Besetzung von Stellen als auch die Festlegung von Stellvertretungen auf Dauer anzulegen sind.
4. Begründen Sie, weshalb sich ein Unternehmen entschließt, eine Stelle intern zu besetzen.
5. Welche Probleme könnte eine interne Stellenbesetzung mit sich bringen?

## 8.2.3 Personalauswahl und Einstellungsverfahren

Nachdem ein Unternehmen das Bewerberprofil für die zu besetzende Stelle festgelegt und sich für die geeigneten Personalbeschaffungswege entschieden hat, folgt das eigentliche Einstellungsverfahren. Im Rahmen der Personalauswahl müssen die Bewerbungsunterlagen gesichtet, mit potenziellen Bewerbern Vorstellungs- und Einstellungsgespräche geführt und am Ende eine Entscheidung getroffen werden.

Die **Personalauswahl** hat die Aufgabe, aus den eingehenden Bewerbungen zum richtigen Zeitpunkt die richtige Anzahl **qualifizierter Mitarbeiter** auszuwählen.

Um nicht in der Flut von eingehenden Bewerbungsunterlagen unterzugehen oder den Überblick zu verlieren, empfiehlt sich bei der Personalauswahl eine strukturierte Vorgehensweise:

**Strukturierte Vorgehensweise beim Einstellungsverfahren**

**1. Schritt: Erstellen eines Anforderungsprofils**

Das Anforderungsprofil ist Grundlage für die Ausschreibung, strukturiert die Auswertung der Bewerbungsunterlagen, ist Leitfaden für das Bewerbungsgespräch und letztendlich der zu treffenden Personalentscheidung. Ziel ist es, durch einen Vergleich zwischen den Erwartungen an die Bewerber und der tatsächlichen Bewerberqualifikation eine höchstmögliche Übereinstimmung zu erreichen.

**2. Schritt: Bewerbungsunterlagen auswerten**

Auf der Basis der vorher festgelegten Anforderungen an den neuen Mitarbeiter und dessen zukünftigen Aufgaben werden die schriftlichen Bewerbungen ausgewertet, Lebensläufe studiert und Zeugnisse interpretiert. Ziel ist es, eine Vorauswahl zu treffen, um die Anzahl der Vorstellungsgespräche in Grenzen zu halten.

**3. Schritt: Das Vorstellungsgespräch**

Das Vorstellungsgespräch dient dazu, im persönlichen Kontakt Eindrücke über die Persönlichkeit, die Kenntnisse und Fähigkeiten, die Vorstellungen des Bewerbers über seine berufliche Tätigkeit und Entwicklung sowie über dessen Motivation zu erhalten.

**4. Schritt: Auswahlverfahren**

Viele Unternehmen führen neben dem Vorstellungsgespräch unterschiedliche Arten von Testverfahren durch. Diese Tests sind aber nie allein ausschlaggebend für die Einstellung, sondern sie sollen im Zusammenhang mit den anderen Informationen über den Bewerber die Personalauswahl untermauern. Drei der häufigsten Verfahren sind:

- **Assessment-Center.** Ein Assessment-Center ist eine vielschichtige, gleichzeitige Beurteilung mehrerer Kandidaten (Teilnehmer) durch verschiedene Beobachter unter Einsatz unterschiedlicher Beurteilungsmethoden.
- **Intelligenztests.** Hier wird versucht, die intellektuelle Leistungsfähigkeit (sprachliches und praktisch-rechnerisches Denkvermögen, Kombinations-, Abstraktions- und Vorstellungsfähigkeit) zu bestimmen.
- **Persönlichkeitstests.** Sie werden eingesetzt, um Informationen über verschiedene Persönlichkeitsmerkmale erfassbar zu machen.

Die Persönlichkeitsmerkmale, die mit einem Test erfasst werden, sind je nach Test durchaus unterschiedlich. Möglich sind z. B. die Verhaltensdimensionen Aggressivität, Interessen, Depressivität, Dominanzstreben oder Kontaktverhalten.

**5. Schritt: Auswahl des geeigneten Mitarbeiters**

Für die Auswertung des Gesprächs bzw. der Auswahlverfahren sollte sich der Einstellende angemessen Zeit lassen. Je gründlicher die definierten Anforderungen mit den Auswertungen der Bewerbungsunterlagen und den Eindrücken des Vorstellungsgesprächs abgeglichen werden, desto geringer ist die Gefahr einer personellen Fehlentscheidung.

*BetrVG §§ 93 ff.*

Die freie Auswahl des geeigneten Mitarbeiters durch die Unternehmensführung wird durch die **Rechte des Betriebsrates** eingeschränkt. Er kann verlangen, dass Arbeitsplätze, die besetzt werden sollen, innerhalb des Unternehmens ausgeschrieben werden. Der Betriebsrat kann seine Zustimmung zu einer Einstellung verweigern, wenn keine innerbetriebliche Ausschreibung stattgefunden hat. Der Arbeitgeber ist jedoch nicht verpflichtet, den innerbetrieblichen Bewerber vorzuziehen.

Ein wichtiger Bestandteil der Personalauswahl ist das »richtige« Lesen und das Verstehen sowie der Vergleich von Arbeitszeugnissen der Bewerber.

Man unterscheidet:

- **einfaches Arbeitszeugnis:** Es bescheinigt die **Art** und die **Dauer der Tätigkeit.**
- **qualifiziertes Arbeitszeugnis:** Es bescheinigt neben der **Art** und der **Dauer der Tätigkeit** die **Arbeitsleistung** (einschließlich Qualifikation) und das **Verhalten** des Arbeitnehmers.

*BGB § 630*

Inzwischen haben sich in qualifizierten Arbeitszeugnissen bestimmte Formulierungen durchgesetzt, die mit den klassischen Schulnoten gleichgesetzt werden können.

| Formulierungen (Beispiele) | Note |
|---|---|
| – stets zu unserer vollsten Zufriedenheit erledigt<br>– hat unseren Erwartungen in jeder Hinsicht und in besonderer Weise entsprochen<br>– ihre Leistungen haben unsere besondere Anerkennung gefunden | sehr gut |
| – stets zu unserer vollen Zufriedenheit<br>– mit den Arbeitsergebnissen waren wir stets vollauf zufrieden | gut |
| – zu unserer vollen Zufriedenheit<br>– hat unseren Erwartungen voll entsprochen | befriedigend |
| – zu unserer Zufriedenheit<br>– hat unseren Erwartungen entsprochen | ausreichend |
| – hat sich bemüht, den Anforderungen gerecht zu werden<br>– hat im Großen und Ganzen unsere Erwartungen erfüllt | mangelhaft |

Weitere Informationen zu Arbeitszeugnissen gibt es unter http://www.arbeitszeugnis.de.

### ▶ Aufgaben und Probleme

Die IT-Consult GmbH entwickelt Softwarelösungen für mittelständische Unternehmen. Für das nächste Geschäftsjahr ist in verschiedenen Abteilungen eine Kapazitätsausweitung geplant. Die Personalbedarfsplanung hat ergeben, dass folgende Arbeitskräfte beschafft werden müssen: ein Softwareentwickler, zwei Fachinformatiker zur Programmierung, eine kaufmännische Angestellte für die Lohn- und Gehaltsabrechnung, vier Informatikkaufleute.

Alle offenen Stellen werden ins Internet gestellt. Der Softwareentwickler und die Fachinformatiker werden zusätzlich mithilfe einer Stellenanzeige in der regionalen Presse gesucht.

a) Erläutern Sie Gründe, warum für die gesuchten Arbeitskräfte unterschiedliche Personalbeschaffungswege beschritten werden.

b) Nennen Sie weitere Möglichkeiten der Personalbeschaffung.

c) Erläutern Sie Gründe, warum ein Unternehmen versucht, eine offene Stelle extern zu besetzen.

d) Entwerfen Sie eine Stellenbeschreibung für kaufmännische Angestellte im Bereich Lohn- und Gehaltsabrechnung.

e) Für die Softwareentwicklerstelle gehen mehrere Bewerbungen ein. Nennen Sie Unterlagen, die bei der Personalauswahl vorliegen müssen.

f) Bei der IT-Consult GmbH bewirkt sich auch Herr Mark Müller. Seine Bewerbungsunterlagen enthalten folgendes Zeugnis:

> Herr Mark Müller, geboren am 8. September 1974 in Ulm, trat am 1. April 2005 in unsere Dienste. Herr Müller wurde zunächst im Bereich Vertrieb eingesetzt. Er war hier verantwortlich für das Gebiet Österreich/Schweiz. Am 1. Dezember 2005 versetzten wir ihn in unsere Rechnungsabteilung. Ihm oblagen neben der Abrechnung der Zählerstandskarten unserer Kopiergeräte die Abrechnung der Großkunden und das Erstellen von Statistiken.
>
> Herr Müller bemühte sich, die ihm gestellten Aufgaben sorgfältig zu erledigen. Bei unterschiedlichen Aufgaben genügte er den Anforderungen fast immer. Sein Verhalten gegenüber Vorgesetzten, Mitarbeitern und Kunden war im Wesentlichen einwandfrei.
>
> Herr Müller scheidet mit dem heutigen Tag aus unserem Unternehmen aus.
>
> Ulm, den 31. März 2016
>
> Unterschrift

Nennen Sie die Aussagen des Arbeitszeugnisses, die Sie für negativ halten.

- Bewerten Sie das Zeugnis mit einer Note zwischen 1 und 5.
- Begründen Sie die Note, die Sie vergeben haben.

## 8.2.4 Personalentwicklung

Qualifiziertes Personal ist die treibende Kraft des betrieblichen Erfolgs. Deshalb ist die **Personalentwicklung** wesentliche Voraussetzung für die betriebliche Leistungsfähigkeit. Die Personalabteilung hat entsprechende Maßnahmen zu planen, damit alle individuellen Kenntnisse und Fertigkeiten aller Mitarbeiter entwickelt bzw. eingesetzt werden können.

Um die geeigneten Maßnahmen zur Personalentwicklung festzulegen, müssen **Personalbeurteilungen vorgenommen** und **Mitarbeitergespräche geführt** werden. Die Mitarbeitergespräche dienen zusätzlich zur Motivation der Mitarbeiter und zur Bewältigung von Konflikten.

### Maßnahmen der Personalentwicklung

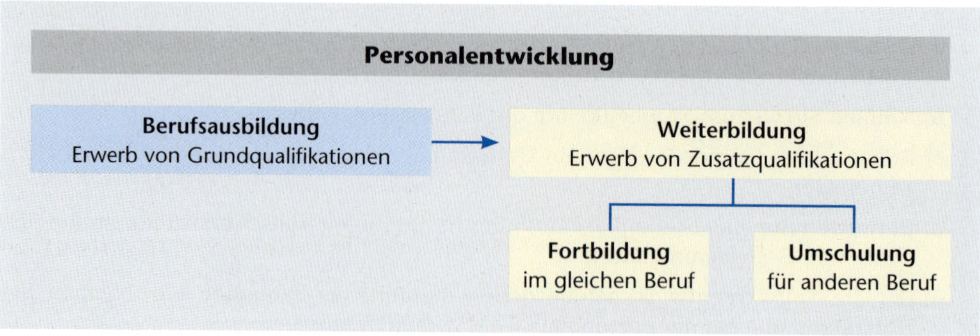

### ▶ Berufsausbildung

Die **Berufsausbildung** muss planmäßig die **theoretischen Kenntnisse, praktischen Fertigkeiten** und **personalen Fähigkeiten** (berufliche Handlungsfähigkeit) vermitteln, die zum Erreichen des Ausbildungszieles erforderlich sind. Die theoretischen Kenntnisse erhalten die Auszubildenden vorwiegend in der Berufsschule vermittelt, während die praktischen Fertigkeiten im Unternehmen erlernt werden sollen. Da die Ausbildung in Deutschland an diesen zwei Orten erfolgt, spricht man von der **dualen Ausbildung.**

### ▶ Weiterbildung

#### a) Fortbildung

**Weiterbildungsmaßnahmen,** die erforderlich werden, um die **Qualifikation von Angestellten an die veränderten Anforderungen anzupassen,** nennt man **Fortbildung.**

Viele Unternehmen beschaffen sich höher qualifizierte Arbeitskräfte durch Fortbildung im Unternehmen.

**Beispiele:**

1. Die Bürokaufleute bei einem Versandhandel bekommen eine mehrtägige Einweisung in die neu eingeführte integrierte Unternehmenssoftware.
2. Ein Elektriker schickt zwei seiner Mitarbeiter zu einer Fortbildung über die Installation von Solaranlagen.

#### b) Umschulung

**Weiterbildungsmaßnahmen,** die erforderlich werden, um **Angestellte für eine andere Berufstätigkeit zu qualifizieren,** nennt man **Umschulung.**

Umschulung kann notwendig sein, wenn

- eine Arbeitsstelle durch Einschränkung oder Auslagerung einer betrieblichen Aufgabe entfällt.

  **Beispiel:** Die Buchhaltung eines kleineren Unternehmens wird einem Steuerberater übertragen. Die Buchhalterin soll im Verkauf eingesetzt werden und erhält eine Schulung für die Verkaufstätigkeit.

- Mitarbeiter den Anforderungen des Berufes nicht mehr genügen.

  **Beispiel:** Da eine Lagerfachkraft wegen anhaltender Rückenbeschwerden nicht mehr im Lager arbeiten kann, wird diese zum kaufmännischen Sachbearbeiter umgeschult.

Die Umschulung kann durch Kurse von Institutionen außerhalb des Unternehmens erfolgen (IHK, Volkshochschule, REFA-Verband, Gewerkschaft).

Die **Umschulungsförderung** der Agentur für Arbeit soll Arbeitsuchenden die Teilnahme an solchen Maßnahmen ermöglichen, die den Übergang in eine andere geeignete berufliche Tätigkeit vorbereiten oder verwirklichen helfen. Gewährt werden Zuschüsse und Darlehen während der Umschulung und Einarbeitungszuschüsse.

**Beispiel:** Ein arbeitsloser Lehrer wird nach entsprechenden Fachkursen in der betrieblichen Ausbildung eingesetzt. Während der Kurse erhielt er einen Zuschuss zu seinem Arbeitslosengeld.

## ■ Personalbeurteilung

Die **Personalbeurteilung** hat besondere Bedeutung bei der Einstellung bzw. Beförderung von Arbeitnehmern, aber auch bei der Umbesetzung und Entlassung.

Bei der Beurteilung sind folgende **Verfahren** möglich:

▶ **Freie Beurteilung**

Hier werden die allgemeine Leistungsfähigkeit und die Persönlichkeit des Beurteilten aufgrund des Gesamteindrucks in freier Formulierung beurteilt. Dieses Verfahren hat den Nachteil, dass die Beurteilungskriterien nicht vorgegeben sind und allein der persönliche Eindruck des Beurteilers entscheidend ist.

▶ **Kennzeichnungs- und Einstufungsverfahren**

Dieses Verfahren versucht, die Beurteilung zu objektivieren. Dabei verwendet man Material, das sich auf Arbeitsergebnisse stützt. Die Ergebnisse werden in einem Beurteilungsbogen festgehalten.

**Leistungsbeurteilung für Angestellte – Beurteilungsbogen**
(bitte entsprechende Bewertungsstufe kennzeichnen)

Name: Wendt, Erika | Abteilung: Finanzbuchhaltung

| **Beurteilungsmerkmale** | **Gewichtung** | **Bewertungsstufen** 1 entspricht selten | 2 entspricht i. Allg. | 3 entspricht voll | 4 liegt über | 5 liegt weit über der Erwartung |
|---|---|---|---|---|---|---|
| **1. Anwendung von Kenntnissen** Beweglichkeit im Denken, Erkennen des Wesentlichen, gezeigte Selbstständigkeit | 1 | 2 | ② | 3 | 4 | 5 |
| **2. Arbeitseinsatz** Eigeninitiative, Ausdauer, Zuverlässigkeit | 1 | 1 | 2 | 3 | ④ | 5 |
| **3. Quantität der Arbeit** Umfang bzw. Menge der erzielten Arbeitsergebnisse | 1 | 1 | ② | 3 | 4 | 5 |
| **4. Arbeitsqualität** Arbeitsgenauigkeit und Fehlerfreiheit des Arbeitsergebnisses | 2 | 2 | 4 | 6 | ⑧ | 10 |
| **5. Zusammenarbeit** Zusammenarbeit mit Mitarbeitern, Vorgesetzten und Untergebenen | 2 | 2 | 4 | ⑥ | 8 | 10 |

Datum: 25. Oktober 2016
Beurteilter: E. Wendt

**Summe der Punkte** (max. 35 P.): 22
Datum: 24. Oktober 2016
Abteilungsleiter: Schmieder

Bei Beurteilungen können folgende **Fehler** auftreten:

- Vorurteile bezüglich eines Bewertungsmerkmals werden auf alle anderen Merkmale übertragen (»ein unpünktlicher Mitarbeiter kann nicht gut sein«).
- Wenn der Bewerter unsicher ist und sich wegen seines Urteils nicht zur Rechenschaft ziehen lassen will, besteht die Neigung zu einem nachsichtigen oder geschönten Urteil.

Da der Arbeitnehmer das Recht hat, eine Erörterung seiner Leistungsbeurteilung zu verlangen, wird sich daraus ein **Beurteilungsgespräch** ergeben. In ihm werden die Ergebnisse besprochen und ausgewertet.

| Vorteil | Nachteile |
|---|---|
| Der Beurteiler hat für alle Mitarbeiter genau vorgegebene Beurteilungskriterien (Checkliste), mit denen er den Beurteilten einstufen oder benoten muss. Dadurch wird die Beurteilung nachprüfbar. | – Es gibt keine generell anerkannten Merkmale.<br>– Das gleiche Beurteilungsschema eignet sich nicht für alle Leitungsebenen. |

## Mitarbeitergespräche

Durch Gespräche können sich der Mitarbeiter und der Vorgesetzte ein Bild von den Erwartungen machen, die an sie gestellt werden. Über ein gegenseitiges **Feedback** erfahren sie, wie sie wahrgenommen werden und wie ihr Verhalten bewertet wird. Hierdurch erhalten beide Seiten die Möglichkeit, ihr Auftreten und ihr Verhalten zu überdenken und ggf. anzupassen.

Mitarbeitergespräche sollten in regelmäßigen Abständen (z. B. einmal im Jahr) oder bei Bedarf geführt werden. Als Gründe für ein Mitarbeitergespräch kommen u. a. infrage:

- Ende der Probezeit,
- Ablauf eines befristeten Arbeitsvertrages,
- Lob und Kritik,
- Rückkehr nach Arbeitsunfähigkeit bzw. Krankheit,
- Personalbeurteilung,
- Festlegen von Zielvereinbarungen,
- Konflikte,
- Kündigung.

Häufig gibt es in Unternehmen Checklisten oder Leitfäden, an denen sich Vorgesetzte und Mitarbeiter bei der Durchführung eines Mitarbeitergespräches orientieren können.

Am Ende eines Mitarbeitergespräches sollte eine **Zielvereinbarung** stehen.

**Beispiele:**

1. Der Mitarbeiter besucht im nächsten Jahr zwei Fortbildungen, um seine Englischkenntnisse zu verbessern.
2. Die Filiale soll im nächsten halben Jahr einen Umsatz von 500.000 EUR erzielen.
3. Im nächsten Vierteljahr werden die drei derzeit laufenden Projekte der IT-Abteilung fertiggestellt.
4. Es werden fünf neue Ausbildungsplätze im Unternehmen geschaffen.

Die Zielvereinbarung dient der Orientierung und Motivation des Mitarbeiters. Sie ist u. a. ein wichtiger Bestandteil des **Management by Objectives** (Kapitel 8.1.1.2).

Besondere Anforderungen werden an ein Mitarbeitergespräch gestellt, wenn es darum geht, Konflikte zu lösen. Hierbei ist besonders auf eine angenehme und ruhige Gesprächsatmosphäre zu achten. Ziel des Gesprächs sollte es sein, dass eine Lösung gefunden wird, bei der sich beide Seiten als Gewinner sehen **(Win-win-Situation).**

## 8.2.5 Personalcontrolling

Das Personalmanagement hat die Aufgabe, den richtigen Mitarbeiter mit der richtigen Qualifikation zur richtigen Zeit am richtigen Arbeitsplatz einzusetzen. Das Personalcontrolling kann diese Aufgabe steuern und den Erfolg messen.

Das **Personalcontrolling** ist ein **Planungs-, Steuerungs- und Überwachungsinstrument** für den Personalbereich.

Dabei gibt das Personalcontrolling über die **Effektivität** und **Effizienz** der Personalarbeit einen Überblick. Das Personalcontrolling benötigt bei der Vielfalt an Personalprozessen unterschiedliche Kennzahlen.

| Inhalt | Beispiele für Kennziffern |
|---|---|
| Ermittlung und Auswertung der Personalkosten | – Personalkosten pro Stunde<br>– Entgeltformen und Entgeltstruktur<br>– Durchschnittskosten pro Überstunde<br>– Aufwand pro Mitarbeiter für freiwillige Sozialleistungen im Unternehmen<br>– Weiterbildungskosten pro Teilnehmer und Tag |
| Produktivität und Wirtschaftlichkeit des Personalbereichs (Kosten-Nutzen-Analyse) | – Zielvereinbarungserfüllung<br>– Arbeitsproduktivität<br>– Personalkosten in % der Wertschöpfung im Unternehmen |
| Effizienz personalwirtschaftlicher Aktivitäten | – qualifizierte Bewerber pro Stelle<br>– Gewinnungskosten pro Eintritt<br>– Rekrutierungskosten<br>– Ausbildungs- und Übernahmequote |
| Strukturen im Personalbereich | – Durchschnittsalter der Mitarbeiter<br>– Anteil schwerbehinderter Menschen<br>– Frauenanteil in den Abteilungen<br>– Qualifikationsstruktur<br>– Altersstruktur der Mitarbeiter |
| Analyse sozialer Tatbestände | – Verteilung des Jahresurlaubs<br>– Überstundenquote<br>– Krankheitsquote<br>– Unfallhäufigkeit<br>– Fluktuation der Mitarbeiter<br>– voraussichtlicher Renteneintritt in den nächsten 3–5 Jahren |

Im Zusammenhang mit den Gegenständen und Aufgabenbereichen des Personalcontrollings ergeben sich aber auch einige **Problembereiche:**

- **Datenerhebungsproblem.** Schwierigkeit, neben den »harten« Daten (Kosten) auch die »weichen« Daten (Arbeitszufriedenheit) zu erfassen.
- **Methodenproblem.** Schwierigkeit, die Beobachtungen ihren tatsächlichen Ursachen zuzuordnen.

- **Akzeptanzproblem.** Personalcontrolling wird vielfach als reines Rationalisierungsinstrument gesehen. Aus diesem Grund sind auf der Seite der Mitarbeiter oft Widerstände auszumachen.
- **Datenschutzproblem.** Die Gefahr einer missbräuchlichen Verwendung von Personalcontrollingdaten steigt mit der zunehmenden Vielfalt des Controllingsystems.

## Zusammenfassende Übersicht zu Kapitel 8.2: Personalwesen

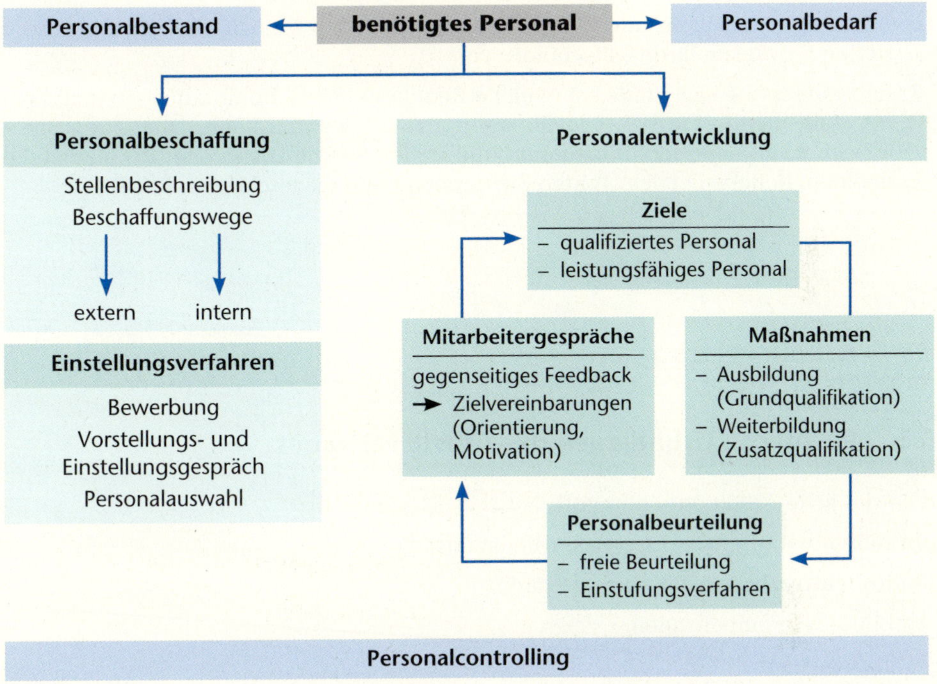


Planung, Steuerung und Überwachung durch Anwendung von Kennziffern

### ▶ Aufgaben und Probleme

1. Welche Teilnahme fällt unter die berufliche Fortbildung?
   a) Die Teilnahme an Kursen zur Vorbereitung auf die Wiederholungsprüfung im Ausbildungsberuf.
   b) Die Teilnahme an Abendkursen zur Erlangung des Realschulabschlusses.
   c) Die Teilnahme an Maßnahmen zur Umschulung für einen neuen Arbeitsplatz.
   d) Die Teilnahme an Maßnahmen zum Wiedereintritt weiblicher Arbeitsuchender in das Berufsleben.
2. Warum ist es sinnvoll, dass die Agentur für Arbeit für Umschulungsmaßnahmen Zuschüsse gewährt?

3. Welche Vor- und Nachteile haben
   a) die freie Beurteilung,
   b) das Kennzeichnungs- und Einstufungsverfahren?
4. a) Ordnen Sie die Beurteilungsmerkmale des Kennzeichnungs- und Einstufungsverfahrens in der Reihenfolge, wie sie Ihnen am wichtigsten erscheinen.
   b) Bei welchen Anlässen erscheint Ihnen eine Beurteilung besonders wichtig? Begründen Sie Ihre Entscheidung.
5. Welche Vor- und Nachteile ergeben sich, wenn der Beurteiler mit dem Mitarbeiter die Ergebnisse der Leistungsbeurteilung besprechen muss?
6. Recherchieren Sie im Internet nach einem Leitfaden für Mitarbeitergespräche und stellen Sie diesen Ihren Mitschülern vor.
7. Informieren Sie sich zunächst, welche Regeln in einem Konfliktgespräch zu beachten sind, damit eine Win-win-Situation erreicht werden kann. Überlegen Sie sich anschließend eine Konfliktsituation und stellen Sie die Lösung der Konfliktsituation in einem Rollenspiel dar. Achten Sie dabei auf die recherchierten Regeln.

## 8.3 Arbeitsvertrag

### 8.3.1 Rechtliche Grundlagen des Arbeitsvertrages

Die betriebliche Arbeit wird geregelt

a) im **Individualarbeitsrecht** (Einzelarbeitsvertrag),

im **Kollektivarbeitsrecht,** dazu gehören

b) Betriebsvereinbarungen,

c) Tarifverträge,

d) in der **Arbeitsgesetzgebung** (Kapitel 8.6),

e) im **Arbeitsrecht** der **Europäischen Union.**

Sollen diese konkurrierenden Regelungen auf ein bestimmtes Arbeitsverhältnis angewendet werden, so gelten folgende Grundsätze:

1. Enthalten sie **nachgiebiges Recht,** sind sie in der angegebenen Reihenfolge maßgebend: a) → e).

   **Beispiel:** In einem Einzelarbeitsvertrag werden 35 Tage Urlaub vereinbart. Wenn nach Tarifvertrag diesem Arbeitnehmer 28 Tage und nach dem Bundesurlaubsgesetz mindestens 24 Tage zustehen würden, so gilt die einzelvertragliche Regelung. Nur wenn nichts vereinbart wurde, gilt der Tarifvertrag bzw. das Bundesurlaubsgesetz.

   Abweichende Regelungen beim nachgiebigen Recht sind nur möglich, wenn sie zugunsten des Arbeitnehmers getroffen werden.

2. **Zwingendes Recht** gilt jedoch in der umgekehrten Reihenfolge: e) → a).

   **Beispiel:** Nach dem Mutterschutzgesetz dürfen Mütter bis acht Wochen nach der Entbindung nicht beschäftigt werden. Die Mutter darf auch durch einzelvertragliche Regelung nicht darauf verzichten.

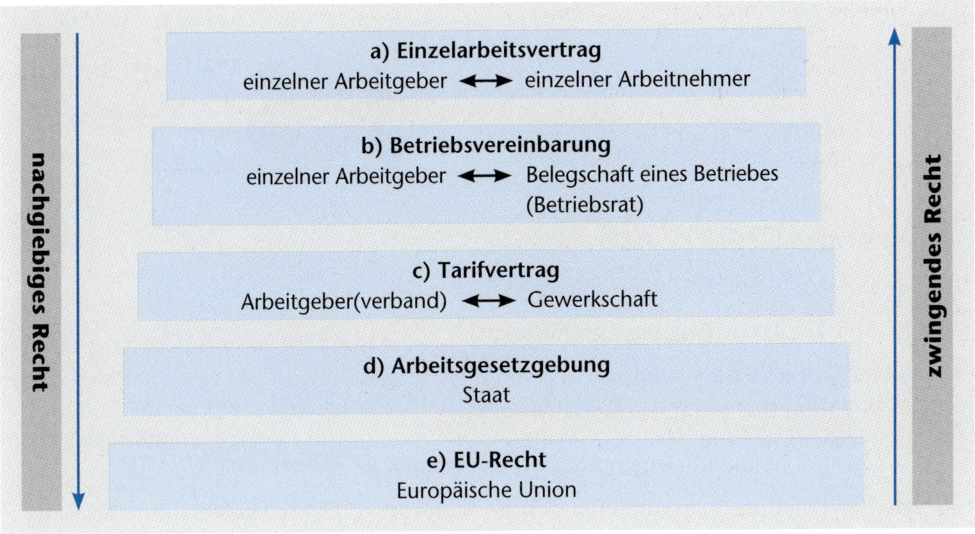


## Einzelarbeitsvertrag

In ihm verpflichtet sich der **einzelne Arbeitnehmer** dem **Arbeitgeber** gegenüber zur **Leistung von Diensten gegen Entgelt.** Die Regelung der Bestimmungen des Einzelarbeitsvertrags bleibt beiden Partnern überlassen. Der Arbeitnehmer darf jedoch nicht schlechter gestellt werden als im Gesetz, im Tarifvertrag oder in der Betriebsvereinbarung festgelegt ist.

Liegt dem Arbeitsverhältnis kein schriftlicher Arbeitsvertrag zugrunde, ist der Arbeitgeber verpflichtet, Mindestinhalte des Arbeitsverhältnisses in einer Niederschrift festzuhalten. Diese muss spätestens einen Monat nach dem vereinbarten Beginn des Arbeitsverhältnisses dem Arbeitnehmer ausgehändigt werden. Das Papier muss vom Arbeitgeber unterzeichnet sein. *NachwG § 2*

Eine **Niederschrift** muss mindestens enthalten:

- den Namen und die Anschrift der Vertragsparteien,
- den Zeitpunkt des Beginns des Arbeitsverhältnisses,
- bei befristeten Arbeitsverhältnissen: die vorhersehbare Dauer des Arbeitsverhältnisses,
- den Arbeitsort,
- eine kurze Charakterisierung oder Beschreibung der vom Arbeitnehmer zu leistenden Tätigkeit,
- die Zusammensetzung und die Höhe des Arbeitsentgelts einschließlich der Zuschläge, der Zulagen, Prämien und Sonderzahlungen sowie anderer Bestandteile des Arbeitsentgelts und deren Fälligkeit,
- die vereinbarte Arbeitszeit,
- die Dauer des jährlichen Erholungsurlaubs,
- Kündigungsfristen,
- einen Hinweis auf Tarifverträge und Betriebsvereinbarungen, die für das Arbeitsverhältnis Gültigkeit haben.

KÜHLsys GmbH
Kühlsysteme
...then, fresh is better...

Zwischen der KÜHLsys GmbH (Arbeitgeber)

und Frau Christa Späth (Arbeitnehmerin), Eichenweg 1, 72525 Münsingen

wird folgender **Arbeitsvertrag** geschlossen:

1. Frau Späth wird ab 2. Januar 2017 in der Personalabteilung des Unternehmens als Sachbearbeiterin eingestellt. Der Arbeitsinhalt ergibt sich aus der ausgehändigten Stellenbeschreibung. Die Arbeit ist pünktlich und gewissenhaft auszuführen. Über Geschäftsgeheimnisse ist strenges Stillschweigen zu bewahren.
2. Die Einstellung erfolgt unbefristet. Eine Kündigung des Arbeitsverhältnisses kann nach der Probezeit beiderseits unter Einhaltung einer Frist von 4 Wochen zum Monatsende erfolgen.
3. Die Probezeit dauert 3 Monate, und zwar vom 2. Januar bis zum 31. März 2017. Während dieser Zeit ist das Arbeitsverhältnis mit einer Frist von 14 Tagen zum Monatsende kündbar.
4. Die wöchentliche Arbeitszeit richtet sich nach den jeweiligen tariflichen Bestimmungen. Sie beträgt zurzeit 37,5 Stunden. Die Arbeitnehmerin darf nebenher weder ein Handelsgewerbe betreiben noch Geschäfte auf eigene Rechnung machen.
5. Als Vergütung wird ein Gehalt von brutto 2.500 EUR vereinbart, das am Monatsende ausbezahlt wird. Nach der Probezeit beträgt das Gehalt 2.600 EUR. Das Gehalt wird bei Krankheit bis zu 6 Wochen weiterbezahlt. Der Arbeitgeber übernimmt neben dem Anteil an der Sozialversicherung auch die Zahlung von monatlich 35 EUR nach dem Vermögensbildungsgesetz.
6. Der Jahresurlaub beträgt 30 Werktage. Die zeitliche Lage des Urlaubs muss mit dem Abteilungsleiter abgestimmt werden. Nimmt die Arbeitnehmerin an Veranstaltungen der Weiterbildung teil (DV-Kurse u. a.), ist der Arbeitgeber bereit, dafür bezahlten Sonderurlaub zu gewähren.

Im Übrigen gelten die gesetzlichen und tarifvertraglichen Regeln in ihrer jeweiligen Fassung. Auf die bestehende Betriebsvereinbarung wird verwiesen. Die Arbeitnehmerin hat bereits ein Exemplar ausgehändigt bekommen.

Münsingen, 13. Dezember 2016

| | |
|---|---|
| KÜHLsys GmbH | Arbeitnehmerin |
| Riester | Späth |
| ppa. | |
| Marianne Riester | Christa Späth |

## Betriebsvereinbarung (Kapitel 8.4)

Betriebsvereinbarungen werden zwischen dem **Betriebsrat** und dem **Arbeitgeber** eines bestimmten Betriebes getroffen. Sie dürfen den Bestimmungen des Tarifvertrages nicht entgegenstehen, sondern sollen diese erläutern, ergänzen und den besonderen Verhältnissen des Betriebes anpassen.

*BetrVG §§ 77, 88*

**Betriebsvereinbarungen**

regeln u. a.

- Lohn- und Arbeitsbedingungen
- Beginn und Ende der täglichen Arbeitszeit
- Pausen
- Verhalten der Arbeitnehmer im Betrieb
- Aufstellen eines Urlaubsplanes
- Zeit und Ort der Entgeltzahlung
- Errichtung von Sozialeinrichtungen
- Maßnahmen zur Verhütung von Betriebsunfällen und Gesundheitsschädigungen

Betriebsvereinbarungen haben besondere Bedeutung bei der Flexibilisierung der Arbeitszeit. Nicht tarifgebundene Unternehmen gehen vermehrt dazu über, mit dem Betriebsrat Einzelvereinbarungen bezüglich Arbeitsverdienst und Arbeitszeit zu treffen und sich nicht mehr an tarifliche Vereinbarungen anzulehnen.

Durch Betriebsvereinbarungen werden insbesondere **Betriebsordnungen** und **Dienstordnungen** aufgestellt. Sie müssen an geeigneter Stelle im Betrieb ausgehängt oder den Betriebsangehörigen beim Eintritt in den Betrieb ausgehändigt werden.

## Tarifvertrag (Kapitel 8.5)

Der **Tarifvertrag (TV)** ist ein **Kollektivarbeitsvertrag zwischen den Tarifpartnern,** in dem die **Arbeitsbedingungen** gewöhnlich für ganze Berufsgruppen **eines Wirtschaftszweiges** in freien Verhandlungen einheitlich festgelegt werden.

### ▶ Tarifautonomie

**Tarifautonomie** ist das Recht der Sozialpartner, **die Arbeits- und Einkommensbedingungen ohne staatliche Eingriffe** in freien Tarifverhandlungen **kollektiv festzulegen.**

### ▶ Abschluss eines Tarifvertrages

Tarifverträge werden zwischen den **Sozialpartnern** (Kapitel 8.5.1) geschlossen. Zur Gültigkeit des TV ist die Schriftform nötig.

*TVG §§ 1 f.*

Der Abschluss, die Änderung und die Aufhebung der Tarifverträge werden in die **Tarifregister** eingetragen, die **bei den Arbeitsministerien** geführt werden.

### ▶ Arten der Tarifverträge

| nach den Tarifpartnern | |
|---|---|
| **Firmen- bzw. Haustarifvertrag** | Wird zwischen einzelnen Unternehmen und einer Gewerkschaft abgeschlossen. |
| **Verbandstarifvertrag** | Wird von einem oder mehreren Arbeitgeberverbänden mit einer oder mehreren Gewerkschaften abgeschlossen. |
| **nach dem räumlichen Geltungsbereich** | |
| **Werktarifvertrag** | Gilt für ein Unternehmen bzw. ein Werk. |
| **Flächentarifvertrag** | Betrifft einen bestimmten räumlichen Geltungsbereich (Tarifgebiet) oder eine bestimmte Fläche (z. B. Nordrhein-Westfalen) und gilt immer für eine oder mehrere Branchen (Metall, Einzelhandel etc.); deshalb wird häufig auch von Branchentarifverträgen gesprochen. |
| **nach dem Vertragsinhalt** | |
| **Rahmentarifvertrag (Manteltarifvertrag)** | Enthält Regelungen zu den allgemeinen Arbeitsbedingungen, die für längere Zeit gleich bleiben (Arbeitszeit, Altersteilzeit bis zu fünf Jahren, Mehrarbeit, Sonn- und Feiertagsarbeit, Urlaub, Kündigungsfristen, Weiterbildung u. a.) und Bestimmungen über ein Schiedsgericht zur Beilegung von Streitigkeiten. |
| **Vergütungstarifvertrag (Entgelt-, Lohn- und Gehaltstarifvertrag)** | Regelt die Höhe der Vergütung für die Arbeitsverhältnisse in seinem Geltungsbereich. |
| **Arbeitszeittarifvertrag** | Regelt die täglichen und wöchentlichen Arbeitszeiten der Arbeitnehmer, sofern sie nicht schon im Rahmentarifvertrag vereinbart sind. |
| **Tarifvertrag über Sonderleistungen** | Regelt beispielsweise die Höhe von Weihnachts- und Urlaubsgeld, die Vermögensbildung oder die betriebliche Zusatzaltersversorgung. |

### ▶ Wirkungen des Tarifvertrages

TVG § 4 **Erfüllungspflicht.** Die Vertragsparteien sind verpflichtet, dafür zu sorgen, dass ihre Mitglieder den Vertrag verwirklichen und sich an seine Bestimmungen halten. Dabei ist der **Grundsatz der Unabdingbarkeit** zu beachten. Danach dürfen die Bedingungen eines Einzelarbeitsvertrages für den Arbeitnehmer nicht ungünstiger sein als die des Tarifvertrages, auch wenn der einzelne Arbeitnehmer mit einer Schlechterstellung einverstanden wäre.

§ 3 **Friedenspflicht.** Während der Gültigkeit des Vertrages dürfen keine Kampfmaßnahmen (Kapitel 8.5.2) gegen die Vereinbarungen ergriffen werden; ausgenommen ist der Warnstreik.

§ 4 **Nachwirkung.** Der Tarifvertrag endet mit Ablauf des in ihm festgelegten Zeitraums. Beim Abschluss eines Tarifvertrages auf unbestimmte Zeit endet dieser durch Kündigung oder durch Abschluss eines neuen Tarifvertrages. Die Bestimmungen des alten Tarifvertrages bleiben auf jeden Fall so lange in Kraft, bis ein neuer Tarifvertrag abgeschlossen ist.

## 8.3.2 Rechte und Pflichten aus dem Arbeitsvertrag

**Rechte und Pflichten aus dem Arbeitsvertrag**

**Pflichten des kaufmännischen Angestellten**

- Dienstleistung
- Weiterbildung
- Treue und Verschwiegenheit
- Handels- und Wettbewerbsverbot

**Rechte des kaufmännischen Angestellten**

- Beschäftigung
- Vergütung
- Lohnfortzahlung
- Weiterbildung
- Fürsorge
- Zeugnis

**Rechte des Arbeitgebers** | **Pflichten des Arbeitgebers**

### Rechte des kaufmännischen Angestellten (= Pflichten des Arbeitgebers) *HGB § 59*

#### ▶ Beschäftigung

Der Arbeitgeber hat den Angestellten gemäß dem Arbeitsvertrag zu beschäftigen.

#### ▶ Vergütung

Sie besteht aus einem festen Gehalt, das am Ende eines jeden Monats zu zahlen ist. Kürzere Zeiträume können vereinbart werden, längere dagegen nicht. Die Vergütung kann erhöht werden durch Provisionen (z. B. Umsatzprovision für Verkäufer), Gewinnbeteiligungen (z. B. Gewinnbeteiligungen für Geschäftsführer und Filialleiter) und Gratifikationen (z. B. Jubiläumsgratifikation, Weihnachtsgeld). *§ 64*

Besteht für das Angestelltenverhältnis kein Tarifvertrag, so muss die Höhe der Vergütung im Einzelarbeitsvertrag vereinbart werden. Ist jedoch ein Tarifvertrag vorhanden, so bestimmt er die Mindesthöhe der Vergütung.

#### ▶ Lohnfortzahlung

Der Angestellte hat Anspruch auf 100 % der Vergütung, wenn er durch eigene Krankheit seine Arbeit im Betrieb nicht ausüben kann. Der Anspruch besteht jedoch nicht länger als sechs Wochen. *EntgFG §§ 1, 3, 4*

Ist die Verhinderung nicht auf ein persönliches Unglück, sondern auf andere unverschuldete Umstände persönlicher Art zurückzuführen (Vernehmung als Zeuge vor Gericht, Berufung als Schöffe, Sterbefall in der Familie), so besteht der Vergütungsanspruch wie bei jedem Arbeitnehmer ebenfalls weiter, wenn die Verhinderung verhältnismäßig kurz ist. *BGB § 616*

#### ▶ Weiterbildung

Der Arbeitgeber hat dem Angestellten den ihm tariflich zustehenden Bildungsurlaub zu gewähren.

### ▶ Fürsorge

HGB § 62 BUrlG § 1 Der Arbeitgeber hat die Pflicht, in seinem Betrieb auf die Erhaltung der Gesundheit des Angestellten zu achten. Er muss ihn zur Sozialversicherung anmelden und die Beträge dafür abziehen und abführen. Des Weiteren ist der Arbeitgeber verpflichtet, dem Angestellten den gesetzlich oder vertraglich zustehenden Erholungsurlaub zu gewähren.

### ▶ Zeugnis

BGB § 630 Der Arbeitgeber ist verpflichtet, dem Angestellten beim Ausscheiden aus dem Unternehmen ein **einfaches Zeugnis** auszustellen. Auf Wunsch des Angestellten muss der Arbeitgeber auch ein **qualifiziertes Zeugnis** ausstellen (Seite 232). Die Erstellung eines elektronischen Zeugnisses ist ausgeschlossen.

In einem qualifizierten Arbeitszeugnis sind mindestens Angaben zu machen über Arbeitsqualität und -quantität, Arbeitssorgfalt und -einsatz sowie über das Verhalten und die Zusammenarbeit mit Kollegen und Vorgesetzten. Es muss folgenden Grundsätzen gerecht werden:

- **Wahrheitspflicht.** Alle Inhalte des Arbeitszeugnisses müssen der Wahrheit entsprechen, wobei negative Beurteilungen nur zulässig sind, wenn sie über die gesamte Dauer des Arbeitsverhältnisses Bestand hatten.
- **Wohlwollen.** Das Zeugnis muss nach der geltenden Rechtsprechung wohlwollend formuliert sein, um dem Arbeitnehmer das »berufliche Fortkommen nicht zu erschweren«.
- **Vollständigkeit.** Es dürfen vom Zeugnisaussteller keine Dinge ausgelassen werden, die ein Zeugnisleser üblicherweise erwartet.

  **Beispiel:** Bei einer ehrlichen Kassiererin darf nicht der Hinweis fehlen, dass sie ehrlich ist.

Bei unwahren Angaben im Zeugnis haftet der Arbeitgeber für den Schaden, der einem neuen Arbeitgeber dadurch entsteht.

Aus einem triftigen Grund kann der Arbeitnehmer auch ein **Zwischenzeugnis** verlangen, beispielsweise beim Wechsel des Vorgesetzten oder bei der Versetzung auf eine andere Stelle.

## ■ Pflichten des kaufmännischen Angestellten (= Rechte des Arbeitgebers)

### ▶ Dienstleistung

HGB § 59 Der Angestellte hat die Verpflichtung, die ihm übertragenen Arbeiten pünktlich, gewissenhaft und seinen Fähigkeiten entsprechend auszuführen sowie den Weisungen des Arbeitgebers Folge zu leisten. Arbeiten, die gegen ein Gesetz, gegen den Vertrag oder gegen die guten Sitten verstoßen, kann er selbstverständlich ablehnen. Die Art und die Dauer der Tätigkeit richten sich nach dem Dienstvertrag.

### ▶ Weiterbildung

Der Angestellte soll seine beruflichen Fähigkeiten und Fertigkeiten dem neuesten Stand der Entwicklung anpassen und ergänzende Kenntnisse auf neuen Gebieten erwerben.

### ▶ Treue und Verschwiegenheit

UWG § 17 Der Angestellte ist verpflichtet, die Interessen des Unternehmens wahrzunehmen und über Geschäftsangelegenheiten zu schweigen, durch deren leichtfertige, absichtliche oder gar entgeltliche Mitteilung (Schmiergelder) an Dritte das Unternehmen oder sein Inhaber geschädigt wird.

### ▶ Handelsverbot

Der Angestellte darf ohne Einwilligung des Arbeitgebers kein eigenes Handelsgewerbe, auch nicht außerhalb des Geschäftszweiges des Arbeitgebers, betreiben. Er kann auch nicht Vollhafter in einem anderen Unternehmen sein. *HGB § 60*

Erlaubt ist ihm jedoch der Betrieb eines nicht kaufmännischen Unternehmens (Landwirtschaft) oder die Kapitalbeteiligung als stiller Gesellschafter, Kommanditist, GmbH-Gesellschafter oder Aktionär.

### ▶ Wettbewerbsverbot

Dem Angestellten ist es außerdem verboten, im Geschäftszweig des Arbeitgebers dauernd oder gelegentlich Geschäfte für eigene oder fremde Rechnung zu machen oder zu vermitteln; es sei denn, dass der Arbeitgeber seine ausdrückliche Einwilligung dazu gibt.

Gegen den gelegentlichen Verkauf von Waren eines anderen Geschäftszweiges kann der Unternehmer jedoch nichts einwenden, sofern dadurch die Tätigkeit in seinem Betrieb nicht beeinträchtigt wird.

Auch gegen eine gelegentliche Nebentätigkeit kann der Arbeitgeber nichts einwenden, sofern der Arbeitnehmer seine Pflichten im Betrieb nicht vernachlässigt und die tägliche Gesamtarbeitszeit die Höchstgrenzen des Arbeitszeitgesetzes von zehn Stunden nicht überschreitet.

Soll ein Wettbewerbsverbot auch nach der Beendigung des Arbeitsverhältnisses gelten, so bedarf dies einer vertraglichen Regelung. *§§ 74 ff.*

### ▶ Vertragliche Wettbewerbsabrede (Konkurrenzklausel)

Nach der Beendigung des Arbeitsvertrages ist der Angestellte gesetzlich weder zur Verschwiegenheit noch zur Beachtung des Handels- und Wettbewerbsverbotes verpflichtet. Die allgemeine Haftung für vorsätzliche oder fahrlässige Schädigung seines früheren Unternehmers bleibt jedoch bestehen. *BGB § 823*

Die **Konkurrenzklausel** darf das berufliche Fortkommen und die Wahl des künftigen Arbeitsplatzes nicht wesentlich erschweren. Deshalb ist sie nur unter folgenden **Voraussetzungen** gültig: *HGB §§ 74 ff.*

- Der Angestellte muss volljährig sein.
- Der Vertrag muss schriftlich abgeschlossen und dem Angestellten ausgehändigt werden.
- Das Verbot darf sich auf höchstens zwei Jahre erstrecken.
- Der Unternehmer muss sich verpflichten, für jedes Jahr des Verbotes eine Verdienstentschädigung zu zahlen, die mindestens die Hälfte des zuletzt bezogenen Gehaltes betragen muss.

Mit Auszubildenden darf ein Wettbewerbsverbot nicht vereinbart werden. Dabei spielt das Alter keine Rolle.

Das vertragliche Wettbewerbsverbot wird unwirksam,

- wenn der Unternehmer ohne wesentliche Veranlassung des Angestellten das Dienstverhältnis kündigt,
- wenn der Angestellte wegen grober Pflichtverletzung des Unternehmers das Dienstverhältnis aufhebt und innerhalb eines Monats nach der Aufhebung schriftlich erklärt, dass er sich an das Wettbewerbsverbot nicht halte.

Verletzt der Angestellte eine Konkurrenzklausel, so kann der Unternehmer auf Unterlassung klagen oder Schadensersatz verlangen oder eine vereinbarte Vertragsstrafe fordern.

## 8.3.3 Beendigung des Arbeitsverhältnisses

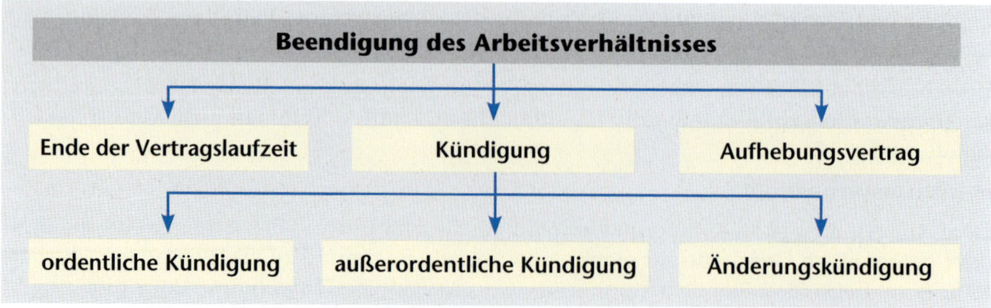


**Arbeitsverhältnisse** können gelöst werden durch **Kündigung** oder **Aufhebungsvertrag.** Es wird zwischen der ordentlichen und der außerordentlichen Kündigung unterschieden.

*BGB § 620* **Befristete Arbeitsverhältnisse** enden **ohne Kündigung,** wenn der Zeitpunkt der Beendigung schon bei Vertragsabschluss festgelegt wird.

### *§ 622* ■ Kündigung

#### ▶ Ordentliche Kündigung

Bei einer **ordentlichen Kündigung** sind folgende Fristbestimmungen möglich:

**a) Allgemeine gesetzliche Kündigungsfrist.**

Es kann zum 15. eines Monats oder zum Monatsende mit einer Frist von vier Wochen gekündigt werden. Die Kündigung muss schriftlich ausgesprochen werden. Sie muss rechtzeitig zugegangen sein.

**Beispiele:**

| | | | | |
|---|---|---|---|---|
| **späteste Kündigungstermine** | 3. Jan. | 18. Jan. | 31. Jan/ 1. Feb. | 15./16. Feb. |
| **Kündigungsfrist** | 28 Tage | 28 Tage | 28 Tage | 28 Tage |
| **Ende des Arbeitsverhältnisses** | 31. Jan. | 15. Feb. | 28./29. Feb. | 15. März |

**b) Besondere gesetzliche Kündigungsfristen.**

Sie **gelten für den Arbeitgeber** bei langjährigen Mitarbeitern. Diese betragen, jeweils zum Monatsende, nach einer Beschäftigungsdauer von

- 2 Jahren: 1 Monat,
- 5 Jahren: 2 Monate,
- 8 Jahren: 3 Monate,
- 10 Jahren: 4 Monate,
- 12 Jahren: 5 Monate,
- 15 Jahren: 6 Monate,
- 20 Jahren: 7 Monate.

**Beispiel:** Eine 30-Jährige, die seit 11 Jahren im Unternehmen beschäftigt ist, kann selbst am 3. Mai zum 31. Mai kündigen; der Arbeitgeber erst zum 30. September.

Die gesetzliche Regelung, dass nur die Dauer der Betriebszugehörigkeit gerechnet wird, die nach der Vollendung des 25. Lebensjahres liegt, darf nach einem Urteil des EuGH nicht mehr angewendet werden. Da durch diese Regelung jüngere Arbeitnehmer wegen ihres Alters diskriminiert werden, verstößt sie gegen EU-Recht und ist deswegen unzulässig.

**c) Vertragliche Kündigungsfrist.** *BGB § 622*

Dabei ist zu beachten:

- Die Kündigungsfrist kann länger als die gesetzliche sein.
- Für die Kündigung des Arbeitsverhältnisses durch den Arbeitnehmer darf keine längere Frist vereinbart werden als für die Kündigung durch den Arbeitgeber.

**▶ Außerordentliche Kündigung** *§ 626*

Die **außerordentliche Kündigung (fristlose Kündigung)** löst das Arbeitsverhältnis in der Regel mit sofortiger Wirkung. Sie ist jedoch nur in Ausnahmefällen zulässig. Hierfür muss ein wichtiger Grund vorliegen.

**Beispiele:**

1. Gründe für Angestellte: grobe Ehrverletzung oder grobe Verletzung der Vergütungs- oder Fürsorgepflicht
2. Gründe für Unternehmer: längere Freiheitsstrafen, Arbeitsverweigerung, Verletzung der Dienstleistungspflicht, der Schweigepflicht oder des Handels- und Wettbewerbsverbotes, ausländerfeindliche Äußerungen

Wenn der Arbeitgeber das gesetz- oder vertragswidrige Verhalten des Arbeitnehmers als so schwerwiegend beurteilt, dass er deswegen die Gefahr einer fristlosen Kündigung sieht, muss er den Arbeitnehmer davon in einer **schriftlichen Abmahnung** benachrichtigen, *§ 628*

Wer selbst vertragswidrig das Dienstverhältnis auflöst oder durch sein vertragswidriges Verhalten die Aufhebung des Dienstverhältnisses durch den anderen veranlasst, ist schadensersatzpflichtig.

**Beispiele:**

1. Der Angestellte Hartlaub beendet sein Arbeitsverhältnis grundlos ohne Kündigung. Er hat ein Monatsgehalt von 3.000 EUR. Der Unternehmer stellt den neuen Angestellten Grünberg mit einem Monatsgehalt von 3.500 EUR ein. Er kann vom Angestellten Hartlaub den Unterschiedsbetrag von 500 EUR so lange verlangen, bis der Angestellte Hartlaub aufgrund einer fristgerechten Kündigung die Stelle hätte verlassen dürfen.
2. Ein Angestellter hebt das Dienstverhältnis fristlos auf, weil der Unternehmer ihm den zustehenden Urlaub nicht gewährt. Der Angestellte kann die Weiterzahlung der vertragsmäßigen Vergütung so lange verlangen, bis er eine neue Stelle gefunden hat oder bis zur nächstmöglichen Beendigung des Dienstverhältnisses durch ordentliche Kündigung.

**▶ Änderungskündigung** *KSchG § 2*

Bei der Änderungskündigung kündigt der Arbeitgeber das Arbeitsverhältnis fristgerecht, bietet aber im Zusammenhang mit der Kündigung die Fortdauer des Vertragsverhältnisses zu geänderten Bedingungen an.

**Beispiel:** Durch Änderung in der Verkaufsorganisation wird einem Handlungsreisenden gekündigt, ihm aber gleichzeitig die Stelle eines Sachbearbeiters im Innendienst angeboten.

Eine **Kündigung** seitens des Arbeitgebers ist **unwirksam,** wenn

- die Anhörung des Betriebsrates nicht in der im Betriebsverfassungsgesetz vorgeschriebenen Form erfolgte (Kapitel 8.4) oder
- die Kündigungsschutzbestimmungen nicht beachtet wurden (Kapitel 8.6).

## ■ Aufhebungsvertrag

Er ist eine **einvernehmliche Auflösung des Arbeitsverhältnisses.** Eine Mitwirkung des Betriebsrates, der Behörden (bei werdenden Müttern, schwerbehinderten Menschen) oder des Arbeitsgerichtes ist nicht erforderlich.

Dadurch erspart sich der Arbeitgeber die Prüfung, ob die Kündigung sozial gerechtfertigt ist, und damit einen eventuell folgenden Prozess vor dem Arbeitsgericht. Oft zahlt der Arbeitgeber dem Arbeitnehmer eine **Abfindung.**

Für den Arbeitnehmer hat diese Art der Beendigung des Arbeitsverhältnisses folgende Nachteile:

- Er verliert den Kündigungsschutz,
- bei Arbeitslosigkeit erhält er erst nach Ablauf einer zwölfwöchigen Sperrzeit Arbeitslosengeld,
- Abfindungen werden zum Teil auf das Arbeitslosengeld angerechnet und müssen versteuert werden.

Nach Beendigung des Arbeitsverhältnisses werden dem Arbeitnehmer seine Arbeitspapiere übergeben (z. B. Versicherungsnachweis, Zeugnis). Oft lässt der Arbeitgeber den Arbeitnehmer eine Ausgleichsquittung unterschreiben, in der dieser den Empfang der Papiere bestätigt und aus der hervorgeht, dass der Arbeitnehmer keine Ansprüche an den Arbeitgeber hinsichtlich Gehalt, Urlaub u. Ä. stellt.

## Zusammenfassende Übersicht zu Kapitel 8.3: Arbeitsvertrag

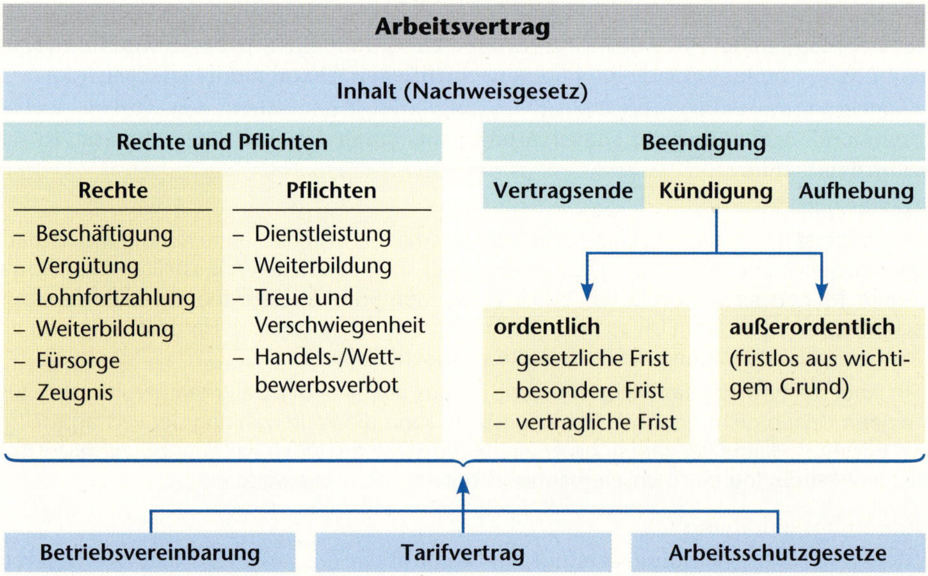


### ▶ Aufgaben und Probleme

1. Prüfen Sie, ob die Inhalte nach dem Nachweisgesetz im Arbeitsvertrag auf Seite 242 enthalten sind.
2. Welche Regelungen können in einer Betriebsvereinbarung getroffen werden?
3. Karin ist Mitarbeiterin in der Personalabteilung der Alu GmbH, in der 120 Personen beschäftigt sind. Karin hat im Rahmen ihres Sachgebietes verschiedene Fragen zu klären und Aufgaben zu erfüllen.

   a) Karin soll prüfen, ob in die neu abzuschließenden Arbeitsverträge folgende Klausel aufgenommen werden kann:

      »Bei der Kündigung durch den Betrieb ist eine Kündigungsfrist von zwei Wochen einzuhalten; die Kündigung kann zum Monatsende ausgesprochen werden. Ansonsten gelten die gesetzlichen Bestimmungen.«

b) Ferner soll Karin prüfen, ob einzelne Angestelltenverträge in Zukunft um ein vertraglich vereinbartes Wettbewerbsverbot ergänzt werden sollten.
   - Nennen Sie Beispiele für Angestellte, denen man dies anbietet.
   - Worauf müsste bei der inhaltlichen und formalen Gestaltung dieser vertraglichen Vereinbarung geachtet werden? (drei Gesichtspunkte)

c) Karin hat zum Jahresende eine fristgerechte Kündigung eines seit vier Jahren beschäftigten Mitarbeiters im Alter von 24 Jahren vorzubereiten. Der zu entlassende Mitarbeiter ist einer von vier in der Alu GmbH beschäftigten Lkw-Fahrern. Die Alu GmbH hat den Fuhrpark aus Kostengründen auf drei eigene Lkw abgebaut. Der Mitarbeiter gilt als nicht besonders fleißig.
   - Wann muss die Kündigung dem Mitarbeiter spätestens zugegangen sein?
   - Mit welchen Argumenten kann sich der Mitarbeiter gegen diese Kündigung wehren?

4. Welche der folgenden Vereinbarungen in Arbeitsverträgen gelten, welche gelten nicht? Begründen Sie Ihre Entscheidung.
   a) Eine zweijährige Kündigungsfrist für beide Teile zum Jahresende.
   b) Kündigungsfrist für den Angestellten drei Monate zum Quartalsende; für den Arbeitgeber gesetzliche Kündigungsfrist.
   c) Ein Gehalt, das 5 % über den Bestimmungen des Tarifvertrags liegt. Es soll zwei Jahre gleich bleiben, unabhängig von weiteren tariflichen Vereinbarungen.
   d) Der Arbeitgeber ist berechtigt, den Arbeitsvertrag fristlos zu kündigen, falls der Angestellte der Gewerkschaft beitritt.

## 8.4 Mitwirkung und Mitbestimmung der Arbeitnehmer im Betrieb

### 8.4.1 Betriebsrat

Im Betriebsverfassungsgesetz werden die Wahl und die Aufgaben eines **Betriebsrates** einheitlich geregelt. Durch einen Betriebsrat soll

- das Interesse der Arbeitnehmer an ihrem Betrieb gesteigert werden,
- den Arbeitnehmern Gelegenheit gegeben werden, am betrieblichen Geschehen mitzuwirken bzw. mitzubestimmen,
- die Stellung der Arbeitnehmer gegenüber dem Arbeitgeber durch eine gemeinsame Vertretung gefestigt werden.

Ein Zwang zur Bildung eines Betriebsrates besteht jedoch nicht, wenn die Arbeitnehmer von ihrem Recht keinen Gebrauch machen wollen. Sie verlieren damit aber die Chance, die gesetzlich verankerte innerbetriebliche Mitbestimmung zu praktizieren.

#### Wahl des Betriebsrates

In Betrieben mit mindestens fünf ständigen wahlberechtigten Arbeitnehmern, von denen drei wählbar sind, wird in geheimer und unmittelbarer Wahl ein Betriebsrat auf vier Jahre gewählt. *BetrVG §§ 1, 14, 21*

**Wahlberechtigt** sind alle Arbeitnehmer, die das 18. Lebensjahr vollendet haben. *§ 7*

**Wählbar** sind alle Wahlberechtigten, die mindestens ein halbes Jahr dem Betrieb angehören. *§ 8*

Die **Zahl der Betriebsratsmitglieder** richtet sich nach der Zahl der Arbeitnehmer. In Betrieben mit über 200 Beschäftigten ist eine bestimmte Anzahl der Mitglieder von der Berufstätigkeit freizustellen. *§ 9 § 38*

BetrVG § 15 Der Betriebsrat soll sich möglichst aus Arbeitnehmern der einzelnen Bereiche und der verschiedenen Beschäftigungsarten der im Betrieb tätigen Arbeitnehmer zusammensetzen.

## Zusammenarbeit von Arbeitgeber und Betriebsrat

§ 74 Arbeitgeber und Betriebsrat sollen mindestens einmal im Monat zusammentreten und bei strittigen Fragen mit dem ernsten Willen zur Einigung verhandeln und Vorschläge für die Beilegung von Meinungsverschiedenheiten machen. Der Betriebsrat muss einmal in jedem
§ 43 Kalendervierteljahr in einer **Betriebsversammlung,** zu der alle Arbeitnehmer und der Arbeitgeber einzuladen sind, einen Bericht über seine Tätigkeit geben. Für einzelne Betriebsteile können auch **Abteilungsversammlungen** stattfinden.

Zur Beilegung von Meinungsverschiedenheiten zwischen Betriebsrat und dem Arbeitgeber, z. B. bei Verweigerung der Zustimmung zu betrieblichen Maßnahmen, wird eine
§ 76 **Einigungsstelle** gebildet. Sie besteht aus einem unparteiischen Vorsitzenden und aus Beisitzern, die je zur Hälfte vom Arbeitgeber und vom Betriebsrat bestellt werden. Der Spruch der Einigungsstelle ersetzt die Einigung zwischen Arbeitgeber und Betriebsrat. Gegen ihren Beschluss kann beim Arbeitsgericht Klage erhoben werden.

Rund 75 % aller Verfahren können durch Einschaltung der Einigungsstelle beigelegt werden.

## § 80 Allgemeine Aufgaben des Betriebsrats

Er hat die betrieblichen **Interessen der Beschäftigten zu vertreten** und darüber zu wachen, dass die zugunsten der Arbeitnehmer geltenden Gesetze, Verordnungen, Unfallverhütungsvorschriften, Tarifverträge und Betriebsvereinbarungen durchgeführt werden.

Er hat die **Belange von schwerbehinderten Menschen, Jugendlichen** sowie **älteren** und **ausländischen Arbeitnehmern** zu fördern.

Außerdem hat sich der Betriebsrat mit **Fragen der Frauenförderung** zu befassen und in diesem Bereich für eine **bessere Vereinbarkeit von Familie und Beruf** zu sorgen.

## Rechte des Betriebsrates

**Rechte des Betriebsrates**

| Information | Beratung | Mitwirkung | Mitbestimmung |
|---|---|---|---|
| Der Betriebsrat oder der Wirtschaftsausschuss kann verlangen, dass er über betriebliche Vorgänge **unterrichtet** wird oder ihm die **erforderlichen Unterlagen unterbreitet** werden. | Der Arbeitgeber muss den Betriebsrat **unterrichten** und sich mit ihm **beraten.** | Der Betriebsrat kann aus bestimmten Gründen den betrieblichen **Maßnahmen widersprechen.** Diese werden dadurch jedoch nicht unwirksam. Im Streitfall entscheidet das Arbeitsgericht oder die Einigungsstelle. | Betriebliche Maßnahmen werden erst mit **Zustimmung des Betriebsrates** wirksam. |
| **wirtschaftliche Angelegenheiten** | | **personelle Angelegenheiten** | **soziale Angelegenheiten** |

## Wirtschaftsausschuss

In Unternehmen mit mehr als 100 ständigen Arbeitnehmern wird ein **Wirtschaftsausschuss** gebildet, dessen Mitglieder vom Betriebsrat bestimmt werden. Er hat wirtschaftliche Angelegenheiten mit dem Unternehmer zu beraten und den Betriebsrat zu unterrichten. *BetrVG §§ 106 ff.*

## Jugend- und Auszubildendenvertretung

In Unternehmen, in denen in der Regel mindestens fünf Arbeitnehmer beschäftigt werden, die unter 18 Jahren sind oder die zu ihrer Ausbildung beschäftigt werden und das 25. Lebensjahr noch nicht vollendet haben, können **Jugend- und Auszubildendenvertretungen** für zwei Jahre gewählt werden. Voraussetzung hierfür ist allerdings, dass ein Betriebsrat besteht. Mitglieder dieser Vertretung können nicht gleichzeitig Mitglieder des Betriebsrates sein. *§§ 60–73*

Eine wichtige Aufgabe dieser Vertretung ist die Förderung von Maßnahmen der Berufsausbildung und die Überwachung der Einhaltung von Bestimmungen zugunsten der oben genannten Personen (Jugendschutzgesetz, Tarifvertrag). Darüber hinaus soll sie die Integration junger ausländischer Arbeitnehmer im Unternehmen fördern und entsprechende Maßnahmen beim Betriebsrat beantragen.

Die Jugend- und Auszubildendenvertretung kann zu allen Sitzungen des Betriebsrates einen Vertreter entsenden. Bei Tagesordnungspunkten, die Jugendliche oder Auszubildende betreffen, hat die gesamte Jugend- und Auszubildendenvertretung Teilnahme- und Stimmrecht.

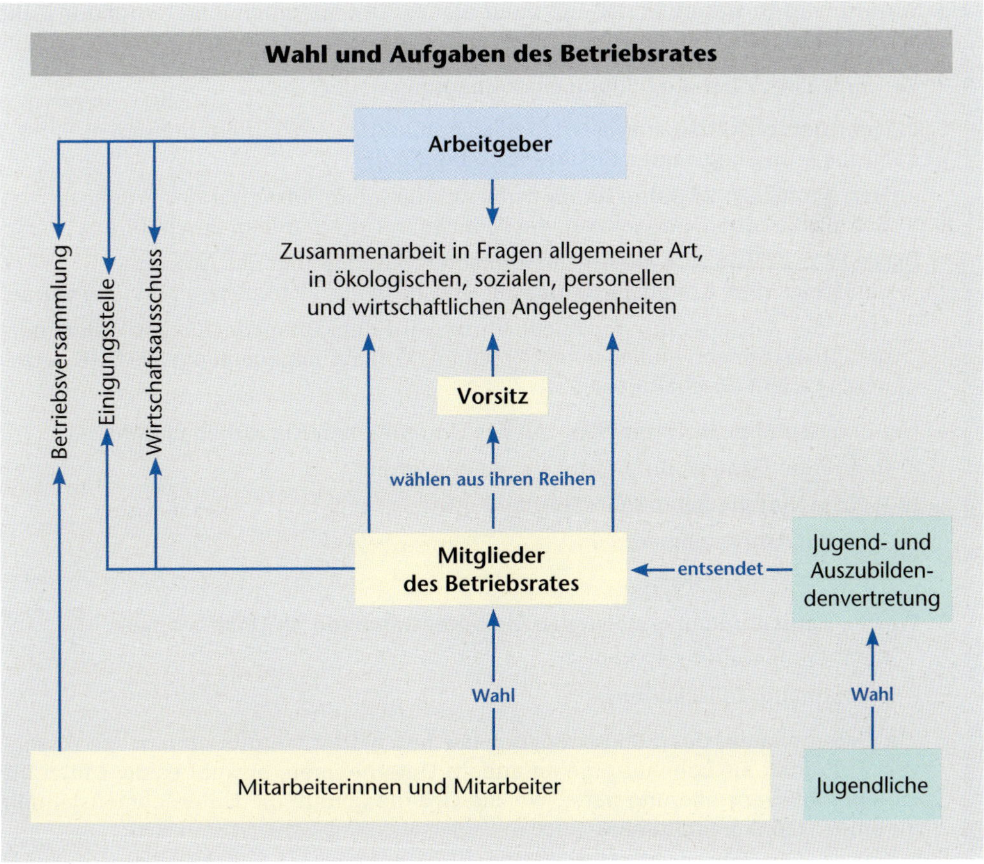

## 8.4.2 Mitbestimmung im Aufsichtsrat und Vorstand eines Unternehmens

*MitbestG §§ 1, 7*
*§ 33*

Der Aufsichtsrat einer AG, KGaA, GmbH oder eG, die **mehr als 2.000 Arbeitnehmer beschäftigt,** muss je zur Hälfte aus Vertretern der Anteilseigner und der Arbeitnehmer gebildet werden. Mit Ausnahme der KGaA wird in diesen Unternehmen ein **Arbeitsdirektor** als gleichberechtigtes Mitglied des Vorstands bzw. der Geschäftsführung bestellt.

*DrittelbG § 4*

In den AG, KGaA, GmbH oder eG, die **mindestens 500,** aber **nicht mehr 2.000 Arbeitnehmer** beschäftigen, muss ein Aufsichtsrat gebildet werden, der zu einem Drittel aus Vertretern der Arbeitnehmer besteht.

In AG mit **weniger als 500 Arbeitnehmern** bestehen für Arbeitnehmer keine gesetzlichen Mitbestimmungsrechte im Aufsichtsrat.

## 8.4.3 Europäischer Betriebsrat

*EBRG § 3*
*§ 32*

Ein **Europäischer Betriebsrat** muss in Unternehmen errichtet werden, die EU-weit mindestens 1.000 Arbeitnehmer beschäftigen, wovon jeweils mindestens 150 in mindestens zwei Mitgliedsstaaten beschäftigt sein müssen. Er ist von der Unternehmensleitung über die Geschäftslage sowie über eine Verlegung oder Stilllegung des Unternehmens und über Massenentlassungen zu unterrichten und anzuhören.

### ▶ Aufgaben und Probleme

1. Warum wird in Unternehmen mit mehr als 200 Beschäftigten eine bestimmte Zahl von Betriebsräten von der Berufstätigkeit freigestellt?
2. Welchen Zweck hat die Bildung einer Einigungsstelle?
3. In einer Betriebsratssitzung werden Personalprobleme diskutiert. Beurteilen Sie die Rechtslage und begründen Sie Ihre Entscheidung.
   a) Herr Frohweis, 28 Jahre alt, bewirbt sich um einen Platz auf der Wahlliste zum Betriebsrat. Er ist am Wahltag vier Monate im Unternehmen beschäftigt.
   b) Als Herr Kräftig zum Betriebsrat kandidiert, kündigt ihm der Arbeitgeber, weil er befürchtet, dass Kräftig als Betriebsrat Unruhe in das Unternehmen bringen würde.
   c) Nach der Auslagerung der Buchhaltung wird dem Bilanzbuchhalter Ahlers mitgeteilt, dass er von nun an in der Abteilung Verkauf mit einem um 300 EUR geringeren Gehalt beschäftigt sei.
4. Um Entlassungen zu vermeiden, will das Unternehmen Kurzarbeit einführen.
   a) In welcher Form ist der Betriebsrat zu beteiligen?
   b) Welche Vorteile hat die Einführung der Kurzarbeit
      - für die Arbeitnehmer,
      - für den Arbeitgeber?
5. Welche Einrichtungen ermöglichen die Mitbestimmung im Unternehmen
   - bei Personengesellschaften,
   - bei Kapitalgesellschaften?
6. Ein Unternehmen, das 1.950 Arbeitnehmer beschäftigt, vergibt eine ganze Anzahl von Aufträgen als Lohnaufträge an andere Unternehmen, obwohl es die Mittel für eine Betriebsvergrößerung hätte. Welche Gründe könnte die Unternehmensleitung für diese Maßnahmen haben?

# 8.5 Sozialpartnerschaft und Arbeitskämpfe

## 8.5.1 Arbeitgeber- und Arbeitnehmerverbände

In der Bundesrepublik Deutschland herrscht das Prinzip der Tarifautonomie. Sie wird aus der im Grundgesetz verankerten **Koalitionsfreiheit** abgeleitet. GG Art. 9 (3)

**Tarifautonomie** ist das Recht der Sozialpartner, **die Arbeits- und Einkommensbedingungen ohne staatliche Eingriffe** in freien Tarifverhandlungen **kollektiv festzulegen.**

**Arbeitgeber- und Arbeitnehmerverbände** werden als **Sozialpartner** bezeichnet.

### Arbeitgeberverbände

**Arbeitgeberverbände** nehmen die **Interessen der Unternehmer** gegenüber den Arbeitnehmern (Tarifverträge) oder gegenüber den staatlichen Institutionen (Gesetzgebung) wahr.

Es gibt folgende Arbeitgeberverbände:

- mit **beruflich-fachlichen Aufgaben,** z. B. Bundesverband der Deutschen Industrie (BDI) und die Zentralverbände der übrigen Wirtschaftszweige;
- mit **tarif- und sozialpolitischen Aufgaben,** z. B. Bundesvereinigung der Deutschen Arbeitgeberverbände (BDA), in der 50 Bundesfachverbände und 14 Landesvereinigungen zusammengeschlossen sind.

### Arbeitnehmerverbände (Gewerkschaften)

Die **Gewerkschaften** sind Vereinigungen der Arbeitnehmer zur Förderung und Wahrung der Arbeits- und Wirtschaftsbedingungen. Der Beitritt zu einer Gewerkschaft ist freiwillig.

**Beispiele:** Deutscher Gewerkschaftsbund (DGB), Vereinte Dienstleistungsgewerkschaft (ver.di)

Im Einzelnen haben sich die Gewerkschaften folgende **Aufgaben** gestellt:

| Aufgabe | Ziele |
|---|---|
| **Kampfaufgabe** | Verbesserung der Lohn- und Arbeitsbedingungen, um die Lebensqualität der Arbeitnehmer zu heben (Lohnerhöhung, Arbeitszeitverkürzung, Mitbestimmung), gegebenenfalls mithilfe des Streiks |
| **Bildungsaufgabe** | Berufliche Weiterbildung und Umschulung, Leistungssteigerung durch Vorträge, Kurse, Arbeitsgemeinschaften, Berufswettkämpfe, Mitwirkung im Berufsbildungsausschuss und in den Prüfungsausschüssen |
| **rechtliche Aufgabe** | Abschluss von Tarifverträgen, Rechtshilfe und Rechtsschutz für die Arbeitnehmer und Auszubildenden bei den Arbeitsgerichten, Mitbestimmungsrecht in den Unternehmen |
| **wirtschaftspolitische Aufgabe** | Verbesserung der Wirtschafts- und Sozialordnung (Förderung der Vermögensbildung der Arbeitnehmer, Sozialversicherungsreform). Durchsetzung dieser Ziele im Parlament und bei der Regierung durch Einflussnahme auf Abgeordnete und Minister (Lobbyismus) |

## 8.5.2 Tarifverhandlungen und Arbeitskampf

### Tarifverhandlungen

### Kampfmaßnahmen

#### ▶ Streik

Das Kampfmittel der **Arbeitnehmer** zur Erreichung arbeitsrechtlicher Ziele ist der **Streik.** Man versteht darunter die gemeinsame, planmäßige Arbeitsniederlegung der Arbeitnehmer. Ein Streik kann unter folgenden **Voraussetzungen** geführt werden:

- **Auslaufen des Tarifvertrages** bzw. **Scheitern der Schlichtungsverhandlungen.** Vorher besteht Friedenspflicht.
- **Urabstimmung.** Mindestens 75 % der abstimmungsberechtigten Gewerkschaftsmitglieder eines Tarifbezirks müssen sich grundsätzlich für den Streik entscheiden. Außerdem muss der Hauptvorstand der Gewerkschaft den Streik beschließen bzw. den Beschluss genehmigen. Bei manchen Gewerkschaften ist nur eine dieser Voraussetzungen notwendig.
- **Organisation durch die Gewerkschaft** (Tarifvertragspartei).

Treffen diese Voraussetzungen nicht zu, spricht man von »wildem« Streik.

| Arten des Streiks | |
|---|---|
| **Voll- oder Flächenstreik** | Alle Arbeitnehmer eines Tarifgebiets legen die Arbeit nieder. |
| **Mini-Max-Streik (Schwerpunktstreik)** | Die Gewerkschaften versuchen, mit minimalem Aufwand (Bestreikung der Hersteller von Batterien oder Kühlern) die maximale Wirkung zu erzielen (Stilllegung der ganzen Automobilbranche nebst Zulieferbetrieben). |

| Arten des Streiks | |
|---|---|
| **Flexi-Streik** | Dabei werden z. B. tageweise abwechselnd Betriebe des Fahrzeugbaus, dann der Metall- und Elektroindustrie und schließlich Betriebe des Mittelstandes bestreikt. Die Gewerkschaft will mit diesen Kurzstreiks verhindern, dass es zu einer »kalten Aussperrung« kommt. Zugleich will sie ihre Streikkosten so gering wie möglich halten. |
| **Warnstreik** | Kurzfristige Arbeitsniederlegung, um die Streikentschlossenheit zu demonstrieren. Dieser Streik kann auch stattfinden, solange Friedenspflicht besteht. |

### ▶ Aussperrung

Das Kampfmittel der **Arbeitgeber** ist die **Aussperrung,** d. h. die vorübergehende Aufhebung der Arbeitsverhältnisse aller Arbeitnehmer bestimmter Unternehmen oder aller Unternehmen einer Branche. Die Aussperrung ist rechtlich nur gültig als Kampfmittel der Arbeitgeber gegen Schwerpunktstreiks der Gewerkschaften. Die Aussperrung ist **nur zulässig** in einem Umfang, der sich nach dem Grundsatz der Verhältnismäßigkeit richtet **(Übermaßverbot)**.

**Beispiel:** eintägige Aussperrung wegen eines zweistündigen Warnstreiks

Das Kampfmittel der Aussperrung ist umstritten. So verbietet die Verfassung des Landes Hessen die Aussperrung. Auch haben die Gewerkschaften erfolglos versucht, durch verschiedene Verfahren vor dem Bundesarbeitsgericht und dem Bundesverfassungsgericht die Aussperrung als Arbeitskampfmittel für unzulässig erklären zu lassen.

**Kalte Aussperrung.** Arbeitgeber stellen die Arbeit ein und sperren die Arbeitnehmer ohne Bezahlung aus, da eine Weiterarbeit wegen Arbeitskämpfen in den Zuliefer- oder Abnehmerbetrieben nicht möglich ist.

**Beispiel:** Ein Automobilproduzent sperrt seine Mitarbeiter aus, weil er keine Bleche von einem bestreikten Zulieferunternehmen geliefert bekommt.

Die **Arbeitsverhältnisse** der streikenden und ausgesperrten Arbeitnehmer sind während des Arbeitskampfs **unterbrochen.** Deshalb erhalten diese keine Arbeitsentgelte. Die Gewerkschaft zahlt an ihre Mitglieder Streikunterstützung, die sich nach der Beitragshöhe und der Mitgliedsdauer richtet.

Um auch privatrechtliche Folgen für einzelne Arbeitnehmer zu vermeiden, bemühen sich die Gewerkschaften, jeden Streik durch einen Vergleich zu beenden. Dieser Vergleich beinhaltet, dass alle Arbeitnehmer wiedereingestellt und nicht bestraft werden.

## ■ Schlichtung

Zur Vermeidung oder Beilegung von Streitigkeiten bei Vertragsverhandlungen zwischen Arbeitgebern und Arbeitnehmern oder deren Verbänden wurden Regeln für die Schlichtung geschaffen. Sie sind nur für solche Streitigkeiten anwendbar, die nicht der Zuständigkeit der Arbeitsgerichte unterliegen. Aufgabe der Schlichtung ist es, eine **vertragliche Grundlage zu schaffen,** während die Arbeitsgerichte das bestehende Recht auslegen und über Streitigkeiten nach bestehendem Recht entscheiden.

Das **Ausgleichsverfahren** wird von Schlichtungsstellen durchgeführt, deren Besetzung im Tarifvertrag oder in der Betriebsvereinbarung festgelegt ist. Sie sollen angerufen werden, um Meinungsverschiedenheiten zu klären. Wird keine Einigung erzielt, so können Behörden oder anerkannte Persönlichkeiten des öffentlichen Lebens als Schlichter eingeschaltet werden.

## ▶ Aufgaben und Probleme

1. Warum räumen die Arbeitgeber den nicht organisierten Arbeitnehmern die gleichen Lohn- und Arbeitsbedingungen ein wie den organisierten?

2. Im Wirtschaftsteil der Tageszeitung liest Katja: »Bei den Tarifverhandlungen um einen neuen Manteltarifvertrag sind die Sozialpartner noch zu keiner Einigung gekommen. Beobachter sprechen bereits von Überlegungen über einen Streik.«

   a) Erklären Sie die Begriffe Manteltarifvertrag und Sozialpartner.

   b) Außer den Manteltarifverträgen gibt es noch weitere Tarifverträge. Wie unterscheiden sich diese inhaltlich und in ihrer Geltungsdauer von Manteltarifverträgen?

   c) Im Zusammenhang mit Tarifverhandlungen fällt oft der Begriff »Tarifautonomie«. Erklären Sie diesen Begriff.

   d) Unter welchen Voraussetzungen gilt der Tarifvertrag für alle Arbeitnehmer und Arbeitgeber einer Branche?

3. Klären Sie mithilfe des Grundgesetzes, was man unter »Koalitionsfreiheit« versteht.

4. Nach gescheiterten Tarifverhandlungen stehen die Gewerkschaften vor der Notwendigkeit, zur Durchsetzung ihrer Forderungen eine Urabstimmung durchzuführen und einen Streik auszurufen. Für den Fall eines Streiks drohen die Arbeitgeber mit Aussperrung. Stimmen aus dem Kreis der Arbeitnehmer werden laut: »Streik ist Notwehr, Aussperrung ist Terror.«

   a) Erklären Sie die Begriffe: Streik, Urabstimmung und Aussperrung.

   b) Nehmen Sie Stellung zu der oben wiedergegebenen Aussage der Arbeitnehmer aus der Sicht beider Tarifpartner.

5. Seit einigen Jahren bevorzugen die Gewerkschaften den Mini-Max-Streik. Erläutern Sie zwei Vorteile dieser Streikvariante.

6. Zur Beendigung eines lang währenden Arbeitskampfes wird der Arbeitsminister aufgefordert, die Tariferhöhung endlich festzusetzen. Nehmen Sie aus rechtlicher und politischer Sicht dazu Stellung.

7. In Deutschland wird in der Politik regelmäßig über Mindestlöhne diskutiert. Ein Argument gegen Mindestlöhne ist hierbei, dass durch sie in die Tarifautonomie eingegriffen wird. Nehmen Sie dazu begründet Stellung.

## 8.6 Arbeitsschutzgesetze

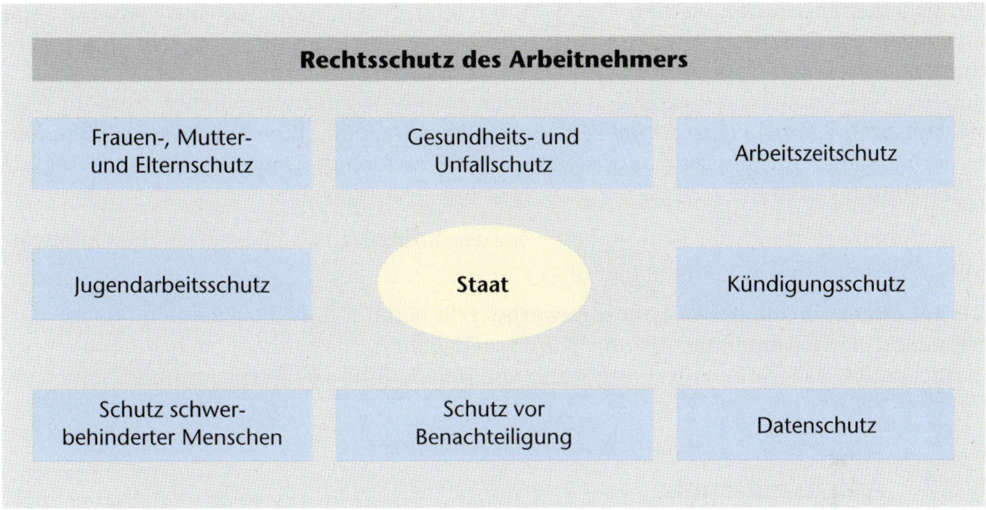


### 8.6.1 Gesundheits- und Unfallschutz

Arbeitgeber sind verpflichtet, die erforderlichen Maßnahmen des Arbeitsschutzes unter Berücksichtigung der Umstände zu treffen, welche die Sicherheit und Gesundheit der Beschäftigten bei der Arbeit beeinflussen. Dabei ist die Arbeit so zu gestalten, dass eine Gefährdung des Lebens und der Gesundheit der Beschäftigten möglichst vermieden wird. *ArbSchG § 3 § 4 § 5 §§ 10 f.*

Der **Arbeitgeber** hat durch eine Beurteilung der mit der Arbeit verbundenen Gefährdung zu ermitteln, welche Maßnahmen des Arbeitsschutzes erforderlich sind. Dazu dienen Maßnahmen der Ersten Hilfe, Brandbekämpfung und Evakuierung der Beschäftigten sowie arbeitsmedizinische Vorsorge und Untersuchungen. *§ 12*

Die Beschäftigten sind über die Sicherheit und den Gesundheitsschutz bei der Arbeit zu unterweisen.

**Beispiele:** gute Beleuchtung, ausreichende Lüftung, Beseitigung von Staub, Dämpfen, Gasen und Abfällen. Schutzvorrichtungen sollen die Arbeitnehmer gegen gefährliche Berührung mit Maschinen und gegen die Gefahren bei Fabrikbränden schützen.

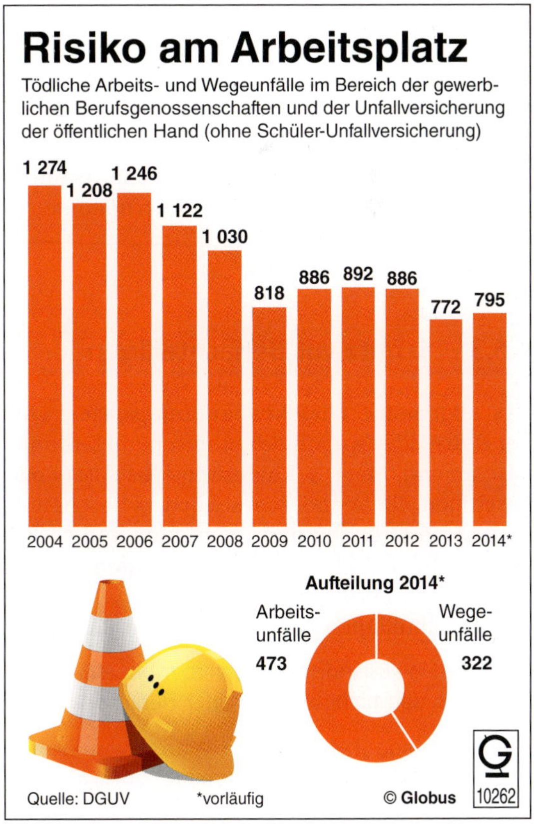

*ArbSchG § 21* **Gewerbeaufsichtsämter** überwachen die Einhaltung der Bestimmungen und sorgen für die Beseitigung von Missständen.

**Berufsgenossenschaften** warnen durch Merkblätter, Schaubilder, Zeitschriften, Vorträge und Filme vor Gefahren. Verhütungsvorschriften verpflichten die Unternehmer zur Einführung von Schutzmaßnahmen. Die Unfallverhütungsvorschriften müssen vom Arbeitgeber an geeigneter Stelle im Unternehmen ausgelegt oder ausgehängt werden. Aufsichtsbeamte überwachen deren Einhaltung, unterrichten, beraten, beanstanden und fordern Abhilfe unter Fristsetzung. Gegen zuwiderhandelnde Unternehmen werden Ordnungsstrafen verhängt.

*§ 13* **Sicherheitsbeauftragte** im Unternehmen haben darüber zu wachen, dass die Unfallverhütungsvorschriften eingehalten werden.

*§ 11* **Betriebsärzte** und staatliche **Landesgewerbeärzte** beraten die Unternehmen bei der Verbesserung der Gesundheitsfürsorge (Gewerbehygiene). Sie widmen sich besonders der ärztlichen Berufsberatung, der Verhütung und Behandlung von Berufskrankheiten.

## 8.6.2 Arbeitszeitschutz

*ArbZG § 3* *§§ 10 ff.* **Nach dem Gesetz** gilt der **8-Stunden-Tag.** Mit **Zustimmung des Betriebsrates** kann die Arbeitszeit für einen längeren Zeitraum auf **bis zu zehn Stunden erhöht** werden. Eine Überschreitung dieser Grenze aus betriebstechnischen Gründen bedarf der Genehmigung des Gewerbeaufsichtsamtes oder der Vereinbarung in einem Tarifvertrag oder in einer Betriebs- bzw. Dienstvereinbarung.

**Verlängerte Arbeitszeiten** müssen innerhalb von sechs Monaten **durch kürzere Arbeitszeiten** an anderen Tagen **ausgeglichen** werden. Für bis zu 60 Werktage jährlich ist auch ein **finanzieller Ausgleich** möglich, wenn die Tarifpartner dies vereinbaren. Sonn- und Feiertagsarbeit ist dann erlaubt, wenn technische Gegebenheiten eine ununterbrochene Produktion erfordern oder ein Unternehmen sonst seine internationale Konkurrenzfähigkeit verlieren würde.

## 8.6.3 Schutz vor Benachteiligung

*AGG §§ 1–20* Das **allgemeine Gleichbehandlungsgesetz (AGG)** soll Benachteiligungen aus Gründen der Rasse oder wegen der ethnischen Herkunft, des Geschlechts, der Religion oder Weltanschauung, einer Behinderung, des Alters oder der sexuellen Identität verhindern oder beseitigen. Unter anderem schützt es Beschäftigte im Unternehmen davor, dass sie aus den genannten Gründen ohne Vorliegen von sachlichen Gründen benachteiligt werden. Der Arbeitgeber hat Stellenausschreibungen und Arbeitsplätze entsprechend zu gestalten, damit es zu keiner Benachteiligung einzelner Personengruppen kommt. Andernfalls haben die Benachteiligten Anspruch auf Entschädigung und Schadensersatz.

**Beispiel:** Ein ausländischer Bewerber um einen Ausbildungsplatz zum Groß- und Außenhandelskaufmann darf nicht wegen seiner Herkunft abgelehnt bzw. benachteiligt werden.

Außerdem soll das AGG die Würde von Frauen und Männern durch den **Schutz vor sexueller Belästigung** am Arbeitsplatz bewahren. Verantwortlich für den Schutz sind Arbeitgeber und Vorgesetzte. Sie haben die im Einzelfall angemessenen arbeitsrechtlichen Maßnahmen wie Abmahnung, Umsetzung, Versetzung oder Kündigung zu ergreifen.

## 8.6.4 Kündigungsschutz

**Kündigungsschutz**

| allgemeiner Kündigungsschutz | besonderer Kündigungsschutz |
|---|---|
| Gilt für **alle** Arbeitnehmer, die länger als **6 Monate** im Betrieb tätig sind, sofern dieser mehr als 10 Beschäftigte hat. | Gilt für 1. Betriebsratsmitglieder<br>2. Mütter/Eltern<br>3. schwerbehinderte Menschen<br>4. Auszubildende |

Als **Auswahlkriterien** bei einer Kündigung sind die Leistung, die Dauer der Betriebszugehörigkeit, das Lebensalter, die Unterhaltspflichten und der Grad der Behinderung des Arbeitnehmers zu berücksichtigen. *KSchG § 1*

### Allgemeiner Schutz vor sozial ungerechtfertigter Kündigung

Ihn genießen die Arbeitnehmer in Unternehmen mit fünf und mehr Beschäftigten, sofern sie länger als sechs Monate im Unternehmen beschäftigt sind. Für Arbeitnehmer, die seit dem 1. Januar 2004 eingestellt wurden, gilt der allgemeine Kündigungsschutz nur noch **in Unternehmen mit mehr als zehn Arbeitnehmern.**

**Beispiel:** Ein Unternehmen will einen 50-jährigen Lagermitarbeiter mit der Begründung entlassen, dass keine Aufträge vorliegen. Dies ist nicht möglich, wenn das Unternehmen gleichzeitig für die Arbeit im Lager mehrere 20-Jährige einstellen möchte.

Eine Kündigung ist bei diesen Voraussetzungen **unwirksam,** wenn sie nicht durch die Person oder das Verhalten des Arbeitnehmers oder durch dringende betriebliche Verhältnisse bedingt ist.

**Beispiele für**

1. **personenbedingte Gründe:** länger andauernde Krankheit, Abnahme der geistigen oder körperlichen Leistungsfähigkeit des Mitarbeiters;
2. **verhaltensbedingte Gründe:** nicht vertragsgemäßes Verhalten des Arbeitnehmers gegenüber Kunden, Kollegen oder Vorgesetzten sowie Arbeitsvertragsverletzungen und Störung des Betriebsfriedens;
3. **betriebsbedingte Gründe:** starker Umsatzrückgang, Auflösung einer Abteilung oder Filiale, Umstrukturierung des Unternehmens.

Hält ein Arbeitnehmer eine Kündigung für sozial ungerechtfertigt, so kann er beim Betriebsrat binnen einer Woche **Einspruch** und beim Arbeitsgericht binnen drei Wochen *§ 3* **Klage** erheben. Entspricht das Arbeitsgericht der Klage, so gilt die Kündigung als von Anfang an unwirksam. *§ 4* Ist jedoch dem Arbeitnehmer die Fortsetzung des Arbeitsverhältnisses nicht zumutbar, so kann das Arbeitsgericht den Arbeitgeber zur Zahlung einer einmaligen *§§ 9 ff.* **Abfindung** in Höhe von bis zu 18 Monatsverdiensten verurteilen. Für Vorstandsmitglieder und Geschäftsführer gilt dieser allgemeine Kündigungsschutz nicht. *§ 14*

### Besonderer Kündigungsschutz

- **Betriebsratsmitglieder** und **Mitglieder der Jugend- und Auszubildendenvertretung** *§ 15* während ihrer Amtszeit und bis ein Jahr danach, Kandidaten zur Wahl des Betriebsrates, nicht gewählte Kandidaten bis sechs Monate nach der Wahl.

MuSchG § 9 – **Frauen** während der Schwangerschaft, sofern der Arbeitgeber von dieser Kenntnis hat oder innerhalb von zwei Wochen nach der Kündigung Kenntnis bekommt bzw. während vier Monaten nach der Entbindung.

BEEG § 18 – **Eltern** während der Elternzeit.

SGB IX §§ 85 ff. – **Schwerbehinderte Menschen** (mindestens 50 % Grad der Behinderung). Ihnen kann nur mit Zustimmung des Integrationsamtes gekündigt werden (auch bei außerordentlicher Kündigung). Die Kündigungsfrist muss mindestens vier Wochen betragen.

BBiG §§ 21 ff. – **Auszubildende.** Ihnen kann während der Ausbildungszeit nicht gekündigt werden.

MuSchG § 9 (3) Das Recht zur fristlosen Entlassung bei Pflichtverletzung bleibt vom Kündigungsschutz unberührt. Ausgenommen ist hiervon der Mutterschutz.

## 8.6.5 Jugendarbeitsschutz

JArbSchG §§ 2, 5

**Das Jugendarbeitsschutzgesetz gilt für Beschäftigte, die noch nicht 18 Jahre alt sind.**

| Kinder | Jugendliche |
|---|---|
| Das sind Personen, die<br>– unter 15 Jahre alt sind und<br>– der Vollzeitschulpflicht unterliegen. | Das sind Personen zwischen 15 und 18 Jahren. |
| **Folge:** | **Folge:** |
| **Die Beschäftigung ist** bis auf gesetzliche Ausnahmen **verboten.** | **Die Beschäftigung ist** bei Berücksichtigung von Bestimmungen **erlaubt.** |

Für Jugendliche gelten folgende Bestimmungen:

| | | |
|---|---|---|
| § 8<br>§ 16 | **Arbeitszeit** | Die tägliche Arbeitszeit ohne Ruhepausen darf acht Stunden, die Wochenarbeitszeit 40 Stunden nicht überschreiten. An Tagen, die für die erwachsenen Arbeitnehmer des Betriebes arbeitsfrei sind, dürfen auch Jugendliche nicht beschäftigt werden. An Samstagen dürfen Jugendliche in aller Regel nicht beschäftigt werden.<br>Werden Jugendliche am Samstag beschäftigt, ist ihnen die 5-Tage-Woche durch Freistellung an einem anderen berufsschulfreien Arbeitstag derselben Woche sicherzustellen. Mindestens zwei Samstage im Monat sollen beschäftigungsfrei bleiben. |
| § 11 | **Ruhepausen** | Sie müssen bei einer Arbeitszeit von mehr als viereinhalb bis sechs Stunden 30 Minuten, bei mehr als sechs Stunden 60 Minuten betragen. |
| §§ 13–18<br>§§ 16 f.<br>§ 27 | **Freizeit** | Nach Beendigung der täglichen Arbeitszeit ist eine ununterbrochene Freizeit von mindestens zwölf Stunden zu gewähren. Zwischen 20:00 Uhr und 6:00 Uhr, an Samstagen und an Sonn- und Feiertagen dürfen Jugendliche nicht beschäftigt werden.<br>Ausnahmen gelten für mehrschichtige Betriebe, für Schank- und Gaststätten und im übrigen Beherbergungsgewerbe, für Bäckereien, Konditoreien und Friseure. Darüber hinaus kann die Aufsichtsbehörde weitere Ausnahmen bewilligen. |

| | | |
|---|---|---|
| **Berufsschulzeit** | Die Unterrichtszeit einschließlich der Pausen wird auf die Arbeitszeit angerechnet. Beträgt die Schulzeit mehr als fünf Unterrichtsstunden, so ist einmal in der Woche der restliche Tag arbeitsfrei. Beginnt der Unterricht vor 9:00 Uhr, so darf der Jugendliche vorher nicht beschäftigt werden. Auch der letzte Arbeitstag, der der schriftlichen Abschlussprüfung unmittelbar vorangeht, ist frei. | *JArbSchG §§ 9 ff.* |
| **Urlaub** | Der Urlaub beträgt jährlich<br>– mindestens 30 Werktage, wenn der Jugendliche zu Beginn des Kalenderjahrs noch nicht 16 Jahre alt ist,<br>– mindestens 27 Werktage, wenn der Jugendliche zu Beginn des Kalenderjahrs noch nicht 17 Jahre alt ist,<br>– mindestens 25 Werktage, wenn der Jugendliche zu Beginn des Kalenderjahrs noch nicht 18 Jahre alt ist.<br>Vor Antritt des Urlaubs ist das Urlaubsentgelt auszuzahlen. Der Urlaub soll zusammenhängend, bei Berufsschülern in der Zeit der Schulferien gegeben werden.<br>Soweit er nicht in den Berufsschulferien gegeben wird, hat der Jugendliche für jeden Schultag von mindestens fünf Stunden Anspruch auf einen weiteren Urlaubstag. Während des Urlaubs darf keine dem Urlaubszweck widersprechende Erwerbstätigkeit ausgeübt werden. | *§ 19* |
| **gesundheitliche Betreuung** | Vor Aufnahme der Beschäftigung und nach einjähriger Beschäftigung sind für den Jugendlichen kostenfreie ärztliche Untersuchungen vorgeschrieben, deren Ergebnis den Erziehungsberechtigten mitgeteilt wird. Der Arbeitgeber erhält eine Bescheinigung, dass die Untersuchung stattgefunden hat. In ihr sind die Arbeiten vermerkt, durch deren Ausübung der Arzt die Gesundheit für gefährdet hält. Ohne Nachweis der ärztlichen Untersuchung darf der Ausbildungsvertrag von der IHK nicht eingetragen werden. | *§§ 32 f.* |
| **Beschäftigungsbeschränkungen** | Das Gesetz verbietet die Beschäftigung eines Jugendlichen mit Arbeiten, die seine körperlichen Kräfte übersteigen oder bei denen er sittlichen Gefahren ausgesetzt ist. Ausdrücklich ist die Beschäftigung mit Akkord- und Fließarbeit verboten. Personen, die die bürgerlichen Ehrenrechte nicht besitzen, dürfen Jugendliche nicht beschäftigen und nicht im Rahmen eines Beschäftigungsverhältnisses anweisen oder beaufsichtigen.<br>Für die Beschäftigung verwandter Kinder und Jugendlicher sowie für die Beschäftigung im Familienhaushalt, in der Landwirtschaft, im Bergbau und in der Heimarbeit enthält das Gesetz besondere Bestimmungen. | *§§ 22 ff.* |

## 8.6.6 Frauen-, Mutter- und Elternschutz

Die **berufstätige Frau** genießt durch das Arbeitsrecht einen **besonderen Schutz,** der ihrer körperlichen Konstitution und ihrer Aufgabe in der Familie Rechnung trägt.

*MuSchG §§ 3 ff.*

Werdende und stillende Mütter dürfen zu schwerer körperlicher Arbeit, zu Mehrarbeit, Akkord- und Fließbandarbeit, Nacht- und Sonntagsarbeit nicht herangezogen werden. Werdende Mütter dürfen grundsätzlich sechs Wochen vor der Entbindung, Mütter bis acht Wochen nach der Entbindung nicht beschäftigt werden. Nach der Geburt des Kindes kann die Mutter und/oder der Vater bzw. der Lebensgefährte eine **Elternzeit** von bis zu 36 Monaten beanspruchen.

*BEEG §§ 15 f.*

BEEG §§ 2, 4 Weiterhin haben Eltern die Möglichkeit, in den ersten 14 bzw. 28 Monaten nach der Geburt des Kindes **Elterngeld** zu beziehen. Allerdings kann ein Elternteil maximal zwölf bzw. 24 Monate Elterngeld beanspruchen. Die Höhe des Elterngeldes beträgt 67 Prozent des in den zwölf Kalendermonaten vor dem Monat der Geburt des Kindes durchschnittlich erzielten monatlichen Einkommens bzw. die Hälfte dessen mit Zuverdienstmöglichkeit. Jedoch werden insgesamt höchstens 1.800 EUR und mindestens 300 EUR monatlich gezahlt.

## 8.6.7 Schutz schwerbehinderter Menschen

SGB IX § 71 Um **schwerbehinderte Menschen** (mindestens 50 % Grad der Behinderung) wieder in den Arbeitsprozess einzugliedern, müssen alle privaten und öffentlichen Arbeitgeber, die über § 77 mindestens 20 Arbeitsplätze verfügen, mindestens 5 % davon mit schwerbehinderten Menschen besetzen. Für jeden unbesetzten Pflichtplatz muss der Arbeitgeber eine monatliche **Ausgleichsabgabe an das Integrationsamt** entrichten; die Pflicht zur Einstellung wird jedoch dadurch nicht aufgehoben.

§ 81 Die Arbeitgeber haben die schwerbehinderten Menschen so zu beschäftigen, dass diese ihre Fähigkeiten und Kenntnisse möglichst voll anwenden und weiterentwickeln können. Außerdem haben sie für eine behindertengerechte Einrichtung und Unterhaltung der Arbeitsstätten einschließlich der Betriebsanlagen sowie der Gestaltung der Arbeitsplätze zu sorgen. Arbeitgeber können hierfür beim **Integrationsamt** einen Zuschuss der über die gezahlten Ausgleichsabgaben finanziert wird, beantragen.

§ 125 Schwerbehinderte Menschen haben einen Anspruch auf einen bezahlten zusätzlichen Urlaub von fünf Arbeitstagen im Jahr. Außerdem haben sie einen Anspruch auf Teilzeitbeschäftigung, wenn die kürzere Arbeitszeit wegen der Art oder der Schwere der Behinderung notwendig ist.

§§ 94 f. In Unternehmen mit mindestens fünf schwerbehinderten Menschen ist eine **Vertrauensperson** zu wählen. Die **Schwerbehindertenvertretung** fördert die Eingliederung schwerbehinderter Menschen in das Unternehmen und vertritt deren Interessen. Insbesondere hat sie darüber zu wachen, dass die zugunsten schwerbehinderter Menschen geltenden Gesetze und Vereinbarungen durchgeführt werden.

## 8.6.8 Arbeitsgerichte

Die Arbeitsgerichte gewährleisten eine sachgemäße Behandlung und einheitliche Rechtsprechung in arbeitsrechtlichen Streitigkeiten. Gegenüber den ordentlichen Gerichten ist das Verfahren wegen der kürzeren Fristen rascher und wegen der niedrigeren Gerichtskosten billiger. Bei einem Vergleich werden überhaupt keine Gerichtskosten erhoben.

### Aufbau der Arbeitsgerichte

ArbGG § 1 Die Arbeitsgerichtsbarkeit wird ausgeübt durch **Arbeitsgerichte, Landesarbeitsgerichte** (Berufungsinstanz) und das **Bundesarbeitsgericht** (Revisionsinstanz) in Erfurt.

§ 11 In **erster Instanz** besteht **kein Anwaltszwang,** jedoch können Vertreter der Arbeitgeber- und Arbeitnehmerverbände sowie Rechtsanwälte die Prozessvertretung übernehmen. In **zweiter** und **dritter Instanz** besteht **Anwaltszwang;** während in zweiter Instanz noch Vertreter als Prozessbevollmächtigte zugelassen sind, können diese in dritter Instanz nur noch Rechtsanwälte sein.

## Zusammenfassende Übersicht zu den Kapiteln 8.4, 8.5 und 8.6:
## – Mitwirkung und Mitbestimmung der Arbeitnehmer im Betrieb
## – Sozialpartnerschaft und Arbeitskämpfe
## – Arbeitsschutzgesetze

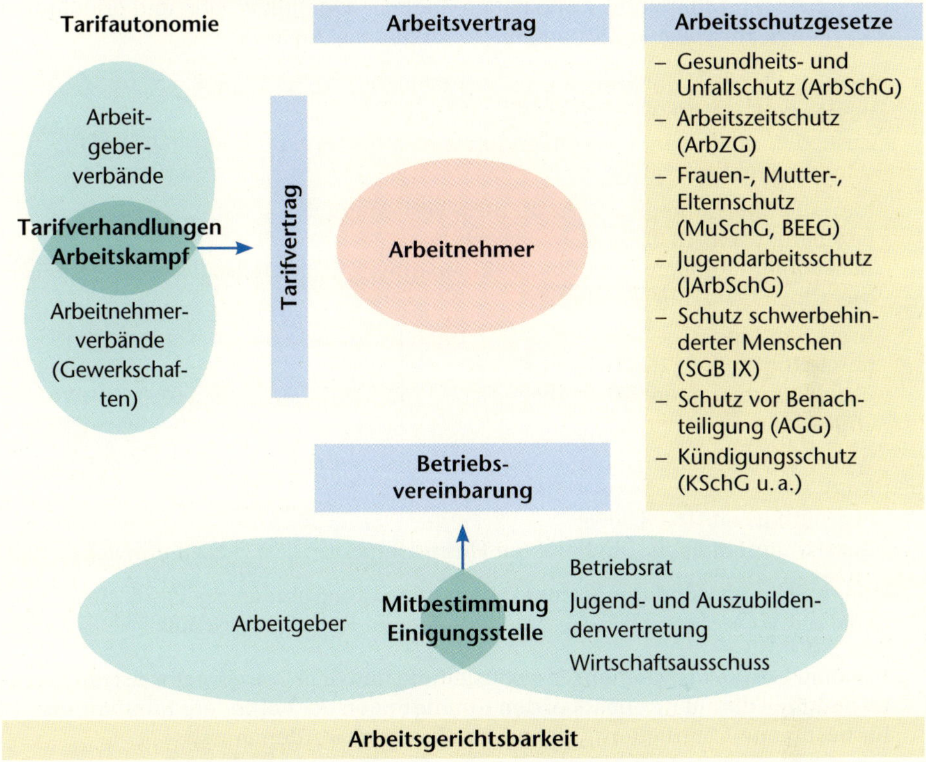


### ▶ Aufgaben und Probleme

1. Beurteilen Sie folgende Fälle:
   a) In einem Einzelarbeitsvertrag vereinbaren Arbeitgeber und Arbeitnehmer, dass der Angestellte auf den Urlaub verzichtet, dafür aber 10 % Gehalt über den tarifvertraglichen Regelungen erhält.
   b) Ein Unternehmer verspricht jedem Arbeitnehmer, der nicht in der Gewerkschaft ist, einen um 50 EUR höheren Verdienst.
   c) Eine Gewerkschaft verlangt in Tarifverhandlungen für Gewerkschaftsmitglieder eine Sonderzahlung von 150 EUR.
2. Lesen Sie folgenden Sachverhalt:

**Starker Umsatzrückgang bei Breisacher Metallbau**

Breisach, 05.03.2016. Die Metallbau GmbH in Breisach mit insgesamt mehr als 50 Mitarbeitern verzeichnet aufgrund der wachsenden Konkurrenz aus dem Ausland einen starken Umsatzrückgang. Die Geschäftsleitung der Metallbau GmbH versucht deswegen, mit radikalen Einsparungen aus den roten Zahlen herauszukommen.

In der kaufmännischen Verwaltung sollen von den fünf Stellen zwei abgebaut werden. Die Kündigungen sollen zum 01.06.2016 ausgesprochen werden. […]

Nach einer Vorauswahl bleiben noch vier Mitarbeiter übrig, die für eine Kündigung infrage kommen. Zwei von diesen Mitarbeitern muss gekündigt werden. Heute findet die entscheidende Sitzung statt. Sie sind Mitarbeiter in der Personalabteilung und sollen für diese Sitzung eine Empfehlung erarbeiten, welchen beiden Mitarbeitern gekündigt werden sollte.

Die folgenden Mitarbeiter – alle haben ähnliche Qualifikationen und erledigen ihre Tätigkeiten zur vollsten Zufriedenheit – stehen zur Auswahl:

Frank Ohlendorf; geboren am: 15.06.1989; ledig, keine Kinder
beschäftigt seit: 10.02.2014
Zusatzinformationen: Herr Ohlendorf ist seit einem Motorradunfall zu 50 % schwerbehindert.

Maria Funke; geboren am: 12.01.1975; verheiratet, ein schulpflichtiges Kind
beschäftigt seit: 13.05.2012
Zusatzinformationen: Herr Funke (Ehemann) ist als Metallschlosser bei der Metallbau GmbH beschäftigt.

Anna Sandmann; geboren am: 14.02.1992; ledig, ein Kind im Kindergarten
beschäftigt seit: 01.02.2016
Zusatzinformationen: Die Probezeit von Frau Sandmann ist am 01.05.2016 abgelaufen.

Wilhelm Heinemann; geboren am: 24.01.1963; verheiratet, drei schulpflichtige Kinder
beschäftigt seit: 15.08.2005
Zusatzinformationen: Die Frau von Herrn Heinemann ist zurzeit arbeitslos.

Geben Sie eine Kündigungsempfehlung ab und begründen Sie diese. Beachten Sie dabei die Voraussetzungen für den allgemeinen Kündigungsschutz.

3. In einem Gespräch zwischen Geschäftsleitung und dem Betriebsrat weist ein Betriebsratsmitglied darauf hin, dass bei den Kündigungen der besondere Kündigungsschutz für bestimmte Mitarbeitergruppen berücksichtigt werden muss.

   a) Was versteht man unter diesem Kündigungsschutz?

   b) Erläutern Sie, aus welchen Gründen bestimmte Gruppen geschützt sind.

4. Welche Kündigungsfristen muss ein Arbeitgeber beachten, wenn keine weiteren Angaben im Arbeitsvertrag stehen?

   a) 27-jähriger Angestellter, seit zehn Jahren im Betrieb,

   b) 32-jähriger Angestellter, seit fünf Jahren im Betrieb,

   c) 32-jähriger Angestellter, seit 14 Jahren im Betrieb,

   d) 58-jähriger Angestellter, seit 38 Jahren im Betrieb,

   e) 30-jährige Angestellte, die Mitglied des Betriebsrates ist,

   f) Auszubildender während der Probezeit,

   g) Auszubildender nach der Probezeit,

   h) schwangere Auszubildende während der Probezeit.

## 8.7 Arbeitsgestaltung

### 8.7.1 Arbeitsorganisation

Über Jahrzehnte hinweg waren die Abläufe der menschlichen Arbeit nach demselben Grundprinzip aufgebaut: Die betriebliche Organisation war hierarchisch strukturiert, d. h., die einzelnen Mitarbeiter galten als »Spezialisten« und waren meist auf kurze und sich wiederholende Tätigkeiten festgelegt.

Mit dieser Organisationsform sind die Unternehmen heute jedoch kaum in der Lage, flexibel und schnell auf Veränderungen zu reagieren. Moderne Industrieunternehmen, die die Produktivität der Arbeit und die Qualität der Produkte ständig erhöhen wollen, müssen die Fähigkeiten ihrer Mitarbeiter besser nutzen. Der Arbeitsplatz und sein Umfeld sollten die Voraussetzung dafür sein, dass neue Ideen, Verbesserungen und Vorschläge entwickelt, aber auch Lernprozesse ermöglicht werden können.

Die veränderten Anforderungen an die Arbeitsorganisation lassen sich in unterschiedlichen Organisationsformen von Arbeit verwirklichen. Durch sie sollen eintönige (monotone) Tätigkeiten vermieden sowie dem Arbeitnehmer eine größere Selbstständigkeit (Autonomie) verschafft werden.

| Organisationsform | Merkmal | Beispiele |
|---|---|---|
| **Arbeitsplatzwechsel (Job rotation)** | Hier tauschen Mitarbeiter regelmäßig ihre Arbeitsplätze. Die Eintönigkeit der Arbeit wird dadurch unterbrochen, dass verschieden schwierige Arbeiten (körperlicher und geistiger Art) ausgeführt werden. | Wöchentlich wechseln in einer Automobilfabrik Mitarbeiter, die Scheinwerfer, Blinker, Brems- und Schlussleuchten montieren, ihre Arbeitsplätze. |
| **Arbeitserweiterung (Job enlargement)** | Nacheinander geschaltete gleichartige Teilarbeiten, die bisher von mehreren Mitarbeitern erledigt wurden, werden zusammengefasst und von einem Mitarbeiter erledigt. | Ein Mitarbeiter montiert alle Leuchten an einem Auto. |
| **Arbeitsbereicherung (Job enrichment)** | Hier werden einer Arbeitskraft verschiedenartige Teilarbeiten zugewiesen, die zusammengehören, aber eine längere Ausbildung voraussetzen. | Eine Arbeitskraft montiert alle Leuchten an einem Auto, schließt sie an die entsprechenden Bedienungshebel an und kontrolliert anschließend, ob sie funktionieren. |
| **teilautonome Arbeitsgruppen (Fertigungsinseln)** | Hier wird einer Arbeitsgruppe eine größere Teilaufgabe zugewiesen. Innerhalb der Gruppe können Arbeitsplätze ausgetauscht sowie das Arbeitstempo beschleunigt oder verlangsamt werden. In diesen Fertigungsinseln wird in nahezu autarken Teams geplant, produziert und kontrolliert. Die Gruppe trifft sich in regelmäßigen Abständen zur Klärung organisatorischer, aber auch persönlicher Konfliktfälle. | In einer Automobilfabrik montiert eine Gruppe von Arbeitern komplette Motoren. Auf der Basis vorgegebener Produktionszahlen organisiert die Gruppe u. a. ihre Arbeitszeiten und Pausen sowie die Verteilung der einzelnen Arbeitsschritte selbstständig. |

| Organisationsform | Merkmal | Beispiele |
|---|---|---|
| **autonome Arbeitsgruppen** | Eine Arbeitsgruppe erledigt eine Gesamtaufgabe selbstständig. Das Arbeitsteam beteiligt sich deswegen auch am Einstellungsverfahren und achtet dabei auf Ausgewogenheit bei Alter, Geschlecht und Leistungsfähigkeit. | In einer Maschinenbaufabrik ist ein Team für die Produktion einer kompletten Stanzmaschine zuständig. Das Team legt dabei die Arbeitszeiten und Urlaubspläne der einzelnen Teammitglieder fest und organisiert den gesamten Herstellungsprozess. |
| **Telearbeit (Teleworking)** | Die Arbeitsleistung wird außerhalb der Räumlichkeiten des Arbeit- bzw. Auftraggebers erbracht. Je nach Art der Organisation der Telearbeit unterscheidet man:<br>– **Teleheimarbeit (Homeoffice)** | Ein Mitarbeiter arbeitet ständig in seiner Privatwohnung. |
| | – **alternierende Telearbeit** | Die Arbeit findet abwechselnd im Betrieb und zu Hause statt. |
| | – **mobile Telearbeit** | Außendienstmitarbeiter mit Fernzugriff auf das Unternehmensnetzwerk. |

## 8.7.2 Arbeitszeitmodelle

Gerade in Bereichen, in denen sich der Wettbewerb über die Kundenzufriedenheit entscheidet, müssen Arbeitszeiten kunden- und mitarbeiterfreundlich gestaltet werden. Dem Normalarbeitszeitsystem, das eine Vollbeschäftigung von 35 bis 40 Stunden auf fünf Wochentage gleichmäßig verteilt, gelingt es immer seltener, die Interessen von Kunden, Unternehmensleitung und Mitarbeitern zu erfüllen. Die Zukunft gehört den flexiblen Arbeitszeitmodellen. Es existieren zahlreiche Möglichkeiten und Varianten, die Arbeitszeit flexibel zu gestalten.

### ■ Arten der Arbeitszeitmodelle

#### ▶ Gleitende Arbeitszeit

Unter gleitender Arbeitszeit wird eine organisatorische Regelung der Arbeitszeit verstanden, bei der der Arbeitnehmer innerhalb einer bestimmten Zeitspanne, der sogenannten **Gleitzeit,** die beispielsweise von 7:00 bis 9:00 Uhr, von 12:00 bis 14:00 Uhr und von 16:00 bis 19:00 Uhr liegt, Arbeitsbeginn und Arbeitsende selbst bestimmen kann. Er ist lediglich an eine **Kernzeit** (beispielsweise von 9:00 bis 12:00 Uhr und von 14:00 bis 16:00 Uhr) gebunden, während der er im Betrieb anwesend sein muss.

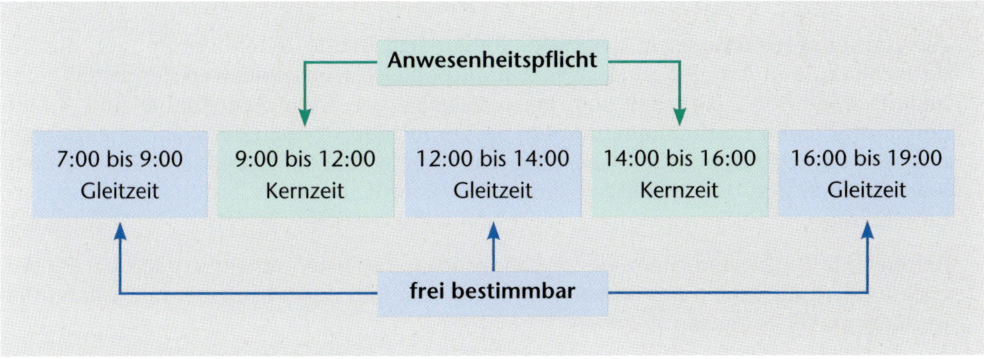


Durch die Gleitzeit ist die stärkere Individualisierbarkeit der Arbeitszeiten möglich. Die damit zusammenhängende größere Berücksichtigung individueller Arbeitnehmerbedürfnisse ist geeignet, die Mitarbeitermotivation zu fördern. Durch die Einführung der Gleitzeitarbeit ist der Arbeitgeber darüber hinaus nur noch in geringem Umfang verpflichtet, Arztbesuche u. Ä. während der Arbeitszeit lohnfortzahlungspflichtig hinzunehmen.

Eine Erweiterung der gleitenden Arbeitszeit stellt die **zeitautonome Arbeitsgruppe** dar. In dieser Gruppe regeln die Mitglieder die Dauer und Lage ihrer Arbeitszeit in eigener Kompetenz. Das Team entscheidet, wer wann in Urlaub geht oder wer Gleitzeit in Anspruch nehmen kann. Die Unternehmensleitung gibt lediglich die Rahmenbedingungen wie Ansprechzeiten oder Durchlaufzeiten vor.

### ▶ Schichtarbeit

Von Schichtarbeit spricht man, wenn mindestens zwei Arbeitnehmer sich das von ihnen zu erfüllende Arbeitspensum so einteilen, dass sie sich nach feststehenden Plänen zeitlich jeweils ablösen. Dabei ist ein Arbeitnehmer nur dann zur Schichtarbeit verpflichtet, wenn dies einzelvertraglich, durch den Tarifvertrag oder im Rahmen einer Betriebsvereinbarung festgelegt ist. Grundsätzlich hat der Betriebsrat bei erstmaliger Einführung von Schichtarbeit ein Mitbestimmungsrecht. Für die mit der Schichtarbeit verbundenen Erschwernisse können die Arbeitnehmer Schichtlohnzuschläge erhalten, die grundsätzlich steuerpflichtig sind.

### ▶ Teilzeitarbeit

Arbeitnehmer sind teilzeitbeschäftigt, wenn ihre regelmäßige Wochenarbeitszeit kürzer ist als die regelmäßige Wochenarbeitszeit vergleichbarer vollzeitbeschäftigter Arbeitnehmer des Betriebes.

Arbeitnehmer, die statt einer Vollzeitbeschäftigung einer Teilzeitbeschäftigung nachgehen, unterliegen grundsätzlich der Sozialversicherungspflicht.

Besondere Formen der Teilzeitarbeit:

1. **Jobsharing.** Unter Jobsharing versteht man die **Teilung des Arbeitsplatzes** zwischen zwei oder mehreren Arbeitnehmern. Beim Ausfall eines Arbeitnehmers sind die anderen in die Arbeitsplatzteilung einbezogenen Arbeitnehmer zu seiner Vertretung in der Regel nur verpflichtet, wenn für den einzelnen Vertretungsfall eine Vereinbarung getroffen wurde. Die zeitliche Ausgestaltung des Jobsharing-Arbeitsverhältnisses kann

unterschiedlich sein. Zwischen den einzelnen Arbeitnehmern besteht keine Rechtsbeziehung.

**Beispiel:** In der Montage eines Automobilherstellers teilen sich zwei Mitarbeiter eine Stelle.

2. **Abrufarbeitsverhältnisse.** In der Praxis haben sich häufig besondere Formen der **bedarfsabhängigen Arbeitszeit** als arbeitsmarktpolitisch wünschenswert dargestellt. Eine bedarfsabhängige Arbeitszeit liegt beispielsweise vor, wenn Arbeitgeber und Arbeitnehmer für einen bestimmten Zeitraum im Voraus den Umfang der vom Arbeitnehmer insgesamt geschuldeten Arbeitsleistung festlegen, wobei der Arbeitgeber die Möglichkeit hat, die Lage der Arbeitszeit durch Einzelabruf innerhalb bestimmter Fristen zu bestimmen.

   **Beispiel:** Ein Lagermitarbeiter eines Versandhändlers hat einen Arbeitsvertrag über 20 Wochenstunden. Zu Beginn des Monats November teilt ihm der Arbeitgeber mit, wann er im Dezember arbeiten muss.

▶ **Telearbeit** (vgl. Seite 268)

Die Arbeitnehmer müssen sich vor allem klar darüber werden, ob die Vorteile (freie Zeiteinteilung, ungestörte Konzentration bei der Arbeit) die Nachteile (etwa fehlende Kontakte zu den Kollegen) überwiegen.

## Beurteilung der flexiblen Arbeitszeitsysteme

| Vorteile für die Beschäftigten | Vorteile für das Unternehmen |
|---|---|
| – Möglichkeit der Anpassung der Arbeitszeit an den individuellen Lebensrhythmus<br>– Steigerung der Arbeitszufriedenheit<br>– Fortfall des Zwangs zur Pünktlichkeit<br>– Verringerung von Verkehrsproblemen durch Anpassung der Arbeitszeit an die Verkehrslage<br>– Möglichkeit der Anpassung der Arbeitszeit an die individuellen Lebensphasen<br>– Vereinbarkeit von Familie und Beruf<br>– Freiraum für Fort- und Weiterbildung | – Anpassung des Personalbestandes an die betriebliche Auslastung<br>– bessere Ausnutzung der Betriebsmittel<br>– Steigerung der Produktivität<br>– Steigerung der Qualität<br>– Abbau von Mehrarbeitszuschlägen<br>– Abbau von Fehlzeiten<br>– Erhöhung der Arbeitsmotivation<br>– höhere Bindung ans Unternehmen<br>– Verbesserung des Betriebsklimas<br>– bessere Position am Arbeitsmarkt |

| Nachteile für die Beschäftigten | Nachteile für das Unternehmen |
|---|---|
| – vollständige Anpassung an betriebliche Auslastungsschwankungen<br>– keine kalkulierbaren Arbeitszeiten<br>– Übernahme des Fehlzeitenrisikos bei Krankheit<br>– Leistungsverdichtung<br>– Zeiterfassung als zusätzliche Kontrolle<br>– Qualifikationsverlust bei längerfristiger Abwesenheit | – Unsicherheit bei der Abdeckung von Schichten<br>– Erhöhung der Personalkosten und des Verwaltungsaufwandes<br>– Ausnutzung der Freiräume durch den Arbeitnehmer |

## 8.7.3 Arbeitszeitstudien nach REFA*

**Arbeitszeitstudien** sollen die **Zeit erfassen,** die von einem **Arbeitnehmer** bei **Normalleistung** für die **ordnungsgemäße Erledigung** einer **bestimmten Arbeitsaufgabe** benötigt wird.

Das **REFA-System** ist eine Entwicklung im Rahmen der Arbeitsstudien unter Berücksichtigung arbeitswissenschaftlicher Erkenntnisse. Das REFA-System will keine Maximalleistung, sondern eine dauernde Normalleistung erzielen. Zur Ermittlung und Bewertung der Normalleistung werden von REFA-Fachleuten u. a. Arbeitszeitstudien durchgeführt.

Unter **Normalleistung** versteht man diejenige **Leistung,** die ein Mitarbeiter bei **entsprechender Qualifikation** nach einer **Einarbeitungszeit dauerhaft** und **ohne gesundheitliche Schädigung** erbringen kann.

Die ermittelte Auftragszeit dient als

- Unterlage für die Vorkalkulation,
- Maßstab bei der Leistungsmessung,
- Grundlage für die Entlohnung,
- Grundlage für die Aufstellung eines Terminplanes.

Der Ausgangspunkt für die Festlegung der Auftragszeit ist die **Zeitnahme** bei irgendeinem Arbeitnehmer **(Istzeit)** zu verschiedenen Zeiten. Dabei werden die nicht beeinflussbare Tätigkeitszeit, die von der Maschine bestimmt wird **(Prozesszeit),** und die vom Arbeitnehmer beeinflussbare **Tätigkeitszeit** getrennt erfasst. Die beeinflussbare Tätigkeitszeit wird mit dem **Leistungsgrad** vervielfacht. Diese berichtigte Zeit **(Sollzeit)** ergibt zusammen mit der nicht beeinflussbaren Tätigkeitszeit die Grundzeit, die nun für alle mit der gleichen Arbeit betrauten Arbeitnehmer angesetzt wird.

Die **Gliederung der Auftragszeit** zeigt das folgende Bild:

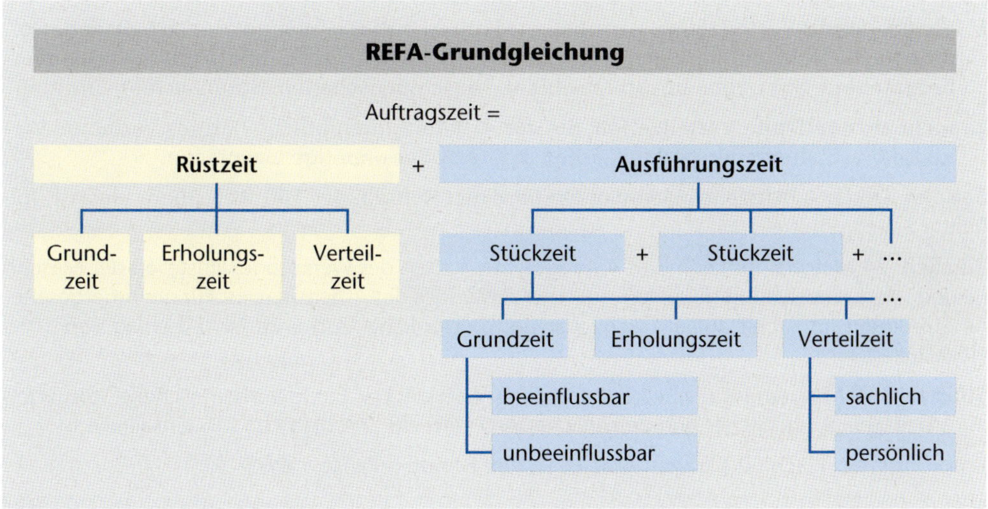


* REFA = Reichsausschuss für Arbeitsstudien; seit 1995 »REFA – Verband für Arbeitsgestaltung, Betriebsorganisation und Unternehmensentwicklung e.V.«

| | |
|---|---|
| **Auftragszeit** | Zeit, die für die Erledigung einer Arbeitsaufgabe insgesamt vorzugeben ist (Vorgabezeit). |
| **Rüstzeit** | Zeit, die für die Vorbereitung der Arbeit und für die Wiederherstellung des ursprünglichen Zustandes des Arbeitsplatzes nach erledigter Arbeit erforderlich ist.<br>**Beispiele:** Lesen des Auftrages, Einstellen der Maschine, Rückgabe der Arbeitsmittel |
| **Ausführungszeit** | Summe der Stückzeiten (ohne Rüstzeit) |
| **Stückzeit** | Zeit, die für die Fertigung eines Stückes benötigt wird (Grund-, Erholungs- und Verteilzeit). |
| **Grundzeit** | Regelmäßig auftretende Rüst- oder Ausführungszeit, in der die beeinflussbare und nicht beeinflussbare Tätigkeitszeit enthalten ist.<br>**Beispiele:** Anlassen der Maschine; Einspannen, Bearbeiten und Ausspannen des Werkstückes |
| **Erholungszeit** | Zeit, die der Arbeitnehmer innerhalb der bezahlten Arbeitszeit zur freien Verfügung hat, um die auftretende Arbeitsermüdung abzubauen; wird als prozentualer Zuschlag zur Grundzeit festgelegt.<br>**Beispiel:** nach 60 Minuten Arbeitszeit fünf Minuten Pause |
| **Verteilzeit** | Unregelmäßig auftretende Rüst- oder Ausführungszeiten, die nicht bei jeder Zeitaufnahme erfasst, sondern in einem gesondert ermittelten Prozentsatz der Grundzeit zugeschlagen werden. Sie können sachlicher oder persönlicher Natur sein.<br>**Beispiele:**<br>– sachliche Verteilzeit: Maschine schmieren, Gespräche mit Vorgesetzten, Fehler am Werkstoff<br>– persönliche Verteilzeit: Gang zum Personalbüro, persönliche Bedürfnisse |

Nicht in die Auftragszeit eingerechnet werden

1. **abzugeltende Verteilzeiten** (von Fall zu Fall), die durch Mängel der Arbeitsvorbereitung (nicht rechtzeitig bereitgestellte Werkstoffe und Arbeitspapiere) oder durch unvorhergesehene Störungen im Arbeitsablauf (Maschinenschaden, Stromausfall) eintreten.
2. **nicht abzugeltende Verteilzeiten,** die der Arbeiter durch pflichtwidriges Verhalten verursacht, z. B. durch verspäteten Arbeitsbeginn oder unnötige Gespräche.

**Beispiel:** Durch Arbeitszeitstudien wurden für einen Auftrag, der 100 Werkstücke umfasst, folgende Zeiten ermittelt:

**Rüstzeit:** 24 Minuten für Lesen des Auftrages, Herrichten der Werkzeuge, Einstellen der Maschine und Wiederherstellung des ursprünglichen Zustandes des Arbeitsplatzes. Für unvorhergesehene Störungen im Arbeitsablauf (sachlicher und persönlicher Art) wird ein Zuschlag von 10% einkalkuliert.

**Stückzeit:** 18 Minuten für die Bearbeitung eines Werkstückes. Für unvorhergesehene Störungen im Arbeitsablauf (sachlicher und persönlicher Art) wird ein Zuschlag von 5% einkalkuliert.

**Erholungszeit:** Nach 60 Minuten Arbeitszeit fünf Minuten Pause = $8^1/_3$%.

| | Rüstzeit | Stückzeit | Ausführungszeit |
|---|---|---|---|
| **Grundzeit** | 24 Min. | 18 Min./St. | 100 · 18 Min. = 1.800 Min. |
| **Verteilzeit** | 10% von 24 Min. = 2,4 Min. | 5% von 18 Min. = 0,9 Min. | 100 · 0,9 Min. = 90 Min. |

| | Rüstzeit | Stückzeit | Ausführungszeit |
|---|---|---|---|
| Erholungs-zeit | $8\frac{1}{3}$% von 24 Min. = 2 Min. | $8\frac{1}{3}$% von 18 Min. = 1,5 Min. | 100 · 1,5 Min. = 150 Min. |
| Σ der Zeiten | 28,4 Min. | 20,4 Min. | 100 · 20,4 Min. = 2.040 Min. |
| Auftragszeit | = Rüstzeit<br>= 28,4 Min. | + Ausführungszeit<br>+ 2.040 Min. | = 2.068,4 Min. |

## Ziele des REFA-Systems

- wirtschaftliche Betriebsgestaltung durch reibungslosen Arbeitsablauf und durch die Vorgabe der Arbeitszeiten
- genaue Auftrags- und Terminplanung aufgrund der ermittelten Leistungsfähigkeit der Arbeitskräfte und der technischen Mittel
- erhöhte Arbeitsergiebigkeit durch den Einsatz der Mitarbeiter entsprechend ihrer Eignung
- Erleichterung der Arbeit durch geeignete, dem Arbeitsvorgang angepasste Arbeitsmittel
- leistungsbezogenes Entgelt der Arbeitnehmer
- Selbstkostenermittlung nach dem tatsächlichen Arbeitsablauf

## Voraussetzung für den Erfolg der REFA-Arbeitszeitstudien

- Aufklärung der Arbeitnehmer über die Ziele des REFA-Systems
- Unterrichtung der Arbeitnehmer über die Durchführung der Untersuchungen
- Mitbestimmung der Arbeitnehmer bei der Durchführung (Betriebsrat)
- Mitteilung der Ergebnisse an die Arbeitnehmer
- Gewinnbeteiligung der Arbeitnehmer

# 8.7.4 Arbeitswertstudien

**Arbeitswertstudien** sollen Wertzahlen für die **Schwierigkeit der Arbeitsaufgabe** festlegen.

Bei der Beurteilung der Arbeitsleistung sind objektive und subjektive Faktoren zu berücksichtigen. Die **objektiven** Faktoren ergeben sich aus dem Schwierigkeitsgrad der Arbeitsaufgabe (Arbeitswert). Die **subjektiven** Faktoren liegen in der Person, die die Arbeit ausführt; sie haben ihre Ursache im Können und Charakter des Mitarbeiters (Leistungsgrad).

Nicht jede Arbeitsaufgabe stellt die gleichen Anforderungen an den Mitarbeiter, und nicht jeder Arbeiter bringt die gleichen Voraussetzungen für die Durchführung der Arbeitsaufgabe mit.

Heute versucht man die objektiven und subjektiven Merkmale mit wissenschaftlichen Methoden zu erfassen und zu bewerten. Die richtige Ermittlung des Arbeitswertes und des Leistungsgrades ist Voraussetzung für eine leistungsbezogene Entlohnung und die Grundlage für die richtige Auswahl der Arbeitskräfte.

## Bewertung der objektiven Arbeitsschwierigkeit (Arbeitswert)

Die Summe der Anforderungen, die eine Arbeitsaufgabe an den Mitarbeiter stellt, ergibt die **Arbeitsschwierigkeit.** Die Aufgabenbewertung versucht, die Arbeitsschwierigkeit unabhängig von der Person, die die Arbeit ausführt, zu messen oder zu schätzen (Arbeitswert).

In der Praxis werden für die Arbeitswertfestsetzung **summarische** und **analytische Verfahren** unterschieden.

### ▶ Summarische Verfahren

Dabei wird die **Arbeitsaufgabe als Ganzes** bewertet. Man unterscheidet das

a) **Rangfolgeverfahren.** Die Arbeitsaufgaben innerhalb eines Betriebes werden nach ihrem geschätzten Schwierigkeitsgrad in eine Rangfolge eingeordnet, die mit einfachsten Arbeiten beginnt und mit den schwierigsten endet. Dann werden die Arbeitsaufgaben mit Punkten bewertet.

   Das Verfahren ist leicht durchzuführen; es hat aber den Nachteil, dass die Bewertung sehr stark von dem persönlichen Urteil des Bewerters abhängt, da die einzelnen Anforderungen einer Arbeitsaufgabe nicht weiter untersucht werden.

b) **Katalogverfahren.** Durch Tarifverträge oder Betriebsvereinbarungen wird ein **Lohngruppenkatalog** erstellt, in dem unterschiedliche Schwierigkeitsgrade in abgestufter Darstellung bestimmten Lohngruppen zugeordnet werden. Die jeweils im Unternehmen vorkommenden Arbeitsaufgaben werden entsprechend ihrem Schwierigkeitsgrad jeweils in eine dieser Lohngruppen eingestuft.

   Bei besonderen Belastungen (körperlich, geistig, Umgebung oder Lärm) kann die Arbeitsaufgabe bis zu zwei Gruppen höher bewertet werden.

   Dem Lohngruppenkatalog kann ein Katalog von Richtbeispielen beigegeben werden, in dem einzelne Tätigkeiten ausführlich beschrieben sind, sodass die Einstufung der Arbeitnehmer damit begründet werden kann.

**Richtbeispiele für Lohngruppenfindung**

| Art der Arbeit | erforderliche Anlernzeit/Erfahrung | erforderliches fachliches Können | Lohngruppe |
|---|---|---|---|
| einfachste Arbeit | kurze einmalige Anweisung | kein Erfordernis | 1 |
| | kurze Anweisung und kurze Übung | | 2 |
| einfache Arbeit | kurze Einarbeitungszeit | | 3 |
| | | gewisse Sach- und Arbeitskenntnisse | 4 |
| angelernte Tätigkeit | bis 2 Monate | begrenzte Sach- und Arbeitskenntnisse | 5 |
| | über 2 Monate | begrenztes Können | 6 |
| Facharbeit | 3 Jahre | Berufsausbildung und zusätzliche Berufserfahrung | 7 |
| | 5 Jahre | Berufsausbildung und besondere Berufserfahrung | 8 |
| Facharbeit mit besonderen Anforderungen | 7 Jahre | Fachkönnen, Arbeiten mit besonderem Schwierigkeitsgrad | 9 |
| | 8 Jahre | hohes fachliches Können, mehrjährige Berufserfahrung | 10 |

### ▶ Analytisches Verfahren (Stufenwertzahlenverfahren)

Dabei müssen die Arbeitsaufgaben nach bestimmten Anforderungsmerkmalen analysiert werden. Diese werden mit Punkten bewertet und zu **Merkmalsgruppen** zusammengefasst. Da die einzelnen Gruppen nicht gleichwertig sind, ist es notwendig, ein Wertverhältnis zwischen ihnen festzulegen. Dies geschieht entweder mithilfe von Vergleichszahlen (Äquivalenzzahlen) oder durch Festlegen unterschiedlich hoher Höchstpunktzahlen für die jeweiligen Merkmalsgruppen. Die Gewichtung kann nur durch Arbeitsstudien, durch Vergleichen und Verwerten von Erfahrungen gewonnen und muss in Betriebsvereinbarungen und Tarifverträgen festgelegt werden. Die Höhe der Punktzahlen gibt den Schwierigkeitsgrad an und wird als »**Arbeitswert**« bezeichnet.

Um eine möglichst einheitliche Anwendung dieses Verfahrens zu erzielen und um irrtümliche Auslegungen auszuschließen, werden auch hier häufig von den einzelnen Wirtschaftsgruppen Richtbeispiele ausgearbeitet, in denen die Arbeitsaufgabe beschrieben und die Bewertung begründet wird. Auf der internationalen Tagung über Arbeitsbewertung in Genf (1950) wurde ein allgemeines Schema für Merkmalsgruppen **(Genfer Schema)** festgelegt. Der »Gesamtverband der metallindustriellen Arbeitgeberverbände e.V.« hat dieses Schema seiner Arbeitsbewertung zugrunde gelegt und für jede Merkmalsgruppe Höchstpunktzahlen (rote Markierung, vgl. Seite 276) festgelegt. Die speziellen Werte werden aufgrund von Arbeitsstudien in den einzelnen Betrieben eingesetzt.

Das Genfer Schema eignet sich vor allem für **Arbeitsaufgaben in den Werkstätten.**

Bei der **Bürotätigkeit** kommen **weitere Merkmale** für die Bewertung hinzu, z. B. Umgangsformen, Ausdrucksfähigkeit und Organisationstalent, während andere wegfallen können, z. B. bestimmte Umweltbelastungen.

**Beispiel** für die Ermittlung des Arbeitswertes nach dem Genfer Schema (Bild, Seite 276).

Beschreibung der Arbeit: Prüfen einer Licht- und Kraftanlage und Fehlerbeseitigung.

Werkstück: Licht- und Kraftanlage, 230 Volt Wechselstrom, mit etwa 1.500 Anschlüssen und Brennstellen einer großen Fabrikanlage mit mehreren Gebäuden und Hallen.

Arbeitsunterlagen: Bauplan, Installationsplan, Stromlaufplan, Schaltschema, VDE-Vorschriften.

Betriebsmittel: Galvanoskop mit Batterie, Kurbelinduktor, Volt- und Amperemeter, Erdschlussprüfgerät, Installationswerkzeug, Leitern.

Arbeitsplatz: Einzelplatz in geschlossenen Räumen, z. T. auch im Freien, an schwer zugänglichen Stellen, auf Leitern und auch in feuchten Kellern.

Arbeitsvorgang und Arbeitsablauf: Aufgrund von Störungsmeldungen die teilweise unter Spannung stehenden Leitungen auf Stromdurchfluss und Stromverluste prüfen. Unter Benutzung des Erdschlussprüfgerätes oder mit dem Galvanoskop den Isolierwiderstand messen und Fehlerströme von den Leitungen zur Erde und von Leitung zu Leitung feststellen. Die benutzten hochwertigen Messinstrumente sachgemäß schalten und bedienen. Den Ort der durch die Messungen festgestellten Fehler aufsuchen. Stückweise die einzelnen Leitungswege vom Leitungsstamm abschalten. Die Isolationswerte der abgeschalteten Leitungen ständig messen und beim Feststellen von Fehlern den Fehlerort durch weitere Unterteilungen und Messungen einkreisen und die Fehlerstelle ermitteln. Die Fehlerursachen, z. B. Feuchtigkeitsschluss in Kellern, scharfkantige Wanddurchführungen, Wackelkontakte, fehlerhafte Aggregate, so weit wie möglich sofort beseitigen, um längere Betriebsstörungen zu vermeiden. Nach dem Beseitigen einer Fehlerursache die gesamte Anlage abschließend erneut überprüfen. Nach Bedarf Helfer anleiten.

Fertigungsart: Vielseitig mit veränderlichen, den jeweiligen Erfordernissen entsprechendem Arbeitsablauf.

## Genfer Schema

**Richtbeispiel für Prüfen einer Licht- und Kraftanlage und Fehlerbeseitigung**

| | Anforderungen | Bewertung | | Bewertungsbegründung |
|---|---|---|---|---|
| | | Höchstwerte | spezielle Werte* | |
| aktive Anforderungsmerkmale | **I. Fachkönnen:** | | | **I. Fachkönnen:** Kenntnisse eines Elektroinstallateurs. Vieljährige Erfahrung im Aufsuchen und Beseitigen von Fehlern in großen elektrischen Anlagen. Kenntnis und Übung im Lesen umfangreicher Installationspläne und Stromläufe. Kenntnis der Anwendung und Wirkungsweise elektrischer Messgeräte. |
| | a) Ausbildung Erfahrung Denkfertigkeit | 8 | 7 | |
| | b) Körpergewandtheit Geschicklichkeit Handfertigkeit | 4 | 2 | Geschicklichkeit und Körpergewandtheit beim Einkreisen und Beseitigen der Fehler an schwer zugänglichen Stellen. |
| | Fachkönnen insgesamt | 12 | 9 | |
| | **II. Belastung:** | | | **II. Belastung:** Aufmerksames und überlegtes Beobachten und Auswerten der Messergebnisse sowie der Funktionen der elektrischen Geräte und Messinstrumente. |
| | a) Aufmerksamkeit Denken | 5 | 5 | |
| | b) Belastung der Muskeln | 5 | 2 | Vielfach anstrengende Körperhaltung beim Aufsuchen und Beseitigen der Fehler. |
| | Belastung insgesamt | 10 | 7 | |
| | **III. Verantwortung** | | | **III. Verantwortung:** Verantwortung für die schnellste Beseitigung von Betriebsstörungen, für die sachgemäße Behandlung von Betriebsmitteln und Messinstrumenten sowie für das sachgemäße und unfallsichere Arbeiten der Helfer. |
| | a) für Betriebsmittel und Erzeugnisse | 4 | 3 | |
| | b) für die Arbeit anderer | 3 | 1 | Von der schnellen, zielbewussten Arbeit ist das zeitliche Maß einer Betriebsstörung wesentlich abhängig. |
| | c) für die Gesundheit anderer | 3 | 1 | |
| | Verantwortung insgesamt | 10 | 5 | * Beispiel Seite 275 |

## Genfer Schema

**Richtbeispiel für Prüfen einer Licht- und Kraftanlage und Fehlerbeseitigung**

| | Anforderungen | Bewertung | | Bewertungsbegründung |
|---|---|---|---|---|
| passive Anforderungsmerkmale | **IV. Umwelt:** | Höchst-werte | spezielle Werte* | **IV. Umwelt:** Verschmutzung beim Aufsuchen und Beseitigen der Fehler unter Putz, in Kabelkanälen, an Maschinen usw., Unfallgefährdung beim Arbeiten an den teilweise unter Spannung befindlichen Leitungen und auf Leitern. |
| | a) Schmutz | 2 | 1 | |
| | b) Staub | 1,5 | 0 | |
| | c) Öl | 1 | 0 | |
| | d) Temperatur | 2 | 0 | |
| | e) Nässe, Säure, Lauge | 1 | 0 | |
| | f) Gase, Dämpfe | 2 | 0 | |
| | g) Lärm | 2 | 0 | |
| | h) Erschütterung | 1,5 | 0 | **Aktive Anforderungsmerkmale (I–III)** können vom Arbeitnehmer beeinflusst werden. |
| | i) Blendung, Lichtmangel | 1 | 0 | |
| | k) Erkältungsgefahr | 1 | 0 | **Passive Anforderungsmerkmale (IV)** können vom Arbeitnehmer nicht beeinflusst werden. |
| | l) hinderliche Schutzkleidung | 2 | 0 | |
| | m) Unfallgefahr | 2 | 2 | Das Punkteverhältnis zwischen aktiven und passiven Merkmalen (hier 63 % zu 37 %) wird branchenverschieden in Rahmentarifverträgen festgelegt. |
| | Umwelt insgesamt | 19 | 3 | |
| | **Arbeitswert** | | **24** | * Beispiel Seite 275 |

### ▶ Probleme bei der Arbeitswertfestsetzung

Zweck der Arbeitsbewertung ist es, eine Entlohnung zu finden, die der Schwierigkeit der Arbeit entspricht. Alle Verfahren der Arbeitsbewertung versuchen, auf wissenschaftlicher Grundlage den Schwierigkeitsgrad der Arbeit zu messen. Diese Verfahren der Arbeitswissenschaft können aber nur festlegen, dass bei der einen Arbeit der Anforderungsgrad vergleichsweise höher oder niedriger ist als bei den anderen. Sie können also nicht den absoluten Wert einer Arbeit festlegen. Dieser wird in der Marktwirtschaft auf ganz andere Weise bestimmt, nämlich aufgrund von Angebot und Nachfrage. Der Wert der Arbeit wird hier bestimmt durch sozialpolitische und marktmäßige Wertvorstellungen, ob z. B. fachliches Können einen höheren Arbeitswert hat als ausschließlich körperliche Arbeit. Diese Wertvorstellungen verändern sich je nachdem, ob Überfluss oder Mangel an bestimmten Arbeitskräften herrscht.

Daraus ergibt sich die Problematik, dass subjektive Wertvorstellungen aller, die an der Festlegung der Arbeitswerte mitwirken (Unternehmensleitung, Bewerter, Betriebsrat, Gewerkschaften), in die Bewertung mit einfließen.

Nicht anwendbar ist die Arbeitswertfestsetzung bei Arbeitsaufgaben, für die es keine Vergleichsmaßstäbe gibt und die sich somit einem Schwierigkeitsvergleich entziehen, z. B. bei erfinderischer, schöpferisch-planender oder künstlerischer Arbeit.

Für besondere Belastungen (passive Anforderungsmerkmale) wie Schmutz, Lärm, Gase usw. werden in allen Unternehmen Zuschläge bezahlt, sodass diese Arbeiten in höhere Lohngruppen oder Arbeitswerte eingestuft werden. Wenn durch Rationalisierungsinvestitionen diese Belastungen wegfallen, so entfallen auch die dafür gezahlten Zuschläge. Nach einer Änderungskündigung und einer Übergangszeit werden die Arbeitnehmer in eine niedrigere Lohn- oder Arbeitswertgruppe eingestuft. Diesen Übergang regeln tarifliche Rationalisierungsschutzabkommen.

## Bewertung der subjektiven Arbeitsleistung (Leistungsgrad)

Soweit bei der Erledigung eines Auftrages die Zeiten von der Maschine bestimmt werden, kann der Mensch nur die Nebenzeiten durch seine Leistung beeinflussen. Bei der Zeitnahme (Istzeit) beobachten deshalb die REFA-Fachleute die menschliche Leistung und vergleichen sie mit der Bezugsleistung. Die Zeitstudien ergeben demnach durch Gegenüberstellung der Istleistung und der Bezugsleistung den **Leistungsgrad.**

$$\textbf{Leistungsgrad} = \frac{\textbf{Istleistung}}{\textbf{Bezugsleistung}} \cdot \textbf{100}$$

a) Die **Istleistung** ist die Zeit, die eine bestimmte Arbeitskraft für eine Arbeitsverrichtung benötigt.

b) Die **Bezugsleistung** kann entweder
   - die **durchschnittliche Zeit,** die verschiedene Arbeitskräfte für eine Arbeitsverrichtung benötigen oder
   - die REFA-**Normalleistung** sein (Seite 271).

**Beispiel:** Die Bezugsleistung sei 25 Stück/h. Ein Arbeitnehmer fertigt 20 Stück/h (Istleistung). Sein Leistungsgrad beträgt 80 %.

Der **Leistungsgrad** wird stets in Fünferschritten angegeben, z. B. 95 %, 100 %, 105 %, 110 % oder in niedriger, mittlerer, hoher und sehr hoher Leistung.

## Zusammenfassende Übersicht zu Kapitel 8.7: Arbeitsgestaltung

### Arbeitsorganisation

- Job rotation
- Job enlargement
- Job enrichment
- teilautonome Arbeitsgruppen
- autonome Arbeitsgruppen
- Telearbeit

### Arbeitszeitmodelle

- gleitende Arbeitszeit
- Schichtarbeit
- Teilzeitarbeit
- Telearbeit

### Arbeitszeitstudien nach REFA

**Auftragszeit**

**Rüstzeit**

Grundzeit  Erholungszeit  Verteilzeit

**Ausführungszeit**

Stückzeit  Stückzeit

Grundzeit  Erholungszeit  Verteilzeit

### Arbeitsbewertung

objektive Verfahren (Arbeitswert)

subjektive Verfahren

$$\left(\text{Leistungsgrad} = \frac{\text{Istleistung}}{\text{Bezugsleistung}} \cdot 100\right)$$

### ▶ Aufgaben und Probleme

1. Grenzen Sie Job enlargement und Job enrichment anhand folgender Tätigkeiten gegeneinander ab:
   - Herstellung industriell gefertigter Möbel,
   - Sachbearbeitertätigkeit in einem Bankbetrieb,
   - Verkäufertätigkeit in einem Warenhaus.
2. In der betriebseigenen Werkstatt der KÜHLsys GmbH ergaben Arbeitszeitstudien für einen Auftrag, der 50 Werkstücke umfasst, folgende Daten:

   Rüstzeit: Grundzeit 25 Minuten, für unvorhergesehene Störungen im Arbeitsablauf wird ein Zuschlag von 10 % einkalkuliert.

   Stückzeit: Grundzeit zehn Minuten, für unvorhergesehene Störungen im Arbeitsablauf wird ein Zuschlag von 5 % einkalkuliert.

   a) Erklären Sie den Begriff »Rüstzeit«.

   b) Nennen Sie zwei Tätigkeiten, die durch die Rüstzeit abgedeckt sind.

   c) Wie bezeichnet man die Zuschlagszeit?

   d) Berechnen Sie die Auftragszeit für 50 Werkstücke.

3. Welche Auftragszeit erhält ein Arbeitnehmer für folgenden Auftrag über 50 Stück:
   - Rüstzeit: Grundzeit zehn Minuten, Verteilzeit dazu 20 %;
   - Stückzeit: Grundzeit acht Minuten, Verteilzeit dazu 5 %?

4. Errechnen Sie die Auftragszeit für einen Auftrag über 4.000 Stück, wenn die Istzeit eines Arbeiters drei Minuten je Stück beträgt und der Leistungsgrad auf 110 % geschätzt wird. Die nicht beeinflussbare Wartezeit je Stück beträgt 0,2 Minuten, die Ausführungs-Erholungszeit 10 %, die Rüstzeit 20 Minuten und die Verteilzeit auf Ausführungs- und Rüstzeit jeweils 5 %.

5. Für die Ausführung eines Auftrages, der 30 Werkstücke umfasst, wurden folgende Zeiten festgestellt:
   - 20 Minuten für das Lesen des Auftrages, Vorbereiten der Maschine u.a. Für zwangsläufige, notwendige Arbeitsunterbrechungen (persönlicher und sachlicher Art) muss ein Zuschlag von 5 % berücksichtigt werden.
   - Zehn Minuten für die Bearbeitung eines Werkstücks. Für zwangsläufige, notwendige Arbeitsunterbrechungen (persönlicher und sachlicher Art) muss ein Zuschlag von 10 % berücksichtigt werden.

   Wie viele Minuten entfallen auf die

   a) Grundzeiten,
   b) Verteilzeiten,
   c) Rüstzeit,
   d) Stückzeit,
   e) Ausführungszeit,
   f) Auftragszeit?

6. Welche der folgenden Aussagen ist für Arbeitswertstudien zutreffend?
   a) Sie dienen der räumlichen Anordnung von Arbeitsvorgängen.
   b) Sie bilden die Grundlage für die Arbeitsverteilung und Terminplanung.
   c) Sie dienen der Ermittlung des Schwierigkeitsgrades von Arbeiten.
   d) Sie dienen der genauen Ermittlung der Auftragszeit.

7. Nennen Sie vier Hauptanforderungen, die bei der analytischen Arbeitsbewertung nach dem Genfer Schema untersucht werden.

## 8.8 Arbeitsentgelt

Der **Arbeitnehmer** erhält für seine Arbeitsleistung im Unternehmen als Gegenleistung Gehalt oder Lohn und soziale Leistungen. Sie sind für ihn Einkommen, für das Unternehmen dagegen Kosten.

Nach den verschiedenen Bemessungsgrundlagen unterscheidet man **Zeitlohn, Akkordlohn** und **Prämienlohn.**

Auch soziale Gesichtspunkte werden bei der Bemessung der Entgelte berücksichtigt. Der **Soziallohn** richtet sich nach den Lebensbedingungen des Arbeitnehmers (Alter, Familienstand) sowie der Dauer der Betriebszugehörigkeit.

## 8.8.1 Entgeltsysteme

**Entgeltsysteme**

| Zeitlohn | Akkordlohn | Prämienlohn |
|---|---|---|
| – Stundenlohn | – Stückgeldakkord | – Leistungsprämie |
| – Tagelohn | – Stückzeitakkord | – Mengenprämie |
| – Wochenlohn | – Gruppenakkord | – Gruppenprämie |
| – Monatslohn | | |

### Zeitlohn

Maßstab für die Berechnung der Lohnhöhe ist beim Zeitlohn die Zeit, die der Mitarbeiter im Unternehmen anwesend war.

**Lohnsatz je Zeiteinheit · Anzahl der Zeiteinheiten = Bruttoverdienst**

**Beispiele:** 14,40 EUR/Std. · 37,5 Std. = 540 EUR

3.500 EUR/Monat · 1 Monat = 3.500 EUR

Man unterscheidet nach dem Berechnungszeitraum den Stunden-, Wochen-, Tage- und Monatslohn. Die Anwesenheitszeit im Unternehmen wird in der Regel mit **Arbeitszeiterfassungsgeräten** festgehalten.

Der Zeitlohn eignet sich für Arbeiten,

- die Aufmerksamkeit und Sorgfalt erfordern,
- die überwiegend geistige Tätigkeit umfassen,
- bei denen das Arbeitstempo durch den Arbeitsgang bestimmt wird, wie bei der Arbeit am Fließband,
- in die der Arbeiter sich erst einarbeiten muss,
- bei denen eine Lohnfestsetzung nach Leistungseinheiten schwierig oder unmöglich ist, z. B. Lager-, Entwicklungs-, Reparatur-, Kontroll- und Büroarbeiten.

| Vorteile | Nachteile |
|---|---|
| – Lohnberechnung ist einfach.<br>– Qualität kann durch ruhiges Arbeiten gesteigert werden.<br>– Leistung kann auf längere Dauer aufrechterhalten werden.<br>– Bei gefährlichen und verantwortungsvollen Arbeiten verhindert der Zeitlohn schädliche Hast und Hetze.<br>– Dem Arbeitnehmer ist ein festes Einkommen gesichert. | – Anreiz zur Beschleunigung des Arbeitstempos fehlt.<br>– Notwendige Arbeitskontrollen sind für beide Teile unangenehm und verursachen Kosten.<br>– Unternehmen ist vom Arbeitswillen des Einzelnen oder der ganzen Belegschaft stark abhängig.<br>– Unternehmen trägt allein das Risiko des mangelnden Arbeitseinsatzes. |

## Akkordlohn

Maßstab für die Berechnung der Lohnhöhe sind die geleisteten Mengeneinheiten (Stück, m, kg). Ausgangspunkt ist die Normalleistung, für die ein **Akkordrichtsatz** festgelegt wird. Der Akkordrichtsatz setzt sich aus einem Grundentgelt (z. B. tariflicher Mindestlohn) und einem Akkordzuschlag zusammen.

**Beispiel:** Stundenlohn 12,00 EUR (Grundentgelt), Akkordzuschlag 20 %

Akkordrichtsatz: 12,00 EUR + (12,00 EUR · 20 %) = 14,40 EUR.

Aus der Normalleistung und dem Akkordrichtsatz wird ein Lohnsatz je Mengeneinheit berechnet, den man **Akkordsatz** nennt. Wird dieser in Geld je Einheit festgelegt, so spricht man vom **Stückgeldakkordsatz,** wird er in einer Auftragszeit je Einheit festgelegt, so heißt er **Stückzeitakkordsatz.**

| | |
|---|---|
| **Beispiel:** Akkordrichtsatz: | 14,40 EUR, Normleistung je Stunde: 20 Stück. |
| Stückgeldakkordsatz: | 14,40 EUR : 20 Stück = 0,72 EUR je Stück. |
| Stückzeitakkordsatz: | 60 Minuten : 20 Stück = 3 Minuten je Stück bzw. |
| | 100 Dezimalminuten : 20 Stück = 5 Dezimalminuten je Stück. |

Minutenfaktor: Akkordrichtsatz: 60 Minuten bzw.

Dezimalminutenfaktor: Akkordrichtsatz: 100 Dezimalminuten.

Berechnung des Bruttoverdienstes bei einer Bezugsleistung von 750 Stück:

a) beim Stückgeldakkord:

**Stückgeldakkordsatz je Stück · Stückzahl = Bruttoverdienst**

0,72 EUR/St. · 750 Stück = 540,00 EUR

b) beim Stückzeitakkord:

**Stückzeitakkordsatz je Stück · Stückzahl · Minutenfaktor* = Bruttoverdienst**

* bzw. Dezimalminutenfaktor, wenn mit Dezimalminuten gerechnet wird.

3 Minuten/Stück · 750 Stück · 14,40 EUR/60 Minuten = 540,00 EUR oder

5 Dezimalminuten/Stück · 750 Stück · 14,40 EUR/100 Dezimalminuten = 540,00 EUR

Für die Akkordarbeit spricht:

1. Im Tarifvertrag liegt der Stundenlohnsatz für die Akkordarbeit (Akkordrichtsatz) um 10 % bis 30 % über dem Stundenlohnsatz des Zeitlohnes, da der Akkordarbeiter durch Engpässe in der Fertigung oder andere unverschuldete Störungen kurzfristig in seiner Arbeit behindert sein kann, was ihn gegenüber dem Zeitlohnempfänger benachteiligen würde.
2. Der Akkordarbeiter kann durch überdurchschnittliche Leistungen eine weitere Steigerung seines Bruttoverdienstes erzielen.

Beim **Gruppenakkord** wird der Akkordrichtsatz für eine Arbeitsgruppe festgelegt und der Anteil des einzelnen Arbeiters mithilfe eines Verteilungsschlüssels bestimmt (Montage einer Maschine, Fördern einer Tonne Kohle). Ein guter Teamgeist und die qualitative Zusammensetzung der Gruppe sind bei Gruppenakkord von besonderer Bedeutung. Die Arbeitskräfte können sich gegenseitig anspornen und durch Unterschreiten der Auftragszeit ihren Stundenverdienst erhöhen.

Der Akkordlohn eignet sich für gleichartige, abgrenzbare, regelmäßig wiederkehrende, messbare Tätigkeiten eines Einzelnen oder einer Gruppe.

| Vorteile | Nachteile |
|---|---|
| – Möglichkeit, durch Steigerung der Arbeitsleistung mehr zu verdienen.<br>– Bietet für das Unternehmen eine genauere Kalkulationsgrundlage, da die Lohnkosten je Stück konstant bleiben. | – Gefahr, dass der Arbeitnehmer durch übertriebenen Arbeitseinsatz – jeder Arbeiter will viel verdienen – seine Kraft übermäßig verbraucht und dadurch seiner Gesundheit schadet.<br>– Gefahr, dass der Arbeitnehmer durch zu niedrige Akkordrichtsätze ausgenutzt wird.<br>– Häufiger als beim Zeitlohn Anlass zu Streitigkeiten unter den Arbeitnehmern (Akkordreißer).<br>– Gefahr für das Unternehmen, dass die Qualität der Arbeit leidet, mehr Material verbraucht wird und die Maschinen vorzeitig abgenutzt werden.<br>– Festlegung der Akkordrichtsätze erfordert umfassende Vorarbeiten. |

In Unternehmen, die aufgrund neuer Tarifverträge zur Monatsentlohnung übergehen, bleibt trotzdem die Leistungsentlohnung bestehen. Das Monatsentgelt wird aus der durchschnittlichen Leistung der letzten drei Monate berechnet **(verstetigter Lohn).** Mehr- bzw. Minderleistungen werden durch Zu- bzw. Abschläge bei der monatlichen Lohnabrechnung berücksichtigt.

### Prämienlohn

Auch bei dieser Lohnform wird eine Normalleistung zugrunde gelegt. Hierfür erhält der Arbeitnehmer seinen **Grundlohn.** Für besondere Leistungen wird ein **Zuschlag (Prämie)** gezahlt.

Die Prämie kann für Einzelleistungen u. a. gewährt werden als

- **Leistungsprämie,** als Anerkennung einer besonderen, über die normalen Arbeitsanforderungen hinausgehenden Leistung (Mehrleistung);
- **Nutzungsprämie,** wenn ein bestimmter Nutzungsgrad der Maschine überschritten wird;
- **Mengen-** oder **Zeitersparnisprämie,** wenn eine bestimmte Menge überschritten oder eine vorgegebene Zeit unterschritten wird.

Außerdem gibt es **Gruppenprämien,** die nach den Grundsätzen des Gruppenakkords berechnet und verteilt werden.

## 8.8.2 Gewinn- und Kapitalbeteiligung

### Gewinnbeteiligung der Arbeitnehmer

**Generelle Gewinnbeteiligung** liegt vor, wenn der Gewinnanteil zur Verbesserung der Sozialeinrichtungen verwendet wird. Allerdings bedarf eine solche Verwendung des Gewinns einer sorgfältigen Aufklärung der Arbeitnehmer, damit sie von ihnen überhaupt als Gewinnbeteiligung empfunden wird.

**Individuelle Gewinnbeteiligung** liegt vor, wenn jeder Mitarbeiter einen Anteil erhält. Der gesamte Gewinnanteil wird meist im Verhältnis der einzelnen Bruttoverdienste unter Berücksichtigung der Dauer der Betriebszugehörigkeit auf die einzelnen Betriebsangehörigen verteilt. Der Anteil kann bar ausbezahlt oder auf einem Konto gutgeschrieben werden.

### Kapitalbeteiligung der Arbeitnehmer

Die Gewinnbeteiligung der Arbeitnehmer kann zu einer Kapitalbeteiligung führen, wenn der Gewinnanteil ganz oder teilweise im Unternehmen belassen wird. Dies kann in Form von Eigenkapital oder Fremdkapital geschehen. Der Arbeitnehmer wird dadurch Teilhaber oder Gläubiger seines Unternehmens.

Als **Teilhaber** ist er Miteigentümer und damit am Verlust und Gewinn des Unternehmens beteiligt. Sein Interesse am Unternehmen wird dadurch gesteigert und sein Leistungswille gestärkt.

Aktiengesellschaften können im Rahmen der Gewinnbeteiligung eigene Aktien **(Belegschaftsaktien)** ausgeben.

Als **Gläubiger** ist der Arbeitnehmer Darlehensgeber mit einem Anspruch auf feste Verzinsung.

Eine Sonderform der Kapitalbeteiligung ist der **Investivlohn,** bei dem ein Teil des Arbeitsentgelts in Form einer Beteiligung am beschäftigenden Unternehmen oder an einem anderen Unternehmen gewährt wird.

## 8.8.3 Soziale Leistungen (Lohnnebenkosten)

Soziale Leistungen sind Aufwendungen für die Betriebsangehörigen, die neben dem vereinbarten Entgelt anfallen **(Lohnnebenkosten).**

### Gesetzliche soziale Abgaben (Kapitel 8.9)

Sie besteht aus der Hälfte der Beiträge zur Kranken-, Pflege-, Renten- und Arbeitslosenversicherung (teilweise trägt der Arbeitnehmer einen etwas höheren Anteil) sowie dem ganzen Beitrag zur Unfallversicherung.

### Vertragliche und freiwillige soziale Aufwendungen

Diese können bezwecken:

| | |
|---|---|
| **soziale Sicherung** | **Beispiele:** Zusatzversicherungen bei der Kranken- und Rentenversicherung, Lebensversicherungen, Unterhaltung eigener Pensions- und Unterstützungskassen, Stiftungen, Förderung der Vermögensbildung im Rahmen der Vermögensbildungsgesetze |
| **Gesundheitspflege** | **Beispiele:** Sportanlagen, Bäder, kostenlose ärztliche Beratung und Behandlung |
| **Verbilligung der Lebenshaltung** | **Beispiele:** Werksküchen, Zuschüsse zu Mahlzeiten in Gaststätten, Arbeitskleidung, Werkswohnungen, Zuschüsse für die Unterkunft am Arbeitsort, Ersatz der Fahrtkosten |
| **Familienhilfe** | **Beispiele:** Kinderheim, Kinderbeihilfen, freier Hausarbeitstag |
| **Bildung und Freizeitgestaltung** | **Beispiele:** Studienbeihilfen, Lehrgänge für Aus- und Fortbildung, Büchereien, Betriebsausflüge, kulturelle Veranstaltungen, Bildungsurlaub |
| **Ehrung und Anerkennung** | **Beispiele:** Jubiläums- und Hochzeitsgeschenke, Betreuung verdienter Mitarbeiter im Ruhestand, Weihnachtsgratifikationen |

## 8.8.4 Entgeltzahlung

### Entgeltabrechnung

Das **Grundentgelt** ergibt sich aus den Regelungen des Arbeitsvertrages und des Tarifvertrages. Das Grundentgelt kann sich durch **Zulagen** erhöhen **(Bruttoentgelt). Abzüge** werden vom Bruttoentgelt vorgenommen.

Das **Nettoentgelt** verringert sich eventuell durch Abzüge aufgrund besonderer Vereinbarungen. Daraus ergibt sich der **Auszahlungsbetrag.** Dieser wird an den Arbeitnehmer überwiesen.

Der Arbeitgeber hat in den ersten zehn Tagen des folgenden Monats die einbehaltene Lohn- und Kirchensteuer sowie den Solidaritätszuschlag an das Finanzamt abzuführen. *EStG § 41a*

Die Anteile an der Sozialversicherung sind zusammen mit dem Arbeitgeberanteil bis zum drittletzten Bankarbeitstag des Monats fällig, in dem das Arbeitsentgelt erzielt wird. Sie sind an die **zuständige Krankenkasse** abzuführen.

<table>
<tr><th colspan="2">Grundentgelt</th></tr>
<tr><th>+ Zulagen</th><th>– Abzüge</th></tr>
<tr><td>Zulagen sind Teile des vertraglichen Arbeitsentgelts für<br>– besonders schwere und schmutzige Arbeiten,<br>– die Berücksichtigung der sozialen Verhältnisse der Arbeitnehmer (Orts-, Alters- und Kinderzulagen),<br>– überdurchschnittliche Leistungen der Arbeitnehmer (Prämien),<br>– die Berücksichtigung besonderer Anlässe wie Urlaub, Weihnachten, Jubiläen,<br>– vermögenswirksame Leistungen des Arbeitgebers.<br>Zuschläge werden für Sonderleistungen bezahlt und sind meist im Tarifvertrag vereinbart. Dazu gehören Zuschläge für<br>– Überstunden,<br>– Sonn- und Feiertagsarbeit.</td><td>a) Abzüge aufgrund von Gesetzen. Dazu gehören<br>– Lohnsteuer und Solidaritätszuschlag,<br>– Kirchensteuer,<br>– Sozialversicherungsbeiträge (Arbeitnehmeranteil).<br>b) Abzüge aufgrund besonderer Vereinbarungen. Dazu gehören<br>– vermögenswirksame Leistungen,<br>– Beiträge zu Unterstützungskassen,<br>– Gewerkschaftsbeiträge.</td></tr>
<tr><td colspan="2">= Nettoentgelt</td></tr>
</table>

**Beispiel:** Ein Unternehmen aus Kiel führt die monatliche Entgeltabrechnung für seine Mitarbeiter mit einem Tabellenkalkulationsprogramm durch.

Die Mitarbeiterin Jana Petersen (27 Jahre, keine Kinder) verdient monatlich 2.800,00 EUR.

| Entgeltabrechnung, Januar 2017 | | | | |
|---|---|---|---|---|
| **Sozialversicherung** | **RV** | **AV** | **KV** | **PV** |
| Beitragssatz in % | 18,7 | 3,0 | 14,6 | 2,55 |
| Beitragsbemessungsgrenze in EUR | 6.350,00 | 6.350,00 | 4.350,00 | 4.350,00 |
| **Gehaltsdaten** | | | | |
| Mitarbeiternummer | 34 | | | |
| Name | Petersen | | | |
| Steuerklasse | I/0 | | | |
| **Bruttogehalt** | 2.800,00 EUR | | | |
| – Lohnsteuer | 391,16 EUR | | | |
| – Solidaritätszuschlag | 21,51 EUR | | | |
| – Kirchensteuer (9 %)* | 35,20 EUR | | | |
| – Krankenversicherung AN | 204,40 EUR | | AG-Anteil | 204,40 EUR |
| – Rentenversicherung AN | 261,80 EUR | | AG-Anteil | 261,80 EUR |
| – Arbeitslosenversicherung AN | 42,00 EUR | | AG-Anteil | 42,00 EUR |
| – Pflegeversicherung AN** | 42,70 EUR | | AG-Anteil | 35,70 EUR |
| **Nettogehalt** | 1.794,36 EUR | | Summe | 543,90 EUR |

* Der Kirchensteuersatz beträgt (2017) in Bayern und Baden-Württemberg 8 %, in den übrigen Bundesländern 9 % der Einkommensteuer.

** Kinderlose Arbeitnehmer über 23 Jahren zahlen einen zusätzlichen Beitrag von 0,25 %.

Am 28. Januar erhält die Krankenkasse 1.094,80 EUR. Spätestens am 10. Februar erhält das Finanzamt 454,74 EUR.

## Zusammenfassende Übersicht zu Kapitel 8.8: Arbeitsentgelt

| Entgeltsysteme | | | Gewinn- und Kapitalbeteiligung |
|---|---|---|---|
| Zeitlohn | Akkordlohn | Prämienlohn | |

**Entgeltzahlung**

| | | |
|---|---|---|
| Bruttoentgelt | | |
| – Lohnsteuer<br>– Kirchensteuer<br>– Solidaritätszuschlag | → | Finanzamt |
| – Sozialversicherungsbeiträge | → | Krankenkasse |
| = Nettoentgelt | | |
| – Abzüge aufgrund besonderer Vereinbarungen | → | Gewerkschaften, Bausparkassen etc. |
| = Auszahlungsbetrag | | |

## ▶ Aufgaben und Probleme

1. In einem Unternehmen werden folgende Entgeltsysteme angewendet: Zeitlohn und Akkordlohn.

   a) Erläutern Sie die Unterschiede zwischen den Entgeltsystemen.

   b) Nennen Sie jeweils zwei Vorteile, die die Entlohnung nach Zeitlohn bzw. Akkordlohn für den Arbeitnehmer hat.

2. Welche Voraussetzungen müssen gegeben sein, damit eine Tätigkeit im Akkordlohn abgerechnet werden kann?

3. Können nachstehende Arbeiten im Akkordlohn bezahlt werden? Begründen Sie Ihre Meinung.

   a) Bestimmte Bauteile werden von einer achtköpfigen Montagegruppe gefertigt und montiert. Die Gruppe kann über die Ausführung der einzelnen Arbeiten selbstständig entscheiden.

   b) Ein Arbeitnehmer arbeitet am Fließband.

   c) Ein Arbeitnehmer soll in der Endkontrolle die Werkstücke auf Fehler überprüfen.

   d) Ein Arbeitnehmer soll 1.000 Einzelteile nach Vorlage ausstanzen.

4. In der Dreherei beträgt der Minutenfaktor in einer Lohngruppe 0,30 EUR (60-Minuten-Stunde). Für die Bearbeitung eines Werkstücks sind zwölf Minuten vorgegeben. Ein Arbeiter bearbeitet im Durchschnitt sieben Stück pro Stunde.

   a) Wie hoch ist der Grundlohn?

   b) Wie viel EUR verdient der Arbeiter in der Stunde?

   c) Wie viel EUR erhielte der Arbeiter für ein bearbeitetes Werkstück gutgeschrieben, wenn die Lohnabrechnung in der Form eines Stückgeldakkords erfolgen würde?

5. Ein Mitarbeiter montiert in einer Woche bei einer Arbeitszeit von 37,5 Stunden 2.500 Scheinwerfer. Die Vorgebezeit für die Montage eines Scheinwerfers beträgt zwei Dezimalminuten. Der Akkordrichtsatz beträgt 12 EUR.

   a) Berechnen Sie die Sollleistung (= Anzahl Scheinwerfer), die von dem Mitarbeiter aufgrund der Vorgabezeit in einer Woche erwartet wird.

   b) Wie viel Dezimalminuten benötigt der Mitarbeiter durchschnittlich, um einen Scheinwerfer zu montieren?

   c) Welchen Leistungsgrad hat er erzielt?

   d) Wie viel EUR erhält der Mitarbeiter in dieser Woche?

   e) Wie hoch war der tatsächliche Stundenlohn?

6. Am Jahresende überlegt sich die Geschäftsleitung der BLW Präzisionsschmiede AG, ob aufgrund eines überaus guten Geschäftsjahres die Belegschaft am Unternehmenserfolg beteiligt werden sollte.

   a) Welche Gründe könnte die BLW Präzisionsschmiede AG haben, ihre Mitarbeiter am Unternehmenserfolg zu beteiligen?

   b) Für welche Form der Gewinnbeteiligung würden Sie sich entscheiden? Begründen Sie Ihre Antwort.

   c) Erläutern Sie, warum für die Arbeitgeber die Gewinnbeteiligung in der Form der Kapitalbeteiligung besonders interessant ist.

d) Warum müsste man eigentlich von einer Gewinn- oder Verlustbeteiligung sprechen?

e) Diskutieren Sie, welche Probleme sich aus einer Verlustbeteiligung ergeben könnten.

7. Berechnen Sie das Nettoentgelt von folgenden Mitarbeitern. Besorgen Sie sich die aktuellen Daten aus dem Internet.

   a) Harald Meier (verheiratet, ein Kinderfreibetrag, brutto 2.400,00 EUR, evangelisch, Steuerklasse IV, AOK) arbeitet in München.

   b) Gabriele Hansen (verheiratet, zwei Kinderfreibeträge, Alleinverdienerin, brutto 2.400,00 EUR, aus der Kirche ausgetreten, AOK) arbeitet in Oldenburg.

8. Bei den sozialen Leistungen spricht man häufig vom »Zweiten Lohn«. Erläutern Sie diesen Begriff.

9. Welche der sozialen Aufwendungen werden nicht von allen Mitarbeitern als soziale Leistung empfunden?

## 8.9 System der gesetzlichen Sozialversicherung

In der Bundesrepublik Deutschland ist der **Sozialstaatsgedanke** ein Verfassungsgebot. Ausdrücklich verankert ist der Sozialstaat im Grundgesetz in zwei Artikeln, welche den demokratischen und sozialen Bundes- bzw. Rechtsstaat fordern. Damit ist das Bemühen um einen sozialen Ausgleich zwischen Starken und Schwachen, Armen und Reichen gemeint. Darüber hinaus geht es aber vor allem um ein System der sozialen Sicherung für alle Bevölkerungskreise. In erster Linie trägt dazu die Sozialversicherung bei. Die Sozialversicherung bietet Schutz, mildert oder verhindert Notlagen und sorgt für ein menschenwürdiges Dasein.

*GG Art. 20, 28*

Die **Sozialversicherung** ist eine gesetzliche Versicherung, die weiten Bevölkerungskreisen zur Pflicht gemacht ist, um die Versicherten vor wirtschaftlicher Not im Alter und bei **Erwerbsminderung,** bei **Arbeitslosigkeit, Krankheit, Pflegebedürftigkeit** und **Unfall** zu schützen.

Grundlage des Sozialversicherungsrechts ist das Sozialgesetzbuch (SGB). Es besteht aus zwölf Teilbüchern. Die heutige Sozialversicherung ist in fünf Zweige gegliedert (Übersicht auf den Seiten 290 und 291):

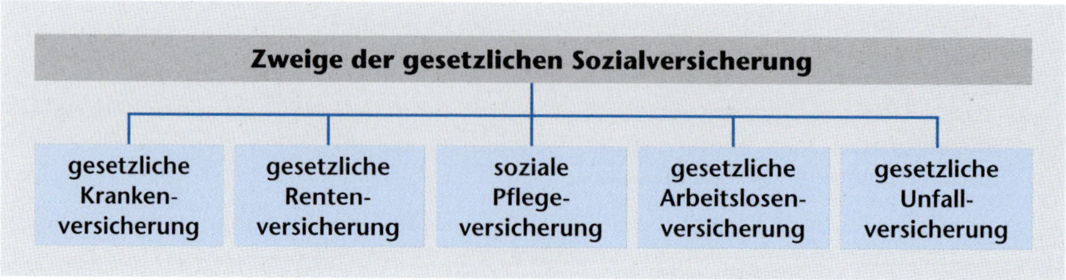


Die **Beiträge** zu den Sozialversicherungszweigen richten sich nach den Einkommen der Versicherten, die **Leistungen** sind gesetzlich festgelegt. Danach erhalten in der Kranken- und Pflegeversicherung alle Versicherten sowie ihre nicht selbst versicherten Angehörigen trotz unterschiedlich hoher Beitragszahlungen die gleichen Versicherungsleistungen. In der Renten-, Arbeitslosen- und Unfallversicherung aber finden die unterschiedlichen Beitragszahlungen auch in unterschiedlich hohen Versicherungsleistungen ihren Niederschlag.

Der Betrag vom Bruttoentgelt, von dem Beiträge zur gesetzlichen Sozialversicherung höchstens erhoben werden, wird als **Beitragsbemessungsgrenze** bezeichnet. Der Teil des Bruttoentgelts, der die Beitragsbemessungsgrenze übersteigt, wird für die Beitragsbemessung nicht berücksichtigt.

**Beispiel:** Frau Höllrich erhält ein Bruttoentgelt von 4.500,00 EUR. Für die Berechnung ihrer Beiträge zur Arbeitslosen- und Rentenversicherung wird ihr gesamtes Bruttoentgelt herangezogen (Beitragsbemessungsgrenze: 6.350,00 EUR bzw. 5.700,00 EUR). Für die Berechnung der Beiträge zur Kranken- und Pflegeversicherung wird nur ein Betrag von 4.350,00 EUR zugrunde gelegt (Beitragsbemessungsgrenze: 4.350,00 EUR).

## Zusammenfassende Übersicht zu Kapitel 8.9: System der gesetzlichen Sozialversicherung

**GG Art. 20 (1): Die Bundesrepublik Deutschland ist ein demokratischer und sozialer Bundesstaat.**

**Zweige der Sozialversicherung**

| Arbeitslosenversicherung | Rentenversicherung | Krankenversicherung | Pflegeversicherung | Unfallversicherung |
|---|---|---|---|---|
| **grundsätzlich:**<br>– Pflichtversicherung bis Jahresarbeitsentgeltgrenze<br>– Beitragsleistung: Arbeitnehmer und Arbeitgeber<br>– Beitragsleistung bis Beitragsbemessungsgrenze | | | | Beitragsleistung: Arbeitgeber |

| Sozial-vers.-Zweige | Gesetzliche Rentenversicherung | Gesetzliche Arbeitslosenversicherung | Gesetzliche Krankenversicherung | Soziale Pflegeversicherung | Gesetzliche Unfallversicherung |
|---|---|---|---|---|---|
| **Rechts-grund-lagen** | Grundlage des Sozialversicherungsrechts ist das **Sozialgesetzbuch (SGB).** Es besteht aus 12 *Teilbüchern.* | | | | |
| | SGB, Buch 6<br>§§ 1–320 | SGB, Buch 2 und 3<br>§§ 1–69 bzw. 1–434 | SGB, Buch 5<br>§§ 1–307 | SGB, Buch 11<br>§§ 1–112 | SGB, Buch 7<br>§§ 1–220 |
| **Sozial-gerichts-barkeit** | Ist ein Versicherter mit dem Bescheid eines Sozialversicherungsträgers nicht einverstanden, so kann er *Widerspruch* erheben. Gegen einen darauf ergehenden Widerspruchsbescheid kann er beim **Sozialgericht** klagen. Gegen Urteile des Sozialgerichts ist die *Berufung* beim **Landessozialgericht** und gegen dessen Urteil *Revision* beim **Bundessozialgericht** in Kassel möglich. | | | | |
| **Sozial-versicherungs-träger** | Alle Sozialversicherer haben die Rechtsform einer **Körperschaft des öffentlichen Rechts** und somit das Recht der *Selbstverwaltung*. | | | | |
| | Deutsche Rentenversicherung Bund und Regionalträger. | Bundesagentur für Arbeit. | Allgemeine Ortskrankenkassen (AOK), Innungs-, Betriebs-, Ersatzkrankenkassen. | Pflegekassen, die von den Organen der Krankenkassen mitbetreut werden. | Berufsgenossenschaften und Unfallversicherungsanstalten von Bund, Ländern, Gemeinden, von Bahn, Post und Telekom. |
| **Versicherte** | **Versicherungspflichtige:**<br>Alle gegen Entgelt beschäftigten Arbeiter und Angestellten, arbeitnehmerähnliche Selbstständige (mit der Möglichkeit der Befreiung), in die Handwerksrolle eingetragene Handwerker, Wehr- oder Zivildienstleistende u. a.<br>**Freiwillig Versicherte:**<br>Alle nicht versicherungspflichtigen Personen ab Vollendung des 16. Lebensjahres.<br>**Nachversicherte:**<br>Dies sind Personen, die versicherungsfrei oder von der Versicherungspflicht befreit waren, z. B. Beamte auf Zeit, wenn sie ohne Anspruch auf Versorgung aus ihrer Beschäftigung ausgeschieden sind. | **Versicherungspflichtig** sind v. a. Personen, die<br>– gegen Arbeitsentgelt oder<br>– zu ihrer Berufsausbildung beschäftigt sind, sowie<br>– Wehr- und Zivildienstleistende, die vor Dienstantritt versicherungspflichtig waren oder eine zu versichernde Beschäftigung gesucht haben.<br>**Versicherungsfrei** sind u. a. Beamte, Richter, Berufssoldaten | Es besteht eine allgemeine **Versicherungspflicht,** d. h. jeder muss in einer privaten oder gesetzlichen Krankenkasse versichert sein.<br>Arbeitnehmer, deren Arbeitsentgelt in den letzten drei Jahren die Jahresarbeitsentgeltgrenze (2017 = 57.600,00 EUR) nicht überschritten hat, sowie Auszubildende, Studenten, Wehr- und Zivildienstleistende u. a. sind in der gesetzlichen Krankenkasse versicherungspflichtig. | **Versicherungspflichtig** sind alle in der gesetzlichen Krankenversicherung pflichtgemäß und freiwillig Versicherten.<br>**Versicherungsfrei** sind Personen, die gesetzlich krankenversichert sind, aber bereits eine private Pflegeversicherung abgeschlossen hatten, deren Leistungsumfang dem der sozialen Pflegeversicherung entspricht. | **Alle** gegen Entgelt beschäftigten Arbeitnehmer.<br>Auszubildende und Lernende während der beruflichen Fortbildung.<br>Kinder in Kindergärten, Schüler während der Schulzeit, Studierende während der Aus- und Fortbildung an Hochschulen u. a. |

| | | | | | |
|---|---|---|---|---|---|
| Leistungen zur **Rehabilitation:** *Medizinische, berufsfördernde* (z.B. Umschulungen), *ergänzende* (z.B. Haushaltshilfe) und *sonstige Leistungen* (z.B. zur Wiedereingliederung in das Erwerbsleben), *Übergangsgeld.*<br><br>**Rentenzahlungen:**<br>– *Regelaltersrente* ab Vollendung des 67. Lebensjahres. Bestimmte Personengruppen (langjährig Versicherte, schwerbehinderte Menschen, langjährig unter Tage beschäftigte Bergleute) können schon vor Vollendung des 67. Lebensjahres eine *Altersrente* beziehen. Unter Inkaufnahme von Rentenminderungen können Arbeitnehmer vor Erreichen der Altersgrenze Altersrente beziehen.<br>– *Renten wegen teilweiser bzw. voller Erwerbsminderung* für Versicherte, die außerstande sind, täglich mindestens 6 bzw. 3 Stunden erwerbstätig zu sein.<br>– *Witwen- und Witwer-, Erziehungs- oder Waisenrenten.* | **Arbeitslosengeld** je nach Dauer des Versicherungspflichtverhältnisses für längstens 24 Monate, 67 % vom pauschalierten Nettoarbeitsentgelt, für Kinderlose 60 %.<br><br>**Arbeitslosengeld II** wird gewährt, wenn kein Anspruch auf Arbeitslosengeld sowie Bedürftigkeit besteht.<br><br>**Berufsberatung** sowie **Ausbildungs-** und **Arbeitsvermittlung** und diese unterstützende Leistungen.<br><br>**Gründungszuschuss** zur Aufnahme einer selbstständigen Tätigkeit.<br>**Berufsausbildungsbeihilfe**<br><br>**Kurzarbeitergeld** und **Saison-Kurzarbeitergeld**<br><br>**Insolvenzgeld** | **Verhütung von Krankheiten** u. a. durch *Vorsorgebehandlung* von Geschwächten sowie *Vorsorgekuren für Mütter und Väter.*<br><br>**Regelmäßige Gesundheitsuntersuchungen** zur Früherkennung von Krankheiten.<br><br>**Krankenbehandlung:** *Ärztliche und zahnärztliche Behandlung, Arznei-, Verband-, Heil- und Hilfsmittel, Zuschüsse bei Zahnersatz, häusliche Krankenpflege, Haushaltshilfe, Krankenhausbehandlung, Kuren.*<br><br>**Krankengeld** ab der 7. Woche in Höhe von 70 % des regelmäßigen Arbeitsentgelts.<br><br>**Kosten des Krankentransports** | **Häusliche Pflege:**<br>– *Sachleistungen* in Form von Hilfen stündlich bis rund um die Uhr bei der Körperpflege, Ernährung, Mobilität, hauswirtschaftlichen Versorgung.<br>– *Pflegegeld* für selbstbeschaffte Pflegehilfen.<br>– *Vergütung für die Beratung durch Pflegeeinrichtungen.*<br><br>**Teilstationäre Pflege:**<br>*Tages- und Nachtpflege* bzw. *Kurzzeitpflege*, wenn häusliche Pflege (vorübergehend) nicht sichergestellt werden kann.<br><br>**Stationäre Pflege:**<br>– *pflegebedingte Aufwendungen,*<br>– *Aufwendungen der sozialen Betreuung.*<br>Die Kosten der Unterkunft und Verpflegung müssen die Pflegebedürftigen selbst tragen. | **Heilbehandlung und Verletztengeld** (entspricht Krankengeld) als Ersatzeinkommen während der Behandlung.<br><br>Leistungen zur **Förderung der beruflichen und sozialen Rehabilitation.**<br><br>**Pflegegeld** während der verletzungsbedingten Hilflosigkeit.<br><br>**Renten** für Versicherte, deren Erwerbsfähigkeit um mindestens 20 % gemindert ist.<br><br>**Leistungen an Hinterbliebene** in Form von *Sterbegeld, Überführungskosten an den Bestattungsort* sowie *Hinterbliebenenrente.*<br><br>**Abfindung mit einer Gesamtvergütung** statt Rentenzahlung an Versicherte und Hinterbliebene *(Kapitalabfindung).*<br><br>Maßnahmen zur **Verhütung** von **Arbeitsunfällen** und **Berufskrankheiten** sowie **arbeitsbedingte Gesundheitsgefahren.** | **Sozialversicherungsleistungen** |
| 18,7 % vom Bruttoverdienst | 3,0 % vom Bruttoverdienst | 14,6 % vom Bruttoverdienst*** | 2,55 %** vom Bruttoverdienst | Die Beiträge sind allein vom Arbeitgeber zu tragen. Ihre Höhe wird durch ein Umlageverfahren ermittelt, das den mit der Arbeit verbundenen Gefahrenumständen Rechnung trägt. | **Sozialversicherungsbeiträge** |
| **höchstens aber von der Beitragsbemessungsgrenze** | | | | | |
| **2017: 6.350,00 EUR pro Monat*** | | **2017: 4.350,00 EUR pro Monat** | | | |
| Arbeitgeber und Arbeitnehmer tragen **je die Hälfte.** Die *Geringverdienergrenze von 325 EUR*, bis zu welcher der *Arbeitgeber* die kompletten Sozialversicherungsbeiträge *allein* trägt, gilt nur noch für Auszubildende, Praktikanten und für Teilnehmer am freiwilligen sozialen und ökologischen Jahr. Für *geringfügig Beschäftigte* (450 EUR) *muss* der Arbeitgeber eine Pauschale *abführen.* | | | | | |

* 5.700,00 EUR für neue Bundesländer: ** Kinderlose über 23 Jahre zahlen zusätzlich 0,25 % *** Evtl. verlangt die Krankenkasse einen Zusatzbeitrag; diesen trägt der Arbeitnehmer alleine.

## ▶ Aufgaben und Probleme

1. »Mein Gedanke war, die arbeitenden Klassen zu gewinnen, oder soll ich sagen zu bestechen, den Staat als soziale Einrichtung anzusehen, die ihretwegen besteht und für ihr Wohl sorgen möchte.« (Reichskanzler Otto von Bismarck)

   Welchen Grund für die Einrichtung der Sozialversicherung in den 1880er-Jahren entnehmen Sie der Aussage Bismarcks?

2. Nehmen Sie zu nachfolgenden Behauptungen Stellung:
   a) »Sozialversicherung bedeutet für den Einzelnen Einkommensbindung.«
   b) »Die Sozialversicherung entlastet den Staat.«

3. In Deutschland ist die Sozialversicherung eine Pflichtversicherung. In anderen Ländern hingegen ist es jedem weitestgehend freigestellt, ob er sich entsprechend versichert oder nicht. Diskutieren Sie die Vor- und Nachteile dieser unterschiedlichen Systeme am Beispiel der Krankenversicherung.

4. Elke, Auszubildende für den Beruf einer Floristin, erhält in ihrem ersten Ausbildungsjahr eine Vergütung von monatlich 320 EUR. Ihr Freund Alexander (28 Jahre), der sich im dritten Ausbildungsjahr zum Industriekaufmann befindet, erhält monatlich 620 EUR vergütet.

   Wie viel EUR werden den beiden für die einzelnen Sozialversicherungszweige und insgesamt von ihrer Ausbildungsvergütung abgezogen?

5. Welches ist der jüngste Zweig der Sozialversicherung und weshalb wurde er notwendig?

6. Michael Kühn (22 Jahre, keine Kinder) entnimmt seiner Gehaltsabrechnung, dass monatlich 123,00 EUR vom Bruttolohn in Höhe von 1.500,00 EUR für die Krankenversicherung abgezogen werden. Der Betrag erscheint ihm zu hoch.
   a) Begründen Sie, ob er aus der gesetzlichen Krankenversicherung austreten könnte.
   b) Welche Möglichkeit besteht für Herrn Kühn, seinen Beitrag zu senken?
   c) Michael Kühn muss wegen einer Blinddarmoperation ins Krankenhaus. Für welche Leistungen kommt die Krankenkasse in diesem Fall auf?

7. Anhaltende Arbeitslosigkeit, allgemeine Geburtenrückgänge und die gestiegene Lebenserwartung der Menschen werfen für die gesetzliche Rentenversicherung Probleme auf, zu deren Lösung viele Vorschläge im Raum stehen. Finden Sie jeweils
   – ein Argument für,
   – ein Argument gegen die folgenden Vorschläge:
   a) Senkung des Rentenniveaus je nach Minderung der Beitragseinnahmen.
   b) Erhöhung der Rentenbeiträge, um die Leistungen auf dem derzeitigen Stand zu halten.
   c) Aufgabe der beitragsfinanzierten Rente und Finanzierung der Renten allein über Steuern, die von allen Steuerpflichtigen im Rahmen einer Beitragsbemessungsgrenze erhoben werden.

8. Die von den Arbeitgebern allein zu bezahlenden Beiträge zur gesetzlichen Unfallversicherung sind Bestandteil der sogenannten Lohnnebenkosten. Um durch niedrigere Kosten wettbewerbsfähig zu bleiben, plädieren manche Arbeitgeber dafür, auch die Beiträge zur gesetzlichen Unfallversicherung zur Hälfte den Arbeitnehmern aufzubürden.

   Welche Argumente aus der Arbeitnehmerschaft sind dagegen vorzutragen?

# 9 Marketing

## 9.1 Wesen des Marketings

### Markt- und Kundenorientierung als Grundlage für unternehmerisches Handeln

Ein Unternehmen unterhält vielfältige Beziehungen zu Kunden, Lieferanten, Konkurrenten, zu den Mitarbeitern, zu Behörden und zur gesamten Öffentlichkeit. Von besonderer Bedeutung sind die Beziehungen des Unternehmens zu den Lieferanten auf dem Beschaffungsmarkt und den Kunden auf dem Absatzmarkt.

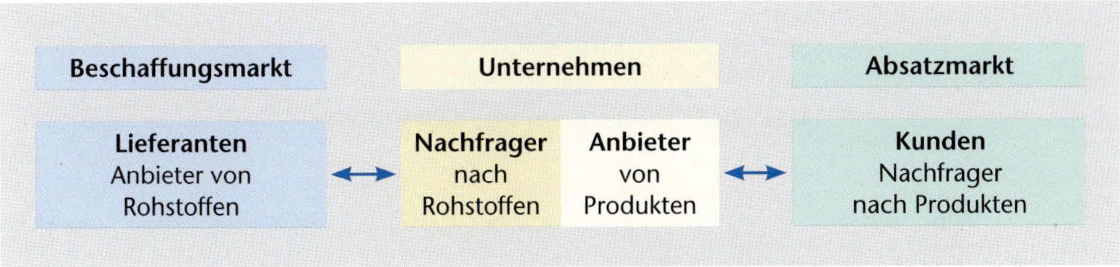


Um bestehen zu können, muss das Unternehmen den Anforderungen der Märkte entsprechen. Unternehmerisches Handeln ist also marktorientiert, d. h. auf die Märkte ausgerichtet. Der Kunde steht im Mittelpunkt sämtlicher Betrachtungen (Kundenorientierung).

Als **Marketing** bezeichnet man die **systematische Informationsgewinnung** über Marktgegebenheiten und die **zielgerichtete Konzeption und Durchführung marktbezogener Aktivitäten** eines Anbieters gegenüber Nachfragern.

Alle Maßnahmen der **planmäßigen Gestaltung** eines **Absatzmarktes** gehören zum **Absatzmarketing.***

In vielen Unternehmen ist die Rolle des Marketings auf die Absatzfunktion reduziert. Sie steht gleichberechtigt neben den Funktionen Beschaffungs-, Produktions-, Finanz- und Personalwirtschaft. Die Aufgaben des Marketings werden häufig auf Vertriebs-, teilweise sogar auf Werbefunktionen verkürzt. Die Absatzabteilung übernimmt neben einer eigenständigen Vertriebsabteilung die Aufgaben der Absatzvorbereitung. Diese Vorgehensweise entspricht durchaus den Anforderungen auf einem Verkäufermarkt.

Die zunehmende Tendenz zu Käufermärkten erfordert eine aktuellere Sichtweise. Diese rückt das Marketing ins Zentrum der betrieblichen Funktionen. Sämtliche unternehmerische Entscheidungen werden vom Absatzbereich, dem Markt, beeinflusst. Der Absatz der Produkte und Dienstleistungen ist eine zentrale Aufgabe eines Unternehmens.

Der besondere Stellenwert ist dann gegeben, wenn es gelingt, das **Marketing** als zentrale Denkweise aller Unternehmensbereiche auf die **Befriedigung der Kundenbedürfnisse** auszurichten. Marketing wird hier als **Dienst des Unternehmens am Kunden** verstanden, ausgerichtet an dessen Bedürfnissen und Wünschen.

* In diesem Kapitel wird nur das Absatzmarketing behandelt und hierfür der Begriff »Marketing« verwendet.

## 9.2 Marketingpolitische Ziele und Marketingstrategien

### 9.2.1 Ziele des Marketings

Die gesamten unternehmerischen Aktivitäten orientieren sich am Absatzmarkt (Kunden- und Marktorientierung). Im Mittelpunkt steht immer die Frage: »Was kann verkauft werden?«

An der Spitze des Zielsystems eines Unternehmens steht das ökonomische Ziel, Gewinn zu erzielen. Daneben werden häufig soziale und ökologische Ziele verfolgt. Dieses Zielbündel soll durch Versorgung der Märkte mit Gütern erreicht werden. Dazu müssen die Märkte beeinflusst werden. Um dies optimal umzusetzen, können folgende Marketingziele als Unterziele formuliert werden:

Die ökonomischen Ziele lassen sich zahlenmäßig exakt formulieren, bei den psychologischen ist dies nicht möglich.

**Beispiele:**

1. Steigerung des Umsatzes um 500.000 EUR
2. Stärkung des Images als ökologisch verantwortliches Unternehmen

Darüber hinaus lassen sich auch Ziele formulieren, die sich an den Marketinginstrumenten ausrichten:

**Ziele des Marketings nach den Marketinginstrumenten**

**produkt- und sortimentspolitische Ziele**

z. B.
- Angebot von Spitzenprodukten, Massenprodukten etc.
- Image der Leistungen
- Markenimage
- Markeneinstellung

**preis- und konditionenpolitische Ziele**

z. B.
- Preisstabilisierung
- Preisanhebung
- Preiskontrolle
- Preissenkung
- Zahlungsbeschleunigung

**kommunikationspolitische Ziele**

z. B.
- Wecken von Aufmerksamkeit
- Informieren der Kunden
- Aufbau einer positiven Kundeneinstellung
- Stärkung der Kaufabsicht

**distributionspolitische Ziele**

z. B.
- Qualität der Kundenbeziehung
- Lieferungsflexibilität und -beschleunigung
- Senkung der Logistikkosten

## 9.2.2 Marketingstrategien und Marketingkonzeption

Nachdem eine konkrete Zielbestimmung durchgeführt wurde, muss ein langfristiger Gesamtplan, eine Marketingstrategie, entwickelt werden.

Die **Marketingstrategie** ist der **langfristige Plan** zur Entwicklung und zum Einsatz passender Marketinginstrumente für die **Erreichung der Marketingziele** des Unternehmens.

Die kurz- und mittelfristige Umsetzung der Marketingstrategie erfolgt mit dem Marketing-Mix der verschiedenen Marketinginstrumente und wird **operatives Marketing** oder **Marketingkonzeption** genannt.

Die **Marketingkonzeption** ist die **planmäßige Erfassung und Vorauswahl aller Marketinginstrumente,** die zur Erreichung der Unternehmensziele geeignet sind (Kapitel 9.4 ff.).

Häufig werden vier unterschiedliche Strategien für das Marketing unterschieden:

| Markt / **Produkt** | **alt** | **neu** |
|---|---|---|
| **alt** | Marktdurchdringung | Marktentwicklung |
| **neu** | Produktentwicklung | Diversifikation |

## Marktdurchdringung

Bei der Marktdurchdringung soll das vorhandene Marktpotenzial besser ausgeschöpft werden. Drei Zielrichtungen sind denkbar:

| Ziele der Marktdurchdringung | Beispiele |
|---|---|
| **Erhöhung** der **Nachfrage** bei den bisherigen Kunden | Anreiz zur Konsumsteigerung durch Intensivierung der Werbung oder Veränderung der Verkaufseinheiten, wie verschieden große Gebindeeinheiten bei Erfrischungsgetränken |
| **Gewinnung** von **Neukunden** des Produktes | Verteilung von Proben oder Abbau von Preisschwellen |
| **Abwerbung** von Kunden der Mitbewerber | Verbesserung des Produktes oder der Informationen über das Produkt und damit Schaffung neuer Verkaufsargumente |

## Marktentwicklung

Die Marktentwicklung setzt sich die Erschließung neuer Märkte für derzeitige Produkte zum Ziel:

- **Definition** neuer **Verwendungszwecke.**

  **Beispiele:** Schaffung neuer Anwendungsgebiete bzw. Erweiterung der Produkteignung durch Schaffung eines Zusatznutzens (Erfrischungsgetränke mit Zusatzstoffen)

- **Gewinnung** neuer **Verwender** durch Gebietserweiterung.

  **Beispiel:** regionale, nationale oder internationale Markterweiterung, z. B in die neuen EU-Mitgliedsstaaten Rumänien und Bulgarien

- **Aufspaltung** des Gesamtmarktes in **Teilmärkte (Marktsegmentierung).**

## Produkt- und Sortimentsentwicklung

Neue Produkte und Dienstleistungen sollen die Wettbewerbsfähigkeit und damit den Bestand des Unternehmens langfristig sichern. Zielrichtung sind die Maßnahmen der Produkt- und Sortimentspolitik.

**Beispiel:** Smartphones werden ständig weiterentwickelt und mit neuen Funktionen, z. B. Spracherkennung, ausgestattet.

## Diversifikation

Die Diversifikation strebt die Schaffung neuer Betätigungsfelder an. Es werden neue Waren und Dienstleistungen aus vor- oder nachgelagerten Ebenen in das Programm aufgenommen oder solche, die in keinem Zusammenhang mit der bisherigen Unternehmenstätigkeit stehen.

**Beispiel:** Ein Unternehmen, das gut in den Markt eingeführte Software entwickelt, steigt in den Markt für Tablets und Smartphones ein.

### Zusammenfassende Übersicht zu den Kapiteln 9.1 und 9.2:
- **Wesen des Marketings**
- **Marketingpolitische Ziele und Marketingstrategien**

**Stellung des Marketings im Unternehmen**

| Funktionen nebeneinander | Marketing im Zentrum | Kunde im Zentrum |
| --- | --- | --- |

**Marketingziele**

**orientiert am Markterfolg**
- **ökonomische Ziele**
  - Absatz- und Umsatzsteigerung
  - Erhöhung des Marktanteils
- **psychologische Ziele**
  - Image- und Bekanntheitspflege
  - Kundenakquise und Kundenbindung

**orientiert an Marketinginstrumenten**
- **produkt- und sortimentspolitische Ziele**
- **preis- und konditionenpolitische Ziele**
- **kommunikationspolitische Ziele**
- **distributionspolitische Ziele**

**Marketingstrategie**
→ langfristiger Plan

↓ **Marktdurchdringung** | ↓ **Marktentwicklung** | ↓ **Produktentwicklung** | ↓ **Diversifikation**

### ▶ Aufgaben und Probleme

1. Joachim Egert und Dietrich Keller beabsichtigen, ein Großhandelsunternehmen zum Vertrieb ökologischer Möbel, die Natur Pur KG in Heilbronn, zu eröffnen. Die beiden wollen Marketingziele formulieren und eine sinnvolle Marketingstrategie entwerfen.
   Bearbeiten Sie in Gruppen folgende Aufgabenstellungen:
   - Begründen Sie, warum eine Zielformulierung wichtig ist.
   - Formulieren Sie sinnvolle Ziele für die Natur Pur KG.
   - Entscheiden Sie sich für eine Marketingstrategie und begründen Sie diese.
   - Stellen Sie Ihre Ziele und Ihre Strategie der Klasse vor.
2. Auf der Seite 293 werden drei Möglichkeiten dargestellt, welche Stellung das Marketing im Unternehmen haben kann.
   a) Erläutern Sie die drei dargestellten Möglichkeiten.
   b) Informieren Sie sich in einem Unternehmen Ihrer Wahl. Stellen Sie dar, welche Stellung das Marketing dort einnimmt.

## 9.3 Marktforschung

Bei der **Marktforschung** werden **Daten** über ausgewählte Märkte mit wissenschaftlichen Methoden **erhoben, analysiert** und **interpretiert.**

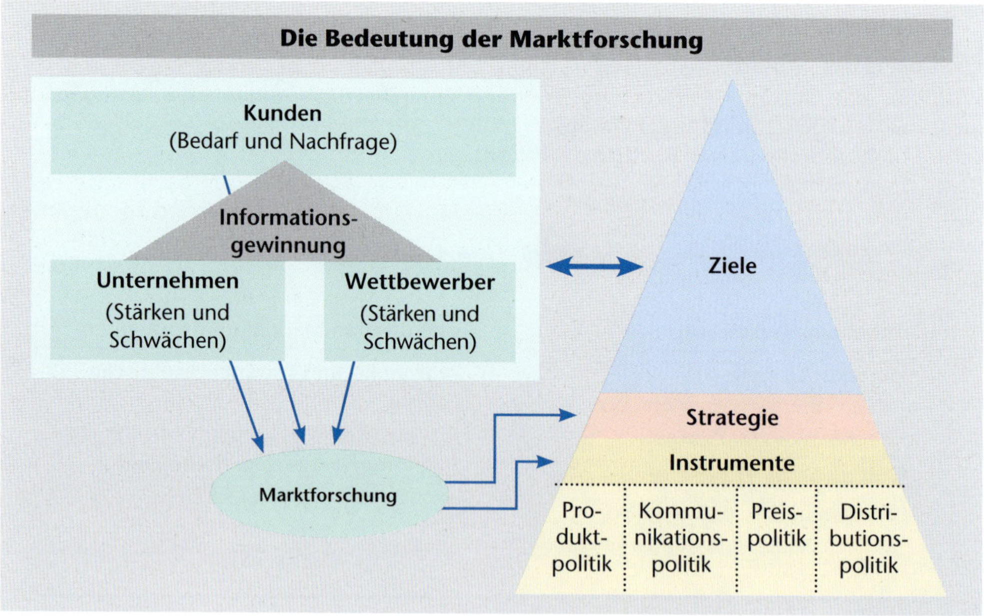


### 9.3.1 Gegenstand und Bedeutung der Marktforschung

Zunächst muss aus der erkannten Marketingaufgabe (z. B. Einführung eines neuen Produktes) und der Marketingzielsetzung (z. B. Positionierung des Produktes zunächst im süddeutschen Raum) eine konkrete Marktforschungsaufgabe herausgearbeitet werden. Daraus ergibt sich dann der jeweilige Forschungsschwerpunkt:

### ▶ Zielgruppenforschung

Personenkreis, der angesprochen werden soll, dessen Einstellungen, Verhalten und Erwartungen; Bekanntheitsgrad und Image des Unternehmens und dessen Leistungen.

### ▶ Wettbewerbsforschung

Anzahl, Größe und Auftreten der Wettbewerber; Vorteile und Nachteile des eigenen Unternehmens und der eigenen Produkte gegenüber der Konkurrenz und den Konkurrenzprodukten.

### ▶ Trendforschung

Entwicklungen, Sättigungsgrad und Marktpotenzial; eigene Stellung und Position in den Märkten, Risiken und Einflussfaktoren; allgemeine konjunkturelle Lage.

## Marktanalyse und Marktbeobachtung

Die **Marktanalyse** ist eine einmalige punktuelle Darstellung der Marktsituation in einem bestimmten **Zeitpunkt.** Es werden nur die Daten erhoben, die gerade aktuell sind und so für Entscheidungen herangezogen werden können. Die Marktanalyse geht daher häufig der Einführung eines neuen Erzeugnisses am Markt voraus.

Die **Marktbeobachtung** umfasst einen **Zeitraum** und liefert deswegen umfangreichere Informationen. Ziel ist es, fortlaufend die Veränderungen und die Entwicklungen des Marktes zu verfolgen. Die Marktbeobachtung soll wie ein Film den Marktablauf erfassen und dadurch Wandlungen und Entwicklungstendenzen aufzeigen.

## Primär- und Sekundärforschung

### ▶ Primärforschung

Wird für eine bestimmte Marktuntersuchung zunächst **Quellenmaterial erhoben** und **ausgewertet,** spricht man von **Primärforschung.** Man gewinnt das Material durch Beobachtung, mündliche oder schriftliche Befragung von Lieferanten, Kunden, Verbrauchern, Konkurrenten und anderen Personenkreisen. Diese Primärerhebungen werden entweder von unternehmenseigenen Forschungsstellen oder im Auftrag von externen Marktforschungsinstituten durchgeführt. Zur Beschaffung von Primärmaterial wird heute auch vielfach das Internet eingesetzt. Dazu werden Internetteilnehmer gebeten, ihre Meinungen, Anregungen und ihre Kritik zu einem Produkt mitzuteilen oder einen Fragebogen auszufüllen.

| Methoden der Primärforschung | | | | |
|---|---|---|---|---|
| | Erhebungsmethode | | | |
| | Befragung | | Beobachtung | Experiment |
| | Interview | Panel | | |
| **Merkmale** | **Erfragen** von Meinungen, Einstellungen, Motiven, Tatbeständen und Verhaltensweisen | **wiederholte Befragung** eines repräsentativen Personenkreises zum gleichen Erhebungsgegenstand über längere Zeiträume | Feststellen von Verhaltensweisen durch **Beobachtung** bestimmter Tatbestände | **Erprobung** einer neuen Maßnahme vor ihrer Einführung |

| | Erhebungsmethode | | | |
|---|---|---|---|---|
| | **Befragung** | | **Beobachtung** | **Experiment** |
| | **Interview** | **Panel** | | |
| **Formen** | **mündliche** Befragung durch **Interview:**<br>– Standardinterview (fest vorgegebene Fragen und Reihenfolge)<br>– Strukturinterview (freie Formulierung bei gegebenem Fragengerüst)<br>– freies Interview (zwangloses Gespräch)<br>**schriftliche** Befragung mittels **Fragebogen,** Befragung mittels E-Mail und Internet | **Haushaltspanel, Einzelhandelspanel, Großhandelspanel, Industriepanel** | **Selbstbeobachtung** im eigenen Betrieb<br>**Fremdbeobachtung** in einem fremden Unternehmen | **Feldexperiment** bei normalen Marktbedingungen auf einem Testmarkt (z. B. Wein in Plastikflaschen)<br>**Laborexperiment** bei künstlichen Bedingungen außerhalb des Marktes (z. B. Personalbefragung nach der Wirkung einer neuen Verpackung) |
| **Befragtenauslese** | **Stichprobenauswahl:**<br>– Zufallsauswahl (Auswahl ohne Rücksicht auf die Bevölkerungsstruktur, z B. jeder 100. aus dem Telefonbuch)<br>– Quotenauswahl (Auswahl, die der Bevölkerungsstruktur – Altersklassen, Berufsgruppen o. a. – entspricht) | | keine Auslese, Beobachtung der zufällig im Beobachtungsfeld befindlichen Personen | Auswahl nach marktgegebenen oder simulierten Bedingungen |
| **Forschungsbereiche** | Käuferverhalten, Kaufgewohnheiten, Meinungen, Wünsche, Motivationen | Wirkung von Wettbewerbsaktivitäten, Effizienz der Absatzorganisation, Preisentwicklung, Umschlagskennzahlen | Schaufensterwirkung auf Passanten, Aufmerksamkeit der Kunden im Laden | Test von Produktmodellen, Verpackungsentwürfen, Werbemitteln, Preisgestaltung |
| **Vorteile und** | Möglichkeit der Erforschung von nicht beobachtbaren Tatbeständen | Aussagen über Marktaktivitäten im Zeitablauf | häufig objektiver als Befragung | Erprobung unter realistischen Bedingungen |
| **Nachteile** | falsche Ergebnisse durch suggestive Beeinflussung; notwendig sind exakte Fragen und Kontrollfragen | hohe Verweigerungs- und Austrittsquoten erfordern einen Austausch der Panelmitglieder; Mitarbeit muss vergütet werden | Beobachter kann nur wenige Beobachtungsfälle im Auge behalten; viele Tatbestände sind nicht beobachtbar (Motive) | oft großer Zeit- und Kostenaufwand; begrenzter Anwendungsbereich |

▶ **Sekundärforschung**

Als **Sekundärforschung** bezeichnet man die **Auswertung außer- und innerbetrieblichen Quellenmaterials,** das bereits vorhanden ist. Es wurde eventuell ursprünglich für andere Zwecke erhoben, lässt sich aber in zweiter Linie (sekundär) für eine gezielte Marktuntersuchung auswerten.

**Außerbetriebliches Sekundärmaterial:**

- Jahrbücher, Marktberichte und Internetveröffentlichungen statistischer Ämter (www.destatis.de),
- Ermittlungen privater Marktforschungsinstitute,
- Berichte von Fachverbänden und Handelskammern,
- Veröffentlichungen von Banken zur Wirtschaftslage.

**Innerbetriebliches Sekundärmaterial** wird gewonnen aus der Buchhaltung, Betriebsstatistik, der Korrespondenz und aus Berichten der Marketingmitarbeiter im Innen- und Außendienst. Da das Sekundärmaterial bis zu seiner Veröffentlichung häufig überholt ist, dient es in der Regel nur dazu, Primärerhebungen (»field-research«) vom Schreibtisch aus (»desk-research«) vorzubereiten.

### Aufbereitung und Auswertung des Materials

Das Sekundär- und Primärmaterial muss für die Bedürfnisse des Unternehmens aufbereitet und ausgewertet werden. Bei der Auswertung werden die Antworten gruppenweise zusammengefasst, geordnet, gezählt, prozentual verglichen und gedeutet. **Tabellarische, grafische** und **bildliche Darstellungen** vermitteln eine bessere Übersicht und einen deutlichen Eindruck von den Forschungsergebnissen. Durch Errechnung von **Kenn- und Richtzahlen** lassen sich aus den Ergebnissen der Marktforschung Schlüsse ziehen und Planzahlen für die betriebliche Marktpolitik ermitteln.

## 9.3.2 Marktprognose

Die Marktprognose baut auf den Ergebnissen der Marktforschung auf. Durch die Studie der vergangenen Entwicklung und des heutigen Zustands der Märkte versucht man, die **zukünftige Marktentwicklung** abzuschätzen und vorauszuberechnen. Diese Zukunftseinschätzung ist immer mit einem Risiko verbunden. Dieses kann durch eine möglichst umfassende Erhebung und Auswertung von Daten und Erfahrungen abgemildert werden.

**Zusammenfassende Übersicht zu Kapitel 9.3: Marktforschung**

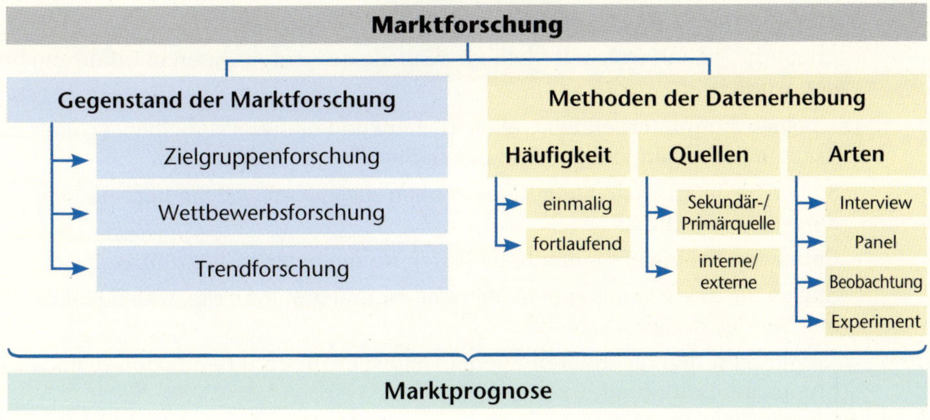

## ▶ Aufgaben und Probleme

1. Nennen Sie Vor- und Nachteile der Primärerhebung gegenüber der Sekundärerhebung.
2. Nennen Sie Anwendungsbereiche, für die sich die einzelnen Methoden der Primärforschung besonders eignen.
3. Beschreiben Sie, inwieweit die Kenntnis von Marktdaten eine wichtige Entscheidungshilfe für die Absatzpolitik von Unternehmen ist (vgl. www.destatis.de).
4. Welche Folgerungen können aus folgenden Ergebnissen der Marktforschung für das Marketing abgeleitet werden?
   a) Die Bevölkerung ist zunehmend verärgert über den übermäßigen Verpackungsaufwand.
   b) Die Bevölkerung interessiert sich immer stärker für Sportsendungen im Fernsehen.
   c) 50 % der Fans während der Fußballweltmeisterschaft in Brasilien waren weiblich.
   d) Die Bevölkerung ist wieder bereit, mehr Geld für Konsumgüter auszugeben. Jedoch herrscht bei Luxusgütern deutliche Kaufzurückhaltung.
5. Erläutern Sie mögliche Risiken, die sich aus der Erstellung einer Marktprognose ergeben.
6. Ein regional anbietender Großhändler für Fahrräder, Fahrradzubehör und -bekleidung möchte seine Stellung am Markt verbessern. Eine Marktforschung soll Basis dafür sein.
   a) Unterbreiten Sie Vorschläge, wie der Markt erforscht werden könnte.
   b) Folgern Sie aus Ihren persönlichen Beobachtungen heraus, welche Ergebnisse die Marktforschung erbringen könnte.
   c) Erarbeiten Sie Vorschläge, wie die Marketingstrategie gestaltet werden könnte.
7. Joachim Egert und Dietrich Keller haben die Natur Pur KG in Heilbronn eröffnet (vgl. Aufgabe 1, Seite 298). (Die folgenden Teilaufgaben a) und b) können in arbeitsteiliger oder arbeitsgleicher Gruppenarbeit bearbeitet werden.)
   a) Zur Festlegung der Marketingstrategie und -instrumente soll Marktforschung betrieben werden.
      - Erläutern Sie, was die Natur Pur KG durch Marktforschung in Erfahrung bringen will.
      - Begründen Sie, ob die Natur Pur KG eine Marktbeobachtung, Marktanalyse oder Marktprognose betreiben soll.
      - Erläutern Sie, mit welchen Methoden Sie die gesuchten Daten in Erfahrung bringen würden.
   b) Die beiden Jungunternehmer wollen kleinere und mittlere Möbelhäuser, aber auch Passanten in Fußgängerzonen mit einem Fragebogen ansprechen.
      - Stellen Sie in arbeitsteiligen Kleingruppen zusammen, welche Informationen sich die beiden erhoffen.
      - Entwerfen Sie jeweils einen Fragebogen für die beiden Zielgruppen.
      - Stellen Sie Ihre Fragebogen im Plenum vor und erläutern Sie, welche Informationen Sie sich dadurch erhoffen.
      - Vergleichen und diskutieren Sie die Unterschiede der Fragebogen je nach Zielgruppe der Befragung.

## 9.4 Produkt- und Sortimentspolitik

**Produktpolitik** ist die kundenorientierte **Entwicklung** und **Veränderung** von **Produkten** durch den Hersteller.

**Sortimentspolitik** ist die kundenorientierte **Auswahl der Produkte** und **Dienstleistungen,** die ein Unternehmen am Markt anbietet.

### 9.4.1 Produktpolitik

Die Produktpolitik eines Unternehmens umfasst alle Entscheidungen, die sich auf die Gestaltung bestehender und zukünftiger Produkte beziehen. Bereits eingeführte Produkte müssen ständig verbessert und an geänderte Marktbedingungen angepasst werden. Angesichts immer kürzerer Lebenszyklen von Produkten (Kapitel 9.8.1) gewinnen erfolgreiche Produktinnovationen für den langfristigen Unternehmenserfolg an Bedeutung.

#### Produktgestaltung

Ein Kernbereich des Marketings ist die optimale Ausgestaltung bzw. Kombination von Produkteigenschaften und produktbegleitenden Serviceleistungen. Zur Produktgestaltung zählen einerseits die Festlegung der Funktions- und Gebrauchseigenschaften (Grundnutzen) einschließlich Stoffqualität, Lebensdauer und evtl. Wiederverwertbarkeit, andererseits auch Produktdesign, Gestaltung der Verpackung, Markenimage, Kundendienst (Zusatznutzen). Die funktions- und stilgerechte Formgebung nennt man **Design.** Langfristig gutes Design trägt dazu bei, langlebige Güter zu produzieren, fördert den Gebrauchswert, verhindert Verschwendung und erhöht damit die ökologische Verträglichkeit. Zunehmend wird bei der Gestaltung der Produkte versucht, alle Sinne anzusprechen. Beispielsweise ist das passende Geräusch zur Anwendung der Produktwahrnehmung sehr wichtig. Sounddesign und Psychoakustik machen aus einem ausgereiften Produkt ein vollkommenes Produkt.

**Beispiel:** Es wird aufwendig an einem zu E-Autos passenden Motorengeräusch geforscht.

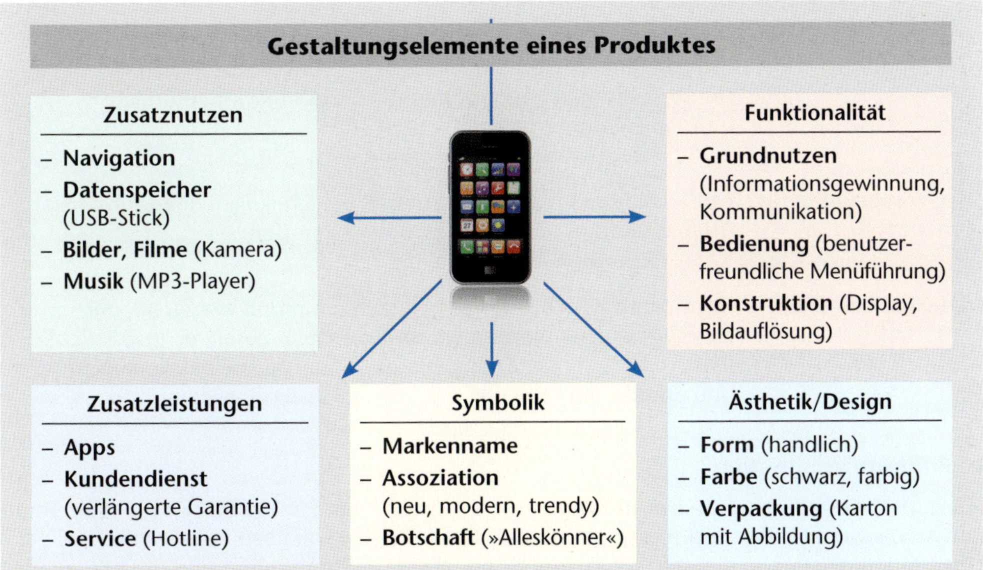


Smartphone: © Tsiumpa – Fotolia.com

## Produktveränderung

Die Produktveränderung betrifft Produkte, die bereits im Markt eingeführt sind.

### ▶ Produktvariation

Produkte müssen laufend angepasst und verbessert werden.

| Variation | Ursachen für Variation | Beispiel |
|---|---|---|
| in den **Produktfunktionen** | Veränderung des Standes der Technik; wachsende Sicherheitsbedürfnisse, Umweltschutzvorschriften | Mobiltelefon mit Internetzugang |
| im **Design** | Geschmacks- und Modewandel | grellbunte Softgetränke in 0,33-Liter-Klarglasflaschen |
| im **Nutzen** | neue Zusatzleistungen, die das Produkt attraktiv erhalten und es von der Konkurrenz abheben | Mobiltelefone mit verschiedenen Apps |
| in der **Verpackung** | Bedeutung als Informationsträger, zur Visualisierung des Produktes, als Werbeträger | Kreditkarten mit den Logos der ausgebenden Kundenbank |

### ▶ Produktdifferenzierung

Die unterschiedliche Ausgestaltung der Angebotspalette eines Produktes nennt man **Produktdifferenzierung.**

| Differenzierung nach | Erläuterung | Beispiele |
|---|---|---|
| dem **Namen** des Produktes | Produkte des gleichen Unternehmens werden unter verschiedenen Markennamen oder als sogenannte »No-Name-Produkte« angeboten. | Eiscreme eines Markenanbieters und als Handelsmarke bei einem Discounter |
| den **Eigenschaften** des Produktes | Produkte mit unterschiedlichen Eigenschaften, Geschmacksrichtungen usw. existieren nebeneinander auf dem Markt oder sind zeitlich begrenzte Sondermodelle. | Erfrischungsgetränke mit unterschiedlichen Geschmacksrichtungen |
| der **Verpackung** des Produktes | Mit verschiedenen Verpackungsgrößen werden unterschiedliche Käuferschichten angesprochen. | Schokoladenriegel in Miniversion |
| dem **Zusatznutzen** | Ergänzend zum bisherigen Nutzen eines Produktes werden weitere Eigenschaften oder Dienstleistungen angeboten. | Limonadengetränk mit ACE-Zusätzen, Installationsservice beim Werkzeugmaschinenkauf |

### ▶ Produktdiversifikation

Hierunter versteht man die Einführung neuer Produktlinien. Häufig erfolgt die Aufnahme von artverwandten Produkten, die die Angebotspalette sinnvoll abrunden sollen. Ziele der Diversifikation sind fast immer Risikoverteilung (mehrere Standbeine) und damit Gewinnsteigerung oder aber auch das Wachstum in neue Märkte hinein.

| Arten der Diversifikation | Erläuterung | Beispiel |
|---|---|---|
| **horizontale Diversifikation** | Nimmt neue Produkte in das Programm auf, die auf einem Markt angeboten werden, den das Unternehmen bereits bedient. | Eine Brauerei nimmt Mixgetränke in ihr Programm auf. |
| **vertikale Diversifikation** | Ergänzt das Programm um Leistungen der vor- oder nachgelagerten Produktions- bzw. Leistungsstufe. | Ein Küchenmöbelgroßhändler kauft einen Küchenmöbelhersteller auf. |
| **laterale Diversifikation** | Nimmt neue Leistungen in das Programm auf, die in keinem Zusammenhang mit dem bisherigen Leistungsangebot des Unternehmens stehen. | Eine Handelskette für Befestigungssysteme steigt in die Produktion von Solarmodulen ein. |

### Produktinnovation

#### ▶ Produktneugestaltung

Darunter versteht man die fortschrittlichere Lösung eines technischen Problems bei einem vorhandenen Produkt.

**Beispiel:** Verwendung von korrosionsbeständigen Kunststoffen für den Fahrzeugbau

#### ▶ Produktentwicklung

Dies ist die Entwicklung und Gestaltung eines neuen Produktes, das noch nicht am Markt eingeführt ist. Sie ergibt sich aus der Kenntnis einer Marktlücke.

**Beispiel:** Entwicklung des Smartphones

### Produktelimination

Aus Kostengründen, wegen rückläufigen Absatzes, infolge Kapitalknappheit oder mangels geeigneten Personals werden einzelne Produkte oder Produktreihen nicht mehr produziert oder angeboten.

## 9.4.2 Sortimentspolitik

Die Gesamtheit aller von einem Unternehmen angebotenen Produkte wird als **Produktprogramm** oder **Sortiment** bezeichnet. Es umfasst **selbstgefertigte Produkte, Handelswaren** und **Dienstleistungen.**

### Sortimentsgestaltung

Im Rahmen der Sortimentsgestaltung ist zunächst die Entscheidung bezüglich der **Sortimentsbreite (Programmbreite)** und **Sortimentstiefe (Programmtiefe)** zu treffen.

Die **Sortimentsbreite (Programmbreite)** gibt die Anzahl der unterschiedlichen Produkte an, die angeboten werden.

Die **Sortimentstiefe (Programmtiefe)** bestimmt die Anzahl der unterschiedlichen Produktvarianten.

| Gestaltung des Sortiments nach der | | Beispiele |
|---|---|---|
| **Sortimentsbreite** (Anzahl der unterschiedlichen Produkte) | **breites Programm:** viele verschiedene Produkte | Ein Möbelhersteller produziert Schlafzimmer-, Wohnzimmer-, Kinderzimmer-, Küchenmöbel und bietet als Handelsware Küchenelektrogeräte und Lampen an. |
| | **schmales Programm:** wenige verschiedene Produkte | Ein Möbelhersteller fertigt nur Holzregale. |
| **Sortimentstiefe** (Anzahl der Varianten gleichartiger Produkte) | **tiefes Programm:** Produkte in vielen Varianten | Ein Textilhersteller fertigt Krawatten in unzähligen Farben und Mustern. |
| | **flaches Programm:** Produkte in wenigen Varianten | Herstellung nur einzelner häufig konsumierter Brotsorten in einer Brotfabrik. |

Nach der **Wichtigkeit der angebotenen Produkte** unterscheidet man:

- Das **Kernsortiment** stellt den Hauptbestandteil des Sortiments dar. Häufig wird nahezu der gesamte Umsatz und Gewinn mit dem Kernsortiment erzielt.
- Das **Randsortiment** ergänzt das Kernsortiment. Der Abnehmer empfindet es als eine besondere Serviceleistung des Unternehmens, dass diese Artikel das Gesamtsortiment abrunden.

## Dienstleistungsgestaltung

Einen zweiten Themenbereich der Sortimentspolitik stellt die Dienstleistungsgestaltung dar. Es ist grundsätzlich zu entscheiden:

- Welche Dienstleistungen sollen angeboten werden (Breite und Tiefe des Dienstleistungsangebots)?
- Welchen Kunden sollen die Dienstleistungen angeboten werden?
- Wie intensiv sollen die Dienstleistungen vermarktet werden?

Nach dem Zeitpunkt der Dienstleistung unterscheidet man:

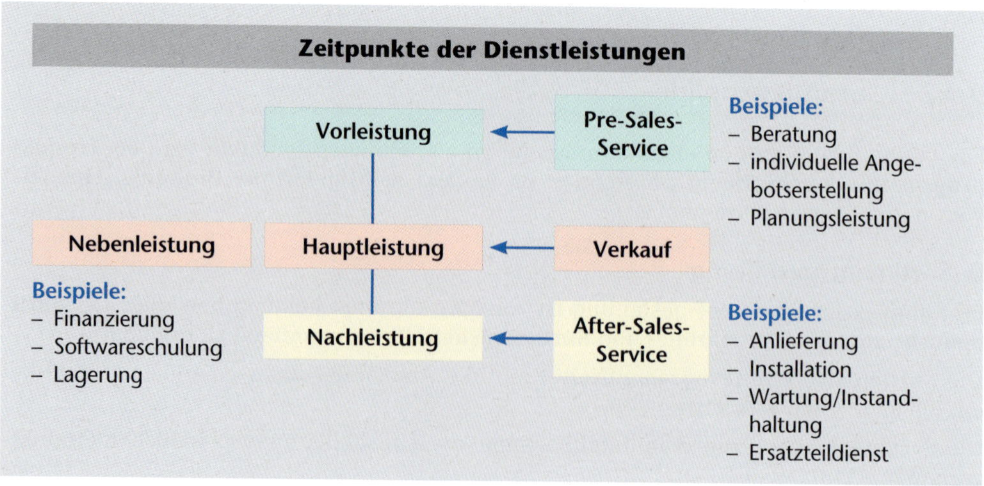

Nach dem Unternehmensbereich unterscheidet man zwischen kaufmännischen und technischen Dienstleistungen:

| kaufmännische Dienstleistungen | technische Dienstleistungen |
|---|---|
| – Verkaufsberatung, Information<br>– Finanzierung<br>– Hotline, Onlinedienste<br>– Abwicklung von Gewährleistung, Garantieleistung<br>– Ersatzteildienst<br>– Kundenparkplätze, Cafeteria | – Installation, Inbetriebnahme<br>– Wartung, Inspektion, Reparatur<br>– Gewährleistung, Garantieleistung<br>– Ersatzteildienst<br>– Schulung, Betriebs- und Gebrauchsanleitung |

Die Erkenntnis, dass freiwillige Garantiezusagen über die gesetzliche Gewährleistungsfrist hinaus den Produkten einen wesentlichen Konkurrenzvorteil verschaffen und potenzielle Kunden überzeugen können, führt z. T. zu detaillierten Garantiebedingungen. Dabei ist zu beachten:

- Garantieerklärungen müssen in deutscher Sprache einfach und verständlich formuliert sein.
- Die gesetzlichen Rechte dürfen durch die Garantieerklärung nicht eingeschränkt werden.

## Zusammenfassende Übersicht zu Kapitel 9.4: Produkt- und Sortimentspolitik

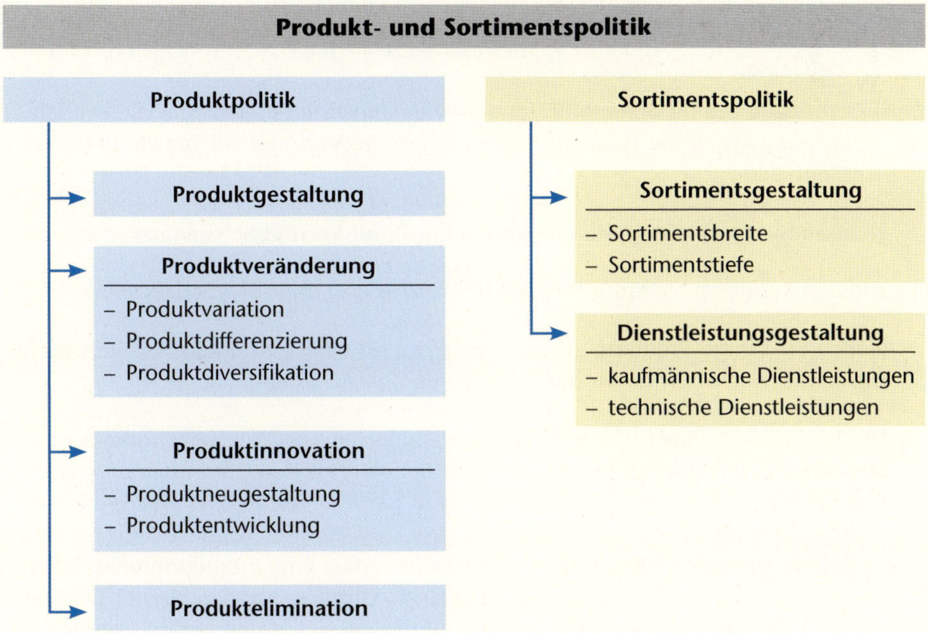

## ▶ Aufgaben und Probleme

1. Stellen Sie fest, welche Art der Produktpolitik in den letzten Jahren vollzogen wurde in der Produktion von
   a) Personenkraftwagen,
   b) Mobiltelefonen.

2. Nennen Sie Beispiele für Produkte, bei denen das Design und/oder Sounddesign
   a) sehr wichtig,
   b) eher unwichtig ist.

3. a) Entwickeln Sie mithilfe einer Kartenabfrage Produktideen. Gehen Sie wie folgt vor:
   - Vereinbaren Sie zuerst einen Warenbereich bzw. eine Warengattung.
   - Jeder schreibt mehrere Karten, die seine Ideen enthalten (wichtig: deutlich schreiben, in Druckbuchstaben, pro Karte maximal drei Zeilen und nur eine Idee).
   - Die Karten werden an einer Pinnwand befestigt und geclustert, d. h., Karten mit gleichen oder sehr ähnlichen Ideen werden zu Inseln zusammengehängt.
   - Aus den Inhalten dieser Kartenlandschaft werden in 2er-Teams Produktideen formuliert, jeweils auf Streifen/Karten geschrieben und ebenfalls an einer Pinnwand befestigt. Die Ideen werden von den Teilnehmern mit Klebepunkten bepunktet und so in eine Rangfolge gebracht.

   b) Entwickeln Sie in Gruppen für Ihre gefundenen Produktideen eine passende Markteinführungsstrategie.

4. a) Stellen Sie das Produktsortiment und das Dienstleistungssortiment eines Unternehmens Ihrer Wahl jeweils in einem Schaubild dar und erläutern Sie dieses vor der Klasse.

   b) Ergänzen Sie Ihr Schaubild mit den Dienstleistungen, aus dem die zeitliche Anordnung als Haupt- und Nebenleistung sowie Vor- und Nachleistung hervorgeht (Seite 306).

5. Nennen Sie beispielhaft Möglichkeiten der Produkt- und Sortimentsveränderung.

6. Nennen Sie Beispiele einer Produktdifferenzierung und -diversifikation.

7. Geben Sie einige Produkte an, bei denen der gewährte Kundendienst ein wichtiges Entscheidungskriterium für den Kauf durch den Abnehmer ist.

8. Die Lachmann GmbH ist ein Großhandelsunternehmen für Heimwerkermaschinen, Geräte für Hobbygärtner und Geräte für den gewerblichen Gartenbau und öffentliche Einrichtungen. Sie vertreibt ihre Produkte in ganz Deutschland. Im vergangenen Geschäftsjahr erlitt sie starke Umsatzeinbußen. Aus diesem Grund wurde eine Marktanalyse in Auftrag gegeben. Diese hat ergeben, dass eine Produktdifferenzierung auf dem Sektor Heimwerkermaschinen zusätzliche Umsätze bringen könnte. Darüber sollen der Lieferant und Hersteller der Maschinen informiert und beraten werden.
   a) Unterbreiten Sie der Lachmann GmbH zwei konkrete Vorschläge für diese Produktpolitik.

b) Der Abteilungsleiter der Marketingabteilung ist der Ansicht, dass zudem eine deutliche Produktdiversifikation erstrebenswert sei. Erklären Sie an einem Beispiel, was bei der vorliegenden Produktpalette eine Produktdiversifikation wäre.

c) Erläutern Sie zwei Gründe, die im Sinne des Abteilungsleiters für eine solche Produktpolitik sprächen.

9. Verschiedene Unternehmensleitungen entscheiden sich für folgende Maßnahmen. Begründen Sie, um welche Art der Produkt- und Sortimentspolitik es sich bei diesen Maßnahmen handelt.

   a) Ein Automobilhersteller bietet seine Sportmodelle jetzt auch mit Allradantrieb an.

   b) Ein Hersteller von Rollläden gibt die Produktion von Holzrollläden auf, stellt nur noch Kunststoffrollläden her und nimmt die Produktion von Innenjalousien neu in sein Programm auf.

   c) Ein Bürogerätehersteller stellt die Herstellung von Faxgeräten ein.

   d) Ein Fensterhersteller nimmt in sein Produktionsprogramm den Bau von Elementen für Wintergärten auf und vertreibt als Handelsware Wintergartenbeschattungssysteme.

10. Ordnen Sie den folgenden Aussagen die Begriffe Sortimentsbreite, Sortimentstiefe, Sortimentsbereinigung oder Sortimentserweiterung zu und begründen Sie Ihre Antworten.

   a) Eine Weingroßhandlung bietet Weine aus 30 verschiedenen Weinanbaugebieten an.

   b) Dieselbe Großhandlung hat 40 verschiedene toskanische Rotweine im Sortiment.

   c) Eine Süßwarengroßhandlung nimmt zum neuen Jahr Erfrischungsgetränke ins Sortiment auf.

   d) Aufgrund der Konkurrenz im Internet nimmt ein Großhandelsunternehmen für Bürobedarf sämtliche PC-Drucker-Patronen aus dem Programm.

## 9.5 Preis- und Konditionenpolitik

Zur **Preis- und Konditionenpolitik** gehören alle Maßnahmen der **direkten oder indirekten Gestaltung des Preises.**

### 9.5.1 Einflussfaktoren der Preispolitik

Ein hoher Preis für eine Ware ist grundsätzlich die Voraussetzung für den angestrebten Gewinn, hat aber auch eine stark absatzhemmende Wirkung. Ein niedriger Preis fördert zwar den Absatz, bringt aber vielleicht keinen Gewinn mehr. Es ist der »richtige« Preis zu finden, der den angestrebten Absatz ermöglicht und doch einen ausreichenden Gewinn sicherstellt.

Das Unternehmen orientiert sich bei dieser Preisfindung einerseits an den **Kosten,** andererseits an den **Marktdaten.**

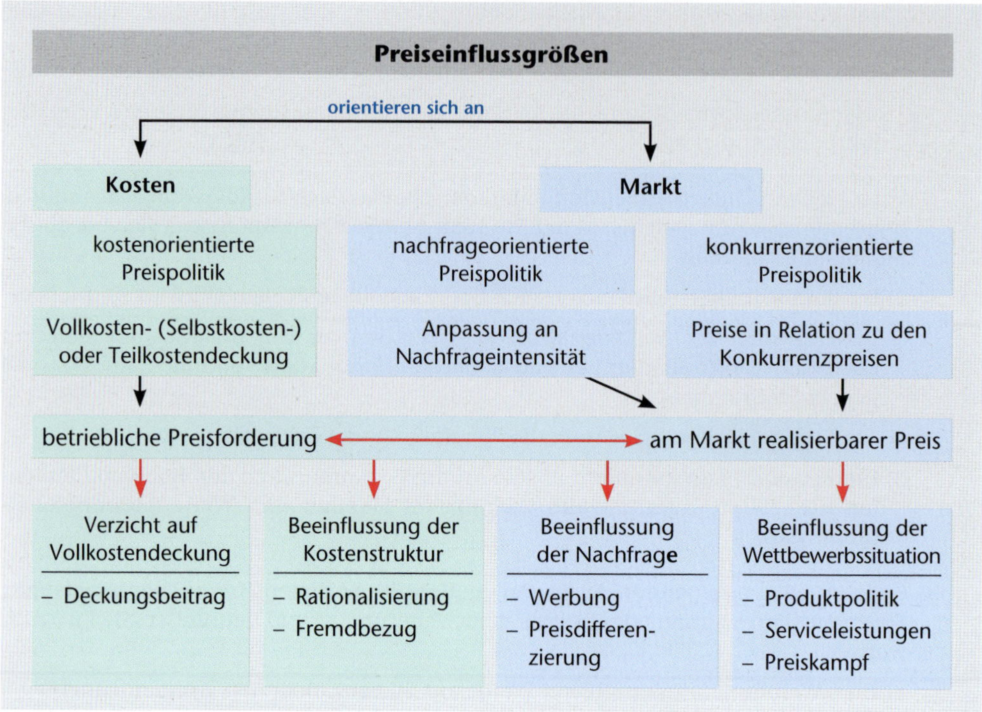


## Kostenorientierte Preispolitik

Bei der kostenorientierten Preispolitik erfolgt die Preiskalkulation auf der **Grundlage der Selbstkosten pro Stück** plus Gewinnzuschlag.

Die Kalkulation kann auf Basis der Voll- oder Teilkosten erfolgen. Langfristig muss das Unternehmen an einer Deckung der Vollkosten interessiert sein. Es sollten die gesamten Selbstkosten gedeckt sein **(langfristige Preisuntergrenze).**

Kurzfristig kann das Unternehmen jedoch durchaus in Kauf nehmen, dass nur die variablen Kosten (Teilkosten) durch den Preis gedeckt sind **(kurzfristige Preisuntergrenze).** Diese Strategie kann insbesondere dann gewählt werden, wenn andere Waren aus dem Leistungsangebot die Fixkosten bereits decken oder damit Zusatzaufträge gewonnen werden können.

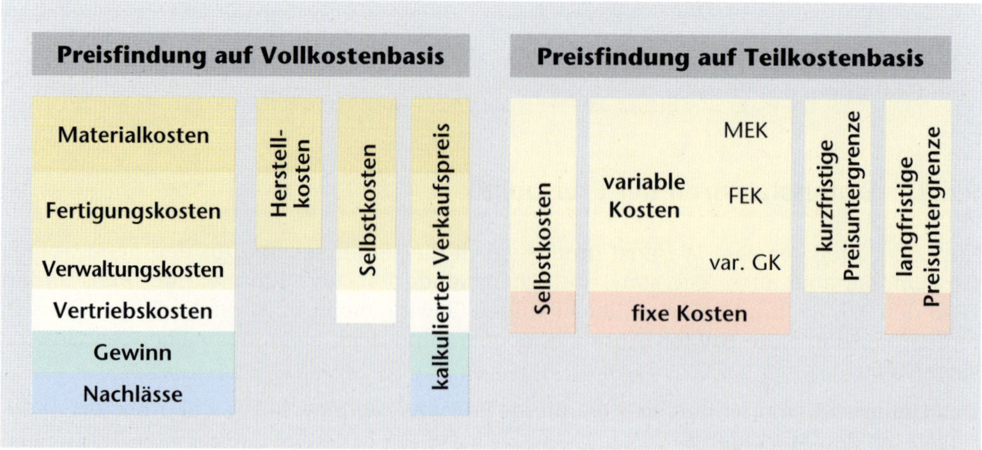

## Nachfrageorientierte Preispolitik

Die nachfrageorientierte Preispolitik orientiert sich an den **Preisvorstellungen der Kunden.**

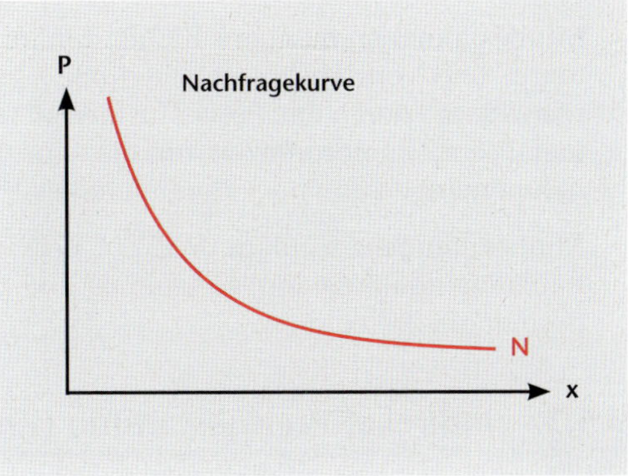


Jede Preisänderung ruft Reaktionen der Kunden hervor. Grundsätzlich kann davon ausgegangen werden, dass eine Preiserhöhung dazu führt, dass weniger Kunden die Leistung nachfragen und eine Preissenkung zur Gewinnung neuer Kunden führt. Das heißt, eine Preissenkung kann eine Gewinnerhöhung nach sich ziehen, wenn damit genügend Neukunden gewonnen werden können. Aber auch eine Preiserhöhung kann diesen Gewinneffekt auslösen, wenn nämlich nur eine geringe Zahl von bisherigen Kunden »abspringt«. Dies ist z.B. bei kaum ersetzbaren Produkten der Fall. Um die Preisvorstellungen der Kunden ermitteln zu können, muss das Unternehmen Preistests vornehmen. Diese werden auf der Grundlage von Kundenbefragungen durchgeführt.

**Beispiel:** Beim Preis-Kaufbereitschafts-Test werden Personen befragt, die eine bestimmte Ware zu vorgegebenen Preisen kaufen würden. »Sind Sie bereit, die Ware zu einem Preis in Höhe von ... EUR zu kaufen?«

## Konkurrenzorientierte Preispolitik

Bei starker Konkurrenz besteht nur ein geringer Spielraum für selbstständige Preisfestsetzungen durch das Unternehmen. Der Preis kann nur an den **Preis der Konkurrenz** angepasst werden. Dem Unternehmen bleibt dann nur eine entsprechende Mengenpolitik.

Um dieses »Diktat des Marktpreises« zu vermindern, bieten sich dem Unternehmen die Möglichkeiten, die eigenen Kosten durch Rationalisierung oder Fremdbezug zu senken, durch Produktpolitik oder durch kreative Werbung die Konkurrenzsituation zu verändern oder zu versuchen, in Marktnischen vorzudringen.

Bei weniger starker Konkurrenz kann das Unternehmen dagegen durchaus eigene Preisvorstellungen durchsetzen.

**Beispiel:** abgestimmtes Verhalten von Mineralölgesellschaften

# 9.5.2 Direkte Preisgestaltung

Wenn das Unternehmen den kalkulierten Preis durchsetzen kann, muss es eine Strategie finden, die ihm die angestrebte Absatzmenge und den erhofften Gewinn sicherstellt. Sie sollte ihn auch vor der Gefahr von Newcomer-Mitbewerbern bewahren.

## Nettopreise

Der Anbieter erlaubt **keinerlei Preisabzüge.** Die Vertragsklauseln lauten z.B. »Zahlbar netto Kasse« oder »Zahlbar ohne jeden Abzug«.

## Bruttopreise

Der Anbieter erlaubt, dass vom Rechnungsbetrag je nach der vertraglichen Vereinbarung **Abzüge** vorgenommen werden.

**Beispiel:** Ab einem Abnahmewert von 20.000 EUR 2%, ab 50.000 EUR 3% Rabatt

- **Rabatte** sind Preisnachlässe vom gängigen Angebotspreis, die einzelnen Kunden gewährt werden. Sie sollen dadurch, dass sich der Kunde bevorzugt behandelt fühlt, eine starke und langfristige **Kundenbindung** fördern. Außerdem sollen Rabatte die Kaufentscheidungen für die Waren des Unternehmens positiv beeinflussen und so zur Umsatzsteigerung beitragen (Kapitel 3.4.4).

- **Mindestabnahmemengen:** Kleine Abnahmemengen verursachen gleich hohe Verwaltungs- und Vertriebskosten wie große Abnahmemengen. Sie bringen aber weniger Kostendeckung durch den Preis. Um dies zu vermeiden, kann der Verkäufer mit dem Abnehmer Mengenuntergrenzen für die einzelnen Produkte vereinbaren. Eine Mindestabnahmemenge kann auch durch handelsübliche Verpackungseinheiten vorgegeben sein.
- **Mindermengenzuschläge:** Will der Verkäufer den Abnehmer nicht zu einer Mindestabnahmemenge zwingen, so kann er ihm für kleinere Mengen einen Zuschlag für Mindermengen berechnen.

## 9.5.3 Indirekte Preisgestaltung (Konditionenpolitik)

- **Lieferungs- und Zahlungsbedingungen** (Kapitel 3.4.4)
- **Dienstleistungen** (Kapitel 9.4.2)

## 9.5.4 Preisstrategien

### Preispositionierung

Ein Unternehmen kann verschiedene Strategien anwenden, um einen bestimmten Preis auf dem Markt durchzusetzen:

| Preisstrategien | Arten/Beschreibung | Beispiel |
|---|---|---|
| **Hochpreis-politik** | **Prämien-Preisstrategie**<br>Es wird versucht, **dauerhaft** einen **hohen Preis** auf dem Markt zu erzielen. | Das iPhone von Apple wird mit vertraglicher Bindung eines Mobilfunkanbieters verkauft. |
| | **Skimming-Preisstrategie**<br>Um Käuferschichten mit einer hohen Zahlungsbereitschaft »abzuschöpfen« (to skim), wird ein **hoher Einführungspreis** für Marktneuheiten festgesetzt. Mit zunehmender Marktpräsenz wird der Preis zurückgenommen, um auch andere Käuferschichten zu erreichen. | Die Preise für Smartphones gehen ständig zurück. |
| **Niedrigpreis-politik** | **Penetrations-Preisstrategie**<br>Mit einem sehr **niedrigen Einführungspreis** für ein neues Produkt wird schnell eine große Absatzmenge und ein hoher Bekanntheitsgrad erreicht. Danach wird der Preis stufenweise erhöht. | Internetprovider bieten zunächst sehr kostengünstige Leistungen an, die nach Ablauf einer bestimmten Zeit deutlich teurer werden. |
| | **Promotions-Preisstrategie**<br>Mit einem niedrigen Preis für ein Produkt soll dauerhaft ein Vorteil gegenüber den Mitbewerbern erzielt werden. | Discounter wie Aldi oder Lidl konkurrieren dauerhaft über billige Lebensmittel. |

## Mischkalkulation

Bei einer Mischkalkulation werden die Kosten den Produkten nicht verursachungsgerecht belastet. Jedes Produkt »bekommt« nur die Kosten zugerechnet, die es auch über den kalkulierten Preis am Markt verkraften kann. Dabei werden die Produkte mit verschiedenen Spannen kalkuliert. Produktpreise mit niedrigeren Spannen als dem Durchschnitt werden als **Ausgleichsnehmer** bezeichnet, die mit einem höheren Preis als **Ausgleichsgeber.**

**Beispiel:** Ein Hersteller ermittelt für drei Produkte kostenorientierte Nettoverkaufspreise. Das Produkt I kann jedoch nicht zu einem Preis über 30 EUR abgesetzt werden. Das Produkt II hat dagegen einen Spielraum bis 50 EUR.

| Produkt | kostenorientierter Nettoverkaufspreis | marktorientierter Nettoverkaufspreis | |
|---|---|---|---|
| I | 36,90 EUR | 29,90 EUR | Ausgleichsnehmer |
| II | 42,90 EUR | 49,90 EUR | Ausgleichsgeber |
| III | 55,35 EUR | 55,35 EUR | |
| Durchschnitt | 45,05 EUR | 45,05 EUR | |

## Preisdifferenzierung

Bei der Preisdifferenzierung verlangt ein Unternehmen für Produkte gleicher Art verschiedene Preise.

**Preisdifferenzierung**

**persönliche**

- verbilligte Treibstoffe für die Landwirtschaft
- unterschiedliche Kraft- und Lichtstrompreise für Unternehmen und Haushalte
- Personalrabatte
- verschiedene Preise für Speise- und Industriesalze

**räumliche**

- unterschiedliche Preise in Niedersachsen und Bayern
- Einführungspreise an Orten, an denen eine neue Verkaufsniederlassung eingerichtet wurde, und Normalpreise an anderen Orten

**zeitliche**

- günstige Sonderangebote für Sommerartikel im Winter
- Nachsaisonpreise für Skiausrüstungen
- Sommer- und Winterpreise für Heizöl

**produktbezogene**

- verschiedene Produktvarianten wie Taschenbücher oder Hardcoverbücher
- Waren zweiter Wahl

**mengenmäßige**

- Mengenrabatte
- Sonderpreise für Großabnehmer von Strom, Gas und Wasser

## 9.5.5 Preisangaben

Klare und wahre Preisangaben für Waren und Leistungen fördern den Wettbewerb, erhöhen die Markttransparenz und schützen den Verbraucher. Um die marktwirtschaftliche Ordnung zu stärken, wurden deshalb Vorschriften über Preisangaben erlassen. Wer **Letztverbrauchern** gewerbs- oder geschäftsmäßig Waren oder Leistungen **anbietet** oder für solche wirbt, muss

- die Preise angeben, welche **einschließlich** der **Umsatzsteuer** und **sonstiger Preisbestandteile** (Provisionen, Bedienungsgeld, Flaschenpfand) unabhängig von einer Rabattgewährung zu zahlen sind **(Endpreis),** und
- die **Grundpreise je Einheit** (Stück, kg, l, m) sowie die **Gütebezeichnung** (Handelsklassen) angeben.

*PAngV §§ 4 ff.* Diese Vorschrift gilt unter anderem für Einzelhandelsbetriebe, Dienstleistungsbetriebe, Banken, Gaststätten und Beherbergungsbetriebe sowie Tankstellen und Parkplätze.

### Zusammenfassende Übersicht zu Kapitel 9.5: Preis- und Konditionenpolitik

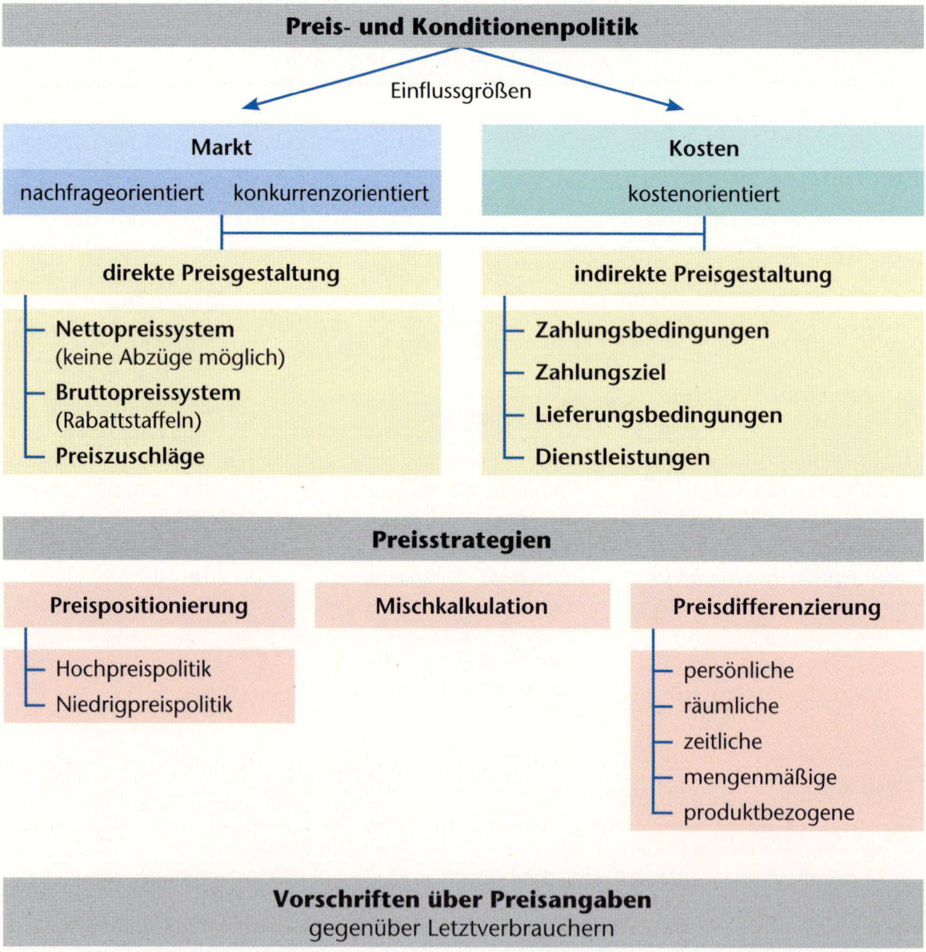

## ▶ Aufgaben und Probleme

1. Unterscheiden Sie langfristige und kurzfristige Preisuntergrenze.
2. Was versteht man unter einer
   a) kostenorientierten Preispolitik?
   b) nachfrageorientierten Preispolitik?
   c) konkurrenzorientierten Preispolitik?
3. Entscheiden Sie anhand der folgenden Aussagen und Fragen, ob es sich um eine nachfrage-, konkurrenz- oder kostenorientierte Preisgestaltung handelt.
   a) Die angefallenen Kosten des Produktes bestimmen den Preis.
   b) Man orientiert sich an den Leistungsverhältnissen der Mitbewerber.
   c) Welchen Preis sind die Kunden bereit zu zahlen?
   d) Die Preisbildung basiert auf einem möglichst niedrigen Endverbraucherpreis.
   e) Die Art der Preisbildung berücksichtigt Kaufkraft, Preisvorstellung sowie Preis- und Kaufbereitschaft der Kunden.
   f) Die Preisbildung berücksichtigt den subjektiv empfundenen Wert des Produktes aus der Sicht des Käufers.
   g) Der Preis ist so gesetzt, dass ihn der Kunde gerade noch bezahlen will.
   h) Der Preis wird mithilfe der Kalkulation ermittelt.
   i) Eine Maßnahme der Preispolitik ist eine konsequente Preisunterbietung.
   j) Der Preis wird an den gängigen Marktpreis angepasst.
4. Auf einer Rechnung steht: »Ab einer Abnahmemenge von 100 Einheiten gewähren wir einen Nachlass von 10 %. Die Zahlung erfolgt in 30 Tagen netto Kasse, bei Zahlung innerhalb von 10 Tagen mit 2 % Abzug.« Erläutern Sie, um welche Preisnachlässe es sich handelt.
5. Begründen Sie, ob Mindestabnahmemengen und Mindermengenzuschläge eine Benachteiligung der Kleinkunden darstellen.
6. Was versteht man unter der
   a) Prämien-Preisstrategie?
   b) Penetrations-Preisstrategie?
   c) Skimming-Preisstrategie?
   d) Promotions-Preisstrategie?
7. Beschreiben Sie an einem Beispiel, was unter einer Mischkalkulation verstanden wird.
8. Erläutern Sie an konkreten Beispielen die Arten der Preisdifferenzierung.
9. Zeigen Sie Vorteile der Preisdifferenzierung für beide Vertragsparteien auf.

10. Ordnen Sie die genannten Preisstrategien den abgebildeten Grafiken zu und erklären Sie anhand der Grafiken die Preisstrategien.

a) Markt-Preisstrategie
b) Prämien-Preisstrategie
c) Hochpreisstrategie
d) Penetrations-Preisstrategie
e) Niedrigpreisstrategie
f) Promotions-Preisstrategie
g) Skimming-Preisstrategie
h) Abschöpfungs-Preisstrategie

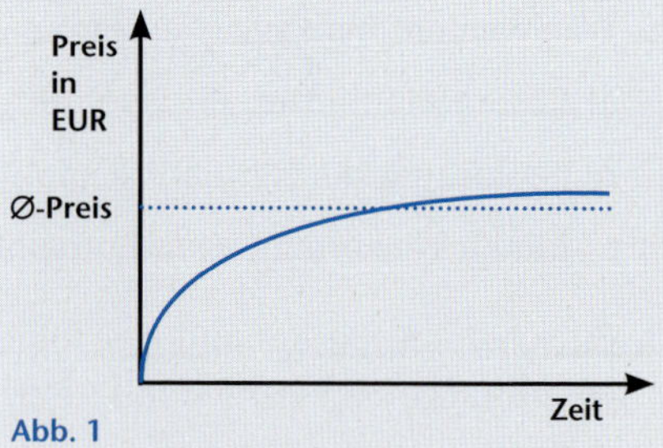

Abb. 1

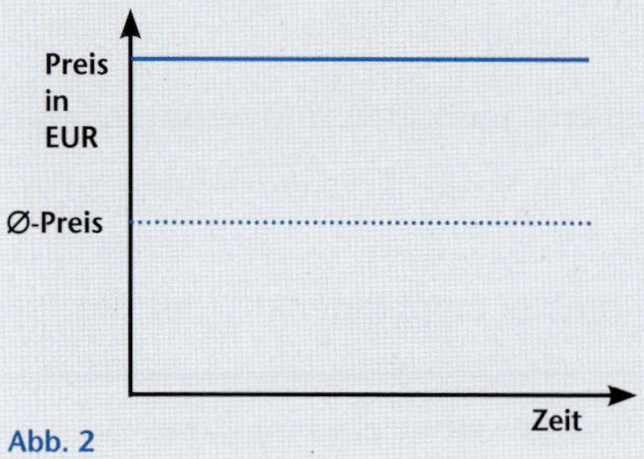

Abb. 2

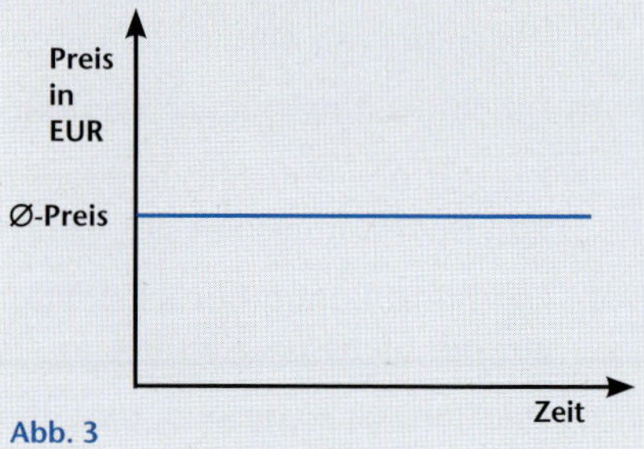

Abb. 3

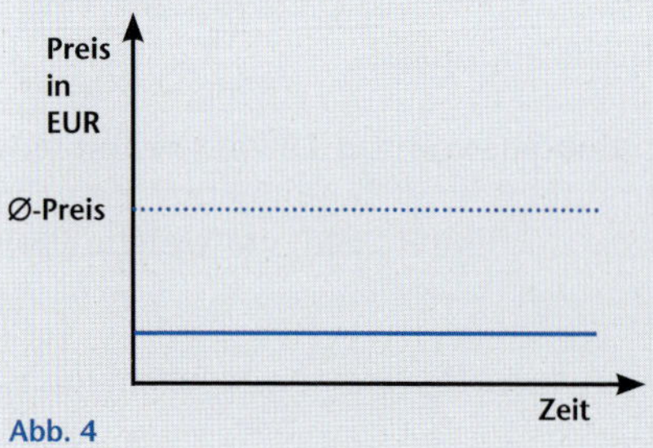

Abb. 4

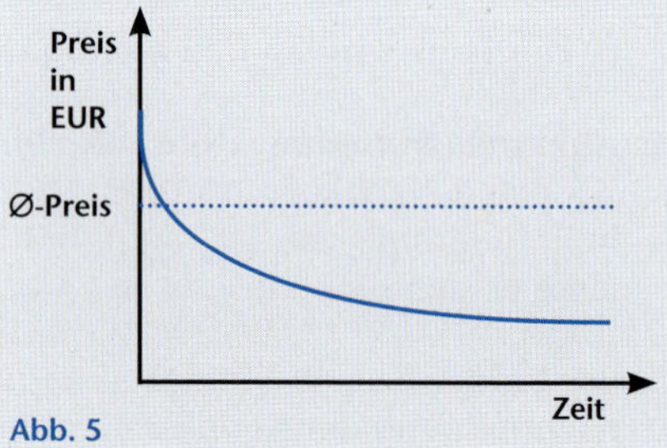

Abb. 5

## 9.6 Kommunikationspolitik

In vielen Märkten findet eine Verschiebung vom Produkt- und Preiswettbewerb hin zum Kommunikationswettbewerb statt. Unter **Kommunikation** versteht man den Austausch von Informationen. Ein »Sender« richtet eine »Botschaft« über einen »Kanal« an einen »Empfänger«, was eine Wirkung hervorruft.

**Kommunikationspolitik** ist die **planmäßige Gestaltung** und **Übermittlung von Informationen,** mit dem **Zweck,** die Adressaten (Kunden) in ihrem **Verhalten zu beeinflussen.**

## 9.6.1 Ziele der Kommunikationspolitik

Mit den Marketinginstrumenten werden ganz bestimmte, aus dem Gesamtzielsystem des Unternehmens abgeleitete Ziele verfolgt. Wichtige Ziele der Kommunikationspolitik beziehen sich auf

- den **Bekanntheitsgrad** sowie das Image des Unternehmens und seiner Produkte (einschließlich der Dienstleistungen),
- die Einstellung der Nachfrager zum Unternehmen und seinen Produkten sowie
- die Kaufabsicht der Nachfrager im Hinblick auf die Produkte.

Die Ziele der Kommunikationspolitik können anhand der sogenannten **AIDA-Formel** zugeordnet werden. Dieses Modell besagt, dass beim Kunden zunächst Aufmerksamkeit erzielt werden muss. Danach kann Interesse geweckt werden, worauf erst das Verlangen, der Wunsch nach dem Produkt, entstehen kann. Dies löst schließlich ein bestimmtes Verhalten, z. B. den Kauf, aus.

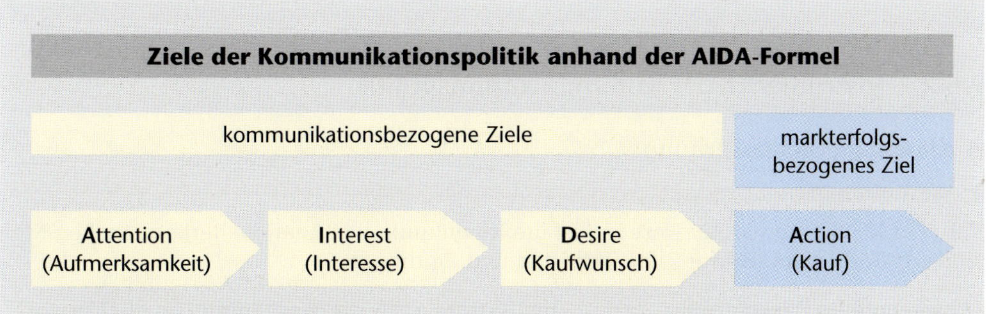


(Nach Homburg/Krohmer: Marketingmanagement)

Neben der Definition der Kommunikationsziele (»Was soll erreicht werden?«) ist die Zielgruppendefinition (»Bei wem soll etwas erreicht werden?«) von zentraler Bedeutung. Die Orientierung erfolgt grundsätzlich an den Kriterien, die im Zusammenhang mit der Marktsegmentierung dargestellt wurden: geografische, demografische und verhaltensorientierte Kriterien. Häufig werden diese Kriterien kombiniert.

**Beispiel:**

| Anbieter | Produkt | Zielgruppe | Kriterien zur Zielgruppenwahl |
|---|---|---|---|
| Kosmetikhersteller | hochwertige Antifaltencreme zur vorbeugenden Behandlung von Falten | – berufstätige Frauen zwischen 25 und 40 Jahren | demografisches Kriterium |
| | | – in Deutschland, Österreich und Frankreich | geografisches Kriterium |
| | | – mit trockener bis normaler Haut und ersten Ansätzen zur Faltenbildung | nutzenorientiertes Kriterium |
| | | – mit ausgeprägtem Interesse für Schönheitspflege<br>– mit relativer Preissensibilität | verhaltensorientiertes Kriterium |

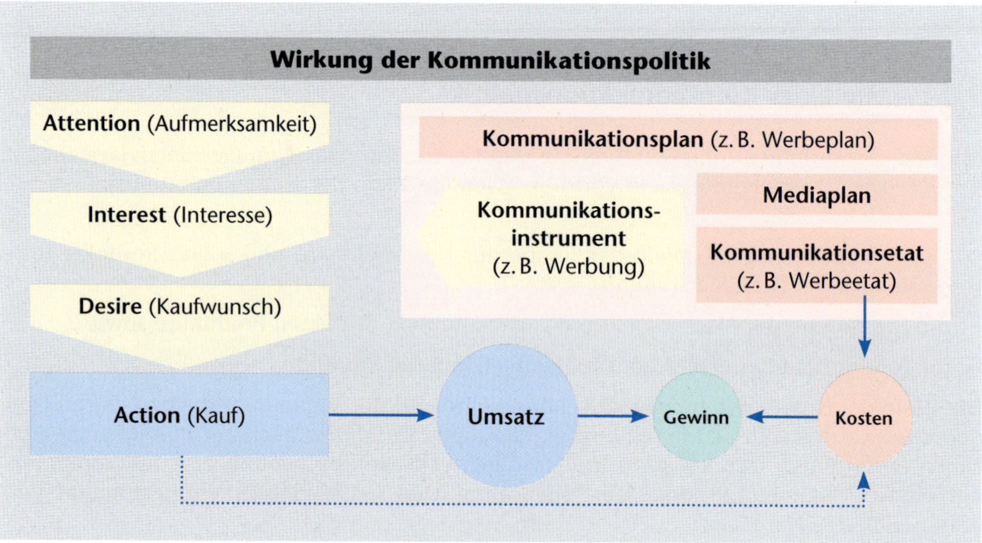


## 9.6.2 Instrumente der Kommunikationspolitik

### ■ Klassische Mediawerbung

#### ▶ Werbeträger

Kern der klassischen Mediawerbung ist die Kommunikation über die herkömmlichen Medien wie Fernsehen, Hörfunk, Zeitschriften und Zeitungen.

**Werbemedien (Werbeträger)** sind die **Institutionen,** die die **Werbemittel an** die **Umworbenen heranbringen.**

**Beispiele:** Zu den Druckmedien gehören Zeitungen, Publikumszeitschriften, Fachzeitschriften. Die klassischen elektronischen Medien sind Fernseh-, Radio-, Kinowerbung.

Breiteren Raum nimmt inzwischen wieder die Außenwerbung ein. Diese Werbung wird im öffentlichen Raum platziert.

**Beispiele:** Plakate auf Plakatwänden; elektronische Videoboards in U-Bahnhöfen, City-Light-Poster an Hauswänden; Werbeaufdrucke auf Bussen und Straßenbahnen

Werbeträger sind in zunehmendem Maße auch die Verbraucher selbst, indem sie Gegenstände benutzen, die mit dem Namen eines Markenartikels und/oder dem Firmenlogo bedruckt sind.

**Beispiele:** »Coca Cola« auf Windjacken; »Lacoste«-Brillen; »Boss«-Feuerzeuge

## Werbemittel

**Werbemittel** sind **Gestaltungsformen,** mit denen die **Werbebotschaft übermittelt** wird.

Dazu bedarf es bestimmter Sachmittel, z. B. Papier (für eine Anzeige), Datenträger (für einen Hörfunkspot) oder Filmmaterial (für einen Kinospot). Werbemittel sind jederzeit wiederverwendbar. Sie benötigen einen Werbeträger, der für den Kontakt mit dem Umworbenen sorgt.

### ▶ Werbebotschaft

Werbemittel und Werbeträger enthalten Werbebotschaften. Diese können visuell, audiovisuell oder akustisch übermittelt werden und sollen die fünf Sinne des Umworbenen ansprechen.

| Werbemittel | Werbeträger (Medien) | Werbebotschaft |
|---|---|---|
| Anzeigen | Zeitung, Zeitschrift | visuell (Schrift, Bild) |
| Fernsehspot | Fernsehen | audiovisuell (Schrift, gesprochener Text, bewegte Bilder, Musik, Geräusche) |
| Hörfunkspot | Radio | akustisch (gesprochener Text, Musik, Geräusche) |
| Katalog/Prospekt | Katalog, Zeitung (Beilage) | visuell (Schrift, Bild) |
| Plakat | Litfaßsäule, City-Light-Board, Plakatwand | visuell (Schrift, Bild) |
| Werbedia/Werbefilm | Kino, CD, digitales Speichermedium | visuell, audiovisuell (Schrift, gesprochener Text, bewegte Bilder, Musik, Geräusche) |
| Werbetafel | Banden in Sportstätten, Anzeigetafeln | visuell (Schrift, Bild, bewegte Bilder) |
| Leuchtschrift | Gebäude | visuell (Schrift, Bild) |
| Werbeaufdruck | Verkehrsmittel, Tragetasche, Werbeartikel, Sporttrikot | visuell (Schrift, Bild) |
| (Schaufenster-)Auslage | Schaufenster, Schaukasten, Verkaufsraum | visuell (Originalware, Dekomaterial, Schrift, Bild) |
| Werbebrief | Direktwerbung | visuell (Schrift, Bild) |

## Werbung mit neuen Medien

**Neue Medien** sind Medien, die im weitesten Sinne **computergestützt** angewendet werden.

Werbung mit neuen Medien greift insbesondere auf Onlinesysteme zu. Sie basieren auf der Vernetzung in einem Computernetz, z.B. Internet. Der Austausch von Informationen ist jederzeit möglich. Dateien (Dokumente, Bilder, Programme) können auf Internet-Homepages über Hyperlinks miteinander verknüpft sein. Aktualisierungen sind jederzeit möglich.

**Mittel der Onlinewerbung**

| Website | Werbebanner | Pop-up-Werbung | Button | E-Mail |
| --- | --- | --- | --- | --- |
| **Beispiel:** Homepage eines Reifengroßhändlers zur Information über sein Leistungsangebot. | **Beispiel:** Werbeanzeige eines Reifengroßhändlers auf der Homepage eines Autohauses. | **Beispiel:** Beim Öffnen der Homepage des Reifengroßhändlers öffnet sich automatisch ein Fenster mit einem Sonderangebot. | **Beispiel:** Durch die Betätigung einer grafischen Schaltfläche auf der Homepage öffnet sich ein Informationsfenster. | **Beispiel:** Der Reifengroßhändler schickt regelmäßig E-Mails mit Sonderangeboten an seine Kunden. |

| Werbemittel | Werbeträger (Medien) | Werbebotschaft |
| --- | --- | --- |
| Werbebanner | Internet | visuell, audiovisuell (Schrift, einfache Bilder, einfache Spots) |
| E-Mail | Internet | visuell (Schrift) |
| SMS/MMS/App | Mobilfunknetz, Internet | visuell, audiovisuell (von reiner Schrift bis zu kurzen Spots) |

## Verkaufsförderung

Die **Verkaufsförderung** umfasst **alle Maßnahmen,** die **am Verkaufsort ansetzen,** um **andere Marketingmaßnahmen zu unterstützen.**

Während die Werbung auf die Zielgruppe einwirkt und diese an die Ware heranführt, versucht die Verkaufsförderung, den **Verkaufsvorgang** zu **erleichtern.** Die Verkaufsförderung wendet sich also an die Absatzorgane und die Kunden. Die Händler sollen in ihren Absatzbemühungen unterstützt werden. Die Kunden sollen zu Käufen angeregt werden.

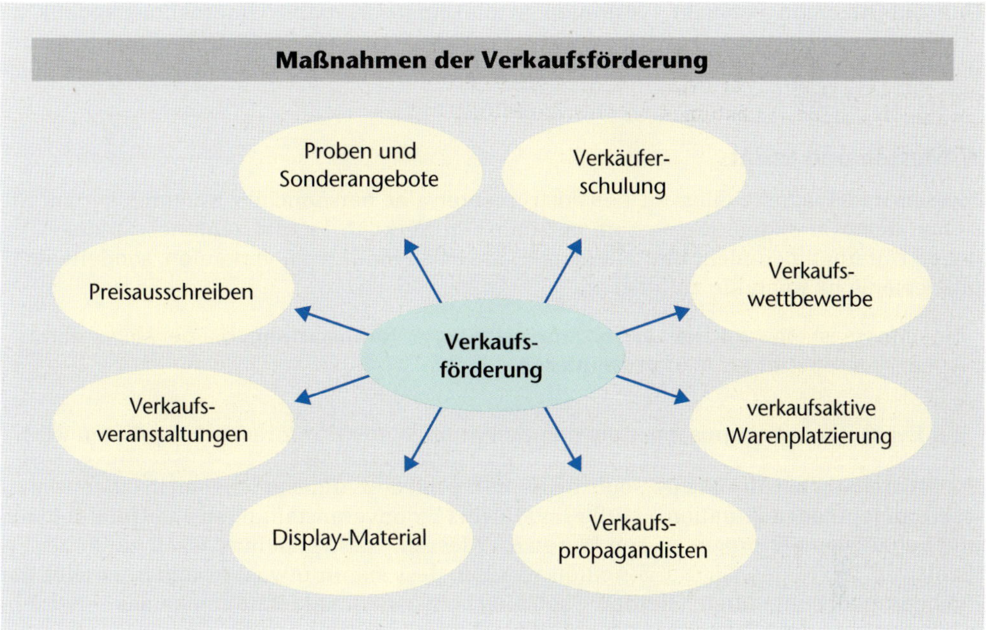


## Public Relations (PR)

**Public Relations (Öffentlichkeitsarbeit)** dient zur **Pflege der Beziehungen** zwischen einem Unternehmen und der **Öffentlichkeit.**

| Möglichkeiten der Pflege der Beziehungen nach außen | | |
|---|---|---|
| **Maßnahmen** | **Instrumente** | **Beispiele** |
| **Medienarbeit** | – **Pressekonferenz**<br>– **Fernsehbericht**<br>– **Kundenzeitschrift** | Bericht über Modernisierungsmaßnahme, Betriebsvergrößerung oder besondere Leistungen |
| **Dokumentationsmaterial** | – **Prospekt**<br>– **Geschäftsbericht**<br>– **Jubiläumsschrift** | Vorstellung neuer Produkte, der Geschäftsentwicklung oder neuester Forschungserfolge |
| **Betriebsbesichtigung** | – **Tag der offenen Tür**<br>– **Vortrag**<br>– **Betriebsführung** | Vorführung neuer technischer Ausstattung, Hygiene- oder Umweltschutzmaßnahmen |
| **besondere Dienstleistungen** | – **Frei-Haus-Lieferung**<br>– **Kundenparkplatz** | – **Kinderhort**<br>– **Kreditgewährung** |
| **Festigung des guten Rufs** | – **soziale Beschäftigungspolitik**<br>– **Spenden** | – **Sponsoring an Vereine**<br>– **Stiftungen** |

Während die Werbung unmittelbare Kaufakte auslösen will, geht es bei Public Relations um das Wecken von **Vertrauen, Verständnis** und **Wohlwollen** für das Unternehmen als Ganzes. Dieser »gute Ruf« soll sich im Laufe der Zeit auf die Produkte übertragen und damit den Absatz mittelbar fördern.

Das Unternehmen versucht, Vertrauen in die eingeschlagene Unternehmenspolitik zu schaffen. Es soll aber auch Verständnis für Probleme oder gar Fehlentscheidungen gefunden werden. PR-Aktionen sollen auch Einfluss auf politische Entscheidungsprozesse (Lobbyismus) nehmen.

## Messen und Events

Messen und Events zählen zu den Instrumenten der persönlichen Kommunikation. Sie stehen daher in engem Bezug zum persönlichen Verkauf. Es gibt zahlreiche Messen, an denen Unternehmen nicht nur teilnehmen, um ihre Produkte zu verkaufen, sondern auch, um persönliche Kontakte zu pflegen.

Eine **Messe** ist eine **zeitlich** und **örtlich festgelegte Veranstaltung**, bei der sich mehrere Anbieter ihren Zielgruppen **präsentieren.**

Ein **Event** ist ein **Ereignis**, bei dem den Zielgruppen etwas **Interessantes geboten** wird.

Events ermöglichen direkte persönliche Kontakte mit den Angesprochenen in einer zwanglosen, angenehmen Situation. Häufig sind Events Eigenveranstaltungen von Unternehmen und haben weniger Bezug zu den Waren als Messen. Den Teilnehmern soll ein hoher Erlebniswert sowie das Gefühl vermittelt werden, dass sie an etwas Besonderem oder gar Einzigartigem teilnehmen. Hierdurch soll eine hohe emotionale Bindung an das Unternehmen hervorgerufen werden.

**Beispiel:** Ein Fahrradgroßhändler veranstaltet gemeinsam mit ortsansässigen Fahrradgeschäften eine mehrtägige Radtour durch eine Region mit Open-Air-Abendveranstaltungen an jedem Etappenort.

## Product Placement

**Product Placement** ist die **gezielte werbewirksame Einbindung** von **Produkten** oder **Logos in die Handlung eines Films, einer Fernsehshow, eines Buches** etc.

Geeignet für Product Placement sind Markenartikel mit großem Bekanntheitsgrad und hoher Akzeptanz, also Autos, Uhren, Bekleidung, Kosmetika, Mobiltelefone. Voraussetzung für die Wirkung dieser »versteckten Werbung« ist eine positive Wirkung des Produktes. Der Sportwagen darf nicht vom Bösewicht, sondern muss vom Helden gefahren werden.

**Beispiel:** BMW Z3 »James Bond – Golden Eye«. (Angeblich wendete BMW dafür 20 Mio. EUR auf.) (Quelle: www.markenlexikon.com)

## Sponsoring

**Sponsoring** ist die **Förderung** von **Institutionen** oder **Aktionen** mit dem Zweck, durch positive Öffentlichkeitswirkung Marketingziele besser zu erreichen.

Sponsoring kann sehr wirkungsvoll sein, weil die Umworbenen in einem attraktiven Umfeld angesprochen werden. Außerdem ist die Reichweite – zumal bei Nutzung der Massenmedien – sehr hoch. Eine Absicht, etwas verkaufen zu wollen, wird nicht betont. Im Gegensatz zu Spenden und Mäzenatentum wird beim Sponsoring grundsätzlich eine Gegenleistung erbracht.

**Beispiel:** Die Werbeagentur Mohanty, Berlin, unterstützt die F-Jugend-Mannschaft des Fußballvereins Blauweiß Lubolz.

## Direktmarketing

**Direktmarketing (Dialogmarketing/**Direct-Response-Marketing) umfasst alle Aktivitäten, die sich direkt in **Einzelansprache an die Zielpersonen** wenden, mit der Aufforderung zu einer Antwort.

Die Bedeutung des Direktmarketings ist mit der Verbreitung der elektronischen Medien deutlich gestiegen. Nach einer Studie der Deutschen Post AG ergriffen in Deutschland im Jahr 2014 mehr als 80 % aller Unternehmen Direktmarketing-Maßnahmen und gaben dafür über 27 Mrd. EUR aus, das entspricht 36 % der gesamten Werbeaufwendungen.

Ein deutlicher Nachteil liegt in der rasant zunehmenden Anzahl der Werbeaktivitäten selbst und der damit verbundenen Ablehnung bei sich belästigt fühlenden Kunden. In diesem Zusammenhang wird von »Junk-Mails« oder »Spam-Mails« gesprochen.

**Direktmarketing**

| **postalisch** (Werbebrief) | **faxgestützt** (Werbefax) | **telefonisch** (Telefonmarketing) | **internetgestützt** (Newsletter) | **mobilfunkgestützt** (SMS/MMS) |
|---|---|---|---|---|
| **Beispiel:** Die Reifen Roesch GmbH schreibt im Herbst alle Kunden an und erinnert an die Winterreifenmontage. | **Beispiel:** Geschäftskunden einer Papiergroßhandlung erhalten regelmäßig per Fax die aktuellen Angebote unterbreitet. | **Beispiel:** Ein Weingroß- und -außenhändler lässt seine Stammkundschaft durch ein Callcenter betreuen. | **Beispiel:** Die B2B-Trade GmbH informiert ihre Kunden mittels eines E-Mail-Verteilers über Sonderposten. | **Beispiel:** Ein Filmverleihunternehmen informiert mittels gekauften Handynummern per SMS über den bevorstehenden Kinostart eines Films. |

## 9.6.3 Etatplanung und Mediaplanung

Die Etatplanung und die Mediaplanung können wegen ihrer Verzahnung nur in enger Wechselwirkung durchgeführt werden.

## Etatplanung

Mit der **Etatplanung (Budgetierung)** wird bestimmt, wie hoch die **Gesamtaufwendungen** für den Einsatz aller **Kommunikationsinstrumente** sein sollen und wie das Budget auf die verschiedenen Medien verteilt werden soll.

Die Etatplanung basiert häufig auf unternehmerischen Erfahrungen und kann sich an den folgenden vier Kriterien orientieren:

| Umsatz bzw. Gewinn | verfügbare Mittel | Wettbewerbsaktivität | Ziele der Kommunikationspolitik |
|---|---|---|---|
| **Beispiel:** Wegen rückläufiger Nachfrage sinkt der Umsatz um 20 %. Da der Kommunikationsetat vom Umsatz abhängig gemacht wird, sinkt in dieser konjunkturell schwierigen Lage der Etat. | **Beispiel:** Sortimentsumstellungen haben vorübergehend Kosten und Ausgaben erhöht. Die Aufwendungen für Werbung werden reduziert, obwohl das neue Sortiment intensiv bekannt gemacht werden sollte. | **Beispiel:** Für die eigene Produktreihe ist ein aggressiv am Markt werbender ausländischer Mitbewerber auf dem Markt aufgetreten. Durch entsprechende Aktivitäten soll darauf geantwortet werden. | **Beispiele:** 1. Steigerung des Bekanntheitsgrades des Sortiments. 2. Internationales Engagement erfordert verstärkte Kommunikationsanstrengungen. |

**Zentrale Bedeutung** für die Etatplanung sollte die **kommunikationspolitische Zielsetzung,** die u. a. von den Aktivitäten der Mitanbieter beeinflusst wird, haben. Vor der Freigabe des Budgets wird selbstverständlich zu prüfen sein, ob es unter den vorhandenen Umsatz-, Gewinn- und Liquiditätsvoraussetzungen realisierbar ist. Sollte dies nicht der Fall sein, müssen die Maßnahmen oder Ziele angepasst werden.

## Mediaplanung

Im Rahmen der **Mediaplanung** wird festgelegt, **welche Medien** benutzt werden und wie das **Budget** auf diese **verteilt** werden soll.

Dabei geht es um die Verteilung des Etats auf die verschiedenen Produktgruppen des Unternehmens, auf die unterschiedlichen Regionen, in denen das Unternehmen tätig ist, auf die verschiedenen Kommunikationsmedien in einem bestimmten Zeitraum. Kernstück der Mediaplanung ist die Festlegung folgender Aspekte:

| Aspekt | Beschreibung | Beispiele |
|---|---|---|
| **Streukreis** | Personenkreis, der umworben werden soll, gegliedert nach Zielgruppen | Berufs-, Alters-, Kaufkraftgruppen |
| **Streugebiet** | geografisches Gebiet, in dem geworben wird | Werbung für ein neues Produkt in den Bundesländern Thüringen und Hessen |
| **Reichweite** | Streukreis und Streugebiet ergeben zusammen die Reichweite, also die Anzahl der umworbenen Personen | sämtliche männliche Konsumenten mit einem bestimmten Durchschnittseinkommen in Niedersachsen und Sachsen-Anhalt |
| **Streuzeit** | geplanter Zeitpunkt oder Zeitraum für den Einsatz der Werbemittel | Radiowerbung für Winterreifen nur in den Monaten Oktober und November |
| **Streuweg** | die Auswahl der in Anspruch genommenen Werbeträger und die eingesetzten Werbemittel | Werbespot (Werbemittel) für Schneeketten im Kino (Werbeträger) |

| Aspekt | Beschreibung | Beispiele |
|---|---|---|
| **Streudichte** | Verhältnis des eingesetzten Werbemittels zum Streugebiet, also die Werbeintensität | Ein 30-Sekunden-Werbespot im Fernsehen zur Hauptsendezeit (Primetime) kostet je nach Sender zwischen 10.000 EUR und 60.000 EUR (während Formel-1-Übertragungen bis zu 150.000 EUR). |

## 9.6.4 Gestaltung des Kommunikationsauftritts

Die Gestaltung des Kommunikationsauftritts geschieht im Hinblick auf vier Aspekte:

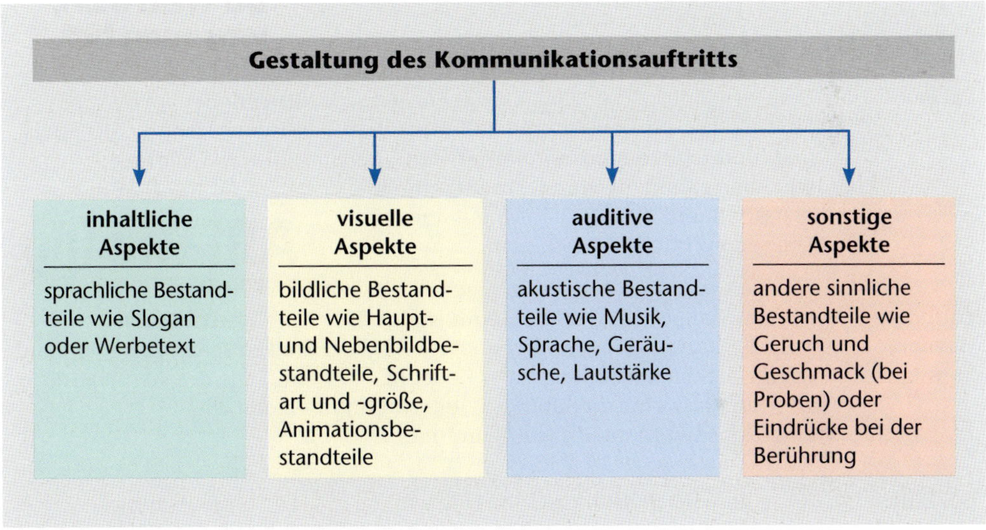


Als wesentliche Gestaltungselemente gelten der Text, das Bild und die Farbe. Je nach Werbemittel können diese Elemente einzeln oder in Kombination gestaltet werden.

Von grundlegender Bedeutung ist die Erkenntnis, dass die Werbewirkung von der jeweiligen Situation abhängt. Diese Faktoren müssen bei der Gestaltung des Kommunikationsauftritts bereits berücksichtigt werden. Die innere Bereitschaft, sich mit einer Sache auseinanderzusetzen (Ich-Beteiligung), ist durch den Kommunikationsauftritt beeinflussbar.

| Gestaltungs-element | Beschreibung | Beispiel |
|---|---|---|
| **Text** | Ein Werbetext muss so formuliert sein, dass er für alle, die ihn lesen sollen, verständlich ist. Daneben spielt die Aufmerksamkeit, die der Text erregen soll, eine große Rolle. Häufig wird durch einen sprachlichen Aufhänger, eine Headline, oder durch einen gut merkbaren Slogan Interesse geweckt. | »Der Golf unter den Kombis« (Volkswagen AG) |

| Gestaltungs-element | Beschreibung | Beispiel |
|---|---|---|
| **Bild** | Es werden verschiedene Darstellungstechniken verwendet, z. B. die Skizze, die Zeichnung, überwiegend jedoch die Fotografie bzw. der Film. Bilder haben aktivierende Wirkung, denn sie erregen besonders die Aufmerksamkeit. Die meisten Menschen bevorzugen grundsätzlich Bilder gegenüber Texten. | Eine Autowerbung bildet immer das zu bewerbende Fahrzeug ab.   © Volkswagen Aktiengesellschaft |
| **Farbe** | Eine besondere Rolle spielen die Farben. Sie helfen, zu erkennen und zu unterscheiden, unterstützen die Erinnerungsfähigkeit, wecken schnell die Aufmerksamkeit, erzeugen und werden häufig mit anderen Dingen verbunden (assoziiert). | Blau erinnert an den Himmel, steht für Sicherheit und weckt Vertrauen. Allianz |
| **Zahl der Wieder-holungen** | Mit der Zahl der Wiederholungen steigt die positive Wirkung einer Werbebotschaft grundsätzlich an. Jedoch muss bedacht werden, dass eine zu häufige Wiederholung vom Konsumenten als lästig empfunden wird. | Eine Werbebotschaft wird im Fernsehen zu Beginn und am Ende des Werbeblocks eingespielt. |
| **Beeinflus-sungsbedin-gungen** | Sprache wird meist logisch-analytisch verarbeitet und versucht daher, das Verhalten eher rational zu beeinflussen. Bilder und Musik werden intuitiv und emotional verarbeitet und sprechen die Gefühle an. Daher weisen Bilder und Musik im Vergleich zu Texten allgemein eine höhere Erinnerungswirkung auf. | Die Songs »Summer Dreaming« und »Somewhere over the Rainbow« wurden durch Werbespots zu Welthits. |

## 9.6.5 Kontrolle des Kommunikationsauftritts

Die Kontrolle des Kommunikationsauftritts überprüft, ob die angestrebten Kommunikationsziele erreicht wurden. Wie bei der Zielformulierung muss dabei unterschieden werden zwischen kommunikativen und wirtschaftlich erfolgsorientierten Zielen.

### Kontrolle des kommunikativen Erfolgs

Wenn überprüft wird, ob die kommunikativen Ziele erreicht worden sind, sind zwei Zeitpunkte im Ablauf der Kommunikationsmaßnahme von Bedeutung. Vor der eigentlichen Durchführung sollte, insbesondere bei kostenintensiven Aktivitäten, die Kommunikationswirkung überprüft werden. Auf der Basis solcher **Pre-Tests** ergeben sich häufig Ansatzpunkte für Verbesserungen. Nach der Durchführung der Maßnahme sollte deren tatsächlicher Erfolg am Markt kontrolliert werden. Beim Einsatz verschiedener Kontrollinstrumente geht man von den **Wirkungsstufen** der **Werbung** aus:

| **Wahrnehmung** → | **Verarbeitung** → | **Verhalten** |
|---|---|---|
| Eine Aussage über die Wirkung einer Werbemaßnahme lässt sich erst machen, wenn festgestellt wurde, ob die Werbebotschaft überhaupt wahrgenommen wurde. Es wird z. B. durch **Recall-Tests** in Erfahrung gebracht, ob sich die Person an bestimmte **Werbebotschaften** erinnert. | Hierbei soll festgestellt werden, wie die Werbung gewirkt hat, ob ein **Lernprozess** stattgefunden hat. Dazu kann nach dem Markenbewusstsein oder dem Image eines Artikels gefragt werden. | Mit jeder Kommunikationsmaßnahme soll letztlich eine **Verhaltensänderung** erreicht werden, die sich im Kauf der Ware niederschlägt. Es soll also ermittelt werden, wie sich das Kaufverhalten der Umworbenen verändert hat. |
| **Beispiel:** Nach einer Werbeaktion werden zufällig ausgewählte Personen von einem Callcenter angerufen und befragt, ob sie sich z. B. an den Werbeslogan oder die Farbgebung der Produktverpackung erinnern. | **Beispiel:** Zufällig ausgewählten Personen werden Fragebogen vorgelegt: »Das neue Erfrischungsgetränk Biol-Mix wird biologisch hergestellt! Stimmen Sie dieser Aussage a) voll zu, b) zu, c) bedingt zu, d) nicht zu?« | **Beispiel:** Besonders gekennzeichnete Waren werden über Scannerkassen erfasst oder Personen werden konkret nach ihren Kaufabsichten befragt. |

## Kontrolle des wirtschaftlichen Erfolgs

Die wirtschaftliche Erfolgskontrolle versucht Erkenntnisse darüber zu gewinnen, wie groß der Beitrag der Werbemaßnahme zur Erhöhung des Umsatzes oder des Gewinns war. Die Wirtschaftlichkeit der Maßnahme soll kontrolliert werden. Verhältnismäßig einfach ist es noch, die Wirtschaftlichkeit der gesamten Kommunikationspolitik festzustellen. Man setzt dabei die Zuwachsraten des Umsatzes zu den Aufwendungen für die Werbeaktionen ins Verhältnis:

$$\text{Wirtschaftlichkeit der gesamten Werbung} = \frac{\text{Umsatzzuwachs}}{\text{gesamter Werbeaufwand einer Periode}} \cdot 100$$

Das Ergebnis dieser Berechnung ist nur brauchbar, wenn andere Absatzmaßnahmen (Preise, Lieferungs- und Zahlungsbedingungen, Sortimentsgestaltung) nicht verändert wurden. Schwieriger ist es, den wirtschaftlichen Erfolg einzelner Aktivitäten zu bestimmen. Hierzu dienen folgende Hilfsinstrumente:

### ▶ Gebietsverkaufstest

Der Erfolg der Aktion wird auf zwei strukturähnlichen Teilmärkten (Städte, Regionen) kontrolliert. Auf dem einen Teilmarkt werden die kommunikationspolitischen Instrumente ein gesetzt, auf dem anderen nicht. Ein Vergleich der Umsatzentwicklungen soll Aufschluss über die Wirkung der Maßnahme geben.

### ▶ Bestellung unter Bezugnahme auf die Werbung (BuBaW-Verfahren)

Dabei werden die eingesetzten Werbemittel mit markierten Bestellscheinen versehen. So kann durch die eingehenden Bestellungen einfach ermittelt werden, welche Umsatzveränderung dieser Aktivität zuzuordnen ist.

▶ **Befragung**

Die Kunden werden direkt nach ihren Kaufmotiven befragt. Diese Befragung führen häufig Meinungsforschungsinstitute im Auftrag aus. Manche Unternehmen stellen ihre Fragebogen ins Internet und bitten um Rückmeldung.

## 9.6.6 Rechtliche Rahmenbedingungen der Kommunikationspolitik

### Gesetzliche Regelungen

Hierzu gehören Gesetze und die Rechtsprechung. Ein wichtiges Anliegen dieser Gesetze ist die Idee des Verbraucherschutzes. Danach sollen die Verbraucher vor unseriöser Einflussnahme der Unternehmen geschützt werden. Aber auch der Schutz der Mitbewerber und der Wirtschaftsordnung spielen eine Rolle. Wenn entschieden werden soll, ob Wettbewerbshandlungen zulässig sind oder nicht, kommt dem Gesetz gegen den unlauteren Wettbewerb (UWG) die zentrale Bedeutung zu.

Die **Generalklausel des UWG** lautet:

*UWG § 3*

> »Unlautere geschäftliche Handlungen sind unzulässig, wenn sie geeignet sind, die Interessen von Mitbewerbern, Verbrauchern oder sonstigen Marktteilnehmern spürbar zu beeinträchtigen.«

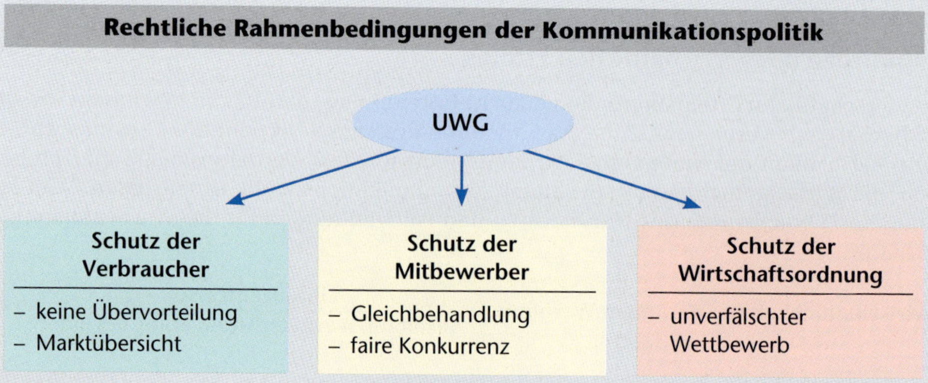


Das UWG regelt nicht nur das Werberecht, es erfasst jedes unlautere wettbewerbliche Verhalten, etwa die gezielte Behinderung der Mitbewerber, den Einbruch in fremde Vertriebssysteme oder herabsetzende Äußerungen. Drei Bereiche des UWG werden beispielhaft dargestellt.

▶ **Irreführende Werbung**

Kommunikationsempfänger dürfen nicht durch missverständliche Angaben in die Irre geführt werden. Irreführung kann vorliegen, wenn objektiv falsche Behauptungen aufgestellt, wichtige Angaben verschwiegen werden oder Aussagen mehrdeutig sind.

**Beispiel:** Werbung mit sogenannten Mondpreisen: Ein Unternehmen bietet 40 % Rabatt und liegt bei genauer Prüfung mit seinen Preisen immer noch über denen der Konkurrenz.

### ▶ Vergleichende Werbung

Sie bezeichnet Werbemaßnahmen, die unmittelbar oder mittelbar einen Mitbewerber oder die von ihm angebotenen Waren und Dienstleistungen erkennbar macht. Sie **ist erlaubt,** wenn

- sich der Vergleich auf Waren und Dienstleistungen für den gleichen Bedarf bezieht,
- sich der Vergleich auf wesentliche, relevante und nachprüfbare Eigenschaften oder den Preis bezieht,
- der Vergleich nicht zu Verwechslungen zwischen dem Werber und dem Mitbewerber führen kann,
- der Mitbewerber nicht herabgesetzt oder verunglimpft wird.

**Beispiel** für erlaubte Werbung: In der Kampagne der Deutschen Telekom AG für das Fußballangebot »LIGA total« liefen im Jahr 2010 mehrere Werbespots unter dem Titel »LIGA total testet Sky«.

### ▶ Unzumutbare Belästigung (belästigende Werbung)

Sie liegt vor, wenn ein Marktteilnehmer in unzumutbarer Weise belästigt wird. Dies ist insbesondere bei Werbung anzunehmen, die der Empfänger nicht wünscht.

**Beispiel:** Es ist nicht zulässig, sich mit Telefonanrufen, E-Mails oder SMS an Privatpersonen zu wenden, ohne vorher deren Einverständnis einzuholen.

## Freiwillige Selbstkontrolle

### ▶ Deutscher Werberat

Der 1972 gegründete Deutsche Werberat hat in einigen Bereichen freiwillige Verhaltensregeln aufgestellt. Diese Leitlinien dienen dazu, Fehlentwicklungen zu verhindern.

**Beispiele:**

1. Verhaltensregeln für die Werbung mit und vor Kindern in Radio und Fernsehen.
2. Grundsätze zum Thema Herabwürdigung und Diskriminierung von Personen.
3. Verhaltensregeln über die kommerzielle Kommunikation für alkoholhaltige Getränke.

Die Unternehmen und Werbeagenturen richten sich nach diesen Regeln. Sollten demnach Verstöße vorkommen, so weisen z. B. die Verantwortlichen in Rundfunkanstalten und die Anzeigenleitungen der Zeitungen solche Werbung unter Berufung auf die Grundsätze zurück. Treten Beschwerden auf, so behandelt diese der Deutsche Werberat.

### ▶ Werbegrundsätze

Die wichtigsten Grundsätze einer lauteren Werbung nach den »**Internationalen Verhaltensregeln für die Werbepraxis**«, die für die deutsche Werbewirtschaft verbindlich sind, fordern, dass jede Werbemaßnahme mit den guten Sitten vereinbar, redlich und wahr sein soll.

## Zusammenfassende Übersicht zu Kapitel 9.6: Kommunikationspolitik

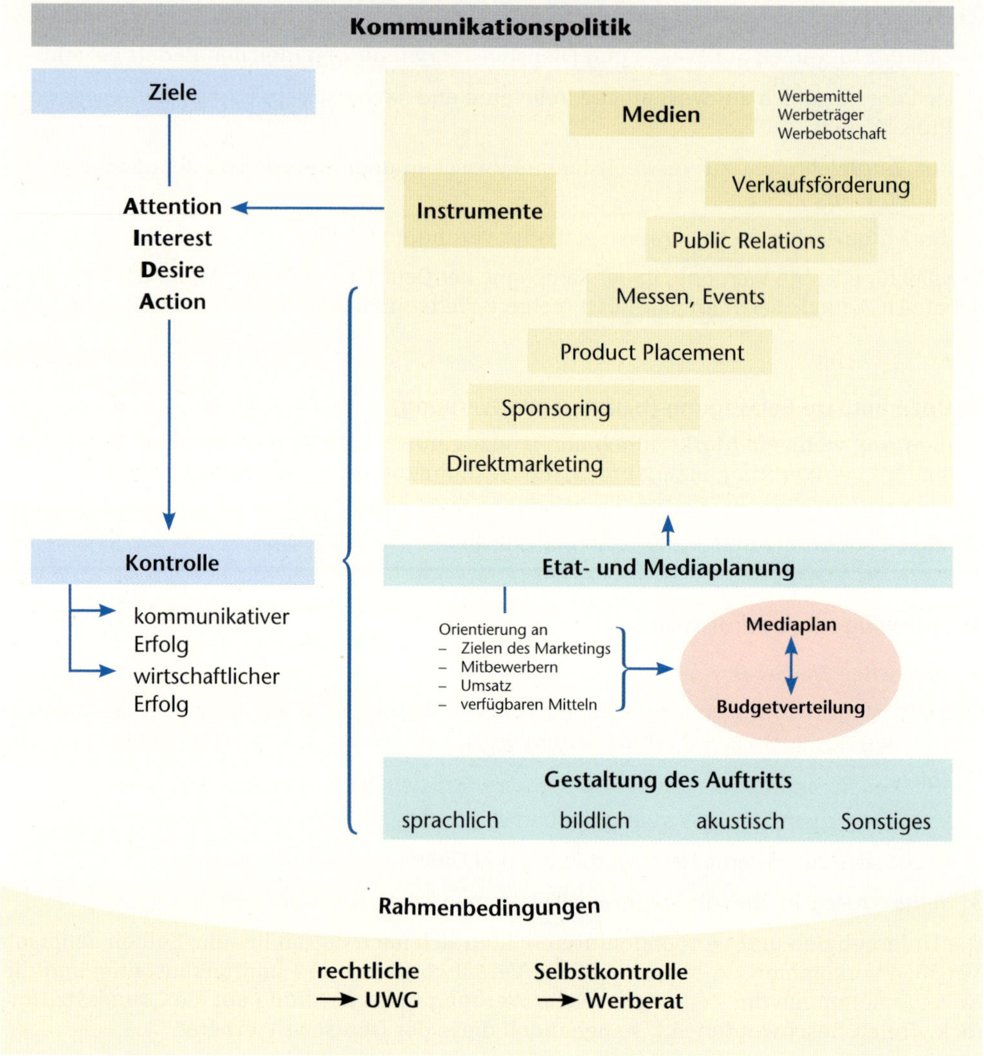


### ▶ Aufgaben und Probleme

1. Stellen Sie Vor- und Nachteile der Werbung jeweils aus der Sicht des werbenden Unternehmens und des Konsumenten einander gegenüber.
2. Die AIDA-Formel spielt in der Kommunikationspolitik eine zentrale Rolle.
   a) Welche Ziele der Kommunikationspolitik werden durch sie unterschieden?
   b) Begründen Sie die Unterscheidung in kommunikationsbezogene und markterfolgsbezogene Ziele.
   c) Untersuchen Sie aktuelle Werbekampagnen im Hinblick auf die genannten Ziele.
3. Interpretieren Sie das Schaubild auf Seite 318.

4. Nennen Sie die klassischen Werbeträger.
5. Zeigen Sie an Beispielen, in welchem Zusammenhang Werbeträger, Werbemittel und Werbebotschaft stehen.
6. Was versteht man unter Werbung mit neuen Medien?
7. Welche Mittel der Onlinewerbung lassen sich unterscheiden?
8. Erläutern Sie, was man unter Verkaufsförderung versteht. Welche Maßnahmen kennen Sie?
9. Wodurch unterscheidet sich Public Relations von der Werbung?
10. Unterscheiden Sie Sponsoring und Product Placement; erläutern Sie den Unterschied mit Beispielen.
11. Wodurch unterscheidet sich Trikotsponsoring bei einem Sportverein von einer Spende an den Verein?
12. Grenzen Sie Werbung, Public Relations und Verkaufsförderung gegeneinander ab.
13. Welche Maßnahmen des Direktmarketings werden unterschieden?
14. Eine Sanitärgroßhandlung stellt die geplanten Werbemittel und Werbeträger in einem Werbeplan zusammen. Auf welche Werbemittel und Werbeträger sollte nicht verzichtet werden?
15. Begründen Sie, warum einer Werbeaktion immer eine Zielgruppenbestimmung vorausgehen sollte.
16. Auf Seite 321 werden verschiedene Maßnahmen der Verkaufsförderung genannt. Stellen Sie in einem kurzen Referat die Maßnahmen dar und veranschaulichen Sie diese mit Beispielen.
17. Warum muss die Werbeaktivität eines Unternehmens auf ihre kommunikative und wirtschaftliche Wirkung hin untersucht werden?
18. Stellen Sie die Vor- und Nachteile der Werbung eines Großhändlers gegenüber
    a) für den Großhändler selbst,
    b) für den Hersteller,
    c) für den Einzelhändler,
    d) für den Verbraucher.
19. Welche Werbemittel halten Sie geeignet bei der Werbung für
    a) Herrenanzüge
    b) Kraftfahrzeuge,
    c) Waschmittel,
    d) eine neue Limonadensorte,
    e) Personalcomputer,
    f) Bücher?
20. An welchen Zielen kann sich die Planung des Kommunikationsbudgets orientieren?
21. Ein Unternehmen legt den Werbeetat für die nächsten Jahre in Höhe von 3 % des jeweiligen Jahresumsatzes fest. Beraten Sie dieses Unternehmen.
22. Erläutern Sie Public-Relations-Maßnahmen Ihres Erfahrungsbereiches.
23. Entwerfen Sie ein Schaubild, das den möglichen Verlauf einer Kommunikationsetatplanung wiedergibt.

24. Recherchieren Sie die Bedeutung und psychologische Wirkung verschiedener Farben und suchen Sie nach Beispielen, wie sie zu Werbezwecken eingesetzt werden.
25. Die Natur Pur KG in Heilbronn nimmt demnächst den Handel mit ökologischen Möbeln auf. Als wichtigstes Marketinginstrument erscheint der Natur Pur KG die Kommunikationspolitik.
    a) Nennen Sie drei Ziele der Werbung, die die Natur Pur KG für besonders wichtig halten könnte.
    b) Erläutern Sie die Grundsätze der Werbung, die in diesem Fall zu beachten sind.
    c) Erläutern Sie einige Gesichtspunkte, die die Natur Pur KG bei der Festlegung des Werbeetats berücksichtigen sollte.
    d) Begründen Sie die Empfehlung an die Natur Pur KG, antizyklisch zu werben.
    e) Die beiden Eigentümer des jungen Unternehmens erwägen, ihre Kunden durch ein Callcenter »betreuen« zu lassen. Wägen Sie die Argumente »Für« und »Wider« gegeneinander ab.
    f) Die beiden Eigentümer werden vom Sportverein »TSG 27 Heilbronn« gebeten, Preise für die Weihnachtstombola zur Verfügung zu stellen. Begründen Sie, was sie tun sollen.
    g) Die Natur Pur KG wird von der NATURKOST GmbH in Stuttgart angeschrieben, man halte ein Co-Branding der Markenprodukte beider Unternehmen für sehr wirkungsvoll und vorteilhaft. Nehmen Sie zu diesem Vorschlag Stellung.
    h) Unterbreiten Sie Vorschläge, wie das Unternehmen mit Werbemaßnahmen über neue Medien aktiv werden könnte.
    i) Das Unternehmen möchte Messen als Aussteller besuchen. Recherchieren Sie im Internet, welche regionalen und überregionalen Messen für die Natur Pur KG infrage kämen.
    j) Begründen Sie, welche verkaufsfördernden Maßnahmen das junge Unternehmen ergreifen sollte.
26. Welche Aspekte spielen bei der Gestaltung des Kommunikationsauftritts eine Rolle?
27. Welche Gestaltungselemente stehen für den Kommunikationsauftritt zur Verfügung?
28. Welche beiden Bereiche können Gegenstand der Kontrolle des Kommunikationserfolgs sein?
29. Nennen Sie die Zielsetzungen des UWG.
30. Welche Arten der vergleichenden Werbung sind laut UWG erlaubt?
31. Welche Regelungen zur freiwilligen Selbstkontrolle wurden vom Deutschen Werberat getroffen?
32. Suchen Sie nach Beispielen für vergleichende Werbung und gestalten Sie damit in Ihrem Klassenzimmer eine Wandzeitung.
33. Suchen Sie Beispiele für irreführende Werbung.
34. Recherchieren Sie auf der Homepage des Deutschen Werberats, mit welchen Beschwerden dieser sich konfrontiert sieht.
    a) Zeigen Sie an Beispielen, welche Verstöße am häufigsten vorkommen.
    b) Erläutern Sie, wie der Werberat mit Beschwerden umgeht und wie die betroffenen Unternehmen in der Regel reagieren.
    c) Diskutieren Sie in Ihrer Klasse, ob die Beschwerden gerechtfertigt sind.

35. »Werbung ist nur einer unter vielen Einflussfaktoren für die Kaufentscheidung des Kunden.« Interpretieren Sie in Kleingruppen die Grafik unter Beachtung dieser Aussage. Suchen Sie gemeinsam nach Beispielen für die Einflussfaktoren.

Stellen Sie Ihre Ergebnisse der Klasse vor.

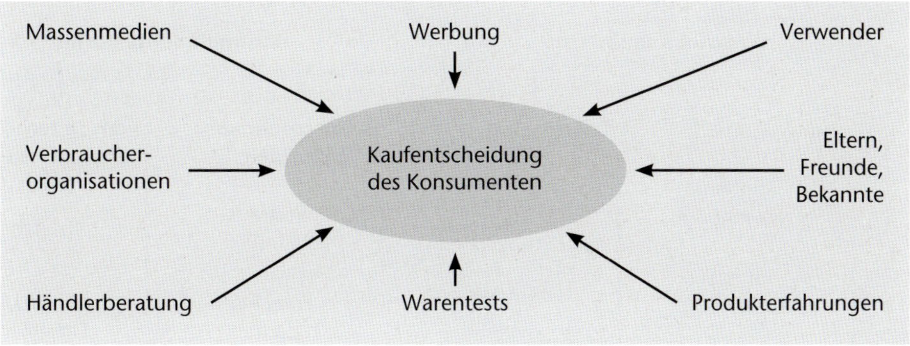


## 9.7 Distributionspolitik

**Die Distributionspolitik (Vertriebspolitik)** umfasst sowohl die **Gestaltung von Maßnahmen der Warenverteilung** als auch von **Maßnahmen der Kundengewinnung (Akquisition).**

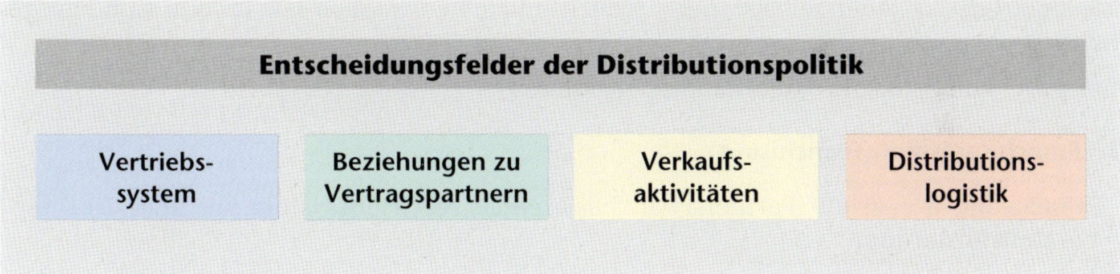


### 9.7.1 Gestaltung des Vertriebssystems

Die einzelnen **Bestandteile des Vertriebssystems** sind die **Vertriebsorgane, die zu Vertriebswegen** kombiniert werden.

Der Händler ist Teil eines Vertriebssystems. Er steht zwischen dem Hersteller von Produkten und dem Verbraucher. Damit ist er aus der Sicht des Herstellers Teil des indirekten Vertriebs.

#### Vertriebsorgane

**Vertriebsorgane** sind alle unternehmensinternen oder -externen **Personen, Abteilungen oder Institutionen,** die die **Vertriebsaktivitäten** für die Waren und Dienstleistungen des Unternehmens **durchführen** oder **unterstützen.**

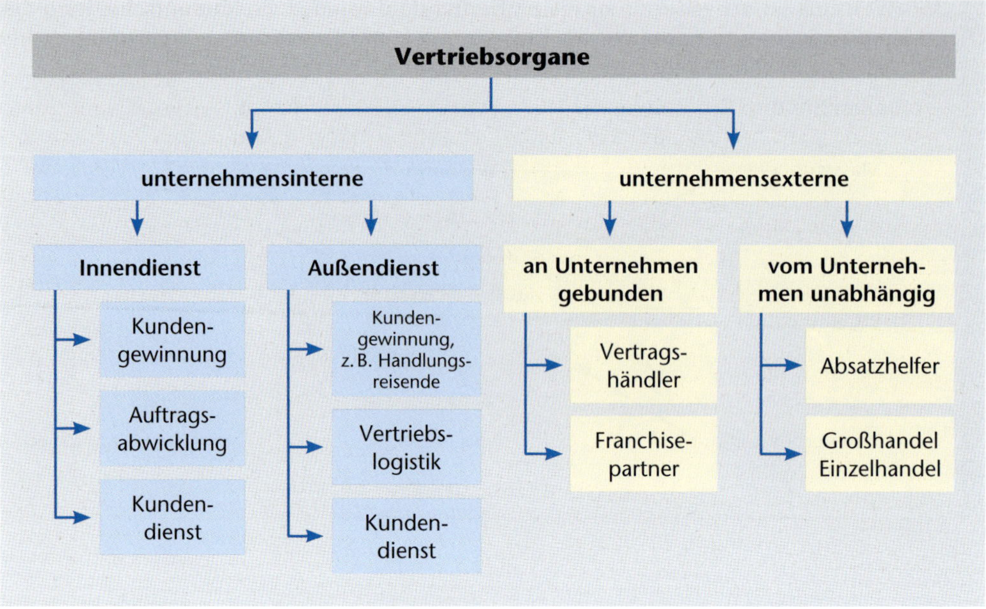


Unternehmensinterne Vertriebsorgane sind beim Unternehmen angestellte Mitarbeiter, z. B. Handlungsreisende. Unternehmensexterne Vertriebsorgane können an das Unternehmen gebunden sein, z. B. Vertragshändler oder Franchisepartner. Sie können auch vollkommen unabhängige Unternehmer sein (Absatzhelfer, z. B. Handelsvertreter).

### ▶ Vertragshändler

Sie sind rechtlich zwar selbstständig, jedoch sind sie vertraglich fest an den Anbieter gebunden.

**Beispiele:** Autohäuser, Kosmetikhändler, Tankstellen

### ▶ Franchisesystem (Franchising)

**Franchising** ist ein auf Partnerschaft basierendes **Vertriebssystem** mit dem **Ziel der Verkaufsförderung.**

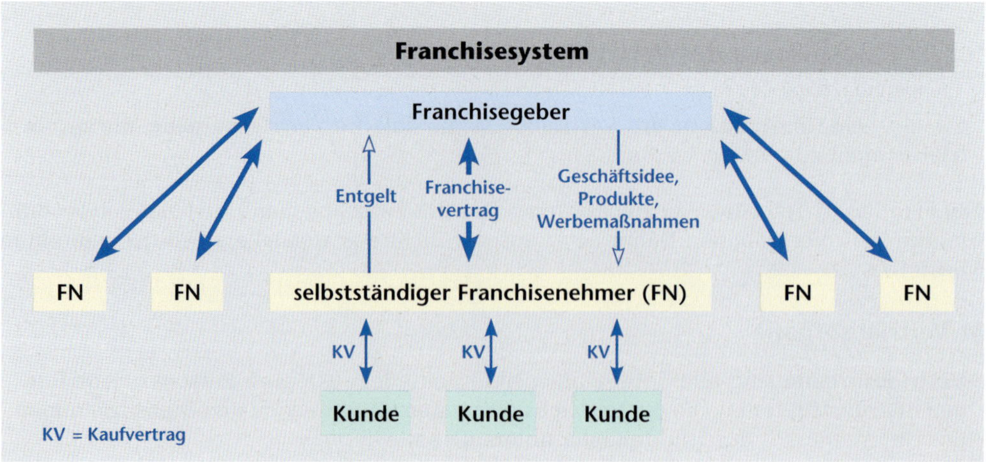

Dabei räumt das Unternehmen, das als Franchisegeber auftritt, meist mehreren Partnern (Franchisenehmern) das Recht ein, mit seinen Waren und Dienstleistungen unter seinem Namen ein Geschäft zu betreiben.

Der Franchisegeber erstellt ein unternehmerisches Gesamtkonzept, das von seinen Franchisenehmern selbstständig an ihrem Standort umgesetzt wird. Der Franchisenehmer ist ein rechtlich selbstständiger und eigenverantwortlicher Unternehmer. Die Gegenleistung des Franchisenehmers für die vom Franchisegeber eingeräumten Rechte besteht meist in der Zahlung von Eintritts- bzw. Franchisegebühren und in der Verpflichtung, den regionalen Markt zu bearbeiten. Franchising bietet die Möglichkeit, eine erfolgreiche Geschäftsidee mehreren Partnern zur Verfügung zu stellen und so den Geschäftstyp zu multiplizieren.

**Beispiele:** McDonalds (Fast-Food-Restaurant), Clean-Park (Autowaschanlagen), Apollo-Optik (Augenoptik), Fressnapf (Tiernahrung)

**Franchisesystem**

**Franchisegeber**

- Geschäftsidee
- Produkt/Markenname
- Marketing/Werbung
- Know-how
- Ladengestaltung
- erprobtes Konzept
- Nutzung des Geschäftskonzeptes
- Markenimage
- Ausbildung und Schulung
- Einkaufsvorteile
- Werbemittel
- kontinuierliche Weiterentwicklung

**Vorteile**

- schnelle Marktdurchdringung
- Umsatzsteigerung
- Absatzrisiko gering
- geringer Kapitaleinsatz
- Kontrolle der Marktaktivitäten
- hohe Motivation beim Vertriebspartner

**Franchisenehmer**

- Unternehmergeist
- Initiative
- unternehmerische Kompetenz
- Kundennähe
- Selbstständigkeit
- unternehmerische Entscheidungen
- Kapital
- Arbeitskraft
- Markterschließung
- einmalige Abschlussgebühr
- Gewinn-/Umsatzabgaben
- Umsetzung des Franchisekonzeptes

**Vorteile**

- Nutzung des Bekanntheitsgrades der Marke des Franchisegebers
- Finanzierungshilfe
- Gebietsschutz
- Teilnahme am Marketingkonzept und Know-how
- Selbstständigkeit

### ▶ Absatzhelfer

**Absatzhelfer** sind rechtlich selbstständige Personen oder Unternehmen, die für das Unternehmen **Geschäfte vermitteln und abschließen.**

| | Absatzhelfer<br>Handels-makler | <br>Kommissionär | <br>Handels-vertreter | zum Vergleich:<br>Handlungs-reisender |
|---|---|---|---|---|
| **Rechts-stellung** | Kaufmann nach HGB | | | kaufmän-nischer Angestellter |
| **gesetzliche Grundlagen** | §§ 93 ff. HGB | §§ 383 ff. HGB | §§ 84 ff. HGB | §§ 55, 59 ff. HGB |
| **Tätigkeit** | im fremden Namen für fremde Rechnung | im eigenen Namen für fremde Rechnung | im fremden Namen für fremde Rechnung | im Namen und auf Rechnung des Arbeit-gebers |
| **Vertretungs-macht** | Vermittlungs-vollmacht | Abschlussvoll-macht | Vermittlungs- und Abschluss-vollmacht | Vermittlungs- und Abschluss-vollmacht |
| **Dauer des Vertragsver-hältnisses** | von Fall zu Fall | ständig oder von Fall zu Fall | ständig | ständig |
| **Vergütung** | Maklergebühr (Courtage) | Provision<br>evtl. Aufwands-ersatz | Vermittlungs- oder Abschluss-provision<br>evtl. Aufwands-ersatz | Gehalt (Fixum)<br>Provision<br>Auslagenersatz (Spesen) |
| **Rechte** | Maklergebühr von beiden Vertrags-parteien | Selbsteintritts-recht: Der Kommissionär kann selbst die Güter kaufen oder verkaufen, wenn diese einen Börsen- oder Marktpreis haben | Überlassung von Unterlagen, Mus-tern, Preislisten, Werbematerial<br>Ausgleichsan-spruch, wenn Auftraggeber nach Vertragsen-de erheblichen Vorteil hat | Rechte eines kaufmänni-schen Ange-stellten |
| **Pflichten** | Aufstellung einer Schlussno-te (Vertrag mit allen wichtigen Bedingungen)<br>Führen eines Tagebuches<br>Aufbewahren von Proben | Sorgfaltspflicht Pflicht zur Be-achtung der Weisungen<br>Anzeige der Ausführung der Kommission<br>Pflicht zur Abrechnung<br>Ware liefern bzw. Erlös überweisen | Bemühungs-pflicht (Inte-ressen des Auftraggebers wahren)<br>Benachrichti-gungspflicht bei Geschäftsab-schluss<br>Wettbewerbs-enthaltung | Reiseberichte Mitteilung über Geschäfts-abschlüsse<br>übrige Pflichten eines kauf-männischen Angestellten |

| | Absatzhelfer | | | zum Vergleich: |
|---|---|---|---|---|
| | **Handelsmakler** | **Kommissionär** | **Handelsvertreter** | **Handlungsreisender** |
| **wirtschaftliche Bedeutung** | Er ist ein Spezialist in seiner Branche, dessen man sich von Fall zu Fall bedient. Dadurch erreichen beide Vertragspartner, dass ihre Interessen beim Vertragsabschluss optimal vertreten werden. | Wegen der hohen fixen Kosten (Gehalt) ist der Aufbau einer unternehmenseigenen Vertriebsorganisation mit Handlungsreisenden nur sinnvoll, wenn ein Absatzgebiet voll erschlossen ist. Für diese Aufgabe werden vorher Handelsvertreter und Kommissionäre eingesetzt, obwohl deren Provision in der Regel höher ist als die des Handlungsreisenden. Dadurch entstehen nur dann Kosten, wenn Aufträge abgeschlossen werden. | | |

Häufig stellt sich die Frage, ob Handlungsreisende oder Handelsvertreter eingesetzt werden sollen. Unter Kostengesichtspunkten ergibt sich folgende Betrachtung:

**Beispiel:** Ein Handelsunternehmen steht vor der Entscheidung, ob es angestellte Handlungsreisende oder selbstständige Handelsvertreter für ein bestimmtes Gebiet einsetzen soll. Für einen Handlungsreisenden würden monatliche Fixkosten (Gehalt und Nebenkosten) in Höhe von 4.900 EUR entstehen, zudem würde er eine Provision von 3% des getätigten Umsatzes erhalten. Ein Handelsvertreter würde lediglich eine Provision in Höhe von 10% des Umsatzes bekommen. Ermittlung des »kritischen Umsatzes« (x):

Kosten für den Handlungsreisenden = Kosten für den Handelsvertreter

$$4.900\ \text{EUR} + 0{,}03x = 0{,}10x$$

$$4.900\ \text{EUR} = 0{,}07x$$

$$x = \frac{4.900\ \text{EUR}}{0{,}07} = 70.000\ \text{EUR}$$

Bei einem monatlichen Umsatz bis 70.000 EUR wäre demnach der Handelsvertreter kostengünstiger; liegt der Umsatz dagegen über 70.000 EUR, wäre der Handlungsreisende günstiger.

Zeichnerische Darstellung:

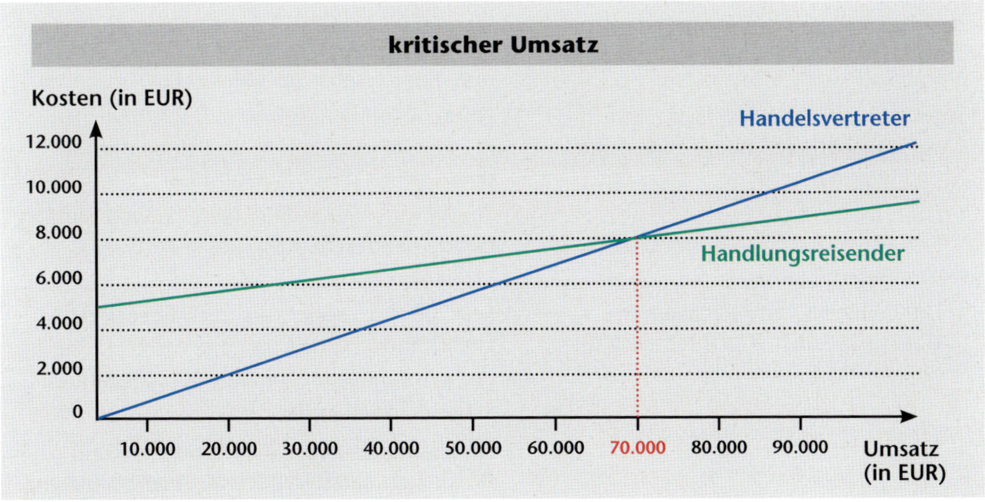

## Vertriebswege

**Vertriebswege (Absatzwege)** entstehen aus der **Auswahl und Kombination von Vertriebsorganen.**

Vom direkten Vertriebsweg spricht man, wenn das Unternehmen seine Produkte über unternehmensinterne Verkaufsorgane an den Endverbraucher verkauft. Von indirektem Vertriebsweg spricht man, wenn dies über externe Vertriebsorgane geschieht.

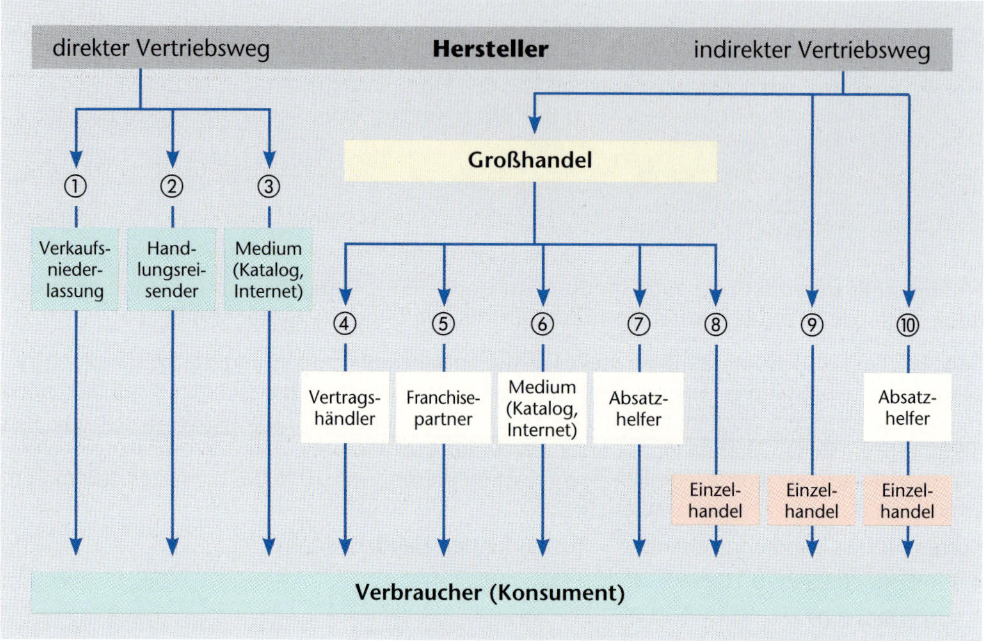


### Beispiele:

| für direkte Vertriebswege | für indirekte Vertriebswege |
|---|---|
| ① Ein Küchenmöbelhersteller beliefert Restaurants und Verbraucher. | ④ Ein Elektrogerätehersteller beliefert ausgewählte Elektrofachgeschäfte über den Großhandel mit Markengeräten.<br>⑤ Ein Textilhersteller vertreibt seine Kleidung über Franchisepartner (Marco Polo, Benetton). |
| ② Ein Kosmetikhersteller lässt die Verbraucherinnen durch angestellte Beraterinnen besuchen. | ⑥ Ein Arzneimittelhersteller verkauft über den Arzneimittelgroßhandel und eine Internetplattform an die Endverbraucher.<br>⑦ Tupperware wurde über Jahre hinweg nur von Handelsvertretern auf »Tupper-Partys« verkauft. |
| ③ Ein Buchverlag verkauft seine Druckerzeugnisse über eine Internetplattform direkt an die Endverbraucher. | ⑧ Seit 2001 ist Tupperware auch über den Einzelhandel erhältlich.<br>⑨ Der Fahrradhersteller Centurion beliefert die Fahrradeinzelhändler.<br>⑩ Ein Pharmahersteller lässt Apotheken und Arztpraxen durch Handelsvertreter besuchen. |

Wenn Unternehmen für ihr Sortiment unterschiedliche Vertriebsorgane oder Vertriebswege wählen, spricht man von einem **Mehrkanalvertrieb.**

## 9.7.2 Gestaltung der Beziehungen zu den Vertriebspartnern

Neben der Gestaltung des Vertriebssystems sind die Beziehungen zu den Vertriebspartnern – insbesondere Key Accounts – ein weiteres wichtiges Entscheidungsfeld der Vertriebspolitik.

**Key Accounts** sind Kunden, die aufgrund ihrer tatsächlichen oder potenziellen Abnahmemengen für das Unternehmen von großer Bedeutung sind. Die Gestaltung der Beziehungen mit diesen wichtigen Kunden besteht zum einen in der Kooperation, zum anderen in der Gestaltung der vertraglichen Beziehungen.

**Beispiele:**

1. Wichtige Kunden werden über Jahre hinweg persönlich durch denselben Mitarbeiter betreut.
2. Bestellung, Auftragsbestätigung werden standardisiert und weitgehend online abgewickelt
3. Ein Maschinenbauunternehmen entwickelt gemeinsam mit einem Kunden für dessen Bedürfnisse eine spezielle Spanfördereinrichtung.

Beim **vertikalen Marketing** wird zwischen Push- und Pull-Aktivitäten unterschieden:

| | |
|---|---|
| Bei **Push-Aktivitäten** soll der Handel durch entsprechende Anreize dazu bewegt werden, die Produkte zu listen, d. h., die Produkte in die Regale und damit in den Markt zu drücken. | Bei den **Pull-Aktivitäten** werden die Endkunden z. B. durch Werbung so beeinflusst, dass sie die Produkte im Handel nachfragen (Pull-Effekt). |

Häufig werden diese beiden Aktivitäten miteinander kombiniert. Zunächst wird versucht, über Marketingaktionen den Endkunden zu beeinflussen (Pull). Dann wird der Handel davon überzeugt, dass eine Zusammenarbeit nützlich ist (Push).

## 9.7.3 Gestaltung der Verkaufsaktivitäten

Es geht darum, wie der Kontakt mit den Kunden gestaltet wird.

### Persönlicher Kundenkontakt

Zum **persönlichen direkten Kundenkontakt** kommt es beispielsweise beim Verkaufsgespräch im Handel. Im Rahmen dieses direkten persönlichen Kundenkontaktes spielt in Unternehmen die **Verkaufsraumgestaltung (Instore-Management)** eine besondere Rolle:

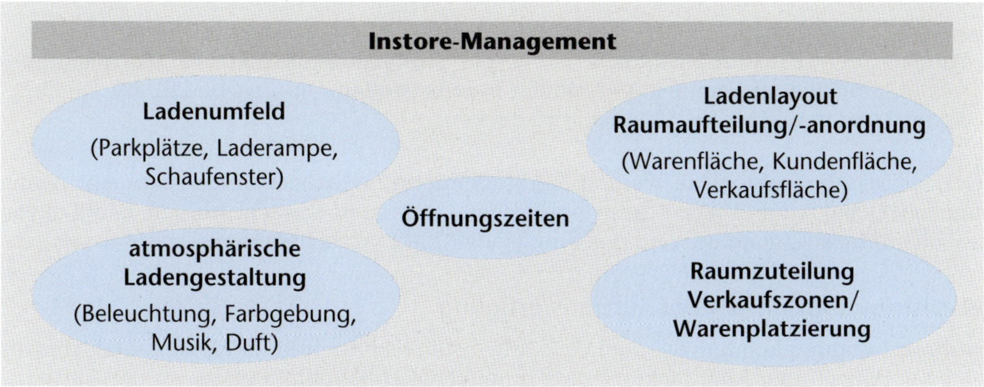

Eine weitere Form des persönlichen Kontaktes ist diejenige mittels eines Mediums. In der Regel ist dies das Telefon. Dies kann ein aktiv eingeleiteter Kontakt (z. B. durch ein Callcenter) oder lediglich die Annahme eines Kundenanrufes zur Bestellungsannahme sein.

## Nicht persönlicher Kundenkontakt

Beim **nicht persönlichen Kontakt** über ein Medium kommen Printmedien (z. B. Mailing oder Katalog), das Fernsehen oder das Internet zur Anwendung. Eine große Bedeutung hat hierbei der E-Commerce.

### ▶ E-Commerce (Electronic Commerce)

Unter **E-Commerce** werden das **Angebot,** der **Kauf** und die **Bezahlung** von Gütern und Dienstleistungen über das **Internet** zusammengefasst.

Dabei präsentieren sich die Anbieter als virtuelle Verkaufsstelle mit einer Webseite im Internet.

Man unterscheidet vor allem:

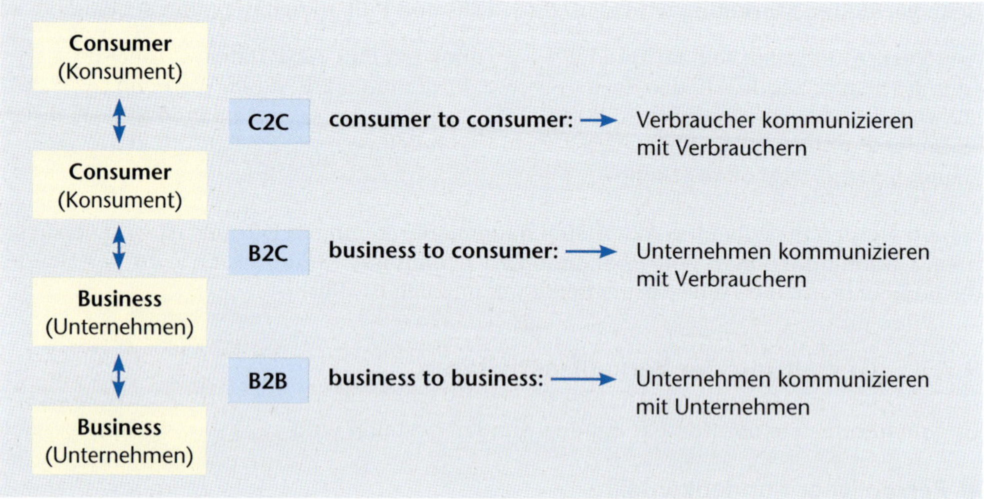


## 9.7.4 Gestaltung der Vertriebslogistik (Distributionslogistik)

**Aufgabe der Distributionslogistik** ist es, die **produzierten Güter** art- und mengenmäßig, räumlich und zeitlich abgestimmt **bereitzustellen,** um den Bedarf der Kunden optimal und möglichst kostengünstig zu decken.

Bei der Distributionslogistik werden marktorientierte Logistikleistungen erbracht. Wann und in welcher Art und Weise diese logistischen Leistungen erbracht werden, hängt davon ab, ob auftragsbezogen oder für den anonymen Markt produziert wird.

## Distributionslogistik bei Auftragsfertigung

Auftragsfertigung kommt vor allem bei der Investitionsgüterproduktion vor. Dabei kann es sich um Einzel- oder Mehrfachfertigung (Kapitel 6.4.1) handeln. Bereits vor der Auftragsannahme muss die Distributionslogistik mit einbezogen werden, damit sie ihre Aufgaben optimal erfüllen kann. Entsprechende Vereinbarungen bei der Vertragsgestaltung legen Transportmittel und Transportweg weitgehend fest.

| Überlegungen der Distributionspolitik | Erklärung | Beispiel |
|---|---|---|
| Vereinbarungen über die **Lieferart** | Die Lieferung kann als komplette Einheit oder zerlegt erfolgen. | Zur Montage in ausländischen Werken werden jeweils zwei komplette Lkw zerlegt in einem 40-Fuß-Container zum Versand gebracht. |
| Vereinbarungen über die **Liefermenge** | Die Lieferung kann als Gesamtlieferung oder als Teillieferung erfolgen. | Ein Industriebetrieb kann pro Tag 200 Formteile produzieren. Ein Auftrag über 20.000 Formteile erfordert bei vereinbarter Gesamtlieferung zusätzlichen Lagerraum, der angemietet werden müsste. Der eigene Fuhrpark, der eine Ladekapazität von einer Tagesproduktion hat, wäre bei vereinbarter Teillieferung sinnvoll ausgelastet. |
| Vereinbarungen über den **Lieferort** | Die Lage und die Struktur des Lieferorts wie Zufahrts- und Umschlagsmöglichkeiten müssen abgeklärt werden. | Straßenbreite, Durchfahrtshöhe, Hebebühne, Laderampe, Lastenaufzug |
| Vereinbarungen über die **Lieferzeit** | Zeitpunkt der Lieferung | Für einen Exportauftrag nach Japan stehen vier Tage für den Transport zur Verfügung, sodass die Lieferzeit nur durch den Einsatz des Flugzeugs einzuhalten ist. |
| Vereinbarungen über **Zusatzleistungen** | Es werden Besonderheiten bei der Lieferung vereinbart. | Ein Großauftrag wird nur erteilt, wenn der Hersteller seine Produkte »verkaufsfertig« in spezieller Verpackung und mit Preisschildern versehen liefert. |

Bei den logistischen Entscheidungen sind der Kundenwunsch und die Wirtschaftlichkeit des Auftrages für das Unternehmen in Einklang zu bringen.

## Distributionslogistik bei Vorratsfertigung

Bei der Vorratsfertigung muss die Distributionslogistik gewährleisten, dass die **Produkte rechtzeitig in der gewünschten Art und Menge am richtigen Ort bereitgestellt werden,** damit der zu erwartenden und der unerwarteten Nachfrage möglichst genau entsprochen werden kann. Dabei sind folgende Überlegungen zu berücksichtigen:

| Überlegungen der Distributionspolitik | Erklärung | Beispiel |
|---|---|---|
| **Bestimmung von Absatzgebieten** | Das Absatzgebiet darf nur so groß gewählt werden, wie mit den einsetzbaren Verkehrsträgern die nachgefragten Erzeugnisse termingetreu zugestellt werden können. | Können die Produkte nur mit 7,5-t-Lkw zugestellt werden, so muss bei gleicher Anlieferungsmenge das Absatzgebiet kleiner gewählt werden, als wenn mit 40-t-Lkw angeliefert werden kann. |
| **Entscheidung über die Einrichtung von Lägern** | Der reibungslose Absatz erfordert eine entsprechende Kapazität des Lagers. Sie ist abhängig von den Produktionsmengen, den Mengen und Zeitabständen der Abnahme sowie von der Größe des Absatzgebietes. Kann die termingetreue Belieferung der Kunden vom Fertigerzeugnislager am Produktionsstandort nicht gewährleistet werden, so müssen dezentrale Läger eingerichtet werden. | Beträgt die Tagesproduktion eines Industriebetriebs 2.000 Stück pro Tag, die die Abnehmer durchschnittlich alle zehn Tage ordern, so muss die Lagerkapazität für mindestens 20.000 Stück ausreichen. |
| **Entscheidung über das Verteilsystem** | Klärung der Frage, ob die auszuliefernden Güter zentral oder dezentral gelagert und ausgeliefert werden. | Ein Unternehmen der Lebensmittelbranche liefert seine Produkte über zahlreiche auf Deutschland verteilte Regionallager aus. |
| **Entscheidung über die Versandverpackung** | Die Verpackung sollte so gestaltet sein, dass der Transport sicher durchgeführt werden kann. Darüber hinaus muss sie platz- und kostensparend sowie wiederverwend- und -verwertbar sein. | Transport von Chemikalien in geschlossenen Tanks |

Eine kundenorientierte Distributionslogistik setzt voraus, dass **Informationen ohne Verzögerung** fließen, um auf mengen- oder artmäßige **Nachfrageveränderungen** sofort reagieren zu können. Gerade bei Produkten, die auch beim Konkurrenten bezogen werden können, ist die Lieferbereitschaft von zentraler Bedeutung. Die Lieferbereitschaft ist optimal, wenn sich Lieferbereitschaftskosten (Sicherheitsbestände) und Fehlmengenkosten (Verlust von Kunden) ausgleichen.

## Zusammenfassende Übersicht zu Kapitel 9.7: Distributionspolitik

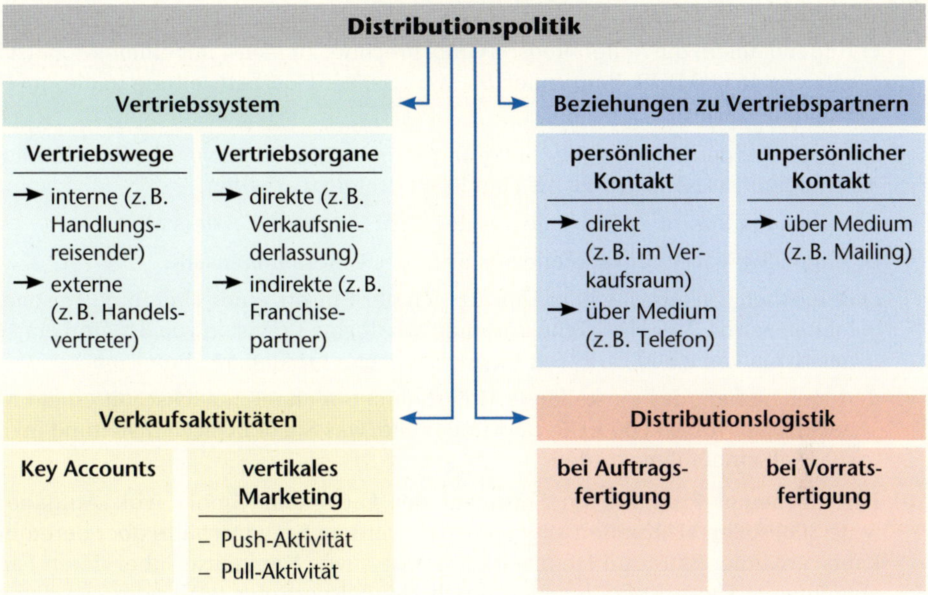


### ▶ Aufgaben und Probleme

1. Was versteht man unter Distributionspolitik?
2. Welche Entscheidungsfelder gehören zur Distributionspolitik?
3. Beschreiben Sie anhand des Schaubildes auf Seite 334, wie ein Franchisesystem funktioniert.
4. Erläutern Sie, welche Funktionen der Großhandel im Rahmen des Distributionsprozesses übernimmt.
5. Ein Fahrradhersteller belieferte bisher 500 Einzelhandelsunternehmen in über 40 Städten. Er entschließt sich ergänzend dazu zum direkten Absatz über Verkaufsniederlassungen in vier Großstädten.
   a) Nennen Sie mögliche Gründe dafür.
   b) Welche zusätzlichen Kosten entstehen dadurch?
   c) Welche Kosten könnten eingespart werden?
   d) Begründen Sie, wie sich die Veränderung auf den Umsatz auswirken könnte.
6. Stellen Sie Vor- und Nachteile des direkten und indirekten Absatzes in einer Tabelle einander gegenüber.
7. Wie unterscheiden sich Handelsvertreter und Handlungseisender?
8. Die Reifen Roesch GmbH prüft, ob sie einen Handlungsreisenden oder einen Handelsvertreter für den Außendienst beschäftigen soll. Der Handlungsreisende erhält eine Provision von 2 % und ein Monatsfixum von 2.000 EUR; ein Handelsvertreter erhält 6 % Provision.

a) Nennen Sie vier grundlegende Unterschiede zwischen einem Handlungsreisenden und einem Handelsvertreter.

b) Begründen Sie, ob es sich jeweils um einen direkten oder indirekten Absatzweg handelt.

c) Angenommen, die Reifen Roesch GmbH rechnet zunächst mit einem Monatsumsatz von 45.000 EUR. Begründen Sie, was Sie der Geschäftsleitung in diesem Fall empfehlen würden.

9. Siegfried Kessler hat zwei Beschäftigungsangebote. Er steht vor der Entscheidung, als Handlungsreisender oder als Handelsvertreter zu arbeiten.

   a) Wägen Sie Vor- und Nachteile aus der Sicht Siegfried Kesslers ab.

   b) Wägen Sie Vor- und Nachteile aus Sicht des Unternehmens ab.

   c) Berechnen Sie, ab welchem Umsatz sich der Einsatz eines Handlungsreisenden lohnen würde. Der Handlungsreisende erhält eine Provision von 3 % und ein Monatsfixum von 2.500 EUR. Der Handelsvertreter erhält 6,5 % Provision.

   d) Angenommen, das einstellende Unternehmen rechnet zunächst mit einem Monatsumsatz von 45.000 EUR. Begründen Sie, was Sie der Geschäftsleitung in diesem Fall empfehlen würden.

10. Für die neuen Produkte im Sortiment der Lachmann GmbH (vgl. Aufgabe 8, Seite 308) sollen als Kunden angesprochen werden: Fachgeschäfte über deren Einkaufsverbände, Bau- und Heimwerkermärkte sowie Kaufhäuser über deren Fachabteilungen. Diese Kunden sollen durch Handelsvertreter (HV) oder Handlungsreisende (HR) intensiver betreut werden. Pro Monat fallen folgende Kosten an: HR: 6.000 EUR Fixum und 1 % Umsatzprovision; HV: 7 % Umsatzprovision und 700 EUR Spesenpauschale. Erwartet wird ein Umsatz von 80.000 EUR in dünner besiedelten Regionen und 150.000 EUR in den Ballungsgebieten.

    a) Berechnen Sie die jeweiligen monatlichen Kosten.

    b) Berechnen Sie den kritischen Umsatz.

    c) Sprechen Sie eine Empfehlung bezüglich der Wahl der Außendienstmitarbeiter je Umsatzgebiet aus. Begründen Sie Ihre Empfehlung nicht nur mit Kostenargumenten.

11. Ein Unternehmen möchte drei verschiedene Vertriebswege einander gegenüberstellen: Handelsvertreter, Handlungsreisender und Kommissionär. Es wird mit einem Jahresumsatz von 2,2 Mio. EUR gerechnet. Es entstehen folgende Kosten:

    - Handelsvertreter: 6 % Umsatzprovision.
    - Handlungsreisender; monatliche Personalkosten 3.300 EUR, 1,5 % Umsatzprovision, Spesenersatz 0,5 % vom Umsatz.
    - Kommissionär: jährlicher Kostenersatz für Lagerung 10.000 EUR, 5 % Umsatzprovision.

    a) Berechnen Sie, welche Alternative am kostengünstigsten wäre.

    b) Berechnen Sie, bei welchem Umsatz jeweils die Kosten gleich hoch wären für den
       - Handelsvertreter und den Handlungsreisenden.
       - Kommissionär und den Handlungsreisenden.
       - Handelsvertreter und den Kommissionär.

    c) Erstellen Sie eine grafische Lösung für die kritischen Umsätze.

    d) Welche Schlussfolgerungen ziehen Sie aus den Berechnungen bzw. der Grafik?

12. Skizzieren Sie ein mögliches Mehrkanal-Vertriebssystem für
    a) Sportbekleidung, b) Autoradios, c) Bücher.
13. Erläutern Sie, was man unter Key-Accountern versteht und welche Bedeutung ihnen zukommt.
14. Erläutern Sie an jeweils einem Beispiel die beiden Strategien des vertikalen Marketings.
15. Was versteht man unter E-Commerce?
16. Welche verschiedenen E-Commerce-Beziehungen werden unterschieden?
17. Immer mehr Verbraucher schätzen den bequemen Einkaufsbummel im Internet. Vor allem der klassische **Versandhandel** und die Anbieter von Eintrittskarten und Reisen, Musik und Büchern profitieren vom **Vertriebsweg** Internet. Aber auch Unternehmen, die ihr Sortiment im Ladengeschäft und zugleich im Internet anbieten (die sogenannten **Multi-Channel-Betriebe**) zählen zu den Gewinnern. Betrachtet man allerdings den Anteil, den der **Onlinehandel** am gesamten Einzelhandelsumsatz hat, so ist er mit knapp 11,7 % (2015) noch relativ gering.
    a) Erläutern Sie die gefetteten Begriffe.
    b) Beurteilen Sie, warum gerade die Anbieter der genannten Produkte wachsende Umsätze über das Internet verzeichnen.
    c) Warum ist der Umsatzanteil des Onlinehandels am Gesamtumsatz des Handels relativ gering?
18. Die »Greinacher-Peterson-Sailer GmbH« (GPS GmbH) ist ein Großhandelsunternehmen, das sich auf den Vertrieb von hochwertigen Navigationssystemen für verschiedene Anwendungsbereiche spezialisiert hat. Bisher erfolgte der Vertrieb ausschließlich über ausgewählte Facheinzelhändler der Autoelektronikbranche im westdeutschen Raum. Diese Verkaufsaktivitäten sollen weiter intensiviert werden. Daneben sollen auch weitere Vertriebswege erschlossen werden. Die »Autoteile Bischofberger GmbH« (AB GmbH) ist eine Fachmarktkette für Autozubehör, die Filialen in der gesamten Bundesrepublik betreibt. Sie möchte gerne die Produkte der GPS GmbH in ihr Sortiment aufnehmen und an die Endverbraucher verkaufen. Sie rechnet mit einer Abnahmemenge von jährlich ca. 20.000 Navigationssystemen. Auch die große Verbrauchermarktkette »Huber KG«, die überwiegend in Süd- und Ostdeutschland vertreten ist, möchte die Systeme in ihr Sortiment aufnehmen. Jedoch erwartet sie von der GPS GmbH einen kräftigen Rabatt, damit die Geräte in das preisgünstige Sortiment eingepasst werden können. Außerdem soll die GPS GmbH vertraglich vereinbart das Auffüllen und Aussortieren der Regalflächen in den Huber-Filialen übernehmen und nicht verkaufte Ware wieder zurücknehmen. Die Abnahmemenge könnte bei ca. 500 Geräten monatlich liegen.
    a) Erstellen Sie mithilfe einer Entscheidungsbewertungstabelle eine Bewertung der drei Vertriebsformen. Legen Sie dazu geeignete Kriterien fest (vgl. Kapitel 3.3.6).
    b) Erstellen Sie ein Gesamturteil zu der ermittelten Rangfolge.
    c) Begründen Sie, welche weiteren Absatzalternativen in Betracht zu ziehen sind.
19. Beschreiben Sie die Aufgaben der Distributionslogistik.
20. Untersuchen Sie, inwieweit die Distributionslogistik bereits vor der Auftragsannahme in die Planungen mit einbezogen werden sollte.
21. Ein Möbelhersteller produziert für den anonymen Markt. Beschreiben Sie die Entscheidungen für die Distribution, die Sie in diesem Falle treffen würden.
22. Suchen Sie Beispiele für Zusatzleistungen, die Industriebetriebe für ihre Kunden übernehmen können.

## 9.8 Produktlebenszyklus und Portfolioanalyse

### 9.8.1 Lebenszyklus eines Produktes

**Lebenszyklus eines Produktes**

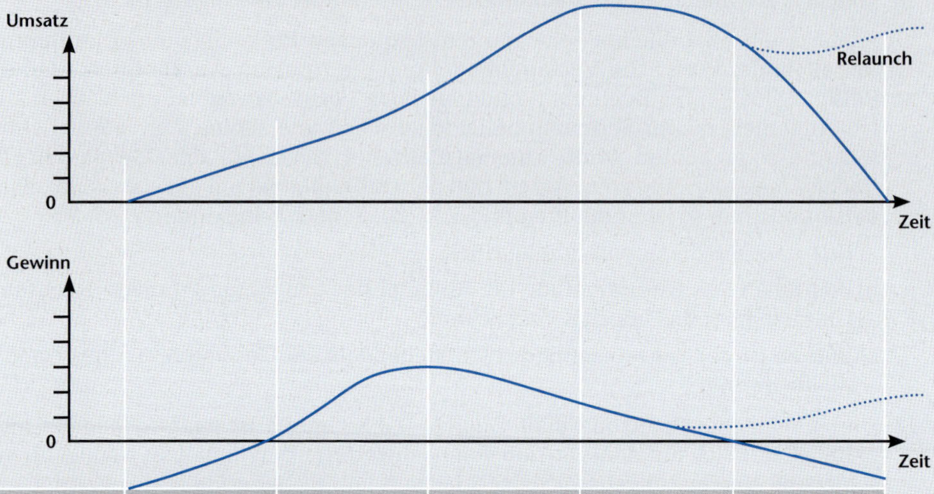


| Lebenszyklusphase / Kriterium | Einführung | Wachstum | Reife | Sättigung | Rückgang |
|---|---|---|---|---|---|
| **Umsatz** | sehr gering, langsam steigend | stark steigend | sehr hoch, gering steigend | langsam abnehmend | stark abnehmend |
| **Gewinn/ Verlust** | Verlust, Eintritt in Gewinnzone | steigender Gewinn | hohes Gewinnpotenzial | deutlich rückläufiger Gewinn | Verlust |
| **Marktwachstum** | steigende Wachstumsrate | stark steigendes Wachstum | langsameres Wachstum, Stagnation, dann negative Wachstumsrate | negatives Wachstum | stark negatives Wachstum |
| **Anzahl der Mitbewerber** | sehr klein (evtl. keine) | zunehmende Zahl | Höchstzahl der Mitbewerber | Ausscheiden der ersten Mitbewerber | Verringerung auf sehr wenige (evtl. keine) |
| **Ausgereiftheit des Produktes** | technische Innovation | Produktverbesserungen | Produktverbesserungen | bekannte, verbreitete, »alte« Technologie | bekannte, verbreitete, »alte« Technologie |

Das **Produktlebenszyklus-Modell** beruht auf der grundsätzlichen Annahme, dass jedes Produkt am Markt bestimmte Lebensphasen durchläuft, die unterschiedliche Absatz- und Gewinnmöglichkeiten aufweisen. Die gesamte Lebensdauer eines Produktes ist abhängig von der Nutzungsdauer, von technischen und modischen Einflussfaktoren, vom Konkurrenzverhalten und von eigenen absatzpolitischen Aktionen. Der gesamte Lebensweg eines Produktes kann in fünf Phasen dargestellt werden: Einführungsphase, Wachstumsphase, Reifephase, Sättigungsphase, Rückgangsphase.

Das Produktlebenszyklus-Modell weist wesentliche Anhaltspunkte für den Einsatz der Marketinginstrumente auf. Aus der Erkenntnis, dass Produkte nur eine begrenzte Lebensdauer haben, folgt die Notwendigkeit der permanenten Neugestaltung der Leistungen, der Werbemaßnahmen sowie preispolitischer Anpassungen. Der Einsatz der verschiedenen Marketingmaßnahmen hängt von der Lebenszyklusphase ab.

| **Lebenszyklusphase / Marketingmaßnahme** | **Einführung** | **Wachstum** | **Reife** | **Sättigung** | **Rückgang** |
|---|---|---|---|---|---|
| **Zielsetzung** | Etablierung am Markt | Marktdurchdringung | Behauptung der Marktposition | Position »ausschlachten«, Relaunch | Rückzug |
| **Produkt- und Sortimentspolitik** | schmales Programm, Grundmodell, Verzicht auf Varianten | Verbesserung der Qualität, erste Varianten | Produktvariation und Produktdifferenzierung (Qualitätsverbesserungen, Funktionsveränderungen, Design), Sortimentserweiterung | | Produktelimination oder Versuch einer Repositionierung |
| **Preis- und Konditionenpolitik** | niedrige Einführungspreise | Preise ziehen an | differenziertes Preisniveau, Bereitschaft zu Preissenkungen (Handelsrabatte) | | tendenziell niedriges Preisniveau |
| | hohe Einführungspreise | Preise geben nach | | | |
| **Kommunikationspolitik** | sehr große Anstrengungen | große Anstrengungen zum Aufbau der Produktbekanntheit und Erlangung von Marktanteilen | große Anstrengungen zum Aufbau der Markentreue | deutlich geringere Aktivitäten | geringer Einsatz kommunikationspolitischer Instrumente |
| **Distributionspolitik** | anfangs selektives Vertriebssystem | intensiver Aufbau des Vertriebssystems | intensiv gepflegtes Vertriebssystem, Mehrkanal-Vertriebssystem | | Aufgabe unwirtschaftlicher Teile des Vertriebssystems |

Ein Unternehmen muss den Lebenszyklus jedes seiner Produkte kennen. Nur so kann es verbesserte oder Ersatzprodukte rechtzeitig auf den Markt bringen. Auch durch den gezielten Einsatz anderer Marketinginstrumente wird versucht, den Lebenszyklus zu verlängern **(Relaunch).**

## 9.8.2 Produktportfolioanalyse

Im ökonomischen Sinn ist ein Portfolio eine Sammlung von Werten. In der Finanzwelt können dies Anlagewerte sein, im Marketing sind es Waren, Dienstleistungen oder Kunden.

Im Rahmen einer **Portfolioanalyse** wird die Marktposition des Unternehmens bzw. eines strategischen Geschäftsfeldes bewertet. Ein **strategisches Geschäftsfeld** ist ein Produkt oder eine Produktgruppe in seinem/ihrem speziellen Markt. Mithilfe der Portfolioanalyse sollen die passenden Marketingaktivitäten und -mittel in die Geschäftsfelder gelenkt werden, in denen die Marktaussichten günstig erscheinen.

Die Portfolioanalyse für Produkte besteht darin, die strategischen Geschäftsfelder entsprechend ihrem Standort in einem Koordinatensystem in vier Kategorien einzuteilen:

▶ **Question Marks (Nachwuchsprodukte, Fragezeichen)**

Das sind Produkte mit noch geringem Marktanteil, aber großen Wachstumsmöglichkeiten. Sie verursachen hohe Kosten und bringen noch keinen Gewinn. Selektives Vorgehen ist angebracht beim Versuch, sie zu Stars zu machen.

▶ **Stars**

Das sind Produkte mit hohem Marktanteil und großen Wachstumschancen. Sie ermöglichen Unternehmenswachstum; es lohnt sich noch, zu investieren und sie zu fördern, bevor sie langsam zu Melkkühen werden.

▶ **Cash Cows (Melkkühe)**

Das sind Produkte mit hohem Marktanteil, die jedoch wegen ihres Alters nur noch geringe Wachstumschancen haben. Sie sollen nur noch »gemolken« werden, hohe Investitionen lohnen sich nicht mehr. Melkkühe sind Geldbringer zur weiteren Entwicklung des Unternehmens und Finanzierung anderer Geschäftsfelder.

▶ **Poor Dogs (Problemprodukte, arme Hunde)**

Das sind Produkte ohne Wachstumschancen und ohne nennenswerten Marktanteil. Investitionen sind nicht mehr lohnend, die alten Produkte sind demnächst aus dem Markt zu nehmen.

Aus der Zuteilung zu den vier Produktkategorien können folgende drei Strategien abgeleitet werden:

– Strategie 1 : Investitions- und Wachstumsstrategie
– Strategie 2 : Abschöpfungs- oder Desinvestitionsstrategie
– Strategie 3 : Strategie selektiven Vorgehens

Die einzelnen Geschäftsfelder werden in der Regel in Form von Kreisen/Ovalen abgebildet, deren Größe proportional zum jeweiligen Umsatz ist. Aus der Zuordnung des Geschäftsfeldes zum jeweiligen Koordinatenfeld werden dann die Marketingaktivitäten und die Mittelzuteilung abgeleitet.

**Beispiel** für die Produkte A bis E:

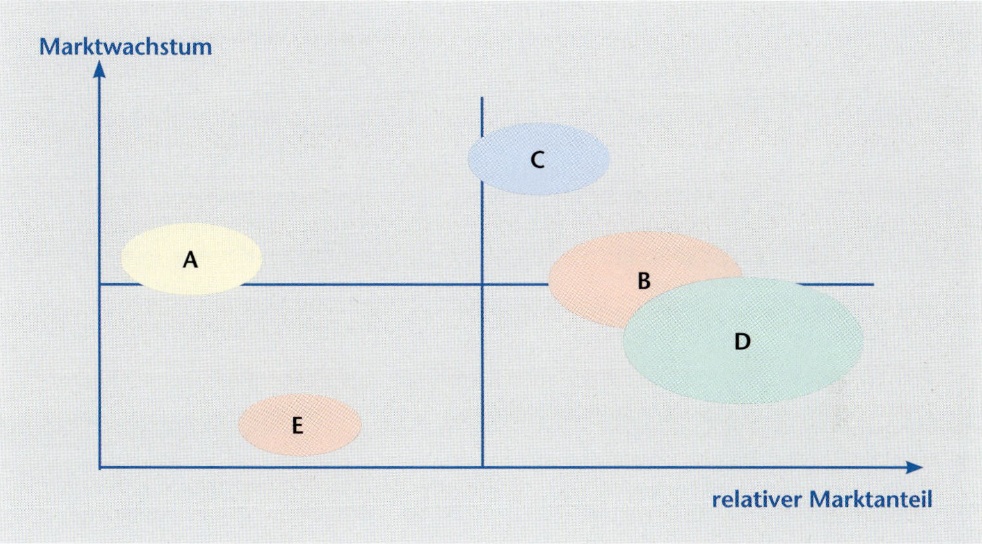


## 9.9 Marketing-Mix

Anhand der Ergebnisse der Marktforschung, der Festlegung der Marketingziele und -strategien werden die einzelnen Marketinginstrumente ausgewählt. Zur Abstimmung der Instrumente und zur Zuteilung der Mittel dienen die Erkenntnisse der Produktlebenszyklus- und der Portfolioanalyse.

**Marketing-Mix** ist die **optimale Abstimmung** der **Marketingaktivitäten** zum Erreichen der Marketingziele.

Die Festlegung des Marketing-Mix ist keine einmalige Entscheidung. Sie muss vielmehr laufend überprüft und an veränderte Marktsituationen angepasst werden.

**Beispiel:** Ein Hersteller von kosmetischen Artikeln geht mit seinem Vertriebspartner (Großhandel und Einzelhandel) eine vertikale Marketingvereinbarung ein. Sie erstellen für zwei Gesichtspflegesysteme folgenden Marketing-Mix:

| Marketingaktivitäten | | Marketing-Mix für Pflegesystem »Standard« für Marktsegment »Männer unter 30 Jahre« | Marketing-Mix für Pflegesystem »Prestige« für Marktsegment »Männer über 30 Jahre« |
|---|---|---|---|
| Produkt- und Sortimentspolitik | Produktinnovation | stark duftend, Duft modeabhängig variieren, leicht selbstbräunend | dezenter Duft, stark feuchtigkeitshaltig, mit Proteinen |
| | Produktgestaltung | in Tuben, 100 oder 200 ml, auffällig modisch | in eleganten Dosen, 50 oder 100 ml, klassisch schwarz-weiß |
| | Sortimentsgestaltung | in der Reihe mit weiteren Kosmetika für den jung gebliebenen Mann | umfangreiche Pflegeserie für den reiferen, auf sein Äußeres bewusst achtenden Herrn |
| | Dienstleistungsgestaltung | ein Jahr Qualitätsgarantie | ein Jahr Qualitätsgarantie, Verkäufer- und Kosmetikerschulungen |
| Preis- und Konditionenpolitik | Preisfindung Preisstrategie | mäßiger Preis, auch Kampfpreis, Mindestabnahmemengen | gehobener Preis, keine Mindestabnahme |
| | Preisdifferenzierung | Einheitspreise im gesamten Absatzgebiet | räumlich und zeitlich unterschiedliche Preise je nach Marktlage |
| | Konditionen | Einheitskonditionen, keine Rabatte | nachgiebige, kundenfreundliche Konditionen, Rabattstaffeln, Boni |
| | Finanzdienstleistungen | keine | Kredite an den Handel zur Erleichterung des Absatzes |
| Kommunikationspolitik | klassische Werbung | Fernsehwerbung, Plakatwerbung in Fitnessstudios | Anzeigen in Zeitschriften, Plakatwände, Rundfunkwerbung |
| | Verkaufsförderung | Preisausschreiben, Gratisproben, Displaymaterial bei Einzelhändlern | Produktplatzierung im Handel, Verkaufspropagandisten, Kosmetikberatung |
| | Public Relations | Leitidee »jugendlich«, »sportlich« | Leitidee »Lebensfreude«, »Wohlbefinden« |
| | sonstige Kommunikationsmittel | mobilfunkgestützte Aktionen | Product-Placement in Filmen, Co-Branding mit Modebranche |
| Distributionspolitik | Vertriebsorgane | kein Außendienst | Handlungsreisende und Handelsvertreter |
| | Vertriebswege | Lieferung nur über den Großhandel | Lieferung über den Großhandel und Direktbelieferung großer Einzelhändler |
| | Vertriebslogistik | Belieferung nach einem Tourenplan mit eigenen Kleintransportern | Belieferung durch fremde Logistiker |

# 9.10 Marketingcontrolling und Kundenbindung

**Marketingcontrolling** ist ein System von Maßnahmen, mit dem man die **Wirkung der Marketinginstrumente feststellen kann, um ggf. steuernd einzugreifen.**

## 9.10.1 Gegenstand des Marketingcontrollings

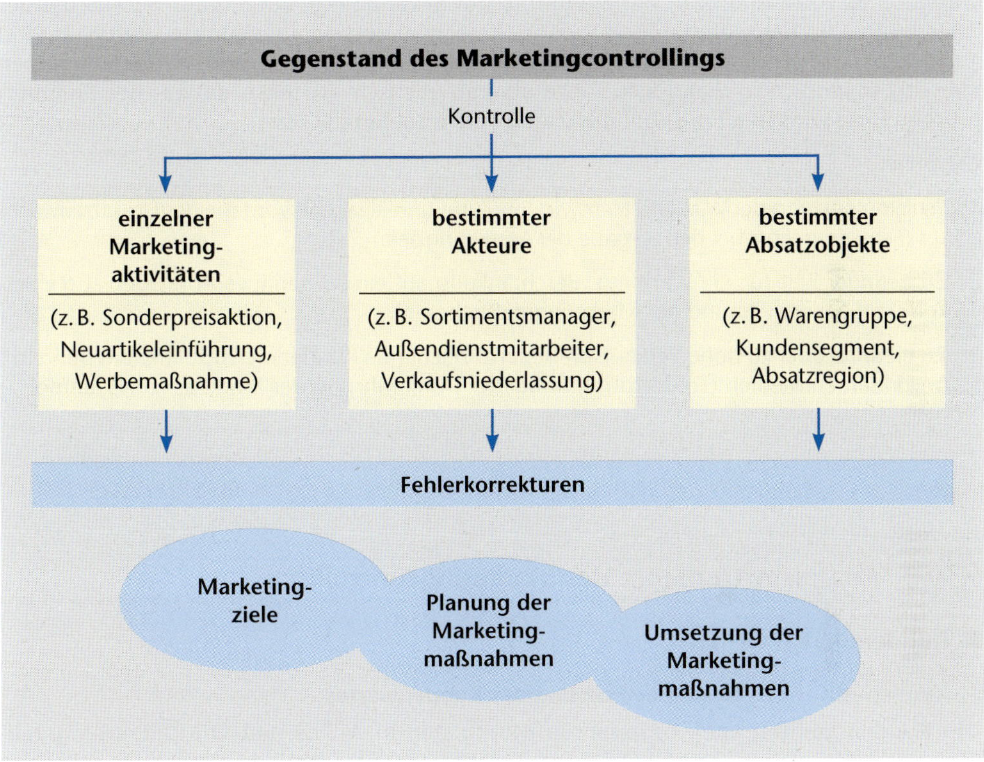


### Kontrolle der Wirksamkeit der Marketingaktivitäten

Im Allgemeinen werden Sollzahlen und Istzahlen, also geplante Daten und realisierte Daten, einander gegenübergestellt, um die Sortimentspolitik, die Preispolitik, die Kommunikationspolitik und die Distributionspolitik zu kontrollieren.

### Kontrolle bestimmter Akteure

1. **Betriebsinterne Vertriebsorgane.** Alle Mitarbeiter des Marketings (Marketingdirektor, Werbeleiter, Verkäufer, Außendienstmitarbeiter) müssen sich den Marketingzielen entsprechend verhalten.

   **Beispiel:** Soll-Istvergleich des angestrebten und des erreichten Umsatzes eines Handlungsreisenden

2. **Betriebsexterne Vertriebsorgane.** Auch Vertragshändler und Franchisepartner müssen sich einem Soll-Ist-Vergleich stellen. Das Unternehmen hat jedoch nur eine beschränkte Kontroll- und Einflussmöglichkeit auf selbstständige Vertriebspartner.

   **Beispiel**: Einzelhändler, Absatzhelfer, Transportunternehmen

### Kontrolle bestimmter Absatzobjekte

Hier werden die Kundenzufriedenheit und -bindung, der Erfolg bestimmter Produktgruppen in abgegrenzten Regionen oder im Bereich bestimmter Vertriebspartner kontrolliert. Auch die Genauigkeit der Prognose des erwarteten Marktwachstums oder des Käuferinteresses kann Gegenstand der Kontrolle sein.

### Fehlerkorrekturen

Bei Abweichungen im Soll-/Istvergleich von Daten muss eine entsprechende Korrektur vorgenommen werden, z.B. bei zukünftigen Marketingaktivitäten oder bereits bei der Zielvorgabe. So kann eine ungenügende Zielerreichung eine verstärkte Werbeaktivität auslösen. Nicht erreichte Zieldaten sollten nicht einfach ohne Grund zurückgenommen werden, sondern nur, wenn sich diese als unrealistisch erwiesen haben. Bei Zielüberschreitungen wird in aller Regel das Zielniveau angehoben.

**Beispiele:**

1. Fehleinschätzung der Wirtschaftsentwicklung und unrealistische Vorgabe des Umsatzzuwachses (Fehlerkorrektur bei der Vorgabe der Marketingziele)
2. Zu geringer Etat für die Werbung, Beschränkung auf ein zu geringes Absatzgebiet (Fehlerkorrektur bei der Planung der Marketingmaßnahmen)
3. Zu niedrige oder zu hohe Verkaufspreise, unzureichende Kundendienstpolitik, Werbung mit unwirksamen Medien (Fehlerkorrektur bei der Durchführung der Marketingmaßnahme)

## 9.10.2 Analyseinstrumente des Marketingcontrollings

### Kundenwert

#### ▶ Kunden-ABC-Analyse zur Bestimmung des Kundenwertes

Die Kunden werden nach bestimmten Merkmalen in A-, B- und C-Kunden eingeteilt (Kapitel 3.2.2). Diese Merkmale können sein: Umsatz- und Absatzzahlen oder der Deckungsbeitrag, den ein bestimmter Kunde erbringt.

- **A-Kunden** (solche mit den höchsten Umsatzzahlen oder Deckungsbeiträgen) wird eine besondere Beachtung geschenkt. Sie erhalten also beispielsweise besondere Kooperations- oder Schulungsangebote, gelangen in ein spezielles Bonusprogramm oder erhalten gezielte Serviceleistungen.
- **B-Kunden** (mit hohen Umsatzzahlen und Deckungsbeiträgen) genießen eine übliche Beachtung, d.h., sie erhalten sämtliche üblichen Vergünstigungen, Betreuung, Serviceleistungen usw.
- **C-Kunden** (mit geringen Umsatzzahlen und Deckungsbeiträgen) werden kaum gebunden. Dennoch sollten sie nicht vernachlässigt werden, da schlechte Erfahrungen verbreitet werden könnten.

#### ▶ Kundenportfolio

So wie bei der Produktportfolioanalyse Produkte in bestimmte Kategorien eingeteilt werden, werden in einem Kundenportfolio die Kunden bestimmten Gruppen zugeteilt (Kapitel 9.8.2).

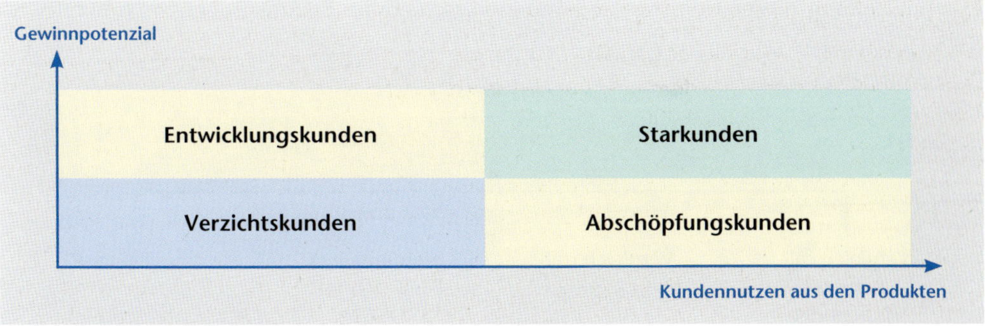


Es sind folgende vier Kundengruppen zu unterscheiden:

- **Starkunden:** Diese Kunden ziehen einen erheblichen Nutzen aus den Leistungen des Unternehmens, da sie hohe Gewinne oder Deckungsbeiträge erbringen. Außerdem haben sie bereits eine lang andauernde Kundenbindung. Hier handelt es sich um eine klassische Win-win-Situation für beide Partner. Diese Kundengruppe ist die attraktivste für das Unternehmen.
- **Entwicklungskunden** (Fragezeichen-Kunden): Sie stellen einen hohen Wert für das Unternehmen dar, ziehen jedoch selbst nur einen geringen Wert aus den Waren bzw. den Dienstleistungen des Unternehmens. Dies können z.B. langjährige Kunden sein, die vor allem aus Gewohnheit bei dem Unternehmen bleiben. Die Beziehung zu diesen Kunden ist durch Aktionen der Konkurrenten gefährdet. Sie sollten verstärkt betreut werden, um sie zu Starkunden zu machen.
- **Abschöpfungskunden** (Trittbrettfahrer): Sie ziehen einen hohen Nutzen aus den Waren bzw. den Dienstleistungen des Unternehmens, haben aber ihrerseits nur einen geringen Wert für das Unternehmen. Dies sind z.B. Großunternehmen, die hohe Preisnachlässe durchsetzen. Im Allgemeinen sollten die Preise für diese Kundengruppe erhöht und/oder das Serviceniveau gesenkt werden. Jedoch müssen speziell bei der Bewertung dieser Kundengruppe auch Ausstrahlungseffekte berücksichtigt werden, die aus dem Wechsel eines solchen Kunden zu einem Konkurrenten entstehen.
- **Verzichtskunden** (arme Hunde): Diese Kunden ziehen nur einen geringen Wert aus den Waren und Dienstleistungen des Unternehmens und repräsentieren nur einen geringen Wert für das Unternehmen. Falls es nicht gelingt, sie zu profitableren Kunden zu machen, sollten die Bemühungen um diese Kundengruppe reduziert werden.

## Kennzahlensystem

| auf psychologische Ziele bezogene Kennzahlen | marktbezogene Kennzahlen | wirtschaftliche Kennzahlen |
|---|---|---|
| – Kundenzufriedenheit<br>– Lieferbereitschaft<br>– Markenimage<br>– Bekanntheitsgrad<br>– Anzahl erzielter Kontakte durch Werbeaktionen<br>– Kundenstruktur (Erstkäufer, Nachkäufer) | – Anzahl der Kundenanfragen<br>– Anzahl der Gesamtkunden<br>– Anzahl der verlorenen Kunden<br>– Marktanteil eines Produktes<br>– erzielter Preis am Markt<br>– Außendienstintensität (Besuchszahl je Außendienstmitarbeiter)<br>– Außendiensteffizienz (Aufträge je Besuch) | – Gesamtumsatz<br>– Umsatz, bezogen auf Produktgruppe, Kundengruppe, Region, Außendienstmitarbeiter etc.<br>– Umsatz aufgrund einer Messeteilnahme<br>– Gewinn<br>– Umsatzrendite<br>– Werbeerfolg |

Zur Beurteilung dieser Kennzahlen können verschiedene Bezugsgrößen verwendet werden:

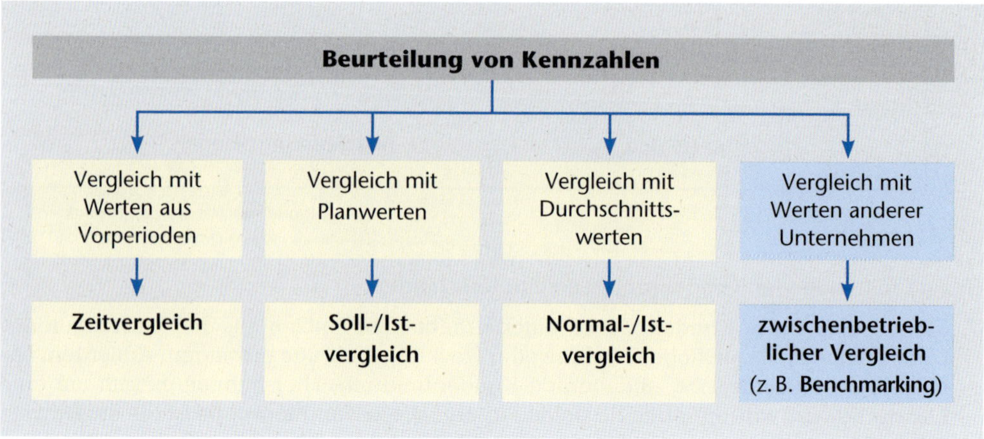


## 9.10.3 Konzepte der Kundenbindung

### Nutzen langfristiger Kundenbindung

Mit dem Aufbau und der Pflege langfristiger Geschäftsbeziehungen können zahlreiche Vorteile für das Unternehmen verbunden sein.

- Der Absatz/Umsatz kann im Laufe der Geschäftsbeziehungen steigen, weil ein zunehmendes Verständnis für die Bedürfnisse des Kunden entstehen kann.
- Eine große Zahl von Stammkunden führt zu einer geringeren Anfälligkeit der Absatzzahlen eines Unternehmens gegenüber externen Einflüssen.
- Die Akquisition neuer Kunden ist meist relativ kostenintensiv und langwierig. Eine andauernde Geschäftsbeziehung kann zu erheblichen Kostenvorteilen führen.

### Instrumente zur Sicherung der Kundenbindung

#### Kundenbindung mithilfe einzelner Bereiche der absatzpolitischen Instrumente

Grundsätzlich bestehen innerhalb aller absatzpolitischen Instrumente Ansatzpunkte zur Förderung der Kundenbindung. Einen Überblick gibt die folgende Tabelle:

| Ausrichtung an / absatzpolitisches Instrument | Interaktion, Kommunikation | Belohnung | Wechselbarrieren |
|---|---|---|---|
| **Produktpolitik** | – Produktentwicklung in Kooperation mit Kunden | – kundenindividuelle Produktanpassung<br>– kostenlose Zusatzleistungen | – Nichtkompatibilität der eigenen Produkte mit Wettbewerbsprodukten<br>– Leistungsgarantien |

| Ausrichtung an / absatzpolitisches Instrument | Interaktion, Kommunikation | Belohnung | Wechselbarrieren |
|---|---|---|---|
| **Preispolitik** | – Preiszugeständnisse in Preisverhandlungen | – Mengenrabatte<br>– Treuerabatte<br>– Bonusprogramme | – Preisgarantien<br>– Preisgleitklausel (spätere Preisanpassung möglich) |
| **Kommunikationspolitik** | – Callcenter/ Servicenummern<br>– Kundenforen | – Kundenzeitschriften<br>– Einladung zu speziellen Events | – gemeinsame Werbeverträge mit Weiterverarbeitern (Co-Branding) |
| **Distributionspolitik** | – Außendienstbesuche | – 24-Stunden-Service<br>– Expressbelieferung | – lagfristige Lieferverträge<br>– kundennahe Standorte |

(nach Homburg/Krohmer)

### ▶ Kundenklubs und -karten als Instrumente der Kundenbindung

- **Kundenklubs** sind von Unternehmen veranlasste Vereinigungen, die das Ziel verfolgen, Kunden zu binden. In der Regel werden exklusive Leistungen angeboten, kombiniert mit einer intensiven Kommunikation über Kundenzeitschriften oder E-Mails. Auch Preisvorteile können mit der Klubmitgliedschaft verbunden sein.

  **Beispiel**: Porsche-Klubs

- **Kundenkarten** sind Träger kundenbezogener Daten und sollen durch interessante Service- oder Warenangebote die Kunden binden. Sie können Zahlungs- und Kreditmöglichkeiten, Rabatt- oder Bonusgewährung, Zugang zu Kundenclubs oder verbilligte Eintritte zu Events einräumen.

  **Beispiel:** IKEA Family Card

### ▶ Beschwerdemanagement als Instrument der Kundenbindung

Kundenbeschwerden sind der Ausdruck der Unzufriedenheit gegenüber den Leistungen des Unternehmens. Häufig wird beobachtet, dass Kunden, deren Beschwerde zufriedenstellend behandelt wurde, anschließend eine höhere Loyalität gegenüber dem Unternehmen aufweisen als vor der Beschwerde.

### ▶ Cross-Selling als Instrument der Kundenbindung

Beim Cross-Selling (»Überkreuz-Verkauf«) soll der Kunde zur Abnahme vieler Produkte eines Unternehmens – zum Cross-Buying – bewegt werden. Nachdem die Geschäftsbeziehung mit einem »Einstiegsprodukt« begründet wurde, strebt das Unternehmen dann den Verkauf weiterer Produkte (Zusatzprodukte) an.

**Beispiel:** Ein Maschinenbauunternehmen bietet Maschinen, Werkzeuge, Systemsoftware und Schulungen an.

### ▶ Kundenrückgewinnung als Instrument der Kundenbindung

Dieses Instrument zielt auf die Kunden ab, die Geschäftsbeziehungen bereits beendet haben oder gerade beenden wollen. Vor dem Hintergrund, dass viele der abgewanderten Kunden durchaus einst zufriedene Kunden gewesen sein könnten, wird versucht, den Grund für die Verärgerung zu erfahren, Abhilfe zu schaffen und dadurch die Kunden zurückzugewinnen.

## Zusammenfassende Übersicht zu den Kapiteln 9.8, 9.9 und 9.10:
- Produktlebenszyklus und Portfolioanalyse
- Marketing-Mix
- Marketingcontrolling und Kundenbindung

### Ziele des Marketings

**Grundlagen**

**Produktlebenszyklus**

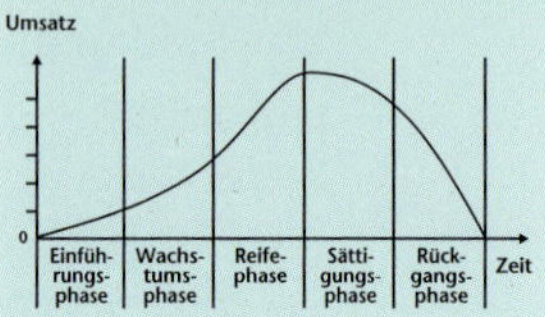


**Portfolioanalyse**

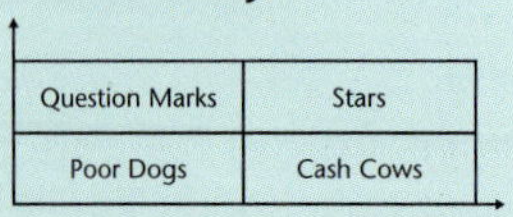


**Marketing-Mix**

- Produkt- und Sortimentspolitik
- Preis- und Konditionenpolitik
- Kommunikationspolitik
- Distributionspolitik

**Marketingcontrolling**

**Steuerung der**
- Marketingaktivitäten
- Akteure
- Absatzobjekte

**Instrumente**
- ABC-Analyse
- Portfolioanalyse
- Kennzahlen

Korrektur

Korrektur

### Kundenbindung
Instrumente

- einzelne Bereiche der absatzpolitischen Instrumente
- Kundenklub und Kundenkarte
- Beschwerdemanagement
- Cross-Selling
- Kundenrückgewinnung

## ▶ Aufgaben und Probleme

1. Beschreiben Sie den Lebenszyklus eines Produktes anhand der Umsatz- und Gewinnentwicklung.

2. Welchen Zusammenhang gibt es zwischen den Lebenszyklusphasen und den Marketingmaßnahmen?

3. Welche Strategien sollten für Question Marks, Stars, Cash Cows und Poor Dogs verfolgt werden?

4. Nennen Sie Produkte aus Ihrem Erfahrungsbereich, die Sie als »Question Marks«, »Cash Cows«, »Stars« bzw. »Poor Dogs« bezeichnen würden.

5. Fertigen Sie eine Portfolioanalyse für einzelne Automodelle eines Autoherstellers an.

6. Die Geschäftsleitung der Lachmann GmbH (vgl. Aufgabe 8, Seite 308) möchte für folgende Produkte aus dem Sortiment eine Portfolioanalyse erstellen lassen.

| Produkt | Marktanteil | Marktwachstum |
|---|---|---|
| A Bohrmaschine (einfach, ohne Schlagbohrwerk) | 3 % | 0 % |
| B Schlagbohrmaschine (230 Volt) | 35 % | 2 % |
| C Schlagbohrmaschine (Akku) | 15 % | 18 % |
| D Kombischraubbohrer (mit Schlagwerk, 230 Volt) | 9 % | 9 % |
| E Kombischraubbohrer (mit Schlagwerk, Akku) | 7 % | 24 % |

a) Erstellen Sie die Portfolioanalyse.

b) Ziehen Sie für jedes Produkt Schlussfolgerungen für zu planende Marketinginstrumente.

c) Zeichnen Sie einen Produktlebenszyklus und ordnen Sie die Produkte den Phasen zu.

d) Beurteilen Sie Ihre Entscheidungen aus Aufgabe b) vor dem Hintergrund der Einordnung in den Produktlebenszyklus.

e) Erklären Sie, durch welche Maßnahmen ein Relaunch erreicht werden könnte.

7. Entwerfen Sie in einer Gruppenarbeit einen Marketing-Mix für ein selbst gewähltes Produkt.

8. Stellen Sie die Maßnahmen des Marketingcontrollings eines beliebigen Unternehmens zusammen.

9. Bei einem Fahrradgroßhändler ist der Umsatz von 1,0 Mio. EUR auf 1,2 Mio. EUR gestiegen, der Gewinn von 50.000 EUR auf 55.000 EUR. Beurteilen Sie diese Entwicklung, wenn

a) der Gewinn von 50.000 EUR auf 55.000 EUR gestiegen ist.

b) der Gewinn von 50.000 EUR auf 48.000 gesunken ist.

10. Aus der Kundendatei eines Großhandelsunternehmens liegen folgende Daten vor:

| | A | B | C | D | E | F |
|---|---|---|---|---|---|---|
| 1 | Kunden | Umsatz | | variable Kosten | Deckungsbeitrag | |
| 2 | | EUR | % | EUR | EUR | % |
| 3 | Bink Handelsgesellschaft mbH | 1.300.000,00 | | 750.000,00 | | |
| 4 | Eisunion GmbH | 1.000.000,00 | | 92.000,00 | | |
| 5 | Frier GmbH | 800.000,00 | | 650.000,00 | | |
| 6 | AZD Dortmund GmbH | 2.000.000,00 | | 1.700.000,00 | | |
| 7 | Bergarena OHG | 30.000,00 | | 20.000,00 | | |
| 8 | Cornelia Riester e. Kfr. | 45.000,00 | | 38.000,00 | | |
| 9 | Kufensport KG | 300.000,00 | | 100.000,00 | | |
| 10 | | 5.475.000,00 | 100% | 3.350.000,00 | | 100% |

a) Übertragen Sie die Tabelle auf ein Blatt und berechnen Sie die jeweiligen erwirtschafteten Deckungsbeiträge und die Prozentanteile.

b) Führen Sie jeweils eine ABC-Analyse mit dem Merkmal »Umsatz« und dem Merkmal »Deckungsbeitrag« durch. Bestimmen Sie dabei selbst, welche Kunden zu den A-, B- und C-Kunden gehören könnten.

c) Erstellen Sie ein Diagramm (z. B. Balkendiagramm) für die Umsatz- und für die Deckungsbeitragsanteile der Kunden.

d) Begründen Sie, welche Schlussfolgerungen Sie aus den Ergebnissen ziehen.

11. Eine Unternehmungsberatungsgesellschaft hat für ein Unternehmen folgendes Kundenportfolio erstellt. Die ovalen Flächen stellen die Kunden A bis E dar; die Größen der Flächen sollen die relative Umsatzhöhe wiedergeben.

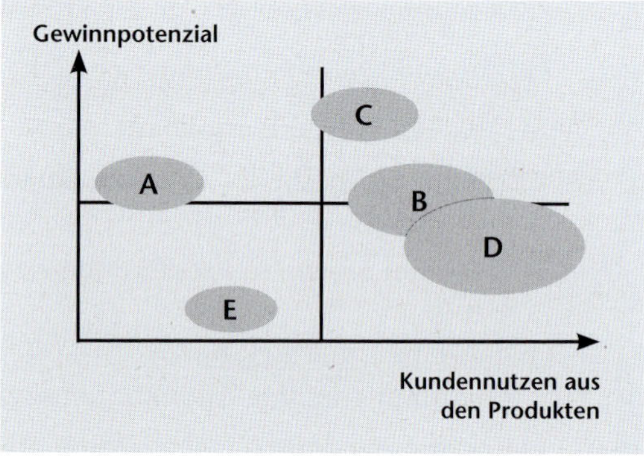


a) Interpretieren Sie das Kundenportfolio.

b) Erstellen Sie eine Maßnahmenliste für jeden Kunden, nach der dieser betreut werden sollte.

12. Welchen Nutzen bietet ein hoher Grad an Kundenzufriedenheit?

13. Beschreiben Sie, welche Instrumente zur Sicherung der Kundenbindung unterschieden werden.

# 10 Steuern in der Betriebswirtschaft

**Steuern** sind **Geldleistungen ohne unmittelbare Gegenleistung,** die **öffentliche Gemeinwesen** zur **Erzielung von Einnahmen** von den **Steuerpflichtigen** erheben. *AO § 3 (1)*

## 10.1 Steuersystem in der Bundesrepublik Deutschland

### 10.1.1 Notwendigkeit der Besteuerung

Bund, Länder und Gemeinden (öffentliche Hand) haben Aufgaben zu bewältigen, mit denen die folgenden **Ausgaben** verbunden sind:

- **Sachaufwand:** Bau von Krankenhäusern, Schulen, Straßen, Verteidigungsanlagen.
- **Personalaufwand:** Personalkosten für Beamte, Angestellte und Arbeiter im öffentlichen Dienst.
- **Sozialleistungen:** Unterstützung der sozial Schwachen.
- **Subventionen:** Erhaltung und Förderung volkswirtschaftlich notwendiger Betriebe und privater Haushalte.

Zur Finanzierung dieser Ausgaben erzielt die öffentliche Hand **Einnahmen** aus mehreren Quellen:

- **Steuern:** Sie sind die wichtigsten Einnahmequellen.
- **Gebühren und Beiträge:** Dies sind Geldeinnahmen, denen direkte Gegenleistungen des Staates entsprechen, z. B. Gebühr für Passausstellung, Anliegerbeitrag der Hauseigentümer.
- **Erwerbseinkünfte:** Zu diesen gehören vor allem Einnahmen aus Grundstücksverkäufen sowie aus der Unternehmenstätigkeit der öffentlichen Hand, z. B. der Gewinn der städtischen Müllabfuhr.

Der Bund, die Länder und Gemeinden haben im Jahr 2015 an Steuern rund 670 Mrd. EUR eingenommen. 41,89 % entfielen auf den Bund, 39,85 % auf die Länder, 4,57 % auf die EU und 13,68 % auf die Gemeinden.

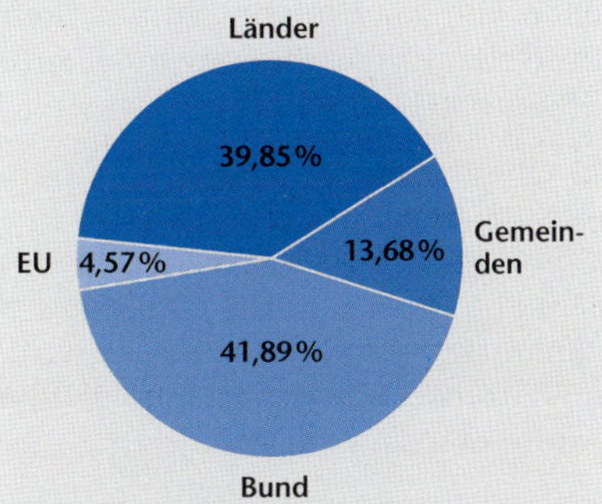

Quelle: Bundesfinanzministerium, Monatsberichte

Steuern beeinflussen in starkem Maße die Kosten und den Gewinn eines Unternehmens. Sie mindern die Kaufkraft der Besteuerten und wirken sich somit auf die Lebenshaltung des Einzelnen aus. Eine Veränderung der Steuersätze oder die Einführung einer neuen Steuer ziehen damit die Aufmerksamkeit weiter Bevölkerungskreise auf sich.

Das Aufkommen einzelner Steuern wird dem Bund, den Ländern und Gemeinden zugewiesen. Weil es sich dabei um einen Ausgleich des Aufkommens zwischen über- und untergeordneten Körperschaften handelt, spricht man vom **vertikalen Finanzausgleich.** Ferner haben leistungsstarke Länder den leistungsschwachen Ländern Ausgleichszahlungen zu gewähren. Weil es sich hierbei um einen Ausgleich zwischen gleichgeordneten Körperschaften handelt, spricht man vom **horizontalen Finanzausgleich.** Dadurch sind alle Länder in der Lage, bei gleichen Steuersätzen ihre öffentlichen Aufgaben in ungefähr gleichem Umfang zu erfüllen. *GG Art. 106* *Art. 107*

## 10.1.2 Steuerarten

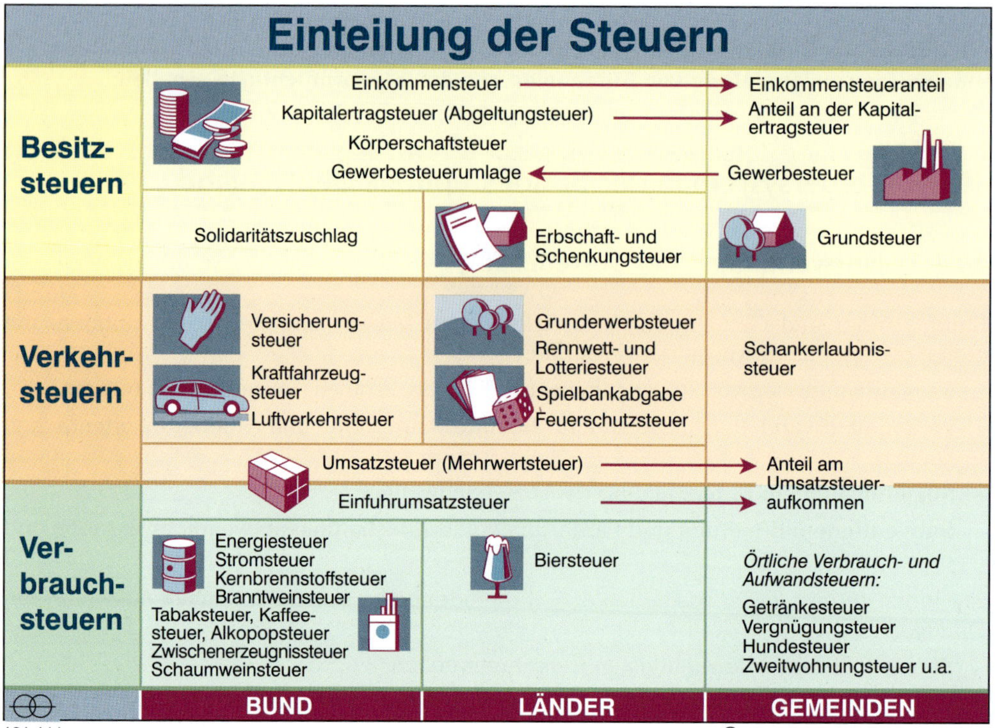

181 111 

## 10.1.3 Steuererhebungsverfahren

In einer **Steuererklärung** hat der Steuerpflichtige dem Finanzamt alle Angaben zu machen, die zur Errechnung der Steuerschuld erforderlich sind. Die **Veranlagung,** d.h. die Festsetzung der Steuerschuld, erfolgt durch das Finanzamt aufgrund der eingereichten Steuererklärung.

In einem **Steuerbescheid** wird dem Steuerpflichtigen die Höhe der Steuerschuld und die Art der Berechnung mitgeteilt. Bereits geleistete Vorauszahlungen, bei der Einkommensteuer insbesondere die bezahlte Kapitalertrag- und Lohnsteuer, werden von der Steuerschuld abgezogen. Sie ist binnen eines Monats nach Zugang des Steuerbescheids zu bezahlen. Zu viel bezahlte Steuer wird zurückerstattet. Schließlich wird dem Steuerpflichtigen im **Vorauszahlungsbescheid** mitgeteilt, wie hoch die künftigen vierteljährlichen Vorauszahlungen sind.

### Abzugsverfahren

Zur Vereinfachung des Steuereinzuges und zur Sicherung der Steuerzahlung ist das Abzugsverfahren bei Lohn- und Gehaltszahlungen sowie bei Kapitalerträgen eingeführt worden.

Bei **Lohn- und Gehaltszahlungen** an die Mitarbeiter ist das Unternehmen verpflichtet, die Steuerschuld des Mitarbeiters zu errechnen, den Betrag einzubehalten und an das Finanzamt abzuführen. Der Mitarbeiter erhält eine Bescheinigung, in der die einbehaltenen und abgeführten Steuerbeträge aufgeführt sind. Wird der Mitarbeiter nach Jahresende veranlagt, so muss er die Bescheinigung mit seiner Steuererklärung an das Finanzamt einsenden, damit die bereits bezahlten Beträge von der veranlagten Steuerschuld abgezogen werden können.

Bei **Kapitalerträgen** ist ein inländisches Kreditinstitut grundsätzlich verpflichtet, 25 % von den Kapitalerträgen als **Kapitalertragsteuer** abzuziehen und an das Finanzamt abzuführen.

## Zusammenfassende Übersicht zu Kapitel 10.1: Steuersystem in der Bundesrepublik Deutschland

**Einnahmen des Staates zur Erfüllung öffentlicher Aufgaben**

| Steuern | Gebühren, Beiträge | Erwerbseinkünfte |
|---|---|---|
| Abgaben ohne direkte Gegenleistung des Staates | Abgaben für bestimmte Leistungen des Staates | Einnahmen aus Betrieben der öffentlichen Hand |

**Steuerarten – Einteilung der Steuern**

| Was wird besteuert? | Wer erhält die Steuer? | Wie wird besteuert? |
|---|---|---|
| – Besitzsteuern<br>– Verbrauchsteuern<br>– Verkehrsteuern | – Bundessteuern<br>– Ländersteuern<br>– Gemeindesteuern<br>– Kirchensteuern<br>– Gemeinschaftssteuern | – direkte Steuern<br>– indirekte Steuern |

**Steuererhebungsverfahrenn**

| Veranlagungsverfahren | Abzugsverfahren |
|---|---|
| Der Steuerpflichtige gibt eine Steuererklärung ab.<br>Das Finanzamt ermittelt die Steuerschuld (Veranlagung). | Dem Steuerpflichtigen wird die Steuer direkt an der Quelle abgezogen. |

### ▶ Aufgaben und Probleme

1. Erläutern Sie die Unterschiede zwischen Steuern, Gebühren und Beiträgen.
2. »Steuern sind der Preis für eine zivile Gesellschaft.« Nehmen Sie Stellung zu dieser Aussage.
3. Die Gesamtverschuldung aller öffentlichen Haushalte der Bundesrepublik Deutschland beträgt derzeit rund 2.124 Mrd. EUR (November 2016). Wie viel EUR Steuern müssen erhoben werden, damit eine Zinslast von 5 % abgedeckt werden kann?
4. Welche Steuern entrichten
   a) Sie selbst,
   b) Unternehmen?

5. Die Belastung der deutschen Bürger mit den verschiedenen Steuern und Sozialabgaben (Abgabenquote) betrug laut Statistik des Bundesfinanzministeriums im Jahr 2015 39,4 %.

   Diskutieren Sie über die Berechtigung einer derartigen Belastung durch den Staat.

6. In der Zeitung lesen Sie: In Leimen haben am 12. Juli 2016 Bürgerinnen und Bürger auf dem Georgiplatz den Tag des Steuerzahlers gefeiert. Dieser Tag bedeutet, dass der Durchschnittsbürger ab dem nächsten Tag nur für sich selbst arbeitet. Bis dahin hat er nur gearbeitet, um die Steuern und Sozialabgaben für den Staat aufzubringen.

   a) Ermitteln Sie, wie das Datum 12. Juli errechnet wurde.

   b) Bringen Sie in Erfahrung, in welchen Ländern der Tag des Steuerzahlers früher, in welchen er später liegt.

## 10.2 Steuern vom Einkommen

### 10.2.1 Einkommensteuer

*EStG § 1* **Einkommensteuerpflichtig** sind **natürliche Personen.** Sie sind

- unbeschränkt steuerpflichtig, also mit sämtlichen Einkünften, wenn sie ihren Wohnsitz im Inland haben,
- beschränkt steuerpflichtig, d. h. nur mit inländischen Einkünften, wenn sie keinen inländischen Wohnsitz haben.

**Juristische Personen** unterliegen der Körperschaftsteuer.

*§ 2* **Bemessungsgrundlage** für die tarifliche Einkommensteuer ist das zu versteuernde Einkommen innerhalb eines Kalenderjahres.

*§ 2*
*§§ 4, 8, 9*
*§ 24a*
*§§ 10, 33*
*§§ 24b, 32*

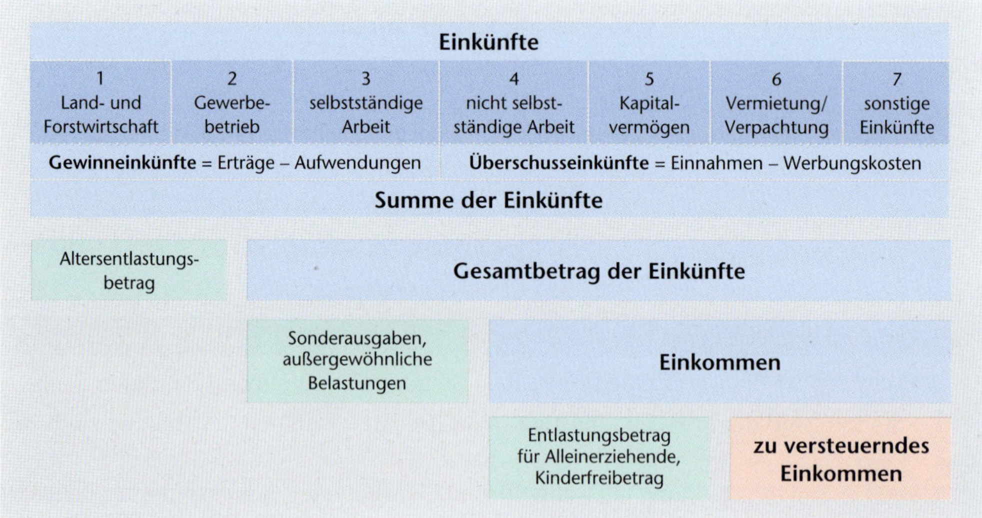


#### Einkunftsarten

Der Einkommensteuer unterliegen die Einkünfte eines Kalenderjahres, die der Steuerpflichtige in der Steuererklärung zusammenfassend darzustellen hat. Das Einkommensteuergesetz unterscheidet zwischen sieben Einkunftsarten.

| Einkunftsarten | | |
|---|---|---|
| **Arten** | **Erklärung/Beispiele** | EStG § 2 |
| 1. Einkünfte aus **Land- und Forstwirtschaft** | Gewinn aus dem Verkauf landwirtschaftlicher Erzeugnisse | § 13 |
| 2. Einkünfte aus **Gewerbebetrieb** | Gewinn eines Kaufmanns, eines Versicherungsvertreters, eines Lebensmittelgroßhändlers | § 15 |
| 3. Einkünfte aus **selbstständiger Arbeit** | Einkünfte von selbstständig Tätigen, wie z. B. Ärzte, Architekten, Steuerberater, Künstler | § 18 |
| 4. Einkünfte aus **nichtselbstständiger Arbeit** | Löhne und Gehälter von Angestellten und Arbeitern | § 19 |
| 5. Einkünfte aus **Kapitalvermögen** | Zinsen, Dividenden, Erträge aus Fonds und Zertifikaten sowie Veräußerungsgewinne bei Aktienverkäufen | § 20 |
| 6. Einkünfte aus **Vermietung und Verpachtung** | Einkünfte aus Vermietung und Verpachtung von Gebäuden, die nicht zu einem land- oder forstwirtschaftlichen oder gewerblichen Betrieb gehören | § 21 |
| 7. **Sonstige** Einkünfte | Einkünfte aus wiederkehrenden Bezügen: Leibrenten, Einkünfte aus privaten Veräußerungsgeschäften, aus gelegentlichen Vermittlungen | § 21 |

## Betriebsausgaben und Werbungskosten

### ▶ Betriebsausgaben

**Betriebsausgaben** sind Aufwendungen, die **durch den Betrieb veranlasst** sind. § 4 (4)

**Beispiele:** Aufwendungen für Personal, Aufwendungen für Miete, Abschreibungen auf Maschinen und Betriebsausstattung, Energieaufwendungen

Nach Abzug der Betriebsausgaben von den Betriebseinnahmen erhält man den Gewinn.

### ▶ Werbungskosten

**Werbungskosten** sind Aufwendungen zur **Erwerbung, Sicherung** und **Erhaltung** der Einnahmen. § 9

Werbungskosten fallen nur bei den Überschusseinkünften (Einkunftsarten 4 bis 7) an.

**Werbungskosten** sind z. B.

- **bei Einkünften aus nichtselbstständiger Arbeit** die Kosten für Berufskleidung, für Fahrten zwischen Wohnung und Arbeitsstätte, für die Anschaffung von Fachliteratur.
- **bei Einkünften aus Vermietung und Verpachtung** die Schuldzinsen, die Abschreibungen, die Ausgaben für Instandhaltung.

Werbungskosten sind bei der Einkunftsart abzuziehen, bei der sie entstanden sind.

**Beispiele:** Fahrtkosten zum Arbeitsplatz, Aufwendungen für die Berufskleidung und Kontoführungsgebühren für das Gehaltskonto werden bei den Einkünften aus nichtselbstständiger Arbeit berücksichtigt; Wertpapierdepotgebühren bei Einkünften aus Kapitalvermögen

EStG § 9a Sofern nicht höhere Beträge nachgewiesen werden, berücksichtigt das Finanzamt in jedem Fall die folgenden jährlichen **Pauschbeträge:**

- 1.000 EUR von den Einkünften aus nichtselbstständiger Arbeit,
- 801 EUR als Sparerpauschbetrag bei den Einkünften aus Kapitalvermögen,
- 102 EUR bei wiederkehrenden Bezügen (Leibrenten).

## Sonderausgaben

§ 10 **Sonderausgaben** sind meist **Aufwendungen der Lebensführung,** die mit keiner Einkunftsart in wirtschaftlichem Zusammenhang stehen.

Sie werden aus sozial-, finanz- und wirtschaftspolitischen Gründen steuerlich begünstigt.

| Sonderausgaben | Beispiele |
|---|---|
| in unbegrenzter Höhe abzugsfähig | – Beiträge zur gesetzlichen Kranken- und Pflegeversicherung, soweit sie für die Grundversorgung und die Pflegepflichtversicherung gezahlt werden<br>– Kirchensteuer |
| in begrenzter Höhe abzugsfähig | – sonstige Vorsorgeaufwendungen: Beiträge zur Kranken- und Pflegeversicherung, die über den steuerlich begünstigten Basisschutz hinausgehen, sowie Beiträge zu einer Berufsunfähigkeits-, Unfall- und Haftpflichtversicherung<br>– Aufwendungen für die eigene Berufsausbildung oder Weiterbildung in einem bisher nicht ausgeübten Beruf<br>– Ausgaben zur Förderung mildtätiger, kirchlicher, religiöser, wissenschaftlicher und staatspolitischer Zwecke |

Werden die Sonderausgaben nicht nachgewiesen, so wird stattdessen für die übrigen Sonderausgaben ein **Sonderausgaben-Pauschbetrag** von 36 EUR berücksichtigt. Dieser Pauschbetrag verdoppelt sich bei zusammenveranlagten Ehegatten.

## Außergewöhnliche Belastungen

§§ 33 ff. **Außergewöhnliche Belastungen** sind **zwangsläufig entstandene Aufwendungen,** die einem Steuerpflichtigen in höherem Maße erwachsen als der überwiegenden Mehrzahl der Steuerpflichtigen.

Zwangsläufig sind Aufwendungen, wenn sich der Steuerpflichtige ihnen aus rechtlichen, tatsächlichen oder sittlichen Gründen nicht entziehen kann. Gründe können sein: Krankheit, Körperbehinderung, Beschäftigung einer Haushaltshilfe, Berufsausbildung von Kindern. Einen Teil der Aufwendungen hat der Steuerpflichtige in jedem Fall als zumutbare Belastung selbst zu tragen.

## Freibeträge

Zur Steuerentlastung werden bestimmte **Freibeträge** gewährt. Es ist nur der den Freibetrag übersteigende Betrag zu versteuern.

| | | |
|---|---|---|
| **Grundfreibetrag** | Dem Bezieher von Einkünften aus nichtselbstständiger Arbeit steht als steuerfreies Existenzminimum ein Grundfreibetrag von 8.652 EUR zu. | EStG § 32a |
| **Sparerpauschbetrag** | Für Bezieher von Einkünften aus Kapitalvermögen gibt es einen steuerfreien Sparerpauschbetrag von 801 EUR. | § 20 (9) |
| **Altersentlastungs-betrag** | Für Steuerpflichtige, die das 64. Lebensjahr vollendet haben, gibt es einen Altersentlastungsbetrag von höchstens 988 EUR im Jahr 2017. | § 24a |
| **Kinderfreibetrag bzw. Kindergeld** | Einkommensteuerpflichtige mit Kindern haben die Wahl zwischen Kinderfreibetrag und Kindergeld. Das Finanzamt berücksichtigt bei der Steuerveranlagung die günstigere Alternative. | |
| **– Kinderfreibetrag** | Pro Kind werden bei der Besteuerung vom Einkommen 2.304 EUR (Verheiratete: 4.608 EUR) im Jahr abgezogen, hinzu kommt zusätzlich ein **Freibetrag für Betreuung, Erziehung und Ausbildung** in Höhe von 1.320 EUR (Verheiratete 2.640 EUR). | § 32 (6) |
| **– Kindergeld** | Pro Monat werden für die ersten beiden Kinder jeweils 192 EUR, für das 3. Kind 198 EUR, für das 4. und jedes weitere Kind 223 EUR bezahlt (2017). Das Kindergeld ist ein fester, **einkommensunabhängiger Auszahlungsbetrag.** Es wird vom Arbeitgeber bzw. von der Familienkasse der Agentur für Arbeit ausgezahlt. | § 66 BKKG § 6 |
| **Entlastungsbetrag für Alleinerziehende** | Alleinerziehenden mit 1 Kind wird ein Entlastungsbetrag von 1.908 EUR gewährt. Für jedes weitere Kind gibt es zusätzlich 240 EUR. | EStG § 24b |
| **Ausbildungs-freibetrag** | Für in Ausbildung befindliche volljährige Kinder, die auswärtig untergebracht sind, erhält der Steuerpflichtige einen Ausbildungsfreibetrag von höchstens 924 EUR, wenn ein Anspruch auf Kindergeld bzw. Kinderfreibetrag besteht. | § 33a (2) |

Die Daten beziehen sich auf das Jahr 2016; soweit bekannt, sind die Daten für 2017 angegeben.

## Veranlagung

Der Steuerpflichtige hat nach Ablauf eines Kalenderjahres in einer Steuererklärung dem Finanzamt in Papierform bzw. elektronisch **(ELSTER = Elektronische Steuererfassung)** alle Angaben zu machen, die zur Errechnung der Steuer erforderlich sind, also § 25

1. den Familienstand und die Kinderzahl,
2. die einzelnen Einnahmen, Werbungskosten und Einkünfte,
3. die einzelnen Sonderausgaben,
4. beantragte Vergünstigungen wegen außergewöhnlicher Belastung,
5. die Art der Veranlagung.

**Verheiratete** können zwischen getrennter Veranlagung und Zusammenveranlagung wählen: § 26

- **Getrennte Veranlagung.** Jedem Ehegatten werden die von ihm bezogenen Einkünfte zugerechnet **(Grundtarif).** § 26a
- **Zusammenveranlagung.** Die Einkünfte der Ehegatten werden zusammengerechnet und dann halbiert **(Splittingtarif).** Von der Hälfte wird die Steuer errechnet und der sich ergebende Steuerbetrag sodann verdoppelt. § 26b § 32a (5)

## Einkommensteuertarif

EStG § 32 a Die Steuerpflichtigen werden nicht gleich hoch besteuert, vielmehr wird die **Leistungsfähigkeit** durch höhere Besteuerung steigender Einkommen berücksichtigt:

- zu versteuernde Einkommen bis 8.652 EUR sind steuerfrei (**Grundfreibetrag,** Freizone),
- zu versteuernde Einkommen von 8.653 EUR bis 13.669 EUR werden mit 14 % bis 24 % **(1. Progressionszone)** linear ansteigend besteuert,
- zu versteuernde Einkommen von 13.670 EUR bis 53.665 EUR werden mit 24 % bis 42 % **(2. Progressionszone)** linear ansteigend besteuert,
- zu versteuernde Einkommen ab 53.666 EUR bis 254.446 EUR werden mit 42 % besteuert **(1. obere Proportionalzone)**,
- zu versteuernde Einkommen ab 254.447 EUR werden mit 45 % besteuert **(2. obere Proportionalzone)**.

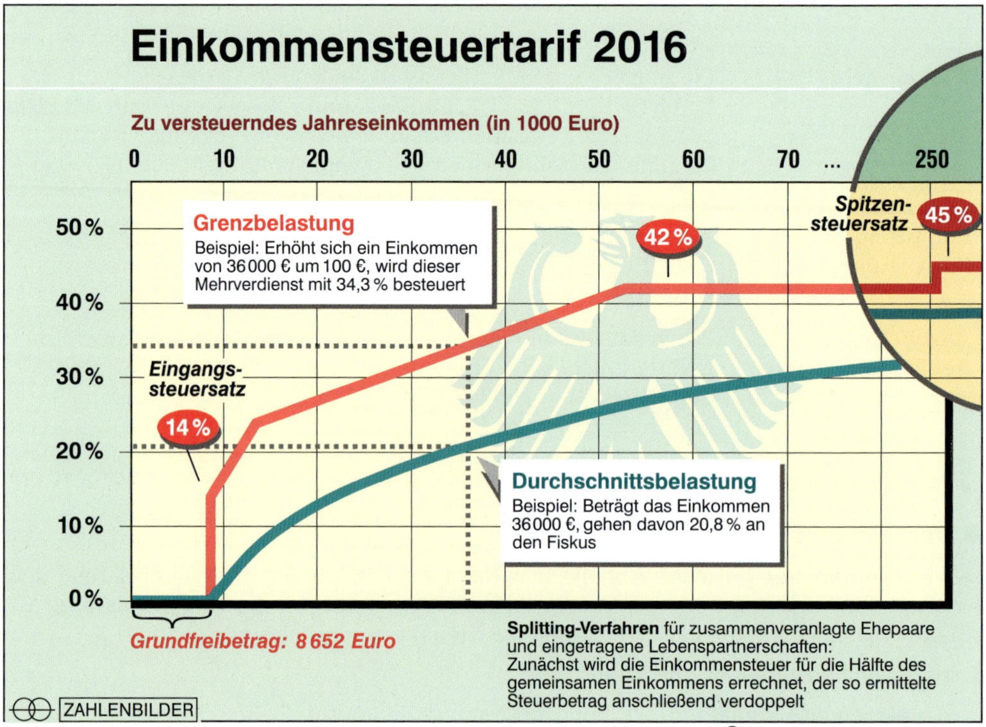


181 272 © Bergmoser + Höller Verlag AG

Die **Grenzbelastung** (der Grenzsteuersatz) gibt an, mit wie viel Prozent **jeder zusätzliche Euro,** um den das Einkommen anwächst, besteuert wird.

Die **Durchschnittsbelastung** (Durchschnittssteuersatz) zeigt an, mit wie viel Prozent **das jeweilige Einkommen** insgesamt belastet wird.

Zur Finanzierung des »Aufbaus Ost« wird auf die zu zahlende Einkommensteuer zurzeit ein **Solidaritätszuschlag** erhoben (5,5 %).

Die **Einkommensteuertabelle** erleichtert die Errechnung der Steuerschuld. Das verbleibende Einkommen ist in der Tabelle aufzuschlagen und die Steuer abzulesen.

| Auszug aus der Einkommensteuertabelle 2016 gemäß § 32a EStG | | | | | | | | |
|---|---|---|---|---|---|---|---|---|
| | **Grundtabelle** | | | | **Splittingtabelle** | | | |
| **bis** | **Steuer** | **Soli** | **KiSt 8 %** | **KiSt 9 %** | **Steuer** | **Soli** | **KiSt 8 %** | **KiSt 9 %** |
| 24.264 | 3.745,00 | 205,97 | 299,60 | 337,05 | 1.214,00 | 0,00 | 97,12 | 109,26 |
| 24.336 | 3.765,00 | 207,07 | 301,20 | 338,85 | 1.230,00 | 0,00 | 98,40 | 110,70 |
| 24.408 | 3.785,00 | 208,17 | 302,80 | 340,65 | 1.244,00 | 0,00 | 99,52 | 111,96 |
| 24.480 | 3.807,00 | 209,38 | 304,56 | 342,63 | 1.260,00 | 0,00 | 100,80 | 113,40 |
| 24.552 | 3.828,00 | 210,54 | 306,24 | 344,52 | 1.274,00 | 0,00 | 101,92 | 114,66 |
| 24.624 | 3.848,00 | 211,64 | 307,84 | 346,32 | 1.290,00 | 0,00 | 103,20 | 116,10 |
| 24.696 | 3.869,00 | 212,79 | 309,52 | 348,21 | 1.306,00 | 0,00 | 104,48 | 117,54 |
| 24.768 | 3.890,00 | 213,95 | 311,20 | 350,10 | 1.320,00 | 0,00 | 105,60 | 118,80 |
| 24.840 | 3.911,00 | 215,10 | 351,99 | 351,91 | 1.336,00 | 0,00 | 106,88 | 120,24 |
| 24.912 | 3.932,00 | 216,26 | 314,56 | 353,88 | 1.352,00 | 0,00 | 108,16 | 121,68 |
| 24.984 | 3.953,00 | 217,41 | 316,24 | 355,77 | 1.368,00 | 0,00 | 109,44 | 123,12 |
| 25.056 | 3.974,00 | 218,57 | 317,92 | 357,66 | 1.382,00 | 0,00 | 110,56 | 124,38 |
| 25.128 | 3.995,00 | 219,72 | 319,60 | 359,55 | 1.398,00 | 0,00 | 111,84 | 125,82 |
| 25.200 | 4.016,00 | 220,88 | 321,28 | 361,44 | 1.414,00 | 0,00 | 113,12 | 127,26 |
| 25.272 | 4.037,00 | 222,03 | 322,96 | 363,33 | 1.430,00 | 0,00 | 114,40 | 128,70 |
| 25.344 | 4.058,00 | 223,19 | 324,64 | 365,22 | 1.446,00 | 0,00 | 115,68 | 130,14 |

## Beispiel für die Berechnung der Einkommensteuerschuld 2016

Der 49-jährige Angestellte Karl Reusch ist seit 23 Jahren verheiratet mit Ida, geborene Flamm. Der 22-jährige Sohn Horst studiert und wohnt auswärts auf Kosten der Eltern. Sohn Ewald, 17 Jahre alt, ist kaufmännischer Auszubildender mit einer Ausbildungsvergütung von 430,00 EUR monatlich. Seit Jahren wird die heute 5-jährige mittellose Vollwaise Eva Glück in der Familie als Pflegekind erzogen. Frau Reusch ist am elterlichen Unternehmen Flamm & Co. KG als Kommanditistin beteiligt und arbeitet dort mit. Die Familie bewohnt ein Einfamilienhaus.

Karl Reusch hat laut Lohnsteuerbescheinigung 52.080,00 EUR als Gehalt bezogen. 7.669,92 EUR Lohnsteuer und 357,24 EUR Kirchensteuer (8%) sowie 245,52 EUR Solidaritätszuschlag waren einbehalten worden. Durch freiberufliche Beratungen hatte er einen Nebenverdienst von 1.500,00 EUR, von dem kein Steuerabzug vorgenommen wurde. Bürobedarf, Porti und Fahrtkosten verursachten ihm dabei 190,00 EUR Betriebsausgaben. Für die als Sonderausgaben geltend gemachten Vorsorgeaufwendungen (Basiskrankenversicherung und Pflegepflichtversicherung) wurden 4.002,00 EUR anerkannt. Auf bestehende Bausparkonten wurden 650,00 EUR Zinsen steuerfrei gutgeschrieben. Aus einem 1988 erbauten Mietwohnhaus erzielte er 7.550,00 EUR Mieteinnahmen; einem Mieter wurden 300,00 EUR gestundet. An Werbungskosten wurden bezahlt: Grundsteuer 738,00 EUR, Reparaturen 4.606,00 EUR, Hausgebühren 535,00 EUR. Die AfA betrug 2% aus 32.950,00 EUR.

Frau Reusch erhielt als Kommanditistin einen Gewinnanteil von 22.000,00 EUR. Für ihr Festgeldguthaben erhielt sie 1.560,00 EUR Zinsen, aus Wertpapieren bezog sie 800,00 EUR Zinsen. Kapitalertragsteuer 422,40 EUR und Solidaritätszuschlag hierauf 23,23 EUR. Das Unternehmen Flamm & Co. KG hat zulasten von Frau Reusch Vorauszahlungen für Einkommensteuer in Höhe von

2.862,00 EUR, für Kirchensteuer (8 %) in Höhe von 229,00 EUR und für den Solidaritätszuschlag in Höhe von 157,41 EUR geleistet.

**Veranlagung.** Die Eheleute Reusch wählen die Zusammenveranlagung.

| | | | EUR |
|---|---|---|---|
| EStG § 2 | ▶ **Feststellung der steuerpflichtigen Einkünfte** | | |
| | **aus Gewerbebetrieb** | | 22.000,00 |
| | **aus selbstständiger Arbeit:** Einnahmen 1.500 EUR abzüglich Ausgaben 190 EUR | | 1.310,00 |
| § 9a | **aus nichtselbstständiger Arbeit:** Gehalt | 52.080 EUR | |
| | abzüglich Werbungskostenpauschale | 1.000 EUR | 51.080,00 |
| | **aus Vermietung und Verpachtung:** | | |
| | Einnahmen | 7.550,00 | |
| | abzüglich Ausgaben 738 EUR + 4.606 EUR + 535 EUR | = 5.879,00 | |
| § 7 (4) | abzüglich AfA 2 % aus 2.950 EUR | = 659,00 | 1.012,00 |
| | **aus Kapialvermögen:** | | |
| | Zinsen 650 EUR + 1.560 EUR + 800 EUR | = 3.010 EUR | |
| § 9a | abzüglich Sparerpauschbetrag 2 · 801 EUR | = 1.602 EUR | 1.408,00 |
| § 20 (4) | **Gesamtbetrag der Einkünfte** | | **76.810,00** |

| | | |
|---|---|---|
| | ▶ **Berechnung des zu versteuernden Einkommens** | |
| | Gesamtbetrag der Einkünfte | 76.810,00 |
| § 10 | **Sonderausgaben:** | |
| | Vorsorgeaufwendungen 4.002 EUR, Kirchensteuer 357,24 EUR + 229 EUR | 4.588,24 |
| § 33 | **außergewöhnliche Belastungen:** Auswärtige Unterbringung von Horst | 924,00 |
| § 32 (6) | **Freibeträge:** | |
| | Kinderfreibetrag 3 · 4.368 EUR + Betreuuungsfreibetrag für Eva 2.640 EUR | 15.744,00 |
| | **zu versteuerndes Einkommen** | **55.553,76** |

| | |
|---|---|
| ▶ **Berechnung der tariflichen Einkommensteuer und der Einkommensteuerschuld** | |
| tarifliche Einkommensteuer (Splittingtabelle 2014) | 9.738,00 |
| abzüglich einbehaltene Lohnsteuer | 7.669,92 |
| abzüglich geleistete Vorauszahlung + 422,40 EUR Kapitalertragsteuer | 3.284,40 |
| **Erstattung Einkommensteuer** | **1.216,32** |

| | |
|---|---|
| ▶ **Berechnung der tariflichen Kirchensteuer und der Kirchensteuerschuld** | |
| tarifliche Kirchensteuer (8 % aus 9.822,00) | 779,04 |
| abzüglich einbehaltene Kirchensteuer 357,24 EUR + 229 EUR | 586,24 |
| **Nachzahlung Kirchensteuer** | **192,80** |

| | |
|---|---|
| ▶ **Berechnung des tariflichen Solidaritätszuschlags und der Solidaritätszuschlagsschuld** | |
| tariflicher Solidaritätszuschlag | 535,59 |
| abzüglich einbehaltener Solidaritätszuschlag 245,52 EUR + 157,41 EUR + 23,23 EUR | 426,16 |
| **Nachzahlung Solidaritätszuschlag** | **109,43** |

## 10.2.2 Lohnsteuer

§ 38 Die **Lohnsteuer** ist die **Einkommensteuer** der **nichtselbstständig Tätigen** und wird im **Abzugsverfahren** beim Arbeitgeber erhoben.

**Lohnsteuerpflichtig** sind alle Empfänger von Einkünften aus nicht selbstständiger Arbeit, also Arbeiter, Angestellte und Beamte. Sie werden jedoch nach Jahresende zur Einkommensteuer veranlagt **(Pflichtveranlagung)**, wenn *EStG § 46 (2)*

a) neben den Einkünften aus nichtselbstständiger Arbeit noch andere Einkünfte von mehr als 410 EUR netto erzielt wurden,

b) der Steuerpflichtige von mehreren Arbeitgebern Arbeitslohn bezogen hat,

c) das Finanzamt einen Freibetrag oder eine Kinderfreibetragszahl bei den elektronischen Lohnsteuerabzugsmerkmalen eingetragen hat.

## Lohnsteuerbescheinigung

Arbeitgeber müssem bis spätestens 28. Februar des Folgejahres die Lohnsteuerdaten durch Fernübertragung per Internet mit dem Programm **ELSTER (= Elektronische Steuererfassung)** an eine zentrale Übermittlungsstelle melden. Eine Kopie dieser Übermittlung erhält der Arbeitnehmer. Damit die Daten entschlüsselt werden können, bildet der Arbeitgeber aus den persönlichen Daten des Arbeitnehmers eine sogenannte **eTin** (Electronic Tax Payer Identification). Deshalb enthält die Anlage N der Steuererklärung auch ein Eingabefeld für diese eTin des Antragstellers.

### Ausdruck der elektronischen Lohnsteuerbescheinigung für 2016

Nachstehende Daten wurden maschinell an die Finanzverwaltung übertragen.

Frank GmbH Kommissionier- und Handhabungstechnik X02
Platzstraße 4–6 56132
88348 Bad Saulgau

Dominik Müller
Seewattenstr. 80
88348 Bad Saulgau

| | | |
|---|---|---|
| 1. Dauer des Dienstverhältnisses | vom - bis 01.01. – 31.12.2016 | |
| 2. Zeiträume ohne Anspruch auf Arbeitslohn | Anzahl „U" | |
| Großbuchstaben (S, M, F) | | |
| | EUR | Ct |
| 3. Bruttoarbeitslohn einschl. Sachbezüge ohne 9. und 10. | 28.600 | 00 |
| 4. Einbehaltene Lohnsteuer von 3. | 3.844 | 75 |
| 5. Einbehaltener Solidaritätszuschlag von 3. | 211 | 46 |
| 6. Einbehaltene Kirchensteuer des Arbeitnehmers von 3. | 307 | 58 |
| 7. Einbehaltene Kirchensteuer des Ehegatten von 3. (nur bei konfessionsverschiedener Ehe) | | |

| | | |
|---|---|---|
| Steuerfreier Jahresbetrag | gültig ab | |
| Jahreshinzurechnungsbetrag | gültig ab | |
| Kirchensteuermerkmale | gültig ab 01.01. – 31.12. | |

**Anschrift und Steuernummer des Arbeitgebers:**

Frank GmbH
Kommissionier- und Handhabungstechnik
Platzstraße 4–6
88348 Bad Saulgau

| | | | |
|---|---|---|---|
| tätigkeit | | | |
| 21. Steuerfreie Arbeitgeberleistungen bei doppelter Haushaltsführung | | | |
| 22. Arbeitgeberanteil/-zuschuss | a) zur gesetzlichen Rentenversicherung | 2.702 | 70 |
| | b) an berufsständische Versorgungseinrichtungen | | |
| 23. Arbeitnehmeranteil | a) zur gesetzlichen Rentenversicherung | 2.702 | 70 |
| | b) an berufsständische Versorgungseinrichtungen | | |
| 24. Steuerfreie Arbeitgeberzuschüsse | a) zur gesetzlichen Krankenversicherung | | |
| | b) zur privaten Krankenversicherung | | |
| | c) zur gesetzlichen Pflegeversicherung | | |
| 25. Arbeitnehmerbeiträge zur gesetzlichen Krankenversicherung | | 2.345 | 20 |
| 26. Arbeitnehmerbeiträge zur sozialen Pflegeversicherung | | 364 | 65 |
| 27. Arbeitnehmerbeiträge zur Arbeitslosenversicherung | | 429 | 00 |
| 28. Beiträge zur privaten Kranken- und Pflege-Pflichtversicherung oder Mindestvorsorgepauschale | | | |
| 29. Bemessungsgrundlage für den Versorgungsfreibetrag zu 8. | | | |
| 30. Maßgebendes Kalenderjahr des Versorgungsbeginns zu 8. und/oder 9. | | | |
| 31. Zu 8. bei unterjähriger Zahlung: Erster und letzter Monat, für den Versorgungsbezüge gezahlt wurden | | | |
| 32. Sterbegeld; Kapitalauszahlungen/Abfindungen und Nachzahlungen von Versorgungsbezügen - in 3. und 8. enthalten | | | |
| 33. Ausgezahltes Kindergeld | | | – |

Finanzamt, an das die Lohnsteuer abgeführt wurde (Name und vierstellige Nr.)
Sigmaringen ASt. Bad Saulgau 2881

Zur Vereinfachung des Abzugs der Lohnsteuer stellt der Gesetzgeber **Lohnsteuertabellen** für monatliche, wöchentliche und tägliche Lohnzahlungen auf.

EStG § 38b In der Lohnsteuertabelle werden die Steuerpflichtigen in folgende **Steuerklassen** eingeteilt:

| Steuerklasse | Arbeitnehmergruppe |
|---|---|
| I | Unverheiratete (Ledige, Verwitwete, Geschiedene) und dauernd Getrenntlebende |
| II | Unverheiratete, denen ein Entlastungsbetrag für Alleinerziehende zusteht |
| III | 1. Verheiratete, wenn der Ehegatte<br>a) keinen Arbeitslohn bezieht oder<br>b) auf Antrag beider Ehegatten in Steuerklasse V eingereiht wird<br>2. Verwitwete für das Kalenderjahr, das dem Todesjahr des Ehegatten folgt<br>3. Geschiedene im Jahr der Ehescheidung |
| IV | Verheiratete, wenn der Ehegatte ebenfalls Arbeitslohn bezieht |
| V | Verheiratete, wenn der Ehegatte<br>a) ebenfalls Arbeitslohn bezieht und<br>b) auf Antrag beider Ehegatten in Steuerklasse III eingereiht wird |
| VI | Steuerpflichtige, die Arbeitslohn aus einem zweiten oder weiteren Dienstverhältnis beziehen |

### Lohnsteuerjahresausgleich durch den Arbeitgeber

Es ist möglich, dass die im Laufe des Kalenderjahres einbehaltene Lohnsteuer höher ist als die auf den Jahresarbeitslohn entfallende Lohnsteuer. Ursachen dafür können sein: zeitweilige Arbeitslosigkeit, schwankender Arbeitslohn, Änderung im Familienstand, umfangreiche Werbungskosten. Eine solche Benachteiligung des Arbeitnehmers wird am Schluss des Kalenderjahres normalerweise durch den Arbeitgeber beseitigt. War die einbehaltene Lohnsteuer höher als die Jahreslohnsteuer betragen würde, wird der Unterschiedsbetrag zurückerstattet.

## 10.2.3 Kapitalertragsteuer (Abgeltungsteuer)

### Besteuerungsgrundlage

§§ 43 ff. Bei der Kapitalertragsteuer werden die Einkünfte aus Kapitalvermögen besteuert. Zu den Kapitalerträgen zählen z. B. Zinsen, Dividenden, Erträge aus Fonds und Zertifikaten sowie Veräußerungsgewinne bei Aktien (Kursgewinne).

### Steuersatz

Die Kapitalerträge werden mit einem **einheitlichen Steuersatz** von **25 %** zuzüglich 5,5 % Solidaritätszuschlag und gegebenenfalls Kirchensteuer besteuert. Mit der Zahlung dieses einheitlichen Satzes ist die Steuerschuld **abgegolten.**

Hat der Steuerpflichtige einen niedrigeren persönlichen Steuersatz als 25 %, kann er die Veranlagung seiner Kapitaleinkünfte beim Finanzamt mit diesem niedrigeren Steuersatz beantragen. In diesem Fall werden die Einkünfte aus Kapitalvermögen mit dem niedrigeren persönlichen Steuersatz versteuert.

Die Kapitalertragsteuer wird nicht erhoben, soweit ein Freistellungsauftrag erteilt wird. Der Freistellungsauftrag ist dabei an den Höchstbetrag des Sparerpauschbetrags von

801 EUR (Verheiratete: 1.602 EUR) gebunden und kann auf verschiedene Kreditinstitute verteilt werden.

**Beispiel:** Peter Hansen hat bei seiner Bank 40.000,00 EUR zu 4% angelegt. Die Jahreszinsen werden seinem Konto gutgeschrieben. Peter Hansen ist ledig und nicht kirchensteuerpflichtig. Die Höhe der Zinsgutschrift ist zu berechnen.

| Berechnung **mit Freistellungsauftrag** | | Berechnung **ohne Freistellungsauftrag** | |
|---|---|---|---|
| Zinserträge | 1.600,00 EUR | Zinserträge | 1.600,00 EUR |
| – Freistellungsauftrag | 801,00 EUR | kein Freistellungsauftrag | – |
| = Bemessungsgrundlage für die Kapitalertragsteuer | 799,00 EUR | = Bemessungsgrundlage für die Kapitalertragsteuer | 1.600,00 EUR |
| – Kapitalertragsteuer | 199,75 EUR | – Kapitalertragsteuer | 400,00 EUR |
| – Solidaritätszuschlag | 10,99 EUR | – Solidaritätszuschlag | 22,00 EUR |
| = Zwischensumme | 588,26 EUR | = Zinsgutschrift | 1.178,00 EUR |
| + Freistellungsauftrag | 801,00 EUR | | |
| = Zinsgutschrift | 1.389,26 EUR | | |

## 10.2.4 Steuererklärung

Die **Steuererklärung** ist eine Erklärung des Steuerpflichtigen, in der er Angaben macht, die dem Finanzamt die Ermittlung der Bemessungsgrundlage sowie die Festsetzung der Steuer ermöglicht. Die Steuererklärung ist grundsätzlich bis zum 31. Mai des Folgejahres abzugeben. *AO § 149 (2)*

Der Steuerpflichtige ist verpflichtet, an der Ermittlung der Steuerschuld mitzuwirken, das bedeutet jedoch nicht, dass jeder Steuerpflichtige eine Steuererklärung abgeben muss. *§ 90*

### ▶ Pflichtveranlagung

Der Steuerpflichtige hat die Pflicht, eine Steuererklärung abzugeben, wenn eines der folgenden Merkmale zutrifft:

- Auf der Lohnsteuerbescheinigung ist ein Freibetrag eingetragen.
- Es wird parallel von verschiedenen Arbeitgebern Lohn/Gehalt bezogen.
- Der Steuerpflichtige ist verheiratet und nutzt mit seinem Ehepartner die Lohnsteuerklassen 3 und 5.
- Der Steuerpflichtige erhält Lohnersatzleistungen (z. B. Arbeitslosengeld), die den Betrag von 410 EUR übersteigen.
- Der Steuerpflichtige ist Arbeitnehmer und hat zusätzlich zu seinem Gehalt weitere Einkünfte, die höher als 410 EUR sind.
- Der Steuerpflichtige ist kein Arbeitnehmer und seine Einkünfte sind höher als 8.354 EUR (für Ledige) bzw. 16.708 EUR (für Verheiratete).
- Der Steuerpflichtige hat Kapitalerträge erzielt, für die keine Kapitalertragsteuer erhoben werden konnte.
- Der Steuerpflichtige ist Rentner und seine Rente übersteigt 18.000 EUR.

### ▶ Freiwillige Veranlagung (Antragsveranlagung)

Wer nicht zur Abgabe einer Steuererklärung verpflichtet ist, kann freiwillig eine Steuererklärung abgeben, um sich eventuell zu viel gezahlte Steuern erstatten zu lassen.

## Zusammenfassende Übersicht zu Kapitel 10.2: Steuern vom Einkommen

### Steuerpflicht

**natürliche Personen**

- **unbeschränkt einkommensteuerpflichtig** mit sämtlichen Einkünften, wenn sie ihren Wohnsitz im Inland haben
- **beschränkt einkommensteuerpflichtig** nur mit inländischen Einkünften, wenn sie keinen inländischen Wohnsitz haben

### 7 Einkunftsarten

| Land- und Forstwirtschaft | Gewerbebetrieb | selbstständige Arbeit | nichtselbstständige Arbeit | Kapitalvermögen | Vermietung und Verpachtung | sonstige Einkünfte |
|---|---|---|---|---|---|---|
| Gewinneinkünfte | | | Überschusseinkünfte | | | |
| Summe der Einkünfte | | | | | | |

### Einkommensteuerberechnung

Summe der Einkünfte
– Freibeträge
– Sonderausgaben
– außergewöhnliche Belastungen
= zu versteuerndes Einkommen als Bemessungsgrundlage
· Steuertarif
= zu zahlende Einkommensteuer

**Veranlagungsverfahren**

Steuerschuld wird durch das Finanzamt festgestellt.

**Abzugsverfahren bei der Lohnsteuer**

Steuerschuld wird durch das Unternehmen ermittelt, direkt vom Lohn abgezogen und an das Finanzamt überwiesen.

### Kapitalertragsteuer

Einkünfte aus Kapitalvermögen
– Sparerpauschbetrag
= Bemessungsgrundlage
· 25 % Steuersatz
= zu zahlende Kapitalertragsteuer (+ 5,5 % Solidaritätszuschlag, + evtl. Kirchensteuer)

## ▶ Aufgaben und Probleme

1. Wie kann der Steuerpflichtige bei der Einkommensteuer auf erlaubte Weise das steuerpflichtige Einkommen verringern?
2. Wie trägt die Steuergesetzgebung bei der Einkommensteuer den sozialen Verhältnissen des Besteuerten Rechnung?
3. Bei welcher Einkunftsart werden versteuert
   a) der Gewinnanteil eines Kommanditisten (KG),
   b) das Gehalt eines Angestellten einer Versicherungsagentur,
   c) das Honorar einer Rechtsanwältin,
   d) die Mieteinnahmen eines Hauseigentümers,
   e) die Provision eines Handelsvertreters,
   f) die Dividende einer Aktionärin,
   g) die Sparbuchzinsen einer Schülerin,
   h) der Gewinn eines Winzers aus Weinverkauf?
4. Warum sind feste Freibeträge im Einkommensteuerrecht unsozial?
5. In welchen Fällen können außergewöhnliche Belastungen geltend gemacht werden?
6. Zu welchen steuerlichen Abzugsbeträgen gehören
   a) Sozialversicherungsbeiträge,
   b) Aufwendungen für Fachliteratur,
   c) Wegekosten zur Arbeitsstelle,
   d) gezahlte Kirchensteuer,
   e) Kosten der Unterbringung und des Unterhaltes für den studierenden Sohn,
   f) Spenden an das Rote Kreuz?
7. Begründen Sie, warum ein Mindesteinkommen von der Besteuerung ausgenommen wird.
8. In welche Tarifzone fällt
   a) ein lediger Steuerpflichtiger mit einem zu versteuernden Jahreseinkommen von 10.000 EUR, 20.000 EUR, 55.000 EUR,
   b) ein Ehepaar mit einem zu versteuernden Jahreseinkommen von 10.000 EUR, 20.000 EUR, 55.000 EUR?
9. Aus welchem Grund bleibt bei einem zu versteuernden Jahreseinkommen von 250.731 (501.462) EUR der Steuersatz bei 45 % und erhöht sich nicht weiter?
10. Für einen ledigen Steuerpflichtigen beträgt der Steuersatz bei einem zu versteuernden Jahreseinkommen von 29.988 EUR 33⅓ %.

    Ermitteln Sie mithilfe der Einkommensteuertabelle den Durchschnittssteuersatz.
11. In der Einkommensteuertabelle für ledige Steuerpflichtige ist bei 46.040 EUR eine Steuer von 11.295 EUR angegeben. Bei einem Zusatzverdienst von 108 EUR zahlt er 11.334 EUR.

    Wie hoch ist die Grenzbelastung?
12. Beurteilen Sie die Aussage: »Bei meinem Einkommen muss ich 40 % Einkommensteuer bezahlen.«

13. Ermitteln Sie das zu versteuernde Einkommen des 39-jährigen Heinz Gossler, Einzelunternehmer: Jahresgewinn laut GuV-Rechnung 122.000 EUR. Für abzugsfähige Sonderausgaben werden 15.780 EUR anerkannt. Seine Einkünfte aus Vermietung und Verpachtung betragen 15.000 EUR, die Einnahmen aus Kapitalvermögen 1.600 EUR.

14. Der Angestellte Dominik Müller, geb. am 4. März 1978, ledig, katholisch, Seewattenstraße 80, 88348 Bad Saulgau, verdiente 2014 brutto 28.600,00 EUR. Vom Arbeitslohn wurden einbehalten: 3.844,75 EUR Lohnsteuer, 211,46 EUR Solidaritätszuschlag und 307,58 EUR Kirchensteuer. Der Arbeitnehmeranteil zur gesetzlichen Rentenversicherung betrug 2.702,70 EUR. Den Weg zur Arbeitsstelle (Entfernung 1 km) bewältigt er mit dem Fahrrad.

    Dominik Müller zahlte als Spende an den Tierschutzverein 150,00 EUR, als Mitgliedsbeitrag für die Gewerkschaft 60,00 EUR, als Spende an eine politische Partei 100,00 EUR und für eine Lebensversicherung monatlich 150,00 EUR. Für Fachliteratur gab er 25,00 EUR aus und für Steuerberatungskosten 279,84 EUR.

    Auf seinem Bausparkonto erhielt Dominik Müller eine Zinsgutschrift von 180,00 EUR, auf seinem Sparbuch Sparzinsen in Höhe von 43,50 EUR. Für beide Zinserträge wurde ein Freistellungsantrag gestellt.

    An Sonderausgaben werden 2.540,00 EUR anerkannt.

    a) Ermitteln Sie das zu versteuernde Einkommen von Dominik Müller.

    b) Muss Dominik Müller Steuern nachzahlen oder bekommt er bereits gezahlte Steuern erstattet? Ermitteln Sie den Betrag.

15. Unterscheiden Sie Einkommensteuer und Lohnsteuer im Hinblick auf die Entrichtung.

16. Warum ist die Kapitalertragsteuer im Einkommensteuergesetz enthalten?

## 10.3 Gewerbesteuer

*GewStG §§ 1 ff.*

Die **Gewerbesteuer** ist eine **Gemeindesteuer.** Gegenstand der Besteuerung ist jeder **Gewerbebetrieb (Realsteuer).**

### Besteuerungsgrundlage

*§ 6* Die Besteuerungsgrundlage ist der Gewerbeertrag.

*§ 7* Ausgangspunkt der Berechnung des Gewerbeertrags ist der Gewinn, der nach dem Einkommen- bzw. Körperschaftsteuergesetz ermittelt worden ist. Dem Gewinn sind bestimmte Beträge hinzuzurechnen, die bei der Gewinnermittlung abgezogen wurden.

*§ 8* Die Hinzurechnungen ergeben sich aus der Addition von

- Zinsen und anderen Entgelten für Schulden, Rentenzahlungen, dauernde Lasten, Gewinnanteile stiller Gesellschafter,
- 20 % der Mieten, Pachten und Leasingraten für bewegliche Anlagegüter,
- 50 % der Mieten, Pachten und Leasingraten für unbewegliche Anlagegüter,
- 25 % der Entgelte für Konzessionen und Lizenzen.

Von der Summe dieser Finanzierungsentgelte wird ein Freibetrag von 100.000 EUR abgezogen. Davon werden 25 % dem Gewinn hinzugerechnet (Beispielrechnung unten). *GewStG § 9 BewG § 121a*

## Berechnung der Gewerbesteuer

Die Berechnung der Gewerbesteuer erfolgt auf der Basis eines **Steuermessbetrages** und der **Steuermesszahl.**

### ▶ Steuermesszahl

Die Steuermesszahl ist ein Prozentsatz und beträgt seit 2008 einheitlich 3,5 %. *§ 11*

### ▶ Steuermessbetrag

Zur Berechnung des Steuermessbetrages ist zunächst vom Gewerbeertrag auszugehen. Dieser ist auf volle 100 EUR abzurunden.

Für Einzelunternehmen und Personengesellschaften ist der abgerundete Gewerbeertrag um einen Freibetrag in Höhe von 24.500 EUR zu kürzen. Dieser gekürzte Gewerbeertrag wird mit der Steuermesszahl multipliziert und ergibt den Steuermessbetrag. Der Steuermessbetrag wird vom Finanzamt ermittelt und bildet die Grundlage für die Gewerbesteuerschuld. *§ 14*

### ▶ Hebesatz

Die Gemeinden setzen einen Hebesatz fest, der angibt, wie viel Prozent des Steuermessbetrages als Gewerbesteuer zu zahlen sind. Er liegt in den verschiedenen Regionen Deutschlands zwischen 200 % und deutlich über 400 %. *§ 16*

**Beispiel:** Die Paul Groß OHG erzielte laut dem Jahresabschluss im Veranlagungszeitraum einen Gewinn von 83.500 EUR. An Zinsaufwendungen musste sie 65.000 EUR aufbringen. Für eine Franchise-Lizenzgebühr bezahlte sie 20.000 EUR, für die Miete einer Kühlhalle 60.000 EUR, an Leasingraten für die Kraftfahrzeuge musste sie 35.000 EUR aufwenden. An ein Kinderhilfswerk wurden 1.000 EUR gespendet, der Einheitswert der betrieblichen Grundstücke beträgt 150.000 EUR. Die Gemeinde hat den Hebesatz auf 300 % festgesetzt.

| | |
|---|---|
| Gewinn lt. Jahresabschluss | 83.500,00 EUR |
| Hinzurechnungen (vgl. Nebenrechnung) | 1.750,00 EUR |
| | 85.250,00 EUR |
| Kürzungen: | |
| – 1,2 % des Einheitswertes | 1.800,00 EUR |
| – Spende | 1.000,00 EUR |
| Gewerbeertrag | 82.450,00 EUR |
| abgerundeter Gewerbeertrag | 82.400,00 EUR |
| – Freibetrag für Personengesellschaften | 24.500,00 EUR |
| gekürzter Gewerbeertrag | 57.900,00 EUR |
| davon 3,5 % = Steuermessbetrag | 2.026,50 EUR |
| davon 300 % = Gewerbesteuerschuld | 6.079,50 EUR |

| Nebenrechnung: Berechnung des hinzuzurechnenden Betrags | |
|---|---|
| Zinsen | 65.000,00 EUR |
| 20 % der Leasingraten für Kfz | 7.000,00 EUR |
| 50 % der Miete für Kühlhalle | 30.000,00 EUR |
| 25 % der Franchise-Lizenzgebühr | 5.000,00 EUR |
| | 107.000,00 EUR |
| – Freibetrag | 100.000,00 EUR |
| übersteigender Betrag | 7.000,00 EUR |
| davon 25 % | 1.750,00 EUR |

## Zusammenfassende Übersicht zu Kapitel 10.3: Gewerbesteuer

| Gewerbesteuer | | | |
|---|---|---|---|
| **Gemeindesteuer** | **Realsteuer** | **Besteuerungsgrundlage** | **Berechnung** |
| Das Steueraufkommen steht der Gemeinde zu. | Besteuert wird der Gewerbebetrieb. | Grundlage ist der Gewerbeertrag. | Gewerbeertrag (auf volle 100 EUR abgerundet)<br>– Freibetrag für Personengesellschaften<br>= gekürzter Gewerbeertrag<br>· Steuermesszahl (3,5 %)<br>= Steuermessbetrag<br>· Hebesatz<br>= Gewerbesteuerschuld |

### ▶ Aufgaben und Probleme

1. Wie viel EUR Gewerbesteuer muss ein Unternehmen bezahlen, wenn der Steuermessbetrag 1.150 EUR und der Hebesatz 320 % beträgt?
2. Ermitteln Sie die Gewerbesteuerschuld des Holzsägewerkes Steinmühle KG: Bilanzgewinn 97.500 EUR. Einheitswert des Betriebsgrundstücks 50.000 EUR, Zinsaufwendungen für Dauerschulden 210.000 EUR (entsprechen 6 % Jahreszinssatz); Hebesatz der Gemeinde 420 %.
3. Im Gemeinderat von Gunzenhausen wird über die Erhöhung des Hebesatzes diskutiert. Was spricht für, was gegen die Erhöhung?

## 10.4 Umsatzsteuer

Die **Umsatzsteuer** ist die **Steuer**, die der Unternehmer für **verkaufte Leistungen** seinen Kunden im Auftrag des Staates in Rechnung stellen muss.

*UStG § 2 § 13a* Steuerschuldner sind **Unternehmen,** das sind natürliche und juristische Personen, die beruflich oder gewerblich selbstständig und nachhaltig zur Erzielung von Einnahmen tätig sind, auch wenn die Absicht fehlt, Gewinne zu erzielen.

| Umsatzsteuer | | | | |
|---|---|---|---|---|
| Gemeinschaftsteuer | indirekte Steuer | Bemessungsgrundlage | Besteuerungsgrundlage | Steuersätze |
| Das Steueraufkommen steht Bund, Ländern und Gemeinden zu. | Steuerschuldner sind Unternehmen, Steuerträger ist der Endverbraucher. | – Umsatz bei Lieferungen und sonstigen Leistungen und innergemeinschaftlichem Erwerb<br>– Einkaufspreis oder Selbstkosten bei Umsätzen, die Lieferungen und Leistungen gleichgestellt sind | – vereinbarte Entgelte zuzüglich Eigenverbrauch<br>– vereinnahmte Entgelte | – 19 % allgemeiner Steuersatz<br>– 7 % ermäßigter Steuersatz |

| Berechnung der Umsatzsteuer |
|---|
| vereinbarte Entgelte |
| + Eigenverbrauch |
| = steuerbarer Umsatz |
| – steuerfreie Umsätze |
| = steuerpflichtiger Umsatz |
| · allgemeiner Steuersatz bzw. reduzierter Steuersatz |
| = gesamte Umsatzsteuer |
| – Vorsteuerbeträge |
| = Zahllast |

## 10.5 Betriebswirtschaftliche Bedeutung der Steuern

Steuern belasten die Unternehmen durch die Höhe der Steuerschuld, unentgeltliche Verwaltungsarbeit und durch die Notwendigkeit, Sachverständige zur Erledigung steuerlicher Angelegenheiten zuzuziehen.

| Betriebswirtschaftliche Zuordnung | Erklärung | Beispiele |
|---|---|---|
| **Steuern als Kosten** | Steuern sind Kosten, soweit sie durch die Leistungserstellung verursacht werden. | – Gewerbesteuer, durch die der Betrieb als solcher besteuert wird<br>– Grundsteuer und die Kraftfahrzeugsteuer, soweit sie durch betriebsbedingte Vermögensteile verursacht werden<br>– Grunderwerbsteuer für Gebäude, soweit sie in den kalkulatorischen Abschreibungen erfasst wird |

| **Betriebswirtschaftliche Zuordnung** | **Erklärung** | **Beispiele** |
|---|---|---|
| **Steuern als Ausgaben** | Steuern sind keine Aufwendungen, sondern lediglich Ausgaben, wenn sie aus dem Ergebnis zu zahlen sind. Sie stellen Gewinnverwendung dar und entziehen dem Unternehmen flüssige Mittel. | – Einkommensteuer<br>– Körperschaftsteuer<br>– Kirchensteuer |
| **Steuern als neutraler Aufwand** | Steuern sind neutraler Aufwand, soweit sie zwar die Erfolgsrechnung, nicht aber die Kostenrechnung beeinflussen. | – Grundsteuer für Grundstücke, die lediglich der Kapitalanlage dienen |
| **Steuern als durchlaufende Posten** | Diese Steuern sind weder Aufwand noch Kosten. Sie werden von den Unternehmen einbehalten. Die Berechnung, Erhebung und Abführung dieser Steuern ist eine unentgeltliche Dienstleistung für die Finanzbehörde. | – Umsatzsteuer<br>– Lohnsteuer<br>– Kirchensteuer<br>– Kapitalertragsteuer |

# 11 Kosten- und Leistungsrechnung des Industriebetriebes

Die **Kosten- und Leistungsrechnung (KLR)** ist Bestandteil des betrieblichen Rechnungswesens. Es gliedert sich insgesamt in

**a) Finanzbuchführung.** Sie ist eine Zeitraumrechnung und erfasst die Vermögens- und Kapitalbestände. Zweck ist die Ermittlung des Erfolges eines Rechnungszeitraumes (Jahr, Monat). Der Erfolg kann Gewinn oder Verlust sein.

**b) Kosten- und Leistungsrechnung/Controlling.** Sie ist eine Stück- bzw. Leistungseinheitsrechnung.

**c) Planungsrechnung.** Sie ist eine Vorschaurechnung und ist auf die Zukunft gerichtet. Sie stellt Sollzahlen für begrenzte Zeiträume oder bestimmte Projekte auf und gibt sie vor.

**d) betriebswirtschaftliche Statistik.** Sie ist eine Vergleichsrechnung. Sie besteht in der zahlenmäßigen Erfassung von immer wiederkehrenden Vorgängen (Umsätze, Auftragseingänge, Geldeingänge, Laufstunden von Maschinen). Die wichtigste Quelle für das statistische Material ist die Finanzbuchführung mit ihren Daten. Dazu kommen Erhebungen durch unmittelbare Mengenfeststellungen mittels Zählung und durch Befragung.

Finanzbuchführung, Kosten- und Leistungsrechnung, Planungsrechnung und betriebswirtschaftliche Statistik beschaffen der Unternehmensleitung und den Mitarbeitern wichtige Informationen für die Vorbereitung ihrer Entscheidungen und über den Vollzug und das Ergebnis getroffener Entscheidungen.

## 11.1 Bedeutung und Aufgaben der Kosten- und Leistungsrechnung

Wirtschaftliches Handeln bedeutet, das Verhältnis der Ergebnisse der Leistungserstellung zum Mitteleinsatz so günstig wie möglich zu gestalten. Die Verkaufserlöse müssen die Kosten der Leistungserstellung mindestens decken und nach Möglichkeit Gewinn bringen. Die Kontrolle der Wirtschaftlichkeit setzt eine genaue Kostenerfassung voraus. Den Leistungen sind Kosten in der Höhe zuzuordnen, wie sie durch die Erstellung der Leistungen verursacht werden (Verursacherprinzip). Die **Bedeutung** der Kosten- und Leistungsrechnung lässt sich folglich aus dem **Wirtschaftlichkeitsprinzip** ableiten.

Die **Aufgaben** der Kosten- und Leistungsrechnung sind:

a) Überwachung der Kosten und der Wirtschaftlichkeit der Leistungserstellung.

b) Erstellung von Unterlagen,
   - die eine Beurteilung der Kostenlage im Verhältnis zum Marktpreis ermöglichen und für die Preisbildung nützlich sind,
   - um Vergleichsrechnungen durchführen zu können,
   - für die übrigen Zweige des betrieblichen Rechnungswesens (Finanzbuchführung, Planungsrechnung, Statistik).

## 11.2 Grundbegriffe der Kosten- und Leistungsrechnung

### 11.2.1 Kosten, Ausgaben, Aufwand

Unter **Kosten** versteht man den Einsatz von **betriebsbedingten Gütern und Dienstleistungen,** die in **Geldeinheiten** bewertet werden.

Drei Merkmale kennzeichnen den Kostenbegriff:

a) **Gütereinsatz.** Zu den Gütern zählen Sachen, Rechte und Dienstleistungen. Der Einsatz muss keine Geldausgaben verursachen. Auch unentgeltlich erworbene Güter (Schenkung, Erbschaft) oder im Betrieb anfallende Abfallprodukte (Sägemehl und Hobelspäne zur Herstellung von Hartfaserplatten) führen zu Kosten, wenn sie zur Leistungserstellung eingesetzt werden.

b) **Bewertung.** Der Einsatz von Gütern kann grundsätzlich in Geldwerten oder in Mengen (Stück, Stunde, m, $m^2$, $m^3$, l, hl, kg, t, kWh) gemessen werden. Da aber die Kostenrechnung verlangt, dass Kosten addierbar und vergleichbar sind, müssen sie in Geld ausgedrückt, also bewertet werden.

c) **Betriebsbezogenheit.** Kosten sind der durch die Leistungserstellung bedingte Einsatz.

## Ausgaben und Aufwand

**Ausgaben** = Zugang an Verbindlichkeiten (bei Rechnungsstellung)
+ Auszahlung (Abgänge von Bar- oder Buchgeld)
– Abgang an Verbindlichkeiten (bei Rechnungsbegleichung)

**Beispiel:** Eine Lieferantenrechnung trifft am 01.10.20.. im Unternehmen ein (Verbindlichkeiten nehmen zu), sie wird am 15.10.20.. durch Banküberweisung beglichen (Abgang von Buchgeld und Verbindlichkeiten nehmen ab).

Unter **Aufwand (Aufwendungen)** versteht man **den in Geld bewerteten Verbrauch an Gütern und Dienstleistungen in einer Rechnungsperiode.**

In der betriebswirtschaftlichen Literatur werden die Begriffe Aufwand und Aufwendungen synonym verwendet.

Es gibt folgende Beziehungen:

a) Ausgaben, die keine Aufwendungen sind.

**Beispiele:** Rückzahlung von Eigenkapital, Privatentnahmen

b) Aufwendungen, die keine Ausgaben sind.

**Beispiele:** Einsatz von Gütern, die keine Ausgabe verursachen (Schenkung, Erbschaft)

c) Ausgaben, die zugleich Aufwendungen sind.

**Beispiel:** Lohnzahlung

d) Ausgaben und Aufwendungen, die zeitlich auseinanderfallen.

**Beispiele:** Abschreibung und zeitliche Abgrenzung

## Kosten und Ausgaben

Zwischen Kosten und Ausgaben bestehen folgende Beziehungen:

a) Es gibt Ausgaben, die keine Kosten sind und auch nie zu Kosten werden.

**Beispiele:**

1. Ausgaben für den Erwerb eines unbebauten Grundstückes, das keiner Abnutzung unterliegt.
2. Ausgaben, mit denen kein betriebsbedingter Verbrauch verbunden ist, wie Spende für einen Katastrophenfall, hoher Forderungsausfall aufgrund der Insolvenz eines Kunden.
3. Privatentnahmen, Gewinnausschüttungen und Kapitalrückzahlungen in Form von Geld.

b) Es gibt Kosten, die keine Ausgaben sind, denen keine Ausgabe vorausging und die auch zu keiner Ausgabe führen.

**Beispiele:**

1. Unentgeltlich (durch Erbfolge, Schenkung) erworbene und eingebrachte Güter (Gebäude, Maschinen, Werkstoffe) werden zur Leistungserstellung eingesetzt.
2. Eigenkapitalzinsen und kalkulatorischer Unternehmerlohn

c) Es gibt Ausgaben, die zugleich Kosten sind, sofern sie zeitlich zusammenfallen.

**Beispiel:** Zahlung von Personalkosten, Raumkosten, Vertriebskosten

d) Es gibt Ausgaben, die nicht gleichzeitig Kosten sind, aber später zu Kosten führen. Die Kosten folgen den Ausgaben.

**Beispiele:**

1. Ausgaben für die Beschaffung von Vermögenswerten (zunächst Aktivierung), deren Einsatz (Abschreibung, Stoffkosten) sich auf spätere Perioden erstreckt
2. Vorauszahlung von Versicherungsbeiträgen. Die Ausgabe dient erst später der Leistungserstellung. Die im Zeitpunkt der Ausgaben »gebuchten« Kosten sind zeitlich abzugrenzen.

e) Es gibt Kosten, die im Zeitpunkt ihrer Entstehung keine Ausgaben sind, aber zu Ausgaben führen. Die Kosten entstehen vor den Ausgaben.

**Beispiele:**

1. Güter werden bereits eingesetzt, ehe sie bezahlt sind (Einsatz noch nicht bezahlter Rohstoffe).
2. Personalkosten, Raumkosten, Vertriebskosten werden erst in der folgenden Rechnungsperiode bezahlt. Sie sind zeitlich abzugrenzen.
3. Für Kosten, die zu Ausgaben führen, deren Höhe oder Fälligkeit ungewiss ist, werden Rückstellungen gebildet (Prozesskosten, Beiträge zur gesetzlichen Unfallversicherung).

f) Ausgaben und Kosten können in der Bewertung voneinander abweichen. Dies ist der Fall, wenn die Verrechnungspreise der Kostenrechnung mit den Beschaffungspreisen nicht übereinstimmen. Die Bewertungsabweichungen werden auf Preisdifferenzkonten erfasst.

## Aufwand und Kosten

Der Kostenbegriff ist vom Begriff Aufwand zu trennen. »Aufwand« ist ein Begriff der Finanzbuchführung (Bilanz und GuV-Rechnung), »Kosten« ist ein Begriff der Kostenrechnung.

### ▶ Aufwand

Der Aufwand wird eingeteilt in Zweckaufwand und neutralen Aufwand.

| Arten von Aufwand | Erklärung | Beispiele |
|---|---|---|
| **Zweckaufwand** | fällt für rein betriebliche Zwecke an. | 1. Einsatz von Produkten und Dienstleistungen<br>2. Einsatz von Arbeitskräften |
| **Neutraler Aufwand** | fällt nicht für rein betriebliche Zwecke an. | |
| – **Betriebsfremder Aufwand** | dient nicht rein betrieblichen Zwecken. | 1. Spende für eine Katastrophe<br>2. Übernahme einer Bachpatenschaft |

| Arten von Aufwand | Erklärung | Beispiele |
|---|---|---|
| – **Betrieblicher außerordentlicher Aufwand** | entspricht nicht dem gewöhnlichen Betriebsgeschehen. | 1. Verkauf einer gebrauchten Maschine unter Buchwert<br>2. hoher Forderungsverlust aufgrund der Insolvenz eines Kunden |
| – **Betrieblicher periodenfremder Aufwand** | gehört nicht in das aktuelle Betriebsgeschehen. | 1. Gewerbesteuernachzahlung für das vergangene Geschäftsjahr<br>2. Die im Vorjahr abgeschlossene Dachreparatur ist höher als der Kostenvoranschlag. |

### ▶ Kosten

Kosten werden eingeteilt in Grund-, Zusatz-, Anderskosten, interne und externe Kosten.

| Arten von Kosten | Erklärung | Beispiele |
|---|---|---|
| **Grundkosten** | entsprechen dem Zweckaufwand. | 1. Lohnkosten<br>2. Instandhaltungskosten |
| **Zusatzkosten** | steht kein Aufwand gegenüber. | 1. kalkulatorische Abschreibung<br>2. kalkulatorischer Unternehmerlohn |
| **Anderskosten** | entsprechen dem Zweckaufwand, werden aber in anderer Höhe kalkuliert. | 1. Die kalkulatorische Abschreibung wird in anderer Höhe angesetzt als die bilanzielle Abschreibung.<br>2. Die Abschreibung für einen Pkw wird bei der Kalkulation höher angesetzt. |
| **Interne Kosten** | fallen innerhalb des Unternehmens an. | 1. Lohnkosten<br>2. Materialkosten |
| **Externe Kosten** | (auch Umweltkosten oder gesellschaftliche Kosten) fallen außerhalb des Unternehmens an. Externe Kosten werden nicht in die Preise der Produkte des Unternehmens kalkuliert, sondern von der Allgemeinheit getragen. | 1. Kosten aufgrund von Gesundheitsschäden der angrenzenden Wohnbevölkerung, die durch Schadstoffemissionen verursacht werden<br>2. Kosten aufgrund von Klimabelastungen für die Umwelt, die durch Schadstoffemissionen verursacht werden |

### ▶ Zusammenhang zwischen Aufwand und Kosten

<table>
<tr><td colspan="3">Aufwendungen des Unternehmens</td><td></td><td></td></tr>
<tr><td>Neutraler Aufwand</td><td colspan="2">Zweckaufwand</td><td></td><td></td></tr>
<tr><td></td><td colspan="2">Grundkosten</td><td colspan="2">Zusatzkosten</td></tr>
<tr><td></td><td></td><td colspan="2">Anderskosten</td><td></td></tr>
<tr><td></td><td colspan="4">Kosten des Unternehmens</td></tr>
</table>

## Kalkulatorische Kosten

Es gibt **Kosten,** denen stehen entweder **keine Aufwendungen oder Aufwendungen in anderer Höhe gegenüber.** Diese Kosten stellen **kalkulatorische Kosten** dar.

| Arten von kalkulatorischen Kosten | | | |
|---|---|---|---|
| kalkulatorische Abschreibungen | kalkulatorische Zinsen | kalkulatorische Wagnisse | kalkulatorischer Unternehmerlohn |

### ▶ Kalkulatorische Abschreibungen

Die kalkulatorischen Abschreibungen der KLR weichen von den bilanziellen Abschreibungen der Geschäftsbuchführung (Finanzbuchhaltung, GuV-Rechnung) aus folgenden Gründen ab:

- In der **Geschäftsbuchführung** herrscht das **Nominalwertprinzip,** d.h., die Anschaffungs- oder Herstellungskosten (AHK) werden i.d.R. auf die steuerlich vorgegebene betriebsgewöhnlichen Nutzungsdauer verteilt. In der **KLR** dagegen gilt das **Substanzerhaltungsprinzip,** d.h., die Wiederbeschaffungskosten werden auf die tatsächliche Nutzungsdauer verteilt.
- In der **Geschäftsbuchführung** stehen **eher steuerliche** als kostenrechnerische **Gesichtspunkte** im Vordergrund.
- In der **Geschäftsbuchführung** werden die **Aufwendungen in der tatsächlich angefallenen Höhe gebucht.** In der **KLR** hingegen werden nach dem Prinzip der Stetigkeit der Kosten nur die **regelmäßig anfallenden Kosten** angesetzt, um u.a. bei der Preiskalkulation eine Konstanz zu erreichen.

Als Abschreibungsmethoden kommen grundsätzlich folgende Verfahren in Betracht:

- lineare (konstante) Abschreibung,
- Abschreibung nach Leistung.

Welche der Methoden dem verursachungsgerechten Werteverzehr am ehesten entspricht, ist von Fall zu Fall zu überprüfen.

Dem Substanzerhaltungsprinzip wird in der KLR durch den Ansatz der Wiederbeschaffungspreise Rechnung getragen.

Wichtige Unterschiede zwischen bilanziellen und kalkulatorischen Abschreibungen:

| Unterscheidungsmerkmal | bilanzielle Abschreibung | kalkulatorische Abschreibung |
|---|---|---|
| Abschreibungsgrundwert | Anschaffungskosten | Wiederbeschaffungskosten |
| Bemessung | gesetzliche Bestimmungen (Handelsgesetzbuch, Einkommensteuergesetz) | »wirkliche« Wertminderung, da möglichst genau kalkuliert werden soll |
| Zweck | nominelle Kapitalerhaltung | substanzielle Kapitalerhaltung |
| Auswirkung im Rechnungswesen | in der Geschäftsbuchführung als Aufwand im Gesamtergebnis | in der KLR als Kosten im Betriebsergebnis |
| Nutzungsdauer | betriebsgewöhnlich | tatsächlich |

**Beispiele:**

1. Eine Maschinenanlage im Anschaffungswert von 100.000,00 EUR darf laut AfA-Tabellen in acht Jahren abgeschrieben werden. Dies wären 12,5 % pro Jahr bzw. 12.500,00 EUR. Der abnutzungsbedingte Verschleiß und der technische Fortschritt erfordern aber eine Kalkulation auf fünf Jahre, d. h., man schreibt kalkulatorisch 20,0 % bzw. 20.000,00 EUR ab.
2. Wenn nach fünf Jahren die Maschinenanlage ersetzt werden muss, kostet sie wahrscheinlich mehr, z. B. 125.000,00 EUR. Also ist es sinnvoll, kalkulatorisch vom Wiederbeschaffungswert abzuschreiben. Das heißt, der Kostenrechner kalkuliert nicht mit 20.000,00 EUR, sondern mit 25.000,00 EUR.
3. Eine Fräsanlage hat eine Nutzungsdauer von acht Jahren und einen Anschaffungswert (AW) von 100.000,00 EUR. Der Wiederbeschaffungswert (WB) nach acht Jahren beträgt wahrscheinlich 150.000,00 EUR.

| | **bilanzielle Abschreibung in der Geschäftsbuchführung** | **kalkulatorische Abschreibung in der Kostenrechnung** |
|---|---|---|
| AW bzw. WB der Fräsanlage | 100.000,00 EUR | 150.000,00 EUR |
| Abschreibungsbetrag pro Jahr | 12.500,00 EUR | 18.750,00 EUR |
| Abschreibungsprozentsatz pro Jahr | 12,5 % | 12,5 % |

### ▶ Kalkulatorische Zinsen

Um **Investitionen finanzieren** zu können, **setzt ein Unternehmen Eigen- und Fremdkapital ein.** Für das Fremdkapital muss es Zinsen bezahlen. Diese Zinsen sind Aufwendungen und werden in der Geschäftsbuchführung erfasst. Dabei steht jedes Unternehmen vor der Alternative, das eingesetzte Eigenkapital außerhalb des Unternehmens zinsbringend einzusetzen. Deshalb sollte auch das Eigenkapital verzinst werden.

Um die Zinsen für das Eigen- und Fremdkapital in den Verkaufspreis einzukalkulieren, ermittelt man kalkulatorische Zinsen.

Die **Berechnungsgrundlage** für die kalkulatorischen Zinsen **ist das betriebsnotwendige Kapital.** Am einfachsten kann man das aus der Vermögensseite ermitteln:

**Ermittlung des betriebsnotwendigen Kapitals:**

betriebsnotwendiges Anlagevermögen
\+ betriebsnotwendiges Umlaufvermögen
\= betriebsnotwendiges Vermögen
– Abzugskapital (zinsfreies Kapital, z. B. Kundenanzahlungen, Lieferantenkredite, Rückstellungen)
\= betriebsnotwendiges Kapital

Das betriebsnotwendige Kapital wird mit dem handelsüblichen Zinssatz für langfristige Darlehen verzinst.

Der Betrag für die kalkulatorischen Zinsen pro Jahr ergibt sich aus der Formel:

**kalkulatorische Zinsen = betriebsnotwendiges Kapital · kalkulatorischer Zinssatz**

**Beispiel 1:** Am Ende des Geschäftsjahres betrug das betriebsnotwendige Anlagevermögen 875.000,00 EUR. Der Wert des betriebsnotwendigen Umlaufvermögens beläuft sich auf 496.590,00 EUR. In Höhe von 125.890,00 EUR wurde Fremdkapital zinsfrei überlassen. Kunden haben Anzahlungen in Höhe von 74.560,00 EUR geleistet. Der Zinssatz für langfristige Darlehen beträgt 6,5 %. Wie hoch sind die kalkulatorischen Zinsen?

**1. Ermittlung des betriebsnotwendigen Kapitals:**

| | |
|---|---|
| betriebsnotwendiges Anlagevermögen | 875.000,00 EUR |
| + betriebsnotwendiges Umlaufvermögen | 496.590,00 EUR |
| = betriebsnotwendiges Vermögen | 1.371.590,00 EUR |
| – Abzugskapital | 200.450,00 EUR |
| = betriebsnotwendiges Kapital | 1.171.140,00 EUR |

**2. Ermittlung der kalkulatorischen Zinsen:**

1.171.140,00 EUR · 6,5 % = 76.124,10 EUR

Die kalkulatorischen Zinsen stellen einen kostenmäßigen Ausgleich für das im Betrieb eingesetzte und dem Betriebsziel dienende Kapital dar. Dabei spielt es keine Rolle, ob es durch Eigen- oder Fremdfinanzierung aufgebracht wurde.

**Beispiel 2:** Zu Beginn des Geschäftsjahres beliefen sich die kalkulatorischen Restwerte des AV auf 850.000,00 EUR, am Ende des Geschäftsjahres auf 730.000,00 EUR. Durchschnittlich war ein gebundenes UV in Höhe von 544.500,00 EUR vorhanden. Das zinsfrei überlassene FK belief sich auf 154.500,00 EUR. Wie hoch sind die kalkulatorischen Zinsen bei einem Zinssatz von 8 %?

| | |
|---|---|
| Summe der kalkulatorischen Restwerte (Jahresmittelwert) des betriebsbedingten AV | 790.000,00 EUR |
| + Summe des durchschnittlich gebundenen betriebsbedingten UV | 544.500,00 EUR |
| = betriebsbedingtes Kapital | 1.334.500,00 EUR |
| – zinsfrei überlassenes Fremdkapital | 154.500,00 EUR |
| = zu verzinsendes betriebsnotwendiges Kapital | 1.180.000,00 EUR |

Bei einem Zinssatz von 8 % betragen die kalkulatorischen Zinsen: 1.180.000,00 EUR · 8 % = 94.400,00 EUR.

### ▶ Kalkulatorische Wagnisse

Man unterscheidet

a) das **allgemeine Unternehmerwagnis** (Wahl des Standorts, Wahl des Geschäftszweiges). Es ist nicht kalkulierbar und wird somit durch den Gewinn abgegolten.

b) **Einzelwagnisse.** Sie sind mit der Leistungserstellung verbunden und werden deshalb als kalkulatorische Wagnisse in die KLR miteinbezogen. Zu den Einzelwagnissen zählen:
   - **Beständewagnisse:** Verlust durch Verderb, Diebstahl
   - **Anlagenwagnisse:** Verlust durch Brand, Unfall, Katastrophen
   - **Fertigungswagnisse:** Mehrkosten durch Arbeits- und Konstruktionsfehler
   - **Entwicklungswagnisse:** Kosten für fehlgeschlagene Forschungs- und Entwicklungsarbeiten
   - **Vertriebswagnisse:** Forderungsverlust
   - **Gewährleistungswagnisse:** Erstattung für Mängel oder Garantien

Der Zeitpunkt des Auftretens sowie die Höhe der Wagnisverluste sind ungewiss und zufällig. Daher können die tatsächlichen Wagnisverluste nicht auf eine Abrechnungsperiode bezogen werden. Deshalb können sie nur als neutraler Aufwand gebucht werden. Um sie in die Kostenrechnung einbeziehen zu können, ist eine gleichmäßige periodische Verteilung der Zufallsaufwendungen erforderlich.

Die kalkulatorischen Wagnisse werden in zwei Schritten ermittelt:

Schritt 1: $$\textbf{Wagniskostensatz} = \frac{\textbf{Summe aller eingetretenen Wagnisverluste}}{\textbf{Summe der Bezugsgrößen}} \cdot \mathbf{100}$$

Schritt 2: **Wagniskosten = Wagniskostensatz · aktueller Wert der Bezugsgröße**

**Beispiel zur Ermittlung des kalkulatorischen Beständewagnisses:** Ein Unternehmen hat in den letzten Jahren folgende Kosten im Rohstofflager aufgrund von Verderb und Diebstahl feststellen müssen:

| Jahr | Bestand | Verderb |
|---|---|---|
| 01 | 950.000,00 EUR | 15.150,00 EUR |
| 02 | 1.200.000,00 EUR | 12.450,00 EUR |
| 03 | 980.000,00 EUR | 13.500,00 EUR |
| 04 | 1.100.000,00 EUR | 11.000,00 EUR |
| 05 | 1.050.000,00 EUR | 14.500,00 EUR |
| Summen | 5.280.000,00 EUR | 66.600,00 EUR |

Mögliche Vorgehensweise zur Ermittlung einer Kennzahl zur Erfassung des Beständewagnisses für das Jahr 06:

$$\text{Wagniskostensatz} = \frac{66.600{,}00\text{ EUR}}{5.280.000{,}00\text{ EUR}} \cdot 100 = 1{,}26\,\%$$

Erwarteter Bestand im Jahr 06: 1.300.000,00 EUR

Wagniskosten: 1,26 % · 1,3 Mio. EUR = 16.380,00 EUR

Einzelwagnisse werden nur kalkuliert, wenn sie nicht versichert sind. Die jeweiligen Versicherungsprämien können dann mitkalkuliert werden.

### ▶ Kalkulatorischer Unternehmerlohn

Bei **Kapitalgesellschaften** (z. B. AG, GmbH) **sowie** bei **sonstigen juristischen Personen des privaten Rechts** (z. B. e.V.) beziehen die Vorstandsmitglieder bzw. die Geschäftsführer Gehälter, die sowohl als Aufwendungen in die GuV-Rechnung als auch als Kosten in die KLR eingehen. Es handelt sich hierbei um **Zweckaufwand** bzw. **Grundkosten.**

Bei **Einzelunternehmen** und bei **Personengesellschaften** (OHG, KG) beziehen die mitarbeitenden Inhaber bzw. Gesellschafter **grundsätzlich keine Gehälter.** Der Gewinn- bzw. Gewinnanteil eines Gesellschafters soll beinhalten:

- **Entgelt** für die Arbeits- oder Dienstleistung des Unternehmers bzw. des Gesellschafters,
- **Verzinsung** des Eigenkapitaleinsatzes in dem Unternehmen,
- **Risikoprämie** für das übernommene Unternehmerrisiko.

Da in der KLR jeder Werteverzehr – ob entgeltlich oder unentgeltlich – erfasst wird, kommt bei den Einzelunternehmen und bei den Personengesellschaften ein kalkulatorischer Unternehmerlohn zum Ansatz. Dieser Unternehmerlohn stellt Zusatzkosten dar, da diesen Kosten in der KLR keine Aufwendungen in der Finanzbuchhaltung gegenüberstehen.

Die Höhe des kalkulatorischen Unternehmerlohnes orientiert sich an dem Gehalt eines leitenden Angestellten der gleichen Tätigkeit mit der gleichen Verantwortung in einem Unternehmen der gleichen Branche und Größe.

**Beispiel:** Zwei OHG-Gesellschafter könnten als Geschäftsführer in einer GmbH tätig sein. Sie würden dort jeweils 60.000,00 EUR Jahresgehalt beziehen. Diese 120.000,00 EUR gingen bei der GmbH automatisch in die Kostenrechnung ein, da sie Grundkosten darstellen. Bei der OHG dagegen kann diese Summe als kalkulatorischer Unternehmerlohn in die Kostenrechnung aufgenommen werden.

### ▶ Anderskosten und Zusatzkosten

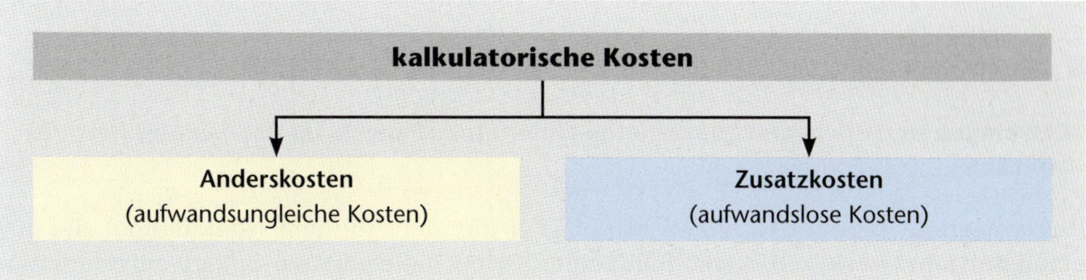


Den **Anderskosten** entsprechen zwar Aufwendungen in der Finanzbuchführung, sie werden aber wegen der unterschiedlichen Zielsetzung **in der KLR anders bewertet als in der Finanzbuchführung.**

**Beispiel:** Oftmals ist es unter handels- und steuerrechtlichen Gesichtspunkten sinnvoll, Wirtschaftsgüter möglichst hoch abzuschreiben: Die Anschaffungskosten eines Lkw betragen 200.000,00 EUR, Abschreibungsdauer lt. AfA-Tabelle: 9 Jahre, Anschaffungszeitpunkt 2. Januar eines Geschäftsjahres (= Kalenderjahr). Steuerrechtlich kann der Lkw im Anschaffungsjahr mit 22.222,30 EUR (11,11 % von 200.000,00 EUR) abgeschrieben werden.

In der KLR hingegen soll versucht werden, nur den tatsächlichen Werteverzehr dieses Geschäftsjahres zu erfassen, um später möglichst genau zu kalkulieren. Wird eine Nutzungsdauer von acht Jahren angenommen und unterstellt man einen linearen Wertverlust, dann würden die Abschreibungskosten sich auf 25.000,00 EUR belaufen. Geht man davon aus, dass über die Umsatzerlöse die Wiederbeschaffungskosten des Lkw finanziert werden sollen, muss man die kalkulatorischen Abschreibungen von den geschätzten Wiederbeschaffungskosten aus errechnen. Unterstellt man Wiederbeschaffungskosten in Höhe von 250.000,00 EUR, so ergeben sich kalkulatorische Abschreibungskosten von 31.250,00 EUR.

**Ergebnis:** Aufwand für Abschreibung = 22.222,30 EUR, Kosten für Abschreibung = 31.250,00 EUR, Anderskosten = 31.250,00 EUR

**Anderskosten** können z. B. sein: kalkulatorische Abschreibungen, kalkulatorische Zinsen, kalkulatorische Wagnisse.

Den **Zusatzkosten der KLR** stehen **keine Aufwendungen in der Finanzbuchhaltung** gegenüber.

**Beispiel:** Ein Einzelunternehmer, der als Frachtführer mit seinem eigenen Lkw Fuhrleistungen erbringt, kann in seiner Finanzbuchhaltung seinen »Arbeitslohn« nicht als Aufwand ansetzen. In der KLR – speziell in der Kalkulation – muss er seinen Arbeitslohn als kalkulatorischen Kostenfaktor berücksichtigen, da er ansonsten seine erbrachten Leistungen zu billig bewerten und anbieten würde.

**Zusatzkosten** können z. B. sein: kalkulatorischer Unternehmerlohn bei Einzelunternehmen und Personengesellschaften.

| **kalkulatorische Kosten** | |
|---|---|
| **Anderskosten** | **Zusatzkosten** |
| – kalkulatorische Abschreibungen<br>– kalkulatorische Zinsen<br>– kalkulatorische Wagnisse | – kalkulatorischer Unternehmerlohn |

## 11.2.2 Leistungen, Ertrag, Einnahmen

### Leistungen

**Leistungen** sind die **in Geld bewerteten Güter einer Periode im Rahmen des Betriebszweckes.**

Das bewertete Leistungsvolumen ergibt sich aus der Addition (Kalkulation) der für einen **Betriebszweck** (z. B. Herstellung einer Kurbelwelle im Motorenbau) entstandenen Kosten.

Der Wert des entstandenen Leistungsvolumens ist praktisch die Summe der für die Leistungserstellung anerkannten Aufwendungen (Kosten).

Drei Merkmale kennzeichnen den Leistungsbegriff:

**a) Ausbringung von Erzeugnissen.**

| Arten von Leistungen | Absatzleistungen | Eigenleistungen | Lagerleistungen |
|---|---|---|---|
| **Wesen** | Bereits umgesetzte Sachgüter und Dienstleistungen.<br>Leistung drückt sich im Ursprung in Naturaleinheiten (z. B. Stück, $m^3$, l) aus.<br>Der Wert ergibt sich aus der Bewertung mit Preisen (sollen alle Kosten decken und Gewinn einbringen). Die Preissumme ist der Verkaufserlös (vorgeschossene Kosten werden erlöst, werden zurückgeführt). | Zur Verwendung im eigenen Betrieb bestimmte, selbst erstellte Sachgüter und Dienstleistungen.<br>Der Wert ergibt sich aus der Bewertung mit Herstellungskosten (anerkannter Aufwand für die Herstellung – ohne Aufwand für Absatz und Verwaltung, ohne Gewinnzuschläge). | Das sind Bestandsmehrungen an unfertigen Erzeugnissen und nicht abgeschlossenen Leistungen sowie an Fertigerzeugnissen und abgeschlossenen Leistungen. Das sind die für den Umsatz vorgesehenen Sachgüter und Dienstleistungen. |

**b) Bewertung.** Die Ausbringung von Erzeugnissen kann je nach Erzeugnisart in Geldwerten oder in Mengeneinheiten (Stück, m, $m^2$, $m^3$, l, hl, kg, t, kWh) gemessen werden. Da aber die Leistungsrechnung die Addierbarkeit und Vergleichbarkeit der verschiedenen Leistungen verlangt, müssen sie in Geldeinheiten ausgedrückt, also bewertet werden.

- Der Wert der bereits umgesetzten Erzeugnisse ergibt sich aus ihrem **Verkaufserlös.**
- Der Wert der gelagerten unfertigen und fertigen sowie der zur innerbetrieblichen Verwendung vorgesehenen Erzeugnisse bestimmt sich nach ihren **Herstellkosten.**

**c) Betriebsbezogenheit.** Die Leistung entsteht durch den betrieblichen Einsatz. Nicht zur Betriebsleistung gehören z. B. Zinserträge oder Leistungen, denen kein Ertrag gegenübersteht (Zusatzleistungen) wie eine Schenkung von Produkten an »Die Tafel« e. V.

### Einnahmen und Ertrag

**Einnahmen** = Zugang an Forderungen (bei Rechnungsstellung)
+ Einzahlung (Zugänge von Bar- oder Buchgeld)
– Abgang an Forderungen (bei Rechnungsbegleichung)

**Beispiel:** Eine Kundenrechnung wird am 15.08.20.. versendet (Forderungen nehmen zu), sie wird am 30.08.20.. durch Banküberweisung vom Kunden bezahlt (Zugang von Buchgeld und Forderungen nehmen ab).

Unter **Ertrag** versteht man **die in Geld bewerteten Wertzugänge in einer Rechnungsperiode.**

Je nachdem, warum der Ertrag entsteht, wird er folgendermaßen unterschieden:

| Arten von Ertrag | Erklärung | Beispiele |
|---|---|---|
| **Zweckertrag** | fällt für rein betriebliche Zwecke an. | 1. Verkäufe von Fertigerzeugnissen<br>2. Provisionseinnahmen |
| **Neutraler Ertrag** | entsteht nicht zu rein betrieblichen Zwecken. | |
| – **Betriebsfremder Ertrag** | dient nicht rein betrieblichen Zwecken. | 1. Mieterträge aus Werkswohnungen<br>2. Untervermietungen im nicht ausgelasteten eigenen Bürogebäude |
| – **Betrieblicher außerordentlicher Ertrag** | entspricht nicht dem gewöhnlichen Betriebsgeschehen. | 1. Pkw-Verkauf über dem Buchwert<br>2. Geldeingang für eine im laufenden Geschäftsjahr abgeschriebene Forderung |
| – **Betrieblicher periodenfremder Ertrag** | gehört nicht in das aktuelle Betriebsgeschehen. | 1. Gewerbesteuerrückzahlung für das vergangene Jahr<br>2. Geldeingang für eine im Vorjahr abgeschriebene Forderung |

## 11.2.3 Abgrenzungsrechnung mithilfe der Ergebnistabelle

In der Gewinn-und-Verlust-Rechnung wird das Gesamtergebnis des Unternehmens ermittelt. Es ergibt sich als Saldo zwischen Aufwendungen und Erträgen.

Die Kosten- und Leistungsrechnung ermittelt das Betriebsergebnis. Es ergibt sich aus dem Saldo von Kosten und Leistungen.

Weil Aufwendungen und Kosten einerseits, Erträge und Leistungen andererseits nicht vollständig miteinander übereinstimmen, fallen auch das Gesamt- und das Betriebsergebnis in aller Regel auseinander. Sie unterscheiden sich durch das neutrale Ergebnis, welches sich mithilfe

- der sogenannten »**unternehmensbezogenen Abgrenzung**« von neutralen Aufwendungen und Erträgen sowie
- »**kostenrechnerischer Korrekturen**« von Unterschiedsbeträgen zwischen Aufwendungen und Kosten errechnen lässt.

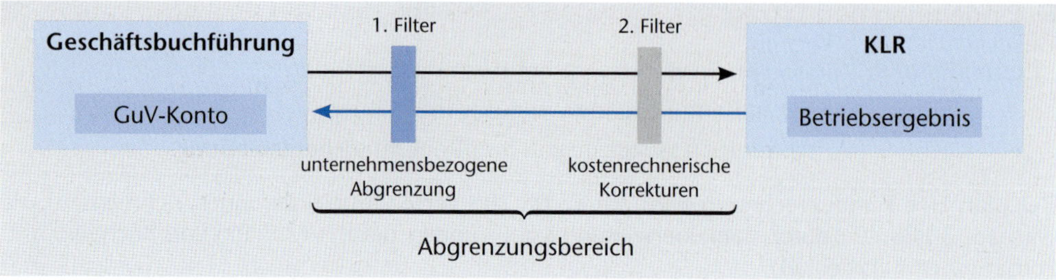


Die unternehmensbezogene Abgrenzung hat die Aufgabe eines Filters; es sollen alle Aufwendungen und Erträge erfasst werden, die in der KLR nicht berücksichtigt werden, d.h. die neutralen Aufwendungen, soweit sie nicht Andersaufwendungen sind.

Bei den kostenrechnerischen Korrekturen werden die kalkulatorischen Kosten (Anderskosten und Zusatzkosten), die in der Betriebsbuchführung erfasst worden sind, »gegengebucht«. Andererseits ist in den Informationsfluss von der Geschäftsbuchführung hin zur KLR ein weiterer Filter eingebaut: Diejenigen Aufwendungen und Erträge, die in der Betriebsbuchführung mit anderen Wertansätzen als in der Geschäftsbuchführung zu verrechnen sind, werden hier durch eine entsprechende »Gegenbuchung« für die Betriebsbuchführung neutralisiert.

Die obigen Aussagen gelten für die Erträge und Leistungen entsprechend.

Für die Abgrenzungsrechnung (unternehmensbezogene Abgrenzungen und kostenrechnerische Korrekturen) ist folgendes Vorgehen zu empfehlen:

**Schritt 1:** Aus der Erfolgsrechnung werden **alle betriebsbedingten Aufwendungen** (Zweckaufwendungen) **als Grundkosten** sowie **alle betriebsbedingten Erträge** (Betriebserträge, Zweckerträge) **als Leistungen in die KLR** übertragen.

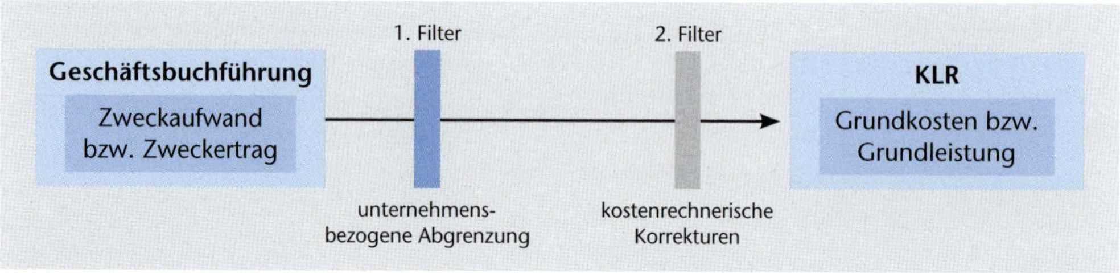


**Schritt 2:** Aus der Erfolgsrechnung werden **alle neutralen Aufwendungen in den Abgrenzungsbereich »neutrale Aufwendungen«** und **alle neutralen Erträge in den Abgrenzungsbereich »neutrale Erträge« übernommen.**

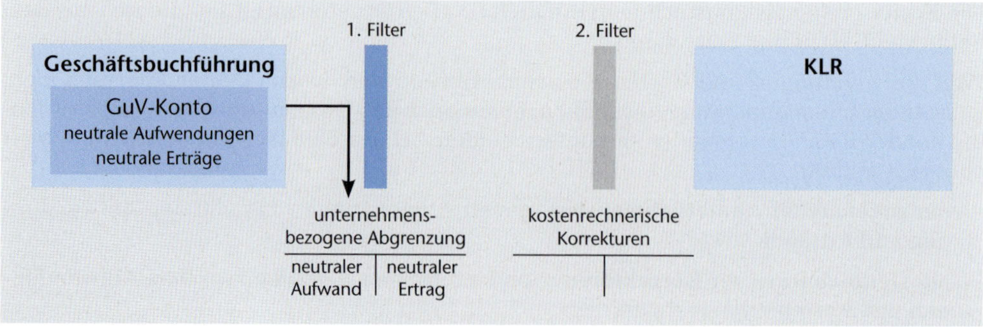

**Schritt 3:** Es werden nunmehr **kostenrechnerische Korrekturen für die Anderskosten und Zusatzkosten** vorgenommen.

Die Anderskosten werden in der KLR als Kosten erfasst und aus buchhalterischen Gründen als verrechnete Kosten in der Spalte »kostenrechnerische Korrekturen« gegengebucht. Die den Anderskosten entsprechenden Aufwendungen (Andersaufwendungen) werden mit den jeweiligen Werten in die Spalte »Aufwendungen« des Abgrenzungsbereiches »kostenrechnerische Korrekturen« übertragen.

Die Zusatzkosten aus der KLR werden mit ihren jeweiligen Werten als Kosten erfasst und in die Spalte »verrechnete Kosten« als Korrekturposten gegengebucht.

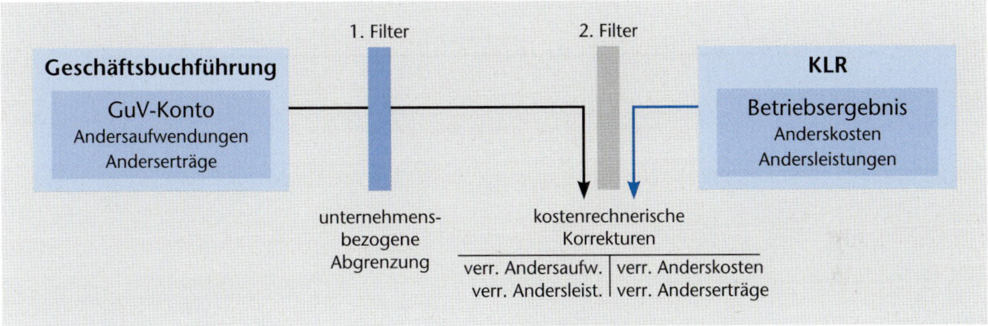


Analog sind die Andersleistungen und Zusatzleistungen abzugrenzen.

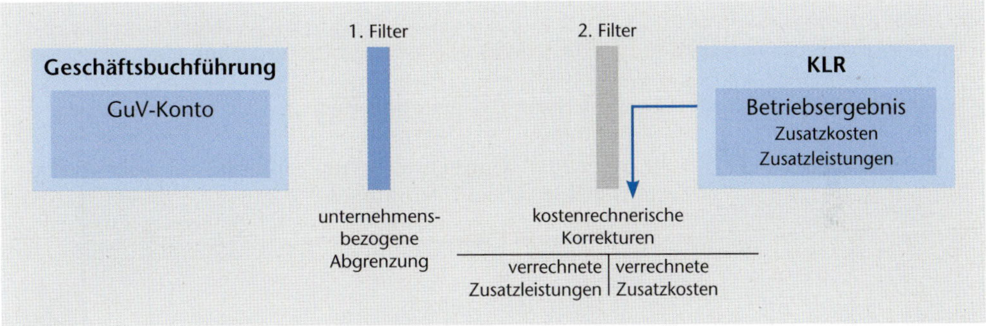


**Schritt 4:** Es wird zuletzt eine **Abstimmung der Ergebnisse** vorgenommen; das **Betriebsergebnis** (Saldo aus der KLR) und das **neutrale Ergebnis** (Salden aus dem unternehmensbezogenen Abgrenzungsbereich und den kostenrechnerischen Korrekturen) **müssen** mit dem Gesamtergebnis (Ergebnis der Erfolgsrechnung) **übereinstimmen.**

**Gesamtdarstellung der Abgrenzungsrechnung:**

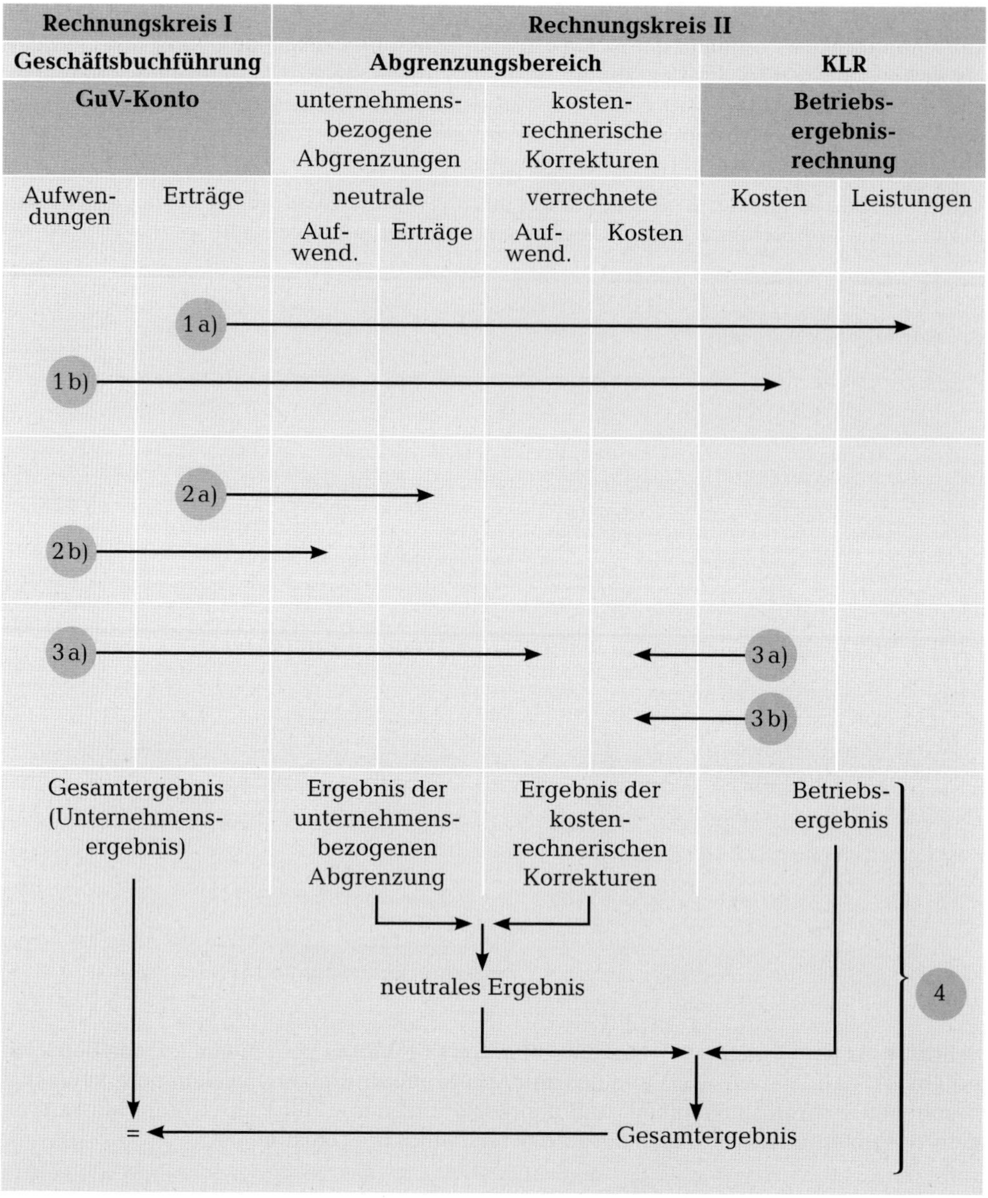


**Arbeitsschritte:**

1 a) betriebsbedingte Erträge (Zweckerträge, Betriebserträge), z. B. Umsatzerlöse

1 b) betriebsbedingte Aufwendungen (Zweckaufwendungen), z. B. Gehälter

2 a) neutrale Erträge, soweit nicht Andererträge, z. B. Zinserträge

2 b) neutrale Aufwendungen, soweit nicht Andersaufwendungen, z. B. Spenden

3 a) Andersaufwendungen und Anderskosten, z. B. Abschreibungen

3 b) Zusatzkosten, z. B. kalkulatorischer Unternehmerlohn

4 Abstimmung der Ergebnisse

**Beispiel für eine Abgrenzungsrechnung:**

Die Eisenmann OHG, Stuttgart, stellte im abgelaufenen Quartal die Erzeugnisse A und B her. Die Geschäftsbuchführung schließt diese Abrechnungsperiode mit folgenden Aufwendungen und Erträgen ab (Angaben in TEUR):

| | | |
|---|---|---|
| 5000 | Umsatzerlöse | 3.200 |
| 5200 | Mehrbestand an FE/UFE | 100 |
| 5300 | aktivierte Eigenleistungen | 60 |
| 5700 | Zinsen und ähnliche Erträge | 40 |
| 6000 | Aufwendungen für Rohstoffe | 880 |
| 6020/6030 | Aufwendungen für Hilfs- und Betriebsstoffe | 250 |
| 6160 | Reparaturen | 120 |
| 6201 | Fertigungslöhne | 540 |
| 6202 | Hilfslöhne | 100 |
| 6300 | Gehälter | 380 |
| 6400 | soziale Aufwendungen | 260 |
| 6520 | Abschreibungen auf Sachanlagen | 280 |
| 6700/6800 | sonstige Aufwendungen (kostenwirksam) | 40 |
| 6960 | Verluste aus dem Abgang von Gegenständen des AV | 50 |
| 7500 | Zinsaufwendungen | 80 |
| 7000 | Steuern (Kostensteuern) | 90 |

Aus der Kosten- und Leistungsrechnung liegen folgende Angaben vor:

| | |
|---|---|
| Von den Fertigungslöhnen entfallen auf die Fertigungsstelle I | 300 |
| Von den Fertigungslöhnen entfallen auf die Fertigungsstelle II | 240 |
| kalkulatorische Abschreibungen | 250 |
| kalkulatorische Zinsen | 150 |
| kalkulatorische Wagnisse | 40 |

**Aufgabe:** Ermitteln Sie tabellarisch das Gesamtergebnis des Unternehmens, das neutrale Ergebnis und das Betriebsergebnis.

| Erfolgsbereich der Geschäftsbuchführung | | | Abgrenzungsbereich | | | | KLR-Bereich | |
|---|---|---|---|---|---|---|---|---|
| | | | unternehmensbezogene Abgrenzungen | | kostenrechnerische Korrekturen | | | |
| Konto Nr. | Aufwend. | Erträge | neutrale Aufwend. | neutrale Erträge | verrechnete Aufwend. | verrechnete Kosten | Kosten | Leistungen |
| 5000 | | 3.200 | | | | | | 3.200 |
| 5200 | | 100 | | | | | | 100 |
| 5300 | | 60 | | | | | | 60 |
| 5700 | | 40 | | 40 | | | | |
| 6000 | 880 | | | | | | 880 | |
| 6020/6030 | 250 | | | | | | 250 | |
| 6201 | 540 | | | | | | 540 | |
| 6202 | 100 | | | | | | 100 | |
| 6300 | 380 | | | | | | 380 | |
| 6400 | 260 | | | | | | 260 | |
| 6520 | 280 | | | | 280 | 250 | 250 | |
| 6960 | 50 | | 50 | | | | | |
| 7500 | 80 | | | | 80 | 150 | 150 | |
| 7000 | 90 | | | | | | 90 | |
| 6160 | 120 | | | | | | 120 | |
| 6700/6800 | 40 | | | | | | 40 | |
| kalk. Wagn. | | | | | | 40 | 40 | |
| | 3.070 | 3.400 | 50 | 40 | 360 | 440 | 3.100 | 3.360 |
| | **330** | | | **10** | **80** | | **260** | |
| | 3.400 | 3.400 | 50 | 50 | 440 | 440 | 3.360 | 3.360 |
| | Gesamtergebnis = +**330** TEUR | | Ergebnis der unternehmensbezogenen Abgrenzung = –**10** TEUR | | Ergebnis der kostenrechnerischen Korrekturen = +**80** TEUR | | Betriebsergebnis = +**260** TEUR | |

neutrales Ergebnis = +**70** TEUR

Gesamtergebnis = **330** TEUR

Abstimmung der Ergebnisse

| | | |
|---|---|---|
| **Gesamtergebnis im RK I** (Geschäftsbuchführung) | | **330 TEUR** |
| Ergebnis aus unternehmensbezogenen Abgrenzungen | –10 TEUR | ↓ |
| Ergebnis aus kostenrechnerischen Korrekturen | +80 TEUR | = |
| neutrales Ergebnis | +70 TEUR | ↑ |
| Betriebsergebnis | +260 TEUR | |
| **Gesamtergebnis im RK II** | +330 TEUR → | **330 TEUR** |

## Zusammenfassende Übersicht zu Kapitel 11.1 und 11.2:
## – Bedeutung und Aufgaben der Kosten- und Leistungsrechnung
## – Grundbegriffe der Kosten- und Leistungsrechnung

### Kostenartenrechnung

**Aufgaben**
- Kosten systematisch erfassen
- Kosten klassifizieren

**Gliederung nach**

**Ziele**
- kurzfristige Preisuntergrenze festlegen
- Kosten vergleichen
- Weiterverrechnung
- Verkaufspreise kalkulieren

**betrieblichen Funktionen**
- Beschaffung
- Lager
- Fertigung
- Vertrieb
- Verwaltung

(Kapitel 11.3.1)

**Zurechenbarkeit auf Kostenträger**
- Einzelkosten
- Sondereinzelkosten
  - Fertigung
  - Vertrieb
- Gemeinkosten

(Kapitel 11.3.1)

**Abhängigkeit vom Beschäftigungsgrad**
- fixe Kosten
- variable Kosten
- Mischkosten

(Kapitel 11.4.2)

**kalkulatorischen Kriterien**

**Anderskosten**
- Abschreibungen
- Zinsen
- Wagnisse

**Zusatzkosten**
- Unternehmerlohn

### Leistungsartenrechnung

- Absatzleistungen
- Eigenleistungen
- Lagerleistungen

### Abgrenzungsrechnung

- Ergebnistabelle
- Zweikreissystem IKR

| Rechnungskreis I | | Rechnungskreis II |
|---|---|---|
| Unternehmensergebnis | | neutrales Ergebnis + Betriebsergebnis |
| Gesamtergebnis RK I | = | Gesamtergebnis RK II |

## ▶ Aufgaben und Probleme

1. Wodurch unterscheiden sich Buchführung, Kosten- und Leistungsrechnung, Statistik und Planungsrechnung?
2. Welche Sachgüter und Dienstleistungen werden eingesetzt bei der Herstellung von
   a) Stahlblechen,
   b) Keramikerzeugnissen,
   c) Fruchtsäften?
3. In welchen Maßeinheiten werden die einzelnen eingesetzten Güter erfasst?
4. Ordnen Sie die Vorgänge in einer Tabelle den folgenden Aussagen zu:

| Vorgänge | Aussagen |
|---|---|
| a) Vorausbezahlung des Heizölvorrats | 1. Ausgaben – keine Kosten |
| b) Privatentnahmen | 2. Kosten – keine Ausgaben |
| c) Abschreibung auf geerbte Fabrikanlagen | 3. Kosten – gleichzeitig Ausgaben |
| d) Verarbeitung von noch nicht bezahlten Rohstoffen | 4. Ausgaben – später Kosten |
| e) sofortige Bezahlung von Transportkosten. | 5. Kosten – später Ausgaben |

5. Warum sind Eigenkapitalrückzahlungen und Privatentnahmen kein Aufwand?
6. Wodurch unterschieden sich
   a) Zweckaufwand und neutraler Aufwand,
   b) Grundkosten und Zusatzkosten,
   c) Grundkosten und Anderskosten,
   d) Anderskosten und Zusatzkosten?
7. Begründen Sie, ob folgende Aussagen richtig sind:
   a) Betriebliche periodenfremde Aufwendungen fallen unregelmäßig an und können deswegen in keinen Zusammenhang mit der betrieblichen Leistungserstellung gebracht werden.
   b) Die das Gesamtergebnis betreffenden Aufwendungen gehören zu den betriebsfremden Aufwendungen, weil sie nicht in die Kalkulation mit einbezogen werden dürfen.
   c) Soweit tatsächliche Aufwendungen die ihnen entsprechenden kalkulatorischen Beträge übersteigen, gehören sie zu den neutralen Aufwendungen.
8. Die Abschreibungen auf Büroausstattung betrugen laut Geschäftsbuchführung im Vorjahr 6.800,00 EUR und im laufenden Jahr 9.000,00 EUR. In der Kostenrechnung wurde jedes Jahr mit 8.400,00 EUR gerechnet. Geben Sie für beide Fälle an, inwieweit vorliegende Anderskosten zu den Grundkosten und zu den Zusatzkosten zu rechnen sind.
9. Inwieweit unterscheiden sich die kalkulatorischen Kosten von den tatsächlichen Aufwendungen?
10. a) Wie wird das AV berechnet, das als Grundlage der kalkulatorischen Abschreibung als Abschreibungsgrundwert dient?
    b) Nach welchen Kriterien wird der kalkulatorische Abschreibungsbetrag ermittelt?
11. Berechnen Sie die kalkulatorischen Zinsen: kalkulatorische Restwerte des Anlagevermögens insgesamt 750.000,00 EUR, betriebsnotwendiges Umlaufvermögen durchschnittlich 800.000,00 EUR, zinsfreies Fremdkapital 90.000,00 EUR, branchenüblicher kalkulatorischer Zinssatz 8 %.

12. a) Wodurch unterscheidet sich das allgemeine Unternehmerwagnis von den betrieblichen Einzelwagnissen?
    b) Wodurch unterschieden sich eingetretene Wagnisverluste von den kalkulatorischen Wagnisverlusten?

13. a) Wie lässt sich der kalkulatorische Unternehmerlohn ermitteln?
    b) Der kalkulatorische Unternehmerlohn ist kein Aufwand. Inwiefern kann er sich trotzdem in der Gewinn- und Verlustrechnung auswirken?

14. Finden Sie jeweils ein Beispiel zu den in Bild, Seite 382 definierten Kosten und Aufwendungen.

15. Ermitteln Sie anhand der gegebenen Zahlen in den Betrieben 1 und 2 die Werte für
    a) den neutralen Aufwand,
    b) die Zusatzkosten,
    c) den Zweckaufwand,
    d) die Anderskosten,
    e) die Grundkosten.

| Aufwands- bzw. Kostenbetrag | | bilanzmäßiger Wert | kalkulatorischer Wert |
|---|---|---|---|
| Abschreibung | Betrieb 1 | 200.000,00 EUR | 180.000,00 EUR |
| | Betrieb 2 | 86.000,00 EUR | 90.000,00 EUR |
| Zinsen | Betrieb 1 | 22.000,00 EUR | 105.000,00 EUR |
| | Betrieb 2 | 50.000,00 EUR | 44.000,00 EUR |
| Wagnisverluste | Betrieb 1 | 25.000,00 EUR | 25.000,00 EUR |
| | Betrieb 2 | 18.000,00 EUR | 40.000,00 EUR |
| Unternehmerlohn | Betrieb 1 | 0,00 EUR | 90.000,00 EUR |
| | Betrieb 2 | 0,00 EUR | 75.000,00 EUR |

    f) Begründen Sie, warum die kalkulatorischen Abschreibungen in Betrieb 1 niedriger und in Betrieb 2 höher sind als die Werte in der Geschäftsbuchführung.

16. Aus der Geschäftsbuchführung eines Unternehmens liegen folgende Daten (in EUR) vor:

| | | | |
|---|---|---|---|
| Umsatzerlöse | 6.200.000 | Verluste aus Vermögensverk. | 110.000 |
| Zinsen und ähnliche Erträge | 80.000 | Zinsaufwendungen | 175.000 |
| Warenaufwendungen | 2.060.000 | Betriebssteuern | 202.000 |
| Löhne und Gehälter | 2.340.000 | Reparaturen | 240.000 |
| soziale Aufwendungen | 520.000 | weitere kostenwirksame | |
| Abschr. auf Sachanlagen | 480.000 | Aufwendungen | 80.000 |

Weitere Angaben:

| | |
|---|---|
| kalkulatorische Abschreibungen | 500.000,00 |
| kalkulatorischer Unternehmerlohn | 120.000,00 |

    a) Erstellen Sie die Ergebnistabelle.
    b) Beurteilen Sie die Situation des Unternehmens aufgrund der Ergebnistabelle.

## 11.3 Kosten- und Leistungsrechnung als Vollkostenrechnung

Die Vollkostenrechnung ist eine Vorgehensweise des betrieblichen Rechnungswesens. Der Begriff beinhaltet, dass alle durch die Leistungserstellung verursachten Kosten auf die Kostenträger (Leistungen) eines Betriebes verrechnet werden.

Zur Erfüllung ihrer Aufgaben (Kapitel 11.1) benötigt die Kosten- und Leistungsrechnung folgende drei Phasen:

| **Phase** | **Phase 1: Kostenartenrechnung** | **Phase 2: Kostenstellenrechnung** | **Phase 3: Kostenträgerrechnung** |
|---|---|---|---|
| **Inhalt** | Erfassung und Gliederung der Kosten (mengenmäßige Erfassung, richtige Bewertung, zielgerichtete Gliederung) | Weiterverrechnung der Kosten auf die Kosten- bzw. Leistungsstellen | Verrechnung der Kosten auf die Kostenträger (Leistungen) |
| **zentrale Frage** | »Welche Kosten sind entstanden?« | »Wo sind die Kosten entstanden?« | »Für welche Leistungen sind welche Kosten entstanden?« |
| **Beispiele** | Personalkosten, Materialverbrauch, Zinskosten und Reparaturkosten | Die zentral erfassten Stromkosten des Betriebes werden auf die Kostenstellen Lager, Fertigung, Verwaltung und Vertrieb aufgeteilt. | Dem Stuhltyp »Amigo 007« werden insgesamt Kosten in Höhe von 120,00 EUR zugerechnet. |

### 11.3.1 Kostenartenrechnung

#### Aufgaben

Die Ergebnisse der **Kostenartenrechnung** sind **Grundlage für die Kostenstellenrechnung und für die Kostenträgerrechnung:**

**Kostenartenrechnung** → Kostenstellenrechnung → Kostenträgerrechnung

Zu einem großen Teil erhält die Kostenartenrechnung ihre Daten aus vorgelagerten Bereichen des betrieblichen Rechnungswesens wie der Finanzbuchhaltung, der Materialbuchhaltung, der Personalbuchhaltung und der Anlagenbuchhaltung.

Die wichtigsten Aufgaben sind:

Kosten

- systematisch erfassen und
- klassifizieren (in passende Gruppen einteilen für die weitere Verarbeitung),

um

- den kurzfristigen Periodenerfolg darzustellen,
- Kosten mit den vorangegangenen Perioden oder mit anderen Betrieben zu vergleichen,

- eine Weiterverrechnung auf Kostenstellen und
- den Verkaufspreis zu kalkulieren.

Damit die Kostenartenrechnung ihre Aufgabe erfüllen kann, teilt man die Kosten ein:

**Gliederung der Kosten**

nach

- **betrieblichen Funktionen**
- **Zurechenbarkeit auf den Kostenträger**
- **Abhängigkeit vom Beschäftigungsgrad**
- **kalkulatorischen Kriterien**

## Gliederung der Kostenarten nach betrieblichen Funktionen (Produktionsfaktorenverbrauch)

Die Kosten lassen sich nach den betrieblichen Funktionen unterscheiden.

**Beispiel:**

| **betriebliche Funktionen und ihre Kostenarten** | | | | |
|---|---|---|---|---|
| Beschaffung<br>↓<br>Beschaffungskosten | Lager<br>↓<br>Lagerkosten | Fertigung<br>↓<br>Fertigungskosten | Vertrieb<br>↓<br>Vertriebskosten | Verwaltung<br>↓<br>Verwaltungskosten |

## Gliederung der Kostenarten nach Zurechenbarkeit auf den Kostenträger

Als **Kostenträger** werden in der Kostenrechnung die **gefertigten Erzeugnisse** und die **erstellten Dienstleistungen** bezeichnet.

Je nachdem, ob die Kosten dem Kostenträger unmittelbar oder mittelbar zugerechnet werden können, unterscheidet man:

| Arten von Kosten | Erklärung | Beispiele |
|---|---|---|
| **Einzelkosten** | sind Kosten, die dem einzelnen Kostenträger unmittelbar (direkt) zugerechnet werden können. | Preis für 1 $m^2$ Holz zur Herstellung einer Tischplatte (Fertigungsmaterial), Gehalt für zwei Stunden Arbeitszeit zur Herstellung eines Tisches (Fertigungslöhne) |
| **Sondereinzelkosten** | | |
| a) Sondereinzelkosten der Fertigung | sind Einzelkosten, die nur in besonderen Fällen anfallen. Diese Kosten können einem Gesamtauftrag oder einer Einzellieferung zugerechnet werden. | Lizenz- und Patentgebühren, Kosten für Sonderwerkzeuge, Vorrichtungen und Modellkosten, Planzeichnungen |
| b) Sondereinzelkosten des Vertriebs | | besondere Verpackungskosten und Transportkosten |
| **Gemeinkosten** | sind Kosten, die gemeinsam für alle Kostenträger anfallen und damit dem einzelnen Kostenträger nur mittelbar (indirekt) zugerechnet werden können. | Monatsgehalt des Hausmeisters, Kosten für Fotokopierpapier, Werbekosten für eine Anzeige, betriebliche Steuern |

## Gliederung der Kostenarten nach der Abhängigkeit vom Beschäftigungsgrad

### ▶ Beschäftigung

Unter **Beschäftigung** versteht man die **tatsächliche Nutzung des Leistungsvermögens eines Unternehmens innerhalb eines Zeitabschnittes,** also die genutzte Kapazität.

Beschäftigung wird in Leistungseinheiten (Ausbringungsmenge, Arbeitsstunden, Maschinenstunden) gemessen. Unter dem Begriff wird also nicht die Zahl der in einem Unternehmen beschäftigten Mitarbeiter verstanden.

### ▶ Beschäftigungsgrad

Das Verhältnis von genutzter Kapazität zur Bezugsgrundlage (normale oder maximale Kapazität) ergibt den **Beschäftigungsgrad.** Er wird normalerweise in einem Prozentsatz ausgedrückt.

$$\textbf{Beschäftigungsgrad} = \frac{\textbf{genutzte Kapazität}}{\textbf{normale oder maximale Kapazität}} \cdot \textbf{100}$$

**Beispiel:** Im Vierteljahr könnte ein Automobilzulieferer bei Auslastung seiner Normalkapazität 500.000 Motorengehäuse »ausbringen«. Wegen der gestiegenen Konkurrenz und der damit verbundenen schwierigen Absatzsituation werden aber nur 425.000 Motorengehäuse gefertigt.

**Kapazität**
500.000 Motorengehäuse/Vierteljahr

**Beschäftigung**
425.000 Motorengehäuse/Vierteljahr

$$\textbf{Beschäftigungsgrad} = \frac{\text{425.000 Motorengehäuse/Vierteljahr}}{\text{500.000 Motorengehäuse/Vierteljahr}} \cdot 100 = 85\,\%$$

### ▶ Einfluss des Beschäftigungsgrades auf die Kosten

Die Kosten lassen sich im Verhältnis zum Beschäftigungsgrad einteilen in

- fixe Kosten (vgl. Kapitel 11.4.2),
- variable Kosten (vgl. Kapitel 11.4.2) und
- Mischkosten (vgl. Kapitel 11.4.2).

## Gliederung der Kostenarten nach kalkulatorischen Kriterien (Kapital 11.2.1)

### ▶ Aufgaben und Probleme

1. Ordnen Sie mithilfe der folgenden Aufstellung die einzelnen Kostenarten zu. Füllen Sie die entsprechende Zelle aus bzw. kreuzen Sie die richtige Spalte an.

| Bezeichnung der Kosten | Kostenarten | Zurechenbarkeit auf Kostenträger | | | fixe Kosten | vaiable Kosten | | | Mischkosten |
|---|---|---|---|---|---|---|---|---|---|
| | | Einzelkosten | Sondereinzelkosten | Gemeinkosten | | prop. | unterprop. | überprop. | |
| | | | | | | | | | |

Bezeichnung der Kostenarten:

Kraftfahrzeugsteuer, Büromaterial, Gehälter, Instandhaltungskosten, Berufsgenossenschaftsbeiträge, Rohstoffverbrauch, Mieten, Beiträge zur Feuerversicherung, Akkordlöhne, betriebliche Steuern, Reisekosten, Hilfsstoffverbrauch, Werbekosten, Ausgangsfrachten, Hilfslöhne, Unternehmerlohn, Vertreterprovision, Betriebsstoffaufwand, Abschreibungen auf Sachanlagen, Fertigungsmaterial, soziale Abgaben, Zinsen, Modellkosten, Versicherungsprämie für Lkw-Ladung, Auszubildendenvergütung, Reinigungskosten, Garantieleistungen, Gehalt des Pförtners, Kosten für Abluftanlage, Leasinggebühren.

2. Aus der Geschäftsbuchführung liegen folgende Daten vor:

| Bezeichnung | Betrag in EUR | Bezeichnung | Betrag in EUR |
|---|---|---|---|
| Aufw. für Rohstoffe | 40.000,00 | Abschreib. auf Sachanlagen | 75.000,00 |
| Hilfsstoffaufwand | 15.000,00 | Mietaufwendungen | 11.000,00 |
| Betriebsstoffaufwand | 5.000,00 | Büromaterial | 1.100,00 |
| Verpackungsmaterial | 9.500,00 | Werbung | 16.500,00 |
| Fremdreparaturen | 9.000,00 | Gewerbesteuer | 15.000,00 |
| Löhne | 186.000,00 | Zinsaufwendungen | 4.900,00 |
| Gehälter | 140.000,00 | kalk. Unternehmerlohn | 36.000,00 |
| soziale Abgaben | 100.000,00 | | |

a) Gliedern Sie die Daten nach Kostenarten.

b) Errechnen Sie den Anteil der Einzel-, Sondereinzel- und Gemeinkosten an den Gesamtkosten in Euro und in Prozent.

3. In einem Unternehmen zur Herstellung von Badezusätzen beträgt die Kapazität 325.000 Liter im Jahr. Berechnen Sie den Beschäftigungsgrad im vergangenen Jahr, wenn damals 295.000 Liter abgefüllt wurden.

4. Ein Maschinenbauunternehmen ist in verschiedene Bereiche unterteilt. Der Bereich »Fräsen« kann täglich zehn Stunden benutzt werden. Das entspricht der vollen Kapazitätsauslastung. Berechnen Sie den Beschäftigungsgrad, wenn in diesem Bereich 240 Arbeitstage mit insgesamt 2.025 Stunden gearbeitet wurde.

5. In einem Holz verarbeitenden Unternehmen fallen monatlich 36.000,00 EUR an fixen Kosten an. Die variablen Kosten belaufen sich auf 175,00 EUR pro Stück.

a) Übernehmen Sie die folgende Tabelle und ermitteln Sie die einzelnen Kostenbeträge bei einer monatlichen Produktion von 50, 100, 150, 200, 250, 300, 350 und 400 Stück.

| Menge in Stück | fixe Kosten in EUR | variable Kosten in EUR | Gesamtkosten in EUR |
|---|---|---|---|
| | | | |

b) Stellen Sie die einzelnen Kostenverläufe grafisch dar und wählen Sie selbst einen geeigneten Maßstab.

## 11.3.2 Kostenstellenrechnung als Ist- und Normalkostenrechnung

Die **Kostenstellenrechung** ist die **zweite Stufe in der Kostenrechnung.** In ihr werden die Kosten auf den Ort ihrer Entstehung verteilt.

> Eine **Kostenstelle** ist ein **Teilbereich eines Unternehmens,** in dem **Gemeinkosten entstehen** und dem sie deshalb **zugerechnet werden.**

Der Grundgedanke bei der Aufteilung des Unternehmens in Kostenstellen ist die Tatsache, dass die Gemeinkosten von den einzelnen Unternehmensbereichen unterschiedlich stark verursacht werden. Je detaillierter diese Aufteilung in Kostenstellen gelingt, desto eher besteht die Möglichkeit, dass letztlich jedem Kostenträger die Kosten zugerechnet werden, die er verursacht. Dabei sind die Leiter der Kostenstellen für die Wirtschaftlichkeit »ihrer« Kostenstelle verantwortlich.

### Aufgaben

- **Gemeinkosten auf die Kostenstellen zuordnen.** Die Kosten sollen an ihrem Entstehungsort im Unternehmen erfasst und kontrolliert werden. Damit verbunden ist die Kontrolle des Kostenanfalls nach Verantwortungsbereichen.
- **Gemeinkostensummen** der verschiedenen Kostenstellen **ermitteln.**
- **Prozentuale Zuschlagssätze** für die Verrechnung der Gemeinkosten auf die Kostenträger **ermitteln.**
- **Abweichungen** zwischen den tatsächlich angefallenen Gemeinkosten (Ist-Gemeinkosten) und den auf die Kostenträger verrechneten Gemeinkosten (Normal-Gemeinkosten) **ermitteln.**
- **Kennzahlen** zur Kontrolle der Wirtschaftlichkeit **ermitteln.**
- **Erfahrungswerte sammeln** für die Planung der in der Zukunft anfallenden Gemeinkosten.

### Bildung von Kostenstellen

Die Einteilung der Kostenstellen kann in jedem Unternehmen grundsätzlich frei erfolgen, sofern eine verursachungsgerechte Kostenverrechnung gewährleistet ist.

Bei der Bildung sind folgende **Kriterien von Kostenstellen** zu beachten:

- Sie sollen in den organisatorischen Aufbau des Unternehmens passen.
- Sie haben einen eindeutig verantwortlichen Kostenstellenleiter.
- Sie sind überschaubar und damit auch kontrollierbar.
- Sie ermöglichen die einfache und eindeutige Zurechnung der Kosten.

Je kleiner die Kostenstellen sind, desto verursachungsgerechter können die Gemeinkosten erfasst, weiterverrechnet und kontrolliert werden. Die genaueste Lösung wäre die Ermittlung der Gemeinkosten je Arbeitsplatz. In der Praxis ist diese Lösung aber nicht umsetzbar, weil der notwendige Aufwand (Bildung von Kostenstellen) den möglichen Nutzen (verursachungsgerechte Kostenzurechnung) um ein Vielfaches übersteigt.

| **Gliederungsgesichtspunkte zur Bildung von Kostenstellen** | | |
|---|---|---|
| nach Verantwortungsbereichen | nach Funktionen | nach Raumbeanspruchung |

### ▶ Gliederung nach Verantwortungsbereichen

Hierbei ist Voraussetzung, dass für jede Kostenstelle ein Abteilungsleiter oder Meister verantwortlich ist. Damit wird erreicht, dass bei Kostensteigerungen der für die Kostenstelle Verantwortliche zur Rechenschaft gezogen werden kann.

### ▶ Gliederung nach Funktionen

Gliederungsgesichtspunkte sind hier die betrieblichen Funktionen, z. B. Beschaffung, Lagerung, Fertigung, Vertrieb und Verwaltung.

Die Einteilung in die betrieblichen Grundfunktionen schafft allein noch keine wirkungsvolle Kostenstellengliederung. Vielmehr sind die genannten Funktionen noch zu differenzieren. Kriterien hierfür können sein:

- Teilfunktionen (verrichtungsorientierte Kostenstellengliederung), z. B. Verwaltung: Lohnabrechnung, Rechnungswesen, Revision usw.
- Objekte (objektorientierte Kostenstellengliederung), z. B. Beschaffung: Rohstoff A, B usw.; Hilfsstoffe, Zubehörteile; Objekte können aber auch Marktsegmente sein, z. B. Einteilung nach Kundenkategorien oder nach Verkaufsgebieten.

Entsprechend den Hauptfunktionsbereichen kann ein Unternehmen in folgende Kostenstellen unterteilt werden:

Im Idealfall kann beispielsweise die Kostenstelle Fertigung in einzelne Drehmaschinen als Kostenstellen unterteilt werden:

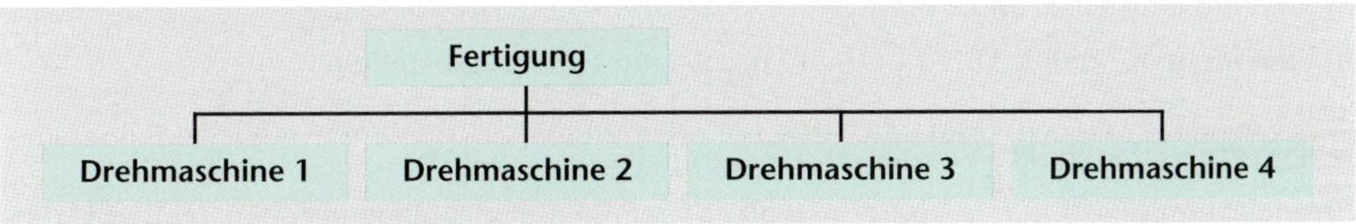


### ▶ Gliederung nach Raumbeanspruchung

Die Gliederung in Kostenstellen folgt hier der räumlichen Organisation des Gesamtbetriebes. Dabei ist darauf zu achten, dass Räume, in denen verschiedenartige Leistungen erstellt werden, nicht als eine Kostenstelle eingerichtet werden.

## Kostenstellen

### ▶ Hauptkostenstellen

Wird ein Unternehmen nur nach den Hauptfunktionsbereichen in Kostenstellen unterteilt, sind dies die Kostenstellen **Material, Fertigung, Verwaltung und Vertrieb.** Diese Kostenstellen erbringen unmittelbar Leistungen für den Kostenträger. Sie werden **Hauptkostenstellen** oder **Endkostenstellen genannt.**

**Hauptkostenstellen** (Endkostenstellen) sind diejenigen **Kostenstellen, deren Leistungen ohne Umwege in die grundsätzlich für den Absatzmarkt bestimmten Kostenträger eingehen** (Material- und Fertigungsbereich) oder die mit ihnen unmittelbar zusammenhängen (Verwaltungs- und Vertriebsbereich). Sie verrechnen die auf sie entfallenden Gemeinkosten mithilfe von Kalkulationszuschlägen auf die Kostenträger.

### ▶ Hilfskostenstellen

Es gibt in jedem Unternehmen auch Kostenstellen, die ihre Leistungen nicht unmittelbar an die Kostenträger, sondern an andere Kostenstellen abgeben. Sie werden Hilfskostenstellen oder Vorkostenstellen genannt.

**Hilfskostenstellen** (Vorkostenstellen) enthalten diejenigen Gemeinkosten, die zuerst **auf die Hauptkostenstellen verteilt werden müssen.**

| allgemeine Hilfskostenstellen | besondere Hilfskostenstellen |
|---|---|
| In ihnen werden Kosten erfasst, die auf alle anderen Hilfs- und Hauptkostenstellen anteilmäßig verteilt werden. | In ihnen werden Kosten erfasst, die auf die übergeordneten Hauptkostenstellen verteilt werden. |
| **Beispiele:**<br>1. Innerbetriebliche Energieversorgung liefert Strom für alle anderen Kostenstellen.<br>2. Betriebliche Kantine kann von allen Mitarbeitern aus allen Abteilungen des Unternehmens genutzt werden. | **Beispiele:**<br>1. Die Konstruktionsabteilung erstellt Konstruktionsunterlagen für die Hauptkostenstellen Montage und Schalldämmung.<br>2. Die betriebseigene Werbeabteilung erstellt Werbeleistungen für die Hauptkostenstelle Vertrieb. |

## Betriebsabrechnungsbogen (BAB)

Hilfsmittel für die Kostenstellenrechnung ist der BAB. Er ist ein »Formblatt« der Betriebsabrechnung, in das in **vertikaler** Anordnung die Gemeinkostenarten und ihre jeweiligen Höhen und in **horizontaler** Gliederung die einzelnen Kostenstellen aufgenommen werden. Man unterscheidet

a) den **einstufigen BAB.** Er erhält nur Hauptkostenstellen.

b) den **mehrstufigen BAB.** Er enthält Haupt- und Hilfskostenstellen.

### ▶ Direkte und indirekte Verteilung der Gemeinkosten im BAB

Einige Gemeinkostenarten lassen sich **direkt** auf die Kostenstellen verteilen, weil es **Unterlagen** gibt, aus denen die Zuordnung auf die Kostenstellen **eindeutig** hervorgeht. Solche Belege können Entnahmescheine, Rechnungen oder Listen sein.

| Gemeinkostenart | Belege |
|---|---|
| Hilfsstoffe | Entnahmescheine der Fertigungsstelle |
| Hilfslöhne | Lohnlisten der Materialstelle |
| Gehälter | Gehaltslisten der Verwaltung |
| Instandhaltungskosten | inner- oder außerbetriebliche Rechnungen |
| Büromaterial | Einzelbelege für Kopierpapier |
| Kosten für die Werbung | Eingangsrechnung der Werbeagentur |
| Abschreibungen | Anlagendatei des Gabelstaplers oder der Drehmaschine |

**Gemeinkostenarten,** die sich **direkt auf Kostenstellen** zurechnen lassen, heißen **Kostenstellen-Einzelkosten.**

Es gibt aber auch **Gemeinkostenarten,** die sich nicht direkt, sondern nur **indirekt** den Kostenstellen zurechnen lassen. In solchen Fällen verwendet man **Verteilungsschlüssel,** da aus den vorliegenden Unterlagen die Zuordnung auf die Kostenstellen nicht eindeutig hervorgeht.

| Gemeinkostenart | Verteilungsgrundlage |
|---|---|
| Heizungskosten | Raumgröße in $m^3$, Größe der Heizkörper |
| Gebäudekosten | Raumgröße in $m^3$ |
| Energiekosten | installierte kW |
| Mieten | Wert der Anlagen, Flächengröße in $m^2$ |
| Grundsteuer | Flächengröße in $m^2$ |
| Unfallversicherung | Zahl der Beschäftigten |
| Feuerversicherung | Wert der Anlagen |
| freiwillige Sozialkosten | Löhne, Gehälter, Zahl der Beschäftigten |

**Gemeinkostenarten,** die sich nur **indirekt auf Kostenstellen** zurechnen lassen, heißen **Kostenstellen-Gemeinkosten.**

**Beispiel:** Die Mietkosten in Höhe von 180.000,00 EUR können im Verhältnis der beanspruchten Fläche der Kostenstellen verrechnet werden.

Fläche der Kostenstellen: Material 200 $m^2$, Fertigung 250 $m^2$, Verwaltung 400 $m^2$, Vertrieb 50 $m^2$.

Daraus ergeben sich Mietkosten für die Kostenstelle Material 40.000,00 EUR, für die Kostenstelle Fertigung 50.000,00 EUR, für die Kostenstelle Verwaltung 80.000,00 EUR und für die Kostenstelle Vertrieb 10.000,00 EUR.

▶ **Erstellung eines einstufigen Betriebsabrechnungsbogens**

Es liegen folgende Daten aus der Geschäftsbuchführung und folgende Unterlagen bzw. Verteilungsschlüssel vor:

| Kostenart | Beträge in EUR | Verteilungs-grundlage | Verteilungs-beträge | Verteilungs-schlüssel |
|---|---|---|---|---|
| Fertigungsmaterial | 85.000 | – | – | – |
| Fertigungslöhne | 19.500 | – | – | – |
| Hilfsstoffe | 10.000 | Materialentnahmescheine | 250/9.000/500/250 | |
| Betriebsstoffe | 10.000 | Materialentnahmescheine | 300/8.500/500/700 | |
| Energie | 4.000 | Stromzähler, kWh | | 4.000:32.000:2.000:2.000 |
| Hilfslöhne | 5.000 | Lohnlisten | 1.000/3.000/0/1.000 | |
| Gehälter | 11.000 | Gehaltslisten | 2.000/6.000/2.000/1.000 | |
| Sozialkosten | 1.700 | Zahl der Beschäftigten | | 2:10:3:2 |
| Instandhaltung | 2.800 | Anlagendatei | 300/1.500/150/850 | |
| Steuern | 6.000 | Fläche je Kostenstelle in $m^2$ | | 250:1.000:150:100 |
| Büromaterial | 1.200 | Einzelbelege | 50/250/800/100 | |
| Abschreibungen | 15.000 | Anlagendatei in % | | 10:60:20:10 |
| sonstige Kosten | 3.400 | Zahl der Beschäftigten | | 2:10:3:2 |
| kalkulatorischer Unternehmerlohn | 4.800 | Verhältniszahlen | | 1:5:3:1 |

| Kostenarten | Betrag in EUR | Verteilungsgrundlage | Verteilungsschlüssel | | | | Kostenstellen | | | |
|---|---|---|---|---|---|---|---|---|---|---|
| | | | | | | | Material | Fertigung | Verwaltung | Vertrieb |
| Hilfsstoffe | 10.000 | Materialentnahmescheine | | | | | 250 | 9.000 | 500 | 250 |
| Betriebsstoffe | 10.000 | Materialentnahmescheine | | | | | 300 | 8.500 | 500 | 700 |
| Energie | 4.000 | Stromzähler, kWh | 4.000 | 32.000 | 2.000 | 2.000 | 400 | 3.200 | 200 | 200 |
| Hilfslöhne | 5.000 | Lohnlisten | | | | | 1.000 | 3.000 | – | 1.000 |
| Gehälter | 11.000 | Gehaltslisten | | | | | 2.000 | 6.000 | 2.000 | 1.000 |
| Sozialkosten | 1.700 | Zahl der Beschäftigten | 2 | 10 | 3 | 2 | 200 | 1.000 | 300 | 200 |
| Instandhaltung | 2.800 | Anlagendatei | | | | | 300 | 1.500 | 150 | 850 |
| Steuern | 6.000 | Fläche je Kostenstelle in $m^2$ | 250 | 1.000 | 150 | 100 | 1.000 | 4.000 | 600 | 400 |
| Büromaterial | 1.200 | Einzelbelege | | | | | 50 | 250 | 800 | 100 |
| Abschreibungen | 15.000 | Anlagendatei in % | 10 | 60 | 20 | 10 | 1.500 | 9.000 | 3.000 | 1.500 |
| sonstige Kosten | 3.400 | Zahl der Beschäftigten | 2 | 10 | 3 | 2 | 400 | 2.000 | 600 | 400 |
| kalk. Unternehmerlohn | 4.800 | Verhältniszahlen | 1 | 5 | 3 | 1 | 480 | 2.400 | 1.440 | 480 |
| Summe | 74.900 | | Kostenstellensummen | | | | 7.880 | 49.850 | 10.090 | 7.080 |

**Arbeitsschritte bei der Erstellung des BABs:**

1. **Erstellung des Schemas eines BABs:**

   Dabei stehen in der ersten Spalte die Gemeinkostenarten aus der Kostenartenrechnung. In den letzten Spalten erscheinen die Kostenstellen Material, Fertigung, Verwaltung und Vertrieb.

2. **Verteilung der Gemeinkosten** nach den angegebenen Beträgen und den Schlüsseln auf die vier Hauptkostenstellen.

3. **Überprüfung:** Stimmt die Summe der Gemeinkostenarten mit der Summe der Kostenstellensummen überein?

### ▶ Erstellung eines mehrstufigen Betriebsabrechnungsbogens

Es liegen folgende Daten aus der Geschäftsbuchführung und folgende Unterlagen bzw. Verteilungsschlüssel vor:

| Kostenart | Beträge in EUR | Verteilungsgrundlage | Verteilungsbeträge bzw. -schlüssel |
|---|---|---|---|
| Einzelkosten | | | |
| Fertigungsmaterial | 85.000,00 | – | – |
| Fertigungslöhne | | | |
| – Blechbearbeitung | 12.000,00 | – | – |
| – Lackiererei | 13.500,00 | – | – |
| – Montage | 25.400,00 | – | – |
| – Schalldämmung | 11.800,00 | – | – |
| Gemeinkosten | | | |
| Hilfsstoffe | 88.500,00 | Materialentnahmescheine | 0/500/2.000/20.000/21.000/17.000/22.000/3.500/2.000/500 |
| Betriebsstoffe | 87.650,00 | Materialentnahmescheine | 4.000/500/1.500/23.000/38.000/8.000/11.000/150/1.500/0 |
| Hilfslöhne | 9.500,00 | Lohnlisten | 0/750/1.750/2.100/1.000/1.150/650/350/1.250/500 |
| Gehälter | 16.800,00 | Gehaltslisten | 0/1.100/1.200/0/0/0/0/9.000/3.400/2.100 |
| Sozialkosten | 2.945,00 | Zahl der Beschäftigten | 0 : 1 : 2 : 2 : 2 : 4 : 2 : 3 : 2 : 1 |
| Beihilfen | 1.425,00 | Zahl der Beschäftigten | 0 : 1 : 2 : 2 : 2 : 4 : 2 : 3 : 2 : 1 |
| Instandhaltung | 3.420,00 | Anlagendatei | 1.750/85/125/200/200/200/200/500/125/35 |
| Reparaturen | 5.970,00 | Anlagendatei | 1.010/205/400/750/500/800/650/75/1.500/80 |
| Steuern | 5.800,00 | Fläche je Kostenstelle in $m^2$ | 80 : 150 : 600 : 800 : 900 : 700 : 500 : 1.100 : 750 : 220 |
| Büromaterial | 1.063,00 | Einzelbelege | 0/63/150/50/50/50/50/400/50/200 |
| Abschreibungen | 30.780,00 | Anlagendatei in % | 10 : 5 : 10 : 15 : 10 : 10 : 10 : 5 : 15 : 5 |
| Zinsen | 11.600,00 | Fläche je Kostenstelle in $m^2$ | 80 : 150 : 600 : 800 : 900 : 700 : 500 : 1.100 : 750 : 220 |
| Raumkosten | 40.600,00 | Fläche je Kostenstelle in $m^2$ | 80 : 150 : 600 : 800 : 900 : 700 : 500 : 1.100 : 750 : 220 |
| Schadensfälle | 8.360,00 | Zahl der Beschäftigten | 0 : 1 : 2 : 2 : 2 : 4 : 2 : 3 : 2 : 1 |

| **Abrechnung der allgemeinen Hilfskostenstelle »Betriebseigene Stromversorgung«** | |
|---|---|
| produzierter Strom im abgelaufenen Quartal: | 155.500 kWh |
| Verteilungsschlüssel: | Strom-verbrauch |
| | |
| Kostenstellen | Stromverbrauch |
| Kantine | 32.000 kWh |
| Material | 28.000 kWh |
| Fertigung: | |
| – Blechbearbeitung | 12.000 kWh |
| – Lackierung | 9.000 kWh |
| – Montage | 8.500 kWh |
| – Schalldämmung | 7.000 kWh |
| Verwaltung | 25.000 kWh |
| Vertrieb | 22.000 kWh |
| Werbung | 12.000 kWh |

| **Abrechnung der allgemeinen Hilfskostenstelle »Kantine«** | |
|---|---|
| verursachte Kosten im abgelaufenen Quartal: | siehe BAB |
| Verteilungsschlüssel: | Anzahl der Mitarbeiter |
| | |
| Kostenstellen | Anzahl der Mitarbeiter |
| Material | 2 |
| Fertigung: | |
| – Blechbearbeitung | 2 |
| – Lackierung | 2 |
| – Montage | 4 |
| – Schalldämmung | 2 |
| Verwaltung | 3 |
| Vertrieb | 2 |
| Werbung | 1 |

| **Abrechnung der besonderen Hilfskostenstelle »Werbung«** | |
|---|---|
| verursachte Kosten im abgelaufenen Quartal: | siehe BAB |
| Verteilungsschlüssel: | Anteil der Aufträge |
| | |
| Kostenstellen | Anteile |
| Vertrieb | 100 % |

Ein **mehrstufiger BAB** wird in **mehreren Teilschritten** erstellt. Man geht wie folgt vor:

1. Schritt: Tabelle des mehrstufigen BAB erstellen und die Gemeinkosten mit ihren Beträgen übertragen.
2. Schritt: Gemeinkostenbeträge aufgrund der Verteilungsbeträge bzw. -schlüssel auf Kostenstellen verteilen.
3. Schritt: Zwischensummen der einzelnen Hilfskostenstellen und Hauptkostenstellen bilden.
4. Schritt: Zwischensumme der allgemeinen Hilfskostenstellen aufgrund der Verteilungsbeträge bzw. -schlüssel auf alle anderen Kostenstellen verteilen (Umlage 1 a und 1 b).
5. Schritt: Zwischensumme der besonderen Hilfskostenstellen aufgrund der Verteilungsbeträge bzw. -schlüssel auf die entsprechenden Hauptkostenstellen verteilen (Umlage 2).

6. Schritt: Summe der einzelnen Hauptkostenstellen bilden.

7. Schritt: Bezugsgrößen den Hauptkostenstellen zuordnen bzw. berechnen.

8. Schritt: Zuschlagssätze der Hauptkostenstellen ermitteln. Für die Ermittlung der Vertriebs- und Verwaltungsgemeinkostenzuschlagssätze müssen die Herstellkosten der Erzeugung ermittelt werden:

| Bereich | Kosten | EUR | EUR |
|---|---|---|---|
| **Material-bereich** | Fertigungsmaterial (FM) | 85.000 | |
| | + Materialgemeinkosten (MGK) | 20.641 | |
| | **= Materialkosten (MK)** | | **105.641** |
| **Fertigungs-bereich** | Fertigungslöhne Blechbearbeitung (FLB) | 12.000 | |
| | + Fertigungsgemeinkosten Blechbearbeitung | 62.060 | |
| | **= Fertigungskosten Blechbearbeitung (FKB)** | | **74.060** |
| | Fertigungslöhne Lackiererei (FLL) | 13.500 | |
| | + Fertigungsgemeinkosten Lackiererei | 75.966 | |
| | **= Fertigungskosten Lackiererei (FKL)** | | **89.466** |
| | Fertigungslöhne Montage (FLM) | 25.400 | |
| | + Fertigungsgemeinkosten Montage | 42.903 | |
| | **= Fertigungskosten Montage (FKM)** | | **68.303** |
| | Fertigungslöhne Schalldämmung (FLS) | 11.800 | |
| | + Fertigungsgemeinkosten Schalldämmung | 45.629 | |
| | **= Fertigungskosten Schalldämmung (FKS)** | | **57.429** |
| | + Sondereinzelkosten der Fertigung (SEK d. F.) | | 0 |
| | **= Fertigungskosten (FK)** | | **289.258** |
| | **= Herstellkosten der Erzeugung (HK)** | | **394.899** |

Erstellter BAB:

| Kostenstellen / Kostenarten | Zahlen der GBF Beträge in TEUR | Allg. Hilfskostenstellen | | Material | Fertigung | | | | Verwaltung | Vertrieb | Bes. Hilfskostenstellen |
|---|---|---|---|---|---|---|---|---|---|---|---|
| | | Innerbetr. Stromversorgung | Kantine | | Blechbearbeitung | Lackiererei | Montage | Schalldämmung | | | Werbung |
| Hilfsstoffe | 88.500 | 0 | 500 | 2.000 | 20.000 | 21.000 | 17.000 | 22.000 | 3.500 | 2.000 | 500 |
| Betriebsstoffe | 87.650 | 4.000 | 500 | 1.500 | 23.000 | 38.000 | 8.000 | 11.000 | 150 | 1.500 | 0 |
| Hilfslöhne | 9.500 | 0 | 750 | 1.750 | 2.100 | 1.000 | 1.150 | 650 | 350 | 1.250 | 500 |
| Gehälter | 16.800 | 0 | 1.100 | 1.200 | 0 | 0 | 0 | 0 | 9.000 | 3.400 | 2.100 |
| Sozialkosten | 2.945 | 0 | 155 | 310 | 310 | 310 | 620 | 310 | 465 | 310 | 155 |
| Beihilfen | 1.425 | 0 | 75 | 150 | 150 | 150 | 300 | 150 | 225 | 150 | 75 |
| Instandhaltung | 3.420 | 1.750 | 85 | 125 | 200 | 200 | 200 | 200 | 500 | 125 | 35 |
| Reparaturen | 5.970 | 1.010 | 205 | 400 | 750 | 500 | 800 | 650 | 75 | 1.500 | 80 |
| Steuern | 5.800 | 80 | 150 | 600 | 800 | 900 | 700 | 500 | 1.100 | 750 | 220 |
| Büromaterial | 1.063 | 0 | 63 | 150 | 50 | 50 | 50 | 50 | 400 | 50 | 200 |
| Abschreibungen | 30.780 | 3.078 | 3.078 | 3.078 | 4.617 | 3.078 | 3.078 | 3.078 | 1.539 | 4.617 | 1.539 |
| Zinsen | 11.600 | 160 | 300 | 1.200 | 1.600 | 1.800 | 1.400 | 1.000 | 2.200 | 1.500 | 440 |
| Raumkosten | 40.600 | 560 | 1.050 | 4.200 | 5.600 | 6.300 | 4.900 | 3.500 | 7.700 | 5.250 | 1.540 |
| Energieverb. extern | 8.360 | 0 | 440 | 880 | 880 | 880 | 1.760 | 880 | 1.320 | 880 | 440 |
| Zwischensumme 1 | 314.413 | 10.638 | 8.451 | 17.543 | 60.057 | 74.168 | 39.958 | 43.968 | 28.524 | 23.282 | 7.824 |
| Umlage 1 a allg. HKSt. | | | | | | | | | | | |
| Stromversorgung | | | 2.189 | 1.916 | 821 | 616 | 581 | 479 | 1.710 | 1.505 | 821 |
| Zwischensumme 2 | | | 10.640 | 19.459 | 60.878 | 74.784 | 40.538 | 44.447 | 30.234 | 24.787 | 8.654 |
| Umlage 1 b allg. HKSt. | | | | | | | | | | | |
| Kantine | | | | 1.182 | 1.182 | 1.182 | 2.364 | 1.182 | 1.773 | 1.182 | 591 |
| Zwischensumme 3 | | | | 20.641 | 62.060 | 75.966 | 42.903 | 45.629 | 32.007 | 25.969 | 9.236 |
| Umlage 2 bes. HKSt. | | | | | | | | | | | |
| Werbung | | | | | | | | | | 9.236 | |
| Endsumme der HKSt. | | | | 20.641 | 62.060 | 75.966 | 42.903 | 45.629 | 32.007 | 35.205 | |
| Zuschlagsgrundlagen: | | | | | | | | | | | |
| Fertigungsmaterial | | | | 85.000 | | | | | | | |
| Fertigungslöhne | | | | | 12.000 | 13.500 | 25.400 | 11.800 | | | |
| Herstellkosten der Erzeugung | | | | | | | | | 394.899 | 394.899 | |
| Zuschlagssätze | | | | 24,28 % | 517,17 % | 562,71 % | 168,91 % | 386,69 % | 8,10 % | 8,90 % | |

### ▶ Ermittlung von Zuschlagssätzen (Istkosten) und Kalkulation der Herstellkosten

Ein BAB wird nach Ablauf der Rechnungsperiode erstellt. Die verwendeten Werte bezeichnet man als Istkosten.

**Istkosten** sind **tatsächliche Kosten,** die im Nachhinein ermittelt werden.

Eine Kostenrechnung, bei der Istkosten verwendet werden, nennt man **Istkostenrechnung.**

Um in einem späteren Schritt die Gemeinkosten auf die Kostenträger zurechnen zu können, werden Istgemeinkostenzuschlagssätze gebildet. Gemeinkostenzuschlagssätze, die mit Istkosten berechnet werden, nennt man Istzuschlagssätze. Diese werden wie folgt ermittelt:

$$\textbf{Istgemeinkostenzuschlagssatz (IGKZS)} = \frac{\textbf{Kostenstellensumme}}{\textbf{Bezugsgrößen der Kostenstelle}} \cdot 100$$

Dabei werden allgemein folgende Bezugsgrößen verwendet:

- Materialbereich: Fertigungsmaterial (Einzelkosten),
- Fertigungsbereich: Fertigungslöhne (Einzelkosten),
- Verwaltungs- und Vertriebsbereich: Herstellkosten.

Die Istherstellkosten werden in einem Kalkulationsschema wie folgt ermittelt:

| Bereich | Kosten | EUR |
|---|---|---|
| Materialbereich | Fertigungsmaterial (FM) | 85.000 |
| | + Istmaterialgemeinkosten (IMGK) | 7.880 |
| | = Istmaterialkosten (IMK) | 92.880 |
| Fertigungsbereich | Fertigungslöhne (FL) | 19.500 |
| | + Istfertigungsgemeinkosten (IFGK) | 49.850 |
| | + Istsondereinzelkosten der Fertigung (ISEK d. F.) | 0 |
| | = Istfertigungskosten (IFK) | 69.350 |
| | = Istherstellkosten (IHK = IMK + IFK) | 162.230 |

Allgemein werden die Istgemeinkostenzuschlagssätze folgendermaßen ermittelt:

$$\textbf{Istmaterialgemeinkostenzuschlagssatz (IMGKZS)} = \frac{\textbf{Istmaterialgemeinkosten}}{\textbf{Fertigungsmaterial}} \cdot 100$$

$$\textbf{Istfertigungsgemeinkostenzuschlagssatz (IFGKZS)} = \frac{\textbf{Istfertigungsgemeinkosten}}{\textbf{Fertigungslöhne}} \cdot 100$$

$$\textbf{Istverwaltungsgemeinkostenzuschlagssatz (IVwGKZS)} = \frac{\textbf{Istverwaltungsgemeinkosten}}{\textbf{Herstellkosten}} \cdot 100$$

$$\textbf{Istvertriebsgemeinkostenzuschlagssatz (IVtGKZS)} = \frac{\textbf{Istvertriebsgemeinkosten}}{\textbf{Herstellkosten}} \cdot 100$$

Die ermittelten Gemeinkostenzuschlagssätze haben folgende Bedeutung:

Sie stellen das Bindeglied zwischen Kostenstellenrechnung und Kalkulation des Verkaufspreises dar. Dadurch werden die Produkte im Rahmen der Kalkulation verursachungsgerecht mit Gemeinkosten belastet.

**Beispiel:** Für eine Tischplatte fallen 20,00 EUR Einzelkosten an. Durch Lagerung und Kontrolle fallen laut BAB noch 9,27 % IMGKZS an. Damit betragen die Materialkosten 21,86 EUR.

Sie sind Basis einer Kostenkontrolle. Diese kann in Form von Zeitvergleichen und zwischenbetrieblichen Vergleichen geschehen.

**Beispiel:** Die IFGKZS eines Unternehmens betrugen letztes Jahr 156 %, in diesem Jahr 163 %, im Konkurrenzunternehmen 145 %, im Branchendurchschnitt 150 %.

Istzuschlagssätze können von Rechnungsperiode zu Rechnungsperiode abweichen. Dafür kann es verschiedene Gründe geben:

| Gründe | Beispiele |
|---|---|
| – veränderte Beschaffungspreise | – Erhöhung/Senkung der Rohstoffpreise<br>– Gehalts-/Lohnerhöhung aufgrund von Tarifverhandlungen |
| – schwankende Kapazitäten | – erhöhter Maschinenverschleiß<br>– Einsatz von Überstunden |
| – nicht vorhersehbare Risiken | – zunehmende Ausschussmenge<br>– »höhere Gewalt« durch Maschinenschaden oder Hallenbrand |

### ▶ Ermittlung von Zuschlagssätzen (Normalkosten) und Kalkulation der Herstellkosten

Da Istkosten nur nach Ablauf einer Rechnungsperiode zur Verfügung stehen, können sie lediglich für eine Nachkalkulation verwendet werden. Die Kalkulation für einen Auftrag und für ein Angebot muss aber als Vorkalkulation durchgeführt werden. Deshalb wird sie auf der Basis von Normalkosten erstellt. Eine Kostenrechnung, die mit Normalkosten rechnet, nennt man **Normalkostenrechnung.**

**Normalkosten** sind **vergangenheitsorientierte Durchschnittskosten** auf der Basis von Istkosten mehrerer Perioden.

Es werden also bei einem Auftrag den zu erwartenden Einzelkosten (FM, FL) mithilfe von Zuschlagssätzen Gemeinkosten zugeschlagen, wie sie in der Vergangenheit normalerweise angefallen sind (Normalgemeinkostenzuschlagssätze).

**Zuschlagssätze,** die mit **durchschnittlichen Istzuschlagssätzen der früheren Perioden** berechnet werden, nennt man **Normalzuschlagssätze.**

**Beispiel:** Es soll der Normalmaterialzuschlagssatz für den Monat Januar berechnet werden. Für die vergangenen drei Monate liegen folgende Istmaterialzuschlagssätze vor: Oktober 10,17 %, November 11,85 %, Dezember 10,89 %. Damit ergibt sich für den Normalmaterialzuschlagssatz Januar: (10,17 % + 11,85 % + 10,89 %)/3 = 10,97 %.

**Istkosten = tatsächliche Einzelkosten + tatsächlich angefallene Istgemeinkosten**

**Normalkosten = erwartete Einzelkosten + verrechnete Normalgemeinkosten**

Wenn man nicht nur die Prozentzahl, sondern auch den absoluten Wert innerhalb der Normalkostenrechnung ermitteln möchte, ermittelt man die Normalgemeinkosten mithilfe der Isteinzelkosten.

**Normalgemeinkostenzuschlag (NGKZ) = Einzelkosten · Normalzuschlagssatz**

Der BAB in Kapitel 11.3.2 wurde mit Istkosten erstellt. Darüber hinaus liegen folgende Normalzuschlagssätze vor: NMGKZ 21,0 %, NFGKZ 135,0 %, NVwGKZ 4,5 %, NVtGKZ 5,1 %.

Allgemein werden die Normalgemeinkosten wie folgt ermittelt:

**Normalmaterialgemeinkostenzuschlag = Fertigungsmaterial · Normalzuschlagssatz**

**Normalfertigungsgemeinkostenzuschlag = Fertigungslöhne · Normalzuschlagssatz**

**Normalverwaltungsgemeinkostenzuschlag = Normalherstellkosten · Normalzuschlagssatz**

**Normalvertriebsgemeinkostenzuschlag = Normalherstellkosten · Normalzuschlagssatz**

Die Normalherstellkosten werden in einem Kalkulationsschema wie folgt ermittelt:

| Bereich | Kosten | Prozent | EUR |
|---|---|---|---|
| **Materialbereich** | **Fertigungsmaterial (FM)** | | 85.000 |
| | + Normalmaterialgemeinkosten (NMGK) | 21 % | 17.850 |
| | = Normalmaterialkosten (NMK) | | 102.850 |
| **Fertigungsbereich** | **Fertigungslöhne (FL)** | | 19.500 |
| | + Normalfertigungsgemeinkosten (NFGK) | 135 % | 26.325 |
| | + Normalsondereinzelkosten der Fertigung (NSEK d. F.) | | 0 |
| | = Normalfertigungskosten (NFK) | | 45.825 |
| | = Normalherstellkosten (NHK = NMK + NFK) | | 148.675 |

Nach Abschluss einer Rechnungsperiode muss überprüft werden, inwieweit die Normalkosten bzw. die Normalgemeinkosten (verrechnete Gemeinkosten) mit den tatsächlich angefallenen Istkosten bzw. Istgemeinkosten (tatsächlich angefallene Gemeinkosten) übereinstimmen. Eine etwaige Differenz ergibt Kostenabweichungen in Form einer Kostenüberdeckung oder Kostenunterdeckung.

### ▶ Kostenüber- und Kostenunterdeckung

Die im Rahmen der Kostenstellenrechnung mittels BAB auf die Kostenstellen verteilten Gemeinkosten sind auf die jeweilige Abrechnungsperiode bezogen = Istgemeinkosten (tatsächliche Kosten).

In der gleichen Periode wurden im Rahmen der Vorkalkulation Gemeinkosten verrechnet, deren prozentuale Zuschlagssätze auf den Ergebnissen des BABs der Vorperiode beruhen = Normalgemeinkosten (verrechnete Kosten).

Die tatsächlichen Kosten sind mit den verrechneten Kosten, auf deren Basis die Angebotspreise kalkuliert wurden, zu vergleichen. Auf diese Weise wird durch eine Nachkalkulation ermittelt, ob durch die erzielten Erlöse eine Deckung der Kosten erreicht wurde.

Dabei sind folgende Fälle möglich:

| **Kostenüberdeckung** | | | **Kostenunterdeckung** | | |
|---|---|---|---|---|---|
| Normalkosten > Istkosten | → | kalkulierte Kosten > tatsächlich angefallene Kosten | Normalkosten < Istkosten | → | kalkulierte Kosten < tatsächlich angefallene Kosten |

Die Gegenüberstellung von verrechneten Gemeinkosten und tatsächlich angefallenen Gemeinkosten hat eine innerbetriebliche Kontrollfunktion: Sie soll dazu dienen, künftig die Kostenentwicklung besser als bisher zu prognostizieren. Diese Kontrollrechnung kann entweder im BAB oder in der Gesamtkalkulation vorgenommen werden.

Wenn die Istzuschlagssätze in mehreren aufeinanderfolgenden Rechnungsperioden die Normalzuschlagssätze über- bzw. unterschreiten, sollten die Normalzuschlagssätze entsprechend neu ermittelt werden.

| Gründe für | Kostenüberdeckung | Kostenunterdeckung |
|---|---|---|
| **Verbrauchs-abweichungen** | Geplante Fertigungszeiten oder Materialvorgaben können nicht immer eingehalten werden. Ein **Überschreiten der Planwerte** führt zu sinkenden Normalgemeinkosten. | Geplante Fertigungszeiten oder Materialvorgaben können nicht immer eingehalten werden. Ein **Unterschreiten der Planwerte** führt zu steigenden Normalgemeinkosten. |
| **Beschäftigungs-abweichungen** | **Sinkt der Beschäftigungsgrad,** kommt es zu geringeren Reparaturkosten, Lohnzuschlägen und verminderten Ausschussprodukten. Dieses führt zu sinkenden Istgemeinkosten. | **Steigt der Beschäftigungsgrad,** kommt es zu erhöhten Reparaturkosten, Lohnzuschlägen und vermehrten Ausschussprodukten. Dieses führt zu steigenden Istgemeinkosten. |
| **Preis-abweichungen** | **Preissenkungen bei Hilfs- und Betriebsstoffen, Gehaltssenkungen** durch Entlassungen, **Senkungen der Versicherungsbeiträge** führen zu einer niedrigeren Belastung der Kostenstellen mit Gemeinkosten. | **Preiserhöhungen bei Hilfs- und Betriebsstoffen, Zunahme der Gehälter** durch Einstellungen, **Zunahme der Versicherungsprämien** führen zu einer höheren Belastung der Kostenstellen mit Gemeinkosten. |

**Beispiel** (Fortführung des Beispiels von Seite 407 und Seite 408):

Aus dem weitergeführten Beispiel lassen sich folgende Kostenüberdeckungen und Kostenunterdeckungen ermitteln:

| Kostenstellen / Kostenarten | Material | Fertigung Lackiererei | Verwaltung | Vertrieb |
|---|---|---|---|---|
| ... | ... | ... | ... | ... |
| Istgemeinkosten | 20.641,00 EUR | 75.966,00 EUR | 32.007,00 EUR | 35.229,00 EUR |
| Istzuschlagssätze | 24,28 % | 562,71 % | 8,11 % | 8,92 % |
| Normalzuschlagssätze | 21,00 % | 530,00 % | 7,00 % | 9,00 % |
| Normalgemeinkosten | 17.850,00 EUR | 71.550,00 EUR | 27.521,20 EUR | 35.384,40 EUR |
| Kostenunterdeckung | 2.791,00 EUR | 4.416,00 EUR | 4.485,80 EUR | |
| Kostenüberdeckungen | | | | 155,40 EUR |

## BAB mit Maschinenstundensätzen

In der Fertigung bilden – von lohnintensiven Verfahren einmal abgesehen – die maschinenabhängigen Kosten den Hauptbestandteil der Fertigungsgemeinkosten.

Ihre Verrechnung auf die Kostenträger innerhalb des üblichen FGK-Zuschlags hat folgende Mängel:

- Die Basis – im vorliegenden Fall die Fertigungslöhne – ist relativ klein, sodass sich hohe Zuschlagssätze ergeben. Damit ist die Gefahr einer verstärkten Fehlerfortpflanzung innerhalb der Kalkulation gegeben.
- Die Vorgehensweise verstößt gegen das Verursachungsprinzip, wenn
  - innerhalb einer Fertigungskostenstelle Maschinen mit unterschiedlicher Kostenstruktur aufgestellt sind und
  - diese Maschinen von den einzelnen Kostenträgern mit unterschiedlicher Intensität beansprucht werden.

**Grundgedanke der Maschinenstundensatzkalkulation:**

Die **Maschinenstundensatzrechnung** will die oben genannten **Mängel der Zuschlagskalkulation beseitigen.** Die Fertigungsgemeinkosten werden deshalb für die betroffenen Kostenstellen aufgeteilt in:

- **maschinenabhängige Fertigungsgemeinkosten,** z. B. Abschreibungen der Maschinen, Zinsen auf das in den Maschinen investierte Kapital, Instandhaltungskosten der Maschinen, Raumkosten der Maschinen, Energiekosten der Maschinen.
- **Restfertigungsgemeinkosten,** die nicht maschinenabhängig sind, z. B. Hilfslöhne, Sozialkosten und Gehälter. Sie sind von den Fertigungslöhnen abhängig und werden deshalb auf sie bezogen.

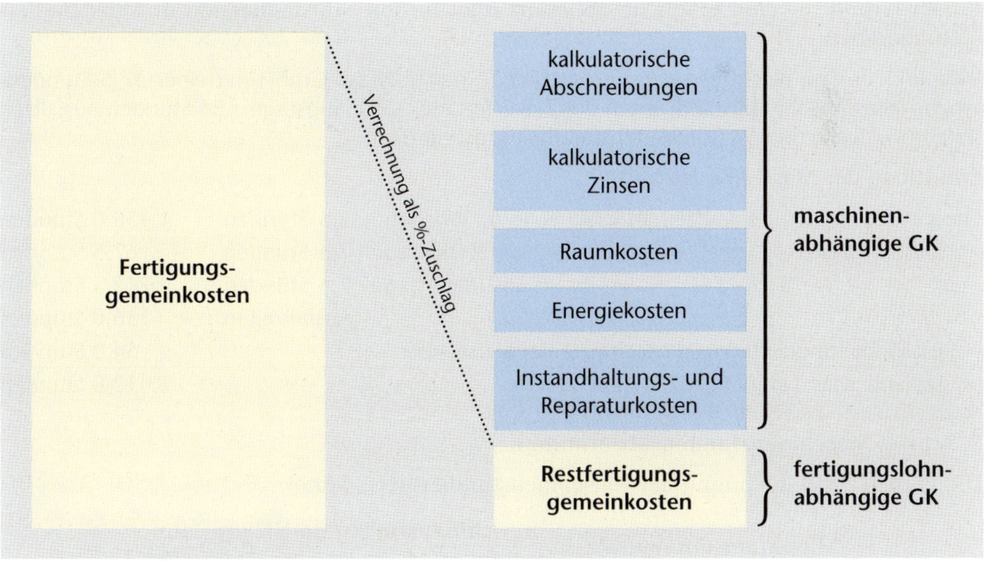


Daraus ergibt sich für die **Berechnung der Fertigungskosten:**

Maschinenkosten der Fertigungsstelle
(Maschinenstundensatz · Stunden)
\+ Fertigungslöhne der Fertigungsstelle
\+ Restfertigungsgemeinkostenzuschlag
= Fertigungskosten

Als Konsequenz aus dieser Vorgehensweise wird die entsprechende Fertigungskostenstelle im BAB in eine Spalte »maschinenabhängige Kosten« und eine Spalte »Restgemeinkosten« aufgeteilt.

| BAB der KÜHLsys GmbH, 3. Quartal, Ausschnitt | | | | | | | | |
|---|---|---|---|---|---|---|---|---|
| Kostenstellen | … | … | … | … | Fertigung | | | … |
| | | | | | Blechbearbeitung | | | |
| Kostenarten | | | | | gesamte FGK | maschinen-abhängige GK | Restgemein-kosten | |

Daraus ergeben sich folgende Vorteile:

- Die Ermittlung und Anwendung der Maschinenstundensätze gewährleistet eine laufende Kontrolle der wichtigsten Maschinenkostenfaktoren.
- Dem wichtigsten Prinzip der Kostenkontrolle, nämlich die Kosten am Ort ihrer Entstehung – hier am Kostenplatz der einzelnen Maschine – zu überwachen, wird durch die Maschinenstundensatzkalkulation Rechnung getragen.

Im Fall der KÜHLsys GmbH müssen deshalb zwei Kostenstellen »vollautomatische Verpackungsanlage« und »alte Anlage« gebildet werden.

Die **Maschinenstundensatzrechnung** wird in vier Schritten angewendet:

**1. Schritt: Maschinenlaufzeit ermitteln**

- Jede Maschine hat eine theoretische Stundenzahl, die sie im Unternehmen laufen könnte.
- Jede Maschine hat eine geplante Stundenzahl, die sie im Unternehmen laufen soll.
- Der Grund für eine mögliche Differenz liegt in den Stillstandzeiten und Instandhaltungszeiten.

**Beispiel:** Für eine Blechbearbeitungsmaschine in der KÜHLsys GmbH mit einer 37,5-Stunden-Woche fallen im Jahr Stillstandszeiten durch 9 Feiertage, 35 Urlaubstage, 156 Stunden Ausfallzeit (Erfahrunsgwert) und 54 Stunden Instandhaltungszeiten an.

**Ermittlung der Maschinenlaufzeit:**

| | | |
|---|---|---|
| Theoretische Maschinenlaufzeit im Jahr | 52 Wochen · 37,5 Stunden | 1.950,0 Stunden |
| – Stillstandszeiten | 9 Feiertage · 7,5 Stunden | 67,5 Stunden |
| | 35 Urlaubstage · 7,5 Stunden | 262,5 Stunden |
| | Ausfallzeiten | 156,0 Stunden |
| – Instandhaltungszeiten und geschätzte Reparaturzeiten | | 54,0 Stunden |
| = geplante Maschinenlaufzeit im Jahr | | 1.410,0 Stunden |

**2. Schritt: Maschinenstundensatz ermitteln**

Die Formel zur Berechnung des Maschinenstundensatzes lautet:

$$\textbf{Maschinenstundensatz} = \frac{\textbf{maschinenabhängige GK pro Jahr}}{\textbf{geplante Maschinenlaufzeit im Jahr}}$$

Die maschinenabhängigen GK bestehen aus:

- **kalkulatorischen Abschreibungen**

$$\textbf{jährliche kalkulatorische Abschreibungen} = \frac{\textbf{Wiederbeschaffungswert}}{\textbf{betriebliche Nutzungsdauer in Jahren}}$$

- **kalkulatorischen Zinsen**

  Die kalkulatorischen Zinsen werden berechnet, um das für diese Maschine eingesetzte Kapital zu verzinsen. Aus Vereinfachungsgründen wird mit den durchschnittlichen Anschaffungskosten gerechnet.

$$\textbf{jährliche kalkulatorische Zinsen} = \frac{\textbf{Anschaffungskosten} \cdot \textbf{kalkulatorischer Zinsssatz}}{2 \cdot 100}$$

- **Raumkosten**

  Grundlage für die Ermittlung der Raumkosten ist die beanspruchte Fläche der Maschine und ihr Bedienungs- und Ablageraum.

**jährliche Raumkosten = beanspruchte Fläche · monatliche Miete pro m² · 12**

- **Energiekosten**

  Sie entstehen insbesondere durch Strom-, Gas-, Dampf- und Benzinverbrauch.

**jährliche Energiekosten = Energieverbrauch pro Jahr · Kosten je Energieeinheit**

- **Instandhaltungs- und Reparaturkosten**

**jährliche Instandhaltungs- und Reparaturkosten = benötigte Instandhaltungs- und Reparaturstunden · Instandhaltungs- und Reparaturkostensatz**

Damit errechnet sich der Maschinenstundensatz:

$$\textbf{Maschinenstundensatz} = \frac{\begin{array}{c}\textbf{jährliche kalk. Abschreibung + jährliche kalk. Zinsen}\\ \textbf{+ jährliche Raumkosten + jährliche Energiekosten}\\ \textbf{+ jährliche Instandhaltungs- und Reparaturkosten}\end{array}}{\textbf{geplante Maschinenlaufzeit pro Jahr}}$$

**Beispiel:** Für eine Blechbearbeitungsmaschine in der KÜHLsys GmbH soll mit folgenden Daten der Maschinenstundensatz ermittelt werden:

| | |
|---|---|
| – Anschaffungskosten | 740.000,00 EUR |
| – Wiederbeschaffungswert | 780.000,00 EUR |
| – betriebliche Nutzungsdauer | 5 Jahre |
| – kalkulatorischer Zinssatz | 8,5 % |
| – Instandhaltungsstundensatz | 90,00 EUR, Stundenzahl: 40 |
| – Reparaturstundensatz | 110,00 EUR, Stundenzahl: 14 |
| – beanspruchte Standfläche | 85 m² zuzüglich 10 % Bedienungsraum |
| – monatliche Raumkosten pro m² | 4,72 EUR |
| – stündlicher Stromverbrauch | 57,4 kWh zu einem Preis von 0,11 EUR je kWh |

**Ermittlung des Maschinenstundensatzes:**

| | | |
|---|---|---|
| kalk. Abschreibungen | 780.000,00 EUR : 5 Jahre | 156.000,00 EUR |
| kalkulatorische Zinsen | $\frac{740.000{,}00 \text{ EUR} \cdot 8{,}5}{2 \cdot 100}$ | 31.450,00 EUR |
| Raumkosten | (85,0 m² + 8,5 m²) · 4,72 EUR/m² · 12 | 5.295,84 EUR |
| Energiekosten | 1.410 Stunden · 57,4 kWh · 0,11 EUR/kWh | 8.902,74 EUR |
| Instandhaltungskosten | 90,00 EUR · 40 Stunden | 3.600,00 EUR |
| Reparaturkosten | 110,00 EUR · 14 Stunden | 1.540,00 EUR |
| Summe | | 206.788,58 EUR |
| Maschinenstundensatz | 206.788,58 EUR : 1.410 Stunden | **146,66 EUR/Stunde** |

### 3. Schritt: BAB anpassen

Durch die Verwendung eines Maschinenstundensatzes ändert sich im BAB der KÜHLsys GmbH die Hauptkostenstelle »Blechbearbeitung«: Die bisherige Spalte für die Fertigungsgemeinkosten »Blechbearbeitung« wird in drei Spalten geteilt.

**BAB der KÜHLsys GmbH, 3. Quartal, Ausschnitt**

| Kostenstellen | | | | | Fertigung | | | |
|---|---|---|---|---|---|---|---|---|
| | … | … | … | … | Blechbearbeitung | | | … |
| Kostenarten | | | | | gesamte FGK | maschinenabhängige GK* | Restgemeinkosten | |
| Energie | | | | | 2.801,94 | 2.225,69 | 576,26 | |
| Hilfslöhne | | | | | 2.362,50 | | 2.362,50 | |
| Gehälter | | | | | 2.835,00 | | 2.835,00 | |
| Sozialkosten | | | | | 1.087,50 | | 1.087,50 | |
| Instandhaltungskosten | | | | | 9.212,50 | 900,00 | 8.312,50 | |
| Reparaturkosten | | | | | 6.937,50 | 385,00 | 6.552,50 | |
| Büromaterial | | | | | 37,50 | | 37,50 | |
| kalk. Abschreibungen | | | | | 40.187,50 | 39.000,00 | 1.187,50 | |
| Raumkosten | | | | | 1.500,00 | 1.323,96 | 176,04 | |
| Schadensfälle | | | | | 0,00 | | 0,00 | |
| kalk. Zinsen | | | | | 8.381,25 | 7.862,50 | 518,75 | |
| Summe | | | | | 75.343,19 | 51.697,15 | 23.646,05 | |
| **Kalkulationsgrundlage** | | | | | | **352,50** | **12.000,00** | |
| | | | | | | **geplante Maschinenlaufzeit (Quartal)** | **Fertigungslöhne** | |
| **Maschinenstundensatz** | | | | | | **146,66** | | |
| **RGKZ** | | | | | | | **50,75 %** | |

* Vgl. S. 417; Jahreswerte des Maschinenstundensatzes, auf das Quartal bezogen.

1. Alle Gemeinkosten werden mithilfe der Verteilungsbeträge bzw. -schlüssel auf die Fertigungshauptkostenstelle »Blechbearbeitung« verteilt (gesamte FGK).
2. Da sich der BAB auf ein Quartal bezieht, müssen alle jährlich errechneten maschinenabhängigen Gemeinkosten auf ein Quartal gerechnet werden.
3. Die fertigungslohnabhängigen Gemeinkosten (Restfertigungsgemeinkosten) werden durch Subtraktion ermittelt.
4. Der Maschinenstundensatz und der RGKZ werden mithilfe der Kalkulationsgrundlagen errechnet.

## Zusammenfassende Übersicht zu Kapitel 11.3.2: Kostenstellenrechnung als Ist- und Normalkostenrechnung

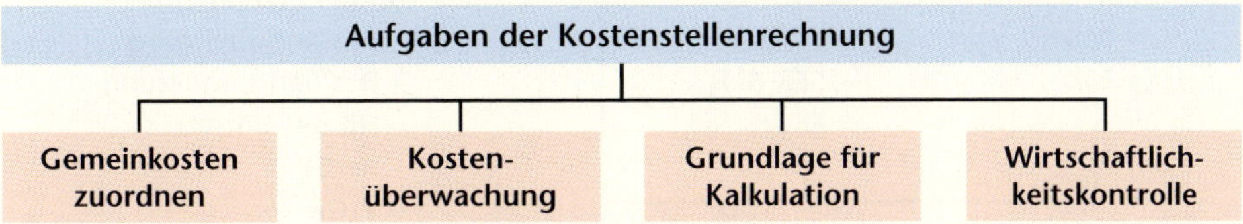


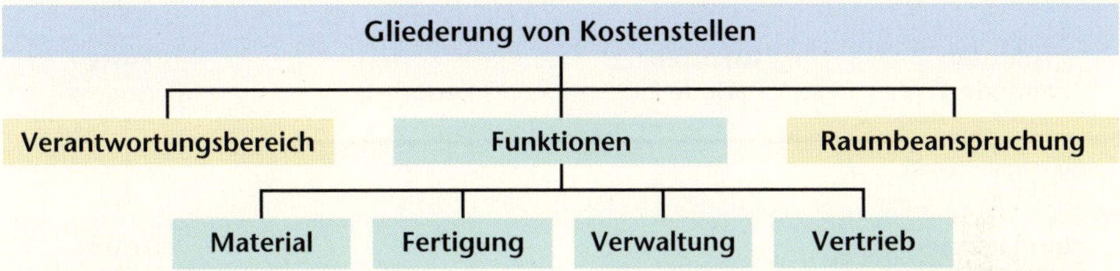


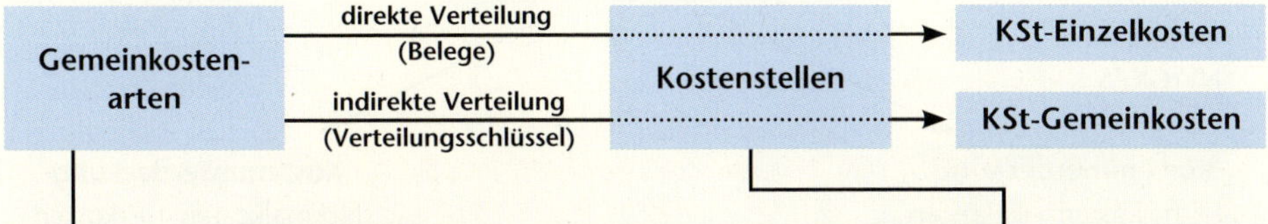


**Betriebsabrechnungsbogen (einstufig)**

| GK-Arten | Betrag in EUR | Verteilungs-grundlagen | Verteilungs-schlüssel | Hauptkostenstellen | | | |
|---|---|---|---|---|---|---|---|
| | | | | M | F | Vw | Vt |
| … | | | | Σ | Σ | Σ | Σ |
| Summen in EUR | | | | MGK | FGK | VwGK | VtGK |
| | | | | ↓ | ↓ | ↓ | ↓ |
| Bezugsgrößen in EUR | | | | FM | FL | HK | HK |
| | | | | ↓ | ↓ | ↓ | ↓ |
| Zuschlagssätze in % | | | | MGKZS | FGKZS | VwGKZS | VtGKZS |

Kalkulation

**Betriebsabrechnungsbogen (mehrstufig)**

| GK-Arten | Betrag in EUR | allg.Hilfs-kostenstelle | Hauptkostenstellen | | | | bes. Hilfs-kostenstelle |
|---|---|---|---|---|---|---|---|
| | | | M | F | Vw | Vt | |
| … | EUR → | → | → | → | → | → | → |
| | | EUR → | → | → | → | → | → |
| | | | | | | ← | EUR |
| | | | Σ | Σ | Σ | Σ | |
| Summen in EUR | | | MGK | FGK | VwGK | VtGK | |
| | | | ↓ | ↓ | ↓ | ↓ | |
| Bezugsgrößen in EUR | | | FM | FL | HK | HK | |
| | | | ↓ | ↓ | ↓ | ↓ | |
| Zuschlagssätze in % | | | MGKZS | FGKZS | VwGKZS | VtGKZS | |

Kalkulation

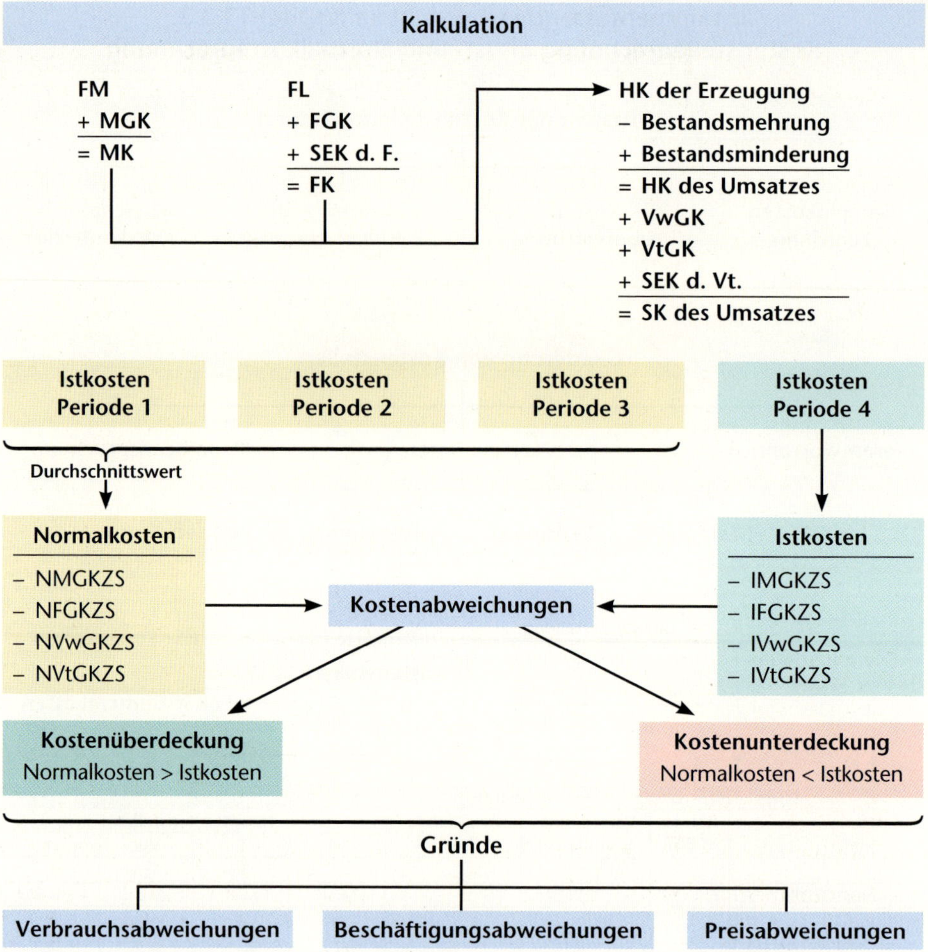
Kalkulation
FM
+ MGK
= MK
FL
+ FGK
+ SEK d. F.
= FK
HK der Erzeugung
– Bestandsmehrung
+ Bestandsminderung
= HK des Umsatzes
+ VwGK
+ VtGK
+ SEK d. Vt.
= SK des Umsatzes
Istkosten Periode 1
Istkosten Periode 2
Istkosten Periode 3
Istkosten Periode 4
Durchschnittswert
Normalkosten
– NMGKZS
– NFGKZS
– NVwGKZS
– NVtGKZS
Kostenabweichungen
Istkosten
– IMGKZS
– IFGKZS
– IVwGKZS
– IVtGKZS
Kostenüberdeckung
Normalkosten > Istkosten
Kostenunterdeckung
Normalkosten < Istkosten
Gründe
Verbrauchsabweichungen
Beschäftigungsabweichungen
Preisabweichungen

## ▶ Aufgaben und Probleme

1.

| Quartalssummen der Kostenarten zum 31. Dezember | BAB 1 | BAB 2 |
|---|---|---|
| Fertigungsmaterial | 410.000,00 | 280.000,00 |
| Fertigungslöhne | 276.100,00 | 412.000,00 |
| Hilfs- und Betriebsstoffe | 39.000,00 | 215.000,00 |
| Energiekosten | 84.000,00 | 134.400,00 |
| Hilfslöhne | 18.000,00 | 96.000,00 |
| Gehälter | 104.000,00 | 228.020,00 |
| Sozialkosten | 40.800,00 | 86.400,00 |
| Instandhaltungskosten | 31.200,00 | 74.100,00 |
| Steuern, Beiträge, Versicherungsprämien | 18.600,00 | 34.500,00 |
| Bürokosten | 7.600,00 | 78.000,00 |
| kalkulatorische Abschreibungen | | |
| – Gebäude | 9.000,00 | 15.000,00 |
| – Maschinen | 32.000,00 | 75.000,00 |
| – Werkzeuge | 6.000,00 | 4.000,00 |
| – Betriebsausstattung | 3.600,00 | 18.000,00 |
| – Geschäftsausstattung | 4.800,00 | 12.000,00 |
| kalkulatorischer Unternehmerlohn | 9.000,00 | 7.500,00 |
| Sondereinzelkosten der Fertigung (SEK d. F.) | 6.400,00 | 36.000,00 |
| Sondereinzelkosten des Vertriebs (SEK d. Vt.) | 49.100,00 | 88.000,00 |

Verteilen Sie die Gemeinkosten nach dem Beispiel eines BABs auf Seite 406 auf die vier Kostenstellen. Verwenden Sie die Angaben von BAB 1 und BAB 2 auf Seite 422.

| Angaben zum BAB, vgl. Aufgabe 1, Seite 421 | | | | | | | | | | |
|---|---|---|---|---|---|---|---|---|---|---|
| **Kostenarten** | **Zumessungs- und Zuteilungs-grundlagen** | **Ein-heit** | **(BAB 1) Schlüssel für Kostenstellen** | | | | **(BAB 2) Schlüssel für Kostenstellen** | | | |
| | | | **Material** | **Fertigung** | **Verwaltung** | **Vertrieb** | **Material** | **Fertigung** | **Verwaltung** | **Vertrieb** |
| Hilfs- und Betriebs-stoffe | Einzelbelege | EUR | 3.600 | 28.700 | Rest | 5.600 | 16.300 | 148.100 | 4.400 | 46.200 |
| Energiekosten | Verbrauch (Stromzähler) | kWh | 8.000 | 800.000 | 12.000 | 20.000 | 12.800 | 1.280.000 | 19.200 | 32.000 |
| Hilfslöhne | Lohnlisten | EUR | 1.125 | 14.625 | – | 2.250 | 5.400 | 78.200 | 1.300 | 11.100 |
| Gehälter | Gehaltslisten | EUR | 7.428 | 18.570 | 66.860 | 11.142 | 14.600 | 61.900 | 118.100 | 33.420 |
| Sozialkosten | Zahl der Beschäftigten | Pers. | 3 | 110 | 18 | 5 | 12 | 184 | 24 | 20 |
| Instandhaltungs-kosten | Anlagendatei | EUR | 3.016 | 22.672 | 1.768 | 3.744 | 8.300 | 46.300 | 1.200 | 18.300 |
| Steuern, Beiträge, Vers.-Prämie | Fläche je Kostenstelle | $m^2$ | 290 | 2.180 | 170 | 360 | 290 | 2.180 | 170 | 360 |
| Büromaterial | Einzelbelege | EUR | 1.800 | 280 | Rest | 720 | 1.200 | 7.400 | 56.300 | 13.100 |
| Abschreibung auf Gebäude | Fläche je Kostenstelle | $m^2$ | 290 | 2.180 | 170 | 360 | 290 | 2.180 | 170 | 360 |
| Abschreibung bewegl. AV | Anlagendatei | | | | | | | | | |
| | Maschinen | % | – | 100 | – | – | – | 100 | – | – |
| | Werkzeuge | % | – | 100 | – | – | – | 100 | – | – |
| | Betriebsausstattung | % | 10 | 70 | – | 20 | 10 | 70 | – | 20 |
| | Geschäftsausstattung | % | 10 | 10 | 60 | 20 | 10 | 10 | 60 | 20 |
| kalk. Unterneh-merlohn | Verhältniszahlen | – | 1 | 8 | 6 | 5 | 1 | 8 | 6 | 5 |

2. Das Maschinenbauunternehmen KaFriWa e. K. legt folgende Daten zur Erstellung eines mehrstufigen BABs vor:

| Gemeinkosten | Betrag in EUR | Kostenstellen | | | | | | |
|---|---|---|---|---|---|---|---|---|
| | | Allg. Kostenstelle | Material | Fertigung I | Fertigung II | Hilfskostenstelle Fertigung | Verwaltung | Vertrieb |
| Betriebsstoffe | 401.700 | 5.100 | 22.000 | 201.600 | 141.100 | 3.700 | 15.000 | 13.200 |
| Hilfslöhne | 361.000 | 4.800 | 38.600 | 181.800 | 95.800 | 4.800 | 18.400 | 16.800 |
| Gehälter | 391.000 | 7.600 | 20.200 | 40.200 | 26.800 | 17.600 | 221.000 | 57.600 |
| kalk. Abschr. | 81.000 | 2 | 6 | 18 | 16 | 2 | 8 | 8 |
| kalk. Unt.-lohn | 60.000 | 2 | 8 | 16 | 14 | 2 | 4 | 4 |

Zusatzinformationen: Die Gemeinkosten der allgemeinen Kostenstelle werden im Verhältnis 5 : 10 : 10 : 2 : 8 : 5 auf die übrigen Kostenstellen verteilt.

Die Gemeinkosten der Hilfskostenstelle Fertigung werden im Verhältnis 7 : 3 auf die Hauptkostenstellen Fertigung I und Fertigung II verteilt.

Erstellen Sie den BAB.

3. Der Inhaber der Dosen-Technik e.K. möchte die Gemeinkostenendsummen aller Hauptkostenstellen errechnen. Er lässt sich dazu sowohl aus der Geschäftsbuchführung als auch aus dem Controllingbereich folgende Daten geben:

| Gemeinkosten | Betrag in EUR | allg. Bereich | Material | Fertigung | | | Verwaltung | Vertrieb |
|---|---|---|---|---|---|---|---|---|
| | | | | I | II | Arbeitsvorb. | | |
| Zwischensumme 1 | 1.720.000 | 100.000 | 280.000 | 360.000 | 440.000 | 80.000 | 300.000 | 160.000 |

Die Verteilung des kalkulatorischen Unternehmerlohns in Höhe von 45.100,00 EUR orientiert sich an der Stundenzahl, die der Inhaber für die einzelnen Kostenstellen aufgebracht hat:

| Kostenstelle | Stundenzahl | Kostenstelle | Stundenzahl |
|---|---|---|---|
| allgemeiner Bereich | 30 | Arbeitsvorbereitung | 40 |
| Material | 100 | Verwaltung | 150 |
| Fertigung I | 400 | Vertrieb | 70 |
| Fertigung II | 30 | | |

a) Ermitteln Sie die Zwischensumme 2, wobei die Kosten des allgemeinen Bereiches im Verhältnis 4 : 10 : 3 : 2 : 4 : 2 verteilt werden.

b) Ermitteln Sie die Zwischensumme 3, wobei die Kosten der Arbeitsvorbereitung im Verhältnis 6 : 5 auf die Hauptkostenstellen Fertigung I und Fertigung II verteilt werden.

c) Ermitteln Sie die Endsummen der Hauptkostenstellen.

4. Ein Industriebetrieb kalkuliert mit folgenden Normalgemeinkostenzuschlagssätzen: NMGKZ 6 %; NFGKZ I 115 %; NFGKZ II 170 %; NVwGKZ 9 %; NVtGKZ 3 %.

Zur Überprüfung dieser Zuschlagssätze werden die Istkosten des vergangenen Abrechnungszeitraumes herangezogen:

| | | | |
|---|---|---|---|
| Fertigungsmaterial | 102.000,00 | Sondereinzelkosten: | |
| Fertigungslöhne I | 42.100,00 | der Fertigung | 6.500,00 |
| Fertigungslöhne II | 27.300,00 | des Vertriebs | 7.200,00 |
| Materialgemeinkosten lt. BAB | 6.100,00 | | |
| Fertigungsgemeinkosten I lt. BAB | 49.200,00 | Bestandsminderung fE | 3.900,00 |
| Fertigungsgemeinkosten II lt. BAB | 42.500,00 | Bestandsminderung ufE | 8.900,00 |
| Verwaltungsgemeinkosten lt. BAB | 24.400,00 | | |
| Vertriebsgemeinkosten lt. BAB | 7.500,00 | | |

Verwenden Sie zur Lösung dieser Aufgabe folgendes Muster:

| **Selbstkostenrechnung** | **Istkosten (EUR)** | **Istkostenzuschlag (%)** | **Normalkosten (EUR)** | **Normalkostenzuschlag (%)** | **Überdeckung (EUR)** | **Unterdeckung (EUR)** |
|---|---|---|---|---|---|---|

a) Stellen Sie in einer Selbstkostenrechnung die Ist- und Normalkosten einander gegenüber. Dabei werden die Verwaltungsgemeinkosten auf die Herstellkosten der Erzeugung, die Vertriebsgemeinkosten auf die Herstellkosten des Umsatzes bezogen. (Hinweis: Zum Problem verschiedener Herstellkosten aufgrund von Bestandsveränderungen siehe Seite 435)

b) Ermitteln Sie die Istgemeinkostenzuschlagssätze und die Kostenüber- bzw. -unterdeckungen für die einzelnen Positionen. Runden Sie auf volle EUR auf.

## 11.3.3 Kostenträgerrechnung als Ist- und Normalkostenrechnung

**Kostenträger** sind die **Leistungen eines Unternehmens** (unfertige und fertige Erzeugnisse, Dienstleistungen).

Die Kostenträgerrechnung gliedert sich in die Kostenträgerstückrechnung und die Kostenträgerzeitrechnung.

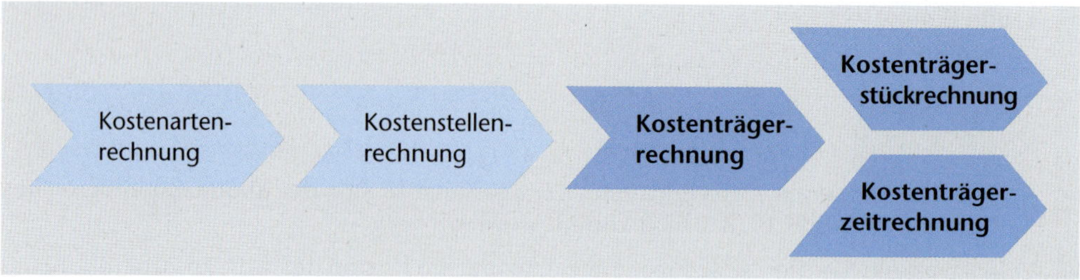

## Kostenträgerstückrechnung

**Aufgabe der Kostenträgerstückrechnung** ist es, die **entstandenen Kosten auf die Kostenträger umzulegen.**

Damit können

- bei Absatzleistungen die Selbstkosten und Verkaufspreise,
- bei Lagerleistungen die Herstellkosten und
- bei innerbetrieblichen Eigenleistungen die Herstellungskosten

ermittelt werden.

| Kostenträger | Merkmal | Beispiele |
|---|---|---|
| **Absatzleistungen** | | |
| – abgesetzte Leistungen | Leistungen, die an Kunden bereits aufgrund von Kaufverträgen (§ 433 BGB), Werkverträgen (§ 631 BGB) oder anderen schuldrechtlichen Verträgen erbracht worden sind. | Verkauf von Produkten |
| – Bestandsminderungen an fertigen Erzeugnissen | Sie ergeben sich dann, wenn der Wert der abgesetzten Erzeugnisse einer Rechnungsperiode größer ist als der Wert der produzierten Erzeugnisse. | Wegen starker Nachfrage wird das Lager geräumt. |
| **Lagerleistungen** | | |
| Bestandserhöhungen an fertigen und unfertigen Erzeugnissen | Sie ergeben sich, wenn der Wert der produzierten Erzeugnisse einer Rechnungsperiode größer ist als der Wert der abgesetzten Erzeugnisse. | Erzeugnisse werden auf Lager produziert. |
| **Innerbetriebliche Eigenleistungen** | | |
| – zu aktivierende Eigenleistungen | Einmalige, werterhöhende Aufwendungen, die eine Mehrung der Vermögenssubstanz und/oder eine Verlängerung der Nutzungsdauer oder eine erhebliche Verbesserung eines Wirtschaftsgutes bewirken. | Ausbau des Dachgeschosses im Verwaltungsgebäude zu Büroräumen; Herstellung von selbst genutzten Maschinen |
| – nicht zu aktivierende Eigenleistungen | Aufwendungen, die regelmäßig wiederkehren, um die Gebrauchsfähigkeit eines Wirtschaftsgutes zu erhalten. | Ein Arbeiter bessert einen Lackschaden am Lkw aus; die Dachrinnen am Verwaltungsgebäude werden von eigenen Arbeitskräften neu gestrichen. |

**Nach dem Zeitpunkt der Kalkulation unterscheidet man:**

### ▶ Vorkalkulation

Hier werden die Kosten der zu erstellenden Leistungen im Voraus errechnet. Vor allem bei der **Ermittlung von Angebotspreisen** und der **Entscheidungsfindung** – Eigenproduktion oder Fremdbezug – ist eine Vorkalkulation notwendig (Kalkulation mit Normalkosten).

▶ **Zwischenkalkulation**

Bei der **Produktion mit langer Fertigungsdauer** muss **zwischenzeitlich überprüft** werden, inwieweit die **bisher angefallenen Istkosten mit den Planungswerten der Vorkalkulation übereinstimmen,** damit gegebenenfalls noch geeignete Steuerungsmaßnahmen ergriffen werden können. Eine Zwischenkalkulation ist auch am Geschäftsjahresende notwendig, um die unfertigen Erzeugnisse mit ihren Herstellungskosten in dem Inventar und in der Bilanz bewerten zu können.

▶ **Nachkalkulation**

Nach Abschluss der Leistungserstellung müssen die **Werte der Vorkalkulation kontrolliert** und bei bestimmten Abweichungswerten eine **Änderung der Planungswerte für künftige Vorkalkulationen** veranlasst werden (Kalkulation mit Istkosten).

**Nach der Art der Produkte unterscheidet man:**

▶ **Divisionskalkulation**

Das Divisionsverfahren bei dieser Art der Kalkulation setzt grundsätzlich die **Fertigung von Gütern gleicher Art** voraus.

Sie ist anwendbar in Unternehmen, die **nur eine einzige Erzeugnisart in Massen** (Strom, Trinkwasser, Ziegelsteine) herstellen. Die Kosten je Leistungseinheit werden errechnet:

$$\textbf{Kosten der Leistungseinheit} = \frac{\textbf{Gesamtkosten des Rechnungszeitabschnitts}}{\textbf{Gesamtzahl der Leistungseinheiten}}$$

**Beispiel:** Ein Unternehmen stellt Kunststoffe für Werkzeuge her. Die Kosten belaufen sich für 800.000 Stück auf 1.480.000,00 EUR. Bestandsveränderungen liegen keine vor. Wie hoch sind die Selbstkosten je Stück?

$$\text{Selbstkosten je Stück} = \frac{1.480.000{,}00\ \text{EUR}}{800.000\ \text{Stück}} = 1{,}85\ \text{EUR/Stück}$$

## Äquivalenzzahlenkalkulation

Sie wird angewendet, wenn ein Unternehmen **mehrere gleichartige Erzeugnisse** (Seifen, Gemüsekonserven, Limonaden) herstellt, die im Allgemeinen **denselben Fertigungsgang** haben, sich aber in der **Endstufe in Güte, Form, Stärke oder Ausstattung unterscheiden.** Diese Unterschiede bedingen Kostenunterschiede. Sie werden mithilfe von Äquivalenzzahlen (Bewertungszahlen, Verhältniszahlen) in die Kalkulation einbezogen.

Äquivalenzzahlen sind Verhältniszahlen, die angeben, wie sich die Kosten der verschiedenen gleichartigen Erzeugniseinheiten zueinander verhalten. Genaue Äquivalenzzahlen lassen sich nur ermitteln aus dem Vergleich der tatsächlich entstandenen Kosten der verschiedenen gleichartigen Erzeugnisse. Hilfsmittel zur Bestimmung der Äquivalenzzahlen ist das Verhältnis der Marktpreise oder technischer Größen (Materialverbrauch, Maschinenstunden, Lohnstunden).

**Beispiel:** Durchführung einer Äquivalenzzahlenkalkulation

Ein Unternehmen produziert vier ähnliche Erzeugnisse A, B, C und D. Für das erste Quartal liegen folgende Daten vor:

| Erzeugnis | produzierte Menge | Erzeugnis | produzierte Menge |
|---|---|---|---|
| A | 1.250 | C | 4.000 |
| B | 2.000 | D | 3.500 |

Das Kostenverhältnis zwischen den Erzeugnissen lautet 0,8 : 1,0 : 1,5 : 1,3 (Äquivalenzzahlen). Die Selbstkosten des Quartals betragen 15.500,00 EUR. Es sind die Selbstkosten für ein Stück jedes Erzeugnisses zu berechnen.

**1. Schritt:**

Die Produktionsmengen werden mit den Äquivalenzzahlen multipliziert. Die Summe der gewichteten Mengen wird als Rechnungseinheit gebildet.

| Erzeugnis | produzierte Menge | Äquivalenzzahlen | Rechnungseinheit (RE) |
|---|---|---|---|
| A | 1.250 | 0,8 | 1.000 |
| B | 2.000 | 1,0 | 2.000 |
| C | 4.000 | 1,5 | 6.000 |
| D | 3.500 | 1,3 | 4.550 |
| Summe | 10.750 | | 13.550 |

**2. Schritt:**

Die Quartalskosten werden durch die Rechnungseinheit dividiert und man erhält somit durch einfache Divisionskalkulation die Selbstkosten je Rechnungseinheit:

$$\frac{15.500{,}00 \text{ EUR}}{13.550 \text{ RE}} = 1{,}14 \text{ EUR/RE}$$

**3. Schritt:**

Diese durchschnittlichen Selbstkosten/Rechnungseinheit werden durch Multiplikation mit den Äquivalenzkennzahlen gewichtet. Man erhält somit eine gewichtete Aufteilung der Selbstkosten auf die Erzeugnisse.

| Erzeugnis | Selbstkosten je Rechnungseinheit | Äquivalenzzahlen | Selbstkosten je Stück |
|---|---|---|---|
| A | 1,14 EUR/RE | 0,8 | 0,91 EUR/Stück |
| B | 1,14 EUR/RE | 1,0 | 1,14 EUR/Stück |
| C | 1,14 EUR/RE | 1,5 | 1,71 EUR/Stück |
| D | 1,14 EUR/RE | 1,3 | 1,48 EUR/Stück |

## Zuschlagskalkulation mit Vorwärts-, Rückwärts- und Differenzkalkulation

Werden in einem Unternehmen **verschiedene Produkte** hergestellt, lassen sich die Stückkosten nicht mithilfe der Divisionskalkulation ermitteln. Hier ist das Verfahren der Zuschlagskalkulation geeignet. Es beruht auf dem Prinzip der **Trennung in Einzelkosten und Gemeinkosten.** Die Kosten werden differenziert.

Die **Einzelkosten** werden aus der Kostenartenrechnung **den Kostenträgern unmittelbar zugerechnet.** Bei den **Gemeinkosten** ist diese direkte Zurechnung nicht möglich; sie werden **zunächst in der Kostenstellenrechnung (BAB) den Kostenstellen zugerechnet,** die diese Gemeinkosten verursacht haben (Kostenverursachungsprinzip). In der Kostenstellenrechnung (BAB) werden die Kostensummen jeder **Hauptkostenstelle** zu bestimmten Basiszahlen in Beziehung gesetzt. Hierbei ist zu beachten, dass nur solche Bezugsgrößen gewählt werden, zu denen sich die Gemeinkosten annähernd proportional verhalten.

Die Gemeinkosten werden zugeschlagen. Diese Art der Kalkulation nennt man **differenzierte Zuschlagskalkulation.** Den Kostenträgern werden die Einzelkosten (FM, FL, SEK d.F., SEK d. Vt.) direkt zugerechnet, die Gemeinkosten indirekt mithilfe der im BAB ermittelten Zuschlagssätze.

Für diese Kalkulationsart wird folgendes Kalkulationsschema verwendet:

| Bereich | Kosten | Berechnung |
|---|---|---|
| **Materialbereich** | Fertigungsmaterial (FM) | |
| | + Materialgemeinkosten (MGK) | in % des FM |
| | **= Materialkosten (MK)** | |
| **Fertigungsbereich** | Fertigungslöhne (FL) | |
| | + Fertigungsgemeinkosten (FGK) | in % der FL |
| | + Sondereinzelkosten der Fertigung (SEK d. F.) | |
| | **= Fertigungskosten (FK)** | |
| | **= Herstellkosten (HK)** | MK + FK |
| **Verwaltungsbereich** | + Verwaltungsgemeinkosten (VwGK) | in % der HK |
| **Vertriebsbereich** | + Vertriebsgemeinkosten (VtGK) | in % der HK |
| | + Sondereinzelkosten des Vertriebs (SEK d. Vt.) | |
| | **= Selbstkosten (SK)** | |
| | + Gewinn | in % der SK |
| **Kundenbereich** | **= Barverkaufspreis (BVP)** | |
| | + Kundenskonto | in % des ZVP |
| | + Vertreterprovision | in % des ZVP |
| | **= Zielverkaufspreis (ZVP)** | |
| | + Kundenrabatt | in % des NVP |
| | **= Nettoverkaufspreis (NVP)** | |

Auf den Nettoverkaufspreis wird anschließend die **Umsatzsteuer** zugeschlagen. Sie ist aber **kein Kostenbestandteil** und wird deshalb in der Kalkulation nicht berücksichtigt. Sie erscheint erst beim Verkauf auf der Ausgangsrechnung.

Verwenden Unternehmen einen mehrstufigen BAB, gibt es nicht nur einen Fertigungsgemeinkostenzuschlagssatz, sondern jeweils einen für jede Fertigungshauptkostenstelle. Das Kalkulationsschema wird im Fertigungsbereich ergänzt.

| Bereich | Kosten | Berechnung |
|---|---|---|
| **Material-bereich** | ... | |
| | = Materialkosten (MK) | |
| **Fertigungs-bereich** | Fertigungslöhne Blechbearbeitung (FLB) | |
| | + Fertigungsgemeinkosten Blechbearbeitung | in % der FLB |
| | **= Fertigungskosten Blechbearbeitung (FKB)** | |
| | Fertigungslöhne Lackiererei (FLL) | |
| | + Fertigungsgemeinkosten Lackiererei | in % der FLL |
| | **= Fertigungskosten Lackiererei (FKL)** | |
| | Fertigungslöhne Montage (FLM) | |
| | + Fertigungsgemeinkosten Montage | in % der FLM |
| | **= Fertigungskosten Montage (FKM)** | |
| | Fertigungslöhne Schalldämmung (FLS) | |
| | + Fertigungsgemeinkosten Schalldämmung | in % der FLS |
| | **= Fertigungskosten Schalldämmung (FKS)** | |
| | + Sondereinzelkosten der Fertigung (SEK d. F.) | |
| | **= Fertigungskosten (FK)** | FKB + FKL + FKM + FKS + SEK d. F. |
| | = Herstellkosten (HK) | MK + FK |

Im Hinblick auf das kalkulatorische Ergebnis lassen sich drei Formen der Zuschlagskalkulation unterscheiden: die **Vorwärtskalkulation,** die **Rückwärtskalkulation** und die **Differenzkalkulation.**

### ▶ Vorwärtskalkulation

Bei der **Vorwärtskalkulation** sind die **angefallenen Kosten der Ausgangspunkt.** Man ermittelt die Selbstkosten und den Nettoverkaufspreis.

**Vorwärtskalkulation als Vorkalkulation:**

Diese Form der Kalkulation muss ein Unternehmen dann anwenden, wenn es ein **Angebot mit einem verbindlichen Angebotspreis** erstellt. Da diese Kalkulation aber vor Beginn der Produktion erfolgt, liegen die tatsächlichen Kosten (Istkosten) noch nicht vor. Die Kalkulation erfolgt vor der Auftragsannahme und ist deshalb eine Vorkalkulation. Sie dient in erster Linie der Preisfindung. Aus diesem Grund müssen Einzelkosten prognostiziert und Gemeinkosten mit Normalgemeinkostenzuschlagssätzen verwendet werden.

**Beispiel:** Die KÜHLsys GmbH erstellt ein Angebot für ein Deckenkühlsystem für die Eisunion GmbH. Es soll über die Berechnung der Selbstkosten der Nettoverkaufspreis ermittelt werden. Es wird mit folgenden Einzelkosten, Normalzuschlagssätzen und weiteren Angaben kalkuliert:

| Einzelkosten | |
|---|---|
| Fertigungsmaterialverbrauch | 1.600,00 EUR |
| Fertigungslöhne Blechverarbeitung | 1.050,00 EUR |
| Fertigungslöhne Lackiererei | 1.160,00 EUR |
| Fertigungslöhne Montage | 4.200,00 EUR |
| Fertigungslöhne Schalldämmung | 1.050,00 EUR |
| SEK der Fertigung | 850,00 EUR |
| SEK des Vertriebs | 450,00 EUR |

| Normalzuschlagssätze | |
|---|---|
| MGK | 10 % |
| FGKB | 110 % |
| FGKL | 105 % |
| FGKM | 115 % |
| FGKS | 101 % |
| VwGK | 19 % |
| VtGK | 6 % |

| weitere Angaben | |
|---|---|
| Gewinn | 8 % |
| Kundenskonto | 2 % |
| Vertreterprovision | 5 % |
| Kundenrabatt | 4 % |

| Bereich | Kosten | % | EUR | EUR |
|---|---|---|---|---|
| Materialbereich | Fertigungsmaterial (FM) | | 1.600,00 | |
| | + Materialgemeinkosten (MGK) | 10 | 160,00 | |
| | = **Materialkosten (MK)** | | | **1.760,00** |
| Fertigungsbereich | Fertigungslöhne Blechbearbeitung (FLB) | | 1.050,00 | |
| | + Fertigungsgemeinkosten Blechbearbeitung | 110 | 1.155,00 | |
| | = **Fertigungskosten Blechbearbeitung (FKB)** | | | **2.205,00** |
| | Fertigungslöhne Lackiererei (FLL) | | 1.160,00 | |
| | + Fertigungsgemeinkosten Lackiererei | 105 | 1.218,00 | |
| | = **Fertigungskosten Lackiererei (FKL)** | | | **2.378,00** |
| | Fertigungslöhne Montage (FLM) | | 4.200,00 | |
| | + Fertigungsgemeinkosten Montage | 115 | 4.830,00 | |
| | = **Fertigungskosten Montage (FKM)** | | | **9.030,00** |
| | Fertigungslöhne Schalldämmung (FLS) | | 1.050,00 | |
| | + Fertigungsgemeinkosten Schalldämmung | 101 | 1.060,50 | |
| | = **Fertigungskosten Schalldämmung (FKS)** | | | **2.110,50** |
| | + Sondereinzelkosten der Fertigung (SEK d. F.) | | | 850,00 |
| | = **Fertigungskosten (FK)** | | | **16.573,50** |
| | = **Herstellkosten (HK)** | | | **18.333,50** |
| Verwaltungsbereich | + Verwaltungsgemeinkosten (VwGK) | 19 | | 3.483,37 |
| Vertriebsbereich | + Vertriebsgemeinkosten (VtGK) | 6 | | 1.100,01 |
| | + Sondereinzelkosten des Vertriebs (SEK d. Vt.) | | | 450,00 |
| | = **Selbstkosten (SK)** | | | **23.366,88** |
| | + Gewinn | 8 | | 1.869,35 |
| Kundenbereich | = **Barverkaufspreis (BVP)** | | | **25.236,23** |
| | + Kundenskonto | 2 | 542,71 | |
| | + Vertreterprovision | 5 | 1.356,79 | |
| | = **Zielverkaufspreis (ZVP)** | | | **27.135,73** |
| | + Kundenrabatt | 4 | 1.130,66 | |
| | = **Nettoverkaufspreis (NVP)** | | | **28.266,39** |

**Vorgehensweise und Lösungshinweise:**

1. Kalkulationsschema erstellen.
2. Bis zum Barverkaufspreis rechnet man vom Grundwert, also vom Hundert:

| | | | | |
|---|---|---|---|---|
| Selbstkosten | = 100 % | 23.366,88 EUR | Grundwert | Rechenweg ↓ |
| Gewinn | = 8 % | x EUR | + Zuschlag | |
| Barverkaufspreis | = 108 % | 25.236,23 EUR | = vermehrter Wert | |

3. Ab dem Barverkaufspreis rechnet man vom verminderten Grundwert, also im Hundert:

| | | | | |
|---|---|---|---|---|
| Barverkaufspreis | = 93 % | 25.236,23 EUR | = verminderter Wert | Rechenweg ↓ |
| Vertreterprovision | = 5 % | x EUR | – Abzug | |
| Kundenskonto | = 2 % | x EUR | – Abzug | |
| Zielverkaufspreis | = 100 % | 27.135,73 EUR | Grundwert | |

**Vorwärtskalkulation als Nachkalkulation:**

**Nach ausgeführtem Auftrag** hat das Unternehmen ein Interesse, die **Daten aus der Vorkalkulation zu kontrollieren.** Dazu führt es eine Nachkalkulation als betriebsinterne Kontrollrechnung durch. Da zu diesem Zeitpunkt die Istzuschlagssätze vorliegen, kann die Kalkulation nun mit den tatsächlichen Werten gerechnet werden. In der Regel weichen diese aber von den Normalzuschlagssätzen ab.

Wenn die Werte in der Nachkalkulation von denen in der Vorkalkulation abweichen, kann das Unternehmen nur feststellen, um wie viel der Nettoverkaufspreis vom Nettoverkaufspreis der Vorkalkulation abweicht.

**Beispiel:** Die KÜHLsys GmbH hat den Auftrag zur Produktion eines Deckenkühlsystems für die Eisunion GmbH erhalten. Nach Beendigung der Produktion liegende folgende Daten vor:

| Einzelkosten | |
|---|---|
| Fertigungsmaterialverbrauch | 1.580,00 EUR |
| Fertigungslöhne Blechverarbeitung | 1.050,00 EUR |
| Fertigungslöhne Lackiererei | 1.160,00 EUR |
| Fertigungslöhne Montage | 4.200,00 EUR |
| Fertigungslöhne Schalldämmung | 1.050,00 EUR |
| SEK der Fertigung | 825,00 EUR |
| SEK des Vertriebs | 475,00 EUR |

| Istzuschlagssätze | |
|---|---|
| MGK | 12 % |
| FGKB | 114 % |
| FGKL | 107 % |
| FGKM | 117 % |
| FGKS | 102 % |
| VwGK | 18 % |
| VtGK | 8 % |

| weitere Angaben | |
|---|---|
| Gewinn | 8 % |
| Kundenskonto | 2 % |
| Vertreterprovision | 5 % |
| Kundenrabatt | 4 % |

| Bereich | Kosten | % | EUR | EUR |
|---|---|---|---|---|
| **Materialbereich** | Fertigungsmaterial (FM) | | 1.580,00 | |
| | + Materialgemeinkosten (MGK) | 12 | 189,60 | |
| | = **Materialkosten (MK)** | | | **1.769,60** |
| **Fertigungsbereich** | Fertigungslöhne Blechbearbeitung (FLB) | | 1.050,00 | |
| | + Fertigungsgemeinkosten Blechbearbeitung | 114 | 1.197,00 | |
| | = **Fertigungskosten Blechbearbeitung (FKB)** | | | **2.247,00** |
| | Fertigungslöhne Lackiererei (FLL) | | 1.160,00 | |
| | + Fertigungsgemeinkosten Lackiererei | 107 | 1.241,20 | |
| | = **Fertigungskosten Lackiererei (FKL)** | | | **2.401,20** |
| | Fertigungslöhne Montage (FLM) | | 4.200,00 | |
| | + Fertigungsgemeinkosten Montage | 117 | 4.914,00 | |
| | = **Fertigungskosten Montage (FKM)** | | | **9.114,00** |
| | Fertigungslöhne Schalldämmung (FLS) | | 1.050,00 | |
| | + Fertigungsgemeinkosten Schalldämmung | 102 | 1.071,00 | |
| | = **Fertigungskosten Schalldämmung (FKS)** | | | **2.121,00** |
| | + Sondereinzelkosten der Fertigung (SEK d. F.) | | | 825,00 |
| | = **Fertigungskosten (FK)** | | | **16.708,20** |
| | = **Herstellkosten (HK)** | | | **18.477,80** |
| **Verwaltungsbereich** | + Verwaltungsgemeinkosten (VwGK) | 18 | | 3.326,00 |
| **Vertriebsbereich** | + Vertriebsgemeinkosten (VtGK) | 8 | | 1.478,22 |
| | + Sondereinzelkosten des Vertriebs (SEK d. Vt.) | | | 475,00 |
| | = **Selbstkosten (SK)** | | | **23.757,02** |
| | + Gewinn | 8 | | 1.900,56 |
| **Kundenbereich** | = **Barverkaufspreis (BVP)** | | | **25.657,58** |
| | + Kundenskonto | 2 | 551,78 | |
| | + Vertreterprovision | 5 | 1.379,44 | |
| | = **Zielverkaufspreis (ZVP)** | | | **27.588,80** |
| | + Kundenrabatt | 4 | 1.149,53 | |
| | = **Nettoverkaufspreis (NVP)** | | | **28.738,33** |

### ▶ Rückwärtskalkulation

Wenn der **Nettoverkaufspreis feststeht,** weil die Markt- oder Konkurrenzsituation ihn vorgibt, ist der **Nettoverkaufspreis die Ausgangslage für die Kalkulation.** Das Unternehmen muss nun berechnen, wie viel die Einzelkosten für Material und/oder Löhne betragen dürfen, um den vorgegebenen Nettoverkaufspreis zu erreichen. Dazu benutzt man das Kalkulationsschema der Vorwärtskalkulation und rechnet von unten nach oben: Rückwärtskalkulation oder retrograde Kalkulation.

**Beispiel:** Die KÜHLsys GmbH muss der Eisunion GmbH für ein Deckenkühlsystem ein Angebot vorlegen. Dieses kann aus Konkurrenzgründen nur über 27.000,00 EUR lauten. Es wird mit folgenden Einzelkosten, Normalzuschlagssätzen und weiteren Angaben kalkuliert:

| Einzelkosten | |
|---|---|
| Fertigungslöhne Blechverarbeitung | 950,00 EUR |
| Fertigungslöhne Lackiererei | 1.060,00 EUR |
| Fertigungslöhne Montage | 3.900,00 EUR |
| Fertigungslöhne Schalldämmung | 980,00 EUR |
| SEK der Fertigung | 780,00 EUR |
| SEK des Vertriebs | 450,00 EUR |

| Normalzuschlagssätze | |
|---|---|
| MGK | 9 % |
| FGKB | 112 % |
| FGKL | 109 % |
| FGKM | 108 % |
| FGKS | 107 % |
| VwGK | 21 % |
| VtGK | 4 % |

| weitere Angaben | |
|---|---|
| Gewinn | 8 % |
| Kundenskonto | 2 % |
| Vertreterprovision | 5 % |
| Kundenrabatt | 4 % |

In welcher Höhe dürfen Kosten für das Fertigungsmaterial höchstens anfallen?

| Bereich | Kosten | % | EUR | EUR |
|---|---|---|---|---|
| Materialbereich | Fertigungsmaterial (FM) | | 2.088,00 | |
| | + Materialgemeinkosten (MGK) | 9 | 187,93 | |
| | = **Materialkosten (MK)** | | | **2.276,00** |
| Fertigungsbereich | Fertigungslöhne Blechbearbeitung (FLB) | | 950,00 | |
| | + Fertigungsgemeinkosten Blechbearbeitung | 112 | 1.064,00 | |
| | = **Fertigungskosten Blechbearbeitung (FKB)** | | | **2.014,00** |
| | Fertigungslöhne Lackiererei (FLL) | | 1.060,00 | |
| | + Fertigungsgemeinkosten Lackiererei | 109 | 1.155,40 | |
| | = **Fertigungskosten Lackiererei (FKL)** | | | **2.215,40** |
| | Fertigungslöhne Montage (FLM) | | 3.900,00 | |
| | + Fertigungsgemeinkosten Montage | 108 | 4.212,00 | |
| | = **Fertigungskosten Montage (FKM)** | | | **8.112,00** |
| | Fertigungslöhne Schalldämmung (FLS) | | 980,00 | |
| | + Fertigungsgemeinkosten Schalldämmung | 107 | 1.048,60 | |
| | = **Fertigungskosten Schalldämmung (FKS)** | | | **2.028,60** |
| | **Zwischensumme** | | | **14.370,00** |
| | + Sondereinzelkosten der Fertigung (SEK d. F.) | | | 850,00 |
| | = **Fertigungskosten (FK)** | | | **15.220,00** |
| | = **Herstellkosten (HK)** | | | **17.496,00** |
| Verwaltungsbereich | + Verwaltungsgemeinkosten (VwGK) | 21 | | 3.674,16 |
| Vertriebsbereich | + Vertriebsgemeinkosten (VtGK) | 4 | | 699,84 |
| | **Zwischensumme** | | | **21.870,00** |
| | + Sondereinzelkosten des Vertriebs (SEK d. Vt.) | | | 450,00 |
| | = **Selbstkosten (SK)** | | | **22.320,00** |
| | + Gewinn | 8 | 1.785,60 | |
| Kundenbereich | = **Barverkaufspreis (BVP)** | | | **24.105,60** |
| | + Kundenskonto | 2 | 518,40 | |
| | + Vertreterprovision | 5 | 1.296,00 | |
| | = **Zielverkaufspreis (ZVP)** | | | **25.920,00** |
| | + Kundenrabatt | 4 | 1.080,00 | |
| | = **Nettoverkaufspreis (NVP)** | | | **27.000,00** |

(Vorwärtsrechnung: Pfeil von oben nach unten; Rückwärtsrechnung: Pfeil von unten nach oben)

**Vorgehensweise und Lösungshinweise:**

1. Kalkulationsschema der Vorwärtskalkulation von oben nach unten erstellen.
2. Nettoverkaufspreis einsetzen und von unten nach oben rechnen.
3. Kundenrabatt, Vertreterprovision und Kundenskonto vom Hundert rechnen.

| | | | | |
|---|---|---|---|---|
| Zielverkaufspreis | = 96 % | 25.920,00 EUR | = verminderter Wert | Rechenweg ↑ |
| Kundenrabatt | = 4 % | x EUR | – Abzug | |
| Nettoverkaufspreis | = 100 % | 27.000,00 EUR | Grundwert | |

| | | | | |
|---|---|---|---|---|
| Barverkaufspreis | = 93 % | 24.105,60 EUR | = verminderter Wert | Rechenweg ↑ |
| Kundenskonto | = 2 % | x EUR | – Abzug | |
| Vertreterprovision | = 5 % | x EUR | – Abzug | |
| Zielverkaufspreis | = 100 % | 25.920,00 EUR | Grundwert | |

4. Gewinn auf Hundert rechnen.

| | | | | |
|---|---|---|---|---|
| Selbstkosten | = 100 % | 22.320,00 EUR | = Grundwert | ↑ Rechenweg |
| Gewinn | = 8 % | x EUR | – Abzug | |
| Barverkaufspreis | = 108 % | 24.105,60 EUR | vermehrter Wert | |

5. Wenn Sondereinzelkosten des Vertriebs anfallen, muss vor der Berechnung der Herstellkosten eine Zwischensumme gebildet werden. SEK d. Vt. hängen nicht anteilsmäßig von den Selbstkosten ab, sondern stellen einen absoluten Wert dar. Erst von der Zwischensumme können dann wegen der anteilsmäßigen Beziehung der VtGK und VwGK die Herstellkosten berechnet werden.

| | | |
|---|---|---|
| = Zwsichensumme | 21.870,00 EUR | ↑ Rechenweg |
| – Sondereinzelkosten des Vertriebs | 450,00 EUR | |
| = Selbstkosten | 22.320,00 EUR | |

6. Zur Ermittlung der VtGK und VwGK auf Hundert rechnen.

| | | | | |
|---|---|---|---|---|
| Herstellkosten | = 100 % | 17.496,00 EUR | = Grundwert | ↑ Rechenweg |
| Verwaltungsgemein-kosten | = 21 % | x EUR | – Abzug | |
| Vertriebsgemeinkosten | = 4 % | x EUR | – Abzug | |
| Zwischensumme | = 125 % | 21.870,00 EUR | vermehrter Wert | |

7. Wenn Sondereinzelkosten der Fertigung anfallen, müssen zuerst alle Fertigungskosten der Fertigungshauptkostenstellen durch eine Vorwärtsrechnung ermittelt werden. Diese Zwischensumme und die SEK d. F. ergeben die gesamten Fertigungskosten.

8. Die gesamten Fertigungskosten werden von den Herstellkosten abgezogen und ergeben die Materialkosten.

| | | |
|---|---|---|
| = Materialkosten | 2.276,00 EUR | ↑ Rechenweg |
| ... | | |
| – Fertigungskosten | 15.220,00 EUR | |
| = Herstellkosten | 17.496,00 EUR | |

9. Zur Ermittlung der Materialeinzelkosten auf Hundert rechnen.

| | | | | |
|---|---|---|---|---|
| Fertigungsmaterial | = 100 % | 2.088,07 EUR | = Grundwert | ↑ Rechenweg |
| Materialgemeinkosten | = 9 % | x EUR | – Abzug | |
| Materialkosten | = 109 % | 2.276,00 EUR | vermehrter Wert | |

### ▶ Differenzkalkulation

Es gibt **Markt- oder Konkurrenzsituationen,** bei denen ein Unternehmen seinen Nettoverkaufspreis nicht selbst bestimmen kann. Trotzdem sind aber seine **Kosten unveränderlich.** In solchen Fällen interessiert das Unternehmen, **ob und in welcher Höhe Gewinn erwirtschaftet wird.** Diese Frage löst die Differenzkalkulation. Von den Materialeinzelkosten bis zu den Selbstkosten wird die Vorwärtskalkulation, vom Nettoverkaufspreis bis zum Barverkaufspreis die Rückwärtskalkulation angewendet. Der Gewinn ergibt sich als Differenz zwischen Barverkaufspreis und Selbstkosten.

**Beispiel:** Die KÜHLsys GmbH macht der Eisunion GmbH bei gegebener Kostensituation für ein Deckenkühlsystem ein Angebot über 27.600,00 EUR. Es wird mit folgenden Einzelkosten, Normalzuschlagssätzen und weiteren Angaben kalkuliert:

| Einzelkosten | |
|---|---|
| Fertigungsmaterialverbrauch | 1.600,00 EUR |
| Fertigungslöhne Blechverarbeitung | 1.050,00 EUR |
| Fertigungslöhne Lackiererei | 1.160,00 EUR |
| Fertigungslöhne Montage | 4.200,00 EUR |
| Fertigungslöhne Schalldämmung | 1.050,00 EUR |
| SEK der Fertigung | 850,00 EUR |
| SEK des Vertriebs | 450,00 EUR |

| Normalzuschlagssätze | |
|---|---|
| MGK | 10 % |
| FGKB | 110 % |
| FGKL | 105 % |
| FGKM | 115 % |
| FGKS | 101 % |
| VwGK | 19 % |
| VtGK | 6 % |

| weitere Angaben | |
|---|---|
| Skonto | 2 % |
| Vertreterprovision | 5 % |
| Rabatt | 4 % |

| Bereich | Kosten | % | EUR | EUR |
|---|---|---|---|---|
| Materialbereich | Fertigungsmaterial (FM) | | 1.600,00 | |
| | + Materialgemeinkosten (MGK) | 10 | 160,00 | |
| | = **Materialkosten (MK)** | | | **1.760,00** |
| Fertigungsbereich | Fertigungslöhne Blechbearbeitung (FLB) | | 1.050,00 | |
| | + Fertigungsgemeinkosten Blechbearbeitung | 110 | 1.155,00 | |
| | = **Fertigungskosten Blechbearbeitung (FKB)** | | | **2.205,00** |
| | Fertigungslöhne Lackiererei (FLL) | | 1.160,00 | |
| | + Fertigungsgemeinkosten Lackiererei | 105 | 1.218,00 | |
| | = **Fertigungskosten Lackiererei (FKL)** | | | **2.378,00** |
| | Fertigungslöhne Montage (FLM) | | 4.200,00 | |
| | + Fertigungsgemeinkosten Montage | 115 | 4.830,00 | |
| | = **Fertigungskosten Montage (FKM)** | | | **9.030,00** |
| | Fertigungslöhne Schalldämmung (FLS) | | 1.050,00 | |
| | + Fertigungsgemeinkosten Schalldämmung | 101 | 1.060,50 | |
| | = **Fertigungskosten Schalldämmung (FKS)** | | | **2.110,50** |
| | + Sondereinzelkosten der Fertigung (SEK d. F.) | | | 850,00 |
| | = **Fertigungskosten (FK)** | | | **16.573,50** |
| | = **Herstellkosten (HK)** | | | **18.333,50** |
| Verwaltungsbereich | + Verwaltungsgemeinkosten (VwGK) | 19 | | 3.483,37 |
| Vertriebsbereich | + Vertriebsgemeinkosten (VtGK) | 6 | | 1.100,01 |
| | + Sondereinzelkosten des Vertriebs (SEK d. Vt.) | | | 450,00 |
| | = **Selbstkosten (SK)** | | | **23.366,88** |
| | + **Gewinn** | **5,5** | | **1.274,40** |
| Kundenbereich | = **Barverkaufspreis (BVP)** | | | **24.641,28** |
| | + Kundenskonto | 2 | 529,92 | |
| | + Vertreterprovision | 5 | 1.324,80 | |
| | = **Zielverkaufspreis (ZVP)** | | | **26.496,00** |
| | + Kundenrabatt | 4 | 1.104,00 | |
| | = **Nettoverkaufspreis (NVP)** | | | **27.600,00** |

**Vorgehensweise und Lösungshinweise:**

1. Kalkulationsschema erstellen.
2. Die Selbstkosten mithilfe der Vorwärtskalkulation ermitteln.
3. Nettoverkaufspreis einsetzen und mittels Rückwärtskalkulation den Barverkaufspreis berechnen.

4. Gewinn ermitteln: Gewinn = Differenz zwischen Barverkaufspreis und Selbstkosten.
5. Gewinnzuschlagssatz ermitteln:

| | | |
|---|---|---|
| Selbstkosten | 23.366,88 EUR | = 100 % |
| Gewinn | 1.274,40 EUR | = x % |

## Kostenträgerzeitrechnung

### ▶ Kostenträgerzeitrechnung mithilfe eines Kostenträgerzeitblattes

Die **Kostenträgerzeitrechnung** erfasst die **Kosten und Leistungen** des Unternehmens, die **während eines bestimmten Zeitraumes angefallen** sind. Dabei werden alle Einzel- und Gemeinkosten sowohl insgesamt als auch nach Kostenträgern getrennt erfasst. Den Nettoverkaufserlösen werden die Selbstkosten des Umsatzes gegenübergestellt und die Differenz als Betriebsergebnis ausgewiesen.

Die **Aufgaben der Kostenträgerzeitrechnung** sind:

- Die **Selbstkosten** eines bestimmten **Zeitraumes ermitteln.**
- Den **Anteil** der verschiedenen Erzeugnisse, Erzeugnisgruppen oder Dienstleistungen **an den Gesamtkosten** und am **Gesamtergebnis** eines Zeitraumes **erfassen.**
- Die **Kosten** und **Leistungen** mit der **Buchhaltung abstimmen.**
- Die **Wirtschaftlichkeit** der Erzeugnisse, Erzeugnisgruppen oder Dienstleistungen **kontrollieren** und eventuell nötige Maßnahmen zur Kostensenkung einleiten.

Die Kostenträgerzeitrechnung wird mithilfe eines Kostenträgerzeitblattes erstellt.

Bisher wurden die Vw- und VtGK auf die gesamten Herstellkosten (HK der Erzeugung) als Zuschlagsgrundlage bezogen. Werden allerdings mehr Erzeugnisse produziert als verkauft, d. h., geht der Absatz zurück, sinken die Vertriebskosten ebenfalls. Deshalb sind für die VtGK die Herstellkosten des Umsatzes die geeignetere Zuschlagsgrundlage. Aus diesem Grund müssen die Bestandsveränderungen an fertigen und unfertigen Erzeugnissen berücksichtigt werden:

- Liegt eine Bestandsmehrung vor (AB < SB), muss diese von den Herstellkosten der Erzeugung abgezogen werden.
- Liegt eine Bestandsminderung vor (AB > SB), muss diese zu den Herstellkosten der Erzeugung hinzugezählt werden.

Daraus folgt: Herstellkosten der Erzeugung
– Bestandsmehrung
+ Bestandsminderung
= Herstellkosten des Umsatzes

**Beispiel:** Die KÜHLsys GmbH legt für den Monat Februar für ihre beiden Erzeugnisgruppen »Deckenkühlsysteme« und »Mobile Kühlsysteme« folgende Daten vor, um den Betriebserfolg zu ermitteln:

| Einzelkosten | Deckenkühlsysteme | Mobile Kühlsysteme |
|---|---|---|
| Fertigungsmaterialverbrauch | 8.750,00 EUR | 7.000,00 EUR |
| Fertigungslöhne Blechverarbeitung | 9.800,00 EUR | 8.500,00 EUR |
| Fertigungslöhne Lackiererei | 10.250,00 EUR | 9.800,00 EUR |
| Fertigungslöhne Montage | 7.500,00 EUR | 7.200,00 EUR |
| Fertigungslöhne Schalldämmung | 7.450,00 EUR | 7.350,00 EUR |
| SEK der Fertigung | 675,00 EUR | 580,00 EUR |
| SEK des Vertriebs | 375,00 EUR | 330,00 EUR |

| Istzuschlagssätze | |
|---|---|
| MGK | 8,5 % |
| FGKL | 102,5 % |
| FGKM | 116,5 % |
| FGKS | 98,0 % |
| VwGK | 17,5 % |
| VtGK | 7,3 % |

| Nettoverkaufserlöse | |
|---|---|
| Deckenkühlsysteme | 142.350,00 EUR |
| Mobile Kühlsysteme | 130.360,00 EUR |

| Bestände an unfertigen und fertigen Erzeugnissen | | | | |
|---|---|---|---|---|
| | fertige Erzeugnisse | | unfertige Erzeugnisse | |
| | Deckenkühl-systeme | Mobile Kühlsysteme | Deckenkühl-systeme | Mobile Kühlsysteme |
| Anfangsbestand | 3.140,00 EUR | 1.750,00 EUR | 1.430,00 EUR | 1.240,00 EUR |
| Schlussbestand lt. Monatsinventur | 4.350,00 EUR | 2.770,00 EUR | 1.130,00 EUR | 1.000,00 EUR |

**Kostenträgerzeitblatt**

| Kosten | % | Gesamt-beträge | Deckenkühl-system | Mobile Kühlsysteme |
|---|---|---|---|---|
| Fertigungsmaterial (FM) | | 15.750,00 | 8.750,00 | 7.000,00 |
| + Materialgemeinkosten (MGK) | 8,5 | 1.338,75 | 743,75 | 595,00 |
| = **Materialkosten (MK)** | | **17.088,75** | **9.493,75** | **7.595,00** |
| Fertigungslöhne Blechbearbeitung (FLB) | | 18.300,00 | 9.800,00 | 8.500,00 |
| + Fertigungsgemeinkosten Blechbearbeitung | 63,0 | 11.529,00 | 6.174,00 | 5.355,00 |
| = **Fertigungskosten Blechbearbeitung (FKB)** | | **29.829,00** | **15.974,00** | **13.855,00** |
| Fertigungslöhne Lackiererei (FLL) | | 20.050,00 | 10.250,00 | 9.800,00 |
| + Fertigungsgemeinkosten Lackiererei | 102,5 | 20.551,25 | 10.506,25 | 10.045,00 |
| = **Fertigungskosten Lackiererei (FKL)** | | **40.601,25** | **20.756,25** | **19.845,00** |
| Fertigungslöhne Montage (FLM) | | 14.700,00 | 7.500,00 | 7.200,00 |
| + Fertigungsgemeinkosten Montage | 116,5 | 17.125,50 | 8.737,50 | 8.388,00 |
| = **Fertigungskosten Montage (FKM)** | | **31.825,50** | **16.237,50** | **15.588,00** |
| Fertigungslöhne Schalldämmung (FLS) | | 14.800,00 | 7.450,00 | 7.350,00 |
| + Fertigungsgemeinkosten Schalldämmung | 98,0 | 14.504,00 | 7.301,00 | 7.203,00 |
| = **Fertigungskosten Schalldämmung (FKS)** | | **29.304,00** | **14.751,00** | **14.553,00** |
| + Sondereinzelkosten der Fertigung (SEK d. F.) | | 1.255,00 | 675,00 | 580,00 |
| = **Fertigungskosten (FK)** | | **131.559,75** | **67.718,75** | **63.841,00** |
| = **Herstellkosten der Erzeugung (HK d. Erz.)** | | **148.648,50** | **77.212,50** | **71.436,00** |
| – Bestandsmehrung fertige Erzeugnisse | | 2.230,00 | 1.210,00 | 1.020,00 |
| + Bestandsminderung unfertige Erzeugnisse | | 540,00 | 300,00 | 240,00 |
| = **Herstellkosten des Umsatzes (HK d. Ums.)** | | **146.958,50** | **76.302,50** | **70.656,00** |
| + Verwaltungsgemeinkosten (VwGK) | 17,5 | 26.013,49 | 13.512,19 | 12.501,30 |
| + Vertriebsgemeinkosten (VtGK) | 7,3 | 10.727,97 | 5.570,08 | 5.157,89 |
| + Sondereinzelkosten des Vertriebs (SEK d. Vt.) | | 705,00 | 375,00 | 330,00 |
| = **Selbstkosten des Umsatzes (SK d. Ums.)** | | **184.404,96** | **95.759,77** | **88.654,19** |
| | | | | |
| **Nettoverkaufserlöse** | | **272.710,00** | **142.350,00** | **130.360,00** |
| – Selbstkosten des Umsatzes (SK d. Ums.) | | 184.404,96 | 95.759,77 | 88.654,19 |
| = **Betriebsergebnis** | | **88.305,04** | **46.590,23** | **41.714,81** |

## Kostenträgerzeitrechnung auf Ist- und Normalgemeinkostenbasis mit Abstimmung von Betriebs- und Umsatzergebnis

Das **Betriebsergebnis** erhält man im Kostenträgerzeitblatt, wenn Kostenunterdeckungen und Kostenüberdeckungen berücksichtigt werden:

Betriebsergebnis = Umsatzergebnis + Kostenüberdeckung,

Betriebsergebnis = Umsatzergebnis – Kostenunterdeckung.

**Beispiel:** Die KÜHLsys GmbH will für den Monat Februar den Betriebserfolg ermitteln. Dazu liegen für die beiden Erzeugnisgruppen »Deckenkühlsysteme« und »Mobile Kühlsysteme« folgende Daten vor (siehe Angaben aus Beispiel, Seite 435): Außerdem gelten folgende Normalzuschlagssätze: MGK 10%, FGKB 58%, FGKL 105%, FGKM 115%, FGKS 101%, VwGK 19%, VtGK 6%. Lösung: Kostenträgerzeitblatt, Seite 438

**Kostenabweichungsanalyse:**

**Kostenabweichungsanalyse 1:** Bei folgenden Hauptkostenstellen liegen **Kostenüberdeckungen** vor: Blechbearbeitung, Montage, Vertrieb.

**Ursache:** Die Normalkosten sind größer als die Istkosten, d. h., die kalkulierten Kosten sind größer als die tatsächlich angefallenen Kosten.

**Mögliche Gründe:**

- Verbrauchsabweichungen: Geplante Fertigungszeiten oder Materialvorgaben können nicht immer eingehalten werden. Ein Überschreiten der Planwerte führt zu steigenden Normalgemeinkosten.
- Beschäftigungsabweichungen: Sinkt der Beschäftigungsgrad, kommt es zu geringeren Reparaturkosten, Lohnzuschlägen und verminderten Ausschussprodukten. Dieses führt zu sinkenden Istgemeinkosten.
- Preisabweichungen: Preissenkungen bei Hilfs- und Betriebsstoffen, Gehaltssenkungen durch Entlassungen, Senkungen der Versicherungsbeiträge führen zu einer niedrigeren Belastung der Kostenstellen mit Gemeinkosten.

**Kostenabweichungsanalyse 2:** Bei folgenden Hauptkostenstellen liegen **Kostenunterdeckungen** vor: Material, Lackiererei, Schalldämmung, Verwaltung.

**Ursache:** Die Normalkosten sind kleiner als die Istkosten, d. h., die kalkulierten Kosten sind kleiner als die tatsächlich angefallenen Kosten.

**Mögliche Gründe:**

- Verbrauchsabweichungen: Geplante Fertigungszeiten oder Materialvorgaben können nicht immer eingehalten werden. Ein Unterschreiten der Planwerte führt zu sinkenden Normalgemeinkosten.
- Beschäftigungsabweichungen: Steigt der Beschäftigungsgrad, kommt es zu erhöhten Reparaturkosten, Lohnzuschlägen und vermehrten Ausschussprodukten. Dieses führt zu steigenden Istgemeinkosten.
- Preisabweichungen: Preiserhöhungen bei Hilfs- und Betriebsstoffen, Zunahme der Gehälter durch Einstellungen von Mitarbeitern, Zunahme der Versicherungsprämien führen zu einer höheren Belastung der Kostenstellen mit Gemeinkosten.

| Kosten | Normal-zuschlags-satz in % | Gesamt-beträge | Deckenkühl-system | Mobile Kühl-systeme | Ist-zuschlags-satz in % | Gesamt-beträge | Deckenkühl-system | Mobile Kühl-systeme | Kosten-über-/-unter-deckungen |
|---|---|---|---|---|---|---|---|---|---|
| Fertigungsmaterial (FM) | | 15.750,00 | 8.750,00 | 7.000,00 | | 15.750,00 | 8.750,00 | 7.000,00 | |
| + Materialgemeinkosten (MGK) | 10,0 | 1.575,00 | 875,00 | 700,00 | 8,5 | 1.338,75 | 743,75 | 595,00 | –236,25 |
| = **Materialkosten (MK)** | | **17.325,00** | **9.625,00** | **7.700,00** | | **17.088,75** | **9.493,75** | **7.595,00** | |
| Fertigungslöhne Blechbearbeitung (FLB) | | 18.300,00 | 9.800,00 | 8.500,00 | | 18.300,00 | 9.800,00 | 8.500,00 | |
| + Fertigungsgemeinkosten Blechbearbeitung | 58,0 | 10.614,00 | 5.684,00 | 4.930,00 | 63,0 | 11.529,00 | 6.174,00 | 5.355,00 | 915,00 |
| = **Fertigungskosten Blechbearbeitung (FKB)** | | **28.914,00** | **15.484,00** | **13.430,00** | | **29.829,00** | **15.974,00** | **13.855,00** | |
| Fertigungslöhne Lackiererei (FLL) | | 20.050,00 | 10.250,00 | 9.800,00 | | 20.050,00 | 10.250,00 | 9.800,00 | |
| + Fertigungsgemeinkosten Lackiererei | 105,0 | 21.052,25 | 10.762,50 | 10.290,00 | 102,5 | 20.551,25 | 10.506,25 | 10.045,00 | –501,25 |
| = **Fertigungskosten Lackiererei (FKL)** | | **40.102,50** | **21.012,50** | **20.090,00** | | **40.601,25** | **20.756,25** | **19.845,00** | |
| Fertigungslöhne Montage (FLM) | | 14.700,00 | 7.500,00 | 7.200,00 | | 14.700,00 | 7.500,00 | 7.200,00 | |
| + Fertigungsgemeinkosten Montage | 115,0 | 16.905,00 | 8.625,00 | 8.280,00 | 116,5 | 17.125,50 | 8.737,50 | 8.388,00 | 220,50 |
| = **Fertigungskosten Montage (FKM)** | | **31.605,00** | **16.125,00** | **15.480,00** | | **31.825,50** | **16.237,50** | **15.588,00** | |
| Fertigungslöhne Schalldämmung (FLS) | | 14.800,00 | 7.450,00 | 7.350,00 | | 14.800,00 | 7.450,00 | 7.350,00 | |
| + Fertigungsgemeinkosten Schalldämmung | 101,0 | 14.948,00 | 7.524,50 | 7.423,50 | 98,0 | 14.504,00 | 7.301,00 | 7.203,00 | –440,00 |
| = **Fertigungskosten Schalldämmung (FKS)** | | **29.748,00** | **14.974,50** | **14.773,50** | | **29.304,00** | **14.751,00** | **14.553,00** | |
| + Sondereinzelkosten der Fertigung (SEK d. F.) | | 1.255,00 | 675,00 | 580,00 | | 1.255,00 | 675,00 | 580,00 | |
| = **Fertigungskosten (FK)** | | **131.369,50** | **67.596,00** | **63.773,50** | | **131.559,75** | **67.718,75** | **63.841,00** | |
| = **Herstellkosten der Erzeugung (HK d. Erz.)** | | **148.694,50** | **77.221,00** | **71.473,50** | | **148.648,50** | **77.212,50** | **71.436,00** | |
| – Bestandsmehrung fertige Erzeugnisse | | 2.230,00 | 1.210,00 | 1.020,00 | | 2.230,00 | 1.210,00 | 1.020,00 | |
| + Bestandsminderung unfertige Erzeugnisse | | 540,00 | 300,00 | 240,00 | | 540,00 | 300,00 | 240,00 | |
| = **Herstellkosten des Umsatzes (HK d. Ums.)** | | **147.004,50** | **76.311,00** | **70.693,50** | | **146.958,50** | **76.302,50** | **70.656,00** | |
| + Verwaltungsgemeinkosten (VwGK) | 19,0 | 28.251,96 | 14.671,99 | 13.579,97 | 17,5 | 26.013,49 | 13.512,19 | 12.501,30 | –2.238,47 |
| + Vertriebsgemeinkosten (VtGK) | 6,0 | 8.820,27 | 4.578,66 | 4.241,61 | 7,3 | 10.727,97 | 5.570,08 | 5.157,89 | 1.907,70 |
| + Sondereinzelkosten des Vertriebs (SEK d. Vt.) | | 705,00 | 375,00 | 330,00 | | 705,00 | 375,00 | 330,00 | |
| = **Selbstkosten des Umsatzes (SK d. Ums.)** | | **184.783,73** | **95.936,65** | **88.845,08** | | **184.404,96** | **95.759,77** | **88.654,19** | **–376,77** |
| | | | | | | | | | |
| **Nettoverkaufserlöse** | | 272.710,00 | 142.350,00 | 130.360,00 | | 272.710,00 | 142.350,00 | 130.360,00 | |
| – Selbstkosten des Umsatzes (SK d. Ums.) | | 184.781,73 | 95.936,65 | 88.845,08 | | 184.404,96 | 95.759,77 | 88.654,19 | |
| = **Umsatzergebnis** | | **87.928,28** | **46.413,35** | **41.514,93** | | **88.305,04** | **46.590,23** | **41.714,81** | |
| = **Kostenunterdeckung** | | **–376,77** ← | | | | | | | |
| = **Betriebsergebnis** | | **88.305,04** | | | | **88.305,04** | | | |

## Zusammenfassendes Beispiel

**Kostenartenrechnung – Erfassung** (Geschäftsbuchführung) / **Kostenstellenrechnung – Verteilung** (Betriebsabrechnung (BAB))

| **Gemeinkosten** | **EUR** | Zahlen der Geschäftsbuchführung (in EUR) | Allg. Kostenstelle | **MGK** Materialstellen | **FGK** Fertigungsstellen I | **FGK** Fertigungsstellen II | **FGK** Fertigungsstellen III | Bes. Kostenstelle | **VwGK** Verwstellen | **VtGK** Vertr.-stellen |
|---|---|---|---|---|---|---|---|---|---|---|
| GK Löhne | 300 | 300 | 20 | 15 | 90 | 80 | 60 | 10 | 5 | 20 |
| Gehälter | 2.000 | 2.000 | 30 | 60 | 100 | 80 | 70 | 40 | 1.500 | 120 |
| GK Material | 80 | 80 | 5 | 5 | 20 | 15 | 15 | 5 | 10 | 5 |
| Steuern, Abgaben | 50 | 50 | | | | | | | 50 | |
| versch. Kosten | 70 | 70 | 5 | 10 | 10 | 10 | 5 | 5 | 15 | 10 |
| Abschreibungen | 3.000 | 3.000 | 40 | 10 | 1.300 | 900 | 685 | 30 | 20 | 15 |
| Instandhaltung | 1.000 | 1.000 | 8 | 12 | 450 | 320 | 186 | 10 | 6 | 8 |
| Zinsen | 400 | 400 | 20 | 4 | 140 | 115 | 100 | 5 | 10 | 6 |
| Raumkosten | 500 | 500 | 47 | 20 | 160 | 140 | 88 | 10 | 24 | 11 |
| Energieverbrauch | 600 | 600 | 5 | 4 | 250 | 200 | 121 | 5 | 10 | 5 |
| Summe | 8.000 | 8.000 | 180 | 140 | 2.520 | 1.860 | 1.330 | 120 | 1.650 | 200 |
| | | Umlage der allg. Kostenstellen | | 5 | 50 | 40 | 35 | 20 | 15 | 15 |
| | | Umlage der bes. Kostenstellen | | | 60 | 55 | 25 | | | |
| | | Endsummen Hauptkostenstellen | | 145 | 2.630 | 1.955 | 1.390 | | 1.665 | 215 |
| **Zuschlagsgrundlagen:** | | | | | | | | | | |
| Fertigungsmaterial | | | | 2.500 | | | | | | |
| Fertigungslöhne I | | | | | 900 | | | | | |
| Fertigungslöhne II | | | | | | 740 | | | | |
| Fertigungslöhne III | | | | | | | 660 | | Herstellkosten | |
| | | | | 2.645 | 3.530 | 2.695 | 2.050 | | 10.920 | 10.920 |
| | | Zuschlagssätze | | 5,8% | 292,2% | 264,2% | 210,6% | | 15,2% | 2,0% |

**Kostenträger-Stückrechnung – Zurechnung** (Kalkulation)

| **Materialkosten** | **EUR** | **EUR** |
|---|---|---|
| Fert.-Mat. | 500,00 | |
| MGK 5,8% | 29,00 | 529,00 |
| **Fertigungskosten** | | |
| Fert.-Löhne I | 210,00 | |
| FGK I 292,2% | 613,62 | 823,62 |
| Fert.-Löhne II | | |
| FGK II 264,2% | | |
| Fert.-Löhne III | 160,00 | |
| FGK III 210,6% | 336,96 | 496,96 |
| | | 1.320,58 |
| **Herstellkosten** | | 1.849,58 |
| VwGK 15,2% | 281,14 | |
| VtGK 2,0% | 36,99 | 318,13 |
| **Selbstkosten** | | 2.167,71 |

Selbstkosten, kalkuliert mit 500 EUR Fertigungsmaterial, 210 EUR Fertigungslöhne I und 160 EUR Fertigungslöhne III.

## Zusammenfassende Übersicht zu Kapitel 11.3.3: Kostenträgerrechnung als Ist- und Normalkostenrechnung

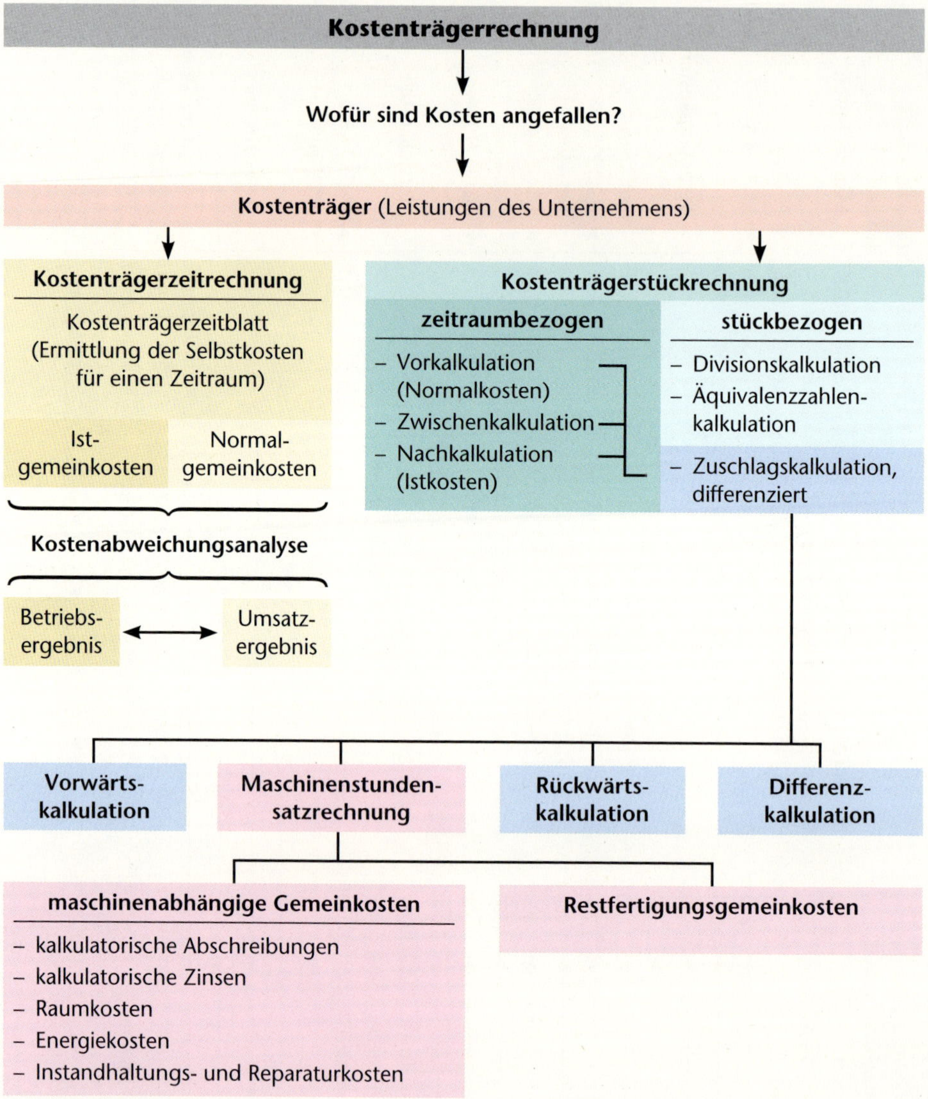


### ▶ Aufgaben und Probleme

1. Für welche Betriebe eignet sich
   a) die einfache Divisionskalkulation,
   b) die Äquivalenzzahlenkalkulation,
   c) die Zuschlagskalkulation,
   d) die Zuschlagskalkulation mit Maschinenstundensätzen?

2. Eine kleine Limonadenfabrik stellt pro Quartal 2.000 hl Zitronenlimonade, 4.000 hl Orangenlimonade und 1.000 hl Grapefruitlimonade her. Die Stückkosten der drei Getränkesorten verhalten sich zueinander wie 1:2:1,0:1,5. Die Gesamtkosten im Vierteljahr belaufen sich auf 395.000 EUR.

   Berechnen Sie die Kosten pro Liter der drei verschiedenen Limonaden mithilfe der Äquivalenzzahlenkalkulation.

3. Die Fensterbau Schneider KG in Heilbronn hat aufgrund der guten Wirtschaftslage im abgelaufenen Jahr den Absatz von Fensterelementen steigern können. Im Produktionsprogramm befinden sich Kunststoff-, Aluminium- und Holzfenster nach DIN. Mithilfe eines Betriebsabrechnungsbogens wurden die Gemeinkosten verteilt.

   a) Unterbreiten Sie je zwei Vorschläge, nach welchen Kriterien die angefallenen Kosten für Heizung, Strom und Grundsteuer auf die Hauptkostenstellen verteilt werden könnten.

   b) Die Summen der verteilten Gemeinkosten der Fensterbau Schneider KG für das Jahr sind aus dem beigefügten Betriebsabrechnungsbogen zu ersehen. Verteilen Sie die allgemeine Hilfskostenstelle gemäß den gemessenen Verbrauchswerten im Verhältnis von 45 : 120 : 105 : 105 : 30 : 75 : 45 (siehe BAB, Teilaufgabe f).

   c) Die Fertigungshilfskostenstelle wurde von den einzelnen Fertigungsabteilungen unterschiedlich stark in Anspruch genommen. Dabei wird davon ausgegangen, dass für die Fertigungsabteilung Kunststoff 500 Stunden, für Aluminium 300 Stunden und für Holz 200 Stunden angesetzt werden können. Verteilen Sie die Kosten entsprechend dem Schlüssel.

   d) Geben Sie zwei Beispiele für die Aufgaben der Fertigungshilfskostenstelle, die als Gemeinkosten verrechnet werden.

   e) Ermitteln Sie in einer Aufstellung die Gesamtkalkulation der Fensterbau Schneider KG.

   Dabei sind die folgenden Vorgaben zu berücksichtigen:

| | | | |
|---|---|---|---|
| Fertigungsmaterial | 996.000,00 EUR | Bestandsmehrung an | |
| Fertigungslohn I | 158.000,00 EUR | unfertigen Erzeugnissen | 150.000,00 EUR |
| Fertigungslohn II | 98.000,00 EUR | Bestandsminderung an | |
| Fertigungslohn III | 87.000,00 EUR | fertigen Erzeugnissen | 75.000,00 EUR |

   f) Errechnen Sie im BAB die Gemeinkostenzuschlagssätze (Ergebnisse sind auf zwei Dezimalstellen zu ermitteln). Die Verwaltungsgemeinkosten sind auf die Herstellkosten der Erzeugung, die Vertriebsgemeinkosten auf die Herstellkosten des Umsatzes zu beziehen.

   BAB (in EUR):

| Summen | allgemeine Hilfskostenstelle | Material | Fertigungshauptkostenstellen | | | Fertigungshilfskostenstelle | Verwaltung | Vertrieb |
|---|---|---|---|---|---|---|---|---|
| | | | Kunststoff | Aluminium | Holz | | | |
| 1.000.000 | 35.000 | 160.000 | 250.000 | 150.000 | 110.000 | 45.000 | 120.000 | 130.000 |

4. Es sind folgende Daten gegeben (Beträge in EUR):

| Gemeinkosten | Material | Fertigung | Verwaltung | Vertrieb | Summe |
|---|---|---|---|---|---|
| Hilfslöhne | 44.000,00 | 316.000,00 | 4.000,00 | 6.000,00 | 370.000,00 |
| Gehälter | 50.000,00 | 60.000,00 | 220.000,00 | 84.000,00 | 414.000,00 |
| Energie | 16.000,00 | 148.000,00 | 18.000,00 | 8.000,00 | 190.000,00 |
| Sozialkosten | 2.000,00 | 20.000,00 | 4.000,00 | 2.000,00 | 28.000,00 |
| kalk. Abschreibungen | 4.000,00 | 56.000,00 | 6.000,00 | 2.000,00 | 68.000,00 |

| Einzelkosten | | Bestandsveränderungen | | |
|---|---|---|---|---|
| Fertigungsmaterial | 1.160.000,00 | fertige Erzeugnisse | Erhöhung | 380.000,00 |
| Fertigungslöhne | 400.000,00 | unfertige Erzeugnisse | Minderung | 40.000,00 |

Ermitteln Sie die Gemeinkostenzuschlagssätze. Dabei sind die Verwaltungsgemeinkosten auf die Herstellkosten der verkauften Erzeugnisse, die Vertriebsgemeinkosten auf die Herstellkosten des Umsatzes zu beziehen.

5. Eine Glasfabrik stellt folgenden BAB auf (Beträge in EUR):

| Gemeinkosten | Beträge | Hauptkostenstellen | | | |
|---|---|---|---|---|---|
| | | Material | Fertigung | Verwaltung | Vertrieb |
| Gehälter | 636.000,00 | 80.000,00 | 116.000,00 | 320.000,00 | 120.000,00 |
| Hilfslöhne | 594.000,00 | 146.000,00 | 420.000,00 | 8.000,00 | 20.000,00 |
| Sozialkosten | 150.800,00 | 28.000,00 | 66.000,00 | 40.000,00 | 16.800,00 |

Die Miete in Höhe von 72.000,00 EUR wird im Verhältnis 2 : 10 : 4 : 2 und die kalkulatorischen Zinsen in Höhe von 88.000,00 EUR im Verhältnis 4 : 8 : 6 : 2 verteilt.

Das Fertigungsmaterial beträgt 2.500.000,00 EUR und für Fertigungslöhne sind 1.020.000,00 EUR an Kosten angefallen.

Fertigerzeugnisse sind in ihrem Bestand um 300.000,00 EUR abgebaut, unfertige Erzeugnisse in ihrem Bestand um 400.000,00 EUR aufgebaut worden.

Es soll ein Auftrag für Spezialverglasung kalkuliert werden. Dazu werden folgende Daten ermittelt:

| | | | |
|---|---|---|---|
| Fertigungsmaterial | 72.000,00 EUR | Gewinnzuschlag | 20 % |
| Fertigungslöhne | 30.000,00 EUR | Kundenskonto | 3 % |
| SEK der Fertigung | 1.200,00 EUR | Kundenrabatt | 10 % |
| SEK des Vertriebs | 800,00 EUR | | |

Ermitteln Sie den Nettoverkaufpreis für den Auftrag der Spezialverglasung.

6. Beim Besuch der Fachmesse INTERBAU in München musste der Betriebsinhaber feststellen, dass ein Mitbewerber eine genormte und in der Ausstattung mit dem eigenen Modell PANORAMA vergleichbare Balkontüre zu 1.200,00 EUR (ohne USt.) anbietet.

a) Da sein Produkt 120,00 EUR teurer ist, soll mit den nachstehenden geschätzten Sätzen berechnet werden, wie viel Kosten für das Fertigungsmaterial beim Mitbewerber voraussichtlich aufgewendet wurden.

| | | | |
|---|---|---|---|
| MGKZ | 5,0 % | VtGKZ | 8,0 % |
| FL | 110,17 EUR | Gewinnzuschlag | 12,5 % |
| FGKZ | 200,0 % | Kundenskonto | 3,0 % |
| VwGKZ | 12,0 % | Kundenrabatt | 20,0 % |

b) Geben Sie zwei Gründe für die Abweichungen an und unterbreiten Sie mindestens zwei Vorschläge, wie diese Differenz von 120,00 EUR ausgeglichen werden könnte.

7. Das Porzellanunternehmen Bracher GmbH richtet nach der Anschaffung der Maschinenanlagen 1 und 2 eine zusätzliche Kostenstelle für die Fertigung ein.

a) Über die Maschinenanlage 1 ist Folgendes bekannt:

- Anschaffungskosten: 500.000,00 EUR
- Wiederbeschaffungskosten: 600.000,00 EUR
- betriebliche Nutzungsdauer: 10 Jahre
- jährliche Maschinenlaufzeit je Anlage: 1.944 Stunden
- kalkulatorischer Zinssatz: 9 %
- Instandhaltungskosten für die Anlage 1: 22.700,00 EUR jährlich
- jährliche Raumkosten: 104,00 EUR pro $m^2$ bei einem Platzbedarf von 30 $m^2$
- Energiekosten: Strompreis 0,15 EUR/kWh, Grundgebühr monatlich 80,00 EUR, Leistung der Maschine 25 kW.

Ermitteln Sie den Maschinenstundensatz für die Maschinenanlage 1.

b) Auf der Anlage 2 wird ein Produkt »Jaklos« hergestellt, für das folgende Daten vorliegen:

- jährliche Maschinenlaufzeit: 1.944 Stunden
- Fertigungszeit: 5 Stunden
- Materialkosten: 252,00 EUR/Stück
- Fertigungslöhne: 150,00 EUR/Stück
- SEK des Vertriebs: 151,90 EUR/Stück
- Barverkaufspreis: 1.746,00 EUR/Stück
- Nettoverkaufserlös: 2.000,00 EUR/Stück

Zuschlagssätze: MGK 5 %, Rest-FGK 120 %, Vw-/VtGK 30 %.

Im Kundenbereich gelten die Sätze: Gewinn 10,4 %, Vertreterprovision 5,0 %, Kundenskonto 3,0 %.

Ermitteln Sie mithilfe einer vollständigen Angebotskalkulation den Maschinenstundensatz und geben Sie an, wie viel Prozent Rabatt gewährt werden kann.

8. Im Zweigwerk der Grasser GmbH wurde im Monat Mai nur das Produkt P hergestellt.

Folgende Daten liegen vor:

| | Material | Fertigung 1 | Fertigung 2 | Verwaltung und Vertrieb |
|---|---|---|---|---|
| Istgemeinkosten (EUR) | 14.405,00 | ? | 46.335,00 | 76.120,00 |
| Zuschlagsgrundlagen (EUR) | ? | 42.000,00 | ? | ? |
| Istzuschlagssätze (%) | 21,50 | 138,00 | ? | 27,50 |
| Normalzuschlagssätze (%) | 20,00 | 140,00 | 85,00 | 27,50 |

Der Schlussbestand an unfertigen und fertigen Erzeugnissen zum 31. Mai lag insgesamt um 4.900,00 EUR über dem Anfangsbestand zum 1. Mai.

a) Im Mai lagen der Vorkalkulation für ein Stück von P neben den oben angeführten Zuschlagssätzen folgende Einzelkosten je Stück zugrunde:

| | |
|---|---|
| Fertigungsmaterial | 60,00 EUR |
| Fertigungslöhne 1 | 45,00 EUR |
| Fertigungslöhne 2 | 52,00 EUR |

Außerdem wurde mit 2 % Kundenskonto, einer Vertreterprovision von 19,88 EUR und einem Barverkaufspreis von 389,65 EUR gerechnet. Ermitteln Sie die Prozentsätze für die Vertreterprovision und den Gewinnzuschlag (rechnen auf zwei Dezimalstellen).

b) Berechnen Sie im Rahmen eines Kostenträgerzeitblattes die folgenden Werte:
- Verbrauch an Fertigungsmaterial im Mai,
- Istfertigungsgemeinkosten für die Fertigungsstelle 1,
- Über-/Unterdeckung der Kostenstelle Material,
- die in der Fertigungsstelle 2 angefallenen Fertigungslöhne.

c) Im Mai wurden 1.000 Stück vom Produkt P zum kalkulierten Barverkaufspreis (vgl. a) abgesetzt.

Ermitteln Sie das Umsatzergebnis der Abrechnungsperiode, wobei die Herstellungskosten der Abrechnungsperiode auf Normalkostenbasis 281.100,00 EUR betragen. Berücksichtigen Sie dabei auch die Vertreterprovision als Sondereinzelkosten des Vertriebs.

d) Ermitteln Sie das Betriebsergebnis.

### 11.3.4 Plankostenrechnung

Eine Kostenrechnung, die Abweichungen analysiert und sich mit geplanten Kosten beschäftigt, nennt man Plankostenrechnung.

Die **Plankostenrechnung** versucht, mithilfe von Prognoserechnungen, Verbrauchsstudien und Schätzungen **die zukünftigen Preis- und Mengenentwicklungen zu bestimmen.** Daraus ermittelt sie die Plankosten. Diese orientieren sich nicht wie die Istkosten an der Vergangenheit, sondern an der Zukunft.

**Plankosten = Planmenge · Planpreis**

Die Plankostenrechnung wird in zwei Schritten durchgeführt:

1. Schritt: Die Kosten werden geplant.

2. Schritt: Die Plankosten werden mit den tatsächlich angefallenen Istkosten verglichen.

Wenn Kosten abweichen, gibt es dafür grundsätzlich zwei Ursachen:

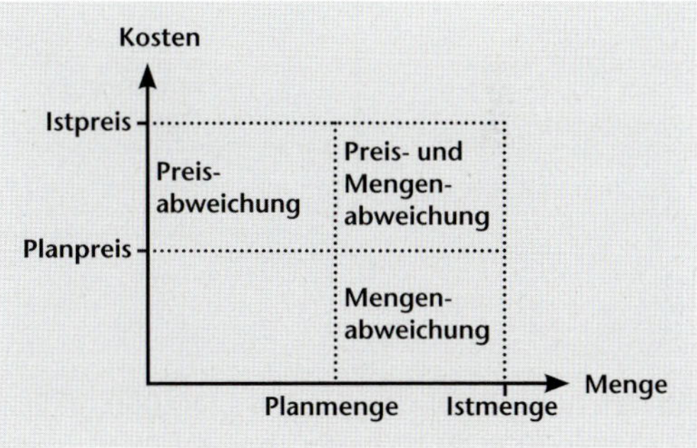


1. **Mengenabweichung,** die entweder verbrauchs- oder beschäftigungsbedingt ist.

   Eine **Verbrauchsabweichung** entsteht, wenn sich der Einsatz von Produktionsfaktoren verändert hat, um die zu erstellende Leistung zu ermöglichen.

   **Beispiele:**

   1. höherer Verbrauch aufgrund von schlechtem Material,
   2. geringere Ausbringungsmenge, da wegen eines Maschinenausfalles nur fünf statt acht Stunden produziert werden kann.

   Von **Beschäftigungsabweichung** spricht man, wenn es zu Kostenabweichungen kommt, weil für die Berechnung der Plankosten ein anderer Beschäftigungsgrad verwendet wurde als der tatsächliche Beschäftigungsgrad bei den Istkosten.

   **Beispiel:** schlechtere Auslastung der Maschinen durch einen geringeren Auftragseingang

2. **Preisabweichung.** Der Preis kann dann abweichen, wenn die Produktionsfaktoren entweder teurer oder billiger beschafft wurden als geplant.

   **Beispiele:** Anstieg der Rohstoffpreise, Lohnerhöhung durch Tarifverhandlungen

Durch die Plankostenrechnung ist der Unternehmensleitung die Möglichkeit gegeben, bei Abweichungen zwischen Plan- und Istkosten die Ursachen zu analysieren und geeignete Lösungen zu ergreifen.

#### Abweichungsanalyse bei starrer Plankostenrechnung

Die **starre Plankostenrechnung** ermittelt die **geplanten Kosten** für eine **bestimmte Planbeschäftigung** (erwarteter Beschäftigungsgrad).

Die gesamten Plankosten werden durch die Planbeschäftigung dividiert. Dies ergibt den Plankalkulationssatz in EUR. Wird dieser mit dem Wert der effektiv erzeugten Menge (Istbeschäftigung) multipliziert, erhält man die verrechneten Plankosten.

$$\text{Plankalkulationssatz} = \frac{\text{Plankosten}}{\text{Planbeschäftigung}}$$

$$\text{verrechnete Plankosten} = \text{Plankalkulationssatz} \cdot \text{Istbeschäftigung}$$

**Beispiel:** Die Controllingabteilung eines Unternehmens geht in der Kostenstelle Fertigung von einer Planbeschäftigung von 16.000 Stück aus. Die Plankosten belaufen sich auf 240.000,00 EUR. Die tatsächliche Istbeschäftigung beträgt aber nur 12.000 Stück und die Istkosten werden mit 220.000,00 EUR ermittelt.

$$\text{Plankalkulationssatz} = \frac{240.000{,}00 \text{ EUR}}{16.000 \text{ Stück}} = 15{,}00 \text{ EUR/Stück}$$

verrechnete Plankosten = 15,00 EUR/Stück · 12.000 Stück = 180.000,00 EUR

Grafische Darstellung:

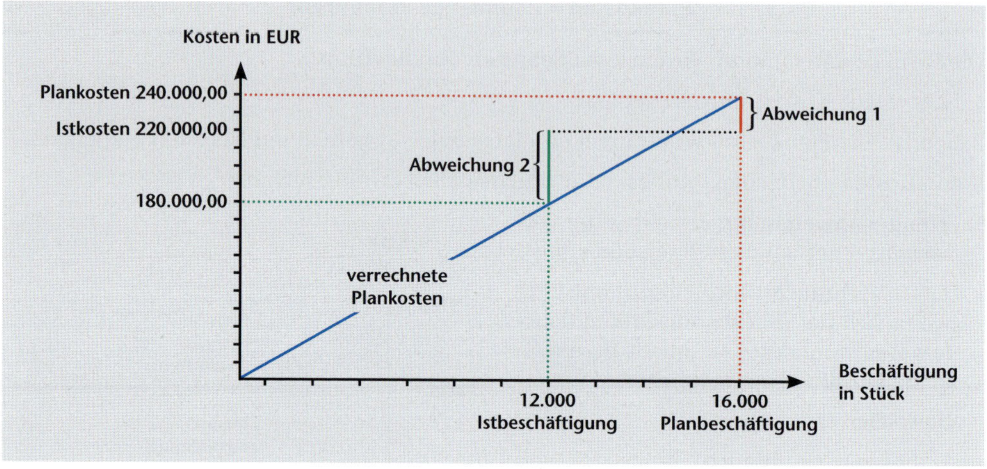


**Abweichung 1:** Die Plankosten (240.000,00 EUR) sind um 20.000,00 EUR höher als die Istkosten (220.000,00 EUR). Da sich aber die Plan- und Istkosten auf verschiedene Beschäftigungsgrade beziehen, können sie nicht miteinander verglichen werden.

**Abweichung 2:** Bei dieser Abweichung werden Kosten bei demselben Beschäftigungsgrad miteinander verglichen: Istkosten von 220.000,00 EUR und verrechnete Plankosten von 180.000,00 EUR. In den verrechneten Plankosten steckt allerdings der Plankalkulationssatz (Vollkosten) von 15,00 EUR/Stück. Das bedeutet, dass die Fixkosten wie variable Kosten behandelt werden (Proportionalisierung der Fixkosten). Aus diesem Grund liefert diese Abweichung keine nützlichen Informationen.

Das Beispiel hat gezeigt, dass man innerhalb der Kostenkontrolle nur die Differenz zwischen Plankosten, verrechneten Plankosten und Istkosten feststellen kann. Die Ursachen dieser Abweichungen kann man aber damit nicht herausfinden. Das liegt daran, dass bei der Kostenverrechnung mit Vollkosten gerechnet wird. Um diesen Mangel zu beseitigen, werden in der flexiblen Plankostenrechnung die Kosten aufgelöst.

## Abweichungsanalyse bei flexibler Plankostenrechnung

Bei der **flexiblen Plankostenrechnung** werden die **Kosten aufgelöst,** damit der Anteil der fixen und variablen Kosten bestimmt werden kann. Jetzt ist es möglich, **Plankosten für verschiedene Beschäftigungsgrade** vorzugeben.

**Plankosten werden Sollkosten genannt,** wenn für ihre Berechnung ein **bestimmter Istbeschäftigungsgrad** berücksichtigt wird.

Die Sollkosten sind die Kosten, die zu Periodenbeginn geplant worden wären, wenn man damals die Istbeschäftigung bereits gekannt hätte. Man nennt sie deshalb auch **Plankosten bei Istbeschäftigung.**

$$\textbf{Sollkosten} = \textbf{fixe Kosten} + \frac{\textbf{variable Kosten} \cdot \textbf{Istbeschäftigung}}{\textbf{Planbeschäftigung}}$$

**Fortführung des Beispiels von Seite 446:**

Eine Kostenauflösung ergab, dass 240.000,00 EUR Plankosten in 100.000,00 EUR fixe und 140.000,00 EUR variable Kosten aufgegliedert werden können.

$$\text{Sollkosten} = 100.000{,}00\ \text{EUR} + \frac{140.000{,}00\ \text{EUR} \cdot 12.000\ \text{Stück}}{16.000\ \text{Stück}} = 205.000{,}00\ \text{EUR}$$

verrechnete Plankosten = 15,00 EUR/Stück · 12.000 Stück = 180.000,00 EUR

Gesamtabweichung = Istkosten – verrechnete Plankosten

= 220.000,00 EUR – 180.000,00 EUR = 40.000,00 EUR

Grafische Darstellung:

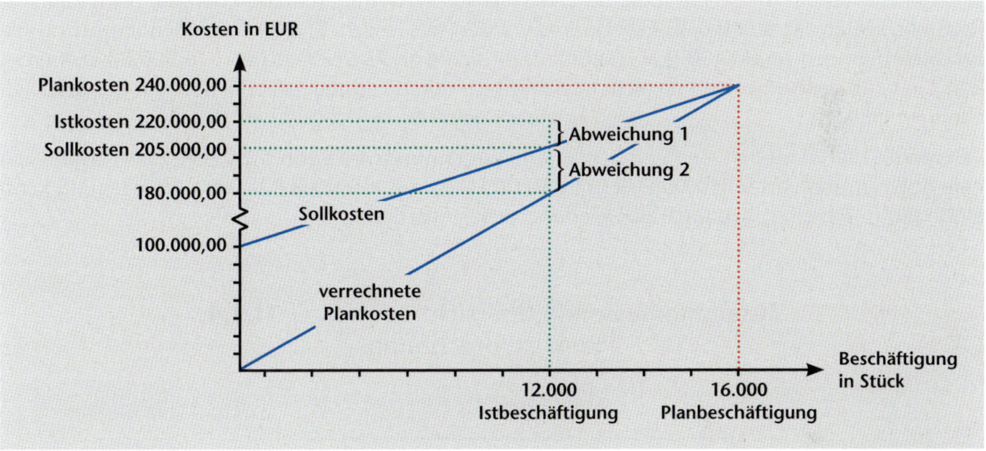


Bei der Istbeschäftigung von 12.000 Stück betragen die zu erwartenden Kosten (Sollkosten) 205.000,00 EUR. Jetzt können die Istkosten mit den Sollkosten verglichen werden, weil sich beide auf eine Beschäftigung beziehen. Eine echte Kostenkontrolle ist möglich, da es keine Proportionalisierung der Fixkosten mehr gibt.

**Abweichung 1:** Die Differenz zwischen Ist- und Sollkosten stellt die Verbrauchsabweichung in Höhe von 15.000,00 EUR dar.

**Abweichung 2:** Die Differenz zwischen den Sollkosten und den verrechneten Plankosten stellt die Beschäftigungsabweichung in Höhe von 25.000,00 EUR dar.

Gegenüber der Planbeschäftigung liegt eine Unterbeschäftigung in Höhe von 25.000,00 EUR vor. Es werden zu geringe Fixkosten verrechnet. Bei einer Überbeschäftigung würden zu hohe Fixkosten verrechnet werden.

Es gibt zwei Möglichkeiten, die Beschäftigungsabweichung zu ermitteln:

- Beschäftigungsabweichung = Gesamtabweichung – Verbrauchsabweichung,
- Beschäftigungsabweichung = Sollkosten – verrechnete Plankosten.

Die Kosten der Beschäftigungsabweichung werden auch **Kosten der nicht ausgelasteten Kapazitäten** genannt.

Das Beispiel zeigt, dass mithilfe der flexiblen Plankostenrechnung eine wirksame Kostenkontrolle möglich ist, weil man bei jeder Istbeschäftigung die Abweichungen untersuchen kann. Für kurzfristige Entscheidungen ist die flexible Plankostenrechnung nicht geeignet, weil die Deckungsbeiträge (vgl. Seite 473) nicht bekannt sind. Es wird immer noch mit einem Vollkostensatz gerechnet. Das kann zu Fehlentscheidungen führen.

## Abweichungsanalyse mit Verrechnungspreisen

Innerhalb einer Abrechnungsperiode können sich die Preise für Produktionsfaktoren verändern. Damit Beschäftigungs- oder Verbrauchsabweichungen in der Plankostenrechnung eindeutig erklärt werden können, wird mit Verrechnungspreisen gearbeitet. Dadurch sollen Kostenabweichungen durch Preisschwankungen bei der innerbetrieblichen Kostenkontrolle unberücksichtigt bleiben.

> Wird bei den **Istkosten** und den **Plankosten** mit den **gleichen Festpreisen** gerechnet, nennt man diese **Verrechnungspreise.**

**Beispiel:** Für die Produktion wird geplant, 10.000 Stück eines Rohstoffs einzusetzen. Zum Planungszeitpunkt kostet das Stück 5,00 EUR, d.h., die Plankosten betragen 50.000,00 EUR. Beim Kauf des Rohstoffs kostet das Stück 6,00 EUR und es wurden tatsächlich 11.000 Stück benötigt, d.h., die Istkosten betragen 66.000,00 EUR. Damit würde sich eine Abweichung von 16.000,00 EUR ergeben. Diese Abweichung lässt sich nicht ausschließlich durch Verbrauchs- oder Beschäftigungsabweichungen erklären.

Verwendet man dagegen einen einheitlichen Verrechnungspreis von 5,25 EUR, dann ergibt sich eine Abweichung von 5.250,00 EUR (57.750,00 EUR – 52.500,00 EUR). Diese Abweichung kann eindeutig durch eine Verbrauchsabweichung erklärt werden.

### Zusammenfassende Übersicht zu Kapitel 11.3.4: Plankostenrechnung

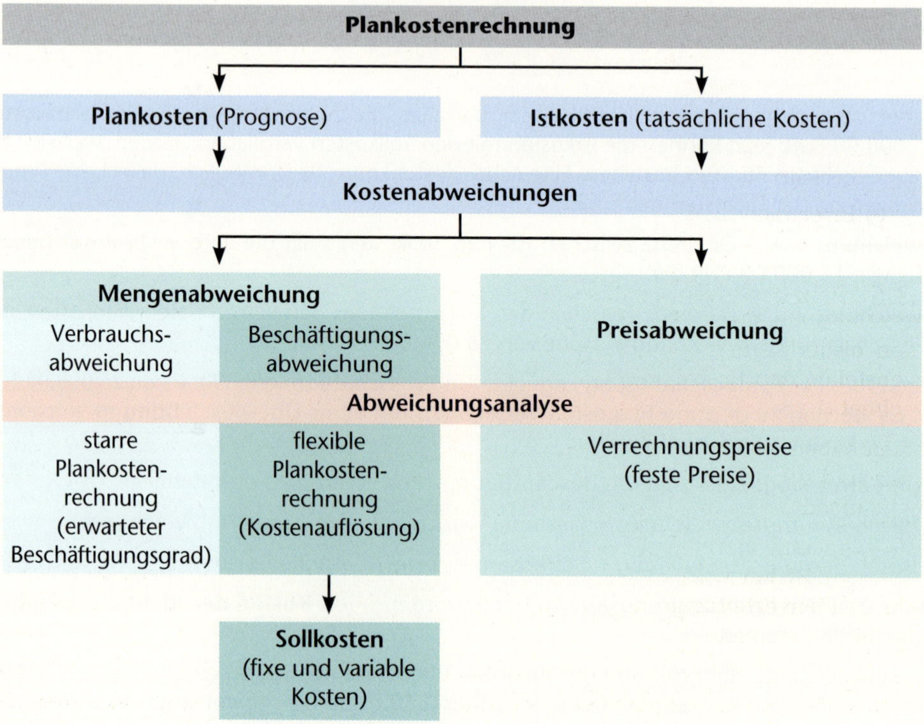

## ▶ Aufgaben und Probleme

1. In einem Industriebetrieb liegen folgende Daten vor: Planbeschäftigung 20.000 Stück, Plankosten 220.000,00 EUR, Istbeschäftigung 16.000 Stück, Istkosten 180.000,00 EUR.

   Berechnen Sie

   a) den Plankalkulationssatz,

   b) die verrechneten Plankosten,

   c) die Gesamtabweichung.

2. In einer Kostenstelle ist die Planbezugsgröße mit 1.200 Fertigungsstunden angegeben. Die Plankosten belaufen sich insgesamt auf 96.000,00 EUR in der zu untersuchenden Periode. Die Controllingabteilung führt eine Kostenkontrolle durch. Dabei untersucht sie verschiedene Alternativen:

   a) Die Istbeschäftigung entspricht der Planbeschäftigung. Die Istkosten belaufen sich auf 110.000,00 EUR.

   b) Die Istbeschäftigung beträgt nur 800 Fertigungsstunden. Die Istkosten belaufen sich auf 84.000,00 EUR.

   Stellen Sie für beide Alternativen rechnerisch und grafisch die starre Plankostenrechnung dar und nennen Sie mögliche Ursachen für die Gesamtabweichung.

3. In der Fertigungshauptkostenstelle der KÜHLsys GmbH werden die Kosten geplant, ebenso der Beschäftigungsgrad. Bei einer Planbeschäftigung von 10.000 Fertigungsstunden betragen die Plankosten 60.000,00 EUR.

   In der betreffenden Abrechnungsperiode betrug die effektive Beschäftigung 6.000 Stunden, die dabei angefallenen Istkosten betrugen 50.000,00 EUR.

   a) Ermitteln Sie den Plankalkulationssatz.

   b) Wie hoch sind die verrechneten Plankosten?

   c) Welche Gesamtabweichung ergibt sich zwischen den Istkosten und den verrechneten Plankosten?

   d) Beurteilen Sie das Ergebnis der flexiblen Plankostenrechnung anhand einer grafischen Darstellung. Durch Kostenauflösung wurden fixe Kosten in Höhe von 20.000 EUR festgestellt.

   e) Errechnen Sie die Verbrauchs-, Beschäftigungs- und Gesamtabweichung.

## 11.3.5 Prozesskostenrechnung

In den bisher kennengelernten Kostenrechnungssystemen werden Gemeinkosten aller Kostenstellen den Kostenträgern verursachungsgerecht mithilfe von Zuschlagssätzen zugerechnet.

Studien haben gezeigt, dass nur noch 40 % der Kosten direkt auf den Kostenträger zuzuordnen sind. 1960 waren es noch 70 %. Deshalb müssen die Bereiche in den Unternehmen zugenommen haben, in denen Gemeinkosten entstehen (indirekte Leistungsbereiche).

Damit wird eine gerechte Zuordnung der Gemeinkosten auf den Kostenträger immer schwieriger. **Bisher** wurde die Frage gestellt: **Wie verteilt man die Kosten auf die Kostenträger (Kostenverteilung)?** Kostenarten werden mit Schlüssel auf Kostenstellen und diese auf Kostenträger verteilt.

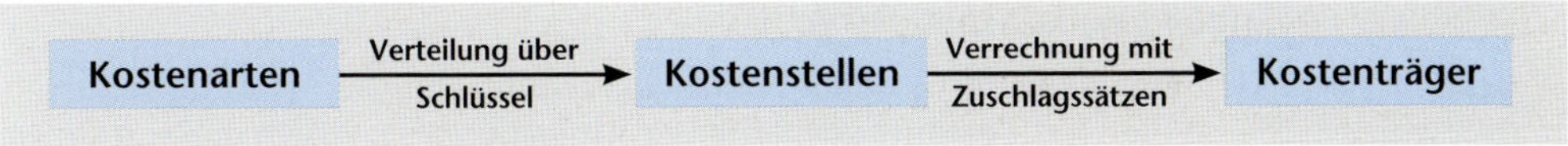

Jetzt geht man von der Leistung des Unternehmens aus und fragt: Welche Kosten werden durch die Kostenträger verursacht (Ursachenkette)? Wenn Leistungen zu erbringen sind, sind Tätigkeiten erforderlich. Diese Tätigkeiten verursachen Kosten.

Die **prozessorientierte Kostenrechnung** oder Prozesskostenrechnung möchte die **Gemeinkosten verursachungsgerechter verteilen** und damit die bisherigen Kostenrechnungssysteme ergänzen.

## Prozesskostenrechnung im Überblick

Die Prozesskostenrechnung ist eine Vollkostenrechnung und baut auf den Daten und Informationen der Kostenarten- und Kostenstellenrechnung auf. In Unternehmen, die prozessorientiert arbeiten, muss auch das Rechnungswesen dieser Organisationsform gerecht werden. Deshalb wird versucht, die Kosten einzelnen Geschäftsprozessen zuzuordnen. Die Kosten sollen nicht mehr bereichsweise je Kostenstelle erfasst werden, sondern entlang eines Prozesses, der **kostenstellenübergreifend** sein kann.

**Beispiel** für einen kostenstellenübergreifenden Prozess »Material beschaffen«:

Um eine Prozesskostenrechnung in einem Unternehmen einzuführen, sind vier Schritte nötig:

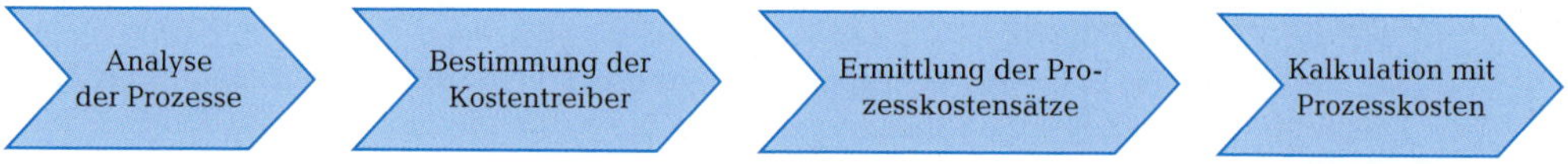


## Analyse der Prozesse

Ein Prozess ist eine Kette von Aktivitäten, die auf die Erbringung einer bestimmten Leistung ausgerichtet ist.

Er ist gekennzeichnet durch eine konkrete Leistungsausbringung, bestimmte Qualitätsmerkmale, den Verbrauch von Ressourcen, einen Kosteneinflussfaktor und analysierbare Bearbeitungszeiten.

Er stellt eine **Input-Output-Beziehung** dar. Diese ist entweder

– materiell: Der Prozessoutput ist eine Sache,

  **Beispiele:** Rohstoffe bei der Beschaffung, unfertige Erzeugnisse in der Produktion

  oder

– immateriell: Der Prozessoutput ist eine Information oder Dienstleistung.

  **Beispiele:** Planungsergebnisse, Kontrollergebnisse

Welche Prozesse Gemeinkosten verursachen, muss durch eine Analyse der Tätigkeiten ermittelt werden. Sie ist eine Art Bestandsaufnahme im Unternehmen. Allein diese Analyse führt schon zu Verbesserungen, weil viele funktions- und kostenstellenübergreifende Diskussionen ausgelöst werden.

Zur Erfassung der Tätigkeiten gibt es verschiedene Möglichkeiten:

- Schätzungen,
- Selbstaufzeichnungen und Zeitaufnahmen durch betroffene Mitarbeiter,
- strukturierte Interviews mit Kostenstellenleitern,
- Auswertungen von bestehenden Unterlagen wie Stellenbeschreibungen und Arbeitsprozessbogen oder Statistiken.

**Teilprozesse** sind eine **Abfolge gleicher Tätigkeiten in einer Kostenstelle.** Sie sind Bindeglieder zwischen der Kostenstellenrechnung und den Hauptprozessen. Sie können zu einem oder mehreren **Hauptprozessen zugeordnet** werden.

**Hauptprozesse** sind eine **Abfolge gleichartiger Teilprozesse,** die meistens demselben Kosteneinflussfaktor unterliegen und in der Regel **kostenstellenübergreifend** sind.

Daraus ergibt sich eine Prozesshierarchie.

| | | | | | |
|---|---|---|---|---|---|
| **Teilprozesse** | Werkstoffe einkaufen | Werkstoffe annehmen | Werkstoffe kontrollieren | Werkstoffe lagern | Kostenstelle Material leiten |
| **Hauptprozess** | Werkstoffe beschaffen | | | | |

Die einzelnen Tätigkeiten werden zu Teilprozessen und diese zu Hauptprozessen zusammengefasst.

Allgemein dargestellt ergeben sich folgende Zuordnungen:

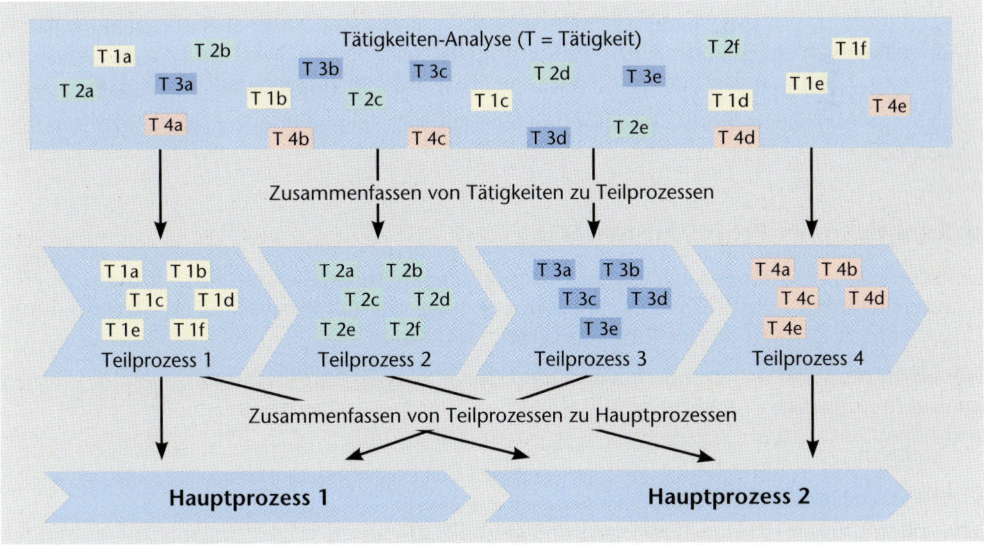


Die Hauptprozesse werden nach Leistungsmengenabhängigkeit eingeteilt:

Es gibt **leistungsmengenneutrale (lmn) Prozesse.** Die Kosten dieser Prozesse entstehen, weil bestimmte **Tätigkeiten unabhängig vom Prozess** ausgeführt werden.

**Beispiele:** Kostenstelle leiten, Geschäftsführung unterstützen, Abteilung koordinieren, Unternehmenskäufe und -beteiligungen vorbereiten

Es gibt **leistungsmengeninduzierte (lmi) Prozesse.** Die Kosten dieser Prozesse hängen von der **Anzahl der durchgeführten Prozesse** ab. Sie können direkt auf die Kostenträger mit geeigneten Bezugsgrößen verrechnet werden.

**Beispiele:** Bestellungen durchführen, Werkstoffe bereitstellen, mit Gabelstapler transportieren, Kunden betreuen

## Festlegung der Kostentreiber

**Kostentreiber** (»Cost-Driver«) sind **Bezugsgrößen,** die einen **direkten Bezug zu den Leistungen eines Prozesses** haben.

**Beispiele** für Kostentreiber:

| Prozess | Kostentreiber |
|---|---|
| Rohstoffe bestellen | Anzahl der Bestellungen |
| Arbeitspapiere ausgeben | Anzahl der Papiere |
| Betriebsmittel bereitstellen | Anzahl der Betriebsmittel |
| Auftrag kalkulieren | Anzahl der Kundenaufträge |
| Material einlagern | Anzahl der Einlagerungen |
| Rechnung prüfen | Anzahl der Rechnungspositionen |
| Rechnungen mahnen | Anzahl der Rechnungen |

**Kostentreiber** müssen **zwei Anforderungen** erfüllen:

- Die Kosten der Prozesse müssen sich proportional zu den Kostentreibern verhalten.

  **Beispiel:** Wenn der Prozess »Rohstoffe bestellen« 50,00 EUR kostet, fallen für die einmalige Ausführungung dieses Prozesses Prozesskosten in Höhe von 50,00 EUR an. Dabei spielt es keine Rolle, ob ein Teil oder 100 Teile Rohstoffe bestellt werden. Wird der Prozess »Rohstoffe bestellen« zehnmal durchgeführt, entstehen Prozesskosten in Höhe von 500,00 EUR.
- Es muss eine Beziehung zwischen den Kostentreibern und den Kostenträgern herstellbar sein.

## Ermittlung der Prozesskostensätze

Um die Prozesskosten der indirekten Unternehmensbereiche auf die Kostenträger zu verrechnen, werden – wie in der Vollkostenrechnung auch – Prozesskostensätze ermittelt. Diese werden dann in der Kalkulation verwendet.

Nachdem die Prozesse in lmi-Prozesse und lmn-Prozesse aufgeteilt worden sind, müssen auch zwei Prozesskostensätze gebildet werden. Der Gesamtprozesskostensatz ergibt sich, wenn man die beiden Prozesskostensätze zusammenzählt.

### ▶ lmi-Prozesskostensatz

Man nimmt die geplanten Kosten einer Tätigkeit, die von der Leistungsmenge abhängig ist, und teilt sie durch die Menge des entsprechenden Kostentreibers.

Der lmi-Prozesskostensatz sagt aus, wie viel eine Tätigkeit bzw. ein Prozess bei einmaliger Durchführung kostet.

$$\textbf{lmi-Prozesskostensatz} = \frac{\textbf{geplante Kosten der lmi-Tätigkeit}}{\textbf{Outputmenge der Kostentreiber}}$$

**Beispiel:** Die geplanten Kosten für den Prozess »Material bestellen« belaufen sich im Jahr auf 130.000,00 EUR. Der Kostentreiber »Einzelbestellungen« hat einen Output von 2.500 Stück.

$$\text{lmi-Prozesskostensatz} = \frac{130.000{,}00 \text{ EUR}}{2.500 \text{ Einzelbestellungen}} = 52{,}00 \text{ EUR/Einzelbestellung}$$

### ▶ lmn-Prozesskostensatz (Umlagesatz)

Um die Kosten aus lmn-Prozessen auf die Kostenträger umzulegen, bildet man für die lmn-Kosten lmn-Prozesskostensätze, die auch Umlagesätze genannt werden. Dabei werden die lmn-Kosten im Verhältnis der lmi-Prozesskosten verteilt.

$$\textbf{lmn-Zuschlagssatz} = \frac{\textbf{Summe aller lmn-Prozesskosten}}{\textbf{Summe lmi-Prozesskosten}} \cdot 100$$

$$\textbf{lmn-Prozesskostensatz} = \textbf{lmi-Prozesskostensatz} \cdot \textbf{lmn-Zuschlagssatz}$$

**Beispiel:** Der Prozess »Material bestellen« gehört zur Kostenstelle »Beschaffung«. Diese Kostenstelle hat im Jahr 350.000,00 EUR zur Verfügung. Neben anderen lmi-Prozessen wie »Lieferverträge abschließen«, »Lieferantenkontakte pflegen« oder »Eingangsrechnungen prüfen« gehört auch der lmn-Prozess »Kostenstelle Beschaffung leiten« dazu. Für diesen wurden Prozesskosten in Höhe von 56.000,00 EUR ermittelt. Alle lmi-Prozesse dieser Kostenstelle verursachen Kosten von 280.000,00 EUR. Damit errechnet sich der lmn-Prozesskostensatz für den Prozess »Material bestellen« folgendermaßen:

$$\text{lmn-Zuschlagssatz} = \frac{56.000{,}00 \text{ EUR}}{280.000{,}00 \text{ EUR}} \cdot 100 = 20\,\%$$

$$\text{lmn-Prozesskostensatz} = 52{,}00 \text{ EUR/Stück} \cdot 20\,\% = 10{,}40 \text{ EUR}$$

### ▶ Hauptprozesskostensatz

**Hauptprozesskostensatz = lmi-Prozesskostensatz + lmn-Prozesskostensatz**

**Beispiel:** Hauptprozesskostensatz »Material bestellen« = 52,00 EUR + 10,40 EUR = 62,40 EUR

**Beispiel:** Ein Hauptprozesskostensatz besteht aus mehreren Teilprozesskostensätzen. Der Prozesskostensatz für den Hauptprozess »Beschaffung von Fremdbauteilen« hat planmäßig eine Bestellung, eine Einlagerung und zwei Buchungen:

| Hauptprozess | Kostenstelle | Teilprozess | Kostentreiber | Anzahl | Prozesskostensatz |
|---|---|---|---|---|---|
| Beschaffung von Fremdbauteilen | Einkauf | Fremdbauteile bestellen | Anzahl Bestellungen | 1 | 48,30 EUR |
| | Material | Fremdbauteile einlagern | Anzahl Lieferungen | 1 | 511,00 EUR |
| | Verwaltung (Finanzbuchhaltung | Fremdbauteile buchen | Anzahl Buchungen | 2 | 2,15 EUR |

Damit beträgt der Hauptprozesskostensatz »Beschaffung von Fremdbauteilen«:
1 · 48,30 EUR + 1 · 511,00 EUR + 2 · 2,15 EUR = 563,60 EUR

## Kalkulation mit Prozesskostensätzen

Die Kalkulation der Selbstkosten erfolgt wie bei der Zuschlagskalkulation innerhalb der Kostenträgerrechnung mit Vollkosten. Da die Prozesskostenrechnung nur eine Ergänzung der Vollkostenrechnung und kein Ersatz derselben ist, werden nicht die gesamten Gemeinkosten aus dem BAB genommen, sondern nur diejenigen, die nicht einem konkreten Prozess zuzuordnen sind. Dafür kommen zusätzlich die Prozesskosten zum Tragen, die ermittelt wurden.

**Beispiel** einer Vollkosten-Zuschlagskalkulation mit Prozesskostenrechnung:

Eine Prozessanalyse führt zu folgenden Prozesskosten:

| | **Produkt** | |
|---|---|---|
| | **einfache Version** | **luxuriöse Version** |
| Materialprozesskosten | 30,00 EUR | 110,00 EUR |
| Fertigungsprozesskosten | 35,00 EUR | 135,00 EUR |
| Vertriebsprozesskosten | 105,00 EUR | 200,00 EUR |

Da nicht alle betrieblichen Tätigkeiten in Prozessen abgebildet werden können, bleiben noch folgende Restgemeinkostenzuschlagssätze übrig:

| | **Produkt** | |
|---|---|---|
| | **einfache Version** | **luxuriöse Version** |
| Materialprozesskosten | 5 % | 5 % |
| Fertigungsprozesskosten | 10 % | 10 % |
| Vertriebsprozesskosten | 10 % | 10 % |

| | | % | EUR | EUR |
|---|---|---|---|---|
| **Materialbereich** | Fertigungsmaterial | | 300,00 | 450,00 |
| | + **Materialprozesskosten** | | 30,00 | 110,00 |
| | + Materialgemeinkosten | 5 | 15,00 | 22,50 |
| | = Materialkosten | | 345,00 | 582,50 |
| **Fertigungsbereich** | Fertigungseinzelkosten | | 250,00 | 260,00 |
| | + **Fertigungsprozesskosten** | | 35,00 | 135,00 |
| | + Fertigungsgemeinkosten | 10 | 25,00 | 26,00 |
| | + Sondereinzelkosten der Fertigung | | 30,00 | 45,00 |
| | = Fertigungskosten | | 340,00 | 466,00 |
| | = Herstellkosten | | 685,00 | 1.048,00 |
| **Verwaltungsbereich** | + Verwaltungsgemeinkosten | 15 | 102,75 | 157,28 |
| **Vertriebsbereich** | + **Vertriebsprozesskosten** | | 105,00 | 200,00 |
| | + Vertriebsgemeinkosten | 10 | 68,50 | 104,85 |
| | + Sondereinzelkosten des Vertriebs | | 140,00 | 100,00 |
| | = **Selbstkosten** | | **1.101,25** | **1.610,63** |

| Produkt | Kostenträgerrechnung | | Vergleich mit und ohne Prozesskosten |
|---|---|---|---|
| | Vollkostenrechnung ohne Prozesskosten | Vollkostenrechnung mit Prozesskosten | |
| einfache Version | 1.288,00 EUR | 1.101,25 EUR | 186,75 EUR zu viel belastet |
| luxuriöse Version | 1.564,00 EUR | 1.610,63 EUR | 46,63 EUR zu wenig belastet |

**Ergebnis:** Hochwertigere Materialien und anspruchsvollere Fertigungsverfahren belasten die luxuriöse Version mit höheren Prozesskosten. Außerdem muss sie auch beratungsintensiver vertrieben werden, was die Vertriebsprozesskosten erhöht.

Die Ergänzung der Vollkostenkalkulation durch die Prozesskostenrechnung ermöglicht eine genauere Zuordnung der durch Prozesse entstandenen Kosten und ermöglicht damit eine realistischere Verrechnung von Gemeinkosten auf die einzelnen Kostenträger.

## Vor- und Nachteile der prozessorientierten Kostenbetrachtung

| Vorteile | Nachteile |
|---|---|
| – Die Prozesskostenrechnung ist ein geeignetes Instrument, um Gemeinkosten verursachungsgerecht zu verteilen.<br>– Es werden leistungsmengeninduzierte (lmi-)Prozesse herausgearbeitet und verrechnet.<br>– Die Kosten werden besser dokumentiert und kontrolliert als bei der herkömmlichen Vollkostenrechnung.<br>– Herstellkosten und Selbstkosten werden exakter ermittelt.<br>– Die Prozesskostenrechnung ist vor allem für Unternehmen mit hohem Gemeinkostenanteil geeignet, um Kosten und Leistungen zu verrechnen. | – Wenn Gemeinkosten auf Kostenträger verrechnet werden und kein Zusammenhang hergestellt werden kann, werden Fixkosten proportionalisiert (lmn-Prozesse).<br>– Bei der Festlegung der Planprozessmengen kann es zu Fehleinschätzungen kommen. Das führt zu falschen Prozesskostensätzen, die zu falschen Entscheidungsgrundlagen führen können.<br>– Bei den betrachteten Prozessen geht es nur um Abläufe der indirekten Bereiche.<br>– Die Prozesskostenrechnung eignet sich nicht für kurzfristige Planungen und Entscheidungen.<br>– Für Unternehmen mit hauptsächlich direkt dem Kostenträger zurechenbaren Kosten ist die Prozesskostenrechnung ungeeignet. In den bisher kennengelernten Kostenrechnungssystemen werden Gemeinkosten aller Kostenstellen den Kostenträgern verursachungsgerecht mithilfe von Zuschlagssätzen zugerechnet. |

## Zusammenfassende Übersicht zu Kapitel 11.3.5: Prozesskostenrechnung

**Veränderung der Kostenstruktur von Industrieunternehmen**

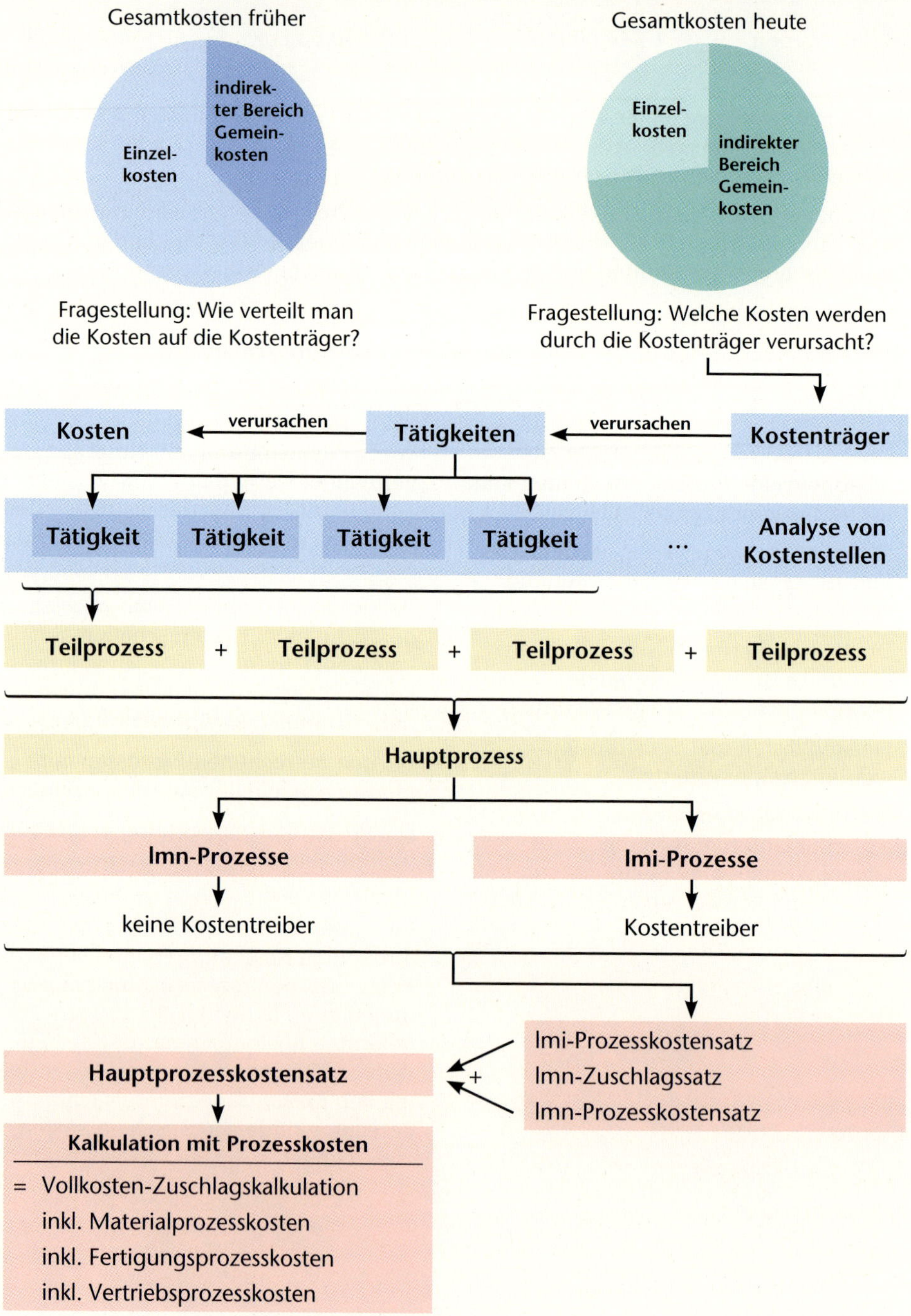

## ▶ Aufgaben und Probleme

1. Nennen Sie Hauptprozesse in Ihnen bekannten Betrieben.
2. Welche Arten von Kostentreibern lassen sich den folgenden Kostenstellen zuordnen?

| | | | |
|---|---|---|---|
| a) Labor | e) Materialprüfung | i) Lohnabrechnung | m) Verkauf |
| b) Einkauf | f) Finanzbuchhaltung | j) Schreibbüro | n) Fakturierung |
| c) Materiallager | g) Kalkulation | k) Registratur | o) Versand |
| d) Fertigwarenlager | h) Betriebsabrechnung | l) Poststelle | p) Datenverarbeitung |

3. Aus dem Prozesskostenstellenplan der KÜHLsys GmbH liegen für eine Kostenstelle folgende Daten vor:

| **Kostenstelle 4401: Fertigungsplanung** | | | | | |
|---|---|---|---|---|---|
| **Teilprozesse** | | **Kostentreiber** | | **Prozesskosten in EUR** | |
| **Nr.** | **Bezeichnung** | **Art** | **Menge** | **lmi** | **lmn** |
| 1 | Fertigungspläne ändern | Änderungen der Fertigprodukte | 200 Stück | 400.000,00 | 40.000,00 |
| 2 | Fertigung betreuen | Varianten der Fertigprodukte | 100 Stück | 600.000,00 | 60.000,00 |

a) Ermitteln Sie für die Teilprozesse die lmi-Prozesskostensätze.

b) Berechnen Sie den Umlagesatz und die lmn-Prozesskostensätze.

c) Ermitteln Sie die gesamten Prozesskosten je Teilprozess.

4. Die KÜHLsys GmbH stellt unter anderem die beiden Produkte »Frosto X10« und »Frosto X25« her. Bei der Ermittlung der Stückkosten wurde bisher die Zuschlagskalkulation verwendet. Ein neuer Mitarbeiter der Controlling-Abteilung verwendet neben der herkömmlichen Methode auch die neue Form der Prozesskostenrechnung.

Dazu hat die Abteilung folgende Daten ermittelt:

| | **Frosto X10** | **Frosto X25** | **Summe** | **Bezugsgröße** |
|---|---|---|---|---|
| **Einzelkosten:** | | | | |
| Fertigungsmaterial | 150,00 EUR | 75,00 EUR | 225,00 EUR | |
| Fertigungslöhne | 70,00 EUR | 35,00 EUR | 105,00 EUR | |
| **Gemeinkosten:** | | | | |
| Materialgemeinkosten | | | 300,00 EUR | Fertigungsmaterial |
| Fertigungsgemeinkosten | | | 140,00 EUR | je 50 % |
| Vw-/Vt-Gemeinkosten | | | 270,00 EUR | Verhältnis 2:1 |
| **Daten aus der Produktion:** | | | | |
| Produktionsanzahl | 75 Stück | 50 Stück | 125 Stück | |
| **Prozessdaten:** | | | | |
| **Tätigkeiten** | **Prozesskosten** | **Kostentreiber** | | |
| Material vorbereiten | 70,00 EUR | Anzahl produzierte Einheiten | | |
| Maschine vorbereiten | 125,00 EUR | Anzahl produzierte Einheiten | | |

| | Frosto X10 | Frosto X25 | Summe | Bezugsgröße |
|---|---|---|---|---|
| Produkte herstellen | 175,00 EUR | 125,00 EUR für Frosto X10, 50,00 EUR für Frosto X25 | | |
| Qualitätskontrolle durchführen | 100,00 EUR | je 50 % | | |
| Abteilung leiten | 240,00 EUR | | | |

Beide Produkte beanspruchen die gleiche Fläche im Lager.

Die leistungsmengenneutralen Kosten werden proportional zu den leistungsmengeninduzierten Kosten umgelegt.

a) Berechnen Sie nach der Zuschlagsmethode die Selbstkosten je Stück.

b) Führen Sie die Prozesskostenrechnung durch und berechnen Sie die Selbstkosten je Stück. Es ist gelungen, alle Gemeinkosten in Tätigkeiten aufzuschlüsseln.

## 11.4 Kostenanalyse

### 11.4.1 Kapazität und Beschäftigungsgrad

#### Kapazität

Unter **Kapazität** versteht man das **Leistungsvermögen eines Betriebes,** gemessen in **Leistungseinheiten je Zeitabschnitt** (Monat, Arbeitsschicht, Arbeitsstunde, Maschinenstunde).

Die Kapazität ist das Ergebnis des Zusammenwirkens aller Faktoren der Leistungserstellung. Sie ist also abhängig

- von der Zahl und der Leistungsfähigkeit der technischen Betriebsmittel und der Arbeitskräfte,
- von der Verfügbarkeit über Werkstoffe und Energie,
- von der Leistungsfähigkeit des dispositiven Faktors, d. h. von der Art und Weise, wie die Elementarfaktoren durch die leitenden Organe zum Zweck optimaler Gestaltung der Leistungserstellung kombiniert werden.

Folgende Arten der Kapazität sind zu unterscheiden:

**a) Normalkapazität** ist das Leistungsvermögen eines Unternehmens
   - bei technisch und kostenmäßig regelmäßiger Inanspruchnahme der Maschinen und Anlagen,
   - bei auf durchschnittliche Beschäftigung ausgerichteter Besetzung der Arbeitsplätze und
   - bei dauerhaft erbringbaren Leistungen der Stammbelegschaft.

   Sie dient der langfristigen oder mittelfristigen Planung innerhalb der Fertigungssteuerung.

**b) Maximalkapazität** ist die technisch bedingte obere Leistungsgrenze eines Unternehmens oder einer Maschine, also die höchstmögliche Ausbringung. Die Ausnutzung der Maximalkapazität führt zu progressiv steigenden Kosten (Verschleiß, Gefahr geringerer Präzision, hohe Ausschussquote).

c) **Minimalkapazität** ist die technisch bedingte untere Leistungsgrenze eines Unternehmens oder einer Maschine. Sie kann aus technischen oder wirtschaftlichen Gründen nicht unterschritten werden, wenn das Unternehmen funktionsfähig sein soll (Mindestgeschwindigkeit eines Fließbandes, Untergrenze der Beschäftigung).

d) **Optimalkapazität** ist die technisch und kostenmäßig bestmögliche Inanspruchnahme der Maschine. Bei Optimalkapazität weist die Maschine ein besonders günstiges Verhältnis zwischen erzielter Leistung und dafür entstandenen Kosten aus.

e) **Genutzte Kapazität** ist die effektive Leistung, gemessen in Leistungseinheiten, die tatsächlich erstellt wurde. Sie wird auch Ausbringungsmenge genannt.

Die Kapazität kann auch auf einzelne Faktoren oder bestimmte Verhältnisse bezogen werden. Dann spricht man z. B. von Anlagenkapazität und Arbeitskapazität.

### Beschäftigung

Unter **Beschäftigung** versteht man die **tatsächliche Nutzung des Leistungsvermögens** eines Unternehmens innerhalb eines Zeitabschnittes, also die genutzte Kapazität.

Beschäftigung wird in Leistungseinheiten (Ausbringungsmenge, Arbeitsstunden, Maschinenstunden) gemessen. Unter dem Begriff wird also nicht die Zahl der in einem Unternehmen beschäftigten Mitarbeiter verstanden.

### Beschäftigungsgrad

Das Verhältnis von genutzter Kapazität zur Bezugsgrundlage (normale oder maximale Kapazität) ergibt den Beschäftigungsgrad. Er wird normalerweise in einem Prozentsatz ausgedrückt.

$$\textbf{Beschäftigungsgrad} = \frac{\textbf{genutzte Kapazität}}{\textbf{normale oder maximale Kapazität}} \cdot \textbf{100}$$

**Beispiel:** Im Vierteljahr könnte ein Automobilzulieferer bei Auslastung seiner Normalkapazität 500.000 Motorengehäuse »ausbringen«. Wegen der gestiegenen Konkurrenz und der damit verbundenen schwierigen Absatzsituation werden aber nur 425.000 Motorengehäuse gefertigt.

**Kapazität**
500.000 Motorengehäuse/Vierteljahr

**Beschäftigung**
425.000 Motorengehäuse/Vierteljahr

$$\textbf{Beschäftigungsgrad} = \frac{425.000 \text{ Motorengehäuse/Vierteljahr}}{500.000 \text{ Motorengehäuse/Vierteljahr}} \cdot 100 = 85\,\%$$

## 11.4.2 Einfluss des Beschäftigungsgrades auf die Kosten

Der Einfluss des Beschäftigungsgrades zeigt sich sowohl bei den Gesamtkosten als auch bei den Stückkosten.

### Beschäftigungsgrad und Gesamtkosten

Die **Gesamtkosten** lassen sich im **Verhältnis zum Beschäftigungsgrad** einteilen in

**Beispiele:**

| Ausbringungsmenge | Gesamtkosten fix | Stückkosten degr. |
|---|---|---|
| x | $K_f$ | $K_f/x$ |
| Stück | EUR | EUR |
| 0 | 8.000,00 | – |
| 2.000 | 8.000,00 | 4,00 |
| 4.000 | 8.000,00 | 2,00 |
| 6.000 | 8.000,00 | 1,33 |
| 8.000 | 8.000,00 | 1,00 |

| Ausbringungsmenge | Gesamtkosten prop. | Stückkosten konstant |
|---|---|---|
| x | $K_v$ | $K_v/x$ |
| Stück | EUR | EUR |
| 1.000 | 500,00 | 0,50 |
| 2.000 | 1.000,00 | 0,50 |
| 4.000 | 2.000,00 | 0,50 |
| 6.000 | 3.000,00 | 0,50 |
| 8.000 | 4.000,00 | 0,50 |

| Ausbringungsmenge | Gesamtkosten überprop. | Stückkosten progr. |
|---|---|---|
| x | $K_v$ | $K_v/x$ |
| Stück | EUR | EUR |
| 1.000 | 1.000,00 | 1,00 |
| 2.000 | 2.500,00 | 1,25 |
| 4.000 | 7.000,00 | 1,75 |
| 6.000 | 13.500,00 | 2,25 |
| 8.000 | 22.000,00 | 2,75 |

| Ausbringungsmenge | Gesamtkosten unterprop. | Stückkosten degr. |
|---|---|---|
| x | $K_v$ | $K_v/x$ |
| Stück | EUR | EUR |
| 1.000 | 10.000,00 | 10,00 |
| 2.000 | 19.000,00 | 9,50 |
| 4.000 | 34.000,00 | 8,50 |
| 6.000 | 45.000,00 | 7,50 |
| 8.000 | 52.000,00 | 6,50 |

**Gesamtkosten:**

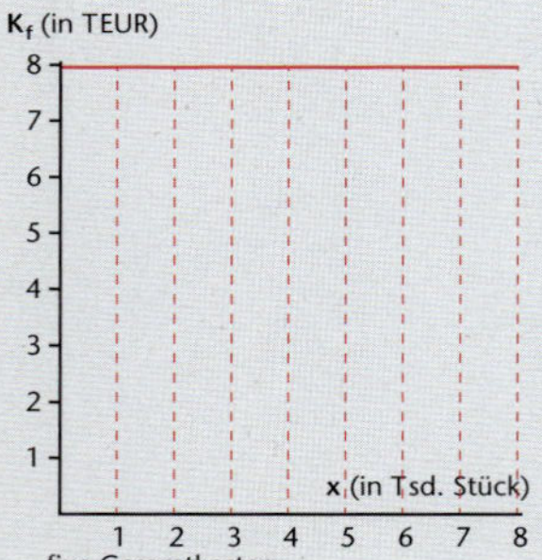

fixe Gesamtkosten

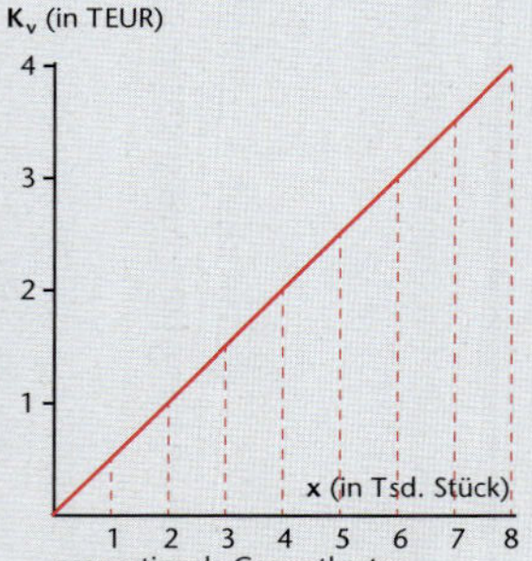

proportionale Gesamtkosten

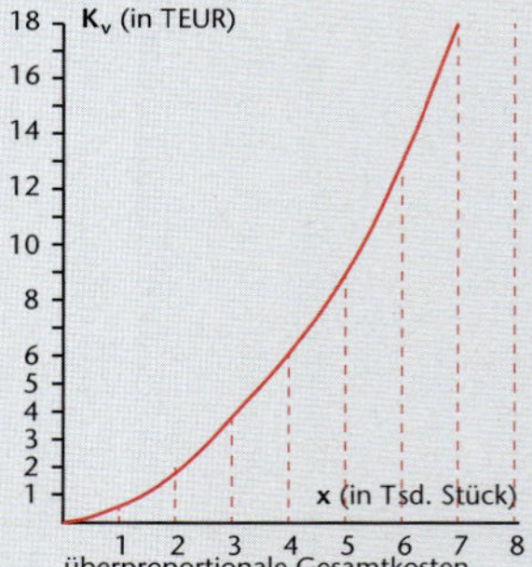

überproportionale Gesamtkosten

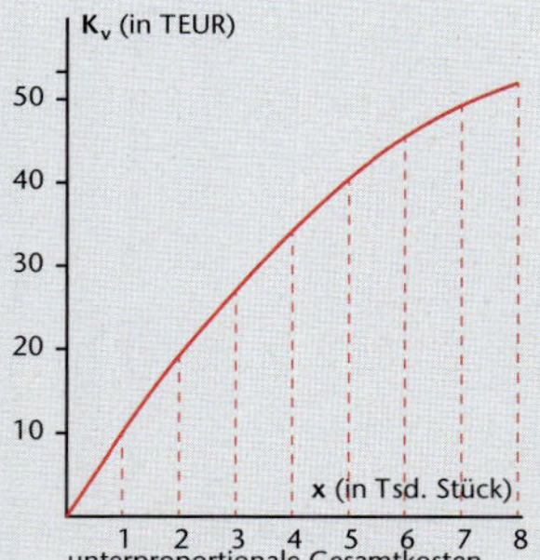

unterproportionale Gesamtkosten

**Stückkosten*:**

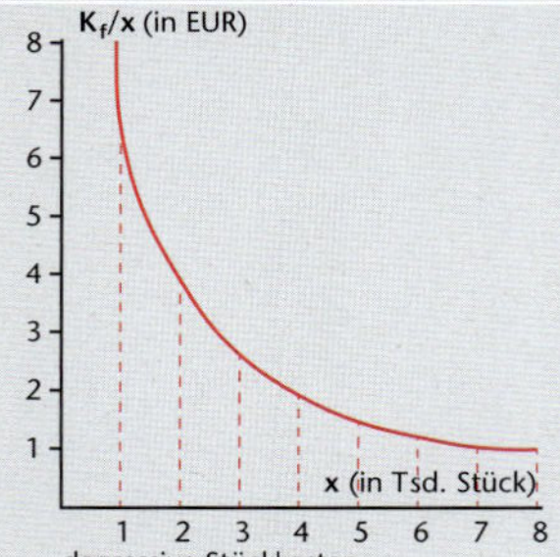

degressive Stückkosten

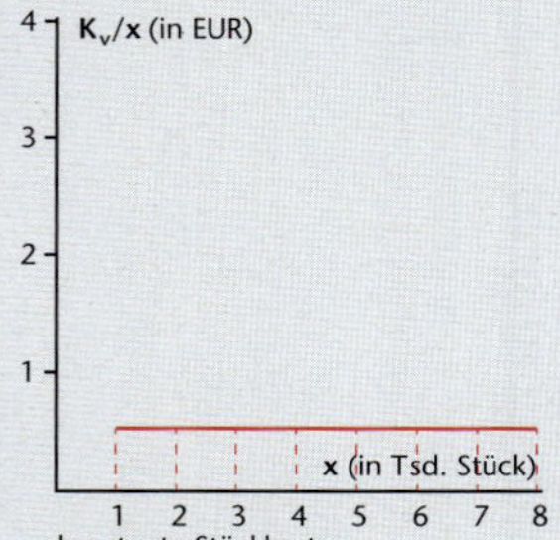

konstante Stückkosten

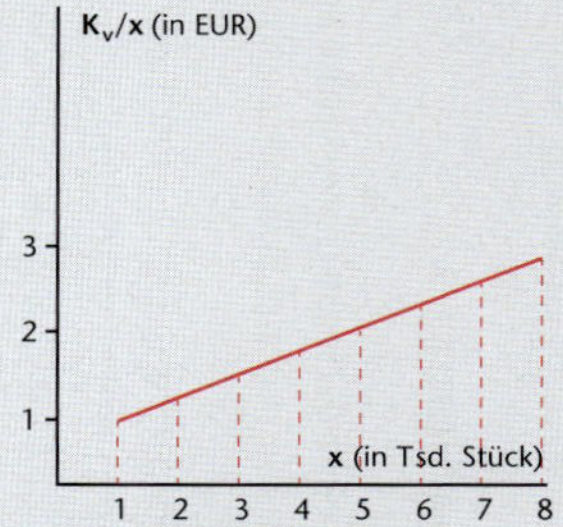

progressive Stückkosten

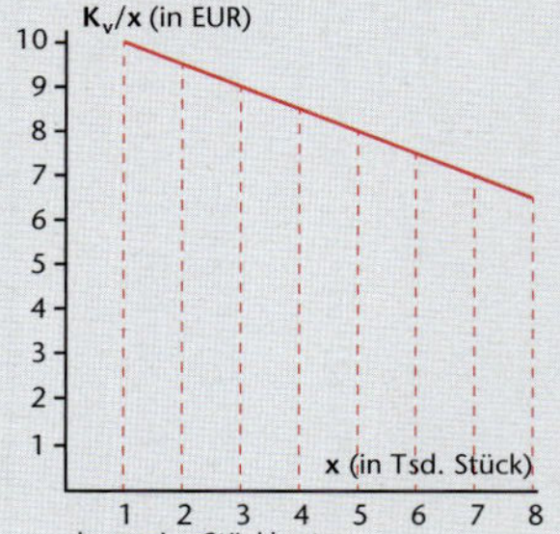

degressive Stückkosten

* Anmerkung: Variable Stückkosten entstehen erst ab der Menge 1.

▶ **fixe Kosten**

Es sind Kosten, die vom Beschäftigungsgrad unabhängig sind. Sie werden als Zeitkosten erfasst und auf die produzierten Leistungseinheiten desselben Zeitraumes verteilt. Dazu gehören die Kosten der Betriebsbereitschaft, die kalkulatorischen Zinsen sowie ein großer Teil der Abschreibungen und Personalkosten.

Die fixen Kosten lassen sich einteilen in

a) **absolut fixe Kosten.** Diese fallen unabhängig von Veränderungen der Gesamtkapazität in gleich bleibender Höhe an. Man bezeichnet sie daher auch als reine Bereitschaftskosten.

   Beispiel: Gehalt des Pförtners

b) **relativ fixe Kosten.** Sie ergeben sich bei Kapazitätsveränderungen. Jede Kapazitätserweiterung führt zu einer sprunghaften Erhöhung der fixen Kosten. Deswegen spricht man auch von sprungfixen oder intervallfixen Kosten.

   Beispiel: Abschreibung einer zusätzlich angeschafften Maschine

▶ **variable Kosten**

Es sind Kosten, die vom Beschäftigungsgrad abhängig sind. Sie werden je Leistungseinheit erfasst. Man unterscheidet

a) **proportionale Kosten.** Es sind Kosten, die sich im gleichen Verhältnis wie der Beschäftigungsgrad ändern.

   Beispiele: Fertigungsmaterial, Stücklöhne, Kraftstrom

b) **überproportionale Kosten.** Es sind Kosten, die bei zunehmender Beschäftigung stärker ansteigen, als es der Beschäftigungszunahme entspricht.

   Beispiele: Überstundenlöhne; Kosten, die durch Überbeanspruchung der Maschinen verursacht werden

c) **unterproportionale Kosten.** Es sind Kosten, die bei zunehmender Beschäftigung schwächer ansteigen, als es der Beschäftigungszunahme entspricht.

   Beispiele: Transportkosten beim Bezug und Absatz größerer Mengen; Materialkosten bei Erhalt von Mengenrabatt

## Problem der Mischkostenzerlegung

Neben den eindeutig als fixe Kosten (Raummieten, Zinsen, lineare Abschreibungen) bzw. als variable Kosten (Fertigungsmaterial, Fertigungslöhne, Verpackungskosten) feststehenden Kosten fallen auch solche Kosten an, die fixe und variable Bestandteile enthalten. Sie finden sich im Bereich der Gemeinkosten; man nennt sie **Mischkosten.** Zu ihnen gehören Hilfslöhne, Sozialkosten, Energie-, Heizungs- und Beleuchtungskosten, Wartungskosten, Werbekosten, Gewerbesteuern.

Zur Aufteilung der Mischkosten sind verschiedene Verfahren entwickelt, die mittels erfassungstechnischer, schätzungsweiser, mathematischer oder statistisch-bildlicher Zerlegung mehr oder weniger genau ihrer Zielsetzung gerecht werden.

Beispiele:

1. Kosten für elektrischen Strom werden zerlegt in
   - fixe Kosten = Kosten der Zählergrundgebühren,
   - variable Kosten = Kosten der verbrauchten Kilowattstunden.

2. Die Wartungskosten für einen Maschinenkomplex werden in Beziehung zur Erzeugnisausbringung dieser Maschine gesetzt:

| Wartungskosten in TEUR | 26,0 | 31,0 | 33,5 | 37,0 | 41,5 | 47,0 | 49,5 |
|---|---|---|---|---|---|---|---|
| Ausbringung (x) | 1.000 | 1.500 | 2.000 | 2.500 | 3.000 | 3.500 | 4.000 |

Zieht man im Punktediagramm eine Kostenmittellinie, so ergeben sich bei der Ausbringungsmenge null Stück fixe Kosten in Höhe von 18.000,00 EUR.

Jeder Wartungskostenblock besteht damit in Höhe von 18.000,00 EUR aus Fixkosten und mit dem Rest aus variablen Kosten.

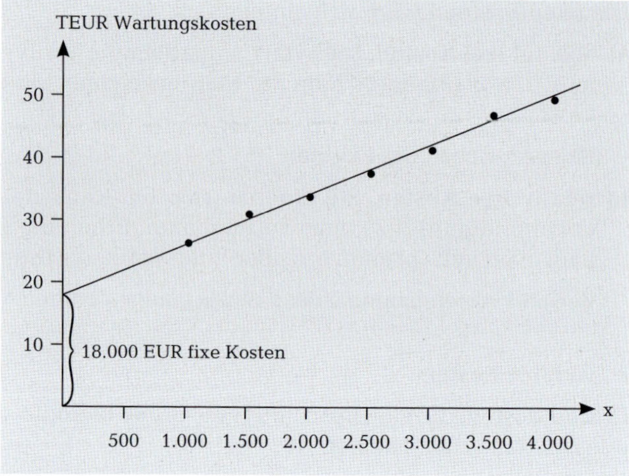


3. Bei einer monatlichen Produktionsausbringung von 900 Stück (= $x_1$) fallen 60.000,00 EUR Hilfslöhne (= $K_1$) an, bei verminderter Ausbringung von 750 Stück (= $x_2$) fallen 52.500,00 EUR (= $K_2$) Hilfslöhne an.

Nach mathematischer Berechnung ergibt sich folgende Kostenstruktur:

a) variable Stückkosten $= \frac{K_1 - K_2}{x_1 - x_2} = \frac{60.000{,}00 \text{ EUR} - 52.500{,}00 \text{ EUR}}{900 \text{ Stück} - 750 \text{ Stück}} = 50{,}00 \text{ EUR/Stück} = k_v$

b) fixe Gesamtkosten $= K - k_v \cdot x = K_f$

$$60.000{,}00 \text{ EUR} - 50{,}00 \text{ EUR/Stück} \cdot 900 \text{ Stück} = 15.000{,}00 \text{ EUR}$$

oder $$52.500{,}00 \text{ EUR} - 50{,}00 \text{ EUR/Stück} \cdot 750 \text{ Stück} = 15.000{,}00 \text{ EUR}$$

**Ergebnis:** Unabhängig von der Beschäftigungslage bzw. von den Ausbringungsmengen fallen pro Monat 15.000 EUR Hilfslöhne als fixe Kosten an.

## Beschäftigungsgrad und Stückkosten

Nach dem Verhältnis der **Stückkosten zur Beschäftigung** kann folgende Einteilung getroffen werden:

a) Die absolut fixen Gesamtkosten verursachen bei steigendem Beschäftigungsgrad abnehmende, d.h. **degressive Stückkostenanteile;** bei sinkendem Beschäftigungsgrad verursachen sie steigende, d.h. **progressive Stückkostenanteile.**

b) Die relativ fixen Gesamtkosten verursachen bei steigendem Beschäftigungsgrad ebenfalls **degressive Stückkostenanteile,** die sich aber nach jeder neuen Kapazitätsstufe immer wieder **sprunghaft** erhöhen.

c) Bei proportionalen Gesamtkosten bleiben die **Stückkostenanteile** bei steigendem oder sinkendem Beschäftigungsgrad immer gleich, d.h. **konstant.**

d) Die überproportionalen Gesamtkosten verursachen **progressive Stückkostenanteile.**

e) Die unterproportionalen Gesamtkosten verursachen **degressive Stückkostenanteile.**

| Beziehungen zwischen Gesamtkosten und Stückkosten | |
|---|---|
| **Gesamtkosten** | **Stückkosten** |
| **Fixe** Gesamtkosten verursachen<br>– bei steigendem Beschäftigungsgrad abnehmende, d. h. →<br>– bei sinkendem Beschäftigungsgrad zunehmende, d. h. → | <br>degressive Stückkosten.<br>progressive Stückkosten. |
| **Variablen** Gesamtkosten entsprechen,<br>– sofern sie **proportionale** Kosten sind, bei steigendem und sinkendem Beschäftigungsgrad immer gleiche, d. h. →<br>– sofern sie **überproportional** ansteigen, →<br>– sofern sie **unterproportional** ansteigen, → | <br>konstante Stückkosten.<br>progressive Stückkosten.<br>degressive Stückkosten. |

## 11.4.3 Kostenverlauf und kritische Kostenpunkte

Nach einschlägigen Betriebsuntersuchungen verlaufen die gesamten Kosten (fixe und variable) im Industriebetrieb bis zur Grenze der Normalkapazität proportional (linear).

### Linearer Gesamtkostenverlauf

Ein ununterbrochen linearer Gesamtkostenverlauf ist möglich, sofern

a) keine unterproportionalen und keine überproportionalen Kosten gegeben sind,

   **Beispiele:** gleichmäßiger Anstieg der Materialkosten und Fertigungslöhne bei zunehmendem Beschäftigungsgrad; keine Überstundenlöhne

   oder

b) aufgetretene unterproportionale Kosten und aufgetretene überproportionale Kosten sich ausgleichen.

   **Beispiel:** Mengenrabatte bei der Materialbeschaffung und Kostensteigerung durch vermehrte Materiallagerung gleichen sich aus.

Wird die Normalkapazität überschritten, können im Verhältnis zum Beschäftigungsgrad überproportionale Kosten entstehen (z. B. durch zusätzliche Überstundenzuschläge). Die Gesamtkostenkurve verläuft dann nicht mehr proportional, sondern steigt überproportional an.

### Stückkostendegression bei linearen Gesamtkosten

Bei linearem Verlauf der Gesamtkosten bis zur Kapazitätsgrenze müssen die Stückkosten mit zunehmender Fertigungsmenge fallen, da der Stückkostenanteil der proportional-variablen Kosten konstant bleibt, während der Fixkostenanteil pro Stück laufend abnimmt **(Fixkostendegression).**

Man bezeichnet diesen Verlauf der Stückkosten bei zunehmender Beschäftigung als das »**Gesetz der Massenproduktion**« oder »Gesetz der Kostendegression«.

$$\text{Kosten je Leistungseinheit (LE)} = \frac{\text{fixe Kosten}}{\text{Ausbringungsmenge}} + \text{variable Kosten je LE}$$

$$k = \frac{K_f}{x} + k_v$$

### Kosten und Erlöse

Wenn für die Gesamtausbringung ein einheitlicher Preis pro Stück erzielt wird, so verläuft der **Gesamterlös** (E = Menge · Stückerlös) **proportional, der Stückerlös (e) konstant.**

Ist der Erlös einer bestimmten Ausbringungsmenge größer als die Kosten dieser Menge, so ergibt sich ein Gewinn, ist der Erlös kleiner als die Kosten, so ergibt sich ein Verlust.

**Verlauf der Kosten und Erlöse in Tabelle und Diagramm** **Seite 460**

**Beispiel:** Linearer Gesamtkostenverlauf bis zur Kapazitätsgrenze (Ausbringungsmenge in Stück, Kostenbeträge in EUR)

| Ausbringung | X | 0 | 10 | 20 | 30 | 40 | 50 | 60 | 70 | 80 | 90 | 100 | 110 |
|---|---|---|---|---|---|---|---|---|---|---|---|---|---|
| Gesamtkosten | | | | | | | | | | | | | |
| fixe Gesamtkosten | $K_f$ | 200,00 | 200,00 | 200,00 | 200,00 | 200,00 | 200,00 | 200,00 | 200,00 | 200,00 | 200,00 | 200,00 | 200,00 |
| variable Gesamtkosten | $K_v$ | 0,00 | 30,00 | 60,00 | 90,00 | 120,00 | 150,00 | 180,00 | 210,00 | 240,00 | 270,00 | 300,00 | 330,00 |
| Gesamtkosten | K | 200,00 | 230,00 | 260,00 | 290,00 | 320,00 | 350,00 | 380,00 | 410,00 | 440,00 | 470,00 | 500,00 | 530,00 |
| Gesamterlös | E | 0,00 | 80,00 | 160,00 | 24,0 | 320,00 | 400,00 | 480,00 | 560,00 | 640,00 | 720,00 | 800,00 | 880,00 |
| Gesamtgewinn/-verlust | G/V | -200,00 | -150,00 | -100,00 | -50,00 | **0,00** | 50,00 | 100,00 | 150,00 | 200,00 | 250,00 | 300,00 | 350,00 |
| **Stückkosten** | | | | | | | | | | | | | |
| fixe Kosten/Stück | $\frac{K_f}{x} = k_f$ | – | 20,00 | 10,00 | 6,67 | 5,00 | 4,00 | 3,33 | 2,86 | 2,50 | 2,22 | 2,00 | 1,82 |
| variable Kosten/Stück | $\frac{K_v}{x} = k_v$ | – | 3,00 | 3,00 | 3,00 | 3,00 | 3,00 | 3,00 | 3,00 | 3,00 | 3,00 | 3,00 | 3,00 |
| Kosten/Stück | $\frac{K}{x} = k$ | – | 23,00 | 13,00 | 9,67 | 8,00 | 7,00 | 6,33 | 5,86 | 5,50 | 5,22 | 5,00 | **4,82** |
| Erlös/Stück | $\frac{E}{x} = e$ | – | 8,00 | 8,00 | 8,00 | 8,00 | 8,00 | 8,00 | 8,00 | 8,00 | 8,00 | 8,00 | 8,00 |
| Gewinn/Stück Verlust/Stück | $\frac{G/V}{x} = g/v$ | – | -15,00 | -5,00 | -1,67 | 0,00 | 1,00 | 1,67 | 2,14 | 2,50 | 2,78 | 3,00 | 3,18 |
| **kritische Punkte** | | | | | | ← **Gewinnschwelle** | | | | | | | ← **Kapazitätsgrenze:** Gewinnmaximum, **Stückkostenminimum** |

## ■ Kritische Beschäftigungsgrade (kritische Kostenpunkte)

Wenn die Stückkosten bis zur Kapazitätsgrenze degressiv, die Stückerlöse aber konstant verlaufen, ergeben sich für den Betrieb bei unterschiedlicher Ausbringung immer andere Kosten-Erlös-Verhältnisse und damit immer andere Gewinn-Verlust-Situationen.

Unternehmerische Entscheidungen über die Ausbringungsmenge müssen daher von folgenden kritischen Überlegungen getragen werden:

| kritische Beschäftigungsgrade | |
|---|---|
| **Begriff** | **Merkmal** |
| **Gewinnschwelle** (Break-even-Point) | Der Erlös deckt gerade die Kosten. |
| **Gewinnmaximum** | Der Gesamtgewinn ist am größten. |
| **Stückkostenminimum** | Die Stückkosten sind am geringsten. |

### ▶ Gewinnschwelle (Break-even-Point)

Die im Bild rechts vom Ursprung ausgehende Gesamterlöslinie verläuft zunächst unterhalb der Gesamtkostenlinie. Bis zum Schnittpunkt der beiden Geraden ist der Erlös geringer als die Kosten (Verlustzone). Erst ab dem Schnittpunkt – der Gewinnschwelle (GS) – übersteigt der Erlös die Kosten und es entsteht zunehmender Gewinn.

Die Ausbringungsmenge des Betriebes darf auf Dauer gesehen nicht kleiner sein als die durch die Gewinnschwelle bestimmte Menge.

Im Bild unten liegt die Gewinnschwelle dort, wo die degressiv fallenden Stückkosten die waagrecht verlaufende Stückerlöskurve schneidet. Hier verlässt der Betrieb die Verlustzone und arbeitet ab diesem Punkt mit bis zur Kapazitätsgrenze zunehmendem Stückgewinn.

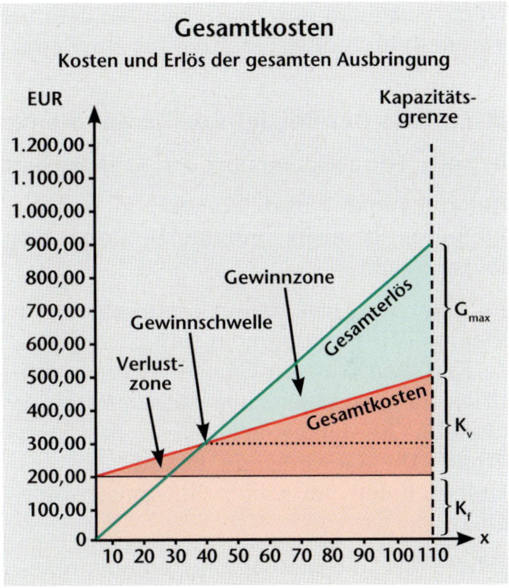


Für die **Gewinnschwelle** gilt: **K = E** bzw. **k = e**

### ▶ Gewinnmaximum

Zwischen Gewinnschwelle und Kapazitätsgrenze arbeitet der Betrieb mit Gewinn. Das Gewinnmaximum liegt an jener Stelle, an der der Gesamtgewinn am größten ist ($G_{max}$, Bild oben).

Bei linearem Kostenverlauf wird der höchstmögliche Gewinn an der **Kapazitätsgrenze erzielt.**

Für das **Gewinnmaximum** gilt: $\mathbf{E - K = G_{max}}$

### ▶ Stückkostenminimum

Innerhalb der Normalbeschäftigung sind die Fixkosten pro Stück degressiv, die variablen Kosten pro Stück konstant. Dis bewirkt ein Sinken der Stückkosten bis an die Kapazitätsgrenze (Bild rechts). Das Stückkostenminimum liegt damit an der **Kapazitätsgrenze.** Minimale Stückkosten ergeben einen maximalen Stückgewinn.

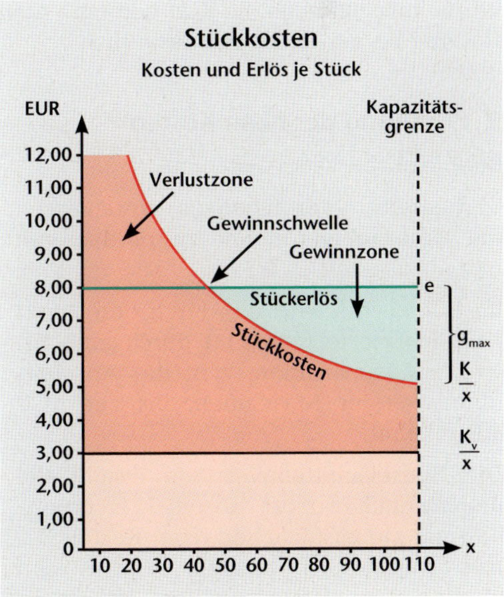


Für das **Stückkostenminimum** gilt: $\mathbf{e - k_{min} = g_{max}}$

## 11.4.4 Verschieben der kritischen Kostenpunkte

Kosten und Erlöse eines Industriebetriebes unterliegen vielfältigen Einflüssen, welche immer wieder deren Verlauf verändern und damit die kritischen Kostenpunkte verschieben. Gewichtigen Einfluss nehmen Entscheidungen über den Kapazitätsumfang, die Auswahl zwischen verschiedenen Produktionsfaktoren, Tariflohnerhöhungen und die Beharrlichkeit der Kosten bei rückläufiger Beschäftigung.

Nach einschlägigen Betriebsuntersuchungen verlaufen die gesamten Kosten (fixe und variable) im Industriebetrieb bis zur Kapazitätsgrenze proportional (linear).

### Einfluss der Betriebsgröße auf die fixen Kosten

**Beispiel:** Entscheidung über den Kapazitätsumfang bei Betriebsgründung

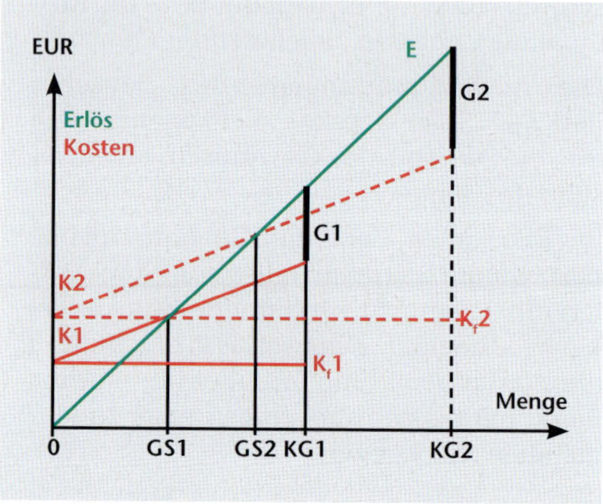


Bei günstiger Absatzlage haben sowohl kleinere als auch größere Betriebe Erfolgsaussichten.

Im Bild rechts macht ein Unternehmen mit kleinerer Kapazität an der Kapazitätsgrenze KG1 den Gewinn G1, der sich aus der Differenz zwischen dem Gesamterlös E und den Gesamtkosten K1 dieses Betriebes ergibt. Die Gewinnzone beginnt für das Unternehmen bei seiner Gewinnschwelle GS1.

Würde das Unternehmen mit einem größeren Kapazitätsumfang bis zur Kapazitätsgrenze KG2 ausgestattet, so würde sich die Gewinnschwelle wegen der höheren fixen Kosten $K_f2$ nach rechts zum Punkt GS2 verschieben. Der Gewinn G2 an der neuen Kapazitätsgrenze wäre größer als G1.

Würde nur die durch die KG1 bedingte Ausbringungsmenge abgesetzt, so wäre eine Ausstattung bis zur KG2 unwirtschaftlich.

### Erhöhung der fixen Kosten

**Beispiel:** Kapazitätserweiterung

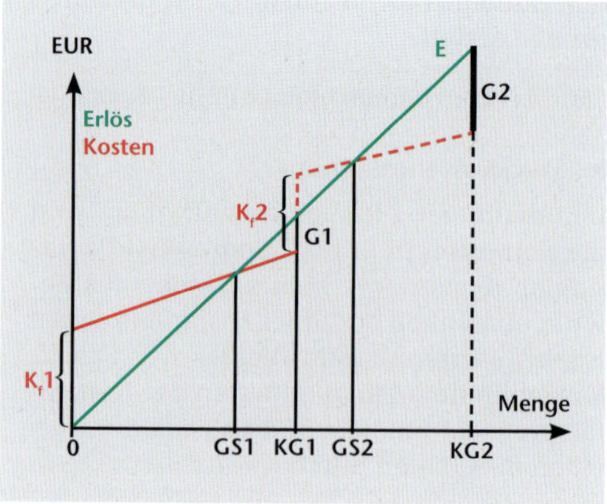


Verbesserte Marktchancen veranlassen die Unternehmer, mehr zu produzieren und abzusetzen.

Im Bild rechts wird die durch den Punkt KG1 markierte Kapazität durch eine Erweiterungsinvestition, z. B. die Anschaffung weiterer Maschinen, bis zur KG2 ausgedehnt.

Die Betriebsmittelinvestition erhöht die ursprünglichen fixen Kosten $K_f1$ sprunghaft um die zusätzlichen fixen Kosten K2. Aus ursprünglich absolut fixen Kosten werden nun von der jeweiligen Unternehmensausstattung abhängige, d. h. relativ fixe Kosten.

Durch die Kapazitätserweiterung verschiebt sich die Gewinnschwelle von GS1 nach GS2. Der Gewinn G2 ist größer als der Gewinn G1.

Würde die durch den Punkt KG1 festgelegte bisherige Ausbringungsmenge nur bis zur Menge der GS2 erhöht, so wäre die Kapazitätserweiterung unrentabel, da sie den vorher erzielten Gewinn aufzehren würde.

## Wahl zwischen verschiedenen Kostenverhältnissen

**Beispiel:** Ersatz von Arbeitskraft durch Maschinen

Kann das gleiche Produktionsziel mit unterschiedlichem Faktoreinsatz erreicht werden, so muss die gewinnträchtigste bzw. kostengünstigste Kombination herausgefunden werden.

Die im Bild rechts an der Kapazitätsgrenze KG festgelegte Ausbringungsmenge kann entweder

a) mit den Kosten K1 einer geringeren Betriebsmittelausstattung und einem entsprechend größeren Arbeitseinsatz oder

b) mit den Kosten K2 von mehr technischem und weniger menschlichem Einsatz erreicht werden.

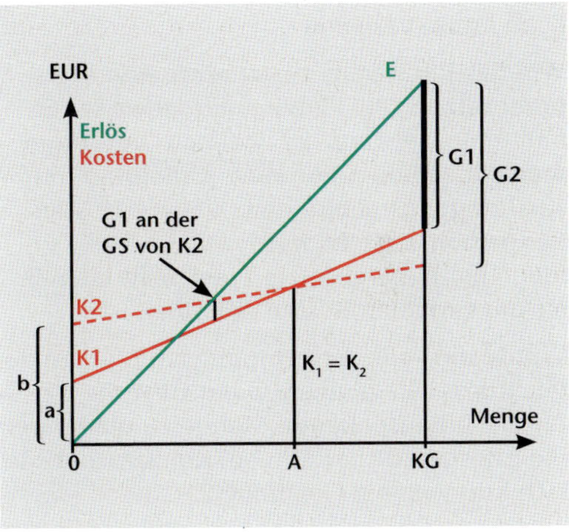


Im Fall a) sind die fixen Kosten gering und die variablen Kosten hoch; im Fall b) ist es umgekehrt.

Bei Vollausschöpfung der Kapazität bringt der Einsatz K2 einen größeren Gewinn G2 als der Einsatz K1 mit dem Gewinn G1.

Im Punkt A ist der Gewinn der Ausstattungen a) und b) gleich groß. Bei noch geringerer Ausbringung ist G1 > G2.

## Änderung der variablen Kosten

**Beispiel:** Tariflohnerhöhung

Solange eine Tariflohnerhöhung nicht auf die Marktpreise übertragen werden kann, sinkt der Unternehmensgewinn.

Im Bild rechts zeigt sich die Lohnerhöhung in einem steileren Ansteigen der variablen Kosten, aus $K_{v1}$ wird $K_{v2}$ und damit verändert sich $K_1$ zu $K_2$.

Entsprechend vermindert sich der bisher bei Vollausnutzung der Normalkapazität erreichte Gewinn G1 auf den Gewinn G2.

Gleichzeitig verschiebt sich die Gewinnschwelle auf eine höhere Ausbringungsmenge von GS1 auf GS2.

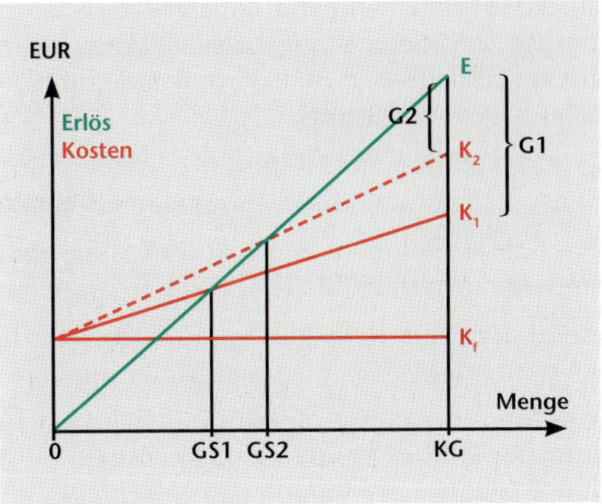

## Erlösänderung

**Beispiel:** Zwang zur Preisdifferenzierung

Einem steigenden Konkurrenzdruck, z. B. im Fotoartikelbereich durch japanische Hersteller, kann der einzelne Betrieb oft nur durch Preisherabsetzungen begegnen.

Die Preisherabsetzung erfolgt vielfach in Form der Preisdifferenzierung, d. h., es werden für das gleiche Produkt in verschiedenen Absatzbereichen unterschiedliche Preise verlangt.

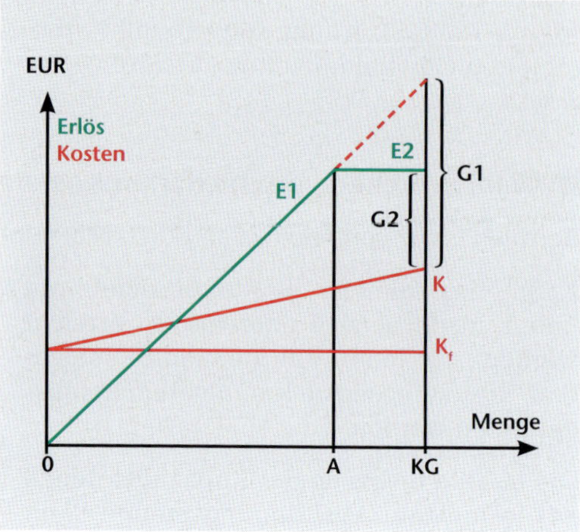


Wie das Bild rechts zeigt, zehrt eine Preisherabsetzung am Gewinn. Ein gewisser Erhalt des Gewinns ist vielfach nur dann möglich, wenn über eine Erhöhung der Ausbringungsmenge eine weitere Kostendegression erreicht werden kann bzw. solange der herabgesetzte Preis nicht kleiner als die variablen Kosten pro Stück ist.

Würde die volle Ausbringungsmenge mit dem hohen Erlös E1 verkauft, so ergäbe sich an der Kapazitätsgrenze KG ein Gewinn G1. Da aber nur die Menge A zum alten Preis, die über A hinausgehende Menge zu einem geringeren Preis verkauft werden muss, verläuft die Erlösgerade nach einem Knick ab der Menge A flacher. An der Kapazitätsgrenze ergibt sich nur noch ein Gewinn G2.

## Beharrlichkeit der Kosten bei rückläufiger Beschäftigung (Kostenremanenz)

Bei rückläufiger Beschäftigung müssten die Kosten eigentlich dem Kostenverlauf entsprechend zurückgehen. Aus wirtschaftlichen, rechtlichen, organisatorischen, sozialen und arbeitsrechtlichen Gründen ist der Betrieb jedoch häufig nicht in der Lage, die Kosten des Faktoreinsatzes gleichzeitig mit dem Rückgang der Beschäftigung abzubauen.

**Beispiele:** vermehrte Lagerkosten bei Absatzstockung; Einhaltung von Abnahmeverpflichtungen im Beschaffungsbereich; Abschreibung stillliegender Anlagen; Kündigungsschutz für Arbeitnehmer

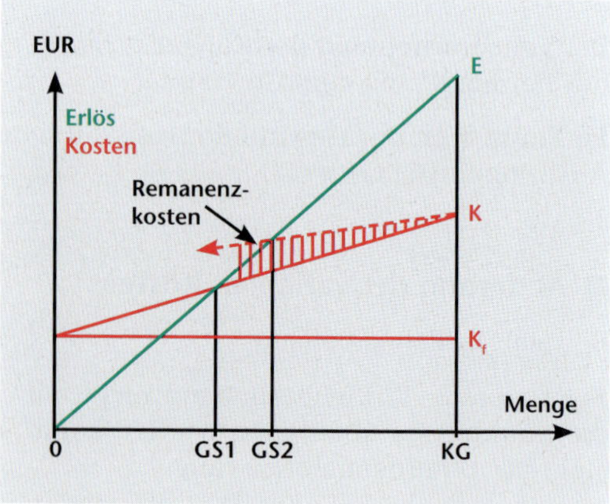


Wie das Bild zeigt, bleibt der Kostenabbau hinter dem Beschäftigungsrückgang zurück. Diese Erscheinung bezeichnet man als **Kostenremanenz.**

Sie hat zur Folge, dass die Stückkosten bei rückläufiger Beschäftigung erheblich steigen und das Unternehmen sehr rasch in die Verlustzone treiben können.

Bei der im Bild dargestellten rückläufigen Beschäftigung beginnt die Verlustzone bereits ab dem Punkt GS2, während früher die Gewinnschwelle bei Punkt GS1 lag.

Die Remanenzkosten hindern das Unternehmen auch daran, durch Preissenkungen dem schrumpfenden Absatz entgegenzuwirken. Sie zwingen unter Umständen dazu, entgegen den Marktgesetzen die Preise zu erhöhen.

## 11.4.5 Kostenanpassung

Muss die Ausbringungsmenge eines Betriebes infolge veränderter Absatzlage vermehrt oder vermindert werden, so wirkt sich die erforderliche Produktionsanpassung in aller Regel auch auf die Kostenstruktur des Unternehmens aus. Dabei verändern sich die Produktionskosten des Betriebes meist nicht proportional mit der Ausbringungsmenge, vielmehr bewirkt die Form der Anpassung dann eine Änderung des bisherigen Kostenverlaufs.

Man unterscheidet die intensitätsmäßige, die quantitative und die zeitliche Form der Anpassung.

### ■ **Intensitätsmäßige Anpassung** (Anpassung der Arbeitsgeschwindigkeit)

Sie kann dort erfolgen, wo die Produktion den verbundenen Einsatz der gesamten technischen Anlagen erfordert. Je nach Absatzlage wird die gesamte technische Apparatur mehr oder weniger intensiv in Anspruch genommen.

**Beispiel:** Die miteinander verbundenen Turbinen eines Wasserkraftwerks laufen je nach Wasserdurchlass schneller oder langsamer und erzeugen somit eine größere oder geringere Menge Strom.

Intensitätsmäßige Anpassung ist aber auch erreichbar, indem man die Arbeitsgeschwindigkeit der menschlichen Arbeitskraft variiert.

**Beispiel:** Bei gleicher Arbeitszeit könnte die Ausstoßmenge höher werden, wenn von Zeitlohn auf Prämienlohn umgestellt wird.

Steigerungen der maschinellen oder menschlichen Arbeitsgeschwindigkeit führen zwangsläufig zu größerem Verschleiß, zu überhöhtem Energieeinsatz (Motoren in höheren Drehzahlbereich), zu vermehrtem Ausschuss, zu höheren Lohnzuschlägen und damit zu überproportionalen Gesamtkosten.

### ■ **Quantitative Anpassung** (Anpassung der Kapazität)

Sie ist dort durchführbar, wo die Betriebseinrichtungen aus selbstständigen Teileinheiten bestehen und ein unterschiedlicher Einsatz einzelner Produktionsfaktoren möglich ist.

**Beispiele:** Bei Absatzrückgang werden in Unternehmen der Automobilindustrie parallel produzierende Maschinen, Fließbandanlagen, Fertigungsstraßen stillgelegt, weniger Werkstoffe eingekauft, Arbeitnehmer entlassen oder in Kurzarbeit beschäftigt.

Bei Absatzsteigerung verfährt man entsprechend umgekehrt.

Stilllegungen und Wiedereinsatz von Betriebsmitteln, verbunden mit der Senkung oder Erhöhung der technischen Kapazität, führen zu sprunghaften Veränderungen der fixen Gesamtkosten.

### ■ **Temporäre Anpassung** (Anpassung der Arbeitszeit)

Sie besteht in einer Anpassung der Arbeitszeit an die erforderliche Ausbringungsmenge.

**Beispiele:**

1. Ein Chiphersteller führt zur Befriedigung der vermehrten Nachfrage eine Nachtschicht ein.
2. In der Textilindustrie werden wegen Absatzrückgang statt acht nur sieben Stunden pro Arbeitstag gearbeitet (Kurzarbeit).

Für Tätigkeiten außerhalb der üblichen Tagesarbeitszeit müssen in aller Regel Lohnzuschläge bezahlt werden. Bei der Einführung von Überstunden oder Schichtarbeit werden daher die proportional-variablen Gesamtkosten schlagartig stärker ansteigen.

## Zusammenfassende Übersicht zu Kapitel 11.4: Kostenanalyse

**Istbeschäftigung** | **Normalbeschäftigung (Kapazität)**

↓

$$\text{Beschäftigungsgrad} = \frac{\text{Istbeschäftigung}}{\text{Normalbeschäftigung}} \cdot 100$$

↓

**Kostenverhalten**

- beschäftigungsgrad-unabhängig → fixe Kosten
  - absolut fixe
  - relativ fixe (sprungfixe Kosten)
- teilweise beschäftigungsgradabhängig → Mischkosten **(Kostenauflösung)** → fixe Kosten / variable Kosten
- beschäftigungsgrad-abhängig → variable Kosten
  - proportional
  - überproportional, unterproportional

↓

**Kostenverlauf**

**linearer Gesamtkostenverlauf**

Gesamtkosten

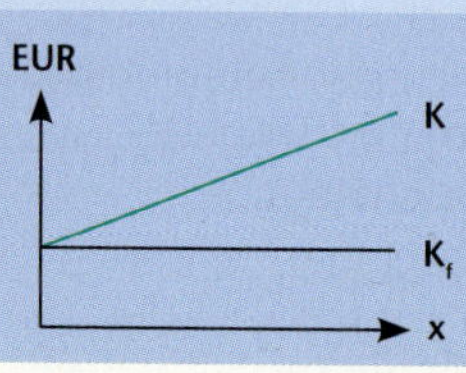


**Fixkostendegression Gesetz der Massenproduktion**

Stückkosten

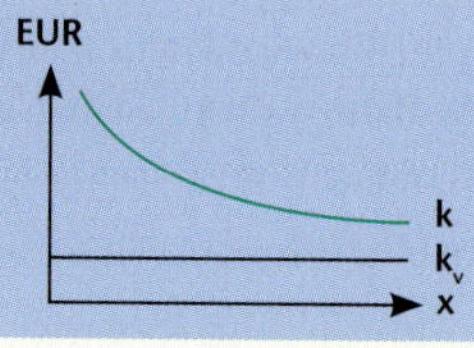


**kritische Kostenpunkte**

- Gewinnschwelle (Break-even-Point) → Gesamtkosten = Gesamtertrag
- optimaler Kostenpunkt (Stückkostenminimum)
- Gewinnmaximum

**andere Kosteneinflussgrößen**

- Betriebsgröße
- Wahl zwischen verschiedenen Kostenverhältnissen
- Preis der Produktionsfaktoren
- Kostenremanenz

▶ **Aufgaben und Probleme**

1. Erklären Sie, weshalb man nicht von »Unkosten« sprechen kann.

2. Bei welchen Arten von Betrieben ist der Anteil der fixen bzw. variablen Kosten besonders hoch?

3. Welche der folgenden Kostenarten gelten innerhalb einer Abrechnungsperiode als variabel?
   a) Hausmeistergehalt,
   b) Abschreibungen auf Gebäude,
   c) Bezugskosten für Rohstoffe,
   d) Miete für Geschäftsräume,
   e) Akkordlohn eines Fabrikarbeiters,
   f) Kfz-Steuer.

4. Welche Zusammenhänge bestehen zwischen fixen Kosten, Beschäftigungsgrad und Stückkosten?

5. Wie kann man die Kapazität ausdrücken bei der Herstellung von
   a) Autos,
   b) Kleiderstoffen,
   c) Getränken,
   d) Kunstdünger,
   e) Stahlblechen,
   f) Sand und Kies?

6. Begründen Sie die besondere Krisenanfälligkeit von Betrieben mit hoher Fixkostenquote.

7. Eine Fahrradfabrik produziert im Monat durchschnittlich 2.000 Fahrräder vom Typ Standard. Die Gesamtkosten der Herstellung belaufen sich auf 400.000,00 EUR, die sich in 160.000,00 EUR fixe und 240.000,00 EUR variable Kosten aufteilen lassen.
   a) Berechnen Sie die Stückkosten pro Fahrrad bei durchschnittlichen Produktionszahlen.
   b) Wie viel EUR variable Stückkosten verursacht die Herstellung eines Fahrrades bei durchschnittlicher Produktion?
   c) Stellen Sie fest, welchen Preis der Betrieb am Markt für ein Standardfahrrad mindestens erzielen muss, damit er keinen Verlust macht.
   d) Wie viel EUR Gewinn pro Monat und wie viel EUR Gewinn pro Fahrrad erzielt der Betrieb bei durchschnittlicher Produktion, wenn die Fahrräder zu einem Preis von 250 EUR pro Stück abgesetzt werden können?
   e) Wie hoch sind jeweils die Gesamtkosten der Herstellung, wenn
      – wegen starker Nachfrage im Monat März 2.500 Fahrräder,
      – wegen sinkender Nachfrage im November nur 1.600 Fahrräder produziert werden?
   f) Auf welchen Betrag ändern sich im März und November jeweils die Stückkosten pro Fahrrad?
   g) Welche Gewinne insgesamt und pro Fahrrad ergeben sich
      – bei der Produktion von 2.500 Fahrrädern im März,
      – bei der Produktion von 1.600 Fahrrädern im November?
   h) Wegen der Anschaffung neuer Fabrikationsmaschinen ändern sich die fixen Kosten auf 260.000 EUR.

      Welche Anzahl von Standardfahrrädern müsste hergestellt werden, damit sich die unter a) ermittelten durchschnittlichen Stückkosten pro Fahrrad nicht ändern?

8. Ein Hersteller von Kosmetika hatte im Vorjahr eine Ausbringung von 15 Mio. Stück der Standardseife »belle blanche«.

Die Fixkosten für die Produktion dieser Seife beliefen sich auf 4,5 Mio. EUR, die variablen Kosten pro Stück betrugen 0,60 EUR. Der Beschäftigungsgrad des Unternehmens bewegte sich um 75 %.

In diesem Jahr lag die Kapazitätsausnutzung bei 90 %. Die Fixkosten insgesamt und die variablen Kosten pro Stück blieben konstant.

Die Seife konnte in beiden Jahren für 1,05 EUR pro Stück verkauft werden.

a) Berechnen Sie die Kosten für ein Stück Seife im Vorjahr und in diesem Jahr.

b) Berechnen Sie für beide Jahre die Gewinnschwelle, das Gewinnmaximum, das Stückkostenminimum.

c) Was würde ein Stück Seife kosten, wenn die Beschäftigung in diesem Jahr nur bei 50 % gelegen hätte? Würde sich die Seifenproduktion in diesem Fall noch lohnen? (Begründung)

d) Auf welchen Betrag ließen sich die Stückkosten senken und der Gesamtgewinn erhöhen, wenn man den Beschäftigungsgrad auf 100 % steigern könnte?

9. Eine Fabrik, die Farbfernseher herstellt, leidet unter Absatzschwund. Die Produktion des Standardfabrikats muss von monatlich 25.000 Stück auf 15.000 Stück reduziert werden. Für die Produktion des Standardgeräts belaufen sich die fixen Kosten auf insgesamt 20 Mio. EUR. Die variablen Gesamtkosten verringern sich durch die Produktionsreduzierung linear von 25 auf 20 Mio. EUR. Der Verkaufserlös pro Stück beträgt nach wie vor 2.000,00 EUR.

a) Stellen Sie die alte und die neue Situation dar. X-Achse: 5.000 Stück = 2 cm, insgesamt 10 cm; Y-Achse: 5 Mio. EUR = 1 cm, insgesamt 10 cm.

b) Markieren Sie die alte und die neue Gewinn-/Verlustzone.

c) Tragen Sie die alte und die neue Gewinnschwelle im Diagramm ein.

10. Ein mittelständisches Unternehmen stellt als Zulieferer Rollladen für den Fertighausbau her. Bei vollkommener Auslastung der vorhandenen Anlagen können 1.500 Standardrollladen je Monat produziert werden. Im Monat Januar entstanden dabei fixe Kosten in Höhe von 125.000,00 EUR und proportional-variable Stückkosten von 77,50 EUR. Der Verkaufspreis beträgt 200,00 EUR/Stück. Bisher wurde überwiegend maschinell gefertigt. Dabei erfolgte ein Großteil der Arbeit unter lohnintensiver Bearbeitung der Werkstücke.

a) Ermitteln Sie rechnerisch die Gewinnschwelle.

b) Berechnen Sie die Stückkosten für die Beschäftigungsgrade von 40 % bzw. 80 %.

Aufgrund des Preisdrucks durch die Fertighaushersteller ist die Unternehmensleitung gezwungen, kostengünstiger zu produzieren. Als Alternative zum bisherigen Fertigungsablauf wird eine Teilautomatisierung in Erwägung gezogen. Die Kapazität des Unternehmens könnte auf 1.800 Teile erhöht werden. Die fixen Kosten würden dabei auf 140.000,00 EUR steigen, die proportional-variablen Stückkosten jedoch gleichzeitig auf 60,00 EUR sinken. Der Verkaufspreis könnte auf 191,00 EUR/Stück gesenkt werden.

c) Warum ergeben sich bei der geplanten Teilautomatisierung höhere Fixkosten und gesunkene variable Kostenanteile?

d) Ermitteln Sie rechnerisch, ab welcher Ausbringungsmenge sich das neue Fertigungsverfahren lohnt.

e) Ermitteln Sie die Gewinnsituation vor und nach der Änderung des Fertigungsverfahrens, wenn eine Ausnutzung der bisherigen Kapazität geplant ist.

f) Entscheiden Sie begründet, welches Fertigungsverfahren zukünftig eingesetzt werden sollte.

## 11.5 Kosten- und Leistungsrechnung als Teilkostenrechnung (Deckungsbeitragsrechnung)

Die bisher dargestellten Verfahren der Kostenrechnung sind Formen der Vollkostenrechnung, bei der alle Leistungseinheiten nach dem Verursachungsprinzip mit den anteiligen variablen und fixen Kosten voll belastet werden. Ist der erzielte Erlös größer als die Kosten, so ergibt sich ein Gewinn, umgekehrt ein Verlust.

Der Betriebserfolg wird entscheidend von den variablen Kosten beeinflusst. Sie wirken auf die Kostenhöhe proportional zur Beschäftigung ein. Die fixen Kosten sind in der Regel unvermeidbar. Sie fallen also auch dann an, wenn die Beschäftigung Schwankungen unterworfen ist oder der Betrieb gar nicht mehr produziert. Soll die Kostenrechnung als Instrument des Controllings betrachtet werden, sollte zunächst auf die Verrechnung der fixen Kosten verzichtet werden. Sie werden erst bei der Ergebnisermittlung wieder einbezogen. Aus diesem Grund ordnet man dem Kostenträger nur einen Teil der Gesamtkosten, die variablen Kosten, zu. Man spricht auch von Teilkostenrechnung. Sie versucht, dem Kostenverursachungsprinzip gerechter zu werden als die Vollkostenrechnung.

Die variablen Kosten stellen eine Kostenart dar, die vom einzelnen Kostenträger beeinflusst wird. Das gilt nicht für den Fixkostenblock. Er entsteht durch die bloße Betriebsbereitschaft. Deshalb werden die fixen Kosten den Kostenträgern nicht zugeordnet.

Um festzustellen, in welchem Umfang ein Kostenträger am Betriebserfolg beteiligt ist, werden von den Umsatzerlösen dieses Kostenträgers dessen variable Kosten abgezogen. Das Ergebnis wird **Deckungsbeitrag** genannt. Aus diesem Grund spricht man von der Teilkostenrechnung auch meist als **Deckungsbeitragsrechnung** oder von **Direct Costing.**

### 11.5.1 Einstufige und mehrstufige Deckungsbeitragsrechnung

#### Einstufige Deckungsbeitragsrechnung

Bei der einstufigen Deckungsbeitragsrechnung ergibt sich der betriebliche Gewinn oder Verlust durch den Abzug der fixen Gesamtkosten von der Summe der Deckungsbeiträge aller Erzeugnisse.

| | | |
|---|---|---|
| **Nettoverkaufserlöse** | | **E** |
| **– variable Kosten** | | **– $K_v$** |
| **= Deckungsbeitrag** | oder | **= DB** |
| **– fixe Kosten** | | **– $K_f$** |
| **= Betriebsergebnis (Gewinn/Verlust)** | | **= BE (G/V)** |

**Beispiel:** In einem Unternehmen, das Schrauben, Nägel und Beschläge herstellt, fallen in einem Abrechnungszeitraum insgesamt 550.000 EUR fixe Kosten an. Diese fixen Kosten lassen sich aufteilen in Erzeugnisfixkosten von 80.000 EUR für Schrauben, 100.000 EUR für Nägel und 244.000 EUR für Beschläge. Es verbleiben 126.000 EUR Unternehmensfixkosten. Es werden folgende Nettoverkaufserlöse erzielt: Schrauben 406.000 EUR, Nägel 451.000 EUR, Beschläge 564.000 EUR. Die variablen Kosten betragen für Schrauben 199.000 EUR, für Nägel 168.000 EUR und für Beschläge 322.000 EUR.

| Bezeichnung | Erzeugnisgruppen | | | insgesamt |
|---|---|---|---|---|
| | I | II | III | |
| Nettoverkaufserlös | 95.000,00 | 9.000,00 | 4.000,00 | 108.000,00 |
| – variable Kosten | 48.000,00 | 6.750,00 | 2.250,00 | 57.000,00 |
| = Deckungsbeitrag | 47.000,00 | 2.250,00 | 1.750,00 | 51.000,00 |
| – fixe Kosten | | 39.000,00 | | 39.000,00 |
| = Betriebsergebnis | | 12.000,00 | | 12.000,00 |

Der **Deckungsbeitrag** gibt an, wie hoch der Beitrag zur Deckung der fixen Kosten ist, die im Unternehmen anfallen.

Der Stückdeckungsbeitrag multipliziert mit den Stückzahlen ergibt den Gesamtdeckungsbeitrag.

Zur Ermittlung des Betriebsergebnisses werden die gesamten fixen Kosten als Block von der Summe der Deckungsbeiträge je Stück abgezogen.

| Kostenträger 1 | Kostenträger 2 | ... |
|---|---|---|
| Nettoverkaufserlöse | Nettoverkaufserlöse | |
| – variable Kosten | – variable Kosten | |
| = db1 | = db2 | |

→ Summe aus (db je Kostenträger · abgesetzte Menge je Kostenträger)

= DB

– fixe Kosten ($K_f$)

= Betriebsgewinn/Betriebsverlust

Für die Produktion ergeben sich aus dieser Situation verschiedene Folgerungen:

a) Die Produktion ist unwirtschaftlich, wenn die variablen Gesamtkosten größer als der Erlös sind.

b) Die Produktion ist riskant, wenn die variablen Gesamtkosten gleich dem Erlös sind. In diesem Fall müsste auf eine Erstattung der fixen Kosten verzichtet werden. Das ist jedoch nur zeitweilig möglich oder nur dann, wenn andere Produktionsbereiche die Deckung der fixen Kosten für diesen Produktionsbereich (bzw. Produktbereich) mit übernehmen können (siehe Fall 1 im Beispiel Seite 475).

c) Die Produktion wird wirtschaftlich, wenn die variablen Gesamtkosten kleiner als der Erlös sind. In diesem Fall ergibt sich nämlich ein Überschussbetrag, der zur Deckung der fixen Kosten verwendet werden kann, der Deckungsbeitrag. Die Deckungsbeiträge der unterschiedlichen Leistungseinheiten werden je nach Struktur der variablen Kosten und je nach den erzielbaren Marktpreisen unterschiedlich hoch sein (siehe Fälle 2 und 3 im Beispiel Seite 475).

d) Die Produktion ist wirtschaftlich, wenn die Summe aller Deckungsbeiträge nicht nur die gesamten Kosten des Unternehmens (Fixkostenblock) deckt, sondern auch noch einen mehr oder minder hohen Gewinn abwirft (siehe Fall 4 im Beispiel Seite 475).

## Beispiel:

| Kosten / Erlöse | **Fall 1:** 50.000 EUR Erlös kein DB $K_f$ ungedeckt | **Fall 2:** 60.000 EUR Erlös kleiner DB $K_f$ teilweise gedeckt | **Fall 3:** 90.000 EUR Erlös DB vorhanden $K_f$ voll gedeckt | **Fall 4:** 100.000 EUR Erlös DB vorhanden $K_f$ voll gedeckt Gewinn vorhanden |
|---|---|---|---|---|
| $K_v$ = 50.000 EUR | $K_v$ in Höhe von 50.000 EUR gedeckt | $K_v$ in Höhe von 50.000 EUR gedeckt | $K_v$ in Höhe von 50.000 EUR gedeckt | $K_v$ in Höhe von 50.000 EUR gedeckt |
| $K_f$ = 40.000 EUR | $K_f$ in Höhe von 40.000 EUR ungedeckt | $K_f$ in Höhe von 10.000 EUR gedeckt = DB<br>$K_f$ in Höhe von 30.000 EUR ungedeckt | $K_f$ in Höhe von 40.000 EUR gedeckt = DB | $K_f$ in Höhe von 40.000 EUR gedeckt = DB |
| | | | | E > K = Gewinn = 10.000 EUR |

**$K_v$** = variable Gesamtkosten, **$K_f$** = fixe Gesamtkosten, **E** = Erlöse, **DB** = Deckungsbeitrag

Die Darstellung des Verlaufs von Kosten, Erlös und Deckungsbeitrag zeigt die folgende Grafik:

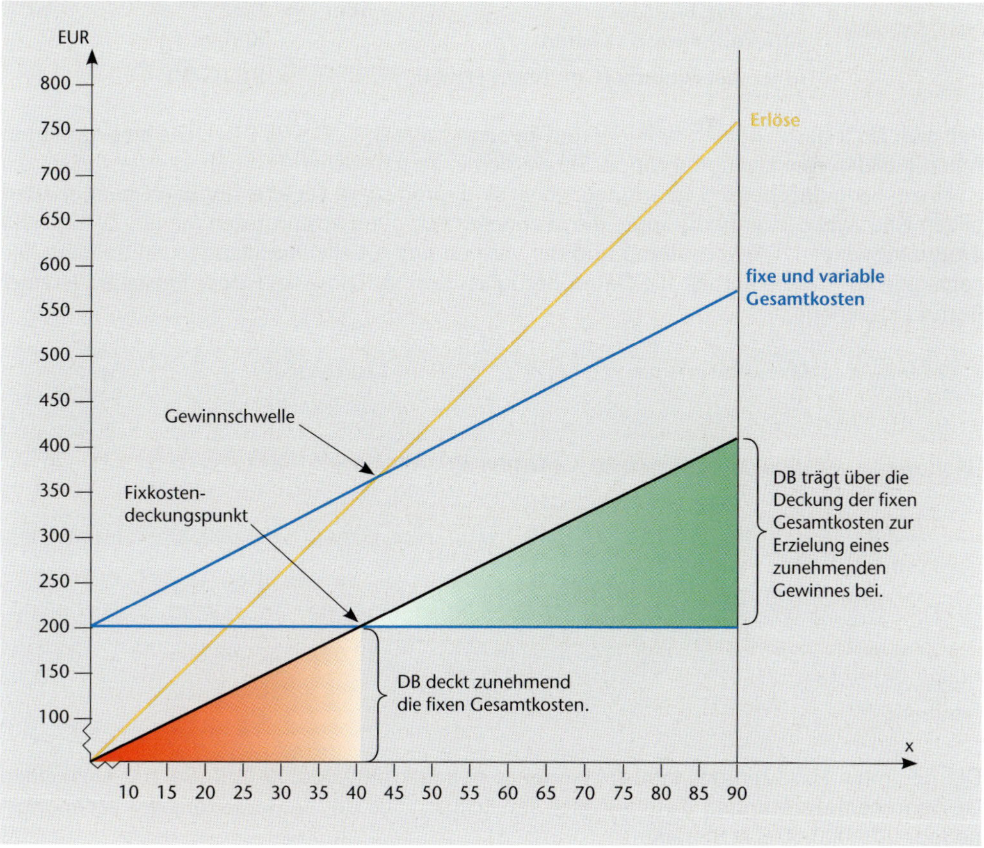

In der Grafik ergibt sich der Deckungsbetrag pro Stück aus der am Fixkostendeckungspunkt orientierten Rechnung: 200,00 EUR : 40 Stück = 5,00 EUR/Stück.

Jedes Stück, das über 40 Stück hinaus produziert wird, wirft 5,00 EUR Deckungsbeitrag und damit 5,00 EUR Gewinn ab, da die gesamten Fixkosten bereits durch die Deckungsbeiträge der ersten 40 Stück abgedeckt sind.

## Mehrstufige Deckungsbeitragsrechnung

Werden verschiedene Erzeugnisse hergestellt, so empfiehlt es sich zum Zweck besserer Produktionsentscheidungen, den Fixkostenblock verursachungsgerecht aufzuteilen in

- Fixkosten, die den verschiedenen Erzeugnissen zuzurechnen sind, d.h. Erzeugnisfixkosten wie Forschungs- und Entwicklungskosten für einzelne Erzeugnisarten, Patent- und Lizenzgebühren, Kosten spezieller Produktionsanlagen, und in
- Fixkosten, die allen Erzeugnissen gemeinsam zuzurechnen sind, d.h. Unternehmensfixkosten wie Kosten der Unternehmensverwaltung und Unternehmensleitung.

Durch diese Aufteilung der Fixkosten ergibt sich eine **mehrstufige Deckungsbeitragsrechnung.**

| | | |
|---|---|---|
| **Nettoverkaufserlöse** | | **E** |
| **– variable Kosten** | | **– $K_v$** |
| **= Deckungsbeitrag 1** | | **= DB1** |
| **– Erzeugnisfixkosten** | | **– $K_f$ (Erz.)** |
| **= Deckungsbeitrag 2** | **oder** | **= DB2** |
| **– Unternehmensfixkosten** | | **– $K_f$ (Unt.)** |
| **= Betriebsergebnis (Gewinn/Verlust)** | | **= BE (G/V)** |

**Beispiel:** Ein Industriebetrieb stellt die fünf Erzeugnisse A, B, C, D und E her. Die Erzeugnisarten A und B bilden eine Erzeugnisgruppe. Sie werden in verschiedenen Fertigungskostenstellen, die zu einem Fertigungsbereich zusammengefasst sind, produziert. Die drei übrigen Erzeugnisarten bilden eine zweite Erzeugnisgruppe, die in anderen Fertigungskostenstellen (einem Zweigwerk) produziert werden. Die Verwaltung und der Vertrieb sind für alle Produktarten zentralisiert. Die nachfolgende Tabelle enthält die Daten bezüglich Kosten, Erlöse und Deckungsbeiträge einer Rechnungsperiode.

| Bezeichnung | Erzeugnisgruppe I | | Erzeugnisgruppe II | | | Summe |
|---|---|---|---|---|---|---|
| | A | B | C | D | E | |
| Nettoverkaufserlöse | 98.000,00 | 295.000,00 | 444.000,00 | 355.000,00 | 473.000,00 | 1.665.000,00 |
| – variable Kosten | 60.000,00 | 210.000,00 | 360.000,00 | 200.000,00 | 280.000,00 | 1.110.000,00 |
| = DB I | 38.000,00 | 85.000,00 | 84.000,00 | 155.000,00 | 193.000,00 | 555.000,00 |
| DB in % der Nettoverkaufserlöse | 38,776 | 28,814 | 18,919 | 43,662 | 40,803 | 33,333 |

Die gesamten Fixkosten des Industriebetriebes betragen 380.000,00 EUR. Bei der einstufigen Deckungsbeitragsrechnung wäre lediglich feststellbar, dass der Betriebserfolg der Rechnungsperiode 175.000,00 EUR beträgt:

| | |
|---|---|
| Gesamtdeckungsbeitrag | 555.000,00 EUR |
| – Fixkostensumme | 380.000,00 EUR |
| = Betriebserfolg in der Rechnungsperiode | 175.000,00 EUR |

Da der Fixkostenblock eine Vereinigung von Fixkosten darstellt, die durch verschiedene Entscheidungen verursacht worden sind, ist es notwendig, die Fixkosten so weit wie möglich den verschiedenen Verursachungsmomenten zuzuordnen. Das Ergebnis der im Betrieb durchgeführten Fixkostendifferenzierung ist in der nachfolgenden Übersicht dargestellt:

| **Bezeichnung** | **Erzeugnisgruppe I** | | **Erzeugnisgruppe II** | | | **Summe** |
|---|---|---|---|---|---|---|
| | A | B | C | D | E | |
| Erzeugnisdeckungsbeitrag I | 38.000,00 | 85.000,00 | 84.000,00 | 155.000,00 | 195.000,00 | 555.000,00 |
| – Erzeugnisfixkosten | 8.000,00 | 12.000,00 | 10.000,00 | 13.000,00 | 17.000,00 | 60.000,00 |
| = Deckungsbeitrag II | 30.000,00 | 73.000,00 | 74.000,00 | 142.000,00 | 176.000,00 | 495.000,00 |
| – Erzeugnisgruppenfixkosten | 79.000,00 | | 143.000,00 | | | 222.000,00 |
| = Deckungsbeitrag III | 24.000,00 | | 249.000,00 | | | 273.000,00 |
| – Unternehmensfixkosten | 98.000,00 | | | | | 98.000,00 |
| = Betriebserfolg | 175.000,00 | | | | | 75.000,00 |

Die stufenweise Deckungsbeitragsrechnung zeigt, dass die Erzeugnisgruppe I zur Deckung der Unternehmungsfixkosten und zur Gewinnerzielung weniger beiträgt (24.000,00 EUR) als die Erzeugnisgruppe II (249.000,00 EUR).

Bezogen auf die jeweiligen Nettoverkaufserlöse bedeutet dies:

| | **Erzeugnisgruppe I** | **Erzeugnisgruppe II** |
|---|---|---|
| Nettoverkaufserlöse | 393.000,00 | 1.272.000,00 |
| Deckungsbeitrag III | 24.000,00 | 249.000,00 |
| Deckungsbeitrag III in % der Nettoverkaufserlöse | 6,107 % | 19,575 % |

Die Erzeugnisgruppe I trägt infolge einer zu hohen Fixkostenverursachung demnach weit weniger zur Deckung der Unternehmensfixkosten und zum Betriebserfolg bei als die Erzeugnisgruppe II. Diese Analyse kann dazu führen, die Ursachen der relativ hohen Fixkostenbelastung im entsprechenden Unternehmensbereich genauer zu kontrollieren und abzubauen. Eine solche Analyse mit nachfolgenden Maßnahmen zum Fixkostenabbau in den jeweiligen Bereichen ist mittels der einstufigen Deckungsbeitragsrechnung unmöglich.

### 11.5.2 Verwendung der Deckungsbeitragsrechnung bei unternehmerischen Entscheidungen

Die Deckungsbeitragsrechnung erleichtert unternehmerische Entscheidungen bei der Produktions- und Absatzplanung sowie bei der Produkt- und Preispolitik.

a) Hat ein Unternehmen noch freie Kapazitäten, so lohnt es sich,
   - neue Erzeugnisse aufzunehmen oder
   - zusätzliche Aufträge hereinzunehmen,

   sofern dadurch überhaupt ein Deckungsbeitrag erzielt werden kann.

b) Ist die Kapazität eines Unternehmen bereits ausgelastet, so lohnt es sich,
   - ein neues Erzeugnis anstelle eines bisherigen aufzunehmen oder
   - die Produktion und den Absatz eines bereits eingeführten Erzeugnisses anstelle eines anderen bereits hergestellten Erzeugnisses zu fördern,
   - sofern man damit einen höheren Deckungsbeitrag, also eine günstigere Ausnutzung der verfügbaren Kapazität erreicht.

#### Bestimmung von Preisuntergrenzen

Eine Entscheidungshilfe gibt die Höhe der erzielbaren oder erzielten Deckungsbeiträge. Besteht in einem Unternehmen ein vorübergehender Rückgang des Beschäftigungsgrades, kann das Unternehmen gezwungen sein, den Nettoverkaufspreis je Stück zu senken. Damit soll der Absatzrückgang aufgehalten werden. Um diesen Schritt durchzuführen, muss die Unternehmensleitung wissen, bis zu welcher Grenze man den Preis senken kann, ohne dass Verluste entstehen. Dieser Preis wird als Preisuntergrenze bezeichnet. Das Unternehmen betreibt Preispolitik durch das Festlegen von Preisuntergrenzen. Je nach Höhe des Deckungsbeitrages ergeben sich folgende kritische Eckdaten:

- Ist der Deckungsbeitrag = 0, so deckt der Nettoverkaufserlös (e) nur die variablen Stückkosten ($k_v$). Ein Unternehmen kann mit dieser Deckung der laufenden variablen Stückkosten nur kurze Zeit weiter bestehen, weil längerfristig auch die Fixkosten gedeckt werden müssen. Ein solcher Verkaufserlös erweist sich damit nur als kurzfristig haltbare Preisuntergrenze pro Stück.

$$\textbf{kurzfristige Preisuntergrenze: } e = k_v = \frac{K_v}{x}$$

- Um längerfristig am Markt bestehen zu können, müssen die gesamten Stückkosten durch die Umsatzerlöse gedeckt sein.

$$\textbf{langfristige Preisuntergrenze: } e = k = k_v + \frac{K_f}{x} \textbf{ oder } DB = K_f$$

#### Produktionsprogrammentscheidungen bei noch freien Kapazitäten

Ist die Kapazität eines Unternehmens nicht voll ausgelastet, so lohnt sich die Hereinnahme aller zusätzlichen Aufträge, die einen Deckungsbeitrag abwerfen. Es ist also eine Preisdifferenzierung oberhalb der kurzfristigen Preisuntergrenze möglich.

**Beispiel:** Ein Industrieunternehmen mit einer normalen Kapazität von wöchentlich 10.000 Einheiten arbeitet mit einem Beschäftigungsgrad von 80 %. Für 8.000 Einheiten ergibt sich folgende Kalkulation:

| Kostenart | Gesamtkosten | variable Kosten | fixe Kosten |
|---|---|---|---|
| Materialverbrauch | 60.000 EUR | 60.000 EUR | |
| Energieverbrauch | 8.000 EUR | 8.000 EUR | |
| Fertigungslöhne | 16.000 EUR | 16.000 EUR | |
| Gemeinkosten | 64.000 EUR | 12.000 EUR | 52.000 EUR |
| Selbstkosten | 148.000 EUR | 96.000 EUR | 52.000 EUR |

In dieser Kostensituation hat die Geschäftsleitung zu entscheiden, ob sie alternative Aufträge, nämlich wöchentlich entweder

a) 2.500 Einheiten zum Preis von 15,00 EUR oder

b) 2.000 Einheiten zum Preis von 12,00 EUR oder

c) 1.000 Einheiten zum Preis von 14,00 EUR

zu liefern, annimmt.

Da die variablen Kosten pro Stück 96.000,00 EUR : 8.000 Stück = 12,00 EUR/Stück betragen, ergeben sich folgende Lösungen:

zu a) Der Auftrag würde pro Stück 3,00 EUR Deckungsbeitrag abwerfen, ist jedoch nicht durchzuführen, da die noch freie Kapazität nur eine zusätzliche Fertigung von 2.000 Stück zulässt.

zu b) Von der Kapazität her wäre der Auftrag erfüllbar, jedoch bringt der Verkaufserlös von 12,00 EUR keinen Deckungsbeitrag ein. Sofern nicht aus beschäftigungspolitischen Gründen diese untere Preisgrenze akzeptiert werden sollte, ist der Auftrag abzulehnen.

zu c) Der Auftrag ist anzunehmen, da er sowohl kapazitätsmäßig durchführbar ist als auch einen zusätzlichen Deckungsbeitrag von 2,00 EUR pro Stück abwirft.

Werden in einem von der Kapazität her nicht voll ausgelasteten Unternehmen mehrere Erzeugnisse hergestellt, so ergibt sich im Kapazitätsfreiraum Produktionsvorrang für jene Erzeugnisse, welche die höchsten absoluten Deckungsbeiträge abwerfen. Bei vorhandenen Engpasssituationen ist die Höhe der relativen Deckungsbeiträge ausschlaggebend.

## Produktionsprogrammentscheidungen bei Produktionsengpässen

Die Entscheidung, nach welcher Reihenfolge verschiedene Erzeugnisse herzustellen sind, hängt von der Höhe der je Erzeugnis erzielbaren Deckungsbeiträge ab.

**Beispiel:** Ein Unternehmen produziert fünf Erzeugnisse. Für die vorliegenden Daten ergibt sich folgende Produktionsrangfolge:

| Erzeugnisse | Nettoverkaufserlöse je Stück | variable Kosten je Stück | Deckungsbeiträge je Stück (absolute Deckungsbeiträge) | Produktionsrangfolge nach der Höhe der absoluten Deckungsbeiträge |
|---|---|---|---|---|
| A | 40 EUR | 28 EUR | 12 EUR | 2. |
| B | 50 EUR | 40 EUR | 10 EUR | 4. |
| C | 54 EUR | 45 EUR | 9 EUR | 5. |
| D | 60 EUR | 47 EUR | 13 EUR | 1. |
| E | 64 EUR | 53 EUR | 11 EUR | 3. |

Die Produktionsrangfolge richtet sich im obigen Beispiel nach den unterschiedlichen Deckungsbeiträgen je Stück. Den **Deckungsbeitrag je Stück** nennt man auch **absoluten Deckungsbeitrag.**

Bei Produktionsprogrammentscheidungen nach absoluten Deckungsbeiträgen ist die technische Seite der Produktion, d. h. Zeiten und Durchführbarkeit der Produktionsabläufe und -schritte nicht berücksichtigt. Es ergeben sich oft Engpässe, welche in die bisher getroffene Rangfolgeentscheidung mit einzubeziehen sind. Dies wird möglich durch die Festlegung von relativen Deckungsbeiträgen oder **Deckungsbeiträgen je Engpasseinheit.**

**Beispiel:** Die im vorigen Beispiel genannten fünf Erzeugnisse laufen alle über das gleiche Montagefließband. Die Durchlaufzeiten je Erzeugnisart sind aber unterschiedlich: für Erzeugnis A = 10 Minuten, B = 12 Minuten, C = 6 Minuten, D = 15 Minuten, E = 8 Minuten. Das Montageband läuft monatlich maximal 300 Stunden. Damit ist der Engpass die Zahl der montierbaren Stücke pro Laufstunde des Fließbandes.

| Erzeugnisse | Deckungsbeiträge je Stück (absolute Deckungsbeiträge) | Durchlaufzeiten auf Montagefließband | montierbare Stücke je Laufstunde | Deckungsbeiträge je Engpasseinheit bzw. Laufstunde (relative Deckungsbeiträge) | Produktionsrangfolge nach der Höhe der relativen Deckungsbeiträge |
|---|---|---|---|---|---|
| A | 12 EUR | 10 Minuten | 6,0 | 72 EUR | 3. |
| B | 10 EUR | 12 Minuten | 5,0 | 50 EUR | 4. |
| C | 9 EUR | 6 Minuten | 10,0 | 90 EUR | 1. |
| D | 13 EUR | 15 Minuten | 4,0 | 52 EUR | 5. |
| E | 11 EUR | 8 Minuten | 7,5 | 83 EUR | 2. |

Die wegen des vorhandenen Engpasses notwendige Berechnung relativer Deckungsbeiträge ergibt eine völlig andere Produktionsentscheidung als vorher.

Neben den von Durchlauf- oder Bearbeitungszeiten bedingten Engpässen können auch Engpässe bei der Verfügbarkeit von Materialien, Räumen und Facharbeitskräften auftreten.

## Annahme von Zusatzaufträgen mit Änderungen des Produktionsprogramms

Ist die Kapazität eines Unternehmens ausgelastet, so muss die Hereinnahme zusätzlicher Aufträge Veränderungen des Produktionsprogramms bewirken. Bisher hergestellte Erzeugnisse werden durch die zusätzlich zu fertigenden Erzeugnisse »verdrängt«. Eine solche Veränderung ist nur dann wirtschaftlich, wenn der Deckungsbeitrag der zusätzlichen Produktion größer ist als die wegfallenden Deckungsbeiträge der verdrängten Produkte.

**Beispiel:** Das monatliche Produktionsprogramm eines Industrieunternehmens, der mit voller Kapazitätsauslastung arbeitet, zeigt die folgende Tabelle:

| Erzeugnisse | Herstellungsmenge pro Monat in Stück | Nettoverkaufserlöse pro Stück | variable Kosten pro Stück | absolute Deckungsbeiträge pro Stück | Produktionsrangfolge nach absoluten Deckungsbeiträgen |
|---|---|---|---|---|---|
| A | 800 | 200 EUR | 100 EUR | 100 EUR | 3. |
| B | 840 | 150 EUR | 102 EUR | 48 EUR | 4. |
| C | 600 | 300 EUR | 180 EUR | 120 EUR | 2. |
| D | 800 | 120 EUR | 80 EUR | 40 EUR | 5. |
| E | 540 | 600 EUR | 260 EUR | 340 EUR | 1. |

Das Unternehmen könnte einen zusätzlichen Auftrag über 1.000 Stück von Produkt A zum Nettoverkaufserlös von 180 EUR annehmen. Dieser Auftrag würde die Fertigung von Produkten mit niedrigeren Deckungsbeiträgen verdrängen, und zwar Produkt D vollständig und Produkt B mit 200 Stück.

Es ergibt sich folgende Rechnung:

| | |
|---|---:|
| Deckungsbeitrag aus Zusatzauftrag: 1.000 Stück · 80,00 EUR/Stück = | 80.000,00 EUR |
| – Deckungsbeiträge der verdrängten Produkte | |
| D: 800 Stück · 40,00 EUR/Stück = | 32.000,00 EUR |
| B: 200 Stück · 48,00 EUR/Stück = | 9.600,00 EUR |
| = Deckungsbeitragserhöhung durch Annahme des Zusatzauftrages | 38.400,00 EUR |

Nach dieser Rechnung ist der Zusatzauftrag anzunehmen und das Produktionsprogramm entsprechend zu ändern.

## Zusammenfassende Übersicht zu Kapitel 11.5: Kosten- und Leistungsrechnung als Teilkostenrechnung (Deckungsbeitragsrechnung)

### Teilkostenrechnung (Deckungsbeitragsrechnung)

#### Vergleich Vollkostenrechnung und Teilkostenrechnung

| Vollkostenrechnung | Teilkostenrechnung |
|---|---|
| Zurechnung der Gemeinkosten über die Zuschlagssätze auf die Kostenträger ↓ Problem: Proportionalisierung der überwiegend fixen Gemeinkosten | Lösung: Kosten → fixe Kosten / variable Kosten; variable Kosten ↓ Grundlagen für Entscheidungen |

**Kostenstellenrechnung**

| Kostenstelle 1 | Kostenstelle 2 | Kostenstelle 1 | | Kostenstelle 2 | |
|---|---|---|---|---|---|
| gesamte Kosten | gesamte Kosten | fixe Kosten | variable Kosten | fixe Kosten | variable Kosten |

**Kostenträgerstückrechnung**

| | |
|---|---|
| Kalkulationsverfahren mit Vollkosten | Kalkulationsverfahren mit variablen Kosten |

#### Grundlagen

| Stückbetrachtung | Gesamtbetrachtung |
|---|---|
| $db = e - k_v$ | $DB = E - K_v$ |
| $- k_f$ | $- K_f$ |
| $= g$ oder $v$ | $= G$ oder $V$ |

## Deckungsbeitragsrechnung

### einstufige

| Nettoverkaufserlös Produkt 1 | Nettoverkaufserlös Produkt 2 | Nettoverkaufserlös Produkt 3 |
|---|---|---|
| – variable Kosten Produkt 1 | – variable Kosten Produkt 2 | – variable Kosten Produkt 3 |
| = Deckungsbeitrag Produkt 1 | = Deckungsbeitrag Produkt 2 | = Deckungsbeitrag Produkt 3 |
| – fixe Kosten | | |
| = Betriebsergebnis | | |

### mehrstufige

| Erzeugnisgruppe I | | Erzeugnisgruppe II | |
|---|---|---|---|
| Erzeugnis A | Erzeugnis B | Erzeugnis C | Erzeugnis D |
| Nettoverkaufserlöse | Nettoverkaufserlöse | Nettoverkaufserlöse | Nettoverkaufserlöse |
| – var. Kosten | – var. Kosten | – var. Kosten | – var. Kosten |
| = DB I | = DB I | = DB I | = DB I |
| – Erz.fixkosten | – Erz.fixkosten | – Erz.fixkosten | – Erz.fixkosten |
| = DB II | = DB II | = DB II | = DB II |
| – Erzeugnisgruppenfixkosten | | – Erzeugnisgruppenfixkosten | |
| = DB III | | = DB III | |
| – Unternehmensfixkosten | | | |
| = Betriebsergebnis | | | |

## Entscheidungshilfe bei

- kurzfristiger Preisuntergrenze
- langfristiger Preisuntergrenze
- Zusatzaufträgen
  - bei freien Kapazitäten
  - bei ausgelasteten Kapazitäten
- Optimierung des Produktionsprogramms

## ▶ Aufgaben und Probleme

1. Welche der angegebenen Kostenarten sind zuzuordnen den
   a) eindeutig variablen Kosten,
   b) eindeutig fixen Kosten,
   c) Mischkosten?
   - Kosten des Rohstoffeinsatzes
   - Sozialkosten
   - Verpackungskosten
   - Abschreibungen
   - Gehälter
   - Zinsen
   - Heizungs- und Beleuchtungskosten
   - Werbekosten
   - Fertigungslöhne
   - Raummieten
   - Wartungskosten
   - Energiekosten

2. Die Betriebsleitung stellt anhand der folgenden Tabelle fest, dass das Ausmaß des Werbeetats von direktem Einfluss auf die Höhe des Absatzes ist:

| | | | | | | |
|---|---|---|---|---|---|---|
| Werbekosten in TEUR | 50 | 57 | 68 | 89 | 96 | 112 |
| Absatz in Stück | 2.000 | 2.400 | 4.000 | 5.600 | 6.800 | 8.000 |

Ermitteln Sie den in allen Werbekostenblocks enthaltenen Fixkostenanteil mittels der statistisch-bildlichen Zerlegung. Diagrammmaße: Ordinate: 10.000 EUR = 0,5 cm, Abszisse: 400 Stück = 0,5 cm.

3. Die Energiekosten betragen bei einer monatlichen Erzeugnisausbringung von 50.000 Stück insgesamt 120.000 EUR. Eine Steigerung der Ausbringung auf 70.000 Stück verursacht Energiekosten von insgesamt 150.000 EUR.

   Berechnen Sie den in den Energiekosten enthaltenen Fixkostenanteil auf mathematischem Wege.

4. a) Berechnen Sie die Zuschlagssätze für die variablen Gemeinkosten eines Fertigungsbetriebes anhand der folgenden im BAB ermittelten Gemeinkostensummen:

| **Kostenstellen** | **Summe der variablen Kosten in EUR** | **Summe der fixen Kosten in EUR** |
|---|---|---|
| allgemeine Kostenstelle | 240.000 | 300.000 |
| Materialstelle | 96.000 | 53.000 |
| Fertigungshauptstelle I | 114.000 | 1.081.000 |
| Fertigungshauptstelle II | 261.000 | 966.000 |
| Fertigungshilfsstelle | 200.000 | 151.000 |
| Verwaltungsstelle | 129.960 | 360.000 |
| Vertriebsstelle | 169.950 | 344.000 |

Zuschlagsgrundlagen:

Fertigungsmaterial 1.325.000 EUR, Fertigungslöhne I 250.000 EUR, Fertigungslöhne II 240.000 EUR.

Die Kosten der allgemeinen Kostenstelle sind in gegebener Reihenfolge auf die nachfolgenden Kostenstellen im Verhältnis 1 : 9 : 6 : 2 : 3 : 3 zu verteilen.

Die Kosten der Fertigungshilfsstelle sind auf die Hauptstellen I mit 55 % und II mit 45 % umzulegen.

b) Die in Rechnung gestellten Verkaufspreise (Beträge ohne Umsatzsteuer) belaufen sich in der Abrechnungsperiode auf insgesamt 6.976.000 EUR.

Als Erlösschmälerungen sind 5 % abzuziehen.

Die Beträge für die fixen und variablen Kosten ergeben sich aus der Lösung der Teilaufgabe a).

Berechnen Sie mittels der Kostenträgerzeitrechnung den Deckungsbeitrag der Abrechnungsperiode und das Betriebsergebnis.

c) Kalkulieren Sie mit den nach Teilaufgabe a) ermittelten Zuschlagssätzen den Deckungsbeitrag eines Produktes, dessen Herstellung 500 EUR Materialeinzelkosten, 100 EUR Fertigungslöhne I und 80 EUR Fertigungslöhne II verursacht.

Das Produkt kann auf dem Markt zu einem Preis von 1.500 EUR (Betrag ohne Umsatzsteuer) unter Abzug von 3 % Skonto verkauft werden.

5. Inwiefern ermöglicht eine mehrstufige Deckungsbeitragsrechnung mit Erzeugnis- und Unternehmensfixkosten bessere Produktionsentscheidungen?

6. Eine Gemüsekonservenfabrik produziert in Blechdosen die Hülsenfrüchte Erbsen, Bohnen und Linsen. Produktionsengpässe ergeben sich bei der Verarbeitung von Massenanlieferungen zur Erntezeit. Deshalb ist in dieser Zeit eine Produktionsrangfolge nach der Höhe der erzielbaren Deckungsbeiträge einzuhalten. Zu dieser Berechnung stehen folgende Daten zur Verfügung:

| | **Erbsen** | **Bohnen** | **Linsen** |
|---|---|---|---|
| erzielbare Barverkaufserlöse | 2,00 EUR | 1,80 EUR | 2,40 EUR |
| variable Kosten | 1,00 EUR | 0,85 EUR | 1,20 EUR |

Das Enthülsen, Reinigen und Sortieren der Früchte erfolgt in einer mit Spezialmaschinen ausgerüsteten Betriebshalle. Dabei ergeben sich folgende Durchlaufzeiten:

30 Minuten pro Tonne Erbsen, 25 Minuten pro Tonne Bohnen, 40 Minuten pro Tonne Linsen.

Der Inhalt einer Konservendose entspricht dem Frischgewicht von 1 kg jeder Hülsenfruchtart.

a) Berechnen Sie die absoluten Deckungsbeiträge pro Dose und stellen Sie nach den Ergebnissen eine Produktionsrangfolge auf.

b) Berechnen Sie die relativen Deckungsbeiträge pro Engpasseinheit und eine sich demgegenüber ergebende Änderung der Produktionsrangfolge.

7. Ein Produzent von Wandfliesen stellt zurzeit pro Monat her:

2.500 $m^2$ Fliesen, Serie A, Modell AK,
2.000 $m^2$ Fliesen, Serie A, Modell AL,
1.200 $m^2$ Fliesen, Serie B, Modell BR,
2.400 $m^2$ Fliesen, Serie B, Modell BX.

Die Gesamtkosten der Produktion belaufen sich auf 330.240 EUR monatlich. Für die Deckungsbeitragsrechnung ergeben sich folgende Daten:

| **Fliesenmodelle** | **Barverkaufserlöse pro $m^2$** | **variable Kosten pro $m^2$** |
|---|---|---|
| AK | 36,00 EUR | 24,40 EUR |
| AL | 32,40 EUR | 22,60 EUR |
| BR | 60,00 EUR | 48,00 EUR |
| BX | 50,60 EUR | 40,00 EUR |

a) Berechnen Sie die absoluten Deckungsbeiträge pro $m^2$ und markieren Sie die Produktionsrangfolge.

b) Ermitteln Sie das Betriebsergebnis.

8. Die KÜHLsys GmbH produziert im Bereich Deckenkühlgeräte die drei Zusatzaggregate »DKG Z100«, »DKG Z200« und »DKG Z300«. Für die letzte Abrechnungsperiode liegen folgende Daten vor:

| **Zusatz-aggregat** | **Stückerlös** | **variable Stückkosten** | **geplante Menge** | **Produktions-zeit je Stück** |
|---|---|---|---|---|
| DKG Z100 | 240,00 EUR | 180,00 EUR | 600 Stück | 6 Stunden |
| DKG Z200 | 420,00 EUR | 300,00 EUR | 400 Stück | 20 Stunden |
| DKG Z300 | 500,00 EUR | 332,00 EUR | 360 Stück | 24 Stunden |

a) Ermitteln Sie den gesamten Deckungsbeitrag der drei Zusatzaggregate, wenn die geplanten Mengen produziert und abgesetzt werden.

b) Durch Rationalisierungsmaßnahmen kann das Unternehmen weitere 1.200 Fertigungsstunden für die Produktion der Zusatzaggregate bereitstellen. Bestimmen Sie die Rangfolge und die Stückzahl für die Mehrproduktion, wenn alle geplanten Mengen abgesetzt werden können. Berechnen Sie den neuen maximal möglichen Deckungsbeitrag.

c) Die verfügbaren Fertigungsstunden müssen um 5.320 Stunden gekürzt werden. Berechnen Sie den gesamten Deckungsbeitrag der drei Zusatzaggregate, wenn man den absoluten Deckungsbeitrag bzw. den relativen Deckungsbeitrag verwendet.

9. Ein Unternehmen zur Herstellung von Mountainbikes produziert einen exklusiven Rahmen für ein Extrem-Outdoor-Bike. Dieser Rahmen wird zum Nettopreis von 698,00 EUR an den Fahrradfachhandel verkauft.

Die Stückkosten betragen 650,00 EUR bei einer Kapazitätsauslastung von 60 %. Die monatliche Gesamtkapazität liegt bei 800 Stück.

Ein Großkunde stellt dem Unternehmen einen Großauftrag in Aussicht, der den Beschäftigungsgrad auf absehbare Zeit um 15 % erhöhen würde. Allerdings will der Kunde nur 620,00 EUR bezahlen.

Die Kostensituation im Unternehmen stellt sich für den Rahmen wie folgt dar: Die monatlichen Fixkosten betragen 52.800,00 EUR, die variablen Kosten je Rahmen betragen 540,00 EUR.

a) Ermitteln Sie für den Zusatzauftrag den Gewinn bzw. den Verlust je Rahmen beim Einsatz der Vollkostenrechnung.

b) Bestimmen Sie den Deckungsbeitrag je Rahmen, wenn der Zusatzauftrag angenommen wird.

c) Wie hoch ist der Gesamtgewinn bzw. Gesamtverlust je Rahmen, wenn das Unternehmen den Auftrag annimmt bzw. ihn ablehnt.

d) Begründen Sie eine Entscheidung des Unternehmens.

10. Die Abteilung Controlling eines Unternehmens zur Herstellung von Beleuchtungsprodukten hat es mit folgenden Daten zu tun:

| | **Produkt »Stehleuchte«** | **Produkt »Hängeleuchte«** |
|---|---|---|
| Bruttoverkaufspreis | 850,00 EUR | 940,00 EUR |
| Produktionsmenge | 1.400 Stück | 2.600 Stück |
| Absatzmenge | 1.400 Stück | 2.600 Stück |
| Kundenrabatt | 10 % | 12 % |
| Kundenskonto | 3 % | 2 % |
| Vertreterprovision | 5 % | 7 % |
| variable Kosten je Stück | 560,00 EUR | 604,00 EUR |
| fixe Kosten | 197.000,00 EUR | |

a) Wie hoch ist der Deckungsbeitrag für jedes Produkt?

b) Bestimmen Sie das Betriebsergebnis.

c) Welche kurz- bzw. langfristige Preisuntergrenze könnte die Unternehmensleitung jeweils für die Produkte festlegen?

11. Ein Elektrounternehmen hat freie Kapazitäten und steht vor der Entscheidung, ob ein möglicher Zusatzauftrag des Schaltmoduls II mit 210 Stück und einem Preis von 360,00 EUR infrage kommt. Für diese Entscheidung stehen folgende Daten zur Verfügung:

| | Schaltmodul I | Schaltmodul II |
|---|---|---|
| Fertigungskapazität | 1.800 Stück | 2.400 Stück |
| Absatzmenge | 1.400 Stück | 1.900 Stück |
| Nettoverkaufserlös | 396,00 EUR | 540,00 EUR |
| variable Stückkosten | 224,00 EUR | 240,00 EUR |
| fixe Kosten | 300.000,00 EUR | |

Begründen Sie rechnerisch, ob sich die Annahme des Zusatzauftrages für das Unternehmen lohnt.

12. Die Abteilung Absatzcontrolling steht vor der Aufgabe, ein Produktionsprogramm zusammenzustellen. Dafür liegen ihr folgende Daten vor:

| Produkt | I | II | III | IV | V |
|---|---|---|---|---|---|
| möglicher Absatz in Stück | 40.000 | 55.000 | 50.000 | 45.000 | 30.000 |
| erwarteter Verkaufspreis in EUR | 24,00 | 30,00 | 18,00 | 20,00 | 16,00 |
| variable Stückkosten in EUR | 12,00 | 26,00 | 10,00 | 12,00 | 10,00 |
| Unternehmensfixkosten in EUR | 325.000,00 | | | | |

Im Kundenbereich sind 2 % Kundenskonto und 20 % Wiederverkäuferrabatt vorgesehen.

a) Welches Produktionsprogramm wird zusammengestellt?

b) Berechnen Sie den Gewinn bzw. Verlust bei dem ermittelten Produktionsprogramm.

c) Ermitteln Sie das Produkt, für das sich besondere Anstrengungen im Absatzbereich lohnen würden. Welchen Stellenwert nehmen die übrigen Produkte ein?

13. In einem Tochterunternehmen der KÜHLsys GmbH werden für die selbstproduzierten Außenanlagen drei Sorten von Speziallack hergestellt. Aus der Controlling-Abteilung liegen folgende Daten vor:

| | Touch | Dip | Dunken |
|---|---|---|---|
| Erlöse je Einheit | 120,00 EUR | 140,00 EUR | 200,00 EUR |
| variable Kosten je Einheit | 56,00 EUR | 68,00 EUR | 100,00 EUR |
| Absatzmenge | 4.240 Stück | 4.600 Stück | 5.200 Stück |

Alle drei Lackarten durchlaufen eine DV-gesteuerte Mischmaschine. Touch benötigt 16 Minuten, Dip 12 Minuten und Dunken beansprucht 20 Minuten. Die Mischmaschine steht für 3.360 Stunden je Abrechnungszeitraum zur Verfügung. Die fixen Kosten des Produktes Speziallack belaufen sich auf 370.400,00 EUR.

Ermitteln Sie

a) die Deckungsbeiträge je Minute,

b) die Produktionsrangfolge der Speziallacksorten,

c) das gewinnmaximale Produktionsprogramm mit Betriebsergebnis.

d) Von der Sorte Dunken werden nur noch 2.600 Einheiten abgenommen. Es kann aber auf die anderen Sorten ausgewichen werden. Gestalten Sie das Produktionsprogramm und berechnen Sie das Betriebsergebnis.

14. Ein Zulieferunternehmen der Automobilindustrie setzt von seinen vier Produkten jeweils 2.000 Stück ab. Die Kostenauflösung bei den vier Produkten ergab folgendes Bild:

| | **Produkt I** | **Produkt II** | **Produkt III** | **Produkt IV** |
|---|---|---|---|---|
| Stückerlös | 180,00 EUR | 84,00 EUR | 112,00 EUR | 34,00 EUR |
| variable Kosten | 140,00 EUR | 64,00 EUR | 80,00 EUR | 24,00 EUR |

Die fixen Kosten belaufen sich im entsprechenden Zeitraum auf 160.000,00 EUR. Darüber hinaus liegen noch folgende Daten vor:

| | **Fertigungsstelle 1** | **Fertigungsstelle 2** | **Fertigungsstelle 3** |
|---|---|---|---|
| Kapazität | 80.000 Stunden | 84.000 Stunden | 56.000 Stunden |
| zeitliche Beanspruchung für eine Einheit | | | |
| Produkt I | 14 Stunden | 12 Stunden | 14 Stunden |
| Produkt II | 6 Stunden | 6 Stunden | 4 Stunden |
| Produkt III | 10 Stunden | 12 Stunden | 8 Stunden |
| Produkt IV | 8 Stunden | 4 Stunden | 10 Stunden |

a) Bestimmen Sie das gewinnmaximale Produktionsprogramm und das entsprechende Betriebsergebnis.

b) Stellen Sie das veränderte Betriebsergebnis dar, wenn vom Produkt IV unbedingt 2.000 Stück zu liefern sind.

## 11.6 Zusammenhänge der Kostenrechnung

| | Art | Wesen | Vorteile | Nachteile |
|---|---|---|---|---|
| zeitlicher Bezug | **Istkostenrechnung** | **Kostenverrechnung:**<br>tatsächliche Kosten einer Rechnungsperiode, vergangenheitsbezogen<br>**Ermittlung:**<br>bewertete Istverbrauchsmengen zu Istpreisen | – erfasst tatsächlich angefallene Kosten<br>– ermöglicht exakte Nachkalkulation<br>– schätzt den Erfolg der Vergangenheit realistisch ein<br>– verursacht geringen Durchführungsaufwand | – Kostenkontrolle fehlt, weil keine Kostenvorgaben vorhanden sind<br>– bezieht sich ausschließlich auf Vergangenheit<br>– Werte schwanken<br>– schwerfälliges rechentechnisches Verfahren<br>– keine Angebotskalkulation möglich |
| | **Normalkostenrechnung** | **Kostenverrechnung:**<br>durchschnittliche Kosten mehrerer Rechnungsperioden, vergangenheitsbezogen<br>**Ermittlung:**<br>bewertete Normalverbrauchsmengen der Vergangenheit mit Durchschnittspreisen der Vergangenheit | – kontrolliert die Kosten sehr einfach, indem Über- und Unterdeckungen als Differenz zwischen Normal- und Istkosten analysiert werden<br>– vermeidet Zufallsschwankungen<br>– verursacht geringen Durchführungsaufwand<br>– ermöglicht Angebotskalkulation | – keine echte Nachkalkulation möglich<br>– »echte« Kostenkontrolle fehlt, weil keine Kostenvorgaben vorhanden sind |
| | **Plankostenrechnung** | **Kostenverrechnung:**<br>geplante Kosten zukünftiger Rechnungsperioden, zukunftsbezogen<br>**Ermittlung:**<br>Planverbrauchsmengen mit Planpreisen | – kontrolliert Kosten laufend durch Soll-Ist-Vergleich<br>– steuert wirksam die zukünftige Kostenstruktur<br>– berücksichtigt Beschäftigungsänderungen | – aufwendige Kostenplanung und -auflösung<br>– höherer Durchführungsaufwand |

| | Art | Wesen | Vorteile | Nachteile |
|---|---|---|---|---|
| **Ausmaß der Kostenverrechnung auf Kostenträger** | **Vollkostenrechnung** | **Kostenverrechnung:**<br>alle Selbstkosten auf Kostenträger<br><br>**Ausrichtung:**<br>fertigungsorientiert | – ermöglicht Angebotskalkulation im Fall der auftragsorientierten Einzelfertigung<br>– bestimmt langfristige Preisuntergrenze<br>– kann durch prozessorientierte Kostenbetrachtung ergänzt werden | – keine Basis für Entscheidungen<br>– Gefahr, sich aus dem Markt zu kalkulieren<br>– verzerrte Ergebnisse im Fall von Bestandsveränderungen |
| | **Teilkostenrechnung** | **Kostenverrechnung:**<br>nur variable Kosten oder Einzelkosten auf Kostenträger<br><br>**Ausrichtung:**<br>marktorientiert | – liefert Daten für kurzfristige Produktions- und Absatzentscheidungen<br>– ermöglicht genaue Ergebnisprognosen<br>– bestimmt kurzfristige Preisuntergrenze | – keine Aussagen zu langfristiger Preisuntergrenze<br>– aufwendige Kostenauflösung in fixe und variable Kosten |

# 12 Das Unternehmen

## 12.1 Rechtliche Rahmenbedingungen für die Gründung

### 12.1.1 Gewerbefreiheit

*GG Art. 12 GewO § 1* Die **Gewerbefreiheit** ist im Grundgesetz und in der Gewerbeordnung verankert. Danach kann **grundsätzlich jedermann ein Gewerbe** betreiben. Die Gewerbefreiheit ermöglicht den freien Wettbewerb und damit eine preisgünstige Bedarfsdeckung.

*§§ 30–36* Der Schutz der Öffentlichkeit legt aber **Einschränkungen bei der Ausübung der Gewerbefreiheit fest.**

| Grund der Einschränkung | Beispiele |
|---|---|
| Standortwahl | Gewerbebetriebe können nur an Standorten errichtet werden, die als Gewerbemischgebiete oder Gewerbegebiete ausgewiesen sind. |
| genehmigungspflichtige Tätigkeiten | – Im Einzelhandel ist beim Handel mit frei verkäuflichen Arzneimitteln, mit Milch und Hackfleisch ein Sachkundenachweis erforderlich.<br>– Wer eine Gaststätte betreiben will, muss an einem Unterrichtsverfahren bei einer zuständigen Industrie- und Handelskammer teilnehmen. |
| *§ 24* Überwachungsnotwendigkeit gefährlicher Anlagen | Der Bau und der Betrieb von Dampfkesseln, Druckbehältern, Aufzugsanlagen, elektrischen Anlagen in besonders gefährdeten Räumen erfordern eine besondere Genehmigung. Außerdem muss eine laufende technische Prüfung erfolgen. |

### 12.1.2 Kaufmannseigenschaften

*HGB § 1* **Kaufmann** ist, wer ein **Handelsgewerbe im Sinne des HGB** betreibt.

Ein Handelsgewerbe ist jeder Gewerbebetrieb, der durch andauernde, selbstständige Tätigkeit die Absicht hat, Gewinn zu erzielen.

Gewerbetreibende sind verpflichtet, ihr Gewerbe anzumelden (Kapitel 12.1.4). Als Handelsgewerbe gilt jeder Gewerbebetrieb, der nach Art und Umfang einen in kaufmännischer Weise eingerichteten Geschäftsbetrieb erforderlich macht.

| Kriterien für einen in kaufmännischer Weise eingerichteten Geschäftsbetrieb | Anhaltspunkte (Beispiele) |
|---|---|
| **Art der Geschäftstätigkeit** | Vielfalt der Erzeugnisse und Leistungen und der Geschäftsbeziehungen, Inanspruchnahme und Gewährung von Fremdfinanzierungen, umfangreiche Werbung, größere Lagerhaltung |
| **Umfang der Geschäftstätigkeit** | Umsatzvolumen (nicht Bilanzgewinn), Anlage- und Umlaufvermögen, Zahl und Funktion der Beschäftigten |

| Kriterien für einen in kaufmännischer Weise eingerichteten Geschäftsbetrieb | Anhaltspunkte (Beispiele) |
|---|---|
| **Umsatz** | Produktion 300.000 EUR, Großhandel 300.000 EUR, Einzelhandel 250.000 EUR, Dienstleistungen 175.000 EUR, Handelsvertreterprovision 120.000 EUR, Speisegaststätten 300.000 EUR, Hotels 250.000 EUR |
| **Anzahl der Beschäftigten** | mehr als fünf Beschäftigte |
| **Betriebsvermögen** | ab ca. 100.000 EUR |
| **Kredithöhe** | über 50.000 EUR |

**Mitglieder freier Berufe** betreiben kein Handelsgewerbe. Sie sind deshalb keine Kaufleute.

**Beispiele:** Ärzte, Rechtsanwälte, Wirtschaftsprüfer, Steuerberater

**Kleingewerbetreibende** benötigen keinen in kaufmännischer Weise eingerichteten Geschäftsbetrieb. Sie betreiben deshalb kein Handelsgewerbe.

## Kaufmannseigenschaften nach dem Gesetz

### ▶ Istkaufmann

*HGB § 1 (2)*

Das sind Kaufleute, die einen nach Art und Umfang in kaufmännischer Weise eingerichteten Gewerbebetrieb betreiben. Dazu gehören alle, die ein Handelsgewerbe betreiben, ohne Rücksicht auf die Branche.

**Beispiel:** Einzelhandelskaufmann in der Innenstadt

### ▶ Kannkaufmann (Kaufmann kraft Eintragung in das Handelsregister)

**Ein gewerbliches Unternehmen,** dessen Gewerbebetrieb nicht schon nach § 1 (2) HGB Handelsgewerbe ist, gilt als Handelsgewerbe, wenn die Firma des Unternehmens in das Handelsregister eingetragen ist. *§ 2*

**Beispiele:** Kleingewerbetreibende, Handwerker, Kioskbetreiber ohne kaufmännischen Geschäftsbetrieb

**Land- und forstwirtschaftliche Unternehmen,** die nach Art und Umfang einen in **kaufmännischer Weise eingerichteten Geschäftsbetrieb** erfordern, gelten als Handelsgewerbe, wenn die Firma des Unternehmens in das Handelsregister eingetragen ist. *§ 3*

Die Inhaber solcher Unternehmen sind berechtigt, aber nicht verpflichtet, die Eintragung in das Handelsregister herbeizuführen. Sie erlangen durch die Eintragung die Kaufmannseigenschaft.

**Beispiele:** großer Schweinemastbetrieb, Waldbauer betreibt ein Sägewerk

### ▶ Formkaufmann (Kaufmann kraft Rechtsform)

*§ 6*

Dazu gehören alle Kapitalgesellschaften, die Genossenschaften und die Versicherungsvereine auf Gegenseitigkeit, ohne Rücksicht darauf, ob sie gewerblichen Charakter haben oder nicht, ob sie einen in kaufmännischer Weise eingerichteten Geschäftsbetrieb erfordern oder nicht. Die Rechtsform wird erst durch die Handelsregistereintragung begründet. Dabei ist zu beachten, dass weder der Vorstand oder Geschäftsführer noch der Gesellschafter Kaufmann wird, sondern die Gesellschaft selbst als juristische Person.

**Beispiele:** Volkswagen AG, Allianz AG

| Kaufmannseigenschaft | | |
|---|---|---|
| **Istkaufmann** | **Kannkaufmann** | **Formkaufmann** |
| Kaufmann kraft **kaufmännisch eingerichteten Geschäftsbetriebes** | Kaufmann kraft **Eintragung in das Handelsregister** | Kaufmann kraft **Rechtsform** |
| § 1 HGB | Eintragung freiwillig §§ 2 f. HGB | AG, GmbH, Genossenschaft § 6 HGB |

## Rechte und Pflichten des Kaufmanns

| | |
|---|---|
| Umfang der Vorschriften: | **Alle Rechte und Pflichten des HGB** |
| **Beispiele für Rechte:** | – Führung einer Firma (§§ 18 f. HGB; §§ 4, 279 AktG; § 4 GmbHG; § 3 GenG)<br>– Ernennung von Prokuristen (§ 48 HGB)<br>– Gründung einer OHG oder KG (§§ 105, 161 HGB)<br>– mündliche Erteilung einer Bürgschaftserklärung, eines Schuldversprechens oder Schuldanerkenntnisses (§ 350 HGB)<br>– Festsetzung eines vom Kalenderjahr abweichenden Geschäftsjahres (§ 242 HGB) |
| **Beispiele für Pflichten:** | – Eintragung in das Handelsregister (§ 29 HGB)<br>– Führung von Handelsbüchern (§ 238 HGB)<br>– Übernahme von nur selbstschuldnerischen Bürgschaften (§ 349 HGB) |

## 12.1.3 Firma

*HGB § 17*

Die **Firma** ist der **Name eines Kaufmanns,** unter dem er seine Handelsgeschäfte betreibt, die Unterschrift abgibt, klagt und verklagt werden kann.

Man muss unterscheiden zwischen dem bürgerlichen Namen eines Kaufmanns, unter dem er seine Privatangelegenheiten erledigt, und dem kaufmännischen Namen, **der Firma**[1].

**Beispiel:** Der Privatmann Fritz Reusch gründet ein Einzelunternehmen und firmiert unter der Firma Fritz Reusch e. K.

[1] Im allgemeinen Sprachgebrauch wird das Wort Firma abweichend vom Handelsrecht anstelle von Unternehmung, Unternehmen oder Betrieb gebraucht.

## Öffentlichkeit der Firma

Jeder Kaufmann ist verpflichtet, seine Firma und deren spätere Änderung zur Eintragung in das Handelsregister anzumelden. Die Eintragungen werden veröffentlicht.

## Arten der Firma

Die Wahl der Firma hängt wesentlich von der Rechtsform des Unternehmens ab (Kapitel 12.2). Man unterscheidet:

| Art der Firma | Erklärung | Beispiele |
|---|---|---|
| **Personenfirma** | Sie enthält einen oder mehrere Personennamen. | »Karl Berg e. K.«<br>»Berg & Grün KG«<br>»Berg & Co. OHG« |
| **Sachfirma** | Sie ist von dem Gegenstand des Unternehmens abgeleitet. | »Actebis Computerhandel GmbH«<br>»allfrisch Warenhandel KG« |
| **Fantasiefirma** | Sie enthält eine werbewirksame, häufig von Markenzeichen abgeleitete Bezeichnung. | »Omira GmbH«<br>»Coca Cola GmbH« |
| **gemischte Firma** | Sie enthält sowohl Personennamen als auch den Gegenstand des Unternehmens. | »Krautleder-Brauerei-Aktiengesellschaft«<br>»Franz Böning Eisen- und Metallhandel e. K.« |

## Firmierungsgrundsätze

### ▶ Ausschließlichkeit der Firma (Firmenmonopol)

Eine in das Handelsregister eingetragene Firma kann ausschließlich von einem Unternehmen geführt werden. Jede neue Firma muss sich von allen an demselben Ort bereits bestehenden und in das Handelsregister eingetragenen Firmen deutlich unterscheiden. *HGB §§ 29, 31*

**Beispiel:** Der Sohn des Unternehmers Gustav Zeller e. K. heißt Gustav Markus Zeller. Gründet er am Geschäftsort seines Vaters ein Dienstleistungsunternehmen, so kann er firmieren mit: Markus Zeller e. K.; Gustav Zeller e. K. jun.; Gustav Zeller e. K., Dienstleistungen; Dienste für Jeden e. K.

### ▶ Firmenbeständigkeit und Haftung bei Übernahme

Beim Wechsel in der Person des Inhabers (Erbschaft, Kauf oder Verpachtung) kann die bisherige Firma beibehalten werden. *§§ 21 f.*

**Beispiel:** Der Unternehmer Fritz Fröhlich e. K. verkauft altershalber sein Unternehmen an Karl Mut. Karl Mut kann die bisherige Firma Fritz Fröhlich e. K. unverändert weiterführen, wenn Herr Fröhlich einwilligt. Er kann aber auch als »Fritz Fröhlich Nachfolger e. K.« firmieren.

### ▶ Firmenwahrheit

Die Firma darf die Öffentlichkeit nicht über die Art und den Umfang des Geschäftes täuschen. *§§ 18 f.*

**Beispiel:** Ein kleines Schreibwarengeschäft darf nicht als »world buerodesign« firmieren.

## 12.1.4 Anmeldung des Unternehmens

Für die Gründung eines Unternehmens sind bestimmte Schritte durch den Unternehmer notwendig:

| Stelle | Inhalt |
|---|---|
| Anmeldung beim Finanzamt | Anmeldung der Unternehmertätigkeit |
| Anmeldung beim Gewerbeamt der Gemeinde, in der das Gewerbe betrieben wird<br>Weiterleitung der Daten an | Anmeldung des Gewerbes |
| – Finanzamt | Aufzeichnungs- und Buchführungspflichten<br>Fragebogen zur künftigen Buchführungsart sowie Angaben zu Umsätzen und Gewinne<br>Danach erhält der Unternehmer eine Steuernummer. |
| – Handwerkskammer | Eintragungspflicht, sofern ein Handwerk gemäß Handwerksordnung betrieben wird. Für einige Gewerke ist eine Meisterprüfung erforderlich. |
| – Industrie- und Handelskammer | Anmeldung, sofern ein Gewerbe betrieben wird, das kein Handwerk ist |
| – Statistisches Landesamt | statistische Erfassung |
| – Berufsgenossenschaft | Anmeldung nach § 192 SGB VII binnen einer Woche zur Pflichtversicherung für Mitarbeiter |
| Agentur für Arbeit | Beantragung einer Betriebsnummer, wenn Mitarbeiter eingestellt werden |
| weitere Sozialversicherungsträger (Krankenkasse, Deutsche Rentenversicherung Bund) | Pflichtversicherung (für Mitarbeiter) oder freiwillige Versicherung (für Unternehmer) |
| Amtsgericht | Eintragung in das Handelsregister (Kapitel 12.1.5) |

## 12.1.5 Eintragung in das Handelsregister

### Wesen und Bedeutung des Handelsregisters

HGB § 8 Das **Handelsregister** ist ein **amtliches Verzeichnis der Kaufleute eines Amtsgerichtsbezirks** oder mehrerer Amtsgerichtsbezirke, das vom Gericht eines Amtsgerichts **elektronisch geführt** wird.

§ 12 Die Anmeldung muss durch den Inhaber des Unternehmens erfolgen. Sie wird elektronisch und in öffentlich beglaubigter Form eingereicht.

§ 8b (2) Das Handelsregister ist über die Internetseite des Unternehmensregisters zugänglich (www.unternehmensregister.de).

## Wirkung der Eintragung in das Handelsregister

| Wirkung der Eintragung in das Handelsregister | |
|---|---|
| **rechtserklärend (deklaratorisch)** | **rechtsbegründend (konstitutiv)** |
| Die Rechtswirkung ist schon vor der Eintragung eingetreten; sie wird durch die Eintragung bestätigt.<br>Gültig für:<br>– die Kaufmannseigenschaft des Istkaufmanns, § 1 HGB,<br>– die Rechtsstellung des Prokuristen, § 53 HGB,<br>– die Rechtsform der Personengesellschaften. | Die Rechtswirkung tritt erst durch die Eintragung ein.<br>Gültig für:<br>– den Firmenschutz aller eingetragenen Unternehmen, § 30 (1) HGB,<br>– die Kaufmannseigenschaft eines Kannkaufmannes, § 2 HGB,<br>– die Rechtsform der Kapitalgesellschaften, § 6 HGB,<br>– die beschränkte Haftung von Kommanditisten, § 172 HGB. |
| **Öffentlichkeitswirkung** | |
| Die Eintragungen genießen öffentlichen Glauben. Eingetragene und bekannt gemachte Tatsachen muss ein Dritter grundsätzlich gegen sich gelten lassen **(positive Publizität).** Nicht eingetragene und nicht bekannt gemachte eintragungspflichtige Tatsachen können einem gutgläubigen Dritten nicht entgegengesetzt werden **(negative Publizität).** | |
| **Beispiel:** Dem Angestellten Marischler wurde die Prokura entzogen. Der Widerruf der Prokura war in das Handelsregister eingetragen und bekannt gegeben worden. Marischler kauft für das Unternehmen einen Pkw. Der Autohändler hat nur Anspruch gegen Marischler. Das Unternehmen ist nicht verpflichtet. | |

## Gliederung und Inhalte des Handelsregisters

In der **Abteilung A** werden Einzelunternehmen und Personengesellschaften, in der **Abteilung B** Kapitalgesellschaften eingetragen.

## Öffentlichkeit des Handelsregisters und Veröffentlichung der Eintragungen

### ▶ Öffentlichkeit

*HGB § 9*

Jedermann kann

- das Handelsregister sowie die eingereichten Schriftstücke einsehen,
- von den Eintragungen und den zum Handelsregister eingereichten Schriftstücken eine Abschrift gegen Gebühr fordern. *§ 10*

### ▶ Veröffentlichung

Das Gericht macht die vollständige Eintragung in das Handelsregister in einem bestimmten Informations- und Kommunikationssystem in der zeitlichen Folge ihrer Eintragung nach Tagen geordnet bekannt.

**Beispiel:** elektronischer Bundesanzeiger im Internet: www.bundesanzeiger.de

## Löschung von Eintragungen

Eintragungen werden auf Antrag oder von Amts wegen gelöscht.

## Zusammenfassende Übersicht zu Kapitel 12.1: Rechtliche Rahmenbedingungen für die Gründung

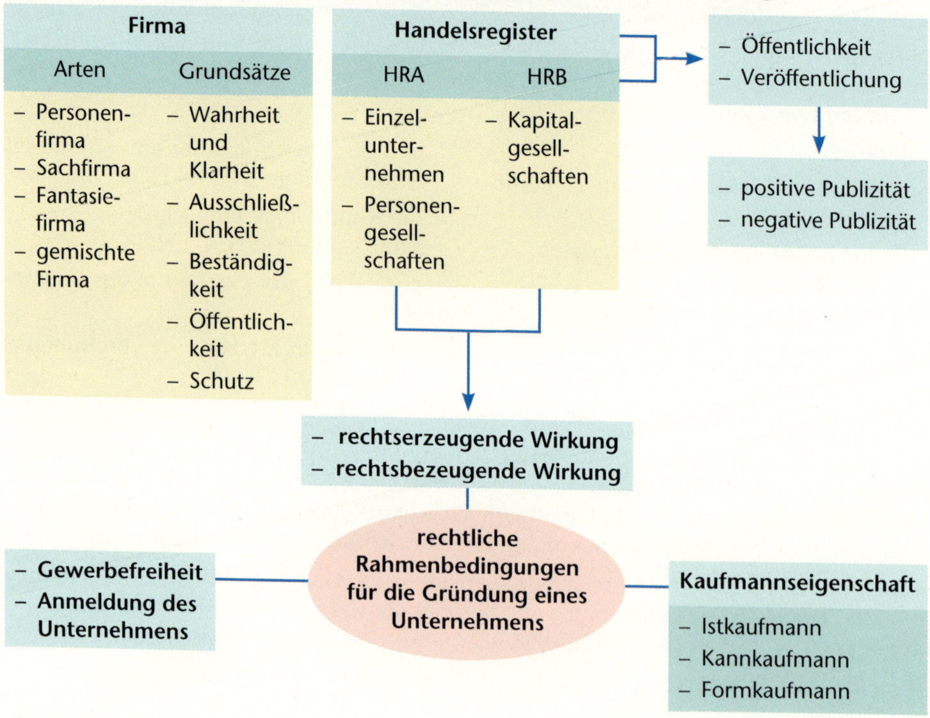


### ▶ Aufgaben und Probleme

1. Begründen Sie, warum der Grundsatz der Gewerbefreiheit nicht uneingeschränkt gelten kann.
2. Nennen Sie Beispiele für Betriebsgründungen, die
   a) genehmigungspflichtig sind,
   b) einen Sachkundenachweis erfordern.
3. Suchen Sie Vorschriften aus der Gewerbeordnung und anderen Gesetzen, die dem Umweltschutz dienen.
4. Warum regelt das Handelsgesetzbuch in den §§ 1, 2, 3, 5 und 6 die Kaufmannseigenschaft?
5. Begründen Sie, ob es sich bei den folgenden Personen bzw. Unternehmen um Kaufleute handelt:
   a) Inhaber eines Elektroinstallationsgeschäftes mit zwei Verkaufsfilialen,
   b) Vorstandsmitglied einer Aktiengesellschaft,
   c) Prokurist einer Großbank,
   d) Inhaber eines Zeitungskiosks,
   e) zwei Landwirte, die gemeinsam eine Hühnerfarm betreiben,
   f) Inhaber einer Autovermietungsgesellschaft,
   g) Forschungsgesellschaft m.b.H.

6. Ein Abschlusszeugnis der Industrie- und Handelskammer enthält die Berufsbezeichnung »Industriekaufmann«. Beurteilen Sie diese Bezeichnung nach § 1 HGB.

7. Das Kieswerk Fink hat einen Jahresumsatz von 15 Mio. EUR und beschäftigt 50 Mitarbeiter.

   a) Begründen Sie, ob Fink ein Handelsgewerbe betreibt.

   b) Welche Kaufmannseigenschaft kommt für Fink infrage?

   c) Welche Rechte und Pflichten erwachsen Fink aus der Eintragung in das Handelsregister?

   d) Welche Wirkung hat der Erwerb der Kaufmannseigenschaft auf das vorgeschriebene Verhalten beim Eingang einer Lieferung (vgl. § 377 HGB)?

8. Warum sieht der Gesetzgeber im § 17 HGB bei Kaufleuten eine Firma vor?

9. Untersuchen Sie, welche der in Ihrem Wohnort ansässigen Unternehmen eine Personen-, Sach-, Fantasie- oder gemischte Firma haben.

10. Ein Industrieunternehmen, das das Fitnesszentrum Gustav Zeller e. K. belieferte, hat noch Forderungen gegenüber Kaufmann Gustav Zeller e. K. Das Fitnesszentrum wird vom Erwerber Erich Groß unter der alten Firma weitergeführt.

    a) Wie wirkt sich die Betriebsveräußerung auf die Sicherheit der Forderungen des Industrieunternehmens aus?

    b) Auf welche Weise können Sie erfahren, wer für die bestehenden Schulden des Fitnesszentrums haftet?

    c) Warum lässt das HGB die Weiterführung einer Firma zu?

    d) Wovon hängt die Möglichkeit der Weiterführung einer Firma ab?

11. Prüfen Sie, welche der folgenden Eintragungen in das Handelsregister a) rechtserzeugende oder b) rechtsbezeugende Wirkung hat:
    - Eintragung des Tabakwarengroßhandels Felix Blankertz e. K.,
    - Eintragung der Münstertäler Fleischwarengroßhandlung AG,
    - Eintragung der Papiergroßhandlung Seboth GmbH & Co. KG,
    - Eintragung des Blumengroßhandels Krüger Vertriebs GmbH.

12. Warum empfehlen Industrie- und Handelskammern, vor der Eintragung in das Handelsregister die vorgesehene Firmenbezeichnung durch die Kammer prüfen zu lassen?

13. Das Amtsgericht Essen veröffentlicht in regelmäßigen Abständen Informationen unter der Überschrift »Handelsregister«. Folgender Auszug liegt vor:

    **Neueintragungen:** HRB 12407 – 14. April 20..: **Rexing Fördertechnik GmbH, Essen** (45307, Kleine Schönscheidtstr. 12). Gegenstand des Unternehmens ist die industrielle Fertigung und der Vertrieb von fördertechnischen Anlagen, insbesondere Transportanlagen und Maschinen. Stammkapital: 185.000 EUR. Geschäftsführerin ist Sylvia Rexing, Kauffrau, Essen.

    **Veränderungen:** HRB 5537 – 17. April 20..: **Speeck Rohrleitungsbau und Tiefbau GmbH, Essen** (45141, Manderscheidtstr. 92 b). Heinrich Speeck ist nicht mehr Geschäftsführer. Dipl.-Kaufmann Thomas Speeck, Datteln, ist zum Geschäftsführer bestellt.

    **Löschungen:** HRB 5448 – 11. April 20..: **Gomolinski Bedachungs-Gesellschaft mit beschränkter Haftung, Essen.** Die Liquidation ist beendet. Die Gesellschaft ist gelöscht.

a) Aus welchen Gründen veröffentlicht das Amtsgericht solche Informationen regelmäßig und für welche Personengruppen können diese Informationen von Wert sein?

b) Warum ist es für einen Kaufmann sinnvoll, die Veröffentlichung von Eintragungen im Handelsregister ständig aus der Tagespresse zu entnehmen?

## 12.2 Überblick über die Rechtsformen der Unternehmen

Die **Rechtsform des Unternehmens** ist die **rechtliche Verfassung (Rechtsform)** des Unternehmens, durch welche die **Rechtsbeziehungen des Unternehmens im Innen- und Außenverhältnis** geregelt werden.

Die Entscheidung für eine Rechtsform hängt grundlegend ab von der Unternehmensgröße, der Möglichkeit der Kapitalbeschaffung, der Haftung der Unternehmer und von steuerlichen Überlegungen. Deshalb bietet die Rechtsordnung mehrere Möglichkeiten für die Gestaltung der Unternehmensverfassung an.

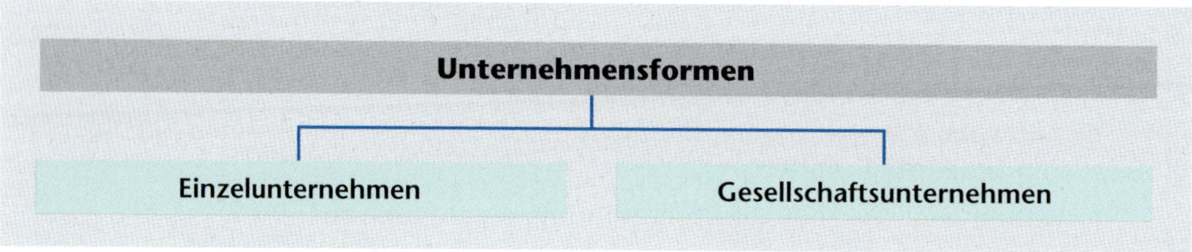


### ▶ Einzelunternehmen

Das **Einzelunternehmen** wird von einer Person, dem Unternehmer, gegründet.

BGB § 705

### ▶ Gesellschaftsunternehmen

Ein **Gesellschaftsunternehmen** wird in aller Regel durch Vertrag von zwei oder mehr Personen zur Erreichung eines gemeinsamen Zwecks gegründet.

Die Gründe, die im Wirtschaftsleben zur Bildung einer Gesellschaft führen, sind vielfältig:

- Erhöhung des Eigenkapitals,
- Ergänzung der Arbeitskraft und Verteilung der Arbeitslast,
- Ausschaltung der gegenseitigen Konkurrenz,
- Verteilung des Unternehmerrisikos,
- Begrenzung der Haftung auf das Gesellschaftsvermögen,
- Erhöhung der Kreditwürdigkeit durch Erweiterung der Haftung,
- steuerliche Vorteile,
- persönliche Gründe (Alter, Krankheit, Erbfall).

Wenn die Gesellschafter den Gläubigern persönlich haften, spricht man von einer **Personengesellschaft.**

Wenn nur das Gesellschaftsvermögen der juristischen Person den Gläubigern persönlich haftet, spricht man von einer **Kapitalgesellschaft.**

**Haftung** bedeutet in diesem Zusammenhang, dass die Gesellschafter bzw. die Gesellschaft Außenstehenden (Dritten) gegenüber für die Verbindlichkeiten der Gesellschaft mit ihrem Vermögen einstehen müssen.

Als typische Personengesellschaft gilt die **Offene Handelsgesellschaft (OHG),** als typische Kapitalgesellschaft die **Aktiengesellschaft (AG).**

Im Einzelnen ergeben sich folgende weitere Unterschiede:

| Merkmale | Personengesellschaft | Kapitalgesellschaft |
|---|---|---|
| **Rechtspersönlichkeit** | natürliche Person | juristische Person |
| **Gesellschaftsvermögen** | Gesamthandvermögen der Gesellschafter | eigenes Vermögen der juristischen Person |
| **Haftung** | Gesellschaftsvermögen und Privatvermögen der Gesellschafter | Gesellschaftsvermögen |
| **Geschäftsführungsbefugnis Vertretungsmacht** | in der Regel durch Gesellschafter | in der Regel besondere Leitungsorgane |
| **Bestehen des Unternehmens** | grundsätzlich vom Gesellschafterbestand abhängig | grundsätzlich vom Gesellschafterbestand unabhängig |
| **Besteuerung des Gewinns** | einkommensteuerpflichtig | körperschaftsteuerpflichtig |

Nicht bei allen Gesellschaftsformen treten diese Unterschiede eindeutig hervor. Es gibt Kapitalgesellschaften mit Merkmalen der Personengesellschaften (KGaA) und umgekehrt (GmbH & Co. KG).

## Zusammenfassende Übersicht zu Kapitel 12.2: Überblick über die Rechtsformen der Unternehmen

**Unternehmensformen**

- **Einzelunternehmen**
- **Gesellschaftsunternehmen**
  - **Personengesellschaften**
    - Offene Handelsgesellschaft
    - Kommanditgesellschaft
    - GmbH & Co. KG
    - Stille Gesellschaft
    - Gesellschaft des bürgerlichen Rechts
    - Partnerschaften Angehöriger Freier Berufe
  - **Kapitalgesellschaften**
    - Aktiengesellschaft
    - Kommanditgesellschaft auf Aktien
    - Gesellschaft mit beschränkter Haftung
  - **Sonderformen**
    - Genossenschaft
    - Versicherungsverein auf Gegenseitigkeit

Unterschiede in

- Rechtspersönlichkeit
- Gesellschaftsvermögen
- Haftungskapital
- Geschäftsführungsbefugnis
- Vertretungsmacht
- Bestehen des Unternehmens
- Gewinnbesteuerung

**▶ Aufgaben und Probleme**

Martha Krenz, bisher Angestellte im Einzelhandel für Computerausstattungen, möchte sich selbstständig machen. Sie möchte alte Tonerkartuschen sammeln, aufbereiten und erneut in den Handel bringen.

a) Geben Sie einen Überblick über die Unternehmensformen.

b) Begründen Sie die Notwendigkeit, dass ein Unternehmen sich eine bestimmte Rechtsform gibt?

c) Von welchen Überlegungen geht Frau Krenz aus, wenn sie eine Entscheidung bezüglich der Rechtsform des Unternehmens trifft?

d) Begründen Sie, weshalb Frau Krenz sich für die Rechtsform des Einzelunternehmens entscheiden wird.

e) Bei welchen öffentlichen Stellen muss Frau Krenz ihr Unternehmen anmelden?

f) Zeigen Sie Frau Krenz mögliche Nachteile auf, die sie im Vergleich zur Gründung eines Gesellschaftsunternehmens haben könnte.

## 12.3 Personenunternehmen

### 12.3.1 Einzelunternehmen

Das **Einzelunternehmen** ist ein **Gewerbebetrieb,** dessen **Eigenkapital von einer Person aufgebracht** wird. Diese leitet das Unternehmen verantwortlich. Sie **haftet** mit ihrem **gesamten Vermögen** und trägt das Risiko allein.

*HGB §§ 18, 19 (1), Z. 1*

**Firma.** Sie muss zur Kennzeichnung des Kaufmanns geeignet sein und Unterscheidungskraft besitzen.

| Firma des Einzelunternehmens | Beispiel |
|---|---|
| Es muss die Bezeichnung »eingetragener Kaufmann«, »eingetragene Kauffrau« oder eine allgemein verständliche Abkürzung dieser Bezeichnung, insbesondere »e. K. «, »e. Kfm. « oder »e. Kfr. « enthalten sein | Der Geschäftsmann Jens Uwe Lück, der eine Kfz-Zubehörgroßhandlung gegründet hat, kann als Firma wählen: Jens Uwe Lück e. K.; Jens Lück, eingetragener Kaufmann; Lück e. K., Kfz-Zubehör; Kaefzet-Lück e. K., Teile World |

**Haftung.** Der Unternehmer muss gegenüber Außenstehenden (Dritten) für die Verbindlichkeiten mit seinem Vermögen einstehen.

**Kapitalaufbringung.** Das Eigenkapital wird von einer Person, dem Unternehmer, aufgebracht. Der Umfang der Mittel, die eingesetzt werden können, ist deshalb in der Regel begrenzt.

**Vorteile und Nachteile des Einzelunternehmens.**

| Vorteile | Nachteile |
|---|---|
| – Der Unternehmer kann frei und schnell entscheiden.<br>– Meinungsverschiedenheiten in der Geschäftsführung, wie sie bei Gesellschaftsunternehmen vorkommen können, sind ausgeschlossen.<br>– Über den Gewinn verfügt der Unternehmer allein. | – Das Risiko trägt der Unternehmer allein.<br>– Er haftet den Gläubigern mit seinem gesamten Vermögen.<br>– Die Kapitalkraft ist begrenzt. |

## 12.3.2 Offene Handelsgesellschaft (OHG)

Die **Offene Handelsgesellschaft** ist die vertragliche Vereinigung von zwei oder mehr Personen zum **Betrieb eines Handelsgewerbes** unter **gemeinschaftlicher Firma** mit **unbeschränkter Haftung** aller Gesellschafter. *HGB § 105 (1)*

### Firma

| Firma der OHG | Beispiel |
|---|---|
| Die Firma der OHG kann eine **Personen-, Sach-, Fantasiefirma oder gemischte Firma** sein. Darüber hinaus muss die Bezeichnung »**Offene Handelsgesellschaft**« oder eine **allgemein verständliche Abkürzung** dieser Bezeichnung in der Firma enthalten sein (OHG, offene HG, oHg). | Karl Berg, Fritz Grün und Willi Müller, die eine Maschinenbau-OHG gründen, können firmieren als: Berg, Grün & Müller OHG, Maschinenbau OHG, Kafriwima OHG. |

*§ 19 (1)*

### Gründung

#### ▶ Form

Der **Gesellschaftsvertrag ist formfrei.** Schriftform ist jedoch üblich. Werden in die Gesellschaft Grundstücke eingebracht, ist notarielle Beurkundung notwendig. *BGB § 311b*

#### ▶ Beginn der Gesellschaft

Im Innenverhältnis bestimmt der Gesellschaftsvertrag den Beginn. Im Außenverhältnis beginnt die Gesellschaft, sobald ein Gesellschafter Geschäfte in ihrem Namen tätigt, spätestens jedoch, wenn die Gesellschaft in das Handelsregister eingetragen ist. Bei Kannkaufleuten beginnt die OHG frühestens mit dem Registereintrag, weil dieser rechtsbegründende Wirkung hat. *HGB § 123*

#### ▶ Anmeldung beim Handelsregister

Sie muss von sämtlichen Gesellschaftern der OHG vorgenommen werden. **Die Anmeldung muss enthalten:** *§§ 106, 108*

- Name, Vorname, Geburtsdatum und Wohnort jedes Gesellschafters,
- Firma und Ort der geschäftlichen Niederlassung,
- Zeitpunkt des Beginns der Gesellschaft,
- Vertretungsmacht der Gesellschafter.

### Rechtsverhältnisse der Gesellschafter im Innenverhältnis

Die Pflichten und Rechte der Gesellschafter untereinander **(Innenverhältnis)** ergeben sich aus dem Gesellschaftsvertrag. In Ergänzung dazu gilt das Gesetz.

#### ▶ Pflichten

a) **Leistung der Kapitaleinlage.** Jeder Gesellschafter ist verpflichtet, die im Gesellschaftsvertrag vereinbarte Kapitaleinlage zu leisten. Sie kann in bar, in Sachwerten und Rechtswerten eingebracht werden. *BGB § 706*

   Eine Mindesthöhe ist nicht vorgeschrieben. Gesellschafter, die ihre Einlagen nicht rechtzeitig leisten, müssen Zinsen bezahlen und machen sich schadensersatzpflichtig. Die Kapitalanteile der Gesellschafter werden getrennt gebucht. Das persönliche Eigen- *HGB § 111 BGB §§ 718 f.*

tum der Gesellschafter wird gemeinschaftliches Vermögen der Gesellschafter (Gesamthandvermögen). Ein einzelner Gesellschafter kann über seinen Kapitalanteil nicht mehr verfügen. Grundstücke werden im Grundbuch auf die OHG eingetragen.

**Beispiele:** Grundstücke, Maschinen, Einrichtungsgegenstände, Wertpapiere, Patente usw.

*HGB § 114 (2)* **b) Geschäftsführung.** Jeder Gesellschafter hat die Pflicht, die Geschäfte der Gesellschaft zu führen und Dienste persönlich zu leisten. Die **Geschäftsführungsbefugnis ist die interne Verwaltungsbefugnis.**

**Beispiele:** innerbetriebliche Befugnisse: Geschäftsräume öffnen, Briefe öffnen, …

*§§ 112 ff.* **c) Wettbewerbsverbot.** Einem Gesellschafter ist es verboten,

- ohne Einwilligung (auch stillschweigend) der anderen Gesellschafter im Handelsgewerbe der eigenen Gesellschaft Geschäfte auf eigene Rechnung zu machen.
- sich an einer anderen gleichartigen Gesellschaft als persönlich haftender Gesellschafter zu beteiligen.

*§ 113* Verstößt ein Gesellschafter gegen dieses Verbot, so macht er sich schadensersatzpflichtig. Die OHG hat das Eintrittsrecht, d.h., sie kann den Vertrag übernehmen oder die erhaltene Vergütung beanspruchen.

*§ 121 (3)* **d) Verlustbeteiligung.** Der Verlust wird nach Köpfen verteilt und vom Kapitalanteil abgezogen.

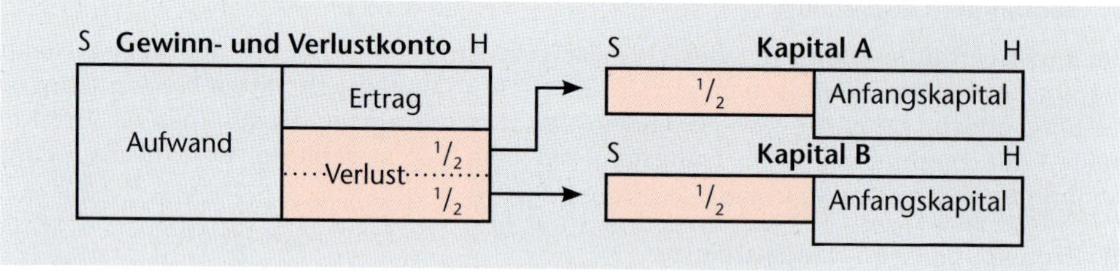


### ▶ Rechte

**a) Geschäftsführung.** Gesetzlich ist jeder Gesellschafter allein zur Geschäftsführung be-
*§§ 114 f.* rechtigt, d.h., er ist im Innenverhältnis zur Vornahme aller Handlungen berechtigt, die der Betrieb des Handelsgewerbes der Gesellschaft **gewöhnlich** mit sich bringt. Es besteht also der Grundsatz der **Einzelgeschäftsführungsbefugnis**. Vertraglich kann die Befugnis zur Geschäftsführung beschränkt oder aufgehoben werden. Widerspricht ein
*§ 116* geschäftsführender Gesellschafter der Vornahme einer Handlung, so muss diese unterbleiben oder rückgängig gemacht werden.

**Beispiele:** Entscheidungen über den Wareneinkauf und Warenverkauf, das Ausfüllen von Überweisungsträgern und Planungen zum Einstellen und Entlassen von Arbeitskräften

*§ 116 (2)* Für **außergewöhnliche** Geschäfte ist der **Gesamtbeschluss aller Gesellschafter,** also auch der nicht geschäftsführenden Gesellschafter, erforderlich.

**Beispiele:** Entscheidung über den Kauf und Verkauf von Grundstücken, Gründung von Filialbetrieben

*§ 116 (3)* Zur **Bestellung eines Prokuristen** ist die Zustimmung aller geschäftsführenden Gesellschafter nötig. Der Widerruf der Prokura kann bereits durch einen geschäftsführenden Gesellschafter erfolgen.

Auf Antrag der übrigen Gesellschafter kann einem Gesellschafter bei grober Pflichtverletzung oder Unfähigkeit zur ordnungsmäßigen Geschäftsführung durch gerichtliche Entscheidung die Geschäftsführungsbefugnis entzogen werden. *HGB § 117*

**b) Kontrolle.** Ein Gesellschafter, der von der Geschäftsführung ausgeschlossen ist, kann sich jederzeit über die Geschäftslage persönlich unterrichten, die Handelsbücher und die Papiere der Gesellschaft einsehen und sich daraus eine Bilanz (Zwischenbilanz) bzw. einen Jahresabschluss anfertigen. *§ 118*

**c) Ersatz von Aufwendungen.** Haben einzelne Gesellschafter im Geschäftsinteresse Aufwendungen aus Privatmitteln, so können sie sich diese ersetzen lassen und auch Zinsen dafür verlangen. Verluste oder Schäden, die unmittelbar mit ihrer Geschäftsführung entstehen, hat die Gesellschaft zu tragen. *§ 110*

**Beispiele:** Geschäftsreise, Schäden durch Unfall

**d) Anteil am Gewinn.** Gesetzlich hat jeder Gesellschafter Anspruch auf 4 % seines Kapitalanteils (Vordividende). Reicht der Jahresgewinn für 4 % nicht aus, so wird ein entsprechend niedrigerer Prozentsatz angewandt. Privatentnahmen und Einlagen eines Gesellschafters während des Geschäftsjahres sind zinsenmäßig zu berücksichtigen. Der Restgewinn wird nach Köpfen verteilt. *§ 121*

Im Gesellschaftsvertrag kann eine vom Gesetz abweichende Regelung für die Verteilung des Gewinns vereinbart werden.

Der Gewinnanteil wird dem Kapitalkonto eines jeden Gesellschafters gutgeschrieben. Die Auszahlung des Gewinns darf nur auf Verlangen des Gesellschafters erfolgen. *§ 120*

**Beispiel:** Verteilung des Jahresgewinns von 60.000 EUR nach HGB. Einlage von Gesellschafter Eberhardt am 30. Juni 20.000 EUR. Entnahme von Gesellschafter Muth mit Zustimmung von Eberhardt am 31. März 10.000 EUR und am 30. September 8.000 EUR.

| Gesellschafter | Kapitalanteil EUR | 4% Vordividende EUR | Kopfanteil EUR | Gesamtanteil EUR | Kapitalendbestand EUR |
|---|---|---|---|---|---|
| **Kapital Eberhardt** | 250.000 | 10.000 | | | |
| + Einlage | 20.000 | 400 | | | |
| | 270.000 | 10.400 | 21.390 | 31.790 | 301.790 |
| **Kapitel Muth** | 180.000 | 7.200 | | | |
| – Entnahme | 10.000 | 300 | | | |
| – Entnahme | 8.000 | 80 | | | |
| | 162.000 | 6.820 | 21.390 | 28.210 | 190.210 |
| **Eberhardt + Muth** | 432.000 | 17.220 | 42.780 | 60.000 | 492.000 |

Berechnung der Vordividende:

| | | | | | |
|---|---|---|---|---|---|
| Anteil Eberhardt | 4% aus | 250.000 EUR | Anfangskapital | 10.000 EUR | |
| | +4% aus | 20.000 EUR | für 180 Tage | 400 EUR | 10.400 EUR |
| Anteil Muth | 4% aus | 180.000 EUR | Anfangskapital | 7.200 EUR | |
| | –4% aus | 10.000 EUR | für 270 Tage | 300 EUR | |
| | –4% aus | 8.000 EUR | für 90 Tage | 80 EUR | 6.820 EUR |

HGB § 122 **e) Kapitalentnahme.** Jeder Gesellschafter ist berechtigt, bis zu 4 % seines zu Beginn des Geschäftsjahres vorhandenen Kapitalanteils zu entnehmen, selbst dann, wenn die OHG Verluste hatte.

Größere Entnahmen sind nur mit Zustimmung der anderen Gesellschafter möglich.

§ 132 **f) Kündigung.** Ein Gesellschafter kann auf den Schluss eines Geschäftsjahres unter Einhaltung einer Frist von mindestens sechs Monaten kündigen.

§ 155 (1) **g) Liquidationsanteil.** Wird die Gesellschaft aufgelöst, so ist der Liquidationserlös, der nach Abzug der Schulden übrig bleibt, im Verhältnis der Kapitalanteile zu verteilen.

## Rechtsverhältnisse der Gesellschafter zu Dritten im Außenverhältnis

Die Rechtsbeziehungen der Gesellschafter gegenüber Dritten **(Außenverhältnis)** sind durch das Gesetz geregelt. Abweichende Vereinbarungen müssen im Handelsregister eingetragen werden, soweit sie gesetzlich zulässig sind.

### ▶ Vertretungsmacht der Gesellschafter

§ 125 Jeder Gesellschafter ist allein zur Vertretung ermächtigt. Er kann Dritten gegenüber Willenserklärungen abgeben, durch welche das Unternehmen berechtigt und verpflichtet wird (rechtsgeschäftlicher Kontakt zu Dritten). Es besteht also der **Grundsatz der Einzelvertretungsmacht.**

Vertraglich kann von diesem Grundsatz nur in folgender Weise abgewichen werden:

1. Die Gesellschafter können nur zusammen die OHG vertreten (Gesamt- oder Kollektivvertretung).
2. Die Vertretungsmacht wird nur einem oder mehreren Gesellschaftern (mit Einzel- oder Gesamtvertretungsmacht) erteilt; die übrigen Gesellschafter sind von der Vertretung ausgeschlossen.
3. Ein Gesellschafter mit Einzelvertretungsmacht kann nur mit einem Prokuristen zusammen die Gesellschaft vertreten.

§ 126 Der Umfang der Einzelvertretungsmacht (Außenverhältnis) ist also unbeschränkt und auch unbeschränkbar, während die Geschäftsführungsbefugnis (Innenverhältnis) beschränkbar ist.

**Beispiel:** Der Gesellschafter Eberhardt der Eberhardt & Muth OHG erteilt dem Angestellten Gut Prokura, ohne dass ein Gesamtbeschluss der Gesellschafter vorliegt. Die Erteilung der Prokura ist nach außen hin gültig. Handlungen des Prokuristen binden das Unternehmen. Allerdings kann der Gesellschafter Muth gegen Eberhardt wegen grober Pflichtverletzung vorgehen. Entsteht durch die Handlungen des Prokuristen Gut ein Schaden, so muss ihn Eberhardt ersetzen.

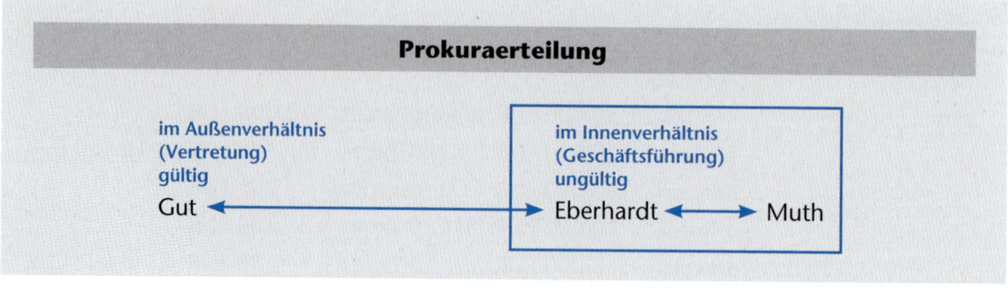

Der **Entzug der Vertretungsmacht** ist bei wichtigem Grund auf Antrag der übrigen Gesellschafter durch gerichtliche Entscheidung möglich. *HGB § 127*

**Beispiel:** Ein Prokurist hat einem Angestellten ohne Gesamtbeschluss Prokura erteilt.

### ▶ Haftung der Gesellschafter

Für die Verbindlichkeiten der OHG **haften alle Gesellschafter persönlich** als Gesamtschuldner und die OHG mit dem Gesellschaftsvermögen. Eine entgegenstehende Vereinbarung ist Dritten gegenüber unwirksam. *§ 128*

Ein **Gesellschafter, der** in eine bestehende OHG **eintritt,** haftet auch für die Schulden der Gesellschaft, die bei seinem Eintritt bereits bestehen. Der Ausschluss oder die Beschränkung dieser Haftung ist nur im Innenverhältnis gültig. Wird aus einem Einzelunternehmen eine OHG, so haftet die entstandene OHG, und damit auch der eintretende Gesellschafter, für die alten Schulden des bisherigen Unternehmens. Der neu eintretende Gesellschafter kann aber diese Haftung durch die Eintragung in das Handelsregister oder die Mitteilung an jeden einzelnen Gläubiger ausschließen. *§ 130* *§ 128*

Ein **Gesellschafter, der** aus einer OHG **ausscheidet,** haftet noch fünf Jahre für die bei seinem Austritt vorhandenen Verbindlichkeiten der Gesellschaft. *§ 160*

Es gelten folgende Haftungsgrundsätze:

| **Haftungsgrundsätze der OHG** | |
|---|---|
| **Grundsatz** | **Inhalt** |
| **persönlich** | |
| – unbeschränkt | Haftung mit dem Geschäfts- und Privatvermögen |
| – unmittelbar | Jeder Gläubiger kann sich unmittelbar an jeden beliebigen Gesellschafter wenden. |
| **gesamtschuldnerisch** | Alle Gesellschafter haften für die gesamten Schulden der Gesellschaft. |
| Der OHG-Gesellschafter kann einem Gläubiger gegenüber nicht geltend machen: | |
| »Einrede der **Haftungsbeschränkung**« | Haftungsbeschränkungen auf den Kapitalanteil im Unternehmen |
| »Einrede der **Vorausklage**« | Haftungsanspruch erst nach der Klage gegen die Gesellschaft |
| »Einrede der **Haftungsteilung**« | kein Anspruch auf die Haftung entsprechend dem Kapitalanteil |

## Auflösung der OHG

**Auflösungsgründe** der OHG können sein: *§ 131 (1)*

- Ablauf der Zeit, für die die OHG eingegangen wurde
- Beschluss der Gesellschafter
- Eröffnung des Insolvenzverfahrens über das Vermögen der Gesellschaft
- gerichtliche Entscheidung

Damit bei Tod, Kündigung oder Insolvenz eines Gesellschafters dem Unternehmen nicht plötzlich Kapital entzogen wird, sind im Gesellschaftsvertrag meist Vereinbarungen getroffen, die darauf abzielen, das Unternehmen weiterzuführen.

**Beispiele:**

1. Nach dem Tod eines Gesellschafters werden dessen beide Kinder gleichberechtigte Gesellschafter.
2. Nach dem Tod eines Gesellschafters wird die Gesellschaft nur durch die verbleibenden Gesellschafter weitergeführt.

## Bedeutung

Die Rechtsform der OHG wird vor allem von kleineren und mittleren Unternehmen gewählt. Oft handelt es sich dabei um ein Familienunternehmen. Zwischen den Komplementären muss ein enges Vertrauensverhältnis bestehen.

## Vorteile und Nachteile der OHG

| Vorteile | Nachteile |
|---|---|
| – hohe Kreditwürdigkeit<br>– kein Mindestkapital erforderlich<br>– freie Gestaltung des Gesellschaftsvertrages möglich | – hohe und umfassende Haftungsrisiken für die Gesellschafter<br>– erfordert den vollen persönlichen Einsatz der Gesellschafter<br>– Gefahr der Unternehmensgefährdung, wenn die Zusammenarbeit der Gesellschafter nicht funktioniert<br>– Gefährdung des Unternehmensfortbstandes bei Tod oder Kündigung eines Gesellschafters |

# 12.3.3 Kommanditgesellschaft (KG)

HGB § 161 Die **Kommanditgesellschaft (KG)** ist die vertragliche Vereinigung von zwei oder mehr Personen zum **Betrieb eines Handelsgewerbes** unter **gemeinschaftlicher Firma,** wobei den Gläubigern gegenüber mindestens ein **Gesellschafter unbeschränkt** (Vollhafter) und mindestens **ein Gesellschafter beschränkt** (Teilhafter) **haftet.**

Die Vollhafter heißen **Komplementäre,** die Teilhafter **Kommanditisten.**

Bei einer Kommanditgesellschaft können auch juristische Personen Vollhafter sein.

## Firma

§ 19 (1)

| Firma der KG | Beispiel: |
|---|---|
| Die Firma der KG kann eine **Personen-, Sach-, Fantasiefirma oder gemischte Firma** sein. Darüber hinaus muss die Bezeichnung »**Kommanditgesellschaft**« oder eine **allgemein verständliche Abkürzung** dieser Bezeichnung in der Firma enthalten sein (KG, Kges). | Karl Berg, Fritz Grün und Willi Müller, die eine Maschinenbau-KG gründen, können firmieren als: Berg, Grün & Müller KG; Maschinenbau KG; Kafriwima KG. |

## Gründung

§ 161 Für die Form der Gründung und den Beginn der Gesellschaft gelten dieselben Vorschriften wie für die OHG (Seite 501).

§ 162 Die Anmeldung beim Handelsregister ist von sämtlichen Gesellschaftern vorzunehmen, also auch von den Kommanditisten.

Wegen der beschränkten Haftung ist die Höhe ihrer Einlagen einzutragen. Veröffentlicht wird jedoch nur die Zahl der Kommanditisten, nicht die Höhe ihrer Einlage. Die Beschränkung der Haftung beginnt erst mit dem Zeitpunkt der Eintragung. *HGB § 176*

## Pflichten und Rechte des Komplementärs

Entsprechend § 161 HGB gilt, dass für den Komplementär dieselben Bestimmungen wie für den Gesellschafter der OHG nach §§ 109 ff. HGB angewendet werden (Seite 501).

## Pflichten und Rechte des Kommanditisten

### ▶ Pflichten des Kommanditisten

1. **Leistung der Einlage,** die vertraglich festgelegt wurde. Diese kann von der in das Handelsregister eingetragenen Einlage, der Haftsumme, abweichen.
2. **Haftung** mit der Höhe **seiner Einlage.** Es besteht jedoch eine unmittelbare Haftung für den noch nicht geleisteten Teil seiner Haftsumme, der noch ausstehenden Kommanditeinlage. *§§ 171 f.*

   **Beispiel:** vereinbarte und im Handelsregister eingetragene Kommanditeinlage 100.000 EUR. Darauf wurden 40.000 EUR als Einlage geleistet. Der Kommanditist haftet dann unmittelbar mit 60.000 EUR gegenüber den Gesellschaftsgläubigern.

   Beim Eintritt in eine bestehende Handelsgesellschaft haftet der Kommanditist für die vor seinem Eintritt bestehenden Verbindlichkeiten der Gesellschaft bis zur Höhe seiner noch nicht geleisteten, in das Handelsregister eingetragenen Einlage. Ist die Handelsgesellschaft oder der neu eingetretene Kommanditist noch nicht in das Handelsregister eingetragen, so haftet der Kommanditist wie ein Komplementär. *§ 173* *§ 176*
3. **Verlustbeteiligung.** Sie erfolgt im angemessenen Verhältnis der Kapitalanteile bis zum Betrag des Anteils und der noch rückständigen Einlage. *§§ 167 f.*

### ▶ Rechte des Kommanditisten

1. **Widerspruch.** Der Kommanditist kann nur Handlungen widersprechen, die über den gewöhnlichen Betrieb des Handelsgewerbes der Gesellschaft hinausgehen, z.B. Verkauf eines Grundstücks. Dies kann jedoch vertraglich ausgeschlossen werden. *§ 164*
2. **Kontrolle.** Der Kommanditist hat nur Anspruch auf Mitteilung des Jahresabschlusses. Er kann ihn durch Einsicht in die Bücher und Papiere der Gesellschaft nachprüfen. Ein laufendes Kontrollrecht besteht nicht. *§ 166*
3. **Gewinnanteil.** Jeder Gesellschafter erhält bis zu 4 % seines Kapitalanteils, sofern nichts anderes vereinbart ist. Der Rest ist in einem angemessenen Verhältnis zu verteilen. Um Streitigkeiten vorzubeugen, wird die Gewinnverteilung meist im Gesellschaftsvertrag festgelegt. *§ 168 (2)*
4. **Gewinnverwendung.** Hat der Kommanditist die bedungene Einlage geleistet (Einlage, die laut Gesellschaftsvertrag Bedingung war), so kann er am Ende des Geschäftsjahres die Auszahlung seines Gewinnanteils fordern. Solange die bedungene Einlage nicht erreicht ist, wird der Gewinnanteil über das Konto »Noch ausstehende Einlage« seinem Kapital zugeschrieben. Der Kommanditist kann die Auszahlung des Gewinnanteils auch dann nicht fordern, wenn sein Kapital durch Verlust gemindert ist. Der Gewinnanteil wird in diesem Fall zur Auffüllung der bedungenen Einlage verwendet. Zuvor erhaltene Gewinne braucht ein Kommanditist nicht zurückzuzahlen, wenn später Verluste eintreten (Kapitel 13.7.1.1). *§ 167* *§ 169*

   Werden Gewinnanteile, die die bedungene Einlage übersteigen, nicht ausbezahlt, so stellen diese Verbindlichkeiten der KG dar, nicht jedoch gewinnberechtigtes Kommanditkapital.

HGB § 132 5. **Kündigung.** Der Kommanditist kann auf den Schluss eines Geschäftsjahres unter Einhaltung einer Frist von mindestens sechs Monaten kündigen, wenn der Vertrag nichts anderes vorsieht.

### Auflösung der KG

Die **Auflösungsgründe** der KG entsprechen denen der OHG (Seite 505).

§ 177 Beim Tod eines Kommanditisten werden die Erben Teilhafter des Unternehmens.

### Bedeutung

Die Rechtsform der KG wird vor allem von kleineren und mittleren Unternehmen gewählt. Oft handelt es sich dabei um ein Familienunternehmen. Zwischen den Komplementären muss ein enges Vertrauensverhältnis bestehen. Von ihnen wird der volle persönliche Einsatz verlangt.

### Vorteile und Nachteile der KG

| Vorteile | Nachteile |
|---|---|
| – alleinige Geschäftsführung durch den Vollhafter möglich<br>– keine gesetzliche Mindesteinlage erforderlich<br>– Der Teilhafter kann sich kapitalmäßig ohne persönliche Mitarbeit beteiligen.<br>– keine persönliche Haftung des Teilhafters<br>– keine Pflicht zur Mitarbeit für den Teilhafter | – kaum Einflussmöglichkeiten auf die Geschäftsführung durch den Teilhafter<br>– Problem der Unternehmensfortführung beim Tod des Vollhafters<br>– hohe Vertrauensbasis unter den Gesellschaftern erforderlich |

## 12.3.4 Gesellschaft des bürgerlichen Rechts (GbR)

BGB § 705 Die **Gesellschaft des bürgerlichen Rechts (GbR)** ist die vertragliche Vereinigung von Personen, die sich verpflichten, die **Erreichung eines gemeinsamen Zieles** in der durch den Vertrag bestimmten Weise zu **fördern,** insbesondere die vereinbarten Beiträge zu leisten.

Sowohl Nichtkaufleute als auch Kaufleute können sich zu einer GbR (auch GdbR, BGB-Gesellschaft) zusammenschließen.

**Beispiele:**

1. Gelegenheitsgesellschaften von Nichtkaufleuten:
   - Schüler unternehmen gemeinsam einen Ausflug.
   - Mehrere Personen spielen gemeinsam Lotto oder mieten ein Auto.
2. Zusammenschluss von Kaufleuten und Nichtkaufleuten:
   - Banken schließen sich zusammen, um gemeinsam Wertpapiere beim Publikum unterzubringen (Bankenkonsortium).
   - Unternehmen verbinden sich zum gemeinsamen Einkauf großer Warenmengen.
3. Kapitalgesellschaften vor ihrer Eintragung in das Handelsregister (Vorgründungsgesellschaften)

## Rechtsverhältnisse

| Merkmal | Erklärung |
|---|---|
| **Firma**<br>**Eintragung in das Handelsregister** | Die GbR hat keine Firma.<br>Die GbR wird nicht in das Handelsregister eingetragen. |
| **Beiträge und Gesellschaftsvermögen** | Beiträge können aus Geld, Sachen, Forderungen, Rechten und Dienstleistungen bestehen.<br>Vermögen, das durch die Beiträge der Gesellschafter und durch die Geschäftsführung erworben wird, ist Gesellschaftsvermögen. |
| **Geschäftsführung** | Sie steht den Gesellschaftern gemeinschaftlich zu. Meist wird jedoch die Geschäftsführung einem einzelnen Gesellschafter übertragen. |
| **Vertretung** | Sie ist nur mit Vollmacht der Gesellschafter möglich. Ist einem einzelnen Gesellschafter die Geschäftsführung übertragen, so ist er im Zweifel auch allein vertretungsbefugt. |
| **Haftung** | Die Gesellschafter haften für eingegangene Verpflichtungen sowohl persönlich als auch als Gesamtschuldner. |
| **Gewinn und Verlust** | Falls vertraglich nichts anderes geregelt ist, sind die Anteile am Gewinn und Verlust für jeden Gesellschafter gleich. |
| **Auflösung** | Die GbR endet mit der Erfüllung des beabsichtigten Zweckes. |

## Bedeutung

Der Gegenstand des Zusammenschlusses kann jeder beliebige Zweck sein. Es kann sich um einen Zusammenschluss für eine bestimmte Gelegenheit (»Gelegenheitsgesellschaft«) oder für längere Dauer handeln. Die Gründungsmodalitäten sind formlos und damit einfach umzusetzen.

## Vorteile und Nachteile der GbR

| Vorteile | Nachteile |
|---|---|
| – kein Mindestkapital erforderlich<br>– formlose Gründung<br>– Die Geschäftstätigkeit endet formlos nach Abschluss des Geschäftes/Auftrages.<br>– Die Geschäftsführung kann frei und formlos geregelt werden. | – persönliche und gesamtschuldnerische Haftung der Gesellschaft<br>– keine juristische Person im rechtlichen Sinn |

## Zusammenfassende Übersicht zu Kapitel 12.3: Personenunternehmen

### Einzelunternehmen

Haftung | Kapitalaufbringung | Risiko | Entscheidungen | Gewinn

allein

### Offene Handelsgesellschaft (OHG)

**OHG-Gesellschafter**

**Innenverhältnis**

**Pflichten**
- Kapitaleinlage
- Geschäftsführung
- Wettbewerbsenthaltung
- Verlustbeteiligung

**Rechte**
- Geschäftsführung
- Kontrolle
- Ersatz von Aufwendungen
- Anteil am Gewinn
- Kapitalentnahme
- Kündigung
- Liquidationsanteil

**Außenverhältnis**

Grundsatz: Einzelvertretungsmacht

Haftung:
- persönlich
  - unbeschränkt
  - direkt
- gesamtschuldnerisch

### Kommanditgesellschaft (KG)

**Komplementär (Vollhafter)**

**Pflichten**
- Kapitaleinlage
- Geschäftsführung
- Wettbewerbsenthaltung
- Verlustbeteiligung

**Rechte**
- Geschäftsführung
- Kontrolle
- Ersatz von Aufwendungen
- Anteil am Gewinn
- Kapitalentnahme
- Kündigung
- Liquidationsanteil

**Kommanditist (Teilhafter)**

**Pflichten**
- Kapitaleinlage
- Haftung
- Verlustbeteiligung

**Rechte**
- Widerspruch
- Kontrolle
- Gewinnanteil
- Gewinnverwendung
- Kündigung

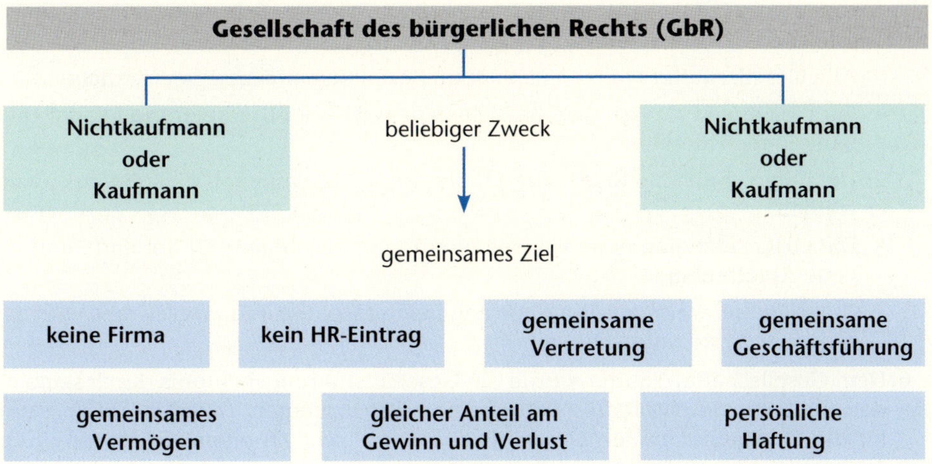


## ▶ Aufgaben und Probleme

1. Herr Friedrich Leone entwickelte ein Übungsgerät für den Freizeitsport, mit dessen Hilfe man wie ein Känguru hüpfen kann. Er möchte dieses Gerät herstellen und vertreiben und gründet zu diesem Zweck ein Einzelunternehmen. Erläutern Sie,
   a) warum Herr Leone die Rechtsform des Einzelunternehmens wählt,
   b) welche Probleme Herr Leone als Einzelunternehmer haben kann,
   c) wie er auf eine rasche Absatzausweitung bzw. auf Konjunkturschwächen reagieren kann,
   d) wie Friedrich Leone firmieren kann?
2. Im Unternehmen verbreitet sich das Gerücht, der Chef beabsichtige, seine beiden Söhne am Unternehmen zu beteiligen. Das Einzelunternehmen soll in eine Personengesellschaft umgewandelt werden. Teile der Belegschaft begrüßen dies, andere Mitarbeiter äußern Bedenken. Welche Argumente können die beiden Gruppen vorbringen?
3. Am 7. März 1997 wurde in das Handelsregister Ludwigsburg die Fielmann AG & Co. OHG eingetragen. Erläutern Sie diese Rechtsform.
4. Zeigen Sie durch die Beantwortung folgender Fragen, dass die OHG personenbezogen ist:
   a) Wie viele Personen können eine OHG gründen?
   b) Wer ist zur Geschäftsführung verpflichtet?
   c) Wie kann das Vertretungsrecht wahrgenommen werden?
   d) Was versteht man unter persönlicher Haftung?
   e) Warum ist nach dem Gesetz die Kündigung oder der Tod eines Gesellschafters ein Auflösungsgrund?
5. Entscheiden Sie, ob die folgenden Situationen zur Geschäftsführung oder zur Vertretung gehören:
   – Die Gesellschafter vereinbaren, die neue Produktionsmaschine im nächsten Geschäftsjahr zu kaufen.

- Das Produktionsprogramm wird um die Abteilung Stahlbearbeitung ergänzt.
- Der geschäftsführende Gesellschafter legt Widerspruch gegen den Steuerbescheid des Finanzamtes ein.
- Alle Gesellschafter wollen nachhaltige Bestellungsprozesse verwirklichen.
- Für die neuen Prozesse wird im Namen der OHG der Kreditvertrag mit der Hausbank unterschrieben.
- Der unterschriebene Kaufvertrag für die neue Maschine soll rückgängig gemacht werden.
- Die OHG setzt eine neue Umweltverordnung der Regierung um und kauft eine neue Abluftanlage.
- Es sollen drei weitere Büroräume angemietet werden. Für zwei Räume wird auch ein Mietvertrag unterschrieben.

6. Dem Gesellschafter Sautter wurde die Geschäftsführungsbefugnis durch seine beiden anderen Gesellschafter Reitter und Moll entzogen. Trotzdem kauft Sautter für die OHG einen neuen Geschäftswagen und schließt einen Kreditvertrag über 25.000 EUR ab. Beurteilen Sie die Rechtslage.
7. Warum werden die Kapitalanteile der Gesellschafter einer OHG nicht in das Handelsregister eingetragen?
8. Das Eigenkapital einer OHG mit den Gesellschaftern Balle und Marischler beläuft sich auf 125.000 EUR. Dabei entfallen 75.000 EUR auf Balle und 50.000 EUR auf Marischler.
   a) Auf welche Art und Weise kann der Gesellschafter Marischler seinen Kapitalanteil um 30.000 EUR erhöhen?
   b) Welche Auswirkungen hat diese Kapitalerhöhung hinsichtlich seiner Geschäftsführungsbefugnis und seiner Vertretungsmacht?
9. Der Kraftfahrzeugmeister Buhl und der kaufmännische Angestellte Ruf beschließen die Gründung einer Großhandlung für Kfz-Bedarf in der Rechtsform einer OHG.

   Beantworten Sie folgende Fragen (mit Begründung):
   a) Welche Gründe können Buhl veranlassen, statt eines Einzelunternehmens zusammen mit Ruf eine OHG zu gründen?
   b) Zur Finanzierung eines Auslieferungslagers beantragte Ruf einen Bankkredit. Zu welchen Überlegungen dürfte die Bank aufgrund der Tatsache gelangen, dass das Schuldnerunternehmen eine OHG ist?
   c) Wie ist die Rechtslage nach der gesetzlichen Regelung?
      - Gesellschafter Ruf kündigt dem Angestellten Michels.
      - Er gibt schriftliche Anweisungen an die Mitarbeiter der Buchhaltungsabteilung.
      - Er erteilt einem Angestellten Prokura.
      - Er unterschreibt einen Überweisungsauftrag an die Hausbank zulasten des Kontos der OHG.
10. Die im HGB vorgesehene Gewinnbeteiligung ergibt sich aus dem Wesen der OHG.
    a) Warum erhält jeder Gesellschafter zunächst einen Prozentsatz seines Kapitalanteils?
    b) Weshalb wird der mögliche Restgewinn nach Köpfen verteilt?
    c) Welche Wirkung auf die Verteilung des Gewinns wird der vertragliche Ausschluss eines Gesellschafters von der Geschäftsführung haben?

11. Eine OHG erzielt in einem Geschäftsjahr (= Kalenderjahr) einen Reingewinn von 350.800 EUR. Beteiligungsverhältnis der Gesellschafter: A 800.000 EUR, B 600.000 EUR, C 400.000 EUR. Entnahme von A am 18. Oktober 40.000 EUR, Einlage von C am 6. August 60.000 EUR.

    Nach dem Gesellschaftsvertrag werden die Kapitalanteile mit 5 % verzinst. Entnahmen und Einlagen sind mit 5 % Zinsen zu berücksichtigen. Der Restgewinn ist im Verhältnis 5 : 5 : 3 zu verteilen.

    Berechnen Sie die Gewinnanteile und die neuen Kapitalanteile der Gesellschafter.

12. Der Kaufmann Andreas Weinert gründete ein Unternehmen für Geschäftsausstattungen. Er möchte dieses Unternehmen nun vergrößern und ausbauen.

    Für eine Betriebserweiterung im Jahr 02 soll das Einzelunternehmen in eine OHG umgewandelt werden. Als Gesellschafter bieten sich sein technischer Mitarbeiter Wolfgang Pschorr und sein Sohn Alexander Weinert an, der unlängst sein Ingenieurstudium beendet hatte.

    Die Bezeichnung »Geschäftsausstattungen Andreas Weinert« soll in die neue Firma aufgenommen werden.

    Herr Weinert sen. bringt sein Unternehmen (Gebäude, sonstiges Anlagevermögen, Umlaufvermögen) im Wert von 400.000 EUR ein, Herr Pschorr leistet eine Bareinlage von 50.000 EUR und Alexander Weinert stellt seine Arbeitskraft zur Verfügung.

    Die OHG beginnt laut Gesellschaftsvertrag, der am 5. Dezember 01 abgeschlossen wurde, am 1. Januar 02; die Eintragung in das Handelsregister erfolgt am 10. Januar 02.

    a) Welche Form muss der Gesellschaftsvertrag für diese OHG haben? Begründen Sie Ihre Antwort.

    b) Prüfen Sie, ob die OHG die vorgesehene Firma übernehmen kann, und begründen Sie Ihre Ansicht.

    c) Der Sohn Alexander Weinert leistet keine Einlage, sondern stellt seine Arbeitskraft zur Verfügung.

       Beurteilen Sie diese Vereinbarung im Gesellschaftsvertrag
       - im Hinblick auf die Einlagepflicht des OHG-Gesellschafters,
       - in bilanztechnischer Sicht,
       - aus der Sicht der Mitgesellschafter,
       - aus der Sicht der Gläubiger.

    d) Erläutern Sie die Bedeutung der Daten 5. Dezember 01, 1. Januar 02 und 10. Januar 02 im Hinblick auf die Entstehung der OHG.

    e) Führen Sie in einer übersichtlichen Tabelle die Gewinnverteilung für das Jahr 02, die Verlustverteilung für das Jahr 03 durch, und geben Sie die Entnahmen der drei Gesellschafter am Ende der Jahre 02 und 03 an.

       Die Gesellschafter Andreas Weinert und Wolfgang Pschorr machen von ihrem Entnahmerecht nach HGB Gebrauch.

       Im Jahr 02 erzielte die OHG einen Gewinn von 30.000 EUR. Im Jahr 03 erzielte die OHG einen Verlust von 7.500 EUR.

       Die Gewinn- und Verlustverteilung ist wie folgt geregelt:
       - Jeder Gesellschafter erhält zunächst 6 % seines Kapitalanteils; der Rest wird zur Hälfte an Andreas Weinert und zu je einem Viertel an Wolfgang Pschorr und Alexander Weinert verteilt.

- Außerdem hat Alexander Weinert eine Einlage in der Form zu bewirken, dass er seinen 3.000 EUR übersteigenden Anteil am Gewinn so lange nicht entnehmen darf, bis sein Kapitalkonto 25.000 EUR erreicht hat.
- Die Verlustverteilung erfolgt nach dem Gesetz.

f) Angenommen, der Kapitalanteil von Alexander Weinert ist im Jahr 04 negativ geworden. Wie verhält es sich in einem solchen Fall mit dem Entnahmerecht des Gesellschafters?

13. Vervollständigen Sie die folgende Tabelle:

| | Komplementär (Vollhafter) | Kommanditist (Teilhafter) |
|---|---|---|
| Kontrollrecht | | |
| Recht auf Kapitalentnahme | | |
| Haftung beim Eintritt in die Gesellschaft | | |
| Haftung beim Ausscheiden aus der Gesellschaft | | |

14. Begründen Sie, ob ein Angestellter gleichzeitig Kommanditist
    a) in dem Unternehmen seines Arbeitgebers,
    b) in einem fremden Unternehmen sein kann.

15. Auszug aus dem Gesellschaftsvertrag der Schweigart Labor KG:

    »§ 35: Stirbt ein Komplementär, werden eventuell vorhandene Erben nur als Kommanditisten in die KG aufgenommen.«

    Begründen Sie, warum die Gründer der KG diesen Paragrafen in den Gesellschaftsvertrag aufgenommen hatten.

16. Ein Kommanditist fordert, dass bei der Gewinnverteilung der Restgewinn nach Köpfen verteilt werden soll. Der Komplementär verweist auf das HGB, in dem es heißt, dass der Restgewinn in einem angemessenen Verhältnis zu verteilen sei.

    Begründen Sie, warum der Gesetzgeber zu dieser Regelung gegriffen hat.

17. Sachverhalt: Peter Stalder gründete ursprünglich die Peter Stalder Tennishallen e. K. Um mit anderen Betreibern von Tennishallen konkurrenzfähig zu bleiben, stehen umfangreiche Investitionen an. Dazu nahm er gegen Ende des Jahres 01 seine Tochter Femke als Komplementärin und Alfred Brodt als Kommanditisten in das Unternehmen auf.

    Der Gesellschaftsvertrag für die KG wurde am 1. Dezember 01 abgeschlossen. Die Eintragung in das Handelsregister erfolgte am 15. Dezember 01. Die Bilanz der KG zum 31. Dezember 01 weist zusammengefasst folgende Beträge in EUR aus:

Bilanz zum 31. Dezember 01

| Aktiva | | Passiva | |
|---|---|---|---|
| Anlagevermögen | 1.300.000 | Kapital Peter Stalder | 260.000 |
| Umlaufvermögen | 180.000 | Kapital Femke Stalder | 350.000 |
| Forderung: ausst. Kommanditeinlage | 10.000 | Kommanditkapital Brodt | 110.000 |
| | | Fremdkapital | 770.000 |
| | 1.490.000 | | 1.490.000 |

    a) Kommanditist Brodt hat bei den Vertragsverhandlungen die Aufnahme seines Namens in die Firma gefordert. Die anderen Gesellschafter lehnen dies ab. Nennen Sie jeweils ein rechtliches und wirtschaftliches Argument.

b) Erläutern Sie die rechtliche Bedeutung des
   - 1. Dezembers 01 und
   - 15. Dezembers 01 für die Gesellschafter des Unternehmens.

c) Am 18. Februar 02 fordert ein Lieferant des Unternehmens einen seit einem halben Jahr fälligen Betrag über 12.000 EUR vom Kommanditisten Brodt. Dieser verweigert die Zahlung mit der Begründung, dass er zum Zeitpunkt der Entstehung der Schuld noch nicht Gesellschafter gewesen sei. Erläutern Sie die Rechtslage.

d) Femke Stalder möchte sich an einer Fitness-Center GmbH beteiligen. Für diesen Zweck will sie 20.000 EUR aus der KG herausziehen. Welcher rechtliche und wirtschaftliche Einwand ist dagegen zu erheben, wenn im Gesellschaftsvertrag darüber nichts vereinbart wurde?

e) Beurteilen Sie folgende Vorgänge:
   - Brodt erwirbt bei einem Sportartikelhändler Tennisschläger im Wert von 30.000 EUR für die Sport-Shops in den Tennishallen. Er begründet dies damit, Gesellschafter des Unternehmens zu sein.
   - Peter Stalder kauft fünf Ballmaschinen im Wert von 25.000 EUR. Brodt widerspricht dem Kauf mit der Begründung, man beschäftige doch einen Tennislehrer.
   - Femke Stalder beabsichtigt, mit liquiden Mitteln der KG aus Spekulationsgründen 500 Aktien eines Automobilwerkes zu kaufen. Ihr Vater, Peter Stalder, dessen Geschäftsführungsrechte nicht beschränkt sind, widerspricht dem Kauf.

18. Vergleichen Sie die Gesellschaft des bürgerlichen Rechts mit der offenen Handelsgesellschaft in Bezug auf folgende Merkmale: Zweck, gesetzliche Grundlagen, Firma, Geschäftsführung und Vertretung, Ergebnisverteilung.

## 12.4 Kapitalgesellschaften

### 12.4.1 Aktiengesellschaft (AG)

Die **Aktiengesellschaft** ist eine Handelsgesellschaft mit eigener Rechtspersönlichkeit (juristische Person), deren **Gesellschafter (Aktionäre) mit Einlagen auf das in Aktien zerlegte Grundkapital beteiligt** sind. Für die Verbindlichkeiten der Gesellschaft **haftet** den Gläubigern **nur das Gesellschaftsvermögen.**

*AktG §§ 1, 3*

Die Aktionäre riskieren lediglich ihren Kapitaleinsatz.

#### Kapitalaufbringung durch Aktienverkauf

##### ▶ Kapital

Das Eigenkapital einer AG besteht aus mehreren Teilen. Den Teil, der sich aus dem Nennbetrag oder den Anteilen sämtlicher Aktien zusammensetzt, nennt man **Grundkapital.** Es ist in der Bilanz als **gezeichnetes Kapital** auszuweisen. Der Mindestnennbetrag des Grundkapitals beträgt 50.000 EUR.

*AktG §§ 6, 7 HGB § 266*

Der andere Teil des Eigenkapitals besteht aus **Rücklagen.** Es gibt Kapitalrücklagen, in die das Aufgeld (Agio) bei der Ausgabe von Aktien einzustellen ist. Daneben gibt es auch Gewinnrücklagen, in die der Gewinn eingestellt wird.

Durch den Verkauf von Aktien fließt der AG bei der Gründung und bei späteren Kapitalerhöhungen das benötigte Kapital zu.

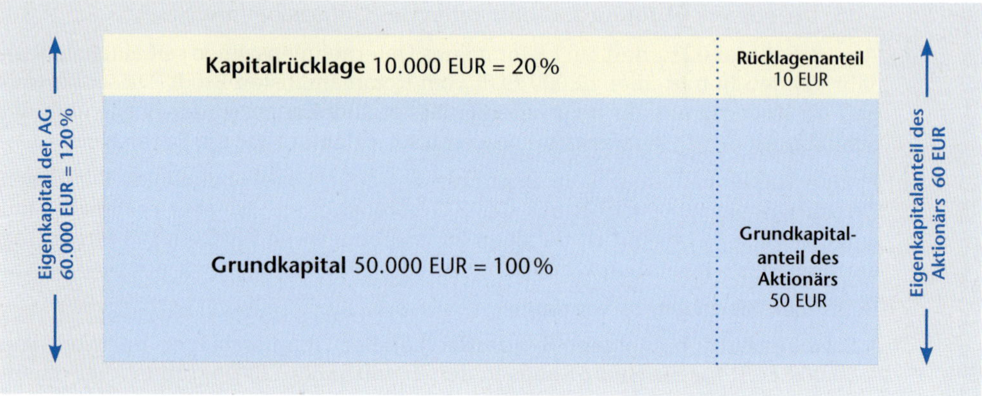


### ▶ Wesen der Aktien und Ausgabe

*AktG § 8* **Aktien** sind Urkunden über die Beteiligung an einer Aktiengesellschaft. Durch den Verkauf von Aktien fließt der AG bei der Gründung und bei einer späteren Kapitalerhöhung das benötigte Kapital zu. Sie können als Nennbetragsaktien oder als Stückaktien ausgegeben werden.

*§ 8 (2)* **Nennbetragsaktien** lauten auf mindestens einen EUR, höhere Nennbeträge lauten auf volle EUR.

**Stückaktien** lauten auf keinen Nennbetrag. Die Stückaktien einer Gesellschaft sind am Grundkapital zu gleichen Anteilen beteiligt. Der auf die einzelne Aktie entfallende anteilige Betrag darf einen EUR nicht unterschreiten.

**Beispiel:** Bei einem gezeichneten Kapital von 4 Mio. EUR und 8.000 Stückaktien beträgt der Wert einer Stückaktie 500 EUR.

Für einen geringeren Betrag als den Nennbetrag oder den auf die einzelne Stückaktie entfallenden anteiligen Betrag des Grundkapitals dürfen Aktien nicht ausgegeben werden (geringster Ausgabebetrag). In der Regel werden Aktien zu einem höheren Betrag als der Nennbetrag verkauft. Diese Differenz nennt man **Aufgeld (Agio)**. *HGB § 272 (2)*

**Beispiel:** Werden 1.000 Nennbetragsaktien zu 50 EUR für 60 EUR verkauft, dann werden 50.000 EUR in das gezeichnete Kapital und 10.000 EUR in die Kapitalrücklage eingestellt.

### ▶ Arten von Aktien

| Kriterium | Aktienart | Wesen |
|---|---|---|
| *AktG § 11* **nach den Rechten** | **– Stammaktien** | gewöhnliche Aktien |
| *§§ 139–141* | **– Vorzugsaktien** | Sie gewähren dem Besitzer einen Vorzug vor den Stammaktien. Dieser kann in einer höheren Dividende bestehen, in einer Bevorzugung bei der Verteilung des Liquidationserlöses oder in einem mehrfachen Stimmrecht. Es gibt auch Vorzugsaktien ohne Stimmrecht. |

| Kriterium | Aktienart | Wesen | |
|---|---|---|---|
| **nach der Übertragbarkeit** | **– Inhaberaktien** | Das Eigentum an ihnen wird durch Einigung und Übergabe übertragen. | *AktG § 10* |
| | **– Namensaktien** | Sie lauten auf den Namen des Aktionärs und sind im Aktienbuch der Gesellschaft eingetragen. Die Eigentumsübertragung erfolgt durch Einigung und Übergabe des indossierten Papiers unter Umschreibung im Aktienbuch. | *§§ 67 f.* |
| | **– vinkulierte (gebundene) Namensaktien** | Sie werden wie Namensaktien übertragen. Außerdem ist die Zustimmung der Gesellschaft einzuholen. Damit behält sich der Vorstand die Auswahl geeigneter Aktionäre vor. | *§ 55* |
| **nach dem Zeitpunkt der Ausgabe** | **– alte Aktien** | Das sind Aktien, die vor einer Kapitalerhöhung existieren. | |
| | **– junge Aktien** | Junge Aktien entstehen durch eine Kapitalerhöhung gegen Einlagen. | *§ 182* |
| | **– Berichtigungsaktien (Zusatzaktien)** | Sie werden ausgegeben, wenn das Grundkapital der AG durch die Umwandlung von Rücklagen erhöht wird. | *§ 207* |

### ▶ Rechte aus den Aktien

Die **Aktie** verbrieft folgende Rechte:

a) **Stimmrecht** in der Hauptversammlung, *§ 119*

b) Recht auf **Anteil am Gewinn** (Dividende),

c) Recht auf **Anteil am Liquidationserlös** (Kapitel 12.7)

d) **Bezugsrecht** bei Neuausgabe von Aktien der AG. *§ 186*

## Firma

| Firma der AG | Beispiele | |
|---|---|---|
| Die Firma der AG kann eine Personen-, Sach-, Fantasie- oder gemischte Firma sein. Sie muss die Bezeichnung »Aktiengesellschaft« oder eine allgemein verständliche Abkürzung dieser Bezeichnung enthalten. | Albert Hoffmann Aktiengesellschaft,<br>Funner & Higher AG | *§ 4* |

## Gründung

### ▶ Gründer und Gesellschaftsvertrag

Die Aktiengesellschaft kann von einer oder mehreren Personen gegründet werden. Die *§ 2*
Gründer stellen den Gesellschaftsvertrag, die **Satzung,** auf. Diese muss notariell beurkundet werden. Die Gründer müssen alle Aktien gegen Einlagen übernehmen. *§ 23*

▶ **Gründungsarten**

| Gründungsarten, in der Satzung festgelegt: | |
|---|---|
| **Bargründung:** | **Sachgründung:** |
| Die Aktionäre leisten die Einlage durch Einzahlungen.<br>Mindestens 25 % des Aktiennennwertes sowie das volle Agio müssen einbezahlt werden. | Die Aktionäre bringen Sachen und Rechte in die AG ein, z. B. Grundstücke, Maschinen, Patente (Sacheinlagen), oder die Gesellschaft übernimmt vorhandene oder herzustellende Anlagen oder andere Vermögensgegenstände (Sachübernahme). Sacheinlagen müssen in voller Höhe eingebracht werden. |

*AktG §§ 54, 27*

▶ **Errichtung der AG**

*§§ 29 f.* Mit der Übernahme aller Aktien durch die Gründer ist die Gesellschaft »errichtet«.

▶ **Bestellung des Aufsichtsrates (AR), des Vorstandes und des Abschlussprüfers**

Die Gründer bestellen den ersten AR und den Abschlussprüfer für das erste Geschäftsjahr. Der AR bestellt den ersten Vorstand.

▶ **Gründungsbericht und -prüfung**

*§§ 32 f.* Die Gründer erstatten einen schriftlichen Bericht über den Hergang der Gründung. Dieser Hergang ist vom Vorstand, vom AR und in der Regel auch von außenstehenden Gründungsprüfern zu prüfen.

▶ **Entstehung der AG**

*§ 41* Bis zur Eintragung in das Handelsregister bilden die Gründer eine Gesellschaft des bürgerlichen Rechts. Jeder, der im Namen der Gesellschaft Geschäfte macht, haftet deshalb persönlich und gesamtschuldnerisch.

*§§ 36–40* Sämtliche Gründer sowie alle Mitglieder des Vorstandes und des AR müssen die Anmeldung vornehmen. Sie haben nachzuweisen, dass die notwendigen Sacheinlagen und Einzahlungen auf das Grundkapital erfolgt sind. In der Anmeldung ist ferner anzugeben, welche Vertretungsbefugnisse die Vorstandsmitglieder haben. Alle Urkunden über die Gründung sind beizufügen. Nach der Prüfung der Anmeldung durch das Gericht erfolgen die Eintragung und die Bekanntmachung.

*HGB § 6* Erst durch die Eintragung »entsteht« die AG als juristische Person mit Kaufmannseigenschaft. Die Eintragung hat also rechtserzeugende Wirkung.

## Aufbau der AG

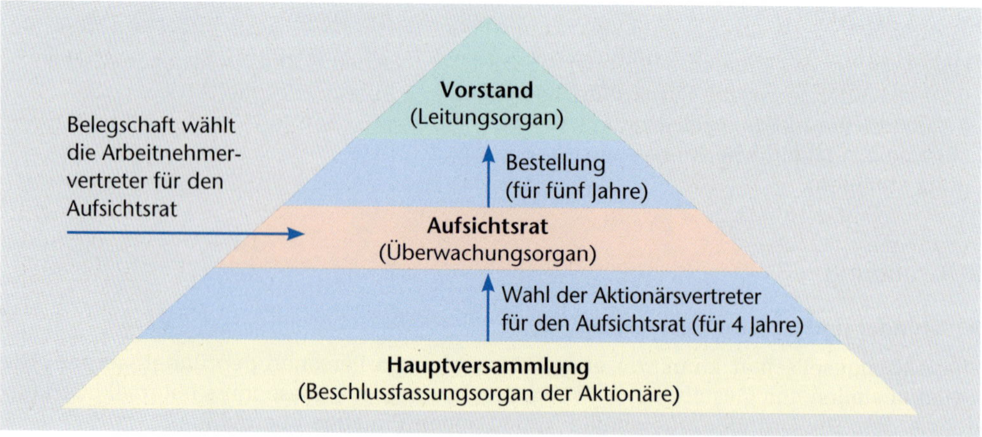

Die AG hat **drei Organe:**

▶ **Vorstand**

**a) Rechtsstellung.** Besteht der Vorstand aus mehreren Personen, so haben diese gesetzlich die **Gesamtgeschäftsführungsbefugnis** und die **Gesamtvertretungsmacht.** In der Satzung kann auch Einzelgeschäftsführungsbefugnis und Einzelvertretungsmacht festgelegt werden. *AktG §§ 77 f.*

Die Satzung kann auch bestimmen, dass ein Vorstandsmitglied zusammen mit einem Prokuristen die Gesellschaft vertritt.

Sowohl die Einzelvertretungsbefugnis als auch die Vertretungsbefugnis gemeinsam mit einem Prokuristen sind in das Handelsregister einzutragen. *§ 81*

**b) Bestellung und Abberufung.** Der Vorstand wird in der Regel vom AR auf hochstens fünf Jahre bestellt. Eine wiederholte Bestellung ist möglich. AR-Mitglieder können nicht gleichzeitig V-Mitglieder sein. Der AR kann die Ernennung widerrufen, wenn ein wichtiger Grund vorliegt. *§§ 84, 84 (3), 85, 105*

**Beispiel:** grobe Pflichtverletzung

**c) Zusammensetzung.** Der Vorstand kann aus einer oder mehreren Personen, den Vorstandsmitgliedern oder Direktoren, bestehen. Bei Gesellschaften mit einem Grundkapital von mehr als 3 Mio. EUR hat er aus mindestens zwei Personen zu bestehen, es sei denn, die Satzung bestimmt, dass er aus einer Person besteht. *§ 76 (2)*

In Gesellschaften mit mehr als 2.000 Arbeitnehmern gehört dem Vorstand ein Arbeitsdirektor als gleichberechtigtes Mitglied an. Er wird vom Aufsichtsrat bestellt und bearbeitet insbesondere arbeitsrechtliche, soziale und personelle Angelegenheiten. *MitbestG § 33*

**d) Aufgaben.**

1. Der Vorstand hat unter eigener Verantwortung die Gesellschaft zu leiten. *AktG §§ 76, 90*
2. Er muss dem AR regelmäßig, mindestens vierteljährlich, über den Gang der Geschäfte und die Lage des Unternehmens berichten.
3. Er hat jeweils für das vergangene Geschäftsjahr den Jahresabschluss sowie den Lagebericht aufzustellen und dem Abschlussprüfer vorzulegen. *HGB § 264*
4. Er hat die HV einzuberufen und ihr einen Vorschlag über die Verwendung des Bilanzgewinns zu unterbreiten. *AktG § 121*
5. Er muss bei Zahlungsunfähigkeit oder Überschuldung die Eröffnung des Insolvenzverfahrens oder die Aufstellung eines Insolvenzplanes beantragen. *§ 92*

Bei der Durchführung seiner Aufgaben hat er die Sorgfalt eines ordentlichen und gewissenhaften Geschäftsleiters anzuwenden. Bei Verletzung seiner Pflicht ist er schadensersatzpflichtig. Die Wettbewerbsenthaltungspflicht besteht für den Vorstand der AG in entsprechender Weise wie für die Gesellschafter einer OHG. *§ 93 § 88*

**e) Öffentlichkeit.** Die Zusammensetzung des Vorstandes und jede Änderung müssen im Handelsregister eingetragen und veröffentlicht werden. Die Unterschriften der Vorstandsmitglieder sind der Anmeldung beizufügen. Dazu erfolgt die Veröffentlichung der Namen des Vorstandes in den Gesellschaftsblättern und durch Rundschreiben. Schließlich müssen die Namen der Vorstandsmitglieder auf den Geschäftsbriefen der AG angegeben werden. Der Vorsitzende des Vorstandes ist als solcher zu bezeichnen. *§ 81* *§ 80*

**f) Vergütung.** Neben dem festen Gehalt kann der Vorstand eine Beteiligung am Jahresgewinn **(Tantieme)** erhalten. Der Gewinnanteil wird errechnet vom Jahresüberschuss, vermindert um einen Verlustvortrag aus dem Vorjahr und um die Beträge, die nach Gesetz oder Satzung aus dem Jahresüberschuss in offene Rücklagen einzustellen sind. *§ 87*

▶ **Aufsichtsrat**

a) **Bestellung.** Der AR wird auf vier Jahre bestellt. Hinsichtlich der Mitbestimmung der Arbeitnehmer gelten drei unterschiedliche Fälle für Unternehmen mit

| **weniger als 500 Arbeitnehmern** | **weniger als 2.000 Arbeitnehmern** | **mehr als 2.000 Arbeitnehmern** |
|---|---|---|
| Die Mitbestimmung im AR ist nicht zwingend vorgeschrieben (§ 1 DrittelbG). Der AR kann also ausschließlich mit Vertretern der Anteilseigner besetzt sein. (§§ 96 f. AktG) | Der AR wird zu zwei Dritteln aus Vertretern der Anteilseigner (aus der HV), zu einem Drittel aus Vertretern der Arbeitnehmer gebildet (§ 1 DrittelbG). Die Satzung kann eine höhere Zahl von AR-Mitgliedern bestimmen (max. 21 Mitglieder). (§ 95 AktG) | Der AR setzt je zur Hälfte (paritätisch) aus Vertretern der Anteilseigner und der Arbeitnehmer zusammen. (§ 7 MitbestG) |

b) **Zusammenkunft.** Der Aufsichtsrat muss zwei Sitzungen im Kalenderhalbjahr abhalten. In nicht börsennotierten Gesellschaften kann der Aufsichtsrat beschließen, dass eine Sitzung im Kalenderhalbjahr abzuhalten ist.

AktG § 110 c) **Persönliche Voraussetzungen für Aufsichtsratsmitglieder.** Nur eine natürliche, unbeschränkt geschäftsfähige Person kann Mitglied des AR sein. Eine Person **kann höchstens zehn AR-Sitze** innehaben. Dabei werden aber bis zu fünf AR-Sitze bei Konzern-Tochtergesellschaften angerechnet. Verboten ist die Entsendung von gesetzlichen Vertretern anderer Kapitalgesellschaften in den AR einer AG, wenn ein Vorstandsmitglied dieser AG bereits dem AR der anderen Kapitalgesellschaft angehört (Überkreuzverflechtung). Ferner kann ein Vorstandsmitglied eines abhängigen Unternehmens (Tochterunternehmen) nicht dem AR der herrschenden Gesellschaft (Muttergesellschaft) angehören.

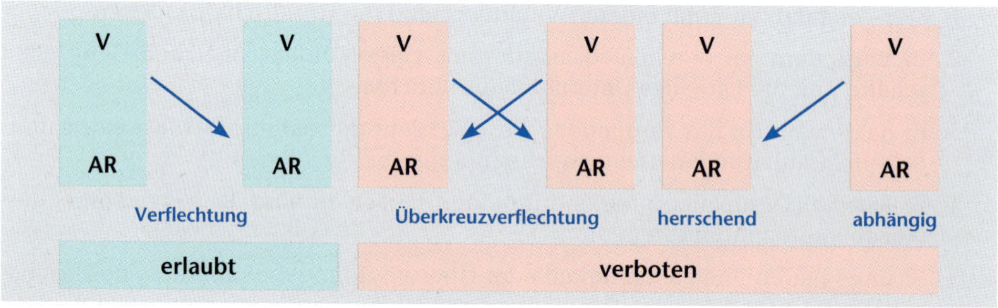


d) **Aufgaben.**

§§ 84, 111 1. Der AR bestellt den Vorstand. Er überwacht seine Tätigkeit. Er beruft ihn ab, wenn ein wichtiger Grund vorliegt.

§ 171 (1) 2. Er hat den Jahresabschluss, den Lagebericht, den Prüfungsbericht des Abschlussprüfers und den Vorschlag des Vorstandes für die Verwendung des Bilanzgewinns zu prüfen.

§ 171 (2) 3. Er hat der HV über das Ergebnis der Prüfung schriftlich zu berichten.

§ 171 (3) 4. Er hat eine außerordentliche HV einzuberufen, wenn das Wohl der Gesellschaft es erfordert.

5. Neben den im Gesetz formulierten Aufgaben ist vor allem die Beratung des Vorstandes wichtig.

**Beispiele:** Beratung bei geplanten Investitionen, Unterstützung bei der Überwindung von Krisensituationen

§ 116 Der AR hat wie der Vorstand die Sorgfaltspflicht und Schadensersatzpflicht.

**e) Öffentlichkeit.** Namen, Stand und Wohnort der AR-Mitglieder müssen dem Registergericht gemeldet werden. Sie werden aber nicht eingetragen, sondern nur in den Gesellschaftsblättern veröffentlicht. Das sind die in der Satzung festgelegten Publikationsmedien. Ferner ist jeder Wechsel der AR-Mitglieder unverzüglich bekanntzumachen und die Bekanntmachung in das Handelsregister einzureichen. Der Name des Vorsitzenden des AR ist auf den Geschäftsbriefen anzugeben. *AktG §§ 36 f. § 40 § 106 § 80*

**f) Vergütung.** Dem AR kann eine Vergütung bezahlt werden. Sie kann in der Satzung festgesetzt oder von der HV bewilligt werden. Es kann auch ein Anteil am Jahresgewinn gewährt werden. *§ 113*

### ▶ Hauptversammlung

**a) Rechtsstellung.** Die HV ist die Versammlung der Aktionäre. In ihr nehmen sie die Rechte wahr, die ihnen durch das Gesetz zustehen. Sie beschließen per Stimmrecht die im Gesetz und in der Satzung ausdrücklich bestimmten Fälle. Jeder Aktionär hat das Recht, dass er vom Vorstand auf Verlangen Auskunft über Angelegenheiten der Gesellschaft erhält. Eine Auskunft darf nur verweigert werden, wenn dadurch der Gesellschaft oder einem verbundenen Unternehmen ein erheblicher Nachteil zugefügt wurde. Im Zweifelsfalle entscheidet das Gericht über die Berechtigung einer Auskunftsverweigerung. *§ 118 § 119 § 131*

**b) Aufgaben.**

1. Wahl der AR-Mitglieder der Anteilseigner mit einfacher Mehrheit *§ 132 §§ 101, 103*
2. Beschluss über Satzungsänderungen wie Kapitalerhöhung und -herabsetzung, Verschmelzung und Auflösung *§ 119*
3. Wahl der Abschlussprüfer *§ 119*
4. Beschluss über die Verwendung des festgestellten Bilanzgewinns *§ 119*
5. Feststellung des Jahresabschlusses, wenn der Vorstand und AR dies beschließen oder wenn der AR den Jahresabschluss des Vorstandes nicht billigt *§ 173*
6. Beschluss über die Entlastung der Vorstands- und Aufsichtsratsmitglieder *§ 120*

**c) Einberufung.** Die **ordentliche HV** muss jährlich in den ersten acht Monaten des Geschäftsjahres einberufen werden. Die Einberufung erfolgt bei Publikumsgesellschaften durch eine Veröffentlichung der Tagesordnung in den Gesellschaftsblättern. Außerdem geht eine Mitteilung an die Kreditinstitute, die die Mitteilung an die betroffenen Depotkunden weitergeben. *§ 121 § 175*

Eine **außerordentliche HV** wird einberufen, wenn

– Aktionäre, deren Anteile zusammen mindestens den zwanzigsten Teil des Grundkapitals ausmachen, dies fordern, *§ 122*

> **Bayer**
>
> Wir laden unsere Aktionäre ein zur
>
> **ordentlichen Hauptversammlung**
>
> am Freitag, den 29. April 20.. um 10:00 Uhr,
> Kongresshalle, Messegelände Köln-Deutz.
>
> **Tagesordnung**
>
> 1. Vorlage des festgestellten Jahresabschlusses und des Konzernabschlusses, des zusammengefassten Lageberichts für die Gesellschaft und den Konzern sowie des Berichts des Aufsichtsrates für das Vorjahr; Beschlussfassung über die Gewinnverwendung
> 2. Entlastung des Vorstandes
> 3. Entlastung des Aufsichtsrates
> 4. Ermächtigung zur Begebung von Wandel- und Optionsanleihen, Schaffung bedingten Kapitals und Satzungsänderung
> 5. Vergütung des Aufsichtsrats
> 6. Ermächtigung zum Erwerb eigener Aktien
> 7. Wahl des Abschlussprüfers für 20..
>
> Die vollständige Einberufung mit dem Wortlaut der Vorschläge zur Beschlussfassung ist im Bundesanzeiger Nr. 51 vom 19. März 20.. abgedruckt.
>
> Leverkusen, 17. März 20..
>
> **Der Vorstand der**
> **Bayer Aktiengesellschaft**

AktG § 92 – der Verlust die Hälfte des Grundkapitals erreicht hat,

§ 119 – Kapitalerhöhungen bzw. -herabsetzungen geplant sind.

§ 134 **d) Abstimmung.** Das Stimmrecht wird nach Aktiennennbeträgen, bei Stückaktien nach ihrer Zahl, ausgeübt. Aktionäre, die »Aktienpakete« besitzen (Großaktionäre), haben also einen entscheidenden Einfluss in der HV. Die Satzung kann allerdings das Stimmrecht durch Festsetzung von Höchstbeträgen beschränken. »Die Unterwanderung« einer AG durch
§ 20 Großaktionäre soll auch öffentlich bekannt gemacht werden. Sobald ein Unternehmen 25 % des Kapitals einer AG erworben hat, muss dies der AG mitgeteilt werden. Diese hat den Tatbestand in den Gesellschaftsblättern zu veröffentlichen. Unternehmen, die die Mitteilungspflicht verletzt haben, können die Rechte aus den Aktien nicht geltend machen.

Ein Verzeichnis der Teilnehmer an der HV gibt Aufschluss über deren Aktienbesitz. Bei der Abstimmung spielen folgende Mehrheiten eine Rolle:

| | Mehrheit/Minderheit | Merkmal | Beschlüsse |
|---|---|---|---|
| § 133 | **einfache Mehrheit** | 50 % des bei der Beschlussfassung vertretenen Grundkapitals | »normale« Beschlüsse |
| § 179 | **qualifizierte Mehrheit** | 75 % des bei der Beschlussfassung vertretenen Grundkapitals | Beschlüsse über Satzungsänderungen |
| § 129 | **Sperrminorität** | 25 % + eine Stimme | Beschlüsse über Satzungsänderungen können verhindert werden. |

Der Aktionär braucht das Stimmrecht jedoch nicht persönlich auszuüben. Er kann sich durch einen Bevollmächtigten vertreten lassen. Da die Aktien sehr häufig bei einer Bank deponiert werden, liegt es nahe, dass sie den Aktionär vertritt.

§ 135 Um die Machtfülle, die den Banken durch die Vertretung der Aktionäre zufallen kann, einzuschränken und um Missbräuche zu verhindern, verlangt das Gesetz zur Ausübung des Stimmrechts die schriftliche Ermächtigung der Bank durch den Aktionär. Dieses **Depotstimmrecht** kann nur für einen Zeitraum von längstens 15 Monaten erteilt werden und ist jederzeit widerruflich. Außerdem müssen die Banken ihre eigenen Vorschläge für die Ausübung des Stimmrechts zu den einzelnen Gegenständen der Tagesordnung mitteilen. Der Bankkunde hat das Recht, seiner Bank bestimmte Weisungen für die HV zu erteilen.

§ 130 Bei Aktiengesellschaften, deren Aktien zum Börsenhandel zugelassen sind, müssen die Beschlüsse notariell beurkundet werden.

## Pflichten und Rechte des Aktionärs

| Pflichten | Rechte |
|---|---|
| Leistung der übernommenen Einlage | Recht auf Teilnahme an der HV, § 118 AktG |
| Nebenverpflichtung zu nicht in Geld bestehenden Leistungen, wenn die Übertragung der Aktien an die Zustimmung der Gesellschaft gebunden (vinkulierte Namensaktie) und die Verpflichtung durch die Satzung auferlegt ist, § 55 AktG. | Stimmrecht in der HV nach Aktiennennbeträgen, bei Stückaktien nach deren Zahl, § 134 AktG |
| | Auskunftsrecht über Angelegenheiten der Gesellschaft, § 131 AktG |
| | Anfechtung eines Beschlusses der HV wegen der Verletzung des Gesetzes oder der Satzung, § 243 AktG |

| Pflichten | Rechte |
|---|---|
| | Recht auf Anteil am Bilanzgewinn (Dividende), §§ 58 (4), 60 AktG |
| | Recht auf Bezug neuer (junger) Aktien im Verhältnis der Kapitalerhöhung zum alten Grundkapital (Kapitel 13.5.2), § 186 AktG |
| | Recht auf Anteil am Liquidationserlös, § 271 AktG |

## Bedeutung der AG

Die niedrigen Ausgabebeträge für Aktien ermöglichen einer großen Zahl von Personen die Teilhaberschaft, auch wenn sie nur ein begrenztes Vermögen besitzen. Wenn die Zahl der Aktionäre in einer Volkswirtschaft groß ist, wird eine breite Streuung des Eigentums an Produktionsmitteln erreicht. Die Privatisierung von Staatsunternehmen (Deutsche Telekom AG) und die Ausgabe von Belegschaftsaktien dienen diesem Ziel.

Mit der Ausgabe von Aktien erhalten die Gesellschaften Kapital, über das sie immer verfügen, während die Aktionäre ihren Kapitalanteil jederzeit veräußern können.

Die mit der Leitung der Aktiengesellschaft beauftragten Manager verfügen über wesentliche Teile des volkswirtschaftlichen Kapitals. Der Zusammenschluss von Unternehmen durch kapitalmäßige Verflechtung von Aktiengesellschaften führt zu einer immer stärker werdenden Machtkonzentration in den Händen weniger Personen. Dadurch wird deren Einfluss auf die Wirtschaft groß und ist auch von politischem Gewicht. Im Interesse der Öffentlichkeit liegt es, dass diese Verflechtungen bekannt und staatlich kontrollierbar sind (Kapitel 12.6.7). Die Unternehmensgröße und die Kapitalzusammenballung bei einer AG führen zu zahlreichen und weitverzweigten Bindungen und Verflechtungen mit anderen Unternehmen und wirtschaftlichen Partnern. Der gesamtwirtschaftliche Schaden, der durch den finanziellen Zusammenbruch einer AG entstehen würde, macht daher eine Reihe von Bestimmungen zum Schutze der wirtschaftlichen Partner erforderlich.

| Schutz der wirtschaftlichen Partner | Bestimmungen |
|---|---|
| **Aktionärsschutz** | Aktionäre mit geringem Aktienbesitz haben kaum Einfluss auf den Vorstand der AG. Einflussreicher sind Großaktionäre und Banken, die ihre Depotstimmrechte ausüben. Die Bildung von Aufsichtsräten und das gesetzlich festgelegte Auskunftsrecht des Aktionärs zwingen den Vorstand zur Rechenschaftslegung. |
| **Arbeitnehmerschutz** | Der Produktionsfaktor Arbeit ist im Aufsichtsrat der AG vertreten, bei Gesellschaften mit mehr als 2.000 Arbeitnehmern durch einen Arbeitsdirektor auch im Vorstand. Diese Aufsichtsräte und Vorstandsmitglieder sollen die Interessen der Arbeitnehmer schützen. |
| **Gläubigerschutz** | Die Beschränkung der Haftung auf das Gesellschaftsvermögen ist Ursache für Schutzbestimmungen im HGB und im Aktiengesetz zugunsten der Gläubiger. Dazu gehören die Bestimmungen über die Pflichtprüfung, Veröffentlichung des Jahresabschlusses, Bildung und Verwendung von Rücklagen. |

### Vorteile und Nachteile der AG

| Vorteile | Nachteile |
|---|---|
| – Die Haftung ist auf den Kapitalanteil beschränkt.<br>– i. d. R. leichte Übertragbarkeit der Aktien<br>– relativ einfache Möglichkeit, durch den Börsengang zu zusätzlichem Eigenkapital zu kommen<br>– Der Bestand der Gesellschaft ist auch bei einem Mitgliederwechsel gegeben.<br>– keine notarielle Übertragung der Geschäftsanteile | – hohe Gründungskosten<br>– aufwendige Gründungsformalitäten<br>– großer organisatorischer Aufwand auch nach der Gründung durch Berücksichtigung der verschiedenen Organe<br>– vorgegebenes Mindestkapital<br>– Kleinaktionäre haben praktisch keinen Einfluss auf die Unternehmenspolitik. |

## 12.4.2 Die Europäische Aktiengesellschaft

*Verordnung (EG) Nr. 2157/2001, Art. 1 ff.*

Die **Europäische Aktiengesellschaft** (Societas **E**uropaea – **SE**) ist eine **Kapitalgesellschaft** mit einem in Aktien eingeteilten Kapital von **mindestens 120.000 EUR.** Sie besteht aus **mindestens zwei Unternehmen,** die **in verschiedenen EU-Mitgliedsstaaten** ansässig sind.

Der Sitz der Europäischen Aktiengesellschaft liegt in dem Mitgliedsstaat, in dem sich die Hauptverwaltung befindet. Für die Kapitalaufbringung, die Kapitalmaßnahmen und die Ausgabe von Wertpapieren findet das Aktienrecht des jeweiligen Staates Anwendung.

*Art. 2*

### Gründung

Eine Europäische Aktiengesellschaft kann auf verschiedene Arten gegründet werden durch:

- **Verschmelzung von Aktiengesellschaften** aus mindestens zwei verschiedenen Mitgliedsstaaten,
- **Bildung einer SE-Holdinggesellschaft,** an der Aktiengesellschaften oder GmbHs aus mindestens zwei Mitgliedsstaaten beteiligt sind,
- **Gründung einer SE-Tochtergesellschaft,**
- **Umwandlung einer Aktiengesellschaft** in eine SE, die seit mindestens zwei Jahren eine Tochtergesellschaft in einem anderen Mitgliedsstaat hat.

Die Europäische Aktiengesellschaft wird in das jeweilige Register des Staates eingetragen, in dem sich die Hauptverwaltung befindet. In Deutschland ist dies das Handelsregister. Zusätzlich zum Eintrag in das jeweilige Register muss der Eintrag im Amtsblatt der Europäischen Gemeinschaft veröffentlicht werden.

*Art. 11*

### Firma

Die Abkürzung »SE« (Societas Europaea) muss Firmenbestandteil sein.

## Organe

Hinsichtlich der Organe der Europäischen Aktiengesellschaft gibt es zwei Möglichkeiten:

*Verordnung (EG) Nr. 2157/ 2001, Art. 30 ff. i.V. SEAG §§ 16, 23*

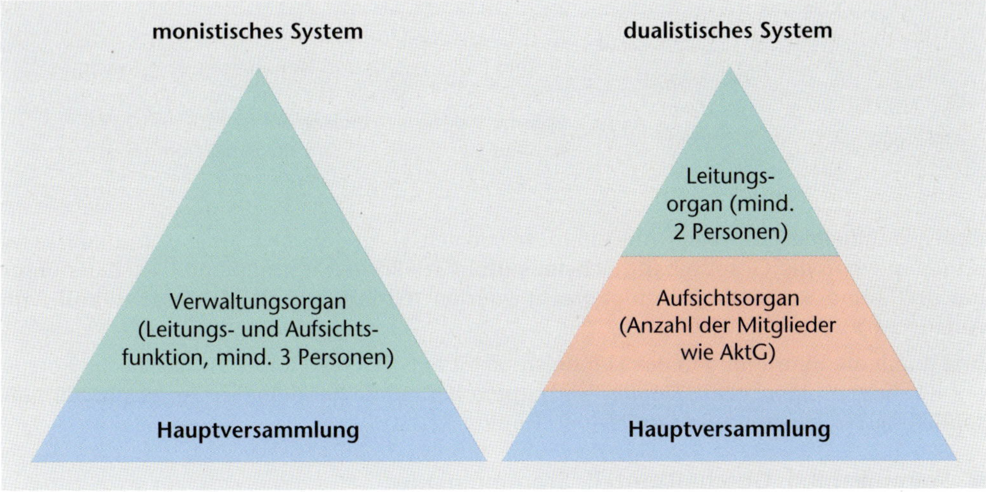


## Vorteile und Nachteile der Europäischen Aktiengesellschaft

| Vorteile | Nachteile |
|---|---|
| – europaweites Auftreten als Unternehmenseinheit<br>– Grenzüberschreitende Transaktionen werden vereinfacht.<br>– Für das Netz von Tochterunternehmen gelten einheitliche Vorschriften.<br>– Die Verlegung des Unternehmenssitzes in andere Länder ist ohne Aufwand durchführbar. | – Eine grenzüberschreitende Tätigkeit ist grundsätzlich erforderlich.<br>– Das Mindestkapital beträgt 120.000 EUR.<br>– keine Gründung durch natürliche Personen<br>– aufwendige Gründung, insbesondere im Hinblick auf die Einhaltung der Mitbestimmungsrechte der Arbeitnehmer |

# 12.4.3 Gesellschaft mit beschränkter Haftung (GmbH)

Die **Gesellschaft mit beschränkter Haftung (GmbH)** ist eine Handelsgesellschaft **mit eigener Rechtspersönlichkeit** (juristische Person). Die Gesellschafter sind mit **einem oder mehreren Geschäftsanteilen** an der Gesellschaft beteiligt. **Für Verbindlichkeiten** der Gesellschaft **haftet** den Gläubigern **nur das Gesellschaftsvermögen.**

*GmbHG § 13*

## Gründung

Die GmbH kann zu jedem gesetzlich zulässigen Zweck durch **eine oder mehrere Personen** errichtet werden. Bei mehr als drei Gesellschaftern und bei der Einbringung von Sacheinlagen muss ein **notariell beurkundeter Gesellschaftsvertrag (Satzung)** abgeschlossen werden. Er ist von sämtlichen Gesellschaftern zu unterzeichnen **(Standardgründung).**

*§§ 1–3*

GmbHG § 3

**Inhalte des Gesellschaftsvertrages**

- Firma und Sitz der Gesellschaft
- Gegenstand des Unternehmens
- Betrag des Stammkapitals
- Zahl und Nennbeträge der Geschäftsanteile, die jeder Gesellschafter gegen Einlage auf das Stammkapital (Stammeinlage) übernimmt

Eine vereinfachte Gründung mit einem gesetzlich vorgegebenen Musterprotokoll kann erfolgen, wenn die Gesellschaft höchstens drei Gesellschafter und einen Geschäftsführer hat und keine Sacheinlagen eingebracht werden (**Gründung mit Musterprotokoll**; vgl. Anlage zu § 2 (1a), GmbH).

Erst durch die Eintragung in das Handelsregister entsteht die GmbH als juristische Person mit Kaufmannseigenschaft. Vor der Eintragung haften die handelnden Gesellschafter persönlich und solidarisch (Vorgesellschaft, Kapitel 12.3.4).

## Stammkapital, Geschäftsanteil, Stammeinlage

§§ 5, 42 Das **Stammkapital** ist in der Bilanz als »Gezeichnetes Kapital« auszuweisen. Es muss mindestens 25.000 EUR betragen.

| Geschäftsanteil | Stammeinlage |
|---|---|
| Der nominale Anteil am Stammkapital einer GmbH. Er muss als Nennbetrag ausgewiesen werden und auf volle Euro lauten. Ein Gesellschafter kann **mehrere Geschäftsanteile** übernehmen.<br><br>Der Geschäftsanteil kann als Ganzes oder in Teilen durch notarielle Beurkundung veräußert oder vererbt werden. | Der von einem Gesellschafter übernommene Anteil am Stammkapital. Ein Gesellschafter kann bei der Gründung der Gesellschaft **nur eine Stammeinlage** übernehmen. Ihr Betrag kann für die einzelnen Gesellschafter unterschiedlich hoch sein. |

Die Summe der Nennbeträge aller Geschäftsanteile muss mit dem Stammkapital übereinstimmen.

§§ 3, 5 **Beispiel:** Die Gesellschafter Herzog, Rist und Holly gründen eine GmbH und legen in der Satzung fest, dass ein Geschäftsanteil einen Wert von 1.000 EUR hat. Bei einem Mindeststammkapital von 25.000 EUR ergeben sich 25 Geschäftsanteile.

| Gesellschafter | Geschäftsanteile | Wert der Geschäftsanteile |
|---|---|---|
| Herzog | 5 | 5.000 EUR = Stammeinlage |
| Rist | 12 | 12.000 EUR = Stammeinlage |
| Holly | 8 | 8.000 EUR = Stammeinlage |
| Stammkapital | 25 | 25.000 EUR |

## Firma

| Firma der GmbH | Beispiele |
|---|---|
| § 4 Die Firma der GmbH kann eine Personen-, Sach-, Fantasiefirma oder gemischte Firma sein. Sie muss die Bezeichnung »Gesellschaft mit beschränkter Haftung« oder eine allgemein verständliche Abkürzung dieser Bezeichnung enthalten. | – Michael Hald GmbH<br>– JK Software GmbH<br>– Autoverwertungsgesellschaft GmbH<br>– rokado Werke GmbH |

## Pflichten der Gesellschafter

| Pflichten | Inhalt | |
|---|---|---|
| **Einlagepflicht** | Jeder Gesellschafter hat vor der Anmeldung zur Eintragung in das Handelsregister die Pflicht, eine **Einzahlung von einem Viertel auf jeden Geschäftsanteil** zu leisten. Insgesamt muss auf das Stammkapital so viel eingezahlt werden, dass mit Geld- und Sacheinlagen zusammen die Hälfte des **Mindeststammkapitals, 12.500 EUR,** erreicht werden. | *GmbHG §§ 14, 7* |
| | Bei nicht rechtzeitiger Einzahlung sind **Verzugszinsen** zu entrichten. | *§ 20* |
| | Leistet ein Gesellschafter seine Einzahlung nur teilweise oder nicht, kann er seinen Geschäftsanteil und seine bereits geleistete Einzahlung zugunsten der Gesellschaft durch das **Kaduzierungsverfahren**[1] verlieren. | *§ 21* |
| **Nachschusspflicht** | Die Satzung kann eine **beschränkte oder unbeschränkte Nachschusspflicht** vorsehen. Nachschusspflicht ist die Einforderung von weiteren Einzahlungen durch die GmbH-Gesellschafter. | *§ 26* |
| **Haftung** | Für die Verbindlichkeiten der Gesellschaft haftet der Gesellschafter mit seinem **Geschäftsanteil,** nicht mit seinem Privatvermögen. | |

## Rechte der Gesellschafter

| Rechte | Inhalt | |
|---|---|---|
| **Gewinnanteil** | Die Gesellschafter haben **Anspruch auf den Jahresüberschuss** im Verhältnis ihrer Geschäftsanteile. Sie können Teile des Jahresüberschusses aber auch in Gewinnrücklagen einstellen. | *§§ 20, 29* |
| **Mitverwaltung** | Aus der persönlichen Bindung der Gesellschafter an die GmbH ergibt sich für sie ein **weitgehendes Mitverwaltungsrecht.** | *§§ 45 f.* |
| **Auskunftsrecht** | Der Geschäftsführer hat einem Gesellschafter auf dessen Wunsch unverzüglich **Auskunft über die Angelegenheiten der Gesellschaft** zu geben und die **Einsicht in die Bücher** zu gestatten. | *§ 51a* |
| **Stimmrecht** | Die Gesellschafter haben **Stimmrecht** in der Gesellschafterversammlung. Jeder Euro eines Geschäftsanteils gewährt dabei eine Stimme | *§ 47* |

## Kapitalaufbringung

### ▶ Bei der GmbH

- Das Stammkapital der Gesellschaft muss mindestens 25.000 EUR betragen. *§ 5*
- Der Nennbetrag jedes Geschäftsanteils muss auf volle Euro lauten.
- Ein Gesellschafter kann mehrere Geschäftsanteile übernehmen.
- Die Höhe der Nennbeträge der einzelnen Geschäftsanteile kann verschieden sein.
- Die Summe der Nennbeträge aller Geschäftsanteile muss mit dem Stammkapital übereinstimmen.

1) (kaduzieren = für verfallen erklären, aberkennen). Der kaduzierte Geschäftsanteil ist im Wege der öffentlichen Versteigerung zu veräußern.

Sollen Sacheinlagen geleistet werden, so müssen der Gegenstand der Sacheinlage und der Nennbetrag des Geschäftsanteils, auf den sich die Sacheinlage bezieht, im Gesellschaftsvertrag festgesetzt werden.

▶ **Bei der »Mini-GmbH« bzw. Unternehmergesellschaft (UG) als Sonderform der GmbH**

*GmbHG § 5a* Diese Sonderform der GmbH verlangt offiziell den Firmenzusatz »**Unternehmergesellschaft (haftungsbeschränkt)**« oder »**UG (haftungsbeschränkt)**« und kann unter folgenden Voraussetzungen gewählt werden:

- Das Stammkapital kann zwischen 1 EUR und 24.999 EUR liegen.
- Die Handelsregisteranmeldung darf erst erfolgen, wenn das Stammkapital in voller Höhe als Bareinlage eingezahlt ist.
- Die Einbringung von Sacheinlagen ist ausgeschlossen.
- Der Jahresüberschuss (abzüglich eines Verlustvortrages aus dem Vorjahr) muss so lange in Höhe eines Viertels in die gesetzliche Rücklage gestellt werden, bis die gesetzliche Rücklage und das Stammkapital zusammen 25.000 EUR erreichen.
- Die »UG (haftungsbeschränkt)« kann sich in eine »normale« GmbH umwandeln.

Die »Mini-GmbH« spart Kosten bei der Gründung. Sie ist geeignet für Existenzgründer und Kleinunternehmer, die in der Gründungsphase mit geringem Kapitaleinsatz auskommen müssen (Dienstleistungsunternehmen für Beratung, Bildung, Gesundheit, Pflege, Verwaltung).

## Ergebnisverwendung

*§ 29* Die Gesellschafter haben einen gesetzlichen Anspruch auf den Jahresüberschuss im Verhältnis ihrer Geschäftsanteile oder laut Vertrag. Sie können Teile des Jahresüberschusses aber auch in Gewinnrücklagen einstellen oder als Gewinn vortragen.

## Organe der GmbH

### ▶ Geschäftsführer

*§§ 35 ff.* Er ist das **ausführende Organ.** Die Geschäftsführungsbefugnis und Vertretungsmacht werden von einem Geschäftsführer oder mehreren Geschäftsführern ausgeübt. Ihre Bestellung erfolgt entweder aus dem Kreis der Gesellschafter oder es handelt sich um dritte Personen. Die Namen der Geschäftsführer müssen auf den Geschäftsbriefen der GmbH angegeben werden. Die Amtszeit der Geschäftsführer ist gesetzlich nicht festgelegt.

*§ 10* Die Art der Vertretungsmacht **(Einzel- oder Gesamtvertretungsmacht)** ist in das Handelsregister einzutragen. Grundsätzlich besteht Gesamtvertretungsmacht.

Der Geschäftsführer hat einem Gesellschafter auf dessen Wunsch unverzüglich Auskunft über die Angelegenheiten der Gesellschaft zu geben und die Einsicht in die Bücher zu gestatten. Sie sind an die Weisungen der Gesellschafter gebunden.

*MitbestG §§ 1, 33* In Gesellschaften, die mehr als 2.000 Arbeitnehmer beschäftigen, wird ein **Arbeitsdirektor** bestellt. Er kümmert sich vor allem um die Belange der Arbeitnehmer.

### ▶ Aufsichtsrat (AR)

*GmbHG § 52* *DrittelbG § 1* *MitbestG § 1* Er ist das **kontrollierende Organ.** Im GmbH-Gesetz ist die Bildung eines AR nicht vorgeschrieben; sie kann aber durch den Gesellschaftsvertrag festgelegt werden. Nach dem Drittelbeteiligungsgesetz ist ein AR notwendig bei Gesellschaften mit mehr als 500 Arbeitnehmern und nach dem Mitbestimmungsgesetz bei Gesellschaften mit mehr als 2.000 Arbeitnehmern.

Der AR wird von der Gesellschafterversammlung auf vier Jahre bestellt.

**Aufgaben** des AR:

- Bestellung und Beratung der Geschäftsführung. Er überwacht deren Tätigkeit und beruft den oder die Geschäftsführer ab, wenn ein wichtiger Grund vorliegt. *AktG § 111*
- Prüfung des Jahresabschlusses, des Lageberichtes, des Prüfungsberichtes der Abschlussprüfer und des Vorschlages des Vorstandes für die Verwendung des Bilanzgewinns *§ 171 (1)*
- schriftliche Berichterstattung gegenüber der Gesellschafterversammlung über das Ergebnis der Prüfung *§ 171 (2)*
- Einberufung einer außerordentlichen Gesellschaftenversammlung, wenn das Wohl der Gesellschaft es erfordert *§ 171 (3)*

Der AR hat wie der Geschäftsführer die Sorgfalts- und Schadensersatzpflicht. *§ 116*

### ▶ Gesellschafterversammlung

Sie ist das **beschließende Organ.** Ihre Einberufung erfolgt durch eingeschriebenen Brief. Die Abhaltung der Versammlung der Gesellschafter kann unterbleiben, wenn sich sämtliche Gesellschafter mit der schriftlichen Stimmabgabe einverstanden erklären. *§§ 45 ff.*

Trifft der Gesellschaftsvertrag keine besondere Regelung, so können die Gesellschafter u. a. über folgende Punkte beschließen: *§ 45*

- Feststellung des Jahresabschlusses und Verwendung des Ergebnisses,
- Einforderung der Einlagen,
- Rückzahlung von Nachschüssen,
- Teilung, Zusammenlegung sowie Einziehung von Geschäftsanteilen,
- Bestellung, Entlastung und Abberufung der Geschäftsführer,
- Bestellung der Prokuristen und Handlungsbevollmächtigten.

Die Beschlussfassung erfolgt mit einfacher Mehrheit der abgegebenen Stimmen. Jeder Euro eines Geschäftsanteils gewährt eine Stimme. *§ 47*

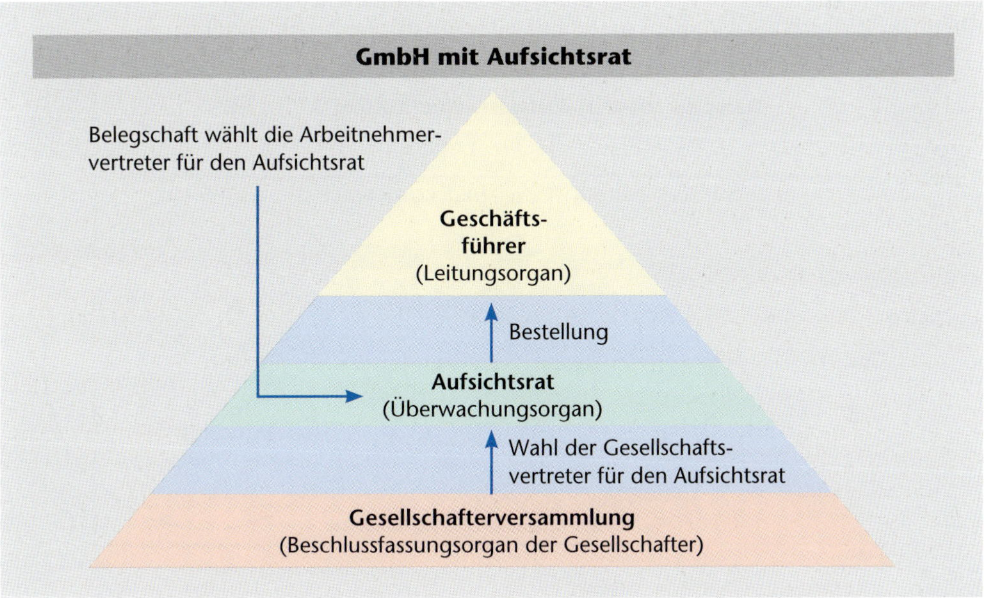

## Bedeutung der Gesellschaft mit beschränkter Haftung

Die GmbH wird vor allem für Familienunternehmen, für Eigengesellschaften der Gemeinden und für den Zusammenschluss von Unternehmen zur Erreichung bestimmter Zwecke verwendet (Erprobung von Erfindungen). Sie wird auch gegründet, um bestimmte Funktionen aus einem Unternehmen auszugliedern oder gleichartige Funktionen aus mehreren Unternehmen zusammenfassen (z. B. Entwicklung, Vertrieb).

## Vorteile und Nachteile der Gesellschaft mit beschränkter Haftung

| Vorteile | Nachteile |
|---|---|
| – Sie kann mit wenig Kapital gegründet werden.<br>– Das Risiko der Gesellschafter ist auf die Stammeinlage beschränkt.<br>– Die Gesellschafter haben ein weitgehendes Mitverwaltungsrecht.<br>– Die Gründungs- und Verwaltungskosten sind niedriger als bei großen Aktiengesellschaften.<br>– Sie sichert als juristische Person die Fortführung eines Unternehmens beim Tod eines Gesellschafters. | – Die Abtretung von Geschäftsanteilen muss notariell beurkundet werden.<br>– Gründung und Satzungsänderung bedürfen der notariellen Beurkundung.<br>– Risiken der Haftung mit dem Privatvermögen für den geschäftsführenden Gesellschafter, wenn die obliegenden Pflichten fahrlässig verletzt wurden. |

## 12.4.4 GmbH & Co. KG als Mischform

Die **GmbH & Co. KG** ist eine **Kommanditgesellschaft**, bei der eine **Gesellschaft mit beschränkter Haftung** (GmbH) **Vollhafter** ist.

Bei der **typischen GmbH & Co. KG** sind die Gesellschafter der GmbH zugleich Kommanditisten der GmbH & Co. KG, bei der **atypischen GmbH & Co. KG** sind andere Personen Kommanditisten. Diese können natürliche oder juristische Personen sein.

**Beispiel für den Aufbau einer GmbH & Co. KG**

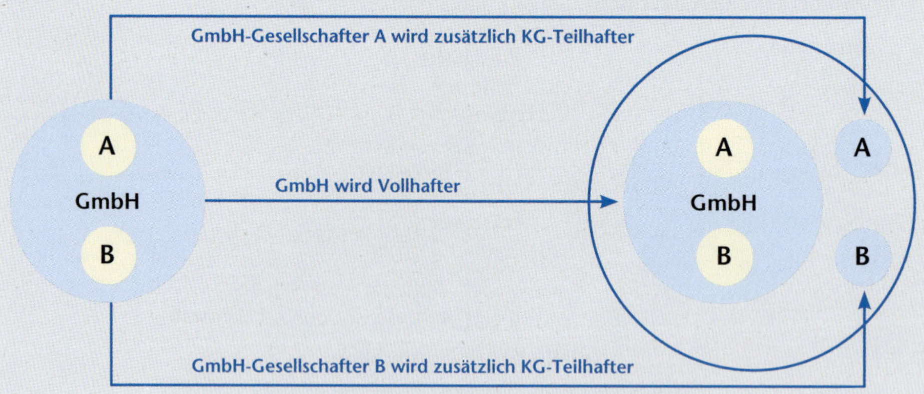

## Firma

| Firma der GmbH & Co. KG | Beispiele |
| --- | --- |
| Die Firma kann eine Personen-, Sach-, Fantasiefirma oder gemischte Firma sein. Darüber hinaus muss die Bezeichnung »Kommanditgesellschaft« oder eine allgemein verständliche Abkürzung dieser Bezeichnung in der Firma enthalten sein (KG, Kges).<br><br>Da in einer GmbH & Co. KG keine natürliche Person persönlich haftet, muss die Firma eine Bezeichnung enthalten, welche die Haftungsbeschränkung kennzeichnet. | – Nord-Süd-Hausbau GmbH & Co. KG<br>– Meissner + Wurst GmbH & Co. KG |

*HGB § 19 (2)*

## Geschäftsführung und Vertretung

Bei der GmbH & Co. KG besitzt die GmbH als Komplementärin die Geschäftsführungsbefugnis und Vertretungsmacht. Ausführende Person ist der Geschäftsführer der GmbH. Im Übrigen sind die Rechtsgrundlagen die gleichen wie bei der KG (Kapitel 12.3.3).

## Vorteile und Nachteile der GmbH & Co. KG

| Vorteile | Nachteil |
| --- | --- |
| – Die GmbH haftet als Komplementärin unbeschränkt mit ihrem Gesellschaftsvermögen. Die Gesellschafter haften dagegen nur mit ihren Einlagen.<br>– Bei Familienunternehmen ist die Unternehmensfortführung gesichert, weil anstelle einer natürlichen Person eine GmbH als Vollhafterin tritt. Die persönlich haftende GmbH ist »unsterblich«.<br>– Außenstehende Fachleute können als Geschäftsführer der Komplementär-GmbH eingesetzt werden.<br>– Mit der Aufnahme weiterer Kommanditeinlagen kann Eigenkapital beschafft werden. | – Die Teilhafter haben nur einen geringen Einfluss auf das Unternehmen. |

### Zusammenfassende Übersicht zu Kapitel 12.4: Kapitalgesellschaften

**Aktiengesellschaft (AG)**

| Grundkapital | Gründung | Aufbau | Mitbestimmung |
| --- | --- | --- | --- |
| = Nennbeträge sämtlicher Aktien<br>– mindestens 50.000 EUR<br>→ Nennbetragsaktien / Stückaktien | – Gesellschaftsvertrag = Satzung<br>– Bar- oder Sachgründung<br>– Übernahme aller Aktien<br>– Bestellung AR*, V* und Abschlussprüfer<br>– Gründungsbericht und -prüfung<br>– Eintragung ins HRB = juristische Person | – Vorstand = Leitungsorgan<br>– Aufsichtsrat = Überwachungsorgan<br>– Hauptversammlung = beschließendes Organ | – bis 500 Arbeitnehmer: keine Mitbestimmung<br>– > 500 Arbeitnehmer: 1/3 Arbeitnehmervertreter<br>– > 2.000 Arbeitnehmer: 1/2 Arbeitnehmervertreter |

* AR = Aufsichtsrat
* V = Vorstand

**Europäische Aktiengesellschaft (SE)**

Es gelten besondere Regelungen nach SEAG

**Gesellschaft mit beschränkter Haftung (GmbH)**

**Stammkapital**

= Stammeinlagen der Gesellschafter
- mindestens 25.000 EUR bei GmbH
- mindestens 1 EUR bei UG

**Gründung**

- eine oder mehrere Personen
- Gesellschaftsvertrag = Satzung
- notarielle Beurkundung
- mit Musterprotokoll möglich (nur UG)
- Eintragung ins HRB = juristische Person

**Gesellschafter**

| Pflichten | Rechte |
|---|---|
| – Leistung der Einlage<br>– Nachschusspflicht | – Gewinnanteil<br>– Mitverwaltung<br>– Auskunftsrecht |

**Aufbau**

- Geschäftsführer
- Gesellschafterversammlung
- Aufsichtsrat Mitbestimmung: siehe AG

**GmbH & Co. KG**

**typische GmbH & Co. KG**

⇒ Gesellschafter der GmbH = Kommanditisten der GmbH & Co. KG

**atypische GmbH & Co. KG**

⇒ Gesellschafter der GmbH ≠ Kommanditisten der GmbH & Co. KG

## ▶ Aufgaben und Probleme

1. Bei der Gründung emittiert eine AG Aktien mit dem kleinstmöglichen Nennbetrag zur Deckung des gesetzlich vorgeschriebenen Mindestkapitals zum Kurs von 15,25 EUR.
   a) Wie hoch ist der Nennbetrag einer solchen Aktie?
   b) Wie hoch ist das Agio dieser Aktie?
   c) Wie viele Aktien wurden ausgegeben?
   d) Dürfte der Nennbetrag der ausgegebenen Aktien auch 25,00 EUR sein (Begründung)?
   e) Wäre ein Ausgabekurs von 0,50 EUR möglich (Begründung)?
2. Vergleichen Sie die gesetzliche Geschäftsführungsbefugnis und Vertretungsmacht eines OHG-Gesellschafters mit der eines Vorstandsmitglieds einer AG.
3. Aus welchen Gründen verpflichtet man die Aktiengesellschaften zur Veröffentlichung ihres Jahresabschlusses?
4. Stellen Sie dar, welche Merkmale der GmbH typisch sind für
   a) Kapitalgesellschaften,
   b) Personengesellschaften.

5. Erstellen Sie anhand selbst gewählter Kriterien eine Aufstellung, in der die wesentlichen Unterschiede zwischen GmbH und AG enthalten sind.

6. Sachverhalt: Die Filterwerk GmbH beschäftigt 1.280 Arbeitnehmer. Sie ist Zulieferer für Kraftfahrzeughersteller. Ein Großabnehmer errichtet in den USA eine Niederlassung. Um die günstigen Bedingungen auf diesem überseeischen Markt zu nutzen, beabsichtigt auch das Filterwerk, dort ein Zweigwerk aufzubauen. Der dafür erforderliche Finanzbedarf löst eine Diskussion aus, ob die GmbH in eine AG umgewandelt werden soll.

   Nach dem Gesellschaftsvertrag verteilt sich das Stammkapital von 100 Mio. EUR wie folgt auf die Gesellschafter: Eva Spies 72 Mio. EUR, Marcus Kopf 7 Mio. EUR, Kurt Knecht 20 Mio. EUR, Alfred Mohl 1 Mio. EUR.

   Kurt Knecht und Marcus Kopf sind Geschäftsführer der GmbH mit Einzelvertretungsbefugnis.

   Für die Gesellschafter besteht nach dem Gesellschaftsvertrag unbeschränkte Nachschusspflicht.

   a) Führen Sie zwei Gründe an, die in diesem Fall für eine Umwandlung in eine AG sprechen.

   b) Kurt Knecht und Marcus Kopf sind gegen eine Umwandlung. Beurteilen Sie, ob sie eine Umwandlung verhindern könnten.

   c) Eva Spies garantiert den beiden Geschäftsführern, dass sie nach der Umwandlung Vorstandsmitglieder der AG werden. Erklären Sie, wer bei einer neu zu gründenden AG den Vorstand bestellt, und überprüfen Sie, ob das Versprechen von Eva Spies durchsetzbar ist.

   d) Alfred Mohl gibt zu bedenken, dass eine Umwandlung dieser GmbH in eine AG eine veränderte Offenlegungspflicht mit sich bringt. Nehmen Sie hierzu Stellung.

   e) Trotz der ursprünglichen Bedenken der beiden Geschäftsführer wird am 30. März einstimmig die Umwandlung in eine AG beschlossen. Die Gesellschafter der GmbH bringen ihre Geschäftsanteile als Sachvermögen ein und erhalten Aktien zum Nennbetrag von 1,00 EUR. Die Hausbank übernimmt zusätzlich Aktien im Wert von 20 Mio. EUR zuzüglich 10 % Agio. Welche Gründe könnten die Hausbank veranlasst haben, sich an der AG zu beteiligen?

   f) Wie hoch sind das gezeichnete Kapital und die Kapitalrücklage?

   g) Begründen Sie, warum bei der vorliegenden Gründungsart der Gesetzgeber besonders strenge Prüfungsanforderungen stellt.

   h) Die Geschäftsentwicklung der AG verläuft ausgezeichnet. Für dringend notwendige Erweiterungsinvestitionen werden im kommenden Geschäftsjahr flüssige Mittel in Höhe von 70 Mio. EUR benötigt.

      Der Vorstand will diese Mittel durch Ausgabe weiterer Aktien aufbringen. Er legt daher der Hauptversammlung folgenden Vorschlag zur Abstimmung vor:

      - Erhöhung des Grundkapitals zum Jahresbeginn durch Ausgabe junger Aktien.
      - Ausgabekurs 5 EUR je 1-EUR-Aktie.

      Auf der Hauptversammlung sind 85 % des Grundkapitals anwesend.

      Wie viele Stimmen werden für die geplante Kapitalerhöhung benötigt?

   i) Aktionär Edelmann besitzt Aktien im Gesamtnennbetrag von 29,8 Mio. EUR. Begründen Sie, ob Edelmann diese Kapitalerhöhung verhindern könnte.

7. Die Geschwister Anke, Marion und Dr.-Ing. Volker Braun gründeten im Jahr 01 die AQUATERRA Gesellschaft für Umwelttechnikbedarf mbH. Dem Gesellschaftsvertrag vom 10. Juli 01 ist folgender Auszug entnommen:

§ 2 Gegenstand des Unternehmens ist, im Bereich Wasser-, Abwasser- und Abfallwirtschaft die notwendigen Einrichtungen, Gerätschaften und technischen Anlagen anzubieten und zu vertreiben.

§ 3 Sitz des Unternehmens ist Warthausen.

§ 4 Das Stammkapital beträgt 1.900.000 EUR.

Stammeinlagen der Gesellschafter sowie Art und Zeitpunkt der Leistung:

Marion Braun 1,0 Mio. EUR als Bareinlage, davon sind 0,2 Mio. EUR sofort zu leisten, der Rest am 14. August 01.

Anke Braun 0,75 Mio. EUR als Bareinlage, davon 80 % sofort, der Rest am 2. August 01.

Volker Braun 0,15 Mio. EUR durch notariell beurkundete Übertragung der Rechte an einem Patent auf die GmbH bis zum 25. Juli 01.

§ 6 Dr.-Ing. Volker Braun und Dipl.-Kaufmann Uwe Hoch werden zu Geschäftsführern bestellt.

Die Handelsregistereintragung erfolgte am 6. September 01, die Veröffentlichung der Eintragung zwei Tage später. Alle Gesellschafter erbrachten ihre Einlagen zu den genannten Terminen, Diplom-Kaufmann Hoch ist ein anerkannter Finanzierungsfachmann.

In der Gründungsphase waren stets etwa 60 Mitarbeiter beschäftigt.

a) Die Gesellschafter hatten zunächst erwogen, eine KG zu gründen, entschieden sich dann aber für die Rechtsform der GmbH. Vergleichen Sie in einer Tabelle beide Unternehmensformen hinsichtlich der Formvorschrift des Gesellschaftsvertrages, Geschäftsführung, Pflicht zur Bildung eines Aufsichtsrates.

b) Die GmbH sollte nach dem Willen der Gesellschafter unter der Firma »Braun & Hoch Umwelttechnik« in das Handelsregister eingetragen werden.
   - Warum lehnt das Registergericht die Eintragung dieser Firma ab?
   - Begründen Sie, warum das Registergericht auch die Eintragung in das Handelsregister wegen mangelhafter kapitalmäßiger Voraussetzungen Ende Juli 01 verweigern musste.

c) Volker Braun kaufte am 12. August 01 ohne Rücksprache mit Hoch im Namen der GmbH drei notwendige Fertigungsmaschinen zum Preis von 120.000 EUR.
   - Bei der Auslieferung am 20. August 01 verlangte der Lieferant von der Gesellschafterin Marion Braun die volle Bezahlung des fälligen Kaufpreises. Kann der Verkäufer diese Forderung durchsetzen (Begründung)?
   - Könnte der Lieferant seinen Anspruch gegenüber Marion Braun oder gegenüber der GmbH durchsetzen, wenn der Kaufvertrag am 28. September 01 abgeschlossen und die Zahlung sofort fällig gewesen wäre (Begründung)?

d) Zum 20. September 01 wurde die Gesellschafterversammlung eingeladen. Die Tagesordnung enthielt folgende Beschlussanträge:
   - Frau Irma Bach, Leipzig, wird zur Prokuristin bestellt,
   - der Sitz des Unternehmens wird von Warthausen nach Riesa verlegt.

   Frau Anke Braun stimmt gegen beide Tagesordnungspunkte. Die Mitgesellschafter stimmen zu. Welche Wirkung hat die Ablehnung?

e) Der Geschäftsführer Hoch ist interessiert, den Geschäftsanteil von Frau Anke Braun zu erwerben.
   - Warum kann der Wert des Geschäftsanteiles vom Betrag der Stammeinlage sowohl nach oben als auch nach unten abweichen? Begründen Sie dies jeweils mit einem Argument.
   - Welcher Form bedarf die Übertragung des Geschäftsanteiles von Frau Braun auf Herrn Hoch?

f) Für die Errichtung von Niederlassungen im osteuropäischen Raum müsste dem Unternehmen weiteres Kapital zugeführt werden. Man diskutiert, ob der Gesellschaftsvertrag um die Einführung einer beschränkten Nachschusspflicht ergänzt oder ob die GmbH in eine Aktiengesellschaft umgewandelt werden soll. Erklären Sie die Vor- und Nachteile, ausgehend vom Standpunkt der einzelnen Gesellschafter.

8. In Deutschland gibt es etwa 116.500 GmbH & Co. KG. Welche Gründe sprechen für diese Unternehmensform?

## 12.5 Entscheidungskriterien für die Wahl der Rechtsform

Die Entscheidung für die Wahl der richtigen Rechtsform für das Unternehmen verlangt die Abwägung verschiedener Überlegungen. Im Wesentlichen sind es die folgenden Merkmale der einzelnen Rechtsformen, die die Unternehmenseigentümer in ihrer Entscheidung beeinflussen.

| **Entscheidungskriterien** / **Rechtsformen** | **Leitungsbefugnis** | **Haftung und Risiko** | **Gewinn- und Verlustbeteiligung** | **Finanzierungsmöglichkeiten, Mindestkapital** |
|---|---|---|---|---|
| **Einzelunternehmen** | **allein** durch den Eigentümerunternehmer | **Haftung:** persönlich (unbeschränkt, direkt)<br>**Risiko:** voll | **Gewinn** fließt an den Einzelunternehmer allein.<br>**Verlust** trägt der Einzelunternehmer allein. | auf die Vermögensverhältnisse einer Person begrenzt<br>enger Kreditspielraum<br>Nicht ausgeschütteter Gewinn fließt dem Eigenkapitalkonto zu. |
| **Offene Handelsgesellschaft** | **jeder Gesellschafter** als Eigentümerunternehmer | **Haftung:** persönlich (unbeschränkt, direkt, gesamtschuldnerisch).<br>**Risiko:** geteilt | **Gewinn:** Verteilung nach Kapitalanteilen und Mitarbeit, gemäß Vertrag oder Gesetz<br>**Verlust:** von allen Gesellschaftern zu tragen, gesetzlich nach Köpfen | auf die Vermögensverhältnisse und Beteiligungsabsichten der Gesellschafter begrenzt<br>kein Mindestkapital<br>erweiterter Kreditspielraum durch die persönliche Haftung aller OHG-Gesellschafter und der Komplementäre bei der KG<br>Nicht ausgeschütteter Gewinn fließt den Eigenkapitalkonten zu (nicht bei Kommanditeinlagen). |
| **Kommanditgesellschaft** | nur **Komplementäre** als Eigentümerunternehmer | **Komplementäre:** wie OHG<br>**Kommanditisten:**<br>**Haftung:** beschränkt auf Einlage<br>**Risiko:** begrenzt | **Gewinn:** vertragliche Gestaltung nach Kapitalanteilen, Risiko und Mitarbeit<br>**Verlust:** vertraglich geregelt; Kommanditisten nur bis zur Höhe ihres Kapitalanteils | |

| Entscheidungskriterien / Rechtsformen | Leitungsbefugnis | Haftung und Risiko | Gewinn- und Verlustbeteiligung | Finanzierungsmöglichkeiten, Mindestkapital |
|---|---|---|---|---|
| **Gesellschaft mit beschränkter Haftung** | **Eigentümer- oder Auftragsunternehmer** als Geschäftsführer | **Haftung:** Gesellschaft: unbeschränkt mit dem Gesellschaftsvermögen; keine persönliche Haftung der Gesellschafter<br>**Risiko:** beschränkt auf Stammeinlage, eventuelle Nachschusspflicht | **Gewinn:** im Fall der Bildung von Rücklagen nur begrenzte Gewinnausschüttung; Gewinnverteilung auf Gesellschafter nach Anteilen<br>**Verlust:** Deckung durch Rücklagenauflösung und/oder Nachschüsse | auf die Beteiligungsbereitschaft der Gesellschafter begrenzt<br>Mindeststammkapital von 25.000 EUR bzw. 1 EUR bei UG<br>Kreditspielraum durch beschränkte Haftung der Gesellschafter begrenzt<br>Nicht ausgeschütteter Gewinn fließt den Rücklagen zu. |
| **GmbH & Co. KG** | **Komplementär-GmbH** durch ihre Geschäftsführer | **Haftung:** Komplementär-GmbH unbeschränkt mit Gesellschaftsvermögen, Kommanditisten wie KG | **Gewinn:** Verteilung auf GmbH und Kommanditisten nach Vertrag<br>**Verlust:** vertraglich geregelt | wie bei der KG |
| **Aktiengesellschaft** | **Auftragsunternehmer** als Vorstandsmitglieder | **Haftung:** Gesellschaft unbeschränkt mit Gesellschaftsvermögen; keine persönliche Haftung der Aktionäre<br>**Risiko:** Aktionäre riskieren lediglich ihren Kapitaleinsatz, keine Nachschusspflicht | **Gewinn:** Rücklagenbildung zwingend, Dividende nach Aktiennennwerten<br>**Verlust:** Deckung durch Rücklagenauflösung und/oder Herabsetzung des Grundkapitals | von den Beteiligungsabsichten sehr vieler Aktionäre abhängig<br>Mindestgrundkapital von 50.000 EUR, Kreditspielraum groß (Aufnahme von Anleihen)<br>Nicht ausgeschüttete Gewinne fließen den Rücklagen zu. |

# 12.6 Kooperation und Konzentration von Unternehmen

## 12.6.1 Ursachen, Ziele und Formen der Kooperation und Konzentration

### Ursachen der Kooperation und Konzentration

Der Wettbewerb ist ein Wesensmerkmal der Marktwirtschaft. Dabei handelt es sich bei der Mehrzahl der Märkte um Anbieterwettbewerb. Die Anbieter kämpfen unabhängig voneinander um den Absatz ihrer Leistungen an die Nachfrager. Bei gleichbleibendem Marktvolumen zwingt dies jeden Anbieter, zu möglichst günstigen Bedingungen (Preis, Qualität, Kundendienst usw.) seine Leistung anzubieten.

Um diesem ständigen Wettbewerbsdruck zu begegnen oder zu entgehen, bedient man sich in vielen Bereichen der Wirtschaft in zunehmendem Maße der Kooperation und Konzentration.

**Kooperation** liegt vor, wenn **wirtschaftlich selbstständige und rechtlich weitgehend selbstständig bleibende Unternehmen** sich durch Verträge **zur Zusammenarbeit verpflichten.**

**Beispiele:**

1. Interessengemeinschaften zur gemeinsamen Grundlagenforschung
2. Absprachen über einheitliche Lieferungs- und Zahlungsbedingungen

Von **Konzentration** spricht man, wenn die **wirtschaftliche Selbstständigkeit aufgegeben** wird und die **Betriebe** einer umfassenden **zentralen Leitung** unterstellt werden.

**Beispiele:**

1. Selbstständige Arzneimittelhersteller vereinigen sich unter einheitlicher Leitung.
2. Ein Automobilhersteller kauft einen Konkurrenten auf.

### Ziele der Kooperation und Konzentration

| Zielsetzung | Beispiele |
|---|---|
| Sicherung und Verbesserung von Beschaffung und Absatz | – gemeinsame Einkaufs- und Verkaufsniederlassungen<br>– gegenseitige Beteiligung von Zellulosefabrik, Papierfabrik, Druckerei, Zeitungsverlag |
| gemeinsame Werbung | – Werbeverbund von Versicherungsgesellschaften<br>– Ein Reisebüro und ein Hersteller von Freizeitkleidung werben gemeinsam. |
| Beschränkung und Ausschaltung des Wettbewerbs | Konkurrierende Unternehmen treffen Absprachen über<br>– die Preise,<br>– die Abgrenzung der Absatzgebiete. |

| Zielsetzung | Beispiele |
|---|---|
| Sicherung der Beschäftigung | Mehrere Bauunternehmen erstellen in einer Arbeitsgemeinschaft (Arge) ein Großbauwerk. |
| gemeinsame Entwicklungs- und Forschungsarbeiten | Gründung einer Forschungs-GmbH mit Kapitalbeteiligung mehrerer Unternehmen (Automobil-, Elektroindustrie, chemische Industrie) |
| gemeinsame Rationalisierung der Fertigungsverfahren, der Fertigungsgegenstände und der Sortimentsgestaltung | – Absprachen über gemeinsame Normen und Typen<br>– Zusammenfassung, Ergänzung oder Aufteilung der Produktionsprogramme (Spezialisierung)<br>– Sortimentskooperation von Großhändlern |
| Erhaltung der Konkurrenzfähigkeit gegenüber ausländischen Unternehmen | Zusammenschluss inländischer Automobilhersteller zum gemeinsamen Vertrieb ihrer Erzeugnisse auf Auslandsmärkten |

## Formen der Kooperation und Konzentration

Nach dem wirtschaftlichen Zusammenhang der zusammengeschlossenen Unternehmen unterscheidet man:

| Formen der Zusammenschlüsse | Ziele | Beispiele |
|---|---|---|
| **horizontal**<br>(gleiche Produktions- oder Handelsstufen) | eine stärkere Marktposition schaffen | Telefongesellschaft ↔ Telefongesellschaft ↔ Telefongesellschaft |
| **vertikal**<br>(aufeinanderfolgende Produktions- und Handelsstufen) | Beschaffung und Absatz sichern | Maschinenhandel<br>↕<br>Maschinenfabrik<br>↕<br>Stahlwerk |
| **anorganisch**<br>(branchenfremder Zusammenschluss) | branchenspezifische Risiken ausgleichen | Brauerei ↔ Zeitungsverlag ↔ Versicherungsgesellschaft |

## 12.6.2 Kartell

Das **Kartell** ist ein **vertraglicher horizontaler Zusammenschluss** von Unternehmen, die **rechtlich selbstständig** bleiben, aber einen **Teil ihrer wirtschaftlichen Selbstständigkeit aufgeben.**

**Beispiele:** Die Vereinigte Stahlwerke AG trifft mit der Metallwerke AG die Vereinbarung, sich bei der Herstellung auf bestimmte Produkte zu spezialisieren.

Die Mitglieder des Kartells verpflichten sich, die Absprachen einzuhalten und danach zu handeln. Bei einem Verstoß gegen den Kartellvertrag müssen sie Vertragsstrafen zahlen.

Man unterscheidet folgende **Kartellarten:**

| Kartellart | Inhalt |
|---|---|
| **Preiskartelle** | setzen die einheitlichen Preise neben gleichen Lieferungs- und Zahlungsbedingungen fest (horizontale Preisbindung). |
| Submissionskartelle | Bei Ausschreibungen von öffentlichen Aufträgen vereinbaren Unternehmen Angebotspreise, die nicht unterboten werden dürfen, oder dass nur ein Kartellmitglied ein Angebot abgibt. |
| **Konditionenkartelle** | vereinbaren die einheitliche Anwendung von allgemeinen Geschäfts-, Lieferungs- und Zahlungsbedingungen. |
| **Rabattkartelle** | legen einheitliche Verkaufsrabatte vertraglich fest. |
| **Kalkulationskartelle** | stimmen sich in Aufbau und Inhalt ihrer Kostenrechnung ab. |
| **Rationalisierungskartelle** | |
| – Normen- und Typenkartelle | regeln die einheitliche Anwendung von Normen und Typen. |
| – Spezialisierungskartelle | rationalisieren wirtschaftliche Vorgänge durch Spezialisierung ihrer Mitglieder. |
| – Syndikate | sind gemeinsame Beschaffungs- und Vertriebseinrichtungen (Einkaufs- und Verkaufskontore) mit eigener Rechtspersönlichkeit. |
| **Quotenkartelle** | teilen jedem Unternehmen die Absatzmenge bzw. Produktionsquote im Verhältnis zu seiner Kapazität zu. Über das Angebot werden die Preise beeinflusst. Wenn die Absatzmengen geringer gehalten werden als sie möglich wären, treibt das verknappte Angebot die Preise nach oben. |
| **Gebietskartelle** | teilen jedem Unternehmen das Absatzgebiet zu. |
| **Mittelstandskartelle** | eröffnen kleinen und mittleren Unternehmen zusätzliche Möglichkeiten für eine zwischenbetriebliche Zusammenarbeit. Hierzu gehören kooperative Maßnahmen in den Bereichen Produktion, Forschung und Entwicklung, Finanzierung, Verwaltung, Werbung, Einkauf und Vertrieb. |

## 12.6.3 Verbundene Unternehmen (Konzerne)

**Verbundene Unternehmen** entstehen vor allem durch **kapitalmäßige und personelle Verflechtung** sowie durch **Unternehmensverträge.**

Der **Konzern** ist ein **horizontaler, vertikaler oder anorganischer Zusammenschluss** von Unternehmen, die **rechtlich selbstständig bleiben,** aber ihre **wirtschaftliche Selbstständigkeit durch einheitliche Leitung aufgegeben** haben.

Konzerne können bei allen Rechtsformen vorkommen. Zur kapitalmäßigen Verflechtung eignet sich aber besonders die AG.

**Beispiel:** Die Vereinigte Stahlwerke AG erwirbt die Aktienmehrheit an der Metall-AG. Die Metall-AG bleibt unter ihrer Firma bestehen. Ihre Geschäftspolitik wird künftig vom Vorstand der Vereinigte Stahlwerke AG bestimmt.

### Unterordnungskonzerne

*AktG § 18 (1)* Es gibt ein herrschendes Unternehmen (Mutterunternehmen) und mehrere abhängige Unternehmen (Tochterunternehmen). Die einheitliche Leitung wird von dem herrschenden Unternehmen ausgeübt. Abhängigkeit liegt immer dann vor, wenn das herrschende Unternehmen Einfluss ausüben kann.

Über einem Unterordnungskonzern steht häufig eine **Dach- oder Holdinggesellschaft.** Sie stellt die abhängigen Konzernunternehmen unter ihre einheitliche Leitung. Dabei verwaltet sie lediglich die angeschlossenen Unternehmen und übernimmt selbst keine Produktions- oder Handelsaufgaben.

**Beispiel** für die Daimler AG Holding:
- Forschung und Entwicklung: Antriebstechniken für Pkws, Dieselantriebe, Luftfahrt
- Einkauf: gemeinsamer Rohstoffeinkauf für die Herstellung der Nutzfahrzeuge
- Logistik: gemeinsamer Transport von Pkws und Kleintransportern

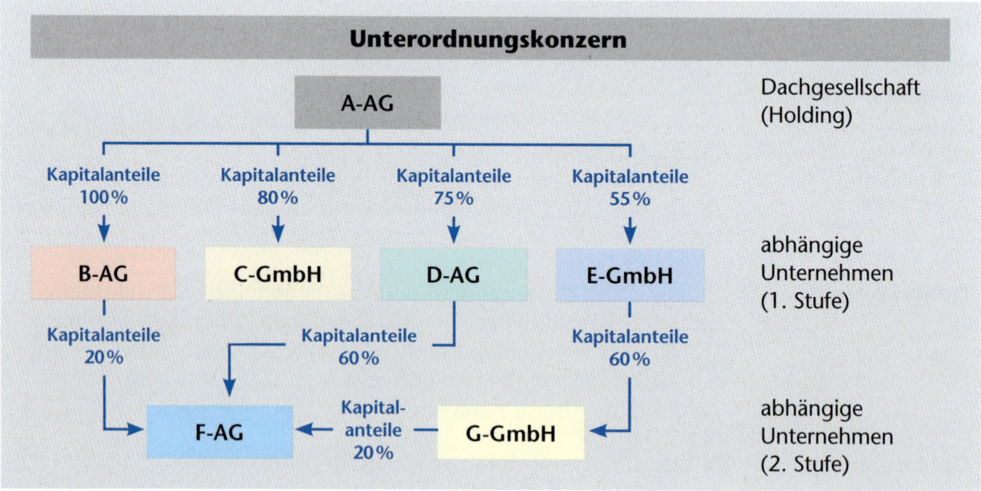


### Gleichordnungskonzerne

*§ 18 (2)* Es gibt kein herrschendes Unternehmen. Die Konzernunternehmen haben eine gleichrangige Stellung. Die Leitung der Unternehmen wird in gegenseitiger Abstimmung geregelt. Dies kann durch ein Gremium oder durch personelle Verflechtung geschehen. In der Praxis ist dieser Konzern selten anzutreffen.

**Beispiel:** HAMBURG WASSER (Zusammenschluss aus Hamburger Wasserwerke GmbH (HWW) und Hamburger Stadtentwässerung AöR (HSE)

### Wechselseitig beteiligte Unternehmen

Auch bei ihnen bleiben die Unternehmen rechtlich selbstständig. Ihre wirtschaftliche Selbstständigkeit wird aber dadurch beschränkt, dass jedes Unternehmen mehr als 25 % der Kapitalanteile des anderen Unternehmens erwirbt (Sperrminorität). Die Unternehmen erhalten dadurch gegenseitigen Einfluss auf die Geschäftsführung (Schwestergesellschaften).

**Beispiel:** Bei drei Unternehmen liegen gegenseitige Kapitalbeteiligungen vor, ohne dass es eine einheitliche Leitung der Unternehmen gibt:

Die »A-AG« ist mit 60 % an der »B-AG« und mit 30 % an der »C-AG« beteiligt.
Die »B-AG« ist mit 26 % an der »A-AG« und mit 27 % an der »C-AG« beteiligt.
Die »C-AG« ist mit 29 % an der »A-AG« und mit 51 % an der »C-AG« beteiligt.

## 12.6.4 Vereinigte Unternehmen (Trust)

Ein **Vereinigtes Unternehmen (Trust)** ist ein Zusammenschluss von Unternehmen (Fusion), die ihre **rechtliche und wirtschaftliche Selbstständigkeit aufgeben.**

**Beispiel:** Die Vereinigte Stahlwerke AG beschließt nach dem Erwerb von 100 % des Aktienkapitals der Metall-AG die Fusion. Die Metall-AG wird als Zweigwerk übernommen; ihre Firma erlischt.

Es besteht nur noch ein einziges Unternehmen. Die früheren Unternehmen sind Betriebe des Trusts geworden. Die Verschmelzung oder Fusion von Unternehmen zu einem Vereinigten Unternehmen (Trust) kann auf zwei Arten erfolgen:

| Entstehung von Vereinigten Unternehmen | |
|---|---|
| **Verschmelzung durch Aufnahme** | **Verschmelzung durch Neubildung** |
| In das übernehmende Unternehmen gehen das Vermögen und die Schulden des übertragenden Unternehmens in voller Höhe ein. | In das neu gegründete Unternehmen gehen das Vermögen und die Schulden der sich vereinigenden Unternehmen ein. |
| Mögliche Maßnahmen: Die Aktien einer AG wurden allmählich aufgekauft bis hin zur feindlichen Übernahme. | Handelt es sich um Aktiengesellschaften, werden die Aktien der beteiligten Unternehmen eingebracht. |
| Das übertragende Unternehmen erlischt. | Alle übertragenden Unternehmen erlöschen. |

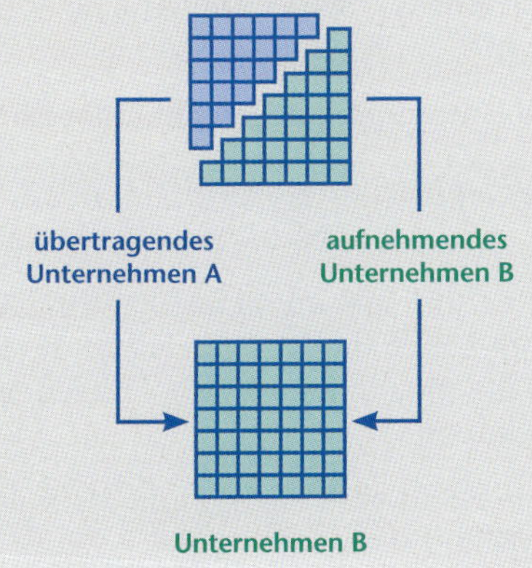


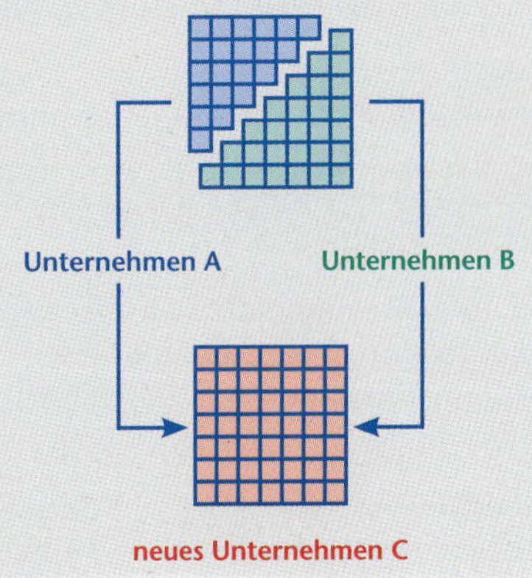

## 12.6.5 Multinationale Unternehmen

Ein **multinationales Unternehmen »Multi«** ist ein horizontaler, vertikaler oder anorganischer Zusammenschluss von Unternehmen, die aus **international operierenden Einheiten** bestehen **(Global Players).**

Multinationale Unternehmen besitzen in der ganzen Welt Produktionsstätten und Vertriebsnetze.

Hunderte von Tochtergesellschaften und Beteiligungsunternehmen verleihen den »Multis« ein ungeheures wirtschaftliches und politisches Gewicht. Damit können sie sich nationaler Kontrolle weitgehend entziehen.

Beispiele für internationale Verflechtungen sind auch **Joint Venture** und **strategische Allianzen.**

### Joint Venture

Beim **Joint Venture** arbeiten mindestens zwei Unternehmen auf Dauer oder für ein gemeinsamen Projekt zusammen. Meist erfolgt dies in der Rechtsform der BGB-Gesellschaft, durch Gründung eines gemeinsamen Unternehmens oder auf der Grundlage eines Lizenzvertrages. Jeder Partner bringt die Produktionsfaktoren ein, über die er am meisten verfügt. Im Allgemeinen dürfte es sich um die Zusammenarbeit eines kapitalkräftigen und risikofreudigen Unternehmens im Inland mit einem kapitalschwachen, aber technisch und wirtschaftlich Erfolg versprechenden Unternehmen im Ausland handeln.

**Beispiele:** Fujitsu Siemens Computers (Fujitsu + Siemens AG), Nokia Siemens Networks (Nokia + Siemens AG), Shanghai Volkswagen Automotive Company, Ltd. (Volkswagen + Shanghai Automotive Industry Corporation (SAIC))

### Strategische Allianz

Aufgrund der globalen Konkurrenz und Schnelllebigkeit im Wirtschaftsleben haben eingegangene Kooperationen zunehmend strategische Hintergründe. An vorderster Stelle stehen die Ressourcensicherung und das Streben nach Wettbewerbsvorteilen. Da viele Unternehmen diese Ziele aus eigener Kraft nicht erreichen könnten, suchen sie strategische Allianzen. In welcher Form die Kooperation dann umgesetzt wird, ist eine Frage der Marktmacht und des Verhandlungsgeschicks der beteiligten Unternehmen.

**Beispiel:** Star Alliance Netzwerk, 27 Fluggesellschaften. Sie gehören zu den angesehensten Fluggesellschaften der Welt (Air Canada, AIR China, Lufthansa, SWISS, United Airlines und viele andere).

Die Argumentation für oder gegen mulitnationale Unternehmen ist nicht einheitlich.

| Die **Befürworter der Multis** bringen u. a. folgende Argumente ein: | Die **Gegner der Multis** bringen u. a. folgende Argumente ein: |
|---|---|
| Multis können Staaten nicht beherrschen, da diese durch ihre Gesetzgebung die Niederlassungsbedingungen der Unternehmen bestimmen. | Multis sind mächtiger als Staaten. Sie beherrschen die Wirtschaft und die Politik der Staaten, in denen sie sich niedergelassen haben. |
| Multis schaffen Arbeitsplätze und garantieren Steuereinnahmen. | Multis beuten in erster Linie die Entwicklungsländer aus. |

| Die **Befürworter der Multis** bringen u. a. folgende Argumente ein: | Die **Gegner der Multis** bringen u. a. folgende Argumente ein: |
|---|---|
| Willkürliche Produktionsverlagerungen sind normalerweise nicht möglich. Die Stilllegung einer Produktionsstätte verlangt den Aufbau einer neuen in einem neuen Land. Gewerkschaften sind nicht machtlos, da sie durch Streiks in einem Land aufgrund der Verflechtung und Abhängigkeit den ganzen Konzern beeinträchtigen können. | Multis vernichten Arbeitsplätze im Inland, indem sie »willkürlich« Betriebsteile in Länder mit niedrigen Arbeitskosten verlagern.<br>Multis verlegen Betriebsteile in Länder, in denen es günstige Arbeitsbedingungen gibt (z. B. keine Gewerkschaften). |

Die Organisation für Zusammenarbeit und Entwicklung (OECD) hat 1976 die »**OECD-Leitsätze für multinationale Unternehmen**« verabschiedet und im Jahr 2011 überarbeitet. Die Empfehlungen beruhen auf dem Prinzip der Freiwilligkeit und haben keinen rechtlich bindenden Charakter. Sie sollen einen Handlungsrahmen bieten, der die unterschiedlichen Interessen berücksichtigt und das Vertrauen zwischen Unternehmen und deren Gastländern fördert.

**▶ Verbraucherinteressen**

Zur Berücksichtigung der Verbraucherinteressen werden Unternehmen angehalten, faire Geschäfts-, Vermarktungs- und Werbepraktiken anzuwenden und die Sicherheit und Qualität ihrer Güter und Dienstleistungen zu gewährleisten. Dazu gehören ausreichende Produktinformationen und der Schutz von personenbezogenen Daten.

**▶ Wissenschaft und Technologie**

Hinsichtlich Wissenschaft und Technologie werden Unternehmen aufgefordert, im Rahmen ihrer Tätigkeit, soweit durchführbar, Verfahren anzuwenden, die (unter gebührender Berücksichtigung des Schutzes der Rechte an geistigem Eigentum) den Transfer und die rasche Verbreitung von Technologien und Know-how erlauben.

**▶ Wettbewerb**

Zum Schutz des Wettbewerbs wird von Unternehmen erwartet, dass sie die Regeln des fairen Wettbewerbs beachten und keine wettbewerbswidrigen Kartelle errichten. Es wird erwartet, dass die wettbewerbsrechtlichen Bestimmungen der jeweiligen Länder beachtet werden.

**▶ Besteuerung**

Im Bereich der Besteuerung sollen Unternehmen ihren Beitrag zu den öffentlichen Finanzen der Gastländer leisten, die Steuergesetze und -vorschriften der Länder, in denen sie tätig sind, beachten und mit den Steuerbehörden zusammenarbeiten.

### 12.6.6 Auswirkungen der Kooperation und Konzentration

| **positive Auswirkungen** | **negative Auswirkungen** |
|---|---|
| Das Preisniveau sinkt, wenn die Unternehmen die Kostenminderungen in ihren Verkaufspreisen weitergeben. | Das Preisniveau steigt, wenn kein hinreichender Wettbewerb gegeben ist. |
| Die Versorgung der Verbraucher steigt, wenn Rationalisierungsmaßnahmen zu Leistungsverbesserungen führen. | Die Vielfalt des Angebots an Waren und Dienstleistungen wird im Allgemeinen vermindert. |

| positive Auswirkungen | negative Auswirkungen |
|---|---|
| Die Markttransparenz erhöht sich, wenn die Produktionsprogramme und die Sortimente bereinigt werden. | Durch die Beschränkung des freien Wettbewerbs wird die volkswirtschaftlich notwendige »Leistungsauslese« verzögert. |
| Die außenwirtschaftliche Wettbewerbsfähigkeit kann erhalten oder ausgebaut werden. Dies führt zur Arbeitsplatzsicherung oder sogar zu einem -ausbau im Inland. | Die Umsetzung von Rationalisierungsmöglichkeiten gefährdet Arbeitsplätze. |
| Das Bruttoinlandsprodukt und das Wirtschaftswachstum werden gesichert und damit auch die Einnahmen der öffentlichen Hand. | Der technische Fortschritt kann durch den Schutz rückständiger Betriebe gehemmt werden. |
| | Die Konzentration wirtschaftlicher Macht birgt die Gefahr ihres Missbrauchs zu politischer Macht in sich. |

## 12.6.7 Staatliche Wettbewerbspolitik

### Ziele der Wettbewerbspolitik

Die staatliche Politik zur Sicherung des Wettbewerbs soll die Allgemeinheit vor den Nachteilen der Unternehmenszusammenschlüsse bewahren und einen marktwirtschaftlichen Wettbewerb gewährleisten. In Deutschland ist deshalb das **Gesetz gegen Wettbewerbsbeschränkung (GWB)** erlassen worden.

*EGV §§ 81 f.* Auch die Europäische Union (EU) verbietet allen Unternehmen und Unternehmensvereinigungen ihrer Mitgliedsstaaten, Vereinbarungen zu treffen, durch die der Wettbewerb innerhalb des gemeinsamen Marktes beeinträchtigt, verhindert, eingeschränkt oder verfälscht wird. Auch die missbräuchliche Ausnutzung einer marktbeherrschenden Stellung ist nicht erlaubt.

*GWB § 22* Das europäische und das deutsche Kartellrecht gelten grundsätzlich nebeneinander. Sind die Verhältnisse aber unklar, gilt das europäische Recht vor dem deutschen Recht. Das Ziel beider Rechtsvorschriften ist der Schutz des Wettbewerbs auf dem europäischen bzw. auf dem deutschen Markt. Damit sollen Marktabsprachen, Machtmissbrauch und Machtkonzentration verhindert werden. Der Wettbewerb soll auf unterschiedliche Weise gefördert werden.

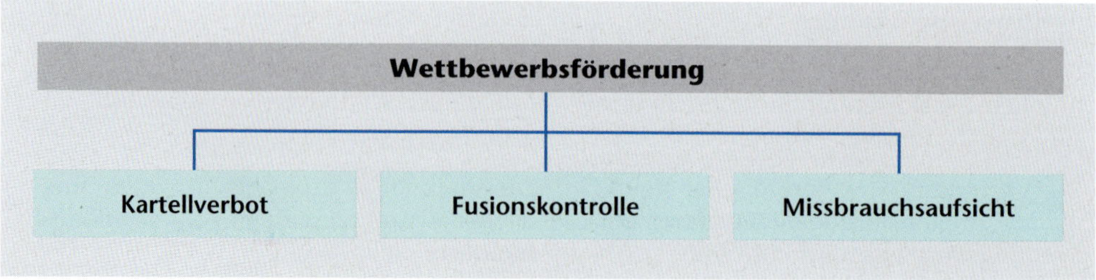

## Wettbewerbsförderung durch Kartellverbot

Im deutschen Kartellrecht sind Vereinbarungen zwischen Unternehmen, die eine Verfälschung des Wettbewerbs bezwecken, verboten **(Verbotsprinzip).** *GWB § 1*

Ob wettbewerbsbeschränkende Vereinbarungen zwischen Unternehmen zulässig sind oder nicht, muss jedes Unternehmen selbst prüfen. Es empfiehlt sich deswegen, unternehmensintern ein Risikomanagement für Kartellrechtsfragen einzurichten, um Verstöße zu verhindern.

Messgröße für zulässige Vereinbarungen ist grundsätzlich der Marktanteil der beteiligten Unternehmen. Als Anhaltspunkt gilt die Vorgabe der EU-Kommission:

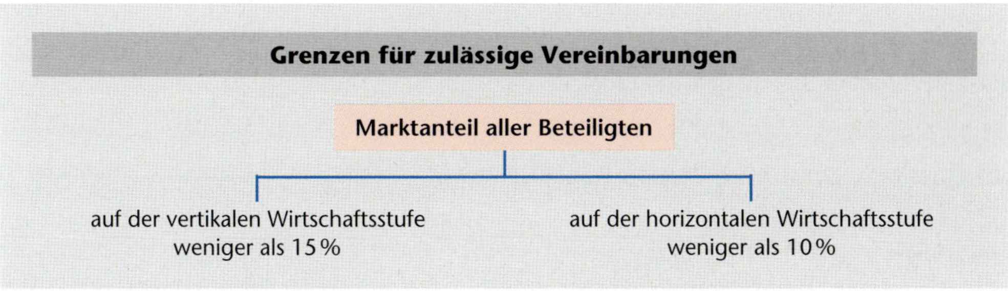


Da das GWB die Begriffe Wettbewerb und Wettbewerbsbeschränkung nicht exakt definiert, ist immer eine Prüfung des Einzelfalls erforderlich. Grundsätzlich führen aber vereinbarte Preis-, Gebiets- und Quotenabsprachen (sogenannte **Hardcore-Kartelle**) zu Wettbewerbsbeschränkungen und damit zu deren Verbot.

### ▶ Freigestellte Vereinbarungen

Vom Verbot freigestellt sind Vereinbarungen zwischen Unternehmen oder aufeinander abgestimmte Verhaltensweisen, wenn sie zur Verbesserung der Warenerzeugung oder -verteilung oder zur Förderung des technischen oder wirtschaftlichen Fortschritts beitragen. *§ 2*

### ▶ Mittelstandskartelle

Ihnen sind Vereinbarungen zur Rationalisierung wirtschaftlicher Vorgänge erlaubt. Kleinen und mittelständischen Unternehmen wird durch diese Gesetzesvorschrift ein Ausgleich für ihre strukturellen Nachteile gegenüber größeren Wettbewerbern angeboten. *§ 3*

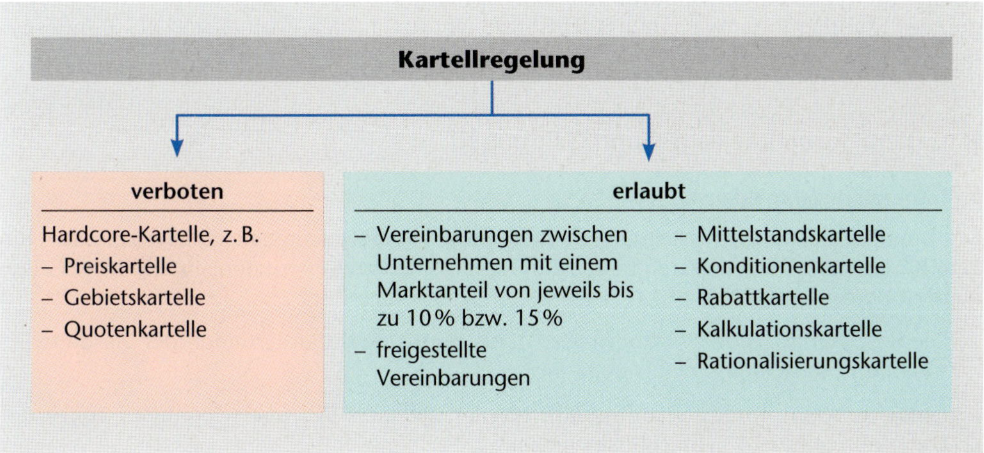

## Wettbewerbsförderung durch Fusionskontrolle

GWB § 39 Zusammenschlüsse sind vor dem Vollzug dem Bundeskartellamt anzumelden und nach dem Vollzug anzuzeigen. Die Fusionskontrolle findet statt, wenn die Beteiligten vor dem Zusammenschluss folgende Umsatzerlöse pro Jahr erreicht haben:

§ 35 **Anmeldepflichtige Zusammenschlüsse:**

- die Umsatzerlöse eines Partners betragen > 500 Mio. EUR und
- die Umsatzerlöse im Inland betragen > 25 Mio. EUR.

Besteht die Gefahr, dass durch den Zusammenschluss eine **marktbeherrschende Stellung** entsteht oder verstärkt wird, so kann die Kartellbehörde einen Zusammenschluss untersagen. Eine bereits vollzogene Fusion kann unter bestimmten Voraussetzungen durch ein Fusionsverbot entflochten, d. h. aufgelöst werden.

§ 19

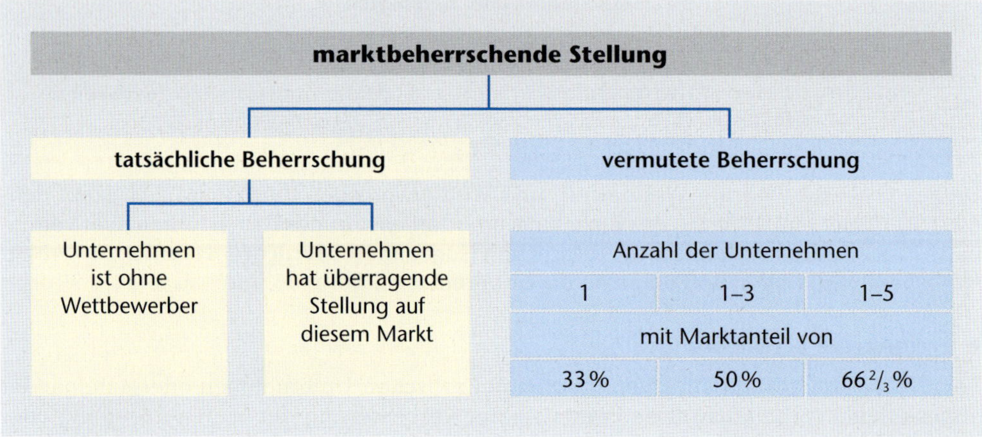


## Wettbewerbsförderung durch Missbrauchsaufsicht

§ 19 Die Aufsicht hat die Aufgabe zu verhindern, dass ein bereits marktbeherrschendes Unternehmen seine Marktstellung missbraucht. Nutzt es seine marktbeherrschende Stellung
§ 74 missbräuchlich aus, so kann die Kartellbehörde dieses Verhalten untersagen und Verträge für unwirksam erklären. Gegen Verfügungen der Kartellbehörde kann Beschwerde beim Kammergericht am Oberlandesgericht in Düsseldorf geführt werden. Gegen Entscheidungen des Kammergerichts können Rechtsbeschwerden an den Kartellsenat des Bundesgerichtshofs gerichtet werden.

## § 42 Generalausnahmeklausel und Geldbußen

### ▶ Generalausnahmeklausel

Der Bundesminister für Wirtschaft und Technologie kann Zusammenschlüsse zulassen, die vom Kartellamt nicht genehmigt oder durch das Kartellrecht verboten sind. In zwei Fällen werden Kartelle erlaubt:

- Die Beschränkung des Wettbewerbs ist aus überwiegenden Gründen der Gesamtwirtschaft und des Gemeinwohls notwendig.
- Es besteht eine unmittelbare Gefahr für den Bestand des überwiegenden Teiles der Unternehmen eines Wirtschaftszweiges.

### ▶ Geldbußen

Bei Nichtbeachtung der Vorschriften des Gesetzes, bei unrichtiger und ungenügender Auskunftserteilung und bei Aufsichtspflichtverletzung können Geldbußen auferlegt werden. *GWB § 81 (1)*

Die Geldbuße kann bis zu mehrere Mio. EUR betragen. *§ 81 (4)*

**Beispiel** für Geldbußen:

**Autozulieferer müssen 141 Millionen Euro Kartellstrafe zahlen**

**10.07.2013 – Europas Kartellhüter haben Hersteller von Kabelbäumen wegen wettbewerbsfeindlicher Absprachen bestraft. Mehrere Autozulieferer, unter anderem auch die deutsche Leoni, wurden zu einer Geldbuße von insgesamt gut 141 Millionen Euro verdonnert.**

Die EU-Kommission hat den deutschen Autozulieferer Leoni und drei weitere Lieferanten von Renault, Toyota, Honda und Nissan wegen verbotener Absprachen bei der Lieferung von Kabelbäumen zu hohen Geldstrafen verurteilt. Leoni, SYS, Yazaki und Furukawa müssten zusammen 141 Millionen Euro zahlen, teilte die EU-Kommission am Mittwoch mit. Mit ihrem Kartell hätten sie womöglich auch die Endpreise der Autos in die Höhe getrieben.

Die Unternehmen hätten ihre Preise bei der Lieferung von Kabelbäumen, die den Strom in Autos etwa für den Motorstart oder die Fensterheber leiten, an die Hersteller Toyota, Honda, Nissan und Renault abgesprochen. Die fünf Unternehmen hatten zwischen 2000 und 2009 insgesamt in fünf Kartellen zusammengearbeitet, an denen jeweils zwei oder drei der Firmen beteiligt waren, erläuterte die EU-Kommission.

Die Nürnberger Leoni kommt vergleichsweise glimpflich davon. Das Unternehmen muss eine Strafe von rund 1,38 Millionen Euro zahlen. Der Großteil der Strafe entfällt dagegen mit gut 125 Millionen Euro auf die Yazaki. Weitere Strafen entfallen auf Furukawa und SYS. Die Unternehmen erhielten verminderte Geldbußen, da sie die Nachforschungen der Kommission unterstützten und sich mit einem Vergleichsverfahren bereit erklärten.

Kabelbäume leiten den Strom in Fahrzeugen, etwa für den Motorstart, die Öffnung der Fenster und die Einschaltung der Klimaanlage. Sie werden oftmals als das zentrale Nervensystem eines Autos bezeichnet.

## Maßnahmen der EU-Wettbewerbspolitik

Während in Deutschland das Kartellrecht auf Bundesebene durch eine selbstständige Behörde angewendet wird, entscheidet nach EG-Recht die EU-Kommission in Brüssel. Sie ist als ein politisches Organ auch für andere wirtschaftliche und politische Entscheidungen zuständig.

Die Europäische Kommission ist für alle Wettbewerbsbeschränkungen zuständig, die den Handel zwischen den Mitgliedsstaaten beeinträchtigen. Die nationalen Kartellbehörden können ebenfalls die Wettbewerbsregeln des EG-Vertrages anwenden, solange die Europäische Kommission kein eigenes Verfahren eingeleitet hat.

Das europäische Kartellrecht wird parallel zu den Wettbewerbsgesetzen der einzelnen Mitgliedsstaaten angewendet.

Innerhalb der EU sind alle

- Vereinbarungen zwischen Unternehmen,
- Beschlüsse von Unternehmensvereinigungen,
- aufeinander abgestimmten Verhaltensweisen

verboten, die den Handel zwischen Mitgliedsstaaten beeinträchtigen oder den Wettbewerb innerhalb des gemeinsamen Marktes verhindern, einschränken oder verfälschen.

## Zusammenfassende Übersicht zu Kapitel 12.6: Kooperation und Konzentration von Unternehmen

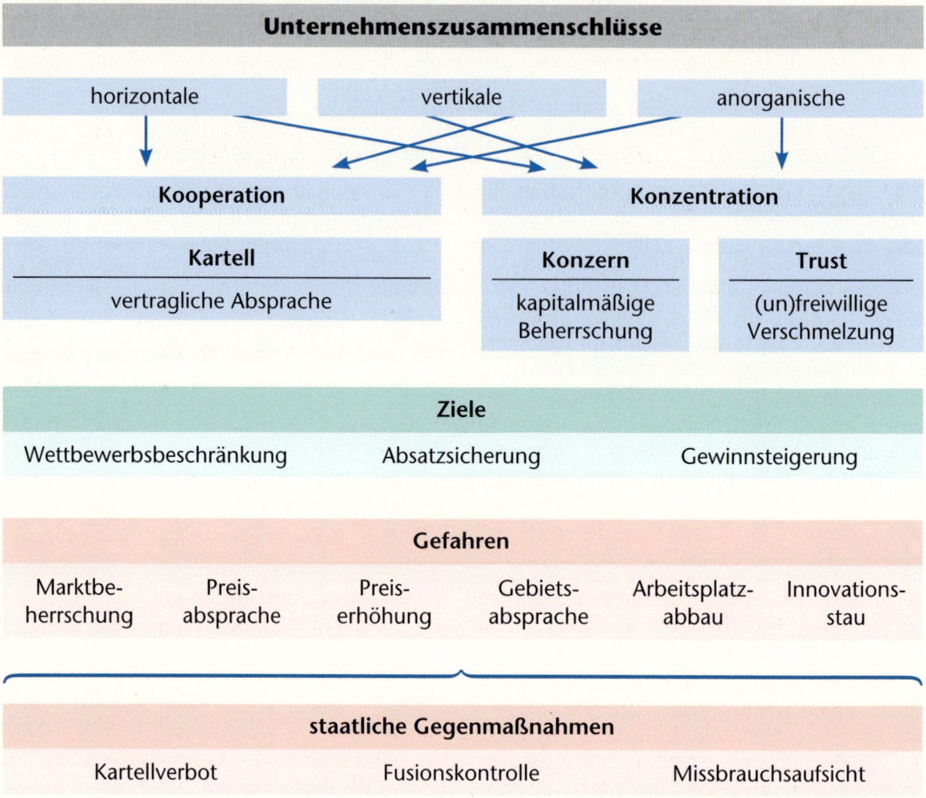


### ▶ Aufgaben und Probleme

1. Welche Ziele verfolgen Unternehmen
   a) aus der Automobilbranche bei einem horizontalen Zusammenschluss,
   b) aus dem rohstofffördernden und -verarbeitenden Bereich bei einem vertikalen Zusammenschluss,
   c) aus dem Versandbereich und dem Lebensmittelbereich bei einem anorganischen Zusammenschluss?
2. Beantworten Sie aufgrund der Pressenotizen folgende Fragen:
   – Welche Ziele verfolgen die einzelnen Unternehmen?
   – Wie werden diese Zusammenschlüsse genannt?
   – Welche Vor- und Nachteile ergeben sich aus deren Zusammenschluss?
   a) »Zwei Automobil-AGs wollen bis zum Jahr 2018 gemeinsam ein Wasserstoffmobil produzieren, das weltweit vertrieben werden soll. An einen Aktienerwerb bei einem beteiligten Unternehmen ist dabei nicht gedacht.«
   b) »Die Spezialbrot- und Keksfabrik Steinfurt GmbH wird von der Holzofenbrotfabrik Karl Jause & Co., Starnberg, übernommen.«

c) »Aus informierten Branchenkreisen verlautet, dass sich ein führendes Unternehmen der Unterhaltungselektronik mit mehr als 50 % an einem anderen Unternehmen der gleichen Branche beteiligen wird.«

d) »Mehrere Bauunternehmer werden mit erheblichen Geldbußen belegt, weil sie sich bei der Vergabe öffentlicher Aufträge gegenseitig über ihre Angebotssummen verständigt und gemäß einer Absprache Aufträge zu überhöhten Preisen zugeschoben haben.«

e) »Drei Großsaftereien einigen sich, für sämtliche von ihnen hergestellten Säfte die Verkaufspreise einheitlich festzulegen. So soll beispielsweise eine Kiste trüber Apfelsaft (20 Flaschen à 0,33 l) nicht unter 6,00 EUR abgegeben werden.«

3. Die Spektro-Holzbau-AG hat im letzten Jahr die Transport-GmbH gegründet, die ausschließlich für den Vertrieb zuständig ist. Daneben erwarb die AG von der Minerva-Holzgeräte-AG, die im süddeutschen Raum eine führende Stellung innehat, ein weiteres Aktienpaket, sodass sie nun 231 Mio. EUR des insgesamt 460 Mio. EUR ausmachenden Grundkapitals der Minerva-Holzgeräte-AG besitzt.

   Die Minerva-Holzgeräte-AG hat in diesem Jahr von der Impuls-Inneneinrichtungs-AG ein Aktienpaket in Höhe von 110 Mio. EUR erworben. Das Grundkapital der Impuls-Inneneinrichtungs-AG beträgt 330 Mio. EUR.

   Die Elektrizitäts-AG, die aufgrund von Managementfehlern seit mehreren Jahren Verluste erwirtschaftet, wird durch die Übernahme des gesamten Aktienpakets vor der Insolvenz gerettet. Es wird eine gemeinsame Leitung von Elektrizitäts-AG und Spektro-Holzbau-AG eingerichtet.

   Die Krado-Speditions-GmbH wird von der Spektro-Holzbau-AG ebenfalls in ihrer Gesamtheit übernommen.

   a) Verschaffen Sie sich durch eine Skizze einen Überblick, welche Beziehungen zwischen den Unternehmen bestehen.

   b) Entscheiden Sie, welche Zielrichtungen bei den Zusammenschlüssen zwischen den einzelnen Unternehmen erkennbar sind.

   c) Stellen Sie fest, um welche Arten von verbundenen Unternehmen es sich handelt.

4. Vervollständigen Sie folgende Übersicht:

| Unternehmenszusammenschluss / Selbstständigkeit | Kartell | Konzern | Vereinigte Unternehmen |
|---|---|---|---|
| rechtliche | | | |
| wirtschaftliche | | | |

5. Welche Vor- und Nachteile hat ein Beherrschungsvertrag für die beteiligten Unternehmen?

6. Begründen Sie, warum die Gefahr der Entstehung von Überkapazitäten durch einen Konzern in höherem Maße als durch ein Kartell vermieden werden kann.

7. Erläutern Sie die Bedeutung des Wettbewerbs für die marktwirtschaftliche Ordnung.

8. Begründen Sie, welche Wirkungen der Kooperation und Konzentration volkswirtschaftlich erwünscht bzw. nicht erwünscht sind.

9. Warum und in welchem Fall ist der Grundsatz des Kartellverbots durch Freistellung von diesem Verbot durchbrochen?
10. In den letzten Jahren sind viele Klein- und Mittelbetriebe des Einzelhandels verkauft oder aufgegeben worden.
    a) Nennen Sie mögliche Ursachen.
    b) Welche Auswirkungen hatte dies auf die Verbraucher?
    c) Wie versuchen noch existierende Kleinbetriebe des Einzelhandels diese Entwicklung zu überleben?
    d) Welche Maßnahmen ergreift der Staat, um den Mittelstand zu fördern (Begründung)?
11. Auf welche Weise kann wirtschaftliche Macht zu politischer Macht führen?
12. Wägen Sie ab, inwieweit »Multis« bzw. Global Players mächtiger sind als Nationen.
13. Jedes Unternehmen hat die Pflicht, selbst zu prüfen, ob sein Verhalten, seine Absprachen und seine Beschlüsse kartellrechtlich zulässig sind.

    Bestimmen Sie das Kriterium, das geeignet ist zu entscheiden, ob es sich um ein verbotenes Kartell oder um eine erlaubte Kooperation handelt. Prüfen Sie dieses Kriterium kritisch.

## 12.7 Notleidendes Unternehmen

Die Notlage eines Unternehmens ist an Symptomen erkennbar, die unterschiedlich zu bewerten sind: Umsatzrückgang, geringer werdende Gewinne, anhaltende Verluste, Schrumpfung des Eigenkapitals, steigende Verschuldung, Zahlungsschwierigkeiten und schließlich Zahlungsunfähigkeit. Das Unternehmen steckt in einer Finanzkrise.

| **Ursachen einer Finanzkrise** | |
|---|---|
| **innerbetriebliche Ursachen** | **außerbetriebliche Ursachen** |
| – Mangel an Kapital<br>– falsche Kapitalverwendung<br>– Kapitalentzug durch überhöhte Privatentnahmen<br>– fehlende Marktanpassung<br>– mangelnde kaufmännische Kenntnisse<br>– fehlerhafte Buchführung<br>– technische Überalterung des Betriebes<br>– Verluste durch Fehldispositionen<br>– mangelhafte Organisation | – Abschwächung der Konjunktur<br>– Änderung der Verbrauchergewohnheiten<br>– Beschränkung der Kaufkraft infolge steigender Arbeitslosigkeit<br>– Verschärfung des Wettbewerbs<br>– Rückgang der Zahlungseingänge infolge größerer Verluste an Außenständen |

### 12.7.1 Zahlungsmoral

Zahlungsmoral ist die Bereitschaft, fällige Zahlungsverpflichtungen (termingerecht) zu begleichen. Der Bundesverband Inkasso stellt seit Jahren eine fallende Entwicklung bei der Zahlungsmoral fest.

| Gründe für schlechtes Zahlungsverhalten | |
|---|---|
| **gewerbliche Schuldner** | **private Schuldner** |
| – schlechte Auftragslage | – Überschuldung (Schulden > Vermögen) |
| – momentaner Liquiditätsengpass | – Arbeitslosigkeit |
| – mangelnde Eigenkapitalausstattung | – mangelnde Sorgfalt und Schlampereien |
| – kein kaufmännischer Schriftverkehr | |
| – mangelnde Sorgfalt und Schlampereien | |

Auf der anderen Seite verschaffen sich aber auch Schuldner einen wirtschaftlichen Vorteil wie einen Zinsgewinn, wenn sie ihre Verbindlichkeiten so spät wie möglich begleichen. Dieser Grund bewirkt aber vor allem bei kleinen und mittelständischen Unternehmen, dass diese ihrerseits ihren Zahlungsverpflichtungen nicht nachkommen können. Das Ergebnis kann eine Spirale von Zahlungsausfällen auslösen, die bis zur Zahlungsunfähigkeit des Unternehmens führen kann.

## 12.7.2 Sanierung

Unter **Sanierung** versteht man die Gesamtheit aller **Maßnahmen zur Gesundung** eines Unternehmens **ohne Hilfe der Gläubiger.**

### Sanierung im weiteren Sinne

Dazu gehören alle Maßnahmen zur Beseitigung von Mängeln und Schäden, damit das Unternehmen wieder wirtschaftlich und erfolgreich arbeiten kann. Dies kann geschehen:

- personell: durch Umbesetzung in der Unternehmensleitung, bessere Besetzung der Arbeitsplätze;
- organisatorisch: durch Rationalisierung, Einführung von Kurzarbeit;
- sachlich: durch Abstoßen unwirtschaftlich arbeitender Betriebsteile;
- finanziell: durch Zuführung neuen Kapitals, aber auch durch Rückgabe nicht mehr benötigten Kapitals, durch Fusion mit einem gesunden Unternehmen, durch Umwandlung von Fremdkapital in Eigenkapital.

### Sanierung im engeren Sinne

Darunter versteht man die Angleichung des nominellen, in der Bilanz ausgewiesenen Kapitals an das tatsächlich vorhandene.

#### ▶ Bei Einzelunternehmen und Personengesellschaften

Bei diesen wird das Eigenkapital um den Verlust gemindert durch Verringerung der Einlagen.

#### ▶ Bei Kapitalgesellschaften

Weil bei Kapitalgesellschaften das Nominalkapital durch Jahresergebnisse nicht verändert werden darf, müssen Jahresfehlbeträge als Abzugsbeträge beim gezeichneten Kapital ausgewiesen werden. Ist der Verlust kleiner als das Eigenkapital, so spricht man von Unterbilanz.

a) **Reine Sanierung.** Sie ist die Beseitigung einer Unterbilanz ohne Zuführung von neuen Geldmitteln. Dies geschieht durch Kapitalherabsetzung (»Kapitalschnitt«).

*AktG § 150*

**Beispiel:** Kapitalherabsetzung durch Zusammenlegung der Aktien auf die Hälfte

| A | vor der Sanierung | | P |
|---|---|---|---|
| Vermögen 5 | | Gezeichnetes Kapital | 4 |
| | | Jahresfehlbetrag | –1 |
| | | Fremdkapital | 2 |

→

| A | nach der Sanierung | | P |
|---|---|---|---|
| Vermögen 5 | | Gezeichnetes Kapital | 2 |
| | | Rücklagen | 1 |
| | | Fremdkapital | 2 |

b) **Sanierung durch Zuführung neuer Mittel** (Zuzahlungssanierung). Die Aktionäre leisten Zuzahlungen, ohne die eine wirkliche Gesundung nicht möglich ist. Den Aktionären können dafür Vorzugsaktien oder Genussscheine angeboten werden.

| A | vor der Sanierung | | P |
|---|---|---|---|
| Vermögen 5 | | Gezeichnetes Kapital | 4 |
| | | Jahresfehlbetrag | –1 |
| | | Fremdkapital | 2 |

→

| A | nach der Sanierung | | P |
|---|---|---|---|
| Vermögen | 5 | Gezeichnetes Kapital | 4 |
| Zuzahlungen | 1 | Fremdkapital | 2 |

*HGB § 266 (3) InsO § 19*

Übersteigen die Verluste schließlich das Eigenkapital, sodass die Schulden größer sind als das Vermögen, so spricht man von Überschuldung. Der Jahresfehlbetrag ist dann auf der Aktivseite auszuweisen als nicht durch Eigenkapital gedeckter Fehlbetrag. Eine Sanierung ist bei Kapitalgesellschaften dann nicht mehr möglich. In diesem Fall muss die Eröffnung des Insolvenzverfahrens beantragt werden.

| A | Bilanzsituation bei Überschuldung | | P |
|---|---|---|---|
| Vermögen | 3 | Gezeichnetes Kapital | 4 |
| nicht durch EK gedeckter Fehlbetrag | 5 | Fremdkapital | 4 |

## Sanierung in Eigenverantwortung (Schutzschirmverfahren-ESUG)

*§ 270b*

Das Schutzschirmverfahren-ESUG ist ein Sanierungsverfahren, das unter gerichtlichem Vollstreckungsschutz steht. Es kann nur bei drohender Zahlungsunfähigkeit und bei Überschuldung mit einem »normalen« Insolvenzantrag beantragt werden. Dabei muss ein Sachwalter benannt werden, der allerdings vom Unternehmen selbst frei gewählt werden kann.

Das Schutzschirmverfahren wird für maximal drei Monate gewährt, wenn die angestrebte Sanierung nicht offensichtlich aussichtslos ist. In dieser soll der Schuldner einen Insolvenzplan erarbeiten.

Am Ende des Schutzschirmverfahrens steht entweder die fristgerechte Vorlage des Insolvenzplans oder dessen Aufhebung. In beiden Fällen ist das Gericht der Entscheidungsträger über die Eröffnung des Verfahrens.

## 12.7.3 Insolvenz und Insolvenzplan

**Insolvenz** bedeutet **Zahlungsunfähigkeit.** Diese liegt dann vor, wenn der Schuldner nicht mehr in der Lage ist, seinen Zahlungsverpflichtungen nachzukommen.

Durch den **Insolvenzplan** kann erreicht werden, dass das insolvente **Unternehmen bestehen bleibt.** Der Schuldner wird von **seinen restlichen Verbindlichkeiten** gegenüber den Insolvenzgläubigern **befreit.** *InsO § 227*

Ein Insolvenzplan kann dem Gericht sowohl durch den Schuldner als auch durch den Insolvenzverwalter vorgelegt werden. Darin werden abweichend von den gesetzlichen Vorschriften geregelt die *§§ 227 ff.*

- Befriedigung der Gläubiger,
- Verwertung und Verteilung der Insolvenzmasse,
- Haftung des Schuldners nach Beendigung des Verfahrens.

### Gliederung des Insolvenzplanes

Der **darstellende Teil** des Planes enthält *§ 220*

- Maßnahmen, die nach Eröffnung des Verfahrens getroffen werden (Fortsetzung der Produktion),
- alle sonstigen Angaben zu den Grundlagen und Auswirkungen des Planes, die für die Entscheidung der Gläubiger über die Zustimmung des Planes und für dessen gerichtliche Bestätigung erheblich sind.

Im **gestaltenden Teil** wird festgelegt, wie die Rechtsstellung der Beteiligten durch den Plan geändert wird. *§ 221*

Bei der Festlegung der Rechte der Beteiligten sind Gruppen zu bilden, also absonderungsberechtigte Gläubiger, Insolvenzgläubiger, nachrangige Gläubiger, Arbeitnehmer und evtl. Kleingläubiger. Es wird entschieden, ob und in welchem Umfang die Rechte der absonderungsberechtigten Gläubiger gekürzt oder gestundet und wie sie gesichert werden. *§ 222* *§ 223*

Ebenso muss festgelegt werden, um welchen Bruchteil die Forderungen der nicht nachrangigen Insolvenzgläubiger gekürzt bzw. für welchen Zeitraum sie gestundet werden. *§ 224*

Die Forderungen nachrangiger Insolvenzgläubiger gelten als erlassen. Dem Insolvenzplan muss eine Vermögensübersicht und eine Übersicht über die Aufwendungen und Erträge beigefügt werden, und zwar für den Zeitraum, während dessen die Gläubiger befriedigt werden sollen. *§ 225*

### Annahme und Bestätigung des Insolvenzplanes

Beim Erörterungs- und Abstimmungstermin werden der Insolvenzplan und das Stimmrecht der Gläubiger erörtert. Anschließend wird über den Plan abgestimmt. *§§ 235 ff.*

Der Insolvenzplan gilt als **angenommen,** wenn

- die **Mehrheit der abstimmenden Gläubiger** dem Insolvenzplan zustimmt und
- die **Summe der Ansprüche der zustimmenden Gläubiger mehr als die Hälfte** der Summe der Ansprüche der abstimmenden Gläubiger beträgt.

### Wirkung des Insolvenzplanes

Sobald der Insolvenzplan rechtskräftig ist,

- wird ein bereits eingeleitetes Insolvenzverfahren aufgehoben. *§ 258*

  Vor der Aufhebung hat der Verwalter die unbestrittenen Masseansprüche zu befriedigen und für die bestrittene Sicherheit zu leisten.

InsO § 257 – erhält der Schuldner damit das Recht zurück, über die Insolvenzmasse frei zu verfügen. Es kann vorgesehen werden, dass der Insolvenzverwalter die Planerfüllung überwacht.

Kommt der Schuldner mit der Erfüllung in Verzug, so wird die Stundung oder der Erlass für den Gläubiger hinfällig, gegenüber dem der Schuldner im Rückstand ist, d. h., der Schuldner wurde gemahnt und lässt eine mindestens zweiwöchige Nachfrist verstreichen. Der

§ 255 Gläubiger kann dann zur Zwangsvollstreckung greifen.

Wird vor der vollständigen Erfüllung des Planes über das Vermögen des Schuldners ein neues Insolvenzverfahren eröffnet, so ist die Stundung oder der Erlass für alle Insolvenzgläubiger hinfällig **(Wiederauflebensklausel).**

## 12.7.4 Außergerichtlicher Vergleich

BGB § 779 Die Verhandlungen werden ohne gerichtliche Mitwirkung völlig frei, meist vertraulich, geführt. Alle Gläubiger sollen zustimmen, brauchen aber nicht in gleicher Weise behandelt zu werden. Häufig schließt der Schuldner nur mit einzelnen Großgläubigern einen Vergleichsvertrag ab.

Beim Vergleich unterscheidet man

**a) Stundungsvergleich (Moratorium),** bei dem die Gläubiger ihre Forderungen stunden und einem Tilgungsplan zustimmen,

**b) Erlassvergleich** (Quotenvergleich), bei dem die Gläubiger auf einen Teil ihrer Forderungen verzichten.

| Vorteile | Nachteil |
|---|---|
| – rasche Durchführung<br>– keine Veröffentlichung<br>– keine Gerichtskosten | Gläubiger können bei nachfolgenden Insolvenzverfahren nur noch ihre Restforderung geltend machen. |

## 12.7.5 Insolvenzverfahren

InsO § 1

Das **Insolvenzverfahren** ist ein gerichtliches Verfahren zur **gemeinschaftlichen Befriedigung** der Gläubiger. Das Vermögen des Schuldners wird **verwertet** und der Erlös **verteilt.** Dem **redlichen Schuldner** wird die Gelegenheit gegeben, sich von seinen **restlichen Verbindlichkeiten zu befreien.**

### §§ 17 ff. ■ Voraussetzungen für die Eröffnung des Insolvenzverfahrens

**a) Zahlungsunfähigkeit, drohende Zahlungsunfähigkeit,** bei juristischen Personen auch Überschuldung.

§ 3 **b) Antrag an das Insolvenzgericht.** Es ist das Amtsgericht, in dessen Bezirk der Schuldner seinen allgemeinen Gerichtsstand hat.

Der Antrag kann gestellt werden

§§ 13 ff. 1. vom Schuldner selbst.

2. von einem Gläubiger. Dieser muss nachweisen, dass er ein rechtliches Interesse an der Eröffnung des Insolvenzverfahrens hat. Er muss seine Forderung und den Grund glaubhaft machen, z. B. durch erfolglose Zwangsvollstreckung oder Wechselprotest.

**c) Prüfung des Gerichts und Bestellung eines Insolvenzverwalters.** Das Gericht prüft, ob die Voraussetzungen zur Eröffnung des Insolvenzverfahrens vorliegen, und ernennt einen vorläufigen Insolvenzverwalter. Reicht das vorhandene Vermögen zur Deckung der Kosten des Verfahrens nicht aus, so wird der Antrag **mangels Masse** abgewiesen. Stellt sich dies erst im Laufe des Verfahrens heraus, wird das Verfahren eingestellt. Die Gläubiger können dann wieder Einzelvollstreckungen einleiten. *InsO § 26 § 207*

Wird das Verfahren eröffnet, so ernennt das Gericht einen endgültigen **Insolvenzverwalter.** Der Eröffnungsbeschluss ist zu veröffentlichen und in das Handelsregister und zur Verhinderung gutgläubigen Erwerbs von Grundstücken in das Grundbuch einzutragen. *§ 27*

d) **Inhalt des Eröffnungsbeschlusses:**
- Firma oder Name und Vornamen, Geschäftszweig und Anschrift des Schuldners,
- Name und Anschrift des Insolvenzverwalters,
- Tag und Stunde der Eröffnung,
- die Aufforderung an die Gläubiger, ihre Forderungen beim Insolvenzverwalter anzumelden und mitzuteilen, welche Sicherungsrechte sie beanspruchen, *§ 28*
- die Aufforderung an die Schuldner, nicht mehr an den Insolvenzschuldner, sondern nur an den Verwalter zu bezahlen,
- einen Termin, an dem der Insolvenzverwalter über die wirtschaftliche Lage des Schuldners und deren Ursachen Bericht erstattet (Berichtstermin) und an dem über den Fortgang des Verfahrens beschlossen wird, *§ 29 (1) Nr. 1*
- einen Termin für die erste Gläubigerversammlung, in der die angemeldeten Forderungen geprüft werden (Prüftermin). *§ 29 (1) Nr. 2*

## Wirkung des Eröffnungsbeschlusses

| auf den Schuldner | auf die Drittschuldner | auf die Gläubiger |
|---|---|---|
| Mit der Eröffnung geht das Recht des Schuldners, das Vermögen zu verwalten und darüber zu verfügen, auf den Insolvenzverwalter über; § 80 InsO.<br>Der Schuldner ist verpflichtet, sich jederzeit auf Anordnung des Gerichts zur Verfügung zu stellen.<br>Auf Anordnung des Gerichts kann eine Postsperre erlassen werden, d. h., die Geschäftspost darf nur vom Insolvenzverwalter geöffnet werden; §§ 99, 102 InsO.<br>Auf Beschluss der Gläubigerversammlung kann dem Schuldner, dem Ehegatten und den minderjährigen Kindern Unterhalt aus der Insolvenzmasse gewährt werden; § 100 InsO.<br>Die vom Schuldner erteilten Vollmachten, z. B. Prokura, erlöschen; § 117 InsO.<br>Der Schuldner hat dem Verwalter gegenüber Auskunftspflicht und hat ihn bei der Erfüllung seiner Aufgaben zu unterstützen; § 97 InsO. | Es ist ihnen untersagt, an den Schuldner zu leisten. Leistet ein Drittschuldner trotzdem, so wird er nur befreit, wenn er nachweisen kann, dass er zur Zeit der Leistung die Eröffnung des Verfahrens nicht kannte; § 82 InsO. | Die einzelnen Gläubiger verlieren das Recht auf Zwangsvollstreckungen; § 89 InsO.<br>Sie müssen ihre Forderungen beim Gericht anmelden. Dort werden sie in eine Vermögensübersicht eingetragen; §§ 174 f. InsO<br>Die Verjährung ihrer Forderungen ist gehemmt (Kapitel 3.5.3). |

## Gläubigerversammlung

InsO § 74 Gläubigerversammlungen dienen der Wahrnehmung der gemeinsamen Interessen der Gläubiger. Sie werden vom Gericht einberufen und geleitet.

§ 77 **Stimmberechtigt** sind Gläubiger, deren Forderungen weder vom Insolvenzverwalter noch von einem stimmberechtigten Gläubiger bestritten werden.

§ 76 Ein Beschluss kommt zustande, wenn die Forderungssumme der zustimmenden Gläubiger mehr als die Hälfte der Forderungen aller abstimmenden Gläubiger beträgt.

## Stellung und Aufgabe des Insolvenzverwalters

### ▶ Stellung

§§ 56 ff. Das Insolvenzgericht bestellt den **Insolvenzverwalter.** Es soll eine für den Einzelfall geeignete, geschäftskundige Person sein (Rechtsanwalt, Wirtschaftsprüfer). Die erste Gläubigerversammlung kann an dessen Stelle aber auch eine andere Person wählen.

Der Insolvenzverwalter hat gewissenhaft und sorgfältig zu arbeiten. Wenn er schuldhaft seine Pflicht verletzt, ist er zum Ersatz des Schadens verpflichtet.

### ▶ Aufgaben

Nach der Eröffnung des Verfahrens hat der Insolvenzverwalter das gesamte zur Insolvenzmasse gehörende Vermögen sofort in Besitz und Verwaltung zu nehmen. Vom Schuldner kann er die Herausgabe von Sachen verlangen, die zur Insolvenzmasse gehören.

§ 153 Er hat ein Verzeichnis der Massegegenstände, ein Gläubigerverzeichnis und eine Bilanz zu erstellen und jede angemeldete Forderung in eine Vermögensübersicht einzutragen.

§ 103 Bei noch nicht vollständig abgewickelten Verträgen kann der Insolvenzverwalter entscheiden, ob er den Vertrag erfüllen will oder ob er die Erfüllung ablehnt.

§ 109 Er kann Miet- oder Pachtverträge ohne Rücksicht auf die vereinbarte Vertragsdauer unter Einhaltung der gesetzlichen Frist kündigen.

Dienstverträge können gekündigt werden.

Betriebsvereinbarungen können mit einer Frist von drei Monaten gekündigt werden.

## Einteilung der Gläubiger

### ▶ Insolvenzgläubiger

§§ 49 ff. a) **Absonderungsberechtigte.** Das sind Gläubiger, die ihre Forderungen durch ein Pfandrecht gesichert haben oder ein kaufmännisches Zurückbehaltungsrecht geltend machen können. Eine Sicherung durch Zwangsvollstreckung, die im letzten Monat vor dem Antrag auf Eröffnung des Insolvenzverfahrens erworben wurde, ist unwirksam (Sperrfrist). § 88

§ 94 b) **Aufrechnungsberechtigte.** Bei ihnen werden Forderungen des Schuldners mit Forderungen an den Schuldner verrechnet.

§§ 53 ff. c) **Massegläubiger.** Das sind Gläubiger, die vorweg zu befriedigen sind. Masseverbindlichkeiten sind:

- die Kosten des Insolvenzverfahrens (Gerichtskosten, Vergütungen und Auslagen des Insolvenzverwalters),
- sonstige Masseverbindlichkeiten, die durch Handlungen des Insolvenzverwalters bei der Verwaltung, Verwertung und Verteilung der Insolvenzmasse entstanden sind, oder Schulden, die nach der Eröffnung des Verfahrens entstanden sind (Löhne, Gehälter, Mieten),
- § 123 die Verbindlichkeiten aus dem Sozialplan, sofern sie den Gesamtbetrag von zweieinhalb Monatsverdiensten und ein Drittel der für die Verteilung zur Verfügung stehenden Insolvenzmasse nicht übersteigen.

d) **Persönliche Insolvenzgläubiger.** Das sind solche Gläubiger, die zum Zeitpunkt der Eröffnung des Verfahrens einen begründeten Vermögensanspruch an den Schuldner haben. Sie erhalten bei der Verteilung der Restmasse einen vom Gläubigerausschuss auf Vorschlag des Insolvenzverwalters festgelegten Bruchteil ihres Anspruchs. *InsO § 38* *§ 195*

e) **Nachrangige Insolvenzgläubiger.** Das sind Gläubiger, die im Rang nach den übrigen Forderungen befriedigt werden. *§ 39*

### ▶ Aussonderungsberechtigte

Aussonderungsberechtigte sind Gläubiger, die ein dingliches oder persönliches Eigentumsrecht an Gegenständen haben, die sich im Besitz des Schuldners befinden. Insolvenzgläubiger sind keine Aussonderungsberechtigte. *§ 47*

## Verwertung der Insolvenzmasse und Verteilung

Am **Berichtstermin** hat der Insolvenzverwalter darzulegen, welche *§ 156*

- Aussichten bestehen, das Unternehmen zu erhalten,
- Möglichkeiten für einen Insolvenzplan bestehen,
- Auswirkungen jeweils für die Befriedigung der Gläubiger eintreten würden.

**Beispiel:** Verteilung des Vermögens der Lohrer GmbH in Höhe von 190.000 EUR. Ein Insolvenzgläubiger erhält als Bruchteil 1/20 seiner Forderung, er erhält also 500 EUR.

**Verteilung der Insolvenzmasse**

| Vermögen | Schulden | | Recht | |
|---|---|---|---|---|
| fremdes Eigentum 20.000 EUR | | | Aussonderung | |
| Insolvenzmasse 170.000 EUR | durch Pfand gesichert | 30.000 EUR | → Absonderung | volle Befriedigung |
| | bei Kindern | 10.000 EUR | → Aufrechnung | volle Befriedigung |
| | Gerichtskosten, Kosten des Insolvenzverwalters | 30.000 EUR | → Masseverbindlichkeiten | volle Befriedigung |
| | Käufe, Miete, Löhne und Gehälter nach Eröffnung des Verfahrens Verbindlichkeiten des Sozialplans | 80.000 EUR | → Masseverbindlichkeiten | volle Befriedigung |
| | gedeckt | 20.000 EUR | Bruchteil 1/20 | teilweise Befriedigung |
| | ungedeckt | 380.000 EUR | Forderungen der persönlichen Insolvenzgläubiger 400.000 EUR | teilweise Befriedigung |
| | nachrangige Insolvenzgläubiger | 10.000 EUR | keine Befriedigung | |

**Verwertung.** Auf Beschluss der Gläubigerversammlung hat der Insolvenzverwalter das zur Insolvenzmasse gehörende Vermögen zu verwerten. Die bei der Verwertung der Insolvenzmasse erzielten Barmittel können an die Gläubiger ausgezahlt werden.

*InsO §§ 187 f.* **Verteilung.** Vor der Verteilung hat der Insolvenzverwalter ein Verzeichnis der Forderungen aufzustellen. Die Summe der Forderungen und der für die Verteilung verfügbare Betrag sind öffentlich bekannt zu machen.

### Beendigung des Verfahrens

*§ 200* Sobald die Schlussverteilung vollzogen ist, beschließt das Gericht die Aufhebung des Insolvenzverfahrens.

### Insolvenzgeld

*SGB III § 183* Die Agentur für Arbeit zahlt jedem Arbeitnehmer den vollen Nettolohn für die letzten drei Monate vor der Insolvenzeröffnung als Insolvenzgeld. Auf Antrag der Einzugsstelle (z. B. AOK) werden auch die für diese Zeit rückständigen Sozialversicherungsbeiträge abgeführt.

*§ 55 (2)* Die Agentur für Arbeit hat dafür Anspruch an die Insolvenzmasse als Massegläubiger. Ausfälle müssen von der Gesamtheit der Arbeitgeber durch eine Umlage getragen werden, welche die Unfallversicherung erhebt.

## 12.7.6 Restschuldbefreiung

Ist der **Schuldner eine natürliche Person,** so kann er **auf seinen Antrag** vom Insolvenzgericht **von den Restschulden befreit werden.**

Der Schuldner muss dafür eine Erklärung abgeben, dass er seine pfändbaren Forderungen für einen Zeitraum von **sechs Jahren** nach Eröffnung des Verfahrens an einen Treuhänder abtritt. In dieser Zeit sind Zwangsvollstreckungen einzelner Insolvenzgläubiger in das Vermögen des Schuldners nicht zulässig.

*InsO § 295* Der **Schuldner ist verpflichtet,**

- sich um eine angemessene Erwerbstätigkeit zu bemühen,
- von einem Vermögen, das er erbt, die Hälfte an den Treuhänder abzuführen,
- jeden Wechsel des Wohnsitzes oder der Arbeitsstelle anzuzeigen,
- Zahlungen zur Befriedigung der Insolvenzgläubiger nur an den Treuhänder zu leisten.

Eine vorzeitige Restschuldbefreiung bzw. eine Verkürzung des Restschuldbefreiungsverfahrens auf fünf bzw. drei Jahre ist unter bestimmten Voraussetzungen möglich.

Mit dem Verfahren soll erreicht werden, dass der Insolvenzschuldner nach dem Ablauf von sechs Jahren wieder ein Geschäft gründen oder eine normale Erwerbstätigkeit ausüben kann, ohne unter dem dauernden Druck der restlichen Schulden zu stehen.

*§ 290* Eine **Befreiung wird versagt,** wenn z. B.

- der Schuldner schriftlich unrichtige oder unvollständige Angaben über seine wirtschaftlichen Verhältnisse macht,
- dem Schuldner in den letzten zehn Jahren bereits schon einmal Restschuldbefreiung erteilt oder versagt wurde.

Die Restschuldbefreiung gibt es nicht nur im sogenannten Regelinsolvenzverfahren, sondern auch im **Verbraucherinsolvenzverfahren.**

## 12.7.7 Liquidation des Unternehmens

Die **Liquidation** ist die **freiwillige Auflösung eines Unternehmens.** Dabei wird das ganze Vermögen des Unternehmens in liquide (flüssige) Mittel verwandelt.

**Auflösungsgründe** können sein: Arbeitsunfähigkeit, hohes Alter oder Tod des Unternehmers, Austritt eines Gesellschafters aus der OHG, Streitigkeiten der Gesellschafter oder Erben, schlechte Ertragsaussichten, Erreichung des Unternehmenszieles, Erschöpfung von Rohstoffvorkommen (Steine, Lehm, Erze, Kohlen, Salze).

*BGB §§ 726 ff.*
*HGB §§ 131, 133*
*AktG §§ 262 ff.*
*GmbHG §§ 60 ff.*
*GenG §§ 78 ff.*

Die **Abwicklung** liegt meist in den Händen des Unternehmers, der bisherigen Gesellschafter, Geschäftsführer oder Vorstandsmitglieder. Es kann aber auch eine andere Person bestellt werden. Man nennt sie Abwickler **(Liquidator).**

Dem **Gläubigerschutz** dienen folgende Bestimmungen:

a) Der Auflösungsbeschluss muss veröffentlicht und in das Handelsregister eingetragen werden. Die Gläubiger sind dabei aufzufordern, sich zu melden.

b) Auf allen Geschäftsbriefen des Unternehmens ist der Zusatz »i. L.«, d. h. »in Liquidation«, beizufügen.

c) Gesellschafter von Personengesellschaften haften noch fünf Jahre ab dem Zeitpunkt der Eintragung des Auflösungsbeschlusses in das Handelsregister, sofern ein Anspruch nicht schon vorher verjährt.

Die **Verteilung** des verbleibenden Vermögens erfolgt im Verhältnis der Kapitalanteile.

Die **Beendigung** der Liquidation und das Erlöschen der Firma sind im Handelsregister einzutragen. Die Gesellschaftsbücher und Papiere sind zehn Jahre aufzubewahren. Bei Kapitalgesellschaften und Genossenschaften bestimmt das Gericht den Ort der Aufbewahrung.

## 12.7.8 Auswirkungen von Unternehmenszusammenbrüchen

Der Zusammenbruch eines Unternehmens wirkt sich in mehrfacher Beziehung nachteilig aus:

| Auswirkungen von Unternehmenszusammenbrüchen | |
|---|---|
| **auf die Volkswirtschaft** | **auf die Belegschaft** |
| Lieferanten können durch den Ausfall ihrer Forderungen selbst zahlungsunfähig werden (Kettenreaktion). | Durch den Zusammenbruch verlieren die Mitarbeiter ihren Arbeitsplatz. |
| Bund, Länder, Gemeinden und Sozialversicherungsträger verlieren Steuer- und Beitragszahler; sie können deshalb ihre öffentlichen Aufgaben nur noch in entsprechend eingeschränktem Maße erfüllen. | Mitarbeiter haben Schwierigkeiten, einen gleichwertigen Arbeitsplatz zu finden. |
| | Mitarbeiter müssen wegen des verlorenen Arbeitsplatzes oft den Wohnort wechseln. |
| | Ältere Arbeitnehmer bekommen bei schlechter Wirtschaftslage keinen Arbeitsplatz mehr und sind gezwungen, vorzeitig in Rente zu gehen. |

**Zusammenfassende Übersicht zu Kapitel 12.7: Notleidendes Unternehmen**

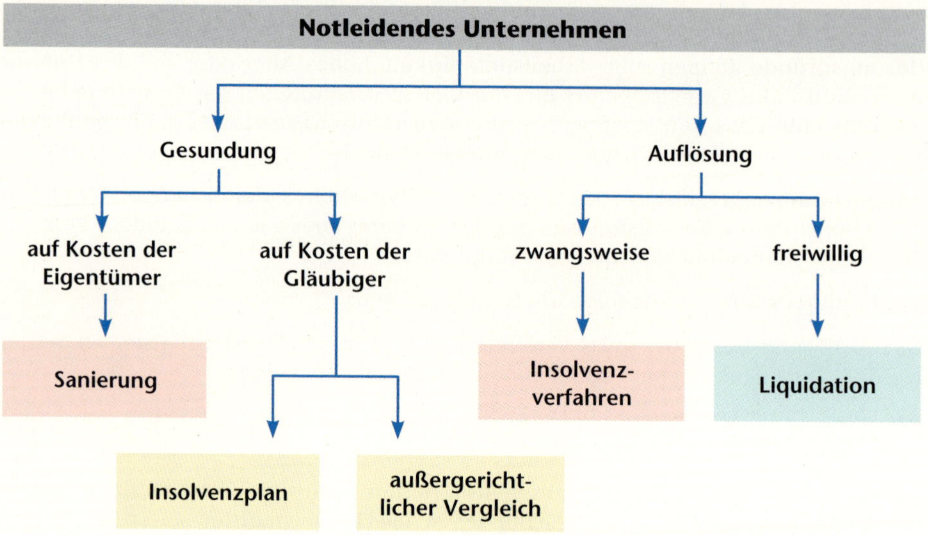


## ▶ Aufgaben und Probleme

1. Welche Auswirkungen hat der Zusammenbruch eines Unternehmens
   a) für die Volkswirtschaft,
   b) für die Arbeitnehmer,
   c) für die Gläubiger,
   d) für die Eigentümer?
2. Wodurch kann der Mangel an flüssigen Mitteln verursacht werden?
3. Nennen Sie je zwei Gründe für die Krise des Unternehmens, bei denen der Unternehmer die Krise
   a) verschuldet hat,
   b) nicht verschuldet hat.
4. Das Vermögen der Klammer KG beträgt 500.000 EUR. Entscheiden und begründen Sie, welche Maßnahmen zu ergreifen sind, wenn die Schulden
   a) 200.000 EUR,
   b) 500.000 EUR,
   c) 900.000 EUR betragen.
5. Worin liegt der Unterschied zwischen einer Bilanz mit Jahresfehlbetrag und einer Bilanz mit Überschuldung?
6. Ein Personenunternehmen sieht sich drei Situationen gegenüber:
   – Es erwirtschaftet einen Jahresfehlbetrag. Dieser erscheint nicht in der Bilanz. Begründen Sie diesen Sachverhalt.

- Trotz Überschuldung wird es weitergeführt. Warum ist das möglich?
- Es wird saniert. Zu wessen Lasten kann diese Sanierung gehen?

7. In welchen Bilanzposten wird ein Verlust ausgewiesen

   a) bei Personengesellschaften,

   b) bei Aktiengesellschaften?

8. Die Bilanz einer AG hat folgende Positionen: Vermögen 8 Mio. EUR, Schulden 10 Mio. EUR, Gezeichnetes Kapital 3 Mio. EUR, Jahresfehlbetrag 5 Mio. EUR.

   a) Erstellen Sie die Bilanzsituation und analysieren Sie diese.

   b) Entscheiden Sie, welche Maßnahmen zu treffen sind.

   c) Angenommen, die Schulden würden nur 6 Mio. EUR betragen. Für welche Maßnahmen könnten Sie sich dann entscheiden?

9. Anton Abele hat beim zuständigen Insolvenzgericht Antrag auf Eröffnung des Insolvenzverfahrens über das Vermögen des Hans Müller e. K. gestellt.

   a) Von welchen formellen Voraussetzungen ist die Eröffnung des Insolvenzverfahrens abhängig?

   b) Was kann Hans Müller e. K. dagegen unternehmen?

10. Über das Vermögen des Antiquitätenhändlers Preschel e. K. wurde das Insolvenzverfahren eröffnet. Vor der Eröffnung hatte Preschel einen »Biedermeier-Sekretär« für 10.000 EUR unter Eigentumsvorbehalt gekauft. Der Verkäufer verlangt Erfüllung, während der Insolvenzverwalter die Ablehnung der Erfüllung anstrebt. Wie ist die Rechtslage?

11. Melden Sie beim Insolvenzgericht Ihre Forderung an Peter Winter e. K., Schillerstr. 19, 49074 Osnabrück, in Höhe von 1.627 EUR für die am 6. März 20.. unter Eigentumsvorbehalt gelieferte Ware an. Bitten Sie um Aussonderung, sofern dies noch möglich sein sollte.

12. Begründen Sie, warum der Gesetzgeber zwischen Insolvenzverfahren und Insolvenzplan unterscheidet.

13. Welche Vorteile bietet der Insolvenzplan

    a) dem Schuldner,

    b) dem Gläubiger?

14. Welchen wirtschafts- und gesellschaftspolitischen Sinn haben die gesetzlichen Vorschriften über den Insolvenzplan?

15. Egon Franke e. K. schreibt seinem Lieferanten Jakob Fischer OHG, Bahnhofstr. 3, 99224 Amberg, dass er vor zwei Tagen beim zuständigen Amtsgericht einen Antrag auf die Durchführung eines Insolvenzplanes gestellt habe. Franke verspricht, 50 % seiner bestehenden Schuld binnen eines Jahres zu bezahlen. Er bittet um Zustimmung zu diesem Insolvenzplan und stellt in Aussicht, auch künftig bei Fischer zu kaufen und mit Skonto zu bezahlen.

    Schreiben Sie diesen Brief Frankes und begründen Sie, wodurch diese missliche Lage entstanden sein könnte.

16. Der Gesetzgeber hat neben dem Insolvenzplan auch die Restschuldbefreiung eingeführt. Begründen Sie diese Maßnahme.

# 13 Investition und Finanzierung

Wird ein Unternehmen gegründet oder erweitert, ist zu entscheiden, welche Vermögenswerte beschafft und wie sie finanziert werden sollen.

Als **Investition** bezeichnet man die **Bindung bereitgestellter Geld- und Sachmittel** im Vermögen des Unternehmens.

Die Vermögenswerte eines Unternehmens werden auf der Aktivseite der Bilanz ausgewiesen. Sie zeigt somit, wozu man die beschafften Mittel verwendet hat (Anlagevermögen oder Umlaufvermögen).

Als **Finanzierung** bezeichnet man die **Beschaffung und Bereitstellung von Geld- und Sachmitteln** in einem Unternehmen.

Die Finanzierungsmittel werden auf der Passivseite der Bilanz ausgewiesen. Sie zeigt somit, woher die Mittel kommen (Eigenkapital oder Fremdkapital).

**Vermögen** (Aktiva) **Bilanz** (Passiva) **Kapital**

| Mittelverwendung ≙ **Investition** ← | Mittelherkunft ≙ **Finanzierung** |
|---|---|
| **Beispiele** | **Beispiele** |
| 1. Mit den vom Unternehmer eingebrachten Mitteln werden Maschinen gekauft. | 1. Der Unternehmer stellt dem Unternehmen aus einer Erbschaft Mittel in Form von Geld zur Verfügung. |
| 2. Der vom Gesellschafter eingebrachte Wagen dient jetzt als Geschäftswagen. | 2. Ein neu eintretender Gesellschafter stellt seinen Privatwagen zur Verfügung. |
| 3. Mit dem bereitgestellten Kredit wird ein Grundstück bezahlt. | 3. Die Bank gewährt dem Unternehmen einen Kredit zum Kauf eines Grundstücks. |

## 13.1 Ziele und Arten von Investitionen

Die **Investitionsmotive** können unterschiedlich sein. Man unterscheidet:

### Form der Vermögensanlage

- Investitionen in **Sachanlagen:** Grundstücke, Maschinen, maschinelle Anlagen,
- Investitionen in **Finanzanlagen:** Beteiligungen, Kauf von Wertpapieren.

### Wirkung auf den Vermögensumfang

#### ▶ Gründungsinvestition

In einem neu gegründeten Unternehmen wird erstmals Vermögen aufgebaut.

**Beispiel:** Mehrere Geldgeber gründen ein Unternehmen mit dem Ziel, Garagentore herzustellen. Sie schaffen Vermögen, indem sie eine Produktionshalle und ein Verwaltungsgebäude erstellen lassen und diese mit Maschinen bzw. Büroeinrichtungen ausstatten.

### ▶ Ersatzinvestition

Abgenutzte Produktionsmittel werden ersetzt; die Ersatzinvestition (Reinvestition) dient der Kapazitätserhaltung.

**Beispiel:** Der Hersteller von Garagentoren muss für seine zwei Außendienstmitarbeiter die bereits fünf Jahre alten Geschäftsfahrzeuge ersetzen.

### ▶ Ergänzungsinvestition

Sie führen zu Kapazitätsveränderungen.

| Begriff | Merkmal | Beispiel |
|---|---|---|
| **Erweiterungsinvestition** | Das Vermögen wächst; die Investition dient der Kapazitätserweiterung. | Der Hersteller von Garagentoren entschließt sich, aufgrund seiner guten Auftragslage eine neue Produktionshalle zu bauen. |
| **Rationalisierungsinvestition** | Es findet eine Vermögensveränderung statt; die Investition dient der Kostendegression und Qualitätsverbesserung. | Der Garagentorhersteller tauscht eine alte Metallpressanlage gegen Aufpreis in eine neue, leistungsfähigere aus. |
| **Anpassungsinvestition** | Es findet eine Vermögensveränderung statt; die Investition dient der Anpassung an Strukturveränderungen und Veränderungen des Beschäftigungsgrades. | Der Garagentorhersteller kann als Folge des veränderten Käuferverhaltens keine Kunststofftore mehr verkaufen und stellt seine Produktion auf Designertore aus Naturstoffen um, sodass er auch weniger Personal benötigt. |
| **Sicherungsinvestition** | Das Vermögen wächst; die Investition dient als Reserve für außergewöhnliche Situationen. | Der Garagentorhersteller kauft einen Sonderposten ausländischer Hölzer, da er mit Preiserhöhungen in diesem Bereich rechnet. |
| **Sozialinvestition** | Das Vermögen wächst; die Investition dient der Gesundheit, der Sicherheit, dem Wohlbefinden, den Arbeitsbedingungen der Mitarbeiter, dem Umweltschutz, dem Lärmschutz, dem Immissionsschutz. | Der Garagentorhersteller baut einen Schulungsraum, einen Kindergarten, gewährt Bildungsurlaub und bezahlt seinen Arbeitskräften, die vom Pkw auf die Bahn umsteigen, die Bahncard. |

### ▶ Desinvestition

Das Vermögen vermindert sich. Die Desinvestition dient dem Kapazitätsabbau.

**Beispiel:** Der Garagentorhersteller veräußert die Hälfte eines vor zehn Jahren gekauften Grundstücks, da er seine geplanten Kapazitätserweiterungen aufgrund der Marktentwicklung zurückschraubt.

**Zusammenfassende Übersicht zu Kapitel 13.1:
Ziele und Arten von Investitionen**

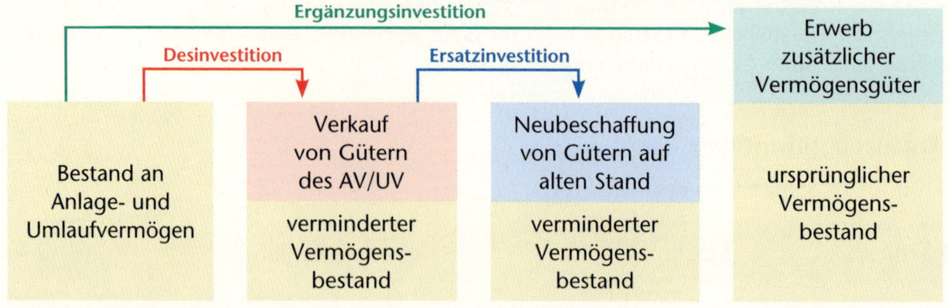


**▶ Aufgaben und Probleme**

1. Unterscheiden Sie zwischen Finanzanlagen- und Sachanlageninvestitionen anhand von Beispielen.
2. Zwei Schulfreunde treffen sich nach langer Zeit und unterhalten sich über ihre Wohnsituation. »Ich wohne in einem Reihenhaus, das ich mit einem Lottogewinn finanzieren konnte«, sagt der eine. Der andere erwidert: »Und ich habe die Erbschaft meiner Eltern in eine 5-Zimmer-Eigentumswohnung investiert.«

   Diskutieren Sie, ob man mit »Finanzieren« bzw. »Investieren« denselben Vorgang meint oder ob dies zwei verschiedene Vorgänge sind.

## 13.2 Verfahren der Investitionsrechnung

| statische Investitionsrechnungsverfahren | dynamische Investitionsrechnungsverfahren |
|---|---|
| Es werden Kosten, Erlöse oder Gewinne über kurzfristige Zeiträume – meist eine Periode – betrachtet. | Es werden die mit der Investition verbundenen Einnahmen und Ausgaben über längerfristige Zeiträume – meist über die Nutzungszeit des Investitionsgutes – betrachtet. |
| – Kostenvergleichsrechnung<br>– Gewinnvergleichsrechnung<br>– Rentabilitätsvergleichsrechnung<br>– Amortisationsvergleichsrechnung | – Kapitalwertmethode<br>– Interne-Zinsfuß-Methode |

### 13.2.1 Statische Investitionsrechnungsverfahren

| statische Investitionsrechnungsverfahren | rechnerische Bewertungskriterien | Anzahl der Vergleichsperioden |
|---|---|---|
| Kostenvergleichsrechnung | Kosten | eine |
| Gewinnvergleichsrechnung | Kosten und Erlöse | eine |
| Rentabilitätsvergleichsrechnung | Kosten und Erlöse | eine |
| Amortisationsvergleichsrechnung | Ein- und Auszahlungen | mehrere |

Das folgende Zahlenbeispiel liefert die Grundlage für die nachfolgenden Berechnungen.

| | **Maschine 1** (Halbautomat) | **Maschine 2** (Vollautomat) |
|---|---|---|
| Anschaffungskosten | 100.000 EUR | 280.000 EUR |
| geplante Nutzungsdauer | 8 Jahre | 10 Jahre |
| geplante Leistungsmenge | 16.000 St./Jahr | 16.000 St./Jahr |
| Kapazitätsgrenze | 19.500 St./Jahr | 20.000 St./Jahr |
| gesamte Fixkosten/Jahr | 32.000 EUR | 78.000 EUR |
| Lohnkosten/Jahr | 140.000 EUR | 98.000 EUR |
| Erlöse/Jahr | 190.000 EUR | 190.000 EUR |

### 13.2.1.1 Kostenvergleichsrechnung

Die **Kostenvergleichsrechnung** vergleicht die **Kosten verschiedener Investitionsalternativen.** Es wird diejenige Investitionsalternative bevorzugt, die die geringsten Kosten verursacht.

#### Fall 1: Vergleich der Gesamtkosten für die Periode

Es wird unterstellt, dass auf beiden Maschinen jeweils die geplanten 16.000 Leistungseinheiten pro Jahr produziert werden sollen.

| | **Halbautomat** | **Vollautomat** |
|---|---|---|
| fixe Kosten | 32.000 EUR | 78.000 EUR |
| variable Kosten (Lohnkosten) | 140.000 EUR | 98.000 EUR |
| Gesamtkosten | **172.000 EUR** | **176.000 EUR** |

**Ergebnis:** Unter dem Gesichtspunkt der Gesamtkosten hat der Halbautomat jährliche Kostenvorteile in Höhe von 4.000 EUR.

#### Fall 2: Vergleich der Kosten pro Stück

Es wird ebenfalls unterstellt, dass mit beiden Maschinen im Jahr eine Leistungsmenge in Höhe von 16.000 Stück produziert und abgesetzt wird. Die anderen Größen bleiben unverändert.

| | **Halbautomat** | **Vollautomat** |
|---|---|---|
| fixe Kosten pro Stück | | |
| 32.000 EUR : 16.000 Stück | 2,00 EUR/St. | |
| 78.000 EUR : 16.000 Stück | | 4,88 EUR/St. |
| variable Kosten pro Stück | | |
| 140.000 EUR : 16.000 Stück | 8,75 EUR/St. | |
| 98.000 EUR : 16.000 Stück | | 6,13 EUR/St. |
| Gesamte Kosten pro Stück | 10,75 EUR/St. | 11,01 EUR/St. |

**Ergebnis:** Unter dem Gesichtspunkt der Stückkostenbetrachtung bei einer gleichbleibenden Leistungsmenge von 16.000 Stück hat der Halbautomat einen Kostenvorteil in Höhe von 0,26 EUR pro Leistungseinheit.

### Fall 3: Berechnung der kritischen Ausbringungsmenge

Es wird unterstellt, dass die zukünftige Ausbringungsmenge nicht bekannt ist. In diesem Fall muss die **kritische Menge** ermittelt werden. Sie ist dadurch gekennzeichnet, dass bei dieser Menge die Kosten für beide Anlagen gleich hoch sind.

**Bedingung:**

$$\begin{aligned} \text{Gesamtkosten Halbautomat} &= \text{Gesamtkosten Vollautomat} \\ 32.000{,}00 + 8{,}75\,x &= 78.000{,}00 + 6{,}13\,x \\ 2{,}62\,x &= 46.000{,}00 \\ x &= \mathbf{17.557{,}25} \end{aligned}$$

**Ergebnis:** Die kritische Menge beträgt 17.557 Stück. Bis zu dieser Menge lohnt sich unter Kostengesichtspunkten der Halbautomat; werden mehr Werkstücke produziert, lohnt sich der Einsatz des Vollautomaten.

Da die Kostenvergleichsrechnung keine Erlöse berücksichtigt, ist sie nur dann sinnvoll anwendbar, wenn die zu erwartenden Erlöse der Investitionsalternativen gleich hoch sind.

## 13.2.1.2 Gewinnvergleichsrechnung

Die **Gewinnvergleichsrechnung ermittelt die zu erwartenden Gewinne einer Investition** oder verschiedener Investitionsalternativen. Dabei gilt: **Gewinn = Erlöse – Kosten.**

- Wird die Vorteilhaftigkeit einer einzelnen Investition untersucht, so ist diese dann sinnvoll, wenn der erwartete Gewinn größer als 0 sein wird.
- Werden zwei oder mehr Alternativen miteinander verglichen, wird sich der Investor für die Anlage mit dem größten Gewinn entscheiden.

| | Halbautomat | Vollautomat |
|---|---|---|
| Erlöse | 190.000 EUR | 190.000 EUR |
| Kosten<br>– fixe Kosten<br>– variable Kosten | <br>32.000 EUR<br>140.000 EUR | <br>78.000 EUR<br>98.000 EUR |
| Gewinn | **18.000 EUR** | **14.000 EUR** |

**Ergebnis:** Werden neben den Kosten die voraussichtlichen Gewinne in den Vergleich einbezogen, lässt sich mit dem Halbautomaten ein um 4.000 EUR höherer Gewinn erzielen.

Durch die Berücksichtigung von Erlösen weist die Gewinnvergleichsrechnung eine höhere Aussagekraft als die Kostenvergleichsrechnung auf.

## 13.2.1.3 Rentabilitätsvergleichsrechnung

Die **Rentabilitätsvergleichsrechnung** setzt den **Gewinn** einer Investitionsalternative ins **Verhältnis zum durchschnittlichen Kapitaleinsatz.**

Die Investitionsalternative mit der höchsten Rentabilität ist die vorteilhafteste.

Dabei gilt:

$$\textbf{Rentabilität} = \frac{\textbf{Erlöse – Kosten}}{\textbf{durchschnittlicher Kapitaleinsatz}} \cdot \mathbf{100}$$

Vereinfachend geht man beim durchschnittlichen Kapitaleinsatz von den halben Anschaffungskosten aus. Ein möglicher Restwert (Schrottwert, Liquidationserlös) wird dabei den Anschaffungskosten hinzugezählt.

**Berechnung** der Rentabilitäten:

| | Halbautomat | Vollautomat |
|---|---|---|
| Rentabilität | $= \frac{190.000\text{ EUR} - 172.000\text{ EUR}}{50.000\text{ EUR}} \cdot 100$<br>= **36 %** | $= \frac{190.000\text{ EUR} - 176.000\text{ EUR}}{140.000\text{ EUR}} \cdot 100$<br>= **10 %** |

**Ergebnis:** Die Rentabilität des Halbautomaten ist aufgrund der geringeren Anschaffungskosten bei annähernd gleichen Erlösen und Kostenstrukturen weitaus höher als beim Vollautomaten.

### 13.2.1.4 Amortisationsvergleichsrechnung

Die **Amortisationsvergleichsrechnung**[1] stellt fest, wie lange es dauert, bis eine ursprünglich erfolgte **Investitionsauszahlung** durch zukünftige Einzahlungsüberschüsse **wieder zurückgeflossen** ist **(Amortisationszeit).**

Die Investition mit der kürzesten Amortisationszeit ist die vorteilhafteste.

Dabei gilt:

$$\textbf{Amortisationszeit (in Jahren)} = \frac{\textbf{Kapitaleinsatz}}{\textbf{jährlicher Gewinn + jährliche Abschreibungen}}$$

Als Kapitaleinsatz werden die ursprünglichen Anschaffungskosten des Investitionsobjektes herangezogen, die um einen möglichen Restwert vermindert werden.

**Berechnung** der Amortisationszeiten:

| | Halbautomat | Vollautomat |
|---|---|---|
| Amortisationszeit | $= \frac{100.000\text{ EUR}}{18.000\text{ EUR/Jahr} + 12.500\text{ EUR/Jahr}}$<br>= **3,28 Jahre** | $= \frac{280.000\text{ EUR}}{14.000\text{ EUR/Jahr} + 28.000\text{ EUR/Jahr}}$<br>= **6,66 Jahre** |

**Ergebnis:** Die Amortisationszeit des Halbautomaten ist deutlich geringer als die des Vollautomaten. Damit fließen die Anschaffungsausgaben bereits nach 3,28 Jahren über die in den Preisen kalkulierten Abschreibungen und über die mit der Investition verbundenen Gewinne in das Unternehmen zurück.

## 13.2.2 Dynamische Investitionsrechnungsverfahren

**Dynamische Investitionsrechnungsverfahren** berücksichtigen die mit der Investition verbundenen **Ein- und Auszahlungen,** die während der Nutzung des Investitionsgutes anfallen. Dabei werden die **unterschiedlichen Zeitpunkte dieser Zahlungen berücksichtigt.** Grundsätzlich gilt, dass heute verfügbares Geld mehr wert ist als zukünftig zugehendes. Künftige Ein- und Auszahlungen müssen daher auf den Zeitpunkt des Investitionsbeginns

[1] Amortisation bedeutet Tilgung einer Schuld (franz. amortir).

**abgezinst** werden, um die unterschiedlichen Zeitpunkte und Beträge der Zahlungen vergleichbar zu machen.

| dynamische Investitionsrechnungsverfahren | rechnerische Bewertungskriterien | Anzahl der Vergleichsperioden |
|---|---|---|
| Kapitalwertmethode | Ein- und Auszahlungen | mehrere |
| Interne-Zinsfuß-Methode | Ein- und Auszahlungen | mehrere |

## 13.2.2.1 Kapitalwertmethode

Der **Kapitalwert** einer Investition ist der **Gegenwartswert aller durch die Investition verursachten Zahlungen** (Einzahlungsüberschüsse – Anschaffungsauszahlung), die auf den Entscheidungszeitpunkt der Investition abgezinst werden.

Die Investition mit dem höchsten Kapitalwert ist die vorteilhafteste.

**Beispiel** (vereinfacht): Ein Transportunternehmen will für seinen Fuhrpark einen Lastzug beschaffen, dessen Anschaffungskosten 180.000 EUR betragen. Es werden jährliche Ausgaben von mindestens 98.000 EUR und Einnahmen von mindestens 158.000 EUR bei einer Nutzungsdauer von vier Jahren erwartet. Der Schrottwert wird mit 0 EUR, der Kalkulationszinssatz mit 10 % angesetzt.

Lohnt sich diese Investition? Zur Vereinfachung ist so zu rechnen, als würden die Einnahmen und Ausgaben erst am jeweiligen Jahresende erfolgen.

| | Ausgaben | Einnahmen | Überschüsse |
|---|---|---|---|
| **Anschaffungskosten zu Beginn des 1. Jahres** | 180.000 EUR | | |
| **1. Jahr** | 98.000 EUR | 158.000 EUR | 60.000 EUR |
| **2. Jahr** | 98.000 EUR | 158.000 EUR | 60.000 EUR |
| **3. Jahr** | 98.000 EUR | 158.000 EUR | 60.000 EUR |
| **4. Jahr** | 98.000 EUR | 158.000 EUR | 60.000 EUR |

Die Formel für den Abzinsungsfaktor der Reihe der Überschüsse, den **Barwertgewinnungsfaktor,** lautet:

$$\frac{(1 + i)^n - 1}{i(1 + i)^n}$$

$i$ = Kalkulationszinssatz (hier 10 % = 0,10)
$n$ = Nutzungszeit in Jahren

Um zeitraubende Rechenarbeit zu ersparen, sind Tabellen erstellt worden, in denen Barwertgewinnungsfaktoren für eine Reihe von Jahren und Zinssätzen verzeichnet sind (Tabellen, Seiten 569 f.).

Unter Verwendung der Faktorformel lautet die Formel für die Berechnung des Kapitalwertes:

$$K_0 = \frac{g[(1 + i)^n - 1]}{i(1 + i)^n} - a_0$$

$K_0$ = Kapitalwert der Investition
$g$ = Einnahmeüberschuss p. a.
$a_0$ = Anschaffungskosten

Bei Anwendung der Formel ergeben sich für das Beispiel folgende Zahlen:

$$K_0 = \frac{60.000 \text{ EUR}[(1 + 0,1)^4 - 1]}{0,1(1 + 0,1)^4} - 180.000 \text{ EUR}$$

$$= 190.192 \text{ EUR} - 180.000 \text{ EUR} = 10.192 \text{ EUR}$$

Ist der Kapitalwert **positiv,** so ist die Investition vorteilhaft. Ergäbe sich ein Kapitalwert von **null,** so würden die Renditeerwartungen gerade erfüllt. Wäre der Kapitalwert **negativ,** so müsste die Investition unterbleiben, es sei denn, man würde sich mit einer geringeren Rendite begnügen.

### 13.2.2.2 Interne-Zinsfuß-Methode

Bei der **Internen-Zinsfuß-Methode**[2] wird der **interne Zinssatz** einer Investitionsalternative **ermittelt,** der zu einem **Kapitalwert von null** führt. Eine Investition ist vorteilhaft, wenn der interne Zinssatz über der geforderten Mindestverzinsung liegt.

Der interne Zinssatz gibt damit die **erzielbare Kapitalrentabilität** an. Die erforderliche Rechnung liegt folgende Gleichung zugrunde:

$$a_0 = \frac{g\,[(1 + i)^n - 1]}{i\,(1 + i)^n}\text{, umgeformt: } \frac{g}{a_0} = \frac{i\,(1 + i)^n}{(1 + i)^n - 1}$$

Die Symbole haben die gleiche Bedeutung wie bei der Kapitalwertmethode. Der Ausdruck nach dem Gleichheitszeichen (in der gelb unterlegten Formel) ist der **Kapitalwiedergewinnungsfaktor.** Wie die Barwertgewinnungsfaktoren sind auch ihre Kehrwerte, die Kapitalwiedergewinnungsfaktoren, tabellarisch erfasst (Tabelle, Seite 570).

**Beispiel** (vereinfacht): Ein Transportunternehmen will seinen Fuhrpark um einen Lastzug erweitern, dessen Anschaffungskosten 180.000 EUR betragen. Es werden jährliche Ausgaben von mindestens 98.000 EUR und Einnahmen von mindestens 158.000 EUR bei einer Nutzungsdauer von vier Jahren erwartet. Der Schrottwert wird mit 0 EUR angesetzt.

Wie groß ist die interne Kapitalrentabilität der Investition?

$$\frac{g}{a_0} = \frac{60.000\text{ EUR}}{180.000\text{ EUR}} = 0,\overline{33}$$

Man findet für das 4. Jahr bei dem $0,\overline{33}$ nächsten Betrag in der Tabelle der Kapitalwiedergewinnungsfaktoren, also beim Wert 0,32923, einen Zinssatz von 12%.

Damit wird auch das zum gleichen Beispiel errechnete positive Ergebnis der Kapitalwertmethode (+10.192 EUR) bestätigt.

**Auszug aus den Tabellen für den Barwertgewinnungsfaktor und für den Kapitalwiedergewinnungsfaktor**

$\frac{(1 + i)^n - 1}{i(1 + i)^n}$ : Barwertgewinnungsfaktor

| n | 9% | 10% | 11% | 12% | 13% |
|---|---|---|---|---|---|
| 1 | 0,91743 | 0,90909 | 0,90090 | 0,89286 | 0,88496 |
| 2 | 1,75911 | 1,73554 | 1,71252 | 1,69005 | 1,66810 |
| 3 | 2,53129 | 2,48685 | 2,44372 | 2,40182 | 2,36115 |
| 4 | 3,23973 | 3,16987 | 3,10244 | 3,03735 | 2,97447 |
| 5 | 3,88966 | 3,79079 | 3,69591 | 3,60478 | 3,51723 |
| 6 | 4,48592 | 4,35526 | 4,23051 | 4,11140 | 3,99755 |

[2] Die Begriffe interner Zinsfuß und interner Zinssatz werden in der Literatur synonym verwendet.

$\frac{i(1+i)^n}{(1+i)^n-1}$ : Kapitalwiedergewinnungsfaktor

| n | 9% | 10% | 11% | 12% | 13% |
|---|---|---|---|---|---|
| 1 | 1,09000 | 1,10000 | 1,11000 | 1,12000 | 1,13000 |
| 2 | 0,56847 | 0,57619 | 0,58393 | 0,59170 | 0,59948 |
| 3 | 0,39506 | 0,40212 | 0,40921 | 0,41635 | 0,42352 |
| 4 | 0,30867 | 0,31547 | 0,32233 | 0,32923 | 0,33619 |
| 5 | 0,25709 | 0,26380 | 0,27057 | 0,27740 | 0,28431 |
| 6 | 0,22292 | 0,22961 | 0,23638 | 0,24323 | 0,25015 |

## 13.2.3 Bewertung der Investitionsrechnungsverfahren

| Statische Investitionsrechnungsverfahren | |
|---|---|
| **Kostenvergleichsrechnung** | |
| **Vorteile** | **Nachteile** |
| relativ leicht anwendbare Methode | – nur kurzfristige Vergleiche möglich<br>– keine Berücksichtigung von Kostenveränderungen im Zeitablauf (z. B. Veränderung von Energiekosten)<br>– Eine exakte Kostenauflösung in fixe und variable Kosten sowie deren Zurechnung auf das Investitionsobjekt ist nicht immer möglich.<br>– keine Berücksichtigung von Erlösen aus der Investition |
| **Gewinnvergleichsrechnung** | |
| – einfache, praxisbezogene Handhabung<br>– Es werden auch Erlöse mit berücksichtigt. | – Der durch eine Investition erzielte Gewinn sagt noch nichts über die Rentabilität aus.<br>– keine Berücksichtigung des Kapitaleinsatzes |
| **Rentabilitätsvergleichsrechnung** | |
| – Mithilfe der Rentabilitätskennziffer können weitere Investitionsmöglichkeiten (z. B. Finanzanlagen) verglichen werden.<br>– Investitionsalternativen unterschiedlicher Größen sind vergleichbar, weil der Kapitaleinsatz berücksichtigt wird. | – keine Berücksichtigung von Kosten- und Erlösveränderungen im Zeitablauf<br>– Grundsätzlich bleibt das Problem der exakten Kosten- und Erlöszurechnung zum Investitionsobjekt bestehen. |
| **Amortisationsvergleichsrechnung** | |
| einfache, praxisbezogene Anwendungsmöglichkeit | – Schätzung der zukünftigen Einzahlungsüberschüsse schwierig<br>– Unterschiedliche Nutzungsdauern der Investitionsalternativen erschweren den Vergleich.<br>– keine Berücksichtigung von Erträgen nach der Amortisationszeit |

| Dynamische Investitionsrechnungsverfahren | |
|---|---|
| **Kapitalwertmethode** | |
| **Vorteile** | **Nachteile** |
| Die unterschiedlichen Zeitpunkte und Beträge der Zahlungsströme werden durch Abzinsung berücksichtigt. | – Einschätzung der zukünftigen Einnahmen und Ausgaben problematisch<br>– Problem, einen vernünftigen Kalkulationszinssatz zu bestimmen. Dieser hängt von den subjektiven Zielen des Investors ab.<br>– Für alle Zahlungen wird der gleiche Kalkulationszinssatz angenommen. Das ist nur bei einem vollkommenen Kapitalmarkt korrekt. |
| **Interne-Zinsfuß-Methode** | |
| – Die unterschiedlichen Zeitpunkte und Beträge der Zahlungsströme werden durch Abzinsung berücksichtigt.<br>– Der interne Zinssatz als »Rendite« der Investition ermöglicht Vergleiche mit alternativen Kapitalanlagen. | – Die richtige Vorauserfassung der zukünftigen Einnahmen und Ausgaben ist schwierig zu erreichen.<br>– Die Aussagekraft des errechneten Zinssatzes für die Kapitalanlage steht und fällt mit der Richtigkeit der Planungsgrößen. |

## Zusammenfassende Übersicht zu Kapitel 13.2: Verfahren der Investitionsrechnung

| Verfahren der Investitionsrechnung | |
|---|---|
| **statische Investitionsrechnungsverfahren** | **dynamische Investitionsrechnungsverfahren** |
| **Zeitpunktbetrachtung** | **Zeitraumbetrachtung** |
| Vergleich von Kosten, Erlösen, Gewinnen oder Ein- und Auszahlungen einer Nutzungsperiode | Vergleich von Ein- und Auszahlungen über die Nutzungszeit der Investitionsalternativen |
| – Kostenvergleichsrechnung<br>– Gewinnvergleichsrechnung<br>– Rentabilitätsvergleichsrechnung<br>– Amortisationsvergleichsrechnung | – Kapitalwertmethode<br>– Interne-Zinsfuß-Methode |

## ▶ Aufgaben und Probleme

1. Beschreiben Sie den Hauptunterschied zwischen statischer und dynamischer Investitionsrechnung.

2. Neben der rein rechnerischen Auswahl von Investitionsalternativen gibt es weitere Gesichtspunkte, die für ein Unternehmen bei der Entscheidung von Bedeutung sind.

   Nennen Sie mindestens drei Gesichtspunkte.

3. Begründen Sie, weshalb ein Anlagegut unterschiedliche Amortisations- und Nutzungszeiten aufweisen kann.

4. Folgendes Zahlenmaterial für alternative Angebote liegt vor:

| | Maschine 1 | Maschine 2 |
|---|---|---|
| Anschaffungskosten | 100.000 EUR | 150.000 EUR |
| geplante Nutzungsdauer | 10 Jahre | 10 Jahre |
| geplante Leistungsmenge | 20.000 St./Jahr | 20.000 St./Jahr |
| Kapazitätsgrenze | 20.000 St./Jahr | 20.000 St./Jahr |
| Zinssatz* | 6 % | 6 % |
| Gehälter | 12.000 EUR | 10.000 EUR |
| sonstige fixe Kosten | 9.800 EUR | 12.000 EUR |
| Fertigungslöhne | 110.000 EUR | 105.000 EUR |
| Materialkosten | 170.000 EUR | 165.000 EUR |
| sonstige variable Kosten | 19.000 EUR | 21.000 EUR |

* **Hinweis:** Die Zinskosten berechnen sich als Anschaffungskosten/2 · Zinssatz.

   a) Führen Sie eine Kostenvergleichsrechnung durch.

   b) Berechnen Sie die kritische Menge und ermitteln Sie, in welchen Mengenbereichen sich der Einsatz der beiden Maschinen lohnen würde.

   c) Stellen Sie die Kostenverläufe für beide Maschinen grafisch dar. Wählen Sie dazu einen geeigneten Maßstab.

   d) Maschine 2 kann durch den Einbau eines Präzisions-Zusatzaggregats zukünftig 4.000 Leistungseinheiten/Jahr mehr produzieren. Diese Maßnahme verursacht jedoch zusätzliche Kosten in Höhe von 30.000 EUR, die den Wert des Anlageguts erhöhen.

   Führen Sie eine Kostenvergleichsrechnung durch und begründen Sie anschließend die eingetretenen Kostenveränderungen.

   e) Entscheiden Sie unter Berücksichtigung weiterer Entscheidungskriterien, ob der Einbau des Zusatzaggregats sinnvoll ist.

   f) Führen Sie eine Gewinnvergleichsrechnung durch bei einem Jahreserlös von 350.000 EUR.

   g) Führen Sie eine Rentabilitätsvergleichsrechnung durch.

5. In einem Unternehmen soll die Entscheidung zugunsten eines Investitionsobjekts aufgrund kostenrechnerischer Ergebnisse getroffen werden. Dabei zieht die Geschäftsleitung Erfahrungswerte aus der Vergangenheit heran. Eine Investition wurde bisher immer dann durchgeführt, wenn die Amortisationszeit höchstens fünf Jahre betrug. Für die geplante Investition steht folgendes Zahlenmaterial zur Verfügung:

   Kapitaleinsatz: 1.350.000 EUR. Die Maschine hat eine betriebsgewöhnliche Nutzungsdauer von neun Jahren. Neben den Abschreibungen werden sonstige jährliche Kosten in Höhe von 77.500 EUR angenommen. Bei einem Verkaufspreis von 37,50 EUR wird mit einem Absatz von 9.000 Stück pro Jahr gerechnet.

a) Ermitteln Sie mithilfe eines Tabellenkalkulationsprogramms die Amortisationsdauer. Erstellen Sie Ihre Tabelle so, dass sie für alternative Berechnungen zur Verfügung stehen kann.

b) Prüfen Sie, ob die Investition getätigt werden sollte.

6. Die Anschaffungskosten eines Investitionsgutes betragen 200.000 EUR, die jährlichen Einnahmen am Jahresende werden mit 170.000 EUR, die entsprechenden Ausgaben mit 120.000 EUR angesetzt. Die Nutzungszeit wird mit fünf Jahren veranschlagt; ein Schrottwert ist nicht zu erwarten. Der Kalkulationszinssatz liegt bei 8 %.

   a) Berechnen Sie die Wirtschaftlichkeit dieser Investition mithilfe der Kapitalwertmethode.

   b) Berechnen Sie den internen Zinssatz dieser Investition.

## 13.3 Kapitalbedarfs- und Finanzplanung

Die **Kapitalbedarfsplanung** gibt Aufschluss über das notwendige Kapital ab der Gründungsplanung bis zur laufenden Betriebstätigkeit. Die **Finanzplanung** stellt die Mittelabflüsse und Mittelzuflüsse einander gegenüber und bietet Lösungen für auftretende Deckungslücken.

### Kapitalbedarf für die Gründung und Errichtung des Unternehmens

Kapital wird für folgende Zwecke benötigt:

**a) Vorbereitung** der betrieblichen Leistungserstellung wie Gründungsplanung, Marktanalyse, Einführungswerbung, Gerichts- und Notarkosten, Maklergebühren.

**b) Aufbau der Anlagen.** Die Höhe des Kapitalbedarfs für das Anlagevermögen richtet sich

- nach dem **Geschäftszweig und** der **Vermögensstruktur,**
- nach der beabsichtigten **Betriebskapazität,**
- nach dem **Fertigungsverfahren.** Maschinelle Produktion, Fließfertigung und Automation erfordern größere Anlagen als einfache Werkstattfertigung.
- nach dem **Umfang der Organisation mit Datenverarbeitungsanlagen,**
- nach der **Beschaffung des Mindestbestandes** an Stoffen oder Waren, um den reibungslosen Betriebsablauf zu sichern.

### Kapitalbedarf für die anlaufende Betriebstätigkeit

Der laufende Kapitalbedarf wird verursacht durch Ausgaben im

**a) Materialbereich:** (Fertigungsmaterial für Tagesausbringung + MGK) · (Lagerdauer für Material – Liefererziel + Fertigungsdauer + Lagerdauer der fertigen Erzeugnisse + Kundenziel).

**b) Fertigungsbereich:** (Tagesbedarf für FL + FGK) · (Fertigungsdauer + Lagerdauer der fertigen Erzeugnisse + Kundenziel).

**c) Verwaltungs- und Vertriebsbereich:** (Durchschnittlicher Tagesbedarf für VwK und VtK) · (Lagerdauer für Material + Fertigungsdauer + Lagerdauer der fertigen Erzeugnisse + Kundenziel).

Unberücksichtigt bleiben diejenigen Gemeinkosten, die während der Zeitspanne bis zum ersten Eingang von Erlösen keine flüssigen Mittel erfordern, z. B. nachträglich zu zahlende Kreditkosten sowie Zusatzkosten (nicht ausgabewirksame Gemeinkosten). Auch Abschreibungen entfallen, da der Geldbedarf für die abzuschreibenden Anlagegüter bereits im Kapitalbedarf für die Errichtung enthalten ist.

**Beispiel:** Ein Fertigungsunternehmen benötigt bei der Errichtung 30.000 EUR für Vorbereitungsaufwand, 1.000.000 EUR für Anlagen, 50.000 EUR für Organisationsaufwand und Mindestvorräte, die einem Verbrauch von 20 Tagen entsprechen.

Das Unternehmen rechnet mit einem täglichen Materialbedarf + MGK von 3.000 EUR, einem täglichen Einsatz an Fertigungslöhnen + FGK von 2.500 EUR und an VwK und VtK von 1.500 EUR pro Tag.

Die Lagerdauer der Stoffe beträgt 50 Tage, die Fertigungsdauer 40 Tage, die Lagerdauer der fertigen Erzeugnisse 30 Tage, das Kundenziel 60 Tage, das Liefererziel 30 Tage.

Arbeitstage = Kalendertage.

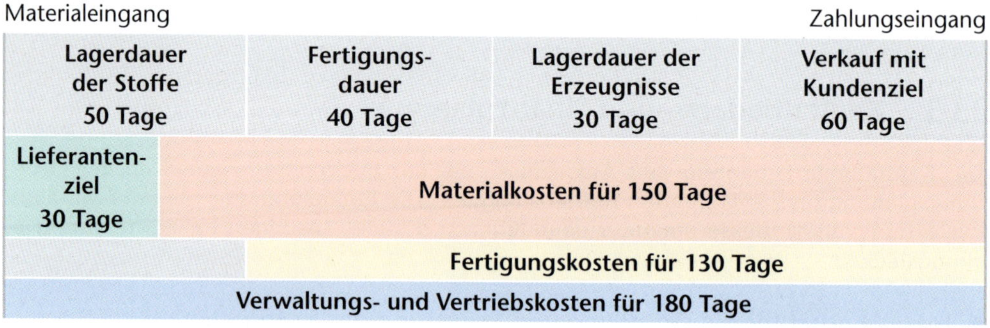


| | | | |
|---|---|---|---|
| **a) Kapitalbedarf für die Errichtung** | | EUR | EUR |
| Vorbereitungsaufwand | | 30.000 | |
| Anlagen | | 1.000.000 | |
| Organisationsaufwand | | 50.000 | |
| Mindestbestand 20 Tage · 3.000 EUR/Tag | | 60.000 | 1.140.000 |
| **b) Kapitalbedarf für die anlaufende Betriebstätigkeit** | | | |
| Materialkosten | 150 Tage · 3.000 EUR/Tag | 450.000 | |
| Fertigungskosten | 130 Tage · 2.500 EUR/Tag | 325.000 | |
| Verwaltungs- und Vertriebskosten | 180 Tage · 1.500 EUR/Tag | 270.000 | 1.045.000 |
| **Kapitalbedarf** | | | 2.185.000 |

Diese Berechnung kann selbstverständlich nicht alle Einzelheiten erfassen. Es muss z. B. bedacht werden, dass Materialbeschaffung, Produktion und Absatz nicht kontinuierlich fließen, dass die eingerechneten Kundenziele nicht eingehalten werden und dass ein Kapitalpolster zur Finanzierung von Umsatzspitzen und für Liquiditätsengpässe geschaffen wird.

## Folgen fehlerhafter Ermittlung des Kapitalbedarfs

### ▶ Unterfinanzierung

Ein zu kleines Kapital führt zu Engpässen in Produktion und Absatz und zu Zahlungsschwierigkeiten.

### ▶ Überfinanzierung

Ein Teil des Kapitals liegt brach; man spricht von »totem Kapital«. Die Kosten dafür verteuern die Erzeugnisse und schmälern den Gewinn. Überschüssige Mittel im Betrieb werden aber auch der Volkswirtschaft vorenthalten und solchen Betrieben entzogen, die sie nutzbringender einsetzen könnten.

## Kapitalbedarf für die laufende Betriebstätigkeit

Für einmalige Vorgänge wie die Gründung und Erweiterung eines Unternehmens wird eine Kapitalbedarfsrechnung durchgeführt. Für die laufende Betriebstätigkeit erstellt man **Finanzpläne.**

## Finanzplanung

Die **Finanzplanung** hat die Aufgabe, **Kapitalquellen zu ermitteln, Kapital zu beschaffen, Finanzierungsvorgänge zu steuern** und die **Zahlungsbereitschaft (Liquidität) zu gewährleisten.**

Jeder **Finanzplan** besteht aus dem Einnahmen-, Ausgaben- und Kreditplan. Letzterer enthält die Höhe und die Art der Kredite, die zur Schließung der Finanzierungslücken in Anspruch genommen werden können. Die einfachste und bequemste Möglichkeit des Ausgleichs ist der Kontokorrentkredit. Bei ausreichendem Kreditlimit kann durch seine Inanspruchnahme jede Deckungslücke umgehend ausgeglichen werden (Kapitel 13.5.3.2).

**Beispiel:**

In einem Unternehmen soll der Finanzplan für das kommende Quartal aufgestellt werden. Alle Zahlungsvorgänge werden über ein Bankkonto abgewickelt. Für Finanzierungslücken steht ein Kreditlimit von 15.000 EUR zur Verfügung. Der Finanzplan weist zum 30.09. folgende Planzahlen aus:

**Bankschuld** 30.09.: 3.000 EUR

| | **Oktober** | **November** | **Dezember** |
|---|---|---|---|
| **fällige Forderungen** | 90.000 EUR | 61.000 EUR | 75.000 EUR |
| **fällige Verbindlichkeiten** | 70.000 EUR | 35.000 EUR | 45.000 EUR |
| **sonstige Erträge** | | | 11.700 EUR |
| **Personalkosten** | 20.000 EUR | 20.000 EUR | 20.000 EUR |
| **Zinsbelastung** | 1.200 EUR | | 1.200 EUR |
| **Versicherungen** | | | 2.000 EUR |
| **sonstige Aufwendungen** | 4.000 EUR | 4.000 EUR | 4.000 EUR |

| | **Oktober*** | **November*** | **Dezember*** |
|---|---|---|---|
| **Kontostand Monatsanfang** | –3.000 | –8.200 | –6.200 |
| **Einnahmen** | | | |
| Forderungen | 90.000 | 61.000 | 75.000 |
| sonstige Erträge | | | 11.700 |
| | 90.000 | 61.000 | 86.700 |
| **Ausgaben** | | | |
| Verbindlichkeiten | 70.000 | 35.000 | 45.000 |
| Personalkosten | 20.000 | 20.000 | 20.000 |
| Zinsbelastung | 1.200 | | 1.200 |
| Versicherungen | | | 2.000 |
| sonstige Aufwendungen | 4.000 | 4.000 | 4.000 |
| | 95.200 | 59.000 | 72.200 |
| **Überschuss** | | 2.000 | 14.500 |
| **Fehlbetrag** | –5.200 | | |
| **Saldo** | –8.200 | –6.200 | 8.300 |

* alle Beträge in EUR

## Zusammenfassende Übersicht zu Kapitel 13.3: Kapitalbedarfs- und Finanzplanung

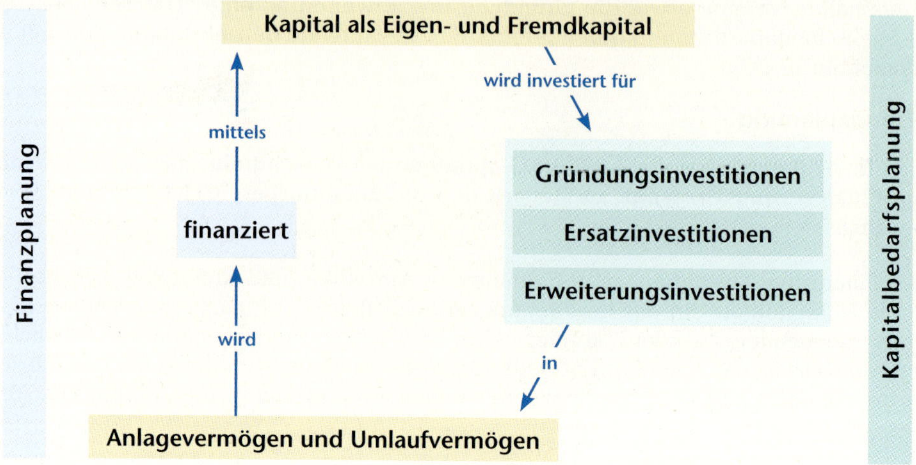


### ▶ Aufgaben und Probleme

1. Worin unterscheiden sich Kapitalbedarfsplanung und Finanzplanung?

2. Die Reifen Roesch GmbH kauft am 20.07. Waren mit einem Zahlungsziel von 40 Tagen. Die durchschnittliche Lagerdauer bis zum Verkauf beträgt 63 Tage. Die GmbH räumt ein Kundenziel von 30 Tagen ein.

   Für wie viele Tage müssen die Waren von der GmbH finanziert werden?

3. Führen Sie das Beispiel der Finanzplanung (Seiten 575) für die Monate Januar und Februar weiter:

   **Januar** – Zahlungseingänge von Kunden 85.000 EUR, sonstige Erträge aus dem Verkauf von Wertpapieren 15.000 EUR, Ausgaben für Waren 50.000 EUR für die Lieferung des Vormonats. Eine Warenlieferung wird vorzeitig mit 20.000 EUR bezahlt. Personalkosten und sonstige Kosten wie im Vormonat.

   **Februar** – Zahlungseingänge von Kunden 80.000 EUR, Ausgaben für Waren 50.000 EUR, Personalkosten und sonstige Kosten wie im Vormonat.

   a) Welchen Stand hat das Bankkonto Ende Februar?

   b) Wie hoch ist der Kontostand Ende Januar tatsächlich, wenn eine erwartete Kundenforderung von 35.000 EUR nicht beglichen wird?

   c) Mit welchen Forderungen könnte die Bank aufgrund des Kontostandes Ende Januar an das Unternehmen herantreten?

   d) Ende Februar sind die erwarteten 35.000 EUR immer noch nicht eingegangen. Begründen Sie, ob sich das Unternehmen noch im Rahmen seiner Finanzplanung bewegt.

## 13.4 Ziele und Arten der Finanzierung

### Finanzierungsziele

Die Hauptaufgabe der Finanzierung besteht in der Beschaffung und Bereitstellung von Geld- und Sachmitteln, die eingesetzt werden, um unternehmerische Zielsetzungen umzusetzen (Kapitel 7.2.3).

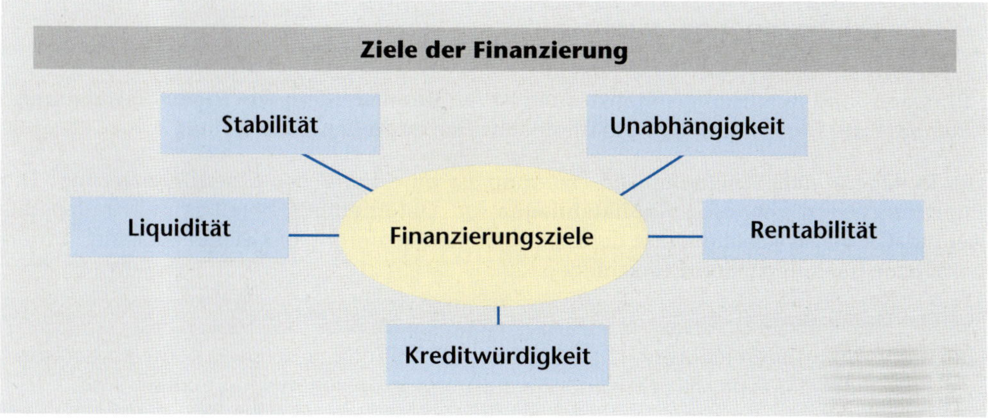


### Finanzierungsarten

#### ▶ Außenfinanzierung

Die Finanzierungsmittel werden von **außen** als Eigenkapital oder Fremdkapital in das Unternehmen eingebracht.

#### ▶ Innenfinanzierung

Die Finanzierungsmittel werden von **innen,** d. h. vom Unternehmen selbst aufgebracht.

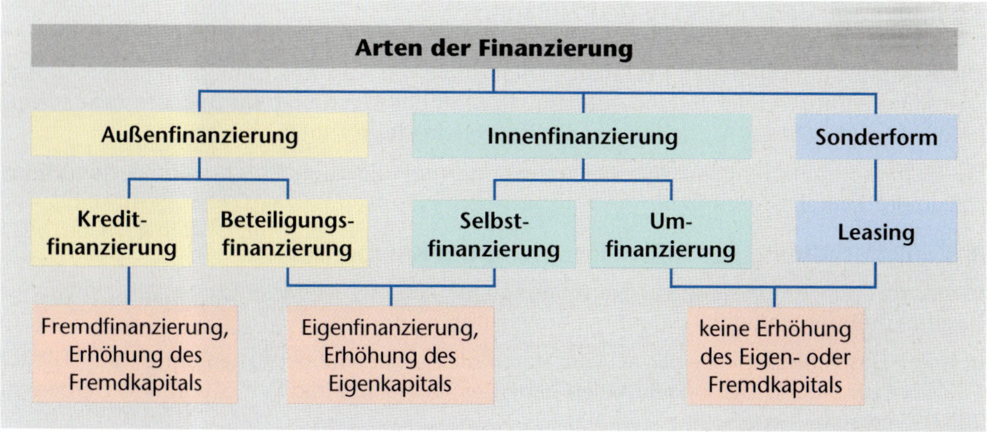


#### ▶ Aufgaben und Probleme

1. Nennen Sie Ziele der Finanzierung.
2. Welcher grundlegende Unterschied besteht zwischen Außen- und Innenfinanzierung?
3. Erläutern Sie den Unterschied zwischen der Beteiligungs- und der Fremdfinanzierung.

## 13.5 Außenfinanzierung

Bei der **Außenfinanzierung** ist die **Einlagen- und Beteiligungsfinanzierung** von der **Fremdfinanzierung** zu unterscheiden.

### 13.5.1 Einlagen- und Beteiligungsfinanzierung (Eigenfinanzierung) bei Personengesellschaften

**Einlagen- und Beteiligungsfinanzierung** ist die **Bereitstellung von Eigenkapital durch den oder die Eigentümer** des Unternehmens. Sie ist **Außenfinanzierung.**

Die Einlagen- und Beteiligungsfinanzierung ist eine Form der **Eigenfinanzierung.** Die Eigentümer sind mit ihren **Kapitaleinlagen** am Unternehmen beteiligt und tragen das **Kapitalrisiko.** Die Art und Weise der Beteiligungsfinanzierung ist bei den einzelnen Unternehmen je nach Rechtsform verschieden.

| Offene Handelsgesellschaft (OHG) | Kommanditgesellschaft (KG) |
|---|---|
| Bei der OHG bringen mehrere Gesellschafter das Eigenkapital auf. | Bei der KG bringen neben den Komplementären auch Kommanditisten das Eigenkapital auf. |
| Eine Eigenkapitalerhöhung ist durch weitere Kapitaleinlagen der bestehenden Gesellschafter, aber auch durch Aufnahme neuer Gesellschafter möglich. | |

### 13.5.2 Einlagen- und Beteiligungsfinanzierung (Eigenfinanzierung) bei der AG

Bei der **AG** wird das **Eigenkapital** durch die Ausgabe von Aktien aufgebracht.

#### 13.5.2.1 Kapitalerhöhung gegen Einlagen

Die **Kapitalerhöhung gegen Einlagen** erfolgt durch die Ausgabe (Emission) neuer Aktien. Der Mittelzufluss erfolgt in Höhe der Einlage auf das **Grundkapital** und des vollen Aufgeldes **(Agios).** Dieses Aufgeld muss der **Kapitalrücklage** zugeführt werden.

Die Kapitalerhöhung bedarf einer Satzungsänderung und damit einer qualifizierten Mehrheit in der Hauptversammlung.

##### Kapitalerhöhung bei voller Einzahlung des Kaufpreises

In diesem Fall werden sämtliche Nennbeträge der Aktien und das gesamte Aufgeld bei der Kapitalerhöhung von den Aktionären einbezahlt.

**Beispiel:** Das Grundkapital einer AG wird durch die Ausgabe junger Aktien um 2 Mio. EUR auf 10 Mio. EUR erhöht. Die jungen Aktien haben einen Nennbetrag von 5 EUR und werden zu 20 EUR verkauft.

| | vor der Erhöhung | Zugang | nach der Erhöhung |
|---|---|---|---|
| **Anzahl der Aktien** | 1.600.000 Stück | 400.000 Stück | 2.000.000 Stück |
| **Gezeichnetes Kapital** | 8.000.000 EUR | 2.000.000 EUR | 10.000.000 EUR |
| **Kapitalrücklage** | 1.000.000 EUR | 6.000.000 EUR | 7.000.000 EUR |
| **ausgewiesenes Eigenkapital** | 9.000.000 EUR | 8.000.000 EUR | 17.000.000 EUR |

## Kapitalerhöhung bei Mindesteinzahlung des Kaufpreises

In diesem Fall sind mindestens 25 % des Nennbetrages der Aktien und das gesamte Aufgeld einzuzahlen. *AktG § 36 a*

**Beispiel:** Das Grundkapital einer AG wird durch die Ausgabe junger Aktien im Nennbetrag von 5 EUR um 2 Mio. EUR auf 10 Mio. EUR erhöht. Die jungen Aktien werden zu je 20 EUR emittiert; die Aktionäre zahlen den gesetzlichen Mindestbetrag ein.

| | vor der Erhöhung | Zugang | nach der Erhöhung |
|---|---|---|---|
| **Anzahl der 5-EUR-Aktien** | 1.600.000 Stück | 400.000 Stück | 2.000.000 Stück |
| **ausstehende Einlagen** | 0 EUR | 1.500.000 EUR | 1.500.000 EUR |
| **Gezeichnetes Kapital** | 8.000.000 EUR | 2.000.000 EUR | 10.000.000 EUR |
| **Kapitalrücklage** | 1.000.000 EUR | 6.000.000 EUR | 7.000.000 EUR |
| **ausgewisesenes Eigenkapital** | 9.000.000 EUR | 8.000.000 EUR | 17.000.000 EUR |

## Genehmigtes Kapital

Die **Satzung oder** ein satzungsändernder **Beschluss der Hauptversammlung** kann den Vorstand für höchstens fünf Jahre **ermächtigen,** das Grundkapital **um einen bestimmten Nennbetrag** (genehmigtes Kapital) zu erhöhen. Dies kann höchstens bis zur Hälfte des bei der Ermächtigung vorhandenen Grundkapitals erfolgen. *§§ 202–206*

Diese Ermächtigung macht den Vorstand bei erforderlichen Kapitalerhöhungen von besonderen HV-Beschlüssen unabhängig. Sie ermöglicht damit eine rasche Anpassung an den steigenden Kapitalbedarf der AG (Erweiterung des Unternehmens, Erwerb einer Beteiligung) und an eine günstige Kapitalmarktlage. Das genehmigte Kapitel muss im Lagebericht vermerkt werden. *HGB § 289 (4)*

## Bezugsrechte von Aktionären

Jedem Aktionär steht das **Bezugsrecht** zu, d. h., es muss ihm auf sein Verlangen ein seinem Anteil an dem bisherigen Grundkapital entsprechender Teil der jungen Aktien zugeteilt werden, sofern das Bezugsrecht von der HV nicht ausgeschlossen worden ist. Bevor das Bezugsrecht an der Börse gehandelt wird, kann sein Wert rechnerisch ermittelt werden.

### ▶ Ermittlung des rechnerischen Wertes des Bezugsrechts

**Beispiel:** Das Grundkapital einer AG in Höhe von 8 Mio. EUR wird durch die Ausgabe junger (neuer) Aktien um 2 Mio. EUR erhöht. Das **Verhältnis der Kapitalerhöhung** ist also 4 : 1. Der Börsenkurs der alten Aktien vor der Kapitalerhöhung betrug 230 EUR für ein Stück. Die jungen Aktien werden zu je 80 EUR emittiert.

Rein rechnerisch gesehen verschmelzen nach der Emission die Kurse der alten und der jungen Aktien zu einem Durchschnittskurs:

| | | | |
|---|---|---|---|
| Zu je | 4 alten Aktien, Kurs 230 EUR | Gesamtwert | 920 EUR |
| kommt | 1 junge Aktie, Kurs 80 EUR | Gesamtwert | 80 EUR |
| | 5 Aktien haben den rechnerischen | Gesamtwert | 1.000 EUR |
| | 1 Aktie davon hat den Durchschnittskurs | | 200 EUR |
| Damit ist der rechnerische Kursverlust je alter Aktie | | | 30 EUR |
| und der rechnerische Kursgewinn je junger Aktie | | | 120 EUR |

Zum Ausgleich eines möglichen Vermögensverlustes steht dem Altaktionär das Recht auf Bezug junger Aktien zu. Er kann von diesem Recht Gebrauch machen oder es veräußern. Der rechnerische Wert eines Bezugsrechts bestimmt sich nach dem Kursverlust des Altaktionärs pro Aktie; hier: 230 EUR – 200 EUR = 30 EUR.

Zum Bezug einer jungen Aktie benötigt man – entsprechend dem Verhältnis der Kapitalerhöhung – die Bezugsrechte aus vier alten Aktien; an einer alten Aktie hängt dementsprechend das Bezugsrecht auf $^1/_4$ einer jungen Aktie.

Ein Altaktionär, der vier alte Aktien besaß, verlor durch die Kurssenkung von 230 EUR auf 200 EUR insgesamt 4 · 30 = 120 EUR Kurswert. Diesen Verlust kann er ausgleichen, indem er

- die vier an die alten Aktien gebundenen Bezugsrechte für 30 EUR pro Stück verkauft und so die verlorenen 120 EUR wieder erhält oder aber
- seine vier Bezugsrechte zum Erwerb einer jungen Aktie verwendet. Diese kostet ihn nur 80 EUR, ist aber 200 EUR wert. Er gewinnt also 120 EUR; der Kursverlust der alten Aktien ist ausgeglichen.

Ein Jungaktionär benötigt zum Kauf einer jungen Aktie 80 EUR und vier Bezugsrechte zu je 30 EUR. Eine junge Aktie kostet ihn also beim Erwerb 200 EUR, den Durchschnittskurs aller Aktien nach der Kapitalerhöhung.

Der **rechnerische Wert des Bezugsrechts** lässt sich auch mithilfe folgender Formel errechnen:

$$\mathbf{B = \frac{K_a - K_n}{\frac{a}{n} + 1}} = \frac{230\text{ EUR} - 80\text{ EUR}}{\frac{4}{1} + 1} = 30\text{ EUR}$$

B = rechnerischer Wert des Bezugsrechts
$K_a$ = Börsenkurs der alten Aktien vor den Kapitalerhöhung
$K_n$ = Emissionskurs der jungen Aktien
$\frac{a}{n}$ = Verhältnis der Kapitalerhöhung **(Bezugsverhältnis)**

Bei diesen Berechnungen ist zu berücksichtigen, dass sowohl der rechnerische Wert des Bezugsrechts als auch der errechnete Durchschnittskurs insofern nicht mit den entsprechenden Börsenkursen übereinstimmen, als diese den vielfältigen Einflüssen der Marktlage unterworfen sind.

### ▶ Bedeutung des Bezugsrechts für die Aktionäre

**Fortsetzung des Beispiels:** Für den Altaktionär spielt nicht nur der rechnerische Vermögensausgleich bei der Ausgabe junger Aktien eine Rolle, sondern auch die Veränderung des stimmberechtigten Kapitals. Wer z. B. mehr als 25 % der Aktien einer AG und damit die Sperrminorität für Abstimmungen besaß (z. B. 26 %), verliert diese Machtstellung, wenn er seine Bezugsrechte bei einer Kapitalerhöhung verkauft, z. B. bei einer Erhöhung der Aktienmenge von 100 auf 130:

Vorher besaß er $^{26}/_{100}$ = 26 % aller Stimmen.

Nachher würde er $^{26}/_{130}$ = 20 % aller Stimmen besitzen.

### ▶ Bilanzveränderung nach Ausübung des Bezugsrechts

**Beispiel:** Das Grundkapital einer AG wird durch die Ausgabe junger Stückaktien (5 EUR) um 2 Mio. EUR auf 10 Mio. EUR erhöht. Die jungen Aktien werden zu je 20 EUR emittiert.

| | vor Ausübung des Bezugsrechts | bei Ausübung des Bezugsrechts | nach Ausübung des Bezugsrechts |
|---|---|---|---|
| **Grundkapital** | 8.000.000 EUR | 2.000.000 EUR | 10.000.000 EUR |
| **Kapitalrücklage** | 1.000.000 EUR | 6.000.000 EUR | 7.000.000 EUR |
| **ausgewiesenes Eigenkapital** | 9.000.000 EUR | 8.000.000 EUR | 17.000.000 EUR |
| **Anzahl der Stückaktien** | 1.600.000 Stück | 400.000 Stück | 2.000.000 Stück |

### 13.5.2.2 Kapitalerhöhung aus Gesellschaftsmitteln

Die **Umwandlung von Gewinn- und/oder Kapitalrücklagen in Grundkapital** nennt man **Kapitalerhöhung aus Gesellschaftsmitteln.**

Kapitalrücklagen und gesetzliche Rücklagen können nur in Grundkapital umgewandelt werden, soweit sie zusammen den zehnten oder den in der Satzung bestimmten höheren Teil des bisherigen Grundkapitals übersteigen. Andere Rücklagen können als allgemeine Rücklagen in voller Höhe in Grundkapital umgewandelt werden.

*AktG §§ 150, 208*

Die Hauptversammlung beschließt eine Grundkapitalerhöhung durch Umwandlung von Kapital- und Gewinnrücklagen in Grundkapital. Hierdurch wird nur das Grundkapital erhöht, jedoch nicht das ausgewiesene Eigenkapital. Zur Durchführung werden bei Nennbetragsaktien **Berichtigungsaktien** ausgegeben; bei Stückaktien kann darauf verzichtet werden.

Aktionäre könnten an dieser Form der Kapitalerhöhung ein Interesse haben, weil durch sie Rücklagen in stimm- und dividendenberechtigtes Grundkapital umgewandelt werden.

#### Änderungen der Bilanzpositionen

Aufgrund der Kapitalerhöhung verändern sich innerhalb der Passivseite die Positionen des ausgewiesenen Eigenkapitals.

**Beispiel:** Die Hauptversammlung der XY-AG beschließt eine Kapitalerhöhung aus Gesellschaftsmitteln.

Vereinfachte **Bilanz vor der Kapitalerhöhung:**

| Aktiva | Bilanz der XY-AG vor der Kapitalerhöhung (EUR) | | Passiva |
|---|---|---|---|
| Anlagevermögen | 1.800.000,00 | Gezeichnetes Kapital | 2.000.000,00 |
| Umlaufvermögen | 1.500.000,00 | Kapitalrücklage | 300.000,00 |
| | | gesetzliche Rücklage | 400.000,00 |
| | | andere Gewinnrücklagen | 600.000,00 |
| | 3.300.000,00 | | 3.300.000,00 |

Die Kapitalerhöhung aus Gesellschaftsmitteln erfolgt im Verhältnis 2:1. Damit werden 1 Mio. EUR Gewinn- und Kapitalrücklagen in Grundkapital umgewandelt. Auf jeweils zwei alte Aktien entfällt eine Berichtigungsaktie, d.h., ein Aktionär, der bislang 30 Aktien besaß, erhält im Zuge der Kapitalerhöhung aus Gesellschaftsmitteln 15 Berichtigungsaktien »umsonst«.

Allerdings müsste der Aktienkurs durch die Kapitalerhöhung rechnerisch um 50% sinken, da sich die Aktienanzahl um 50% erhöht, der Unternehmenswert sich jedoch nicht verändert hat. Insofern ist der häufig verwendete Begriff »Gratisaktien« irreführend, da bei dieser Kapitalerhöhung dem Aktionär unmittelbar keine Werte zufließen.

Vereinfachte **Bilanz nach der Kapitalerhöhung:**

| Aktiva | Bilanz der XY-AG nach der Kapitalerhöhung (EUR) | | Passiva |
|---|---|---|---|
| Anlagevermögen | 1.800.000,00 | Gezeichnetes Kapital | 3.000.000,00 |
| Umlaufvermögen | 1.500.000,00 | Kapitalrücklage | 0,00 |
| | | gesetzliche Rücklage | 300.000,00 |
| | | andere Gewinnrücklagen | 0,00 |
| | 3.300.000,00 | | 3.300.000,00 |

## Auswirkungen der Kapitalerhöhung

Durch die Ausgabe von Berichtigungsaktien wird

- das Gezeichnete Kapital an das ausgewiesene Eigenkapital angepasst,
- das ausgewiesene Eigenkapital nicht verändert,
- der AG kein Kapital zugeführt,
- die Vermögensseite der Bilanz nicht berührt,
- der Bilanzkurs gesenkt,
- die Stückzahl der Aktien erhöht,
- der Mittelabfluss bei gleichbleibender Dividende erhöht.

**Beispiel:**

| | vor der Kapitalerhöhung | nach der Kapitalerhöhung |
|---|---|---|
| **Gezeichnetes Kapital** | 4.000.000 EUR | 6.000.000 EUR |
| **Kapital- und Gewinnrücklagen** | 8.000.000 EUR | 6.000.000 EUR |
| **ausgewisesenes Eigenkapital** | 12.000.000 EUR | 12.000.000 EUR |
| **innerer Wert des Aktienkapitals** | 4.000.000 EUR<br>zum Bilanzkurs 300 %<br>= 12.000.000 EUR | 6.000.000 EUR<br>zum Bilanzkurs 200 %<br>= 12.000.000 EUR |

Werden keine Berichtigungsaktien ausgegeben, bleibt die Anzahl der Stückaktien gleich und der Kurs der alten Stückaktien erhöht sich.

## Bilanz- und Börsenkurs

Kapitalanleger interessiert es, ob der von der Wertpapierbörse veröffentlichte Aktienkurs ein realistischer ist, d.h., ob er die Vermögens-, Schulden- und Gewinnsituation der Aktiengesellschaft widerspiegelt. So versucht man, sich über die Bilanz der Aktiengesellschaft an die Höhe des Aktienkurses »heranzutasten«.

### ▶ Bilanzkurs

Ein Aktionär ist nicht nur am Grundkapital seiner AG, sondern auch an den Kapital- und Gewinnrücklagen sowie am Gewinnvortrag beteiligt. Die Rücklagen und der Gewinnvortrag sind Werte, auf deren Ausschüttung er kraft Gesetzes oder freiwillig verzichtet hat; rechtlich und damit rechnerisch gesehen stehen sie ihm aber zu. Folglich kann man ausrechnen, wie viel Prozent das ausgewiesene Eigenkapital im Verhältnis zum Grundkapital beträgt. Diesen so errechneten Prozentsatz nennt man **Bilanzkurs.**

$$\textbf{Bilanzkurs} = \frac{\textbf{ausgewiesenes Eigenkapital}}{\textbf{Grundkapital}} \cdot \textbf{100}$$

**Beispiel:**

| | |
|---|---|
| Grundkapital | 100.000 EUR |
| Kapitalrücklage | 10.000 EUR |
| andere Gewinnrücklagen | 70.000 EUR |
| Gewinnvortrag | 10.000 EUR |
| ausgewiesenes Eigenkapital | 190.000 EUR |

$$\text{Bilanzkurs} = \frac{190.000\ \text{EUR}}{100.000\ \text{EUR}} \cdot 100 = 190\,\%$$

Eine Aktie mit dem Mindestbetrag von 100 EUR ist nach diesem Bilanzkurs 190 EUR wert; eine Aktie im Nennwert von 1 EUR ist 1,90 EUR wert. Der aktuelle Börsenkurs kann jedoch ein ganz anderer sein.

▶ **Börsenkurs**

Der Kurs einer Aktie entsteht durch das freie Spiel von Angebot und Nachfrage an der Börse. Viele Beweggründe beeinflussen Anbieter und Nachfrager. Es sind wirtschaftliche, politische und spekulative Gründe.

Liegt der Börsenkurs der Aktie bei 70 EUR und der Bilanzkurs bei 45 EUR, so kann auf stille Rücklagen und günstige Unternehmenslage geschlossen werden, sofern nicht andere Einflüsse wirksam sind (Kapitel 13.7.1.3).

### 13.5.2.3 Bedingte Kapitalerhöhung

Sie ist eine Kapitalerhöhung, zu der der **Vorstand durch die Hauptversammlung** in dem Ausmaß **ermächtigt** wird, wie **von einem eingeräumten Umtausch- oder Bezugsrecht Gebrauch gemacht** wird.

*AktG §§ 192–201*

Der durch die HV beschlossene Betrag der Kapitalerhöhung (bedingtes Kapital) soll nur verwendet werden

- zur Gewährung von Umtausch- oder Bezugsrechten an Gläubiger von Wandelschuldverschreibungen (Wandelanleihen),
- zur Vorbereitung des Zusammenschlusses mehrerer Unternehmen (Schaffung von Umtauschaktien bei einer Fusion),
- zur Gewährung von Belegschaftsaktien aus einer von der AG gegenüber ihren Arbeitnehmern eingeräumten Gewinnbeteiligung.

Der Nennbetrag des bedingten Kapitals darf wie bei dem genehmigten Kapital höchstens 50 % des bei der Beschlussfassung vorhandenen Grundkapitals betragen.

## 13.5.3 Fremdfinanzierung

**Fremdfinanzierung** ist die **Bereitstellung von Fremdkapital durch fremde Personen (Gläubiger).**

Im Gegensatz zur Beteiligungsfinanzierung entsteht bei der Fremdfinanzierung kein Beteiligungs-, sondern ein **Kreditverhältnis.** Fremdfinanzierung verursacht Ausgaben durch den Kapitaldienst (Zinsen und Tilgung), die zu Liquiditätsschwierigkeiten führen können.

Andererseits können die Zinsen als Aufwendungen von den Erträgen abgezogen werden und vermindern so den zu versteuernden Gewinn.

| **langfristiges Fremdkapital** | **kurzfristiges Fremdkapital** |
|---|---|
| Langfristiges Fremdkapital dient der Finanzierung des Anlagevermögens und der Schuldenkonsolidierung, d.h. der Umwandlung kurzfristiger in langfristige Kredite.<br>Ab einer Laufzeit von vier Jahren spricht man von langfristig. | Kurzfristiges Fremdkapital dient der Finanzierung von Umlaufvermögen, vor allem der Erzeugnisse und der Forderungen.<br>Bis zu einer Laufzeit von einem Jahr spricht man von kurzfristig. |
| **Beispiele:** Darlehen, Unternehmensanleihen | **Beispiele:** Kontokorrentkredit, Lieferantenkredit |

### 13.5.3.1 Lieferantenkredit

Beim **Lieferantenkredit gewährt** der **Lieferant** ein **Zahlungsziel,** insofern ist der **Lieferantenkredit eine Form der Außenfinanzierung.**

**Lieferantenkredite** helfen, die **Warenbeschaffung** bzw. den Materialbedarf zu finanzieren. Der Rechnungsbetrag ist erst nach einer vorgegebenen Frist (Skontofrist) zu begleichen. Bietet der Lieferant Skonto an, sollte dies genutzt werden, denn der Lieferantenkredit ist nicht zinslos, da Skonto meist in den Preis einkalkuliert wird.

**Beispiel:** Die Zahlungsbedingung eines Lieferanten lautet: »10 Tage 2% Skonto oder 30 Tage netto Kasse«. Für die Zeit vom 11. bis zum 30. Tag, d. h., für 20 Tage vorzeitiges Bezahlen erhält der Kunde 2% Skonto.

Das entspricht einem Jahreszinssatz von $\frac{2\% \cdot 360 \text{ Tage} \cdot 100\%}{20 \text{ Tage} \cdot 98\%} = 36{,}7\%$

Da der Lieferantenkredit sehr teuer ist, sollte ein Bankkredit genutzt werden, um Rechnungen skontieren zu können.

### 13.5.3.2 Kontokorrentkredit

Zur Finanzierung seiner kurzfristigen Verbindlichkeiten erhält das Unternehmen von der Bank auf Antrag eine **Kreditgrenze (Kreditlimit)** eingeräumt, bis zu der es jederzeit sein laufendes Konto (Kontokorrent) in Anspruch nehmen darf (Kapitel 4.2.2).

### 13.5.3.3 Darlehen

*BGB § 488*

Als **Darlehen** bezeichnet man **langfristige Kredite,** die in Form eines Geldbetrages in vereinbarter Höhe zur Verfügung gestellt werden.

Darlehen werden zumeist von Banken gewährt und nach einem vereinbarten Tilgungsplan getilgt.

Das besondere Merkmal des Darlehens besteht darin, dass der Schuldner sich festlegen muss,

- in welcher Höhe und in welcher Zeit er tilgen will, und
- dass er über getilgte Beträge nicht mehr verfügen kann.

**Beispiel:** Darlehen von 140.000 EUR; derzeitiger Stand von 60.000 EUR. Der Schuldner muss einen neuen Darlehensantrag stellen, wenn er die aktuelle Restschuld wieder aufstocken will. Dies gilt selbst dann, wenn die bisherige Bank über die ursprünglich gegebene Kreditsicherheit verfügt.

Als **Finanzierungskosten** fallen Zinsen und eventuell Disagio, Bereitstellungsprovision und Bearbeitungsgebühren an. **Disagio** bedeutet, dass der beantragte Kredit nicht zu 100% ausbezahlt wird, sondern z.B. nur zu 98%. Getilgt werden müssen aber 100%, sodass das Disagio die angegebene **Nominalverzinsung** erhöht. Die **Effektivverzinsung** ist damit höher als die Nominalverzinsung.

#### Nominal- und Effektivverzinsung

Bei der Darlehensfinanzierung handelt der Kaufmann mit dem Kreditinstitut die Darlehensbedingungen aus. Dabei sind neben der Kreditsumme, der Laufzeit und den Sicherheiten noch folgende Vertragsinhalte zu beachten:

### ▶ Nominalverzinsung

Die Grundlage für die Berechnung der jährlichen Zinsbelastung ist der ausgehandelte Nominalzinssatz. Er wird in einem Prozentsatz ausgedrückt und heißt auch Jahreszinssatz (Zinssatz per annum; Prozentsatz p. a.). Für die Zinsberechnung wird die kaufmännische Zinsformel zugrunde gelegt, d. h. **Z = (K · p · t) : (100 · 360).**

**Beispiel:** Kreditbetrag = 10.000 EUR, Nominalzinssatz = 7 %, Laufzeit 1 Jahr;
⇒ Z = (10.000 EUR · 7 · 360 Tage) : (100 · 360 Tage) = 700 EUR.

### ▶ Effektivverzinsung

Nicht immer stellt die Bank den gesamten Kreditbetrag zur Verfügung. Stattdessen vereinbart sie mit dem Kreditnehmer einen geringeren Auszahlungsbetrag (z. B. 97 %) im Vergleich zur beantragten Kreditsumme (100 %). Der nicht ausbezahlte Prozentsatz (3 %) wird **Disagio** oder Abschlag genannt.

Da der Nominalzins aber aus 100 % der Kreditsumme berechnet wird und auch 100% getilgt werden müssen, also Auszahlungsbetrag plus Disagio, stellt das Disagio einen zusätzlichen Zinsaufwand dar und führt deswegen zu einer höheren Effektivverzinsung.

Der **Effektivzinssatz** errechnet sich nach der Fromel $\mathbf{p_{eff}} = \frac{\textbf{Kreditkosten pro Jahr}}{\textbf{Auszahlungsbetrag}} \cdot \mathbf{100}$

**Beispiel:** Ein Kreditnehmer erhält 10.000 EUR Kredit mit einer Laufzeit von einem Jahr bei einem Nominalzinssatz von 7 % und einem Disagio von 3 %. Zum Zinsaufwand von 7 % kommen 3 % Disagio, sodass der Kreditnehmer insgesamt 10 %, d. h. 1.000 EUR effektiv für diesen Kredit zahlt. Die Effektivverzinsung ist sogar noch höher, da nur 9.700 EUR zur Verfügung stehen.

Die Anwendung der Formel ergibt folgendes Ergebnis:

$$p_{eff} = \frac{1.000\text{ EUR}}{9.700\text{ EUR}} \cdot 100 = 10{,}3\,\%$$

Da die meisten Banken mit einem Disagio oder einer Bearbeitungsgebühr arbeiten, fallen die Höhen von Nominalzinssatz und Effektivzinssatz immer auseinander. Welche Bank das günstigste Angebot macht, lässt sich nur durch einen Vergleich der effektiven Zinssätze ermitteln.

**Beispiel 1:** Die Kreditsumme beträgt 100.000 EUR und die Laufzeit ein Jahr.

| | Nominalzinssatz | Betrag | Disagio | Betrag | Gebühr | Betrag | insgesamt p. a. | Effektivzinssatz |
|---|---|---|---|---|---|---|---|---|
| Bank A | 7 % | 7.000 EUR | 3,0 % | 3.000 EUR | – | 0 EUR | 10.000 EUR | 10,3 % |
| Bank B | 8,5 % | 8.500 EUR | – | 0 EUR | 1,0 % | 1.000 EUR | 9.500 EUR | 9,5 % |
| Bank C | 6,0 % | 6.000 EUR | 3,0 % | 3.000 EUR | 0,5 % | 500 EUR | 9.500 EUR | 9,8 % |

**Beispiel 2:** Die Kreditsumme beträgt 100.000 EUR und die Laufzeit verlängert sich auf vier Jahre.

| | Nominalzinssatz | Betrag | Disagio | Betrag | Gebühr | Betrag | insgesamt p. a. | Effektivzinssatz |
|---|---|---|---|---|---|---|---|---|
| Bank A | 7 % | 7.000 EUR | 3,0 % | 750 EUR | – | 0 EUR | 7.750 EUR | 7,98 % |
| Bank B | 8,5 % | 8.500 EUR | – | 0 EUR | 1,0 % | 250 EUR | 8.750 EUR | 8,75 % |
| Bank C | 6,0 % | 6.000 EUR | 3,0 % | 750 EUR | 0,5 % | 125 EUR | 6.875 EUR | 7,08 % |

Die Veränderung der Effektivzinssätze hängt damit zusammen, dass zwar der Auszahlungsbetrag unverändert bleibt, Disagio und Gebühr sich aber auf vier Jahre verteilen. Damit verringern sich die Kreditkosten pro Jahr und dies beeinflusst wiederum die Effektivverzinsung. Es kann also durchaus sein, dass ein niedriger Nominalzinssatz, verbunden mit einem hohen Disagio, zu einem höheren Effektivzinssatz führt als ein hoher Nominalzinssatz mit einem niedrigen Disagio.

**Beispiel:** Die Kreditsumme beträgt 100 EUR und die Laufzeit vier Jahre.

- Bank A bietet 6,00 % Zins bei 95,00 % Auszahlung für vier Jahre
  = (6,00 EUR + 1,25 EUR) · 100 : 95,00 % = 7,63 % effektiv.
- Bank B bietet 7,25 % Zins bei 99,40 % Auszahlung für vier Jahre
  = (7,25 EUR + 0,15 EUR) · 100 : 99,40 % = 7,44 % effektiv.

Trotzdem kann es für einen Kreditnehmer interessant sein, das Angebot der Bank A anzunehmen, wenn ihm bei einem 100-Mio.-EUR-Kredit ein Liquiditätsabfluss pro Jahr von 6 Mio. EUR Zinsaufwand vertretbarer erscheint als ein Liquiditätsabfluss von 7,25 Mio. EUR für Zinsaufwendungen.

*PAngV § 6* Die Preisangabenverordnung schreibt vor, dass in jedem Kreditvertrag sowohl der Nominalzinssatz als auch der Effektivzinssatz stehen müssen.

## Festdarlehen, Ratendarlehen, Annuitätendarlehen

| Darlehensart | Merkmale | Vorteile | Nachteile |
|---|---|---|---|
| **Festdarlehen** | – Rückzahlung am Fälligkeitstag<br>– Zinszahlung während der Laufzeit | Darlehensnehmer kann während der Laufzeit mit dem vollen Kapital arbeiten | Gefahr von Zahlungsschwierigkeiten bei Fälligkeit |
| **Ratendarlehen** | – gleichbleibende Tilgungsrate<br>– abnehmende Zinszahlungen | insgesamt niedrigere Zinsbelastung als bei anderen Darlehensarten | anfangs hohe Gesamtrate |
| **Annuitätendarlehen** | – gleichbleibende Gesamtrate<br>– Tilgungsrate steigt, Zinsrate fällt | gleichbleibende Kalkulationsgrundlage | höhere Zinsbelastung als bei Ratendarlehen |

Die Berechnung der Zinsbeträge beim Festdarlehen erfolgt mittels einfacher Zinsrechnung, beim Ratendarlehen mithilfe der Prozent- und Zinsrechnung.

Die Formel für die **Annuitätenberechnung** lautet: $\mathbf{A = K \cdot \frac{q^n(q-1)}{q^n - 1}}$

(A = Annuität, K = Darlehen, q = 1 + p/100, p = Zinssatz, n = Laufzeit in Jahren)

## Gegenüberstellung des Tilgungsverlaufs von Festdarlehen, Ratendarlehen und Annuitätendarlehen

**Beispiel:** Darlehen 10.000 EUR, Zinssatz 10 %, Tilgungsdauer zehn Jahre

$$\text{Tilgungsrate} = \frac{\text{Gesamtschuld}}{\text{Tilgungsdauer}} = \frac{10.000\text{ EUR}}{10\text{ Jahre}} = 1.000\text{ EUR};$$

$$\text{Annuität} = 10.000\text{ EUR} \cdot \frac{1{,}10^{10}(1{,}10-1)}{1{,}10^{10}-1} = \frac{2{,}5937423 \cdot 0{,}1}{2{,}5937423 - 1} = 1.627{,}45\text{ EUR}$$

Das Annuitätendarlehen hat den Vorteil, dass im Finanzplan des Unternehmens gleichbleibende Ausgaben für den Schuldendienst eingesetzt werden können.

| Jahr | Festdarlehen (in EUR) (Tilgung am Laufzeitende) | | | Ratendarlehen (in EUR) (gleichbleibender Tilgungsbetrag) | | | Annuitätendarlehen (in EUR) (gleichbleibende Annuität) | | |
|---|---|---|---|---|---|---|---|---|---|
| | T-Rate | Zinsen | Gesamtbetrag | T-Rate | Zinsen | Gesamtbetrag | T-Rate | Zinsen | Annuität |
| 1 | 0 | 1.000 | 1.000 | 1.000 | 1.000 | 2.000 | 627,45 | 1.000,00 | 1.627,45 |
| 2 | 0 | 1.000 | 1.000 | 1.000 | 900 | 1.900 | 690,19 | 937,26 | 1.627,45 |
| 3 | 0 | 1.000 | 1.000 | 1.000 | 800 | 1.800 | 759,21 | 868,24 | 1.627,45 |
| 4 | 0 | 1.000 | 1.000 | 1.000 | 700 | 1.700 | 835,14 | 792,31 | 1.627,45 |
| 5 | 0 | 1.000 | 1.000 | 1.000 | 600 | 1.600 | 918,65 | 708,80 | 1.627,45 |
| 6 | 0 | 1.000 | 1.000 | 1.000 | 500 | 1.500 | 1.010,51 | 616,94 | 1.627,45 |
| 7 | 0 | 1.000 | 1.000 | 1.000 | 400 | 1.400 | 1.111,57 | 515,88 | 1.627,45 |
| 8 | 0 | 1.000 | 1.000 | 1.000 | 300 | 1.300 | 1.222,72 | 404,73 | 1.627,45 |
| 9 | 0 | 1.000 | 1.000 | 1.000 | 200 | 1.200 | 1.344,99 | 282,46 | 1.627,45 |
| 10 | 10.000 | 1.000 | 11.000 | 1.000 | 100 | 1.100 | 1.479,57 | 147,96 | 1.627,45 |
| | 10.000 | 10.000 | 20.000 | 10.000 | 5.500 | 15.500 | 10.000,00 | 6.274,58 | 16.274,58 |

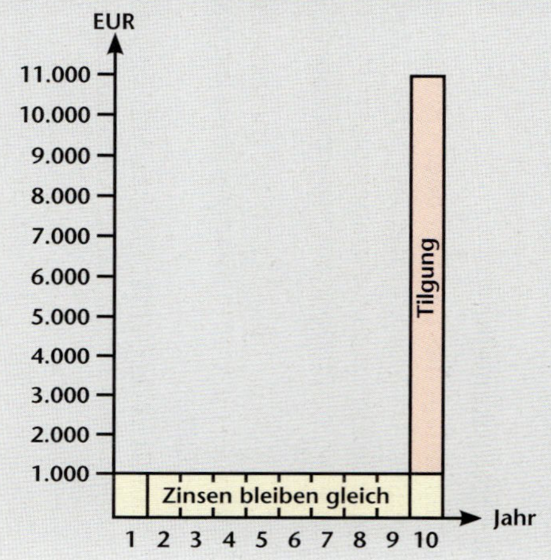


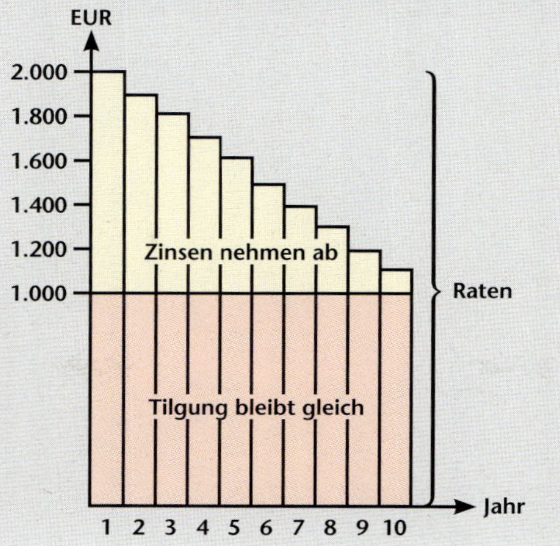


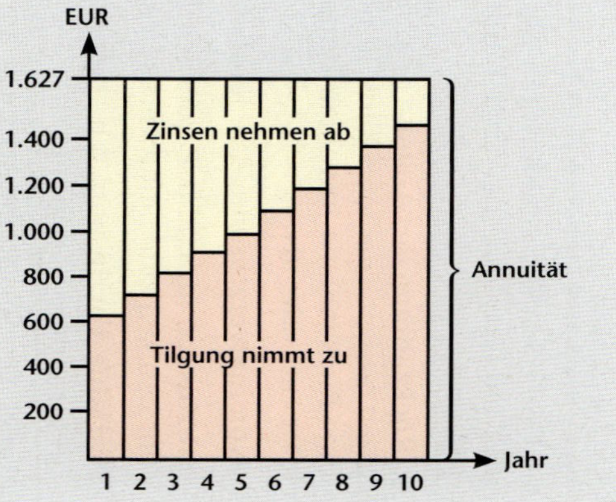

### 13.5.3.4 Anleihen

Das Unternehmen nimmt durch den Verkauf einer Anleihe langfristig Geld am Kapitalmarkt auf. Kapitalgeber sind **Kapitalsammelstellen** wie Banken, Versicherungen, Pensionskassen.

Die **Rückzahlung** der Anleihe beginnt in aller Regel erst nach Ablauf einiger tilgungsfreier Jahre. Das Unternehmen kann je nach Investitionsvorhaben eine feste Laufzeit, die vorzeitige Rückzahlung in vollem Umfang oder in Teilbeträgen vereinbaren. Die **Verzinsung** erfolgt entweder als

- **Nominalverzinsung,** d. h. jährliche feste Zinszahlung.
- **Abzinsung,** d. h., das Papier wird weit unter dem Nominalwert verkauft und am Ende der Laufzeit zum Nennwert zurückbezahlt.
- **variable Verzinsung,** d.h., der zu zahlende Zinssatz richtet sich nach den Veränderungen auf dem Kapitalmarkt.

**Beispiel:** Die Solarstrom AG sucht am Kapitalmarkt 50 Mio. EUR. Sie bietet 3,25 % Festverzinsung, fünf Jahre Laufzeit, Mindestanlage 1.000 EUR, Rückzahlungskurs 100 %, Endfälligkeit 14.12.2019. Die Anleihe wird an der Frankfurter Wertpapierbörse notiert.

#### Wandelanleihen

*AktG § 221* Die Inhaber haben das Recht auf **Umtausch in Aktien** anstelle des Rückzahlungsanspruchs.

| Vorteile | Nachteile |
|---|---|
| – Das Unternehmen kann bei angespannter Kapitalmarktlage zu einem relativ günstigen Zinssatz Fremdkapital beschaffen.<br>– Der Erwerber einer Wandelanleihe erzielt einen festen Ertrag und hat zusätzlich die Möglichkeit, Aktionär zu werden.<br>– Der Erwerber ist bei schlechter Geschäftslage des Unternehmens und niedrigem Aktienkurs vor Verlusten geschützt, da der Rückzahlungskurs der Wandelanleihe festgelegt ist.<br>– Bei guter Geschäftslage und steigenden Aktienkursen hat der Erwerber dementsprechend Chancen auf Kursgewinne, da die Umtauschbedingungen festgelegt sind. | – Das Unternehmen muss auch bei schlechter Ertragslage einen festen Zinsbetrag an die Inhaber der Wandelanleihen zahlen.<br>– Die Inhaber der Wandelanleihen haben zunächst nur Gläubigerrechte. |

#### Optionsanleihen

*§ 192* Sie enthalten das Bezugs- oder Optionsrecht auf den **Erwerb** von Aktien zusätzlich zu den Anteilen. Das Kapital der AG wird dabei in dem Umfang erhöht, wie die Gläubiger von ihrem Bezugsrecht Gebrauch machen (bedingte Kapitalerhöhung).

| Vorteile | Nachteile |
|---|---|
| – Das Unternehmen kann bei angespannter Kapitalmarktlage zu einem relativ günstigen Zinssatz Fremdkapital beschaffen.<br>– Der Erwerber einer Optionsanleihe hat bei Optionsausübung die Möglichkeit, Aktionär zu werden.<br>– Der Erwerber erhält unabhängig von der Optionsausübung eine feste Verzinsung sowie die Rückzahlung seiner Anleihe am Laufzeitende.<br>– Wenn die Aktienkurse steigen, erzielt der Erwerber zusätzliche Kursgewinne durch seine Bezugsrechte. | – Das Unternehmen muss auch bei schlechter Ertragslage einen festen Zinsbetrag an die Inhaber der Optionsanleihen zahlen.<br>– Die Inhaber der Optionsanleihen haben zunächst nur Gläubigerrechte. |

## Gewinnschuldverschreibungen

Gewinnschuldverschreibungen sind Urkunden, die neben den Gläubigerrechten das Recht auf Beteiligung am Unternehmensgewinn verbriefen (Zins- und Gewinnanteil). AktG § 221

| Vorteile | Nachteile |
|---|---|
| – Das Unternehmen kann sich zu einem relativ günstigen Zinssatz Fremdkapital beschaffen, der Zinsanteil ist in der Regel niedriger als bei anderen Anleiheformen. | – Für das Unternehmen ist die Gewinnverwendung eingeschränkt, da Teile des Gewinns den Gläubigern der Gewinnschuldverschreibung zustehen. |
| – Durch die Gewinnbeteiligung kann die Rendite der Gewinnschuldverschreibung für den Erwerber überdurchschnittlich ausfallen. | – Die Inhaber der Gewinnschuldverschreibung haben ein erhöhtes Renditerisiko, da ihre Rendite vom Gewinn des Unternehmens abhängt. |

## 13.5.4 Vergleich zwischen Beteiligungs- und Darlehensfinanzierung

### Unterscheidungsmerkmale zwischen Beteiligungs- und Darlehensfinanzierung

| | Beteiligungsfinanzierung | Darlehensfinanzierung |
|---|---|---|
| Merkmale für den Kapitalgeber | – Teilhaberverhältnis<br>– Geschäftsführungsrecht bei Personenunternehmen<br>– häufig keine Kündigung<br>– Gewinnbeteiligung<br>– trägt Verlust<br>– Anteil am wirklichen Vermögen<br>– Haftung für Schulden | – Gläubigerverhältnis<br>– kein Geschäftsführungsrecht<br>– vereinbarte Rückzahlung<br>– Zinsertrag<br>– trägt keinen Verlust<br>– meist nominelle Rückzahlung<br>– keine Haftung |
| Merkmale für das Unternehmen | – hohes Risiko bei Insolvenz<br>– kein Zinsaufwand<br>– Mittelzufluss ohne Abzug<br>– Gewinnausschüttung ist steuerlich keine Betriebsausgabe<br>– Mittelzufluss ohne Rückzahlungsverpflichtung | – beschränktes Risiko bei Insolvenz<br>– Zinsaufwand<br>– verminderter Mittelzufluss durch Disagio<br>– Zinszahlung ist steuerlich Betriebsausgabe<br>– Mittelzufluss mit Rückzahlungsverpflichtung |

### Entscheidungskriterien für Beteiligungs- oder Darlehensfinanzierung

| Beteiligungsfinanzierung | | Darlehensfinanzierung |
|---|---|---|
| Einzelunternehmen | Gesellschaften | |
| Es ist unabhängig und kann über die Gewinnverwendung allein entscheiden. Es trägt aber auch das gesamte Risiko. | Mitsprache der Gesellschafter und damit Einengung der Entscheidungsfreiheit<br>Teilung des Gewinns, aber auch des Risikos | Krediaufnahme und Kredithöhe sind abhängig von der Kreditwürdigkeit und den gebotenen Sicherheiten. |

| Beteiligungsfinanzierung | | Darlehensfinanzierung |
|---|---|---|
| Einzelunternehmen | Gesellschaften | |
| | Teilhaberverhältnis | Schuldnerverhältnis |
| | vollständiger Mittelzufluss | verminderter Mittelzufluss durch Disagio |
| Gewinnausschüttung ist abhängig von der Ertragslage. | | Zinszahlung ist unabhängig von der Ertragslage. |
| Mittelabfluss nur nach eigener Entscheidung | | Mittelabfluss gemäß vereinbarten Zins- und Tilgungsverpflichtungen |
| Gewinnausschüttungen sind keine Betriebsausgaben. | | Zinszahlungen vermindern den zu versteuernden Gewinn. |

## 13.5.5 Leasing

Bei der Finanzierung durch **Leasing** werden **langfristige Nutzungsrechte an beweglichen und unbeweglichen Wirtschaftsgütern durch Mietverträge** erworben.

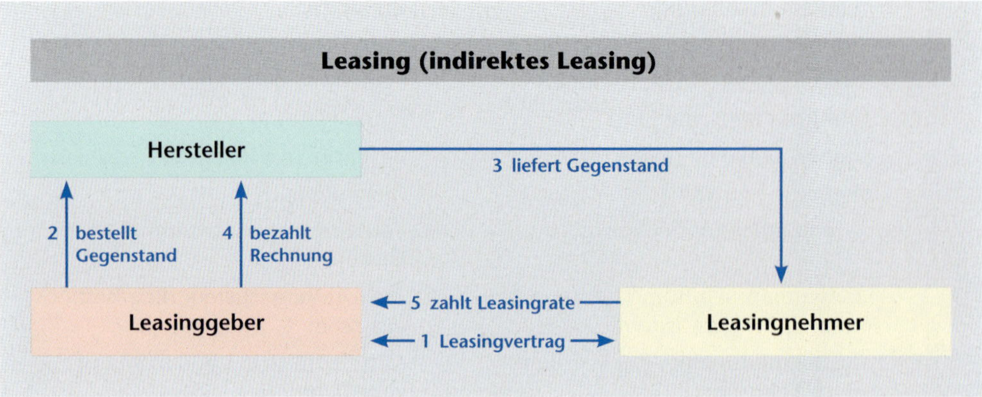


*BGB §§ 535 ff.*

Der Leasingvertrag ist ein Mietvertrag besonderer Art: Im Unterschied zur Miete trägt der Leasingnehmer die Sachgefahr für das Leasingobjekt, d.h., er wird auch für den unverschuldeten Untergang der Sache zur Rechenschaft gezogen.

Das Leasingobjekt (Immobilien, Mobilien) wird vom Leasingnehmer grundsätzlich nicht in der Bilanz erfasst, da der Leasinggeber rechtlicher und wirtschaftlicher Eigentümer ist. Nach einem Erlass des Bundesfinanzministeriums vom 19. April 1971 wird bei einer Grundmietzeit zwischen 40 % und 90 % der betriebsgewöhnlichen Nutzungsdauer der Leasinggegenstand dem Leasinggeber zugerechnet, von ihm bilanziert und abgeschrieben. Weitaus die meisten Leasingverträge liegen in der Grundmietzeit zwischen 40 % und 90 % der betriebsgewöhnlichen Nutzungsdauer.

## Arten des Leasings

| | |
|---|---|
| **operate Leasing** | Die Vertragspartner vereinbaren eine **kurze** und teilweise **kündbare Mietdauer.** Der Leasinggeber trägt das Investitionsrisiko und ist für Wartung und Reparaturen zuständig. Die Leasingraten sind so kalkuliert, dass der Leasinggeber erst nach mehrmaliger Vermietung des Leasingobjektes die vollen Objektkosten und einen angemessenen Gewinn vergütet erhält. |
| **finance Leasing** | Die Vertragspartner vereinbaren eine **längere** und **unkündbare Mietdauer.** Der Leasingnehmer trägt während der Grundmietzeit das Investitionsrisiko. Er ist auch für Wartung und Reparaturen zuständig. Nach Vertragsablauf besteht für den Leasingnehmer (oft) eine Kaufoption zum Restwert. |
| **direktes Leasing** | Der **Hersteller** selbst ist **Leasinggeber.** Er überlässt dem Leasingnehmer das Nutzungsrecht. |
| **indirektes Leasing** | **Leasinggeber** ist nicht der Hersteller, sondern eine **selbstständige Leasinggesellschaft.** Sie finanziert das Leasingobjekt. |
| Operate-Leasing- und Finance-Leasing-Verträge können als direktes und indirektes Leasing erfolgen. | |

Der Leasinggeber kann alle vier Arten wie folgt anbieten:

Bei **Vollamortisationsverträgen** werden dem Leasinggeber über die Leasingraten innerhalb der Vertragslaufzeit die Anschaffungskosten und anfallende Zinsen vergütet.

**Beispiele:** hochwertige Maschinen, schnelllebige Wirtschaftsgüter (DV-Anlagen)

Bei **Teilamortisationsverträgen** erfolgt diese Vergütung erst nach mehrmaliger Vermietung.

**Beispiel:** Kfz-Leasing mit km-Angaben

## Vertragsdauer und Kosten

Die Vertragsdauer beträgt im Allgemeinen für Pkw drei und für Maschinen vier bis fünf Jahre, mindestens jedoch 40 % der betriebsgewöhnlichen Nutzungsdauer. Die Pachtdauer für Gebäude beträgt in der Regel 18 Jahre.

Der Mietsatz richtet sich nach der Vertragsdauer. Je kürzer die Vertragsdauer, desto höher der Mietsatz. Die übliche monatliche Leasingrate beträgt bei einer Vertragsdauer von drei Jahren etwa 3 %, bei fünf Jahren etwa 2 %, jeweils vom Kaufpreis.

Die Leasingrate ist also so bemessen, dass in dem jeweiligen Zeitraum das vom Leasinggeber eingesetzte Kapital getilgt und verzinst wird.

## Vorteile und Nachteile des Leasings

| Vorteile | Nachteile |
|---|---|
| – Kreditwürdige Unternehmen können ohne Inanspruchnahme von Barmitteln einen Betrieb aufbauen, erweitern und rationalisieren.<br>– Die Liquidität wird günstig beeinflusst, da die durch Leasing überlassenen Anlagen nicht gekauft werden müssen.<br>– Die Anlagen können zu einem frühen Zeitpunkt der Nutzungsphase ausgetauscht und dadurch dem neuesten Stand der Technik und der sich rasch wandelnden Wirtschaftslage angepasst werden. | – Die Mietkosten für die Anlagen sind hoch, weil das eingesetzte Kapital in kurzer Zeit amortisiert werden muss, der Vermieter eine Risikoprämie einkalkuliert und einen angemessenen Gewinn erzielen will.<br>– Das Unternehmen kann durch die monatlich wiederkehrenden Mietzahlungen in Liquiditätsschwierigkeiten kommen, wenn die Mietausgaben in den Umsatzerlösen nicht rechtzeitig zurückfließen. |

### 13.5.6 Vergleich zwischen Leasing und Kreditkauf

| Beschaffung einer Anlage durch Kredit- und Leasingfinanzierung im Vergleich | | |
|---|---|---|
| **Unterschiede** | **Kreditfinanzierung** | **Leasingfinanzierung** |
| **Geldmittelbedarf** | großer anfänglicher Bedarf in Höhe der Anschaffungskosten | geringer anfänglicher Bedarf in Höhe der ersten Monatsmiete und der Installationskosten |
| **laufende Liquiditätsbelastung** | Die Zins- und Tilgungsraten sind abhängig vom Eigenkapitalanteil an der Finanzierung. Je höher der Fremdfinanzierungsanteil, desto höher die Liquiditätsbelastung. | Bei Vollamortisationsverträgen ist die Liquiditätsbelastung ähnlich wie bei der Kreditfinanzierung. Bei Restwertverträgen ist die Belastung niedriger, da nur der Wertverlust ersetzt werden muss. |
| **Abschreibung** | Der Käufer schreibt ab. | Der Leasinggeber schreibt ab. |
| **Rechnungslegung**<br>– in der Bilanz | Aktivierung der Anlage zu den Anschaffungs- oder Herstellungskosten. Passivierung des Kredites. | Es erfolgt grundsätzlich kein Bilanzausweis beim Leasingnehmer. |
| – in der Erfolgsrechnung | Abschreibung der Anlage sowie Zinsen und sonstige Kreditkosten als Aufwand des Kreditnehmers | volle Mietrate (Tilgungs-, Zins-, Risiko-, Gewinnanteil) als Aufwand des Leasingnehmers |
| **Objekterneuerung** | Im Markt muss ein Erwerber gesucht werden. Je nach Marktlage muss das Objekt mit Verlust verkauft werden. Für den Restkaufpreis muss eine Finanzierung erstellt werden. | Nach Vertragsende wird das alte Objekt einfach gegen ein neues ausgetauscht. Im schlechtesten Fall erhöhen sich die Leasingraten. Der gesamte Erneuerungsvorgang vollzieht sich viel einfacher. |

#### Vergleich ohne Berücksichtigung von Steuern

**Beispiel:**

Ein Chemieunternehmen benötigt eine Maschine zum Anschaffungspreis von 100.000,00 EUR. Die Maschine hat eine betriebsgewöhnliche Nutzungsdauer von acht Jahren und wird linear abgeschrieben. Es stehen folgende Finanzierungsmöglichkeiten zur Verfügung:

Angebot der **Hausbank:** Darlehen in Höhe von 100.000,00 EUR, 8 % Zinssatz, Ratentilgung pro Jahr: 20 %, Auszahlung des Darlehens zu 100 %.

Angebot einer **Leasinggesellschaft** (Finance Leasing): Mietzinssatz monatlich während der dreijährigen Grundmietzeit: 3 % des Kaufwertes. Bei Vertragsverlängerung (Verlängerungsoption) ermäßigt sich die monatliche Miete auf $^1/_5$ des Mietsatzes der Grundmietzeit.

| Jahre | Kreditkauf | | | | | Leasing | Unterschied Leasing – Kreditkauf | |
|---|---|---|---|---|---|---|---|---|
| | Tilgung (1) | Zinsen (2) | Liquiditätsabfluss (3) = (1) + (2) | Abschreibungen (4) | Aufwand (5) = (2) + (4) | Raten (6) | Liquiditätsabfluss (6) – (3) | Aufwand (6) – (5) |
| 1 | 20.000,00 | 8.000,00 | 28.000,00 | 12.500,00 | 20.500,00 | 36.000,00 | +8.000,00 | +15.500,00 |
| 2 | 20.000,00 | 6.400,00 | 26.400,00 | 12.500,00 | 18.900,00 | 36.000,00 | +9.600,00 | +17.100,00 |
| 3 | 20.000,00 | 4.800,00 | 24.800,00 | 12.500,00 | 17.300,00 | 36.000,00 | +11.200,00 | 18.700,00 |
| 4 | 20.000,00 | 3.200,00 | 23.200,00 | 12.500,00 | 15.700,00 | 7.200,00 | –16.000,00 | – 8.500,00 |
| 5 | 20.000,00 | 1.600,00 | 21.600,00 | 12.500,00 | 14.100,00 | 7.200,00 | –14.400,00 | – 6.900,00 |
| 6 | – | – | – | 12.500,00 | 12.500,00 | 7.200,00 | +7.200,00 | – 5.300,00 |
| 7 | – | – | – | 12.500,00 | 12.500,00 | 7.200,00 | +7.200,00 | – 5.300,00 |
| 8 | – | – | – | 12.500,00 | 12.500,00 | 7.200,00 | 7.200,00 | – 5.300,00 |
| Σ | 100.000,00 | 24.000,00 | 124.000,00 | 100.000,00 | 124.000,00 | 144.000,00 | +20.000,00 | +20.000,00 |

| Jahre | Kreditkauf | | | | Leasing | | | Unterschied Leasing – Kreditkauf |
|---|---|---|---|---|---|---|---|---|
| | Liquiditätsabfluss vor Steuern (1) | Aufwand (2) | Steuerminderung (25% vom Aufwand) (3) | Liquiditätsabfluss nach Steuern (4) = (1) – (3) | Liquiditätsabfluss vor Steuern = Aufwand (5) | Steuerminderung (25% vom Aufwand) (6) | Liquiditätsabfluss nach Steuern (7) = (5) – (6) | Liquiditätsabfluss nach Steuern (7) – (4) |
| 1 | 28.000,00 | 20.500,00 | 5.125,00 | 22.875,00 | 36.000,00 | 9.000,00 | 27.000,00 | + 4.125,00 |
| 2 | 26.400,00 | 18.900,00 | 4.725,00 | 21.675,00 | 36.000,00 | 9.000,00 | 27.000,00 | + 5.325,00 |
| 3 | 24.800,00 | 17.300,00 | 4.325,00 | 20.475,00 | 36.000,00 | 9.000,00 | 27.000,00 | + 6.525,00 |
| 4 | 23.200,00 | 15.700,00 | 3.925,00 | 19.275,00 | 7.200,00 | 1.800,00 | 5.400,00 | –13.875,00 |
| 5 | 21.600,00 | 14.100,00 | 3.525,00 | 18.075,00 | 7.200,00 | 1.800,00 | 5.400,00 | –12.675,00 |
| 6 | – | 12.500,00 | 3.125,00 | –3.125,00 | 7.200,00 | 1.800,00 | 5.400,00 | + 8.525,00 |
| 7 | – | 12.500,00 | 3.125,00 | –3.125,00 | 7.200,00 | 1.800,00 | 5.400,00 | + 8.525,00 |
| 8 | – | 12.500,00 | 3.125,00 | –3.125,00 | 7.200,00 | 1.800,00 | 5.400,00 | + 8.525,00 |
| Σ | 124.000,00 | 124.000,00 | 31.000,00 | 93.000,00 | 144.000,00 | 36.000,00 | 108.000,00 | +15.000,00 |

Zinszahlung, Tilgung und Zahlung der Leasingraten erfolgen jeweils am Jahresende (siehe Tabelle Seite 593, oben).

**Ergebnis:**

Der Liquiditätsabfluss sowie der Aufwand sind beim Kreditkauf um 20.000,00 EUR geringer als beim Leasing.

## Vergleich mit Berücksichtigung von Steuern

**Fortsetzung des Beispiels:**

Beim Kreditkauf verringern die Zinszahlungen und die Abschreibungsaufwendungen den zu versteuernden Gewinn des Unternehmens. Beim Leasing reduzieren die Leasingraten als Aufwendungen den steuerpflichtigen Gewinn. Es wird bei dem Beispielunternehmen ein Gewinnsteuersatz von 25 % angenommen. Damit ergeben sich folgende steuerliche Auswirkungen (siehe Tabelle Seite 593, unten):

**Ergebnis:**

Bei Berücksichtigung von Steuern ist der Liquiditätsabfluss beim Kreditkauf um 15.000,00 EUR geringer als beim Leasing. Der Unterschied ist jedoch nach Steuern geringer als vor Steuern. Die Steuerminderung ist beim Leasing höher als beim Kreditkauf, weil die Aufwendungen beim Leasing höher sind und diese höheren Aufwendungen den steuerpflichtigen Gewinn mindern. Trotz der höheren Steuerentlastung beim Leasing bleibt jedoch der Nachteil des höheren Liquiditätsabflusses bestehen.

**Zusammenfassende Übersicht zu Kapitel 13.5: Außenfinanzierung**

## ▶ Aufgaben und Probleme

1. Nennen Sie Vor- und Nachteile der Beteiligungsfinanzierung.
2. Stellen Sie die Bilanzveränderungen dar bei einer Kapitalerhöhung gegen Einlagen von 16 Mio. EUR auf 20 Mio. EUR. Der Ausgabepreis der Jungaktien beträgt 8 EUR für eine 1-EUR-Aktie, die Mindesteinzahlung 40%, die Kapitalrücklage 9,2 Mio. EUR.
3. Stellen Sie die Bilanzveränderungen dar aufgrund folgender Angaben: altes Grundkapital 680 Mio. EUR, Kapital- und Gewinnrücklagen 200 Mio. EUR, neues Grundkapital 850 Mio. EUR. Die neuen Aktien lauten auf 1 EUR und werden zu 8 EUR verkauft.
4. Eine GmbH plant vor einer Gesamtinvestition von 2,877 Mio. EUR die Umwandlung in eine AG, um dieses Kapital teilweise über die Börse beschaffen zu können. Die GmbH hat ein Anlagevermögen von 984.000 EUR, ein Umlaufvermögen von 816.000 EUR und ein Stammkapital von 925.000 EUR. Die GmbH-Gesellschafter Jan, Ulli und Frank Labek wollen je 300 und Tanja Labek 80 Aktien im Mindestbetrag von 1.000 EUR übernehmen. Ein wohlhabender Freund ist bereit, 11.000 Aktien zum Mindestbetrag von 50 EUR zu zeichnen. Weitere 24.000 Aktien will die Hausbank über die Börse zu mindestens 50 EUR platzieren. Die Aktien werden zu 140 % vom jeweiligen Mindestbetrag verkauft.
   a) Prüfen Sie rechnerisch nach, ob bei voller Übernahme aller Aktien der Geldmittelzufluss ausreicht, um die geplante Investition zu finanzieren.
   b) Erstellen Sie die Gründungsbilanz der neu errichteten Aktiengesellschaft.
5. Beschreiben Sie zwei Entscheidungskriterien, die den Vorstand bewegen könnten, aufgrund der Kapitalmarktsituation auf die Inanspruchnahme genehmigten Kapitals zu verzichten.
6. Beschreiben Sie die Auswirkungen einer Kapitalerhöhung aus Gesellschaftsmitteln.
7. Begründen Sie, ob einer Kapitalerhöhung aus Gesellschaftsmitteln ein Finanzierungsvorgang vorausging.
8. Die HV einer AG beschließt die Ausgabe von Berichtigungsaktien. Folgende Bilanzpositionen sind gegeben: Gezeichnetes Kapital 6 Mio. EUR, gesetzliche Rücklage einschließlich Kapitalrücklage 1,5 Mio. EUR, andere Gewinnrücklagen 3,1 Mio. EUR.
   a) Bis zu welcher Höhe können gesetzliche Rücklagen in Grundkapital umgewandelt werden?
   b) Stellen Sie die Bilanzpositionen vor und nach der Kapitalerhöhung dar.
   c) Wie hoch ist der Bilanzkurs vor und nach der Erhöhung?
   d) Um wie viel EUR steigt der Mittelabfluss der AG durch eine gleichbleibende Dividendenpolitik von 0,80 EUR je 5-EUR-Aktie?
9. Eine AG hat einen Jahresüberschuss von 878.000 EUR erzielt. Das Gezeichnete Kapital beträgt 2.730.000 EUR und ist in Stückaktien zu 1 EUR aufgeteilt.
   a) Welchen Dividendenbetrag könnten Vorstand und Aufsichtsrat höchstens vorschlagen, wenn sie durch die Satzung zu einer Einstellung von maximal 60 % in die anderen Gewinnrücklagen ermächtigt sind? (rechnerischer Nachweis erforderlich, wobei die Dividende auf ganze Cents zu runden ist; die gesetzliche Rücklage bleibt unberücksichtigt)
   b) Weisen Sie die Verwendung des Jahresüberschusses rechnerisch nach, wenn hierzu keine satzungsmäßigen Bestimmungen vorliegen und die Dividende 0,16 EUR je Aktie betragen würde.

10. Errechnen Sie das Bezugsrecht aus folgenden Angaben: Kapitalerhöhung um 80 Mio. EUR auf 320 Mio. EUR, Kurs der alten Aktien 400 EUR, Preis der jungen Aktien 280 EUR.

11. Wie viele junge Aktien kann ein Aktionär beziehen, wenn das Bezugsverhältnis 5 : 3 lautet und er 46 Altaktien besitzt?

12. Das Grundkapital einer AG beträgt 32 Mio. EUR, ihre Kapitalrücklage 4 Mio. EUR, ihre Gewinnrücklagen 3,2 Mio. EUR. Zur Investition werden 12 Mio. EUR benötigt. Die Hauptversammlung hat beschlossen, diese Mittel durch eine Kapitalerhöhung gegen Einlagen in Höhe von 4 Mio. EUR zu beschaffen. Die Aktien der AG notieren gegenwärtig mit 24 EUR je 5-EUR-Aktie.

    a) Berechnen Sie das Bezugsverhältnis, den Ausgabepreis der neuen Aktien und den rechnerischen Wert des Bezugsrechtes.

    b) Wie wirkt sich die Kapitalerhöhung auf die betroffenen Bilanzpositionen aus?

    c) Wie hoch ist das neue Eigenkapital der AG?

13. Berechnen Sie den Bilanzkurs bei einem Grundkapital von 2,5 Mio. EUR und einem ausgewiesenen Eigenkapital von 6,25 Mio. EUR.

14. Welche Schlüsse können Sie ziehen, wenn der Börsenkurs über oder unter dem errechneten Bilanzkurs liegt?

15. Welche Vor- und Nachteile bringt die Fremdfinanzierung mit sich?

16. Das Bankhaus Ackermann verlangt für einen Kontokorrentkredit 8 % Sollzinsen und 3 % Bereitstellungsprovision von dem zugesagten Kredit von 30.000 EUR für 180 Tage. Eine Volksbank berechnet 11 % Sollzinsen und 3 % Bereitstellungsprovision für diejenigen Beträge, die in den 180 Tagen nicht in Anspruch genommen wurden.

    a) Vergleichen Sie die beiden Angebote für den Fall, dass

        – der Kreditnehmer den Kredit in den 180 Tagen überhaupt nicht in Anspruch nahm,

        – der Kreditnehmer die gesamten 180 Tage mit 30.000 EUR im Soll stand.

    b) Begründen Sie, warum eines der beiden Kreditangebote günstiger erscheint.

17. Welche Unterschiede bestehen zwischen einem Kontokorrentkredit und einem Darlehen hinsichtlich Bereitstellung, Rückzahlung und Laufzeit?

18. Warum ist ein Kontokorrentkredit grundsätzlich teurer als ein Darlehen?

19. Durch Änderung des Gesellschaftsvertrags wird ein bisheriger Darlehensgeber zum Teilhaber. Welche Auswirkung hat dieser Vorgang auf die Freisetzung liquider Mittel und auf die Bilanz?

20. Was kann einen Kaufmann veranlassen, ein hohes Disagio zu vereinbaren?

21. Nach der Art der Rückzahlung unterscheidet man drei Darlehensformen.

Grafik 1

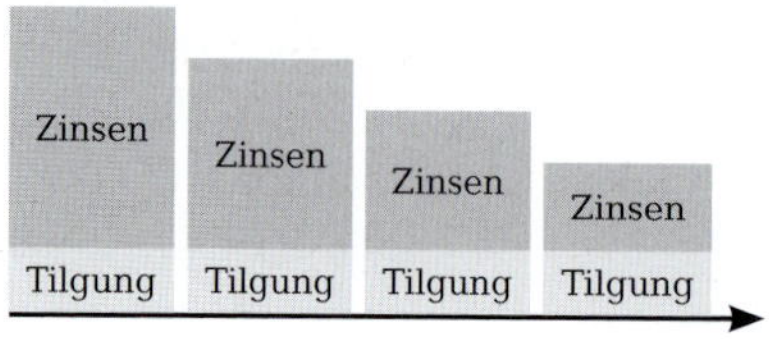


Grafik 2

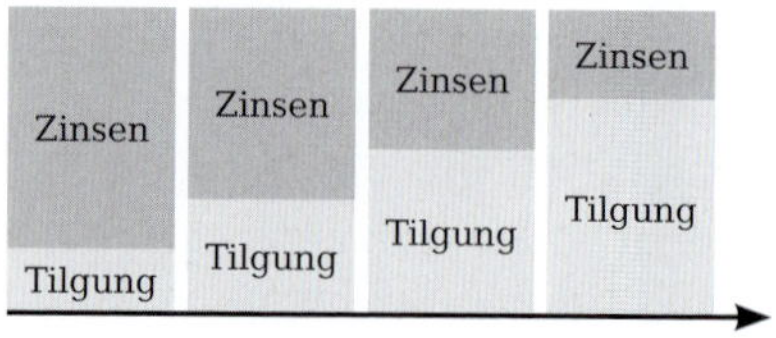

Grafik 3

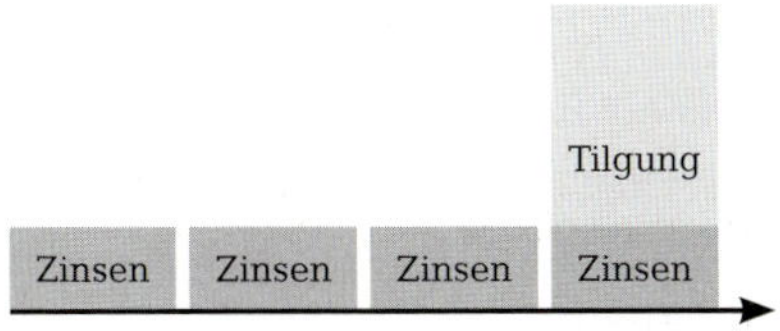


a) Ordnen Sie die Grafiken den Darlehensformen zu.

b) Begründen Sie die Zuordnung.

22. Erstellen Sie eine Tabelle für eine Ratentilgung für ein mit 9 % verzinsliches Darlehen von 30.000 EUR bei acht Jahren Laufzeit.

23. Erstellen Sie einen Raten- und Annuitätentilgungsplan für die ersten vier Jahre bei 100.000 EUR Kapital, einem Zinssatz von 8 % und 12 % Tilgung; Annuität 20.000 EUR.

24. Ein Industrieunternehmen benötigt Kapital zur Finanzierung einer Erweiterungsinvestition. Es besteht ein Kapitalbedarf von 100.000 EUR, der über einen langfristigen Kredit mit 10 % Verzinsung und einer Laufzeit von fünf Jahren verzinst werden soll.

    Erstellen Sie für das Unternehmen entsprechende Tilgungspläne bei einem

    a) Festdarlehen,

    b) Ratendarlehen,

    c) Annuitätendarlehen.

25. a) Die Hausbank bietet ein fünfjähriges Darlehen zu einem Zinssatz von 4,5 % nominal und einer Auszahlung von 98 % an. Berechnen Sie die Effektivverzinsung.

    b) Prüfen Sie, ob das Konkurrenzangebot einer anderen Bank günstiger wäre: Nominalzinssatz 4 %, Auszahlung 96 %, Laufzeit fünf Jahre.

26. Die Gesellschafter einer GmbH erörtern die Frage, ob eine Investition in Höhe von 20 Mio. EUR mittels Erhöhung des Stammkapitals oder Aufnahme eines Darlehens finanziert werden soll. Erklären Sie Vor- und Nachteile beider Finanzierungsmöglichkeiten.

27. Ein Ehepaar will für 360.000 EUR eine Eigentumswohnung kaufen. Es verfügt über 40.000 EUR Festgeld und einen sofort einsetzbaren Bausparvertrag (Bausparvertragssumme 120.000 EUR, davon angespart 50 %). Errechnen Sie das insgesamt vorhandene Eigenkapital und das insgesamt erforderliche Fremdkapital.

28. Ein Industrieunternehmen steht vor der Entscheidung, einen Lieferwagen zu kaufen oder zu leasen. Was spricht für und was gegen Leasing?

29. Vergleichen Sie Kreditfinanzierung und Leasing im Hinblick auf

    a) den Kapitalbedarf,

    b) die laufenden Liquiditätsbelastungen sowie

    c) die Bindung an das Wirtschaftsgut.

30. Einem Unternehmen liegen für ein 100.000-EUR-Objekt folgende Finanzierungsalternativen vor:

    Leasing mit fünf Jahren Grundmietzeit und einer Jahresrate von 25.000 EUR. Das Bankdarlehen für fünf Jahre wird gleichmäßig in Raten getilgt und kostet 4 % Zinsen von der Restschuld.

a) Errechnen Sie die Liquiditätsbelastung sowie die Aufwandsbelastung beider Vorschläge für die fünf Jahre insgesamt.

b) Prüfen Sie am Ende der fünf Jahre, ob Leasing auch dann noch einen Vorteil bietet, wenn die Gewinnsteuerminderung bei einem Steuersatz von 40 % berücksichtigt wird. Das Objekt soll mit 20 % linear abgeschrieben werden.

c) Begründen Sie Ihre Finanzierungsentscheidung.

d) Nennen Sie Gründe, weshalb das Leasing trotz höherer Kosten gewählt werden könnte.

## 13.6 Sicherheiten bei der Fremdfinanzierung

Gewährt ein Fremdkapitalgeber (Gläubiger) einem Unternehmen einen Kredit, besteht die Gefahr, dass das Unternehmen seinen Verpflichtungen aus dem Kreditgeschäft nicht mehr nachkommt.

**Sicherheiten bei der Fremdfinanzierung** sind **Vermögensgegenstände** (Sachen und Rechte), die dazu dienen, das **Kreditrisiko des Gläubigers** zu **reduzieren.**

| Kreditsicherung | Bedeutung | Beispiele |
|---|---|---|
| **Personalkredit, Blankokredit** | Sicherheit liegt allein in der Person des Kreditnehmers. | Gehaltsempfänger darf sein Konto bis zum Zweifachen seines Gehaltes überziehen (Dispositionskredit). |
| **verstärkter Personalkredit** | Sicherheit wird durch die Haftung weiterer Personen verstärkt. | |
| – Bürgschaftskredit | – Haftung des Bürgen | – Kaufmann verbürgt sich für seinen Sohn bei dessen Existenzgründung. |
| – Zessionskredit | – Haftung des Drittschuldners | – Kaufmann bietet Forderungen als Sicherheit und erhält daraufhin einen Kredit in Höhe von 80 % dieser Forderung. |
| **Realkredit** (Mobilien) | Sicherheit besteht im Recht an einer beweglichen Sache. | |
| Sicherungsübereignungskredit | pfandrechtähnliches Recht; Kreditgeber wird bedingter Eigentümer | Kaufmann bietet seinen Pkw als Sicherheit und erhält einen Kredit über 50 % des Pkw-Wertes. Er darf das Fahrzeug weiterhin nutzen. |
| **Realkredit** (Immobilien) | Sicherheit besteht im Recht an einer unbeweglichen Sache. | |
| Grundschuldkredit | Pfandrecht an einer unbeweglichen Sache | Bank beleiht ein Haus, das der Kreditnehmer weiterhin benutzt, bis zu 80 %. |

## 13.6.1 Bürgschaft

Die **Bürgschaft** ist ein **Vertrag zwischen** dem **Gläubiger und** dem **Bürgen,** wonach der **Bürge für den Schuldner haftet.**

*BGB §§ 765 f.*

Eine Bürgschaft kann einen Personalkredit sichern, wenn die Kreditwürdigkeit des Hauptschuldners allein nicht ausreicht. Eine dritte Person haftet zusätzlich für den Schuldner und verstärkt somit die Kreditwürdigkeit des Hauptschuldners **(verstärkter Personalkredit).**

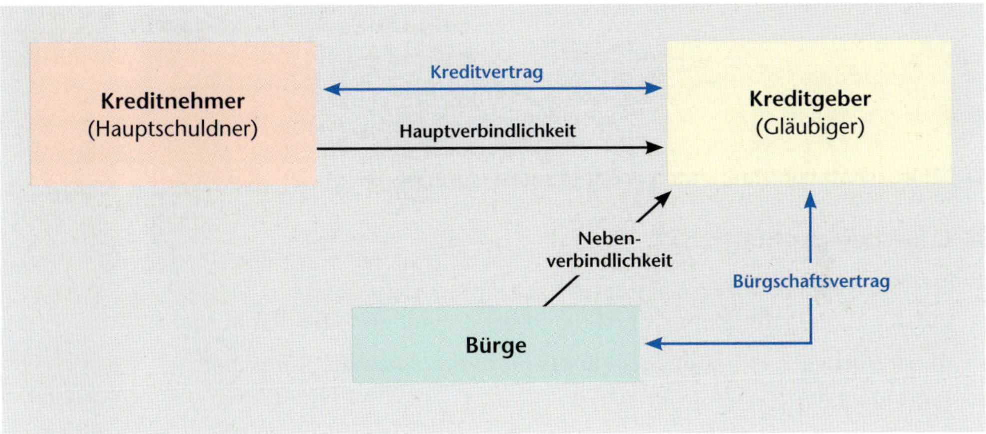


### Entstehung

Der Bürgschaftsvertrag kommt durch die schriftliche Bürgschaftserklärung des Bürgen und deren Entgegennahme durch das Kreditinstitut zustande.

Kaufleute können sich im Rahmen ihres Geschäftsbetriebs auch mündlich verbürgen.

*HGB § 350*

### Arten der Bürgschaft

*BGB §§ 771 ff.*

| gewöhnliche Bürgschaft | selbstschuldnerische Bürgschaft | Ausfallbürgschaft |
|---|---|---|
| Der Schuldner verweigert die Zahlung. | | |
| Der Bürge muss nicht sofort zahlen. | Der Bürge muss sofort zahlen. | Der Bürge muss nicht sofort zahlen. |
| Er hat das Recht der Einrede der Vorausklage, d.h., er kann verlangen, dass der Gläubiger die Zwangsvollstreckung in das Vermögen des Schuldners betreibt, um von diesem sein Geld zu erhalten. | Er verzichtet auf die Einrede der Vorausklage. | Der Ausfall muss durch Zwangsvollstreckung in das gesamte Vermögen des Schuldners nachgewiesen werden. |
| Die genannten Bürgschaften können auch als **gesamtschuldnerische Bürgschaft** eingegangen werden. Dann haften mehrere Personen als Gesamtschuldner. Der Kreditgeber kann von irgendeinem der Bürgen die volle Forderung verlangen. | | |

*§ 769*

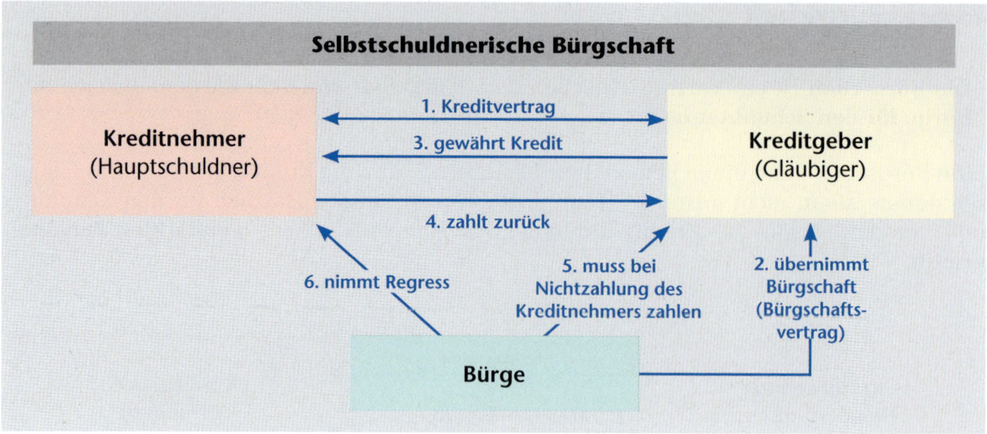


HGB § 349 Die Bürgschaft von Kaufleuten ist stets selbstschuldnerisch.

### Erlöschen der Bürgschaft

BGB § 774 Eine Bürgschaft erlischt

- mit der Tilgung der Schuld durch den Hauptschuldner oder den Bürgen,
- durch Verzicht des Gläubigers auf die Forderung oder die Bürgschaft,
- mit Ablauf der vereinbarten Zeit.

## 13.6.2 Zession

### Entstehung

§ 398 Die **Zession** ist ein **Vertrag zwischen dem alten und dem neuen Gläubiger.** Durch ihn geht die Forderung des alten Gläubigers (Zedent) gegen seinen Schuldner **(Drittschuldner)** auf den neuen Gläubiger (Zessionar, Kreditinstitut) über.

Der Zession liegen zwei Rechtsgeschäfte zugrunde:

a) Kreditvertrag,

b) Zessionsvertrag.

Der **Zessionskredit** ist ein Personalkredit, der **zusätzlich durch Abtretung (Zession) einer oder mehrerer Forderungen** des Kreditnehmers gegen Dritte **gesichert** ist.

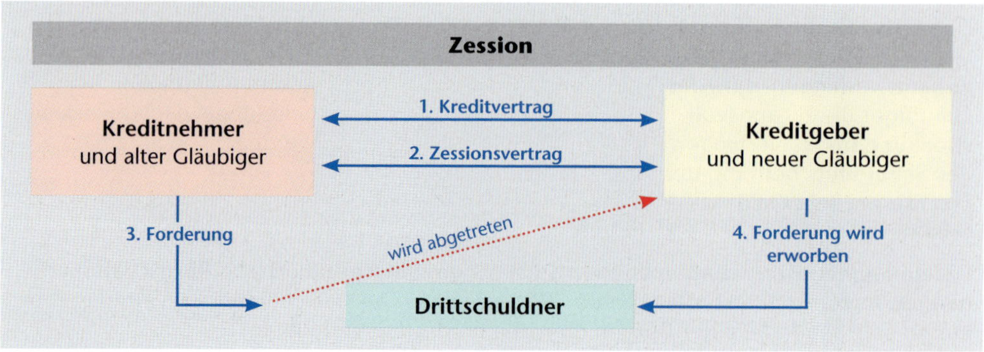

## Arten der Zession

### ▶ Nach Kenntnis des Drittschuldners

BGB § 407

**a) Stille Zession.** Bei der stillen Zession weiß der Drittschuldner von der Abtretung nichts. Er begleicht weiterhin seine Verbindlichkeiten gegenüber dem bisherigen Gläubiger.

**b) Offene Zession.** Bei der offenen Zession weiß der Drittschuldner von dem Forderungsübergang. Gleichgültig ist, auf welche Weise er davon Kenntnis erlangt hat. Er kann dann »mit befreiender Wirkung« nur an den neuen Gläubiger zahlen.

### ▶ Nach Entstehung

**a) Einzelzession.** Bei dieser Form der Abtretung wird eine bestehende oder zukünftige Forderung einzeln abgetreten. Einwandfreie Forderungen werden dem Kreditnehmer bis zu 80 % beliehen.

**Beispiel:** Der Kreditnehmer erhält für eine abgetretene Einzelforderung über 100.000 EUR eine Gutschrift über 80.000 EUR.

**b) Globalzession.** Die Abtretung wird meist als **Globalzession** vorgenommen, d.h., nicht einzelne Forderungen, sondern eine Gesamtsumme wird abgetreten. Damit gehen alle bestehenden und künftigen Forderungen bereits mit ihrer Entstehung auf den Zessionar über. Aus diesen Gründen bevorzugen Kreditinstitute die Globalzession.

**Beispiel:** Der Kreditnehmer erhält für global abgetretene Forderungen gegenüber seinen Schuldnern mit den Anfangsbuchstaben A–K von insgesamt 400.000 EUR eine Gutschrift über 320.000 EUR.

Werden abgetretene Forderungen vom Drittschuldner beglichen, muss der alte Gläubiger für neu entstandene Forderungen sorgen, damit der Kreditgeber abgesichert ist.

**Beispiel:** Werden bei der Globalzession von 400.000 EUR von den Drittschuldnern 200.000 EUR beglichen, hätte der Kreditnehmer immer noch einen Kredit von 320.000 EUR, obwohl die ursprünglich angebotene Sicherheit von 400.000 EUR auf 200.000 EUR gesunken ist.

## 13.6.3 Sicherungsübereignung

Bei der **Sicherungsübereignung erwirbt** der **Gläubiger** zur Sicherung seiner Forderungen das **bedingte Eigentum** an einer beweglichen Sache. Der **Schuldner bleibt Besitzer** der Sache.

Die Sicherungsübereignung ist nicht gesetzlich geregelt, aber durch die Rechtsprechung anerkannt worden. Übereignet werden meist Maschinen, Kraftfahrzeuge und Warenlager.

## Entstehung

Kreditgeber und Kreditnehmer schließen neben dem Kreditvertrag einen **Sicherungsübereignungsvertrag.** Dieser enthält

- die **Einigung,** dass der Kreditgeber Eigentümer einer Sache werden soll, und
- die **Vereinbarung,** dass der Kreditnehmer Besitzer bleibt. Diese Vereinbarung **(Besitzkonstitut)** ersetzt die Übergabe.

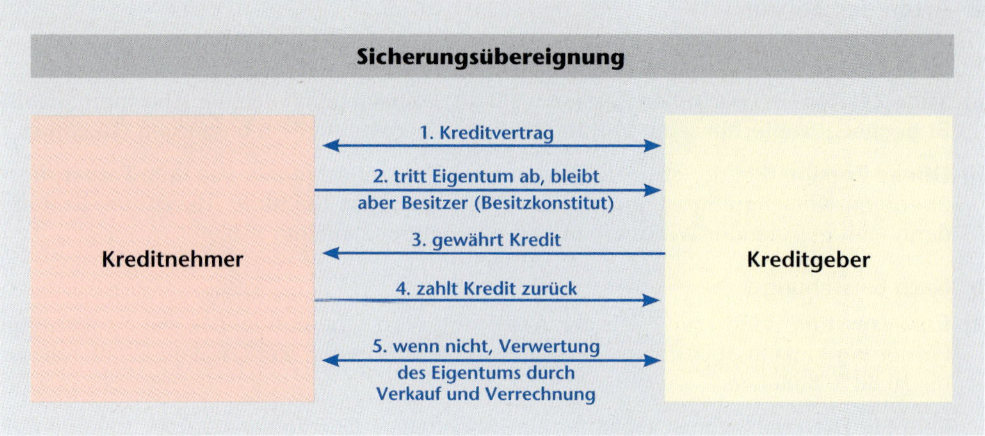


## Vorteile und Nachteile der Sicherungsübereignung

| | Vorteile | Nachteile |
|---|---|---|
| **Kredit-nehmer** | – Er kann mit den übereigneten Gegenständen trotz Sicherungsübereignung arbeiten.<br>– Die Sicherungsübereignung ist nach außen nicht erkennbar. | – Er darf über die Gegenstände nicht mehr frei verfügen.<br>– Er muss sie gegen alle Gefahren versichern und die Kosten dafür tragen. |
| **Kredit-geber** | – Er kann als Eigentümer bei Gefahr die Herausgabe der Gegenstände fordern.<br>– Bei einer Verwertung der Gegenstände gelten die Bestimmungen wie bei verpfändeten Gegenständen. | – Die Gegenstände sind bereits sicherungsübereignet.<br>– Ein Eigentumsvorbehalt geht vor.<br>– Die Gegenstände können verkauft, verpfändet oder vernichtet werden.<br>– Sie können wesentlicher Bestandteil eines Gebäudes sein und unter ein Grundpfandrecht fallen.<br>– Es kann ein Vermieterpfandrecht vorgehen. |

## 13.6.4 Grundschuld

*BGB §§ 1191 ff.*

Die **Grundschuld** ist ein **Pfandrecht an einem Grundstück.** Wenn der Schuldner seinen Zahlungsverpflichtungen nicht nachkommt, wird der Berechtigte ermächtigt, sich aus dem **Grundstück** in Höhe einer Geldsumme **zu befriedigen.**

Zur Sicherung eines Kredites kann ein Unternehmen vorhandene Grundstücke und Gebäude als Pfand anbieten (Unter Grundstücken versteht man Grund und Boden ohne oder mit Gebäuden.).

### Entstehung der Grundschuld

*§ 873*

Da die Übergabe eines Grundstückes nicht möglich ist, wird sie durch **Eintragung in ein öffentliches Register, das Grundbuch,** ersetzt. Der Eintragung vorausgehen muss eine sogenannte **Bestellung einer Grundschuld.** Ohne diese Bestellung und Eintragung im Grundbuch entsteht und erlischt kein Recht an einem Grundstück (Grundpfandrecht).

## Grundbuch

Das **Grundbuch** ist ein **öffentliches Verzeichnis** eines Gemeindebezirks, in das alle Grundstücke dieses Bezirks eingetragen sind. Das Grundbuch gibt **Auskunft** über die Eigentums- und Wirtschaftsverhältnisse der eingetragenen Grundstücke.

Eigentümer sowie Personen, die ein Recht am Grundstück haben oder es kaufen wollen, dürfen Einsicht in das Grundbuch nehmen.

### ▶ Inhalt

Im Grundbuch finden sich Angaben über

- den Gemeindebezirk,
- die Lage, Art und Größe des Grundstückes (Bestandsverzeichnis),
- die Eigentumsverhältnisse (Abteilung I, z. B. natürliche oder juristische Personen),
- die Lasten und Beschränkungen (Abteilung II, z. B. Wegerecht, Vorkaufsrecht, Wohnrecht eines anderen),
- die Grundpfandrechte (Abteilung III, z. B. Grundschuld).

### ▶ Eintragungen

Sie erfolgen nur auf **Antrag** eines Berechtigten. Antragsberechtigt ist jeder, der ein Recht an einem Grundstück hat, das von der Eintragung betroffen wird, z. B. der Eigentümer, wenn er das Grundstück verkaufen oder verpfänden will. Jeder aber, dessen Recht durch eine Eintragung betroffen würde, muss seine notariell beglaubigte **Bewilligung** dazu erteilen, z. B. der Grundschuldgläubiger, dessen Grundschuld gelöscht werden soll.

*GBO §§ 13, 19*

Das Grundbuch genießt **öffentlichen Glauben,** d. h., jedermann kann grundsätzlich darauf vertrauen, dass die Eintragungen darin richtig sind.

*BGB §§ 892, 879*

### ▶ Rangfolge der Eintragungen

Der Rang wird durch die zeitliche Reihenfolge des Eingangs der bewilligten Anträge beim Grundbuchamt bestimmt. Wird das Grundstück verwertet, so wird der im Rang Vorgehende voll befriedigt, sofern der Erlös ausreicht. Bei gleichrangigen Eintragungen werden die Gläubiger im Verhältnis ihrer Forderungen befriedigt.

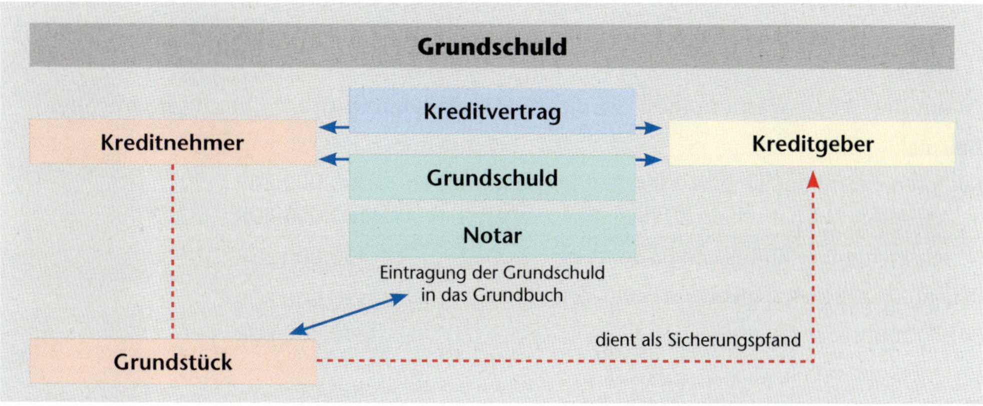


## Wirkung der Grundschuld

Die **Grundschuld** stellt ein **abstraktes, vom Grundgeschäft losgelöstes Recht dar.** Der Kreditnehmer haftet nicht persönlich, sondern nur mit seinem Grundstück (dingliche Sicherung). Deshalb schließen Kreditinstitute mit dem Kreditnehmer neben dem Kreditvertrag einen zusätzlichen Vertrag ab, in dem dieser sich der persönlichen und gesamtschuldnerischen Haftung sowie der sofortigen Zwangsvollstreckung unterwerfen muss.

## Arten der Grundschuld

| Unterscheidung nach | Begriff | Merkmal |
|---|---|---|
| **der Form der Bestellung** | Buch-grundschuld | Sie entsteht durch Einigung und Eintragung im Grundbuch. |
| | Brief-grundschuld | Sie entsteht durch Einigung und Eintragung. Zusätzlich wird ein Grundschuldbrief ausgestellt. |
| **dem Berechtigten** | Fremdgrund-schuld | Berechtigter ist nicht der Eigentümer des Grundstückes, sondern eine andere Person, z. B. ein Kreditinstitut.<br>Die Fremdgrundschuld dient zur Absicherung von Krediten. |
| | Eigentümer-grundschuld | Bei ihr stehen die Rechte aus der Grundschuld dem Grundstückseigentümer zu, da er die Grundschuld für sich selbst bestellt hat. Der Eigentümer kann dadurch eine bevorzugte Rangstelle im Grundbuch belegen (1. Rang).<br>Besteht die Grundschuld als Briefgrundschuld, kann er sich bei Bedarf später durch Zession einfach und schnell Geld beschaffen. |

## Höhe der Grundschuld

Liegt ein aktueller Kaufpreis des Grundstückes vor, ziehen die Kreditinstitute davon einen Risikoabschlag von 20 % ab. Dieser errechnete **Beleihungswert** ist Grundlage für die Berechnung der **Beleihungsgrenze.** Sie liegt für Grundstücke bei 60–80 % des Beleihungswertes.

Liegt kein aktueller Kaufpreis vor, verwenden die Kreditinstitute verschiedene Rechenverfahren, um den Beleihungswert zu ermitteln:

1. Beim **Sachwertverfahren** rechnet man mit geschätzten Boden- und Baukosten.
2. Beim **Ertragswertverfahren** dienen die Mieterträge als Berechnungsgrundlage.
3. Beim **Vergleichswertverfahren** nutzt man die vorliegenden Zahlen vergleichbarer Objekte.

Ist der Beleihungswert ermittelt, wird er auf die Beleihungsgrenze heruntergerechnet.

**Beispiel:**

| | |
|---|---|
| Kaufpreis der Immobilie bzw. Wert laut Rechenverfahren | 500.000 EUR |
| – abzüglich Risikoabschlag 20 % | –100.000 EUR |
| = ermittelter Beleihungswert | 400.000 EUR |
| Beleihungsgrenze bei 80 % | 320.000 EUR |
| Beleihungsgrenze bei 60 % | 240.000 EUR |

## Übertragung der Grundschuld

| Buchgrundschuld | Briefgrundschuld |
|---|---|
| Der Grundschuldgläubiger muss seine Abtretungserklärung notariell beglaubigen und im Grundbuch umschreiben lassen. | Für den Grundschuldgläubiger genügt es, den Grundschuldbrief mit einer schriftlichen Abtretungserklärung dem neuen Gläubiger zu übergeben. |

## Erlöschen der Grundschuld

Hat der Schuldner seine Schulden getilgt, so fordert er vom Gläubiger eine Löschungsbewilligung, legt diese dem Grundbuchamt vor und lässt die Grundschuld löschen. Will er sie in eine Eigentümergrundschuld umschreiben lassen, benötigt er vom Gläubiger eine löschungsfähige Quittung.

Einem nachrangigen Gläubiger steht ein **gesetzlicher Löschungsanspruch** zu. Dadurch erreicht er, dass sein Recht an dem belasteten Grundstück auf den nächstbesseren Rang vorrückt.

### Zusammenfassende Übersicht zu Kapitel 13.6: Sicherheiten bei der Fremdfinanzierung

**Sicherheiten bei der Fremdfinanzierung**

beruhen auf

**Personen:** abhängig von der Bonität der Personen

- Bürge bei der Bürgschaft
  - gewöhnliche Bürgschaft
  - selbstschuldnerische Bürgschaft
  - Ausfallbürgschaft
  - gesamtschuldnerische Bürgschaft
- Drittschuldner bei der Zession
  - stille Zession
  - offene Zession
  - Einzelzession
  - Globalzession

**Sachen:** abhängig vom Beleihungswert und von der Beleihungsgrenze

- Sicherungsübereignung: Eigentümerwechsel zugunsten der kreditgebenden Bank
- Grundschuld: notariell beurkundeter Grundbucheintrag als Buchgrundschuld oder Briefgrundschuld

### ▶ Aufgaben und Probleme

1. Welche Charaktereigenschaften erwarten Sie von einer Person, für die Sie sich verbürgen?

2. a) Kaufmann Hans Dietenmeier nimmt bei seiner Bank einen Kredit auf. Sein Geschäftsfreund Sven Winkler bürgt für ihn. Wer schließt mit wem welchen Vertrag ab?

   b) Warum verlangt die Bank von Herrn Winkler den Verzicht auf die Einrede der Vorausklage?

   c) Wenige Tage nach Fälligkeit der Schuld verlangt die Bank von Herrn Winkler die Zahlung der Schuld. Dieser zahlt nicht mit der Begründung, Herr Dietenmeier habe noch Vermögen in der Schweiz. Wie verhält sich die Bank?

3. Ein Unternehmer benötigt 160.000 EUR und will jeweils die Hälfte über eine Bürgschaft bzw. Zession absichern.

   a) In welcher Höhe muss er seiner Bank Forderungen anbieten, wenn sie zu 75 % beliehen werden?

   b) Warum wird der Bürgschaftsbetrag zu 110 % der Kreditsumme angesetzt?

4. Wodurch unterscheidet sich eine stille von einer offenen Zession?

5. Beschreiben Sie Vor- und Nachteile der offenen Zession.

6. Der Unternehmer Günther Frey benötigt für seine neue Büroausstattung einen Kredit über 5.000 EUR. Auf die Frage der Bankmitarbeiterin nach Sicherheiten antwortet Herr Frey: »Ich habe vor einem Monat einen Neuwagen für 25.000 EUR bar bezahlt, aber mit dem können Sie ja nichts anfangen.« Durch welche Vereinbarung könnte der Pkw doch als Sicherheit dienen?

7. Nennen und begründen Sie drei Gefahren für die Bank aus der Sicherungsübereignung.

8. Der Kaufmann Claudio Marini bietet seiner Bank verschiedene Werte als Sicherheiten an, die diese zu den genannten Beleihungssätzen lombardiert (als Pfand nimmt):

   a) 500 Chemie-Aktien zu je 120 EUR (60 %),

   b) Sparbücher über 40.000 EUR (100 %),

   c) festverzinsliche Wertpapiere über 60.000 EUR (75 %).

   Wie viel EUR Kredit erhält er von seiner Bank?

9. Begründen Sie, warum die Beleihungssätze (Aufgabe 8) unterschiedlich hoch sind.

10. In der Geschäftswelt gilt die Immobilie als die beste aller Kreditsicherheiten.

    Diskutieren Sie, warum das so ist und welche Risiken dennoch bleiben.

11. Welche Informationen liefert der abgebildete Grundschuldbrief?

12. Ein Bekannter von Ihnen will eine Immobilie kaufen und möchte wissen, welche rechtliche Wirkung folgende Vorgänge haben:

    a) Abschluss eines Grundstückkaufvertrages in Schriftform im Beisein eines Rechtsanwaltes.

    b) Abschluss eines Grundstückkaufvertrages vor einem Notar.

    c) Eintragung des Grundstückkaufs in das Grundbuch.

    d) Eintragung einer Grundschuld in das Grundbuch.

    e) Tilgung der letzten Rate dieser Grundschuld.

> Gruppe 02 Nr. 1706117
>
> **Deutscher Grundschuldbrief**
> über
> 200.000,00 EUR,
> m.W.: Zweihunderttausend Euro
>
> **eingetragen im Grundbuch von** H a u s e n
> Amtsgerichtsbezirk Neustadt
> Band 150, Blatt 973, Abteilung III Nr. 3 (drei)
> –.–.–.–.–
>
> **Inhalt der Eintragung:**
> Grundschuld zugunsten der Kreditbank AG in Neustadt im Betrage von – zweihunderttausend Euro – verzinslich zu vier vom Hundert für das Jahr. Unter Bezugnahme auf die Eintragungsbewilligung vom 15. August 20..
>
> **Belastetes Grundstück**
> Grundbuch von Hausen,
> Amtsgericht Neustadt,
> Band 150, Blatt 973, Abteilung I, Nr. 1 (eins)
>
> **Neustadt, den 20. August 20..**
> Amtsgericht Neustadt
>
> Buhl
>
> Siegel

13. a) Welche Möglichkeiten der Kreditsicherungen gibt es aufgrund der nachstehenden Bilanz?

| Aktiva | Bilanz (in EUR) | | Passiva |
|---|---|---|---|
| Grundstücke | 165.000,00 | Eigenkapital | 428.000,00 |
| Maschinen | 100.000,00 | Grundschulddarlehen | 90.000,00 |
| Fuhrpark | 25.000,00 | Verbindlichkeiten | 112.000,00 |
| Rohstoffe | 170.000,00 | | |
| Forderungen | 80.000,00 | | |
| Wertpapiere | 40.000,00 | | |
| Zahlungsmittel | 50.000,00 | | |
| | 630.000,00 | | 630.000,00 |

b) Errechnen Sie den möglichen Mittelzufluss bei folgenden Beleihungssätzen: Anlagevermögen zu 75 %, Umlaufvermögen zu 50 %. Die Maschinen sind bereits zu 40 % sicherungsübereignet.

14. Ein Investor beabsichtigt, eine Immobilie für 450.000 EUR zu kaufen. Die kreditgebende Bank ermittelt einen Beleihungswert von 420.000 EUR.

a) Errechnen Sie die Kreditobergrenze bei einer Beleihungsgrenze von 60 %.

b) Errechnen Sie den sich daraus ergebenden Eigenkapitalanteil dieser Investition in EUR und in Prozent.

15. Erläutern Sie den Sinn einer Eigentümergrundschuld.

16. Einem Kapitalanleger wird ein Mietobjekt angeboten, das nach Abzug aller Kosten im Jahr 180.000 EUR Mietertrag abwirft. Der Verkäufer spricht von einer Verzinsung des eingesetzten Kapitals von 6 %.

Errechnen Sie den (Ertrags-)Wert des Mehrfamilienhauses.

17. Ein mittelständischer Unternehmer einer Ein-Mann-GmbH beantragt bei seiner Hausbank einen langfristigen Investitionskredit über 1,5 Mio. EUR zur Erweiterung seines Maschinenparks. Als Sicherheit bietet er eine unbelastete Unternehmensimmobilie mit einem von der Bank geschätzten Marktwert von 2 Mio. EUR an. Die Bank setzt den Grundstückswert dieser Immobilie mit 200.000 EUR an und den reinen Gebäudewert mit einem Risikoabschlag von 20 %. Die Beleihungssätze betragen für das Grundstück 100 % und für das Gebäude 80 %.

a) Weisen Sie rechnerisch nach, ob das angebotene Pfand ausreicht, den Kredit abzudecken.

b) Nehmen Sie Stellung zur unterschiedlichen Beleihung von Grundstück und Gebäude.

18. Ordnen Sie folgende Begriffe (a–d) den entsprechenden Kreditsicherheiten (1–4) zu:

| | |
|---|---|
| a) Einrede der Vorausklage, | 1) offene Zession, |
| b) Besitzkonstitut, | 2) Grundschuld, |
| c) Bezahlen mit schuldbefreiender Wirkung, | 3) Ausfallbürgschaft, |
| d) Löschungsbewilligung. | 4) Sicherungsübereignung. |

## 13.7 Innenfinanzierung

Bei der Innenfinanzierung ist die **Selbstfinanzierung** von der **Umfinanzierung** zu unterscheiden.

### 13.7.1 Selbstfinanzierung

**Selbstfinanzierung** ist die **Bereitstellung von Mitteln aus dem Gewinn des Unternehmens.**

Werden Teile des Gewinnes nicht ausgeschüttet, so bleiben dem Unternehmen flüssige Mittel erhalten, die für Investitionen verwendet werden können. Man unterscheidet:

| offene Selbstfinanzierung | verdeckte Selbstfinanzierung |
|---|---|
| Der ausgewiesene Gewinn wird nicht ausgeschüttet bzw. nicht entnommen. Der nicht entnommene Gewinn erhöht das ausgewiesene Eigenkapital. | Der tatsächlich erzielte Gewinn wird verdeckt infolge<br>– der Unterbewertung des Vermögens<br>– der Überbewertung der Schulden.<br>Der Gewinn kann somit nicht ausgeschüttet werden. |
| In beiden Fällen führt der Selbstfinanzierungsvorgang zu einer Eigenfinanzierung von innen. | |

#### 13.7.1.1 Offene Selbstfinanzierung bei Einzelunternehmen und Personengesellschaften

##### Offene Selbstfinanzierung bei Einzelunternehmen

**Offene Selbstfinanzierung des Einzelunternehmens = Gewinn – Privatentnahmen**

**Beispiel:** Das Einzelunternehmen Bährle Hausmeisterservice e. K. hat im vergangenen Jahr laut GuV-Rechnung einen Gewinn von 150.000 EUR erzielt. Während des Geschäftsjahres hat der Inhaber Holger Bährle insgesamt 50.000 EUR an Entnahmen für die private Lebensführung getätigt. Dem Unternehmen stehen somit 100.000 EUR aus der offenen Selbstfinanzierung zur Verfügung.

##### Offene Selbstfinanzierung bei Personengesellschaften

**▶ Offene Selbstfinanzierung bei der OHG**

Der nicht entnommene Gewinn wird den Kapitalkonten der Gesellschafter gutgeschrieben. Der Betrag der offenen Selbstfinanzierung ermittelt sich wie beim Einzelunternehmen. Hierbei ist zu berücksichtigen, dass jeder OHG-Gesellschafter bis zu 4 % des Kapitalanteils an Entnahmen tätigen darf (Kapitel 12.3.2).

**▶ Offene Selbstfinanzierung bei der KG**

Wie bei der OHG wird der nicht entnommene Gewinn den Kapitalkonten der Gesellschafter gutgeschrieben. Dabei ist zwischen Komplementären und Kommanditisten zu unterscheiden. Die Kommanditisten haben das Recht auf Ausschüttung ihres Gewinnanteils, sofern ihr Kapitalanteil voll eingezahlt und nicht durch Verluste gemildert wurde. Im Gesellschaftsvertrag kann auch vereinbart werden, dass der Gewinnanteil zur Erhöhung der Kommanditeinlage verwendet wird (Kapitel 12.3.3).

| Gewinnanteile und Finanzierungseffekte | | | | |
|---|---|---|---|---|
| **Komplementär** | | **Kommanditist** | | |
| Gewinnanteil wird einbehalten. | Gewinnanteil wird ausgeschüttet. | Gewinnanteil wird ausgeschüttet. | Gewinnanteil **muss** einbehalten werden, wenn die vereinbarte Einlage aufgrund von Verlusten unterschritten wurde. | Gewinnanteil wird in Kommanditkapital umgewandelt. |
| ↓ | ↓ | ↓ | ↓ | ↓ |
| freiwillige Selbstfinanzierung | kein Finanzierungseffekt | kein Finanzierungseffekt | gesetzlich erzwungene Selbstfinanzierung | freiwillige Selbstfinanzierung |

**Beispiele:**

**Variante 1:** Bei der Keramikfabrik Roth KG ist der Jahresgewinn von 237.000 EUR zu verteilen. Roth hat als Komplementär 450.000 EUR, die Kommanditisten Sieber und Schmidt haben einen Kapitalanteil von 300.000 EUR bzw. 150.000 EUR. Die Kapitalanteile sind voll eingezahlt. Die Privatentnahmen von Roth liegen bei 12.000 EUR. Die Kommanditisten wollen ihre Gewinnanteile ausgezahlt haben.

Gewinnverteilung (in EUR):

| Gesellschafter | Anfangskapital | Verzinsung 6% | Verteilung 3:2:1 | Gewinn insgesamt | Privatentnahmen | Endkapital |
|---|---|---|---|---|---|---|
| Roth | 450.000 | 27.000 | 91.500 | 118.500 | 12.000 | 556.500 |
| Sieber | 300.000 | 18.000 | 61.000 | 79.000 | 0 | 379.000 |
| Schmidt | 150.000 | 9.000 | 30.500 | 39.500 | 0 | 189.500 |
| Summe | 900.000 | 54.000 | 183.000 | 237.000 | 12.000 | 1.125.000 |

| | | |
|---|---|---|
| | Jahresgewinn | 237.000 EUR |
| – | Privatentnahmen | 12.000 EUR |
| – | Ausschüttung der Gewinnanteile an die Kommanditisten | 118.500 EUR |
| = | **offene Selbstfinanzierung (= nicht ausgeschütteter Gewinn)** | **106.500 EUR** |

**Variante 2:** Bei der Keramikfabrik Roth KG ist der Jahresgewinn von 237.000 EUR zu verteilen. Roth hat als Komplementär 450.000 EUR, die Kommanditisten Sieber und Schmidt haben einen Kapitalanteil von 300.000 EUR bzw. 150.000 EUR. Durch **Verluste aus den Vorjahren** ist ihre Kapitaleinlage jedoch auf 200.000 EUR bzw. 100.000 EUR gesunken. Für die private Lebensführung entnahm Roth 12.000 EUR. Der Gesellschaftsvertrag sieht eine Kapitalverzinsung von 6% sowie die Verteilung des Restgewinns im Verhältnis 3:2:1 vor.

Gewinnverteilung (in EUR):

| Gesellschafter | Anfangskapital | Verzinsung 6% | Verteilung 3:2:1 | Gewinn insgesamt | Privatentnahmen | Endkapital |
|---|---|---|---|---|---|---|
| Roth | 450.000 | 27.000 | 96.000 | 123.000 | 12.000 | 561.000 |
| Sieber | 200.000 | 12.000 | 64.000 | 76.000 | 0 | 276.000 |
| Schmidt | 100.000 | 6.000 | 32.000 | 38.000 | 0 | 138.000 |
| Summe | 750.000 | 45.000 | 192.000 | 237.000 | 12.000 | 975.000 |

*HGB § 169 (1)* Da die vereinbarte Kapitaleinlage (Pflichteinlage) der Kommanditisten unterschritten ist, haben die Kommanditisten keinen Anspruch auf Ausschüttung ihrer Gewinnanteile. Diese müssen zur Wiederauffüllung ihrer Pflichteinlagen verwendet werden.

| | |
|---|---|
| Jahresgewinn | 237.000 EUR |
| – Privatentnahmen | 12.000 EUR |
| = **offene Selbstfinanzierung (= nicht ausgeschütteter Gewinn)** | **225.000 EUR** |
| davon freiwillig vorgenommen | 111.000 EUR |
| davon gesetzlich erzwungen | 114.000 EUR |

## 13.7.1.2 Offene Selbstfinanzierung bei der AG

Eine **offene Selbstfinanzierung** liegt vor, wenn die AG den festgestellten **Jahresüberschuss ganz oder teilweise im Unternehmen behält** und nicht an die Aktionäre ausschüttet.

*§ 272* Der nicht ausgeschüttete Gewinn wird in den **Gewinnrücklagen** offen ausgewiesen. Man spricht deswegen von **offenen Rücklagen.** Zu den Gewinnrücklagen zählen die **gesetzliche Rücklage** und die **anderen Gewinnrücklagen.** Durch die offene Selbstfinanzierung erhöhen sich das ausgewiesene Eigenkapital und die Bilanzsumme.

### Gesetzlich erzwungene Selbstfinanzierung

*AktG § 150 (1)* Das Aktiengesetz schreibt die Bildung einer gesetzlichen Rücklage vor. Die AG muss solange jährlich 5 % des Jahresüberschusses in die gesetzliche Rücklage einstellen, bis diese zusammen mit der Kapitalrücklage 10 % des Grundkapitals (= Gezeichnetes Kapital) erreicht. Besteht ein Verlustvortrag aus dem Vorjahr, ist dieser vom Jahresüberschuss abzuziehen. Ein Gewinnvortrag aus dem Vorjahr wird nicht berücksichtigt.

**Beispiel:** Die Slibulsky AG hat im Jahr 00 einen Jahresüberschuss von 1.600.000 EUR erwirtschaftet. Es ist zu prüfen, ob eine gesetzlich erzwungene Selbstfinanzierung erfolgen muss. Das Eigenkapital der Slibulsky AG gliedert sich wie folgt:

| Eigenkapital Slibulsky AG in EUR im Jahr 00 (vor Gewinnverwendung) | | Gewinnverwendung Schritt 1: |
|---|---|---|
| I. Gezeichnetes Kapital | 10.000.000 | Es ist zu prüfen, ob die Kapitalrücklage und die gesetzliche Rücklage bereits 10 % des Gezeichneten Kapitals ausmachen: |
| II. Kapitalrücklage | 250.000 | |
| III. Gewinnrücklagen | | 10 % des Gezeichneten Kapitals wären 1.000.000 EUR, die Summe aus Kapitalrücklage und gesetzlicher Rücklage liegt jedoch erst bei 700.000 EUR. |
| 1. gesetzliche Rücklage | 450.000 | |
| 2. andere Gewinnrücklagen | 50.000 | |

| Eigenkapital Slibulsky AG in EUR im Jahr 00 (nach gesetzlich erzwungener Selbstfinanzierung) | | Gewinnverwendung Schritt 2: |
|---|---|---|
| I. Gezeichnetes Kapital | 10.000.000 | Es sind 5 % des Jahresüberschusses in die gesetzliche Rücklage einzustellen. Die gesetzliche Rücklage erhöht sich damit um 80.000 EUR auf 530.000 EUR. |
| II. Kapitalrücklage | 250.000 | |
| III. Gewinnrücklagen | | |
| 1. gesetzliche Rücklage | 530.000 | |
| 2. andere Gewinnrücklagen | 50.000 | |

## Freiwillig vorgenommene Selbstfinanzierung

### ▶ Freiwillige Selbstfinanzierung durch Vorstand und Aufsichtsrat

Vorstand und Aufsichtsrat können vom Jahresüberschuss, der um die Einstellung in die gesetzliche Rücklage sowie einen eventuellen Verlustvortag reduziert wurde, maximal die Hälfte den anderen Gewinnrücklagen zuführen.

**Fortsetzung des Beispiels:** Vorstand und Aufsichtsrat der Slibulsky AG wollen den maximal möglichen Betrag den anderen Gewinnrücklagen zuführen.

| Eigenkapital Slibulsky AG in EUR im Jahr 00 (nach freiwillig vorgenommener Selbstfinanzierung durch Vorstand und Aufsichtsrat) | | |
|---|---|---|
| I. Gezeichnetes Kapital | 10.000.000 | Der Jahresüberschuss von 1.600.000 EUR wird um die gesetzlich erzwungene Selbstfinanzierung in Höhe von 80.000 EUR reduziert und beträgt noch 1.520.000 EUR. Davon ist höchstens die Hälfte den anderen Gewinnrücklagen zuzuführen. Die anderen Gewinnrücklagen erhöhen sich damit um 760.000 EUR. |
| II. Kapitalrücklage | 250.000 | |
| III. Gewinnrücklagen | | |
| 1. gesetzliche Rücklage | 530.000 | |
| 2. andere Gewinnrücklagen | 810.000 | |

Der restliche Jahresüberschuss in Höhe von 760.000 EUR steht den Aktionären als **Bilanzgewinn** zur Verfügung.

### ▶ Freiwillige Selbstfinanzierung durch die Hauptversammlung

Die Hauptversammlung entscheidet über die Verwendung des Bilanzgewinns.

Die Aktionäre können auf der Hauptversammlung auf eine vollständige oder teilweise Ausschüttung des Bilanzgewinns verzichten und damit weitere Teile des Jahresüberschusses den anderen Gewinnrücklagen zuführen.

**Fortsetzung des Beispiels:** Die Hauptversammlung beschließt folgende Verwendung des Bilanzgewinns: Ausschüttung von 600.000 EUR sowie Zuführung von 160.000 EUR in die anderen Gewinnrücklagen.

| Eigenkapital Slibulsky AG in EUR im Jahr 00 (nach vollständiger Gewinnverwendung) | | |
|---|---|---|
| I. Gezeichnetes Kapital | 10.000.000 | Durch den teilweisen Verzicht auf Ausschüttung des Bilanzgewinns erhöhen sich die anderen Gewinnrücklagen um 160.000 EUR auf 970.000 EUR. |
| II. Kapitalrücklage | 250.000 | |
| III. Gewinnrücklagen | | |
| 1. gesetzliche Rücklage | 530.000 | |
| 2. andere Gewinnrücklagen | 970.000 | |

Zusammenfassend ergibt sich die folgende Gewinnverwendung der Slibulsky AG:

| | |
|---|---|
| Jahresüberschuss | 1.600.000 EUR |
| – Verlustvortrag aus dem Vorjahr | 0 EUR |
| = bereinigter Jahresüberschuss | 1.600.000 EUR |
| – Einstellung von 5 % des bereinigten Jahresüberschusses, da Kapitalrücklage und gesetzliche Rücklage noch nicht 10 % des Gezeichneten Kapitals erreichen | 80.000 EUR |
| = um die gesetzlich erzwungene Selbstfinanzierung | 1.520.000 EUR |

Bestandteile der offenen Selbstfinanzierung der Slibulsky AG:

| | |
|---|---|
| gesetzlich erzwungen | 80.000 EUR |
| + freiwillig vorgenommen durch Vorstand und Aufsichtsrat | 760.000 EUR |
| + freiwillig vorgenommen durch HV-Beschluss | 160.000 EUR |
| **= Gesamtbetrag der offenen Selbstfinanzierung** | **1.000.000 EUR** |

### 13.7.1.3 Verdeckte Selbstfinanzierung (stille Rücklagen)

Die **verdeckte Selbstfinanzierung** erfolgt durch die **Bildung** von **stillen Rücklagen.** Stille Rücklagen sind vorhandene, aber **in der Bilanz nicht ausgewiesene Teile des Eigenkapitals.**

Stille Rücklagen entstehen durch

- **Unterbewertung des Vermögens** (überhöhte, aber steuerlich zulässige Abschreibungen),
- **Überbewertung der Schulden** (steuerlich zulässige Rückstellungen).

Dieser überhöht ausgewiesene Aufwand (Abschreibungen, Steuerrückstellungen) verdeckt den tatsächlich erzielten Gewinn und bewahrt ihn somit vor der Versteuerung und der Ausschüttung.

Man unterscheidet:

**a)** **willkürlich gebildete** stille Rücklagen. Ihre Bildung ist durch die gesetzliche Festlegung von oberen und unteren Wertgrenzen eingeengt (Kapitel 14.4.3).

**b)** **gesetzlich erzwungene** stille Rücklagen. Die Gesetzgebung folgt dem **Realisationsprinzip.** Steigt der Wert von Vermögensgegenständen über den Anschaffungs- oder Herstellungswert hinaus, entsteht ein **nicht realisierter Gewinn.** Dieser vermehrt zwar das Eigenkapital, darf aber nicht in der Bilanz ausgewiesen werden. Es entsteht eine stille Rücklage. Sinkt der Wert von Verbindlichkeiten unter den ursprünglich ausgewiesenen Erfüllungsbetrag, entsteht ebenfalls eine stille Rücklage (Kapitel 14.4.5.2).

### 13.7.1.4 Vor- und Nachteile der Selbstfinanzierung

| Vorteile | Nachteile |
|---|---|
| – Die Sicherheit und Kreditwürdigkeit des Unternehmens wird durch zusätzliches Eigenkapital erhöht.<br>– Es entstehen keine Finanzierungskosten wie Zinsaufwand oder Disagio.<br>– Die Eigenkapitalbildung erfolgt progressiv. Denn bei zweckmäßiger Verwendung wirft das Zusatzkapital ebenfalls Gewinne ab, die ihrerseits wiederum Gewinn bringen.<br>– Die Notwendigkeit zur Aufnahme kostspieligen Fremdkapitals vermindert sich.<br>– Bereits aufgenommenes Fremdkapital kann zurückgezahlt werden. Das Unternehmen wird unabhängiger. Der Zinsaufwand wird gemindert.<br>– Sie erleichtert den Entschluss des Unternehmens zu zusätzlichen Investitionen. | – Sie führt bei Kapitalgesellschaften zu unliebsamen Auseinandersetzungen mit den Anteilseignern, wenn die Gewinne nicht ausgeschüttet werden.<br>– Soweit die Selbstfinanzierung durch überhöhte Preise erfolgt, trägt der Käufer die Last der Bildung zusätzlichen Eigenkapitals. |

## 13.7.2 Umfinanzierung

**Umfinanzierung** ist die **Freisetzung von Mitteln für andere Verwendungszwecke** durch Änderung der Vermögens- und Kapitalstruktur.

### 13.7.2.1 Umfinanzierung aus Abschreibungsrückflüssen

Bei der **Umfinanzierung aus Abschreibungsrückflüssen** werden **Mittel bereitgestellt aus**
- der **Steuerersparnis durch die bilanziellen Abschreibungen,**
- den in den **Verkaufserlösen zurückfließenden kalkulatorischen Abschreibungen.**

#### Bilanzielle Abschreibung

Das HGB schreibt **bilanzielle Abschreibungen** vor, da bestimmte Vermögenswerte der Abnutzung unterliegen. Dies muss bei der Bewertung von Anlage- und Umlaufvermögen berücksichtigt werden. Durch die vorgeschriebene jährliche Bilanzierung der Vermögenswerte wird deren Wertverlust sichtbar und als Aufwand gebucht. Dieser verringert den Gewinn und damit die Steuerbelastung, d. h., der Unternehmer zahlt weniger Steuern und kann mit dieser Ersparnis Investitionen finanzieren. Der Finanzierungseffekt ist umso stärker, je höher der Steuersatz ist. *HGB § 253*

**Beispiel:** Auswirkung unterschiedlicher Steuersätze

| Anschaffungswert Fuhrpark | Restwert | Wertverlust | Gewinnminderung | Steuersatz | Steuerersparnis |
|---|---|---|---|---|---|
| 100.000 EUR | 90.000 EUR | 10.000 EUR | 10.000 EUR | 25 % | 2.500 EUR |
| 100.000 EUR | 90.000 EUR | 10.000 EUR | 10.000 EUR | 40 % | 4.000 EUR |

## Kalkulatorische Abschreibung

Abschreibungen können in die Verkaufspreise einkalkuliert werden und über den Verkauf der Produkte wieder in das Unternehmen zurückfließen. Ist das der Fall, fließen dem Unternehmen Mittel in Höhe der **kalkulierten Abschreibungen** zu (Kapitel 11.2.1).

Diese Finanzierungsart ist unabhängig vom Jahresergebnis, solange die Verkaufserlöse die Selbstkosten decken.

## Kapazitätserweiterungseffekt

Abschreibungsrückflüsse haben zwar grundsätzlich der **Ersatzbeschaffung (Reinvestition)** langlebiger Wirtschaftsgüter zu dienen. Diese erfolgt jedoch in der Regel erst nach Jahren.

Vor der Ersatzbeschaffung stehen dem Unternehmen durch den Abschreibungsrückfluss liquide Mittel zur Verfügung. Sind diese hoch genug, können damit **Zusatzinvestitionen** finanziert werden. Diese können ihrerseits wieder abgeschrieben werden. Das Anlagevermögen wird bis zum Zeitpunkt der Ersatzbeschaffung mengenmäßig erhöht, ohne dass der Buchwert des Anlagevermögens höher wird **(Kapazitätserweiterungseffekt, Lohmann-Ruchti-Effekt).**

**Beispiel:** Ein Anfangsbestand von 100 Maschinen zu je 1.000 EUR und einer Lebensdauer von fünf Jahren wird linear abgeschrieben. Mit dem jährlichen Rückfluss der kalkulierten Abschreibung sollen neue Maschinen (gerundet) gekauft werden.

| Jahr | Vorgang | 1. | 2. | 3. | 4. | 5. | 6. E1 | 7. E2 | Summe der Abschreibung | flüssige Mittel/ Kredit | Bilanzwert | Maschinenbestand |
|---|---|---|---|---|---|---|---|---|---|---|---|---|
| 1. | AB | 100.000 | | | | | | | | +20.000 | 100.000 | 100 |
| | a1 | –20.000 | | | | | | | 20.000 | | | |
| 2. | R1 | 80.000 | | | | | | | | 20.000 | 80.000 | |
| | Z2 | | 20.000 | | | | | | | –20.000 | | +20 |
| | a2 | –20.000 | –4.000 | | | | | | 24.000 | +24.000 | | |
| 3. | R2 | 60.000 | 16.000 | | | | | | | 24.000 | 76.000 | 120 |
| | Z3 | | | 24.000 | | | | | | –24.000 | | +24 |
| | a3 | –20.000 | –4.000 | –4.800 | | | | | 28.800 | +28.800 | | |
| 4. | R3 | 40.000 | 12.000 | 19.200 | | | | | | 28.800 | 71.200 | 144 |
| | Z4 | | | | 28.000 | | | | | –28.000 | | +28 |
| | a4 | –20.000 | –4.000 | –4.800 | –5.600 | | | | 34.400 | +34.400 | | |
| 5. | R4 | 20.000 | 8.000 | 14.400 | 22.400 | | | | | 35.200 | 64.800 | 172 |
| | Z5 | | | | | 32.000 | | | | –32.000 | | +32 |
| | a5 | –20.000 | –4.000 | –4.800 | –5.600 | –6.400 | | | 40.800 | +40.800 | | |
| 6. | R5 | – | 4.000 | 10.600 | 16.800 | 25.600 | | | | 44.000 | 56.000 | 204 |
| | Z6 | | | | | | 100.000 | | | –100.000 | | +100 |
| | Kr | | | | | | | | | 56.000 | | –100 |
| | a6 | | –4.000 | –4.800 | –5.600 | –6.400 | –20.000 | | 40.800 | +40.800 | | |
| 7. | R6 | | – | 4.800 | 11.200 | 19.200 | 80.000 | | | 15.200 | 115.200 | 204 |
| | Z7 | | | | | | | 20.000 | | –20.000 | | +20 |
| | Kr | | | | | | | | | 35.200 | | –20 |
| | a7 | | | –4.800 | –5.600 | –6.400 | –20.000 | –4.000 | 40.800 | +40.800 | | |

AB = Anfangsbestand a = Abschreibungsbetrag R = Restwert Z= Zugang E = Ersatzinvestition Kr = Kredit Beträge in EUR

Der Maschinenpark wächst so bis Ende des fünften Jahres auf 250. Es scheiden aber die 100 Maschinen aus dem ersten Jahr aus (Desinvestition), da sie abgeschrieben sind. Der neue Bestand beträgt dann 150 Maschinen.

Die maximale Kapazitätsausweitung tritt in diesem Fall am Ende des fünften Jahres mit 204 Maschinen ein. Sie schrumpft aber bis zum Ende des fünften Jahres auf 150, wenn auch weiterhin nur Abschreibungsrückflüsse zur Finanzierung des Ersatzes der Erstausstattung verwendet würden.

Da aber in der Regel eine einmal erreichte Kapazität erhalten werden soll, muss zur Finanzierung des Ersatzes der Erstausstattung zusätzliches Kapital beschafft werden.

Die folgende Tabelle verdeutlicht den Stellenwert der Finanzierung aus Abschreibungen für die Unternehmen.

| **Bedeutung verschiedener Finanzierungsmöglichkeiten für den Mittelstand** | |
|---|---|
| offene Selbstfinanzierung sowie Finanzierung aus Abschreibungen | 70 % |
| Bankfinanzierung | 49 % |
| Gesellschafter-/Familiendarlehen | 43 % |
| staatliche Fördermittel | 35 % |
| Lieferantenkredite | 26 % |
| Beteiligungsfinanzierung | 18 % |
| Quelle: Deutsche Bundesbank | |

## 13.7.2.2 Umfinanzierung durch Änderung der Vermögens- und Kapitalstruktur

| Maßnahmen der Umfinanzierung | Beispiele |
|---|---|
| **Änderung der Vermögensstruktur** durch **Liquidierung** nicht betriebsnotwendiger Vermögensgegenstände | 1. Veräußerung von Wertpapieren oder Beteiligungen, sofern sie nicht wegen der Sicherung der Beschaffung oder des Absatzes oder aus anderen Gründen gebunden bleiben müssen<br>2. Verkauf von unbebauten Grundstücken, sofern sie nicht für Betriebserweiterungen vorgesehen sind<br>3. Abbau zu hoher Vorräte |
| **Änderung der Vermögensstruktur** durch **Rationalisierung.** Eine Erhöhung der Umschlagshäufigkeit bewirkt eine Freisetzung gebundener Mittel, die für andere Zwecke verwendet werden können. | 1. Minderung der Bestände an Werkstoffen durch bessere Einkaufsdisposition<br>2. Minderung der Bestände der unfertigen Erzeugnisse durch die Beschleunigung oder Verkürzung des Fertigungsprozesses<br>3. Verkürzung der Lagerdauer von fertigen Erzeugnissen durch die Beschleunigung des Absatzes<br>4. Verbesserung der Zahlungsgewohnheiten von Kunden |
| **Änderung der Kapitalstruktur** | 1. Ablösung kurzfristiger durch langfristige Kredite<br>2. Umwandlung von Fremdkapital in Eigenkapital |

### 13.7.2.3 Factoring

**Factoring** ist der **Verkauf von Forderungen** aus Lieferungen und Leistungen an ein **Factoringinstitut.**

Dabei nennt man den Verkäufer der Forderung **Factoringnehmer,** das ankaufende Institut Factor **(Factoringgeber).**

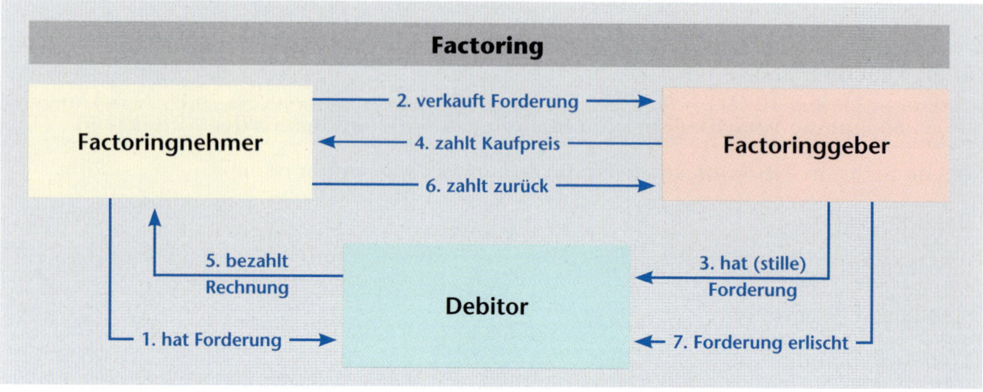


**▶ Funktionen des Factorings**

| Finanzierungsfunktion | Kreditversicherungsfunktion (Delkrederefunktion) | Dienstleistungsfunktion |
|---|---|---|
| Sie umfasst den Ankauf der Forderung unter Abzug von Zinsen und Factoringgebühren sowie der sofortigen Gutschrift zugunsten des Factoringnehmers. | Sie umfasst die Übernahme des Risikos von Forderungsausfällen, d. h., der Factor übernimmt die Gefahr für die Nichtbezahlung der Forderung vonseiten des Debitors. | Sie umfasst die Übernahme der Debitorenbuchhaltung und evtl. die Eintreibung der Forderungen durch den Factor. |

**Beispiel:** Factoring ohne Zinsen und Gebühren in Höhe von 300 Einheiten.

| A | Bilanz (ohne Factoring) | | P |
|---|---|---|---|
| AV | ... | EK | ... |
| Ford. | 500 | FK | ... |
| Kasse | 100 | | |

| A | Bilanz (mit Factoring) | | P |
|---|---|---|---|
| AV | ... | EK | ... |
| Ford. | 200 | FK | ... |
| Kasse | 400 | | |

**▶ Vorteile und Nachteile des Factorings**

| Vorteile | Nachteile |
|---|---|
| – Unternehmen erhält sofort Liquidität.<br>– Neue Liquidität kann zum Schuldenabbau oder zu Investitionen dienen.<br>– Schuldenabbau erhöht die Eigenkapitalquote und die Kreditwürdigkeit.<br>– Risiko des Forderungsausfalls ist abwälzbar.<br>– Auslagerung der Debitorenbuchhaltung erspart Verwaltungskosten. | – Kosten entstehen durch den Anfall von Zinsen.<br>– Je nach Vertrag fallen Gebühren an.<br>– Eintreibung der Forderung durch den Factor kann die Debitoren verärgern.<br>– Factoringnehmer kann in Abhängigkeit zum Factor geraten. |

**Beispiel:** Die Schusinski KG hat offene Forderungen in Höhe von 50.000 EUR, die in zwei Monaten fällig werden. Wegen der angespannten Liquiditätslage möchte die Schusinski KG diese Forderungen an die Ostbank AG verkaufen. Diese macht folgendes Angebot: Ankauf von 80 % der Forderung, Zinssatz 6 % p.a., Factoringgebühr 0,9 % der Forderungssumme. Es sind die Kosten des Factorings für die Schusinski KG zu berechnen.

| | |
|---|---|
| 6 % p.a. auf 80 % der Forderungen (40.000 EUR) für 2 Monate | 400 EUR |
| + 0,9 % Factoringgebühr von der Forderungssumme (50.000 EUR) | 450 EUR |
| = Kosten des Factorings | 850 EUR |

Die Schusinski KG erhält durch den Verkauf der Forderungen von der Ostbank AG eine Gutschrift von 39.150 EUR (40.000 EUR – 850 EUR). Nach zwei Monaten begleicht der Debitor seine Verbindlichkeiten und zahlt 50.000 EUR an die Schusinski KG. Davon zahlt die Schusinski KG 40.000 EUR an die Ostbank AG.

### 13.7.2.4 Verwendung freigesetzter Mittel aus Umfinanzierung

| Verwendung freigesetzter Mittel | Vorteile | Nachteile |
|---|---|---|
| **zum Ersatz und zur Erweiterung der Anlagen** | Erhöhung der Produktionskapazität, Anpassung an den technischen Fortschritt | Fehlinvestitionen, wenn der Markt die Erzeugnisse nicht abnimmt |
| **zur Vermehrung des Vorratsvermögens** | Nutzung der Vorteile des Großeinkaufs | Entwertung bei Preisrückgang, Finanzierungsschwierigkeiten bei Ersatzbeschaffung |
| **für Schuldentilgung** | Zinsersparnis, Minderung der fixen Kosten, Minderung der Abhängigkeit von Kreditgebern | Kreditabhängigkeit bei Ersatzbeschaffung |
| **für betriebsfremde Anlagen (Wertpapiere, Festgelder)** | Liquidierbarkeit bei notwendiger Ersatzbeschaffung | u. U. geringere Rendite |

## Zusammenfassende Übersicht zu Kapitel 13.7: Innenfinanzierung

**Innenfinanzierung**

- **Selbstfinanzierung**
  - **offene**
    - Nichtausschüttung realisierter Gewinne
  - **verdeckte**
    - Unterbewertung des Vermögens
    - Überbewertung der Schulden
- **Umfinanzierung**
  - **aus Abschreibungsrückflüssen**
    - **kalkulatorisch** Einkalkulieren der jährlichen Abschreibung in die Verkaufspreise
    - **bilanziell** Verringerung des Gewinns und somit Steuerersparnis
  - **durch Veränderung der Vermögensstruktur**
    - Verkauf nicht betriebsnotwendiger Vermögensgegenstände
    - Durchführung von Rationalisierungsmaßnahmen
    - Verkauf von Forderungen (Factoring)
  - **durch Veränderung der Kapitalstruktur**
    - Umwandlung von kurzfristigem in langfristiges Fremdkapital
    - Umwandlung von Fremdkapital in Eigenkapital

### ▶ Aufgaben und Probleme

1. a) Worin unterscheiden sich Beteiligungsfinanzierung und offene Selbstfinanzierung?

   b) Was haben sie gemeinsam?

2. Der Einzelunternehmer Heinrich Huber e. Kfm. erwirtschaftete im vergangenen Geschäftsjahr einen Gewinn von 200.000 EUR. Für seine private Lebensführung entnahm er 85.000 EUR.

   Wie hoch war die offene Selbstfinanzierung im vergangenen Geschäftsjahr?

3. Die Gesellschafter der Haitech OHG beabsichtigen, den Gesamtgewinn des Unternehmens in Höhe von 100.000 EUR nicht auszuschütten.

   Beschreiben Sie zwei Auswirkungen, die die offene Selbstfinanzierung auf die Bilanz der Haitech OHG hat.

4. August Schröder ist Kommanditist bei der Ketterer KG mit einer Kapitaleinlage von 50.000 EUR. Schröder hat seine Kapitaleinlage voll einbezahlt. Im Gesellschaftsvertrag wurde vereinbart, dass die Gewinnanteile an die Kommanditisten grundsätzlich

auszuzahlen sind. In den letzten vier Jahren ergaben sich folgende Gewinn- und Verlustanteile für Herrn Schröder:

| **Jahr** | **00** | **01** | **02** | **03** | **04** |
|---|---|---|---|---|---|
| **Gewinnanteil (EUR)** | 5.000 | | | 4.000 | 15.000 |
| **Verlustanteil (EUR)** | | 15.000 | 2.000 | | |

a) In welchem Umfang musste Kommanditist Schröder zur Selbstfinanzierung der Ketterer KG in den vier Jahren insgesamt beitragen?

b) Wie hoch war der Betrag, der dem Kommanditisten während der vier Jahre insgesamt ausgezahlt wurde?

5. Die MINT AG weist folgende Zahlen aus:

| | |
|---|---|
| Gezeichnetes Kapital | 25.000.000 EUR |
| Kapitalrücklage | 2.000.000 EUR |
| gesetzliche Rücklage | 400.000 EUR |
| andere Gewinnrücklagen | 600.000 EUR |
| Verlustvortrag aus dem Vorjahr | 150.000 EUR |
| Jahresüberschuss | 2.000.000 EUR |

a) Berechnen Sie die Höhe der gesetzlich erzwungenen Selbstfinanzierung für die MINT AG.

b) Vorstand und Aufsichtsrat möchten einen möglichst geringen Bilanzgewinn ausweisen. Ermitteln Sie unter diesen Bedingungen den Bilanzgewinn sowie den Betrag der offenen Selbstfinanzierung.

6. Für die Simmerring AG liegt am 31.12.20.. folgende vereinfachte Bilanz vor:

| Aktiva | Bilanz der Simmerring AG (in EUR) | | Passiva |
|---|---|---|---|
| A. Anlagevermögen | 30.415.000 | A. Eigenkapital | |
| B. Umlaufvermögen | 13.035.000 | I. Gezeichnetes Kapital | 20.000.000 |
| | | II. Kapitalrücklage | 900.000 |
| | | III. Gewinnrücklagen | |
| | | 1. gesetzl. Rücklage | 500.000 |
| | | 2. and. Gewinnrücklagen | 1.200.000 |
| | | IV. Gewinnvortrag | 125.000 |
| | | V. Jahresüberschuss | 1.750.000 |
| | | C. Verbindlichkeiten | 18.975.000 |
| | 43.450.000 | | 43.450.000 |

a) Berechnen Sie den Betrag der gesetzlich erzwungenen Selbstfinanzierung.

b) Vorstand und Aufsichtsrat wollen einen möglichst hohen Betrag in die Rücklagen einstellen. Berechnen Sie den Betrag, den Vorstand und Aufsichtsrat maximal einstellen können.

c) Ermitteln Sie den Bilanzgewinn, der der Hauptversammlung zur Ausschüttung an die Aktionäre vorgeschlagen wird. Der Gewinnvortrag soll dabei an die Aktionäre ausgeschüttet werden.

7. Vergleichen Sie die Eigen-, Selbst- und Fremdfinanzierung, mithilfe eines Tabellenkalkulationsprogrammes. Bisheriges Stammkapital 1 Mio. EUR, Rücklagen 1 Mio. EUR, Investitionsvorhaben 1 Mio. EUR, Gewinnerwartung aus der Investi-

tion 20 %, Gewinnausschüttung 10 %, Gewinnsteuersatz 30 %, Fremdkapitalzinssatz 10 %.

| A | B | C | D | E | F | G | H |
|---|---|---|---|---|---|---|---|
| 1 | **Finanzierungsvorschläge** | **Fall 1** | **Fall 2** | **Fall 3** | **Fall 4** | **Fall 5** | **Fall 6** |
| 2 | Eigenfinanzierung durch Kapitalerhöhung | 1.000.000 | – | 500.000 | – | 500.000 | – |
| 3 | Selbstfinanzierung aus Rücklagen | – | 1.000.000 | 500.000 | – | – | 500.000 |
| 4 | Fremdfinanzierung mittels Darlehen | – | – | – | 1.000.000 | 500.000 | 500.000 |
| 5 | **Auswirkungen im 1. Jahr** | | | | | | |
| 6 | Gewinnerwartung | | | | | | |
| 7 | Zinsaufwand | | | | | | |
| 8 | Gewinn vor Steuern | | | | | | |
| 9 | 30 % Steuern | | | | | | |
| 10 | Gewinn nach Steuern | | | | | | |
| 11 | Gewinnausschüttung 10 % | | | | | | |
| 12 | Mittelzufluss | | | | | | |
| 13 | Mittelabfluss | | | | | | |

8. Welche Wirkung tritt ein, wenn die Abschreibungsrückflüsse für private Zwecke verwendet werden?

9. Wie wirkt sich die Abschreibung

   a) auf den Gewinn,

   b) auf die Ertragsteuern

   des Unternehmens aus?

10. Eine Maschine hat eine Nutzungsdauer von acht Jahren und wird bilanziell linear abgeschrieben. Kalkulatorisch wird sie mit 25 % linear abgeschrieben. Wie hoch ist der Prozentsatz der Abschreibungsfinanzierung?

11. Die Extrol-AG hat ihren Fuhrpark bisher über Abschreibungen finanziert. Der Vorstand prüft, ob die Kraftfahrzeuge künftig nicht gekauft, sondern geleast werden sollen.

    Unter welchen Voraussetzungen reichen die Abschreibungsrückflüsse zur Wiederbeschaffung nicht aus?

12. Die Schulz KG benötigt liquide Mittel und möchte daher einen Teil ihrer Vorräte verkaufen.

    a) Begründen Sie, um welche Umfinanzierungsmaßnahme es sich dabei handelt.

    b) Beschreiben Sie zwei Gefahren, die mit dieser Umfinanzierungsmaßnahme verbunden sein könnten.

13. Wie viel flüssige Mittel werden in einem Unternehmen bei folgenden Maßnahmen frei:
    - Veräußerung von 1.000 Stück Aktien zu 460 EUR; Kaufpreis 240 EUR,
    - Veräußerung von 500 Stück Aktien zu 280 EUR; Kaufpreis 310 EUR,
    - Abbau des Lagerbestandes von 600.000 EUR um 20 % durch Barverkauf mit 30 % Preisnachlass.

14. Die Nord-Süd-Bank AG verlangt vom Factoringnehmer eine Servicegebühr für die Übernahme der Debitorenbuchhaltung.

    Erläutern Sie die Vorteile für den Factoringnehmer, wenn die Bank die Debitorenbuchhaltung übernimmt.

15. Die Horex KG prüft, ob sie ihre Forderungen an die Factor-Bank AG verkaufen soll. Die Außenstände des Unternehmens belaufen sich auf durchschnittlich 250.000 EUR pro Jahr, die Forderungsausfälle liegen bei durchschnittlich 12.000 EUR pro Jahr. Folgendes Angebot der Factor-Bank AG liegt vor: Gebühren einschließlich Delkrederefunktion: 1,2 % der Außenstände; Ankauf von 77,0 % der Forderungen; Sollzinssatz 6,5 % p. a. der Forderungssumme.

    Prüfen Sie, ob sich für die Horex KG das Factoring lohnt, wenn damit Kostenvorteile von 10.000 EUR zu erzielen sind.

# 14 Jahresabschluss mit Bewertung

*HGB § 242* Kaufleute müssen zu Beginn ihres Handelsgewerbes und für den Schluss eines jeden Geschäftsjahres einen **Jahresabschluss** aufstellen.

## 14.1 Bestandteile des Jahresabschlusses

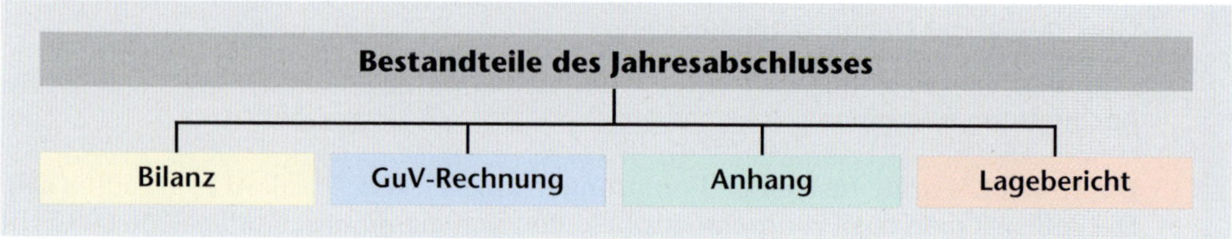


Der **Anhang** und der **Lagebericht** sind nur für Kapitalgesellschaften vorgeschrieben.

### 14.1.1 Bilanz

Die Bilanz ist eine **vereinfachte Darstellung des Inventars in Kontoform.**

#### 14.1.1.1 Jahresbilanz der Kapitalgesellschaft

*§ 267* Je nach ihrer Größe gelten für den Jahresabschluss der Kapitalgesellschaften unterschiedliche Vorschriften und Pflichten. Der Gesetzgeber unterscheidet zwischen kleinen, mittelgroßen und großen Kapitalgesellschaften. Zur **Größenabgrenzung** der Kapitalgesellschaften werden Bilanzsumme, Umsatzerlöse und die Arbeitnehmerzahl herangezogen. Dabei müssen **mindestens zwei der drei Merkmale an zwei aufeinanderfolgenden Abschlussstichtagen** erfüllt sein:

| Zuordnung / Merkmal | kleine Kapitalgesellschaft | mittelgroße Kapitalgesellschaft | große Kapitalgesellschaft |
|---|---|---|---|
| **Bilanzsumme** (nach Abzug eines auf der Aktivseite ausgewiesenen Fehlbetrags) | ≤ 6,000 Mio. EUR | > 6,000 Mio. EUR<br>≤ 20,000 Mio. EUR | > 20,000 Mio. EUR |
| **Umsatzerlöse** (in den zwölf Monaten vor dem Abschlussstichtag) | ≤ 12,000 Mio. EUR | > 12,000 Mio. EUR<br>≤ 40,000 Mio. EUR | > 40,000 Mio. EUR |
| **Arbeitnehmer** (im Jahresdurchschnitt) | ≤ 50 Arbeitnehmer | > 50 Arbeitnehmer<br>≤ 250 Arbeitnehmer | > 250 Arbeitnehmer |

*§ 267a* Kleinstkapitalgesellschaften dürfen eine verkürzte Bilanz- und GuV-Rechnung aufstellen sowie auf einen Anhang verzichten. Der Jahresabschluss muss nicht veröffentlicht werden. Eine Kleinstkapitalgesellschaft liegt vor, wenn mindestens zwei der drei folgenden Merkmale nicht überschritten werden:

- 350.000 EUR Bilanzsumme,
- 700.000 EUR Nettoumsatzerlöse oder
- eine durchschnittliche Anzahl von zehn Mitarbeitern.

Kapitalmarktorientierte Kapitalgesellschaften, die nicht zur Aufstellung eines Konzernabschlusses verpflichtet sind, müssen den Jahresabschluss um eine Kapitalflussrechnung und einen Eigenkapitalspiegel erweitern.

HGB
§ 266

**Bilanz**

**Aktiva**

**A. Anlagevermögen:**

**I. Immaterielle Vermögensgegenstände:**
1. selbst geschaffene gewerbliche Schutzrechte und ähnliche Rechte und Werte;
2. entgeltlich erworbene Konzessionen, gewerbliche Schutzrechte und ähnliche Rechte und Werte sowie Lizenzen an solchen Rechten und Pflichten;
3. Geschäfts- oder Firmenwert;
4. geleistete Anzahlungen;

**II. Sachanlagen:**
1. Grundstücke, grundstücksgleiche Rechte und Bauten, einschließlich der Bauten auf fremden Grundstücken;
2. technische Anlagen und Maschinen;
3. andere Anlagen, Betriebs- und Geschäftsausstattung;
4. geleistete Anzahlungen und Anlagen im Bau;

**III. Finanzanlagen:**
1. Anteile an verbundenen Unternehmen;
2. Ausleihungen an verbundene Unternehmen;
3. Beteiligungen;
4. Ausleihungen an Unternehmen, mit denen ein Beteiligungsverhältnis besteht;
5. Wertpapiere des Anlagevermögens;
6. sonstige Ausleihungen.

**B. Umlaufvermögen:**

**I. Vorräte:**
1. Roh-, Hilfs- und Betriebsstoffe;
2. unfertige Erzeugnisse, unfertige Leistungen;
3. fertige Erzeugnisse und Waren;
4. geleistete Anzahlungen;

**II. Forderungen und sonstige Vermögensgegenstände:**
1. Forderungen aus Lieferungen und Leistungen;
2. Forderungen gegen verbundene Unternehmen;
3. Forderungen gegen Unternehmen, mit denen ein Beteiligungsverhältnis besteht;
4. sonstige Vermögensgegenstände;

**III. Wertpapiere:**
1. Anteile an verbundenen Unternehmen;
2. sonstige Wertpapiere;

**IV. Kassenbestand, Bundesbankguthaben, Guthaben bei Kreditinstituten und Schecks.**

**C. Rechnungsabgrenzungsposten.**

**D. Aktive latente Steuern.**

**E. Aktiver Unterschiedsbetrag aus der Vermögensverrechnung.**

**Passiva**

**A. Eigenkapital:**

**I. Gezeichnetes Kapital;**

**II. Kapitalrücklage;**

**III. Gewinnrücklagen:**
1. gesetzliche Rücklage;
2. Rücklage für Anteile an einem herrschenden oder mehrheitlich beteiligten Unternehmen;
3. satzungsmäßige Rücklagen;
4. andere Gewinnrücklagen;

**IV. Gewinnvortrag/Verlustvortrag;**

**V. Jahresüberschuss/Jahresfehlbetrag.**

**B. Rückstellungen:**
1. Rückstellungen für Pensionen und ähnliche Verpflichtungen;
2. Steuerrückstellungen;
3. sonstige Rückstellungen.

**C. Verbindlichkeiten:**
1. Anleihen, davon konvertibel;
2. Verbindlichkeiten gegenüber Kreditinstituten;
3. erhaltene Anzahlungen auf Bestellungen;
4. Verbindlichkeiten aus Lieferungen und Leistungen;
5. Verbindlichkeiten aus der Annahme gezogener Wechsel und der Ausstellung eigener Wechsel;
6. Verbindlichkeiten gegenüber verbundenen Unternehmen;
7. Verbindlichkeiten gegenüber Unternehmen, mit denen ein Beteiligungsverhältnis besteht;
8. sonstige Verbindlichkeiten, davon aus Steuern, davon im Rahmen der sozialen Sicherheit.

**D. Rechnungsabgrenzungsposten.**

**E. Passive latente Steuern.**

HGB § 266 Für **große** und **mittelgroße Kapitalgesellschaften** schreibt das HGB die Bezeichnung und Reihenfolge der Posten einer Jahresbilanz verbindlich vor. **Kleine Kapitalgesellschaften** brauchen nur eine verkürzte Bilanz aufzustellen.

**Beispiel:** Unter »B.I. Vorräte« (vgl. Bilanzgliederung Seite 623) werden bei kleinen Kapitalgesellschaften Roh-, Hilfs- und Betriebsstoffe, unfertige und fertige Erzeugnisse und geleistete Anzahlungen zusammengefasst.

## Gliederung der Aktivseite

### Anlagevermögen

Das **Anlagevermögen** ist dazu bestimmt, **langfristig** der **betrieblichen Leistungserstellung** zu **dienen** und die **technische Betriebsbereitschaft** zu **sichern.**

Das **Anlagevermögen** besteht aus:

I. Immateriellen Vermögensgegenständen,

II. Sachanlagen und

III. Finanzanlagen.

Darunter fallen **abnutzbare Vermögensgegenstände,** deren Einsatz von vornherein zeitlich begrenzt ist (z. B. Maschinen, Gebäude), und **nicht abnutzbare Vermögensgegenstände,** deren Betriebszugehörigkeit zeitlich unbestimmbar ist (Beteiligungen, Grund und Boden).

| **Erläuterungen zu einzelnen Positionen (Bild, Seite 623):** | |
|---|---|
| **A.I.1** | **Selbst geschaffene gewerbliche Schutzrechte und ähnliche Rechte und Werte.** Hierzu zählen bspw. Rezepturen für chemische oder pharmazeutische Produkte oder entwickelte Schablonen für Stanzteile oder eine selbsterstellte Software. |
| **A.I.2** | **Entgeltlich erworbene Konzessionen, gewerbliche Schutzrechte und Lizenzen.** Hierunter fallen gekaufte Konzessionen, Markenrechte oder Lizenzen, z. B. für Software. |
| **A.I.3** | **Geschäfts- oder Firmenwert.** Dieser berücksichtigt schwer zu messende Faktoren eines Unternehmens wie günstige Geschäftslage, Ansehen eines Unternehmens, guter Kundenstamm, zuverlässiges Stammpersonal oder ein gesundes Betriebsklima (vgl. Beispiel Seite 644)<br>Der originäre, selbst geschaffene Geschäftswert darf weder nach Handels- noch nach Steuerrecht in der Bilanz aktiviert werden.<br>Für den **erworbenen (derivativen) Geschäfts- oder Firmenwert** besteht eine **Aktivierungspflicht.** |
| § 271 (2) **A.III.1** | **Anteile an verbundenen Unternehmen.** Verbundene Unternehmen sind solche Unternehmen, die als Mutter- oder Tochterunternehmen in einem Konzern verbunden sind (mit mehr als 50 %). |
| **A.III.2** | **Ausleihungen an verbundene Unternehmen.** Hierunter fallen z. B. Forderungen von Mutter- an Tochtergesellschaften mit Darlehenscharakter und Laufzeiten von mindestens vier Jahren. |
| § 271 (1) **A.III.3** | **Beteiligungen** sind Kapitalanteile an anderen Unternehmen, die eine wirtschaftliche Verflechtung mit diesen bezwecken. |
| **A.III.5** | **Wertpapiere des Anlagevermögens** sind solche Wertpapiere, die einer dauernden Kapitalanlage dienen. |

Das HGB schreibt vor, dass für jeden einzelnen Bilanzposten des Anlagevermögens dessen Entwicklung im Anhang als **Anlagenspiegel** (»Anlagengitter«) dargestellt werden muss. Der Anlagenspiegel soll die Aussagekraft des Jahresabschlusses verbessern. *HGB § 284 (3)*

**Beispiel:** Für die Bilanzposition »technische Anlagen und Maschinen« ist zum 31. Dezember 02 der Anlagenspiegel zu erstellen. In der Bilanz zum 31. Dezember 01 wurde diese Position wie folgt ausgewiesen (Werte in TEUR):

| Anlagenspiegel technische Anlagen und Maschinen 01 | | | | | | | |
|---|---|---|---|---|---|---|---|
| **Position** | **(1)** Anschaffungs- und Herstellungskosten (AHK) zu Beginn des Geschäftsjahres | **(2)** Zugänge | **(3)** Abgänge | **(4)** kumulierte Abschreibungen | **(5)** Abschreibungen (lfd. Jahr) | **(6)** Bilanzansatz | |
| | | | | | | Vorjahr | Berichtsjahr |
| Anlagen u. Maschinen | 520 | 34 | 23 | 324 | 79 | 192* | 207 |
| * angenommene Zahl | | | | | | | |

Im neuen Jahr wurden Maschinen angeschafft, deren AHK sich auf insgesamt 65 TEUR beliefen. Verkauft wurden Maschinen, deren AHK ursprünglich 42 TEUR betrugen und die im Zeitpunkt der Veräußerung einen Buchwert von 9 TEUR hatten. Die Abschreibungen des laufenden Jahres wurden für die Bilanzposition »technische Anlagen und Maschinen« mit 85 TEUR errechnet.

Der Anlagenspiegel zum 31. Dezember 02 ist zu erstellen (Werte in TEUR).

**Lösung:**

| Anlagenspiegel technische Anlagen und Maschinen 02 | | | | | | | |
|---|---|---|---|---|---|---|---|
| **Position** | **(1)** Anschaffungs- und Herstellungskosten (AHK) zu Beginn des Geschäftsjahres | **(2)** Zugänge | **(3)** Abgänge | **(4)** kumulierte Abschreibungen | **(5)** Abschreibungen (lfd. Jahr) | **(6)** Bilanzansatz | |
| | | | | | | Vorjahr | Berichtsjahr |
| Anlagen u. Maschinen | 531 | 65 | 42 | 376 | 85 | 207 | 178 |

**Erläuterung zur Position (1) AHK:**

| | |
|---|---|
| AHK zu Beginn des Geschäftsjahres 02: | TEUR |
| AHK zu Beginn des Jahres 01 | 520 |
| + Zugänge im Jahr 01 | 34 |
| – Abgänge im Jahr 01 | 23 |
| = AHK Dezember 01 = AHK zu Beginn des Geschäftsjahres 02 | 531 |

Die Zu- und Abgänge des Jahres 02 werden laut Aufgabenstellung in die jeweiligen Spalten übertragen.

**Erläuterung zur Position (4) kumulierte Abschreibungen:**

Die bisherigen kumulierten Abschreibungen von 324 TEUR erhöhen sich um die Jahresabschreibungen 02 und verringern sich um die kumulierten Abschreibungen der verkauften Maschinen. Diese sind herauszurechnen, da sie nicht mehr Bestandteil des Anlagevermögens sind. Die ursprünglichen AHK betrugen 42 TEUR, der Restbuchwert betrug noch 9 TEUR; somit ergibt die Differenz die bisherigen Abschreibungen von 33 TEUR.

| | |
|---|---|
| kumulierte Abschreibungen des Jahres 01 | 324 |
| + Abschreibungen im Jahr 02 | 85 |
| – kumulierte Abschreibungen der verkauften Maschinen | 33 |
| = kumulierte Abschreibungen des Jahres 02 | 376 |

Die Abschreibungen des Geschäftsjahres 02 werden in die Spalte 5 eingetragen.

**Erläuterung zur Position (6) Bilanzansatz:**

| | | |
|---|---|---|
| | AHK zu Beginn des Jahres 02 | 531 |
| + | Zugänge | 65 |
| – | Abgänge | 42 |
| = | AHK der noch vorhandenen Maschinen am 31. Dezember 02 | 554 |
| – | kumulierte Abschreibungen am 31. Dezember 02 | 376 |
| = | Bilanzansatz Jahr 02 | 178 |

Der Bilanzansatz des Vorjahres ergibt sich aus dem Anlagenspiegel 01.

### ▶ Umlaufvermögen

Das **Umlaufvermögen** umfasst **Vermögensteile,** die nur **kurzfristig** im **Betrieb verbleiben,** also möglichst **oft eingesetzt** werden sollen.

Zum **Umlaufvermögen** zählen

I. Vorräte,

II. Forderungen und sonstige Vermögensgegenstände,

III. Wertpapiere,

IV. Kassenbestand, Bundesbankguthaben und Guthaben bei Kreditinstituten.

Dem einzelnen Vermögensteil sieht man oft nicht an, ob es zum Anlage- oder Umlaufvermögen gehört; entscheidend ist die Art der Verwendung.

**Beispiel:** Bei Unternehmen, die mit Kraftfahrzeugen handeln, gehören die Fahrzeuge nicht zum Anlagevermögen, weil sie Umsatzgüter sind. Ein Abschleppwagen einer Autowerkstatt dagegen gehört zum Anlagevermögen.

| Erläuterungen zu einzelnen Positionen (Bild, Seite 623): | |
|---|---|
| **B.I.** | **Vorräte** sind die eigentlichen Umsatzgüter und sichern die Bereitschaft der Leistungserstellung. Im Handelsbetrieb sind es die Waren, im Industriebetrieb die Roh-, Hilfs- und Betriebsstoffe, Fremdbezugsteile und die unfertigen und fertigen Erzeugnisse sowie die geleisteten Anzahlungen auf Vorräte. |
| *HGB § 268 (4)* **B.II.** | **Forderungen** sind Rechte, die sich aus Warenlieferungen und Leistungen ergeben. Sie beruhen auf kurzfristigen Krediten, die Kunden oder anderen Personen eingeräumt wurden. |
| *§ 272 (1a)* **B.III.** | **Wertpapiere** sind Anteile an verbundenen Unternehmen und sonstige Wertpapiere, die zur kurzfristigen Anlage beschafft wurden. Eigene Anteile sind auf der Passivseite vom Eigenkapital abzusetzen. Sie dürfen nicht als Vermögensgegenstand ausgewiesen werden. |

### ▶ Aktive Rechnungsabgrenzungsposten

Rechnungsabgrenzungsposten ermöglichen eine periodengerechte Ermittlung des Unternehmensergebnisses verschiedener Geschäftsjahre. Als aktive Posten der Rechnungsabgrenzung dürfen nur **Ausgaben vor dem Abschlussstichtag** ausgewiesen werden, soweit sie Aufwand für eine bestimmte Zeit nach diesem Tag darstellen.

## ■ Gliederung der Passivseite

### ▶ Eigenkapital

Das **Eigenkapital** ist das **Beteiligungskapital der Eigentümer.**

Bei **Personengesellschaften** umfasst das ausgewiesene Eigenkapital die Mittel, die die Unternehmer selbst dem Unternehmen zugeführt haben, vermehrt um die nicht entnommenen Gewinne und vermindert um die eingetretenen Verluste. Das in der Bilanz ausgewiesene Eigenkapital ist gleich dem Vermögen abzüglich Fremdkapital.

Bei **Kapitalgesellschaften** umfasst das Eigenkapital folgende Posten:

I. Gezeichnetes Kapital

II. Kapitalrücklage

III. Gewinnrücklagen

IV. Gewinnvortrag/Verlustvortrag

V. Jahresüberschuss/Jahresfehlbetrag

| **Erläuterungen zu einzelnen Positionen:** | | |
|---|---|---|
| **I.** | **Gezeichnetes Kapital** ist das Grundkapital der AG oder Stammkapital der GmbH, auf das sich die Haftung der Gesellschafter der Kapitalgesellschaft beschränkt. Wenn das Gezeichnete Kapital nicht voll einbezahlt ist (ausstehende Einlagen), muss dies in der Bilanz angegeben werden. Dafür ist nach Handelsrecht folgende Möglichkeit vorgesehen:<br>Ausweis des eingeforderten Kapitals auf der Passivseite der Bilanz. Der Betrag ergibt sich aus der Verminderung des gezeichneten Kapitals um den Betrag der nicht eingeforderten ausstehenden Einlagen. Außerdem muss der Betrag der eingeforderten Einlagen unter den Forderungen ausgewiesen werden. | *HGB § 272 (1)* |
| **II.** | **Kapitalrücklage.** Als solche sind auszuweisen<br>– Aufgeld bei der Ausgabe von Anteilen (Agio bei Aktienemission),<br>– Beträge, die bei der Ausgabe von Schuldverschreibungen für Wandlungs- und Optionsrechte zum Erwerb von Anteilen erzielt werden,<br>– Zuzahlungen, welche Gesellschafter (Aktionäre) gegen Gewährung eines Vorzugs für ihre Anteile leisten,<br>– Zuzahlungen, die Gesellschafter in das Eigenkapital leisten (Zuzahlungen bei Sanierungen, Nachschüsse bei der GmbH). | *§ 272 (2)* |
| **III.** | **Gewinnrücklagen.** Als solche sind Beträge auszuweisen, die aus dem Ergebnis gebildet worden sind. Dazu gehören folgende Positionen:<br>1. **gesetzliche Rücklage.** Aktiengesellschaften haben gesetzliche Rücklagen zu bilden. Bei der GmbH gibt es keine gesetzliche Rücklage.<br>2. **Rücklage für Anteile an herrschenden oder mehrheitlich beteiligten Unternehmen.** In die Rücklage ist ein Betrag einzustellen, der dem auf der Aktivseite der Bilanz für diese Anteile entspricht.<br>3. **satzungsmäßige Rücklagen.** Die Rücklagenbildung wird durch die Satzung des Unternehmens bestimmt.<br>4. **andere Gewinnrücklagen.** Diese umfassen als Restgröße die nicht gesondert auszuweisenden Gewinnrücklagen. | *AktG § 272 (3)*<br>*§ 150*<br>*HGB § 272 (4)* |
| **IV.** | **Gewinnvortrag/Verlustvortrag.** Dies ist der Übertrag von Gewinn oder Verlust aus dem Vorjahr. | |
| **V.** | **Jahresüberschuss/Jahresfehlbetrag.** Er stellt das **Jahresergebnis vor der Gewinnverwendung** dar. | *§ 268 (1)* |

▶ **Rückstellungen**

HGB § 249 **Rückstellungen müssen** von jedem Kaufmann **gebildet werden** für

- ungewisse Verbindlichkeiten, z. B. Pensionsverpflichtungen,
- drohende Verluste aus schwebenden Geschäften (im Einkommensteuerrecht nicht erlaubt),
- im Geschäftsjahr unterlassene Aufwendungen für Instandhaltungen, die im folgenden Geschäftsjahr innerhalb von drei Monaten nachgeholt werden, oder Abraumbeseitigung, die im folgenden Geschäftsjahr nachgeholt wird,
- Gewährleistungen, die ohne rechtlichen Grund erbracht werden.

**Für andere Zwecke dürfen Rückstellungen nicht gebildet werden.**

**Große und mittelgroße Kapitalgesellschaften** haben die Rückstellungen wie folgt besonders **auszuweisen:**

1. Rückstellungen für Pensionen und ähnliche Verpflichtungen,
2. Steuerrückstellungen und
3. sonstige Rückstellungen. Der hier angegebene Betrag muss im Anhang erläutert werden.

▶ **Verbindlichkeiten**

§ 268 Das **Fremdkapital** ist der Teil des Gesamtkapitals, der dem Unternehmen von Gläubigern als Kredit überlassen wird; es sind die **Verbindlichkeiten** (Schulden) des Unternehmens. Bei jedem einzelnen Posten muss der Betrag der Verbindlichkeiten vermerkt werden. Außerdem müssen Verbindlichkeiten mit einer **Restlaufzeit von mehr als fünf Jahren und Pfandrechte** im Anhang angegeben werden. Erhaltene Anzahlungen auf Bestellungen können auch bei den Vorräten offen abgesetzt werden.

▶ **Passive Rechnungsabgrenzungsposten**

§ 250 Als passive Posten der Rechnungsabgrenzung dürfen nur **Einnahmen vor dem Abschlussstichtag,** soweit sie Erträge für eine bestimmte Zeit nach diesem Tag darstellen, ausgewiesen werden (transitorische Rechnungsabgrenzungsposten).

Aufwendungen des laufenden Geschäftsjahres, die erst nach dem Abschlussstichtag zu Ausgaben werden (antizipative Rechnungsabgrenzungsposten) sind unter »Sonstige Verbindlichkeiten« aufzuführen.

## 14.1.1.2 Jahresbilanzen von Einzelunternehmen und Personengesellschaften

§ 247 § 249 Einzelunternehmen und Personengesellschaften müssen lediglich in ihrer Bilanz Anlagevermögen, Umlaufvermögen, Eigenkapital, Schulden und Rechnungsabgrenzungsposten gesondert ausweisen und hinreichend aufgliedern. Ebenfalls sind Rückstellungen zu bilden.

### ■ Einzelunternehmen

In ihrer Bilanz wird für den Eigentümer ein **variables Eigenkapitalkonto** geführt. Diesem werden Einlagen und Gewinne zugeschrieben und Entnahmen (private Sach- und Geldentnahmen) und Verluste abgeschrieben, sodass der Posten Eigenkapital den jeweiligen Stand am Ende der Rechnungsperiode ausweist.

## Personengesellschaften

**In der Bilanz der OHG** wird für jeden Gesellschafter ein besonderes Eigenkapitalkonto geführt, das inhaltlich dem eines Einzelunternehmers entspricht. Die in der Bilanz ausgewiesenen **Eigenkapitalanteile der Gesellschafter sind somit variabel.** Die Kapitalanteile der Gesellschafter können jedoch auch auf bestimmte Beträge festgelegt und zusätzliche Beträge anderweitig auf Sonderkonten (Gesellschafterdarlehen, Unternehmensrücklage) ausgewiesen werden.

**In der Bilanz der KG** gelten für die Eigenkapitalanteile der Vollhafter **(Komplementäre)** die **gleichen Regeln wie für die Gesellschafter der OHG.** Die Kapitalanteile der Teilhafter **(Kommanditisten)** jedoch **sind beschränkt variabel** und können den im Gesellschaftsvertrag festgelegten Betrag nicht übersteigen. Soweit Gewinnanteile den Kommanditisten nicht ausbezahlt wurden, sind sie als Verbindlichkeiten auszuweisen.

### 14.1.1.3 Gewinn- und Verlustrechnung

Die Gewinn- und Verlustrechnung gibt Auskunft über die Aufwendungen und Erträge einer Rechnungsperiode. Sie stellt dabei den in Geld gemessenen laufenden Einsatz von Vermögen sowie dessen Ersatz durch den Markt und das Ergebnis innerbetrieblicher Leistung dar. Während die **Bilanz** nur den **Zustand des Unternehmens am Bilanzstichtag darstellt,** zeigt die **Erfolgsrechnung das wirtschaftliche Geschehen, das sich im Laufe eines Geschäftsjahres** im Unternehmen vollzogen hat.

## Gewinn- und Verlustrechnung bei Kapitalgesellschaften

Kapitalgesellschaften haben die **Gewinn- und Verlustrechnung in der Staffelform** nach dem Gesamt- oder Umsatzkostenverfahren aufzustellen. Auf die Darstellung des Umsatzkostenverfahrens wird hier verzichtet.

a) **Die Gewinn- und Verlustrechnung nach dem Bruttoprinzip** zeigt folgendes Bild. Große Kapitalgesellschaften müssen die Gewinn- und Verlustrechnung mit dieser Mindestgliederung erstellen und veröffentlichen.

*HGB § 275 (2)*

| **Gliederung der Gewinn- und Verlustrechnung** (nach dem Gesamtkostenverfahren) | |
|---|---|
| 1. Umsatzerlöse<br>2. Erhöhung oder Verminderung des Bestandes an fertigen und unfertigen Erzeugnissen<br>3. andere aktivierte Eigenleistungen<br>4. sonstige betriebliche Erträge<br>5. Materialaufwand:<br>a) Aufwendungen für Roh-, Hilfs- und Betriebsstoffe und für bezogene Waren<br>b) Aufwendungen für bezogene Leistungen<br>6. Personalaufwand:<br>a) Löhne und Gehälter<br>b) soziale Abgaben und Aufwendungen für Altersversorgung und für Unterstützung, davon für Altersversorgung<br>7. Abschreibungen:<br>a) auf immaterielle Vermögensgegenstände des Anlagevermögens und Sachanlagen<br>b) auf Vermögensgegenstände des Umlaufvermögens, soweit diese die in der Kapitalgesellschalt üblichen Abschreibungen überschreiten<br>8. sonstige betriebliche Aufwendungen | **Betriebsergebnis** |

| Gliederung der Gewinn- und Verlustrechnung (nach dem Gesamtkostenverfahren) | |
|---|---|
| 9. Erträge aus Beteiligungen, davon aus verbundenen Unternehmen<br>10. Erträge aus anderen Wertpapieren und Ausleihungen des Finanzanlagevermögens, davon aus verbundenen Unternehmen<br>11. sonstige Zinsen und ähnliche Erträge, davon aus verbundenen Unternehmen<br>12. Abschreibungen auf Finanzanlagen und auf Wertpapiere des Umlaufvermögens<br>13. Zinsen und ähnliche Aufwendungen, davon an verbundene Unternehmen | **Finanzergebnis** |
| 14. Steuern vom Einkommen und vom Ertrag | |
| 15. Ergebnis nach Steuern | |
| 16. sonstige Steuern | |
| 17. Jahresüberschuss/Jahresfehlbetrag | |

**Erläuterungen zu einzelnen Posten:**

HGB § 277

- **Umsatzerlöse** sind Erlöse aus dem Verkauf, der Vermietung und Verpachtung von Produkten sowie aus der Erbringung von Dienstleistungen.
- **Andere aktivierte Eigenleistungen.** Hierunter fallen z. B. Anlagen oder Maschinen, die die Kapitalgesellschaft für die eigene Nutzung selbst erstellt hat. Das Konto »Andere aktivierte Eigenleistungen« ist ein Ertragskonto. Die Gegenbuchung erfolgt auf einem Anlagevermögenskonto. Die dieser Leistung entsprechenden Kosten sind in den einzelnen Kostenpositionen (z. B. Fertigungsmaterial, Fertigungslöhne, Energiekosten) enthalten.
- **Sonstige betriebliche Erträge** sind z. B. Erträge aus der Auflösung von Rückstellungen, aus Anlagenabgängen; Kursgewinne aus Zahlungsverkehr und Kurssicherung bei Auslandsgeschäften; Erlöse aus Nebengeschäften; Erlöse aus der Weiterbelastung von Kosten und Leistungen, Miet- und Pachterlöse, Lizenzerlöse, Investitionszulagen und Umsatzsteuervergütungen.
- **Abschreibungen.** Der Betrag stimmt mit dem Betrag im Anlagenspiegel überein. Die darin enthaltenen außerplanmäßigen Abschreibungen sind gesondert auszuweisen oder im Anhang anzugeben.
- **Sonstige betriebliche Aufwendungen** enthalten Verluste aus dem Abgang von Gegenständen des Anlagevermögens, Aufwendungen aus anderen Geschäftsjahren, soweit sie der gewöhnlichen Geschäftstätigkeit zuzurechnen sind, u. a.
- § 285 (31) **Außerordentliche Erträge und Aufwendungen** entstehen z. B. bei Sanierungen, Umwandlungen u. Ä. Soweit sie für die Beurteilung der Ertragslage nicht von untergeordneter Bedeutung sind, müssen sie im Anhang erläutert werden. Der bisherige separate Ausweis in der Gewinn- und Verlustrechnung ist nicht mehr erlaubt.
- **Steuern vom Einkommen und vom Ertrag** betreffen die Körperschaftsteuer und die Gewerbesteuer. Die Höhe hängt von der Gewinnverwendung ab, die erst nach der Beschlusslage der Hauptversammlung endgültig feststeht. Eine notwendige Korrektur erfolgt im Folgejahr.
- **Sonstige Steuern** beziehen sich auf die Grundsteuer und alle übrigen Steuern.

§ 276 **b) Bei der Gewinn- und Verlustrechnung nach dem Nettoprinzip** werden die Umsatzerlöse nicht ausgewiesen, sondern vorweg zum Rohergebnis saldiert.

Umsatzerlöse

+/– Bestandsveränderung der unfertigen und fertigen Erzeugnisse

+ andere aktivierte Eigenleistungen

+ sonstige betriebliche Erträge

– Materialaufwendungen (für Roh-, Hilfs- und Betriebsstoffe sowie bezogene Leistungen)

Durch Saldieren von Erträgen mit Aufwendungen ist die Aussagekraft der GuV-Rechnung vermindert. Das Unternehmen gibt seine Umsatzerlöse nicht offen bekannt.

Nur **kleine und mittelgroße Kapitalgesellschaften** dürfen das **Nettoprinzip** bei der Erstellung der Gewinn- und Verlustrechnung anwenden.

## Gewinn- und Verlustrechnung bei Einzelunternehmen und Personengesellschaften

### ▶ Einzelunternehmen

Für ihre Erfolgsrechnungen bestehen keine Gliederungsvorschriften. In zunehmendem Maße richten sich die Unternehmen ebenfalls nach den Vorschriften des HGB und den von den Fachverbänden entwickelten Kontenrahmen.

### ▶ Personengesellschaften

Auch für diese Unternehmen bestehen keine Gliederungsvorschriften, es sei denn, dass ausschließlich Kapitalgesellschaften persönlich haftende Gesellschafter sind. Es sind dann die Vorschriften des HGB zwingend anzuwenden. *HGB § 264a*

## 14.1.1.4 Anhang

Der **Anhang** ist **Bestandteil des Jahresabschlusses der Kapitalgesellschaften.** Die **Aufgabe** des Anhangs besteht darin, **Bilanz und GuV-Rechnung näher zu erläutern.** Die Inhalte des Anhangs sind in HGB §§ 284–288 festgelegt.

## 14.1.1.5 Lagebericht

Im **Lagebericht** ist der **Geschäftsverlauf und die Lage des Unternehmens** so darzustellen, dass ein den tatsächlichen Verhältnissen entsprechendes Bild vermittelt wird. Der Lagebericht muss **mindestens Angaben** enthalten über

- den Geschäftsverlauf,
- die gegenwärtige Lage der Kapitalgesellschaft,
- Vorgänge von besonderer Bedeutung, die nach dem Schluss des Geschäftsjahres eingetreten sind,
- die voraussichtliche Entwicklung der Kapitalgesellschaft,
- den Bereich Forschung und Entwicklung,
- bestehende Zweigniederlassungen der Gesellschaft.

## 14.1.1.6 Kapitalflussrechnung

Kapitalmarktorientierte Kapitalgesellschaften, die nicht zu einem Konzernabschluss verpflichtet sind, haben den Jahresabschluss um eine **Kapitalflussrechnung (Cashflow Statement)** zu erweitern. Die Kapitalflussrechnung soll Aufschluss über die Entwicklung der Liquidität eines Unternehmens geben (Kapitel 15). *§ 264 (1)*

## 14.1.1.7 Eigenkapitalspiegel

*HGB § 297 (1)*

Der **Eigenkapitalspiegel** ist für kapitalmarktorientierte Unternehmen ein verpflichtender Bestandteil des Jahresabschlusses. Er zeigt die **Veränderungen des Eigenkapitals zwischen zwei Bilanzstichtagen.** Im Eigenkapitalspiegel müssen

- die einzelnen Eigenkapitalpositionen aufgeschlüsselt dargestellt werden,
- die Anfangsbestände und Endbestände der jeweiligen Eigenkapitalposition genannt werden,
- diejenigen Ereignisse dargestellt werden, die zu einer Veränderung der Positionen geführt haben.

Der Eigenkapitalspiegel soll die Kapitalstärke des Unternehmens darstellen.

### Zusammenfassende Übersicht zu Kapitel 14.1: Bestandteile des Jahresabschlusses

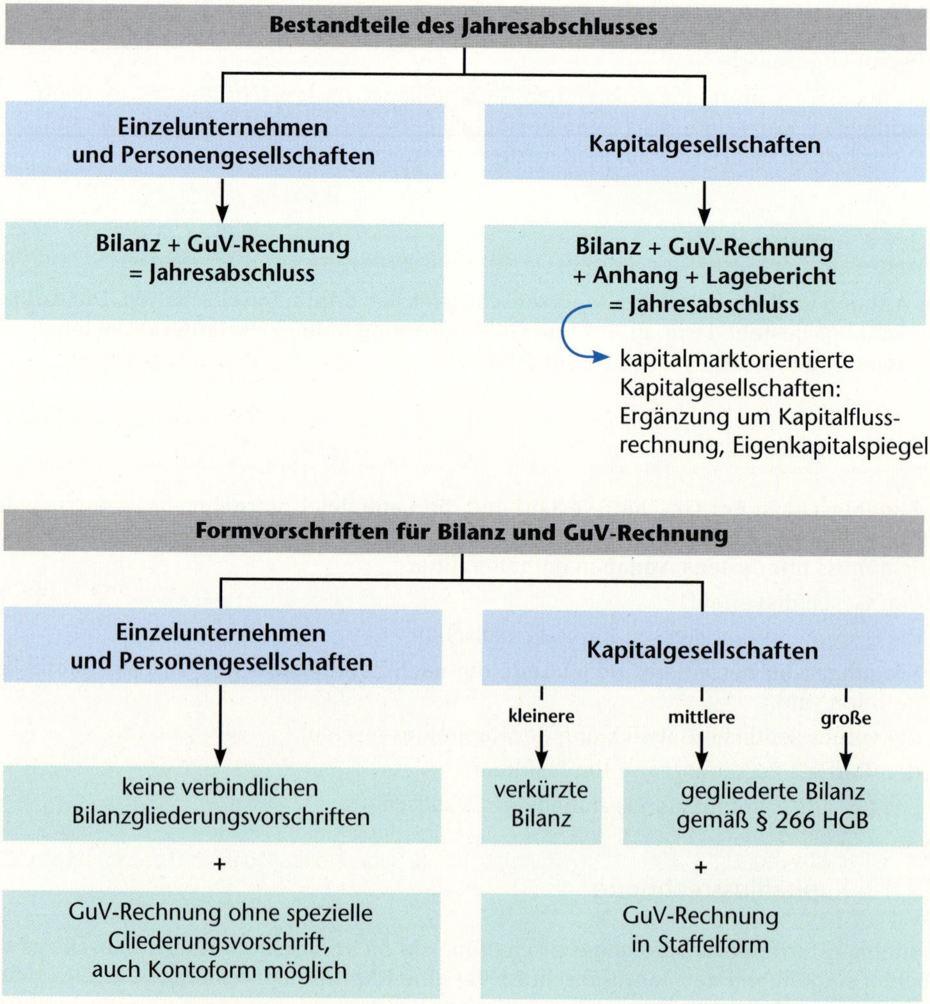

## ▶ Aufgaben und Probleme

1. Ein Unternehmen weist zum 31. Dezember 01 in seinem Anlagenspiegel für den Bilanzposten »technische Anlagen und Maschinen« folgende Werte aus (in EUR):

| AHK | Zugänge | Abgänge | kumulierte Abschreibungen |
|---|---|---|---|
| 2.500.000,00 | 120.000,00 | 55.000,00 | 1.200.000,00 |

a) Ermitteln Sie den Buchwert zum 31. Dezember 01.

b) Erläutern Sie die Spalte »kumulierte Abschreibungen«.

c) Welche Aussagen können aus dem Anlagenspiegel über die Altersstruktur der technischen Anlagen und Maschinen dieses Unternehmens getroffen werden?

d) Im Jahr 02 hat das Unternehmen Anlagen verkauft: AHK 100.000,00 EUR; Buchwert 35.000,00 EUR; Veräußerungspreis 62.000,00 EUR.

Die gesamten Abschreibungen der Altanlagen des Jahres 02 belaufen sich auf 110.000,00 EUR. Außerdem wurden im Jahr 02 Anlagen für 60.000,00 EUR beschafft, die darauf entfallenden Abschreibungen betragen 15.000,00 EUR.

Erstellen Sie den Anlagenspiegel zum 31. Dezember 02.

2. Erläutern Sie den Unterschied zwischen den Positionen Wertpapiere des Anlagevermögens und sonstige Wertpapiere des Umlaufvermögens.

3. Erklären Sie den Begriff Rechnungsabgrenzungsposten und erläutern Sie, warum das HGB den Ausweis von Rechnungsabgrenzungsposten in der Bilanz vorsieht.

4. a) Begründen Sie, weshalb Rückstellungen zu bilden sind.

   b) Erläutern Sie den Unterschied zwischen Rückstellungen und Rücklagen.

5. Erläutern Sie die Unterschiede zwischen Brutto- und Nettoprinzip bei der Darstellung der GuV-Rechnung.

6. In einer GuV-Rechnung ist das Betriebsergebnis kleiner als das Finanzergebnis. Beurteilen Sie diesen Sachverhalt.

7. Die ABC-Werke AG bereitet den Jahresabschluss 20.. vor. Folgende Unterlagen aus der Buchhaltung liegen Ihnen vor:

Soll — zusammengefasstes vorläufiges GuV-Konto zum 31.12. 20.. (Mio. EUR) — Haben

| Soll | | Haben | |
|---|---|---|---|
| Materialaufwand | 24,8 | Umsatzerlöse | 98,4 |
| Personalaufwand | 41,9 | Bestandsveränderungen an fertigen und unfertigen Erzeugnissen | 1,1 |
| Abschreibungen auf Gegenstände des Anlagevermögens | 12,8 | andere aktivierte Eigenleistungen | 2,7 |
| Abschreibungen auf Finanzanlagen | 3,3 | Erträge aus Beteiligungen | 2,1 |
| Zinsaufwand | 0,8 | sonstige betriebliche Erträge | 2,3 |
| Steuern v. Einkommen und sonstige Steuern | 8,8 | | |
| sonstige betriebliche Aufwendungen | 8,0 | | |
| vorläufiger Jahresüberschuss | 6,2 | | |
| | 106,6 | | 106,6 |

| Aktiva | zusammengefasste vorläufige Bilanz zum 31.12. 20.. (Mio. EUR) | | Passiva |
|---|---|---|---|
| A. Summe Anlagevermögen | 56,2 | A. Eigenkapital | |
| B. Summe Umlaufvermögen | 41,9 | I. Gezeichnetes Kapital | 42,0 |
| | | II. Kapitalrücklage | 0,5 |
| | | III. Gewinnrücklagen | |
| | | 1. gesetzliche Rücklage | 3,6 |
| | | 2. andere Gewinnrücklagen | 7,9 |
| | | IV. Verlustvortrag | –2,2 |
| | | V. vorläufiger Jahresüberschuss | 6,2 |
| | | B. Rückstellungen | 4,9 |
| | | C. Verbindlichkeiten | 35,2 |
| | 98,1 | | 98,1 |

Erstellen Sie die Gewinn- und Verlustrechnung in Staffelform gemäß HGB § 275 und ermitteln Sie den Jahresüberschuss entsprechend den gesetzlichen Bestimmungen.

8. Suchen Sie nach Beispielen, in welchen Fällen die im Anhang gesetzlich vorgeschriebenen Angaben besondere Bedeutung haben werden.
9. Personengesellschaften müssen bei der Erstellung der GuV-Rechnung keine Gliederungsvorschriften einhalten. Dennoch richten sie sich bei der Gliederung ihrer Erfolgsrechnung nach dem HGB.

   Beschreiben Sie die Gründe hierfür.

## 14.2 Adressaten des Jahresabschlusses

Der Jahresabschluss soll die Informationsbedürfnisse verschiedener Personen oder Interessengruppen erfüllen.

| Adressaten des Jahresabschlusses | Nutzung der Informationen aus dem Jahresabschluss |
|---|---|
| Gläubiger | Einschätzung der Ertragslage zur Beurteilung des vorhandenen Haftungspotenzials des Unternehmens |
| Finanzbehörden | Ermittlung von Besteuerungsgrundlagen |
| Teilhaber | – Bewertung der Vermögens- und Ertragslage<br>– Beurteilung der Rendite des dem Unternehmen zur Verfügung gestellten Kapitals |
| Unternehmensleitung | Grundlage für die Entscheidungsfindung |
| Mitarbeiter | Beurteilung der Arbeitsplatzsicherheit |
| Öffentlichkeit | allgemeines Informationsinteresse, z. B. über die zukünftige Entwicklung des Unternehmens |

Alle Adressaten erheben die Forderung, dass die Bewertung der Vermögens- und Schuldpositionen nicht willkürlich erfolgen darf. Um dies zu verhindern, wurden sowohl im Handelsrecht als auch im Steuerrecht Bewertungs- und Bilanzierungsvorschriften erlassen, die sich u. a. an der Interessenlage der genannten Adressatengruppen orientieren.

**▶ Aufgaben und Probleme**

Die Adressaten des Jahresabschlusses verfolgen teilweise unterschiedliche Interessen und Ziele. Entwickeln Sie jeweils ein Beispiel

- für übereinstimmende Interessen bzw. Ziele,
- für unterschiedliche Interessen bzw. Ziele

der verschiedenen Adressaten des Jahresabschlusses.

## 14.3 Allgemeine Vorschriften für den Jahresabschluss

### Grundsätze ordnungsmäßiger Buchführung

Die Buchführung sollte grundsätzlich so gestaltet sein, dass sich **ein sachverständiger Dritter einen Einblick in die Lage des Unternehmens verschaffen kann.** Um diese zentrale Forderung des HGB an die Buchführung zu erfüllen, sind die **Grundsätze ordnungsmäßiger Buchführung bzw. Bilanzierung (GoB)** zu beachten. Einige dieser Grundsätze finden sich im HGB, andere sind das Resultat kaufmännischer Erfahrungen aus der Praxis oder entstanden aufgrund von Gerichtsentscheidungen.

*HGB § 238 (1)*

| Grundsätze ordnungsmäßiger Buchführung | | |
|---|---|---|
| **Grundsatz** | **Inhalt/Erklärung** | **Grundlage** |
| **Buchführungspflicht** | – Es sind Bücher zu führen.<br>– Es ist ein Kontenplan erforderlich.<br>– Aufeinanderfolgende Blätter und DV-Ausdrucke sind fortlaufend zu nummerieren.<br>– Buchungen und sonst erforderliche Aufzeichnungen sind vollständig, richtig, zeitgerecht und geordnet vorzunehmen.<br>– Die Buchführung muss so beschaffen sein, dass sie einem sachverständigen Dritten einen Überblick über die Geschäftsvorfälle und über die Vermögenslage des Unternehmens vermitteln kann. | HGB §§ 238 f.;<br>AO §§ 140 ff., 146 |
| **Sprache** | – Buchungen und die sonst erforderlichen Aufzeichnungen sind in einer lebenden Sprache vorzunehmen.<br>– Abkürzungen und Symbole müssen eindeutig sein.<br>– Fremdsprachliche Aufzeichnungen sind auf Verlangen zu übersetzen. | HGB § 239 (1);<br>AO § 147 (3) |
| **keine Buchung ohne Beleg** | – Bücher und Buchungsbelege müssen zehn Jahre, Handelsbriefe müssen sechs Jahre aufbewahrt werden. | HGB § 257;<br>AO § 147 (3) |
| **À-jour-Prinzip** | Die Buchführung soll tagfertig erfolgen. | GoB |
| **Bezeichnung der Konten** | – Die Konten sollen eindeutig und gleichbleibend benannt werden.<br>– Der Inhalt der Konten soll dem Gegenstand nach immer der gleiche sein.<br>– Gemischte Konten sind möglichst zu vermeiden. | GoB;<br>AO §§ 146, 154 |
| **Änderungen und Berichtigungen** | Das Radieren, Löschen oder Überschreiben von Daten ist nicht zulässig. | HGB § 239 (3);<br>AO § 146 (4) |

## Grundsätze ordnungsmäßiger Bilanzierung

Neben den in § 252 HGB aufgeführten allgemeinen Bewertungsprinzipien (Kapitel 14.4) sind beim Jahresabschluss weitere Grundsätze zu beachten:

| Grundsätze ordnungsmäßiger Bilanzierung | | |
|---|---|---|
| **Grundsatz** | **Inhalt/Erklärung** | **Grundlage (HGB)** |
| **Klarheit** | – Der Jahresabschluss muss klar und übersichtlich sein.<br>– Der Jahresabschluss ist nach den Grundsätzen ordnungsmäßiger Buchführung aufzustellen.<br>– Für Kapitalgesellschaften sind die Gliederungsvorgaben des HGB zu beachten. | §§ 243, 266, 275 |
| **zeitliche Angemessenheit** | – Der Jahresabschluss ist innerhalb der einem ordnungsmäßigen Geschäftsgang entsprechenden Zeit aufzustellen.<br>– **Kapitalgesellschaften** müssen den Jahresabschluss innerhalb von drei Monaten, kleine Kapitalgesellschaften innerhalb von sechs Monaten nach Ablauf des Geschäftsjahres aufstellen. | §§ 243 (3), 264 (1) |
| **Vollständigkeit und Wahrheit** | – Die Darstellung soll vollständig sein.<br>– Die im Jahresabschluss aufgeführten Posten haben den wahren betrieblichen Gegebenheiten zu entsprechen.<br>– Der Wert der Aktiv- und Passivposten ist im Hinblick auf die vorhandenen gesetzlichen Bewertungsvorschriften zu ermitteln.<br>– Wer wissentlich unvollständig bilanziert oder entgegen den gesetzlichen Bestimmungen bewertet, begeht eine **Bilanzfälschung.** Sie ist strafbar.<br>– Der Grundsatz der Vollständigkeit und Wahrheit gilt auch für die Gewinn- und Verlustrechnung. | §§ 246, 264 (2) |
| **Saldierungsverbot** | Sowohl in der Bilanz als auch in der GuV-Rechnung ist der **Bruttoausweis** vorzunehmen:<br>– Posten der Aktivseite der Bilanz dürfen nicht mit Posten der Passivseite verrechnet werden.<br>– Aufwendungen dürfen nicht mit Erträgen verrechnet werden. | § 246 (2) |
| **formale Stetigkeit (Kontinuität)** | Die äußere Form des Jahresabschlusses (z. B. die Gliederung von Bilanz und GuV-Rechnung) ist beizubehalten. | § 265 (1) |

## Zusammenfassende Übersicht zu Kapitel 14.3: Allgemeine Vorschriften für den Jahresabschluss

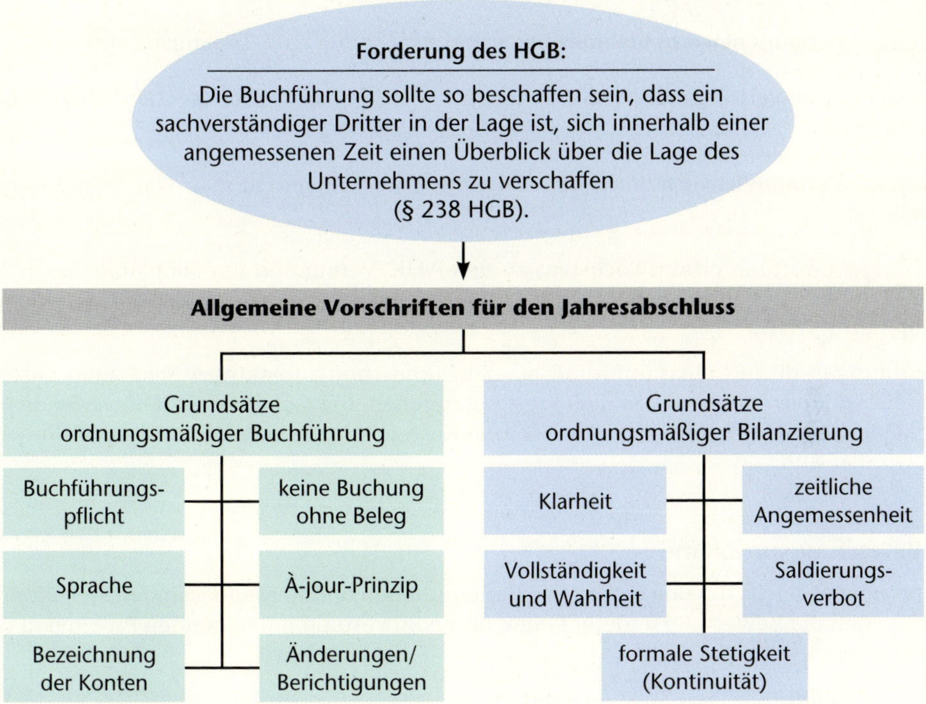


### ▶ Aufgaben und Probleme

1. Angenommen, es gäbe keine Buchführungspflicht. Würden Unternehmen auch freiwillig Bücher führen? Begründen Sie Ihre Meinung.

2. Erläutern Sie den Zweck der Grundsätze ordnungsmäßiger Buchführung.

3. Entscheiden Sie für die folgenden Fälle, ob gegen die Grundsätze der ordnungsmäßigen Buchführung und Bilanzierung verstoßen wird. Begründen Sie jeweils Ihre Antwort.

   a) Lieferantenrechnungen werden nach der Bezahlung und Buchung vernichtet.

   b) Die Buchführung erfolgt in einer »Lose-Blatt-Sammlung«.

   c) Die Buchung der Kassenbelege erfolgt an jedem letzten Freitag im Monat.

   d) Forderungen an Kunden werden mit Verbindlichkeiten gegenüber Kunden in einem Konto zusammengefasst.

   e) Der Geschäftswagen erscheint in der Bilanzposition »technische Anlagen und Maschinen«.

   f) Ein Bankkredit wird bei der Aufstellung der Bilanz nicht berücksichtigt.

## 14.4 Bewertung nach Handelsrecht

Im Rahmen der Bewertung muss entschieden werden, mit welchen Geldwerten Vermögensgegenstände oder Schulden in den Jahresabschluss eingehen.

Werden **Vermögenswerte erstmals bewertet,** spricht man von **Zugangsbewertung.**

Die Zugangsbewertung erfolgt im Handelsrecht zu den Anschaffungs- oder Herstellungskosten (AHK).

Werden **Vermögenswerte nach dem Zugang bewertet,** spricht man von **Folgebewertung.**

Die Folgebewertung erfolgt höchstens zu den AHK, vermindert um die planmäßigen Abschreibungen. Die um die planmäßigen Abschreibungen verringerten AHK nennt man **fortgeführte AHK.**

Bewertungen dürfen nicht aufgrund einer willkürlichen subjektiven Schätzung geschehen. Es ist dabei entweder von dem Preis auszugehen, der sich für das zu bewertende Gut auf seinem Markt gebildet hat, oder von den Kosten, die zu seiner Herstellung aufgewendet worden sind.

### Bewertungsprobleme

Unproblematisch ist die Bewertung von Bankguthaben und Kassenbeständen. Schwieriger ist dagegen die Bewertung anderer Güter, deren Bewertung mit folgenden Problemen verbunden sein kann:

- Anlagegüter unterliegen Abnutzungen,
- Rohstoffe unterliegen Preisschwankungen,
- Forderungen können ausfallen,
- Währungsverbindlichkeiten unterliegen Kursschwankungen.

### Bewertungsprinzipien

Unter Berücksichtigung der unterschiedlichen Interessenlagen von Gläubigern und Teilhabern eines Unternehmens lassen sich folgende grundlegende Bewertungsprinzipien für die Aufstellung des Jahresabschlusses entwickeln:

#### ▶ Gläubigerschutzprinzip

Ziel ist die **Sicherung der Gläubigeransprüche** durch die Erhaltung der Vermögenssubstanz (Haftungspotenzial) des Unternehmens.

Die Gläubiger sind darauf bedacht, dass die Vermögenssubstanz nicht durch zu hohe Gewinnausschüttungen geschmälert wird.

*HGB § 252 (4), Ziff. 4*

Aus dem Gläubigerschutzprinzip ist das **Vorsichtsprinzip** abgeleitet. Es besagt, dass im Zweifel vorsichtig zu bewerten ist (bei Aktivposten eher niedrige und bei Passivposten eher hohe Wertansätze). Gläubigerschutz und vorsichtige Bewertung führen zum **Realisationsprinzip.** Danach dürfen Gewinne und Verluste grundsätzlich erst ausgewiesen werden, wenn sie durch Umsätze realisiert wurden. Außerdem dürfen Wertsteigerungen über die AHK hinaus nicht berücksichtigt werden.

### ▶ Teilhaberschutzprinzip

Ziel ist die **Erhaltung der Einlage des Teilhabers** und die **Zuweisung eines angemessenen Gewinnanteils.**

Gemeinsam mit den Gläubigern haben auch die Teilhaber ein Interesse daran, dass die von ihnen aufgebrachte Vermögensmasse erhalten bleibt.

Zu einem Konflikt zwischen Gläubiger- und Teilhaberschutzprinzip kann es dagegen im Hinblick auf die Gewinnhöhe und die daraus resultierende Gewinnverwendung kommen, da die Teilhaber im Allgemeinen im Gegensatz zu den Gläubigern und den geschäftsführenden Gesellschaftern auf eine hohe Rendite ihrer Kapitalanlage, also auf Ausschüttung der Gewinne bedacht sind. Diesen Konflikt hat das Handelsrecht eher zugunsten des Gläubigerschutzes geklärt. Das Teilhaberinteresse an einer hohen Gewinnausschüttung wird nur dadurch gewahrt, dass eine vollkommen willkürliche Unterbewertung der Vermögenspositionen bei Kapitalgesellschaften nicht möglich ist und auch Einstellungen in Gewinnrücklagen nur begrenzt vorgenommen werden dürfen.

*HGB § 252*

*AktG §§ 58, 150*

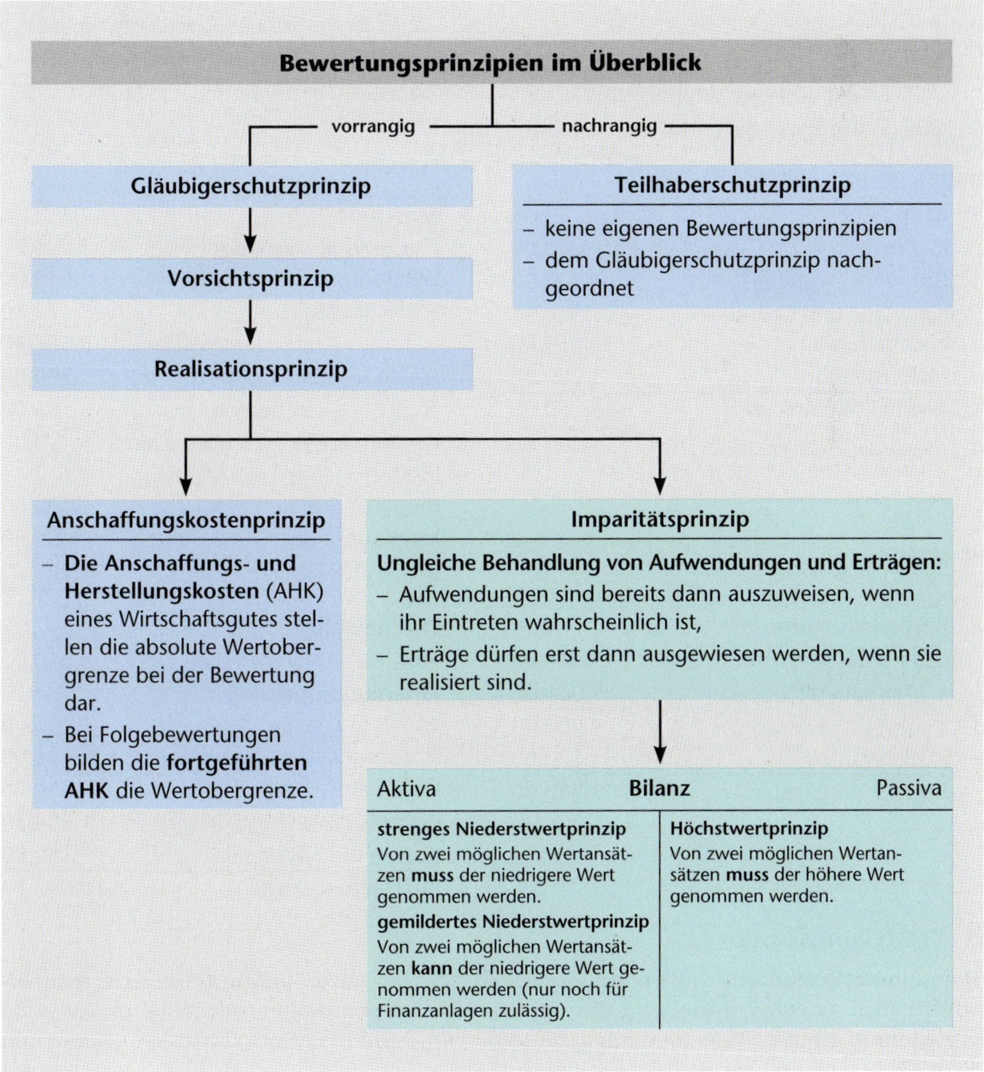

### 14.4.1 Bewertung des Anlagevermögens

Für das Anlagevermögen gilt grundsätzlich das **Anschaffungs- und Herstellungskostenprinzip.** Danach sind Anlagevermögensgegenstände höchstens zu den AHK zu bewerten. Zudem ist im Rahmen der Bewertung des Vermögens die Abschreibungsproblematik von besonderer Bedeutung.

#### Anschaffungskosten

*HGB § 255 (1)* Hierzu zählt der Kaufpreis des Gegenstandes, vermindert um Abzüge (Rabatt, Skonto) und vermehrt um Nebenkosten, die aufgewendet werden müssen, um den Gegenstand in einen betriebsbereiten Zustand zu versetzen.

| Berechnung | Beispiele |
|---|---|
| Anschaffungspreis | Nettolistenpreis, Kaufpreis |
| + Anschaffungsnebenkosten | Eingangsfrachten, Zölle, Montagekosten, Zulassungsgebühren, Notarkosten, Grunderwerbsteuer, Grenzabfertigungsgebühren, Maklergebühren |
| – Anschaffungskostenminderungen | Skonti, Rabatte, Boni, Gutschriften |
| **= Anschaffungskosten (aktivierungspflichtig)** | |

**Beispiele:**

**1. Grundstück**

| | EUR |
|---|---:|
| Kaufpreis | 120.000,00 |
| Grunderwerbsteuer | 4.200,00 |
| Notariats- und Grundbuchgebühren | 860,00 |
| Maklergebühr | 1.200,00 |
| Anschaffungskosten | 126.260,00 |

**2. Büroausstattung**

| | EUR |
|---|---:|
| Listenpreis | 5.000,00 |
| – 20 % Rabatt | 1.000,00 |
| | 4.000,00 |
| – 3 % Skonto | 120,00 |
| Anschaffungskosten | 3.880,00 |

**3. Maschine**

| | EUR |
|---|---:|
| Kaufpreis ab Werk des Lieferanten | 3.640,00 |
| – 2 % Skonto | 72,80 |
| | 3.567,20 |
| Fracht für den Transport | 260,00 |
| Transportversicherung | 36,00 |
| Demontage der alten Maschine | 90,00 |
| Instandsetzung und Anpassung des alten Fundaments | 170,00 |
| Montage | 80,00 |
| Anschaffungskosten | 4.203,20 |

**4. Wollgewebe**

| | EUR |
|---|---:|
| Preis CIF EU-Grenze (Zollwert) | 8.340,00 |
| Abfertigungsgebühren an der Grenze | 35,00 |
| Transportversicherung ab Grenze | 84,00 |
| Fracht ab Grenze | 350,00 |
| Zollsatz 13 % vom Zollwert | 1.084,20 |
| Kosten des Spediteurs | 149,00 |
| Anschaffungskosten | 10.042,20 |

#### Herstellungskosten

*§ 255 (2)* **Herstellungskosten** sind Aufwendungen, die durch den Verbrauch von Gütern und die Inanspruchnahme von Diensten für die Herstellung eines Vermögensgegenstands, für seine Erweiterung oder für eine über den ursprünglichen Zustand hinausgehende Verbesserung entstehen.

| Herstellungskosten nach § 255 (2) HGB → | Berücksichtigung in der Handelsbilanz |
|---|---|
| Materialeinzelkosten<br>+ Fertigungseinzelkosten<br>+ Sondereinzelkosten der Fertigung<br>+ angemessene Teile der Materialgemeinkosten<br>+ angemessene Teile der Fertigungsgemeinkosten<br>+ Werteverzehr des Anlagevermögens | **Bilanzierungspflicht** |
| **= Wertuntergrenze der Herstellungskosten** | |
| + Kosten für die allgemeine Verwaltung<br>+ Aufwendungen für soziale Einrichtungen, freiwillige soziale Leistungen und für betriebliche Altersversorgung | **Bilanzierungswahlrecht** |
| + Fremdkapitalzinsen | **Bilanzierungswahlrecht** |
| **= Wertobergrenze der Herstellungskosten** | |
| Vertriebskosten | **Bilanzierungsverbot** |

**Beispiel:** Ein Unternehmen erstellt auf dem Betriebsgelände eine Garage in Eigenarbeit. Für den Bilanzansatz der Garage sind die Herstellungskosten zu ermitteln:

| angefallene Kosten → | EUR |
|---|---|
| Fertigungsmaterial | 18.000,00 |
| + Materialgemeinkosten (Zuschlagssatz 5 %) | 920,00 |
| + Fertigungseinzelkosten | 14.000,00 |
| + Fertigungsgemeinkosten (Zuschlagssatz 15 %) | 2.100,00 |
| **= Wertuntergrenze der Herstellungskosten** | **35.020,00** |
| + Verwaltungsgemeinkosten (6 % der Herstellungskosten) | 2.101,20 |
| **= Wertobergrenze der Herstellungskosten** | **37.121,20** |
| Vertriebsgemeinkosten (8 % der Herstellungskosten) | Bilanzierungsverbot |

Damit wäre die Garage mindestens für 35.020,00 EUR und höchstens mit 37.121,20 EUR in der Bilanz zu aktivieren.

## Abschreibungen als Bewertungsproblem

Unter **Abschreibung** versteht man die rechnerische Erfassung einer **im Laufe einer Rechnungsperiode eingetretenen Wertminderung** eines Wirtschaftsgutes und ihre **Verrechnung als Aufwand bzw. Kosten.**

Die Abschreibung dient damit der **Feststellung**

**a)** **des** auf einen bestimmten Stichtag **fortgeschriebenen Wertes** eines Wirtschaftsgutes,

**b)** **des Aufwandes,** der durch die Wertminderung auf die betroffene Rechnungsperiode entfällt.

Abschreibungen sind insoweit Kosten, als die Wertminderung durch den betrieblichen Einsatz sowie durch voraussehbare wirtschaftliche Entwertung verursacht ist.

**Abschreibungen** werden **an den Wertansätzen des Anlagevermögens,** aber auch **einiger Gegenstände des Umlaufvermögens** (z. B. Forderungen) vorgenommen.

▶ **Arten der Abschreibung**

| Unterscheidungskriterien | Abschreibungsarten |
|---|---|
| **Zweck** | a) **Bilanzmäßige Abschreibung.** Sie bezweckt die Feststellung der Buch- und Bilanzwerte und die Erfassung der Wertminderung als Aufwand.<br>b) **Kalkulatorische Abschreibung.** Sie bezweckt die Erfassung der einsatzbedingten Wertminderung, die Einbeziehung des Wertverzehrs in die Selbstkosten, den Ersatz der Abschreibungskosten im Erlös und die Sicherung der Ersatzbeschaffung. |
| *HGB § 252 (1) § 240 (4)*<br>**Zahl und Art der abzuschreibenden Gegenstände** | a) **Einzelabschreibung.**<br>b) **Gruppenabschreibung.** Sie erstreckt sich auf eine Gesamtheit gleichartiger Güter, z. B. beim beweglichen Vorratsvermögen.<br>c) **Pauschalabschreibung.** Sie erstreckt sich auf eine Gesamtheit verschiedenartiger Güter, z. B. bei Forderungen aus Lieferungen und Leistungen. |
| *§ 253*<br>**Regelmäßigkeit der Abschreibung**<br>*§ 253 (3), (4)*<br>*EStG § 7g (5)* | a) **Planmäßige Abschreibung,** bestimmt durch die Höhe der Anschaffungs- oder Herstellungskosten und deren Verteilung auf die einzelnen Rechnungsperioden der voraussichtlichen Gesamtnutzungsdauer.<br>b) **Außerplanmäßige Abschreibung** bei nicht voraussehbaren Ereignissen, z. B. Brandschaden, Umstellung auf ein neues Fertigungsverfahren, übermäßigem Verschleiß sowie bei steuerlicher Vergünstigung, z. B. Umweltschutzanlagen.<br>c) **Sonderabschreibung.** Gewerbebetriebe mit einem Betriebsvermögen bis zu 235.000,00 EUR können bewegliche Wirtschaftsgüter im Jahr der Anschaffung und in den folgenden vier Jahren neben der regulären AfA mit zusätzlich bis zu 20 % vom Anschaffungswert abschreiben. |

**Beispiel:** AW 60.000,00 EUR; ND 12 Jahre; lineare AfA

| | EUR |
|---|---:|
| Anschaffungswert | 60.000,00 |
| lineare AfA | 5.000,00 |
| 20 % Sonderabschreibung | 12.000,00 |
| Buchwert Ende 1. Jahr | 43.000,00 |
| lineare AfA | 5.000,00 |
| 20 % Sonderabschreibung | 12.000,00 |
| Buchwert Ende 2. Jahr | 26.000,00 |
| lineare AfA | 5.000,00 |
| 20 % Sonderabschreibung | 12.000,00 |
| Buchwert Ende 3. Jahr | 9.000,00 |
| lineare AfA | 5.000,00 |
| Sonderabschreibung (Rest) | 4.000,00 |
| Buchwert Ende 4. Jahr | 0,00 |

<table>
<tr><th>Unterscheidungs-kriterien</th><th>Abschreibungsarten</th></tr>
<tr><td>Abschreibungs-grundwert</td><td>a) Abschreibungen vom Anschaffungs- oder Herstellungswert.<br>b) Abschreibung vom Buchwert (Abschreibungsrestwert).<br>c) Abschreibung vom Tages- oder Wiederbeschaffungswert. Sie wird damit begründet, dass die angesammelten Abschreibungsbeträge die Ersatzbeschaffung eines gleichartigen Gegenstandes sichern sollen.</td></tr>
<tr><td>rechnerisches Verfahren</td><td>a) Lineare (konstante) Abschreibung. Bei ihr bleiben die Abschreibungsbeträge jährlich gleich.<br>$\text{Abschreibungsbetrag} = \frac{\text{Anschaffungs- oder Herstellungswert}}{\text{Gesamtnutzungsdauer}}$<br>b) Geometrisch-degressive Abschreibung. Bei ihr werden die Abschreibungsbeträge jährlich kleiner, da vom Buchwert mit gleichen Abschreibungssätzen abgeschrieben wird. Das Abschreibungsverfahren führt theoretisch nie zum Restwert 0 (unendliche Abschreibung). Dieses Verfahren ist seit 2011 nur noch handelsrechtlich zulässig, steuerrechtlich jedoch verboten.<br>c) Abschreibung nach der Beanspruchung oder Leistung. Der Abschreibungsbetrag richtet sich nach dem Ausmaß der Beanspruchung (Betriebsstunden, Fahrkilometer) oder den erzeugten Produktionseinheiten einer Leistungsperiode.<br>$\text{Abschreibungsbetrag} = \frac{\text{Anschaffungswert} \cdot \text{jährl. Betriebsstunden}}{\text{Gesamtbetriebsstunden}}$<br>d) Abschreibung für Substanzverringerung. Der Abschreibungsbetrag richtet sich nach dem Substanzabbau (Bergbau) der Rechnungsperiode.</td></tr>
</table>

*EStG § 7 (1)*

## 14.4.1.1 Immaterielle Vermögensgegenstände

### Selbst geschaffene gewerbliche Schutzrechte und ähnliche Rechte und Werte

Für diese Werte besteht grundsätzlich ein **Aktivierungswahlrecht.** Für selbst geschaffene Marken, Drucktitel, Verlagsrechte, Kundenlisten o. Ä. besteht ein **Aktivierungsverbot.** Maßgeblich für die Bewertung des selbst erstellten immateriellen Vermögensgegenstandes ist § 255 (2a) HGB. Danach können die Herstellungskosten der Entwicklungsphase aktiviert werden, für die Forschungskosten besteht ein Aktivierungsverbot. Ist eine Trennung zwischen Forschungs- und Entwicklungskosten nicht möglich, darf der immaterielle Vermögensgegenstand nicht aktiviert werden.

**Beispiel:** Ein Unternehmen hat für seine Internetpräsenz eine eigene Software selbst entwickelt. Statt diese Entwicklungskosten als Aufwand zu erfassen, könnte das Unternehmen sie auch als immateriellen Vermögenswert bilanzieren. Dieser wäre dann über seine Nutzungsdauer abzuschreiben. Steuerrechtlich sind selbst erstellte immaterielle Wirtschaftsgüter des Anlagevermögens jedoch wie bisher als Aufwand zu erfassen und dürfen nicht bilanziert werden. Dieses Aktivierungsverbot führt zur Bilanzierung latenter Steuern.

## Geschäfts- oder Firmenwert

### ▶ Selbst geschaffener Geschäfts- oder Firmenwert

Dieser Wert darf weder in der Handels- noch in der Steuerbilanz als Vermögenswert ausgewiesen werden; hier besteht ein **Aktivierungsverbot.**

### ▶ Entgeltlich erworbener (derivativer) Geschäfts- oder Firmenwert

*HGB § 246 (1)* Der erworbene Geschäftswert ist die Differenz zwischen der geleisteten Zahlung für das übernommene Unternehmen und den Zeitwerten der übernommenen Vermögensgegenstände abzüglich der Schulden.

Der derivative Firmenwert wird als **abnutzbarer Vermögensgegenstand des Anlagevermögens** angesehen.

Die Ermittlung des Geschäftswertes:

SW = Substanzwert (Reproduktionswert) = Tageswert der Vermögensteile – Schulden

$$\text{EW} = \text{Ertragswert} = \frac{\text{Durchschnittsertrag}}{\text{Kapitalisierungszinssatz}} \cdot 100$$

$$\text{UW} = \text{Unternehmenswert} = \frac{\text{SW} + \text{EW}}{2}$$

GW = Geschäftswert

Möglichkeiten zur Berechnung des Geschäftswertes:

a) GW = UW – SW

b) GW = EW – UW

c) $\text{GW} = \frac{(\text{EW} - \text{SW})}{2}$

**Beispiel:** Durchschnittlicher Gewinn mehrerer Jahre (ohne extrem hohen oder niedrigen Gewinn einzelner Jahre) = 480.000,00 EUR, Substanzwert = 2.500.000,00 EUR, Kapitalisierungszinssatz (einschließlich Risikozuschlag) = 16 %.

SW = 2.500.000,00 EUR

$$\text{EW} = \frac{480.000{,}00 \text{ EUR}}{16} \cdot 100 = 3.000.000{,}00 \text{ EUR}$$

$$\text{UW} = \frac{2.500.000{,}00 \text{ EUR} \cdot 3.000.000{,}00 \text{ EUR}}{2} = 2.750.000{,}00 \text{ EUR}$$

GW =
a) 2.750.000,00 EUR – 2.500.000,00 EUR = 250.000,00 EUR
b) 3.000.000,00 EUR – 2.750.000,00 EUR = 250.000,00 EUR
c) $\frac{3.000.000{,}00 \text{ EUR} - 2.500.000{,}00 \text{ EUR}}{2} = 250.000{,}00 \text{ EUR}$

*EStG § 7, HGB § 285 Nr. 13* **Steuerrechtlich** darf der erworbene Geschäftswert linear innerhalb von 15 Jahren abgeschrieben werden; **handelsrechtlich** ist er planmäßig auf die Jahre der voraussichtlichen Nutzung abzuschreiben. Legt das Unternehmen eine Nutzungsdauer von mehr als fünf Jahren zugrunde, sind die Gründe hierfür im Anhang anzugeben.

### 14.4.1.2 Sachanlagen

## Bebaute Grundstücke

Die bebauten Grundstücke umfassen den Grund und Boden und die darauf stehenden Bauwerke.

### ▶ Bewertung bebauter Grundstücke

Für die Bewertung gilt grundsätzlich das **Anschaffungskostenprinzip,** d. h., die Wertobergrenze bilden die AHK. Steigen z. B. Grundstücke in ihrem Wert über die AHK hinaus, so sind sie trotzdem gemäß des **Vorsichtsprinzips** zu ihren AHK zu bewerten.

Grundstücke sowie Gebäude werden jedoch getrennt voneinander bewertet, weil Grundstücke zu den **nicht abnutzbaren Vermögensgegenständen** zählen, für die planmäßige Abschreibungen ausgeschlossen sind, während Gebäude als **abnutzbare Vermögensgegenstände** planmäßig abgeschrieben werden müssen.

### ▶ Anschaffungskosten bebauter Grundstücke

Wird ein bebautes Grundstück erworben, teilt man zunächst den Gesamtkaufpreis in

- den anteiligen Kaufpreis für den Grund und Boden sowie
- den anteiligen Kaufpreis für das Gebäude auf.

Haben die Vertragspartner den Kaufpreis bereits in die beiden Bestandteile aufgeteilt, sind diese beiden Werte die Verteilungsbasis für die Anschaffungsnebenkosten des bebauten Grundstücks. Zu den wichtigsten **Anschaffungsnebenkosten beim Erwerb** eines bebauten Grundstückes zählen:

- Grunderwerbsteuer,
- Notariatskosten,
- Kosten für die Eintragung des Eigentumsübergangs in das Grundbuch.

Die Kosten für die Eintragung einer Grundschuld oder einer Hypothek sind als **Finanzierungskosten keine Anschaffungskosten.**

Ist beim Kaufvertrag nur der Gesamtkaufpreis vereinbart worden, ist eine Aufspaltung in die beiden Bestandteile vorzunehmen. Die Anschaffungskosten des Grundstücks werden mithilfe

- der angegebenen Grundstücksfläche (in $m^2$) und
- dem Quadratmeterpreis für vergleichbare Grundstücke errechnet.

Die **Differenz** zwischen dem **Gesamtkaufpreis** und dem so ermittelten **Bodenwert** sind die **Anschaffungskosten** für das **Gebäude.**

Die Verteilung der Anschaffungsnebenkosten erfolgt dann proportional zu den beiden Kaufpreisanteilen.

**Beispiel:** Die ALLO GmbH erwirbt ein bebautes Grundstück zum Gesamtkaufpreis von 24.000.000,00 EUR. Das Grundstück umfasst 2,2 ha. Vergleichbare Grundstücke werden in dieser Gemeinde zu 120,00 EUR/$m^2$ gehandelt. Der ALLO GmbH sind zusätzlich 3,5 % Grunderwerbsteuer, 144.000,00 EUR Notariatskosten, 36.000,00 EUR Kosten für den Grundbucheintrag (Eigentümerwechsel) sowie 40.000,00 EUR Kosten für die Eintragung einer Grundschuld entstanden.

**1. Ermittlung der anteiligen Anschaffungskosten für das Grundstück:**

2,2 ha (22.000 $m^2$) · 120,00 EUR/$m^2$ = 2.640.000,00 EUR

**2. Ermittlung der anteiligen Anschaffungskosten für das Gebäude:**

| | | |
|---|---|---|
| Gesamtkaufpreis | 100 % | 24.000.000,00 EUR |
| – anteilige Anschaffungskosten für das Grundstück | 11 % | 2.640.000,00 EUR |
| = Anschaffungskosten für das Gebäude | 89 % | 21.360.000,00 EUR |

**3. Verteilung der Anschaffungsnebenkosten nach den Wertanteilen:**

| Anschaffungsnebenkosten | Grundstück (11 %) | Gebäude (89 %) | gesamt (100 %) |
|---|---|---|---|
| Grunderwerbsteuer | 92.400,00 EUR | 747.600,00 EUR | 840.000,00 EUR |
| Notariatskosten | 15.840,00 EUR | 128.160,00 EUR | 144.000,00 EUR |
| Eintragungskosten (Grundbuch) | 3.960,00 EUR | 32.040,00 EUR | 36.000,00 EUR |
| **gesamte Anschaffungs-nebenkosten** | **112.200,00 EUR** | **907.800,00 EUR** | **1.020.000,00 EUR** |

**4. Ermittlung der Anschaffungskosten für das bebaute Grundstück:**

| | Grundstück | Gebäude |
|---|---|---|
| anteilige Anschaffungskosten | 2.640.000,00 EUR | 21.360.000,00 EUR |
| anteilige Anschaffungsnebenkosten | 112.200,00 EUR | 907.800,00 EUR |
| **gesamte Anschaffungskosten** | **2.752.200,00 EUR** | **22.267.800,00 EUR** |

Werden **Gebäude** nicht erworben, sondern erst **erstellt,** sind sie **mit den Herstellungskosten zu bewerten.** Damit verbundene weitere Kosten wie z. B. Architektenkosten, Baugenehmigungskosten oder Kosten für die behördliche Abnahme gehen als Anschaffungsnebenkosten in die Herstellungskosten ein.

### ▶ Planmäßige Abschreibungen von Gebäuden

*HGB § 253 (1)*

Die Gebäude sind höchstens mit ihren AHK, vermindert um planmäßige Abschreibungen, zu bewerten. Das Handelsrecht sieht keine zwingenden Vorschriften hinsichtlich der Nutzungsdauer oder der Abschreibungsmethode vor, daher orientieren sich die Abschreibungen von Gebäuden an den Vorschriften des Steuerrechts (Kapitel 14.5).

**Beispiel:** Die Möfa-AG hat ein Verwaltungsgebäude errichten lassen, das am 29. Mai 02 bezogen werden konnte. Das Grundstück wurde bereits im Januar 01 für 500.000,00 EUR erworben. Die Herstellungskosten für das Gebäude betragen 2.400.000,00 EUR. Für das Gebäude ist die lineare Abschreibung mit jährlich 3 % anzusetzen. Es sind die AHK des bebauten Grundstücks zum 31. Dezember 02 zu ermitteln.

**1. Ermittlung der Anschaffungskosten für das Grundstück:**

Das Grundstück ist auch am 31. Dezember 02 zu den ursprünglichen Anschaffungskosten in Höhe von 500.000,00 EUR anzusetzen, da planmäßige Abschreibungen für das Grundstück nicht zulässig sind.

**2. Ermittlung der Abschreibung für das Gebäude:**

| | |
|---|---|
| Herstellungskosten des Gebäudes | 2.400.000,00 EUR |
| – zeitanteilige Abschreibung (8/12 von 3 % von 2.400.000,00 EUR) | 48.000,00 EUR |
| = Wertansatz des Gebäudes zum 31.12.02 | 2.352.000,00 EUR |

**3. Ermittlung des Bilanzansatzes für das bebaute Grundstück:**

| Bebaute Grundstücke | davon entfallen auf | |
|---|---|---|
| | Grundstück | Gebäude |
| 2.852.000,00 EUR | 500.000,00 EUR | 2.352.000,00 EUR |

### ▶ Außerplanmäßige Abschreibungen bebauter Grundstücke

*§ 252 (1) Nr. 4*

Ist das Grundstück und/oder das Gebäude in seinem Wert **dauerhaft** gemindert, **muss** eine außerplanmäßige Abschreibung vorgenommen werden. Hier kommt das **Vorsichtsprinzip** zum **Ausdruck, nach dem bei der Bewertung von Vermögensgegenständen vorhersehbare Risiken oder Verluste** zu berücksichtigen sind. Die Verpflichtung, auf den geminderten Wert abzuschreiben, wenn diese Wertminderung voraussichtlich dauerhaft ist, entspricht dem **strengen Niederstwertprinzip.**

**Beispiel:** Die Schmitt GmbH hat ein bebautes Grundstück im April 01 für insgesamt 1.500.000,00 EUR erworben. Auf das Grundstück entfielen damals 300.000,00 EUR. Das Gebäude wird linear jährlich mit 4% planmäßig abgeschrieben. Gegen Ende des Jahres 04 erhält die Schmitt GmbH die Information, dass die bisherige Bahnverbindung stillgelegt wird. Die Grundstücke und Gebäude in diesem Gebiet verlieren daraufhin 10% ihres aktuellen Wertes. Das bebaute Grundstück ist zum Jahresende 04 zu bewerten.

**Bewertung des bebauten Grundstücks:**

| | Gebäude | Grundstück | gesamt |
|---|---|---|---|
| Anschaffungskosten | 1.200.000,00 EUR | 300.000,00 EUR | 1.500.000,00 EUR |
| – zeitanteilige Abschreibung April–Dezember 01 | 36.000,00 EUR | – | 36.000,00 EUR |
| – planmäßige Abschreibung Jahr 02–04 | 144.000,00 EUR | – | 144.000,00 EUR |
| = Buchwert zum 31. Dez. 04 (ohne Wertminderung) | 1.020.000,00 EUR | 300.000,00 EUR | 1.320.000,00 EUR |
| – außerplanmäßige Abschreibung | 102.000,00 EUR | 30.000,00 EUR | 132.000,00 EUR |
| **= Buchwert zum 31. Dez. 04** | **918.000,00 EUR** | **270.000,00 EUR** | **1.188.000,00 EUR** |

## Technische Anlagen und Maschinen

Technische Anlagen und Maschinen dienen unmittelbar der Produktion im Unternehmen. Sie werden **höchstens** mit den **Anschaffungs- oder Herstellungskosten (AHK)** bewertet. Technische Anlagen und Maschinen zählen zu den abnutzbaren Vermögensgegenständen des Anlagevermögens, daher sind sie entsprechend ihrer betriebsgewöhnlichen Nutzungsdauer planmäßig abzuschreiben. Zum **Bilanzstichtag** sind die Anlagegüter mit den **fortgeführten AHK** (AHK, vermindert um planmäßige Abschreibungen) **anzusetzen.**

**Beispiel:** Die Schulz AG erwirbt im September 00 eine Werkzeugmaschine. Die AHK betragen 331.200,00 EUR, die Maschine wird linear abgeschrieben bei einer Nutzungsdauer von zwölf Jahren. Die Maschine ist zum 31.12.00 und zum 31.12.01 zu bewerten.

| | |
|---|---|
| AHK der Werkzeugmaschine | 331.200,00 EUR |
| – zeitanteilige Abschreibung (4/12 der Jahresabschreibung von 27.600,00 EUR) | 9.200,00 EUR |
| **= fortgeführte AHK zum 31.12.00** | **322.000,00 EUR** |
| – planmäßige Abschreibung des Nutzungsjahres 01 | 27.600,00 EUR |
| **= fortgeführte AHK zum 31.12.01** | **294.400,00 EUR** |

Als **Anlagen im Bau** bezeichnet man technische Anlagen und Maschinen und andere Gegenstände des Anlagevermögens, die **am Bilanzstichtag noch nicht fertiggestellt** sind. Die bisher entstandenen Aufwendungen werden auf dem **Konto »Anlagen im Bau«** erfasst. Erst nach Fertigstellung werden diese Vermögensgegenstände auf das jeweilige Sachanlagekonto umgebucht. Die AHK der Anlage bilden anschließend die Grundlage für die Abschreibungen. Für im Bau befindliche Anlagen sind Abschreibungen nicht zulässig.

**Beispiel:** Die Maschinenbau AG erstellt für die eigene Fertigung eine neue Produktionsanlage. Die Herstellungskosten betragen 2.700.000,00 EUR. Die Anlage ist zum Bilanzstichtag 00 noch im Bau und wird im März des Folgejahres fertiggestellt. Die betriebsgewöhnliche Nutzungsdauer liegt bei 15 Jahren. Die Produktionsanlage ist zum 31.12.00 sowie im Folgejahr zu bewerten.

| | |
|---|---|
| Herstellungskosten der Produktionsanlage | 2.700.000,00 EUR |
| = **Wertansatz der Bilanzposition Anlagen im Bau zum 31.12.00** | **2.700.000,00 EUR** |
| Umbuchung auf das Konto »**Sonstige Anlagen und Maschinen**« im März 01 | 2.700.000,00 EUR |
| – zeitanteilige Abschreibung (10/12 der Jahresabschreibung von 180.000,00 EUR) | 150.000,00 EUR |
| = **fortgeführte AHK der Produktionsanlage zum 31.12.01** | **2.550.000,00 EUR** |

Sind technische Anlagen und Maschinen dauerhaft in ihrem Wert gemindert, so müssen wie bei den bebauten Grundstücken **außerplanmäßige Abschreibungen** vorgenommen werden (vgl. Beispiel, Seite 646).

## Betriebs- und Geschäftsausstattung

Anlagevermögensgegenstände, die nicht unmittelbar der Produktion dienen, werden als Betriebs- und Geschäftsausstattung bezeichnet. Sie werden mit den Anschaffungs- oder Herstellungskosten bewertet. Diese bilden die Grundlage für die Abschreibungen. Bei dauerhafter Wertminderung sind außerplanmäßige Abschreibungen vorzunehmen.

**Beispiel:** Die Schmitt-Gastronomie GmbH kauft im Januar 00 für 11.400,00 EUR eine gasbetriebene Mandelmaschine zur Herstellung gebrannter Mandeln. Die Nutzungsdauer liegt bei acht Jahren, es wird linear abgeschrieben. Die Mandelmaschine ist zum 31.12.01 und im Folgejahr zu bewerten.

| | |
|---|---|
| Anschaffungs- oder Herstellungskosten | 11.400,00 EUR |
| – planmäßige Abschreibung Jahr 00 | 1.425,00 EUR |
| = **fortgeführte AHK der Mandelmaschine zum 31.12.00** | **9.975,00 EUR** |
| – planmäßige Abschreibung Jahr 01 | 1.425,00 EUR |
| = **fortgeführte AHK der Mandelmaschine zum 31.12.01** | **8.550,00 EUR** |

## Wertaufholungsgebot

*HGB § 253 (5)*

Ist bei **Sachanlagen** der **Grund für eine vorgenommene außerplanmäßige Abschreibung weggefallen,** so muss eine **Zuschreibung** bis **maximal** zu den **fortgeführten AHK** erfolgen.

Das **Wertaufholungsgebot** gilt ebenfalls für **Finanzanlagen** und **Vermögensgegenstände** des **Umlaufvermögens.**

**Fortsetzung des Beispiels:** Im Jahr 02 wird bekannt, dass eine neue Mandelmaschine, die elektrisch betrieben wird, bei gleichen Anschaffungskosten wesentlich leistungsstärker und günstiger zu betreiben ist. Die gasbetriebene Mandelmaschine verliert dadurch 60 % ihres Wertes. Diese Wertminderung ist voraussichtlich dauerhaft.

| | |
|---|---|
| fortgeführte AHK zu Beginn des Jahres 02 | 8.550,00 EUR |
| – planmäßige Abschreibung 02 | 1.425,00 EUR |
| = **ursprünglich fortgeführte AHK der Mandelmaschine zum 31.12.02** | **7.125,00 EUR** |
| – außerplanmäßige Abschreibung | 4.275,00 EUR |
| = **fortgeführte AHK zum 31.12.02** | **2.850,00 EUR** |

**Fortsetzung des Beispiels:** Im Jahr 03 wird der elektrobetriebenen Mandelmaschine aufgrund mehrerer Unfälle die Betriebserlaubnis entzogen, die Maschine wird vom Markt genommen. Damit ist der Grund für die Wertminderung der Mandelmaschine entfallen und es muss eine Zuschreibung erfolgen.

| | |
|---|---|
| fortgeführte AHK zu Beginn des Jahres 03 | 2.850,00 EUR |
| – planmäßige Abschreibung 03 auf Basis der fortgeführten AHK zu Jahresbeginn und einer Restnutzungsdauer von 5 Jahren | 570,00 EUR |
| = **Zwischensumme zum 31.12.03 ohne Zuschreibung** | **2.280,00 EUR** |

| | | |
|---|---|---|
| + | Zuschreibung* | 3.420,00 EUR |
| = | **fortgeführte AHK zum 31.12.03** | **5.700,00 EUR** |

* Die Zuschreibung kann maximal bis zur Höhe der **ursprünglich fortgeführten AHK** vorgenommen werden:

| | | |
|---|---|---|
| | AHK | 11.400,00 EUR |
| – | kumulierte Abschreibungen der Jahre 00–03 | 5.700,00 EUR |
| = | **ursprünglich fortgeführte AHK zum 31.12.03** | **5.700,00 EUR** |
| – | Zwischensumme | 2.280,00 EUR |
| = | **Zuschreibung** | **3.420,00 EUR** |

### 14.4.1.3 Finanzanlagen

Die **Bewertung der Finanzanlagen** erfolgt nach dem **Anschaffungskostenprinzip.** Die AHK bilden die obere Bewertungsgrenze. Dabei sind eventuelle Wertminderungen folgendermaßen zu berücksichtigen:

*HGB § 253 (3), S. 3, 4*

| **Wertminderung bei Finanzanlagen** | |
|---|---|
| voraussichtlich dauerhaft ↓ **strenges Niederstwertprinzip:** Ist der Tageswert am Bilanzstichtag niedriger als die AHK, **muss** das Unternehmen auf den **niedrigeren Tageswert** außerplanmäßig abschreiben. | voraussichtlich nicht dauerhaft ↓ **gemildertes Niederstwertprinzip:** Ist der Tageswert am Bilanzstichtag niedriger als die AHK, **darf** das Unternehmen auf den **niedrigeren Tageswert** außerplanmäßig abschreiben, es ist aber nicht dazu gezwungen. |
| **Beispiel:** Die Körber AG hält 20% der Aktien eines Zulieferbetriebs als langfristige, strategische Beteiligung. Die Aktien wurden für 400.000,00 EUR erworben. Zum Bilanzstichtag hat die Aktienbeteiligung der Körber AG einen Kurswert von 350.000,00 EUR. | |
| ↓ Wird die **Wertminderung** als voraussichtlich **dauerhaft** angesehen, gilt das strenge Niederstwertprinzip. Die Körber AG **muss** eine außerplanmäßige Abschreibung von 50.000,00 EUR vornehmen, um die Aktien zum Tageswert des Bilanzstichtags (350.000,00 EUR) bewerten zu können. | ↓ Wird die **Wertminderung** als voraussichtlich **nicht dauerhaft** angesehen, gilt das gemilderte Niederstwertprinzip. Die Körber AG **kann** daher entweder die Aktien zu AHK von 400.000,00 EUR bilanzieren oder eine außerplanmäßige Abschreibung von 50.000,00 EUR vornehmen, um die Aktien zum Tageswert des Bilanzstichtags (350.000,00 EUR) bewerten zu können. |

## 14.4.2 Bewertung des Umlaufvermögens

Bei **Wirtschaftsgütern** des **Umlaufvermögens** gilt das **strenge Niederstwertprinzip,** d.h., beim **Vergleich** zwischen **AHK und maßgeblichem Zeitwert** ist der niedrigere dieser beiden möglichen Werte als Bilanzansatz zwingend vorgeschrieben.

Grundsätzlich sind die **Gegenstände des Umlaufvermögens einzeln zu bewerten.** Sofern es sich bei Vorräten um **gleichartige Güter** handelt, ist auch eine **Gruppen- oder Sammelbewertung** zulässig.

Die Bewertung von Gegenständen des Umlaufvermögens vollzieht sich nach folgendem Ablaufplan:

<table>
<tr><th colspan="4">Ermittlung des Wertansatzes bei Gegenständen des Umlaufvermögens</th></tr>
<tr><td colspan="4">Bestimmung der AHK des zu bewertenden Vermögensgegenstandes</td></tr>
<tr><td colspan="4">Liegt für den Vermögensgegenstand ein Börsen- oder Marktpreis vor?</td></tr>
<tr><td colspan="2">ja</td><td colspan="2">nein</td></tr>
<tr><td colspan="2">AHK > Börsen- oder Marktpreis?</td><td colspan="2">Bestimmung des dem Vermögensgegenstand am Bilanzstichtag beizulegenden Wertes</td></tr>
<tr><td>ja</td><td>nein</td><td colspan="2">AHK > beizulegender Wert?*</td></tr>
<tr><td rowspan="2">Außerplanmäßige Abschreibungen in Höhe der Differenz zwischen AHK und Börsen- oder Marktpreis müssen vorgenommen werden, sodass der Vermögensgegenstand mit dem Börsen- oder Marktpreis ausgewiesen wird.</td><td rowspan="2">AHK müssen beibehalten werden.</td><td>ja</td><td>nein</td></tr>
<tr><td>Außerplanmäßige Abschreibungen in Höhe der Differenz zwischen AHK und beizulegender Wert müssen vorgenommen werden, um den Vermögensgegenstand mit dem beizulegenden Wert auszuweisen.</td><td>AHK müssen beibehalten werden.</td></tr>
<tr><td colspan="4">strenges Niederstwertprinzip</td></tr>
<tr><td colspan="4">* Der beizulegende Wert ist der Börsen- oder Marktpreis eines vergleichbaren Wirtschaftsgutes, erhöht oder vermindert um Zu- oder Abschläge, die dem Unterschied zum Vergleichsobjekt entsprechen.</td></tr>
</table>

### 14.4.2.1 Vorräte

Die **Vorräte** umfassen die Roh-, Hilfs- und Betriebsstoffe, bezogene Fremdbauteile, die unfertigen und fertigen Erzeugnisse sowie Handelswaren. Ausgangswerte bei der Bewertung sind die **AHK.**

#### Roh-, Hilfs- und Betriebsstoffe

Da bei Roh-, Hilfs- und Betriebsstoffen oft unterschiedliche Mengen zu unterschiedlichen Zeitpunkten eingekauft werden, sind die Anschaffungswerte der Inventurbestände oft schwierig zu bestimmen. Da der Aufwand einer getrennten Erfassung zu groß wäre, erlaubt der Gesetzgeber bei gleichartigen Vermögensgegenständen, diese mit dem **gewogenen Durchschnitt** zu bewerten.

##### ▶ Jährliche Durchschnittswertermittlung

Die **durchschnittlichen Anschaffungskosten** des Schlussbestandes der Roh-, Hilfs- und Betriebsstoffe erhält man, indem man zum Anfangsbestand die jeweiligen Zugänge addiert und durch die Gesamtmenge teilt.

**Beispiel:** Bei der Inventur der KÜHLsys GmbH wurde u. a. ein Bestand von 732 m Starkstromkabel festgestellt. Die Veränderungen am Lager zeigt die folgende Übersicht:

| Datum | Vorgang | Menge | Preis je 1.000 m | Gesamtwert |
|---|---|---|---|---|
| 01.01. | Anfangsbestand | 1.250 m | 1.879,20 EUR | 2.349,00 EUR |
| 08.02. | Zugang | 850 m | 2.029,08 EUR | 1.724,72 EUR |
| 20.06. | Zugang | 2.500 m | 1.772,83 EUR | 4.432,08 EUR |
| 15.09. | Zugang | 1.650 m | 1.825,76 EUR | 3.012,50 EUR |
| | | 6.250 m | 1.842,93 EUR | 11.518,30 EUR |

Die durchschnittlichen Anschaffungskosten betragen:

$$\frac{\text{Gesamtwert}}{\text{Menge}} = \frac{11.518{,}30 \text{ EUR}}{6.250 \text{ m}} = 1.842{,}93 \text{ EUR je } 1.000 \text{ m}$$

Liegt der Tagespreis für Starkstromkabel am 31.12. über 1.842,93 EUR je 1.000 m, so ist der Schlussbestand von 732 m mit den durchschnittlichen Anschaffungskosten (732 m · 1.842,93 EUR je 1.000 m = 1.349,02 EUR) zu bewerten (strenges Niederstwertprinzip).

### ▶ Permanente Durchschnittswertermittlung

Bei dieser Durchschnittswertermittlung **werden nach jeder Lagerbewegung** (Zu- oder Abgang) mithilfe der Lagerdatei **die durchschnittlichen Anschaffungskosten** ermittelt. Dadurch ist am Ende der Rechnungsperiode der Vergleichswert sofort aus der Lagerdatei ablesbar. Allerdings erhält bei dieser Durchschnittswertberechnung der Anschaffungswert der zuletzt bezogenen Werkstoffe ein besonderes Gewicht bei der Wertermittlung.

**Beispiel:** Bei der Inventur der KÜHLsys GmbH wurde u. a. ein Bestand von 732 m Starkstromkabel festgestellt. Die Veränderungen am Lager zeigt die folgende Übersicht:

| Datum | Vorgang | Menge | Preis je 1.000 m | Gesamtwert |
|---|---|---|---|---|
| 01.01. | Anfangsbestand | 1.250 m | 1.879,20 EUR | 2.349,00 EUR |
| 08.02. | Zugang | 850 m | 2.029,08 EUR | 1.724,72 EUR |
| 08.02. | Bestand | 2.100 m | 1.939,87 EUR | 4.073,72 EUR |
| 12.04. | Abgang | 1.837 m | 1.939,87 EUR | 3.563,54 EUR |
| 12.04. | Bestand | 263 m | 1.939,85 EUR | 510,18 EUR |
| 20.06. | Zugang | 2.500 m | 1.772,83 EUR | 4.432,08 EUR |
| 20.06. | Bestand | 2.763 m | 1.788,73 EUR | 4.942,26 EUR |
| 23.07. | Abgang | 1.824 m | 1.788,73 EUR | 3.262,64 EUR |
| 23.07. | Bestand | 939 m | 1.788,73 EUR | 1.679,62 EUR |
| 15.09. | Zugang | 1.650 m | 1.825,76 EUR | 3.012,50 EUR |
| 15.09. | Bestand | 2.589 m | 1.812,33 EUR | 4.692,12 EUR |
| 14.11. | Abgang | 1.857 m | 1.812,33 EUR | 3.365,50 EUR |
| 31.12. | **Schlussbestand** | **732 m** | **1.812,33 EUR** | **1.326,62 EUR** |

Der Schlussbestand an Starkstromkabel wird nach dieser Methode mit 1.326,62 EUR bewertet, wenn der Tagespreis am Bilanzstichtag höher als die durchschnittlichen Anschaffungskosten ist.

### ▶ Verbrauchsfolgeverfahren nach FIFO und LIFO

Bei diesen Verfahren geht man davon aus, dass die eingelagerten Güter in einer bestimmten Reihenfolge das Lager wieder verlassen.

- **FIFO** (first in – first out): Die zuerst eingelagerten Güter verlassen das Lager zuerst.
- **LIFO** (last in – first out): Die zuletzt eingelagerten Güter verlassen das Lager zuerst.

**Beispiel:** Die Weinmann GmbH hat im vergangenen Jahr die folgenden Lagerbewegungen für Komplettlager gehabt:

| | |
|---|---|
| Anfangsbestand: | 30 Stück zu 18,00 EUR/St. |
| Zugang am 14.03.: | 25 Stück zu 12,50 EUR/St. |
| Zugang am 07.06.: | 30 Stück zu 15,00 EUR/St. |
| Zugang am 18.09.: | 40 Stück zu 17,50 EUR/St. |
| Schlussbestand am 31.12.: | 50 Stück |
| Tageswert am 31.12.: | 16,75 EUR/St. |

| Ermittlung des Schlussbestandes | | | | | |
|---|---|---|---|---|---|
| **FIFO-Verfahren** | | | **LIFO-Verfahren** | | |
| Der Lagerbestand von 50 St. besteht aus | | | Der Lagerbestand von 50 St. besteht aus | | |
| – Zugang 18.09.: 40 St. zu 17,50 EUR/St. | = | 700,00 EUR | – Anfangsbestand: 30 St. zu 18,00 EUR/St. | = | 540,00 EUR |
| – Zugang 07.06.: 10 St. zu 15,00 EUR/St. | = | 150,00 EUR | – Zugang 14.03.: 20 St. zu 12,50 EUR/St. | = | 250,00 EUR |
| Summe: 50 Stück | = | 850,00 EUR | Summe: 50 Stück | = | 790,00 EUR |
| Vergleich mit Tageswert am 31.12.: | | | Vergleich mit Tageswert am 31.12.: | | |
| Anschaffungskosten nach FIFO: | | 850,00 EUR | Anschaffungskosten nach LIFO: | | 790,00 EUR |
| Tageswert: | | 837,50 EUR | Tageswert: | | 837,50 EUR |
| Wertansatz nach dem **strengen Niederstwertprinzip:** | | | Wertansatz nach dem **strengen Niederstwertprinzip:** | | |
| Bewertung zum Tageswert: | | 837,50 EUR | Bewertung zu Anschaffungskosten: | | 790,00 EUR |

## ■ Unfertige und fertige Erzeugnisse

*HGB § 255 (2) EStG § 6*

Es handelt sich dabei um Vermögensgegenstände, die sich entweder noch in der Herstellungsphase oder bereits im Fertigwarenlager befinden. Produziert ein Unternehmen Erzeugnisse, fallen dafür Herstellungskosten an.

Sowohl die unfertigen als auch die fertigen Erzeugnisse werden mit den Herstellungskosten bewertet.

Auch bei den unfertigen und fertigen Erzeugnissen dürfen dieselben Bewertungsverfahren wie bei den Roh-, Hilfs- und Betriebsstoffen angewendet werden. Das **strenge Niederstwertprinzip** muss ebenso herangezogen werden.

### 14.4.2.2 Forderungen

Der Grundsatz der kaufmännischen Vorsicht bedeutet, dass **jede einzelne Forderung** am Ende des Geschäftsjahres **hinsichtlich ihrer Bonität geprüft** werden muss.

| Art der Forderung | Merkmal (Ergebnis der Bonitätsprüfung | Bewertung |
|---|---|---|
| **einwandfreie Forderungen** | Es wird erwartet, dass der Forderungsbetrag in voller Höhe eingehen wird. | Einwandfreie Forderungen werden zum Nennbetrag bewertet. |
| **zweifelhafte Forderungen** | Es wird festgestellt, dass mit einem vollständigen oder teilweisen Ausfall der Forderungen zu rechnen ist.<br>Anzeichen für eine solche Vermutung sind vergebliche Mahnungen oder die Eröffnung des Insolvenzverfahren. | Zweifelhafte Forderungen werden von den einwandfreien Forderungen getrennt und mit ihrem wahrscheinlichen Wert bewertet.<br>Der geschätzte Forderungsausfall wird am Bilanzstichtag abgeschrieben. Die Abschreibung erfolgt vom Nettowert der Forderung. |
| **uneinbringliche Forderungen** | Der Ausfall der kompletten Forderung steht fest. | Uneinbringliche Forderungen werden voll abgeschrieben. |

**Zusammenfassende Übersicht zu Kapitel 14.4.1 und 14.4.2:**
**– Bewertung des Anlagevermögens**
**– Bewertung des Umlaufvermögens**

**Bewertung von Vermögensgegenständen des Anlagevermögens**

**Anschaffungskosten**
= Anschaffungspreis
+ Anschaffungsnebenkosten
– Anschaffungskostenminderungen

**Herstellungskosten**
= Einzelkosten (Fertigungsmaterial, Fertigungslöhne)
+ Gemeinkosten (MGK, FGK, VwGK)

**Geschäfts- oder Firmenwert**
= Zahlung für das Unternehmen
– Zeitwerte der Vermögensgegenstände
– Schulden des Unternehmens

= Zugangsbewertung

↓

Folgebewertung

| | | |
|---|---|---|
| **planmäßige Abschreibungen** | Gebäude, derivativer Geschäftswert, Technische Anlagen, Maschinen, Betriebs-/Geschäftsausstattung | **strenges Niederstwertprinzip** (Ausnahme: nicht dauerhafte Wertminderung bei Finanzanlagen des Anlagevermögens) |
| **außerplanmäßige Abschreibungen** | Grundstücke, Geschäfts- oder Firmenwert, Technische Anlagen, Maschinen, Betriebs-/Geschäftsausstattung, Finanzanlagen | |

**Bewertung von Vermögensgegenständen des Umlaufvermögens**

| Vorräte | unfertige/fertige Erzeugnisse | Forderungen |
|---|---|---|
| – Einzelbewertung<br>– Gruppenbewertung (Sammelbewertung) bei gleichartigen Gütern<br>· jährliche Durchschnittswertermittlung<br>· permanente Durchschnittswertermittlung<br>· FIFO<br>· LIFO | Bewertung zu den Herstellungskosten | – einwandfreie: Bewertung zum Nennbetrag<br>– zweifelhafte: Bewertung zum wahrscheinlichen Wert<br>– uneinbringliche: Abschreibung der Forderung |

**strenges Niederstwertprinzip**

## ▶ Aufgaben und Probleme

1. Zeigen Sie in der nachfolgenden Tabelle, wie sich ein höherer bzw. niedrigerer Wertansatz eines **Aktivpostens** auf die Adressaten der Bewertung auswirkt, wenn Sie jeweils deren spezifische Interessenlage berücksichtigen. Verwenden Sie dazu jeweils eines der folgenden passenden Kriterien: Kreditwürdigkeit, Gewinnausschüttung und Steuerlast.

| Adressaten | Auswirkungen | Bewertung des Aktivpostens zum höheren Wertansatz | Bewertung des Aktivpostens zum niedrigeren Wertansatz |
|---|---|---|---|
| Gläubiger | günstig | | |
| | ungünstig | | |
| Teilhaber | günstig | | |
| | ungünstig | | |
| Finanzbehörde | günstig | | |
| | ungünstig | | |

2. Ordnen Sie den folgenden Aussagen die passenden Bewertungsprinzipien zu:
   a) Die AHK bilden die absolute Wertobergrenze für den Bilanzansatz eines Vermögensgegenstandes.
   b) Nicht realisierte Gewinne dürfen nicht, nicht realisierte Verluste müssen ausgewiesen werden.
   c) Von zwei möglichen Werten muss der niedrigere Wert in der Bilanz ausgesetzt werden.
   d) Bei Firmenanlagen kann der niedrigere Wert in der Bilanz angesetzt werden.

3. In einer Diskussion behauptet A, dass durch die Verwirklichung des Gläubigerschutzprinzips auch das Teilhaberschutzprinzip gefördert werde. B widerspricht und behauptet, dass zwischen beiden Prinzipien eine Konkurrenzbeziehung bestehe.

   Nehmen Sie unter Berücksichtigung der handelsrechtlichen Vorschriften Stellung zu den Aussagen von A und B.

4. Warum wurde das Realisationsprinzip nicht in seiner uneingeschränkten Form (»Aufwendungen und Erträge dürfen erst dann ausgewiesen werden, wenn sie eingetreten sind.«) in das Handelsrecht übernommen?

5. »Die Bilanzierung immaterieller Vermögensgegenstände sehen wir kritisch. Wenn ein Unternehmen es nötig hat, seine umgesetzten Ideen zu bilanzieren, scheint ja an wirklichen Vermögenswerten nicht viel vorhanden zu sein.«

   Die Aussage stammt von einem Bankberater, der über die Kreditvergabe an Unternehmen entscheidet. Nehmen Sie zu dieser Aussage Stellung.

6. Beim Kauf eines Hauses im Oktober sind folgende Kosten entstanden: Kaufpreis 300.000,00 EUR; Maklergebühr 2,5 %; Bankgebühren 500,00 EUR; Notariatsgebühr 550,00 EUR; Grundbucheintragungsgebühr 340,00 EUR; Reisekosten zur Besichtigung des Objektes 150,00 EUR. Grunderwerbsteuer 3,5 %, lineare Abschreibung 2,0 %.

   Bilanzieren Sie den Vermögensgegenstand zum 31.12. Wie wird aktiviert, wenn der Grund- und Bodenanteil am Kaufpreis 30,0 % beträgt?

7. Bei der Herstellung einer Spezialmaschine für eigene Zwecke fallen folgende Kosten an:

| | |
|---|---|
| Fertigungsmaterial | 800.000,00 EUR |
| Fertigungslöhne | 600.000,00 EUR |
| Sondereinzelkosten der Fertigung | 20.000,00 EUR |
| Materialgemeinkostenzuschlagssatz | 15 % |
| Fertigungsgemeinkostenzuschlagssatz | 110 % |
| Verwaltungsgemeinkostenzuschlagssatz | 20 % |

   Welcher Bilanzwert muss mindestens angesetzt werden?

8. Eine GmbH kauft am 15. Juli 20.. eine Spezialdrehbank zum Preis von 320.000,00 EUR netto, Nutzungsdauer acht Jahre. Folgende Anschaffungsnebenkosten stellt der Lieferant zusätzlich in Rechnung (jeweils netto):

   Transportkosten 3.106,00 EUR, Fundamentierungskosten 28.600,00 EUR, Montagearbeiten 3.500,00 EUR. Der Lieferant gewährt 3 % Skonto.

   Errechnen Sie die Anschaffungskosten nach Begleichung der Rechnung.

9. Für eine am 4. Oktober 01 angeschaffte Anlage (Nutzungsdauer sechs Jahre) sind folgende Aufwendungen angefallen:

| | |
|---|---|
| Listenpreis | 190.000,00 EUR |
| Transportkosten | 6.000,00 EUR |
| Transportversicherung | 200,00 EUR |
| Aufw. für das Anlernen des Personals (vom Lieferanten durchgeführt) | 8.000,00 EUR |

   Die Fundamentierungsarbeiten wurden von eigenen Mitarbeitern durchgeführt: 30 Stunden à 30,00 EUR/Std.; Fertigungsmaterial 800,00 EUR. Für Materialgemeinkosten werden üblicherweise 8 % des Fertigungsmaterials und für die Fertigungsgemeinkosten 200 % der Fertigungslöhne verrechnet; die Verwaltungsgemeinkosten werden zu 7 % der Herstellungskosten verrechnet.

   a) Bestimmen Sie den niedrigsten und den höchsten Wertansatz für die AHK zum 4. Oktober 01.

b) Mit welchem Wert ist die Anlage zum 31. Dezember 01 mindestens in der Handelsbilanz anzusetzen, wenn sie am 4. Oktober 01 mit den niedrigst möglichen AHK aktiviert wurde?

10. Im Mai wurde eine elektronisch gesteuerte Metallsäge erworben. Die Rechnung wies folgende Positionen aus:

| | |
|---|---|
| Listenpreis | 150.000,00 EUR |
| Messerabatt | 7.500,00 EUR |
| Verpackungskosten | 500,00 EUR |
| Transportversicherung | 800,00 EUR |
| Rechnungsbetrag netto | 143.800,00 EUR |
| zzgl. 19 % USt. | 27.322,00 EUR |
| Rechnungsbetrag brutto | 171.122,00 EUR |

Der Rechnungsbetrag wurde innerhalb des Zahlungszieles am 1. Juni mit 2 % Skontoabzug überwiesen. Bis zur Betriebsbereitschaft der Metallsäge (15. Juni) fielen folgende Aufwendungen an:

| | |
|---|---|
| Montagekosten (inkl. 19 % USt.) | 2.380,00 EUR |
| Aufwendungen für Frachtgeld (inkl. 19 % USt.) | 952,00 EUR |
| Lohnaufwand f. eigene Betriebsmonteure gem. Einzelstundennachweis | 1.000,00 EUR |

Ermitteln Sie den Buchwert der Maschine zum 31. Dezember. Nutzungsdauer der Maschine: fünf Jahre.

11. Eine Spedition setzt einen Lkw ein, für den der Hersteller eine Fahrleistung von 600.000 km angibt. Der Anschaffungswert beträgt 180.000,00 EUR. Die Spedition schätzt die Nutzungsdauer auf sechs Jahre. Fahrleistung im ersten Jahr 140.000 km; im zweiten Jahr 90.000 km; im dritten Jahr 150.000 km.
    a) Errechnen Sie die jeweiligen Abschreibungsbeträge für die lineare und die leistungsabhängige Abschreibung der ersten drei Jahre.
    b) Zeichnen Sie ein Schaubild, das den Verlauf der Abschreibungsverfahren in den ersten drei Jahren zeigt.
    c) Bei welchem Abschreibungsverfahren erreicht die Spedition den niedrigsten Gewinnausweis?

12. Der Listenpreis der Büroausstattung beträgt 25.000,00 EUR. Darauf gewährt der Händler einen Rabatt in Höhe von 25 % und einen Barzahlungsnachlass von 3 %. Transport und Montage durch einen Vertragsschreiner des Lieferanten kosten 589,05 EUR brutto. Die Anschaffung erfolgte im September 01.
    a) Ermitteln Sie die Anschaffungskosten.
    b) Wie ist der Wertansatz am Ende des Jahres 02, wenn von einer betriebsgewöhnlichen Nutzungsdauer von zehn Jahren ausgegangen wird.
    c) Am Ende des dritten Jahres stellt man fest, dass die Listenpreise inzwischen um 30 % niedriger sind als zum Anschaffungszeitpunkt.
    Begründen Sie, zu welchem Wertansatz Sie bilanzieren würden.

13. Die Schwäbische Motorenwerke AG hat für den Jahresabschluss zum 31. Dezember noch Bewertungsprobleme zu lösen, wobei der Gewinn so niedrig wie möglich gehalten werden soll.
    a) Die Motorenwerke kauften am 2. Juli 01 folgende Einrichtungsgegenstände:

| | | |
|---|---|---|
| 4 Schreibtische | zu je 312,00 EUR | 1.248,00 EUR |
| 4 Schränke | zu je 600,00 EUR | 2.400,00 EUR |
| Nettowarenwert | | 3.648,00 EUR |
| zzgl. 19 % USt. | | 693,12 EUR |
| Bruttowarenwert | | 4.341,12 EUR |

Die Zahlung erfolgte am 8. Juli unter Abzug von 3 % Skonto. Mit welchem Betrag sind die Büromöbel in der Schlussbilanz anzusetzen, wenn man von einer Nutzung von zwölf Jahren ausgeht und einen Sammelposten für GWG bilden will?

b) Eine Spezialmaschine wurde im August des Jahres durch eigene Mitarbeiter erstellt und in Betrieb genommen. Folgende Istkosten ergaben sich aus der Kostenrechnung:

| | |
|---|---|
| Fertigungsmaterial | 40.000,00 EUR |
| Materialgemeinkosten | 20 % |
| Fertigungslöhne | 19.000,00 EUR |
| Fertigungsgemeinkosten | 300 % |
| Verwaltungsgemeinkosten | 10 % |
| Vertriebsgemeinkosten | 8 % |

Die oben angeführten Gemeinkosten enthalten Zusatzkosten. Ohne Zusatzkosten ergaben sich nach einem gesondert aufgestellten BAB folgende Gemeinkostenzuschlagssätze:

| | |
|---|---|
| Materialgemeinkosten | 15 % |
| Fertigungsgemeinkosten | 250 % |
| Verwaltungsgemeinkosten | 8 % |
| Vertriebsgemeinkosten | 5 % |
| Abschreibungssatz der Maschine | 12,5 % |

Ermitteln und begründen Sie den Bilanzansatz zum 31. Dezember.

14. Die Lagerdatei für Kältemittel der KÜHLsys GmbH enthält folgende Informationen:

| Vorgang | | Menge (l) | Preis je 100 l (EUR) |
|---|---|---|---|
| 01.01. | Anfangsbestand | 300.000 | 34,330 |
| 11.03. | Zugang | 120.000 | 32,670 |
| 24.05. | Entnahme | 184.502 | |
| 17.06. | Zugang | 230.050 | 33,542 |
| 27.09. | Entnahme | 310.240 | |

Ermitteln und bewerten Sie den Schlussbestand am 31. Dezember nach dem

a) jährlichen Durchschnittswertverfahren,

b) permanenten Durchschnittswertverfahren.

15. Eine Dieselmotorenfabrik hat am Bilanzstichtag aus der Dezemberfertigung noch 20 Dieselmotoren in ihrem Fertigerzeugnislager.

Die gesamten Herstellungskosten betrugen im Fertigungsmonat:

| | | | |
|---|---|---|---|
| Materialkosten | 100.000,00 EUR | MGK-Zuschlagssatz | 20 % |
| Fertigungslöhne | 150.000,00 EUR | FGK-Zuschlagssatz | 200 % |
| fertigungsbezogene Verwaltungsgemeinkosten | | | 65 000,00 EUR. |

In den Gemeinkosten sind enthalten:

| | |
|---|---|
| kalkulatorischer Unternehmerlohn | 10.000,00 EUR |
| Kosten der Fertigungsvorbereitung | 25.000,00 EUR |
| Forschungskosten | 15.000,00 EUR |

Im Abrechnungszeitraum wurden 120 Dieselmotoren gefertigt.

a) Wie ist der Bestand an fertigen Erzeugnissen zu bewerten, wenn ein möglichst niedriger Gewinnausweis angestrebt wird?

b) Errechnen Sie auch den höchstzulässigen Bilanzansatz für die Handelsbilanz.

16. Die Herrenbekleidungs-GmbH hat zum 31. Dezember u. a. 2.000 fertige Hosen und 3.000 fertige Anzüge auf Lager. Außerdem befinden sich noch 1.000 Hosen in der Produktion, die bisher 10,00 EUR Fertigungslöhne pro Stück verursacht haben.

    Für die Produktion der Fertigerzeugnisse sind bisher folgende Kosten pro Stück angefallen:

| | Fertigungsmaterial | Fertigungslöhne |
|---|---|---|
| Hose | 50,00 EUR | 20,00 EUR |
| Anzug | 125,00 EUR | 45,00 EUR |

    Aus der Kostenrechnung ergeben sich folgende Gemeinkostenzuschlagssätze:

| | | | |
|---|---|---|---|
| Materialgemeinkosten | 20 % | Verwaltungsgemeinkosten | 40 % |
| Fertigungsgemeinkosten | 140 % | Vertriebsgemeinkosten | 30 % |
| Spezialverpackung für den Versand der Anzüge an den Einzelhandel | | 5,00 EUR je Anzug. | |

    a) Zu welchem Mindestbetrag müssen die Erzeugnisse angesetzt werden?

    b) Zu welchem Höchstbetrag können die Erzeugnisse angesetzt werden?

17. Ein Unternehmen erfährt im Januar, dass ein Kunde die Eröffnung des Insolvenzverfahrens beantragt hat. Die Forderung beläuft sich auf 30.000,00 EUR.

    a) Nach welchem Bewertungsprinzip wird das Unternehmen vorgehen?

    b) Wie hoch könnte der Wertansatz sein?

## 14.4.3 Bewertung des Eigenkapitals

Das ausgewiesene **Eigenkapital** einer Kapitalgesellschaft setzt sich aus dem **gezeichneten Kapital** und den **offenen Rücklagen** (Kapital- und Gewinnrücklagen) zusammen (Kapitel 14.1.1.1). Es ermittelt sich aus der Differenz des gesamten Vermögens und der gesamten Schulden eines Unternehmens. Eine gesonderte Bewertung des Eigenkapitals findet daher nicht statt.

Ist das ausgewiesene Eigenkapital kleiner als das wirklich vorhandene Eigenkapital des Unternehmens, können **stille Rücklagen** gebildet worden sein.

### Stille Rücklagen

**Stille Rücklagen** sind vorhandene, aber **in der Bilanz nicht ausgewiesene Teile des Eigenkapitals.**

| **stille Rücklagen** | |
|---|---|
| **willkürlich gebildete** | **gesetzlich erzwungene** |
| Ihre Bildung ist durch die gesetzliche Festlegung von oberen und unteren Wertgrenzen eingeengt. | Die Gesetzgebung folgt dem **Realisationsprinzip.** Steigt der Wert von Vermögensgegenständen über den Anschaffungs- oder Herstellungswert hinaus, entsteht ein **nicht realisierter Gewinn.** Dieser vermehrt zwar das Eigenkapital, darf aber nicht in der Bilanz ausgewiesen werden. Es entsteht eine stille Rücklage. Sinkt der Wert von Verbindlichkeiten unter den ursprünglich ausgewiesenen Erfüllungsbetrag, entsteht ebenfalls eine stille Rücklage. |

## Entstehung stiller Rücklagen

### ▶ Nichtaktivierung von Vermögenswerten

**Beispiele:**

**Willkürlich gebildet:** Nichtaktivierung von geringwertigen Wirtschaftsgütern HGB §§ 248, 255

**Gesetzlich erzwungen:** Verbot der Aktivierung bestimmter selbst geschaffener immaterieller Vermögensgegenstände (z. B. Marken, Verlagsrechte)

### ▶ Unterbewertung von Aktiva

**Beispiele:**

**Willkürlich gebildet:** Bewertung von Vorräten nach der Durchschnittswertmethode bei steigenden Anschaffungskosten §§ 256, 253

**Gesetzlich erzwungen:** bei Grundstücken ohne Bauten, wenn sie in zurückliegenden Perioden erworben worden sind und ihr Verkehrswert inzwischen gestiegen ist

### ▶ Überbewertung von Passiva

**Beispiele:**

**Willkürlich gebildet:** überhöhte Rückstellungen, die aus übertriebener Vorsicht gebildet worden sind § 249

**Gesetzlich erzwungen:** bei Verbindlichkeiten in fremder Währung mit einer Restlaufzeit von mehr als einem Jahr, wenn der Devisenkurs zurückgegangen ist (Kapitel 14.4.5.2)

## Auflösung stiller Rücklagen

Stille Rücklagen **werden aufgelöst** bei

a) Verkauf von Vermögensgegenständen zu einem über dem Buchwert liegenden Preis;

b) Auflösung von nicht in Anspruch genommenen Rückstellungen;

c) Bezahlung von Währungsverbindlichkeiten mit weniger EUR als ursprünglich ausgewiesen;

d) Absinken des tatsächlichen Wertes auf den Buchwert, der ursprünglich eine stille Rücklage enthielt;

e) Weiterverwendung völlig abgeschriebener Vermögensgegenstände.

## Wirkliches Eigenkapital

Es ist das **ausgewiesene Eigenkapital zuzüglich** der **stillen Rücklagen.**

Bei Unterbewertung von Aktiva bzw. Überbewertung von Passiva ist das wirkliche Eigenkapital größer als das ausgewiesene Eigenkapital.

**Beispiel:** Die Meyer GmbH weist in ihrer Bilanz ein Vermögen von 500.000,00 EUR aus, die Schulden belaufen sich auf 300.000,00 EUR, das ausgewiesene Eigenkapital liegt bei 200.000,00 EUR.

Veröffentlichte und vereinfacht dargestellte Bilanz in TEUR:

| A | Bilanz | | P |
|---|---|---|---|
| Vermögen | 500 | Eigenkapital | 200 |
| | | Schulden | 300 |

| Fall 1: | Fall 2: |
|---|---|
| Zum Vermögen des Unternehmens zählt ein unbebautes Grundstück, das vor 20 Jahren für 50.000,00 EUR gekauft wurde. Der Marktwert am Bilanzstichtag liegt bei 150.000,00 EUR. In der veröffentlichten Bilanz ist das Grundstück höchstens zu seinen AHK anzusetzen. Bei Berücksichtigung der tatsächlichen Werte ergibt sich eine stille Rücklage von 100.000,00 EUR und das wirkliche Eigenkapital liegt bei 300.000,00 EUR. | Zu den Schulden zählt ein endfälliger US-Dollar-Kredit, der in vier Jahren zurückgezahlt wird. Bei Kreditaufnahme betrug die Kreditsumme in EUR umgerechnet 130.000,00 EUR. Durch Änderungen des Wechselkurses (USD/EUR) beträgt die Kreditsumme am Bilanzstichtag noch 100.000,00 EUR, die Schulden haben sich allein durch die Kursänderung verringert. Da der Gesetzgeber den Ausweis von nicht realisierten Kursgewinnen verbietet, entsteht eine stille Rücklage von 30.000,00 EUR, das wirkliche Eigenkapital liegt bei 230.000,00 EUR. |
| Tatsächliche Werte in TEUR bei **Unterbewertung von Aktiva**: | Tatsächliche Werte in TEUR bei **Überbewertung von Passiva**: |

| A | | Bilanz | P |
|---|---|---|---|
| Vermögen | 600 | Eigenkapital | 200 |
| | | stille Rücklagen | 100 |
| | | Schulden | 300 |

| A | | Bilanz | P |
|---|---|---|---|
| Vermögen | 500 | Eigenkapital | 200 |
| | | stille Rücklagen | 30 |
| | | Schulden | 270 |

### Rolle der stillen Rücklagen in der Unternehmenspolitik

Obwohl bei den Unternehmensleitungen oft keine klare Übersicht über die Höhe, die Zu- und Abnahme der stillen Rücklagen besteht, werden sie **in der Praxis,** wo immer dies möglich ist, **den offenen Rücklagen vorgezogen.** Die Hauptgründe dafür sind:

a) Offene Rücklagen können nur aus dem versteuerten Gewinn gebildet werden, während stille Rücklagen aus nicht ausgewiesenem und somit zunächst nicht versteuertem Gewinn entstehen. **Die Steuerlast wird** auf die Periode **verschoben,** in der die Auflösung erfolgswirksam stattfindet.

b) Die Bildung stiller Rücklagen ist ein Mittel der verdeckten Selbstfinanzierung. Stille Rücklagen, die durch überhöhte Abschreibungen gebildet werden, bewirken nicht nur einen zeitweiligen Steuervorteil, sondern **schaffen** auch einen **Zinsvorteil** und **erhöhen** die **Liquidität.**

Die Gefahren (geringerer Informationsgehalt der Abschlussrechnungen, mögliche Fehldispositionen) werden dabei in Kauf genommen. In gut geleiteten Unternehmen werden die stillen Rücklagen mittels interner Aufzeichnungen überwacht.

## 14.4.4 Bewertung von Rückstellungen

**Rückstellungen** sind **Verbindlichkeiten am Bilanzstichtag,** die ihrem **Ursprung nach bekannt** sind, deren **Höhe** und (oder) **Fälligkeit** jedoch **ungewiss** ist.

**Rückstellungen** gehören grundsätzlich zum Fremdkapital und dienen der periodengerechten Erfolgsermittlung.

| Bildung von Rückstellungen für | Beispiele |
|---|---|
| ungewisse Verbindlichkeiten, | – Prozesskosten<br>– Steuernachzahlungen<br>– Garantieverpflichtungen<br>– Pensionen |
| drohende Verluste aus schwebenden Geschäften, | Der Marktpreis für noch nicht gelieferte Rohstoffe ist überraschend zurückgegangen; im Vertrag wurde jedoch die Abnahme zu einem höheren Festpreis vereinbart. |
| im Geschäftsjahr unterlassene Aufwendungen für Instandhaltungen, die im folgenden Geschäftsjahr innerhalb von drei Monaten nachgeholt werden, | Die ursprünglich im Herbst vorgesehene Reparatur des zentralen Heizkraftwerkes wird im März durchgeführt. |
| Abraumbeseitigung, die im folgenden Geschäftsjahr nachgeholt wird, | Der beim Abriss der Lagerhalle entstandene Sondermüll wird entsprechend den behördlichen Auflagen im Folgejahr entsorgt. |
| Gewährleistungen, die ohne rechtliche Verpflichtung geleistet werden. | Aufgrund von Erfahrungswerten früherer Jahre wird ein bestimmter Betrag für Kulanzleistungen passiviert. |
| Um eine willkürliche Bildung von Rückstellungen zu verhindern, dürfen sie nur mit dem **Erfüllungsbetrag** (Kapitel 14.4.5) angesetzt werden, der **nach vernünftiger kaufmännischer Beurteilung** notwendig ist. | |

*HGB § 249 (1)*

Die **Auflösung von Rückstellungen** erfolgt nur, sofern der Grund hierfür entfallen ist. *§ 249 (2)*

Bei der Auflösung der Rückstellung sind drei Fälle denkbar:

**Beispiel:** Die KÜHLsys GmbH führt einen Arbeitsprozess, dessen Ausgang ungewiss ist. Die Prozesskosten werden auf 8.000,00 EUR geschätzt. Nach Abschluss des Prozesses ergeben sich die drei dargestellten Fälle:

| Fall 1 | Fall 2 | Fall 3 |
|---|---|---|
| Die KÜHLsys GmbH wird verurteilt und muss Prozesskosten in Höhe von 8.000,00 EUR bezahlen. **Die Rückstellung entspricht der Zahlung.** | Die KÜHLsys GmbH wird verurteilt und muss Prozesskosten in Höhe von 10.000,00 EUR bezahlen. **Die Rückstellung ist niedriger als die Zahlung.** Die KÜHLsys GmbH muss zusätzlich 2.000,00 EUR an Prozesskosten bezahlen. | Die KÜHLsys GmbH erzielt einen Vergleich. Sie trägt nur Prozesskosten in Höhe von 5.000,00 EUR. **Die Rückstellung ist zu hoch geschätzt.** |
| **Ergebnis:** Die im Vorjahr eingestellten Rückstellungen entsprechen den tatsächlich entstandenen Kosten. Im laufenden Jahr ergibt sich **keine Ergebnisauswirkung.** | **Ergebnis:** Die im Vorjahr eingestellten Rückstellungen wurden zu niedrig angesetzt. Im laufenden Jahr ergibt sich ein **zusätzlicher Aufwand** in Höhe von 2.000,00 EUR und damit eine **Ergebnisminderung.** | **Ergebnis:** Die im Vorjahr eingestellten Rückstellungen wurden zu hoch angesetzt. Im laufenden Jahr ergibt sich ein **zusätzlicher Ertrag** in Höhe von 3.000,00 EUR und damit eine **Ergebnisverbesserung.** |

## 14.4.5 Bewertung der Verbindlichkeiten

Auch für den Wertansatz der Passivpositionen gelten die handelsrechtlichen **Bewertungsgrundsätze,** vor allem das aus dem Gläubigerschutzgedanken abzuleitende **Vorsichts- und Imparitätsprinzip** (Kapitel 14.4). Demzufolge sind die Schuldpositionen zum Höchstwert anzusetzen **(Höchstwertprinzip),** d. h., Schulden sollen eher zu hoch als zu niedrig bewertet werden. Das Handelsrecht sieht grundsätzlich den Ansatz von Verbindlichkeiten und Rückstellungen (Kapitel 14.4.4) zu ihrem **Erfüllungsbetrag** vor. Der Erfüllungsbetrag ist derjenige Betrag, den der Schuldner zur Begleichung seiner Schulden aufbringen muss. In der Regel ist das der Betrag, zu dem die Verbindlichkeit eingegangen wurde **(Auszahlungsbetrag).**

**Beispiel:** Die KÜHLsys GmbH erhielt im Dezember 01 eine Eingangsrechnung für gelieferte Starkstromkabel über 3.500,00 EUR. Die Bezahlung erfolgt erst im nächsten Jahr. Der Rechnungsbetrag von 3.500,00 EUR ist hier gleich dem Erfüllungsbetrag und ist als Verbindlichkeit aus Lieferungen und Leistungen auf der Passivseite der Bilanz auszuweisen.

Bei **Darlehen** und **Währungsverbindlichkeiten** kann sich der Erfüllungsbetrag jedoch vom Auszahlungsbetrag unterscheiden.

### 14.4.5.1 Darlehen

Bei Darlehen entspricht in aller Regel der **Erfüllungsbetrag** dem Betrag, zu dem die Verbindlichkeit eingegangen wurde **(Auszahlungsbetrag).** Wurde jedoch beim Eingehen der Verbindlichkeit für die Auszahlung ein **Disagio** oder für die Rückzahlung ein **Agio** vereinbart, unterscheiden sich Auszahlungs- und Erfüllungsbetrag. In jedem Fall ist dann der Erfüllungsbetrag als Verbindlichkeit anzusetzen.

Für das Agio bzw. das Disagio besteht folgendes **Aktivierungswahlrecht:**

- Das Agio/Disagio erscheint auf der Aktivseite der Bilanz als aktiver Rechnungsabgrenzungsposten und ist planmäßig über die gesamte Laufzeit des Darlehens abzuschreiben.
- Alternativ kann das Agio/Disagio im laufenden Geschäftsjahr direkt als Aufwand gebucht werden. Es erscheint dann nicht auf der Aktivseite der Bilanz, sondern mindert als Aufwand den Erfolg des Unternehmens in der Rechnungsperiode.

**Beispiel 1:** Die KÜHLsys GmbH nimmt zur Finanzierung einer Anlageinvestition ein Darlehen über 50.000,00 EUR auf. Auszahlungsbetrag 97 %, Laufzeit sechs Jahre.

| Variante 1 | Variante 2 |
|---|---|
| Das **Disagio** in Höhe von 1.500,00 EUR wird über die Laufzeit des Darlehens mit 250,00 EUR **jährlich abgeschrieben.** | Das **Disagio** wird sofort als **Aufwand** gebucht. |
| **Auswirkung auf den Jahresabschluss:**<br>– Bilanzierung des Darlehens zum Erfüllungsbetrag von 50.000,00 EUR auf der Passivseite unter Verbindlichkeiten gegenüber Kreditinstituten<br>– Bilanzierung des Disagios mit 1.250,00 EUR auf der Aktivseite der Bilanz als Rechnungsabgrenzungsposten | **Auswirkung auf den Jahresabschluss:**<br>– Bilanzierung des Darlehens zum Erfüllungsbetrag von 50.000,00 EUR auf der Passivseite unter Verbindlichkeiten gegenüber Kreditinstituten<br>– Erfassung des Disagios als Aufwand in der Gewinn- und Verlustrechnung |

## 14.4.5.2 Währungsverbindlichkeiten

Bei Verbindlichkeiten, die auf eine ausländische Währung lauten, ist der genaue Erfüllungsbetrag erst am Rückzahlungstag bekannt, weil die Höhe der Rückzahlung kursabhängig ist. Dieses erschwert die Bewertung der Währungsverbindlichkeit beim Jahresabschluss.

Grundsätzlich ist die **Währungsverbindlichkeit zum Devisenkassamittelkurs am Bilanzstichtag umzurechnen.** *HGB § 256a*

$$\textbf{Devisenkassamittelkurs} = \frac{\textbf{Geldkurs + Briefkurs}}{\textbf{2}}$$

- **Kaufen Kunden** Devisen gegen Euro, erfolgt die Umrechnung zum **Geldkurs.**
- **Verkaufen Kunden** Devisen und erhalten Euro, erfolgt die Umrechnung zum **Briefkurs.**

### Währungsverbindlichkeiten mit einer Restlaufzeit von mehr als einem Jahr

In diesem Fall wird der Devisenkassamittelkurs am Bilanzstichtag mit dem Kurs zum Zugangszeitpunkt der Verbindlichkeit (z. B. Kurs bei Rechnungsstellung) verglichen. Die Bewertung erfolgt dann zum niedrigeren Kurs, d. h. zum höheren EUR-Wert.

**Beispiel:** Die KÜHLsys GmbH nimmt am 1. Juni 01 am US-Finanzmarkt ein fünfjähriges endfälliges Darlehen über 500.000,00 USD auf. Der Devisenkassamittelkurs liegt am 1. Juni 01 bei 1,37 USD. Das Darlehen wird bei Kreditaufnahme mit 364.963,50 EUR als Verbindlichkeit gebucht.

| **Fall 1:**<br>Der Devisenkassamittelkurs liegt am 31. Dezember bei 1,33 USD. | **Fall 2:**<br>Der Devisenkassamittelkurs liegt am 31. Dezember bei 1,40 USD. |
|---|---|
| ↓<br>– Die Umrechnung der USD-Verbindlichkeit in EUR zum Devisenkassamittelkurs am 31. Dezember 01 ergibt einen Wert von 375.939,85 EUR.<br>– Der Devisenkassamittelkurs am Bilanzstichtag **ist kleiner** als der Kurs beim Eingehen der Verbindlichkeit. Dies führt zu einem **höheren** EUR-Wert der Verbindlichkeit am Bilanzstichtag.<br>– Nach dem **Höchstwertprinzip** ist das Darlehen mit dem höheren Wert von 375.939,85 EUR in der Bilanz anzusetzen. Noch nicht realisierte Währungsverluste sind in der Bilanz auszuweisen. Die Differenz zwischen dem bisher erfassten Wert und dem höheren Erfüllungsbetrag stellt einen sonstigen betrieblichen Aufwand dar, der den Unternehmenserfolg verschlechtert. | ↓<br>– Die Umrechnung der USD-Verbindlichkeit in EUR zum Devisenkassamittelkurs am 31. Dezember 01 ergibt einen Wert von 357.142,86 EUR.<br>– Der Devisenkassamittelkurs am Bilanzstichtag **ist größer** als der Kurs beim Eingehen der Verbindlichkeit. Dies führt zu einem **niedrigeren** EUR-Wert der Verbindlichkeit am Bilanzstichtag. Durch die Kurssteigerung des EUR gegenüber dem USD ist ein Währungsgewinn entstanden, der jedoch nur rechnerisch besteht und noch nicht realisiert ist.<br>– Nach dem **Höchstwertprinzip** ist das Darlehen mit dem bei Aufnahme umgerechneten Wert von 364.963,50 EUR in der Bilanz anzusetzen. Noch nicht realisierte Währungsgewinne dürfen nicht in der Bilanz ausgewiesen werden. |

Diese Vorgehensweise entspricht einer vorsichtigen Bewertung: **Nicht realisierte Verluste** sind auszuweisen **(Fall 1),** während **nicht realisierte Gewinne** nicht ausgewiesen werden dürfen **(Fall 2).** Die ungleiche Bewertung von Gewinnen und Verlusten ist Ausdruck des **Imparitäts- und Realisationsprinzips.**

### Währungsverbindlichkeiten mit einer Restlaufzeit von höchstens einem Jahr

*HGB § 256a, S. 2*

Für diese Währungsverbindlichkeiten **gilt** das **Imparitäts- und Realisationsprinzip nicht,** d. h., die Verbindlichkeit ist zum Devisenkassamittelkurs des Bilanzstichtags umzurechnen und zu diesem Wert auszuweisen.

**Beispiel:** Die KÜHLsys GmbH importiert Rohstoffe im Wert von 20.000,00 CHF. Die Rechnung geht am 6. Dezember ein. Zahlungsziel 30 Tage. Devisenkassamittelkurs am Tag des Rechnungseingangs: 1,50 CHF für 1,00 EUR. Die Anschaffungskosten am 6. Dezember betragen 13.333,33 EUR.

| **Fall 1:** Der Devisenkassamittelkurs liegt am 31. Dezember bei 1,47 CHF. | **Fall 2:** Der Devisenkassamittelkurs liegt am 31. Dezember bei 1,52 CHF. |
|---|---|
| ↓ | ↓ |
| – Der Bilanzansatz erfolgt zu 13.605,44 EUR.<br>– Es ist ein nicht realisierter Währungsverlust von 272,11 EUR (13.605,44 EUR – 13.333,33 EUR) entstanden. Dieser ist als **sonstiger betrieblicher Aufwand erfolgswirksam** zu buchen. | – Der Bilanzansatz erfolgt zu 13.157,89 EUR.<br>– Es ist ein nicht realisierter Währungsgewinn von 175,44 EUR (13.333,33 EUR – 13.157,89 EUR) entstanden. Dieser ist als **sonstiger betrieblicher Ertrag erfolgswirksam** zu buchen. |

## Zusammenfassende Übersicht zu Kapitel 14.4.3 bis 14.4.5:
## – Bewertung des Eigenkapitals
## – Bewertung von Rückstellungen
## – Bewertung der Verbindlichkeiten

**Eigenkapital**

| | |
|---|---|
| **ausgewiesenes Eigenkapital** = Gezeichnetes Kapital + offene Rücklagen | **wirkliches Eigenkapital** = ausgewiesenes Eigenkapital + stille Rücklagen |
| ↓ | ↓ |
| keine gesonderte Bewertung. Die Höhe des ausgewiesenen Eigenkapitals ergibt sich als Differenz aus Vermögen und Schulden. | kein Bilanzausweis des wirklichen Eigenkapitals |

**Fremdkapital**

| | |
|---|---|
| **Darlehen/Verbindlichkeiten** | **Rückstellungen** |
| ↓ | ↓ |
| Höhe und/oder Fälligkeit bekannt | Höhe und/oder Fälligkeit unbekannt |
| ↓ | ↓ |
| Bewertung zum Erfüllungsbetrag | Bewertung nach vernünftiger kaufmännischer Vorsicht zum voraussichtlich notwendigen Erfüllungsbetrag |

## ▶ Aufgaben und Probleme

1. Die KÜHLsys GmbH hat vor fünf Jahren ein Grundstück für 120.000,00 EUR gekauft. Zum 31. Dezember des aktuellen Jahres liegt der Verkehrswert bei 150.000,00 EUR.

   Bewerten Sie das Grundstück zum 31. Dezember und begründen Sie Ihren Wertansatz.

2. Ein Bauunternehmer verkauft ein 8.000 $m^2$ großes Grundstück zum Quadratmeterpreis von 450,00 EUR. Das Grundstück wurde 1952 zum Quadratmeterpreis von umgerechnet 3,50 EUR gekauft. Wie hoch sind die aufgedeckten stillen Rücklagen?

3. Entscheiden Sie, ob und inwieweit bei folgenden Tatbeständen stille Rücklagen gebildet werden:

   a) Am 10. Mai wurde ein Tischrechner für netto 145,50 EUR angeschafft. In der Jahresbilanz am 31. Dezember desselben Jahres ist dieser Posten nicht enthalten.

   b) Das Rohstoffkonto weist folgende Eintragungen auf:

   | | | |
   |---|---|---|
   | **Soll** | | |
   | 1. Januar | Anfangsbestand | 1.000 Stück zum Stückpreis von 45,00 EUR |
   | 30. April | Zugang | 1.000 Stück zum Stückpreis von 58,00 EUR |
   | **Haben** | | |
   | 15. Februar | Entnahme | 300 Stück |
   | 30. September | Entnahme | 500 Stück |

   Aufgrund der näheren Umstände des Betriebes können für die Ermittlung des Bilanzansatzes das Durchschnittswertverfahren, das LIFO-Verfahren und das FIFO-Verfahren angewendet werden.

   c) Das Konto »Wertpapiere des Umlaufvermögens« zeigt folgende Entwicklung:

   | | |
   |---|---|
   | Belastung für | 1.000 Stück am 15. Januar mit 258.000,00 EUR; |
   | Gutschrift für | 500 Stück am 20. Oktober mit 172.000,00 EUR; |
   | Kurswert für | 500 Stück am 31. Dezember mit 154.000,00 EUR. |

   d) Eine Verbindlichkeit lautet über 154.000,00 CHF. Das Zahlungsziel beträgt zum Bilanzstichtag noch 14 Monate. Kurs bei Rechnungseingang 1,0689; Devisenkassamittelkurs am 31. Dezember 1,0421.

4. Eine GmbH hat es unterlassen, im abgelaufenen Geschäftsjahr 01 wegen der angespannten Liquiditätslage die Außenfassade renovieren zu lassen. Ein Malerbetrieb wurde mit der Vornahme der Arbeiten beauftragt. Nach dem Werkvertrag ist der Malerbetrieb verpflichtet, die Arbeiten im Mai 02 für 32.000,00 EUR zzgl. USt. vorzunehmen.

   Wie ist dieser Tatbestand zum 31. Dezember 01 von der GmbH im Jahresabschluss zu berücksichtigen?

5. Die KÜHLsys GmbH schließt mit ihrer Hausbank einen Darlehensvertrag über 50.000,00 EUR.

   Welchen Betrag muss die KÜHLsys GmbH bilanzieren, wenn sie entweder

   a) 47.000,00 EUR zur Verfügung gestellt bekommt oder

   b) 53.000,00 EUR zurückzahlen muss?

6. Eine Aktiengesellschaft verpflichtet sich bei der Ausgabe einer Anleihe zur Rückzahlung nach zehn Jahren zu 102 %. Nominalwert 30 Mio. EUR.

   Die Ausgabe erfolgt zu 99 %.

   Wie muss diese Anleihe bilanziert und wie kann das Disagio behandelt werden?

7. Für eine Darlehen gelten folgende Bedingungen:

| | |
|---|---|
| Darlehensbetrag | 250.000,00 EUR |
| Laufzeit | 5 Jahre |
| Zinssatz | 8 % |
| Auszahlungstag | 1. Juni 20.. |
| Auszahlungskurs | 95 % |
| Rückzahlungsaufgeld | 2 % |

Bestimmen und begründen Sie den Bilanzansatz.

8. Die Rechnung einer Importsendung aus der Schweiz lautet über 3.580,00 CHF. Bei Eingang der Rechnung im Dezember wurde der Rechnungsbetrag zum Devisenkassamittelkurs von 1,07110 CHF umgerechnet. Die Eingangsrechnung ist im Januar zu bezahlen.

   Mit welchem EUR-Betrag muss die Verbindlichkeit bewertet werden, wenn zum Bilanzstichtag

   a) der Devisenkassamittelkurs bei 1,0423 CHF,

   b) der Devisenkassamittelkurs bei 1,1047 CHF liegt?

9. Bei importierten Rohstoffen aus den USA lautet die Rechnung über 40.500,00 USD. Devisenkassamittelkurs 1,00 EUR = 1,0844 USD.

   Wie ist diese Rechnung zu bilanzieren, wenn der Devisenkassamittelkurs am Bilanzstichtag bei 1,0531 USD liegt und die Rechnung im Folgemonat zu bezahlen ist?

10. Die KÜHLsys GmbH hat im Oktober zum Devisenkassamittelkurs von 137,87 JPY bei einer japanischen Bank einen endfälligen Kredit aufgenommen. Die Laufzeit beträgt sechs Jahre, der Erfüllungsbetrag beträgt 30 Mio. JPY.

    Mit welchem EUR-Betrag muss das Darlehen bewertet werden, wenn zum Bilanzstichtag

    a) der Devisenkassamittelkurs bei 131,02 JPY,

    b) der Devisenkassamittelkurs bei 140,48 JPY liegt?

    Begründen Sie die Bewertung in a) und b) mit den dafür wesentlichen Bewertungsgrundsätzen.

11. Die Kieser GmbH bezog im Dezember Elektronikkomponenten aus den USA für 300.000,00 USD auf Ziel. Der Devisenkassamittelkurs bei Lieferung im Dezember lag bei 1,00 EUR = 1,24 USD. Die Rechnung ist im März des Folgejahres zu bezahlen.

    Mit welchem EUR-Betrag muss die Verbindlichkeit bewertet werden, wenn zum Bilanzstichtag

    a) der Devisenkassamittelkurs bei 1,00 EUR = 1,08 USD,

    b) der Devisenkassamittelkurs bei 1,00 EUR = 1,35 USD liegt?

    Erläutern Sie die Auswirkungen der Bewertung in a) und b) auf den Unternehmenserfolg.

12. Die Lohmeyer AG bezog im Oktober 2016 Zulieferteile aus Kanada für 600.000,00 CAD. Der Devisenkassamittelkurs bei Lieferung lag bei 1,00 EUR = 1,38 CAD. Der Devisenkassamittelkurs am Bilanzstichtag liegt bei 1,00 EUR = 1,40 CAD.

    Mit welchem EUR-Betrag muss die Verbindlichkeit zum Bilanzstichtag (31.12.2016) bewertet werden, wenn

    a) die Verbindlichkeit im März 2017 bezahlt wird,

    b) die Verbindlichkeit im März 2018 bezahlt wird?

    Begründen Sie Ihren Bewertungsansatz mit den jeweiligen Bewertungsgrundsätzen.

## 14.5 Ausgewählte Bewertungsunterschiede zwischen Handels- und Steuerbilanz

Die **nach handelsrechtlichen Grundsätzen erstellte Bilanz** nennt man **Handelsbilanz.**

Aufgabe der Handelsbilanz ist es, den Anteilseignern, Gläubigern und der Unternehmensleitung einen Überblick über Vermögen, Schulden und die Liquidität des Unternehmens zu verschaffen.

Die **nach steuerrechtlichen Grundsätzen erstellte Bilanz** nennt man **Steuerbilanz.**

Die Steuerbilanz soll dazu beitragen, den steuerrechtlich maßgebenden Unternehmensgewinn zu ermitteln.

### ■ Zweck der Bewertungsvorschriften

Da der Wertansatz von den Bewertungsmethoden abhängt, hat der Gesetzgeber Bewertungsvorschriften geschaffen. Durch sie werden eine gewisse Bewertungsstetigkeit erreicht, dem Prinzip der Bilanzkontinuität gedient und den unterschiedlichen Interessen der Adressaten eines Jahresabschlusses (Kapitel 14.2) Rechnung getragen.

#### ▶ Bewertungsvorschriften nach Handelsrecht

Die Bewertungsvorschriften, die im Handelsrecht für die Handelsbilanz aufgestellt worden sind, sollen verhindern, dass

- den Gläubigern Werte vorgespiegelt werden, die im Notfall nicht realisiert werden können.
- den Gläubigern durch Über- oder Unterbewertung ein falsches Bild von der tatsächlichen Lage des Unternehmens vermittelt wird.
- den Aktionären durch ungerechtfertigt niedrige Wertansätze Gewinn vorenthalten wird.
- durch willkürliche Bildung stiller Reserven der wirkliche Umfang des investierten Kapitals so verschleiert wird, dass Fehlinvestitionen und Kapitalfehlleitungen möglich sind.

Die Bewertungsvorschriften sollen eine wahrheitsgemäße Rechnungslegung sichern und damit dem **Gläubigerschutz-** sowie dem **Teilhaberschutzprinzip** dienen.

#### ▶ Bewertungsvorschriften nach Einkommensteuerrecht

Sie bezwecken

- die gerechte Besteuerung durch die Festsetzung von unteren Grenzen für die Bewertung des Vermögens und von oberen Grenzen für die Bewertung der Schulden (Rückstellungen),
- die Berücksichtigung wirtschafts- und sozialpolitischer Belange.

### ■ Auswirkung von Bewertungsmethoden auf den Wertansatz

Der Wertansatz hängt entscheidend von den angewandten Bewertungs- und Abschreibungsmethoden ab. Das gilt vor allem für das Anlage- und Vorratsvermögen. Auch die Vereinfachungsverfahren bei der Bewertung des Vorratsvermögens (z. B. LIFO, FIFO) können zu unterschiedlichen Wertansätzen führen.

**Beispiele:**

1. Die Maschinenfabriken A und B verwenden gleiche Drehbänke. Schon ein Jahr nach der Anschaffung sind sie mit verschiedenen Werten in der Handelsbilanz angesetzt, wenn A linear, B geometrisch-degressiv abschreibt. Hinzu kommt, dass geometrisch-degressive Abschreibun-

gen steuerrechtlich nicht zulässig sind, sodass es zu Unterschieden zwischen der Handels- und Steuerbilanz bei Unternehmen B kommt.

HGB § 256 EStR Abschn. 36a
2. Die Metallhandlung Scholler GmbH wendet zur Bewertung ihrer Vorräte das FIFO-Verfahren (Kapitel 14.4.2.1) an. Dieses Verfahren ist handelsrechtlich zulässig, steuerrechtlich jedoch verboten. Daher müssen in der Steuerbilanz die Vorräte mit dem LIFO- oder Durchschnittsverfahren bewertet werden, da nur diese steuerrechtlich zulässig sind.

HGB §§ 256, 284, 285
Die Wahl der Bewertungs- und Abschreibungsmethoden ist dem Kaufmann freigestellt. Kapitalgesellschaften müssen die gewählte Methode sowie mögliche Änderungen im Anhang darlegen. Dabei sind die Auswirkungen auf den Jahresüberschuss bzw. den Jahresfehlbetrag nachzuweisen.

## Abschreibungen im Steuerrecht

Das Steuerrecht teilt zum Zweck der Bewertung das Vermögen auf in

EStG § 6 (1), Zi. 1
a) Wirtschaftsgüter des Anlagevermögens, die der Abnutzung unterliegen: Bauten, technische Anlagen und Maschinen, Betriebs- und Geschäftsausstattung;

§ 6 (1), Zi. 2
b) Wirtschaftsgüter des Anlagevermögens, die **nicht** der Abnutzung unterliegen: Grundstücke, Beteiligungen, Wertpapiere des Anlagevermögens, Geschäfts- oder Firmenwert, gewerbliche Schutzrechte;

c) Wirtschaftsgüter des Umlaufvermögens: Vorräte, Forderungen, Wertpapiere;

§ 6 (2), (2a)
d) Geringwertige Wirtschaftsgüter: bewegliche Wirtschaftsgüter des Anlagevermögens, die der Abnutzung unterliegen und die einer selbstständigen Bewertung und Nutzung fähig sind, wenn die Anschaffungs- oder Herstellungskosten für das einzelne Wirtschaftsgut 1.000,00 EUR nicht übersteigen.

§ 7 (1)
Die **Abschreibungen auf Wirtschaftsgüter,** die technischer oder wirtschaftlicher Abnutzung unterliegen, werden im Steuerrecht **Absetzung für Abnutzung (AfA)** genannt.

### ▶ Grundsätzliche Regelung der Absetzung für Abnutzung (AfA)

§ 7 (1)
Die Anschaffungs- und Herstellungskosten sind auf die Jahre der **betriebsgewöhnlichen Nutzungsdauer** zu verteilen. Bei Wirtschaftsgütern, die im Laufe eines Jahres angeschafft oder hergestellt werden, richtet sich die AfA des ersten Jahres nach der **tatsächlichen Nutzungszeit in diesem Jahr (zeitanteilige AfA),** wobei der Monat des Erwerbs mitzählt.

### ▶ Zulässige Verfahren der Absetzung für Abnutzung (AfA)

§ 7 (1)
**a) AfA in gleichen Jahresbeträgen (lineare AfA)** bei **allen** Wirtschaftsgütern, die der Abnutzung unterliegen.

§ 7 (5)
**b) AfA in fallenden Hundertsätzen.** Sie wird angewandt bei Gebäuden, die zum Betriebsvermögen gehören, nicht zu Wohnzwecken dienen und deren Bauantrag vor dem 01.01.1994 gestellt wurde. Die Gebäude können in den ersten vier Jahren mit jeweils 10,0 %, in den darauffolgenden drei Jahren mit jeweils 5,0 % und danach 18 Jahre lang mit jeweils 2,5 % abgeschrieben wird.

§ 7 (1)
**c) AfA nach der Leistung** bei beweglichen Wirtschaftsgütern des Anlagevermögens, die **stark schwankender Nutzung** unterliegen, wenn deren Leistung gemessen und nachgewiesen werden kann.

**Beispiele:** Kilometerleistung bei Reisebussen, Betriebsstunden von Skiliften

§ 6
**d) Absetzung** der Anschaffungskosten bei **geringwertigen Wirtschaftsgütern.** Geringwertige Wirtschaftsgüter (GWG) sind selbstständig nutzbare, bewegliche Anlagegüter, deren Anschaffungskosten in bestimmten Grenzen liegen. Für GWG gelten grundsätzlich folgende Alternativen als GWG-Vereinfachungsregeln:

- **Kosten für das Anlagegut maximal 150,00 EUR**
  Hier lässt das Steuerrecht für jedes Wirtschaftsgut ein individuelles Wahlrecht zu.

| Erfassung als Betriebsausgabe | reguläre Abschreibung |
|---|---|
| Die Kosten können **in voller Höhe als Aufwand** erfasst und damit als Betriebsausgaben angesetzt werden. | Die Anschaffungskosten können nach der regulären Abschreibung **(linear) über die Nutzungsdauer abgeschrieben** werden. |

- **Kosten für das Anlagegut über 150,00 EUR bis 410,00 EUR**
  Hier sieht das Steuerrecht drei verschiedene Alternativen vor.

| Erfassung als Betriebsausgabe | reguläre Abschreibung | Poolabschreibung |
|---|---|---|
| Die Kosten können **in voller Höhe als Aufwand** erfasst und damit als Betriebsausgaben angesetzt werden. (Es muss ein gesondertes Verzeichnis geführt werden.) | Die Anschaffungskosten können nach der regulären Abschreibung **(linear) über die Nutzungsdauer abgeschrieben** werden. | Die Anschaffungskosten werden in einem **Sammelposten** erfasst und über fünf Jahre mit jeweils 20 % **linear abgeschrieben.** (Der Sammelposten wird auch dann nicht verändert, wenn ein Wirtschaftsgut vor Ablauf der fünf Jahre ausscheidet.) |

  Das Wahlrecht kann pro Wirtschaftsjahr nur einheitlich für alle Wirtschaftsgüter von 150,01 EUR bis 410,00 EUR in Anspruch genommen werden.

- **Kosten für das Anlagegut über 410,00 EUR bis 1.000,00 EUR**
  Hier sieht das Steuerrecht zwei verschiedene Alternativen vor.

| reguläre Abschreibung | Poolabschreibung |
|---|---|
| Die Anschaffungskosten können nach der regulären Abschreibung **(linear) über die Nutzungsdauer abgeschrieben** werden. | Die Anschaffungskosten werden in einem **Sammelposten** erfasst und über 5 Jahre mit jeweils 20 % **linear abgeschrieben.** (Der Sammelposten wird auch dann nicht verändert, wenn ein Wirtschaftsgut vor Ablauf der 5 Jahre ausscheidet.) |

  Das Wahlrecht kann pro Wirtschaftsjahr nur einheitlich für alle Wirtschaftsgüter von 410,01 EUR bis 1.000,00 EUR in Anspruch genommen werden.

e) **Absetzungen für außergewöhnliche technische oder wirtschaftliche Abnutzung** sind zugelassen. Außergewöhnliche technische oder wirtschaftliche Abnutzung liegt vor, wenn Wirtschaftsgüter durch übermäßigen Verschleiß oder durch den technischen Fortschritt unwirtschaftlich werden.

## Teilwert

Der **Teilwert** ist ein rein steuerlicher Wert. Er ist der **Betrag,** den ein Erwerber des ganzen Unternehmens **im Rahmen des Gesamtkaufpreises für das einzelne Wirtschaftsgut** ansetzen würde. Dabei wird von der Fortführung des Betriebes ausgegangen. *EStG § 6*

Die Teilwertvermutung für Wirtschaftsgüter des Anlagevermögens orientiert sich am Marktpreis bzw. an den fortgeführten AHK. Bei Wirtschaftsgütern des Umlaufvermögens vermutet der Gesetzgeber, dass der Teilwert dem Börsen- oder Marktpreis bei Wiederbeschaffung entspricht.

**Beispiel:** AHK einer Maschine: 200.000,00 EUR, Nutzungsdauer zehn Jahre, AfA: 20.000,00 EUR. Nach zwei Nutzungsjahren beträgt der Teilwert der Maschine aufgrund technischen Fortschritts nur noch 50.000,00 EUR bei einer Restnutzungsdauer von acht Jahren. Die fortgeführten AHK (AHK vermindert um die AfA) liegen bei 160.000,00 EUR. In der Steuerbilanz kann der niedrigere Teilwert angesetzt werden, sofern die Wertminderung dauerhaft ist. Es ist dann eine Abschreibung auf den niedrigeren Teilwert vorzunehmen. In der Handelsbilanz muss eine außerplanmäßige Abschreibung auf den geminderten Wert erfolgen.

## Zusammenfassende Übersicht zu Kapitel 14.5: Ausgewählte Bewertungsunterschiede zwischen Handels- und Steuerbilanz

| Gegenstand | Bewertung in der Handelsbilanz | Bewertung in der Steuerbilanz |
|---|---|---|
| selbst geschaffene gewerbliche Schutzrechte und ähnliche Rechte und Werte | – **Aktivierungswahlrecht:** Ansatz zu HK der Entwicklungsphase ohne Forschungskosten<br>– **Folgebewertung:** HK, vermindert um planmäßige Abschreibungen; außerplanmäßige Abschreibungen nur bei dauernder Wertminderung | – **Aktivierungsverbot** |
| entgeltlich erworbener (derivativer) Geschäfts- oder Firmenwert | – **Aktivierungspflicht:** Ansatz zu AHK<br>– **Folgebewertung:** AHK, vermindert um planmäßige Abschreibungen. Beträgt diese mehr als fünf Jahre, ist eine Begründung im Anhang erforderlich (§ 285 Nr. 13 HGB); außerplanmäßige Abschreibungen nur bei dauernder Wertminderung; kein Wertaufholungsgebot, wenn der Grund für die außerplanmäßige Abschreibung nicht mehr besteht (§ 253 (5) HGB). | – **Aktivierungspflicht:** Ansatz zu Anschaffungskosten (AK)<br>– **Folgebewertung:** AK, vermindert um planmäßige Abschreibungen über 15 Jahre Nutzungsdauer; der Ansatz eines nachweislich niedrigeren Teilwertes ist zulässig (§ 7 (1) EStG). |
| Sachanlagen mit zeitlich begrenzter Nutzung (Gebäude, Maschinen, Betriebs- und Geschäftsausstattung) | – **Aktivierungspflicht:** Ansatz zu AHK<br>– **Folgebewertung:** AHK, vermindert um planmäßige Abschreibungen; außerplanmäßige Abschreibungen **müssen** bei dauernder Wertminderung vorgenommen werden (§ 253 (3) HGB); grundsätzliches Wertaufholungsgebot, wenn der Grund für die außerplanmäßigen Abschreibungen nicht mehr besteht (§ 253 (5) HGB). | – **Aktivierungspflicht:** Ansatz zu AHK<br>– **Folgebewertung:** AHK, vermindert um AfA; Abschreibungen auf Teilwert bei dauernder Wertminderung **dürfen** vorgenommen werden, wenn er niedriger als die AHK ist (§ 6 (1) S.1 EStG). |

| | | |
|---|---|---|
| | – keine Vorschriften im Handelsrecht bezüglich Abschreibungsdauer und -methode | – Nutzungsdauer sowie die zulässigen Methoden der Abschreibung sind vorgeschrieben. |
| Umlaufvermögen | – **LIFO-, FIFO-Verfahren und gewogener Durchschnitt** sind zur Bewertung gleichartiger Vermögensgegenstände des Umlaufvermögens **zulässig.** | – **LIFO-Verfahren und gewogener Durchschnitt** sind zur Bewertung gleichartiger Vermögensgegenstände des Umlaufvermögens **zulässig,** das **FIFO-Verfahren ist nicht zulässig.** |
| Verbindlichkeiten | – **Aktivierungspflicht:** Ansatz zum Erfüllungsbetrag<br>– Der Unterschiedsbetrag zwischen Erfüllungs- und Ausgabebetrag (Agio/Disagio) **darf** unter den **Rechnungsabgrenzungsposten aktiviert** werden. Er **muss** während der Laufzeit **planmäßig** jährlich abgeschrieben werden.<br>– Alternativ kann das Agio/Disagio als sofortiger Aufwand erfasst werden. | – **Aktivierungspflicht:** Ansatz zum Nennwert (Rückzahlungsbetrag)<br>– Der Unterschiedsbetrag zwischen Erfüllungs- und Ausgabebetrag (Agio/Disagio) **muss** unter den **Rechnungsabgrenzungsposten aktiviert** werden und **muss auf die Laufzeit** des Darlehens **verteilt werden** (H 6.10 EStR). |

## ▶ Aufgaben und Probleme

1. Erläutern Sie die Begriffe Handels- und Steuerbilanz.

2. Welche Bedeutung haben Abschreibungstabellen in der Finanzverwaltung?

3. Erläutern Sie den Begriff Teilwert.

4. Ein Unternehmen hat im Januar 01 eine Produktionsanlage für 350.000 EUR gekauft. Die betriebswirtschaftliche Nutzungsdauer liegt bei acht Jahren, die AfA-Tabelle sieht eine Nutzungsdauer von zehn Jahren vor. Handelsrechtlich wählt das Unternehmen die geometrisch-degressive Abschreibung mit 25 % Abschreibungssatz.

   Ermitteln Sie den Bilanzansatz zum 31. Dezember 02 in der Handels- und in der Steuerbilanz.

5. Am 10. Januar d.J. wurden fünf PCs für brutto 3.742,55 EUR angeschafft. Die Nutzungsdauer wird mit drei Jahren angesetzt. Zeigen Sie, welche alternativen Abschreibungsmöglichkeiten der Gesetzgeber ermöglicht, und begründen Sie, welches die steuerlich günstigste ist.

## 14.6 Bewertung von Vermögen und Schulden nach IAS/IFRS

### 14.6.1 IAS/IFRS-Grundlagen

Im Jahr 1973 haben Berufsverbände verschiedener Länder das **IASC (International Accounting Standards Committee)** gegründet, um internationale Rechnungslegungsvorschriften zu entwickeln. Durch deren weltweite Anwendung sollten die Jahresabschlüsse global tätiger Unternehmen miteinander verglichen werden können. Die getroffenen Regelungen werden als **IAS (International Accounting Standards)** bezeichnet.

Seit 2001 werden die erlassenen Standards als **IFRS (International Financial Reporting Standards)** bezeichnet, die das IAS-Regelwerk ergänzen bzw. ersetzen sollen.

▶ **Gründe für einen Abschluss nach IFRS**

| politische Gründe | wirtschaftliche Gründe |
|---|---|
| – Die Globalisierung und die weltweite Verflechtung von Märkten und Unternehmen führen zum Zusammenwachsen von Wirtschaftsräumen. Dieses macht eine international vereinheitlichte Rechnungslegung notwendig.<br>– In einem einheitlichen europäischen Wirtschaftsraum sollte auch die Rechnungslegung vereinheitlicht werden. | – Die Öffnung internationaler Kapitalmärkte zwingt zu einer stärkeren Orientierung der Rechnungslegung an den Interessen von Investoren. Die IFRS sollen hier entscheidungsrelevante Informationen für Investoren bereitstellen.<br>– Internationale Kapitalgeber wünschen aus Vergleichsgründen Jahresabschlüsse nach einheitlichen Rechnungslegungsgrundsätzen.<br>– Unternehmen sind zunehmend international tätig und haben internationale Standorte, die sie miteinander vergleichen wollen. Hierzu bedarf es einer einheitlichen Rechnungslegung. |

▶ **Aufstellungspflicht**

*EG-Verordnung Nr. 1606/. 2002*
*HGB § 315a*

**Kapitalmarktorientierte Kapitalgesellschaften müssen** seit 2005 ihren Konzernabschluss **nach IFRS-Kriterien aufstellen.** Für **nicht kapitalmarktorientierte Unternehmen** besteht ein **Wahlrecht** zur Aufstellung des Konzernabschlusses nach IFRS. Ein Abschluss nach Handelsrecht kann dann entfallen. Allerdings haben nationale Besteuerungsregelungen keinen Einfluss auf die IFRS, sodass Unternehmen, die nach IFRS ihren Jahresabschluss aufstellen, zusätzlich eine Steuerbilanz erstellen müssen.

### 14.6.2 IAS/IFRS-Rahmenkonzept

#### ■ Grundsätze der IFRS-Rechnungslegung

| | |
|---|---|
| **Grundsatz der Bereitstellung entscheidungsrelevanter Informationen (decision usefulness)** | Mit diesem Grundsatz werden Investoren als die wichtigsten Adressaten des Jahresabschlusses benannt. Für diese sollen relevante Informationen zur Beurteilung ihres Investments zur Verfügung gestellt werden. Hierzu zählen Auskünfte über die Vermögens-, Ertrags- und Finanzlage des Unternehmens. |

| | |
|---|---|
| **Grundsatz der Unternehmensfortführung (going-concern-principle)** | Hier wird davon ausgegangen, dass das Unternehmen für einen absehbaren Prognosezeitraum (mindestens zwölf Monate nach Bilanzstichtag) weitergeführt wird. |
| **Grundsatz der Periodenabgrenzung (accrual basis)** | Nach diesem Grundsatz werden Aufwendungen und Erträge in der Periode erfasst, in der sie auftreten, unabhängig davon, wann die dazugehörigen Zahlungen erfolgen. Allerdings werden im Unterschied zum Handelsrecht auch noch nicht realisierte Erträge mitberücksichtigt. |

Diese Grundsätze werden durch **qualitative Anforderungen** ergänzt:

| | |
|---|---|
| **Verständlichkeit (understandability)** | Damit wird gefordert, dass der Jahresabschluss Informationen liefert, die für einen sachkundigen Leser verständlich und nachvollziehbar sind. |
| **Relevanz (relevance)** | Es sind sämtliche Informationen offenzulegen, die für einen Investor bedeutsam sind. Bedeutsam sind Informationen, wenn sie die Entscheidung des Investors beeinflussen. |
| **Verlässlichkeit (reliability)** | Bei der Beurteilung, inwieweit Informationen als verlässlich bezeichnet werden können, werden die folgenden Merkmale herangezogen:<br>– glaubwürdige Darstellung,<br>– wirtschaftliche Betrachtungsweise,<br>– Neutralität,<br>– Vorsicht,<br>– Vollständigkeit. |
| **Vergleichbarkeit (comparability)** | – Vergleich mit Informationen früherer Perioden,<br>– Vergleich mit anderen Unternehmen. |

## Bestandteile des Jahresabschlusses nach IAS

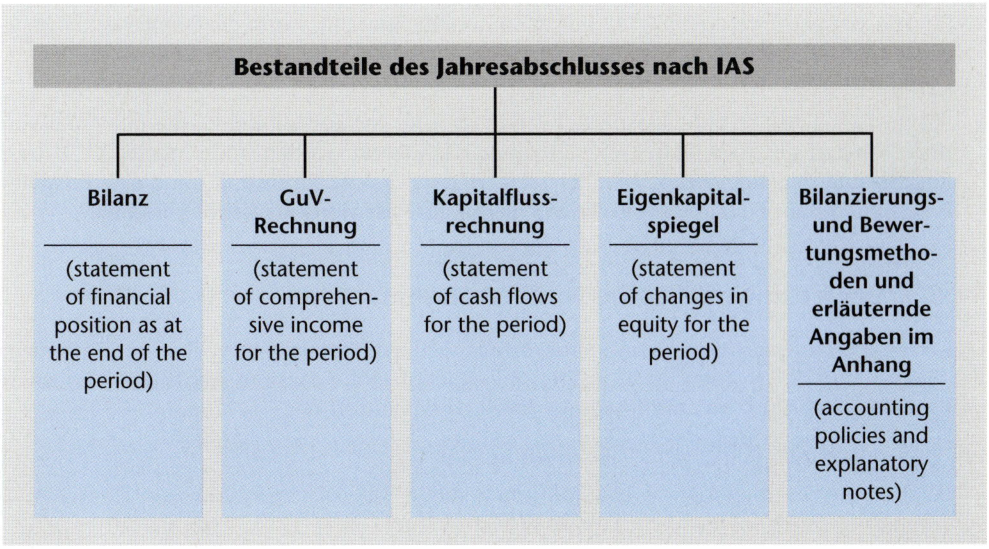


IAS 1.10

Börsennotierte Unternehmen müssen ihren Jahresabschluss um eine Segmentberichterstattung sowie um das Ergebnis pro Aktie ergänzen. Ein Lagebericht wird empfohlen, ist jedoch nicht Pflicht.

## Grundbegriffe zur Bewertung des Jahresabschlusses

### ▶ Vermögenswert (asset)

Das IAS/IFRS-Rahmenkonzept definiert einen Vermögenswert als Gegenstand,

- über den das Unternehmen verfügen kann und
- aus dessen Nutzung ein zukünftiger wirtschaftlicher Vorteil für das Unternehmen erwartet werden kann.

Zu den Vermögenswerten zählen

- immaterielle Vermögenswerte,
- der Geschäfts- oder Firmenwert (goodwill) und
- Sachanlagen.

Der Begriff des Vermögenswertes nach IFRS ist nicht identisch mit dem Vermögensgegenstand nach HGB. Zwar bilden in beiden Rechnungslegungen die AHK die Bewertungsgrundlage, es bestehen jedoch Unterschiede hinsichtlich der einzubeziehenden Bestandteile der AHK (Kapitel 14.6.3). Zudem ist der Begriff des assets weiter gefasst, da weniger die aktuellen Eigenschaften, sondern mehr der zukünftige wirtschaftliche Nutzen des assets im Vordergrund steht.

### ▶ Schuld (liability)

Eine Schuld ist gekennzeichnet durch

- eine gegenwärtige Verpflichtung gegenüber Dritten,
- deren Erfüllung voraussichtlich zu einem Ressourcenabfluss führt und
- deren Abfluss messbar ist.

Die Passivierungsmöglichkeiten der Schulden unterscheiden sich zwischen IAS/IFRS und HGB.

**Beispiele:**

1. Rückstellungen dürfen gemäß IAS nur dann gebildet werden, wenn die Eintrittswahrscheinlichkeit des Ereignisses, für das die Rückstellung gebildet wurde, mindestens 50 % beträgt. Diese Grenze kennt das HGB nicht.

*HGB § 249 (1), Nr. 1*
*IAS 37*

2. Für im Geschäftsjahr unterlassene Aufwendungen für Instandhaltungen, die innerhalb von drei Monaten des folgenden Geschäftsjahres nachgeholt werden, muss gemäß HGB eine Rückstellung gebildet werden (Kapitel 14.1.1.1 und 14.4.4). Es besteht somit eine **Passivierungspflicht laut HGB,** während die **IAS** hierfür ein **Passivierungsverbot** vorsehen.

## 14.6.3 Bewertungsmaßstäbe von Vermögenswerten

Gehen einem Unternehmen Vermögenswerte zu oder müssen bereits vorhandene assets in der Folge bewertet werden, ist zu klären, in welcher Höhe diese in der Bilanz angesetzt werden. Dieses erfolgt anhand folgender Bewertungsmaßstäbe:

| **Bewertungsmaßstäbe** | | |
|---|---|---|
| Anschaffungskosten (AK) (costs of purchase) | Herstellungskosten (HK) (costs of conversion) | beizulegender Zeitwert (fair value) |

## Anschaffungskosten

Werden Vermögenswerte erworben, erfolgt die Bewertung zu Anschaffungskosten.

| Bestandteile der Anschaffungskosten | Ansatz nach IAS/IFRS | Ansatz nach HGB |
|---|---|---|
| Kaufpreis (netto) | Pflicht | Pflicht |
| Anschaffungskostenminderungen (Rabatte, Skonto) | Pflicht | Pflicht |
| Anschaffungsnebenkosten | Pflicht | Pflicht |
| nachträgliche Anschaffungskosten (Fundamentierung, Montage, Abnahme) | Pflicht | Pflicht |
| Abbruchkosten (Kosten der Demontage, Entsorgung, Rekultivierung) | Pflicht, Bildung einer Rückstellung in Höhe der Abbruchkosten | Verbot |
| Fremdkapitalkosten | Pflicht (nur für qualifying assets), sonst Verbot | Verbot |

**Fremdkapitalkosten sind anzusetzen,** wenn ein **qualifying asset** erworben wird. Dieser liegt vor, wenn ein beträchtlicher Zeitraum erforderlich ist, um diesen Vermögenswert in einen gebrauchs- oder verkaufsfähigen Zustand zu versetzen. Zu diesen Vermögenswerten zählen z. B. Produktionsanlagen, Energieerzeugungseinrichtungen, als Finanzanlage erworbene Grundstücke und immaterielle Vermögenswerte. Ab wann ein Zeitraum als beträchtlich gilt, wird jedoch nicht näher definiert. Fremdkapitalkosten dürfen nur für den Anschaffungszeitraum als Anschaffungskosten aktiviert werden, danach sind sie als Aufwand zu berücksichtigen. *IAS 23*

**Beispiel:** Die Knauer AG erwirbt eine Produktionsanlage: Listeneinkaufspreis: 1.500.000,00 EUR, 10 % Sonderrabatt; Transportkosten 5 % des Einkaufspreises; Montage, Fundamentierung, Umbaukosten zum Betrieb der Anlage: 200.000,00 EUR; Abbruchkosten nach Ende der Nutzung der Anlage: 70.000,00 EUR; die Anlage wird am 01.03.20.. geliefert, die Umbaumaßnahmen dauern zwei Monate, die Inbetriebnahme erfolgt am 01.05.20.. Zur Finanzierung wird ein Kredit aufgenommen über 1.500.000,00 EUR zu 5 % p. a.

| Bestandteile der Anschaffungskosten | Ansatz nach IAS/IFRS | Ansatz nach HGB |
|---|---|---|
| Kaufpreis (netto) | 1.500.000,00 EUR | 1.500.000,00 EUR |
| – Anschaffungskostenminderungen (Rabatte, Skonto) | 150.000,00 EUR | 150.000,00 EUR |
| + Anschaffungsnebenkosten | 75.000,00 EUR | 75.000,00 EUR |
| + nachträgliche Anschaffungskosten (Fundamentierung, Montage, Abnahme) | 200.000,00 EUR | 200.000,00 EUR |
| + Abbruchkosten (Kosten der Demontage, Entsorgung, Rekultivierung) | 75.000,00 EUR | Verbot |
| + Fremdkapitalkosten (1.500.000,00 EUR zu 5 % Zinsen auf 2 Monate) | 12.500,00 EUR | Verbot |
| = **Anschaffungskosten** | **1.712.500,00 EUR** | **1.625.000,00 EUR** |

## Herstellungskosten

Werden Vermögenswerte selbst erstellt, erfolgt deren Bewertung zu Herstellungskosten.

| Herstellungskosten | Ansatz nach IAS/IFRS | Ansatz nach HGB |
|---|---|---|
| Materialeinzelkosten | Pflicht | Pflicht |
| Fertigungseinzelkosten | Pflicht | Pflicht |
| Sondereinzelkosten der Fertigung | Pflicht | Pflicht |
| Materialgemeinkosten | Pflicht | Pflicht |
| Fertigungsgemeinkosten | Pflicht | Pflicht |
| Abschreibungen auf das Anlagevermögen | Pflicht | Pflicht |
| Verwaltungskosten des Material- und Fertigungsbereichs | Pflicht | Pflicht |
| allgemeine Verwaltungskosten | Verbot | Wahlrecht |
| Kosten für soziale Einrichtungen | Pflicht, soweit produktionsbezogen | Wahlrecht |
| Kosten für freiwillige soziale Leistungen | Pflicht, soweit produktionsbezogen | Wahlrecht |
| Kosten für die betriebliche Altersversorgung | Pflicht, soweit produktionsbezogen | Wahlrecht |
| Fremdkapitalzinsen | Pflicht für qualifiying assets | Wahlrecht* |
| Forschungskosten | Verbot | Verbot |
| Entwicklungskosten | Pflicht | Wahlrecht |
| Vertriebskosten | Verbot | Verbot |
| kalkulatorische Kosten | Verbot | Verbot |

*HGB § 255 (3)*

* Fremdkapitalzinsen zählen nicht zu den Herstellungskosten, das HGB erlaubt jedoch die Berücksichtigung der Fremdkapitalzinsen bei selbst geschaffenen Vermögensgegenständen, sofern das Fremdkapital zur Finanzierung der Herstellung verwendet wird (sachlicher Bezug) und die Zinsen für den Zeitpunkt der Herstellung anfallen (zeitlicher Bezug).

**Beispiel:** Die Pröhl GmbH produziert Küchengeräte und hat von Oktober bis Dezember 100 Rotationsverdampfer hergestellt. Folgende Kosten sind in diesem Zeitraum angefallen: Materialeinzel- und -gemeinkosten: 300.000,00 EUR; Fertigungseinzel- und -gemeinkosten: 500.000,00 EUR; Verwaltungskosten des Material- und Fertigungsbereichs: 15.000,00 EUR; allgemeine Verwaltungskosten: 9.000,00 EUR; Abschreibungen auf das Anlagevermögen: 17.000,00 EUR; anteilige Kosten für freiwillige soziale Leistungen: 4.500,00 EUR; Kosten für betriebliche Altersversorgung: 5.500,00 EUR; Fremdkapitalkosten: 3.500,00 EUR.

| Herstellungskosten | Ansatz nach IAS/IFRS | Ansatz nach HGB (obere Wertgrenze) | Ansatz nach HGB (untere Wertgrenze) |
|---|---|---|---|
| Materialgesamtkosten | 300.000,00 EUR | 300.000,00 EUR | 300.000,00 EUR |
| + Fertigungsgesamtkosten | 500.000,00 EUR | 500.000,00 EUR | 500.000,00 EUR |
| + Abschreibungen auf das Anlagevermögen | 17.000,00 EUR | 17.000,00 EUR | 17.000,00 EUR |
| + Verwaltungskosten des Material- und Fertigungsbereichs | 15.000,00 EUR | 15.000,00 EUR | 15.000,00 EUR |

| Herstellungskosten | Ansatz nach IAS/IFRS | Ansatz nach HGB (obere Wertgrenze) | Ansatz nach HGB (untere Wertgrenze) |
|---|---|---|---|
| + allgemeine Verwaltungskosten | Verbot | 9.000,00 EUR | |
| + Kosten für freiwillige soziale Leistungen | 4.500,00 EUR | 4.500,00 EUR | |
| + Kosten für die betriebliche Altersversorgung | 5.500,00 EUR | 5.500,00 EUR | |
| + Fremdkapitalzinsen | 3.500,00 EUR | 3.500,00 EUR | |
| = **Herstellungskosten für 100 Rotationsverdampfer** | **845.500,00 EUR** | **854.500,00 EUR** | **832.000,00 EUR** |

### Beizulegender Zeitwert (fair value)

Der **beizulegende Zeitwert (fair value)** ist als ein Oberbegriff für verschiedene Wertmaßstäbe zu verstehen.

| | |
|---|---|
| **Nettoveräußerungswert (net realizable value)** | Betrag, der sich durch den am Bilanzstichtag erzielbaren Verkaufserlös abzüglich vorhandener Verkaufskosten ergibt |
| **Wiederbeschaffungskosten (current cost)** | Betrag, der am Bilanzstichtag für die Wiederbeschaffung eines identischen Vermögenswertes aufzuwenden ist |
| **Barwert (present value)** | Betrag, der sich aus den diskontierten Zahlungsströmen, aus der Nutzung oder dem Verkauf des Vermögenswerts voraussichtlich ergeben wird |
| **Nutzwert (value in use)** | Barwert, der sich aus den zukünftigen Cashflows ergibt, wenn der Vermögenswert durch das Unternehmen genutzt wird |
| **erzielbarer Betrag (recoverable amount)** | Betrag, der sich aus dem Vergleich von Nettoveräußerungswert und Nutzwert ergibt. Der jeweils höhere Wert ist der erzielbare Betrag |

## 14.6.4 Ausgewählte Bewertungsunterschiede zwischen IAS/IFRS und HGB

### 14.6.4.1 Bewertung von abnutzbaren und nicht abnutzbaren Sachanlagen

Die **Zugangsbewertung** erfolgt wie im HGB zu Anschaffungs- oder Herstellungskosten (Kapitel 14.4). Unterschiede resultieren vor allem aus den verschiedenen Aktivierungspflichten, -wahlrechten und -verboten (Kapitel 14.6.3). *IAS 16*

Bei der **Folgebewertung** gibt es jedoch grundsätzlichere Unterschiede in der Bewertung zwischen IAS/IFRS und dem HGB.

IAS 16, 38

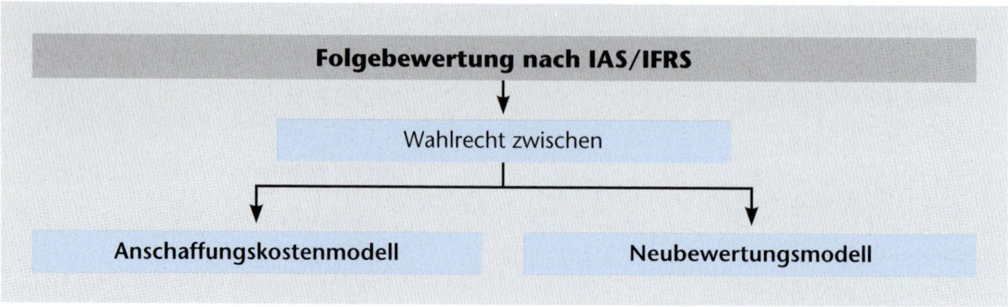


## Anschaffungskostenmodell

<table>
<tr><th colspan="3">Vorgehensweise beim Anschaffungskostenmodell</th></tr>
<tr><td colspan="3">Schritt 1: Ermittlung der fortgeführten Anschaffungskosten (AK):<br>Es werden die AK, vermindert um die planmäßigen Abschreibungen am Bilanzstichtag, angesetzt (fortgeführte AK). Die Wertobergrenze bilden die AK bei Zugang des Vermögenswertes.</td></tr>
<tr><td colspan="3">Schritt 2: Prüfung: Liegen Gründe für eine außerplanmäßige Wertminderung vor?</td></tr>
<tr><td colspan="2">ja</td><td>nein</td></tr>
<tr><td colspan="2">Schritt 3: Durchführung des Impairment-Tests<br>– Vergleich des Nettoveräußerungspreises mit dem Nutzwert des Vermögensgegenstandes<br>– Der höhere Wert bildet den erzielbaren Betrag des Vermögenswertes.<br>– Vergleich des erzielbaren Betrags mit dem Buchwert des Vermögenswertes zum Bilanzstichtag</td><td rowspan="2">Ansatz der fortgeführten AK in der Bilanz</td></tr>
<tr><td>erzielbarer Betrag > Buchwert<br>↓<br>Zuschreibung bis zum erzielbaren Betrag, jedoch höchstens bis zu den fortgeführten AK</td><td>erzielbarer Betrag < Buchwert<br>↓<br>außerplanmäßige Abschreibung auf den erzielbaren Betrag</td></tr>
</table>

Die Nutzungsdauer wird betriebsindividuell geschätzt. Sie ist jeweils zum Jahresende zu überprüfen. Ändert sich die Einschätzung, erfolgt eine Anpassung der Nutzungsdauer. Ebenso sind Änderungen der Abschreibungsmethode entsprechend des Nutzungsverlaufs möglich. Grundsätzlich vorgesehen sind die lineare, geometrisch-degressive und leistungsmäßige Abschreibung.

Die **Folgebewertung** von Vermögenswerten beim **Anschaffungskostenmodell** weist Gemeinsamkeiten, aber auch Unterschiede zwischen IAS/IFRS und dem HGB auf:

<table>
<tr><th colspan="2">Folgebewertung von Vermögenswerten beim Anschaffungskostenmodell nach IAS/IFRS und HGB</th></tr>
<tr><td>IAS/IFRS</td><td>HGB</td></tr>
<tr><td>– Die Wertobergrenze bilden die AK oder HK bei Zugang des Vermögenswertes, vermindert um planmäßige Abschreibungen (fortgeführte AK oder HK).</td><td>– Die Wertobergrenze bilden die AHK bei Zugang des Vermögenswertes, vermindert um planmäßige Abschreibungen (fortgeführte AHK).</td></tr>
</table>

| IAS/IFRS | HGB |
|---|---|
| – Außerplanmäßige Abschreibungen **bei einer Wertminderung.** Die Dauer der Wertminderung ist unerheblich. | – Außerplanmäßige Abschreibungen nur **bei dauerhafter Wertminderung** des Vermögensgegenstandes (Ausnahme Finanzanlagen) |
| – **Wertaufholungspflicht** bis zu den fortgeführten AK, wenn der Grund für die außerplanmäßige Abschreibung weggefallen ist | – **Wertaufholungsgebot** bis zu den fortgeführten AHK, wenn der Grund für die außerplanmäßige Abschreibung weggefallen ist |

**Beispiel:** Die nach IFRS bilanzierende Knauer AG kauft am 01.01.00 eine Werkzeugmaschine für 120.000,00 EUR. Die Maschine soll sechs Jahren genutzt werden. Zum 31.12.00 wird der Nutzwert der Maschine mit 105.000,00 EUR bewertet. Wegen eines Nachfolgemodells ist jedoch der Nettoveräußerungspreis der angeschafften Maschine auf 90.000,00 EUR gefallen.

Es ist eine Bewertung der Maschine zum 31.12.00 vorzunehmen.

**Schritt 1: Ermittlung der fortgeführten Anschaffungskosten (AK):**

| | |
|---|---|
| AK bei Zugang: | 120.000,00 EUR |
| – planmäßige Abschreibungen | 20.000,00 EUR |
| = fortgeführte AK | 100.000,00 EUR |

**Schritt 2: Prüfung: Liegen Gründe für eine außerplanmäßige Wertminderung vor?**

Ja, der Marktwert der Werkzeugmaschine ist gesunken.

**Schritt 3: Durchführung des Impairment-Tests:**

| | |
|---|---|
| **Nettoveräußerungspreis:** | 90.000,00 EUR |
| **Nutzwert:** | 105.000,00 EUR |
| Vergleich der beiden Werte;<br>der höhere Wert bildet den **erzielbaren Betrag:** | 105.000,00 EUR |

Vergleich des erzielbaren Betrags mit dem Buchwert zum Bilanzstichtag:

| | | |
|---|---|---|
| erzielbarer Betrag<br>105.000,00 EUR | > | Buchwert<br>100.000,00 EUR |

**Ergebnis:** Der erzielbare Betrag ist zwar größer als der Buchwert. Eine Zuschreibung ist jedoch **höchstens bis zu den fortgeführten AK zulässig,** die hier identisch mit dem Buchwert sind. Die Werkzeugmaschine ist zu 100.000,00 EUR zu bilanzieren.

**Fortführung des Beispiels:** Zum 31.12.01 liegt der erzielbare Betrag bei 60.000,00 EUR. Es ist die Bewertung der Werkzeugmaschine zum 31.12.01 vorzunehmen.

Vergleich des erzielbaren Betrags mit dem Buchwert zum Bilanzstichtag:

| | | |
|---|---|---|
| erzielbarer Betrag<br>60.000,00 EUR | < | Buchwert<br>80.000,00 EUR |

**Ergebnis:** Der erzielbare Betrag ist kleiner als der Buchwert zum Ende des zweiten Nutzungsjahres. Damit ist eine außerplanmäßige Abschreibung von 20.000,00 EUR auf den erzielbaren Betrag vorzunehmen. Die Werkzeugmaschine ist zum 31.12.01 mit 60.000,00 EUR anzusetzen.

**Fortführung des Beispiels:** Zum 31.12.02 liegt der erzielbare Betrag der Werkzeugmaschine bei 65.000,00 EUR. Es hat sich herausgestellt, dass dieser Maschinentyp zuverlässiger ist als der Nachfolger, was zu einer Wertsteigerung der Werkzeugmaschine im Markt geführt hat.

Ermittlung des Buchwertes zum Bilanzstichtag 02:

| | |
|---|---|
| Buchwert zu Beginn des Jahres 02: | 60.000,00 EUR |
| – planmäßige Abschreibung auf die Restnutzungsdauer von 4 Jahren: | 15.000,00 EUR |
| = Buchwert zum 31.12.02 | 45.000,00 EUR |

Vergleich des erzielbaren Betrags mit dem Buchwert zum Bilanzstichtag:

| | | |
|---|---|---|
| erzielbarer Betrag 65.000,00 EUR | > | Buchwert 45.000,00 EUR |

**Ergebnis:** Der erzielbare Betrag ist größer als der Buchwert. Da der Grund für die ursprüngliche Wertminderung (gesunkener Marktwert der Maschine im Jahr 00) weggefallen ist, wird eine Zuschreibung notwendig. Allerdings ist die Wertobergrenze zu beachten: Zuschreibungen sind höchstens bis zu den fortgeführten AK möglich.

Ermittlung der fortgeführten AK:

| | | | | |
|---|---|---|---|---|
| AK bei Zugang | – | kumulierte planmäßige Abschreibungen | = | fortgeführte AK |
| 120.000,00 EUR | – | 60.000,00 EUR (3 · 20.000,00 EUR) | = | 60.000,00 EUR |

Es erfolgt eine Zuschreibung in Höhe von 15.000,00 EUR. Die Werkzeugmaschine ist zum Ende des Jahres 02 mit 60.000,00 EUR in der Bilanz anzusetzen.

## Neubewertungsmodell

Im Rahmen der Folgebewertung von Sachanlagen, immateriellen Vermögensgegenständen und investment properties (Immobilien als Finanzanlagen) können diese Vermögenswerte in den Folgeperioden zum **beizulegenden Zeitwert** (Kapitel 14.6.3) neu bewertet und in der Bilanz angesetzt werden.

### ▶ Anwendung des Neubewertungsmodells

Entscheidet sich das Unternehmen für das Neubewertungsmodell, so ist dieses auf die gesamte Gruppe der betreffenden Vermögensgegenstände zu übertragen.

**Beispiel:** In einem Unternehmen wird ein Lkw mithilfe des Neubewertungsmodells bewertet. Diese Bewertung ist nun auf alle Fahrzeuge des Fuhrparks anzuwenden.

### ▶ Bewertung des Vermögenswertes zum beizulegenden Zeitwert

| **Vergleich des beizulegenden Zeitwerts mit dem Buchwert:** | |
|---|---|
| beizulegender Zeitwert > Buchwert<br>↓ | beizulegender Zeitwert < Buchwert<br>↓ |
| – Zuschreibung auf den beizulegenden Zeitwert; es besteht **keine Wertobergrenze.**<br>– Der beizulegende Zeitwert bildet die neue Abschreibungsbasis.<br>– Als Ausgleich für die Zuschreibung erfolgt die Bildung einer **Neubewertungsrücklage.** Die Zuschreibung ist somit **erfolgsneutral.** | – **Korrektur der Neubewertungsrücklage,** die in Vorperioden gebildet wurde, oder, wenn diese fehlt bzw. überschritten ist,<br>– Vornahme einer **außerplanmäßigen Abschreibung.** |

**Beispiel 1** zur Bewertung eines nicht abnutzbaren Vermögenswertes: Die Knauer AG besitzt ein Grundstück, dessen fortgeführte AK in der Bilanz des Jahres 00 mit 400.000,00 EUR angesetzt sind. Aufgrund eines Immobilienbooms steigt der Marktwert des Grundstücks im Jahr 01 auf 510.000,00 EUR.

**Bewertung des Grundstücks zum Bilanzstichtag 01:**

Der **beizulegende Zeitwert ist größer** als der **Buchwert.** Es erfolgt eine Zuschreibung in Höhe von 110.000,00 EUR. Das Grundstück wird in der Bilanz 01 mit 510.000,00 EUR bewertet. Auf der Passivseite erfolgt im Rahmen des Eigenkapitals die Bildung einer Neubewertungsrücklage:

| A | Bilanz 00 | | P |
|---|---|---|---|
| Grundstück | 400.000,00 | EK | 400.000,00 |

| A | Bilanz 01 | | P |
|---|---|---|---|
| Grundstück | 510.000,00 | EK | 510.000,00 |
| | | (davon Neubewertungsrücklage) | (110.000,00) |

Die **Zuschreibung ist erfolgsneutral,** es liegt eine Aktiv-Passiv-Mehrung vor.

**Fortführung des Beispiels:** Dem Immobilienboom folgt eine Wirtschaftskrise im Jahr 02, die den Wert des Grundstücks auf 420.000,00 EUR sinken lässt.

**Bewertung des Grundstücks zum Bilanzstichtag 02:**

Der **beizulegende Zeitwert ist kleiner** als der **Buchwert.** Die Wertminderung wird mit der gebildeten Neubewertungsrücklage verrechnet und das Grundstück mit dem beizulegenden Zeitwert aktiviert.

| A | Bilanz 01 | | P |
|---|---|---|---|
| Grundstück | 510.000,00 | EK | 510.000,00 |
| | | (davon Neubewertungsrücklage) | (110.000,00) |

| A | Bilanz 02 | | P |
|---|---|---|---|
| Grundstück | 420.000,00 | EK | 420.000,00 |
| | | (davon Neubewertungsrücklage) | (20.000,00) |

**Fortführung des Beispiels:** Im Jahr 03 fallen die Grundstückspreise weiter, der Wert des Grundstücks liegt nun bei 370.000,00 EUR.

**Bewertung des Grundstücks zum Bilanzstichtag 03:**

Der **beizulegende Zeitwert ist kleiner** als der **Buchwert.** Die Wertminderung des Grundstücks von 50.000,00 EUR wird auf der Aktivseite erfasst. Die Neubewertungsrücklage wird aufgelöst und zusätzlich eine **außerplanmäßige Abschreibung** von 30.000,00 EUR vorgenommen. **Diese ist erfolgswirksam.**

| A | Bilanz 02 | | P |
|---|---|---|---|
| Grundstück | 420.000,00 | EK | 420.000,00 |
| | | (davon Neubewertungsrücklage) | (20.000,00) |

| A | Bilanz 03 | | P |
|---|---|---|---|
| Grundstück | 370.000,00 | EK | 370.000,00 |

| S | GuV-Konto 03 | | H |
|---|---|---|---|
| a.o. Aufwand | 30.000,00 | | |

**Fortführung des Beispiels:** In den Jahren 04 und 05 geschehen keine außergewöhnlichen Ereignisse. Im Jahr 06 erholt sich die wirtschaftliche Situation deutlich. Der beizulegende Zeitwert des Grundstücks steigt dadurch auf 410.000,00 EUR.

**Bewertung des Grundstücks zum Bilanzstichtag 06:**

Es erfolgt eine **Zuschreibung auf** den **beizulegenden Zeitwert.** Die Werterhöhung von 40.000,00 EUR wird mit 30.000,00 EUR als **sonstiger betrieblicher Ertrag** zur Korrektur der außerplanmäßigen Abschreibung des Jahres 03 erfasst. Dieser ist **erfolgswirksam.** Es entsteht eine Neubewertungsrücklage von 10.000,00 EUR.

| A | Bilanz 05 | | P |
|---|---|---|---|
| Grundstücke | 370.000,00 | EK | 370.000,00 |

| A | Bilanz 06 | | P |
|---|---|---|---|
| Grundstücke | 410.000,00 | EK | 410.000,00 |
| | | (davon Neubewertungsrücklage) | (10.000,00) |

| S | GuV-Konto 06 | | H |
|---|---|---|---|
| | | sonst. betr. Ertrag | 30.000,00 |

**Beispiel 2 zur Bewertung eines abnutzbaren Vermögenswertes:** Die PBS AG kauft im Januar 00 einen Lkw für 220.000,00 EUR. Die Nutzungsdauer beträgt fünf Jahre. Laut einem Gutachten liegt der beizulegende Zeitwert des Lkw am Jahresende 01 bei 144.000,00 EUR. Am Jahresende 03 liegt der beizulegende Zeitwert des Lkw bei 42.000,00 EUR.

| Jahr | 00 | 01 | 02 | 03 | 04 |
|---|---|---|---|---|---|
| Buchwert Jahresbeginn | 220.000,00 EUR | 176.000,00 EUR | 144.000,00 EUR | 96.000,00 EUR | 42.000,00 EUR |
| planmäßige Abschreibung | 44.000,00 EUR | 44.000,00 EUR | 48.000,00 EUR | 48.000,00 EUR | 42.000,00 EUR |
| Buchwert Jahresende | 176.000,00 EUR | 132.000,00 EUR | 96.000,00 EUR | 48.000,00 EUR | 0 |
| beizulegender Zeitwert | | 144.000,00 EUR | | 42.000,00 EUR | |
| Neubewertungsrücklage | | 12.000,00 EUR | 12.000,00 EUR | 6.000,00 EUR | 6.000,00 EUR* |

* Die Neubewertungsrücklage am Jahresende 04 wird in die Gewinnrücklagen umgebucht.

Für das Neubewertungsmodell als alternative Folgebewertung der IAS/IFRS-Rechnungslegung findet sich **keine entsprechende Bewertungsmethode im Handelsrecht.**

## 14.6.4.2 Bewertung von unfertigen und fertigen Erzeugnissen

Die Bewertungsprinzipien nach IAS/IFRS unterscheiden sich nicht von der Bewertung nach HGB (Kapitel 14.4.2.1). Es gilt das **strenge Niederstwertprinzip,** d. h., beim Vergleich
IAS 2.9 von AK oder HK mit dem **Nettoveräußerungswert** (net realizable value, Kapitel 14.6.3) ist der niedrigere der beiden Werte in der Bilanz anzusetzen.

**Nettoveräußerungswert (net realizable value)**

**unfertige Erzeugnisse**

**voraussichtlicher Verkaufspreis**
– Kosten der Fertigstellung
– Verkaufskosten
= Nettoveräußerungswert

**fertige Erzeugnisse**

**voraussichtlicher Verkaufspreis**
– Verkaufskosten
= Nettoveräußerungswert

Bei der Bewertung ist zwischen der Bewertung bei Zugang bzw. Fertigstellung und der Folgebewertung zu unterscheiden:

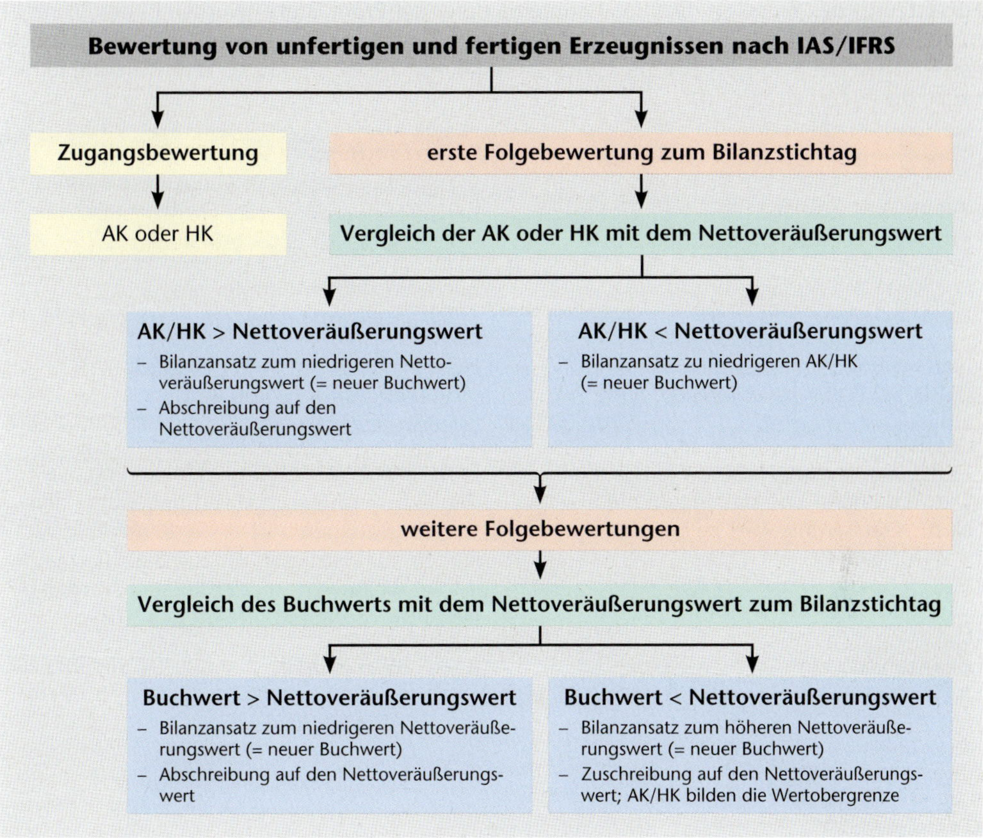


**Beispiel:** Zum Jahresende 01 sind die Rotationsverdampfer der Pröhl GmbH zu bewerten (Beispiel, Kapitel 14.6.3). Die Herstellungskosten (HK) für 100 Geräte betragen 845.500,00 EUR. Es sind noch 40 Verdampfer auf Lager.

| **Bewertungsansatz Variante 1:** Der Verkaufspreis liegt für die Verdampfer inklusive Verkaufskosten von 100,00 EUR pro Stück zum Bilanzstichtag voraussichtlich bei 8.100,00 EUR. | | **Bewertungsansatz Variante 2:** Der Verkaufspreis liegt für die Verdampfer inklusive Verkaufskosten von 100,00 EUR pro Stück zum Bilanzstichtag voraussichtlich bei 9.100,00 EUR. | |
|---|---|---|---|
| HK der Verdampfer $\frac{845.500{,}00 \text{ EUR}}{100 \text{ Stück}} \cdot 40 \text{ Stück}$ | 338.200,00 EUR | HK der Verdampfer $\frac{845.500{,}00 \text{ EUR}}{100 \text{ Stück}} \cdot 40 \text{ Stück}$ | 338.200,00 EUR |
| Nettoveräußerungswert (8.100,00 EUR – 100,00 EUR) · 40 Stück | 320.000,00 EUR | Nettoveräußerungswert (9.100,00 EUR – 100,00 EUR) · 40 Stück | 360.000,00 EUR |
| **Bilanzansatz zum niedrigeren Nettoveräußerungswert:** | **320.000,00 EUR** | **Bilanzansatz zu den niedrigeren HK:** | **338.200,00 EUR** |
| Die **Differenz** zwischen Nettoveräußerungswert und HK in Höhe von 18.200,00 EUR ist **außerplanmäßig abzuschreiben.** | | Es gilt das **strenge Niederstwertprinzip,** die Verdampfer sind daher zu HK zu bewerten, da diese niedriger sind. | |

**Fortsetzung des Beispiels:** Die Rotationsverdampfer der Pröhl GmbH wurden in der Bilanz 01 mit 320.000,00 EUR, d.h. mit 8.000 EUR pro Stück bewertet. Die ursprünglichen Herstellungskosten lagen bei 8.455,00 EUR pro Stück. Zum Jahresende 02 sind noch zehn Verdampfer auf Lager, die zu bewerten sind.

| **Bewertungsansatz Variante 1:** Zum Jahresende ist der Verkaufspreis auf 7.800,00 EUR gefallen. Die Verkaufskosten liegen bei 100,00 EUR pro Stück. | **Bewertungsansatz Variante 2:** Zum Jahresende ist der Verkaufspreis auf 8.900,00 EUR gestiegen. Die Verkaufskosten liegen bei 100,00 EUR pro Stück. |
|---|---|
| Buchwert der Verdampfer pro Stück am Bilanzstichtag 01: 8.000,00 EUR | Buchwert der Verdampfer pro Stück am Bilanzstichtag 01: 8.000,00 EUR |
| Nettoveräußerungswert pro Stück (7.800,00 EUR – 100,00 EUR) am Bilanzstichtag 02: 7.700,00 EUR | Nettoveräußerungswert pro Stück (8.900,00 EUR – 100,00 EUR) am Bilanzstichtag 02: 8.800,00 EUR |
| Es gilt das **strenge Niederstwertprinzip.** Die Verdampfer sind daher zum niedrigeren Nettoveräußerungswert zu bewerten. | Es ist eine **Zuschreibung erforderlich,** weil der Nettoveräußerungswert gegenüber dem Vorjahr gestiegen ist. Die Wertaufholung ist jedoch nur bis zu den HK zulässig. Daher erfolgt die Bewertung der Rotationsverdampfer zu HK von 8.455,00 EUR pro Stück. |
| **Bilanzansatz zum Nettoveräußerungswert: 77.000,00 EUR** | **Bilanzansatz zu HK: 84.550,00 EUR** |

### 14.6.4.3 Bewertung langfristiger Auftragsbearbeitung

*IAS 11.3*

Als **langfristige Auftragsbearbeitung** bezeichnet man die Bearbeitung von **Fertigungsaufträgen (construction contracts)** über eine **kundenspezifische Herstellung einzelner Gegenstände** oder eine **Gruppe von Vermögenswerten**, die **aufeinander abgestimmt** sind.

**Beispiele:**

1. Fertigungsaufträge: Brücken, Tunnel, Schiffe, Gebäude
2. aufeinander abgestimmte Vermögenswerte: Fertigungsstraße, Raffinerie

Die Auftragsbearbeitung gilt als langfristig, wenn zwischen dem Erhalt des Auftrags und der Fertigstellung mindestens ein Bilanzstichtag liegt.

Das Unternehmen erbringt während eines **mehrjährigen Produktionszeitraumes** Leistungen, für die **erst nach Fertigstellung** und Übergabe ein Kaufpreis in Rechnung gestellt und erst dann der **entsprechende Ertrag** ausgewiesen wird. Während das **Handelsrecht** einen **Gewinnausweis erst nach vollständiger Fertigstellung** des Auftrags vorsieht **(completed-contract-method)**, sind nach **IAS/IFRS Gewinne** bereits **entsprechend des Leistungsfortschritts auszuweisen (percentage-of-completion-method).**

## Zusammenfassende Übersicht zu Kapitel 14.6: Bewertung von Vermögen und Schulden nach IAS/IFRS

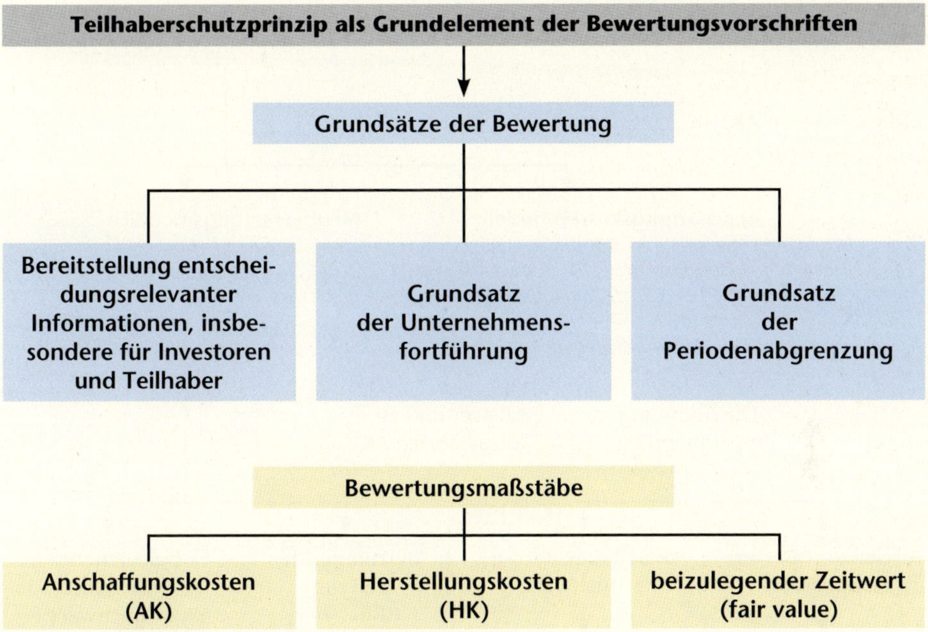

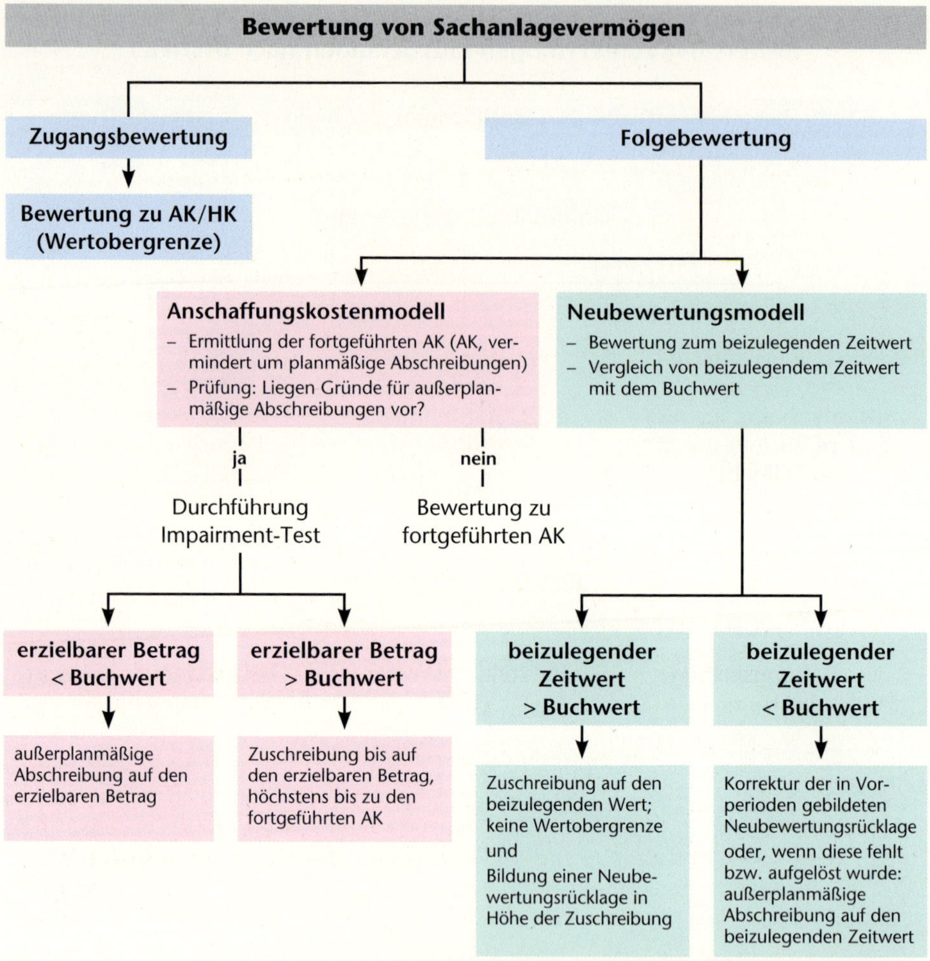
Bewertung von Sachanlagevermögen
Zugangsbewertung
Folgebewertung
Bewertung zu AK/HK (Wertobergrenze)
Anschaffungskostenmodell
– Ermittlung der fortgeführten AK (AK, vermindert um planmäßige Abschreibungen)
– Prüfung: Liegen Gründe für außerplanmäßige Abschreibungen vor?
Neubewertungsmodell
– Bewertung zum beizulegenden Zeitwert
– Vergleich von beizulegendem Zeitwert mit dem Buchwert
ja
nein
Durchführung Impairment-Test
Bewertung zu fortgeführten AK
erzielbarer Betrag < Buchwert
erzielbarer Betrag > Buchwert
beizulegender Zeitwert > Buchwert
beizulegender Zeitwert < Buchwert
außerplanmäßige Abschreibung auf den erzielbaren Betrag
Zuschreibung bis auf den erzielbaren Betrag, höchstens bis zu den fortgeführten AK
Zuschreibung auf den beizulegenden Wert; keine Wertobergrenze
und
Bildung einer Neubewertungsrücklage in Höhe der Zuschreibung
Korrektur der in Vorperioden gebildeten Neubewertungsrücklage oder, wenn diese fehlt bzw. aufgelöst wurde: außerplanmäßige Abschreibung auf den beizulegenden Zeitwert

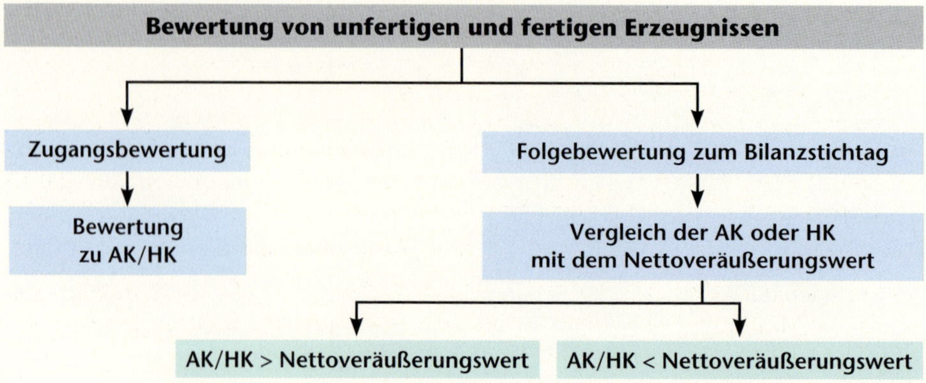
Bewertung von unfertigen und fertigen Erzeugnissen
Zugangsbewertung
Folgebewertung zum Bilanzstichtag
Bewertung zu AK/HK
Vergleich der AK oder HK mit dem Nettoveräußerungswert
AK/HK > Nettoveräußerungswert
AK/HK < Nettoveräußerungswert

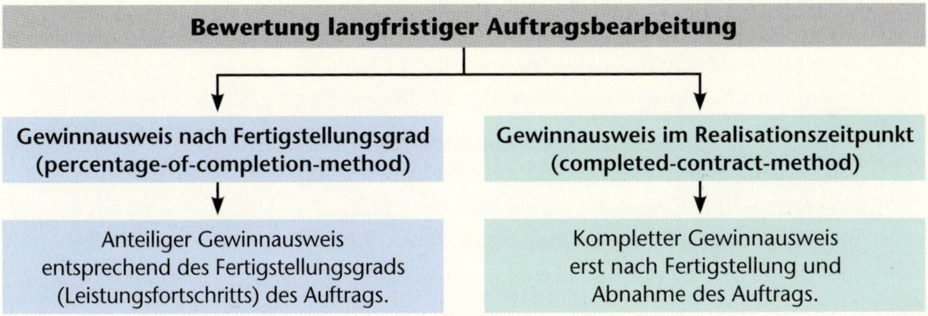


## ▶ Aufgaben und Probleme

1. Begründen Sie, für welche Unternehmen es sinnvoll sein könnte, den Jahresabschluss statt nach HGB nach IAS/IFRS aufzustellen.

2. Beschreiben Sie den Unterschied zwischen einem asset nach IAS und einem Vermögensgegenstand nach HGB.

3. Definieren Sie den Begriff beizulegender Zeitwert.

4. Die Tech AG kauft eine CNC-Drehmaschine für 160.000,00 EUR. Der Lieferant gewährt 5 % Rabatt, die Transportkosten und die Leistungen für die Inbetriebnahme betragen 10.000,00 EUR. Für die Entsorgung der Maschine werden Kosten von 2.500,00 EUR angenommen. Die Fremdkapitalkosten, die bis zur Betriebsbereitschaft der Maschine zeitanteilig anfallen, liegen bei 2.800,00 EUR.
   a) Berechnen Sie die Anschaffungskosten nach IAS/IFRS.
   b) Berechnen Sie die Anschaffungskosten nach HGB.

5. Die KÜHLsys GmbH hat eine Werkzeugmaschine selbst erstellt. Hierfür sind folgende Kosten angefallen: Fertigungsmaterial 8.000,00 EUR, Fertigungslöhne 7.000,00 EUR, Konstruktionskosten 4.000,00 EUR, MGKZ 15 %, FGKZ 45 %, VWGKZ 14 % (davon sind produktionsbezogen 8 %, allgemeinverwaltungsbezogen 2 %, vertriebsbezogen 4 %), Kosten für soziale Einrichtungen und betriebliche Altersversorgung 2.500,00 EUR (davon produktionsbezogen 1.600,00 EUR), Abschreibungen auf die eingesetzten Anlagen zur Herstellung der Werkzeugmaschine 800,00 EUR, Kosten für die Entwicklung der Werkzeugmaschine 2.000,00 EUR, Kosten der konstruktionsbezogenen Grundlagenforschung 1.500,00 EUR.

   Berechnen Sie die Herstellungskosten der Werkzeugmaschine.

6. Die nach IFRS bilanzierende Schlüter AG kauft im Januar 00 eine Produktionsanlage für 4,0 Mio. EUR. Die Maschine wird zehn Jahre genutzt und linear abgeschrieben. Am Jahresende 00 liegt der Nettoveräußerungspreis der Maschine bei 3,0 Mio. EUR.
   a) Bewerten Sie die Produktionsanlage zum 31.12.00
      – mit dem Anschaffungskostenmodell,
      – mit dem Neubewertungsmodell.

Im Jahr 01 steigt der Nettoveräußerungspreis der Produktionsanlage aufgrund weltweit starker Nachfrage auf 3,4 Mio. EUR.

b) Bewerten Sie die Produktionsanlage zum 31.12.01
   - mit dem Anschaffungskostenmodell,
   - mit dem Neubewertungsmodell.

7. Die Ritter AG hat vor 20 Jahren ein 5.000 $m^2$ großes, unbebautes Grundstück für 50,00 EUR/$m^2$ erworben. Der aktuelle Bodenwert liegt bei 150,00 EUR/$m^2$.

   Bewerten Sie das Grundstück zum Bilanzstichtag
   - mit dem Anschaffungskostenmodell,
   - mit dem Neubewertungsmodell.

8. Die KÜHLsys GmbH kauft im Januar 00 das Nachbargrundstück, um die dortige Lagerhalle nutzen zu können. Der Kaufpreis liegt bei 400.000,00 EUR, wobei 100.000,00 EUR auf das Grundstück entfallen. Die Notargebühren liegen bei 6.000,00 EUR netto, es fallen 3,5 % Grunderwerbsteuer an. Die Abbruchkosten am Ende der 15-jährigen Nutzungszeit werden mit 15.000,00 EUR veranschlagt.

   a) Ermitteln Sie die Anschaffungskosten des bebauten Grundstücks.

   b) Bewerten Sie das bebaute Grundstück mithilfe des Anschaffungskostenmodells.

9. Die SBS AG hat in Spanien ein unbebautes Grundstück mit einer Größe von 10.000 $m^2$ gekauft. Anschaffungskosten im Jahr 00: 2,0 Mio. EUR. Die Bodenpreise in Spanien unterliegen starken Schwankungen. Es ergaben sich folgende Werte zu den jeweiligen Bilanzstichtagen: Jahr 00: 2,0 Mio. EUR; Jahr 01: 1,7 Mio. EUR; Jahr 02: 2,2 Mio. EUR; Jahr 03: 2,6 Mio. EUR, Jahr 04: 1,9 Mio. EUR.

   a) Bewerten Sie das unbebaute Grundstück zu den jeweiligen Bilanzstichtagen mit dem Neubewertungsmodell.

   b) Entscheiden Sie zu den jeweiligen Bilanzstichtagen, ob eine Neubewertungsrücklage gebildet bzw. aufgelöst werden muss.

10. Zum Bilanzstichtag sind die unfertigen Erzeugnisse noch nicht bewertet. Es liegen folgende Daten aus der Kostenrechnung vor: Fertigungsmaterial 400.000,00 EUR, MGKZ 15 %, darin sind enthalten 2 % kalkulatorische Abschreibungen; Fertigungslöhne 250.000,00 EUR, FGKZ 80 %, VWGKZ 12 %, davon ist ein Drittel produktionsbedingt; VtGKZ 10 %.

    Berechnen Sie die Herstellungskosten der unfertigen Erzeugnisse.

11. Zum Jahresende hat die KÜHLsys GmbH noch 60 Klimageräte im Lager. Herstellungskosten pro Gerät: 240,00 EUR. Für den Verkauf fallen pro Gerät zusätzlich 10,00 EUR Verkaufskosten an.

    Bewerten Sie die Klimageräte zum Bilanzstichtag und ermitteln Sie den Bilanzwert,

    a) wenn der Verkaufspreis bei 210,00 EUR liegt,

    b) wenn der Verkaufspreis bei 300,00 EUR liegt.

# 15 Jahresabschlussanalyse

Die Bilanz und die Gewinn- und Verlustrechnung sollen nicht nur Rechenschaft ablegen, sondern auch den interessierten Personenkreisen die Möglichkeit zur kritischen Beurteilung der wirtschaftlichen Verhältnisse geben und wertvolle Erkenntnisse für ihre zukünftigen Planungen vermitteln.

Schon die Betrachtung einer einzelnen Bilanz und Gewinn- und Verlustrechnung lässt Schwächen und Stärken eines Unternehmens erkennen. Noch aufschlussreicher ist der Vergleich mehrerer solcher Rechnungen.

Dies wird unterstützt durch die vom Gesetzgeber vorgeschriebenen Angaben im

- Anlagenspiegel,
- Anhang zur Bilanz und
- Lagebericht.

Die **Jahresabschlussanalyse** hat das Ziel, **aufgrund von Bilanzen und den Gewinn- und Verlustrechnungen** das Zahlenmaterial des **Unternehmens zu beurteilen** und Schlüsse für die **zukünftige Vermögens-, Finanz- und Erfolgslage abzuleiten.**

## Adressaten und deren Analyseschwerpunkte

Grundsätzlich kann davon ausgegangen werden, dass die Bilanzleser das Informationsmaterial mit unterschiedlicher Zielvorgabe analysieren. Es besteht ein Interessenkonflikt zwischen den Informationsansprüchen der Bilanzadressaten und den Bedürfnissen der Rechenschaftspflichtigen.

| Adressaten | Analyseschwerpunkte | Analysegrößen |
|---|---|---|
| **Anteilseigner** | Sie geben Eigenkapital und erwarten dafür Gewinne, müssen aber auch für evtl. Verluste einstehen. | **Erfolgsanalyse:** Ertragskraft, Kapitalrendite |
| **Kreditgeber** | Sie geben das Fremdkapital und erwarten einen ordnungsgemäßen Schuldendienst, also Tilgungs- und Zinsleistungen. | **Finanzanalyse:** Finanzkraft, Zahlungsfähigkeit, Zahlungsgebaren |
| **Lieferanten** | Sie geben Warenkredite und erwarten langfristige und erfolgreiche Geschäftsbeziehungen. | **Finanzanalyse:** Zahlungsfähigkeit, Zahlungsgebaren |
| **Kunden** | Sie wünschen günstige Einkaufskonditionen, vertragsgemäße Belieferungen und erforderlichenfalls Zahlungsziele. | **Finanzanalyse:** Zahlungsfähigkeit |
| **Arbeitnehmer** | Sie erbringen Arbeitsleistungen und erwarten gerechte Entlohnung, humane Arbeitsbedingungen und sichere Arbeitsplätze. | **Strukturanalyse:** Vermögensaufbau, Kapitalstruktur, Finanzkraft |
| **Behörden, Presse, Verbände** | statistische Angaben | **Strukturanalyse:** Vermögensaufbau, Kapitalstruktur, Finanzkraft |

Die Bilanzanalyse umfasst:

- die **Aufbereitung** (Saldierung, Ergänzung, Aufspaltung, Verdichtung, Gruppierung) des ursprünglichen Zahlenmaterials,

- die **Ermittlung aussagekräftiger Kennzahlen und Verhältniszahlen,**
- die zielbezogene **Interpretation** der gewonnenen Daten und die **Beurteilung** des Unternehmens (Bilanzkritik).

## Interpretationsmöglichkeiten

Interpretationsmöglichkeiten bieten

- der **Zeit- und Entwicklungsvergleich** (Vergleich der Jahresabschlüsse mehrerer Jahre),
- der **Soll-Ist-Vergleich** (Vergleich mit »Normgrößen« als Maßstab, z.B. die Finanzierungsregeln, oder mit selbst gewählten Vorgabegrößen),
- der **Betriebs- und Branchenvergleich** (Vergleich der Jahresabschlüsse mehrerer Unternehmen bzw. mit Unternehmen der gleichen Branche oder anderer Branchen).
- Das **Benchmarking** führt den Betriebsvergleich weiter mit der Zielsetzung, sich am Besten der Branche zu orientieren. Das eigene Unternehmen kann auch bestrebt sein, die Bestmarken zu setzen.

## Überblick

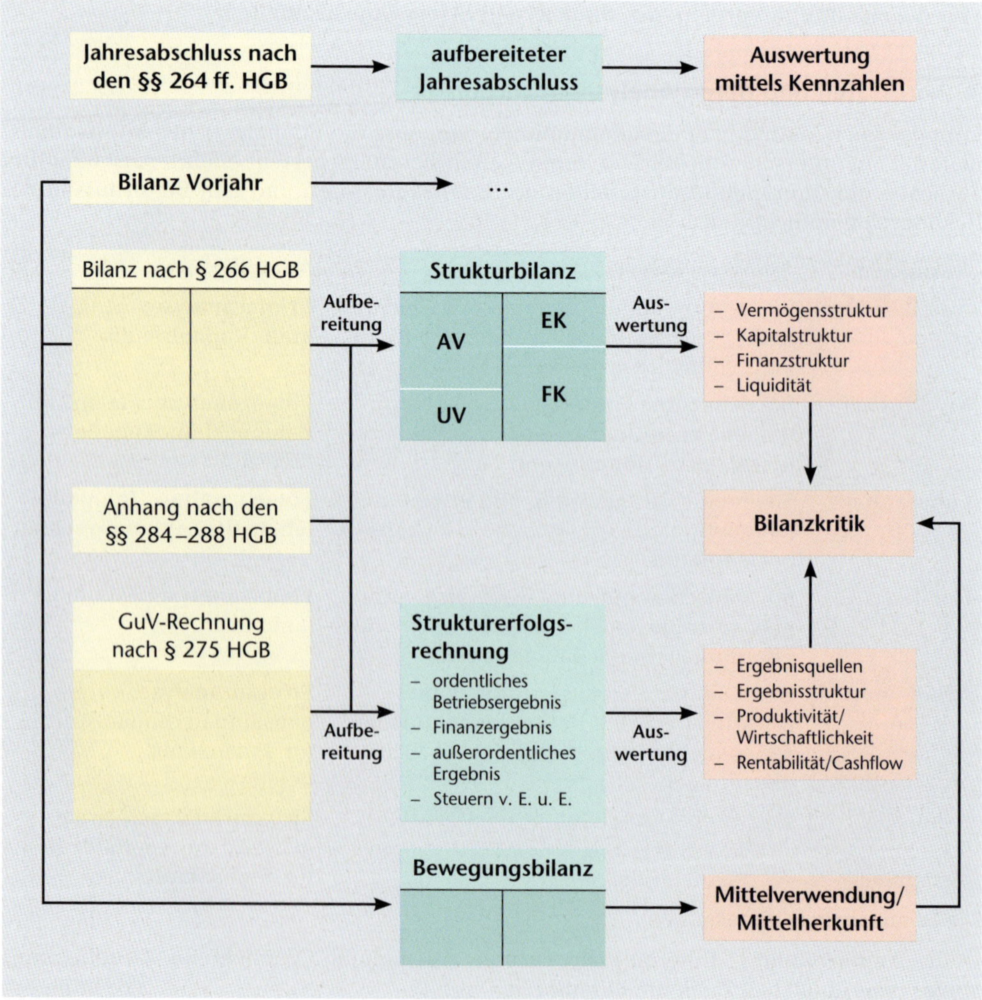

# 15.1 Aufbereitung der Bilanz (Beständeanalyse)

## 15.1.1 Notwendigkeit und Umfang der Aufbereitung

Die Aufbereitung der Bilanz soll anhand des folgenden Falles verdeutlicht werden.

**Beispiel:** Die Elektro AG hat für das vergangene Wirtschaftsjahr die folgende Bilanz nach § 266 HGB erstellt:

| **Aktiva** | | **Bilanz zum 31. Dezember (Zahlen in Mio. EUR)** | **Passiva** |
|---|---|---|---|
| **A. Anlagevermögen** | | **A. Eigenkapital** | |
| I. Immaterielle Verm.-Gg. | | I. Gezeichnetes Kapital | 70,0 |
| 1. gewerbl. Schutzrechte | 2 | II. Kapitalrücklage | 10 |
| II. Sachanlagen | | III. Gewinnrücklagen | |
| 1. Grundstücke/Bauten | 32 | 1. gesetzliche Rücklage | 2 |
| 2. Anlagen/Maschinen | 81 | 2. andere Gewinnrücklagen | 25 |
| 3. BuG-Ausstattung | 18 | IV. Bilanzgewinn | 30 |
| III. Finanzanlagen | | **B. Rückstellungen** | |
| 1. Beteiligungen | 6 | 1. Pensionsrückstellungen | 27 |
| 2. sonstige Ausleihungen | 5 | 2. sonstige Rückstellungen | 11 |
| **B. Umlaufvermögen** | | **C. Verbindlichkeiten** | |
| I. Vorräte | | 1. Bankverbindlichkeiten | 97 |
| 1. RHB-Stoffe | 28 | – Rest-Lz bis 1 J. | (0) |
| 2. unfertige Erzeugnisse | 17 | 2. erhaltene Anzahlungen | 1,0 |
| 3. fertige Erzeugnisse | 33 | – Rest-Lz bis 1 J. | (0,5) |
| II. Forderungen/sonstige Verm.-Gg. | | 3. Verbindl. a. LL. | 54 |
| 1. Forderungen a. LL. | 76 | – Rest-Lz bis 1 J. | (54) |
| – Rest-Lz über 1 J. | (8) | 4. Wechselverbindlichkeiten | 15 |
| 2. sonstige Verm.-Gg. | 6 | – Rest-Lz bis 1 J. | (15) |
| III. Schecks, Kasse, ... | 35 | | |
| **C. Rechnungsabgr.-posten** | **5** | **D. Rechnungsabgr.-posten** | **2** |
| | 344 | | 344 |

**Auszug aus dem Anhang:**

- Unter Grundstücke/Gebäude ist eine stillgelegte Lagerhalle mit einem Bilanzwert von 1,5 Mio. EUR erfasst.
- Das Grundstück aus Lagebuch-Nr. 464/2009 ist bilanzmäßig mit 0,8 Mio. EUR erfasst; aktueller Verkehrswert: 1,8 Mio. EUR.
- In den Bankverbindlichkeiten sind 53 Mio. EUR mit einer Restlaufzeit von über fünf Jahren enthalten.
- Die sonstigen Rückstellungen haben eine Laufzeit unter einem Jahr.

Die Beständebilanz und die GuV-Rechnung entsprechen in der Form, in der sie veröffentlicht werden, nicht den Erfordernissen einer weitergehenden Analyse. Die Fülle der

Zahlen ist meist unübersichtlich und lässt wesentliche Strukturen vermissen. Insbesondere sind aus dem Anhang diejenigen Angaben einzuarbeiten, die sich auf die einzelnen Posten der Bilanz beziehen oder in Ausübung eines Wahlrechts dort nicht aufgenommen sind.

**Unter Aufbereitung versteht** man die **Bereinigung** (Saldierung, Ergänzung) und **Gruppierung** (Aufspaltung, Zusammenfassung) des **Zahlenmaterials der Bilanz** nach den Erfordernissen der Bilanzanalyse.

## 15.1.2 Bereinigung und Gruppierung von Bilanzpositionen

### Bereinigung der Bilanz

Die Aufbereitung erfolgt in folgenden Arbeitsschritten:

- **Bereinigung** der Bilanz
- **Gruppierung** der Zahlenwerte und Bildung von **Gliederungs- und Verhältniszahlen.**

Bilanzpositionen der Aktiv- und der Passivseite, zwischen denen eine Beziehung gegeben ist, können also miteinander verrechnet bzw. saldiert werden. Dadurch können sich gegenüber der bisherigen Beständebilanz die Vermögens- und Kapitalwerte verändern.

Bei Saldierungen verringert sich die Bilanzsumme; bei Aufdeckung stiller Reserven erhöht sich die Bilanzsumme.

#### ▶ Posten der Aktivseite

- stillgelegte Anlagen
- Reservegrundstücke
- Beteiligungen
- erkennbare stille Reserven

} können mit Eigenkapital verrechnet werden, um den Eigenkapitalanteil zu ermitteln, der betrieblich notwendig ist.

- Anzahlungen an Lieferanten gelten zwar als Forderungen, werden aber den Vorräten zugeschlagen, weil sie für deren Beschaffung geleistet wurden.
- Anzahlungen von Kunden gelten zwar als Verbindlichkeiten, sollten aber bei den Erzeugnissen abgezogen werden, weil sie für diese bestimmt sind.
- Forderungen sind um die Pauschalwertberichtigungen zu kürzen. Es gilt zu prüfen, ob der angesetzte Abschlag gerechtfertigt ist.
- Aktive Posten der Rechnungsabgrenzung sind dem Umlaufvermögen zuzuschlagen.

#### ▶ Posten der Passivseite

- Rückstellungen sind in lang- und kurzfristige aufzuteilen und dem jeweiligen Fremdkapital zuzuschlagen.
- Passive Posten der Rechnungsabgrenzung gehören zum kurzfristigen Fremdkapital.

**Fortsetzung des Beispiels von Seite 691:**

| Bereinigung der Bilanz (Beträge in Mio. EUR) | | | |
|---|---|---|---|
| **Zu korrigierender Bilanzposten*** | | **Posten, dem die Korrektur zugeschlagen wird*** | |
| 1. stillgelegte Lagerhalle | – 1,5 | Eigenkapital | – 1,5 |
| 2. Grundst., Lagebuch-Nr. 464/2009 | + 1,0 | Eigenkapital | + 1,0 |
| 3. erhaltene Kundenanzahlungen | – 0,5 | Vorräte | – 0,5 |
| 4. Sachanlagen (Höhe der Unterbewertung) | + 15,0 | Gewinnrücklagen | + 15,0 |
| 5. sonstige Rückstellungen (Höhe der Überbewertung) | – 5,0 | Gewinnrücklagen | + 5,0 |

* **Anmerkung:** Gehören die Korrektur- und Verrechnungsposten der gleichen Bilanzseite an, sind die jeweiligen Beträge mit unterschiedlichen Vorzeichen zu berücksichtigen (Aktiv- bzw. Passivtausch); sind sie der jeweils anderen Bilanzseite zugehörig, sind die Vorzeichen gleich (Bilanzverlängerung bzw. -verkürzung).

## Gruppierung der Bilanz

Es gibt Bilanzwerte, die aus Gründen ihrer Eigenart (mehreren) anderen Positionen zugeordnet werden können. Allerdings sollte man im Fall sogenannter Mischposten diese nur dann aufteilen, wenn eindeutige Informationen dafür sprechen. Im Zweifel empfiehlt es sich, den betreffenden Wert der ungünstigeren (i.S. einer vorsichtigeren Bilanzauslegung) Position bzw. Gruppe zuzuordnen, z.B. Pensionsrückstellungen beim langfristigen Fremdkapital zu belassen, anstatt sie teilweise dem Eigenkapital zuzuschreiben.

- Der »**eiserne Bestand**« sollte bei Kenntnis seiner Höhe dem Sachanlagevermögen zugerechnet werden.
- Der **Bilanzgewinn** ist in Höhe der Dividendenausschüttung den kurzfristigen Verbindlichkeiten zuzurechnen.
- **Rechnungsabgrenzungsposten** der Aktivseite werden den Forderungen gleichgestellt; Rechnungsabgrenzungsposten der Passivseite den kurzfristigen Verbindlichkeiten.

  Eine weitere Möglichkeit wäre, die ARA (weil zukünftiger Aufwand) mit dem Bilanzgewinn zu verrechnen.

**Fortsetzung des Beispiels:**

| Gruppierung von Bilanzposten (Beträge in Mio. EUR) | | | | |
|---|---|---|---|---|
| **Zu korrigierender Bilanzposten** | | | **Posten, dem die Korrektur zugeschlagen wird** | |
| 1. Bilanzgewinn | | | | |
| – Dividende | – 20 | | Verbindlichkeiten (kurzfr.) | + 20 |
| – Rücklagen (HV-Beschluss) | <u>– 10</u> | – 30 | Gewinnrücklagen | + 10 |
| 2. Rechnungsabgrenzung (ARA) | | – 5 | Forderungen* | + 5 |
| 3. Rechnungsabgrenzung (PRA) | | + 2 | Verbindlichkeiten (kurzfr.) | – 2 |

* **Anmerkung:** Die genaue Bestimmung der Fristigkeit würde voraussetzen, dass die Gründe, die zur Bildung der ARA geführt haben, bekannt sind.

Weitere Verdichtungen erfolgen durch Gruppenbildungen, die darauf zielen, die wesentliche Struktur der Bilanz hervorzuheben. Das Ergebnis aller Aufbereitungsmaßnahmen ist eine Strukturbilanz, die die Grundlage der Bilanzauswertungen bildet.

### 15.1.3 Strukturbilanz

Die **Strukturbilanz** muss, um Vergleiche zu ermöglichen, betriebswirtschaftlichen Grundsätzen genügen und die Aktiva nach dem Gesichtspunkt der Liquidierbarkeit, die Passiva nach Herkunft (EK/FK) und Fristigkeit ausweisen. **Bilanzposten der gleichen oder vergleichbaren Art werden verdichtet und unter einem gemeinsamen Oberbegriff dargestellt.** Neben den effektiven Zahlen soll auch die relative Zusammensetzung der Vermögens- und Kapitalseite aufgezeigt werden. Dazu werden die ermittelten **absoluten Zahlen** (Kennzahlen) auf Tausend EUR gerundet und **als Verhältniszahlen in Beziehung** zueinander **gesetzt** (Kapitel 15.2).

**Beispiele:**

1. Kennzahl:

   Eigenkapital = 250 Mio. EUR; Jahresüberschuss = 17 Mio. EUR

2. Verhältniszahl:

$$\text{Eigenkapitalquote} = \frac{\text{Eigenkapital}}{\text{Gesamtkapital}} \cdot 100 = \frac{150 \text{ Mio. EUR}}{300 \text{ Mio. EUR}} \cdot 100 = 50\,\%$$

Die **Strukturbilanz** ist eine nach den Zwecksetzungen der Bilanzanalyse **aufbereitete und umgestaltete Bilanz.** Sie ist die **Grundlage der Bilanzauswertung.**

Aufbau der Strukturbilanz:

| Aktiva | Strukturbilanz Passiva |
|---|---|
| **Anlagevermögen** | **Eigenkapital** |
| **Umlaufvermögen** | **Fremdkapital** |
| – Mittel 3. Grades | – langfristig |
| – Mittel 2. Grades | – mittelfristig |
| – Mittel 1. Grades | – kurzfristig |

**Beispiel**: Unter Zugrundelegung der Korrektur- und Verrechnungsposten der vorausgegangenen Beispiele und der entsprechenden Zahlen des Vorjahres ermittelt die Elektro AG die nachfolgend abgebildete Strukturbilanz (Beiträge in Mio. EUR).

| **Aktiva** | **Berichtsjahr** | | **Vorjahr** | | **Strukturbilanz** | **Berichtsjahr** | | **Vorjahr** **Passiva** | |
|---|---|---|---|---|---|---|---|---|---|
| | **EUR** | **%** | **EUR** | **%** | | **EUR** | **%** | **EUR** | **%** |
| 1. immaterielle Verm.-Gegenstände und Sachanlagen | 148 | | 130 | | 1. Gezeichnetes Kapital | 70 | | 70 | |
| | | | | | 2. Kapitalrücklagen | 10 | | 10 | |
| 2. Finanzanlagen | 11 | | 6 | | 3. Gewinnrücklagen | 57 | | 51 | |
| **Anlagevermögen** | 159 | **44** | 136 | **43** | **Eigenkapital** | 137 | **38** | 131 | **41** |
| 3. Vorräte | 77 | | 80 | | 4. langfr. Fremdkapital (über 5 Jahre) | 75 | | 52 | |
| 4. langfr./mittelfr. Ford. (über 1 Jahr) | 8 | | 11 | | 5. mittelfr. Fremdkapital (über 1 bis 5 Jahre) | 44 | | 45 | |
| 5. kurzfr. Forderungen (bis 1 Jahr) | 79 | | 60 | | | | | | |
| 6. flüssige Mittel | 35 | | 31 | | 6. kurzfr. Fremdkapital (bis 1 Jahr) | 102 | | 90 | |
| **Umlaufvermögen** | 199 | **56** | 182 | **57** | **Fremdkapital** | 221 | **62** | 187 | **59** |
| **Gesamtvermögen** | 358 | **100** | 318 | **100** | **Gesamtkapital** | 358 | **100** | 318 | **100** |

## 15.1.4 Bewegungsbilanz

Die **Bewegungsbilanz** zeigt auf, welche **finanziellen Mittel** einem Unternehmen aus welchen Quellen innerhalb einer Rechnungsperiode **zur Verfügung standen** und in **welche Verwendungsbereiche** diese Mittel **geflossen** sind.

Ausgangsbasis für die Erstellung der Bewegungsbilanz sind zwei aufeinanderfolgende (Bestände-)Bilanzen. Während eine Bilanz nur Informationen über abgeschlossene Investitions- und Finanzierungsentscheidungen am Stichtag aufzeigt und somit keine Informationen über den Finanzfluss des zwischen den beiden Bilanzstichtagen liegenden Abrechnungszeitraumes liefert, ist es notwendig, diesbezügliche Informationen durch den Vergleich zweier aufeinanderfolgender Bilanzen zu ermitteln.

Die aus den einzelnen Bilanzposten errechneten Differenzen können nach zwei Gesichtspunkten gegliedert werden. Nach der

- **Mittelverwendung:**
  - Aktivmehrung (Investition), z. B. Kauf von Maschinen,
  - Passivminderung (Definanzierung), z. B. Tilgung von Krediten;
- **Mittelherkunft:**
  - Aktivminderung (Desinvestition), z. B. Verkauf von Anlagen,
  - Passivmehrung (Finanzierung), z. B. Ausgabe neuer Aktien.

Die **Zu- und Abgänge der Aktiva** resultieren aus Veränderungen des Kapitalbedarfs durch kapitalbindende und kapitalfreisetzende Transaktionen im Leistungsbereich eines Unternehmens.

Die **Zu- und Abgänge der Passiva** ergeben sich aus kapitalzuführenden und kapitalentziehenden Transaktionen des Finanzbereichs.

| **Grundschema der Bewegungsbilanz** | |
|---|---|
| **Mittelverwendung** | **Mittelherkunft** |
| kapitalbindende Transaktionen:<br>Zugänge von Aktiva | kapitalfreisetzende Transaktionen:<br>Abgänge von Aktiva |
| kapitalfreisetzende Transaktionen:<br>Abgänge von Passiva | kapitalzuführende Transaktionen:<br>Zugänge von Passiva |

Die Erfassung der tatsächlichen Finanzbewegungen erfolgt, indem man **alle verfügbaren Bruttozahlen,** z. B. aus dem Anlagenspiegel die Zu- und Abgänge sowie die **Zu- und Abschreibungen** der Rechnungsperiode anstelle der saldierten Nettobilanzzahlen verwendet.

**Beispiel (Fortsetzung des Beispiels der Seiten 691 und 694):**

Zusatzangaben (in Mio. EUR):

- Zugänge des Sachanlagevermögens 68
- Abgänge 6
- Abschreibungen 44

| Mittelverwendung | | | Bewegungsbilanz | | | | Mittelherkunft |
|---|---|---|---|---|---|---|---|
| **kapitalbindende Transaktionen** | | | | **kapitalfreisetzende Transaktionen** | | | |
| – **Anlagevermögen:** | | | | – **Anlagevermögen:** | | | |
| Sachanlagen | 68 | | | Anlagenabgänge | 6 | | |
| Finanzanlagen | 5 | 73 | | Abschreibungen | 44 | 50 | |
| – **Umlaufvermögen:** | | | | – **Umlaufvermögen:** | | | |
| kurzfr. Forderungen | 19 | | | Vorräte | 3 | | |
| flüssige Mittel | 4 | 23 | 96 | lfr./mfr. Forderungen | 3 | 6 | 56 |
| **kapitalentziehende Transaktionen** | | | | **kapitalzuführende Transaktionen** | | | |
| – **Fremdkapital:** | | | | – **Eigenkapital:** | | | |
| mittelfristiges Fremdkapital | | | 1 | Gewinnrücklagen | | 6 | |
| | | | | – **Fremdkapital:** | | | |
| | | | | langfr. Fremdkapital | 23 | | |
| | | | | kurzfr. Fremdkapital | 12 | 35 | 41 |
| | | | 97 | | | | 97 |

Den Zugängen im Bereich des AV (73) stehen zunächst Mittelzuflüsse aus den Bereichen der Innenfinanzierung (56 + 6) gegenüber. Darüber hinaus ist es gelungen, die Anlagenzugänge und auch Teile des UV-Zuwachses mit langfristigem Fremdkapital (23) zu finanzieren.

## Zusammenfassende Übersicht zu Kapitel 15.1: Aufbereitung der Bilanz (Beständebilanz)

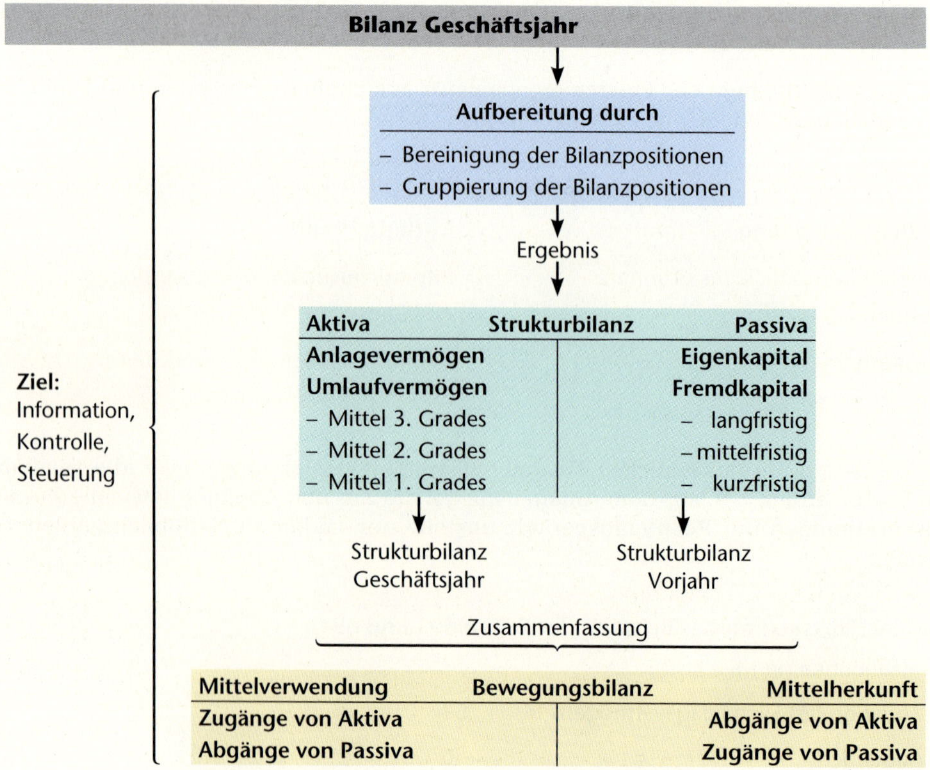

## ▶ Aufgaben und Probleme

1. Erläutern Sie, warum vor der Errechnung von Bilanzkennzahlen die vorliegenden Bilanzen bereinigt werden sollten.

2. Warum müssen die Rückstellungen für die Bilanzanalyse in lang- und kurzfristige Rückstellungen aufgeteilt werden?

3. Erläutern Sie die Gründe und den Vorgang der Bereinigung folgender Bilanzposten:

   a) erhaltene Anzahlungen von Kunden,

   b) Bilanzgewinn (teilweise Verwendung zur Dividendenausschüttung).

4. Herr Kofler, Mitarbeiter der Finanzabteilung der MaMütec AG, soll wegen eines anstehenden Kreditgesuchs die Schlussbilanzen der vergangenen beiden Geschäftsjahre aufbereiten. Herr Kofler soll das Ergebnis in einer Strukturbilanz festhalten. Die folgenden zusammengefassten Bilanzzahlen liegen vor:

**Bilanzzahlen (in TEUR)**

| **Aktiva** | **BJ** | **VJ** | **Passiva** | **BJ** | **VJ** |
|---|---|---|---|---|---|
| **A. Anlagevermögen:** | | | **A. Eigenkapital:** | | |
| I. Sachanlagen | | | I. Gezeichnetes Kapital | 2.600 | 2.400 |
| 1. Grundst./Bauten | 1.385 | 1.535 | II. Kapitalrücklage | 600 | 600 |
| 2. Anlagen/Maschinen | 1.610 | 1.811 | III. Gewinnrücklagen: | | |
| 3. BuG-Ausstattung | 706 | 990 | 1. gesetzl. Rücklage | 300 | 300 |
| II. Finanzanlagen | | | 2. Rückl. f. eig. Anteile | 43 | 88 |
| 1. Beteiligungen | 31 | 31 | 3. andere Gewinnrückl. | 885 | 825 |
| 2. sonst. Ausleihungen | 17 | 41 | IV. Gewinnvortrag | 0 | 12 |
| **B. Umlaufvermögen:** | | | V. Jahresüberschuss | 264 | 288 |
| I. Vorräte | | | **B. Rückstellungen:** | | |
| 1. RHB-Stoffe | 1.601 | 1.685 | 1. Pensionsrückst. | 2.313 | 2.840 |
| 2. unfertige Erzeugn. | 3.973 | 3.580 | 2. Steuerrückst. | 53 | 116 |
| 3. fertige Erzeugnisse | 4.114 | 3.708 | 3. sonst. Rückstellungen | 1.115 | 1.682 |
| II. Ford./sonst. Verm.-Gg. | | | **C. Verbindlichkeiten:** | | |
| 1. Forderungen a. LL. | 8.140 | 7.160 | 1. Bankverbindlichk. | 5.644 | 4.837 |
| – Rest-Lz über 1 J. | (668) | (54) | – Rest-Lz bis 1 J. | (2.801) | (2.032) |
| 2. Ford. gg. Beteiligg. | 641 | 451 | 2. erhaltene Anzahlg. | 156 | 88 |
| – Rest-Lz über 1 J. | (0) | (0) | – Rest-Lz bis 1 J. | (156) | (88) |
| 3. sonstige Verm.-Gg. | 218 | 209 | 3. Verbindl. a. LL. | 3.867 | 3.484 |
| III. Wertpapiere | | | – Rest-Lz bis 1 J. | (3.867) | (3.484) |
| 1. Anteile an verb. Unt. | 43 | 88 | 4. Wechselverbindlichk. | 2.385 | 1.610 |
| IV. Schecks, Kasse, ... | 63 | 31 | – Rest-Lz bis 1 J. | (2.385) | (1.610) |
| **C. Rechnungsabgr.-posten:** | | | 5. sonst. Verbindlichk. | 2.405 | 2.210 |
| I. sonst. Rechnungsabgr. | 88 | 60 | – Rest-Lz bis 1 J. | (2.118) | (1.921) |
| | 22.630 | 21.380 | | 22.630 | 21.380 |

Die folgenden Zusatzinformationen stehen Herrn Kofler aus dem Anhang und aus den Kreditgesprächen zur Verfügung (Vorjahreszahlen in Klammern):

– Die sonstigen Vermögensgegenstände, die ARA und die Steuerrückstellungen sind als kurzfristig zu werten.

- Der Gesamtbetrag der Verbindlichkeiten mit einer Restlaufzeit von mehr als fünf Jahren beträgt 1.530 TEUR (1.260 TEUR).
- Der Wert der Sachanlagen ist nach vorsichtiger Schätzung um 500 TEUR (500 TEUR) höher zu bewerten.
- Die Dividende beträgt unverändert 10 % auf das eingezahlte Grundkapital.
- Die Kundenanzahlungen beliefen sich im Berichtsjahr auf 156 TEUR (VJ: 88 TEUR).

Erstellen Sie die Strukturbilanz.

5. Zur Vorbereitung der Entscheidung zur Übernahme der ROVENA GmbH sollen deren aufbereitete Bilanzen analysiert werden.

| **Aktiva** | **Strukturbilanzen der ROVENA GmbH in TEUR** (02) | (03) | | (02) | **Passiva** (03) |
|---|---|---|---|---|---|
| **Anlagevermögen** | | | **Eigenkapital** | | |
| Sachanlagen | 8.255 | 7.990 | Gezeichnetes Kapital | 2.100 | 2.100 |
| Finanzanlagen | 520 | 520 | Kapitalrücklage | 1.460 | 1.460 |
| | | | Gewinnrücklagen | 450 | 585 |
| AV | 8.775 | 8.510 | EK | 4.010 | 4.145 |
| **Umlaufvermögen** | | | **Fremdkapital** | | |
| Vorräte | 1.617 | 1.804 | langfristige Verbindlichkeiten | 6.610 | 6.848 |
| Forderungen | 4.053 | 5.188 | kurzfristige Verbindlichkeiten | 4.920 | 5.885 |
| flüssige Mittel | 1.095 | 1.376 | | | |
| UV | 6.765 | 8.368 | FK | 11.530 | 12.733 |
| **Gesamtvermögen** | **15.540** | **16.878** | **Gesamtkapital** | **15.540** | **16.878** |

a) Erstellen Sie die Bewegungsbilanz für das Jahr 03 aus den Strukturbilanzen der Jahre 02 und 03. Die Bruttoinvestitionen betrugen 517 TEUR.

b) Welche Erkenntnisse können aus dieser Bewegungsbilanz gezogen werden?

c) Formulieren Sie zwei Fragen, um die Ursache auffälliger Bewegungen bei der Mittelherkunft und der Mittelverwendung erläutert zu bekommen.

## 15.2 Auswertung der Bilanz mithilfe von Kennzahlen

Grundlagen für die Beurteilung eines Unternehmens aufgrund der veröffentlichten Bilanz sind:

① **Vermögensstruktur (Konstitution),**

② **Kapitalstruktur (Finanzierung),**

③ **Anlagendeckung (Investierung),**

④ **Liquidität (Zahlungsbereitschaft).**

Diese Beurteilungskriterien ergeben sich aus folgendem Bilanzzusammenhang:

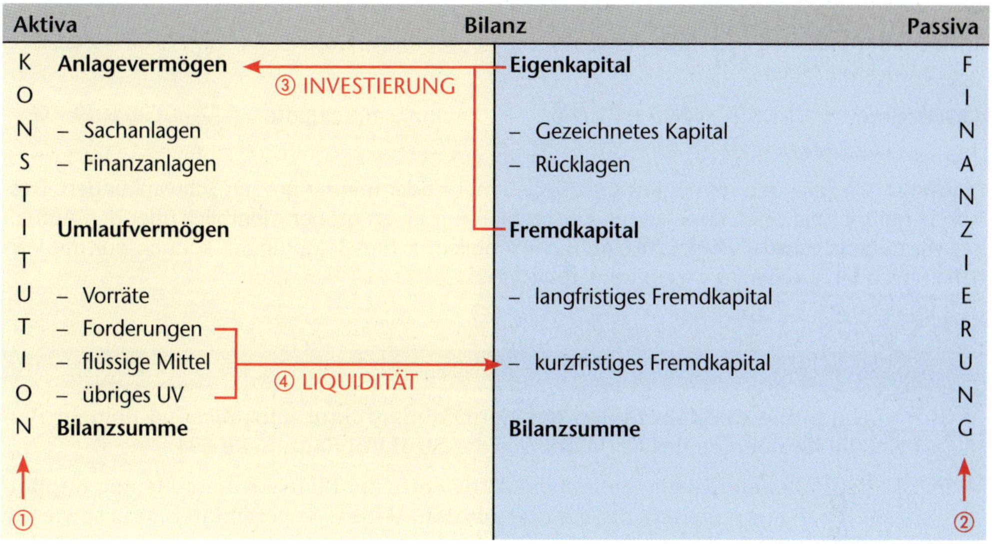


## 15.2.1 Kennzahlen der Vermögensstruktur

Unter **Vermögensstruktur (Konstitution)** versteht man die Darstellung der Aktivseite **der Bilanz.**

Dabei begnügt man sich in aller Regel mit der Darstellung folgender Kennziffern:

| | |
|---|---|
| **Anlagenintensität** $= \frac{\textbf{Anlagevermögen}}{\textbf{Gesamtvermögen}} \cdot \textbf{100}$ | Eine hohe Anlagenintensität kann sich über hohe Fixkosten negativ auf den Gewinn auswirken. Sie signalisiert eine mangelhafte Ausnutzung der Kapazität, wenn gleichzeitig der Absatz stagniert oder zurückgeht. |
| **Vorratsquote** $= \frac{\textbf{Vorräte}}{\textbf{Gesamtvermögen}} \cdot \textbf{100}$ | Eine hohe Vorratsquote kann je nach Konjunkturlage ein Vorteil (bei Aufschwung) oder ein Nachteil (bei Abschwung) sein. Bei weitergehender Aufschlüsselung der Vorräte in Rohstoffe, unfertige und fertige Erzeugnisse ergeben sich zusätzliche Informationen über Produktion und Absatzlage. |
| **Forderungsquote** $= \frac{\textbf{Forderungen}}{\textbf{Gesamtvermögen}} \cdot \textbf{100}$ | Eine hohe Forderungsquote kann Ausdruck der schwachen Stellung des Unternehmens am Markt, aber auch einer nachlässigen (großzügigen) Überwachung der Außenstände sein. |
| **Zahlungsmittelquote** $= \frac{\textbf{Zahlungsmittel}}{\textbf{Gesamtvermögen}} \cdot \textbf{100}$ | Ein hoher Zahlungsmittelanteil zeigt eine unwirtschaftliche Bereithaltung von »totem Kapital«, weil Geld im Kassenschrank oder auf einem Kontokorrentkonto keine oder wenig Zinsen bringt. |

**Beispiel:** Kennzahlen der Vermögensstruktur (Zahlen in Mio. EUR aus der Strukturbilanz, Seite 694)

Anlagenintensität $= \frac{159}{358} \cdot 100 = 44{,}4\,\%$

Forderungsquote $= \frac{87}{358} \cdot 100 = 24{,}3\,\%$

Vorratsquote $= \frac{77}{358} \cdot 100 = 21{,}5\,\%$

Zahlungsmittelquote $= \frac{35}{358} \cdot 100 = 9{,}7\,\%$

**Ergebnis:** Alle Teile des Vermögens unterliegen mehr oder minder großen Schwankungen. Deshalb vermitteln die oben errechneten Kennzahlen nur einen groben Überblick über den Aufbau des Vermögens. Exakte Vergleiche sind nicht möglich. Schlussfolgerungen können nur mit Vorbehalt gezogen werden.

## ▶ Aufgaben und Probleme

1. Berechnen Sie die Kennzahlen der Vermögensstruktur entsprechend obigem Beispiel mit den Zahlen des Vorjahres aus der Strukturbilanz, Seite 694.
2. Die nachfolgende Tabelle enthält die Aktivwerte der Bilanzen einer kleinen Kapitalgesellschaft aus dem Berichtsjahr und aus dem Vorjahr in bereinigter Form sowie die prozentualen vorjährigen Branchendurchschnittszahlen.

| Bilanzposten | Berichtsjahr (in TEUR) | Vorjahr (in TEUR) | Branche (in %) |
|---|---|---|---|
| **Anlagevermögen:** | | | |
| Grundstücke und Gebäude | 500 | 450 | 12,31 |
| technische Anlagen und Maschinen | 1.380 | 970 | 25,42 |
| Betriebs- und Geschäftsausstattung | 350 | 280 | 10,21 |
| Beteiligungen | – | – | 5,72 |
| Wertpapiere des AV | 50 | 50 | 2,53 |
| **Umlaufvermögen:** | | | |
| Vorräte | 270 | 210 | 14,22 |
| Forderungen/sonst. Vermögensgegenstände | 408 | 382 | 18,56 |
| – davon mit Restlaufzeit über 1 Jahr | (50) | (47) | (1,92) |
| Wertpapiere | – | 10 | 1,03 |
| Kasse, Bank | 160 | 205 | 8,50 |
| **Rechnungsabgrenzungsposten** | 30 | 40 | 1,50 |
| gesamte Aktiva | 3.148 | 2.597 | 100,00 |

a) Errechnen Sie für das Berichts- und Vorjahr
   - die Anlagenintensität,
   - die Zahlungsmittelquote,
   - die Forderungsquote,
   - die Vorratsquote.

b) Erstellen Sie die Aktivseite der Bilanzen aus Berichts- und Vorjahr in der Weise, dass Sie die einzelnen Positionen als Prozentzahlen bezogen auf die Bilanzsumme ermitteln.

c) Vergleichen Sie die Ergebnisse aus b) mit den Zahlen der Branche und werten Sie die Ergebnisse aus.

## 15.2.2 Kennzahlen der Kapitalstruktur (vertikale Finanzierungsregeln)

Charakteristisch für diese Kennzahlen ist, dass nur **Größen der Kapitalseite (Passivseite)** der Bilanz **zueinander in Beziehung** gesetzt werden.

$$\text{Eigenkapitalquote} = \frac{\text{Eigenkapital}}{\text{Gesamtkapital}} \cdot 100$$

$$\text{Fremdkapitalquote} = \frac{\text{Fremdkapital}}{\text{Gesamtkapital}} \cdot 100$$

Unter dem **Verschuldungsgrad** als Kennzahl versteht man das Verhältnis von Fremdkapital zu Eigenkapital.

$$\text{Verschuldungsgrad} = \frac{\text{Fremdkapital}}{\text{Eigenkapital}} \cdot 100 = \frac{\text{Fremdkapitalquote}}{\text{Eigenkapitalquote}} \cdot 100$$

**Solidität (Stabilität)** drückt das Verhältnis der Rücklagen zu Gezeichnetem Kapital (Stammkapital) aus. Je höher die Selbstfinanzierungsquote ist, desto solider steht das Unternehmen da.

$$\text{Selbstfinanzierungsquote} = \frac{\text{Rücklagen}}{\text{Gezeichnetes Kapital}} \cdot 100$$

Eine weitere Kennzahl zur Analyse der Kapitalstruktur einer AG ist der **Bilanzkurs** (Kapitel 13.5.2.2).

Für die Finanzierung werden als Kennzahl einige willkürliche und oftmals sich widersprechende Normen **(vertikale Finanzierungsregeln)** aufgeführt. So verlangt die **1:1-Regel**, dass das Fremdkapital nicht größer sein darf als das Eigenkapital. Die **1:2-Regel** hingegen fordert, dass das EK mindestens doppelt so hoch sein sollte wie das FK. Beide Normen betrachten die vertikale Kapitalstruktur unter dem Risikoaspekt, d. h., der Kapitalanteil der Unternehmenseigentümer sollte größer oder mindestens gleich groß wie der Kapitalanteil der Gläubiger sein. Die Realität indes zeigt im Allgemeinen ein stark von diesen Normen abweichendes Bild. Das FK-/EK-Verhältnis aller bundesdeutschen Unternehmen liegt bei ca. 4 : 1.

Unabhängig von den bestehenden Normen ist der **Verschuldungsgrad ein Maßstab** für

- das **relative Haftungspotenzial** eines Unternehmens; d. h., je kleiner diese Kennzahl ist, umso weniger laufen Gläubiger Gefahr, ihren FK-Anteil ganz oder teilweise zu verlieren und umgekehrt;
- die **finanzwirtschaftliche Flexibilität;** d. h., je niedriger der Verschuldungsgrad, umso leichter fällt es dem Unternehmen, FK-Entzug oder Verluste ohne größeren Schaden zu überstehen und umgekehrt;
- den **potenziellen Kreditspielraum** des Unternehmens; d. h., je niedriger der Verschuldungsgrad, umso größer ist das Verhandlungspotenzial des Unternehmens bei zukünftigen Kreditverhandlungen (große Dispositionsfreiheit der Unternehmensleitung und i. d. R. bessere Zinskonditionen);
- die **Kreditwürdigkeit;** d. h., ein Unternehmen wird als umso kreditwürdiger angesehen, je weniger es verschuldet ist.

Bei der Bewertung des Verschuldungsgrades eines Unternehmens ist zu beachten, dass branchen- und unternehmensspezifische Einflüsse zu berücksichtigen sind, z. B. die Fertigungsverfahren, die Technologie und der Kapitalumschlag.

**Beispiel:** Kennzahlen der Kapitalstruktur (Zahlen in Mio. EUR aus der Strukturbilanz, Seite 694)

Eigenkapitalquote $= \frac{137}{358} \cdot 100 = 38{,}3\,\%$

Fremdkapitalquote $= \frac{221}{358} \cdot 100 = 61{,}7\,\%$

Verschuldungsgrad $= \frac{221}{137} \cdot 100$ oder $= \frac{61{,}7}{38{,}2} \cdot 100 = 161{,}5\,\%$

Selbstfinanzierungsquote $= \frac{67}{70} \cdot 100 = 95{,}7\,\%$

Bilanzkurs $= \frac{137}{70} \cdot 100 = 195{,}0\,\%$

## ▶ Aufgaben und Probleme

1. Berechnen Sie die Kennzahlen der Kapitalstruktur entsprechend obigem Beispiel mit den Zahlen des Vorjahres aus der Strukturbilanz, Seite 694.
2. Die bereinigten Bilanzen (Berichtsjahr und Vorjahr) einer Maschinenbau AG sind in der nachfolgenden Tabelle einander gegenübergestellt.

   Der Gesamtbetrag der Bankverbindlichkeiten mit einer Restlaufzeit von mehr als fünf Jahren beträgt im Berichtsjahr 420 TEUR, im Vorjahr 400 TEUR. Vom Bilanzgewinn wird so viel an die Aktionäre ausgeschüttet, dass ein ganzzahliger Dividendenprozentsatz möglich ist.

| Bilanzposten | Berichtsjahr (in TEUR) | Vorjahr (in TEUR) |
|---|---|---|
| **Anlagevermögen:** | | |
| Grundstücke und Gebäude | 290 | 280 |
| technische Anlagen und Maschinen | 770 | 710 |
| Betriebs- und Geschäftsausstattung | 170 | 190 |
| Beteiligungen | 180 | 150 |
| Wertpapiere des AV | 80 | 80 |
| **Umlaufvermögen:** | | |
| Vorräte | 290 | 250 |
| Forderungen/sonst. Vermögensgegenstände | 392 | 305 |
| – davon mit Restlaufzeit über 1 Jahr | (52) | (50) |
| Wertpapiere | 44 | 38 |
| Kasse, Bank | 128 | 114 |
| **Rechnungsabgrenzungsposten** | 18 | 13 |
| **gesamte Aktiva** | 2.362 | 2.130 |

| Bilanzposten | Berichtsjahr (in TEUR) | Vorjahr (in TEUR) |
|---|---|---|
| **Eigenkapital:** | | |
| Gezeichnetes Kapital | 650 | 600 |
| Kapitalrücklage | 60 | 40 |
| Gewinnrücklagen | 260 | 230 |
| Bilanzgewinn | 118 | 69 |

| Bilanzposten | Berichtsjahr (in TEUR) | Vorjahr (in TEUR) |
|---|---|---|
| **Rückstellungen:** | | |
| Pensionsrückstellungen | 38 | 35 |
| sonstige (kurzfristige) Rückstellungen | 6 | 6 |
| **Verbindlichkeiten:** | 920 | 900 |
| Bankverbindlichkeiten | (220) | (190) |
| – davon mit Restlaufzeit bis 1 Jahr | 310 | 250 |
| Verbindlichkeiten a. LL. | (310) | (250) |
| – davon mit Restlaufzeit bis 1 Jahr | | |
| **gesamte Aktiva** | 2.362 | 2.130 |

a) Erstellen Sie für das Berichts- und Vorjahr eine Strukturbilanz gemäß dem Schema auf Seite 694 einschließlich der Anteile der einzelnen Positionen in Prozenten der Bilanzsumme.

b) Ermitteln Sie für das Berichts- und Vorjahr
- die Anlagenintensität,
- die Zahlungsmittelquote,
- die Forderungsquote,
- die Vorratsquote,
- die Eigenkapitalquote,
- die Fremdkapitalquote,
- den Verschuldungsgrad,
- die Selbstfinanzierungsquote.

c) Werten Sie die Ergebnisse aus.

## 15.2.3 Kennzahlen der Kapital- und Vermögensseite (horizontale Finanzierungsregeln)

### 15.2.3.1 Anlagendeckung

Die **Anlagendeckung (Investierung)** zeigt die Kapitalverwendung im Anlagevermögen. Als **Idealverhältnis** wird nach der »**goldenen Bilanzregel**« angesehen, wenn das Eigenkapital voll ausreicht, um das Anlagevermögen zu decken.

Dem Unternehmen steht damit für eine langfristige Investierung Kapital zur Verfügung, das nicht von fremden Einflüssen abhängig ist und weder einen betrieblichen Aufwand noch einen Mittelabfluss durch Zins- und Tilgungsdienst verursacht. Dieser Idealzustand ist in der Praxis kaum anzutreffen.

$$\textbf{Anlagendeckung I (Deckungsgrad I)} = \frac{\textbf{Eigenkapital}}{\textbf{Anlagevermögen}} \cdot 100$$

Eine Erweiterung der Deckungsvorstellung bezieht zum einen das langfristige Fremdkapital, zum anderen das Vorratsvermögen ein. Das langfristige Fremdkapital kann dann herangezogen werden, wenn seine Rückzahlung mit dem Rücklauf verdienter Abschreibungen übereinstimmt.

$$\textbf{Anlagendeckung II (Deckungsgrad II)} = \frac{\textbf{Eigenkapital + langfristiges Fremdkapital}}{\textbf{Anlagevermögen}} \cdot 100$$

Das Vorratsvermögen kann dann mit einbezogen werden, wenn im Unternehmen eine umfangreiche, langfristige Lagerhaltung notwendig ist.

$$\textbf{Anlagendeckung III (Deckungsgrad III)} = \frac{\textbf{Eigenkapital + langfristiges Fremdkapital}}{\textbf{Anlagevermögen + Vorratsvermögen}} \cdot 100$$

**Beispiel:** Kennzahlen der Kapital- und Vermögensseite (Zahlen in Mio. EUR aus der Strukturbilanz, Seite 694)

Zusatzangaben:

Die Roh-, Hilfs- und Betriebsstoffe sind im Jahresabschluss des Berichtsjahres mit 29 Mio. EUR ausgewiesen; als eiserner Bestand werden 20 Mio. EUR angenommen.

$$\text{Anlagendeckung I} = \frac{137}{159} \cdot 100 = 86{,}1\,\%$$

$$\text{Anlagendeckung II} = \frac{190}{159} \cdot 100 = 119{,}4\,\% = 1{,}194 > 1{,}0$$

$$\text{Anlagendeckung III} = \frac{212}{236} \cdot 100 = 89{,}8\,\% = 0{,}898 < 1{,}0$$

## 15.2.3.2 Liquidität

Jede Unternehmensleitung hat dafür zu sorgen, dass die finanziellen Verpflichtungen vertragsgemäß erfüllt werden. Die dafür erforderlichen Mittel sind so bereitzustellen, dass die Zahlungsziele eingehalten werden können. Diese **Zahlungsbereitschaft** nennt man **Liquidität.**

Die **Liquidität (Zahlungsbereitschaft)** ist das **Deckungsverhältnis** zwischen den zu einem bestimmten Zeitpunkt **verfügbaren Zahlungsmitteln** und den **kurzfristigen Verbindlichkeiten.**

Ist die Liquidität nicht vorhanden, verlangt ein Gläubiger also vergeblich die Begleichung einer fälligen Forderung, dann kommt das Unternehmen in Schwierigkeiten, die bei der Eröffnung des Insolvenzverfahrens sogar zur Auflösung führen können.

Die Zahlungsbereitschaft eines Unternehmens hängt ab von der Möglichkeit, liquide Mittel zu beschaffen. Die Unternehmensleitung sollte Zufluss und Abfluss liquider Mittel (Einnahmen und Ausgaben) dem betrieblichen Ablauf anpassen und möglichst in Übereinstimmung bringen **(optimale Liquidität).**

Es sind in aller Regel die **fälligen Verbindlichkeiten,** zu deren Ausgleich das Unternehmen die nötigen Deckungsmittel haben muss.

Je nach der Schnelligkeit, mit der sich **Vermögenswerte in flüssige Mittel** umwandeln lassen, unterscheidet man

- **Liquidität 1. Grades (Barliquidität):** Dazu gehören Vermögensteile, die direkt als Zahlungsmittel verwendet werden können: Bargeld und Kontokorrentguthaben.

- **Liquidität 2. Grades (einzugsbedingte Liquidität):** Hierunter fallen die Barliquidität sowie schnell liquidierbare Vermögensteile wie kurzfristige Forderungen und Wertpapierbestände.
- **Liquidität 3. Grades (umsatzbedingte Liquidität):** Hierbei kommen zu den Bestandteilen der einzugsbedingten Liquidität noch solche Vermögensteile, die noch umgesetzt werden müssen, wie fertige, unfertige Erzeugnisse und Waren sowie Rohstoffe, die auf Märkten gehandelt werden (z. B. Baumwolle) und nicht unmittelbar für die Produktion benötigt werden.

Wenn diese liquiden Mittel zu den kurzfristigen Verbindlichkeiten in Beziehung gebracht werden, erhält man **Kennzahlen** zur Beurteilung der **Zahlungsbereitschaft.**

**Liquidität 1. Grades (Barliquidität)** $= \dfrac{\text{liquide Mittel}}{\text{kurzfristige Verbindlichkeiten}} \cdot 100$

**Liquidität 2. Grades (einzugsbedingte Liquidität)** $= \dfrac{\text{liquide und liquidierbare Mittel}}{\text{kurzfristige Verbindlichkeiten}} \cdot 100$

**Liquidität 3. Grades (umsatzbedingte Liquidität)** $= \dfrac{\text{liquide, liquidierbare und umsetzbare Mittel}}{\text{kurzfristige Verbindlichkeiten}} \cdot 100$

Für die Beurteilung dieser Kennzahlen existieren unterschiedliche Normen.

| | |
|---|---|
| **Barliquidität** | **1:5-Regel (one-to-five-rule)**<br>Mindestens 20 % der kurzfristigen Verbindlichkeiten sollen durch flüssige Mittel gedeckt sein. |
| **einzugsbedingte Liquidität** | **1:1-Regel (quick ratio)**<br>Die kurzfristigen Verbindlichkeiten sollen vollständig durch liquide und liquidierbare Mittel gedeckt sein. |
| **umsatzbedingte Liquidität** | **2:1 Regel (current ratio)**<br>Höchstens 50 % des Umlaufvermögens (liquide, liquidierbare und umsetzbare Mittel) soll durch kurzfristiges Fremdkapital finanziert sein. |

**Beispiel:** Kennzahlen der Liquidität (Zahlen in Mio. EUR aus der Strukturbilanz, Seite 694)

Zusatzangaben:

Die Roh-, Hilfs- und Betriebsstoffe sind im Jahresabschluss des Berichtsjahres mit 29 Mio. EUR ausgewiesen; als eiserner Bestand werden 20 Mio. EUR angenommen.

Barliquidität $= \dfrac{35}{102} \cdot 100 = 34{,}3\,\% = 0{,}34 > 0{,}2$

einzugsbedingte Liquidität $= \dfrac{114}{102} \cdot 100 = 111{,}7\,\% = 1{,}117 > 1{,}0$

umsatzbedingte Liquidität $= \dfrac{191}{102} \cdot 100 = 187{,}2\,\% = 1{,}872$

**Ergebnis:** Die goldene Bilanzregel sowie die Liquiditätsnormen sind somit eingehalten.

## Zusammenfassende Übersicht zu Kapitel 15.2: Auswertung der Bilanz mithilfe von Kennzahlen

| Aktiva | Passiva |
|---|---|
| **Vermögensstruktur** | **Kapitalstruktur** |
| **Anlagenintensität** $= \frac{\text{Anlagevermögen}}{\text{Gesamtvermögen}} \cdot 100$ | **Eigenkapitalquote** $= \frac{\text{Eigenkapital}}{\text{Gesamtkapital}} \cdot 100$ |
| **Vorratsquote** $= \frac{\text{Vorräte}}{\text{Gesamtvermögen}} \cdot 100$ | **Fremdkapitalquote** $= \frac{\text{Fremdkapital}}{\text{Gesamtkapital}} \cdot 100$ |
| **Forderungsquote** $= \frac{\text{Forderungen}}{\text{Gesamtvermögen}} \cdot 100$ | **Verschuldungsgrad** $= \frac{\text{Fremdkapital}}{\text{Eigenkapital}} \cdot 100$ |
| **Zahlungsmittelquote** $= \frac{\text{Zahlungsmittel}}{\text{Gesamtvermögen}} \cdot 100$ | **Selbstfinanzierungsquote** $= \frac{\text{Rücklagen}}{\text{Gezeichnetes Kapital}} \cdot 100$ |
| | **Bilanzkurs** $= \frac{\text{ausgewiesenes Eigenkapital}}{\text{Grundkapital}} \cdot 100$ |

### Anlagendeckung und Liquidität

**Anlagendeckung I** $= \frac{\text{Eigenkapital}}{\text{Anlagevermögen}} \cdot 100$

**Anlagendeckung II** $= \frac{\text{Eigenkapital + langfristiges Fremdkapital}}{\text{Anlagevermögen}} \cdot 100$

**Anlagendeckung III** $= \frac{\text{Eigenkapital + langfristiges Fremdkapital}}{\text{Anlagevermögen + Vorratsvermögen}} \cdot 100$

**Liquidität 1. Grades** $= \frac{\text{liquide Mittel}}{\text{kurzfristige Verbindlichkeiten}} \cdot 100$

**Liquidität 2. Grades** $= \frac{\text{liquide und liquidierbare Mittel}}{\text{kurzfristige Verbindlichkeiten}} \cdot 100$

**Liquidität 3. Grades** $= \frac{\text{liquide, liquidierbare und umsetzbare Mittel}}{\text{kurzfristige Verbindlichkeiten}} \cdot 100$

## ▶ Aufgaben und Probleme

1. Berechnen Sie Kennzahlen der Finanzstruktur und die Liquiditätsgrade entsprechend obigem Beispiel mit den Zahlen des Vorjahres aus der Strukturbilanz, Seite 694. Die Roh-, Hilfs- und Betriebsstoffe sind im Jahresabschluss des Vorjahres mit 25 Mio. EUR ausgewiesen; als eiserner Bestand werden 20 Mio. EUR angenommen.
2. Die aufbereiteten Bilanzzahlen einer AG der verarbeitenden Industrie sind für zwei aufeinanderfolgende Geschäftsjahre (Berichts- und Vorjahr), zusammen mit den prozentualen Branchendurchschnittswerten, in der nachfolgenden Tabelle einander gegenübergestellt.

| **Strukturbilanz** | **Berichtsjahr (in TEUR)** | **Vorjahr (in TEUR)** | **Branche (in %)** |
|---|---|---|---|
| **Aktiva** | | | |
| 1. Sachanlagen | 8.420 | 8.350 | 52,33 |
| 2. Finanzanlagen | 1.630 | 1.520 | 3,82 |
| Anlagevermögen | 10.050 | 9.870 | 56,15 |
| 3. RHB-Stoffe | 2.350 | 2.180 | 12,12 |
| 4. FE/UE | 1.520 | 1.570 | 3,63 |
| 5. langfr./mittelfr. Forderungen (über 1 Jahr) | 690 | 640 | 2,06 |
| 6. kurzfristige Forderungen (bis 1 Jahr) | 4.890 | 4.530 | 14,43 |
| 7. flüssige Mittel | 2 .250 | 1.610 | 11,61 |
| Umlaufvermögen | 11.700 | 10.530 | 43,85 |
| Gesamtvermögen | 21.750 | 20.400 | 100,00 |
| Passiva | | | |
| 1. Gezeichnetes Kapital | 10.000 | 10.000 | 27,49 |
| 2. Kapitalrücklage | 200 | 200 | 0,75 |
| 3. Gewinnrücklagen | 3.660 | 2.520 | 5,66 |
| Eigenkapital | 13.860 | 12.720 | 33,90 |
| 4. langfristiges FK (über 5 Jahre) | 3.200 | 2.590 | 34,74 |
| 5. mittelfristiges FK (über 1 bis 5 Jahre) | 750 | 630 | 8,73 |
| 6. kurzfristiges FK (bis 1 Jahr) | 3.940 | 4.460 | 22,63 |
| Fremdkapital | 7.890 | 7.680 | 66,10 |
| Gesamtkapital | 21.750 | 20.400 | 100,00 |

a) Ermitteln Sie für das Berichts- und das Vorjahr die Kennzahlen der Kapitalstruktur, die Kennzahlen der Vermögensstruktur (ohne Bilanzkurs), die Anlagendeckung I bis III, die Liquiditätskennzahlen.

b) Prüfen Sie nach, ob die goldene Bilanzregel, die one-to-five-rule, die quick ratio, die current ratio erfüllt sind.

c) Diskutieren Sie die folgende Aussage:

Die Einhaltung der allgemeinen Normen betreffend die Finanzstruktur und die Liquidität (vgl. b) garantiert finanzwirtschaftliche Solidität und Stabilität.

d) Vergleichen Sie die ermittelten Ergebnisse mit den Branchendurchschnittsangaben und werten Sie diese aus.

3. Welche Risiken liegen in einem zu hohen (zu niedrigen) Anlagevermögen?

4. Geben Sie an, welche Gefahren in einem zu großen Anteil an Fremdkapital bestehen.

5. Erläutern Sie die Bedeutung des Verschuldungsgrades im Hinblick auf die Möglichkeiten, zusätzliches Fremdkapital aufzunehmen.

6. Die Bilanz eines Industrieunternehmens zeigt folgendes Bild (in EUR):

| Aktiva | Bilanz zum 31. Dez. 20.. | | Passiva |
|---|---|---|---|
| Grundstück | 2.890.000,00 | Stammkapital | 3.890,000,00 |
| Gebäude | 5.900.000,00 | Kapitalrücklage | 560.000,00 |
| Maschinen | 256.000,00 | Jahresüberschuss | 89.000,00 |
| Fuhrpark | 455.000,00 | Rückstellungen | 950.000,00 |
| Betriebs- u. Geschäftsausstattung | 150.800,00 | Verbindlichkeiten | 6.900.000,00 |
| Vorräte | 3.450.000,00 | sonstige Verbindlichkeiten | 1.160.200,00 |
| Forderungen | 278.400,00 | | |
| Zahlungsmittel | 169.000,00 | | |
| | 13.549.200,00 | | 13.549.200,00 |

a) Errechnen Sie die Anlagendeckung I.

b) Beurteilen Sie Ihr Ergebnis, wenn im Branchendurchschnitt diese Kennzahl 55 % betragen würde.

c) Inwieweit sind Abweichungen von der »goldenen Bilanzregel« festzustellen?

d) Welche Untersuchungen müsste man noch anstellen, um die Finanzierung beurteilen zu können?

e) Wie wirkt sich die kalkulatorische Abschreibung in Höhe von 5 % auf Gebäude, 10 % auf Maschinen, 20 % auf Fuhrpark und 8 % auf Betriebs- und Geschäftsausstattung auf die Entscheidung für oder gegen eine Neuinvestition und die entsprechende Finanzierung aus?

## 15.3 Aufbereitung der Erfolgsrechnung

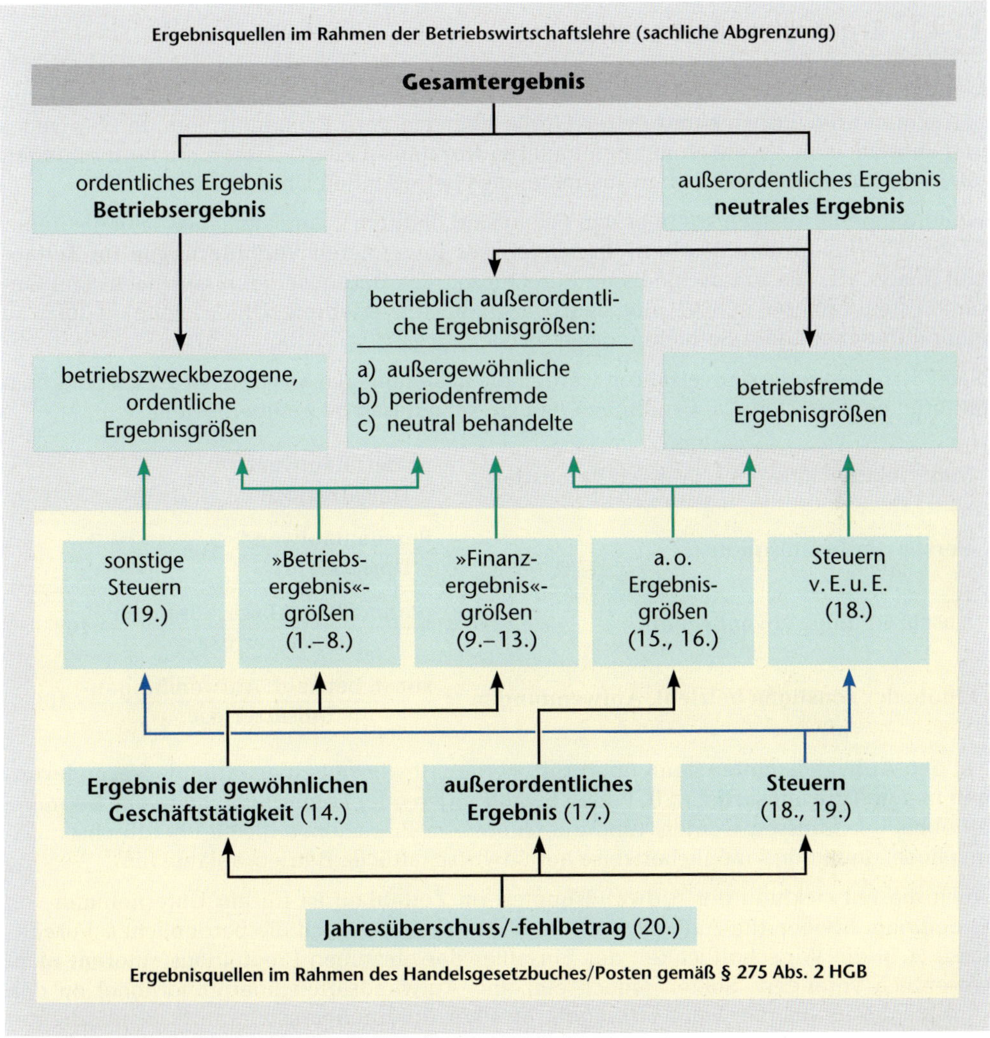


Die **Strukturerfolgsrechnung** ist eine nach den **Zwecksetzungen der Bilanzanalyse aufbereitete und umgestaltete Gewinn-und-Verlust-Rechnung.** Sie ist die **Grundlage** der **erfolgswirtschaftlichen Auswertung des Jahresabschlusses.**

| **Strukturerfolgsrechnung*** | |
|---|---|
| | Betriebsergebnis |
| | Finanzergebnis |
| Ergebnis der gewöhnlichen Geschäftstätigkeit | |
| | außerordentliche Erträge und Aufwendungen |
| außerordentliches Ergebnis | |
| | Steuern vom Einkommen und vom Ertrag |
| Jahresüberschuss/Jahresfehlbetrag | |

* vgl. hierzu auch Kapitel 14.1.1.3

## 15.4 Auswertung der Erfolgsrechnung

### 15.4.1 Ergebnisstrukturanalyse

Das Betriebsergebnis ist die Basis einer weitergehenden Erfolgsanalyse. Allein schon die Betrachtung der Entwicklung dieser Größe über mehrere Rechnungsperioden hinweg – und zusätzlich im Vergleich mit den anderen Ergebnisquellen – lässt erste Beurteilungen über die Ertragslage und Ertragsaussichten des betreffenden Unternehmens zu.

Weitergehende Aufschlüsse über den Erfolg sind dadurch zu erzielen, dass man die dominanten **Einflussgrößen des Betriebsergebnisses** sowie deren **Veränderungen im Zeitablauf** analysiert. Die unterschiedliche Berechnung des Betriebsergebnisses nach dem Gesamtkostenverfahren (GKV) und dem Umsatzkostenverfahren (UKV) zwingt jedoch zu einer differenzierteren Betrachtungsweise.

Nach dem **Gesamtkostenverfahren** werden die gesamten, nach verbrauchten Produktionsfaktoren gegliederten Aufwendungen den Umsatzerlösen gegenübergestellt.

$$\text{Materialaufwandsquote (Materialintensität)} = \frac{\text{Materialaufwand}}{\text{Umsatzerlöse}} \cdot 100$$

$$\text{Personalaufwandsquote} = \frac{\text{Personalaufwand}}{\text{Umsatzerlöse}} \cdot 100$$

$$\text{Abschreibungsaufwandsquote} = \frac{\text{planmäßige Abschreibungen}}{\text{Umsatzerlöse}} \cdot 100$$

$$\text{Quote der sonstigen betriebl. Aufwendungen} = \frac{\text{sonst. betriebl. Aufwendungen}}{\text{Umsatzerlöse}} \cdot 100$$

Mit den **Aufwandsquoten** kann überprüft werden, inwieweit zu erwartende **Veränderungen in den Aufwandsarten** (z.B. Preisschwankungen oder Lohnerhöhungen) das Betriebsergebnis beeinflussen werden. Sind die Quoten im Branchenvergleich überdurchschnittlich hoch, deutet dies möglicherweise auf unwirtschaftliche Betriebsabläufe hin.

Auch die Entwicklung der **Aufwandsquoten im Zeitablauf** ist für ein Unternehmen von Bedeutung. Bleiben die Aufwandsquoten konstant, haben sich die betrieblichen Verhältnisse (z.B. die Wirtschaftlichkeit des Einsatzes der einzelnen Produktionsfaktoren) nicht wesentlich verändert. Sollten jedoch einzelne Aufwandsarten überproportional zu den Umsatzerlösen steigen, wäre zu fragen, ob eher unternehmensinterne (z.B. überhöhter Materialverbrauch) oder aber die ganze Branche betreffende externe Faktoren (z.B. erhöhte Rohstoffpreise) dafür verantwortlich zu machen sind.

**Beispiel:** Aufwands- und Ertragsentwicklung (Beträge in TEUR)

| Kennzahlen | Berichtsjahr | Vorjahr | Veränderungen absolut | Veränderungen % |
|---|---|---|---|---|
| Materialaufwandsquote | $\frac{130}{530} \cdot 100 = 24{,}5\,\%$ | 25,1 % | – 0,6 | – 2,4 |
| Personalaufwandsquote | $\frac{185}{530} \cdot 100 = 34{,}9\,\%$ | 36,9 % | – 2,0 | – 5,7 |
| Abschreibungsaufwandsquote | $\frac{42}{530} \cdot 100 = 7{,}9\,\%$ | 7,7 % | – 2,0 | + 2,5 |
| Quote der sonstigen betrieblichen Aufwendungen | $\frac{62}{530} \cdot 100 = 11{,}7\,\%$ | 11,8 % | – 0,1 | – 0,8 |

**Ergebnis:** Das Unternehmen konnte bei den Materialien und beim Personal große Einsparungen vornehmen, während gleichzeitig die Abschreibungen zunahmen. Menschliche Arbeitskraft wurde durch Maschinen ersetzt.

## 15.4.2 Rentabilität

Die **Rentabilität** ist das **Verhältnis des Reinertrags zum eingesetzten Kapital,** meist ausgedrückt in einem Prozentsatz.

Die Grundformel für die Errechnung dieser Kennzahl lautet:

$$\textbf{Rentabilität} = \frac{\textbf{Reinertrag}}{\textbf{Kapital}} \cdot 100$$

### Rentabilität des Eigenkapitals

Grundwert kann dabei sein

- das Anfangskapital,
- das Anfangskapital + halber Jahresgewinn (Jahresüberschuss),
- der Durchschnitt aus Anfangs- und Endkapital.

$$\textbf{Rentabilität des Eigenkapitals} = \frac{\textbf{Jahresüberschuss}}{\textbf{durchschnittliches Eigenkapital}} \cdot 100$$

### Rentabilität des Gesamtkapitals

Das Gesamtkapital setzt sich aus dem Eigenkapital und dem Fremdkapital zusammen. Deshalb müssen dem Gesamtkapital der Jahresüberschuss und der Zinsaufwand für das Fremdkapital gegenübergestellt werden. Das ist deshalb erforderlich, weil die Fremdkapitalzinsen im Rahmen der Gewinnermittlung als Aufwendungen abgezogen werden. Erst durch die Hinzurechnung der Zinsen für das Fremdkapital sind die in Beziehung zu setzenden Größen (Gewinn und Gesamtkapital) miteinander vergleichbar.

$$\textbf{Rentabilität des Gesamtkapitals} = \frac{\textbf{Jahresüberschuss + Zinsaufwand f. Fremdkapital}}{\textbf{durchschnittliches Gesamtkapital}} \cdot 100$$

### Rentabilität des Umsatzes

Sie ist das Verhältnis des Jahresüberschusses zum Umsatz.

$$\textbf{Rentabilität des Umsatzes} = \frac{\textbf{Jahresüberschuss}}{\textbf{Umsatzerlöse}} \cdot 100$$

### Return on Investment (RoI)

Der RoI gibt Auskunft über die Rendite des im Unternehmen gebundenen Kapitals.

$$\textbf{RoI} = \frac{\textbf{Jahresüberschuss}}{\textbf{Umsatzerlöse}} \cdot \frac{\textbf{Umsatzerlöse}}{\textbf{durchschnittlich investiertes Kapital}} \cdot 100$$

**oder**

$$\textbf{RoI} = \textbf{Umsatzrentabilität} \cdot \textbf{Kapitalumschlagshäufigkeit} \cdot 100$$

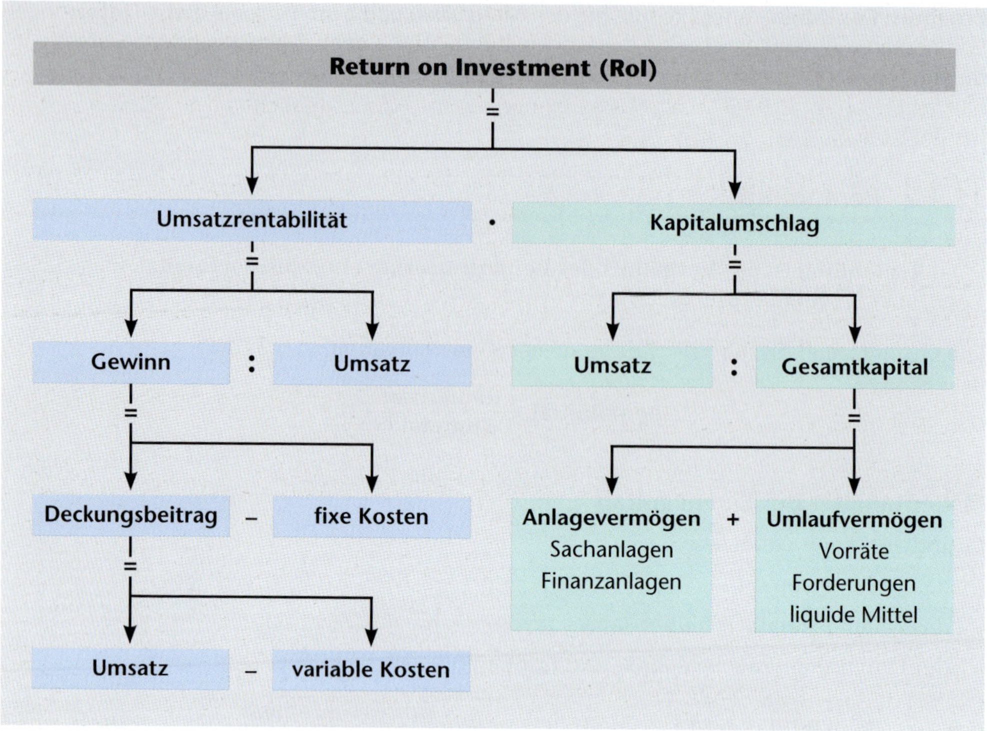


**Beispiel:** Rentabilitätskennzahlen

| | | | | |
|---|---|---|---|---|
| Eigenkapital | Anfangsbestand | 131 TEUR | Umsatzerlöse | 530 TEUR |
| | Schlussbestand | 137 TEUR | Fremdkapital-Zinsaufwand | 22 TEUR |
| Gesamtkapital* | Anfangsbestand | 318 TEUR | Jahresüberschuss | 45 TEUR |
| | Schlussbestand | 358 TEUR | | |

* gleichzeitig investiertes Kapital

Sonstige Angaben:

Börsenkurs je Aktie 240,00 EUR/St.

auszuschüttende Dividende (DE) 14,00 EUR/St.

$$\text{Rentabilität des Eigenkapitals} = \frac{45\ \text{TEUR}}{134\ \text{TEUR}} \cdot 100 = \mathbf{33{,}58\,\%}$$

$$\text{Rentabilität des Gesamtkapitals} = \frac{45\ \text{TEUR} + 22\ \text{TEUR}}{338\ \text{TEUR}} \cdot 100 = \mathbf{19{,}82\,\%}$$

$$\text{Rentabilität des Umsatzes} = \frac{45\ \text{TEUR}}{530\ \text{TEUR}} \cdot 100 = \mathbf{8{,}49\,\%}$$

$$\text{RoI} = \frac{45\ \text{TEUR} \cdot 530\ \text{TEUR}}{530\ \text{TEUR} \cdot 338\ \text{TEUR}} \cdot 100 = \mathbf{13{,}3\,\%}$$

$$\text{RoI} = 0{,}085 \cdot 1{,}568 \cdot 100 = \mathbf{13{,}3\,\%}$$

## 15.4.3 Vergleich von Eigen- und Fremdfinanzierung – Leverage Effect

Im Hinblick auf eine optimale Finanzierung sind je nach betriebsindividueller Zielsetzung Laufzeit, Kosten, Kündbarkeit, Tilgungsmodalität, Einflussmöglichkeit des Gläubigers zu beachtende Beurteilungskriterien.

Betrachtet man die Fremdfinanzierung unter dem Ziel der Maximierung der Eigenkapitalrentabilität, dann ist **so lange mit Fremdkapital zu finanzieren, solange der Zinssatz des Fremdkapitals niedriger ist als die Gesamtkapitalrentabilität (Leverage Effect).**

Der Leverage Effect wirkt allerdings auch in negativer Richtung, denn die Finanzierung durch Fremdkapital birgt die Gefahr, dass bei rückläufigen Gewinnen die Eigenkapitalrentabilität (bei gleichbleibenden FK-Kosten) überproportional abnimmt.

**Beispiele:**

Für die einzelnen Fälle werden folgende Daten angenommen:

| | | Fall I | Fall II | Fall III | Fall IV |
|---|---|---|---|---|---|
| vorhandenes EK | (in TEUR) | 210 | 130 | 500 | 170 |
| Höhe der Investitionen | (in TEUR) | 230 | 360 | 480 | 870 |
| Gewinn vor der Investition | (in TEUR) | 20 | 15 | 33 | 29 |
| Zinssatz für zusätzliches FK | (in %) | 7 | 8 | 10 | 11 |
| Grenznutzen der Investition | (in %) | 9 | 12,5 | 8 | 8 |

**Auswertung**

| | EK-Rentabilität **vor** der Investition | EK-Rentabilität **nach** der Investition |
|---|---|---|
| **Fall I** | $\frac{20}{210} \cdot 100 = \mathbf{9{,}5238\,\%}$ | $\frac{20 + 230 \cdot 0{,}02}{210} \cdot 100 = \mathbf{11{,}7143\,\%}$ |
| **Fall II** | $\frac{15}{130} \cdot 100 = \mathbf{11{,}5385\,\%}$ | $\frac{15 + 360 \cdot 0{,}045}{130} \cdot 100 = \mathbf{24\,\%}$ |
| **Fall III** | $\frac{33}{500} \cdot 100 = \mathbf{6{,}6\,\%}$ | $\frac{33 - 480 \cdot 0{,}02}{500} \cdot 100 = \mathbf{4{,}68\,\%}$ |
| **Fall IV** | $\frac{29}{170} \cdot 100 = \mathbf{17{,}0588\,\%}$ | $\frac{29 - 870 \cdot 0{,}03}{170} \cdot 100 = \mathbf{1{,}7059\,\%}$ |

Die **Fälle I und II** zeigen einen **positiven Rentabilitätseffekt.** Der Leverage Effect ist umso größer, je kleiner das vorhandene Eigenkapital und je größer das zusätzliche Fremdkapital ist.

Die **Fälle III und IV** stellen einen **negativen Rentabilitätseffekt** dar. Der Leverage Effect ist umso größer, je größer das vorhandene Eigenkapital und je kleiner das zusätzliche Fremdkapital ist.

## 15.4.4 Cashflow

Aus den Umsatzerlösen fließen dem Unternehmen ständig flüssige Mittel zu. Davon werden zunächst die sofort fälligen ausgabewirksamen Aufwendungen bestritten.

Sofort fällige Aufwendungen betreffen u. a. Aufwendungen für Personal, Material, Energie, Steuern und Abgaben, Zinsen, Verwaltung, Miete.

Wenn nach Abzug dieser ausgabewirksamen Aufwendungen von den Umsatzerlösen ein Rest übrig bleibt, nennt man diesen Kassenzufluss oder **Cashflow.**

**Cashflow = Umsatzerlöse abzüglich der sofort fälligen ausgabewirksamen Aufwendungen**

Der Cashflow kann verwendet werden für Schuldentilgung, Investitionen und/oder Gewinnausschüttung.

**Beispiele:**

| | Berichtsjahr (EUR) | Vorjahr (EUR) |
|---|---|---|
| Umsatzerlöse | 1.235.600,00 | 1.344.563,00 |
| – Materialaufwand | – 345.550,00 | – 335.667,00 |
| – Personalaufwand | – 445.677,00 | – 399.870,00 |
| – sonstige betriebliche Aufwendngen | – 223.578,00 | – 167.785,00 |
| – Zinsen und ähnliche Aufwendungen | – 5.560.00 | – 12.009,00 |
| – außerordentliche Aufwendungen | – 23.599,00 | – 18.870,00 |
| – Steuern | – 125.560,00 | – 252.900,00 |
| = **Cashflow** | = 66.076,00 | = 157.462,00 |

Die Cashflow-Relation des Umsatzes lautet:

$$\frac{66.076,00 \text{ EUR}}{1.235.600,00 \text{ EUR}} \cdot 100 = \mathbf{5,35\,\%} \text{ (Berichtsjahr)}$$

$$\frac{157.462,00 \text{ EUR}}{1.344.563,00 \text{ EUR}} \cdot 100 = \mathbf{11,71\,\%} \text{ (Vorjahr)}$$

**Ergebnis:** Der Cashflow hat gewaltig abgenommen. Im Berichtsjahr stehen nur ca. 5,0 % vom Umsatzerlös gegenüber 11,7 % des Vorjahres für die Innenfinanzierung und Gewinnausschüttung zur Verfügung. Die Verschlechterung des Cashflows kann verschiedene Ursachen haben. Im Beispiel fallen die gesunkenen Umsatzerlöse und die gestiegenen betrieblichen Aufwendungen auf.

Die Cashflow-Kennzahl erlaubt also Aussagen über die Zahlungsfähigkeit, Ertragskraft und Selbstfinanzierungsmöglichkeiten eines Unternehmens.

Damit die Cashflow-Kennzahl auch für die externen Bilanzleser errechenbar bleibt, errechnet man den vereinfachten Cashflow wie folgt:

**Jahresüberschuss**
\+ **Abschreibungen**
– **Zuschreibungen**
\+ **Erhöhung der langfristigen Rückstellungen**
– **Verminderung der langfristigen Rückstellungen**
= **Brutto-Cashflow**
– **Gewinnausschüttung**
= **Netto-Cashflow**

Durch die Errechnung des Cashflows wird der Grad der Unabhängigkeit des Unternehmens, die Möglichkeit der Schuldentilgung und der Gewinnausschüttung ohne Beeinträchtigung der Substanz sichtbar.

### 15.4.5 EBIT und EBITDA

#### EBIT

Bei der Ermittlung des Jahresüberschusses nach dem Gesamtkostenverfahren ergibt sich das **EBIT** (**E**arnings **b**efore **i**nterests and **t**axes) aus der Addition von Betriebsergebnis und Finanzergebnis ohne Berücksichtigung der Zinsen. Es wird also der Jahresüberschuss vor Steuern, dem Zinsergebnis und dem außerordentlichem Ergebnis betrachtet. Dadurch erhält man eine Aussage über die **operative Ertragskraft** eines Unternehmens. Die individuelle Kapitalstruktur bleibt dabei unberücksichtigt. Dadurch verbessert sich die Vergleichbarkeit von Unternehmen gegenüber der Kennzahl »Eigenkapitalquote«.

#### EBITDA

Bei dieser Kennzahl werden aus dem Jahresüberschuss neben den Steuern und den Zinsen auch die Abschreibungen herausgerechnet. Das **EBITDA** (**E**arnings **b**efore **i**nterests, **t**axes, **d**epreciation and **a**mortization) ist eine weltweit verbreitete Kennzahl. Beim Vergleich internationaler Unternehmen ist diese Kennzahl über die Ertragskraft aussagekräftiger als der Jahresüberschuss, der aufgrund unterschiedlicher nationaler gesetzlicher Vorschriften ermittelt wird, die erhebliche Ermessensspielräume zulassen.

**Zusammenfassende Übersicht zu Kapitel 15.4: Auswertung der Erfolgsrechnung**

| Aufwandskennzahlen | |
|---|---|
| **Materialaufwandsquote** | $\frac{\text{Materialaufwand}}{\text{Umsatzerlöse}} \cdot 100$ |
| **Personalaufwandsquote** | $\frac{\text{Personalaufwand}}{\text{Umsatzerlöse}} \cdot 100$ |
| **Abschreibungsaufwandsquote** | $\frac{\text{planmäßige Abschreibungen}}{\text{Umsatzerlöse}} \cdot 100$ |
| **Quote der sonstigen betrieblichen Aufwendungen** | $\frac{\text{sonstige betriebliche Aufwendungen}}{\text{Umsatzerlöse}} \cdot 100$ |

| Rentabilitätskennzahlen | |
|---|---|
| **Eigenkapitalrentabilität** | $\frac{\text{Jahresüberschuss}}{\text{durchschnittliches EK}} \cdot 100$ |
| **Gesamtkapitalrentabilität** | $\frac{\text{Jahresüberschuss}}{\text{durchschnittliches GK}} \cdot 100$ |
| **Umsatzrentabilität** | $\frac{\text{Jahresüberschuss}}{\text{Umsatzerlöse}} \cdot 100$ |
| **Return on Investment** | $\frac{\text{Gewinn}}{\text{Umsatz}} \cdot \frac{\text{Umsatz}}{\text{Gesamtkapital}}$ |

| Leverage Effect |
|---|
| Eigenkapitalrentabilität steigt bei zunehmendem Verschuldungsgrad, solange der Fremdkapitalzinssatz niedriger als die Gesamtkapitalrentabilität ist. |

| International gebräuchliche Kennzahlen | |
|---|---|
| **Cashflow** | **EBIT/EBITDA** |
| Jahresüberschuss | Jahresüberschuss |
| + Abschreibungen | ± außerordentliches Ergebnis |
| – Zuschreibungen | + außerordentlicher Aufwand |
| + Erhöhung der langfristigen Rückstellungen | – außerordentliche Erträge |
| – Verminderung der langfristigen Rückstellungen | + Ertragsteuern |
| = Brutto-Cashflow | ± Finanzergebnis |
| – Gewinnausschüttung | + Zinsaufwendungen |
| = Netto-Cashflow | – Zinserträge |
| | = EBIT |
| | + Abschreibungen |
| | = EBITDA |

## ▶ Aufgaben und Probleme

1. Auszug aus dem Jahresabschluss der Industrie GmbH (in Mio. EUR):

| | Berichtsjahr | Vorjahr |
|---|---|---|
| Eigenkapital | 8.780 | 7.500 |
| langfristiges Fremdkapital | 9.800 | 9.910 |
| kurzfristiges Fremdkapital | 5.763 | 6.344 |
| einzugsbedingte Liquidität | 7.620 | 6.035 |
| Abschreibungen | 3.250 | 4.560 |
| Einstellung in Rückstellungen | 498 | 350 |
| Gewinn aus Anlagenabgang | 2.199 | 3.400 |
| Kursverluste | 480 | 100 |
| Einstellung in Rücklagen | 490 | 290 |
| Umsatzerlöse | 37.000 | 42.000 |
| Jahresüberschuss | 875 | 980 |

a) Was versteht man unter Cashflow?

b) Errechnen und beurteilen Sie den vereinfachten Cashflow aus den obigen Jahresabschlüssen.

2. Die Anlagenbau AG legt folgende Bilanz (in TEUR) vor:

| Aktiva | Geschäftsjahr | Vorjahr |
|---|---|---|
| A. Anlagevermögen | 376.899 | 389.478 |
| B. Umlaufvermögen | | |
| I. Vorräte | 17.444 | 13.971 |
| II. Forderungen und sonstige Vermögensgegenstände | | |
| 1. Forderungen aus Lieferungen und Leistungen | 42.390 | 47.790 |
| 2. sonstige Vermögensgegenstände | 20.399 | 19.844 |
| III. Kassenbestand, Guthaben bei Kreditinstituten | 38.713 | 41.615 |
| C. Rechnungsabgrenzungsposten | 782 | 782 |
| | 496.627 | 513.480 |

| Passiva | Geschäftsjahr | Vorjahr |
|---|---|---|
| A. Eigenkapital | | |
| I. Gezeichnetes Kapital | 102.000 | 100.000 |
| II. Kapitalrücklage | 20.622 | 14.922 |
| III. Gewinnrücklagen | 47.851 | 46.974 |
| IV. Jahresüberschuss | 25.018 | 24.177 |
| B. Rückstellungen | | |
| 1. Rückstellungen für Pensionen | 19.335 | 20.883 |
| 2. Steuerrückstellungen | 7.244 | 15.776 |
| 3. sonstige Rückstellungen | 41.118 | 30.618 |
| C. Verbindlichkeiten | | |
| 1. Verbindlichkeiten gegenüber Kreditinstituten | 94.887 | 120.174 |
| 2. Verbindlichkeiten aus Lieferungen und Leistungen | 33.708 | 25.489 |
| 3. sonstige Verbindlichkeiten | 104.844 | 114.467 |
| | 496.627 | 513.480 |

a) Erstellen Sie die Strukturbilanz.

b) Ermitteln Sie die Kennzahlen der Kapitalstruktur.

c) Beurteilen Sie die Anlagendeckung.

d) Wie ist es mit der Liquidität des Unternehmens bestellt?

e) Aus der Erfolgsrechnung ergeben sich folgende Angaben:

Jahresüberschuss: Geschäftsjahr 25.018 TEUR; Vorjahr 24.177 TEUR

Fremdkapitalzinsen: Geschäftsjahr 7.449 TEUR; Vorjahr 7.388 TEUR

Errechnen und beurteilen Sie die Eigenkapital- und die Gesamtkapitalrentabilität.

f) Es ist eine Investition in Höhe von 5 Mio. EUR geplant, die eine Rendite von 13 % verspricht.

- Unter welchen Bedingungen könnte diese Investition mit Fremdkapital finanziert werden?
- Welche Auswirkung hätte dies auf die Rentabilität des Eigenkapitals?

g) Errechnen Sie den vereinfachten Cashflow.

3. Dem Zahlenmaterial zweier aufeinanderfolgender Jahresabschlüsse der Maschinenfabrik AG sind folgende aufbereitete Informationen entnommen:

| | Berichtsjahr (in TEUR) | Vorjahr (in TEUR) |
|---|---|---|
| Gezeichnetes Kapital | 8.000 | 8.000 |
| Eigenkapital | 13.200 | 12.800 |
| Fremdkapital | 28.200 | 26.200 |
| Umsatzerlöse | 86.400 | |
| Zinsaufwendungen | 660 | |
| Jahresüberschuss | 1.840 | |
| Bilanzgewinn | 1.440 | |

Der Bilanzgewinn wird in voller Höhe an die Aktionäre ausgeschüttet, der durchschnittliche Börsenkurs liegt bei 87,50 EUR/Stück.

Ermitteln Sie für das Berichtsjahr

- die Rentabilität des Eigenkapitals,
- die Rentabilität des Gesamtkapitals,
- die Rentabilität des Umsatzes,
- den Return on Investment (RoI),

4. Die Südbadische Kleiderfabrik GmbH plant die Errichtung einer neuen Produktionsstätte. Nach Berechnungen der Finanzabteilung wird hierfür ein zusätzlicher Kapitalbedarf in Höhe von 8,6 Mio. EUR entstehen. Die Hausbank ist bereit, einen Kredit in der entsprechenden Höhe zur Verfügung zu stellen, dessen effektive Jahresverzinsung 7,4 % beträgt. Als Finanzierungsalternative wird die Erhöhung des Stammkapitals in entsprechender Höhe von den Gesellschaftern in Erwägung gezogen.

   Planungsrechnungen haben ergeben, dass sich durch diese Investition die Ertragslage (vor Abzug der Finanzierungskosten) um 1,2 Mio. EUR erhöhen wird. Die GmbH hat vor dieser Investition ein Eigenkapital (Stammkapital einschl. Rücklagen) von 18,4 Mio. EUR und eine durchschnittliche Eigenkapitalrentabilität von 11,3 %.

   a) Ermitteln Sie die Rentabilität des Eigenkapitals der GmbH, wenn der Kapitalbedarf durch Eigenfinanzierung aufgebracht wird.

   b) Wie hoch ist die Rentabilität, wenn das Investitionsvorhaben voll fremdfinanziert wird?

   c) Da die Eigenkapitalrentabilität eines der Hauptziele dieser GmbH ist, entschied man sich für die Fremdfinanzierung. Bereits im ersten Jahr nach der Investition stellt man fest, dass die Ertragserwartungen zu optimistisch angesetzt waren. Der aus der Investition resultierende Ertragszuwachs wird (vor Abzug der Finanzierungskosten) bei 650.000,00 EUR liegen.

      Ermitteln Sie für die neue Situation die Eigenkapitalrentabilität des Unternehmens.

# 16 Controlling

## 16.1 Begriff und Aufgaben des Controllings

**Controlling** ist die betriebswirtschaftliche **Planung, Steuerung** und **Überwachung** von **Organisationen, Prozessen** oder **Projekten** zur Erreichung der Unternehmensziele.

Controlling hat in einem Unternehmen die Aufgabe, die **Unternehmensführung zu unterstützen.** Von zentraler Bedeutung ist die **Koordination** der **Unternehmensziele.**

Das Management muss im Wesentlichen planen, kontrollieren, organisieren und Personal führen. Bei diesen Aufgaben hilft das Controlling. Manager und Controller bilden ein Team. In kleineren Unternehmen nimmt der Geschäftsführer meist auch selbst die Controllingaufgaben wahr.

Das Controlling stellt vor allem die entscheidungsrelevanten **Informationen** bereit. Diese werden aus unterschiedlichen Quellen beschafft:

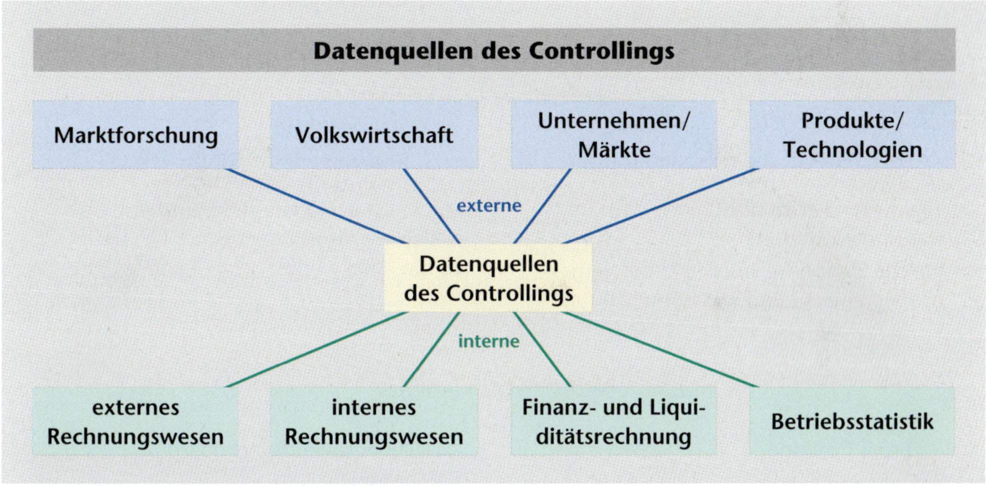


### ▶ Aufgaben und Probleme

Nehmen Sie Stellung zur folgenden Karikatur.

## 16.2 Strategisches und operatives Controlling

### Arten des Controllings

**Controlling**

bereichsübergreifende Funktion im Unternehmen

| strategisches Controlling | operatives Controlling |
|---|---|
| **langfristige Planung** | **kurzfristige Maßnahmen** |
| Zeigt auf, welchen Weg das Unternehmen zur Existenzsicherung gehen muss. | Gibt Hinweise darauf, ob bei der Umsetzung des Unternehmensleitbildes wirtschaftlich gearbeitet wurde. |

**zentrale Fragen**

| | |
|---|---|
| **Machen wir die richtigen Dinge?** | **Machen wir die Dinge richtig?** |
| Was wollen wir langfristig erreichen und was ist dafür zu tun?<br>Welche Ergebnisse wurden in der Vergangenheit erreicht und was ist nun zu tun? | Mit welchen Gütern und Dienstleistungen wollen wir die Kundenbedürfnisse besser als die Mitbewerber befriedigen? |

**wichtige Instrumente**

| | |
|---|---|
| – Target Costing<br>– Szenario-Analyse<br>– Gap-Analyse<br>– Stärken-Schwächen-Analyse<br>– Wettbewerbsanalyse<br>– Produktlebenszyklusanalyse<br>– Portfolioanalyse<br>– Benchmarking | – Deckungsbeitragsrechnung<br>– Kennzahlen<br>– Budgetierung<br>– ABC-Analyse<br>– Finanzbuchführung<br>– Break-even-Analyse<br>– Prozesskostenrechnung |

### ▶ Aufgaben und Probleme

1. Grenzen Sie die Begriffe strategisches Controlling und operatives Controlling gegeneinander ab.
2. Erläutern Sie je zwei Instrumente des strategischen bzw. des operativen Controllings.

## 16.3 Funktionen und Prozessphasen des Controllings

Zu den zentralen Funktionen des Controllings zählen die

- Planungsfunktion,
- Steuerungsfunktion und
- Überwachungsfunktion.

Ein Controllingprozess lässt sich in folgende Phasen einteilen:

**Prozessphasen des Controllings**

| Controllingprozess | Beispiel |
|---|---|
| Problem und Untersuchungsobjekt bestimmen | – Umsatzrückgang seit sechs Monaten<br>– Umsatzerlöse |
| ↓ Ziel festlegen, d. h. Sollwert (Plangröße) bestimmen | – Umsatz soll 150.000 EUR pro Monat betragen oder<br>– Umsatz soll jeden Monat um 1,5 % steigen. |
| ↓ Istwert (Vergleichsgröße) ermitteln | Umsatz des Monats August beträgt laut Geschäftsbuchführung 100.000 EUR. |
| ↓ Soll-Ist-Vergleich durchführen | – Planumsatz: 150.000 EUR/Monat<br>– Istumsatz: 100.000 EUR |
| ↓ Abweichungen feststellen | Abweichung von Plan- zu Istumsatz: 50.000 EUR |
| ↓ Abweichungsanalyse durchführen: Welche Ursachen haben die Planabweichungen? | – zu wenige Werbemaßnahmen<br>– Veränderung der Kundenwünsche<br>– zu geringe Kundenorientierung |
| ↓ Änderungsmaßnahmen entwickeln und ergreifen | – Werbemaßnahmen intensivieren<br>– Kundenwünsche analysieren und darauf eingehen<br>– Organisation des Unternehmens auf Kunden umstellen |

**▶ Aufgaben und Probleme**

Stellen Sie den Controllingprozess an folgenden Situationen dar:

a) Die Lagerbestände für zwei Produktgruppen sind zu hoch.

b) Die Transportkosten des eigenen Fuhrparks sind um 30 % gestiegen.

## 16.4 Budgetierung

**Die Budgetierung ist ein betriebswirtschaftlicher Planungsprozess, durch den ein Budget für ein Unternehmen erstellt werden soll.**

Die Verwendung des Begriffs **Budget** ist nicht einheitlich. Einerseits ist ein Budget als **Planung der Einnahmen und Ausgaben** über eine bestimmte Periode zu verstehen, die von unterschiedlichen Unternehmensbereichen durchgeführt wird. Aus den verschiedenen Teilplänen entsteht ein Gesamtplan und daraus ein Gesamtbudget, das für das Funktionieren des Unternehmens notwendig ist. Der Unternehmensbereich Controlling unterstützt dabei die Abteilungen bei der Aufstellung ihrer Budgetpläne.

Andererseits kann ein **Budget** auch als konkrete **Zielvorgabe für einen Unternehmensbereich** von der Unternehmensleitung verbindlich vorgeschrieben werden.

Grundlage der Budgetierung sind die Ziele (Kapitel 7.2.3.2), die vorhandenen finanziellen Mittel sowie die Budgetwerte aus der Vergangenheit des Unternehmens.

**Budgetierungsverfahren**

| Fortschreibungsbudgetierung | Soll-Ist-Vergleich | Zero Base Budgeting | Activity Based Budgeting | Beyond Budgeting |
|---|---|---|---|---|
| Entwicklung von Budgets auf Basis von Budgetzahlen der Vergangenheit | Entwicklung von Budgets auf Basis der Plankostenrechnung (Kapitel 11.3.4) | Entwicklung von Budgets auf Basis von zukünftig zu erbringenden Leistungen | Entwicklung von Budgets auf Basis der Prozesskostenrechnung (Kapitel 11.3.5) | Verzicht auf Budgetierung, sondern Definition von Leistungszielen, für die Budgets zur Verfügung stehen |

**Ziele des Budgetierungsprozesses:**

Mit dem Budgetierungsprozess sind folgende Ziele verbunden:

- Umsetzung der Unternehmensstrategie in monetäre Vorgaben für die Abteilungen,
- Koordination der Abteilungs- mit den Unternehmenszielen,
- Entwicklung von Ausgabenobergrenzen für die einzelnen Kostenstellen,
- Setzen von Leistungsanreizen für die Abteilungen.

## 16.5 Kennzahlen und Kennzahlensysteme

### 16.5.1 Kennzahlen

**Kennzahlen** sind **Daten,** die über **betriebswirtschaftlich** relevante **Sachverhalte informieren** sollen.[1]

Kennzahlen gehören zum wichtigsten Instrumentarium des Controllings. Durch sie werden komplexe Sachverhalte als Zahlen verdichtet, um damit schnell und präzise über betriebliche Situationen zu berichten. So werden z. B. verschiedene Kennzahlen genutzt, um den Jahresabschluss eines Unternehmens zu analysieren (Kapitel 15.2). Außerdem können **Kennzahlen** in Form von Zielvorgaben **auch als Steuerungsinstrumente** verwendet werden.

Es gibt in der Praxis eine Fülle von Kennzahlen, die sich in unterschiedliche Arten einteilen lassen.

| Arten von Kennzahlen | Beispiele |
|---|---|
| Finanzkennzahlen | – Return on Investment (RoI)<br>– Personalaufwandsquote |
| Marktkennzahlen | – Marktanteil<br>– Marktwachstumsrate |
| Kundenkennzahlen | – Kundenakquisitionsrate<br>– Kundenzufriedenheitsquote |
| Mitarbeiterkennzahlen | – Fluktuationsquote<br>– Krankenstand |
| Prozesskennzahlen | – Kapazitätsauslastung<br>– Ausschussquote |

### 16.5.2 Kennzahlensysteme

**Kennzahlensysteme** bringen verschiedene Kennzahlen in eine Ordnung und **ermöglichen** dadurch **systematische betriebswirtschaftliche Analysen.** Sie dienen dem Controlling.

#### DuPont-Schema

Das **DuPont-Schema** oder DuPont-Kennzahlensystem (im Original: DuPont-System of Financial Control) ist das älteste Kennzahlensystem der Welt. Es wurde 1919 von dem amerikanischen Chemiekonzern DuPont de Nemours and Co. entwickelt und wird bis heute verwendet.

Das DuPont-Schema ist ein Rechensystem, in dem sich die verschiedenen Kennzahlen gegenseitig bedingen. An der Spitze dieses Systems steht der **Return on Investment (RoI),** der das oberste Ziel der Unternehmensführung darstellt. Aus dem RoI leiten sich die weiteren Kennzahlen ab und es ergibt sich eine baumartige Struktur (Seite 724).

[1] Vgl. Weber/Schäffer: Einführung in das Controlling, Seite 173 f., Stuttgart 2008

Mithilfe dieses Kennzahlensystems soll die Abhängigkeit diverser Einflussgrößen auf den RoI dargestellt und analysiert werden.

| Vorteile | Nachteile |
|---|---|
| – übersichtliche Darstellung der verschiedenen Einflussfaktoren<br>– verwendete Kennzahlen können aus dem Rechnungswesen übernommen werden<br>– Kennzahlen bieten gute Vergleichsmöglichkeiten mit anderen Unternehmensbereichen | – ausschließliche Orientierung auf Finanzkennzahlen (monetäre Größen)<br>– einseitige Ausrichtung auf den RoI<br>– Entscheidungsgrundlage liefern Kennzahlen aus der Vergangenheit |

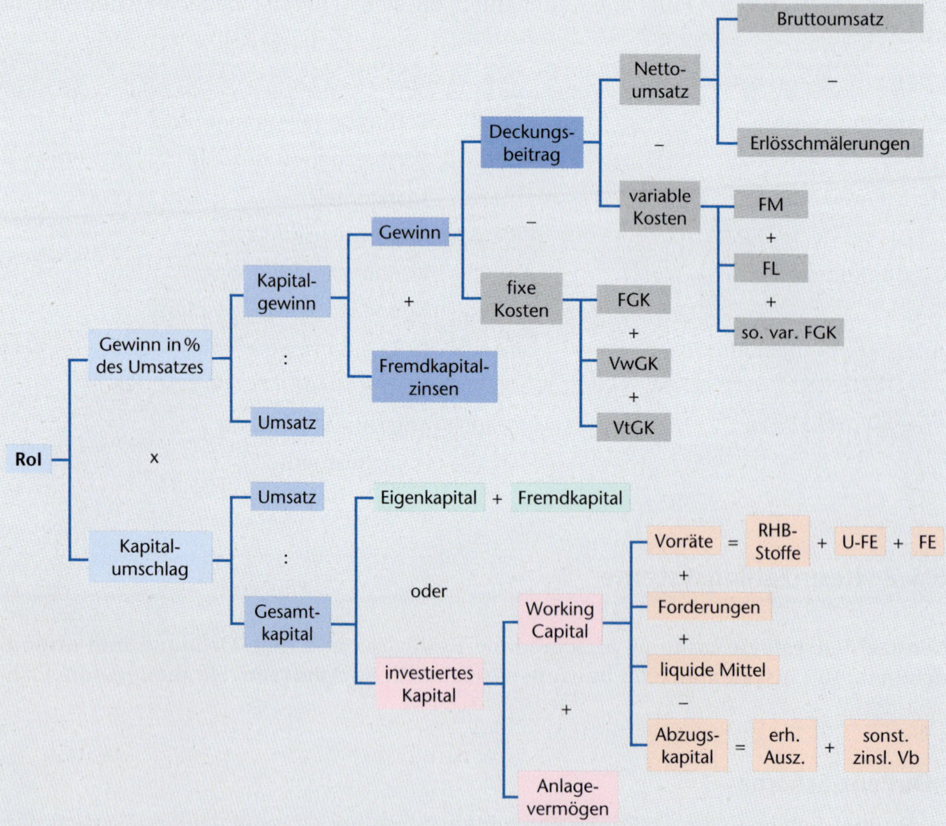


Quelle: Staehle, W., Kennzahlen und Kennzahlensysteme als Mittel der Organisation und Führung von Unternehmen, Wiesbaden 1973

## Balanced Scorecard

Die **Balanced Scorecard (BSC)** ist ein Kennzahlensystem, mit dessen Hilfe ein ausgewogenes (balanced) Controlling im Unternehmen entwickelt werden kann, das sich an den Ansprüchen der Stakeholder eines Unternehmens orientiert.

Grundlage einer BSC ist zunächst die Vision eines Unternehmens, die die Basis bildet für die Formulierung einer Unternehmensstrategie. Die Strategie liefert die Grundlage für die Bildung von Kennzahlen, die messen sollen, inwieweit eine Strategie erfolgreich umgesetzt wird.

Die BSC orientiert sich nicht allein an Finanzkennzahlen, sondern basiert auf vier Perspektiven, für die jeweils Kennzahlen zu bilden sind.

- **Finanzperspektive:** Berücksichtigung der Interessen der Kapitelgeber; Sicherung der Unternehmensexistenz
- **Kundenperspektive:** Berücksichtigung der Kunden und deren Ansprüche an das Unternehmen
- **Mitarbeiterperspektive:** Erfüllung der Ansprüche der Mitarbeiter
- **Prozessperspektive:** Optimierung der Geschäftsprozesse

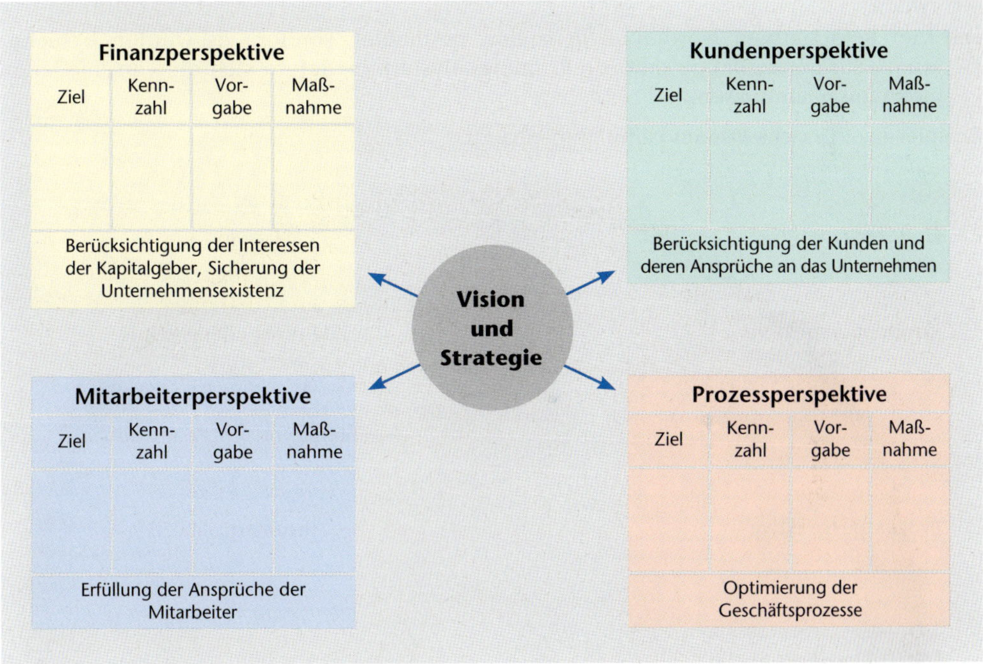


**Beispiel:** Ein Automobilzulieferer formuliert auf Basis seiner Vision (»In jedem Auto ist auch ein Teil von uns!«) seine Strategie: »Wir wollen in den nächsten zehn Jahren zum Marktführer im Bereich Autositze aufsteigen.«

Aus dieser Strategie werden für jede Perspektive Ziele abgeleitet, Kennzahlen (scores) und Vorgaben ermittelt sowie Maßnahmen beschlossen, wie diese Ziele erreicht werden können.

| Ziel | Kennzahl | Vorgabe | Maßnahme |
|---|---|---|---|
| **Finanzperspektive** | | | |
| Renditeansprüche der Kapitalgeber erfüllen | EK-Rentabilität | 20 % | Kosten senken |

| Ziel | Kennzahl | Vorgabe | Maßnahme |
|---|---|---|---|
| **Kundenperspektive** | | | |
| Stammkundenanteil erhöhen | Kundenzufriedenheitsquote | 90 % | Kundenbefragung |
| **Prozessperspektive** | | | |
| Produktqualität erhöhen | Ausschussquote | < 5 % | Schulungen von Mitarbeitern |
| **Potenzialperspektive (Mitarbeiterperspektive)** | | | |
| Identifikation der Mitarbeiter mit dem Unternehmen fördern | Dauer der Betriebszugehörigkeit | von fünf auf zehn Jahre erhöhen | Karriereplanung im Unternehmen etablieren |

Die vier Perspektiven werden nicht isoliert betrachtet, sondern es werden Ursache-Wirkungs-Zusammenhänge dargestellt und analysiert, inwiefern sich die verschiedenen Perspektiven beeinflussen.

**Beispiel** eines Ursache-Wirkungs-Zusammenhangs:

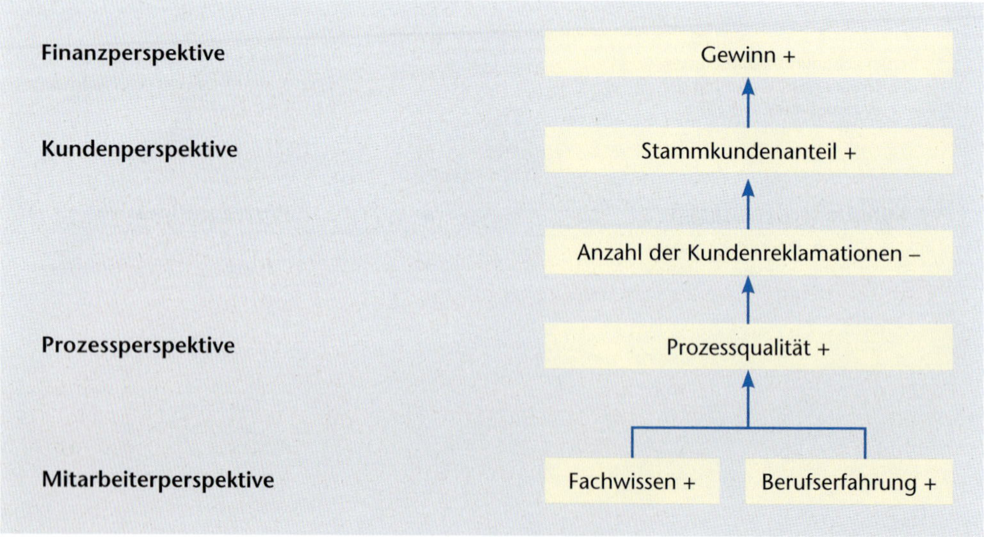


| Vorteile | Nachteile |
|---|---|
| – ganzheitliche Betrachtungsweise im Sinne des Stakeholder-Ansatzes<br>– Verdeutlichung von Ursache-Wirkungs-Beziehungen<br>– Verknüpfung von strategischen und operativen Fragestellungen<br>– Vertrauen der Mitarbeiter wird gegenseitig gestärkt. | – hoher zeitlicher Aufwand für die Entwicklung einer BSC<br>– hohe Kosten durch laufenden Abstimmungsbedarf<br>– Auswahl der Kennzahlen problematisch (Messgenauigkeit)<br>– Formulierte Ziele können aufgrund unterschiedlicher Perspektiven Konflikte im Unternehmen verursachen. |

## Zusammenfassende Übersicht zu Kapitel 16.5: Kennzahlen und Kennzahlensysteme

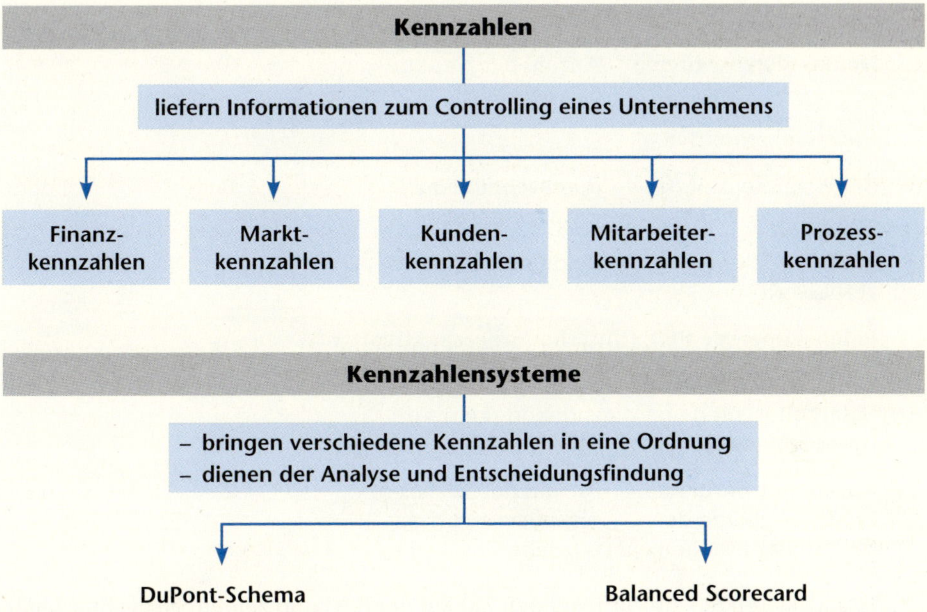


### ▶ Aufgaben und Probleme

1. »Die BSC verhindert das Schmoren im eigenen Saft und fördert das Denken über Abteilungs- und Unternehmensgrenzen hinaus.«

   Nehmen Sie begründet Stellung zu dieser Aussage.

2. Die Erfinder der BSC argumentieren, dass kein Pilot auf die Idee kommen würde, ein Flugzeug nur mit einem Instrument zu steuern. Darum sollten Manager ebenfalls ein umfangreiches Instrumentarium verwenden, um ihr Unternehmen zu steuern und sich nicht auf eine Kennzahl als Steuerungsinstrument allein zu verlassen.

   Erläutern Sie, was im Hinblick auf die BSC mit diesem Vergleich gemeint ist.

3. Die Schmidt GmbH ist ein mittelständisches Unternehmen und entwickelt natürliche Aromastoffe für die Lebensmittelindustrie. Die strategische Zielsetzung für die Schmidt GmbH lautet, innerhalb von fünf Jahren zum innovativsten Unternehmen seiner Branche aufzusteigen sowie die Marktführerschaft zu erlangen. Die Geschäftsleitung hat hierzu folgende BSC entwickelt:

| Ziel | Kennzahl | Vorgabe (Planwert) | Istwert |
|---|---|---|---|
| **Finanzperspektive** | | | |
| Renditeansprüche der Kapitalgeber erfüllen | EK-Rentabilität | 20 % | 15 % |
| Marktführer werden | relativer Marktanteil | > 1 | 0,7 |

| Ziel | Kennzahl | Vorgabe (Planwert) | Istwert |
|---|---|---|---|
| **Kundenperspektive** | | | |
| Stammkundenanteil erhöhen | Wiederkaufquote | 75 % | 80 % |
| Neukunden gewinnen | Anzahl der Neukunden pro Jahr | 10 | 5 |
| **Prozessperspektive** | | | |
| Entwicklungszeit der Produkte verringern | durchschnittliche Entwicklungszeit | 1,5 Jahre | 1 Jahr |
| Produktqualität verbessern | Reklamationsquote | 2 % | 5 % |
| **Potenzialperspektive (Mitarbeiterperspektive)** | | | |
| Identifikation der Mitarbeiter mit dem Unternehmen fördern | Dauer der Betriebszugehörigkeit pro Mitarbeiter | 9 Jahre | 5 Jahre |
| Anzahl der Verbesserungsvorschläge der Mitarbeiter erhöhen | Anzahl der Verbesserungsvorschläge pro Jahr | 2 | 0,5 |

a) Analysieren Sie die vorliegenden Zahlen der BSC und zeigen Sie die Stärken bzw. Schwächen der Schmidt GmbH auf.

b) Entwickeln Sie Maßnahmen, mit denen die Vorgaben der BSC erreicht werden können.

4. Die E-Lux AG entwickelt und produziert Schnellladestationen für Elektrofahrzeuge. Das Unternehmen kann auf jahrzehntelange Erfahrungen in den Bereichen Energiespeicherung und Batterietechnik zurückgreifen. Die Strategie des Unternehmens besteht darin, ihren Entwicklungsvorsprung gegenüber der Konkurrenz zu nutzen, um innerhalb der nächsten acht Jahre Marktführer in ihrem Bereich zu werden. Die Schnellladestationen sollen an Unternehmen, Privatkunden und Behörden verkauft werden. Die dahinterstehende Vision lautet: »Wir sind der Energielieferant für E-Mobility.«

   Die Geschäftsleitung will ihre Aktivitäten mithilfe einer BSC steuern.

   a) Entwickeln Sie eine BSC, indem Sie für jede der vier Perspektiven jeweils zwei Ziele, Kennzahlen sowie Vorgaben formulieren.

   b) Beschreiben Sie Maßnahmen, wie die von Ihnen formulierten Vorgaben erreicht werden können.

# Stichwortverzeichnis

## A



## B



## C



## D

## M



## N



## O



## P